Curso de

Direito Administrativo

JusClass

O presente livro possui Material de Apoio para acesso gratuito na plataforma JusClass.

Para acessar o material, siga as instruções a seguir:

1. Entre no site da Editora Juspodivm https://www.editorajuspodivm.com.br/, com seu login e senha;
2. Dentro de "Minha Conta", selecione a opção "Materiais Exclusivos" e clique no ícone de identificação do JusClass;
3. Em caso de dúvidas, esclarecimentos ou sugestões, acesse nossa Central de Atendimento https://www.editorajuspodivm.com.br/central-de-relacionamento

Caso tenha adquirido o seu exemplar em uma de nossas livrarias parceiras:

1. Acesse o QRCode abaixo;
2. Preencha o formulário com os dados solicitados;
3. Localize seu Código de Verificação - PIN, logo abaixo do QR Code;
4. Aguarde o e-mail com as informações de acesso;
5. Aproveite seu material!

PIN: JUS3626

Dirley da Cunha Júnior

Curso de Direito Administrativo

22ª edição

Revista, ampliada e atualizada

2024

EDITORA JusPODIVM

www.editorajuspodivm.com.br

EDITORA *Jus*PODIVM
www.editorajuspodivm.com.br

Rua Canuto Saraiva, 131 – Mooca – CEP: 03113-010 – São Paulo – São Paulo
Tel: (11) 3582.5757
• Contato: https://www.editorajuspodivm.com.br/central-de-relacionamento

Copyright: Edições *Jus*PODIVM

Diagramação: Equipe *Jus*PODIVM

Capa: Ana Caquetti

C972c Cunha Júnior, Dirley da
Curso de Direito Administrativo/Dirley da Cunha Júnior– 22.ed., rev., ampl. e atual. - São Paulo: Editora JusPodivm, 2024.

848p.

ISBN: 978-85-442-5288-8.

1. Direito Administrativo. I. Cunha Júnior, Dirley da. II. Título.

CDD 341.3

Bibliotecária responsável:
Ana Carolina Ribeiro Mois – CRB7 – RJ 007348/0

Nota à 22ª edição

Mais uma vez, cumpre-me, com imensa alegria e satisfação, agradecer a grande receptividade que teve este Livro, **Curso de Direito Administrativo**, junto aos alunos, acadêmicos e profissionais do Direito. Essa enorme acolhida, além de alimentar o natural carinho entre o autor e seus leitores, serve de motivação para o permanente enfrentamento e estudo analítico e crítico dos principais temas do Direito Administrativo, que integram o conteúdo deste Curso.

A 22ª edição segue os passos das edições anteriores, sendo fiel ao propósito de auxiliar o leitor, com seriedade, no estudo didático e compreensivo do Direito Administrativo.

O livro foi revisto, atualizado e ampliado, sobretudo em razão das últimas Emendas Constitucionais (a última, antes do fechamento desta edição, foi a EC nº 132/2023), das Leis e Decretos que foram publicadas após a edição anterior, **com destaque para a Lei** 14.770, de 22/12/2023, que alterou a Lei nº 14.133/2021 (Lei de Licitações e Contratos Administrativos), o Decreto nº 11.871, de 29/12/2023, que atualizou, a partir de 01.01.2024, os valores estabelecidos na Lei nº 14.133, de 1º de abril de 2021.

Foram colacionadas novas questões de provas de concursos públicos e jurisprudências dos Tribunais. Fizemos a atualização da jurisprudência do Supremo Tribunal Federal, notadamente em razão de algumas importantes mudanças de entendimento da Corte em certos temas.

Ademais disso, ampliamos a abordagem acerca da Administração Pública e do Regime Jurídico-Administrativo (capítulo I); da Organização Administrativa (capítulo IV); dos Serviços Públicos (capítulo VI); dos Servidores Públicos (capítulo VII); das Intervenções Estatais na Propriedade (capítulo X); da Licitação (capítulo XI); do Contrato Administrativo (capítulo XII); do Processo Administrativo (XIII); e da Improbidade Administrativa (capítulo XIV).

Agradeço as sugestões apresentadas por amigos, alunos e leitores de todo o país, esperando que esta edição logre a mesma acolhida que tiveram as edições anteriores.

Com um cordial abraço,

Salvador, maio de 2024.

Dirley da Cunha Júnior

Sumário

Capítulo IX

Capítulo XII

CAPÍTULO I

O direito administrativo, a administração pública e o regime jurídico-administrativo

1. O DIREITO ADMINISTRATIVO

1.1. Origem e Desenvolvimento do Direito Administrativo

Desde quando se organizou o Estado Moderno e se definiram seus limites e suas distintas funções, já existia, de algum modo, uma Administração Pública, dado a necessidade que teve aquela organização política de exercer atividade de cunho nitidamente administrativa para atender concretamente as necessidades básicas da coletividade. Todavia, o Direito Administrativo, como *disciplina jurídica autônoma* dessa atividade, é relativamente recente, tendo origem no final do século XVIII e início do século XIX.

Conforme já afirmou Oswaldo Aranha Bandeira de Mello[1], o direito administrativo "constitui disciplina própria do Estado Moderno, ou melhor, do chamado Estado de Direito, porque só então se cogitou de normas delimitadoras da organização do Estado-poder e da sua ação, estabelecendo balizas às prerrogativas dos governantes, nas suas relações recíprocas, e, outrossim, nas relações com os governados. Na verdade, o Direito Administrativo só se plasmou como disciplina autônoma quando se

1. MELLO, Oswaldo Aranha Bandeira de. *Princípios Gerais de Direito Administrativo*. Rio de Janeiro: Forense, 1979, v. I: 52.

prescreveu processo jurídico para atuação do Estado-poder, através de programas e comportas na realização das suas funções".

Costuma-se indicar a elaboração de uma lei francesa de 1800 (Lei de 28 do pluvioso ano VIII, conforme calendário da Revolução Francesa), que regulou a organização da Administração Pública daquele Estado, como *data de nascimento* do Direito Administrativo. Contudo, desde a deflagração dos movimentos revolucionários do século XVIII, com o florescimento do Estado de Direito, fundado nos princípios da legalidade e da separação das funções estatais, que se deu início, na França, a construção do Direito Administrativo, que passou a ter uma fisionomia de ramo autônomo do Direito principalmente por meio da elaboração jurisprudencial do Conselho de Estado francês de importantes institutos e princípios básicos que passaram a informar a novel disciplina jurídica.

O Direito Administrativo, portanto, nasceu com o Estado de Direito. É filho da revolução francesa, desta colhendo os seus principais fundamentos filosóficos relacionados à afirmação dos direitos individuais perante o Estado; à limitação do poder e subordinação do Estado ao império da lei e da jurisdição; e da responsabilização dos agentes públicos por seus atos arbitrários. Isto porque é o Direito, ao qual o Estado passou a se submeter, que regula as relações entre a Administração Pública e os administrados, assegurando a correta e legítima gestão do interesse público e garantindo os direitos dos administrados.

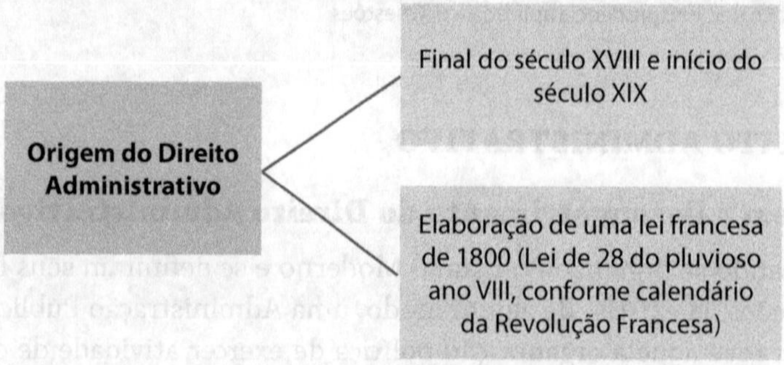

Na França, foi instituída, em 1817, a cadeira de Direito Administrativo na Universidade de Paris, cuja regência coube ao Barão De Gérando, que, em 1829, editou a obra *Institutes de droit Administratif français*. Em seguida, vieram à tona as obras de Foucart (*Élements de Droit Public et Administratif*, de 1832), Cormenin (*Droit Administratif*, de 1840), Chaveau (*Príncipes de Compétence et de Juridiction Administratif*, de 1841), Dufour (*Traité Général de Droit Administratif Aliqué*, de 1843), Macarel (*Cours d'Administration et de Droit Administratif*, de 1844-46), Laferrière (*Cours de Droit Public et Administratif*, de 1850), Vivien (*Études Administratif*, de 1859), Henri Berthélémy (*Précis Élementaire de Droit Administratif*, de 1889) e, entre outros, Maurice Hauriou (*Précis de Droit Administratif*, 1892).

Da França, seu país natal, o Direito Administrativo expandiu-se por toda a Europa e, posteriormente, para o resto do mundo.

Na Alemanha, destacamos as obras de Paul Laband (*Le Droit Public de l'Empire Allemand*), Otto Mayer (*Droit Administratif Allemand*), Jellinek (*Verwaltungsrecht*) e Forsthoff (*Tratado de derecho administrativo*).

Na Itália, salientamos as obras de Gian Domenico Romagnosi (*Principii fondamentali di Diritto Amministrativo*), Gianquinto (*Corso de diritto pubblico amministrativo*), Meucci (*Istituzioni di diritto amministrativo*), Orlando (*Primo trattato completo di diritto amministrativo italiano*), Ranelletti (*Principii di diritto amministrativo*), Alessi (*Diritto amministrativo italiano*) e Zanobini (*Corso di diritto amministrativo*).

No Brasil, o Direito Administrativo, que recebeu, na origem, forte influência do Direito Administrativo francês, ganhou seus primeiros passos com a instalação obrigatória da cadeira de Direito Administrativo, por força do Decreto Imperial 608, de 16 de agosto de 1851, nos cursos jurídicos existentes na época (Recife e São Paulo).

Do Direito Administrativo francês, considerada como berço da disciplina, o Direito Administrativo brasileiro recebeu importantes contribuições, destacando-se a adoção de teorias publicísticas em matéria de responsabilidade extracontratual das entidades estatais; a adoção do interesse público como eixo da atividade administrativa; o conceito de serviço público; a concessão de serviço público como forma de delegação da execução do serviço público ao particular; a teoria dos atos administrativos; a teoria dos contratos administrativos; a ideia de exorbitância em relação ao direito comum, aplicável aos particulares; e a teoria do desvio de poder.

Não se pode negar, outrossim, a influência do direito italiano na formação do direito administrativo brasileiro, como a noção de mérito administrativo, de autarquia e de interesse público.

Todavia, com a implantação da República acentuou-se a influência do Direito Público Norte-Americano, adotando-se todos os postulados do *rule of law* e do *judicial control*.

Ao longo do século XX, o Direito Administrativo brasileiro evoluiu significativamente com as transformações do próprio Estado de Direito em suas várias fases (liberal, social e democrático), alcançado o ápice de seu desenvolvimento com o advento da Constituição de 1988. De um modelo burocrático, o Direito Administrativo passou a priorizar um modelo de administração pública gerencial, orientada para o cidadão e para obtenção dos resultados, servindo-se da descentralização e do incentivo à criatividade e à inovação, utilizando o contrato de gestão como instrumento de controle dos gestores públicos. Com a Constituição de 1988, o Direito Administrativo prioriza o cidadão e a dignidade da pessoa humana, incorporando em seu conteúdo as importantes transformações provocadas pelo novo pensamento constitucional (força normativa da Constituição, normatividade dos princípios, centralidade dos direitos da pessoa humana, aplicação direta dos direitos fundamentais, nova interpretação jurídica, ampliação do controle judicial, substituição do princípio da legalidade pelo princípio da constitucionalidade, entre outros).

1.2. Conceito e Objeto do Direito Administrativo

A doutrina tem se servido de diversos critérios para conceituar o Direito Administrativo. Entre os critérios usualmente lembrados, destacam-se: o *legalista*, o do *poder executivo*, o do *serviço público*, o das *relações jurídicas*, o *teleológico*, o *negativista* e o da *administração pública*.

Pelo critério *legalista* ou *exegético*, adotado por autores como Barão De Gerando, Macarel, Foucart, De Courmenin, Dufour, entre outros, o Direito Administrativo é um conjunto de leis administrativas que regulam a Administração Pública de um determinado Estado. Esse critério foi bastante criticado, tendo em vista que limita o Direito Administrativo a um corpo de leis, desprezando os princípios jurídicos e os conceitos produzidos pelo trabalho da doutrina e jurisprudência.

Para o critério do *poder executivo*, defendido, entre outros, por Meucci, o Direito Administrativo é ramo do direito que regula os atos do Poder Executivo. Esse conceito não satisfaz, à medida que os Poderes Legislativo e Judiciário também editam atos administrativos disciplinados pelo Direito Administrativo.

Em consonância com o critério do *serviço público*, seguido por Duguit, Gastón Jèze e Bonnard, o Direito Administrativo consiste na disciplina que regula a instituição, a organização e a prestação dos serviços públicos. Esse critério é insuficiente, pois o Direito Administrativo também se ocupa da disciplina de outras atividades, distintas dos serviços públicos, como a atividade de polícia administrativa, de fomento e de intervenção.

Com base no critério das *relações jurídicas*, acolhido, entre outros, por Otto Mayer e Laferrière, o Direito Administrativo é um conjunto de normas que regulam as relações entre a Administração e os administrados. Esse critério não é útil para a definição do Direito Administrativo, porque as relações entre a Administração e os administrados também são reguladas por outros ramos do Direito, como o Constitucional, o Tributário, o Penal, o Processual Penal.

Pelo critério *teleológico* ou *finalístico*, sustentado por autores como Orlando, o Direito Administrativo é um sistema formado por princípios jurídicos que disciplinam a atividade do Estado para o cumprimento de seus fins. Tal critério também padece de imperfeições, porque associa o Direito Administrativo aos fins do Estado.

Para o critério *negativista* ou *residual*, defendido por Velasco e Fleiner, o Direito Administrativo compreende o estudo de toda atividade do Estado que não seja a legislativa e a jurisdicional. Não é bastante esse critério, pois limita o Direito Administrativo ao exame tão somente da atividade a ser empreendida.

Finalmente, nos termos do critério da *administração pública*, preconizado por Zanobini, Laubadère, Gabino Fraga, Ruy Cirne Lima e Hely Lopes Meirelles, entre outros, o Direito Administrativo consiste num conjunto de normas que regulam a Administração Pública.

Cremos que o conceito de Direito Administrativo não deve se prender a este ou àquele critério. Deve refletir a realidade jurídica do seu tempo e espaço, abrangendo o estudo das normas e das instituições que se propõem a tratar dos órgãos e entidades responsáveis pela realização da função administrativa. Assim, definimos o Direito Administrativo como um ramo do Direito Público que consiste num conjunto articulado e harmônico de normas jurídicas (normas-princípios e normas-regras) que atuam na disciplina da Administração Pública, de seus órgãos e entidades, de seu pessoal, serviços e bens, regulando uma das funções desenvolvidas pelo Estado: a função administrativa[2]. Tem por objeto específico, portanto, a *Administração Pública e o desempenho das funções administrativas.*

CONCEITO DE DIREITO ADMINISTRATIVO
Um ramo do Direito Público que consiste nu conjunto articulado e harmônico de princípios e regras que atuam na disciplina da Administração Pública, de seus órgãos e entidades, de seu pessoal, serviços e bens, regulando uma das funções desenvolvidas pelo Estado: a função administrativa.

Essas normas jurídico-administrativas encontram-se, no sistema jurídico brasileiro, dispostas em textos legislativos esparsos, que dispõem sobre as mais variadas matérias, como a licitação e os contratos administrativos (Lei nº 14.133/2021), o processo administrativo (Lei nº 9.784/99, que regula o processo administrativo no âmbito da Administração Pública Federal), os servidores públicos (Lei nº 8.112/90, que dispõe sobre o Regime Jurídico dos Servidores Públicos da União, das autarquias e das fundações públicas federais), as desapropriações (Decreto-lei nº 3.365/41, Lei nº 4.132/62 e Lei Complementar nº 76/93, que dispõem, respectivamente, sobre a desapropriação por utilidade pública, interesse social e interesse social para fins de reforma agrária), os bens públicos (Decreto-lei nº 25/37 e Decreto-lei nº 9.760/46, entre outros), as agências reguladoras (Leis nºs. 13.848/2019, 9.427/96, 9.472/97, 9.478/97, 9.782/99, 9.961/2000, 9.984/2000, 9.986/2000, 10.233/2001, etc.), as concessões e permissões de serviços públicos (Lei nº 8.987/95), as Organizações Sociais (Lei 9.637/98), as Organizações da Sociedade Civil de Interesse Público (Lei 9.790/99), as parcerias público-privada (Lei nº 11.079/2004), os consórcios públicos (Lei nº 11.107/2005), a Lei Anticorrupção (Lei 12.846/2013), o estatuto jurídico

---

2. Por opção metodológica, preferimos adotar um conceito conciso de Direito Administrativo, para depois destrinchá-lo juntamente com o exame da noção de *Administração Pública* e de *função administrativa*, que correspondem a seu objeto específico. Na doutrina, são encontradiços conceitos que se alinham com o acima ministrado, porém com o detalhamento da noção de Administração Pública. Com efeito, segundo Hely Lopes Meirelles, Direito Administrativo é um "conjunto harmônico de princípios jurídicos que regem os órgãos, os agentes e as atividades públicas tendentes a realizar concreta, direta e imediatamente os fins desejados pelo Estado" (*Direito Administrativo Brasileiro*, p. 38). Esse conceito de Hely é adotado integralmente por Diogenes Gasparini (*Direito Administrativo*, p. 05). Conceito semelhante é dado por Maria Sylvia Zanella Di Pietro, para quem o Direito Administrativo é "o ramo do direito público que tem por objeto os órgãos, agentes e pessoas jurídicas administrativas que integram a Administração Pública, a atividade jurídica não contenciosa que exerce e os bens de que se utiliza para a consecução de seus fins, de natureza pública" (*Direito Administrativo*, p. 52). Diogo de Figueiredo Moreira Neto, na mesma linha, leciona que o Direito Administrativo "é o ramo do Direito Público que estuda os princípios, preceitos e institutos que regem as atividades jurídicas do Estado e de seus delegados, as relações de subordinação e de coordenação delas derivadas e os instrumentos garantidores da limitação e do controle de sua legalidade, legitimidade e moralidade, ao atuar concreta, direta e imediatamente, na prossecução dos interesses públicos, excluídas as atividades de criação da norma legal e de sua aplicação judiciária contenciosa" (*Curso de Direito Administrativo*, p. 47).

da empresa pública, da sociedade de economia mista e de suas subsidiárias (Lei nº 13.303, de 30 de junho de 2016), etc.

Daí afirmar-se que o Direito Administrativo brasileiro é um Direito *não codificado*, uma vez que as suas normas não estão sistematizadas em um único documento legislativo.

As normas que compõem o Direito Administrativo atuam na regência da Administração Pública, disciplinando uma das atividades desenvolvidas pelo Estado. Desse modo, cumpre, doravante, conceituar *Administração Pública* e *função administrativa*, a fim de delimitar o objeto de interesse do Direito Administrativo e, consequentemente, apartá-lo do objeto de outras disciplinas jurídicas. Acentue-se, desde logo, que, por preocupar-se com a atividade realizada pela Administração Pública, o Direito Administrativo é ramo do Direito Público.

Antes, porém, algumas observações serão feitas a respeito das *fontes* e da *interpretação* do Direito Administrativo.

1.3. Fontes do Direito Administrativo

Fonte, no sentido comum, é tudo aquilo que origina ou produz; é origem, causa de alguma coisa. Entende-se por fonte do Direito, a origem, a sede do Direito; a sua nascente, de onde ele provém.

As fontes do Direito Administrativo, que constituem a origem da construção e produção desse ramo autônomo do Direito, são, basicamente, os *atos legislativos*, os *atos infralegais*, a *jurisprudência*, a *doutrina* e os *costumes*.

Entre os atos legislativos, temos a Constituição, as leis em geral (lei complementar, lei ordinária e lei delegada), as medidas provisórias, os decretos legislativos e as resoluções legislativas. São as fontes primárias do Direito Administrativo, à medida que inauguram a ordem jurídica, criando Direito novo. Advirta-se, porém, que a Constituição, em face da supremacia jurídica de suas normas, é a principal fonte do Direito em geral, e do Direito Administrativo em especial, tendo em vista que é a partir dela que se estrutura, organiza e fundamenta todo o sistema jurídico do Estado.

Já entre os atos infralegais, destacam-se os regulamentos, as instruções normativas, as portarias, as circulares, os despachos e pareceres administrativos. São fontes secundárias, pois não inovam a ordem jurídica, limitando-se a executar e complementar os atos legislativos, aos quais estão sujeitos.

A jurisprudência, que consiste num conjunto de decisões judiciais no mesmo sentido, também é uma importante fonte do Direito Administrativo, pois se ocupa em interpretar e aplicar os atos legislativos na resolução dos litígios de natureza administrativa. Conquanto não tenha a jurisprudência força obrigatória, ela representa importante guia de orientação aos juízes e tribunais na interpretação e aplicação das normas administrativas. A Constituição Federal de 1988, contudo, trouxe significativas novidades neste tema. Não só estabeleceu os efeitos vinculantes das decisões proferidas pelo Supremo Tribunal Federal na ação direta de inconstitucionalidade (ADI), na ação declaratória de constitucionalidade (ADC) e na arguição de descumprimento de preceito fundamental (ADPF)[3], como também criou a súmula vinculante[4]. Em ambos os casos, as decisões do STF vinculam e obrigam a Administração Pública direta e indireta dos Poderes da União, dos Estados, do Distrito Federal e dos Municípios.

A doutrina, que representa a opinião dos autores, juristas e cientistas ou teóricos do Direito, também vem sendo considerada uma relevante fonte do Direito Administrativo. Com efeito, é inegável o papel que desempenha a doutrina na construção e consolidação de novos paradigmas para a compreensão do Direito Administrativo, influenciando a própria produção legislativa e a interpretação judicial desse ramo do Direito. Colhe-se, como exemplo, a contribuição decisiva da doutrina para a afirmação de certas ideias, como a possibilidade do controle judicial do mérito administrativo; a vinculação direta do gestor público à Constituição, podendo aplicar diretamente as normas constitucionais para a solução dos casos concretos, independentemente de lei, inclusive com a autoridade de até afastar a lei, quando reputada inconstitucional; a mudança de entendimento em torno do princípio da supremacia do interesse público sobre os interesses particulares[5], etc.

Os costumes são entendidos como normas não-escritas que consubstanciam a existência de um comportamento, uniforme e constantemente reiterado e seguido por todos. Nada obstante tenham perdido sua importância nas últimas décadas, sobretudo em razão dos novos princípios que conformam a Administração Pública, os costumes ainda vêm tendo certa utilidade, desempenhando o papel de colmatar as lacunas ou omissões dos atos legislativos e de auxiliar à sua interpretação e aplicação. Evidentemente, não podem os costumes contrariar os atos legislativos, mas apenas auxiliar a sua compreensão e incidência.

1.4. Interpretação do Direito Administrativo

Entende-se por interpretação jurídica a atividade prática de revelar o sentido e o alcance dos enunciados normativos. A interpretação do Direito Administrativo consiste na atividade de identificar o sentido e o alcance de seus preceitos normativos.

Conquanto a interpretação do Direito Administrativo compartilhe das mesmas regras de interpretação jurídica em geral[6], há um certo consenso doutrinário no senti-

3. Eis o que preceitua o § 2° do art. 102 da CF/88, na redação dada pela EC n° 45/2004: "As decisões definitivas de mérito, proferidas pelo Supremo Tribunal Federal, nas ações diretas de inconstitucionalidade e nas ações declaratórias de constitucionalidade produzirão eficácia contra todos e efeito vinculante, relativamente aos demais órgãos do Poder Judiciário e à administração pública direta e indireta, nas esferas federal, estadual e municipal".
4. Conferir o que prevê o art. 103-A da CF/88, incluído pela EC n° 45/2004: "O Supremo Tribunal Federal poderá, de ofício ou por provocação, mediante decisão de dois terços dos seus membros, após reiteradas decisões sobre matéria constitucional, aprovar súmula que, a partir de sua publicação na imprensa oficial, terá efeito vinculante em relação aos demais órgãos do Poder Judiciário e à administração pública direta e indireta, nas esferas federal, estadual e municipal, bem como proceder à sua revisão ou cancelamento, na forma estabelecida em lei". Ademais, prescreve o § 3° do mesmo art. 103-A: "Do ato administrativo ou decisão judicial que contrariar a súmula aplicável ou que indevidamente a aplicar, caberá reclamação ao Supremo Tribunal Federal que, julgando-a procedente, anulará o ato administrativo ou cassará a decisão judicial reclamada, e determinará que outra seja proferida com ou sem a aplicação da súmula, conforme o caso".
5. A respeito, conferir o nosso *Curso de Direito Constitucional*, 2ª ed, Salvador, ed. Juspodivm, 2008, pp. 48-50.
6. De modo que é possível a interpretação literal, histórica, sistemática, teleológica, extensiva, restritiva, declaratória, judicial, legislativa, administrativa, doutrinária, autêntica e popular das normas do Direito Administrativo.

do de que a interpretação desse ramo do Direito deve observar os seguintes critérios: 1) a desigualdade jurídica entre a Administração e os administrados; 2) a presunção de legitimidade dos atos da Administração; e 3) a necessidade de poderes discricionários para a Administração melhor atender ao interesse público.

De fato, na relação entre a Administração e os administrados, a Administração age com autoridade, com supremacia sobre os administrados, desfrutando de importantes prerrogativas para atender com desvelo os interesses da coletividade. Nesse contexto, é inegável a existência de uma *desigualdade jurídica* entre a Administração e os administrados, devendo o intérprete das normas administrativas ter essa circunstância em conta, respeitando-se, obviamente, os direitos dos administrados.

Os atos da Administração Pública, por outro lado, devem ser interpretados como legítimos, até demonstração em contrário. Vale dizer, milita em favor dos atos da Administração a presunção de que foram editados com a observância da ordem jurídica. Essa presunção, contudo, não é absoluta (cuida-se de presunção *juris tantum* ou relativa), podendo ser afastada quando se demonstrar a ilegitimidade do ato, cabendo ao administrado ou a terceiro essa prova.

O intérprete, ademais, deve procurar reconhecer, salvo disposição legal em contrário, os poderes discricionários da Administração, com os quais ela pode adotar a providência que seja mais adequada e equilibrada ao caso concreto, visando sempre o bem comum.

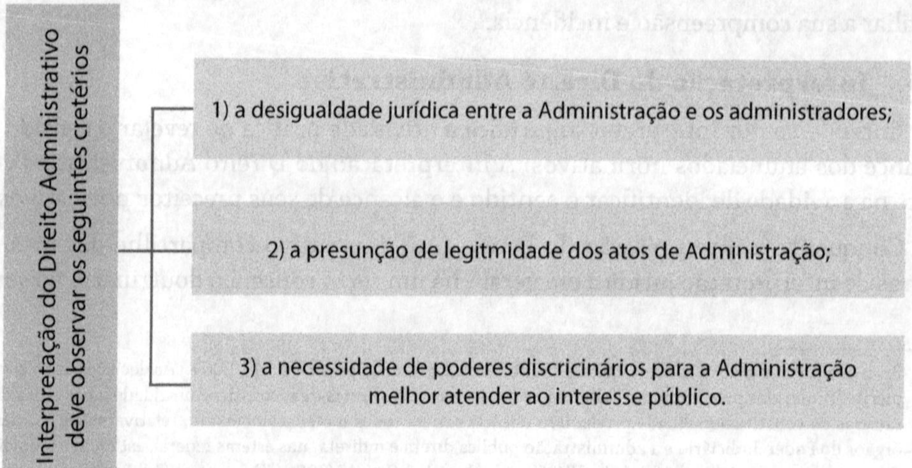

2. A ADMINISTRAÇÃO PÚBLICA

2.1. Estado

O Estado é um fenômeno político que decorreu de um processo histórico de experiência nos diversos povos do mundo, cujo conceito vem evoluindo desde a antiguidade, a partir da *Polis* grega e da *Civitas* romana. A própria expressão "Estado", com o sentido com o qual é empregado modernamente, só se tornou conhecida no início da idade Média.

Não se pretende aqui ingressar na discussão das diversas teorias justificadoras e esclarecedoras do conceito de Estado[7]. Objetiva-se apenas focalizar o Estado – *enquanto núcleo social politicamente organizado e ordenado, com um poder soberano, exercido em um território, com um povo, para o cumprimento de finalidades específicas*[8] – a partir de suas funções essenciais, que, ordinariamente, compreendem as funções legislativas, judiciais e executivas (ou administrativas), todas concebidas em torno da noção de "Lei", cumprindo, essencialmente, às funções legislativas a elaboração da lei, às funções judiciais a aplicação da lei na solução concreta dos conflitos de interesse e, finalmente, às funções executivas (ou administrativas) a execução, de ofício, da lei na gestão concreta, direta e imediata dos interesses da coletividade.

O Direito Administrativo preocupa-se fundamentalmente com a disciplina dessa última função do Estado: a *função executiva ou administrativa*, que se presta a executar, de ofício, a lei, administrando os negócios coletivos, satisfazendo as necessidades públicas e atuando concretamente no interesse do bem estar geral da coletividade.

2.2. Administração Pública

Numa definição bem singela, a Administração Pública corresponde à face do Estado (o Estado-Administração) que atua no desempenho da função administrativa, objetivando atender concretamente os interesses coletivos.

A Administração Pública pode ser concebida num duplo sentido:

a) *Sentido subjetivo, formal ou orgânico*; e

b) *Sentido objetivo, material ou funcional.*

No sentido *subjetivo*, *formal* ou *orgânico*, a Administração Pública compreende um conjunto de entidades jurídicas (de direito público ou de direito privado), de órgãos públicos e de agentes públicos, que formam o aparelhamento orgânico e compõem a estrutura formal da Administração. Por esse sentido, leva-se em conta o sujeito da Administração.

No sentido *objetivo*, *material* ou *funcional*, a Administração Pública corresponde a um conjunto de funções ou atividades de caráter essencialmente administrativo, consistentes em realizar concreta, direta e imediatamente os fins constitucionalmente

7. Recomenda-se conferir: Nélson de Sousa Sampaio, *Prólogo à Teoria do Estado (Ideologia e Ciência Política)*, 2ª ed., Rio de Janeiro: Forense, 1960; Dalmo de Abreu Dallari, *Elementos de Teoria Geral do Estado*, 19ª ed., São Paulo: Saraiva, 1995; Miguel Reale, *Teoria do Direito e do Estado*, 5ª ed., São Paulo: Saraiva, 2003; Darcy Azambuja, *Teoria Geral do Estado*, 35ª ed., São Paulo: Globo, 1996; Sahid Maluf, *Teoria Geral do Estado*, 26ª ed., São Paulo: Saraiva, 2003; Paulo Bonavides, *Teoria do Estado*, 3ª ed., São Paulo: Malheiros, 1995; Georg Jellinek, *Teoria General del Estado*, Buenos Aires: Albatroz, 1954; Giorgio Del Vecchio, *Studi Sullo Stato*, Milão: Giuffrè, 1958; Hans Kelsen, *Teoria General del Estado*, México: Nacional, 1959; Georges Burdeau, *L'État*, Paris: Ed. du Seuil, 1970; Hermann Heller, *Teoria del Estado*, México: Fondo de Cultura Econômica, 1947.

8. Conforme Giorgio Balladore Pallier, *Diritto Costituzionale*, p. 14, o Estado é uma *ordenação* que tem por *fim* específico e essencial a regulamentação global das relações sociais entre os membros de uma dada *população* sobre um dado *território*.

atribuídos ao Estado. Nesse sentido, toma-se em consideração a função administrativa.

HELY LOPES MEIRELLES[9], a propósito, bem esclarece que a atividade administrativa é concreta, para diferençá-la da atividade abstrata do Estado, exercida pelo Legislativo, que é elaborar leis. Assim, a atividade administrativa é concreta no sentido de que *executa*, de ofício, a lei. É, ademais, direta, para distingui-la da atividade indireta do Estado, desempenhada pelo Judiciário, que, como um terceiro desinteressado e substituindo-se às partes, compõe, nos casos concretos, os conflitos de interesses. No exercício da função administrativa não existe o caráter de substitutividade, pois havendo controvérsia em seu âmbito, é a própria Administração que toma a decisão para dirimi-la. Finalmente, é imediata para separá-la da atividade social do Estado, que é mediata (ex.: previdência e assistência sociais). No desempenho da função administrativa, cumpre ao Estado provê imediatamente as necessidades coletivas, que não podem ser satisfeitas pelo próprio administrado. Em suma, diz-se que a atividade administrativa é concreta, direta e imediata porque a Administração Pública age *concretamente* (com injunções e regulamentações, pondo em execução a vontade abstrata do Estado contida na lei), *diretamente* (sem intermediações ou substituições) e *imediatamente* perante os administrados, prestando os serviços públicos e atendendo as necessidades coletivas, visando o bem-estar geral da comunidade, realizando os fins constitucionais do Estado.

Ademais, é importante esclarecer que não é o Direito Administrativo que estabelece os fins do Estado. É a Constituição que fixa esses fins, notadamente quando a Carta Magna apresenta-se como uma Constituição dirigente, composta de normas que estabelecem fins, metas, programas e diretrizes vinculantes e obrigatórias para o Estado. Cumpre tão somente ao Direito Administrativo realizá-los, com as características de ser concreta, direta e imediata a sua atuação.

Assim, conjugando os dois sentidos (*subjetivo* e *objetivo*), pode-se definir a Administração Pública, que constitui o *objeto específico* do Direito Administrativo, como um conjunto de pessoas ou entidades jurídicas (de direito público ou de direito privado), de órgãos públicos e de agentes públicos, que estão, por lei, incumbidos do *dever-poder*[10] de exercer a função ou atividade administrativa, consistente em realizar concreta, direta e imediatamente os fins constitucionalmente atribuídos ao Estado. Na doutrina, a expressão *Administração Pública*, grafada em maiúsculas, indica o *ente* que exerce a gestão dos negócios públicos, ou seja, o Estado-administrador (entidades e órgãos administrativos), aqui tomado em sentido estrito, excludente do Estado-legislador e Estado-juiz. Já a expressão *administração pública*, grafada em minúsculas, indica *atividade* ou *função administrativa*.

---

9. Hely Lopes Meirelles. *Direito Administrativo Brasileiro*, p. 38.
10. Compartilhamos com a posição de Celso Antonio Bandeira de Mello, *Curso de Direito Administrativo*, p. 69, segundo a qual, por cuidar a atividade administrativa de desempenho de função pública, os sujeitos da Administração Pública têm o *dever* de exercê-la, dispondo, para seu fiel exercício, de poderes instrumentais, que são *servientes* do dever. Assim, propõe o ilustrado autor inverter os termos do conhecido binômio *poder-dever* (nomenclatura divulgada a partir de Santi Romano) para *dever-poder*, pois a tônica reside na ideia de *dever*, não de poder.

Conceito de Administração Pública	→	É o Estado-gestor que consiste em um conjunto de pessoas ou entidades jurídicas (de direito público ou de direito privado), de órgãos públicos e de agentes públicos, que estão, por lei, incumbidos do *dever-poder* de exercer a função ou atividade administrativa, consiste em realizar concreta, direta e imediatamente os fins constitucionais atribuídos ao Estado.

Neste conceito, necessariamente extenso, compreendemos os *sujeitos* e as *atividades* administrativas **exercidas pelos três Poderes** (Legislativo, Executivo e Judiciário).

De fato, embora quando se fala de Administração Pública tem-se a impressão de que se está falando do Poder Executivo, uma vez que cumpre aos seus agentes, órgãos e entidades a função *típica* de gerir os negócios públicos de *interesse imediato* da coletividade, prestando, assim, os serviços públicos e exercendo o controle das atividades individuais que potencialmente possam afetar os interesses da comunidade, etc., é inolvidável que os Poderes Legislativo e Judiciário, por meio de seus sujeitos administrativos, também desempenham certas atividades administrativas, porém como função *atípica* ou *auxiliar* destes Poderes, necessárias para a realização de suas próprias funções essenciais, havendo nesse âmbito, decerto, uma Administração Pública. É por esse motivo que o art. 37, *caput*, fala em Administração Pública direta e indireta de *qualquer dos Poderes* da União, dos Estados, do Distrito Federal e dos Municípios.

É preciso esclarecer essa nossa afirmação, para tanto nos valendo da hodierna teoria constitucional da divisão das funções estatais (ou, como tradicionalmente, e não sem equívoco, designada, de separação de Poderes). Os Poderes estatais desempenham, para além de suas funções típicas ou prioritárias, funções atípicas ou secundárias. As funções típicas correspondem àquelas que os Poderes exercem com predominância, mas não com exclusividade. E as funções atípicas correspondem às funções típicas dos outros Poderes, exercidas como atividade ancilar das funções principais de cada Poder. Assim, o Executivo, além de exercer sua função típica (que é realizar, em caráter preponderante, a atividade administrativa), desempenha, outrossim, as funções atípicas de legislar (Ex.: Medidas Provisórias, Leis Delegadas e atos normativos em geral, como os decretos regulamentares) e de julgar (Ex.: processos administrativos disciplinares), que irão subsidiar a sua atividade de administrar os interesses da coletividade. O Legislativo, para além de sua função típica (que é elaborar leis), também exerce as funções atípicas de administrar (seus órgãos, seus servidores, sua atividade administrativa, seus atos administrativos, etc.) e julgar (Presidentes da República, Ministros do STF, os Conselheiros do CNJ e CNMP, o AGU e o PGR nos crimes de responsabilidade, conforme o art. 52, I e II, c/c parágrafo único, da CF/88). Finalmente, o Judiciário, que exerce sua função típica de julgar, compondo os litígios, desempenha funções atípicas, quando administra (tem órgãos administrativos e servidores, pratica atos administrativos, realiza licitações, etc.) e legisla (quando elabora seu regimento interno e apresenta projetos de leis, por exemplo).

Reitere-se que as funções administrativas exercidas pelos Poderes Legislativo e Judicial, são funções *meramente auxiliares ou de apoio* ao desempenho de suas respectivas funções típicas, *sem reflexo imediato na coletividade*, uma vez que não cumpre a estes poderes prestar serviços públicos ou realizar qualquer função de gestão do interesse da comunidade (como calçamento de ruas, coleta de lixo e limpeza pública, construção e manutenção de rodovias e prestar os serviços públicos em geral)[11].

Advirta-se, porém, que a função ou atividade administrativa não se resume a serviços públicos, como fazem crer alguns autores[12]. Ela compreende, hodiernamente, no mais das vezes, a prestação dos *serviços públicos*, o exercício do *poder de polícia administrativa*, a atividade de *fomento* e a atividade de *intervenção*[13], que podem, resumidamente, ser assim expostos:

Os *serviços públicos* consistem na atividade desempenhada pela Administração Pública, por meio de seus próprios órgãos ou entidades, ou por concessionárias, permissionárias ou autorizatárias, direcionada a proporcionar utilidades ou comodidades a serem usufruídas pelos administrados como modo de satisfação de suas necessidades.

A *polícia administrativa* consiste na atividade de conter ou restringir o exercício das liberdades e o uso, gozo e disposição da propriedade, tendo por fim adequá-las aos interesses públicos e ao bem estar social da comunidade. Manifestam-se, ora por comandos gerais e abstratos (através de regulamentos, por ex.), ora por injunções concretas e individuais (interdições, embargos, etc.), ora mediante atividade preventiva de controle (necessidade de alvará de autorização e de licença para certas atividades), ora mediante fiscalização.

O *fomento* é atividade de incentivo à iniciativa privada de utilidade pública. Destina-se a subsidiar, por meio de dotações orçamentárias específicas ou por outras vias (ex.: permissão gratuita de uso de bem público; instituição de contribuições parafiscais, etc.), as entidades do chamado terceiro setor, que não obstante da iniciativa privada, não têm fins lucrativos e exercem atividade de interesse público, colaborando com o Estado.

Finalmente, a atividade de *intervenção* compreende a atuação *direta* do Estado no domínio econômico, através de suas entidades empresariais (sociedades de economia mista e empresas públicas), a atuação *indireta* do Estado por meio da regulamentação e da fiscalização da atividade econômica de natureza privada, para conter certos abusos ocorrentes nesse domínio como os *cartéis*, os *trustes* e os *dumping's*, que são práticas que visam a eliminação da concorrência, e, finalmente, a atuação do Estado sob a forma de *monopólio* de certas atividades.

Todavia, com o crescimento das finalidades do Estado, por vezes revela-se difícil identificar as funções ou atividades administrativas. Por essa razão, talvez seja melhor conceituar a administração pública, sob o ângulo funcional, de *forma remanescente* ou

11. Também nesse sentido, MEDAUAR, Odete. *Direito Administrativo Moderno*, p. 34.
12. Hely Lopes, por exemplo, quando divulga seu conceito de serviços públicos dá a entender que estes correspondem a toda a atividade administrativa (op. cit., p 316).
13. Nesse sentido Maria Sylvia Zanella Di Pietro, op. cit., p. 59-60.

por exclusão, como o conjunto de funções ou atividades públicas que não correspondam às legislativas e jurisdicionais[14].

2.3. Função Administrativa e Função Política (ou de Governo)

Sabe-se que, no sistema presidencial de governo, o chefe do Poder Executivo concentra as funções políticas (ou de governo) e de administração. Assim, as funções de governo e as funções administrativas são exercidas, no âmbito do Executivo, pelo mesmo agente público.

Daí, surge a necessidade de se distinguir essas duas funções, tendo em vista que só a função administrativa interessa ao Direito Administrativo.

As funções de governo são aquelas que se relacionam com a superior gestão da vida política do Estado e indispensáveis à sua própria existência. Ou, como assinala Renato Alessi, são funções que implicam "uma atividade de ordem superior referida à direção suprema e geral do Estado em seu conjunto e em sua unidade, dirigida a determinar os fins da ação do Estado, a assinalar as diretrizes para as outras funções, buscando a unidade da soberania estatal"[15]. Assim, são exemplos de funções de governo, a iniciativa de leis pelo chefe do Executivo, a sanção, o veto, a decretação da intervenção federal, do Estado de Defesa e do Estado de Sítio, a celebração de tratados internacionais, bem assim as decisões políticas que fixam as diretrizes ou planos governamentais, que são executadas pela Administração Pública no desempenho da função administrativa.

As funções administrativas são aquelas predispostas à gestão dos interesses da coletividade, através de comandos infralegais ou infraconstitucionais. Relativamente às funções administrativas, a doutrina vem se baseando nos seguintes *critérios* para identificá-las: 1) o critério *subjetivo* ou *orgânico*; e 2) o critério *objetivo*, que se divide em dois: 2a) critério *objetivo material* e 2b) critério *objetivo formal*.

O critério *subjetivo* ou *orgânico* leva em conta o sujeito responsável pelo exercício da função administrativa, de modo que, para este critério, o que identifica a função é o sujeito que a exerce. Esse critério é inaceitável, tendo em vista que não existe qualquer relação de correspondência entre um sujeito e uma determinada função. O que há, e já foi dito acima, é uma predominância de funções em relação aos sujeitos responsáveis. Assim, apesar de a função administrativa ser típica ou predominantemente do Poder Executivo, é inegável que os outros Poderes também exercem funções administrativas, de tal sorte que não é o sujeito que define a natureza da função.

---

14. Nesse sentido, Agustín Gordillo, *Tratado de Derecho Administrativo*, 4ª ed., Buenos Aires: Macchi, 1997, t. 1, p. 7-9 e Diogo de Figueiredo Moreira Neto, *Curso de Direito Administrativo*, 13ª ed., rev., ampl. e atual., Rio de Janeiro: Forense, 2003, p.24, para quem função administrativa é "uma atividade estatal remanescente, definida por exclusão da normativa e da jurisdicional, de modo que, como se pode antever, se estende sobre um vasto campo de competências, tão amplo e elástico conforme a doutrina política adotada confira ao Estado maior ou menor gama de atribuições administrativas".
15. *Instituciones de derecho administrativo*, Buenos Aires: Bosch, Casa Editorial, p. 7 e ss, 1970, t. 1.

O critério *objetivo material* busca identificar a função a partir de seu próprio conteúdo, isto é, de seus elementos intrínsecos, independentemente do sujeito ou poder que a exerça.

Já o critério *objetivo formal* pretende reconhecer a função a partir do regime jurídico ao qual se encontra submetida.

Entre os critérios apontados, o que melhor satisfaz é o critério *objetivo material*, à medida que procura definir a função administrativa examinando o seu conteúdo. Assim, independente do sujeito ou poder que a exerça ou do regime jurídico em que se situa, a função é administrativa quando destinada a atender, por meio da execução dos atos legislativos e de maneira direta e imediata, o interesse da coletividade.

3. O REGIME JURÍDICO-ADMINISTRATIVO

3.1. Conceito

O Direito Administrativo, já se disse, é um conjunto de normas jurídicas – notadamente de normas-princípios – que regem os *sujeitos* da Administração Pública e as *funções administrativas* que estes desempenham. Possui, destarte, um *regime jurídico próprio*, indispensável à sua autonomia científica, enquanto ramo do Direito informado por princípios que lhe são peculiares. Esse regime é designado usualmente como *regime jurídico-administrativo*, constituído por aquele arsenal normativo principiológico que conforma toda a Administração Pública, quanto a seus *sujeitos* e às suas *atividades*. Enfim, como bem ressalta o ilustre Celso Antônio Bandeira de Mello, "só se pode, portanto, falar em Direito Administrativo, no pressuposto de que existam princípios que lhe são peculiares e que guardem entre si uma relação lógica de coerência e unidade compondo um sistema ou regime: o regime jurídico-administrativo"[16].

O regime jurídico-administrativo, portanto, é o regime jurídico ao qual se encontra submetida a Administração Pública direta e indireta. Compreende um conjunto de princípios constitucionais que governam toda a atuação dos agentes públicos no desempenho das funções administrativas, conformando integralmente a Administração Pública.

Mas esclareça-se, desde logo, que não se pode confundir **regime jurídico-administrativo** com **regime jurídico da Administração Pública**[17].

O **regime jurídico-administrativo** é um regime essencialmente de direito público, constituído de princípios e regras constitucionais; já o **regime jurídico da Administração Pública** é mais amplo na medida em que compreende tanto o regime de direito público (o *regime jurídico-administrativo*) como o regime de direito privado, ao qual a Administração Pública também pode se submeter.

Isto porque, há entidades da Administração Pública que têm personalidade jurídica de direito privado, subordinando-se, por expressa determinação constitucional, ao direito privado. É o caso, por exemplo, da empresa pública, da sociedade de economia

16. Op. cit., p. 25.
17. Conferir, a propósito, DI PIETRO, Maria Sylvia Zanella. *Direito Administrativo*. 26ª Ed., São Paulo: Atlas, p. 61.

mista e de suas subsidiárias que explorem atividade econômica de produção ou comercialização de bens ou de prestação de serviços, que, por força do art. 173, § 1º, da Constituição Federal, estão sujeitas ao regime jurídico próprio das empresas privadas, inclusive quanto aos direitos e obrigações civis, comerciais, trabalhistas e tributários.

Todavia, cumpre advertir que mesmo sendo aplicável o regime jurídico de direito privado à Administração Pública, esse regime jamais será integral e exclusivamente privado, na medida em que sempre haverá normas de direito público regulando a atuação destas entidades da Administração Pública. É o que ocorre, por exemplo, quando a empresa pública e a sociedade de economia mista precisam contratar seus empregados, devendo se submeter ao princípio constitucional do concurso público (art. 37, II); e quando pretendem a contratação de obras, serviços, compras e alienações, devendo observar, além de outros princípios da administração pública, o princípio da licitação.

Relativamente ao *regime jurídico-administrativo*, o *caput* do art. 37 faz referência expressa a cinco princípios constitucionais da Administração, quando assevera que a administração pública direta e indireta de qualquer dos Poderes da União, dos Estados, do Distrito Federal e dos Municípios *obedecerá* aos princípios de *legalidade*, *impessoalidade*, *moralidade*, *publicidade* e *eficiência*. Contudo, na parte final de sua redação, o dispositivo em comento conclui afirmando: *e, também, ao seguinte*. Logo após, elenca, em incisos e parágrafos, diversas exigências e condições à Administração Pública, que também integram o chamado regime jurídico-administrativo. Assim, além dos cinco princípios expressados no *caput* do art. 37, há outros princípios previstos, decorrentes dos incisos e parágrafos que integram o preceito comentado e que serão objeto de anotações mais adiante.

O regime jurídico-administrativo foi construído a partir de dois grandes princípios jurídicos que governam todo o Direito Administrativo:

a) O **princípio da supremacia do interesse público sobre os interesses privados**; e
b) O **princípio da indisponibilidade do interesse público**.

Segundo Celso Antônio Bandeira de Mello, todo o Direito Administrativo está assentado sobre estes dois princípios magnos. Daí falar-se em *binômio* ou *bipolaridade* do Direito Administrativo.

Esses princípios conferem, de um lado, **prerrogativas** de autoridade aos sujeitos da Administração (necessárias para a garantia da supremacia do interesse público) e, de outro lado, impõem **sujeições** ou **restrições** a estes mesmos sujeitos, (necessárias para a garantia da indisponibilidade do interesse público e da proteção dos direitos individuais perante os excessos do poder).

Os princípios da **supremacia** e **indisponibilidade** do interesse público representam, por assim dizer, os pilares da Administração Pública.

Em face da supremacia do interesse público, a Administração Pública, a quem cumpre curá-lo, goza de significativas prerrogativas, de modo que, com fundamento nele e para bem servir os interesses coletivos, pode intervir na propriedade privada (com as limitações e servidões administrativas, as ocupações temporárias, as requisições administrativas, o tombamento e a desapropriação); rever os seus próprios atos, corrigindo-os diretamente, por meio da revogação e da invalidação (poder de autotutela); executar diretamente grande parte de seus atos, que se presumem legítimos e verídicos; alterar e rescindir unilateralmente os contratos administrativos que celebra; ostentar posição de privilégio diante dos particulares, uma vez que desfruta de prazos dilatados nos processos judiciais para todas as suas manifestações processuais (prazo em dobro para todas as suas manifestações processuais, nos termos do art. 183 do NCPC, salvo quando a lei estabelecer, de forma expressa, prazo próprio para o ente público), além de juízo privativo (vara de Fazenda Pública) e de processo de execução específico de seus débitos (através de precatórios), etc. É importante advertir, com Celso Bandeira de Mello[18], que essas prerrogativas decorrentes da supremacia do interesse público sobre o interesse privado só podem ser empregadas legitimamente para satisfazer os interesses públicos, e não para atender os interesses ou conveniências tão-somente do aparelho estatal e muito menos dos agentes públicos.

Todavia, em razão da indisponibilidade do interesse público, os próprios sujeitos da Administração Pública, aos quais cumprem zelá-lo, não têm a disponibilidade sobre ele. Têm, isto sim, o dever de protegê-lo e conservá-lo nos estritos termos das finalidades públicas legalmente preestabelecidas. Por isso mesmo, a Administração Pública submete-se a sujeições ou restrições, decorrentes da necessidade de proteção dos direitos dos administrados, que "limitam a sua atividade a determinados fins e princípios que, se não observados, implicam desvio de poder e consequente nulidade dos atos da Administração"[19].

Desses dois grandes princípios jurídicos – *princípio da supremacia do interesse público sobre o interesse privado* e *princípio da indisponibilidade do interesse público* – decorrem outros princípios que compõem, juntamente com aqueles, o conteúdo do regime jurídico-administrativo. Vejamos a seguir os de maior destaque, esclarecendo que tais princípios gozam de *força normativa* e *imediata aplicabilidade*, não dependendo de lei formal para produzirem os seus efeitos e vincularem a Administração, como, a propósito, já decidiu o STF: "Administração pública. Vedação nepotismo. Necessidade de lei formal. Inexigibilidade. Proibição que decorre do art. 37, *caput*, da CF. (...) Embora restrita ao âmbito do Judiciário, a Resolução 7/2005 do Conselho Nacional da Justiça, a prática do nepotismo nos demais Poderes é ilícita. A vedação do nepotismo não exige a edição de lei formal para coibir a prática. **Proibição que decorre diretamente dos princípios contidos no art. 37, *caput*, da Constituição Federal**. Precedentes. RE conhecido e parcialmente provido para anular a nomeação do servidor, aparentado com agente político, ocupante de cargo em comissão." (RE 579.951, Rel. Min. Ricardo Lewandowski, julgamento em 20-8-08, *DJE* de 24-10-08). (grifos nossos).

18. Ibidem, p. 33.
19. Maria Sylvia Zanella Di Pietro, op. cit., p. 66.

3.2. Conteúdo

3.2.1. *Considerações gerais acerca dos princípios jurídicos*

O *direito positivo*, como o objeto da ciência jurídica, nada mais é do que uma *ordem coativa de conduta humana*. Vale dizer, uma ordem coativa hierarquizada e escalonada de normas jurídicas prescritivas de conduta humana. As normas jurídicas, por sua vez, formam um sistema, na medida em que se relacionam reciprocamente, segundo um princípio unificador. Todas as normas jurídicas do sistema convergem, segundo Kelsen[20], para um único ponto – a norma fundamental, ou seja, a Constituição – que imprime unicidade e validade a todo o sistema normativo.

Nesse contexto, tem-se por sistema o conjunto ordenado e organizado de partes (normas jurídicas) componentes de um todo unitário, relacionadas entre si e interdependentes. O sistema jurídico consiste exatamente na reunião ou composição, *numa perspectiva unitária*, ordenada e organizada, coerente e harmônica, das diversas unidades normativas.

O princípio jurídico se destaca como a *pedra angular* desse sistema de normas. Ou, poder-se-á afirmar, aqui apressadamente, que os princípios de Direito consagram os *valores*[21] (democracia, liberdade, igualdade, segurança jurídica, dignidade, estado de direito, etc.) fundamentadores do sistema jurídico, orientadores de sua exata compreensão, interpretação e aplicação e, finalmente, supletivos das demais fontes do direito (tridimensionalidade funcional dos princípios).

Os princípios jurídicos, outrora considerados como meros instrumentos secundários ou auxiliares na função integrativa do direito, são considerados, hodiernamente, em razão do novo sopro que oxigena a ciência jurídica contemporânea, chamado *pós-positivismo*, como verdadeiras *normas jurídicas*, as mais importantes de todas, responsáveis pela harmonia e coerência do sistema jurídico, que condiciona a própria validade desse sistema.

Em primorosa e tão alardeada definição, Celso Antônio Bandeira de Mello entende o princípio como um "mandamento nuclear de um sistema, verdadeiro alicerce dele, disposição fundamental que se irradia sobre diferentes normas compondo-lhes o espírito e servindo de critério para sua exata compreensão e inteligência exatamente por definir a lógica e a racionalidade do sistema normativo, no que lhe confere a tônica e lhe dá sentido harmônico. É o conhecimento dos princípios que preside a intelecção das diferentes partes componentes do todo unitário que há por nome sistema jurídico positivo"[22].

---

20. Kelsen, Hans. *Teoria Pura do Direito*, Martins Fontes, São Paulo, 2000.
21. O eminente professor da PUC-SP Paulo de Barros Carvalho, em conferência sobre *O princípio da anterioridade em matéria tributária*, publicada na Revista de Direito Tributário, volume 63, Malheiros, p. 98, afirma, com base na teoria das relações, que valor é uma relação. "*É uma relação que se estabelece entre o sujeito do conhecimento e o objeto que ele pretende conhecer*". No âmbito dessa relação, entende o citado cientista do Direito que o homem, em função de suas necessidades, acaba atribuindo valores ao objeto contemplado, ou seja, atribuindo qualidades positivas ou negativas a esse objeto. Assim, conclui o mestre que a atribuição de valores se dá em função de necessidades que o homem experimenta frente ao objeto que pretende conhecer.
22. *Curso de Direito Administrativo*, Malheiros, 13ª ed., p. 771-772.

Para nós, porém sem divergir dos conceitos acima, os princípios jurídicos são *normas jurídicas fundamentais de um sistema jurídico, dotadas de intensa carga valorativa, e por isso mesmo superiores a todas as outras, que se espraiam, explícita ou implicitamente, por todo o sistema, dando-lhe o fundamento e uma ordenação lógica, coerente e harmoniosa. Em razão de sua força normativa e da elevada carga axiológica, os princípios determinam o conteúdo das demais normas e condicionam a compreensão e aplicação destas à efetivação dos valores que eles consagram. São, em síntese apertada, as fundações normativas vinculantes de um dado sistema jurídico.*

Paulo Bonavides destaca que, na qualidade de princípios constitucionais, "postos no ponto mais alto da escala normativa, eles mesmos, sendo normas, se tornam, doravante, as normas supremas do ordenamento. Servindo de pautas ou critérios por excelência para a avaliação de todos os conteúdos normativos, os princípios, desde sua constitucionalização, que é ao mesmo passo positivação no mais alto grau, recebem como instância valorativa máxima categoria constitucional, rodeado do prestígio e da hegemonia que se confere às normas inseridas na Lei das Leis. Com esta relevância adicional, os princípios se convertem igualmente em *norma normarum*, ou seja, norma das normas"[23]. Em outra passagem de sua dedicada obra, o grande mestre Bonavides ainda ressalta a total hegemonia e preeminência dos princípios constitucionais: "Fazem eles a congruência, o equilíbrio e a essencialidade de um sistema jurídico legítimo. Postos no ápice da pirâmide normativa, elevam-se, portanto, ao grau de norma das normas, de fonte das fontes. São qualitativamente a viga-mestra do sistema, o esteio da legitimidade constitucional, o penhor da constitucionalidade das regras de uma Constituição"[24].

Em lições que se tornaram clássicas, Robert Alexy[25], ao distinguir os princípios das regras (ambas espécies do mesmo gênero "norma jurídica"), afirma que os princípios são normas que ordenam que algo seja realizado na maior medida possível, dentro das possibilidades fáticas e jurídicas existentes. São, portanto, **mandamentos de otimização,** que são caracterizados por poderem ser satisfeitos em graus variados e pelo fato de que a medida devida de sua satisfação não depende apenas das possibilidades fáticas, mas também das possibilidades jurídicas. E o âmbito das possibilidades jurídicas é determinado pelos princípios e regras colidentes.

Os princípios constitucionais, portanto, são as pautas normativas máximas de uma Constituição que refletem a sua ideologia e o modo de ser compreendida e aplicada. Vejamos, agora, quais os princípios jurídico-constitucionais que integram o conteúdo do regime jurídico-administrativo.

Ressaltamos, contudo, que os princípios constitucionais que compõem o regime jurídico-administrativo *vinculam diretamente* a Administração Pública direta e indireta de todos os Poderes da União, dos Estados, do Distrito Federal e dos Municípios, gozando de força jurídica *imediata*, não dependendo, por conseguinte, da edição de lei

23. *Curso de Direito Constitucional*, Malheiros, 9ª ed., p. 260-261.
24. Ibidem, p. 265.
25 ALEXY, Robert. *Teoria dos Direitos Fundamentais*. Trad. Virgílio Afonso da Silva, São Paulo: Malheiros, 2008.

formal. Nesse sentido vem entendendo o Supremo Tribunal Federal, que vem garantindo a incidência direta dos princípios da moralidade e impessoalidade, entre outros. Assim, por exemplo, o STF consolidou a sua posição segundo a qual a *vedação do nepotismo não exige a edição de lei formal para coibir a prática, uma vez que decorre diretamente dos princípios contidos no art. 37, caput, da Constituição Federal*[26].

3.2.2. *Supremacia do interesse público sobre o interesse privado*

Este princípio exalta a superioridade do interesse da coletividade, estabelecendo a prevalência do interesse público sobre o interesse do particular, como condição indispensável de assegurar e viabilizar os interesses individuais. A supremacia do interesse público sobre o interesse privado é pressuposto de uma ordem social estável, em que todos e cada um possam sentir-se garantidos e resguardados nos seus direitos e bens[27].

A posição de supremacia é muitas vezes expressada através da afirmação de que vigora a *verticalidade* nas relações entre Administração e particulares, ao contrário da horizontalidade, típica das relações entre particulares. Isso significa que o Poder Público se encontra em situação de comando e autoridade relativamente aos particulares, como indispensável condição para gerir os interesses públicos postos em confronto. Isso implica o reconhecimento de uma *desigualdade jurídica* entre a Administração e os administrados. Compreende, em face de sua desigualdade, a possibilidade, em favor da Administração, de constituir os privados em obrigações por meio de ato unilateral daquela e também o direito de modificar, também unilateralmente, relações já estabelecidas.

Da conjugação da posição privilegiada com a posição de supremacia, resulta a exigibilidade dos atos administrativos, e, em certas hipóteses, a executoriedade (até com compulsão material) sobre a pessoa ou coisa, como a execução de ofício. Há também a possibilidade, nos limites da lei, de revogação dos próprios atos através de manifestação unilateral de vontade, bem como de decretação de nulidade deles, quando viciados, dentro do que se denomina de autotutela[28].

---

26. "Ato decisório contrário à Súmula Vinculante 13 do STF. Nepotismo. Nomeação para o exercício do cargo de Conselheiro do Tribunal de Contas do Estado do Paraná. Natureza administrativa do cargo. Vícios no processo de escolha. Votação aberta. Aparente incompatibilidade com a sistemática da Constituição Federal. Presença do *fumus boni iuris* e do *periculum in mora*. (...) **A vedação do nepotismo não exige a edição de lei formal para coibir a prática, uma vez que decorre diretamente dos princípios contidos no art. 37, *caput*, da Constituição Federal**. O cargo de Conselheiro do Tribunal de Contas do Estado do Paraná reveste-se, à primeira vista, de natureza administrativa, uma vez que exerce a função de auxiliar do Legislativo no controle da Administração Pública. Aparente ocorrência de vícios que maculam o processo de escolha por parte da Assembléia Legislativa paranaense." (Rcl 6.702-AgR-MC, Rel. Min. Ricardo Lewandowski, julgamento em 4-3-09, Plenário, *DJE* de 30-4-09). No mesmo sentido: "Administração pública. Vedação nepotismo. Necessidade de lei formal. Inexigibilidade. Proibição que decorre do art. 37, *caput*, da CF. (...) Embora restrita ao âmbito do Judiciário, a Resolução 7/2005 do Conselho Nacional da Justiça, a prática do nepotismo nos demais Poderes é ilícita. A vedação do nepotismo não exige a edição de lei formal para coibir a prática. **Proibição que decorre diretamente dos princípios contidos no art. 37, *caput*, da Constituição Federal**. Precedentes. RE conhecido e parcialmente provido para anular a nomeação do servidor, aparentado com agente político, ocupante de cargo em comissão." (RE 579.951, Rel. Min. Ricardo Lewandowski, julgamento em 20-8-08, *DJE* de 24-10-08).
27. Celso Antônio Bandeira de Mello, op. cit., p. 30.
28. Ibidem, p. 31-32.

Na doutrina Italiana é corrente a distinção entre *interesses públicos primários*, que são os interesses da coletividade como um todo e *interesses públicos secundários*, que são os interesses do Estado como sujeito de direitos, independentemente de sua qualidade de servidor de interesses de terceiros. O princípio sob comento somente se aplica aos interesses primários, únicos que podem ser concebidos como verdadeiros interesses públicos. Por isso, os interesses secundários não são atendíveis senão quando coincidirem com os interesses primários, únicos que podem ser perseguidos pela Administração Pública.

Os interesses públicos primários, ou interesses públicos propriamente ditos, correspondem, nas lições de Celso Antônio Bandeira de Mello, ao "*interesse resultante do conjunto dos interesses que os indivíduos pessoalmente têm quando considerados em sua qualidade de membros da Sociedade e pelo simples fato de o serem*". Isto é, os interesses públicos são a dimensão ou face pública ou coletiva dos interesses individuais, vale dizer, um plexo ou entrelaçamento dos interesses dos indivíduos que compõem o corpo social.

Os interesses do Estado, quando não correspondem aos interesses primários, não são interesses públicos propriamente ditos.

É por isso que, como acima ficou registrado, as prerrogativas inerentes à supremacia do interesse público sobre o interesse privado somente podem ser manejadas legitimamente para o alcance de interesses públicos primários, e não para satisfazer apenas interesses ou conveniências tão só do aparelho estatal (interesses secundários), e muito menos dos agentes governantes.

Ademais, cumpre acentuar que o princípio da supremacia do interesse público sobre o interesse privado pressupõe o absoluto respeito aos direitos fundamentais. Ora, se o interesse público resulta da soma "dos interesses dos indivíduos que nele encontram a projeção de suas próprias aspirações"[29], é inegável que a supremacia do interesse público avulta como condição de garantia dos próprios direitos fundamentais.

Assim, não pode o Estado, a pretexto de agir em nome da supremacia do interesse público, suprimir direitos de seus cidadãos reconhecidos pela ordem jurídica. O Direito Administrativo contemporâneo não pode mais conviver com argumentos de autoridade. O princípio da autoridade cede lugar ao princípio da dignidade da pessoa humana, razão por que o pensamento jurídico atual tem exigido cada vez mais a presença de um *Direito Administrativo fundado na Dignidade da Pessoa Humana*, de modo que o próprio interesse da coletividade deve ser *harmonizado* e, quando em colisão, *ponderado* ou *sopesado* com os direitos e interesses individuais de seus membros, afastando-se a ideia de uma supremacia *prima facie* do interesse público. Com isso não se nega a importância do princípio em estudo. Na verdade, se lhe atribui um sentido mais dinâmico e coerente com os fenômenos do Neoconstitucionalismo e da Constitucionalização do Direito Administrativo, que têm, entre suas estrelas, a *centralidade*

29. Alice Gonzalez Borges, 'Supremacia do Interesse Público: Desconstrução ou Reconstrução?'. In: Revista Gestão Pública e Controle. Tribunal de Contas da Bahia, p. 51, p. 27-56, v.1, n. 2, ago./2006.

dos direitos fundamentais da pessoa humana. Neste contexto, o Direito Administrativo deixa de se preocupar exclusivamente com o Estado e a Administração Pública para considerar com *prioridade* a pessoa humana, que da condição de simples administrado passa a ser elevada a condição de cidadão e titular de direitos.

Estamos vivendo um momento em que o Direito Administrativo passa por diversas transformações. Argumentos de autoridade, fundados nos interesses do Estado e na conveniência e oportunidade da Administração Pública, não podem mais prevalecer, se contrapostos a legítimos direitos e expectativas do cidadão. É fundamental que o Estado-gestor se oriente a atender e servir aos interesses da coletividade, sem comprometer, porém, os legítimos interesses da pessoa humana. Daí porque, reitere-se, não se deve superdimensionar o princípio da supremacia do interesse público para se reconhecer uma precedência absoluta e incondicionada do interesse da coletividade sobre o interesse privado de um de seus membros. Não se pode olvidar que o interesse privado do cidadão muitas vezes está assentado num direito fundamental seu que não interessa a coletividade suprimir ou fragilizar.

Tal situação, entretanto, não pode conduzir a uma superação ou desconstrução[30] do princípio em tela, mas, sim, a uma reconstrução de seu sentido, a fim de ajustá-lo aos interesses do indivíduo quando assentados em um direito fundamental. Sendo assim, mesmo tendo como parâmetro a supremacia do interesse público sobre o privado, é possível que, em determinadas situações, um interesse privado, sob a proteção de um direito fundamental, prevaleça sobre o interesse da comunidade. Porém, isso dependerá sempre da cuidadosa análise do caso concreto[31].

3.2.3. *Indisponibilidade do interesse público*

Sendo o interesse público qualificado como próprio da coletividade, este não se encontra à livre disposição de quem quer que seja, por ser insuscetível de apropriação. Os próprios sujeitos da Administração que o representam não têm disponibilidade sobre ele, haja vista que lhes incumbe tão somente zelá-lo, no desempenho de um dever.

Na Administração Pública, os bens e os interesses públicos não se acham entregues à livre disposição da vontade do administrador. Ao contrário, cumpre ao administrador o dever de protegê-los nos termos da finalidade legal a que estão adstritos.[32]

3.2.4. *Princípio da legalidade*

Como decorrência da indisponibilidade do interesse público, a atividade administrativa só pode ser exercida em conformidade absoluta com a lei. O princípio da

30. ÁVILA, Humberto. Repensando o "princípio da supremacia do interesse público sobre o particular". *In*: SARMENTO, Daniel (org.). *Interesses públicos* versus *interesses privados:* desconstruindo o princípio da supremacia do interesse público. Rio de Janeiro: Lumen Juris, 2007, p. 173-174.

31. Também indicando essa solução, conferir: JUSTEN FILHO, Marçal. *Curso de direito administrativo*. 11. ed. São Paulo: RT, 2015, p. 131-133.

32. STF, 1ª Turma, RE 253885-MG, Rel. Min. Ellen Gracie, DJ de 21.06.2002, p. 796: "(...) os bens e o interesse público são indisponíveis, porque pertencem à coletividade. É, por isso, o Administrador, mero gestor da coisa pública, não tem disponibilidade sobre os interesses confiados à sua guarda e realização."

legalidade é uma exigência que decorre do Estado de Direito, ou seja, da submissão do Estado ao império da ordem jurídica.

Assim, é fundamento do Estado Democrático de Direito, tendo por fim combater o poder arbitrário do Estado, na medida em que os conflitos devem ser resolvidos pela lei e não por meio da força.

Sabe-se que, no âmbito das relações privadas, vige a ideia de que tudo que não está proibido em lei está permitido. Nas relações públicas, contudo, o princípio da legalidade envolve a ideia de que a Administração Pública só pode atuar quando autorizada ou permitida pela lei. A norma deve autorizar o agir e o não agir dos sujeitos da Administração Pública, pois ela é integralmente subserviente à lei.

Na relação administrativa, a vontade da Administração Pública é a que decorre da lei. Aqui não se aplica a autonomia das vontades das relações entre particulares.

Em suma, esse princípio, explicitamente previsto no *caput* do art. 37 da Constituição Federal de 1988, implica que a Administração Pública deve atuar de acordo com a *lei* e o *Direito*, de modo que a atuação administrativa esteja em compasso com a lei e o Direito, e autorizada por ambos. Sublinhe-se que a Lei nº 9.784/99, que regula o processo administrativo federal, prevê que nos processos administrativos serão observados, entre outros, os critérios de *atuação conforme a lei e o Direito*.

Este princípio, entretanto, pode sofrer constrições provisórias e excepcionais, em situações especiais e expressamente previstas na Constituição, como nas hipóteses permissivas de medidas provisórias (*provimentos normativos urgentes editados pelo Presidente da República em caso de urgência e relevância*) e na vigência do Estado de Defesa e Estado de Sítio (*Estados de Exceção, durante os quais se instaura no Brasil um regime de Constitucionalidade Extraordinária, com a suspensão até de direitos e garantias fundamentais*).

3.2.5. *Princípio da impessoalidade*

O princípio da impessoalidade exige que a atividade administrativa seja exercida de modo a atender a todos os administrados, ou seja, a coletividade, e não a certos membros em detrimento de outros, devendo apresentar-se, portanto, de forma impessoal. Em razão deste princípio, a Administração deve manter-se numa posição de neutralidade em relação aos administrados, não podendo discriminá-los, salvo quando assim justificar o interesse coletivo, sob pena de cometimento de abuso de poder e desvio de finalidade.

A atuação *impessoal* da Administração Pública é imperativo que funciona como uma via de mão dupla, pois se aplica em relação ao administrado e ao administrador. Assim, de referência ao administrado, a atividade administrativa deve ser necessariamente uma atividade destinada a satisfazer a todos, de sorte que a Administração Pública não pode atuar de forma a prejudicar ou beneficiar pessoas determinadas, uma vez que é sempre o interesse público que deve nortear o seu comportamento; já respeitante ao administrador, a atividade da Administração Pública é imputada à pessoa jurídica, jamais à pessoa física dos gestores públicos. Isso quer dizer que este princípio também significa que os atos e provimentos administrativos são imputáveis, não ao agente que os pratica, mas sim ao órgão ou entidade da Administração Pública, em nome dos quais o agente atua.

Esse princípio, além de expressa previsão constitucional (CF/88, art. 37, *caput*), aparece implicitamente no art. 2º, parágrafo único, III, da Lei 9.784/99, segundo o qual, nos processos administrativos serão observados os critérios de "objetividade no atendimento de interesse público, vedada a promoção pessoal de agentes e autoridades".

A própria Constituição, no § 1º do art. 37, estabelece que "a publicidade dos atos, programas, obras, serviços e campanhas dos órgãos públicos deverá ter caráter educativo, informativo ou de orientação social, *dela não podendo constar nomes, símbolos ou imagens que caracterizem promoção pessoal de autoridades ou servidores públicos*" (grifos nossos). Com isso, busca-se evitar que gestores públicos se utilizem da estrutura da Administração Pública para promoção pessoal[33].

Outra aplicação deste princípio encontra-se em matéria de exercício de fato, quando se reconhece validade aos atos praticados por agente irregularmente investido no cargo ou função, sob o fundamento de que os atos são do órgão, e não do agente público.

3.2.5.1. *Princípio da intranscendência subjetiva da sanção*

O princípio da intranscendência subjetiva da sanção tem fundamento no art. 5º, XLV, da Constituição Federal, segundo o qual "XLV – nenhuma pena passará da pessoa do condenado, podendo a obrigação de reparar o dano e a decretação do perdimento de bens ser, nos termos da lei, estendidas aos sucessores e contra eles executadas, até o limite do valor do patrimônio transferido".

Por esse princípio, não é possível a aplicação de sanções às administrações atuais por atos de gestão praticados por administrações anteriores, de modo que a intranscendência subjetiva impede que sanções e restrições superem a dimensão estritamente pessoal do infrator e atinjam pessoas ou entidades que não tenham sido as causadoras do ato ilícito.

Desse modo, não obstante a exigência da impessoalidade na Administração Pública, não é aceitável em determinadas situações que os atos de maus gestores anteriores sejam imputados à Administração a ponto de prejudicar os interesses da coletividade.

Em razão desse princípio, o STF tem determinado a suspensão de inscrições de entidades federadas de todo e qualquer sistema de restrição ao crédito utilizado pela

---

33. Nesse sentido, conferir o seguinte acórdão do STF: "Publicidade de atos governamentais. Princípio da impessoalidade. Art. 37, parágrafo 1º, da Constituição Federal. 1. O *caput* e o parágrafo 1º do artigo 37 da Constituição Federal impedem que haja qualquer tipo de identificação entre a publicidade e os titulares dos cargos alcançando os partidos políticos a que pertençam. O rigor do dispositivo constitucional que assegura o princípio da impessoalidade vincula a publicidade ao caráter educativo, informativo ou de orientação social é incompatível com a menção de nomes, símbolos ou imagens, aí incluídos *slogans*, que caracterizem promoção pessoal ou de servidores públicos. A possibilidade de vinculação do conteúdo da divulgação com o partido político a que pertença o titular do cargo público mancha o princípio da impessoalidade e desnatura o caráter educativo, informativo ou de orientação que constam do comando posto pelo constituinte dos oitenta. 2. Recurso extraordinário desprovido." (Primeira Turma, **RE 191668/RS, Relator Min. Menezes Direito, Julgamento em 15/04/2008).**

União, nas situações nas quais os fatos danosos tenham decorrido de administrações anteriores e os novos gestores tenham tomando providências para sanar as irregularidades verificadas. E de acordo com a Suprema Corte, o *propósito seria neutralizar a ocorrência de risco que pudesse comprometer, de modo grave ou irreversível, a continuidade da execução de políticas públicas ou a prestação de serviços essenciais à coletividade*[34].

Nesse mesmo caminho trilha o Superior Tribunal de Justiça, que consolidou na Súmula 615 o seguinte entendimento: *Não pode ocorrer ou permanecer a inscrição do município em cadastros restritivos fundada em irregularidades na gestão anterior quando, na gestão sucessora, são tomadas as providências cabíveis à reparação dos danos eventualmente cometidos.* (Súmula 615, PRIMEIRA SEÇÃO, julgado em 09/05/2018, DJe 14/05/2018).

Também em virtude desse princípio, as limitações jurídicas que derivam da inscrição, em cadastros públicos de inadimplentes, das entidades da Administração Indireta (autarquias, fundações públicas, empresas estatais e consórcios públicos) não podem atingir os Estados-membros e Municípios, projetando, sobre estes, consequências jurídicas desfavoráveis e gravosas, pois o inadimplemento obrigacional – por revelar-se unicamente imputável aos entes integrantes da administração descentralizada – só a estes pode afetar.

Os Estados-membros e o Distrito Federal, em consequência, não podem sofrer limitações em sua esfera jurídica, motivadas pelo só fato de se acharem administrativamente vinculadas a eles as autarquias, as entidades paraestatais, as sociedades sujeitas a seu poder de controle e as empresas governamentais alegadamente inadimplentes e que, por tal motivo, hajam sido incluídas em cadastros federais (CAUC, SIAFI, CADIN, v.g.)[35].

O princípio da intranscendência subjetiva também impede a transcendência ou extensão de sanções ao Poder Executivo local em virtude de descumprimento, pelos demais órgãos independentes da Administração Direta (o Poder Judiciário, o Poder

34. Na AC 2614/PE, rel. Min. Luiz Fux, 23.6.2015, ficou assentado que "O princípio da intranscendência subjetiva das sanções, consagrado pelo STF, inibe a aplicação de severas sanções às administrações por ato de gestão anterior à assunção dos deveres públicos. Com base nessa orientação e, com ressalva de fundamentação do Ministro Marco Aurélio, a Primeira Turma, em julgamento conjunto, negou provimento a agravos regimentais em ações cautelares ajuizadas com a finalidade de se determinar a suspensão da condição de inadimplente de Estado-Membro, bem como das limitações dela decorrentes, com relação a convênios com a União. Na espécie, em face de decisões que julgaram procedentes os pedidos a favor dos entes federativos, a fim de suspender as inscrições dos requerentes de todo e qualquer sistema de restrição ao crédito utilizado pela União, foram interpostos os presentes recursos. A Turma consignou que, em casos como os presentes, em que os fatos teriam decorrido de administrações anteriores e os novos gestores estivessem tomando providências para sanar as irregularidades verificadas, aplicar-se-ia o princípio da intranscendência subjetiva. O propósito seria neutralizar a ocorrência de risco que pudesse comprometer, de modo grave ou irreversível, a continuidade da execução de políticas públicas ou a prestação de serviços essenciais à coletividade. Nesse sentido, a tomada de contas especial seria medida de rigor com o ensejo de alcançar-se o reconhecimento definitivo de irregularidades, permitindo-se, só então, a inscrição dos entes nos cadastros de restrição aos créditos organizados e mantidos pela União. O Ministro Marco Aurélio asseverou que, por se tratar de governança, preponderaria o princípio contido no art. 37 da CF, ou seja, o da impessoalidade. Precedentes citados: ACO 1.848 AgR/MA (DJe de 21.11.2014) e ACO 1.612 AgR/MS (DJe de 12.12.2014)."

35. STF. Plenário. ACO 1848 AgR, Rel. Min. Celso de Mello, julgado em 06/11/2014.

Legislativo, o Tribunal de Contas ou o Ministério Público locais), do limite individual imposto pela Lei de Responsabilidade Fiscal.[36]

Por fim, cumpre sublinhar que, apreciando o tema 743 de repercussão geral, no RE 770149, o STF fixou a seguinte tese: "É possível ao Município obter certidão positiva de débitos com efeito de negativa quando a Câmara Municipal do mesmo ente possui débitos com a Fazenda Nacional, tendo em conta o princípio da intranscendência subjetiva das sanções financeiras."

3.2.6. Princípio da moralidade

A Constituição Federal de 1988, de forma inédita, exaltou a *moralidade jurídico-administrativa* como importante princípio reitor da Administração Pública. Sua origem remonta à antiga Roma, a partir do brocardo de que nem tudo que é lícito é honesto (*nom omne quod licet honestum est*).

Segundo Maurice Hauriou, sistematizador deste princípio na França, em 1917, a moralidade administrativa é um conjunto de regras de conduta tiradas da boa e útil disciplina interna da Administração.

Deve-se entender por moralidade administrativa um conjunto de valores éticos que fixam um *padrão de conduta* que deve ser necessariamente observado pelos agentes públicos como condição para uma honesta, proba e íntegra gestão da coisa pública, de modo a impor que estes agentes atuem no desempenho de suas funções com retidão de caráter, decência, lealdade, decoro e boa-fé.

Enfim, esse princípio determina o emprego da ética, da honestidade, da retidão, da probidade, da boa-fé e da lealdade com as instituições administrativas e políticas no exercício da atividade administrativa. Violá-lo macula o senso comum.

No Brasil, foi Manoel de Oliveira Franco Sobrinho quem primeiro defendeu, em 1974, a moralidade administrativa como princípio de observância obrigatória no exercício da atividade administrativa, controlável judicialmente. Segundo o autor, a atividade administrativa, ainda que desempenhada conforme as prescrições legais, não se justifica quando motivada por razões outras que não encontram garantia no interesse público. Defende o autor, com isso, a lisura e a exação nas práticas administrativas[37].

Cumpre esclarecer que a moralidade não se confunde com a legalidade administrativa. A norma ou atividade pode estar perfeita do ponto de vista legal, mas moralmente

---

36. ACO 1.612-AgR, rel. Min. Celso de Mello, Tribunal Pleno, DJe de 12/02/2015: Consagrou o STF o entendimento de que "o Poder Executivo estadual não pode sofrer sanções nem expor-se a restrições emanadas da União Federal, em matéria de realização de operações de crédito, sob a alegação de que o Poder Judiciário, a Assembleia Legislativa, o Tribunal de Contas ou o Ministério Público locais teriam descumprido o limite individual a eles imposto pela Lei de Responsabilidade Fiscal (art. 20, inciso II, a, b e d), pois o Governo do Estado não tem competência para intervir na esfera orgânica de referidas instituições, que dispõem de plena autonomia institucional a elas outorgada por efeito de expressa determinação constitucional".
37. Sobrinho, Manoel de Oliveira Franco. *O controle da moralidade administrativa*. São Paulo: Saraiva, 1974 p. 18-22 e 186.

deficiente, caso não represente atitude ética e de boa-fé, não sendo útil a adoção desta norma ou atividade[38].

Ademais, a moralidade administrativa também impede o nepotismo ou o favorecimento de parentes no âmbito da Administração Pública[39]. Tal situação ensejou a edição da súmula vinculante nº 13, do STF, segundo a qual *A nomeação de cônjuge, companheiro ou parente em linha reta, colateral ou por afinidade, até o terceiro grau, inclusive, da autoridade nomeante ou de servidor da mesma pessoa jurídica investido em cargo de direção, chefia ou assessoramento, para o exercício de cargo em comissão ou de confiança ou, ainda, de função gratificada na administração pública direta e indireta em qualquer dos Poderes da União, dos Estados, do Distrito Federal e dos Municípios, compreendido o ajuste mediante designações recíprocas, viola a Constituição Federal.*

Por isso, a Constituição de 1988, além de adotar ineditamente o princípio no *caput* do art. 37, ampliou o rol de proteção por meio da ação popular, incluindo a moralidade administrativa entre os bens jurídicos tuteláveis por iniciativa do cidadão (art. 5º, LXXIII, CF). A moralidade consiste, pois, na honestidade, na ética, na boa-fé e na probidade administrativa que devem governar os agentes públicos no trato e na gestão dos negócios coletivos.

No Direito Administrativo, a ideia de moralidade iniciou com o problema do exame do desvio de poder (que hoje significa ilegalidade, segundo o art. 2º, par. ún., "e", da Lei 4.717/65).

A moral administrativa é imposta de dentro e vigora no próprio ambiente institucional e condiciona a utilização de qualquer poder jurídico, mesmo que discricionário. Ela deve ser observada não apenas pelos administradores, mas também pelo particular

38. Nesse sentido, conferir o seguinte acórdão do STF: "Ação direta de inconstitucionalidade. EC 35, de 20 de dezembro de 2006, da Constituição do Estado de Mato Grosso do Sul. Acréscimo do art. 29-A, *caput* e § 1º, § 2º e § 3º, do Ato das Disposições Constitucionais Gerais e Transitórias da Constituição sul-mato-grossense. Instituição de subsídio mensal e vitalício aos ex-Governadores daquele Estado, de natureza idêntica ao percebido pelo atual chefe do Poder Executivo estadual. Garantia de pensão ao cônjuge supérstite, na metade do valor percebido em vida pelo titular. Segundo a nova redação acrescentada ao Ato das Disposições Constitucionais Gerais e Transitórias da Constituição de Mato Grosso do Sul, introduzida pela EC 35/2006, os ex-Governadores sul-mato-grossenses que exerceram mandato integral, em 'caráter permanente', receberiam subsídio mensal e vitalício, igual ao percebido pelo Governador do Estado. Previsão de que esse benefício seria transferido ao cônjuge supérstite, reduzido à metade do valor devido ao titular. No vigente ordenamento republicano e democrático brasileiro, os cargos políticos de chefia do Poder Executivo não são exercidos nem ocupados 'em caráter permanente', por serem os mandatos temporários e seus ocupantes, transitórios. Conquanto a norma faça menção ao termo 'benefício', não se tem configurado esse instituto de direito administrativo e previdenciário, que requer atual e presente desempenho de cargo público. Afronta o equilíbrio federativo e os princípios da igualdade, da impessoalidade, da **moralidade pública** e da responsabilidade dos gastos públicos (arts. 1º; 5º, *caput*; 25, § 1º; 37, *caput* e XIII; 169, § 1º, I e II; e 195, § 5º, da Constituição da República). Precedentes. Ação direta de inconstitucionalidade julgada procedente, para declarar a inconstitucionalidade do art. 29-A e seus parágrafos do Ato das Disposições Constitucionais Gerais e Transitórias da Constituição do Estado de Mato Grosso do Sul." (ADI 3.853, Rel. Min. Cármen Lúcia, julgamento em 12-9-2007, Plenário, *DJ* de 26-10-2007).

39. Conferir o seguinte acórdão do STF: "Servidora pública da Secretaria de Educação nomeada para cargo em comissão no Tribunal Regional do Trabalho da 16ª Região à época em que o vice-presidente do Tribunal era parente seu. Impossibilidade. A proibição do preenchimento de cargos em comissão por cônjuges e parentes de servidores públicos é medida que homenageia e concretiza o **princípio da moralidade administrativa**, o qual deve nortear toda a Administração Pública, em qualquer esfera do poder." (MS 23.780, Rel. Min. Joaquim Barbosa, julgamento em 28-9-05, *DJ* de 3-3-06).

que se relaciona com a Administração Pública. São frequentes, em matéria de licitação, os conluios entre os licitantes, o que caracteriza ofensa ao referido princípio.

Segundo Di Pietro, haverá ofensa ao princípio em exame "sempre que em matéria administrativa se verificar que o comportamento da Administração Pública ou do administrado que com ela se relaciona juridicamente, embora em consonância com a lei, ofende a moral, os bons costumes, as regras de boa administração, os princípios de justiça e de equidade, ou a ideia comum de honestidade"[40].

A moralidade e a probidade administrativa são princípios constitucionais que se identificam, "tendo em vista que ambos se relacionam com a ideia de *honestidade* na Administração Pública"[41] (grifos no original). Tanto a moralidade como a probidade exigem a estrita observância de padrões éticos, de boa-fé, de lealdade com as instituições públicas, de regras que assegurem a boa e útil administração e a disciplina interna na Administração Pública.

Todavia, à luz do direito positivo, a *violação* ao princípio da probidade administrativa é mais ampla e compreende a violação ao princípio da moralidade administrativa. Nesse sentido, esclarece Di Pietro que "quando se fala em improbidade como *ato ilícito*, como infração sancionada pelo ordenamento jurídico, deixa de haver sinonímia entre as expressões *improbidade* e *imoralidade*, porque aquele tem um sentido muito mais amplo e muito mais preciso, que abrange não só atos desonestos ou imorais, mas também e principalmente atos ilegais"[42].

Com efeito, na Lei nº 8.429/1992 (Lei da Improbidade Administrativa), mesmo com as alterações promovidas pela Lei nº 14.230/2021, a violação à moralidade administrativa é apenas uma das inúmeras hipóteses de atos de improbidade ali previstos. Dito de outro modo, a improbidade administrativa compreende o ato de violação à moralidade administrativa e a todos os princípios da Administração Pública.

Segundo o STF, o princípio da moralidade administrativa revela-se como um *valor constitucional* impregnado de substrato ético e erigido à condição de *vetor fundamental* que rege as atividades do Poder Público, que representa verdadeiro pressuposto de legitimação constitucional dos atos emanados do Estado, como resulta da proclamação inscrita no art. 37, *caput*, da Constituição da República. Nesse contexto, o desrespeito ao princípio da moralidade administrativa faz instaurar situações de inconstitucionalidade.

Ainda em consonância com aquela Corte, atividade estatal, qualquer que seja o domínio institucional de sua incidência, está necessariamente subordinada à observância de parâmetros ético-jurídicos que se refletem na consagração constitucional do princípio da moralidade administrativa. Esse postulado fundamental, que rege a atuação do Poder Público, confere substância e dá expressão a uma pauta de valores éticos em que se funda a ordem positiva do Estado. É por essa razão que o princípio constitucional da moralidade administrativa, ao impor limitações ao exercício do poder estatal, legitima

40. Op. cit., p. 79.
41. Maria Sylvia Zanella Di Pietro, op. cit., p. 657.
42. Ibidem, p. 659.

o controle jurisdicional de todos os atos do Poder Público que transgridam os valores éticos que devem pautar o comportamento dos órgãos e agentes governamentais. Na realidade, e especialmente a partir da Constituição promulgada em 1988, a estrita observância do postulado da moralidade administrativa passou a qualificar-se como pressuposto de validade dos atos, que, fundados, ou não, em competência discricionária, tenham emanado de autoridades ou órgãos do Poder Público.[43]

A Lei nº 9.784/99 também fez referência explícita ao princípio da moralidade. Com efeito, em conformidade com o seu art. 2º, a "Administração Pública obedecerá, dentre outros, aos princípios da legalidade, finalidade, motivação, razoabilidade, proporcionalidade, *moralidade*, ampla defesa, contraditório, segurança jurídica, interesse público e eficiência" (grifamos). Ademais, sublinhou a Lei que nos processos administrativos serão observados, entre outros, os critérios de *atuação segundo padrões éticos de probidade, decoro e boa-fé*.

3.2.7. *Princípio da publicidade*

O princípio da publicidade vincula a Administração Pública no sentido de exigir uma atividade administrativa *transparente* e *visível aos olhos do cidadão*, para que o administrado tome conhecimento dos comportamentos administrativos do Estado.

Assim, todos os atos da Administração Pública devem ser públicos, de conhecimento geral. Em consequência deste princípio, expressado no *caput* do art. 37, todos têm o direito de receber dos órgãos públicos informações de seu interesse particular ou de interesse coletivo ou geral (CF/88, art. 5º XXXIII)[44]. E o órgão ou a entidade da

43. STF, ADI 2661, Rel. Min. Celso de Mello, DJ 23.08.2002, p. 70. Ver também: "Servidora pública da Secretaria de Educação nomeada para cargo em comissão no Tribunal Regional do Trabalho da 16ª Região à época em que o vice-presidente do Tribunal era parente seu. Impossibilidade. A proibição do preenchimento de cargos em comissão por cônjuges e parentes de servidores públicos é medida que homenageia e concretiza o princípio da moralidade administrativa, o qual deve nortear toda a Administração Pública, em qualquer esfera do poder." (MS 23.780, Rel. Min. Joaquim Barbosa, julgamento em 28-9-05, *DJ* de 3-3-06).

44. A propósito, conferir o seguinte acórdão do STF: "Direito à informação de atos estatais, neles embutida a folha de pagamento de órgãos e entidades públicas. (...) Caso em que a situação específica dos servidores públicos é regida pela 1ª parte do inciso XXXIII do art. 5º da Constituição. Sua remuneração bruta, cargos e funções por eles titularizados, órgãos de sua formal lotação, tudo é constitutivo de informação de interesse coletivo ou geral. Expondo-se, portanto, a divulgação oficial. Sem que a intimidade deles, vida privada e segurança pessoal e familiar se encaixem nas exceções de que trata a parte derradeira do mesmo dispositivo constitucional (inciso XXXIII do art. 5º), pois o fato é que não estão em jogo nem a segurança do Estado nem do conjunto da sociedade. Não cabe, no caso, falar de intimidade ou de vida privada, pois os dados objeto da divulgação em causa dizem respeito a agentes públicos enquanto agentes públicos mesmos; ou, na linguagem da própria Constituição, agentes estatais agindo 'nessa qualidade' (§ 6º do art. 37). E quanto à segurança física ou corporal dos servidores, seja pessoal, seja familiarmente, claro que ela resultará um tanto ou quanto fragilizada com a divulgação nominalizada dos dados em debate, mas é um tipo de risco pessoal e familiar que se atenua com a proibição de se revelar o endereço residencial, o CPF e a CI de cada servidor. No mais, é o preço que se paga pela opção por uma carreira pública no seio de um Estado republicano. A prevalência do princípio da publicidade administrativa outra coisa não é senão um dos mais altaneiros modos de concretizar a República enquanto forma de governo. Se, por um lado, há um necessário modo republicano de administrar o Estado brasileiro, de outra parte é a cidadania mesma que tem o direito de ver o seu Estado republicanamente administrado. O 'como' se administra a coisa pública a preponderar sobre o 'quem' administra – falaria Norberto Bobbio –, e o fato é que esse modo público de gerir a máquina estatal é elemento conceitual da nossa República. O olho e a pálpebra da nossa fisionomia constitucional republicana. A negativa de prevalência do princípio da publicidade administrativa implicaria, no caso, inadmissível situação de grave lesão à ordem pública." (**SS 3.902-AgR-segundo**, Rel. Min. Ayres Britto, julgamento em 9-6-2011, Plenário, *DJE* de 3-10-2011).

Administração Pública não pode negar a publicidade de informações sob o argumento do sigilo da privacidade, quando estiver em questão o interesse coletivo ou geral[45].

A publicidade é a regra, porém a Constituição Federal abre-lhe exceções, seja por exigência dos interesses sociais, seja por imperativos da segurança do Estado. É o que consta, aliás, do art. 5º, inciso XXXIII, *in verbis*:

> "XXXIII – todos têm direito a receber dos órgãos públicos informações de seu interesse particular, ou de interesse coletivo ou geral, que serão prestadas no prazo da lei, sob pena de responsabilidade, *ressalvadas aquelas cujo sigilo seja imprescindível à segurança da sociedade e do Estado*." (grifos nossos).

Inicialmente, foi editada a Lei nº 11.111, de 05 de maio de 2005, que regulamentou a parte final deste dispositivo constitucional. De acordo com o artigo 2º da Lei, o "acesso aos documentos públicos de interesse particular ou de interesse coletivo ou geral será ressalvado exclusivamente nas hipóteses em que o sigilo seja ou permaneça imprescindível à segurança da sociedade e do Estado, nos termos do disposto na parte final do inciso XXXIII do *caput* do art. 5º da Constituição Federal". Em consonância com o art. 3º da referida Lei, os "documentos públicos que contenham informações cujo sigilo seja imprescindível à segurança da sociedade e do Estado poderão ser classificados no mais alto grau de sigilo, conforme regulamento". A Lei ainda previa a instituição, pelo Poder Executivo, de Comissão de Averiguação e Análise de Informações Sigilosas, com a finalidade de decidir sobre a aplicação da ressalva ao acesso de documentos públicos.

Todavia, a Lei nº 11.111/2005 foi expressamente revogada pela Lei 12.527, de 18 de novembro de 2011 (mais conhecida como a Lei de acesso a informações). A Lei 12.527/2011 estabeleceu os procedimentos destinados a assegurar o direito fundamental de acesso à informação, que devem ser executados em conformidade com os princípios básicos da administração pública e com a observância das seguintes diretrizes: I – publicidade como preceito geral e do sigilo como exceção; II – divulgação de informações de interesse público, independentemente de solicitações; III – utilização de meios de comunicação viabilizados pela tecnologia da informação; IV – fomento ao desenvolvimento da cultura de transparência na administração pública; e V – desenvolvimento do controle social da administração pública.

Desse modo, em razão do princípio da publicidade, é dever do Estado garantir a todos o direito de acesso a informações de seu interesse particular, ou de interesse coletivo ou geral, que será franqueada, mediante procedimentos objetivos e ágeis, de forma transparente, clara e em linguagem de fácil compreensão. Esse dever compreende a obrigação dos órgãos e entidades públicas de promover, independentemente de requerimentos, a divulgação em local de fácil acesso, no âmbito de suas competências,

45. Assim já decidiu o STF, conforme o seguinte acórdão: "Não cabe ao Banco do Brasil negar, ao Ministério Público, informações sobre nomes de beneficiários de empréstimos concedidos pela instituição, com recursos subsidiados pelo erário federal, sob invocação do sigilo bancário, em se tratando de requisição de informações e documentos para instruir procedimento administrativo instaurado em defesa do patrimônio público. Princípio da publicidade, *ut* art. 37 da Constituição." (MS 21.729, Rel. p/ o ac. Min. Néri da Silveira, julgamento em 5-10-1995, Plenário, *DJ* de 19-10-2001).

de informações de interesse coletivo ou geral por eles produzidas ou custodiadas. Para cumprimento desse dever, os órgãos e entidades públicas deverão utilizar todos os meios e instrumentos legítimos de que dispuserem, sendo obrigatória a divulgação em sítios oficiais da rede mundial de computadores (internet).

Segundo a Lei 12.527/2011, o acesso à informação compreende, entre outros, os direitos de obter: I – orientação sobre os procedimentos para a consecução de acesso, bem como sobre o local onde poderá ser encontrada ou obtida a informação almejada; II – informação contida em registros ou documentos, produzidos ou acumulados por seus órgãos ou entidades, recolhidos ou não a arquivos públicos; III – informação produzida ou custodiada por pessoa física ou entidade privada decorrente de qualquer vínculo com seus órgãos ou entidades, mesmo que esse vínculo já tenha cessado; IV – informação primária, íntegra, autêntica e atualizada; V – informação sobre atividades exercidas pelos órgãos e entidades, inclusive as relativas à sua política, organização e serviços; VI – informação pertinente à administração do patrimônio público, utilização de recursos públicos, licitação, contratos administrativos; e VII – informação relativa à implementação, acompanhamento e resultados dos programas, projetos e ações dos órgãos e entidades públicas, bem como metas e indicadores propostos; e ao resultado de inspeções, auditorias, prestações e tomadas de contas realizadas pelos órgãos de controle interno e externo, incluindo prestações de contas relativas a exercícios anteriores.

Não é possível, entretanto, o acesso a informações consideradas imprescindíveis à segurança da sociedade ou do Estado. Segundo a Lei 12.527/2011, são informações imprescindíveis à segurança da sociedade ou do Estado as informações cuja divulgação ou acesso irrestrito possam: I – pôr em risco a defesa e a soberania nacionais ou a integridade do território nacional; II – prejudicar ou pôr em risco a condução de negociações ou as relações internacionais do País, ou as que tenham sido fornecidas em caráter sigiloso por outros Estados e organismos internacionais; III – pôr em risco a vida, a segurança ou a saúde da população; IV – oferecer elevado risco à estabilidade financeira, econômica ou monetária do País; V – prejudicar ou causar risco a planos ou operações estratégicos das Forças Armadas; VI – prejudicar ou causar risco a projetos de pesquisa e desenvolvimento científico ou tecnológico, assim como a sistemas, bens, instalações ou áreas de interesse estratégico nacional; VII – pôr em risco a segurança de instituições ou de altas autoridades nacionais ou estrangeiras e seus familiares; ou VIII – comprometer atividades de inteligência, bem como de investigação ou fiscalização em andamento, relacionadas com a prevenção ou repressão de infrações.

Tais informações, em poder dos órgãos e entidades públicas, observado o seu teor e em razão de sua imprescindibilidade à segurança da sociedade ou do Estado, poderão ser classificadas como *ultrassecreta*, *secreta* ou *reservada*. Os prazos máximos de restrição de acesso à informação, conforme a sua classificação, vigoram a partir da data de sua produção e são os seguintes: I – *ultrassecreta*: 25 (vinte e cinco) anos; II – *secreta*: 15 (quinze) anos; e III – *reservada*: 5 (cinco) anos.

O princípio constitucional da publicidade reveste-se de uma lógica singular na Administração Pública, na medida em que a atividade administrativa tem como núcleo fundamental a gestão dos interesses da coletividade. Assim, o gestor público terá que atuar com a mais absoluta clareza e nitidez, fazendo publicar em órgãos oficiais de imprensa e, se possível, em *sites* de internet do órgão administrativo, todos os atos com os quais desempenha a sua função de cuidar e zelar da coisa pública, que, obviamente, não lhe pertence.

Portanto, o Supremo Tribunal Federal tem decidido que a imposição de sigilo há de ser "objetivamente justificada em cada caso, segundo os parâmetros constitucionais, quando necessário à preservação da segurança da sociedade e do Estado (inc. XXXIII do art. 5º) e para assegurar a inviolabilidade conferida à intimidade, vida privada, honra e imagem das pessoas (incs. X e LX do art. 5º)."

Nessa esteira, a Corte, por maioria, julgou procedente o pedido formulado na ADPF nº 872, Rel. Min. Cármen Lúcia, para reconhecer a nulidade do ato formalizado pelo Ofício n.º 10/2021 CNS/CGAD/DLOG/PF, que estabeleceu que todos os processos do Sistema Eletrônico de Informações da Polícia Federal sejam cadastrados com nível de acesso restrito, nos termos do voto da Relatora, vencidos os Ministros André Mendonça e Nunes Marques. Ao final, foi fixada a seguinte tese: **"O ato de qualquer dos poderes públicos restritivo de publicidade deve ser motivado objetiva, específica e formalmente, sendo nulos os atos públicos que imponham, genericamente e sem fundamentação válida e específica, impeditivo do direito fundamental à informação"**. Plenário, Sessão Virtual de 4.8.2023 a 14.8.2023.

Por essa razão, o STF fixou tese jurídica no sentido de que "É legítima a publicação, inclusive em sítio eletrônico mantido pela Administração Pública, dos nomes dos seus servidores e do valor dos correspondentes vencimentos e vantagens pecuniárias." (STF, tema 483 de repercussão geral no ARE 652777, j. em 23/04/2015).

3.2.8. Princípio da eficiência

O Princípio da Eficiência, que integra o *caput* do art. 37 da CF/88 por força da EC nº 19/98, trouxe para a Administração Pública o dever explícito de *boa administração* para a realização suas atribuições com *rapidez*, *perfeição* e *rendimento*[46], buscando impor no ambiente administrativo um *modelo gerencial* com maior ênfase nos resultados e na qualidade.

A atividade administrativa deve ser desempenhada de forma *rápida*, para atingir os seus propósitos com celeridade e dinâmica, de modo a afastar qualquer ideia de burocracia.

Deve ser, outrossim, *perfeita*, no sentido de satisfatória e completa. Uma Administração Pública morosa e deficiente se compromete perante o administrado com o dever de indenização pelos danos causados e decorrentes da falta de rapidez e perfeição. Assim, o princípio da eficiência também se concretiza pelo cumprimento dos

46. Diogenes Gasparini, op. cit., p. 19.

prazos legalmente determinados, de modo que, como já decidiu o Superior Tribunal de Justiça, é legítimo o pagamento de indenização, em razão da injustificada demora na concessão da aposentadoria (STJ, Segunda Turma, REsp 1044158 / MS, Ministro CASTRO MEIRA, DJe 06/06/2008)[47]. Ademais, a garantia constitucional da razoável duração do processo reforça a exigência de eficiência na gestão pública.

Ademais, é preciso ser *rentável*, pois ela deve atuar da forma menos onerosa possível, porém com a máxima produtividade, para alcançar resultados ótimos.

O princípio da eficiência apresenta, na realidade, dois aspectos: pode ser considerado em relação ao modo de atuação do agente público, do qual se espera o melhor desempenho possível de suas atribuições, para lograr os melhores resultados; e pode também ser considerado em relação ao modo de organizar, estruturar e disciplinar a Administração Pública, também com o mesmo objetivo de alcançar os melhores resultados no desempenho da função ou atividade administrativa[48].

A prova disso é que a Constituição Federal de 1988, em face da EC nº 19/98, passou a prever um procedimento de avaliação periódica de desempenho, para apurar a eficiência do servidor público estável, autorizando a demissão do servidor na hipótese de comprovada ineficiência (art. 41, § 1º, III). Na legislação ordinária, ainda há a possibilidade de qualificação como *agência executiva* das autarquias e fundações públicas que, comprometidas a reestruturar seus modelos de gestão à vista de uma maior eficiência, celebram contrato de gestão com seus Ministérios supervisores.

No âmbito da ciência da Administração, costuma-se distinguir *eficiência* e *eficácia*. A *eficiência* seria o emprego de meios adequados, visando a garantir a melhor utilização dos recursos disponíveis; preocupa-se, assim, com os meios, os métodos e procedimentos de trabalho adotados no âmbito interno da Administração. Já a *eficácia* consistiria no sucesso dos resultados obtidos; preocupa-se com os fins, não com os meios.

A ideia que decorre do princípio constitucional da eficiência deve abranger tanto o sucesso dos meios (eficiência), como o sucesso dos fins (eficácia), visando a atender aquilo que a doutrina contemporânea vem chamando de *efetividade administrativa*. Isto porque, a "efetividade surge quando se alcançam os resultados através do emprego dos meios adequados"[49].

3.2.9. *Princípio da finalidade pública*

A Administração Pública só existe e se justifica para atender a um *fim público*, que é o *resultado* que se busca alcançar com a prática do ato, e que consiste em satisfazer,

---

47. Vide, também, o seguinte acórdão do STJ: "Em homenagem ao princípio da eficiência, é forçoso concluir que a autoridade impetrada, no exercício da atividade administrativa, deve manifestar-se acerca dos requerimentos de anistia em tempo razoável, sendo-lhe vedado postergar, indefinidamente, a conclusão do procedimento administrativo, sob pena de caracterização de abuso de poder. A atividade administrativa deve ser pautada, mormente em casos como o presente, de reparação de evidentes injustiças outrora perpetradas pela Administração Pública, pela eficiência, que pressupõe, necessariamente, plena e célere satisfação dos pleitos dos administrados" (STJ, TERCEIRA SEÇÃO, MS 12701/DF, Ministra MARIA THEREZA DE ASSIS MOURA, DJe 03/03/2011).
48. Maria Sylvia Zanella Di Pietro, op. cit., p. 83.
49. Raquel Melo Urbano de Carvalho, *Curso de Direito Administrativo*, Salvador: Ed. Juspodivm, 2008, p. 188.

em caráter geral e especial, os interesses da coletividade. Caso contrário, estar-se-á diante de um *desvio de finalidade* ou *desvio de poder*, que acarreta a invalidação do ato administrativo.

Assim, há uma finalidade pública *geral* que é aquela prevista em todas as leis, por imperativo da ordem jurídica; e uma finalidade pública *especial* que é aquela ditada pela lei à qual se esteja dando execução.

O desvio de finalidade, por conseguinte, pode ser *genérico* ou *específico*. Diz-se *genérico* quando a Administração Pública deixa simplesmente de atender ao interesse público imposto pela ordem jurídica, desviando-se para socorrer interesses privados. Afirma-se *específico* quando a Administração pública desatende a finalidade indicada na lei que se pretende executar, visando outra ainda que pública.

Quando se desvia de um interesse público para outro interesse público há, ainda aqui, uma afronta ao princípio da finalidade pública, uma vez que a atividade administrativa é sempre vinculada a um fim público determinado.

Nesse sentido, em magistral síntese, Celso Antônio Bandeira de Mello, quando esclarece que o aludido princípio "impõe que o administrador, ao manejar as competências postas a seu encargo, atue com rigorosa obediência à finalidade de cada qual. Isto é, cumpre-lhe cingir-se não apenas à finalidade própria de todas as leis, que é o interesse público, mas também à finalidade *específica* abrigada na lei a que esteja dando execução. Assim, há desvio de poder e, em consequência, nulidade do ato, por violação da *finalidade legal*, tanto nos casos em que a atuação administrativa é estranha a qualquer finalidade pública quanto naqueles em que 'o fim perseguido, se bem que de interesse público, não é o fim preciso que a lei assinalava para tal ato'"[50].

Assim, há desvio genérico de finalidade quando um prefeito remove um servidor público para satisfazer sentimento de vingança. Nessa hipótese, o objetivo é atender a um interesse pessoal. E há desvio específico de finalidade quando um prefeito remove um servidor público como modo de aplicar uma merecida sanção disciplinar por infração administrativa. Já nesse caso, ao invés de atender o fim público específico previsto em lei para o ato de remoção (satisfazer certa necessidade do serviço), visa-se atender também um fim público, mas previsto na lei especificamente para outro ato (punição disciplinar). Vale dizer, no desvio específico há uma inversão de finalidades: ao invés de o ato *X* atender a sua finalidade *X*, ele se propõe a atender a finalidade *Y*, prevista legalmente para o ato *Y*.

Os atos nos quais ocorre o desvio de finalidade, seja genérico ou específico, sujeitam-se ao controle do Judiciário, tendo em vista que tal desvio torna o ato ilegal (porque a finalidade vincula). Toda finalidade pública está prevista na lei.

3.2.10. Princípio da presunção de legitimidade

Este princípio, mais conhecido com um dos atributos do ato administrativo, faz presumir que toda atividade administrativa está em absoluta conformidade com as normas jurídicas. Por isso, havendo violação do direito do particular, este deverá

50. Op. cit., p. 78.

demonstrá-la (operando uma inversão do ônus da prova), uma vez que milita em favor de todos os atos administrativos a presunção de legitimidade.

A presunção de legitimidade não se confunde com a *presunção de veracidade*, haja vista que a veracidade diz respeito aos *fatos* declarados pela Administração Pública, enquanto a presunção de legitimidade diz respeito às questões de *direito*.

Tanto a presunção de legitimidade quanto a de veracidade podem ser contestadas, desde que o administrado prove o contrário, pois são presunções só relativas, ou *iuris tantum*. Todavia, enquanto não declarada a ilegitimidade ou a não veracidade do ato, ele continua a produzir efeitos, em decorrência dessas presunções[51].

3.2.11. Princípio da autotutela

Pelo princípio da autotutela, a Administração Pública pode, diretamente e sem intervenção do Poder Judiciário, rever os seus próprios atos, para corrigi-los, seja quando não mais convenientes e oportunos, seja quando ilegais. Desse modo, pode a Administração Pública revogar os seus atos administrativos por razões de conveniência e oportunidade, ou invalidá-los (ou anulá-los como tradicionalmente se diz), quando eivados de ilegalidade.

Cumpre sublinhar que essa capacidade que tem a Administração Pública de corrigir os seus próprios atos quando eivados de vícios de ilegalidade não se trata de uma faculdade, mas de um *dever* de restaurar a legalidade rompida pela sua atuação ilegal que decorre do dever de legalidade a que se submete.

Advirta-se, entretanto, que esse controle interno que a Administração Pública pode exercer sobre os seus próprios atos não é definitivo nem afasta o controle externo por parte de outros órgãos. Não é definitivo porque ainda pode ser contrastado judicialmente por quem se sentiu prejudicado com a revogação ou com a invalidação. Nem afasta o controle externo de outros órgãos porque o Judiciário e o Legislativo, este inclusive com o auxílio do Tribunal de Contas, podem fazê-lo no exercício de suas atribuições constitucionais.

Soam pertinentes as lições de Hely Lopes Meirelles quando sustenta que a "Administração, como instituição destinada a realizar o Direito e a propiciar o bem comum, não pode agir fora das normas jurídicas e da moral administrativa, nem relegar os fins sociais a que sua ação se dirige. Se, por erro, culpa, dolo ou interesses escusos de seus agentes, a atividade do Poder Público desgarra-se da lei, divorcia-se da moral ou desvia-se do bem comum, é dever da Administração invalidar, espontaneamente

---

51. Para uma leitura crítica e profunda do princípio da legitimidade dos atos da Administração, conferir o livro de Durval Carneiro Neto, *Processo, Jurisdição e Ônus da Prova no Direito Administrativo: um estudo crítico sobre o dogma da Presunção de Legitimidade*, Salvador: Ed. Juspodivm, 2008. Na abordagem que faz, o autor sustenta, com muita propriedade, que não se deve atribuir ao dogma da presunção de legitimidade dos atos administrativos a força de incidir em todos os casos, de modo a sempre transferir aos administrados, apenas com base nesta presunção, o ônus da prova de todos os fatos declarados pelos agentes públicos, sob pena de se vulnerar garantias constitucionais importantes, como a da ampla defesa e da presunção de inocência, que decorrem da dimensão ampla que se deve dar à dignidade da pessoa humana.

ou mediante provocação, o próprio ato, contrário à sua finalidade, por inoportuno, inconveniente, imoral ou ilegal. Se não o fizer a tempo, poderá o interessado recorrer às vias judiciárias"[52].

Tão importante afigura-se essa autotutela da Administração Pública, que o Supremo Tribunal Federal consolidou esse entendimento nas súmulas 346 e 473, *in verbis:*

> ***Súmula 346 STF*** – A Administração Pública pode declarar a nulidade dos seus próprios atos.
>
> ***Súmula 473 STF*** – A Administração Pública pode anular seus próprios atos quando eivados de vícios que os tornam ilegais, porque deles não se originam direitos; ou revogá-los, por motivo de conveniência ou oportunidade, respeitados os direitos adquiridos e ressalvada, em todos os casos, a apreciação judicial.

Em posição idêntica, a Lei nº 9.784, de 29 de janeiro de 1999, que regula o processo administrativo no âmbito da Administração Pública Federal, dispôs, no art. 53, que a "Administração deve anular seus próprios atos, quando eivados de vício de legalidade, e pode revogá-los por motivo de conveniência ou oportunidade, respeitados os direitos adquiridos".

Todavia, o poder de autotutela que tem a Administração Pública encontra limites na necessidade de se garantir ao cidadão de boa-fé, após determinado prazo, a permanência de atos administrativos, ainda que inquinados de ilegalidade, em face da segurança jurídica e proteção da confiança. Com efeito, em consonância com o art. 54 da Lei nº 9.784/99, "*O direito da Administração de anular os atos administrativos de que decorram efeitos favoráveis para os destinatários decai em cinco anos, contados da data em que foram praticados, salvo comprovada má-fé*[53]."

Por essa razão, o STF fixou tese no sentido de que "No exercício do seu poder de autotutela, poderá a Administração Pública rever os atos de concessão de anistia a cabos da Aeronáutica com fundamento na Portaria nº 1.104/1964, quando se comprovar a ausência de ato com motivação exclusivamente política, assegurando-se ao anistiado, em procedimento administrativo, o devido processo legal e a não devolução das verbas já recebidas." (STF, tema 839 de repercussão geral no RE 817338, j. em 16/10/2019).

Em sessão realizada em 19 de fevereiro de 2020, o Plenário do STF definiu a seguinte tese de repercussão geral no RE 636553 (Tema 445): "Em atenção aos princípios

52. Op. cit., p. 194.
53. Conferir: ADMINISTRATIVO E PROCESSUAL CIVIL. RECURSO ESPECIAL. SERVIDOR PÚBLICO. ANULAÇÃO DE ATO ADMINISTRATIVO. EFEITOS FAVORÁVEIS. FÉRIAS. ARTIGO 54 DA LEI N. 9.784/99. PRAZO DECADENCIAL. OCORRÊNCIA. 1. A Corte de origem julgou a lide em consonância com a jurisprudência do STJ, com base no disposto do artigo 54, § 1º, da Lei n. 9.784/99, segundo a qual o direito da administração anular os seus próprios, quando deles decorram efeitos faváreis aos respectivos destinatários, decai em cinco anos, contados do pagamento decorrente do ato, salvo hipótese de má-fé. 2. No caso, o gozo das férias que se pretende o ressarcimento ocorreu no período de 08/04/1999 a 07/05/1999, de modo que o prazo decadencial de cinco anos decairia em maio de 2004 e somente em 11 de junho de 2004 a Administração Pública notificou o servidor o desconto na folha de pagamento para fins de ressarcimento ao erário, quando já impedido pela decadência. 3. Recurso especial provido (STJ, Segunda Turma, REsp 1260763 / RS, Ministro MAURO CAMPBELL MARQUES, DJe 08/09/2011).

da segurança jurídica e da confiança legítima, os Tribunais de Contas estão sujeitos ao prazo de 5 anos para o julgamento da legalidade do ato de concessão inicial de aposentadoria, reforma ou pensão, a contar da chegada do processo à respectiva Corte de Contas".

O STF decidiu que o prazo para o controle da legalidade do ato da aposentadoria pelos tribunais de contas é de 5 anos, contados da data de chegada do ato de concessão do direito à respectiva corte de contas. Por maioria de votos, o STF negou provimento ao RE 636553, com repercussão geral reconhecida. No caso concreto, o TCU, em 2003, analisou uma aposentadoria concedida em 1997 e, após constatar irregularidades, declarou a ilegalidade do benefício. No RE, a União contestava decisão do TRF-4 que impediu o TCU de cassar esse ato de aposentadoria, mesmo diante da constatação de irregularidades, em razão de ter sido ultrapassado o prazo decadencial de 5 anos previsto na Lei 9.784/99, que regula o processo administrativo no âmbito federal.

Na sessão de 12/02/2020, o julgamento foi suspenso após os votos do relator, ministro Gilmar Mendes, e do ministro Alexandre de Moraes, contra a aplicação do prazo decadencial de cinco anos previsto na Lei 9.784/99 ao TCU, e do ministro Edson Fachin, que se manifestou pela aplicação do prazo também à Corte de Contas a contar da concessão da aposentadoria.

Na sessão de 19/02/2020, o relator reajustou seu voto para manter, por motivos de segurança jurídica, a jurisprudência do STF de que a concessão de aposentadoria é um ato administrativo complexo, que envolve órgãos diversos da administração pública e somente pode ser considerado concretizado após a análise de sua legalidade pelo TCU. Mas apesar de entender que o procedimento administrativo de verificação das condições de validade do ato não se sujeita ao prazo extintivo de cinco anos, o ministro concluiu que é necessário fixação de prazo para que as cortes de contas exerçam seu dever constitucional. O relator propôs, por analogia, a aplicação, aos casos de revisão de aposentadoria, do prazo prescricional de cinco anos previsto no Decreto 20.910/1932 para que o administrado acione a Fazenda Pública. "Se o administrado tem o prazo de cinco anos para buscar qualquer direito contra a Fazenda Pública, também podemos considerar que o Poder Público, no exercício do controle externo, teria o mesmo prazo para rever eventual ato administrativo favorável ao administrado".

Acompanharam o relator os ministros Alexandre de Moraes, Luís Roberto Barroso, Rosa Weber, Ricardo Lewandowski e Dias Toffoli.

O ministro Edson Fachin manteve seu voto pelo desprovimento do recurso, com o entendimento de que se aplica o prazo de cinco anos para a análise da concessão por parte do TCU, salvo se comprovada má-fé, conforme previsto na Lei 9.784/1999. Divergiu, na conclusão, o ministro Marco Aurélio, que votou pelo provimento do recurso por entender que não se aplicam à revisão de aposentadoria ambos os prazos decadenciais[54].

54. Conforme: http://portal.stf.jus.br/noticias/verNoticiaDetalhe.asp?idConteudo=437550&ori=1, acesso em 03.03.2020.

É preciso esclarecer, porém, que a *autotutela* não se confunde com a *tutela administrativa*. Esta consiste no controle que a Administração direta exerce sobre as entidades da Administração indireta.

3.2.12. Princípio do controle judicial dos atos administrativos

Todo ato administrativo, seja ele vinculado ou discricionário, está sujeito ao controle de legitimidade pelo Poder Judiciário. Isso significa que vige entre nós o sistema da *jurisdição única* ou *sistema inglês* do controle judicial, que se contrapõe ao sistema do *contencioso administrativo* ou *sistema francês da dualidade da jurisdição*.

Na França, devido a uma rígida separação de poderes, o controle dos atos da Administração Pública está exclusivamente reservado a uma jurisdição administrativa, que tem como órgão de cúpula o Conselho de Estado Francês. A jurisdição dos órgãos do Poder Judiciário, naquele país, está limitada às questões particulares, não podendo os juízes controlar os atos da Administração.

No Direito brasileiro, porém, cumpre ao Poder Judiciário, *em sede definitiva*, o controle de legitimidade tanto dos atos dos particulares como dos atos da Administração Pública.

O controle judicial não mais se limita aos aspectos estritos da legalidade. Ele é mais amplo e tem por parâmetro todos os princípios constitucionais, além do princípio da legalidade estrita. Em razão disso, o Poder Judiciário está habilitado pela ordem jurídico-constitucional a investigar e controlar o ato da Administração Pública de qualquer dos Poderes do Estado, quer quanto à legalidade propriamente dita, quer quanto à constitucionalidade, cujo parâmetro envolve todos os princípios constitucionais, a exemplo dos princípios da impessoalidade, moralidade, publicidade, eficiência, razoabilidade, proporcionalidade e motivação[55].

A Lei nº 13.655, de 25 de abril de 2018, que incluiu na Lei de Introdução às Normas do Direito Brasileiro (Decreto-Lei nº 4.657/1942) os artigos 20 a 30, a título de dispor sobre segurança jurídica e eficiência na criação e na aplicação do direito público, acrescentou o art. 20 na LINDB para estabelecer que "Nas esferas administrativa, controladora e judicial, não se decidirá com base em valores jurídicos abstratos sem que sejam consideradas as consequências práticas da decisão", e que a motivação da decisão deve demonstrar "a necessidade e a adequação da medida imposta ou da invalidação de ato, contrato, ajuste, processo ou norma administrativa, inclusive em face das possíveis alternativas".

E ainda prevê no art. 21 que a "decisão que, nas esferas administrativa, controladora ou judicial, decretar a invalidação de ato, contrato, ajuste, processo ou norma

---

55. Conferir, nesse sentido, o seguinte acórdão do STF: "Separação dos poderes. Possibilidade de análise de ato do Poder Executivo pelo Poder Judiciário. (...) Reexame de matéria fática e interpretação de cláusulas editalícias. (...) Cabe ao Poder Judiciário a análise da **legalidade** e **constitucionalidade** dos atos dos três Poderes constitucionais, e, em vislumbrando mácula no ato impugnado, afastar a sua aplicação." (**AI 640.272-AgR**, Rel. Min. Ricardo Lewandowski, julgamento em 2-10-2009, Primeira Turma, *DJ* de 31-10-2007.) No mesmo sentido: **AI 746.260-AgR**, Rel. Min. Cármen Lúcia, julgamento em 9-6-2009, Primeira Turma, *DJE* de 7-8-2009.

administrativa deverá indicar de modo expresso suas consequências jurídicas e administrativas" e, quando for o caso, também deve a decisão "indicar as condições para que a regularização ocorra de modo proporcional e equânime e sem prejuízo aos interesses gerais, não se podendo impor aos sujeitos atingidos ônus ou perdas que, em função das peculiaridades do caso, sejam anormais ou excessivos".

Importa indagar se é possível o controle dos atos políticos. Sabe-se que os atos políticos (ou de governo) não são atos administrativos, pois decorrem do exercício de funções políticas ou de governo. Conforme reiterado entendimento do Supremo Tribunal Federal, esses atos, em razão da ampla liberdade política com que são editados, não se submetem ao controle judicial. Porém, há quem afirme, com muita propriedade, que o ato político deve se submeter a controle judicial quando vier a ferir princípio constitucional[56]. Compartilhamos desse entendimento. Não é admissível que um ato, qualquer que seja a sua natureza e origem, fique imune ao princípio da constitucionalidade, que impõe conformidade material e formal de todos os atos do poder público à Constituição.

3.2.13. *Princípio do devido processo legal, da razoabilidade e proporcionalidade*[57]

A razoabilidade, ou proporcionalidade ampla, é um importante princípio constitucional que limita a atuação e discricionariedade dos poderes públicos e, em especial, veda que a Administração Pública aja com excesso ou valendo-se de atos inúteis, desvantajosos, desarrazoados e desproporcionais.

Na verdade, a razoabilidade tem sua origem e desenvolvimento ligados à garantia do devido processo legal (*fair trial*), instituto do direito anglo-saxão[58]. Esta garantia teve origem na Inglaterra, com a Magna Carta de 1215 e revestido de caráter eminentemente processual (*"procedural due process"*, segundo o qual não é possível a condenação de alguém sem o devido processo legal), e se desenvolveu nos E.U.A, com um aspecto muito mais substantivo ou material (*"substantive due process"*)[59], para permitir ao Judiciário investigar o próprio mérito e a justiça dos atos do poder público, a fim de verificar se esses atos são razoáveis, ou seja, se estão conforme a razão, supondo equilíbrio, moderação e harmonia.

Utilizado, habitualmente, para aferir a legitimidade das *restrições* de direitos, o princípio da *proporcionalidade* ou da *razoabilidade*, consubstancia, em essência, uma pauta de natureza axiológica que emana diretamente das ideias de justiça, equidade,

56. Celso Antônio Bandeira de Mello, op. cit., p. 343.
57. Cumpre esclarecer que, muito embora alguns autores utilizem, indistintamente, essas duas expressões, por identificá-las em seus respectivos conteúdos, existem outros que as diferenciam porque entendem que elas traduzem princípios distintos – o da *proporcionalidade* e o da *razoabilidade*. Como representantes dessas duas correntes, ver, respectivamente, Gilmar Ferreira Mendes (*Direitos Fundamentais e Controle de Constitucionalidade*. São Paulo, Celso Bastos, 1998, pág. 83) e Wilson Antônio Steinmetz (*Colisão de Direitos Fundamentais e princípio da proporcionalidade*. Porto Alegre: Livraria do Advogado, 2001, pags.148 e 185/192). Adotaremos, no texto, a tese da identidade dos princípios em tela.
58. Nesse sentido, conferir Barroso, Luís Roberto. *Interpretação e aplicação da Constituição: fundamentos de uma dogmática constitucional transformadora*, p. 198-218.
59. Vide Castro, Carlos Roberto de Siqueira. *O devido processo legal e a razoabilidade das leis na nova Constituição do Brasil*, Rio de Janeiro, Forense, 1989.

bom senso, prudência, moderação, justa medida, proibição de excesso, direito justo e valores afins; precede e condiciona a positivação jurídica, inclusive a de nível constitucional; e, ainda, enquanto princípio geral do direito, serve de regra de interpretação para todo o ordenamento jurídico.[60]

Nas lições sempre precisas de Inocêncio Mártires Coelho, colhe-se o seguinte ensinamento:

> "No âmbito do direito constitucional, que o acolheu e reforçou, a ponto de impô-lo à obediência não apenas das autoridades administrativas, mas também de juízes e legisladores, esse princípio acabou se tornando consubstancial à própria ideia de Estado de Direito pela sua íntima ligação com os direitos fundamentais, que lhe dão suporte e, ao mesmo tempo, dele dependem para se realizar. Essa interdependência se manifesta especialmente nas colisões entre bens ou valores igualmente protegidos pela constituição, conflitos que só se resolvem de modo justo ou equilibrado fazendo-se apelo ao subprincípio da *proporcionalidade em sentido estrito*, o qual é indissociável da ponderação de bens e, ao lado da *adequação* e da *necessidade*, compõe a *proporcionalidade em sentido amplo*."[61]

Cuida-se o princípio da razoabilidade, ou proporcionalidade ampla, de um princípio constitucional implícito que exige a verificação do ato do poder público quanto aos seguintes caracteres: adequação (ou utilidade), necessidade (ou exigibilidade) e proporcionalidade em sentido estrito.

Assim, aplicado o princípio em tela à Administração Pública, impõe-se que as entidades, órgãos e agentes públicos, no desempenho das funções administrativas, adotem *meios* que, para a realização de seus *fins*, revelem-se *adequados*, *necessários* e *proporcionais*. Um meio é adequado se logra promover, com sucesso, o fim desejado; é necessário se, entre os meios igualmente adequados, apresentar-se como o menos restritivo a um direito fundamental; e, finalmente, é proporcional em sentido estrito se as vantagens que propicia superam as desvantagens causadas.

A razoabilidade, ou proporcionalidade ampla, portanto, possui uma tríplice exigência, que se expressa através dos seguintes subprincípios:

- *Adequação (ou Utilidade)* – É aquele que exige que as medidas adotadas pela Administração Pública se apresentem aptas para atingir os fins almejados. Ou seja, que efetivamente promovam e realizem os fins. Ora, fere até o bom senso que a Administração Pública possa se valer de atos e meios, ou tomar decisões, que se revelem inúteis a ponto de não conseguirem realizar os fins para os quais se destinam.

- *Necessidade (ou Exigibilidade)* – Em razão deste subprincípio, impõe-se que a Administração Pública adote, entre os atos e meios adequados, aquele ou aqueles que menos sacrifícios ou limitações causem aos direitos dos administrados. Por este subprincípio objetiva-se evitar o excesso da Administração.

---

60. Karl Larenz. *Metodologia da Ciência do Direito*, ed. de 1989, cit., págs. 585/586; *Derecho Justo*, cit., págs. 144/145. No mesmo sentido, Inocêncio Mártires Coelho, *Interpretação Constitucional*, 2ª ed., Porto Alegre: Sergio Antonio Fabris Editor.
61. Idem, ibidem.

- *Proporcionalidade em sentido estrito* – Em face deste subprincípio, deve-se encontrar um equilíbrio entre o motivo que ensejou a atuação da Administração Pública e a providência por ela tomada na consecução dos fins visados. Impõe-se que as vantagens que a medida adotada trará superem as desvantagens.

Enfim, faltando qualquer um desses requisitos o ato não será razoável, nem proporcional, expondo-se à invalidação[62].

A Lei nº 9.784/99 *explicitou*, a nível infraconstitucional, o referido princípio, exigindo da Administração Pública a observância do princípio da razoabilidade e proporcionalidade. Com efeito, prevê o seu art. 2º, *caput*, que a "Administração Pública obedecerá, dentre outros, aos princípios da legalidade, finalidade, motivação, *razoabilidade, proporcionalidade*, moralidade, ampla defesa, contraditório, segurança jurídica, interesse público e eficiência". (grifos nossos). Ademais, prevê a Lei em tela, no parágrafo único do art. 2º, que nos processos administrativos serão observados, entre outros, os critérios de *adequação entre meios e fins*, vedada a imposição de obrigações, restrições e sanções em medida superior àquelas estritamente necessárias ao atendimento do interesse público.

Na ADI nº 855-2/PR-MC, Rel. Min. Octávio Gallotti, o Supremo Tribunal Federal concedeu a medida cautelar para suspender, até a decisão final da ação, os efeitos da Lei nº 10.248, de 14.01.93, do Estado do Paraná, que previa a obrigatoriedade de pesagem de botijão de gás à vista do consumidor, não só por estabelecer um ônus excessivo às companhias, que teriam de dispor de uma balança de precisão para cada veículo, mas também porque a proteção dos consumidores poderia ser feita de forma menos restritiva a direito das empresas do setor, como, por exemplo, com a fiscalização por amostragem. Eis o acórdão da decisão da medida cautelar:

> "Gás liquefeito de petróleo: lei estadual que determina a pesagem de botijões entregues ou recebidos para substituição à vista do consumidor, com pagamento imediato de eventual diferença a menor: arguição de inconstitucionalidade fundada nos arts. 22, IV e VI (energia e metrologia), 24 e 5, 25, § 2 e 238, além de violação ao princípio de proporcionalidade e razoabilidade das leis restritivas de direitos: plausibilidade jurídica da arguição que aconselha a suspensão cautelar da lei impugnada, a fim de evitar danos irreparáveis à economia do setor, no caso de vir a declarar-se a inconstitucionalidade: liminar deferida."

3.2.14. *Princípio da motivação*

O princípio constitucional em tela se traduz na exigência de que todos os atos e decisões da Administração Pública sejam *fundamentados*.

Cumpre, em esclarecimento preliminar, não confundir *motivação* com o *motivo* do ato. Motivo é um dos elementos ou requisitos de todo ato administrativo, que consiste na situação de fato ou de direito que autoriza ou determina a edição do ato. Motivação é a revelação ou exteriorização *formal* do motivo, integrando a própria *forma* do ato administrativo (que, na praxe administrativa, vem sob a forma de "considerandos"

62. Conforme já decidiu o STF, "Discrepa da razoabilidade norteadora dos atos da administração pública o fato de o edital de concurso emprestar ao tempo de serviço público pontuação superior a títulos referentes a pós-graduação." (RE 205.535-AgR, Rel. Min. Marco Aurélio, julgamento em 22-5-1998, Segunda Turma, *DJ* de 14-8-1998).

que antecedem a decisão de expedir o ato). Isso porque, a motivação consiste na exposição, *por escrito* (que é a forma do ato), do motivo do ato administrativo.

No Estado Democrático de Direito não se concebe ato administrativo sem motivação. A exigência de motivação está expressa na Constituição Federal de 1988 para as decisões judiciais e *administrativas* do Poder Judiciário, em razão do exposto no art. 93, incisos IX e X, respectivamente. E como bem anota Lúcia Valle Figueiredo, "se quando o Judiciário exerce função atípica – a administrativa – deve motivar, como conceber esteja o administrador desobrigado da mesma conduta?"[63]. A Lei nº 9.784/99 abrigou, de forma expressa, no art. 2º, *caput*, o princípio da motivação como princípio da Administração Pública. Assim, segundo a Lei em tela, nos processos administrativos serão observados, entre outros, os critérios de *indicação dos pressupostos de fato e de direito que determinarem a decisão*.

Segundo o art. 50 da referida lei, impõe-se a motivação dos atos administrativos, com indicação dos fatos e dos fundamentos jurídicos, quando neguem, limitem ou afetem direitos ou interesses; imponham ou agravem deveres, encargos ou sanções; decidam processos administrativos de concurso ou seleção pública; dispensem ou declarem a inexigibilidade de processo licitatório; decidam recursos administrativos; decorram de reexame de ofício; deixem de aplicar jurisprudência firmada sobre a questão ou discrepem de pareceres, laudos, propostas e relatórios oficiais e importem anulação, revogação, suspensão ou convalidação de ato administrativo.

A motivação deve ser explícita, clara e congruente, podendo consistir em declaração de concordância com fundamentos de anteriores pareceres, informações, decisões ou propostas, que, neste caso, serão parte integrante do ato.

Nestes termos, a motivação é necessária para todo e qualquer ato administrativo, sendo exigida tanto nos atos vinculados quanto nos atos discricionários. Em certos atos vinculados a simples menção do fato e da regra de Direito a ser aplicada pode ser suficiente, por estar implícita a motivação, uma vez que nos atos vinculados os motivos já vêm expressados na lei, de modo que a aplicação desta é quase automática[64]. Nos atos discricionários, ante os quais a Administração goza de relativa liberdade de escolha, inclusive quanto aos motivos, apesar desta envolver mérito administrativo, haverá, com maior razão ainda, necessidade de motivação.

Tem-se entendido que satisfaz a exigência da motivação se, a esse título, o ato é praticado em razão do que consta no processo administrativo ou com apoio em determinado parecer. Nessas situações, o conteúdo do processo e as conclusões do parecer constituem a motivação dos respectivos atos (STJ, DJU de 06.03.95).

Enfim, via de regra, o ato administrativo deve ser motivado, pouco importando que ele seja discricionário ou vinculado. A motivação pode ser prévia ou contemporânea à expedição do ato.

---

63. *Curso de Direito Administrativo*, p. 51.
64. Celso Antônio Bandeira de Mello, op. cit., p. 82.

Contudo, a própria Constituição abre algumas exceções ao princípio da motivação obrigatória dos atos administrativos: os cargos em comissão, por exemplo, são de livre nomeação e exoneração; ou seja, o ato de exoneração do servidor público de um cargo em comissão ou de uma função de confiança não precisa ser motivado. Entretanto, se o administrador motiva qualquer destes atos, ele estará vinculado ao motivo, em face da aplicação da *teoria dos motivos determinantes*.

A teoria dos motivos determinantes implica para a Administração Pública a total *vinculação* com os motivos que apresenta para a prática do ato, de tal sorte que, inexistentes os motivos, expõe-se o ato à invalidação.

Assim, em razão do princípio da motivação, a Administração Pública deve fundamentar os atos que expede e revelar os motivos que ensejaram a sua atuação. Já em decorrência da teoria dos motivos determinantes, a Administração Pública está vinculada e adstrita aos motivos que indica. O que significa que não basta motivar ou fundamentar o ato ou a decisão administrativa. É mister, ademais, que o motivo que ensejou a edição do ato ou da decisão exista e seja idôneo.

3.2.15. *Princípio da obrigatoriedade do desempenho da atividade administrativa*

A atividade administrativa, enquanto função estatal destinada a atender concreta e imediatamente as necessidades coletivas e a proporcionar o bem estar comum e geral da comunidade, constitui um *dever* para a Administração Pública.

Nesse passo, o desempenho da função ou atividade administrativa é obrigatório em razão da legalidade que conforma toda a atuação da Administração Pública. Assim, não dispõe a Administração da liberdade de não atuar, pois sempre deverá agir, para exercer a função que lhe compete na gestão do interesse público.

Não há, portanto, liberdade quanto ao "se" da atuação, mas tão somente quanto ao "como" da ação. Ou seja, a Administração Pública deve sempre agir quando houver uma imposição legal para a sua atuação. Contudo, relativamente ao "como" agir ela goza de relativa liberdade para decidir, dentro dos limites legais, a melhor maneira de bem atender ao interesse coletivo.

3.2.16. *Princípio da continuidade dos serviços públicos*

É um dever da Administração Pública não só prestar os serviços públicos, mas disponibilizá-los aos administrados continuadamente, sem interrupções.

Este princípio impede a interrupção na prestação dos serviços públicos, que, enquanto importante e essencial atividade administrativa, não podem sofrer solução de continuidade. Cuida-se o princípio em comento de um desmembramento do princípio da obrigatoriedade do desempenho da atividade administrativa.

3.2.17. *Princípio da igualdade dos administrados face a administração pública*

A Administração Pública, como já observado em outra oportunidade, deve agir com *impessoalidade* porquanto destinada a promover o bem comum e a acolher indistinta e objetivamente os interesses de toda a coletividade.

Nesse passo, todos os cidadãos-administrados, enquanto destinatários da atuação administrativa, devem ser tratados igualmente na medida em que se igualem. Cuida-se da aplicação, no Direito Administrativo, do velho postulado aristotélico de que todos devem ser tratados igualmente na medida em que se igualem e desigualmente na medida em que se desigualem.

O princípio da igualdade é um postulado básico da democracia. Significa que todos merecem as mesmas oportunidades, sendo defeso privilégios e perseguições. O princípio da isonomia, portanto, interdita tratamento desigual às pessoas iguais. As Constituições do mundo civilizado prescrevem que todos são iguais perante a lei, abraçando a chamada igualdade formal, que determina que tanto o legislador quanto o aplicador da lei trate igualmente os iguais e desigualmente os desiguais, na medida em que se desigualem.

O postulado da igualdade figura como o primeiro e mais importante limite à discricionariedade legislativa. "A Lei não deve ser fonte de privilégios ou perseguições, mas instrumento regulador da vida social que necessita tratar equitativamente todos os cidadãos. Este é o conteúdo político-ideológico absorvido pelo princípio da isonomia e juridicizado pelos textos constitucionais em geral, ou de todo modo assimilado pelos sistemas normativos vigentes"[65].

O princípio magno da igualdade compreende, portanto:

a) *A igualdade perante a lei* – Deve-se aplicar igualmente a lei, mesmo que crie uma desigualdade. Dirigida aos aplicadores da lei.
b) *A igualdade na lei* – Nas normas jurídicas não pode haver distinções que não sejam autorizadas pela Constituição. Dirigida aos legisladores e aplicadores da lei[66].

65. Mello, Celso Antônio Bandeira de. *Conteúdo Jurídico do Princípio da Igualdade*, p. 10.
66. STF, MI 58, Rel. p/ o ac. Min. Celso de Mello, julgamento em 14-12-90, *DJ* de 19-4-91: "O princípio da isonomia, que se reveste de auto-aplicabilidade, não é – enquanto postulado fundamental de nossa ordem político-jurídica – suscetível de regulamentação ou de complementação normativa. Esse princípio – cuja observância vincula, incondicionalmente, todas as manifestações do Poder Público – deve ser considerado, em sua precípua função de obstar discriminações e de extinguir privilégios (*RDA* 55/114), sob duplo aspecto: (a) o da igualdade na lei e (b) o da igualdade perante a lei. A igualdade na lei – que opera numa fase de generalidade puramente abstrata – constitui exigência destinada ao legislador que, no processo de sua formação, nela não poderá incluir fatores de discriminação, responsáveis pela ruptura da ordem isonômica. A igualdade perante a lei, contudo, pressupondo lei já elaborada, traduz imposição destinada aos demais poderes estatais, que, na aplicação da norma legal, não poderão subordiná-la a critérios que ensejem tratamento seletivo ou discriminatório. A eventual inobservância desse postulado pelo legislador imporá ao ato estatal por ele elaborado e produzido a eiva de inconstitucionalidade."

Rousseau[67] viu, na espécie humana, duas modalidades de desigualdade. Uma desigualdade natural ou física, imposta pela natureza, consistente na distinção das idades, da saúde, das forças do corpo e das qualidades do espírito ou da alma. E uma desigualdade moral ou política, decorrente de convenções estabelecidas ou autorizadas pelo consentimento dos homens, e que consiste nos diferentes privilégios que alguns gozam em detrimento de outros, como serem mais ricos, mais importantes e mais poderosos.

Rousseau, no seu discurso sobre a origem e os fundamentos da desigualdade entre os homens, vai apontar o momento em que a natureza foi substituída pela lei e, consequentemente, a partir de quando o homem, outrora livre, passou a sofrer distinções.

Conclui que "a desigualdade, sendo quase nula no estado de natureza, extrai sua força e seu crescimento do desenvolvimento de nossas faculdades e dos progressos do espírito humano e torna-se enfim estável e legítima pelo estabelecimento da propriedade e das leis. Conclui-se ainda que a desigualdade moral, autorizada unicamente pelo direito positivo, é contrária ao direito natural todas as vezes em que não coexiste, na mesma proporção, com a desigualdade física; distinção que determina suficientemente o que se deve pensar a esse respeito da espécie de desigualdade que reina entre todos os povos policiados, já que é claramente contra a lei da natureza, seja qual for a maneira por que a definamos, uma criança mandar num velho, um imbecil conduzir um homem sábio e um punhado de gente regurgitar de superfluidades enquanto a multidão esfaimada carece do necessário"[68].

Essas formulações genéricas, entretanto, não são suficientes para definir quais os critérios legítimos que autorizam, sem mácula à isonomia, distinguir pessoas e situações em grupos apartados para fins de tratamentos jurídicos diversos. "Como as leis nada fazem senão discriminar situações para submetê-las à regência de tais ou quais regras – sendo esta mesma sua característica funcional – é preciso indagar quais as discriminações juridicamente intoleráveis"[69]. Vale dizer, quais os limites legais de discriminar?

O fato de a lei, só por si, conter algum fator de discrímen, qualquer que seja ele, não é suficiente para se considerar ofendida a cláusula da igualdade. As leis podem discriminar. Aliás, é o que mais fazem, como acentuado acima. Contudo, as discriminações legais, segundo leciona Celso Antônio Bandeira de Mello[70], só se coadunam com o dogma da igualdade se existir uma *pertinência lógica* entre a *distinção inserida na lei* e o *tratamento distintivo dela consequente*. Por exemplo, uma lei que limita às mulheres (fator de discriminação) o acesso ao cargo público de policial feminino (tratamento discriminador). Decerto, na hipótese, dúvida não remanesce de que há evidente correlação ou pertinência lógica entre a desigualdade legal (só as mulheres, e não os homens) e o tratamento desigual decorrente (ocupar cargo público de policial

67. Rousseau, Jean-Jacques. *Discurso sobre a origem e os fundamentos da desigualdade entre os homens*. Trad. Maria Ermantina Galvão, São Paulo: Martins Fontes, 1999.
68. Ibidem, p. 243.
69. Mello, Celso Antônio Bandeira de. *Conteúdo jurídico do princípio da igualdade*, op. cit., p. 11.
70. Ibidem, mesma página.

feminino). É necessário, todavia, que essa correlação não seja incompatível com interesses prestigiados na Constituição.

Assim, consoante sintetiza Celso Antônio Bandeira de Mello, para poder se identificar o desrespeito à isonomia, "tem-se que investigar, de um lado, aquilo que é adotado como critério discriminatório; de outro lado, cumpre verificar se há justificativa racional, isto é, fundamento lógico, para, à vista do traço desigualador acolhido, atribuir o específico tratamento jurídico construído em função da desigualdade proclamada. Finalmente, impende analisar se a correlação ou fundamento racional abstratamente existente é, *in concreto*, afinado com os valores prestigiados no sistema normativo constitucional"[71].

Só a apreciação conjunta desses aspectos é que permite a análise correta do problema.

3.2.18. *Princípio da segurança jurídica*

No *caput* do art. 5º, a Constituição garante a inviolabilidade à segurança jurídica. Cuida-se, sem dúvida, de outra garantia fundamental dos regimes democráticos, que consagra a **proteção da confiança** e a **segurança de estabilidade das relações jurídicas constituídas**.

O valor segurança jurídica é consagrado por vários outros princípios constitucionais: direito adquirido, ato jurídico perfeito, coisa julgada, irretroatividade da lei, entre outros. Este princípio enaltece a ideia de proteger o passado (relações jurídicas já consolidadas) e tornar o futuro previsível, de modo a não infligir surpresas desagradáveis ao administrado.

Visa à garantia da **certeza** e **estabilidade** das relações ou situações jurídicas (vertente *objetiva* da segurança jurídica) e a proteção à **boa-fé** ou à **confiança legítima** (vertente *subjetiva* da segurança jurídica). Em decorrência deste princípio, aplica-se à Administração Pública o "*venire contra factum proprium*" (vedação do comportamento contraditório).

Relativamente à garantia da estabilidade das relações ou situações jurídicas, impõe-se consignar que a segurança jurídica impede que a Administração Pública desconstitua essas relações alterando abusivamente as situações anteriores já consolidadas. Por essa razão, a Lei nº 9.784/99 estabeleceu um prazo de cinco anos para a Administração Pública anular os atos administrativos de que decorram efeitos favoráveis para os destinatários, objetivando garantir ao cidadão de boa-fé, após esse prazo, a permanência de atos administrativos, ainda que inquinados de ilegalidade.

Já em face da proteção à confiança, a segurança jurídica exige a preservação de atos da Administração que o cidadão de boa-fé acreditou, por serem editados pela própria Administração Pública, tratar-se de atos legítimos.

A Lei nº 9.784/99, no art. 2º, *caput*, também prevê a segurança jurídica como princípio da Administração Pública. Ademais, em conformidade com o parágrafo único

71. Ibidem, p. 21-22.

desse art. 2º, nos processos administrativos serão observados, entre outros, os critérios de interpretação da norma administrativa da forma que melhor garanta o atendimento do fim público a que se dirige, *vedada aplicação retroativa de nova interpretação.*

Encerra a ideia de que as relações ou situações jurídicas constituídas com base no Direito ou em orientações gerais da época perdurarão ainda que haja posterior mudança de orientação geral. A propósito, a Lei nº 13.655, de 25 de abril de 2018, que incluiu na Lei de Introdução às Normas do Direito Brasileiro (Decreto-Lei nº 4.657/1942) os artigos 20 a 30, a título de dispor sobre segurança jurídica e eficiência na criação e na aplicação do direito público, acrescentou o art. 24 na LINDB, para estabelecer que a "revisão, nas esferas administrativa, controladora ou judicial, quanto à validade de ato, contrato, ajuste, processo ou norma administrativa cuja produção já se houver completado levará em conta as orientações gerais da época, sendo vedado que, com base em mudança posterior de orientação geral, se declarem inválidas situações plenamente constituídas". E de acordo com o seu parágrafo único, "Consideram-se orientações gerais as interpretações e especificações contidas em atos públicos de caráter geral ou em jurisprudência judicial ou administrativa majoritária, e ainda as adotadas por prática administrativa reiterada e de amplo conhecimento público".

Ademais, prevê o art. 30 da LINDB, também incluído pela Lei 13.655/2018, que "As autoridades públicas devem atuar para aumentar a segurança jurídica na aplicação das normas, inclusive por meio de regulamentos, súmulas administrativas e respostas a consultas". E no seu parágrafo único, também dispôs que "Os instrumentos previstos no **caput** deste artigo terão caráter vinculante em relação ao órgão ou entidade a que se destinam, até ulterior revisão".

A garantia da segurança jurídica impõe aos poderes públicos o respeito à estabilidade das relações jurídicas já constituídas e a obrigação de antecipar os efeitos das decisões que interferirão nos direitos e liberdades individuais e coletivas. Ela visa a tornar segura a vida das pessoas e instituições, ou, como pontifica Tércio Sampaio Ferraz Jr., "cria condições de certeza e igualdade que habilitam o cidadão a sentir-se senhor de seus próprios atos e dos atos dos outros"[72]. Assim, a segurança jurídica, no magistério de Jorge Reinaldo Vanossi, consiste no "conjunto de condições que tornam possível às pessoas o conhecimento antecipado e reflexivo das consequências diretas de seus atos e de seus fatos à luz da liberdade reconhecida."[73]

3.2.19. *Princípio da responsabilidade do Estado*

O Estado, por ser sujeito de Direito, é responsável perante os administrados, por danos que porventura lhes venha infligir. Possui, assim, a obrigação de reparar danos causados a terceiros, independentemente de culpa de seu agente, conforme o art. 37, § 6º, da CF (que adotou a responsabilidade objetiva baseada no risco administrativo).

Não mais se concebe, no mundo civilizado, Estado irresponsável. Os EUA e a Inglaterra, os últimos refratários, abandonaram a teoria da irresponsabilidade em 1946

72. FERRAZ JR., Tércio Sampaio. *Segurança jurídica e normas gerais tributárias*, RDT, 17-18/51.
73. *Apud* SILVA, José Afonso da. *Curso de Direito Constitucional Positivo*, Malheiros, 16ª edição, p. 433.

e 1947, respectivamente. No Brasil, o Estado responde civilmente por seus comportamentos administrativos tanto objetivamente quanto subjetivamente (em situações muito específicas), com base, respectivamente, numa mera *relação causal* entre esse comportamento e o dano e na *culpa administrativa*.

A responsabilidade do Estado compreende, inclusive, a proteção de pessoas que estejam sob a sua guarda ou restrição cautelar. Por essa razão, o STF fixou tese no julgamento do tema 220 de repercussão geral no RE 592581, segundo a qual "É lícito ao Judiciário impor à Administração Pública obrigação de fazer, consistente na promoção de medidas ou na execução de obras emergenciais em estabelecimentos prisionais para dar efetividade ao postulado da dignidade da pessoa humana e assegurar aos detentos o respeito à sua integridade física e moral, nos termos do que preceitua o art. 5º, XLIX, da Constituição Federal, não sendo oponível à decisão o argumento da reserva do possível nem o princípio da separação dos poderes.". (j. em 13/08/2015).

3.2.20. Princípio da obrigatoriedade da licitação

O art. 37, inciso XXI, consagra o *princípio da obrigatoriedade da licitação* para a Administração Pública direta e indireta, condicionando a contratação de obras, serviços, compras e alienações à prévia realização de *licitação pública*, excetuados os casos especificados na legislação (casos de dispensa e inexigibilidade, previstos na lei).

Com efeito, em conformidade com o preceito constitucional em tela, *ressalvados os casos especificados na legislação, as obras, serviços, compras e alienações serão contratados mediante processo de licitação pública que assegure igualdade de condições a todos os concorrentes, com cláusulas que estabeleçam obrigações de pagamento, mantidas as condições efetivas da proposta, nos termos da lei, o qual somente permitirá as exigências de qualificação técnica e econômica indispensáveis à garantia do cumprimento das obrigações.*

A licitação é um processo administrativo por meio do qual a Administração Pública seleciona a proposta mais vantajosa para o contrato que melhor atenda ao interesse público.

Destina-se a garantir a observância do princípio constitucional da isonomia e a selecionar a proposta mais vantajosa para a Administração. Em consonância com a Lei nº 14.133/2021 (nova Lei de licitações e contratos administrativos), nas licitações e contratos devem ser observados os princípios da legalidade, da impessoalidade, da moralidade, da publicidade, da eficiência, do interesse público, da probidade administrativa, da igualdade, do planejamento, da transparência, da eficácia, da segregação de funções, da motivação, da vinculação ao edital, do julgamento objetivo, da segurança jurídica, da razoabilidade, da competitividade, da proporcionalidade, da celeridade, da economicidade e do desenvolvimento nacional sustentável, assim como as disposições da Lei de Introdução às Normas do Direito Brasileiro (Decreto-Lei 4.657/42).

Tem por objeto as obras, serviços, inclusive de publicidade, compras, alienações, concessões, permissões e locações da Administração Pública, quando contratadas com terceiros.

A Lei nº 14.133/2021, que sucedeu a Lei nº 8.666/93, regulou o inciso XXI do art. 37 da CF e estabeleceu as normas gerais sobre licitações e contratos administrativos no âmbito dos Poderes da União, dos Estados, do Distrito Federal e dos Municípios. Ela instituiu as modalidades de licitação (pregão, concorrência, concurso, leilão e diálogo competitivo) e as hipóteses de contratação direta, mediante de dispensa e a inexigibilidade da licitação, entre outras coisas.

3.2.21. *Princípio da precedência da administração fazendária*

Este princípio, consagrado no art. 37, XVIII, da Constituição de 1988, estabelece que a Administração Pública Fazendária e seus servidores fiscais terão, dentro de suas áreas de competência e jurisdição, *precedência* sobre os demais setores administrativos, na forma da lei.

Isso significa que a atividade administrativa fiscal (fiscalização e arrecadação de tributos) é *prioridade* para o Estado, considerada essencial ao seu funcionamento, precedendo sobre qualquer outra atividade administrativa. Destaca, outrossim, a importância dos servidores do fisco, que integram carreiras específicas, na medida em que lhes atribui, com exclusividade, e com recursos prioritários, a atividade tributária do Estado. O conteúdo deste inciso XVIII é reforçado pelo inciso XXII do mesmo artigo (que foi incluído ao art. 37 pela EC nº 42/03, que alterou o sistema tributário nacional), segundo o qual *as administrações tributárias da União, dos Estados, do Distrito Federal e dos Municípios, atividades essenciais ao funcionamento do Estado, exercidas por servidores de carreiras específicas, terão recursos prioritários para a realização de suas atividades e atuarão de forma integrada, inclusive com o compartilhamento de cadastros e de informações fiscais, na forma da lei ou convênio*.

3.2.22. *Princípio do concurso público*

Em razão desse princípio, a investidura em cargo ou emprego público depende de *aprovação prévia em concurso público* de provas ou de provas e títulos, de acordo com a natureza e a complexidade do cargo ou emprego, na forma prevista em lei. A Constituição Federal de 1988 instituiu, no inciso II do art. 37, o concurso público como forma de acesso aos cargos e empregos públicos, *ressalvadas as nomeações para cargo em comissão declarado em lei de livre nomeação e exoneração*.

A exigência constitucional do concurso público para o acesso aos cargos e empregos públicos reveste-se de caráter ético e moralizador, e visa assegurar a igualdade, impessoalidade e o mérito dos candidatos. Dessa forma, tal exigência só pode ser excepcionada nas restritas hipóteses previstas pela própria Constituição Federal, uma vez que, segundo a súmula nº 685, do STF, "É inconstitucional toda modalidade de provimento que propicie ao servidor investir-se, sem prévia aprovação em concurso público destinado ao seu provimento, em cargo que não integra a carreira na qual anteriormente investido".

Ademais, "A Constituição de 1988 comina de nulidade as contratações de pessoal pela Administração Pública sem a observância das normas referentes à indispensabilidade da prévia aprovação em concurso público (CF, art. 37, § 2º), não gerando, essas contratações, quaisquer efeitos jurídicos válidos em relação aos empregados contratados, a não ser o direito à percepção dos salários referentes ao período trabalhado e, nos termos do art. 19-A da Lei 8.036/90, ao levantamento dos depósitos efetuados no Fundo de Garantia por Tempo de Serviço – FGTS." (STF, tema 308 de repercussão geral no RE 705140, j. em 28/08/2014).

4. QUADRO SINÓTICO

O direito administrativo, a administração pública e o regime jurídico-administrativo
1. O Direito Administrativo
1.1. Origem e desenvolvimento do Direito Administrativo
A origem do Direito Administrativo se deu no fim do século XVIII e início do século XIX, a partir dos movimentos revolucionários que romperam com o regime político da época. Costuma-se indicar a lei francesa de 1800, que organizou a Administração Pública na França, como a data de nascimento desse ramo do direito público.
1.2. Conceito e objeto do Direito Administrativo
Cuida-se de um *ramo do Direito Público que consiste num conjunto articulado e harmônico de normas jurídicas (normas-princípios e normas-regras) que atuam na disciplina da Administração Pública, de seus órgãos e entidades, de seu pessoal, serviços e bens, regulando uma das funções desenvolvidas pelo Estado: a função administrativa*. Tem por objeto específico, portanto, a *Administração Pública e o desempenho das funções administrativas*.
1.3. Fontes do Direito Administrativo
As fontes do Direito Administrativo, que constituem a origem da construção e produção desse ramo autônomo do Direito, são, basicamente, a Constituição, os *atos legislativos*, os *atos infralegais*, a *jurisprudência*, a *doutrina* e os *costumes*.
1.4. Interpretação do Direito Administrativo
A interpretação do Direito Administrativo consiste na atividade de identificar o sentido e o alcance de seus preceitos normativos. A interpretação desse ramo do Direito deve observar os seguintes critérios: 1) a desigualdade jurídica entre a Administração e os administrados; 2) a presunção de legitimidade dos atos da Administração; e 3) a necessidade de poderes discricionários para a Administração melhor atender ao interesse público.
2. A Administração Pública (objeto específico do DA)
Numa definição bem singela, a Administração Pública corresponde à face do Estado (o Estado-Administração) que atua no desempenho da função administrativa, objetivando atender concretamente os interesses coletivos. A Administração Pública pode ser concebida num duplo sentido:
a) Sentido subjetivo, formal ou **orgânico** – Conjunto de pessoas jurídicas (de direito público ou de direito privado), de órgãos públicos e de agentes públicos.
b) Sentido objetivo, material ou **funcional** – Conjunto de funções ou atividades administrativas, que são *públicas*, consistentes em realizar *concreta*, *direta* e *imediatamente* os fins constitucionalmente atribuídos ao Estado, que compreendem, atualmente, a prestação dos serviços públicos, o exercício do poder de polícia, a atividade de fomento e a intervenção na ordem econômica.

3. Regime Jurídico-administrativo
É um conjunto de normas-princípios que se aplicam ao Direito Administrativo e lhe conferem autonomia científica, submetendo toda a Administração Pública à observância de seus preceitos. É usual falar-se que o Regime Jurídico-Administrativo consiste em um conjunto de princípios que conferem à Administração Pública **prerrogativas** (em razão do princípio da supremacia do interesse público sobre o interesse privado) e **sujeições** (em razão do princípio da indisponibilidade do interesse público e da necessidade de proteção dos direitos fundamentais). Isso caracteriza o **binômio** (Celso Antônio Bandeira de Mello) ou a **bipolaridade** (Maria Sylvia Zanella Di Pietro) do Direito Administrativo. Esse RJA compõe-se dos seguintes princípios:
1. Supremacia do interesse público sobre o interesse privado – Este princípio exalta a superioridade do interesse da coletividade, estabelecendo a prevalência do interesse público sobre o interesse do particular, como condição indispensável de assegurar e viabilizar os interesses individuais.
2. Indisponibilidade do interesse público – Em razão deste princípio, os bens e os interesses públicos não se acham entregues à livre disposição da vontade do administrador. Ao contrário, cumpre ao administrador o dever de protegê-los nos termos da finalidade legal a que estão adstritos.
3. Princípio da Legalidade – O princípio da legalidade é uma exigência que decorre do Estado de Direito, ou seja, da submissão do Estado ao império da ordem jurídica. Assim, a atividade administrativa só pode ser exercida quando autorizada pela lei e em conformidade absoluta com a lei. Este princípio implica que a Administração Pública deve atuar de acordo com a ***Lei*** e o ***Direito.***
4. Princípio da Impessoalidade – Este princípio exige que a atividade administrativa seja exercida de modo a atender a todos os administrados, ou seja, a coletividade, e não a certos membros em detrimento de outros, devendo apresentar-se, portanto, de forma impessoal e objetiva, vedada a promoção pessoal de agentes e autoridades.
5. Princípio da Moralidade – Este princípio determina o emprego da ética, da honestidade, da retidão, da probidade, da boa-fé e da lealdade com as instituições administrativas e políticas no exercício da atividade administrativa.
6. Princípio da Publicidade – Este princípio exige uma atividade administrativa *transparente* ou *visível*, a fim de que o administrado tome conhecimento dos comportamentos administrativos do Estado. Assim, todos os atos da Administração Pública devem ser públicos, de conhecimento geral.
7. Princípio da Eficiência – Este trouxe para a Administração Pública o dever explícito de *boa administração* na realização de suas atribuições com *rapidez, perfeição* e *rendimento*, impondo um *modelo gerencial* com ênfase nos resultados e na qualidade.
8. Princípio da Finalidade Pública – A Administração Pública só existe e se justifica para atender a um *fim público*, que é o *resultado* que se busca alcançar com a prática do ato, e que consiste em satisfazer, em caráter geral e especial, os interesses da coletividade.
9. Princípio da Presunção de Legitimidade – Este princípio, mais conhecido com um dos atributos do ato administrativo, faz presumir que toda atividade administrativa está em absoluta conformidade com as normas jurídicas.
10. Princípio da Autotutela – Pelo princípio da autotutela, a Administração Pública pode, diretamente e sem intervenção do Poder Judiciário, rever os seus próprios atos, para corrigi-los, seja quando não mais convenientes e oportunos, seja quando ilegais. Desse modo, pode a Administração Pública revogar os seus atos administrativos por razões de conveniência e oportunidade; ou invalidá-los, quando eivados de ilegalidade. Não se confunde com a ***tutela administrativa***. Esta consiste no controle que a Administração direta exerce sobre as entidades da Administração indireta.

11. Princípio do Controle Judicial dos Atos Administrativos – Todo ato administrativo, seja ele vinculado ou discricionário, está sujeito ao controle de legitimidade pelo Poder Judiciário. Isso significa que vige entre nós o sistema da *jurisdição única* ou *sistema inglês* do controle judicial, que se contrapõe ao sistema do *contencioso administrativo* ou *sistema francês da dualidade da jurisdição.*

12. Princípio do devido Processo Legal, Razoabilidade e Proporcionalidade – A razoabilidade, ou proporcionalidade ampla, é um importante princípio constitucional que limita a atuação e discricionariedade dos poderes públicos e, em especial, veda que a Administração Pública aja com excesso ou valendo-se de atos inúteis, desvantajosos, desarrazoados e desproporcionais.
Esse princípio exige a verificação do ato do poder público (análise do *meio* em relação aos *fins* pretendidos) quanto aos seguintes caracteres: **adequação** (ou utilidade), **necessidade** (ou exigibilidade) e **proporcionalidade em sentido estrito**. Um meio é adequado se logra promover, com sucesso, o fim desejado; é necessário se, entre os meios igualmente adequados, apresentar-se como o menos restritivo a um direito fundamental; e, finalmente, é proporcional em sentido estrito se as vantagens que propicia superam as desvantagens causadas.

13. Princípio da Motivação – O princípio constitucional em tela se traduz na exigência de que os atos e decisões da Administração Pública sejam *fundamentados.*

14. Princípio da Obrigatoriedade do Desempenho da Atividade Administrativa – Por este princípio, o desempenho da função ou atividade administrativa é obrigatório em razão da legalidade que conforma toda a atuação da Administração Pública. Assim, não dispõe a Administração da liberdade de não atuar, pois sempre deverá agir, para exercer a função que lhe compete na gestão do interesse público.

15. Princípio da Continuidade dos Serviços Públicos – É um dever da Administração Pública não só prestar os serviços públicos, mas disponibilizá-los aos administrados continuadamente, sem interrupções.

16. Princípio da igualdade dos administrados face a Administração Pública – Em razão deste princípio, todos os cidadãos-administrados, enquanto destinatários da atuação administrativa, devem ser tratados igualmente na medida em que se igualem.

17. Princípio da Segurança Jurídica – Visa à garantia da certeza e estabilidade das relações ou situações jurídicas (vertente ***objetiva*** da segurança jurídica) e a proteção à boa-fé ou à confiança legítima (vertente ***subjetiva*** da segurança jurídica). Aplicação do "venire contra factum proprium" (vedação do comportamento contraditório).

18. Princípio da Responsabilidade do Estado – O Estado, por ser sujeito de Direito, é responsável objetivamente perante os administrados, por danos que porventura lhes venha infligir. Possui, assim, a obrigação de reparar danos causados a terceiros, independentemente de culpa de seu agente, conforme o art. 37, § 6º, da CF (que adotou a responsabilidade objetiva baseada no risco administrativo).

19. Princípio da obrigatoriedade da licitação – Por este princípio, a Administração Pública direta e indireta só pode contratar obras, serviços, compras e alienações por meio de licitação pública (seleção pública), excetuados os casos especificados na legislação (casos de dispensa e inexigibilidade, previstos na lei).

20. Princípio da Precedência da Administração Fazendária – Em razão desse princípio, a atividade administrativa fiscal (fiscalização e arrecadação de tributos) é *prioridade* para o Estado, considerada essencial ao seu funcionamento, *precedendo* sobre qualquer outra atividade administrativa. Destaca, outrossim, a importância dos servidores do fisco, que integram carreiras específicas, na medida em que lhes atribui, com exclusividade, e com recursos prioritários, a atividade tributária do Estado.

21. Princípio do Concurso Público – Em razão desse princípio, ressalvados os cargos em comissão, a investidura em cargo ou emprego público depende de *aprovação prévia em concurso público* de provas ou de provas e títulos, de acordo com a natureza e a complexidade do cargo ou emprego, na forma prevista em lei.

5. JURISPRUDÊNCIA APLICADA

- **Súmula Vinculante nº 13:** "A nomeação de cônjuge, companheiro ou parente em linha reta, colateral ou por afinidade, até o terceiro grau, inclusive, da autoridade nomeante ou de servidor da mesma pessoa jurídica investido em cargo de direção, chefia ou assessoramento, para o exercício de cargo em comissão ou de confiança ou, ainda, de função gratificada na administração pública direta e indireta em qualquer dos Poderes da União, dos Estados, do Distrito Federal e dos Municípios, compreendido o ajuste mediante designações recíprocas, viola a Constituição Federal."

- "Ato decisório contrário à Súmula Vinculante 13 do STF. Nepotismo. Nomeação para o exercício do cargo de Conselheiro do Tribunal de Contas do Estado do Paraná. Natureza administrativa do cargo. Vícios no processo de escolha. Votação aberta. Aparente incompatibilidade com a sistemática da Constituição Federal. Presença do *fumus boni iuris* e do *periculum in mora*. (...) A vedação do nepotismo não exige a edição de lei formal para coibir a prática, uma vez que decorre diretamente dos princípios contidos no art. 37, *caput*, da Constituição Federal. O cargo de Conselheiro do Tribunal de Contas do Estado do Paraná reveste-se, à primeira vista, de natureza administrativa, uma vez que exerce a função de auxiliar do Legislativo no controle da Administração Pública. Aparente ocorrência de vícios que maculam o processo de escolha por parte da Assembleia Legislativa paranaense." (Rcl 6.702-AgR-MC, Rel. Min. Ricardo Lewandowski, julgamento em 4-3-09, Plenário, *DJE* de 30-4-09).

- "Administração pública. Vedação nepotismo. Necessidade de lei formal. Inexigibilidade. Proibição que decorre do art. 37, *caput*, da CF. (...) Embora restrita ao âmbito do Judiciário, a Resolução 7/2005 do Conselho Nacional da Justiça, a prática do nepotismo nos demais Poderes é ilícita. A vedação do nepotismo não exige a edição de lei formal para coibir a prática. Proibição que decorre diretamente dos princípios contidos no art. 37, *caput*, da Constituição Federal. Precedentes. RE conhecido e parcialmente provido para anular a nomeação do servidor, aparentado com agente político, ocupante de cargo em comissão." (RE 579.951, Rel. Min. Ricardo Lewandowski, julgamento em 20-8-08, *DJE* de 24-10-08).

- **Súmula 599 do STJ:** "O princípio da insignificância é inaplicável aos crimes contra a administração pública."

- "Ação declaratória de constitucionalidade, ajuizada em prol da resolução n. 07, de 18-10-2005, do Conselho Nacional de Justiça. Medida cautelar. (...) O ato normativo que se faz de objeto desta ação declaratória densifica apropriadamente os quatro citados princípios do art. 37 da Constituição Federal, razão por que não há antinomia de conteúdos na comparação dos comandos que se veiculam pelos dois modelos normativos: o constitucional e o infraconstitucional. Logo, o Conselho Nacional de Justiça fez adequado uso da competência que lhe conferiu a Carta de Outubro, após a Emenda 45/04. Noutro giro, os condicionamentos impostos pela Resolução em foco não atentam contra a liberdade de nomeação e exoneração dos cargos em comissão e funções de confiança (incisos II e V do art. 37). Isto porque a interpretação dos mencionados incisos não pode se desapegar dos princípios que se veiculam pelo *caput* do mesmo art. 37. Donde o juízo de que as restrições constantes do ato normativo do CNJ são, no rigor dos termos, as mesmas restrições já impostas pela Constituição de 1988, dedutíveis dos republicanos princípios da impessoalidade, da eficiência, da igualdade e da moralidade. É dizer: o que já era constitucionalmente proibido permanece com essa tipificação, porém, agora, mais expletivamente positivado. (...) Medida liminar deferida para, com efeito vinculante: a) emprestar interpretação conforme para incluir o termo 'chefia' nos inciso II, III, IV, V do artigo 2º do ato normativo em foco; b) suspender, até o exame de mérito desta ADC, o julgamento dos processos que tenham por objeto questionar a constitucionalidade da Resolução n. 07/2005, do Conselho Nacional de Justiça; c) obstar que juízes e Tribunais venham a proferir decisões que impeçam ou afastem a aplicabilidade da mesma Resolução n. 07/2005, do CNJ e d) suspender, com eficácia *ex tunc*, os efeitos daquelas decisões que, já proferidas, determinaram o afastamento da sobredita aplicação." (ADC 12-MC, Rel. Min. Carlos Britto, julgamento em 16-2-06, *DJ* 1º-9-06).

- "Servidora pública da Secretaria de Educação nomeada para cargo em comissão no Tribunal Regional do Trabalho da 16ª Região à época em que o vice-presidente do Tribunal era parente seu. Impossibilidade. A proibição do preenchimento de cargos em comissão por cônjuges e parentes de servidores públicos é medida que homenageia e concretiza o princípio da moralidade administrativa, o qual deve nortear toda a Administração Pública, em qualquer esfera do poder." (MS 23.780, Rel. Min. Joaquim Barbosa, julgamento em 28-9-05, *DJ* de 3-3-06).

- "Concurso para a Magistratura do Estado do Piauí. Critérios de convocação para as provas orais. Alteração do edital no curso do processo de seleção. Impossibilidade. Ordem denegada. O Conselho Nacional de Justiça tem legitimidade para fiscalizar, inclusive de ofício, os atos administrativos praticados por órgãos do Poder Judiciário (MS 26.163, Rel. Min. Cármen Lúcia, *DJe* 04-09-2008). Após a publicação do edital e no curso do certame, só se admite a alteração das regras do concurso se houver modificação na legislação que disciplina a respectiva carreira. Precedentes. (RE 318.106, Rel. Min. Ellen Gracie, *DJ* 18-11-2005). No caso, a alteração das regras do concurso teria sido motivada por suposta ambiguidade de norma do edital acerca de critérios de classificação para a prova oral. Ficou evidenciado, contudo, que o critério de escolha dos candidatos que deveriam ser convocados para as provas orais do concurso para a magistratura do Estado do Piauí já estava claramente delimitado quando da publicação do Edital n. 1/2007. A pretensão de alteração das regras do edital é medida que afronta o princípio da moralidade e da impessoalidade, pois não se pode permitir que haja, no curso de determinado processo de seleção, ainda que de forma velada, escolha direcionada dos candidatos habilitados às provas orais, especialmente quando já concluída a fase das provas escritas subjetivas e divulgadas as notas provisórias de todos os candidatos." (MS 27.165, Rel. Min. Joaquim Barbosa, julgamento em 18-12-08, Plenário, *DJE* de 6-3-09).

- "Ação direta de inconstitucionalidade. Emenda constitucional n. 35, de 20 de dezembro de 2006, da Constituição do Estado de Mato Grosso do Sul. Acréscimo do art. 29-A, *caput* e §§ 1º, 2º e 3º, do Ato das Disposições Constitucionais Gerais e Transitórias da Constituição sul-mato-grossense. Instituição de subsídio mensal e vitalício aos ex-Governadores daquele Estado, de natureza idêntica ao percebido pelo atual chefe do Poder Executivo estadual. Garantia de pensão ao cônjuge supérstite, na metade do valor percebido em vida pelo titular. Segundo a nova redação acrescentada ao Ato das Disposições Constitucionais Gerais e Transitórias da Constituição de Mato Grosso do Sul, introduzida pela Emenda Constitucional n. 35/2006, os ex-Governadores sul-mato-grossenses que exerceram mandato integral, em 'caráter permanente', receberiam subsídio mensal e vitalício, igual ao percebido pelo Governador do Estado. Previsão de que esse benefício seria transferido ao cônjuge supérstite, reduzido à metade do valor devido ao titular. No vigente ordenamento republicano e democrático brasileiro, os cargos políticos de chefia do Poder Executivo não são exercidos nem ocupados 'em caráter permanente', por serem os mandatos temporários e seus ocupantes, transitórios. Conquanto a norma faça menção ao termo 'benefício', não se tem configurado esse instituto de direito administrativo e previdenciário, que requer atual e presente desempenho de cargo público. Afronta o equilíbrio federativo e os princípios da igualdade, da impessoalidade, da moralidade pública e da responsabilidade dos gastos públicos (arts. 1º, 5º, *caput*,

25, § 1º, 37, *caput* e inc. XIII, 169, § 1º, inc. I e II, e 195, § 5º, da Constituição da República). Precedentes. Ação direta de inconstitucionalidade julgada procedente para declarar a inconstitucionalidade do art. 29-A e seus parágrafos do Ato das Disposições Constitucionais Gerais e Transitórias da Constituição do Estado de Mato Grosso do Sul." (ADI 3.853, Rel. Min. Cármen Lúcia, julgamento em 12-9-07, *DJ* de 26-10-07).

- "Transação. Validade. Em regra, os bens e o interesse público são indisponíveis, porque pertencem à coletividade. É, por isso, o Administrador, mero gestor da coisa pública, não tem disponibilidade sobre os interesses confiados à sua guarda e realização. Todavia, há casos em que o princípio da indisponibilidade do interesse público deve ser atenuado, mormente quando se tem em vista que a solução adotada pela Administração é a que melhor atenderá à ultimação deste interesse." (RE 253.885, Rel. Min. Ellen Gracie, julgamento em 4-6-02, *DJ* de 21-6-02).

- "Não cabe ao Banco do Brasil negar, ao Ministério Público, informações sobre nomes de beneficiários de empréstimos concedidos pela instituição, com recursos subsidiados pelo erário federal, sob invocação do sigilo bancário, em se tratando de requisição de informações e documentos para instruir procedimento administrativo instaurado em defesa do patrimônio público. Princípio da publicidade, *caput* art. 37 da Constituição." (MS 21.729, Rel. p/ o ac. Min. Néri da Silveira, julgamento em 5-10-95, *DJ* de 19-10-01).

- "Em face do princípio da legalidade, pode a Administração Pública, enquanto não concluído e homologado o concurso público, alterar as condições do certame constantes do respectivo edital, para adaptá-las à nova legislação aplicável à espécie, visto que, antes do provimento do cargo, o candidato tem mera expectativa de direito à nomeação ou, se for o caso, à participação na segunda etapa do processo seletivo." (RE 290.346, Rel. Min. Ilmar Galvão, julgamento em 29-5-01, *DJ* de 29-6-01)

- "Os princípios gerais regentes da Administração Pública, previstos no art. 37, *caput*, da Constituição, são invocáveis de referência à administração de pessoal militar federal ou estadual, salvo no que tenha explícita disciplina em atenção às peculiaridades do serviço militar." (ADI 1.694-MC, Rel. Min. Néri da Silveira, julgamento em 30-10-97, *DJ* de 15-12-00).

- "Discrepa da razoabilidade norteadora dos atos da Administração Pública o fato de o edital de concurso emprestar ao tempo de serviço público pontuação superior a títulos referentes a pós-graduação." (RE 205.535-AgR, Rel. Min. Marco Aurélio, julgamento em 22-5-98, *DJ* de 14-8-98).

- "Os Estados-membros encontram-se sujeitos, em face de explícita previsão constitucional (art. 37, *caput*), aos princípios que regem a Administração Pública, dentre os quais ressalta a vedação de qualquer vinculação e equiparação em matéria de vencimentos. As exceções derrogatórias dos princípios gerais concernentes à aposentadoria dos agentes públicos só se legitimam nas estritas hipóteses previstas no texto da Constituição. O Estado-membro não dispõe de competência para estender aos membros integrantes da Advocacia-Geral do Estado o regime jurídico especial que, em matéria de aposentadoria, a Constituição Federal conferiu aos Magistrados." (**ADI 514-MC**, Rel. Min. Celso de Mello, julgamento em 13-6-91, *DJ* de 18-3-94).

6. QUESTÕES

01. (Cespe – Órgão: MPE-PA – Cargo: Promotor de Justiça Substituto - 2023) A realidade político-institucional brasileira vivenciada no último século, com alternância entre regimes autoritários e democráticos, refletiu no campo do direito, influenciando, inclusive, a evolução do conceito de interesse público. Considerando as informações anteriores, é correto afirmar que, atualmente, o interesse público se identifica com o(s)

(A) respeito e a promoção dos direitos fundamentais.

(B) interesse exclusivo do Estado.
(C) interesse do aparato administrativo.
(D) interesse do agente público.
(E) interesses exclusivos da maioria da população.

02. (Cespe – Órgão: MPE-TO – Cargo: Promotor de Justiça Substituto – 2022) Quanto aos princípios da administração pública, assinale a opção correta.

(A) O acesso à informação é faceta do princípio da publicidade, cuja concretização se esgota no direito a obter certidões e na ação de *habeas data*.
(B) Uma das facetas do princípio da legalidade, a reserva de lei para reger determinadas matérias nem sempre implica necessidade absoluta de lei ordinária, pois, mesmo em áreas de aplicação rigorosa do princípio, como o direito tributário, admite-se, por exemplo, instituição de tributo por medida provisória.
(C) A adequação, um dos elementos que conformam o princípio da proporcionalidade, significa que o ato administrativo será inválido, por ofensa a esse princípio, se o próprio ato não for apto a atingir, por inteiro, a finalidade à qual se dirija.
(D) Em decorrência do princípio da segurança, candidatos empossados em cargo público em virtude de tutela de urgência não devem ser afastados do cargo caso o Poder Judiciário leve tempo demasiado para julgar o processo, mesmo que a tutela seja revogada.
(E) O princípio da supremacia do interesse público implica que o interesse privado é intrinsecamente oposto ao interesse público, pois, em sua atuação, o poder público limita a esfera privada de direitos e impõe-lhe ônus como, por exemplo, o de pagar tributos.

03. (FGV – Órgão: MPE-GO – Cargo: Promotor de Justiça Substituto – 2022) O Ministério Público do Estado de Goiás ajuizou ação civil pública por ato de improbidade administrativa em face de João, servidor público estadual titular de cargo efetivo. Na peça vestibular, o *Parquet* imputou a João a conduta de coordenar vasto esquema de desvio de recursos públicos no âmbito de contratações emergenciais na área da saúde. No curso do processo e antes da prolação da sentença, João comunicou a sua aposentadoria, regularmente concedida pela administração após o preenchimento dos requisitos legais.

Em conformidade com a jurisprudência atual dos Tribunais Superiores, e considerando que os fatos narrados na inicial foram sobejamente comprovados ao longo da instrução probatória, a autoridade judicial:

(A) poderá aplicar a João a cassação de sua aposentadoria, uma vez que a ausência de previsão expressa de tal sanção na Lei nº 8.429/1992 não impede a sua imposição como consequência lógica da condenação à perda da função pública;
(B) poderá infligir a sanção de cassação de aposentadoria ao servidor aposentado no curso do processo, haja vista a cominação expressa de tal penalidade no Art. 12 da Lei de Improbidade Administrativa;
(C) não poderá impor a João a cassação de sua aposentadoria, porque tal penalidade não está expressamente cominada na Lei nº 8.429/1992 e vigora o princípio da legalidade estrita em matéria de direito sancionador;
(D) não poderá aplicar a João a cassação de sua aposentadoria, porque tal sanção é incompatível com o caráter contributivo e solidário do regime próprio de previdência dos servidores públicos;
(E) poderá impor a João a cassação de sua aposentadoria, porque a previsão expressa de tal sanção no estatuto dos servidores estaduais atende ao princípio da legalidade e permite o diálogo de fontes em matéria de direito sancionador.

04. (Cespe – Órgão: CGDF – Cargo: Auditor de Controle Interno do Distrito Federal – Especialidade Finanças e Controle – 2023) Quanto às fontes do direito administrativo, assinale a opção correta.

(A) A jurisprudência como fonte do direito administrativo deve ser, em geral, entendida como um conjunto de decisões judiciais em sentido convergente e, no caso de mudança de entendimento, em geral, não deve se aplicar a situações consolidadas.
(B) Lei como fonte do direito administrativo se refere apenas à lei ordinária, aprovada segundo o processo legislativo previsto na Constituição Federal de 1988 (CF).
(C) Devido ao seu caráter formal, o direito administrativo apenas aceita fontes escritas.

(D) Em casos pouco frequentes, costumes administrativos de elevada importância e permanência ao longo do tempo podem derrogar normas positivadas.

05. (CESPE – MPCPA – Procurador de Contas – 2022) Acerca da supremacia do interesse público, é correto afirmar que

(A) esse princípio começou a se desenvolver com o primado do direito público sobre o direito civil, substituindo-se a ideia do homem como fim único do direito.

(B) esse princípio demonstra a separação do privado e do público, uma vez que o direito privado contém normas de interesse individual, e o direito público, normas de interesse público.

(C) esse princípio resguarda, em última análise, o interesse do Estado, sob pena de desvio de finalidade.

(D) a indisponibilidade do interesse público significa que apenas a administração pública e seus agentes podem dispor dos interesses públicos.

(E) é um instrumento de garantia e consecução do bem-estar do indivíduo em prol do bem estar coletivo.

GABARITO				
01. A	**02.** B	**03.** C	**04.** A	**05.** A

Capítulo II

Deveres e Poderes da Administração Pública

1. CONSIDERAÇÕES GERAIS

As teorias explicativas e justificadoras da origem do Estado foram convergentes quando ressaltaram a necessidade da existência de uma organização político-administrativa capaz de atender as necessidades básicas da coletividade e a promover o bem comum. Nesse contexto, chega a ser intuitiva a conclusão de que ao Estado cumpre a realização de inúmeras tarefas, cujos encargos devem ser desempenhados, em conformidade com a ordem jurídica, com vistas a atender corretamente ao interesse público.

Assim, a ordem jurídica, ao estabelecer os fundamentos de atuação da Administração Pública, fixa-lhe uma série de *deveres*, para o cumprimento dos quais os agentes públicos estão obrigados a agir, com desvelo e eficiência, na consecução dos interesses da comunidade.

Para se desincumbir de suas obrigações, a mesma ordem jurídica que impõe os deveres à Administração Pública, atribui-lhe *poderes* necessários e suficientes para realizá-los.

Desse modo, faz-se necessário o estudo em conjunto dos *deveres* e *poderes* da Administração Pública, em razão destes fenômenos se apresentarem imbricados, como que os dois lados de uma mesma moeda. Isto porque, sem os deveres não há falar em poderes, e os poderes só existem e se justificam em razão dos deveres.

2. DEVERES DA ADMINISTRAÇÃO PÚBLICA

Como já sublinhado, a ordem jurídica concebe o Estado como uma organização político-administrativa necessária na vida de todas as pessoas e destinada a atender a coletividade e a promover o bem comum. Assim, para realizar os seus fins, entre os quais se destaca a gestão dos interesses públicos, o Estado se vê compelido a cumprir inúmeros deveres, conhecidos pela literatura nacional como *deveres da Administração Pública*.

A doutrina costuma apontar os seguintes deveres da Administração Pública: o *dever de agir*; o *dever de probidade*; o *dever de eficiência* e o *dever de prestação de contas*. A esse rol acrescentamos, devido a sua importância, o *dever de juridicidade*.

2.1. Dever de Agir

Como se sabe, a Constituição Federal de 1988 consagra a liberdade de ação no art. 5º, inciso II, nos seguintes termos: *ninguém será obrigado a fazer ou deixar de fazer alguma coisa senão em virtude de lei*. Assim, salvo disposição legal em contrário, os indivíduos gozam de plena liberdade de ação, na medida em que podem agir livremente, fazendo ou deixando de fazer alguma coisa.

Sucede que, se para o particular prevalece a *liberdade/faculdade* de ação, para a Administração Pública existe um *dever de ação*, sempre que a ordem jurídica lhe impõe uma providência ou ela se mostre necessária em face das circunstâncias administrativas. Não pode, destarte, a Administração Pública deixar de praticar ato de sua competência, sob pena de responder por sua omissão na via administrativa ou judicial.

É que, diante da omissão do gestor ou do silêncio da Administração Pública que se abstém do dever jurídico de agir, pode o cidadão-administrado manejar os remédios jurídicos disponíveis para obter o ato ou a providência omitida, ou para se ver indenizado do dano causado pela inação do Estado. Nesse sentido se pacificou a jurisprudência do Supremo Tribunal Federal[1] e do Superior Tribunal de Justiça[2].

1. **STF, RE 121140/RJ, Rel. Min. MAURÍCIO CORRÊA,** DJ 23-08-2002, p. 115: "RECURSO EXTRAORDINÁRIO. LIMITAÇÃO ADMINISTRATIVA. PRÉDIO URBANO: PATRIMÔNIO CULTURAL E AMBIENTAL DO BAIRRO DO COSME VELHO. DECRETO MUNICIPAL 7.046/87. COMPETÊNCIA E LEGALIDADE. 1. Prédio urbano elevado à condição de patrimônio cultural. Decreto Municipal 7.046/87. Legalidade. Limitação administrativa genérica, gratuita e unilateral ao exercício do direito de propriedade, em prol da memória da cidade. Inexistência de ofensa à Carta Federal. 2. Conservação do patrimônio cultural e paisagístico. Encargo conferido pela Constituição (EC 01/69, artigo 15, II) ao Poder Público, dotando-o de competência para, na órbita de sua atuação, coibir excessos que, se consumados, poriam em risco a estrutura das utilidades culturais e ambientais. Poder-dever de polícia dos entes estatais na expedição de normas administrativas que visem a preservação da ordem ambiental e da política de defesa do patrimônio cultural. Recurso extraordinário conhecido e provido".
2. STJ, AgRg no Ag 822764/MG, Rel. Min. JOSÉ DELGADO, DJ DJ 02/08/2007 p. 364: (...) "3. A conclusão do acórdão exarado pelo Tribunal de origem está em consonância com a jurisprudência deste Superior Tribunal de Justiça que se orienta no sentido de reconhecer a legitimidade passiva de pessoa jurídica de direito público para responder por danos causados ao meio ambiente em decorrência da sua conduta omissiva quanto ao dever de fiscalizar". No mesmo sentido: REsp 952705/MS, Rel. Min. LUIZ FUX, DJe 17/12/2008: " RESPONSABILIDADE CIVIL. ATRASO NO ATO DE APOSENTADORIA. OBRIGAÇÃO DE INDENIZAR. CONDUTA OMISSIVA. PRESENÇA DO NEXO DE CAUSALIDADE. PREQUESTIONAMENTO IMPLÍCITO. PRECEDENTES STJ. DIVERGÊNCIA JURISPRUDENCIAL NÃO COMPROVADA. ARTIGO 255 RISTJ. NÃO CONHECIMENTO PARCIAL. 1. Ação indenizatória por danos materiais decorrente de atraso na concessão de aposentadoria pelo Estado recorrido cujo pedido fora formulado em 28 de dezembro de 2000, e somente publicado o ato em 18.12.2001, interregno no qual a autora esteve obrigada a continuar prestando serviços. (fls. 248) 2. A existência do fato danoso e o necessário nexo causal entre a omissão e os prejuízos decorrentes da mesma conduta ressoa inequívoco porquanto o simples fato de a pessoa ser compelida a trabalhar em período no qual, legalmente, já poderia fazer jus à mesma renda na inatividade, decorrente dos proventos de aposentadoria, já configura, à saciedade, evento lesivo ao interesse da parte e à livre manifestação de vontade. 3. Precedentes: REsp 1044158/MS, DJ 06.06.2008; REsp 688.081/MS, julgado em 10.04.2007; REsp 688.081/MS, julgado em 10.04.2007; REsp 983.659/MS, DJ de 06.03.2008; REsp 953497/PR, DJ 04.08.2008. 4. In casu, assentou o Tribunal a quo, que o aguardo pelo período de oito meses e vinte dias para a sua concessão não configura a prática de ato omissivo, com abuso de poder, pela administração. Ao contrário do que sustenta a recorrente, não é de ser aplicado o exíguo prazo de 30 dias, estatuído no § 1º do art. 180 da Lei 1.102/90, que se refere ao direito de petição assegurado, ao servidor público,

2.2. Dever de Juridicidade

Entende-se por juridicidade a moldura jurídica com a qual deve a Administração Pública conformar os seus atos e a sua atuação. Desse modo, o dever de juridicidade é aquele que impõe a Administração Pública somente agir nos termos da ordem jurídica, de modo a compatibilizar as suas atividades com a Constituição, as leis e as normas administrativas[3].

Cumpre esclarecer que o dever de juridicidade é mais do que o dever de legalidade. Isto porque a Administração Pública não está vinculada e sujeita apenas à lei, mas à ordem jurídica como um todo, que contempla outros parâmetros jurídicos (dever de razoabilidade, dever de proporcionalidade, dever de impessoalidade, dever de moralidade, dever de motivação, dever de respeitar os direitos do cidadão-administrado, etc.).

2.3. Dever de Probidade

O dever de probidade decorre do princípio constitucional da moralidade administrativa. Com efeito, consoante o conteúdo jurídico deste princípio, a Administração Pública deve agir com probidade, isto é, com ética, honestidade, lealdade, decoro e boa-fé.

A Constituição Federal de 1988, além de haver consagrado a moralidade administrativa entre os princípios expressos da Administração Pública, previu que *os atos de improbidade administrativa importarão a suspensão dos direitos políticos, a perda da função pública, a indisponibilidade dos bens e o ressarcimento ao erário, na forma e gradação previstas em lei, sem prejuízo da ação penal cabível.*

Ademais, a Lei nº 8.429/92, com as alterações da Lei 14.230/2021, catalogou os atos de improbidade, dividindo-os em 3 tipos: 1) os atos de importam enriquecimento ilícito (art. 9º); 2) os atos que causam prejuízo ao erário (art. 10); e 3) os atos de atentam contra os princípios da Administração Pública (art. 11).

Assim, à vista do referido diploma legal, pode-se concluir que o dever de probidade é a obrigação de o gestor público agir com retidão e exação no desempenho de suas atribuições, não procedendo de modo a implicar em enriquecimento ilícito, causar prejuízo ao erário ou atentar contra os princípios da Administração Pública.

---

em razão da complexidade que envolve o ato de concessão de aposentadoria.(...) 5. Outrossim, é cediço na Corte que: "(...) no caso, como a lei fixa prazo para a Administração Pública examinar o requerimento de aposentadoria, o descumprimento desse prazo impõe ao administrador competente o dever de justificar o retardamento, o que gera uma inversão do ônus probatório a favor do administrado. Assim, cabe ao Estado-Administração justificar o retardo na concessão do benefício. Se não o faz, há presunção de culpa, que justifica a indenização proporcional ao prejuízo experimentado pelo administrado." (REsp 1.044.158/MS, DJe 06.06.2008).

3. **STF, HC 82788/RJ, Rel. Min. CELSO DE MELLO,** DJ 02-06-2006, p. 43: (...) "A circunstância de a administração estatal achar-se investida de poderes excepcionais que lhe permitem exercer a fiscalização em sede tributária não a exonera do dever de observar, para efeito do legítimo desempenho de tais prerrogativas, os limites impostos pela Constituição e pelas leis da República, sob pena de os órgãos governamentais incidirem em frontal desrespeito às garantias constitucionalmente asseguradas aos cidadãos em geral e aos contribuintes em particular. – Os procedimentos dos agentes da administração tributária que contrariem os postulados consagrados pela Constituição da República revelam-se inaceitáveis e não podem ser corroborados pelo Supremo Tribunal Federal, sob pena de inadmissível subversão dos postulados constitucionais que definem, de modo estrito, os limites – inultrapassáveis – que restringem os poderes do Estado em suas relações com os contribuintes e com terceiros".

2.4. Dever de Eficiência

A eficiência administrativa é fundamental para o célere e perfeito atendimento do interesse público. Uma Administração Pública burocrática e travada não realiza uma boa gestão. Uma boa administração é aquela que logra satisfazer com eficiência, isto é, com rapidez e plenitude, os interesses da coletividade.

Preocupada com a eficiência na gestão pública, a Constituição Federal de 1988, depois da EC nº 19/98, elevou a eficiência a princípio expresso da Administração Pública (art. 37, *caput*). Ademais, como consequência do descumprimento do dever de eficiência, possibilitou a Carta Magna a perda do cargo do servidor público estável mediante procedimento de avaliação periódica de desempenho e passou a exigir, como condição para aquisição da própria estabilidade, a realização de avaliação especial de desempenho por comissão instituída para esse fim (art. 41).

2.5. Dever de Prestação de Contas

O dever de prestação de contas da Administração Pública direta e indireta é princípio constitucional sensível que, caso não observado, pode ensejar até a *intervenção* da União no Estado (art. 34, VII, *d)* e do Estado no Município (art. 35, II).

Tudo isso porque o dever de prestação de contas é uma consequência lógica da atividade de gestão pública. De fato, se a administração pública envolve a atividade de gestão dos bens e interesses da coletividade, mais do que natural se exigir daquele que gerencia esses bens e interesses alheios a prestação de contas de sua atuação.

O dever de prestação de contas alcança qualquer pessoa física ou jurídica, pública ou privada, incluindo as empresas públicas e as sociedades de economia mista, que utilize, arrecade, guarde, gerencie ou administre dinheiros, bens e valores públicos[4]. Esse dever é cumprido quando o gestor público apresenta o encontro de contas (receitas e despesas) ao órgão legislativo competente, através do Tribunal de Contas respectivo.

3. PODERES DA ADMINISTRAÇÃO PÚBLICA

Sabe-se que a Administração Pública corresponde àquela face do Estado que se incumbe da gestão dos interesses públicos e da satisfação concreta e imediata das necessidades básicas da coletividade. Nesse contexto, a Administração suporta uma pesada carga de tarefas e responsabilidades, que, para serem satisfatoriamente adimplidas, reclamam o manejo de certos meios e instrumentos, que são, habitualmente, denominados de *poderes administrativos*.

Os poderes administrativos são os meios ou instrumentos *jurídicos* através dos quais os sujeitos da Administração Pública (as entidades administrativas, os órgãos

---

4. "Ao Tribunal de Contas da União compete julgar as contas dos administradores e demais responsáveis por dinheiros, bens e valores públicos da administração direta e indireta, incluídas as fundações e sociedades instituídas e mantidas pelo poder público federal, e as contas daqueles que derem causa a perda, extravio ou outra irregularidade de que resulte prejuízo ao erário (CF, art. 71, II; Lei 8.443, de 1992, art. 1º, I). As empresas públicas e as sociedades de economia mista, integrantes da administração indireta, estão sujeitas à fiscalização do Tribunal de Contas, não obstante os seus servidores estarem sujeitos ao regime celetista." (MS 25.092, Rel. Min. Carlos Velloso, julgamento em 10-11-05, 2ª Turma, *DJ* de 17-3-06).

e os agentes públicos) exercem a atividade administrativa na gestão dos interesses coletivos. São verdadeiros instrumentos de trabalho com os quais os agentes, órgãos e entidades administrativas desenvolvem as suas tarefas e cumprem os seus *deveres* funcionais. Por isso mesmo, são chamados *poderes instrumentais*, consentâneos e proporcionais aos encargos e deveres que lhe são conferidos.

Os poderes administrativos são atividades jurídicas inerentes à Administração Pública e nascem com ela, sem os quais ela não conseguiria fazer sobrepor a vontade da lei à vontade individual, o interesse público ao interesse privado.

Embora o vocábulo "poder" dê a impressão de que se trata de faculdade da Administração, na realidade trata-se de *poder-dever,* já que conferido à Administração Pública para que o exerça em benefício da coletividade. Os poderes administrativos, nesse sentido, são *irrenunciáveis*.

Todos eles encerram prerrogativas de autoridade, as quais, por isso mesmo, só podem ser exercidas nos limites da lei e do Direito, respeitados os direitos dos administrados. Não se confundem com os Poderes Políticos, uma vez que estes são estruturais e fazem parte da organização político-constitucional do Estado. Como se sabe, são Poderes Políticos o Legislativo, o Executivo e o Judiciário, que exercem funções políticas do Estado, não sendo objeto de estudo do Direito Administrativo.

Os poderes administrativos são atividades jurídicas do Estado, integram o conceito de função administrativa e variam de acordo com a tarefa a ser desenvolvida, de modo que:

- A depender da liberdade de atuação, poderá ser: **Poder** *Vinculado* e *Discricionário;*
- Em razão da capacidade de ordenação: *Poder Hierárquico;*
- Em função da possibilidade de apurar as infrações administrativas e punir seus responsáveis: *Poder Disciplinar;*
- Em face da capacidade de regulamentar atividades internas e explicar o conteúdo das leis: *Poder Normativo*, do qual se destaca o *Poder Regulamentar;*
- Ante a prerrogativa de condicionar e restringir o exercício das liberdades individuais e o uso, gozo e disposição da propriedade: *Poder de Polícia Administrativa,* que não se confunde com a polícia de segurança pública.

3.1. Poder Vinculado

Segundo Hely Lopes Meirelles, poder vinculado ou regrado é aquele que a lei confere à Administração Pública para a prática de ato de sua competência, determinando desde logo os elementos e requisitos necessários à sua formalização[5]. Em face desse poder, os sujeitos da Administração desempenham uma competência vinculada, que consiste na atribuição de expedir atos vinculados ou regrados. Estes atos vinculados são aqueles cujos elementos vêm previamente estabelecidos na lei, não havendo liberdade da Administração Pública quanto à apreciação de aspectos relacionados à oportunidade e conveniência, cumprindo a ela tão-somente editá-los.

5. Op. cit., p. 113.

Maria Sylvia Di Pietro[6] é de opinião segundo a qual o denominado poder vinculado não se trata de um poder autônomo, uma vez que não encerra prerrogativas, mas, ao contrário, somente impõe obrigações e sujeições à Administração Pública. Segundo a autora, o chamado poder vinculado é, quando muito, um atributo de outro poder ou uma competência da Administração, pois ao invés de conferir prerrogativa, impõe exclusivamente deveres, sem qualquer margem de liberdade. Aqui a Administração Pública faz o que a lei estabelece, como um ato de chancela.

O legislador, nestas hipóteses, preestabelece todos os requisitos do ato, de tal forma que, estando eles presentes, cabe à autoridade administrativa somente editá-lo, sem apreciação de aspectos concernentes à oportunidade, conveniência, interesse público, ou equidade. Estes aspectos foram previamente valorados pelo legislador.

A atividade administrativa será vinculada quando o regramento legal impuser todas ou quase todas as exigências para a sua atuação, ordenando a competência, a finalidade, a forma, o motivo e o objeto de maneira impositiva e cogente. Como consequência disso, no exercício de atividade vinculada só há uma solução, que é a que decorre da lei, não podendo a Administração Pública adotar outra.

Nada obstante, não se pode negar ao poder vinculado a natureza de verdadeiro poder administrativo. É que, no âmbito do Direito Administrativo, como ramo do Direito Público, a Administração Pública não tem o poder de fazer tudo o que desejar, mas somente tem o *poder* de realizar aquilo que foi autorizado pela lei, ainda que esta previamente estabeleça as condições de sua atuação. Assim, com base no poder vinculado, a Administração Pública passa a ostentar a prerrogativa de agir, conquanto de forma vinculada, e isso é o bastante.

É preciso esclarecer, todavia, que ante a complexidade da atividade administrativa, acentuada em tempos hodiernos, são quase inexistentes as situações de vinculação pura e absoluta para a Administração, pois quase sempre haverá espaço para ponderações. Desse modo, o que efetivamente caracteriza uma atividade vinculada não é a circunstância de ela encontrar-se totalmente disciplinada e absolutamente adstrita às condições previamente dispostas na lei, mas o fato de seus elementos virem predominantemente destacados na lei.

3.2. Poder Discricionário

Cuida-se da faculdade de que dispõe a Administração Pública para, à vista de determinada situação, escolher uma entre as várias soluções juridicamente possíveis e admitidas. Com base neste poder, a Administração, no manejo de suas atribuições, desfruta da possibilidade de fazer opções, de deliberar, com uma margem de liberdade quanto à conveniência, a oportunidade, o interesse, o conteúdo e os motivos do ato administrativo. A lei permite a ponderação de motivos no caso concreto.

A discricionariedade decorre, muitas vezes, da adoção pelo legislador de *conceitos jurídicos indeterminados*, que são conceitos vagos e abertos, que permitem ao administrador, no caso concreto, construir a solução adequada ao interesse público.

6. Op. cit., p. 86.

Estribada neste poder, a Administração Pública dispõe de *liberdade* na valoração dos motivos e na escolha do objeto do ato que deseja expedir, decidindo sobre sua conveniência e oportunidade. Essa liberdade de ação da Administração Pública integra o conceito de *mérito administrativo*, que corresponde exatamente a um juízo de oportunidade e conveniência que a Administração Pública pode exercer em dada situação, no desempenho de uma competência discricionária.

No exercício dessa competência discricionária, a Administração Pública goza de um leque de opções, todas admitidas por lei, circunstância que não se verifica no âmbito da competência vinculada.

Entretanto, não se deve confundir discricionariedade com arbitrariedade. A discricionariedade é a liberdade de agir dentro dos limites da lei, enquanto a arbitrariedade é atuação contrária ou excedente à lei. Daí se percebe que a discricionariedade administrativa sujeita-se a parâmetros, ordenados com vistas a direcionar a atividade dela emanada ao atendimento do interesse público, evitando abusos.

Todavia, todo e qualquer ato administrativo, seja emanado de competência discricionária ou vinculada, pode ser analisado pelo Judiciário, haja vista que sempre há um limite à liberdade da Administração Pública, que é demarcada pelo próprio Direito. O que não se admite é o Judiciário imiscuir-se nos espaços considerados como puramente mérito administrativo, para fazer sobrepor a sua avaliação subjetiva sobre a conveniência e oportunidade do ato, substituindo-se à Administração. É inegável que no sistema jurídico-constitucional moderno, no qual os direitos fundamentais assumem a dupla dimensão subjetiva-objetiva, no sentido de que, além de conferirem ao indivíduo posições jurídicas subjetivas de vantagem invocáveis perante o Estado e o particular, também apresentam-se como parâmetros objetivos de legitimação e limitação do exercício das competências políticas e administrativas, a ideia de mérito administrativo deve ser entendida associada à ideia de controle de *legitimidade e juridicidade* dos atos da Administração Pública. Daí sugerirmos a distinção entre *mérito administrativo*, controlável judicialmente em face dos direitos fundamentais e dos princípios constitucionais da Administração Pública, como a razoabilidade, proporcionalidade, eficiência e moralidade, por exemplo, e o *puro mérito administrativo*, insindicável judicialmente, por referir-se a aspectos exclusivamente subjetivos ligados à conveniência e oportunidade da Administração Pública.

Destacando a possibilidade do controle judicial do mérito administrativo, ver o acórdão exarado pelo STJ, no Resp 429570/GO, 2ª Turma, Rel. Min. ELIANA CALMON, DJ de 22.03.2004, p. 277:

> "ADMINISTRATIVO E PROCESSO CIVIL – AÇÃO CIVIL PÚBLICA – OBRAS DE RECUPERAÇÃO EM PROL DO MEIO AMBIENTE – ATO ADMINISTRATIVO DISCRICIONÁRIO.
>
> 1. Na atualidade, a Administração pública está submetida ao império da lei, inclusive quanto à conveniência e oportunidade do ato administrativo.
>
> 2. Comprovado tecnicamente ser imprescindível, para o meio ambiente, a realização de obras de recuperação do solo, tem o Ministério Público legitimidade para exigi-la.

3. O Poder Judiciário não mais se limita a examinar os aspectos extrínsecos da administração, pois pode analisar, ainda, as razões de conveniência e oportunidade, uma vez que essas razões devem observar critérios de moralidade e razoabilidade.

4. Outorga de tutela específica para que a Administração destine do orçamento verba própria para cumpri-la.

5. Recurso especial provido."[7]

Assim, não há discricionariedade absoluta. A atividade administrativa está sempre vinculada ao fim público que a informa, e a eleição de opções somente decorre de concessão legal.

A discricionariedade, assim, jamais dirá respeito à finalidade, à forma quando prescrita em lei, e, por óbvio, à competência para a prática do ato, porquanto esses requisitos da atuação válida sempre serão fixados pela lei. Vale dizer, são elementos sempre vinculados, ainda que de atos discricionários se trate: a *competência*, a *finalidade* e a *forma* quando prescrita em lei.

Como resultante do poder discricionário, o agente elege a opção que *melhor* atenda ao interesse público no caso concreto, e somente assim agirá se a lei expressamente contemplar mais de uma possibilidade de ação. Pelo poder discricionário que lhe outorgou o legislador, a autoridade administrativa há de determinar como pertinente, entre várias possibilidades de solução válida, aquela que melhor responde no caso concreto à intenção da lei.

Efetivamente, o espaço legítimo de discrição é aquele em que, dentro de um plano de razoabilidade, mais de uma opção seja igualmente válida. Destarte, não se nega que possa haver algum espaço de discrição ou liberdade administrativa, mas, por certo, é um espaço modesto cuja extensão pode e deve ser examinada pelo Judiciário, sob pena deste Poder demitir-se de suas funções e, pois, de seus deveres.

Em suma, cumpre sublinhar, a título de arremate, que a própria liberdade da Administração Pública, fundada no poder discricionário, pode ser confrontada judicialmente em face dos princípios constitucionais que condicionam a legitimidade de *toda*

---

7. Em seu bem fundamentado voto, a eminente Ministra ressaltou: "No passado, estava o Judiciário atrelado ao princípio da legalidade, expressão maior do Estado de direito, entendendo-se como tal a submissão de todos os poderes à lei. A visão exacerbada e literal do princípio transformou o Legislativo em um super poder, com supremacia absoluta, fazendo-o bom parceiro do Executivo, que dele merecia conteúdo normativo abrangente e vazio de comando, deixando-se por conta da Administração o facere ou non facere, ao que se chamou de mérito administrativo, longe do alcance do Judiciário. A partir da última década do Século XX, o Brasil, com grande atraso, promoveu a sua revisão crítica do Direito, que consistiu em retirar do Legislador a supremacia de super poder, ao dar nova interpretação ao princípio da legalidade. Em verdade, é inconcebível que se submeta a Administração, de forma absoluta e total, à lei. Muitas vezes, o vínculo de legalidade significa só a atribuição de competência, deixando zonas de ampla liberdade ao administrador, com o cuidado de não fomentar o arbítrio. Para tanto, deu-se ao Poder Judiciário maior atribuição para imiscuir-se no âmago do ato administrativo, a fim de, mesmo nesse íntimo campo, exercer o juízo de legalidade, coibindo abusos ou vulneração aos princípios constitucionais, na dimensão globalizada do orçamento. A tendência, portanto, é a de manter fiscalizado o espaço livre de entendimento da Administração, espaço este gerado pela discricionariedade, chamado de "Cavalo de Tróia" pelo alemão Huber, transcrito em "Direito Administrativo em Evolução", de Odete Medauar. Dentro desse novo paradigma, não se pode simplesmente dizer que, em matéria de conveniência e oportunidade, não pode o Judiciário examiná-las. Aos poucos, o caráter de liberdade total do administrador vai se apagando da cultura brasileira e, no lugar, coloca-se na análise da motivação do ato administrativo a área de controle. E, diga-se, porque pertinente, não apenas o controle em sua acepção mais ampla, mas também o político e a opinião pública."

a atuação da Administração. Assim, conclui-se que é meramente ideológica, e não científica, a resistência que ainda se opõe ao controle judicial do mérito administrativo, fruto de um ranço autoritário, compreensível em sociedades nas quais a consciência cívica é incipiente. É verdade que há cada vez mais decisões administrativas que somente podem ser tomadas com base em uma ponderação das circunstâncias concretas, que fogem de uma previsão normativa mais precisa e densa, restringindo o controle judicial. Por isso, Krell afirma que a independência do administrador em face do legislador e do juiz corresponde aos dois lados de uma mesma moeda, de modo que o grande problema reside na fixação racional do ponto até onde pode e deve ir o controle judicial dos diferentes atos administrativos[8].

3.3. Poder Hierárquico

A organização administrativa é baseada em dois pressupostos fundamentais: a distribuição de competências e a hierarquia. A lei define as atribuições dos vários órgãos administrativos, cargos e funções e, para que haja harmonia e unidade de direção, ainda estabelece uma relação de coordenação e subordinação entre os vários órgãos que integram a Administração Pública, ou seja, estabelece a hierarquia. Daí a importância do poder hierárquico, que se apresenta como uma típica e fundamental técnica de organização, inexistente no exercício das funções legislativa e judicial, mas tão-só na função administrativa, sem a qual a Administração Pública seria um caos.

O poder hierárquico é aquele que confere à Administração Pública a capacidade de *ordenar*, *coordenar*, *controlar* e *corrigir* as atividades administrativas no âmbito interno da Administração. Assim, através dele a Administração Pública *ordena* as funções administrativas, distribuindo-as e escalonando-as entre seus órgãos e agentes públicos, estabelecendo entre os mesmos uma relação de subordinação. Essa relação de subordinação implica para os agentes públicos subalternos o *dever de obediência* às ordens e instruções legais superiores, salvo, evidentemente, se *manifestamente ilegais*. Quanto a este aspecto, fica patente a intimidade entre o poder hierárquico e o poder disciplinar, que, embora inconfundíveis, andam juntos. A possibilidade de aplicar sanção disciplinar, com base no poder disciplinar, decorre, assim, do poder hierárquico. Também em razão do poder hierárquico, a Administração Pública *coordena* essas funções, visando entrosá-las para um desempenho harmônico quando a cargo do mesmo órgão; *controla* o seu exercício, velando pelo cumprimento da lei e das instruções, acompanhando o rendimento e a conduta de cada agente público; finalmente, *corrige* os erros administrativos, pela ação revisora dos agentes superiores sobre os atos dos inferiores.

Ainda pelo poder hierárquico, os agentes públicos podem *delegar* e *avocar* suas competências.

Com a delegação, se transferem competências. Os agentes podem transferir funções, conferindo a outros agentes do mesmo Poder atribuições que originariamente competiam ao delegante. A Lei 9.784/99, que regula o processo administrativo no

8. KRELL, Andreas J. *Discricionariedade administrativa e conceitos legais indeterminados: limites do controle judicial no âmbito dos interesses difusos.* 2ª ed., Porto Alegre: Livraria do Advogado Editora, 2013, pp. 18-19.

âmbito da Administração Pública Federal, disciplinou a delegação de competências entre os órgãos da Administração, inclusive entre órgãos de mesma hierarquia funcional. Segundo o art. 12, um órgão administrativo e seu titular poderão, se não houver impedimento legal, delegar parte da sua competência a outros órgãos ou titulares, ainda que estes não lhe sejam hierarquicamente subordinados, quando for conveniente, em razão de circunstâncias de índole técnica, social, econômica, jurídica ou territorial.

Todavia, dispõe o art. 13 da mencionada lei que não podem ser objeto de delegação a edição de atos de caráter normativo, a decisão de recursos administrativos e as matérias de competência exclusiva do órgão ou autoridade.

O ato de delegação deve especificar as matérias e os poderes transferidos, os limites da atuação do delegado, a duração e os objetivos da delegação e o recurso cabível, podendo conter ressalva de exercício da atribuição delegada. O ato de delegação é revogável a qualquer tempo pela autoridade delegante. Cumpre advertir que as decisões adotadas por delegação devem mencionar explicitamente esta qualidade e considerar-se-ão editadas pelo delegado. Isto é, ao delegante não caberá qualquer responsabilização pelo ato praticado, visto que o delegado não age em nome do delegante, mas sim no exercício da competência que recebeu. A delegação pode decorrer de portaria, decreto ou qualquer outro ato de efeitos internos.

Também com apoio no poder hierárquico, os agentes superiores podem *avocar* funções, ou seja, chamar a si funções originariamente atribuídas a um subordinado, desde que inexista vedação legal. Conforme o art. 15 da Lei nº 9.784/99, será permitida, em caráter excepcional e por motivos relevantes devidamente justificados, a avocação temporária de competência atribuída a órgão hierarquicamente inferior.

É importante esclarecer que o poder hierárquico é inerente à intimidade da Administração Pública direta e de cada entidade da Administração Pública indireta, não podendo ser exercido por uma entidade para ordenar, coordenar, controlar e corrigir as funções desempenhadas por outra. Assim, uma entidade estatal não pode exercer o poder hierárquico sobre uma entidade autárquica, pois não há relação de subordinação entre elas, mas tão-somente um *vínculo administrativo* resultante de um poder de supervisão ministerial que a entidade estatal pode exercer sobre a entidade vinculada (Decreto-lei 200/67, arts. 19 a 21), dentro dos limites que a lei estabelecer, sem suprimir a autonomia conferida ao ente supervisionado.

3.4. Poder Disciplinar

Poder disciplinar é a atribuição de que dispõe a Administração Pública de apurar as infrações administrativas e punir seus agentes públicos responsáveis e demais pessoas *sujeitas* à disciplina administrativa, que contratam com a Administração ou se sujeitam a ela (como, por exemplo, os concessionários ou permissionários de serviços públicos, os alunos de escolas ou universidades públicas, etc.). Segundo Hely Lopes Meirelles é uma supremacia especial que o Estado exerce sobre todos aqueles que se *vinculam* à Administração Pública por relações de qualquer natureza[9]. Desse modo, esse poder não se aplica às pessoas não sujeitas à disciplina interna da Administração, que se submetem a outro poder administrativo, em especial o poder de polícia.

Aprofundemo-nos um pouco mais relativamente ao poder disciplinar sobre os servidores públicos.

Como se sabe, o Estado exerce as suas funções através de seus servidores, que a ele se vinculam debaixo de um determinado regime jurídico. A partir desse regime, e com fundamento nele, dispõe o Estado de uma *supremacia especial* sobre os seus servidores, em face da qual lhe cumpre, por meio de seus órgãos competentes e respectivos titulares, acompanhar o desempenho de seus servidores e aferir a regularidade de suas condutas funcionais. Percebe-se, destarte, que os servidores se sujeitam inevitavelmente à *ação ou poder disciplinar* do Estado.

Com efeito, o direito de o Estado punir o seu servidor decorre do *poder disciplinar*, em virtude do qual a ordem jurídica investe o ente estatal do *poder-dever* de apurar as infrações administrativas cometidas por seus servidores com o escopo de responsabilizá-los, aplicando-se-lhes as penalidades disciplinares previstas em lei.

Contudo, cumpre esclarecer que o poder-dever de o Estado punir os seus servidores infratores está condicionado à observância das prescrições constitucionais e legais que incidem sobre a matéria. Assim, por exigência do art. 5º, LIV, da Constituição Federal, a apuração da infração e a aplicação de qualquer sanção disciplinar dependem da satisfação da garantia do *due process of law*, com a instauração do processo administrativo disciplinar, no âmbito do qual se assegurem ao servidor o *contraditório* e a *ampla defesa* (art. 5º, LV) que lhe oportunizem o direito de ser ouvido sobre o fato que lhe é imputado e de se defender dele, com a ampla possibilidade de produzir provas e de acompanhar e contestar as provas contra ele produzidas.

Ademais, o direito de punir não pode ser exercido de forma arbitrária, desmotivada e desproporcional. É um poder que, nada obstante discricionário, está sujeito aos princípios da *legalidade*, da *motivação* e da *razoabilidade/proporcionalidade*, circunstância que impõe o cumprimento das formalidades legais, a fundamentação das decisões tomadas e a proporcionalidade das penalidades à gravidade das infrações cometidas.

Para os servidores públicos estatutários, são os estatutos funcionais (leis especiais) que definem o direito de punir do Estado, as formalidades e fases que devem ser percorridas, as sanções que podem ser aplicadas, além dos *prazos* que devem ser observados para o exercício do direito de punir e para a conclusão do processo administrativo.

Percebe-se, portanto, que o direito de punir do Estado submete-se à *ação do tempo*, cujo decurso pode obstar a pretensão punitiva estatal eliminando do Estado o seu direito de punir, pois a ação disciplinar *prescreve* se não iniciada dentro dos prazos legalmente previstos.

9. Op. cit., p. 120.

A Lei 8.112/90, que dispõe sobre o regime funcional dos servidores públicos da Administração direta, autárquica e fundacional da União, prevê, no art. 142, que a ação disciplinar *prescreverá* (I) em *5 (cinco) anos*, quanto às infrações puníveis com demissão, cassação de aposentadoria ou disponibilidade e destituição de cargo em comissão; (II) em *2 (dois) anos*, quanto à suspensão; e (III) em *180 (cento e oitenta) dias, quanto à advertência*. Todavia, em conformidade com o seu § 2º, para as infrações disciplinares capituladas também como crime, os prazos de prescrição correspondem àqueles previstos na legislação penal.

Para a mesma lei, em face do § 1º do art. 142, o prazo de prescrição começa a correr da *data em que o fato se tornou conhecido*, adotando-se, aqui, o critério da publicidade. Ocorre que, pelo § 3º do preceito em tela, a abertura de sindicância ou a instauração de processo disciplinar *interrompe* a prescrição, até a decisão final proferida por autoridade competente. Mas, ante o § 4º, interrompido o curso da prescrição, o prazo começará a correr a partir do dia em que cessar a interrupção.

A propósito do tema, o Superior Tribunal de Justiça aprovou a Súmula nº 635, segundo a qual *Os prazos prescricionais previstos no art. 142 da Lei n. 8.112/1990 iniciam-se na data em que a autoridade competente para a abertura do procedimento administrativo toma conhecimento do fato, interrompem-se com o primeiro ato de instauração válido sindicância de caráter punitivo ou processo disciplinar e voltam a fluir por inteiro, após decorridos 140 dias desde a interrupção.* (Súmula 635, PRIMEIRA SEÇÃO, julgado em 12/06/2019, DJe 18/06/2019, DJe 17/06/2019).

Os estatutos funcionais, outrossim, vêm fixando o prazo para a conclusão do processo administrativo disciplinar e para o seu julgamento. É o que sucede, por exemplo, com o estatuto dos servidores federais (Lei 8.112/90). Assim, em consonância com o seu art. 152, o prazo para a conclusão do processo disciplinar não excederá 60 (sessenta) dias, contados da data de publicação do ato que constituir a comissão, admitida a sua prorrogação por igual prazo, quando as circunstâncias o exigirem. Ademais, o julgamento deve ocorrer no prazo de 20 (vinte) dias, contados do recebimento do processo. Contudo, chame-se a atenção para o fato de que o julgamento fora desse prazo não implica nulidade do processo, como esclarece, inclusive, o § 1º do art. 169 da lei em referência.

A Constituição Federal, porém, ressalva da prescrição o direito de ressarcimento que tem o Estado nas hipóteses de prejuízos decorrentes de atos ilícitos de qualquer de seus agentes. É o que reza o art. 37, § 5º: *"A lei estabelecerá os prazos de prescrição para ilícitos praticados por qualquer agente, servidor ou não, que causem prejuízos ao erário, ressalvadas as respectivas ações de ressarcimento"*.

Todavia, essa imprescritibilidade limita-se às ações de ressarcimento ao erário fundadas na prática de ato doloso tipificado na Lei de Improbidade Administrativa. Com efeito, o STF fixou tese jurídica segundo a qual "São imprescritíveis as ações de ressarcimento ao erário fundadas na prática de ato doloso tipificado na Lei de Improbidade Administrativa." (STF, tema 897 de repercussão geral no RE 852475, j. em 08/08/2018).

As formas de punição disciplinar do servidor dependem do estatuto funcional. Pela Lei nº 8.112/90, as penas são as seguintes, dispostas em ordem crescente de gravidade:

a) Advertência;
b) Suspensão;
c) Demissão;
d) Cassação de aposentadoria ou disponibilidade;
e) Destituição de cargo em comissão; e
f) Destituição de função de confiança.

A sanção deve ser razoável e proporcional à gravidade da infração administrativa, o que significa dizer que o poder disciplinar está submetido aos princípios da razoabilidade e da proporcionalidade, não se falando aqui em discricionariedade[10].

Alguns doutrinadores apresentam o poder disciplinar como sendo uma faculdade da Administração Pública, caracterizando-o como um poder discricionário. Tal afirmação, contudo, não é inteiramente verdadeira, pois, além do dever que tem a Administração de apurar e punir a conduta funcional faltosa (tanto isso é verdade que é delito de condescendência criminosa a não apuração dessas infrações, conforme o art. 320 do CP, além de expressa previsão da obrigatoriedade nos estatutos funcionais, consoante, por exemplo, o art. 143 da Lei 8.112/90), a apuração de qualquer infração do servidor exige sempre, já se disse acima, a observância de procedimento legal, assegurados o contraditório e a ampla defesa (art. 5º, LV, CF).

A punição sempre depende de procedimento administrativo e a eleição da sanção deverá estar conformada e ser proporcional com a falta praticada. Admite-se a revisão judicial da sanção imposta sempre que não concorrerem os seus requisitos de validade[11].

---

10. Inexiste discricionariedade (juízo de conveniência e oportunidade) no ato administrativo que impõe sanção disciplinar, razão pela qual o controle jurisdicional, nesses casos, é amplo e não se limita a aspectos formais (STJ, MS 12983/DF, 3ª Seção, Rel. Min. FELIX FISCHER, DJ de 15.2.2008). No mesmo sentido: STJ, RMS 21259/SP, 5ª Turma, Rel. Min. FELIX FISCHER, DJ de 2.2.2009.

11. Nesse sentido, conferir o seguinte julgado do STF: "Recurso em mandado de segurança. Servidor público. Processo administrativo. Demissão. Poder disciplinar. Limites de atuação do Poder Judiciário. Princípio da ampla defesa. Ato de improbidade. Servidor do DNER demitido por ato de improbidade administrativa e por se valer do cargo para obter proveito pessoal de outrem, em detrimento da dignidade da função pública, com base no art. 11, *caput*, e inciso I, da Lei n. 8.429/92 e art. 117, IX, da Lei n. 8.112/90. A autoridade administrativa está autorizada a praticar atos discricionários apenas quando norma jurídica válida expressamente a ela atribuir essa livre atuação. Os atos administrativos que envolvem a aplicação de 'conceitos indeterminados' estão sujeitos ao exame e controle do Poder Judiciário. O controle jurisdicional pode e deve incidir sobre os elementos do ato, à luz dos princípios que regem a atuação da Administração. Processo disciplinar, no qual se discutiu a ocorrência de desídia – art. 117, inciso XV da Lei n. 8.112/90. Aplicação da penalidade, com fundamento em preceito diverso do indicado pela comissão de inquérito. A capitulação do ilícito administrativo não pode ser aberta a ponto de impossibilitar o direito de defesa. De outra parte, o motivo apresentado afigurou-se inválido em face das provas coligidas aos autos. Ato de improbidade: a aplicação das penalidades previstas na Lei n. 8.429/92 não incumbe à Administração, eis que privativa do Poder Judiciário. Verificada a prática de atos de improbidade no âmbito administrativo, caberia representação ao Ministério Público para ajuizamento da competente ação, não a aplicação da pena de demissão. Recurso ordinário provido." (RMS 24.699, Rel. Min. Eros Grau, julgamento em 30-11-04, *DJ* de 1º-7-05).

Maria Sylvia Zanella Di Pietro[12], contudo, afirma que haveria uma discricionariedade limitada, pois a escolha da pena tem somente um parâmetro, que é a gravidade da infração, o que deixa uma pequena margem de liberdade ao administrador. Há também as hipóteses em que a tipificação da conduta é bastante abstrata e aberta, não se adotando o rigor do princípio *nullum crimen nulla poena sine lege*, o que permite um maior grau de liberdade do administrador no momento de verificar a sua ocorrência (exemplo: a ineficiência no serviço).

Concordamos com essas ponderadas lições, para reconhecer a existência de certa discricionariedade da Administração Pública, limitada àqueles aspectos, no exercício deste poder disciplinar. Nesse sentido, pode-se afirmar que o poder disciplinar é discricionário, circunstância que não dispensa, evidentemente, a fundamentação ou motivação da punição disciplinar.

A ilustrada autora também lembra que, mesmo no Poder Judiciário e no Ministério Público, nos quais não há hierarquia quanto ao exercício de suas funções institucionais, existe uma hierarquia quanto ao aspecto funcional das relações de trabalho, ficando os seus membros sujeitos à disciplina interna da instituição[13].

3.5. Poder Regulamentar

O Poder regulamentar é aquele que confere aos chefes do Executivo atribuição para explicar, esclarecer, explicitar e conferir fiel execução às leis ou disciplinar diretamente matéria que não se sujeita à iniciativa ou reserva de lei. Esse poder é exercido por meio da expedição de *regulamentos*, que são atos administrativos normativos, ostentando, por conseguinte, caráter geral e abstrato.

O poder regulamentar é privativo dos chefes do Executivo (vide art. 84, IV, CF), não podendo ser delegado. O regulamento se formaliza pelo decreto, que é o ato administrativo formal.

Os regulamentos podem ser classificados como (a) regulamentos de execução e (b) regulamentos autônomos.

Em regra, os regulamentos são de execução, limitando-se a conferir mera execução da lei.

Todavia, além dos regulamentos de execução, que são aqueles expedidos, reitere-se, para garantir a fiel execução da lei, existe a previsão, possibilitada no direito brasileiro após o advento da EC nº 32/2001 (que deu nova redação ao art. 84, VI, da CF/88), dos chamados *regulamentos autônomos* ou *independentes*, que visam, excepcionalmente, a regular matérias não reservadas à lei, em especial a respeito da organização e funcionamento da administração federal, quando não implicar aumento de despesa nem criação ou extinção de órgãos públicos.

De fato, em face do art. 84, VI, da Constituição, compete privativamente ao Presidente da República dispor, mediante decreto, sobre: 1) a organização e o funcionamento da administração federal, quando não implicar aumento de despesa nem

12. Op. cit., p. 90.
13. Ibidem, mesma página.

criação ou extinção de órgãos públicos, e 2) sobre a extinção de funções ou cargos públicos, quando vagos. Tal regulamento também é expedido por meio de decretos.

O regulamento autônomo, não obstante ato secundário, é uma fonte primária porque ele inaugura a ordem jurídica para dispor sobre determinada matéria. Atualmente, existe somente a nível federal, podendo vir a existir, segundo defendemos, no âmbito dos Estados e Municípios, desde que estes entes políticos emendem suas Constituições estaduais ou leis orgânicas para instituí-los.

Mas advirta-se que o regulamento autônomo é *exceção*, sendo necessária, por essa razão, a sua previsão expressa nas Constituições ou leis orgânicas. A regra, reitere-se, é o regulamento de execução.

A toda lei cabe regulamentação, seja ela autoaplicável, ou não (aquelas que dependem da regulamentação só produzem plenos efeitos após essa providência).

As ilustres administrativistas Maria Sylvia Zanella Di Pietro e Odete Medauar identificam o poder regulamentar como uma espécie do **gênero poder normativo**, afirmando que este compreenderia todos os atos normativos da Administração Pública, que não se resumem aos regulamentos dos Chefes do Executivo. Estão com razão as eminentes autoras.

Com efeito, a competência normativa da Administração Pública é ampla. Compreende atos normativos dos diversos órgãos da Administração direta e entidades da Administração indireta, expedidos por resoluções, instruções, portarias e regimentos. É bem verdade que todos estes atos estabelecem normas que têm alcance limitado ao âmbito de atuação do órgão expedidor. Eles não possuem o mesmo alcance nem a mesma natureza que os regulamentos baixados pelo Chefe do Executivo.

Ademais, o poder normativo também engloba a competência normativa das chamadas agências reguladoras, pois estas se prestam a atividades essencialmente normativas, mas não através de decretos, uma vez que estes são próprios dos Chefes do Executivo. As agências reguladoras exercerão o poder de regulamentar as leis que disponham sobre os serviços de suas competências.

Em todas estas hipóteses, compreensivas de todas as competências normativas da Administração Pública, o ato normativo *não pode contrariar a lei*, nem criar direitos ou impor obrigações, proibições ou penalidades que nela não estejam previstos, sob pena de ofensa ao Princípio da Legalidade.

A propósito, cumpre salientar que são muito tênues as diferenças entre a *lei* e o *regulamento*, uma vez que ambos os atos destinam-se a disciplinar, *normativamente*, determinadas matérias para pô-las em execução no ambiente social. É muito frequente, por exemplo, a concordância de expressões como "*a lei visa regulamentar...*", circunstância que revela a semelhança entre os dois atos.

Nesse contexto, pode-se até afirmar, sem equívoco, que a lei e o regulamento, do ponto de vista *material*, identificam-se, sendo a mesma coisa. Ambos os atos são *leis em sentido material*, pois encerram *normas gerais* e *abstratas*.

Sem embargo disso, lei e regulamento distinguem-se, quer quanto ao objeto, quer quanto à forma.

Com feito, *lei* é ato normativo de natureza *originária* ou *primária*, editada via de regra pelo Poder Legislativo, por meio do devido processo legislativo, que inaugura ou inova na ordem jurídica disciplinando diretamente matéria constitucional, criando direitos e impondo obrigações.

Já o *regulamento*, a seu turno, é ato abaixo da lei (infralegal), de natureza *derivada* ou *secundária*, editado pelo chefe do Poder Executivo, que não inova na ordem jurídica, destinando-se tão-somente a *viabilizar a efetiva execução das leis*, pressupondo, naturalmente, a existência destas.

Assim, de observar-se que, a partir dessa distinção, a lei surge como uma *garantia constitucional* do cidadão, tendo em vista que, em conformidade com o art. 5º, II, da Constituição Federal de 1988, "*ninguém será obrigado a fazer ou deixar de fazer alguma coisa senão em virtude de lei*". Logo, só a lei pode, nos limites da proporcionalidade constitucional, restringir direitos e impor obrigações, servindo de parâmetro imediato de validade de todos os atos da Administração Pública e condicionando, em consequência, a legitimidade de toda a atuação dos agentes públicos, inclusive para a edição de regulamentos.

O regulamento é ato normativo subordinado à lei e pressupõe a existência desta. Sua função é explicitar a lei visando a sua fiel execução. Não pode dispor *contra* ou *extra legem*, mas tão-somente *secundum legem*. É o que assegura, aliás, o art. 84, IV, da Constituição Federal, que atribui competência privativa ao Presidente da República para sancionar, promulgar e fazer publicar as leis, bem como expedir decretos e *regulamentos para sua fiel execução*. Corrobora esse preceito o art. 49, V, também da Constituição, que concede a competência exclusiva do Congresso Nacional para *sustar os atos normativos do Poder Executivo que exorbitem do poder regulamentar*.

Todavia, é possível a existência, como acima já se falou, de regulamentos que se prestam a executar diretamente a norma constitucional. Isso ocorre quando a Constituição subtrai do legislador determinadas matérias franqueando-as à disciplina direta do regulamento do Poder Executivo. Quando isso ocorre, temos os chamados *regulamentos autônomos* ou *independentes*, que, nada obstante atos infralegais, assumem a natureza de atos primários. Esses regulamentos não se sujeitam à lei, pois se equivalem, quanto ao objeto, a elas.

Em que pese certa divergência doutrinária, reconhecemos, já se disse, a presença desses regulamentos autônomos na Constituição Federal de 1988. Foi visível, a nosso sentir, a intenção da EC nº 32/2001 em introduzir no texto constitucional a figura em tela. Ora, constava na redação anterior do art. 84, VI, a competência do Presidente da República para dispor sobre a organização e funcionamento da administração federal, *na forma da lei*. Com a EC nº 32, essa matéria foi franqueada ao *decreto*, que, como se sabe, é o ato que formaliza a exteriorização do regulamento.

De um modo geral, e à guisa de conclusão, podemos sublinhar que os regulamentos são atos normativos infralegais que objetivam, em regra, a executar a lei, editados pelo chefe do Poder Executivo no exercício do poder regulamentar. Não podem restringir direitos, tampouco impor obrigações, prestando-se, tão-somente, a explicar os conteúdos das leis, para torná-las mais claras, compreensíveis e realizáveis. Todas as leis podem, sem exceção, ser regulamentadas, podendo existir, inclusive, leis que só são aplicadas após serem regulamentadas, vale dizer, leis que dependem de regulamentação para incidir.

3.6. Poder de Polícia

3.6.1. Conceito

A ordem jurídica, a partir da segunda metade do século XVIII, passou a reconhecer, em benefício das liberdades públicas, vários direitos e garantias individuais, como meio de assegurar um âmbito de proteção do cidadão em face da intervenção opressora do Estado.

No entanto, a legitimidade do exercício desses direitos assegurados estava condicionada, desde então, ao bem-estar da comunidade. E para garantir esse bem-estar geral, o Estado estava credenciado a intervir para *restringir o exercício* daqueles direitos, *porém jamais para anulá-los*.

Assim procedia com base no poder de polícia administrativa, entendido como o poder que a Administração Pública dispõe para, nos limites da ordem jurídica, resguardar os interesses da coletividade ante os interesses individuais nocivos, visando compatibilizar e adequar estes interesses com o bem-estar geral da sociedade.

A existência de um poder de polícia administrativa está assentada na necessidade de o Estado proteger a sociedade e os indivíduos em face da atuação abusiva e prejudicial de terceiros. Assim, segundo John Stuart Mill "*o único motivo pelo qual o poder pode ser corretamente exercido sobre qualquer membro de uma comunidade civilizada contra a sua vontade é para impedir que ele cause mal aos outros.*"[14]

Para Hely Lopes Meirelles, o poder de polícia é uma faculdade de que dispõe o Estado de condicionar e restringir os bens, as atividades e os direitos individuais, visando ajustá-los aos interesses da coletividade[15].

Na verdade, o poder de polícia, longe de ser uma mera faculdade, é um dever e uma atribuição da Administração Pública, da qual ela não pode renunciar nem transigir. Importa salientar, ademais, que o poder de polícia não incide para restringir ou anular o *direito em si*, uma vez que nem Emenda Constitucional pode fazê-lo, segundo prevê o art. 60, § 4º, IV, da Constituição Federal, mas, sim, para condicionar o *exercício* do direito, quando o comportamento do administrado expõe a risco o interesse coletivo.

A propósito, Celso Antônio Bandeira de Melo[16], com base em lições de Renato Alessi, é bem esclarecedor a esse respeito quando afirma que o poder de polícia é uma atividade que dispõe sobre os limites da liberdade e sobre o uso, gozo e disposição da propriedade, objetivando condicioná-los ao interesse público. O poder de polícia não incide sobre o direito, mas sim sobre o seu exercício. Não limita o *direito* de liberdade ou o *direito* de propriedade, mas a liberdade ou a propriedade.

A expressão "poder de polícia", todavia, não vem contando com a adesão unânime dos autores. Há quem a critique, fundado na ideia de que ela "traz consigo a evolução de uma época pretérita, a do 'Estado de Polícia', que precedeu ao Estado de Direito. Traz consigo a suposição de prerrogativas dantes existentes em prol do 'príncipe' e que se faz comunicar inadvertidamente ao Poder Executivo".

---

14 Mill, Jonh Stuart. On liberty, capitulo I.

15. Op. cit., p. 127.

16. Op. cit., p. 684-685.

É bem verdade que, atualmente, a maioria dos Estados europeus, à exceção da França, abandonou a expressão "poder de polícia", para, em sua substituição, adotarem o termo "limitações administrativas à liberdade e à propriedade". Porém, o Direito brasileiro ainda continua fiel a esse vocábulo, como podemos constar, especialmente, da Constituição[17] e do Código Tributário Nacional[18].

Relativamente à noção do poder de polícia, a doutrina costuma referir-se a um *conceito amplo* e a um *conceito estrito* de poder de polícia.

Num sentido amplo, poder de polícia é toda atividade estatal que condiciona a liberdade e a propriedade visando adequá-las aos interesses coletivos. Nessa acepção ampla, o poder de polícia abrange tanto atos do Poder Legislativo (pela lei) quanto do Poder Executivo (através de atos administrativos).

Já *num sentido estrito*, poder de polícia é aquela atividade administrativa, a cargo dos órgãos e das entidades da Administração Pública, que se destina a condicionar e restringir o exercício das liberdades individuais e o uso, gozo e disposição da propriedade, objetivando ajustá-los aos interesses coletivos e ao bem-estar social da comunidade. Nesse sentido, fala-se de poder de polícia administrativa, que é aquele que será objeto das nossas futuras observações.

O poder de polícia administrativa é inerente a toda a Administração Pública e se reparte entre todas as esferas administrativas da União, dos Estados, do Distrito Federal e dos Municípios. Não se confunde com a polícia de segurança pública, ou seja, com a polícia judiciária e a polícia de manutenção da ordem, que são privativas de determinados órgãos (polícias civis e polícias militares). A polícia administrativa é atividade jurídica da Administração que incide sobre as *atividades* dos indivíduos ao passo que a polícia de segurança pública recai sobre o próprio *indivíduo* a quem se atribui a prática de um delito. Por força do art. 145, II, da Constituição Federal, é por meio da *taxa*, devidamente instituída por *lei*, que se remunera o exercício do poder de polícia.

Na França é corrente a distinção entre *polícia administrativa geral* e *polícia administrativa especial*, sendo aquela a que cuida genericamente da tranquilidade, da segurança e da salubridade públicas e esta de setores específicos da atividade humana que afetam bens de interesses coletivos, tais como a construção, a indústria de alimentos, o comércio de medicamentos, o uso das águas, etc.

3.6.2. Fundamento do exercício do poder de polícia administrativa

O que fundamenta o exercício do poder de polícia administrativa é uma *supremacia geral* da Administração Pública sobre os administrados. Isso significa que não há, no exercício do poder de polícia, um vínculo especial ou de subordinação. Nesse passo,

17. "Art. 145. A União, os Estados, o Distrito Federal e os Municípios poderão instituir os seguintes tributos: (...); II – taxas, em razão do exercício do *poder de polícia* ou pela utilização, efetiva ou potencial, de serviços públicos específicos e divisíveis, prestados ao contribuinte ou postos a sua disposição." (grifos nossos).
18. "Art. 78. Considera-se *poder de polícia* atividade da administração pública que, limitando ou disciplinando direito, interêsse ou liberdade, regula a prática de ato ou abstenção de fato, em razão de intêresse público concernente à segurança, à higiene, à ordem, aos costumes, à disciplina da produção e do mercado, ao exercício de atividades econômicas dependentes de concessão ou autorização do Poder Público, à tranqüilidade pública ou ao respeito à propriedade e aos direitos individuais ou coletivos." (grifos nossos).

nem sempre que houver restrições ou condicionamentos ao exercício de liberdades ou ao uso e gozo da propriedade haverá manifestação do poder de polícia.

O poder de polícia pressupõe um vínculo genérico ou geral sobre os administrados, em face de uma supremacia a todos imposta.

Quando a Administração Pública, por exemplo, impõe que seus servidores trabalhem de farda, ela está limitando o exercício de uma liberdade (de vestir-se desta ou daquela forma). No entanto, inexiste manifestação do poder de polícia administrativa, à míngua daquela supremacia geral. Nesse caso, há um vínculo especial (relação funcional) que submete os servidores à Administração Pública. Há, nessa hipótese, manifestação de poder hierárquico.

3.6.3. *Finalidade do poder de polícia administrativa*

O exercício do poder de polícia tem por *fim* prevenir (justamente para evitar) ou obstar (paralisar) atividades contrárias ou nocivas aos interesses públicos e sociais. Manifesta-se, portanto, nas formas *preventiva* (esta será a preferência) e *repressiva*.

3.6.4. *Objeto do poder de polícia administrativa*

Nas lições do saudoso Hely Lopes Meirelles, o poder de polícia incide sobre toda *atividade*, *bem* e *direitos* do administrado que possam afetar a coletividade. Entretanto, é preciso mais uma vez asseverar que o poder de polícia incide, não sobre o *direito em si*, mas sim sobre o exercício desse direito, mais especificamente sobre o exercício da liberdade e uso, gozo e disposição da propriedade, sendo estes o seu objeto[19].

3.6.5. *Motivo do poder de polícia administrativa*

O motivo, ou seja, a situação fática ou jurídica que determina o exercício do poder de polícia é um comportamento abusivo do particular que ameaça ou viola o bem-estar social.

3.6.6. *Manifestação do poder de polícia administrativa*

O poder de polícia administrativa é uma atividade jurídica exercida pela Administração Pública que se manifesta por meio de *atos administrativos*.

Esses atos administrativos de polícia podem ser:

- *Atos normativos ou gerais* – A Administração Pública expede atos gerais e abstratos restringindo o exercício da liberdade e o uso, gozo e disposição da propriedade por parte dos administrados para o fim de ajustá-las ao interesse público (ex.: regulamentos ou portarias que regulam o horário e as condições de venda de bebida alcoólica em determinados locais; que disciplinam o uso de fogos de artifício, etc.).

19. Nesse sentido, por todos, Diogenes Gasparini, op. cit., p. 120.

- *Atos concretos ou individuais* – São injunções que a Administração Pública faz sobre a liberdade de um indivíduo ou sobre uma propriedade específica (Ex.: interdição de uma fábrica poluente; embargo a uma construção irregular; apreensão de remédio fora do prazo de validade, guincho de um carro, etc.).
- *Atos de fiscalização* – São manifestações que previnem ou acautelam possíveis danos que podem decorrer da ação dos administrados (ex.: fiscalização de restaurantes, bares e lanchonetes, concernente à higiene e qualidade dos alimentos postos a consumo público; fiscalização das construções, concernente à segurança; fiscalização dos táxis, concernente à segurança e à aferição dos taxímetros, etc.). Essas manifestações normalmente materializam-se por meio da *autorização* e da *licença*, que se veiculam por meio de instrumento formal chamado de *alvará*.

3.6.7. Setores do poder de polícia administrativa

Correspondem aos domínios próprios nos quais o poder de polícia pode ser exercido. Assim, fala-se de polícia de vigilância sanitária, voltada à proteção da saúde pública; de polícia de pesos e medidas, destinada à fiscalização dos padrões de medida, em defesa da economia popular e da segurança pessoal; de polícia edilícia, relativa às edificações; de polícia de trânsito, para garantia da segurança e ordem nas vias e rodovias; de polícia florestal, vocacionada a defesa da flora; de polícia de caça e pesca, destinada à proteção da fauna terrestre e aquática; polícia de diversões públicas, que visa a defesa de valores sociais, etc.

3.6.8. Atributos do poder de polícia

O poder de polícia administrativa, quando emanado do Poder Executivo, é um ato administrativo. Possui, portanto, os mesmos atributos de todo ato administrativo: presunção de legitimidade, imperatividade (ou coercibilidade), exigibilidade e autoexecutoriedade.

Mas o poder de polícia é discricionário ou vinculado? Hely Lopes Meirelles esclarece que, em princípio, é um *ato discricionário*, mas passará a ser vinculado se a norma que o disciplina fixar o modo e a forma de sua realização[20]. Segundo Di Pietro, ele pode ser tanto discricionário (e assim é na maior parte dos casos) como vinculado[21]. Na verdade, se ele for praticado pelo legislador, será um ato discricionário. Mas, se ele for exercido pelo Executivo, poderá ser discricionário ou vinculado, a depender da forma de sua manifestação. Se por meio de autorização é discricionário; se por licença é vinculado[22].

Contudo, via de regra, o poder de polícia é discricionário e tem como atributos específicos e peculiares a seu exercício, além da discricionariedade, a *autoexecutoriedade* e a *coercibilidade*. Em razão do atributo da autoexecutoriedade, o poder de polícia

20. Op. cit., p. 132.
21. Op. cit., p. 113.
22. Nesse sentido Celso Antônio Bandeira de Mello, op. cit., p. 696-697; Diogenes Gasparini, op. cit., p. 123.

não está condicionado, para a validade da sanção imposta, à prévia manifestação do Poder Judiciário ou à prévia instauração de processo administrativo com plenitude de defesa, notadamente nos casos que ponham em risco iminente a segurança ou saúde pública. Contudo, o poder de polícia está sujeito aos limites da ordem jurídica, ao respeito dos direitos fundamentais e, em especial, à observância do princípio da proporcionalidade, podendo ser invalidado ou anulado pela própria Administração Pública (autotutela ou controle interno) ou pelo Poder Judiciário (controle externo de legitimidade), quando exercido com excesso ou desvio de poder.

3.6.9. *Requisitos ou elementos do poder de polícia administrativa*

São os mesmos de todo ato administrativo, quais sejam: competência, finalidade, forma, motivo e conteúdo ou objeto. A estes acrescentam-se as exigências de *proporcionalidade* e *razoabilidade* na aplicação da sanção e o *controle de legalidade* do exercício do ato, ou seja, dos meios empregados.

3.6.10. *Delegação do poder de polícia administrativa*

Como se trata de um poder administrativo, que ostenta caráter público, todas as entidades públicas (administração direta, autarquias e fundações de direito público) são titulares do poder de polícia. Desse modo, somente as entidades públicas, a princípio, podem exercer o poder de polícia.

Entretanto, cumpre fazer a seguinte indagação: é possível a delegação do poder de polícia a entidades de direito privado? Responde-nos, com acertada razão, Celso Antônio Bandeira de Mello[23], para quem os atos jurídicos expressivos de poder de polícia, salvo circunstâncias excepcionais (caso dos poderes reconhecidos aos capitães de navio), não podem ser delegados a particular, ou ser por eles praticados.

Com efeito, não se admite a delegação do poder de polícia a particulares, sob pena de quebra do princípio da igualdade. Ora, seria um demasiado contrassenso a delegação a particular de um poder com o qual se pode limitar a liberdade ou a propriedade de outro particular[24].

Não se deve, entretanto, confundir o exercício do poder de polícia, que é um ato jurídico-administrativo, e indelegável, com os atos *materiais prévios* ou *sucessivos* a ele ato jurídico de polícia, que podem, estes sim, ser delegados ou contratados a particulares.

---

23. Op. cit., p. 735.
24. Nesse sentido, STF, Pleno, ADIN 1.717-DF, Rel. Min. SYDNEY SANCHES, DJ 28-03-2003, p. 00061. EMENTA: "DIREITO CONSTITUCIONAL E ADMINISTRATIVO. AÇÃO DIRETA DE INCONSTITUCIONALIDADE DO ART. 58 E SEUS PARÁGRAFOS DA LEI FEDERAL Nº 9.649, DE 27.05.1998, QUE TRATAM DOS SERVIÇOS DE FISCALIZAÇÃO DE PROFISSÕES REGULAMENTADAS. 1. Estando prejudicada a Ação, quanto ao § 3º do art. 58 da Lei nº 9.649, de 27.05.1998, como já decidiu o Plenário, quando apreciou o pedido de medida cautelar, a Ação Direta é julgada procedente, quanto ao mais, declarando-se a inconstitucionalidade do "*caput*" e dos § 1º, 2º, 4º, 5º, 6º, 7º e 8º do mesmo art. 58. 2. Isso porque a interpretação conjugada dos artigos 5º, XIII, 22, XVI, 21, XXIV, 70, parágrafo único, 149 e 175 da Constituição Federal, *leva à conclusão, no sentido da indelegabilidade, a uma entidade privada, de atividade típica de Estado, que abrange até poder de polícia*, de tributar e de punir, no que concerne ao exercício de atividades profissionais regulamentadas, como ocorre com os dispositivos impugnados. 3. Decisão unânime." (grifos nossos).

Assim, é ato material prévio ao exercício do poder de polícia a colocação, por empresa privada, de fotos sensores nas ruas, para fiscalização do cumprimento de normas de trânsito. O exercício do poder de polícia, nesse caso, ocorre posteriormente, com a imposição de multa pela Administração Pública.

Assim também, o ato material de demolição de construção irregular contratado a empresa particular. Já nessa hipótese, o exercício do poder de polícia, que o antecede, é embargar a construção e determinar a demolição.

Em síntese lapidar de Celso Bandeira de Mello, "salvo hipóteses excepcionalíssimas (caso dos poderes outorgados aos capitães de navio), não há delegação de ato jurídico de polícia a particular e nem a possibilidade de que este o exerça a título contratual. Pode haver, entretanto, habilitação do particular à prática de ato material preparatório ou sucessivo a ato jurídico desta espécie, nos termos e com as limitações supra-assinaladas"[25].

Entretanto, o Supremo passou a admitir a delegação do poder de política às pessoas jurídicas de direito privado integrantes da Administração Pública indireta, de que são exemplos as empresas públicas e as sociedades de economia mista, desde que prestem exclusivamente serviço público de atuação própria do Estado e em regime não concorrencial.

É o que se extrai do resultado do julgamento da Corte, ao apreciar o tema 532 de repercussão geral, no RE 633782, Rel. MIN. LUIZ FUX, publicado no DJE de 25/11/2020, que fixou a seguinte tese: "É constitucional a delegação do poder de polícia, por meio de lei, a pessoas jurídicas de direito privado integrantes da Administração Pública indireta de capital social majoritariamente público que prestem exclusivamente serviço público de atuação própria do Estado e em regime não concorrencial." (tese fixada em 26/10/2020).

Assim, o entendimento da Corte vai no sentido de que é constitucional a delegação de poder de polícia às pessoas jurídicas de direito privado, desde que:

1) a delegação seja operada por meio de lei;
2) a pessoa jurídica delegatária seja integrante da A.P. Indireta;
3) que prestem exclusivamente serviços públicos de atuação própria do Estado, sem concorrência (em regime não concorrencial);
4) cujo capital seja majoritariamente público.

Também entendeu o STF que "É constitucional a atribuição às guardas municipais do exercício de poder de polícia de trânsito, inclusive para imposição de sanções administrativas legalmente previstas." (STF, tema 472 de repercussão geral no RE 658570, j. em 06/08/2015).

25. Op. cit., p. 701.

3.6.11. *Sanções aplicáveis em razão do exercício do poder de polícia administrativa*

O exercício do poder de polícia administrativa ficaria frustrado se não estivesse aparelhado de *sanções* para os casos de desobediência à ordem legal de autoridade competente.

Essas sanções são fixadas na lei e, essencialmente, são as seguintes: *multa, interdição de atividade, fechamento de estabelecimento, demolição de construção, embargo administrativo de obras, destruição de objetos, inutilização de gêneros*, entre outras previstas em lei.

3.6.12. *Características do poder de polícia administrativa*

De tudo o que ficou exposto, reconhece-se que o poder de polícia administrativa caracteriza-se:

a) Por ser uma atividade jurídica exercida pela Administração Pública;

b) Com fundamento num vínculo ou supremacia geral;

c) Motivado pela necessidade de se assegurar o interesse público e social ameaçado ou violado por abusos cometidos pelos particulares;

d) Para incidir sobre o exercício da liberdade e o uso, gozo e disposição da propriedade, visando adequá-los ao bem-estar geral da sociedade.

3.6.13. *Controle do poder de polícia administrativa*

Por se tratar de ato administrativo, o ato de polícia administrativa submete-se ao controle da própria Administração Pública (autotutela) e do Poder Judiciário (controle judicial).

4. USO E ABUSO DO PODER

Nos Estados Democráticos de Direito o poder da Administração Pública deve ser exercido em consonância com a ordem jurídica, respeitando os direitos dos cidadãos-administrados e sempre visando servir a coletividade. Assim, devem os agentes públicos, no exercício de suas competências, proceder conforme o direito e a moral, atuando nos limites de suas atribuições e objetivando sempre atender o interesse público.

O uso do poder pelo gestor público, nos termos da ordem jurídica, consiste no manejo regular, normal e correto de suas atribuições e prerrogativas legais. Todavia, quando o gestor extrapola os limites de suas atribuições ou utiliza suas atribuições para atender a fim diverso daquele previsto, explícita ou implicitamente, na regra de competência, o uso do poder se converte em abuso do poder, o que não é tolerado pelo Direito.

Assim, não se confunde o uso do poder com o seu abuso. O uso do poder é sempre um agir em conformidade com a Constituição, as leis e as normas administrativas. O abuso do poder é um atuar em descompasso com o Direito, violando as normas jurídicas e os direitos e garantias do cidadão.

O abuso do poder pode se manifestar de duas formas: 1) *excesso de poder*; 2) *desvio de poder* ou *de finalidade*.

4.1. Excesso de Poder

Há excesso de poder quando o gestor público atua fora dos limites de suas atribuições. Vale dizer, quando o agente público edita um ato ou realiza uma atividade sem competência legal para tanto. Ele viola a regra de competência, seja porque ele exerceu atribuições cometidas a outro agente, seja porque se apropriou de competência que não dispunha.

O ato ou a atividade decorrente do excesso de poder, por qualificar-se abusivo, expõe-se a invalidação administrativa ou judicial.

4.2. Desvio de Poder

Há desvio de poder ou de finalidade quando o agente exerce a sua competência para atingir fim diverso daquele previsto na lei. Nesta hipótese, o gestor dispõe de competência, mas atua em desconformidade com o fim pré-ordenado.

É o que ocorre, por exemplo, quando um prefeito, exercendo a sua competência, decreta a desapropriação de um imóvel alegando utilidade pública, porém objetivando satisfazer interesse próprio ou de terceiro; ou quando decreta a remoção de um servidor, não por necessidade de serviço, mas para puni-lo.

O desvio de poder, em razão de se constituir em abuso do poder, também se sujeita a invalidação administrativa ou judicial.

5. QUADRO SINÓTICO

DEVERES E PODERES DA ADMINISTRAÇÃO PÚBLICA
1. Considerações gerais
A ordem jurídica, ao estabelecer os fundamentos de atuação da Administração Pública, fixa-lhe uma série de *deveres* e *poderes*, necessários e suficientes para a consecução dos interesses da comunidade.
2. Deveres da Administração Pública
São exigências impostas pela ordem jurídica aos agentes públicos, imprescindíveis ao bom atendimento do interesse público.
2.1. Dever de Agir
É a obrigação de a Administração Pública atuar, sempre que a ordem jurídica lhe impõe uma providência ou ela se mostre necessária em face das circunstâncias administrativas.
2.2. Dever de Juridicidade
É aquele que impõe a Administração Pública somente agir nos termos da ordem jurídica, de modo a compatibilizar as suas atividades com a Constituição, as leis e as normas administrativas.
2.3. Dever de Probidade
É o dever que decorre do princípio constitucional da moralidade administrativa, segundo o qual a Administração Pública deve agir com ética, honestidade, lealdade, decoro e boa-fé.
2.4. Dever de Eficiência
É aquele que impõe uma atividade administrativa eficiente, para satisfazer, com rapidez e plenitude, os interesses da coletividade.

2.5. Dever de Prestação de Contas

É a obrigação que tem o gestor público de apresentar os gastos que realizou ao órgão competente.
O dever de prestação de contas alcança qualquer pessoa física ou jurídica, pública ou privada, que utilize, arrecade, guarde, gerencie ou administre dinheiros, bens e valores públicos.

3. Poderes da Administração Pública

São instrumentos jurídicos através dos quais os sujeitos da Administração Pública exercem a atividade administrativa. São inerentes à Administração Pública e nascem com ela. Não se imagina a Administração Pública sem esses *poderes instrumentais*. Não se confundem com os Poderes Políticos (legislativo, executivo e judiciário), que são estruturais e compõem a organização constitucional do Estado.

3.1. Poder Vinculado

É aquele que a lei confere à Administração Pública para a prática de ato de sua competência, determinando desde logo os elementos e requisitos necessários à sua formalização. Não há liberdade administrativa para a valoração dos motivos e escolha do objeto.

3.2. Poder Discricionário

É aquele que confere prerrogativa à Administração Pública, que tem a possibilidade de fazer opções, de deliberar, com uma margem de liberdade quanto a conveniência, a oportunidade, o interesse, o conteúdo e os motivos do ato administrativo. Há liberdade administrativa para a valoração dos motivos e escolha do objeto.

3.3. Poder Hierárquico

É aquele que confere à Administração Pública a capacidade de *ordenar*, *coordenar*, *controlar* e *corrigir* as atividades administrativas no âmbito interno da Administração, distribuindo e escalonando as funções entre os vários órgãos e agentes públicos, entrosando-as para um melhor desempenho no mesmo órgão, acompanhando o desempenho e a conduta de seus agentes, zelando pela obediência das ordens superiores e revendo a atuação dos agentes inferiores.

3.4. Poder Disciplinar

É a atribuição de que dispõe a Administração Pública de apurar as infrações administrativas e punir seus agentes públicos responsáveis e demais pessoas *sujeitas* à disciplina administrativa, que contratam com a Administração.

3.5. Poder Regulamentar

É aquele que confere aos chefes do Executivo atribuição para explicar, esclarecer, explicitar e conferir fiel execução às leis ou disciplinar matéria que não se sujeita à iniciativa de lei. Esse poder é exercido por meio da expedição de *regulamentos*, que são atos administrativos normativos, ostentando, por conseguinte, caráter geral e abstrato.
O poder regulamentar é privativo dos chefes do Executivo (vide art. 84, IV, CF), não podendo ser delegado. O regulamento se formaliza pelo decreto, que é o ato administrativo formal, e pode ser classificado como (a) regulamento de execução e (b) regulamento autônomos.
Além dos regulamentos de execução, que são aqueles expedidos para garantir a fiel execução da lei, existe a previsão, possibilitada no direito brasileiro após o advento da EC nº 32/2001 (que deu nova redação ao art. 84, VI, da CF/88), dos chamados *regulamentos autônomos* ou *independentes*, que visam, excepcionalmente, a regular matérias não reservadas à lei, em especial a respeito da organização e funcionamento da administração federal, quando não implicar aumento de despesa nem criação ou extinção de órgãos públicos.

<table>
<tr><th>3.6. Poder de Polícia Administrativa</th></tr>
<tr><td>É aquela atividade jurídica da Administração que se destina a regular, condicionar e restringir o exercício das liberdades individuais e o uso, gozo e disposição da propriedade objetivando ajustá-los aos interesses coletivos e ao bem-estar social da comunidade.
Tem por fundamento uma supremacia geral da Administração Pública sobre os administrados, pressupondo um vínculo genérico ou geral sobre os administrados, em face de uma supremacia a todos imposta.
Tem por fim prevenir (justamente para evitar) ou obstar (paralisar) atividades contrárias ou nocivas aos interesses públicos e sociais.
Tem por objeto uma atividade, bem ou direitos do administrado que possam afetar a coletividade.
O poder de polícia administrativa é uma atividade jurídica exercida pela Administração Pública que se manifesta por meio de atos administrativos, que compreendem atos administrativos (1) normativos ou gerais (um regulamento proibitivo); (2) concretos ou individuais (uma ordem de interdição de um imóvel); e (3) atos de fiscalização (fiscalização de restaurantes).
O poder de polícia administrativa, quando emanado do Poder Executivo, é um ato administrativo, que possui, portanto, os mesmos atributos de todo ato administrativo: presunção de legitimidade, imperatividade (ou coercibilidade), exigibilidade e autoexecutoriedade.
O poder de polícia administrativa é uma atividade pública, exercida, portanto, pelas pessoas jurídicas de direito público. Entretanto, o STF passou a admitir a delegação do poder de política às pessoas jurídicas de direito privado integrantes da Administração Pública indireta, de que são exemplos as empresas públicas e as sociedades de economia mista, desde que que prestem exclusivamente serviço público de atuação própria do Estado e em regime não concorrencial. É o que se extrai do resultado do julgamento da Corte, ao apreciar o tema 532 de repercussão geral, no RE 633782, que fixou a seguinte tese: "É constitucional a delegação do poder de polícia, por meio de lei, a pessoas jurídicas de direito privado integrantes da Administração Pública indireta de capital social majoritariamente público que prestem exclusivamente serviço público de atuação própria do Estado e em regime não concorrencial." (tese fixada em 26/10/2020).</td></tr>
<tr><th>4. Uso e abuso do Poder</th></tr>
<tr><td>O uso do poder pelo gestor público, nos termos da ordem jurídica, consiste no manejo regular, normal e correto de suas atribuições e prerrogativas legais. O abuso do poder é um atuar em descompasso com o Direito, violando as normas jurídicas e os direitos e garantias do cidadão. O abuso do poder pode se manifestar de duas formas: 1) excesso de poder; 2) desvio de poder ou de finalidade.</td></tr>
<tr><th>4.1. Excesso de Poder</th></tr>
<tr><td>Há excesso de poder quando o gestor público atua fora dos limites de suas atribuições.</td></tr>
<tr><th>4.2. Desvio de Poder</th></tr>
<tr><td>Há desvio de poder ou de finalidade quando o agente exerce a sua competência para atingir fim diverso daquele previsto na lei.</td></tr>
</table>

6. JURISPRUDÊNCIA APLICADA

- Tema 532 de repercussão geral no RE 633782: "É constitucional a delegação do poder de polícia, por meio de lei, a pessoas jurídicas de direito privado integrantes da Administração Pública indireta de capital social majoritariamente público que prestem exclusivamente serviço público de atuação própria do Estado e em regime não concorrencial." (26/10/2020).

- STJ, REsp 720337/AL, Rel. Min. HUMBERTO MARTINS, 2ª Turma, DJe 16/09/2008: ADMINISTRATIVO – PODER DE POLÍCIA – IRRETROATIVIDADE DA LEI – PRINCÍPIO DA LEGALIDADE E DA SEGURANÇA JURÍDICA – EXCESSO DE PODER CONFIGURADO. 1. Impossível a aplicação de multa pela Administração quando o dispositivo legal que embasou a aplicação da penalidade só veio ao mundo jurídico com a Lei n. 9.636/1998, muito tempo depois do fato que daria ensejo à penalidade. 2. Este entendimento tem base no princípio da legalidade, da irretroatividade das leis e da segurança jurídica, e, portanto, está configurado o excesso de poder da Administração. Não se discute, todavia, no caso dos autos, a legalidade da situação jurídica dos particulares, tampouco o direito de ocupação na qualidade de foreiro. 3. "...A aplicação de sanções administrativas, decorrente do exercício do poder de polícia, somente se torna legítima quando o ato praticado pelo administrado estiver previamente definido pela lei como infração administrativa..." (EDcl no RMS 21274/Denise Arruda). Recurso especial improvido.

- STJ, 1ª Seção, MS 10597/DF, Rel. Min. JOÃO OTÁVIO DE NORONHA, DJ 22/10/2007: ADMINISTRATIVO. MANDADO DE SEGURANÇA. COQUETEL E BEBIDA MISTA ALCOÓLICA DE VINHO. FABRICAÇÃO. FIXAÇÃO DE NOVOS PADRÕES DE IDENTIDADE E QUALIDADE. PODER DE POLÍCIA. REGISTRO. VALIDADE. PEDIDO DE ASSISTÊNCIA. INTERESSE JURÍDICO NÃO-DEMONSTRADO. (...). 2. A discricionariedade que caracteriza o poder de polícia da Administração deve estar contida nos limites estabelecidos na lei, devendo a autoridade observar atentamente essas limitações, sob pena de incidir em arbitrariedade, por abuso ou desvio de poder. 3. Se, por um lado, não há de ser questionado o poder de polícia da Administração Pública para, presente o interesse público, rever os procedimentos tendentes a aprimorar a identidade e qualidade de coquetéis de vinho oferecidos ao consumidor, por outro, não se lhe pode permitir que, em nome desse mesmo poder, faça tábula rasa do ordenamento jurídico, para revogar, unilateralmente, autorização dada ao empresário, por prazo certo e determinado. 4. Hipótese em que o direito líquido e certo da impetrante de continuar a produzir as bebidas mistas registradas (com graduação alcoólica superior a 15% em volume e com menos de 50% de vinho) está amparado em autorização dada pelo próprio Ministério da Agricultura, com base na legislação em vigor. 5. Ao tempo em que se assegura à impetrante o direito de prosseguir na fabricação das bebidas, devidamente certificadas pelo Ministério da Agricultura, Pecuária e Abastecimento, restringe-se a sua comercialização como "derivados do vinho", devendo ser promovida a adequação dos rótulos que indiquem o contrário. 6. Segurança parcialmente concedida.

- STJ, 1ª Turma, RMS 17381/DF, Rel. Min. DENISE ARRUDA, DJ de 07/11/2006: ADMINISTRATIVO. RECURSO ORDINÁRIO EM MANDADO DE SEGURANÇA. PORTARIA QUE LIMITA HORÁRIO DE FUNCIONAMENTO DE BARES E RESTAURANTES QUE COMERCIALIZAM BEBIDAS ALCOÓLICAS. PODER DE POLÍCIA. ATO NORMATIVO. VIOLAÇÃO DOS PRINCÍPIOS DA LEGALIDADE E DO LIVRE EXERCÍCIO DA ATIVIDADE ECONÔMICA. NÃO-CONFIGURAÇÃO. DESPROVIMENTO DO RECURSO ORDINÁRIO. 1. Na hipótese dos autos, deve ser reconhecida a legalidade da portaria que estabelece horário para a comercialização de bebidas alcoólicas, pois decorre das restrições previstas na Lei Distrital 1.171/96, no exercício regular do poder de polícia da Administração Pública. 2. "A polícia administrativa manifesta-se tanto através de atos normativos e de alcance geral quanto de atos concretos e específicos. Regulamentos ou portarias – como as que regulam o uso de fogos de artifício ou proíbem soltar balões em épocas de festas juninas –, bem como as normas administrativas que disciplinem horário e condições de vendas de bebidas alcoólicas em certos locais, são disposições genéricas próprias da atividade de polícia administrativa." (MELLO, Celso Antônio Bandeira. "Curso de Direito Administrativo", 19ª edição, São Paulo: Malheiros, 2005, p. 771) 3. Recurso ordinário desprovido.

- PODER DE POLÍCIA. APREENSÃO. MÁQUINAS ELETRÔNICAS. Não viola o direito de propriedade a apreensão de máquinas de diversão eletrônica "Copa 98", com a finalidade de se realizar perícia prévia em cada uma, configurando tal ato administrativo de polícia válido e eficaz. Somente assim poder-se-á chancelar o correto funcionamento de cada uma delas, a fim de afastar dúvidas quanto à nocividade do seu uso. STJ, RMS 14.703-RJ, Rel. Min. Eliana Calmon, julgado em 6/8/2002.

7. QUESTÕES DE CONCURSOS

01. (Fundação Getúlio Vargas – FGV - PGM - Procurador do Município – 2023) Guilherme, servidor público estatutário, comparece a um restaurante para fins fiscalizatórios, ocasião em que encontra uma barata percorrendo o chão do salão onde os clientes estavam sendo servidos. A fiscalização prossegue, sendo certo que nenhum outro inseto foi visualizado. Em todas as demais fiscalizações, o local estava impecável.

Guilherme, no exercício de um dos poderes do Estado, determina a interdição do estabelecimento, entendendo que o local não tinha condições de salubridade para funcionar adequadamente.

Nesse cenário, é correto afirmar que o servidor público exerceu, no caso concreto:

(A) o poder disciplinar, mas houve ofensa ao princípio da proporcionalidade, mais especificamente ao subprincípio da exigibilidade, considerando que existiam outros mecanismos menos lesivos para sanar o vício encontrado;

(B) o poder de polícia, mas houve ofensa ao princípio da proporcionalidade, mais especificamente ao subprincípio da exigibilidade, considerando que existiam outros mecanismos menos lesivos para sanar o vício encontrado;

(C) o poder de polícia, mas houve ofensa ao princípio da proporcionalidade, mais especificamente ao subprincípio da adequação, considerando que existiam outros mecanismos menos lesivos para sanar o vício encontrado;

(D) o poder disciplinar, inexistindo qualquer ofensa ao princípio da proporcionalidade ou aos subprincípios dele decorrentes, considerando a necessidade de se preservar a saúde e a segurança dos consumidores;

(E) o poder disciplinar, mas houve ofensa ao princípio da legalidade, considerando que a interdição do estabelecimento exigiria a intervenção do Poder Judiciário.

02. (Fundação Carlos Chagas – FCC - TRT 18 – Analista Judiciário – Área Judiciária – Especialidade: Oficial de Justiça Avaliador Federal – 2023) O exercício dos chamados Poderes da Administração deve guardar fundamento legal e observar os princípios que informam sua atuação. Nesse sentido, as

(A) autarquias, como pessoas jurídicas sujeitas ao regime jurídico de direito público, são detentoras de poder normativo originário, sendo autorizadas a editar atos para impor e limitar direitos dos administrados.

(B) empresas estatais integram a Administração Pública indireta e, como tal, não se sujeitam aos princípios que informam a atuação da Administração direta, não obstante sejam criadas por lei e seu patrimônio esteja sujeito ao regime jurídico de direito público.

(C) fundações, ainda que instituídas por lei e mantidas pelo Poder Público, não integram a Administração Pública indireta, sujeitando-se integralmente ao regime jurídico de direito privado.

(D) empresas públicas exercem poder de polícia e poder disciplinar de forma inerente à sua natureza jurídica, prescindindo de previsão na respectiva lei criadora daqueles entes.

(E) autarquias, como pessoas jurídicas de direito público, podem exercer poder de polícia, observados os limites e campo de atuação constantes da lei que as criou.

03. (Fundação de Estudos e Pesquisas Socioeconômicos – FEPESE – Prefeitura de Pinhalzinho – Advogado – 2022) Assinale a alternativa que indica corretamente exemplos de poder discricionário, poder regulamentar, poder hierárquico e poder disciplinar.

(A) Exoneração de ocupante de cargo em comissão; avocar atribuições; restrição de exercício de direitos individuais e aplicação de punição administrativa por falta funcional.

(B) Aplicação de pena administrativa a servidor; avocar atribuições; exoneração de ocupante de cargo em comissão e restrição de exercício de direitos individuais.

(C) Exoneração de ocupante de cargo em comissão; edição de atos gerais; avocar atribuições e aplicação de punição administrativa por falta funcional.

(D) Aplicação de pena administrativa a servidor; edição de atos gerais; aplicação de punição administrativa por falta funcional e sanção a particular pelo descumprimento de norma administrativa.

(E) Exoneração de ocupante de cargo em comissão; restrição de exercício de direitos individuais; aplicação de punição administrativa por falta funcional e sanção a particular pelo descumprimento de norma administrativa.

04. (FESEPE - Procurador Municipal de Florianópolis - 2022) Assinale a alternativa **correta** a respeito dos poderes da administração.

(A) O gênero "desvio de poder" comporta duas espécies: abuso de poder e excesso de poder.

(B) Como regra, o desvio de finalidade materializa-se como uma espécie de vício sanável, admitindo a convalidação.

(C) Designa-se como poder vinculado ou regrado aquele que a lei atribui certa margem de liberdade para o agente público escolher a melhor forma de agir.

(D) O poder regulamentar refere-se à possibilidade de chefes do Poder Legislativo editarem atos administrativos gerais e abstratos para dar fiel cumprimento às leis.

(E) Para a corrente majoritária da doutrina, o abuso de poder sempre pressupõe um agente público competente, enquanto a corrente minoritária admite o abuso de poder praticado por autoridade incompetente.

05. (CESPE - DPE/RO - Oficial de Diligência - 2022) A nomeação para cargo de provimento em comissão representa manifestação do exercício do poder

(A) discricionário.

(B) disciplinar.

(C) regulamentar.

(D) hierárquico.

(E) de polícia.

06. (FGV - TJMG - Juiz Substituto - 2022) A Administração Pública pode

(A) anular os próprios atos, se estiverem eivados de nulidade, desde que isso não atinja a segurança jurídica.

(B) anular os próprios atos, se estiverem eivados de nulidade, a qualquer tempo.

(C) revogar os próprios atos, por motivo de conveniência ou oportunidade, respeitados os direitos adquiridos.

(D) revogar os próprios atos, por motivo de conveniência ou oportunidade, sem que isso possa gerar quaisquer direitos.

GABARITO					
01. B	**02.** E	**03.** C	**04.** E	**05.** A	**06.** A

Capítulo III

Atos Administrativos

1. DISTINÇÃO ENTRE FATOS JURÍDICOS E ATOS JURÍDICOS

O ato administrativo é, induvidosamente, um **ato jurídico**, tendo em vista que se trata de uma declaração de vontade do Estado destinada a produzir efeitos jurídicos. Sendo ato jurídico, faz parte do gênero fato jurídico.

Fato jurídico, por outro lado, é qualquer acontecimento a que o direito imputa efeitos jurídicos. O fato jurídico, portanto, pode ser um evento material ou uma conduta humana voluntária ou involuntária, preordenada ou não, que interfere na ordem jurídica. Basta que o sistema normativo lhe atribua efeitos de direito para qualificar-se como um fato jurídico.

Atos jurídicos são declarações, enunciados, são falas prescritivas preordenadas a desencadear algum efeito jurídico. O ato jurídico é uma pronúncia sobre certa coisa ou situação, dizendo como ela deverá ser. Fatos jurídicos não são declarações, portanto, não são prescrições, não são falas, não pronunciam coisa alguma. O fato não diz qualquer coisa; apenas ocorre. A lei é que fala sobre ele[1]. Segundo Celso Antônio Bandeira de Mello, sempre que se estiver perante uma manifestação prescritiva do direito (seja ela oral, escrita, expressada por mímica ou sinais convencionais), estar-se-á perante um ato jurídico. Quando, diversamente, se esteja ante um evento não prescritivo ao qual o Direito atribua consequências jurídicas, estar-se-á perante um fato jurídico.

A Administração Pública não só produz atos jurídicos, mas também fatos jurídicos, de modo que é necessário separar os *atos administrativos* (que são atos jurídicos por meio dos quais a Administração exprime uma declaração de natureza constitutiva, declaratória, enunciativa, modificativa ou extintiva) dos *fatos administrativos* (que são fatos

1. Celso Antônio Bandeira de Mello, op. cit., p. 340.

jurídicos por via dos quais a Administração realiza ou executa materialmente alguma coisa). Fato administrativo é atividade material do Estado que produz efeitos jurídicos administrativos (ex.: realização de obra pública; morte de servidor público; aula ministrada por professor público; cirurgia realizada por médico do Estado, etc.). Os fatos administrativos, muito embora possam decorrer de situações naturais (ex: inundação de terreno público), são precedidos, em regra, de atos administrativos; ou seja, antes da sua realização quase sempre haverá a manifestação de um querer do Estado (ex.: a Administração Pública deve expedir uma ordem de serviço para construir uma ponte).

É importante distinguir o ato administrativo do fato administrativo porque:

- Os atos administrativos podem ser anulados e revogados, dentro dos limites do Direito. Os fatos administrativos não podem ser anulados nem revogados;
- Os atos administrativos gozam de presunção de legitimidade, os fatos administrativos não;
- Os atos administrativos possuem atributos e requisitos, os fatos administrativos não;
- O tema da vontade interessa apenas aos atos administrativos discricionários, e jamais aos fatos administrativos.

2. ATOS DA ADMINISTRAÇÃO E ATOS ADMINISTRATIVOS

Antes de ingressarmos no exame do conceito de ato administrativo, é preciso ressaltar que a Administração Pública pratica diversos atos, que não se confundem com atos administrativos. Isto porque, como bem lembra Diogo de Figueiredo Moreira Neto[2], o *ato administrativo*, como declaração do Estado destinada a produzir efeitos jurídicos, é uma espécie do gênero *ato jurídico*, como também o são as demais espécies das diversas disciplinas do Direito, como os *atos jurídicos privados*, os *atos judiciais*, os *atos legislativos* e os *atos políticos* e *de participação política*.

Assim, não se pode confundir *atos da Administração* (gênero) com *atos administrativos* (espécie). Daí o festejado autor Celso Antônio Bandeira de Mello[3] esclarecer, com base em lições de Oswaldo Aranha Bandeira de Mello, que a Administração edita uma série de atos, entre os quais se destacam:

a) Os atos jurídicos regidos pelo direito privado – Que são aqueles em face dos quais a Administração Pública desenvolve uma atividade de gestão de seus bens e interesses, quando, por exemplo, aluga um imóvel para nele instalar um órgão público; quando realiza uma doação; uma permuta; uma compra e venda, etc. Nesses casos, a Administração Pública não goza de prerrogativas de autoridade, agindo em condições de igualdade com o administrado. Esses atos são meros atos de gestão que se sujeitam ao regime de direito privado. Não obstante, mesmo que regidos pelo direito privado, há princípios constitucionais que incidem sobre a atividade da Administração quando pratica

2. Op. cit., p. 131.
3. Op. cit., p. 342.

esses atos, a exemplo da necessidade da licitação para a contratação de bens e serviços, a autorização legislativa prévia para a realização de doações de imóveis, etc.

b) **Os atos materiais** – Que são realizações materiais executadas pela Administração Pública. Estes atos são melhor denominados como *fatos administrativos*, de que são exemplos a realização de obra pública, o ministério de uma aula por professor público, uma cirurgia realizada por médico do Estado, a prestação de serviços, etc. Esses atos ou fatos não expressam declarações jurídicas, não passando de atos de execução material da Administração.

c) **Os atos políticos** ou de **governo** – Que são aqueles expedidos pelo Estado no exercício de funções tipicamente políticas, como a iniciativa de projeto de leis, a sanção, o veto, o indulto e as deliberações dos órgãos legislativos, que são atos conhecidos como "interna corporis". Os atos políticos, na verdade, são editados pelo Estado no desempenho de funções de governo e não de Administração Pública, não sendo muito apropriado colocá-los entre os atos da Administração. E, finalmente,

d) **Os atos administrativos** – Que são os atos jurídicos editados pela Administração Pública e sujeitos ao regime de direito público. Serão, doravante, objeto de nossa atenção e representam a maioria dos atos com os quais a Administração Pública expressa a sua vontade direcionada a concretizar a lei na gestão do interesse da coletividade.

3. CONCEITO DE ATO ADMINISTRATIVO

O Estado, para exprimir sua vontade, que é a vontade da lei, vale-se de diversos atos jurídicos. Todavia, quando essa vontade é expressada em razão do exercício de uma função administrativa, com o manejo de prerrogativas públicas, o Estado edita uma espécie de ato jurídico que recebeu a designação de *ato administrativo*.

De conseguinte, cuida-se o ato administrativo de um ato jurídico por meio do qual os agentes públicos, no desempenho de uma determinada função administrativa, exteriorizam, com observância das normas legais, sob certa forma e com autoridade, o querer do Estado, consistente em, juridicamente, criar, reconhecer, enunciar, modificar e extinguir situações jurídicas.

Nesse sentido, Celso Antônio Bandeira de Mello define ato administrativo como toda "declaração do Estado (ou de quem lhe faça as vezes – como, por exemplo, um concessionário de serviço público), no exercício de prerrogativas públicas, manifestada mediante providências jurídicas complementares da lei, a título de lhe dar cumprimento, sujeito a controle de legitimidade por órgão jurisdicional"[4].

---

4. Op. cit., p. 344. Diogenes Gasparini formula conceito semelhante, já declinando, todavia, a unilateralidade desses atos: "toda prescrição unilateral, juízo ou conhecimento, predisposta à produção de efeitos jurídicos, expedida pelo Estado ou por quem lhe faça as vezes, no exercício de suas prerrogativas e como parte interessada numa relação, estabelecida na conformidade ou na compatibilidade da lei, sob fundamento de cumprir finalidades assinaladas no sistema normativo, sindicável pelo Judiciário" (op. cit., p. 57).

Ato administrativo, portanto, é espécie do gênero ato jurídico, regido pelo direito público, do qual se vale o Estado ou quem age em nome dele, para exprimir, unilateralmente, uma declaração de vontade, fundada na lei e voltada ao desempenho de funções administrativas na gestão do interesse coletivo.

Destrinchando os elementos deste conceito, tem-se que o ato administrativo:

a) Cuida-se de uma **declaração jurídica**, ou seja, de manifestação que produz efeitos de direito, quais sejam: criar, modificar, transferir, declarar, extinguir ou, de qualquer modo, modificar direitos ou obrigações.

b) **Provém do Estado** ou **de quem age em nome do Estado** (como aqueles que recebem delegações para o exercício de funções administrativas, ficando investidos de prerrogativas estatais, como ocorre com as concessionárias, permissionárias e autorizatárias de serviços públicos). Envolve os três Poderes Estatais, uma vez que todos eles exercem função administrativa, ainda que atipicamente (como é o caso dos Poderes Legislativo e Judiciário), expedindo atos administrativos. Como a função administrativa é delegável, por meio de concessão e permissão, a concessionária e a permissionária de serviço público também editam atos administrativos.

c) É expedido pelo Estado no uso de **prerrogativas públicas**, portanto, na posição de autoridade, sob a regência do Direito Público. Nisto se aparta dos atos jurídicos de direito privado. O ato administrativo só se qualifica como tal se for expedido como ato jurídico de direito público, com fundamento na supremacia do interesse público sobre o interesse privado. Não se deve confundir, reitere-se, ato administrativo com ato da Administração, uma vez que este último também inclui os atos regidos pelo direito privado, nos quais a Administração Pública está em pé de igualdade com o particular. Nos atos jurídicos de direito privado, a Administração não age com autoridade, de modo que tais atos se submetem a um regime misto ou híbrido, onde há normas de direito privado e de direito público, sendo que estas últimas derrogam parcialmente as primeiras.

No ato administrativo incidem exclusivamente as normas de direito público. Houve quem dividisse os atos administrativos em atos de império e atos de gestão. Mas, na verdade, somente o ato de império é ato administrativo, sendo o ato de gestão um ato regido pelo direito privado, praticado pela Administração Pública em condições de igualdade com o particular.

d) Consiste em **providências jurídicas complementares da lei** e excepcionalmente da própria Constituição, sendo aí estritamente vinculados, a título de lhes dar cumprimento. Com isto diferencia-se o ato administrativo da lei. É que os atos administrativos são infralegais e excepcionalmente infraconstitucionais, hipótese em que o ato passa a complementar diretamente a norma constitucional.

O ato administrativo é, em regra, **infralegal** ou, excepcionalmente, infraconstitucional. Em relação aos atos infralegais, não é possível haver o fenômeno da inconstitucionalidade, para os fins do controle abstrato ou concentrado de constitucionalidade através da ADI. Só haverá declaração de inconstitucionalidade se o ato estiver atingindo imediatamente a Constituição. O ato infralegal, se violar a Constituição, o fará tão-somente de forma oblíqua, reflexa. A propósito, o STF firmou o seu entendimento no sentido de que os regulamentos de execução de lei (ato normativos infralegais) não podem ser submetidos ao controle abstrato de constitucionalidade, salvo se exorbitarem das funções meramente regulamentares, hipótese em que podem violar diretamente a Carta Magna.

e) O ato administrativo **sujeita-se ao exame de legitimidade por órgão jurisdicional**. Vale dizer, não possui definitividade perante o direito, uma vez que pode ser infirmado por força de decisão proferida pelo Poder Judiciário. Com isto, diferencia-se o ato administrativo da sentença.

O conceito de ato administrativo, ora analisado, é um conceito ainda amplo. Afirma Celso Antônio Bandeira de Melo que para se chegar a um conceito estrito, basta que no conceito acima se acrescentem as características de *concreção* e *unilateralidade*, afastando, respectivamente, os atos abstratos (regulamentos, por exemplo) e os atos bilaterais ou convencionais (contratos administrativos)[5]. No ato bilateral, não há um ato administrativo propriamente dito, mas sim um contrato administrativo: administração e particular realizam contrato, mas com a Administração Pública em posição de superioridade.

Em sentido estrito, atos administrativos são as declarações *unilaterais* do Estado de *efeitos concretos*.

Mas isso não significa que os atos normativos não se qualificam como atos administrativos em sentido amplo. São, pois, atos administrativos, emanados do exercício de um dos poderes da Administração, o poder normativo. Nesse sentido, Diogo de Figueiredo Moreira Neto[6], após ministrar seu conceito de ato administrativo, esclarece que esse ato emanado do Estado não se reduz às manifestações de vontade concretas, sendo necessário estendê-lo às manifestações de vontade abstratas, para compreender todos os atos normativos do poder público, ficando excluídas, apenas, as atividades que sejam formalmente legislativas (Emenda à Constituição, lei complementar, lei ordinária, lei delegada, medida provisória, decreto legislativo e resolução).

Cumpre, por fim, mencionar a distinção que faz Seabra Fagundes[7] entre **atos administrativos materiais** e **atos administrativos formais**. Com efeito, segundo o saudoso Mestre, os **atos administrativos materiais** são todos aqueles emanados do Estado (e de qualquer de seus Poderes) em decorrência do exercício de funções administrativas. Já os **atos administrativos formais** ou **orgânicos** são somente

5. No mesmo sentido, Lúcia Valle Figueiredo, *Curso de Direito Administrativo*, p. 160-161 e Maria Sylvia Zanella Di Pietro, *Direito Administrativo*, p. 187-189, que excluem os atos normativos, porquanto assemelhados à lei, do conceito de ato administrativo.
6. Op. cit., p. 132. Para o autor, ato administrativo é "a manifestação unilateral de vontade da administração pública, que tem por objeto constituir, declarar, confirmar, alterar ou desconstituir uma relação jurídica, entre ela e os administrados ou entre seus próprios entes, órgãos e agentes".
7. *O Controle dos atos administrativos pelo Poder Judiciário*, 3ª ed., Rio de Janeiro: Revista Forense, 1957, p. 40 e 42.

aqueles emanados do Poder Executivo, ainda que materialmente não o sejam. Essa distinção leva em consideração, respectivamente, a **função administrativa** em face da qual o ato foi editado e a **natureza formal do órgão do Poder** do qual partiu o ato.

4. ATRIBUTOS DO ATO ADMINISTRATIVO

Os atributos dos atos administrativos decorrem da **posição de supremacia** da Administração Pública frente aos administrados. São qualidades necessárias às declarações do Estado para que este exerça com eficiência a atividade administrativa. São eles:

a) A presunção de juridicidade (legitimidade) e veracidade;

b) A imperatividade;

c) A exigibilidade; e

d) A executoriedade (ou autoexecutoriedade).

4.1. Presunção de Juridicidade (Legitimidade) e de Veracidade

Esse atributo decorre da sujeição da Administração Pública à lei e ao Direito. Em face da presunção de juridicidade (legitimidade), os atos administrativos, até prova em contrário, presumem-se em conformidade com o sistema jurídico. É uma presunção relativa ou *iuris tantum* que milita em favor da legitimidade ou legalidade dos atos administrativos. Contudo, por não ser absoluta, admite questionamento, tanto perante a Administração Pública quanto perante o Judiciário. Todavia, enquanto não declarado inválido, o ato continua produzindo efeitos jurídicos.

Já a presunção de veracidade refere-se aos **fatos** ou ao **conteúdo** do ato. Em decorrência dela, presumem-se verdadeiros os fatos aduzidos pela Administração. Assim ocorre com as certidões, atestados, declarações, autuações e informações fornecidas pela Administração[8]. Costuma-se afirmar a presença do princípio da veracidade dos atos administrativos aludindo-se à fé pública destes atos.

4.2. Imperatividade

É a qualidade de que dispõe o ato administrativo de impor obrigações ao administrado independentemente da aquiescência deste. Por este atributo, a Administração pode constituir o administrado unilateralmente em obrigações, ainda que sem o seu consentimento. Ele exprime a **força obrigatória** ou **coercitiva** que tem o ato administrativo ante os seus destinatários, à semelhança da força cogente que emana das normas jurídicas.

Este atributo decorre da prerrogativa que tem o Poder Público de *impor unilateralmente obrigações* a terceiros. Decorre do que o jurista italiano Renato Alessi chama de **poder extroverso**.

---

8. Maria Sylvia Zanella Di Pietro, op. cit., p. 182.

A imperatividade não existe em todos os atos administrativos, como nos atos ampliativos da esfera jurídica do administrado (*v. g.*, autorização, permissão, licença, admissão) e nos atos enunciativos (*v. g.*, certidão, declaração, parecer, informação), mas apenas naqueles que impõem obrigações. A imperatividade é um dos atributos que distingue o ato administrativo do ato de direito privado, uma vez que este último não cria qualquer obrigação para um terceiro sem a sua concordância.

4.3. Exigibilidade

É o atributo que confere a Administração Pública o poder de **exigir** do administrado as obrigações que ela unilateralmente lhe impôs, sob pena de lhe infligir multa ou outras penalidades administrativas em caso de descumprimento do ato (meios indiretos de coação).

A exigibilidade não se confunde com a imperatividade, pois, através desta, apenas se constitui uma dada situação, se impõe uma obrigação. A exigibilidade é o atributo pelo qual se impele à obediência, ao atendimento da obrigação já imposta, sem necessidade de recorrer ao Poder Judiciário para induzir o administrado a observá-la.

4.4. Executoriedade (ou Autoexecutoriedade)

Executoriedade é a qualidade em face da qual a Administração Pública pode, **por si**, conferir imediata **efetividade** a seus atos administrativos. Por conta desse atributo, pode a Administração compelir *materialmente* o administrado, independentemente das vias judiciais, para o cumprimento da obrigação que previamente *impôs* (através da imperatividade) e *exigiu* (através da exigibilidade).

Tal atributo só existe nos atos administrativos que encerram obrigações. Mas é importante lembrar que os atos administrativos que impõem obrigações são sempre imperativos e exigíveis, mas nem sempre possuem a executoriedade. Nem todos os atos administrativos que veiculam obrigações são autoexecutáveis (por exemplo, os atos que impõem multas só podem ser executados judicialmente). Somente aqueles para os quais a lei emprestou esse atributo ou nos quais a situação material não permitir a atuação de outra forma.

Isso significa que há atos que são exigíveis, mas não são executáveis diretamente pela própria Administração. Celso Antônio Bandeira de Mello vale-se do seguinte exemplo, para explicar a situação: "a intimação para que o administrado construa calçada defronte de sua casa ou terreno não apenas impõe esta obrigação, mas é exigível porque, se o particular desatender ao mandamento, pode ser multado sem que a Administração necessite ir ao Judiciário para que lhe seja atribuído ou reconhecido o direito de multar. (...) Entretanto, não pode obrigar materialmente, coativamente, o particular a realizar a construção da calçada"[9]. Contudo, nessa hipótese, temos para nós que a Administração Pública pode, às expensas do administrado, para cobrança posterior, executar diretamente a obrigação que ela lhe impôs e lhe exigiu, providenciando a construção da calçada.

---

9. Op. cit., p. 374.

Na executoriedade temos o emprego dos *meios diretos de coação* (ex.: demolir uma obra irregular; incinerar medicamentos com prazo de validade vencido; dissolver uma passeata subversiva; apreender mercadorias de porte ilícito, podar árvores localizadas em propriedades particulares, cujos ramos estejam prejudicando os transeuntes, etc.). Ela não se confunde com a *exigibilidade*, pois esta não garante, por si só, a possibilidade de execução material do ato. A executoriedade é um *plus* em relação à exigibilidade.

Imaginemos um veículo estacionado em local proibido pela Administração Pública. Pois bem. O ato administrativo que proibiu o estacionamento, emitiu um comando que deve ser cumprido, expressando a sua força coercitiva ao impor uma obrigação negativa (**imperatividade**) e compelindo o administrado ao cumprimento da obrigação (**exigibilidade**), sob pena de multa. Se o administrado descumpriu o comando e estacionou, ele não só está sujeito à multa como a Administração Pública pode rebocar o seu veículo, executando o seu próprio ato (**autoexecutoriedade**).

4.5. Tipicidade

A tipicidade dos atos administrativos cuida-se, na verdade, mais de uma sujeição do que propriamente um atributo. Em face dela, sublinha Maria Sylvia Zanella Di Pietro que os atos administrativos devem corresponder a **figuras previamente definidas em lei**, de modo que para "cada finalidade que a Administração pretende alcançar existe um ato definido em lei"[10]. Assim, não há possibilidade de existir ato administrativo atípico ou inominado. O ato administrativo assim o é porque a lei lhe autoriza; caso contrário, não poderia haver ato administrativo.

A tipicidade dos atos administrativos é decorrência do Princípio da Legalidade, que afasta a possibilidade da Administração Pública praticar atos inominados, ou seja, não previstos em lei. Este atributo-sujeição representa uma garantia para o administrado, pois veda à Administração expedir atos dotados de imperatividade e executoriedade, vinculando unilateralmente o particular, sem que haja previsão legal. Também fica afastada a possibilidade de ser praticado ato totalmente discricionário, pois a lei, ao prever o ato, já define os limites em que a discricionariedade poderá ser exercida[11].

5. PERFEIÇÃO, VALIDADE E EFICÁCIA DO ATO ADMINISTRATIVO

O ato administrativo, como qualquer outro ato jurídico, pode ser examinado nos planos da *perfeição*, da *validade* e da *eficácia*.

Assim, o ato administrativo é ***perfeito*** quando exauridas as fases necessárias à sua produção. Ato perfeito é o que completou o ciclo necessário à sua formação; é ato pronto, concluído e acabado. Perfeição, portanto, é a situação do ato cujo processo de elaboração está concluído (o agente redigiu o ato, o assinou e o publicou). Não se confunde perfeição com *validade* e *eficácia*, mas cumpre advertir que a perfeição é pressuposto inafastável da validade e eficácia.

---

10. Op. cit., p. 186.
11. Ibidem, mesma página.

O ato administrativo é ***válido*** quando for expedido em absoluta conformidade com o sistema normativo. Ou seja, quando se apresenta conforme o Direito e suas normas.

O ato administrativo é ***eficaz*** quando se encontra apto a produzir seus *efeitos típicos* ou *próprios*. Ou seja, está disponível para a produção dos seus efeitos próprios, de modo que o desencadear de seus efeitos típicos não depende de qualquer evento posterior, como uma condição suspensiva, ou um termo inicial ou um ato controlador a cargo de outra autoridade (autorização, aprovação ou homologação)[12]. Caso o ato dependa, para produzir os seus efeitos típicos, de um destes eventos posteriores, temos um ato *pendente*.

Cumpre distinguir os efeitos *típicos* do ato administrativo de seus efeitos *atípicos*. Os efeitos típicos são os efeitos principais ou próprios do ato, correspondendo a sua função primordial, a sua razão de ser. Assim, no ato de posse, o seu efeito típico é prover alguém em cargo público; no ato de desapropriação, o seu efeito típico é subtrair a propriedade de seu titular; no ato de demissão, o seu efeito típico é romper o vínculo funcional entre o servidor e a Administração. Já os efeitos atípicos não dizem respeito com a função essencial ou preponderante do ato, embora decorram dele.

Os efeitos atípicos do ato administrativo podem ser classificados em (1) efeitos *prodrômicos* ou *preliminares* e (2) efeitos *reflexos*.

Os efeitos *prodrômicos* ou *preliminares* são aqueles desencadeados durante o período que vai da edição do ato até a deflagração de seus efeitos típicos, existindo enquanto permanecer a situação de pendência do ato. Os atos que dependem de controle, por exemplo, produzem o efeito de importar para o órgão controlador o dever de realizar a fiscalização emitindo o ato de controle, sendo este o efeito preliminar.

Os efeitos *reflexos*, por outro lado, são aqueles que repercutem perante terceiros não contemplados pelo ato, isto é, atingem pessoas estranhas à relação jurídica que se trava entre a Administração e o sujeito passivo do ato, como acontece, *v. g.*, no ato de desapropriação que incide sobre o locatório do imóvel desapropriado. Quer dizer, em razão da desapropriação, cujo ato tem o efeito de retirar a propriedade do seu titular (efeito típico), o locatário do imóvel desapropriado (terceiro) acaba sendo atingindo em razão da necessidade da rescisão do contrato de locação, que constitui efeito atípico reflexo do ato de desapropriação.

Feitas estas considerações, importa sublinhar que é possível existir as seguintes situações:

1) ato *perfeito, válido* e *eficaz*, quando o ato concluiu o seu processo de elaboração, é compatível com a ordem jurídica e está apto para imediatamente produzir os seus efeitos típicos;
2) ato *perfeito, válido* e *ineficaz*, quando, conquanto exaurido o seu ciclo de formação e se encontrando conforme o Direito, o ato não está apto a produzir os seus efeitos típicos em razão de depender de algum termo ou condição suspensiva ou ato de controle;

12. Celso Antônio Bandeira de Mello, op. cit., p. 355.

3) ato *perfeito*, *inválido* e *eficaz*, quando o ato estiver inteiramente formado, porém em descompasso com o sistema jurídico, apesar de, em face do princípio da presunção de legitimidade, gozar de disponibilidade para imediatamente produzir os seus efeitos; e

4) ato *perfeito*, *inválido* e *ineficaz*, quando, ultimado o seu processo de produção, o ato não se encontrar conforme as prescrições jurídicas nem gozar de aptidão para irradiar os seus efeitos próprios tendo em vista depender de algum evento posterior (termo ou condição suspensiva, ou aprovação ou homologação por parte do órgão de controle).

Mas não é possível haver ato imperfeito, pois estaríamos diante de um não ato.

6. ELEMENTOS OU REQUISITOS DO ATO ADMINISTRATIVO

O ato administrativo, para constituir-se validamente, carece de elementos. Na doutrina, são encontradiças terminologias as mais variadas a respeito do tema. Seabra Fagundes, Cretella Júnior, Maria Sylvia Zanella Di Pietro e Diogo de Figueiredo Moreira Neto os tratam como *elementos* do ato administrativo. Já Hely Lopes Meirelles e Diogenes Gasparini referem-se a *requisitos* do ato administrativo.

Celso Antônio Bandeira de Melo cuida do tema partindo da distinção que faz entre *elementos* (internos ao ato) e *pressupostos* (externos ao ato) do ato administrativo.

Ademais disso, os autores não se entendem quanto ao número e a identificação desses elementos ou requisitos. Seabra Fagundes, Maria Sylvia Zanella Di Pietro, Diogo de Figueiredo Moreira Neto, Hely Lopes Meirelles e a doutrina tradicional, com base na lei da ação popular (Lei nº 4.717/65, art. 2º), consideram **05 (cinco)** os elementos ou requisitos do ato administrativo. São eles:

1) Sujeito competente

2) Finalidade pública

3) Forma prescrita em lei

4) Motivo e

5) Objeto

O ilustrado administrativista Diogenes Gasparini acrescenta a estes 05 (cinco) mais 02 (dois) elementos ou requisitos, quais sejam:

6) Conteúdo e

7) Causa

O renomado autor Celso Antônio Bandeira de Mello oferece ao tema uma sistematização própria, distinguindo entre *elementos* e *pressupostos* do ato administrativo. Devido à peculiaridade desta distinção, é apropriado que nos ocupemos dela em item à parte.

Por ora, analisemos os sete elementos acima apontados, **ressaltando que, tradicionalmente, a doutrina majoritária vem apontando somente os cinco primeiros como elementos ou requisitos do ato administrativo**, embora, pessoalmente, achemos mais técnica a posição de Diogenes Gasparini.

6.1. Sujeito Competente

O ato administrativo, para constituir-se validamente, deve ser editado por um agente público competente. Isto é, não basta ser expressado pela Administração Pública, sendo necessário que o agente público que atua em nome da Administração, declarando sua vontade, titularize competência jurídica para tanto. Essa competência virá da repartição das funções administrativas e a sua ausência tornará inválido o ato. Segundo o art. 2º, parágrafo único, alínea *a*, da Lei nº 4.717/65 (Lei da Ação Popular), a incompetência fica caracterizada quando o ato não se incluir nas atribuições legais do agente que o praticou. **A competência é elemento sempre vinculado**, porque decorre da lei e é por ela delimitada.

Competência é o conjunto de atribuições das pessoas jurídicas, órgãos e agentes, fixadas pelo direito positivo. Em relação às pessoas jurídicas políticas (União, Estados, DF e Municípios) a distribuição da competência consta da Constituição; em relação aos órgãos, às entidades administrativas e agentes públicos, encontra-se prevista em lei. Enfim, segundo fórmula que se tornou clássica, "não é competente quem quer, mas quem pode, segundo a norma de direito" (Caio Tácito).

Segundo magistério de Di Pietro[13], aplicam-se à competência as seguintes regras:

- Decorre sempre da lei, não podendo o próprio órgão estabelecer, por si, as suas atribuições;
- É inderrogável, seja pela vontade da Administração, seja por acordo com terceiros. Isto porque a competência é conferida em benefício do interesse público;
- Pode ser objeto de delegação ou de avocação, desde que não se trate de competência conferida a determinado órgão ou agente, com exclusividade, pela lei.

6.2. Finalidade Pública

Finalidade é o **resultado** ou o **bem jurídico** que a Administração Pública quer alcançar com a prática do ato. Vale dizer, é o resultado final a que deve atingir o objeto do ato. Em razão do princípio constitucional da finalidade pública, toda atividade desenvolvida pela Administração Pública deve guiar-se para o atendimento de um único resultado ou bem jurídico, qual seja, o **fim público**, que nada mais é senão servir ao interesse da coletividade.

Ademais disso, impõe-se que **cada** ato administrativo destine-se a um **fim público específico**, *posto que está sempre preordenado a atingir uma dada finalidade pública.* Se o fim visado não for aquele previsto para o ato editado haverá o desvio específico de finalidade expondo o ato à invalidação. O desvio de finalidade se verifica quando o agente pratica o ato pretendendo fim diverso daquele previsto, explícita ou implicitamente, na regra de competência. A finalidade é elemento sempre vinculado.

13. Op. cit., p. 189.

A **finalidade** *não se confunde* com o **objeto**, em que pese ambos os elementos referirem-se ao **resultado** do ato administrativo. Com efeito, a **finalidade é o efeito jurídico *mediato*** do ato, que é sempre o interesse público, **resultado invariável** de todo e qualquer ato administrativo. Já o **objeto é o efeito jurídico *imediato*** que o ato produz, e que consiste em um **resultado variável** conforme o bem jurídico desejado (aquisição, transformação ou extinção do direito). Não se confunde também com o **motivo** do ato, que é a razão de fato ou de direito que enseja a sua prática e antecede ao próprio ato.

Bem exemplifica a situação a ilustre administrativista Fernanda Marinela. Ouçamo-la:

> "(...) a hipótese da dissolução da passeata tumultuosa, tem-se o motivo, que é o tumulto, o objeto, que é a dissolução propriamente dita e a finalidade é a proteção da ordem pública. Para a hipótese de interdição da fábrica poluidora da atmosfera, o motivo que levou o administrador a praticar o ato foi a efetiva poluição com o prejuízo ao ar atmosférico, o objeto é o fechamento da empresa e, por fim, a finalidade que é a proteção da salubridade pública".[14]

Assim, no **ato de remoção**, de ofício, de servidor público, por necessidade de serviço, temos o **motivo**, que é a necessidade de serviço (ou seja, a razão que determinou a prática do ato); o **objeto**, que é a própria remoção do servidor (aquilo que o ato dispõe ou determina, isto é, o seu resultado imediato) e a **finalidade**, que é a melhoria da prestação do serviço para bem atender ao interesse público (que é o resultado mediato do ato em comento). Já no **ato de embargo administrativo de obra irregular**, temos o **motivo**, que é a irregularidade da obra; o **objeto**, que é o próprio embargo da obra e a **finalidade**, que é a segurança dos administrados contra os riscos de desabamento da obra.

Por fim, servimo-nos do seguinte exemplo dado por Seabra Fagundes:

> "Tomemos para isso o ato administrativo de demissão de um funcionário. O motivo está nas faltas que lhe são atribuídas e que a lei diz poderem acarretar a exoneração. O objeto é a ruptura do vínculo jurídico entre o funcionário e o Estado. A finalidade é a seleção do quadro do funcionalismo, do qual se retira um servidor prejudicial".[15]

A finalidade, por vir expressada em lei, é também um elemento sempre vinculado de todo ato administrativo.

6.3. Forma Prescrita em Lei

Forma é o revestimento do ato administrativo. É o **modo de existir** do ato administrativo, de como ele se manifesta externamente. Pela forma se corporifica o ato. Em regra, a forma do ato é a *escrita*, mas se admite, excepcionalmente, ato administrativo *oral* (ordens dadas a um servidor), expressado por *gestos* ou *mímica* (agente de trânsito manualmente ordenando o trânsito em uma via), *pictórico* (placas de sinalização de trânsito) e *eletromecânico* (semáforo).

---

14. *Direito Administrativo*, Salvador: Edições Juspodivm, p. 193-194, 2005.
15. *O Controle dos atos administrativos pelo Poder Judiciário*, op. cit., 3ª ed., Rio de Janeiro: Revista Forense, 1957, p. 41.

Forma não se confunde com a formalização do ato, que é uma solenidade especial exigida para a edição de certos atos administrativos, com a sua forma ordinária e regular.

Formalização, destarte, é uma solenidade reclamada para a exteriorização de determinados atos, como o regulamento, a desapropriação e a nomeação, que necessitam do **decreto** para serem expedidos (outros exemplos: os atos expedidos por decreto, instrução, resolução, portaria). A formalização não é exigida para todo ato administrativo, enquanto a forma é. Quando prescrita em lei, a forma também é um elemento vinculado de todo e qualquer ato administrativo, ainda que o ato seja discricionário.

Consoante o art. 2º, parágrafo único, alínea *b*, da Lei nº 4.717/65 (Lei da Ação Popular), o vício de forma consiste na omissão ou na observância incompleta ou irregular de formalidades indispensáveis à existência ou seriedade do ato.

Segundo a doutrina, integra o conceito de forma a **motivação** do ato administrativo, que consiste na exposição dos fundamentos que ensejaram a prática do ato[16]. Ou seja, a motivação é a exposição **formal** do motivo do ato, integrando, portanto, a forma do ato.

6.4. Motivo

Motivo é a razão ou circunstância de fato ou de direito que autoriza ou determina a prática do ato administrativo. Cuida-se de situação do mundo real geradora da atuação administrativa. A interdição de uma fábrica poluente, por exemplo, tem como motivo "a poluição" (situação real); o embargo administrativo de uma construção irregular, tem como motivo "a construção irregular" (situação real).

O motivo pode estar previsto na lei ou não. Nos atos vinculados, o motivo já vem previsto na lei, de modo que a prática desses atos dependerá da efetiva ocorrência da situação prevista. Daí afirmar-se em doutrina que não se confunde o motivo legal (situação exposta abstratamente na lei que pode ocorrer na vida real) com o motivo (a própria situação realmente ocorrida).

Outrossim, motivo não se confunde com motivação. O motivo é um fato, um dado real e objetivo que autoriza ou impõe a pratica do ato. A motivação, que é princípio constitucional da Administração Pública, corresponde à exposição do motivo, à sua enunciação, revelação, antecedendo a própria deliberação do ato sob a forma de *considerandos*.

É nulo o ato administrativo sem motivo. Em face do art. 2º, parágrafo único, alínea *d*, da Lei nº 4.717/65 (Lei da Ação Popular), a inexistência dos motivos se verifica quando a matéria de fato ou de direito, em que se fundamenta o ato, é materialmente inexistente ou juridicamente inadequada ao resultado obtido.

Quanto à motivação, por ser exigência constitucional, deve-se considerá-la como regra, salvo naqueles casos em que a própria Constituição autoriza ato livre de motivação (ex.: exoneração de cargo em comissão e função de confiança) ou quando não houver prejuízo para o interesse público ou para terceiro. Mas, se ainda assim, a Administração Pública resolver enunciar o motivo, a existência deste vincula o ato, haja vista a **teoria dos motivos determinantes**.

16. Maria Sylvia Zanella Di Pietro, op. cit., p. 202.

A Lei nº 9.784/99, que regula o processo administrativo no âmbito da Administração Pública Federal, dispõe, no art. 50, que os atos administrativos *deverão ser motivados*, com indicação dos fatos e dos fundamentos jurídicos, *quando*: I – neguem, limitem ou afetem direitos ou interesses; II – imponham ou agravem deveres, encargos ou sanções; III – decidam processos administrativos de concurso ou seleção pública; IV – dispensem ou declarem a inexigibilidade de processo licitatório; V – decidam recursos administrativos; VI – decorram de reexame de ofício; VII – deixem de aplicar jurisprudência firmada sobre a questão ou discrepem de pareceres, laudos, propostas e relatórios oficiais; VIII – importem anulação, revogação, suspensão ou convalidação de ato administrativo. Ademais, ressalta a lei que a motivação deve ser explícita, clara e congruente, podendo consistir em declaração de concordância com fundamentos de anteriores pareceres, informações, decisões ou propostas, que, neste caso, serão parte integrante do ato. Esclarece, contudo, que na solução de vários assuntos da mesma natureza, pode ser utilizado meio mecânico que reproduza os fundamentos das decisões, desde que não prejudique direito ou garantia dos interessados. Por fim, aduz que a motivação das decisões de órgãos colegiados e comissões ou de decisões orais constará da respectiva ata ou de termo escrito.

O motivo é necessário tanto nos atos discricionários, como nos atos vinculados. Nos primeiros, o motivo é discricionário, uma vez que o agente poderá escolher uma situação de fato para, à vista dela, expedir o ato administrativo; nos últimos, o motivo será vinculado.

6.5. Objeto

Objeto é a coisa ou relação jurídica sobre a qual o ato administrativo incidirá (Zanobini). Assim, no ato declaratório de utilidade pública de um imóvel, para fins de desapropriação, o objeto do ato é o imóvel; na demissão de servidor público, o objeto é a relação funcional.

Objeto é aquilo sobre o que o ato dispõe. Não pode haver ato sem que exista algo a que ele esteja reportado. Sem objeto lícito ou material e juridicamente possível não pode surgir ato jurídico algum, seja ele administrativo ou de qualquer outra tipologia. Em conformidade com o art. 2º, parágrafo único, alínea *c*, da Lei nº 4.717/65 (Lei da Ação Popular), a ilegalidade do objeto ocorre quando o resultado do ato importa em violação de lei, regulamento ou outro ato normativo.

Advirta-se, porém, que a doutrina tradicional e majoritária vem considerando como sinônimos o objeto e o conteúdo do ato, aduzindo que o objeto (ou conteúdo) significa a **disposição jurídica do ato**, isto é, o seu efeito prático pretendido. Não concordamos com esse tratamento, razão por que distinguiremos o objeto do ato do seu conteúdo.

6.6. Conteúdo

Não obstante respeitáveis posições em contrário, conteúdo não é sinônimo de objeto. Conteúdo é o próprio ato em essência, sendo sua disposição jurídica. Assim, na desapropriação de imóvel, o objeto é o imóvel e o conteúdo é a própria desapropriação.

Ademais, o objeto está fora do ato, enquanto o conteúdo é interno ao ato. O conteúdo é aquilo que o ato dispõe. Isto é, o que o ato decide, enuncia, certifica, opina ou modifica na ordem jurídica. O conteúdo dispõe sobre alguma coisa, sendo esta – aqui sim – o próprio objeto do ato.

6.7. Causa

Causa é uma necessária *correlação lógica* entre o *motivo* do ato administrativo e o seu *conteúdo*, à vista de sua finalidade pública. Sem a causa, isto é, sem essa correlação de pertinência lógica entre os elementos motivo, conteúdo e finalidade, o ato administrativo é inválido. Causa, portanto, é uma relação de pertinência tríplice que deve ser estabelecida entre o motivo, o conteúdo e a finalidade pública do ato administrativo.

Assim, o ato que remove (conteúdo) um servidor por necessidade de serviço (motivo) terá esta relação lógica entre o motivo (necessidade de serviço) e o conteúdo (remoção) se o que se quer alcançar é a melhoria do serviço (finalidade legal do ato de remoção). Da mesma forma, o ato que interdita (conteúdo) uma fábrica poluente (motivo) terá a correlação lógica entre o motivo (poluição) e o conteúdo (interdição) se o que se pretende é a melhoria da qualidade ambiental (finalidade legal do ato de interdição). Evidentemente que, não havendo essa correlação lógica, não há a causa do ato, ficando o ato exposto à invalidação.

Através do exame da causa é possível, com mais facilidade, verificar se o ato administrativo cingiu-se a seu fim legal ou desviou-se desse fim. Ademais, ela permite o exame dos motivos de qualquer ato administrativo, mesmo quando não indicados em lei, propiciando analisar se estes estão em correlação lógica com os fins legais do ato editado. Eis a sua importância, tão enfatizada por vários autores como Diogenes Gasparini e Celso Bandeira de Mello, apesar de negligenciado pela maioria da doutrina brasileira.

Em lições precisas, sublinha Celso Antônio Bandeira de Mello[17]:

> "(...) a falta de 'causa' (...) invalida o ato administrativo, isto é, se o agente se baseia em motivos que não mantêm congruência, pertinência, com o ato que praticou, este estará viciado. A ausência de adequação lógica entre o pressuposto em que o agente se fundou e o ato que praticou compromete irremissivelmente sua conduta."
>
> "A noção de causa acima exposta é importante porque graças a ela o Judiciário pode controlar a validade do comportamento da Administração mesmo quando a lei não enuncia os motivos que legitimam a prática de um ato. Portanto, ainda quando o agente pode escolher os motivos, cumpre que estes guardem relação de pertinência com o ato praticado. Causa não se confunde com motivo."

E arremata o Mestre,

> "Através da *causa* vai-se examinar se os motivos em que se calçou o agente, ainda que não previsto em lei, guardam nexo lógico de pertinência com a decisão tomada, em face da finalidade que, de direito, cumpre atender".

17. Op. cit., p. 374-375.

7. ELEMENTOS E PRESSUPOSTOS DO ATO ADMINISTRATIVO SEGUNDO FORMULAÇÃO DE CELSO ANTÔNIO BANDEIRA DE MELLO

Este grande jurista oferece uma sistematização diferenciada acerca dos elementos ou requisitos do ato administrativo. Ele distingue entre **elementos** e **pressupostos** do ato administrativo, afirmando que enquanto aqueles são intrínsecos ao ato, estes são extrínsecos a ele.

Para o autor, são **elementos** do ato administrativo:

1) O *conteúdo*; e
2) A *forma*.

Estes elementos têm o mesmo sentido acima já exposto.

Quanto aos **pressupostos**, o autor divide-os em: *pressupostos de existência* e *pressupostos de validade*:

I. Pressupostos de existência – Na ausência de algum deles estaremos diante de um não ato. São eles:

1) *Objeto* – Já visto acima.
2) *Pertinência da função administrativa* – Se o ato não foi praticado em função de uma atividade administrativa, ele será um não ato administrativo.

II. Pressupostos de validade – A ausência de um destes dará ensejo à invalidade do ato. São eles:

1) *Sujeito competente* – Pressuposto subjetivo;
2) *Motivo* – Pressuposto objetivo;
3) *Requisitos procedimentais* – Pressuposto objetivo existente em alguns atos administrativos (ex.: procedimento licitatório; concurso público para a nomeação de cargo efetivo). São também chamados de ato-condição;
4) *Finalidade pública* – Pressuposto teleológico;
5) *Causa* – Pressuposto lógico (em razão da necessidade de correlação lógica entre o motivo e o conteúdo do ato);
6) *Formalização* – Pressuposto formalístico exigido para alguns atos administrativos. É modo específico de exteriorização do ato.

8. O SILÊNCIO ADMINISTRATIVO

A doutrina vem denominando de silêncio administrativo toda **omissão** da Administração Pública que, devendo pronunciar-se sobre um pedido formulado pelo administrado ou sobre um ato expedido por outro órgão público, queda-se inerte, silenciando-se a respeito.

O silêncio da Administração Pública não é ato administrativo. Ato administrativo, como visto acima, é ato jurídico que emite uma declaração de vontade do Estado. Ora, quando a Administração se omite, silenciando-se a respeito de alguma providência que lhe competia, ela se abstém de declarar. Isto é, não declara coisa alguma, de modo que não praticou ato algum.

O silêncio administrativo é um fato jurídico que, por ser atribuído à Administração, qualifica-se como um **fato administrativo**.

Questão relevante para o Direito Administrativo diz respeito aos efeitos ou consequências do silêncio administrativo.

Relativamente ao agente público omisso, o silêncio administrativo representa quebra de dever funcional, pela violação ao dever de "exercer com zelo e dedicação as atribuições do cargo" (Lei 8.112/90, art. 116, I) e de "observar as normas legais e regulamentares" (Lei 8.112/90, art. 116, III), sujeitando-se o agente negligente às sanções disciplinares correspondentes. No âmbito federal, a Lei 9.784/99, estabelece que "A Administração tem o dever de explicitamente emitir decisão nos processos administrativos e sobre solicitações ou reclamações, em matéria de sua competência" (art. 48). E que "Concluída a instrução de processo administrativo, a Administração tem o prazo de até trinta dias para decidir, salvo prorrogação por igual período expressamente motivada" (art. 49).

De referência ao administrado, a Constituição Federal lhe assegura o **direito de petição** (art. 5º, XXXIV, *a*), o que implica no correspondente **dever** para a Administração Pública se manifestar sobre todos os pedidos formulados pelo administrado. Se a própria lei atribuir efeito ao silêncio da Administração, o problema está solucionado. A consequência é aquela que a lei estabelecer: concessiva ou denegatória do pedido. Se concessivo o efeito, o pleito do administrado estará atendido. Mas se for denegatório o efeito legal atribuído à omissão da Administração, o administrado pode propor ação judicial para: a) se o ato omitido era de conteúdo *discricionário*, requerer que o juiz determine que a Administração Pública se pronuncie, pois tem o administrado o direito a uma decisão *motivada*; b) se o ato omitido era de conteúdo *vinculado*, para requerer que o juiz **supra** diretamente a omissão e lhe **conceda** o pedido.[18]

Outro tanto sucede na hipótese de inexistir previsão legal do efeito do silêncio da Administração. Destarte, decorrido o prazo legal ou, não havendo este, expirado tempo razoável[19] para a Administração se manifestar, pode o Administrado, que tem o direito a uma manifestação rápida da Administração, ingressar em juízo com ação adequada para postular: a) que o juiz determine o pronunciamento da Administração Pública, em prazo que estipular, pois o administrado tem o direito a uma decisão

18. Celso Antônio Bandeira de Mello, op. cit., p. 380. Pensamos, todavia, que, mesmo sendo vinculado o conteúdo do ato administrativo omitido, o **juiz deve determinar que a Administração Pública conceda o pedido, e não diretamente concedê-lo**. Tomemos um exemplo: o pedido do administrado à obtenção de uma licença para construir. Em face do silêncio administrativo, imaginemos que o efeito previsto em lei é o denegatório. Como o ato é vinculado e a Administração Pública não pode negá-lo quando o administrado satisfaz as condições legais à sua obtenção, ele pode, através do Poder Judiciário, compelir a Administração a expedir o ato de licença. Não é correto, a nosso sentir, que o Judiciário conceda diretamente a licença, que, por natureza, é um ato administrativo. O Judiciário, no caso, ordena que a Administração edite o ato omitido.

19. A EC 45/2004 acrescentou o inciso LXXVIII ao art. 5º da Constituição Federal estabelecendo a garantia de tempo razoável na duração do processo judicial e administrativo. Eis a redação do dispositivo: "a todos, no âmbito judicial e administrativo, são assegurados a razoável duração do processo e os meios que garantam a celeridade de sua tramitação".

motivada, quando o ato omitido era de conteúdo discricionário; b) que o juiz determine que a Administração Pública conceda o pedido e expeça o ato, quando o ato omitido era de conteúdo vinculado e o administrado tinha o direito de obtê-lo.

Há hipóteses, todavia, em que, mesmo cuidando-se de atos de conteúdo discricionário, o Poder Judiciário pode provê temporariamente uma pretensão do administrado em face do silêncio administrativo. Tal situação já mereceu decisão do Superior Tribunal de Justiça, 1ª Turma, no Resp nº 531349/RS, Rel. Min. José Delgado, cujo aresto foi publicado no DJ de 09.08.2004, p. 174 e tem o seguinte teor:

> "ADMINISTRATIVO. **RÁDIO COMUNITÁRIA.** PROCESSO ADMINISTRATIVO. PEDIDO DE **AUTORIZAÇÃO.** MORA DA ADMINISTRAÇÃO. ESPERA DE CINCO ANOS DA **RÁDIO** REQUERENTE. VIOLAÇÃO AOS PRINCÍPIOS DA EFICIÊNCIA E DA RAZOABILIDADE. INEXISTÊNCIA. VULNERAÇÃO AO ARTIGO 535, II DO CÓDIGO DE PROCESSO CIVIL. AUSÊNCIA DE INGERÊNCIA DO PODER JUDICIÁRIO NA SEARA DO PODER EXECUTIVO. RECURSO ESPECIAL CONHECIDO PELA ALEGATIVA DE VIOLAÇÃO AOS ARTIGOS 6º DA LEI 9612/98 E 9º, INCISO II, DO DECRETO 2615/98 EM FACE DA AUSÊNCIA DE PREQUESTIONAMENTO DOS DEMAIS ARTIGOS ELENCADOS PELA RECORRENTE. DESPROVIMENTO.
>
> 1. Não existe afronta ao artigo 535, II do Código de Processo Civil quando o decisório combatido resolve a lide enfrentando as questões relevantes ao deslinde da controvérsia. O fato de não emitir pronunciamento acerca de todos os dispositivos legais suscitados pelas partes não é motivo para decretar nula a decisão.
>
> 2. Merece confirmação o acórdão que julga procedente pedido para que a União se abstenha de impedir o funcionamento provisório dos serviços de radiodifusão, até que seja decidido o pleito administrativo da recorrida que, tendo cumprido as formalidades legais exigidas, espera já há cinco anos, sem que tenha obtido uma simples resposta da Administração.
>
> 3. **A Lei 9.784/99 foi promulgada justamente para introduzir no nosso ordenamento jurídico o instituto da Mora Administrativa como forma de reprimir o arbítrio administrativo, pois não obstante a discricionariedade que reveste o ato da autorização, não se pode conceber que o cidadão fique sujeito à uma espera abusiva que não deve ser tolerada e que está sujeita, sim, ao controle do Judiciário a quem incumbe a preservação dos direitos, posto que visa a efetiva observância da lei em cada caso concreto.**
>
> 4. 'O Poder Concedente deve observar prazos razoáveis para instrução e conclusão dos processos de outorga de **autorização** para funcionamento, não podendo estes prolongar-se por tempo indeterminado', sob pena de violação aos princípios da eficiência e da razoabilidade.
>
> 5. Recurso especial parcialmente conhecido e desprovido." (grifos nossos).

9. CLASSIFICAÇÃO DOS ATOS ADMINISTRATIVOS

Há diversas classificações oferecidas na doutrina. Optamos por realizar uma classificação *genérica* e uma classificação *específica* ou *tipológica* dos atos administrativos.

9.1. Classificação Genérica

A ideia que subjaz essa classificação é fixar as principais categorias de atos administrativos às quais se ajustam diversos tipos ou espécies de atos. Trabalharemos com os critérios mais importantes.

I. Quanto ao exercício das prerrogativas da Administração Pública:

a) Atos de império – São aqueles por meio dos quais a Administração Pública age com supremacia, no gozo das prerrogativas de autoridade (Ex.: ordem de interdição de um estabelecimento).

b) Atos de gestão – São os atos regidos pelo direito privado (é o ato civil realizado pela Administração Pública, como, por exemplo, uma compra ou uma locação de um bem). Tais atos não integram o atual conceito de ato administrativo. Por isso, entendemos que tal classificação estaria superada. O ato administrativo somente seria o ato de império, uma vez que nos atos de gestão o conteúdo e os efeitos do ato são regidos pelo direito privado.

II. Quanto à formação da vontade do ato:

a) Ato simples – É aquele ato que resulta de uma única vontade expressada por um único órgão ou agente público. Esse órgão pode ser singular (quando integrado por um só agente) ou colegiado (quando integrado por mais de um agente, de modo que a vontade do ato provém do concurso de várias vontades unificadas num mesmo órgão, no exercício de uma mesma função jurídica e cujo resultado final substancia-se na declaração do órgão colegial). Exemplo: a nomeação de um servidor público, a demissão, a exoneração, a autorização de uso, a licença para dirigir, etc.

b) Ato complexo – É ato que resulta da soma ou fusão das vontades expressadas por mais de um órgão ou agente público. Todas as vontades exprimidas são principais para a formação do ato, não havendo falar em vontade acessória. Exemplo: investidura de Ministro do STJ, que resulta da somada da vontade do próprio Tribunal, na formação da lista tríplice, com a vontade do Presidente da República na escolha de um nome que integra aquela lista; nomeação de Desembargador para os Tribunais Federais[20]; aposentadoria do servidor público[21].

c) Ato composto – Esses atos também resultam da manifestação de dois ou mais órgãos, distinguindo-se, porém, dos atos complexos na medida em que as vontades aqui expressadas não são iguais, pois a vontade de um é instrumental em relação à do outro, que é principal. Isto é, trata-se do ato

---

20. STF, PLENO, MS 24575/DF, REL. MIN. EROS GRAU, DJ 04-03-2005, P-00012. EMENTA: "MANDADO DE SEGURANÇA. MAGISTRADO. PROMOÇÃO POR MERECIMENTO. NOMEAÇÃO PARA TRIBUNAL REGIONAL DO TRABALHO. LEGITIMIDADE PASSIVA DO PRESIDENTE DA REPÚBLICA. LITISCONSÓRCIO NECESSÁRIO. **ATO ADMINISTRATIVO COMPLEXO**. (...). 1. O Presidente da República é parte legítima para figurar como autoridade coatora em mandado de segurança preventivo contra ato de nomeação de juiz para o Tribunal Regional do Trabalho, na qualidade de litisconsorte necessário com o Presidente do Tribunal. 2. **A nomeação de juiz para os cargos de Desembargador dos Tribunais Federais, pelo critério de merecimento, é *ato administrativo complexo*, para o qual concorrem atos de vontade dos membros do Tribunal de origem – que compõem a lista tríplice a partir da quinta parte dos juízes com dois anos de judicatura na mesma entrância – e do Presidente da República, que procede à escolha a partir do rol previamente determinado.** (...).

21. "O ato de aposentadoria configura ato administrativo complexo, aperfeiçoando-se somente com o registro perante o Tribunal de Contas. Submetido a condição resolutiva, não se operam os efeitos da decadência antes da vontade final da Administração." (MS 24.997, Rel. Min. Eros Grau, julgamento em 2-2-05, *DJ* de 1º-4-05).

em que há uma vontade principal, manifestada por um único órgão, mas que, para ela ter eficácia, reclama uma vontade acessória ou instrumental externada por outro órgão. Aqui não há fusão de vontades, mas sim um reforço. Uma das vontades é a principal ou final e a outra é acessória ou instrumental. Ex.: a nomeação dos Ministros do STF ou do Procurador Geral da República pelo Presidente depende de aprovação do Senado. O ato será composto sempre que a sua eficácia somente puder ser obtida pela ratificação ordenada por outro órgão ou agente que não aquele que exteriorizou inicialmente a vontade do Poder Público.

III. Quanto aos destinatários do ato:

a) *Atos gerais, abstratos ou impessoais* – São aqueles que têm por destinatários pessoas indeterminadas. São os atos normativos expedidos pela Administração Pública. Exemplo: regulamentos, regimentos, instruções, resoluções, portarias, etc. Atos abstratos são os que preveem reiteradas e infindas aplicações, as quais se repetem cada vez que ocorre a reprodução da hipótese nela prevista, alcançando um número indeterminado e indeterminável de destinatários.

b) *Atos individuais ou concretos* – São os atos que têm por destinatários pessoas certas, determinadas e nominadas, produzindo efeitos jurídicos concretos. Exemplo: nomeação, demissão, autorização, licença, etc.. Pode se destinar a mais de uma pessoa, bastando, para tanto, que estejam nominadas (ex.: nomeação em concurso público de 50 pessoas habilitadas).

IV. Quanto aos efeitos do ato:

a) *Atos constitutivos* – São aqueles cujos efeitos se destinam a criar situações jurídicas antes inexistentes. São todos aqueles atos que envolvem faculdades discricionárias concedidas pela Administração Pública, como as autorizações e as permissões. Atos constitutivos são os que fazem nascer uma situação jurídica, seja produzindo-a originariamente, seja extinguindo ou modificando a situação anterior.

b) *Atos declaratórios* – São aqueles cujos efeitos se destinam a declarar a existência de relação jurídica desde antes ocorrente no mundo jurídico. São aqueles atos que manifestam ou simplesmente declaram que, juridicamente, uma dada situação já existia no passado, como as licenças, homologações e admissões. Atos declaratórios são os que afirmam a preexistência de uma situação de fato ou de direito. Envolvem exercício de competência vinculada.

c) *Atos meramente enunciativos* – São os atos cujos efeitos se prestam apenas a emitir um juízo de conhecimento ou de opinião, atestando ou reconhecendo uma determinada situação de fato ou de direito. Eles simplesmente manifestam a opinião ou o conhecimento da Administração Pública sobre determinada situação fática ou jurídica, sem produzirem qualquer efeito jurídico imediato. Por isso mesmo, são denominados em doutrina como *meros atos administrativos*, de que são exemplos as certidões, declarações, informações e pareceres. Por certidão entende-se a enunciação de juízo de conhecimento incidente sobre dados de arquivos da Administração Pública. Por declaração entende-se a emissão de dado objetivo que não consta de arquivo ou processo.

V. Quanto ao grau de liberdade da Administração na prática do ato:

a) *Atos vinculados* – São aqueles que a Administração Pública expede sem qualquer margem de liberdade para a escolha de seus elementos ou requisitos, que já vêm previamente definidos em lei. Exemplo: licença para construir e a aposentadoria.

b) *Atos discricionários* – São aqueles que a Administração Pública edita com certa margem de liberdade para decidir acerca dos motivos e do objeto (ou conteúdo) do ato. Exemplo: autorização de uso de bem público, autorização de porte de arma e permissão de uso de bem público.

9.2. Classificação Específica ou Tipológica

É a classificação dos atos administrativos em espécie. Pode ser dividida em:

I. Quanto ao conteúdo ou disposição jurídica

a) *Autorização* – Cuida-se de ato administrativo unilateral, discricionário e precário por meio do qual a Administração Pública constitui certas situações jurídicas, facultando ao administrado interessado o exercício de certa atividade material (ex.: porte de armas, serviço de taxi), ou para facultá-lo a utilizar bem público em caráter privativo (ex.: parte de determinada calçada para instalar uma banca de acarajé), ou para prestar serviço público em caráter extremamente precário (art. 21, XI e XII, CF).

A autorização é ato administrativo discricionário porque em face dela a Administração Pública vai avaliar, por razões de conveniência e oportunidade, se expede, ou não, o ato.

A autorização é ato precário porque pode ser revogada a qualquer tempo, sem que o administrado tenha direito à indenização.

A autorização para a utilização de bem público em caráter privativo destina-se a bens de uso comum do povo, bens de uso especial e, ainda, aos bens dominicais ou dominiais. Entretanto, estes últimos (bens dominicais) também podem ser transferidos ao particular por meio de contrato de direito privado. Todos os bens públicos podem ter o seu uso cedido a particular por meio de autorização, concessão ou permissão de uso, a depender de cada caso concreto.

A autorização pode ser gratuita ou onerosa, simples ou qualificada. A autorização simples é a que vem sem a estipulação de prazo. A qualificada, também denominada de condicionada, submete-se a prazo de vigência, de modo que elimina a precariedade do ato, rendendo ensejo à indenização se revogada antes deste prazo.

Esclareça-se, por último, que a autorização visa a satisfazer algum interesse do administrado em obter alguma utilidade da Administração Pública, não se cogitando da existência de direitos.

b) Permissão – É ato administrativo unilateral, discricionário e precário através do qual a Administração Pública faculta ao particular interessado a utilização de bem público ou a prestação de serviço público.

Distingue-se da autorização porque a permissão reclama, via de regra, a realização de prévia licitação, circunstância que mitiga, em certa medida, o seu caráter precário. O seu objeto é a execução de serviço público ou a utilização privativa de bem público. Daí a sua dupla acepção: a) permissão de serviço público; b) permissão de uso.

O art. 175 da Constituição Federal alterou o conceito doutrinário de **permissão de serviço público**, tornando esta sempre vinculada e dependente de licitação. Segundo a Lei 8.987/95, art. 40, a permissão de serviço público é contrato administrativo, formalizado como **contrato de adesão**.

A permissão é, em regra, ato precário, porém menos precário que a autorização; isso porque: a) na autorização, leva-se em conta predominantemente o interesse do administrado, enquanto na permissão leva-se em consideração prioritariamente o interesse público, e b) em razão da exigência, em regra, de procedimento licitatório prévio na permissão.

A permissão também pode ser gratuita ou onerosa, simples ou qualificada.

c) Licença – É ato administrativo unilateral, vinculado e definitivo através do qual a Administração Pública reconhece, em benefício do administrado, um direito relativamente ao exercício de uma atividade jurídica (ex.: atividade profissional dependente de licença da OAB, CREMEB, CREA, etc.) ou material (ex.: licença para construir, de localização e funcionamento, etc.).

Na licença, satisfeitas as exigências da lei, a Administração Pública está vinculada a concedê-la. Daí se cuidar de ato vinculado. Distingue-se da autorização porquanto esta envolve interesses, caracterizando-se como ato discricionário; enquanto a licença envolve direitos, caracterizando-se como ato vinculado.

Na licença cabe à autoridade administrativa somente verificar, em cada caso concreto, se foram preenchidos os requisitos legais exigidos para determinada outorga administrativa e, em caso afirmativo, exprimir o ato, sem possibilidade de recusa.

A autorização é ato constitutivo, enquanto a licença é ato declaratório de direito pré-existente.

d) Admissão – É ato administrativo unilateral e vinculado pelo qual a Administração Pública reconhece ao particular, que preencha os requisitos legais, o direito à prestação (desfrute e gozo) de um determinado serviço público. É ato vinculado, tendo em vista que os requisitos para a outorga da prestação administrativa são previamente definidos, de modo que todos que os satisfaçam tenham direito de obter o benefício.

Tal ato faculta ao administrado, que tenha interesse, a sua incorporação a uma entidade governamental, para nela usufruir determinado serviço público (Ex.: ato de internação em hospital público; matrícula de aluno em escola pública; inscrição como usuário em biblioteca pública).

Se preenchidas as exigências normativas, não se pode negar o ato.

e) *Aprovação* – É ato unilateral e discricionário pelo qual a Administração Pública exerce o controle prévio (*a priori*) ou posterior (*a posteriori*) de outro ato administrativo ou de outro ato jurídico praticado por particular. Pode ser:

- *Preventivo* – Ato de controle prévio, por meio do qual a Administração expressa a sua concordância, ou não, com a prática futura do ato administrativo. Equivale à autorização.
- *Posterior* – Com o qual se faz o controle de ato administrativo já praticado. Equivale a um referendo.

A aprovação é discricionária, uma vez que a Administração Pública levará em conta a conveniência e a oportunidade do ato.

f) *Homologação* – É ato unilateral e vinculado pelo qual a Administração Pública, em atividade de controle, reconhece a legalidade de um ato jurídico já praticado. Ela é sempre posterior (*a posteriori*) e examina apenas o aspecto da legalidade, no que se distingue da aprovação *a posteriori*, que tem por fundamento um juízo de conveniência e oportunidade. Assim, enquanto a aprovação *a posteriori* é ato discricionário, a homologação é ato plenamente vinculado. Encarece de homologação, por exemplo, o procedimento licitatório e o concurso público, se, evidentemente, estiverem de acordo com as prescrições legais.

g) *Visto* – É ato administrativo unilateral e vinculado consistente num controle de mera legitimidade formal de um outro ato administrativo ou ato praticado pelo administrado. Aqui não há controle de conteúdo, distinguindo-se, por isso, de suas espécies afins (aprovação e homologação), mas sim um controle de legalidade que incide somente sobre os aspectos externos do ato, não alcançando seu conteúdo.

Segundo Hely Lopes Meirelles, é ato vinculado porque há de restringir-se às exigências legais extrínsecas do ato visado, mas em algumas hipóteses da vida prática o visto vem sendo utilizado de forma discricionária, deturpando-se a natureza deste ato administrativo, como ocorre com o visto em passaporte, que é dado ou negado ao alvedrio das autoridades consulares.

Em suma, o visto é forma de controle de legitimidade formal do ato, não significando concordância com o seu conteúdo.

II. Quanto à forma

a) *Decreto* – Cuida-se de ato administrativo formal através do qual se exteriorizam outros atos administrativos. É privativo do Chefe do Executivo

(Presidente da República, Governador e Prefeito). Por meio do decreto, podem ser veiculados atos administrativos normativos ou gerais (Regulamentos, por exemplo) ou atos administrativos individuais ou concretos (Decreto declaratório de utilidade pública de um bem para fim de desapropriação e Decreto de nomeação ou de exoneração de agentes públicos, por exemplo).

b) *Instruções* – São atos administrativos formais por meio dos quais se veiculam *normas gerais de orientação interna* dos órgãos ou repartições da Administração Pública. São expedidos pelos respectivos chefes, via de regra Ministros de Estado, determinando de forma geral e abstrata o modo de funcionamento da atividade pública. Na maior parte das vezes, as instruções servem para regulamentar o próprio regulamento (orientações gerais aos servidores para cumprir o regulamento).

c) *Portarias* – São atos administrativos formais praticados por autoridades administrativas de nível inferior ao Chefe do Executivo, quaisquer que sejam seus escalões, que se destinam a uma variedade de situações, como expedir orientações funcionais em caráter concreto (menos ampla que a instrução), impor a servidores determinada conduta funcional, instaurar procedimentos investigatórios e disciplinares.

d) *Resoluções* – São atos administrativos formais por meio dos quais se externam as deliberações dos órgãos colegiados.

e) *Circular* – É ato administrativo formal através do qual autoridades superiores expedem **ordens uniformes** a servidores subordinados. São orientações em caráter concreto, distinguindo-se, por isso mesmo, das instruções, que são abstratas, transmitidas aos servidores para o exercício da atividade funcional em determinado órgão administrativo. É imposição em razão da hierarquia e da subordinação, só podendo ser expedida pelo chefe do órgão.

f) *Ordem de serviço* – É um ato formal que se presta, em regra, a determinar a realização de fatos administrativos consistentes em obras públicas ou serviços públicos (ex.: criação de serviço público para transporte coletivo). Através desse ato também se transmitem determinações aos servidores subordinados quanto à maneira de conduzir determinada atividade. Nesse particular, a ordem de serviço confunde-se com a circular.

g) *Alvará* – É ato administrativo formal por meio do qual se veiculam a autorização e a licença para a prática de ato ou exercício de atividade sujeitos ao poder de polícia administrativa do Estado. O alvará é a forma e revestimento exterior do ato; a licença e a autorização são o conteúdo do ato.

h) *Despacho* – É ato administrativo formal que veicula decisões administrativas. O despacho pode ser simples ou normativo. Neste último caso torna-se **regra geral** para situações iguais que ocorrem a partir dali – não se cria direito novo, mas apenas se estende a todos os que estão na mesma situação a solução adotada para determinado caso concreto, diante do Direito positivo.

i) *Parecer administrativo* – É uma fórmula por meio da qual se emitem opiniões sobre assuntos técnicos ou jurídicos. É feito por órgãos consultivos (ex.: procuradoria jurídica). Pode ser:

   1) Facultativo – O chefe do órgão irá decidir com ou sem o parecer; e

   2) Obrigatório – Deve haver o parecer. O parecer, à semelhança do despacho, pode ser normativo.

j) *Aviso* – É ato formal que foi muito utilizado ao tempo do Império pelos Ministros do Rei para prescrever orientações aos órgãos subalternos ou ainda como forma de comunicação a autoridades de alto escalão. Atualmente tem utilização restrita aos Comandos Militares.

k) *Ofício* – É ato formal através do qual os agentes públicos se comunicam formalmente, em caráter administrativo ou social.

l) *Apostilas* – São atos administrativos que declaram uma situação anterior criada por lei, assemelhando-se a uma averbação. Segundo Hely Lopes Meirelles[22], quando a Administração Pública apostila um título, ela não cria direito algum, mas apenas reconhece a existência de um direito já criado por lei. Por exemplo, quando a Administração apostila um contrato administrativo firmado com uma empresa ou seu posterior aditamento; quando apostila um certificado de pós-graduação de um servidor para fins de recebimento de um adicional de qualificação etc.

10. EXTINÇÃO DOS ATOS ADMINISTRATIVOS

10.1. Considerações Gerais

A Administração Pública declara a sua vontade através de atos administrativos, que são expedidos para produzir efeitos jurídicos. Mas os atos administrativos, como tudo na vida, nascem, desenvolvem-se e morrem. A morte ou extinção do ato administrativo pode ser natural, o que ocorre quando os efeitos aos quais estava preordenado cumprem-se. Quais são, portanto, as causas que determinam a extinção dos atos administrativos? Celso Antônio Bandeira de Mello[23], em lição que se tornou clássica, oferece um panorama geral da extinção dos atos administrativos, com a seguinte ilustração:

Os atos administrativos *eficazes* podem extinguir-se:

I. Pelo cumprimento dos seus efeitos jurídicos – Uma vez cumpridos os seus efeitos, não há mais razão de ser para a permanência dos atos administrativos. Logo, o cumprimento dos efeitos jurídicos dos atos administrativos é causa que leva à sua extinção. Pode ocorrer de três formas:

22. Op. cit., p. 190.
23. Op. cit., p. 396 e ss.

a) *Esgotamento do conteúdo jurídico do ato administrativo* – O conteúdo é a própria disposição jurídica do ato administrativo, de sorte que, exaurido, cumpre o ato o seu desiderato. Ex.: o gozo de férias de um servidor público (quando acabam as férias, extingue o ato);

b) *Execução material do que o ato determina* – O ato determinava um comando que já foi materialmente executado. Ex.: cumprimento de uma ordem, executada, de demolição de uma casa;

c) *Implemento de uma condição resolutiva ou de um termo final* – Com o implemento da condição, resolve-se o ato por extinguir os seus efeitos, assim como o termo final. Ex.: permissão de uso de águas públicas desde que as águas do rio não fiquem abaixo de determinado limite ou a termo certo.

II. Pelo desaparecimento da pessoa ou do objeto da relação jurídica que o ato constitui – O ato administrativo também se extingue pelo desaparecimento da pessoa ou do objeto da relação jurídica que ele constitui. Ex.: morte de servidor público que se encontrava investido em cargo efetivo, gera a extinção da nomeação; invasão do mar em área de terreno de marinha objeto de enfiteuse.

III. Pela retirada do ato em razão da prática de outro ato administrativo – O ato administrativo também se extingue pela retirada do ato em razão da prática de outro ato. Ela pode ocorrer em cinco hipóteses:

a) *Revogação* – Por razões de conveniência e oportunidade;

b) *Invalidação* – Por vício de ilegalidade que contaminou o ato desde a sua origem;

c) *Cassação* – Por vício de ilegalidade superveniente. O beneficiário do ato não o está cumprindo da forma devida, havendo um desvio na destinação legítima. Isto é, há cassação quando o destinatário do ato descumpriu condição a que estava obrigado. Na invalidação há um vício que contamina o ato desde a sua origem; já na cassação, o vício é posterior;

d) *Caducidade* – O ato administrativo foi praticado em consonância com a ordem jurídica em vigor, porém nova lei o torna incompatível com a nova situação criada, causando a sua caducidade. Ex.: nova lei de zoneamento faz com que determinados atos anteriores se tornem incompatíveis com o novo regramento. Esta caducidade não se confunde com a caducidade do contrato de concessão de serviço público. Neste, a caducidade se opera quando houver inexecução, total ou parcial, do contrato;

e) *Contraposição* – Existe quando um ato posterior, elaborado em momento diverso e no exercício de competência diversa, se colide com o ato anterior. Ex.: nomeação e exoneração. O novo ato (exoneração) prevalece e o antigo (nomeação) se extingue. Ocorre aqui uma oposição frontal entre o ato posterior e o anterior. Por isso é também denominada de *derrubada*.

IV. **Pela renúncia** – O ato administrativo se extingue por renúncia do beneficiário. Ocorre quando o beneficiário dos efeitos administrativos do ato rejeita continuar desfrutando da condição, propiciada por ato administrativo, que lhe é favorável. Ex.: o servidor pede a exoneração do cargo. A renúncia não se confunde com a contraposição, pois a primeira ocorre de acordo com a vontade do beneficiário, enquanto a contraposição lhe é contrária.

Todas estas modalidades destinam-se, reitere-se, à extinção dos atos administrativos *eficazes*. A doutrina se refere também à extinção dos atos administrativos *ineficazes*, ocorrendo esta em duas modalidades, a saber:

I. **Mera retirada** – Ocorre com o ato administrativo que se encontra produzido, mas que ainda não surtiu os efeitos desejados. Neste caso, a Administração Pública resolve, por razões de conveniência e oportunidade, ou de legalidade, retirá-lo do cenário jurídico. Celso Antônio Bandeira de Melo discorda desta nomenclatura e afirma que tal ato será, na verdade, ou uma revogação ou uma invalidação, a depender das razões que o motivaram. Entretanto, a doutrina, principalmente a italiana, sustenta que a revogação e a invalidação são formas de extinção destinadas aos atos administrativos eficazes.

II. **Recusa** – Aqui o beneficiário do ato administrativo recusa os efeitos que o ato ainda irá produzir. Na recusa, o ato ainda é ineficaz. Não se confunde com a renúncia porque nesta o ato já produzia efeitos.

Examinado, em apertada síntese, o panorama geral da extinção dos atos administrativos, cumpre, doravante, lançar algumas observações a respeito das causas de extinção do ato mais frequentes no Direito Administrativo: a *revogação* e a *invalidação* dos atos administrativos.

10.2. Revogação

Revogação é a extinção do ato administrativo válido ou de seus efeitos válidos, causada por outro ato administrativo, por razões de conveniência e oportunidade.

10.2.1. Sujeito ativo

Somente a Administração Pública pode revogar o ato administrativo. Só o agente da Administração Pública, no exercício de uma competência discricionária, pode fazê-lo. Na verdade, o Legislativo e o Judiciário também podem revogar os seus próprios atos administrativos, o que fazem no exercício de suas funções administrativas. Contudo, o Judiciário não pode revogar o ato administrativo no desempenho de sua função típica de julgar nem o legislador pode revogá-lo em sua função típica de legislar.

10.2.2. Objeto da revogação

Revoga-se o ato administrativo válido ou os seus efeitos jurídicos válidos. A revogação pode atingir o próprio ato ou os efeitos jurídicos que dele decorreriam. A revogação ataca somente o ato administrativo quando este for do tipo geral e abstrato, uma vez que este é a fonte matriz de um sem número de efeitos. Nos atos individuais e concretos, como estes geram somente um efeito jurídico, a revogação incidirá unicamente sobre tal efeito.

10.2.3. Fundamentos da revogação

A revogação tem por fundamento o exercício de uma competência discricionária. Há uma liberdade em desfazer o ato, uma conveniência administrativa. A Administração Pública reexamina uma situação válida anterior e, por conveniência e oportunidade, decide de forma livre, se a desfaz ou se a mantém.

10.2.4. Limites da revogação

Há atos administrativos que não podem ser revogados. Quais são eles?

- Não pode ser revogado o ato já exaurido;
- Não pode ser revogado o ato que gera direito adquirido, enquanto fonte desse direito;
- Não pode ser revogado o ato vinculado, uma vez que este é todo calcado na lei, não havendo liberdade da Administração Pública;
- Não pode ser revogado o ato de conteúdo meramente enunciativo, como, por exemplo, as certidões, pareceres emitidos por órgãos consultivos, atestados. Mas tais atos podem ser invalidados.

10.2.5. Motivos da revogação

Os motivos da revogação são a inconveniência ou inoportunidade do ato.

10.2.6. Efeitos da revogação

Como a revogação só incide sobre atos ou efeitos jurídicos válidos, ela opera efeitos tão-somente *ex nunc*, isto é, para o futuro, não retroagindo. Os efeitos pretéritos do ato administrativo são preservados.

10.2.7. Natureza jurídica do ato revogador

O ato revogador desfaz um ato administrativo anterior. Ele é um ato administrativo de natureza constitutiva.

10.2.8. Revogação e indenização

É possível indenização na revogação? O poder de revogar, quando existe, é legítimo; ou seja, quando a revogação for legítima, não há direito à indenização. Porém, se a revogação não for legítima, ela será ato ilícito e, por isso, gerará direito à indenização, uma vez que atingiu certos direitos e causou prejuízo.

10.3. Invalidação

Invalidação é a extinção do ato administrativo inválido ou de seus efeitos invalidamente produzidos, causada por outro ato administrativo, por razões de legalidade.

10.3.1. *Sujeito ativo*

A invalidação do ato administrativo pode ser declarada tanto pela Administração Pública (autotutela) como pelo Poder Judiciário (controle de legitimidade).

10.3.2. *Objeto da invalidação*

O objeto da invalidação é o ato administrativo **inválido**. Se o ato for genérico, a invalidação incidirá sobre o próprio ato administrativo inválido e seus efeitos, inclusive os já produzidos. Se o ato for concreto, a invalidação incidirá sobre os efeitos do ato.

10.3.3. *Fundamentos da invalidação*

Se quem invalidar o ato for a própria Administração Pública, a invalidação tem por fundamento o dever de obediência ao princípio da legalidade. Se a invalidação ocorrer por decisão do Judiciário, o fundamento dirá respeito à sua função mesma exercida no controle de legitimidade de todos os atos do Poder Público.

10.3.4. *Motivos da invalidação*

É a ilegalidade ou a ilegitimidade do ato administrativo anterior e de seus efeitos.

10.3.5. *Efeitos da invalidação*

A invalidação consiste na supressão do ato **inválido** e dos seus efeitos **invalidamente produzidos**. Os efeitos da invalidação, portanto, são *ex tunc*, retroagindo para apagar todos os efeitos pretéritos.

Não obstante isso, tem-se entendido que terceiros de boa-fé são resguardados do efeito retroativo da invalidação. A propósito do tema, colhe-se do eminente autor Celso Antônio Bandeira de Mello, reformulando entendimento anterior, as lições segundo as quais "nos atos unilaterais *ampliativos* da esfera jurídica do administrado, se este não concorreu para o vício do ato, estando de boa-fé, sua fulminação só deve produzir efeitos *ex nunc*, ou seja, depois de pronunciada"[24].

10.4. Classificação da Invalidação

Para Hely Lopes Meirelles e Diogenes Gasparini só há uma forma de invalidação do ato administrativo, que é a nulidade. Para estes autores, não seria possível trazer para o direito público a teoria das nulidades do direito privado, devido ao princípio da legalidade administrativa.

Entretanto, autores há que admitem uma classificação de graus de tolerância do ato administrativo, acrescentando, além da nulidade (que é inconvalidável), a anulabilidade (passível de convalidação). Na anulabilidade, verifica-se que o próprio interesse público impõe a convalidação do ato administrativo. Seguem essa linha Oswaldo Aranha Bandeira de Mello, Tito Prates da Fonseca e a doutrina moderna.

24. Op. cit., p. 439.

Seabra Fagundes, defendendo uma divisão tricotômica, acrescenta à nulidade e anulabilidade, a irregularidade.

Celso Antônio Bandeira de Mello classifica a invalidação dos atos administrativos em três espécies, quais sejam:

a) inexistência;

b) nulidade; e

c) anulabilidade.

Para ele, na hipótese de mera irregularidade, não há invalidação, mas sim um vício formal que gera defeito material e pode ser reconhecido de plano pela Administração Pública, sem, entretanto, invalidar o ato.

É preciso esclarecer que se uma destas espécies for declarada, todos os efeitos da invalidação se operam. A maior distinção destas modalidades de invalidação está nas suas causas.

A **Inexistência** ocorre quando se está diante de condutas puramente criminosas, dando ensejo à legítima defesa (resistência *manu militari*). Tais atos são imprescritíveis e não podem ser convalidados nem convertidos. Ex.: autorização para abrir casa de prostituição; determinação do delegado para o policial espancar um preso; autorização do fisco aos seus agentes para invadir a residência de devedores a fim de que os forcem a pagar suas dívidas etc.

A **Nulidade**, embora não corresponda a uma conduta criminosa, em razão de seus efeitos, não pode ser convalidada. Entretanto, poderão os atos nulos, em certas situações, ser convertidos. Eles são prescritíveis (05 anos) e não admitem resistência *manu militar* (só admitem resistência por decisão judicial ou por conta e risco do administrado).

A **Anulabilidade** consiste num vício que pode ser convalidado. Os atos anuláveis são prescritíveis (05 anos) e convalidáveis. Não admitem, entretanto, resistência *manu militari*.

O art. 55 da Lei 9.784/99 (Lei do Processo Administrativo Federal), todavia, distingue os atos administrativos, quanto ao vício de invalidação, em atos **nulos** e atos **anuláveis**. Consoante aquele dispositivo legal, "Em decisão na qual se evidencie não acarretarem lesão ao interesse público nem prejuízo a terceiros, os atos que apresentarem defeitos sanáveis poderão ser convalidados pela própria Administração".

Assim, não havendo lesão ao interesse público nem prejuízo a terceiros, a Administração Pública pode convalidar atos administrativos inválidos, desde que convalidáveis. Cuida-se, aí, dos atos anuláveis, porquanto portadores de defeitos sanáveis. Ainda à luz do referido enunciado legal, a convalidação, admitida nos atos anuláveis, é uma faculdade para a Administração, que desfruta, relativamente a ela, de uma competência discricionária. Nada obstante a dicção legal, aderimos às lições da ilustre autora Weida Zacaner[25], para quem haverá um *dever* para a Administração Pública, e

25. *Da convalidação e da invalidação dos atos administrativos*, 2ª ed., 3ª tir., São Paulo: Malheiros, 2001.

não uma faculdade, de convalidar o ato administrativo viciado, sempre que o ato for suscetível de convalidação e não tenha sido impugnado pelo interessado. Por outro lado, se o ato for insuscetível de convalidação, há para a Administração um dever de invalidá-lo. Isso porque, tanto a convalidação como a invalidação são modos de se restabelecer a ordem jurídica violada: aquela, com o suprimento do vício e a reedição do ato sem o vício de origem; esta, com a própria extinção do ato e eliminação do vício. A convalidação é devida não só por exigência do princípio da legalidade como por imperativo ditado pela segurança jurídica.

Mas o que distingue, efetivamente, os atos nulos dos atos anuláveis? A possibilidade de convalidação, inexistente nos primeiros e admissível nos últimos. A propósito disto, há quem prefira designá-los de atos convalidáveis (anuláveis) e atos inconvalidáveis (nulos), variando a natureza do ato - se convalidável ou inconvalidável - em razão do vício que o contamina.

São nulos os atos que não podem ser repetidos validamente. A dizer, em que é racionalmente impossível a convalidação, pois se fossem novamente produzidos, seria reproduzida a invalidade anterior[26]. Assim, os atos que padeçam de vícios relativos ao elemento *finalidade*, ao elemento *motivo* e ao elemento *objeto* ou *conteúdo* não podem ser convalidados, posto que toda vez que repetidos o vício renasce.

São anuláveis os atos que, corrigidos, podem ser repetidos validamente. Assim, os atos praticados por sujeito incompetente (vício relativo ao elemento *competência*), os expedidos com vício de vontade e os proferidos com defeito de forma (vício relativo ao elemento *forma*) são simplesmente anuláveis, pois podem ser perfeitamente reproduzidos sem os vícios originais. Para Maria Sylvia Zanella Di Pietro, o vício de incompetência só pode ser convalidado se a competência não foi outorgada com exclusividade, pois, como assegura a renomada autora, "tratando-se de competência exclusiva, não é possível a ratificação"[27]. Ousamos divergir da ilustre administrativista, por entendermos que sempre será possível a convalidação, quando a autoridade administrativa, com competência exclusiva, confirmar o ato praticado pela autoridade incompetente. Tal situação em nada difere daquela em que a própria autoridade competente exclusivamente para o ato, decida em praticá-lo.

Em suma, o ato é nulo, ou inconvalidável, se o vício referir-se à finalidade, ao motivo e ao objeto ou conteúdo do ato; é anulável, ou convalidável, se o vício reportar-se à competência e à forma do ato.

A convalidação dos atos anuláveis consiste em um novo ato administrativo por meio do qual se desfaz um vício existente, com efeitos retroativos, pois apaga o vício que contaminou o ato administrativo desde a origem. Ela pode se dar por:

- **Ratificação** - Quando é feita pela própria autoridade que praticou o ato viciado;
- **Confirmação** - Quando realizada por outra autoridade, e não por aquela que praticou o ato. Ex.: autoridade administrativa incompetente pratica ato que depois é confirmado pela autoridade administrativa competente;

26. Celso Antônio Bandeira de Mello, op. cit., p. 424.
27. Op. cit., p. 237.

- **Saneamento** – Quando a convalidação ocorre por iniciativa do particular. Ex.: publica-se que ocorreu a exoneração a pedido sem que tal pedido tenha ocorrido, mas depois o servidor pede a sua exoneração.

A convalidação não se confunde com a *conversão* de atos *nulos*. Pela conversão, quando possível (e será na hipótese de o vício que torna nulo o ato referir-se ao objeto ou conteúdo deste), a Administração traspassa, com efeitos retroativos, um ato de uma categoria na qual seria inválido para outra categoria na qual seria válido. Ex.: a conversão de uma nomeação de servidor não concursado em cargo efetivo para nomeação em cargo em comissão ou uma concessão de uso realizada sem licitação converter-se em permissão precária de uso.

Na convalidação reedita-se validamente o mesmo ato. Na conversão, possível nos atos nulos e não nos inexistentes, há alteração de uma categoria de ato para outra. Os efeitos da conversão serão retroativos à data da edição do ato convertido.

10.5. Prescrição e Decadência Administrativa

A prescrição administrativa atinge o direito/pretensão tanto do administrado como da Administração Pública em razão do decurso do prazo. Alcança o administrado quando ele deixa expirar o prazo previsto para a interposição de um recurso administrativo. Afeta a Administração quando ela não exerce, no prazo previsto, o direito de punir o servidor ou de rever os seus próprios atos.

Relativamente à prescrição e decadência do direito de invalidar os seus próprios atos quando eivados de vícios que os tornem ilegais, o art. 54 da Lei 9.784/99 (Lei do Processo Administrativo Federal), pondo fim a uma tormentosa discussão, prevê que o direito da Administração de anular os atos administrativos de que decorram efeitos favoráveis para os destinatários decai em cinco anos, contados da data em que foram praticados, salvo comprovada má-fé.

A Lei em comento não fez mais senão prestigiar entre nós o princípio constitucional da segurança jurídica, que assegura a proteção à confiança, e que serve de limite ao poder de invalidação, pela Administração Pública, dos seus atos administrativos eivados de ilegalidade ou de inconstitucionalidade.

Assim, percebe-se que a Administração Pública, no uso de seu poder de autotutela, tem o direito de rever seus próprios atos, quando eivados de vícios que os tornem ilegais. Contudo, tal direito não pode se estender indefinidamente, sob pena de gerar instabilidade nas relações jurídicas entre a Administração e o administrado. É por isso que a Lei nº 9.784/99, no art. 54, fixou o prazo de cinco anos para a Administração exercer o direito de anular os atos administrativos de que decorram efeitos favoráveis para os destinatários, contados da data em que foram praticados.

Em que pese divergência a respeito, no nosso entendimento, o art. 54 da Lei nº 9.784/99 criou a figura da ***decadência administrativa***, não propriamente a prescrição. Com efeito, como se sabe, os institutos da decadência e da prescrição distinguem-se, basicamente, em razão dos direitos sobre os quais incidem os seus efeitos extintivos. Alguns direitos, os de natureza potestativa, são exercidos por iniciativa de apenas uma das partes, o titular do direito, que impõe e exige a submissão do obrigado aos seus efeitos legais. Sobre esses direitos aplicam-se, em regra, a decadência. Por outro lado, a prescrição está associada àqueles direitos para os quais o titular pode exigir de outrem a satisfação da pretensão correspondente, isto é, o obrigado tem o dever jurídico de agir (como ocorre com os direitos pessoais) ou de se abster para satisfazer o direito do titular (como ocorre com os direitos reais).

Destarte, está claro para nós que o direito da Administração rever seus atos está sujeito à decadência, na medida em que o seu exercício não exige a atuação por parte do administrado, mas tão somente impõe a ele a submissão aos efeitos da revisão declarada unilateralmente.

Assim, a decadência administrativa é a perda do direito da Administração de anular os atos administrativos de que decorram efeitos favoráveis para os destinatários, após o decurso do prazo de cinco anos, contados da data em que foram praticados, salvo comprovada má-fé. Isto é, o direito da Administração de anular os atos administrativos *decai* em cinco anos, de modo que, decorrido este prazo, o ato ilegítimo se firma, se estabiliza no mundo jurídico, não podendo ser invalidado pela Administração Pública nem pelo Poder Judiciário. Na doutrina, colhem-se do inesquecível mestre Diogenes Gasparini[28] as seguintes lições:

> Nada justifica a possibilidade de um ato administrativo vir a ser declarado inválido depois de um longo tempo de sua edição. A entender-se isso factível, estar-se-ia pondo em risco a necessária estabilidade das relações jurídicas após certo tempo de vigência. Destarte, decorrido determinado prazo, o ato ilegal firma-se, estabiliza-se, não podendo mais ser invalidado pela Administração Pública ou anulado pelo Judiciário.

Esta é a orientação do Supremo Tribunal Federal, como se pode aferir do acórdão abaixo:

> **STF, Pleno, MS 26353/DF, Relator Min. MARCO AURÉLIO, DJe** 07/03/2008: CONTROLE EXTERNO – TRIBUNAL DE CONTAS DA UNIÃO – MOVIMENTAÇÃO FUNCIONAL – FATOR TEMPO – CONTRADITÓRIO. O ato de glosa do Tribunal de Contas da União na atividade de controle externo, alcançando situação constituída – ocupação de cargo por movimentação vertical (ascensão) -, fica sujeito ao prazo decadencial de cinco anos previsto no artigo 54 da Lei nº 9.784/99 e ao princípio constitucional do contraditório, presentes a segurança jurídica e o devido processo legal[29].

28. Diogenes Gasparini, Curso de Direito Administrativo, p. 117.
29. No mesmo sentido, conferir os seguintes acórdãos: **STF, Pleno, MS 25963/DF, Relator Min. CEZAR PELUSO, DJ 21/11/2008:** "SERVIDOR PÚBLICO. Funcionário. Aposentadoria. Cumulação de gratificações. Anulação pelo Tribunal de Contas da União – TCU. Inadmissibilidade. Ato julgado legal pelo TCU há mais de cinco (5) anos. Anulação do julgamento. Inadmissibilidade. Decadência administrativa. Consumação reconhecida. Ofensa a direito líquido e certo. Respeito ao princípio da confiança e segurança jurídica. Cassação do acórdão. Segurança concedida para esse fim. Aplicação do art. 5º, inc. LV, da CF, e art. 54 da Lei federal nº 9.784/99. Não pode o Tribunal de Contas da União, sob fundamento ou pretexto algum, anular aposentadoria que julgou legal há mais de 5 (cinco) anos". **STF, Pleno, MS 26405/DF, Relator Min. CEZAR PELUSO, DJ 22/02/2008:** "SERVIDOR PÚBLICO. Funcionário (s) da Empresa Brasileira de Correios e Telégrafos – ECT. Cargo. Ascensão funcional sem concurso público. Anulação pelo Tribunal de Contas da União – TCU. Inadmissibilidade. Ato aprovado pelo TCU há mais de cinco (5) anos. Inobservância do contraditório e da ampla defesa. Consumação, ademais, da decadência administrativa após o qüinqüênio legal. Ofensa a direito líquido e certo. Cassação dos acórdãos. Segurança concedida para esse fim. Aplicação do art. 5º, inc. LV, da CF, e art. 54 da Lei federal nº 9.784/99. Não pode o Tribunal de Contas da União, sob fundamento ou pretexto algum, anular ascensão funcional de servidor operada e aprovada há mais de 5 (cinco) anos, sobretudo em procedimento que lhe não assegura o contraditório e a ampla defesa". **STF, Pleno, MS 24448/DF, Relator Min. CARLOS BRITTO,** DJ 14/11/2007: "MANDADO DE

Em sessão realizada em 19 de fevereiro de 2020, o Plenário do STF definiu a seguinte tese de repercussão geral (Tema 445): "Os Tribunais de Contas estão sujeitos ao prazo de cinco anos para o julgamento da legalidade do ato de concessão inicial de aposentadoria, reforma ou pensão, a contar da chegada do processo à respectiva Corte de Contas, em atenção aos princípios da segurança jurídica e da confiança legítima".

O STF decidiu que o prazo para o controle da legalidade do ato da aposentadoria pelos tribunais de contas é de 5 anos, contados da data de chegada do ato de concessão do direito à respectiva corte de contas. Por maioria de votos, o STF negou provimento ao RE 636553, com repercussão geral reconhecida. No caso concreto, o TCU, em 2003, analisou uma aposentadoria concedida em 1997 e, após constatar irregularidades, declarou a ilegalidade do benefício. No RE, a União contestava decisão do TRF-4 que impediu o TCU de cassar esse ato de aposentadoria, mesmo diante da constatação de irregularidades, em razão de ter sido ultrapassado o prazo decadencial de 5 anos previsto na Lei 9.784/99, que regula o processo administrativo no âmbito federal.

Na sessão de 12/02/2020, o julgamento foi suspenso após os votos do relator, ministro Gilmar Mendes, e do ministro Alexandre de Moraes, contra a aplicação do prazo decadencial de cinco anos previsto na Lei 9.784/99 ao TCU, e do ministro Edson Fachin, que se manifestou pela aplicação do prazo também à Corte de Contas a contar da concessão da aposentadoria.

Na sessão de 19/02/2020, o relator reajustou seu voto para manter, por motivos de segurança jurídica, a jurisprudência do STF de que a concessão de aposentadoria é um ato administrativo complexo, que envolve órgãos diversos da administração pública e somente pode ser considerado concretizado após a análise de sua legalidade pelo TCU.

Porém, apesar de entender que o procedimento administrativo de verificação das condições de validade do ato não se sujeita ao prazo extintivo de cinco anos, o ministro

---

SEGURANÇA. SECRETÁRIO DE RECURSOS HUMANOS DO MINISTÉRIO DO PLANEJAMENTO, ORÇAMENTO E GESTÃO. ILEGITIMIDADE PASSIVA. ATO DO TRIBUNAL DE CONTAS DA UNIÃO. COMPETÊNCIA DO STF. PENSÕES CIVIL E MILITAR. MILITAR REFORMADO SOB A CF DE 1967. CUMULATIVIDADE. PRINCÍPIO DA SEGURANÇA JURÍDICA. GARANTIAS DO CONTRÁRIO E DA AMPLA DEFESA. 1. O Secretário de Recursos Humanos do Ministério do Planejamento, Orçamento e Gestão é parte ilegítima para figurar no pólo passivo da ação mandamental, dado que é mero executor da decisão emanada do Tribunal de Contas da União. 2. No julgamento do MS nº 25.113/DF, Rel. Min. Eros Grau, o Tribunal decidiu que, "reformado o militar instituidor da pensão sob a Constituição de 1967 e aposentado como servidor civil na vigência da Constituição de 1988, antes da edição da EC 20/98, não há falar-se em acumulação de proventos do art. 40 da CB/88, vedada pelo art. 11 da EC n. 20/98, mas a percepção de provento civil (art. 40 CB/88) cumulado com provento militar (art. 42 CB/88), situação não abarcada pela proibição da emenda". Precedentes citados: MS nº 25.090/DF, MS nº 24.997/DF e MS nº 24.742/DF. Tal acumulação, no entanto, deve observar o teto previsto no inciso XI do art. 37 da Constituição Federal. 3. A inércia da Corte de Contas, por sete anos, consolidou de forma positiva a expectativa da viúva, no tocante ao recebimento de verba de caráter alimentar. Este aspecto temporal diz intimamente com o princípio da segurança jurídica, projeção objetiva do princípio da dignidade da pessoa humana e elemento conceitual do Estado de Direito. 4. O prazo de cinco anos é de ser aplicado aos processos de contas que tenham por objeto o exame de legalidade dos atos concessivos de aposentadorias, reformas e pensões. Transcorrido in albis o interregno qüinqüenal, é de se convocar os particulares para participar do processo de seu interesse, a fim de desfrutar das garantias do contraditório e da ampla defesa (inciso LV do art. 5º). 5. Segurança concedida". E, finalmente, STF, Pleno, MS 24.927, Rel. Min. CEZAR PELUSO, *DJ* 25/08/06: "É nula a decisão do Tribunal de Contas da União que, sem audiência prévia da pensionista interessada, a quem não assegurou o exercício pleno dos poderes do contraditório e da ampla defesa, lhe cancelou pensão previdenciária que há muitos anos vinha sendo paga." No mesmo sentido: MS 24.859, Rel. Min. Carlos Velloso, julgamento em 4-8-04, *DJ* de 27-8-04.

concluiu que é necessário fixação de prazo para que as cortes de contas exerçam seu dever constitucional. O relator propôs, por analogia, a aplicação, aos casos de revisão de aposentadoria, do prazo prescricional de cinco anos previsto no Decreto 20.910/1932 para que o administrado acione a Fazenda Pública. "Se o administrado tem o prazo de cinco anos para buscar qualquer direito contra a Fazenda Pública, também podemos considerar que o Poder Público, no exercício do controle externo, teria o mesmo prazo para rever eventual ato administrativo favorável ao administrado".

Acompanharam o relator os ministros Alexandre de Moraes, Luís Roberto Barroso, Rosa Weber, Ricardo Lewandowski e Dias Toffoli.

O ministro Edson Fachin manteve seu voto pelo desprovimento do recurso, com o entendimento de que se aplica o prazo de cinco anos para a análise da concessão por parte do TCU, salvo se comprovada má-fé, conforme previsto na Lei 9.784/1999. Divergiu, na conclusão, o ministro Marco Aurélio, que votou pelo provimento do recurso por entender que não se aplicam à revisão de aposentadoria ambos os prazos decadenciais[30].

10.6. Coisa Julgada Administrativa

É conhecida entre nós a súmula 473 do STF em conformidade com a qual "*A Administração Pública pode anular seus próprios atos quando eivados de vícios que os tornam ilegais, porque deles não se originam direitos; ou revogá-los, por motivo de conveniência ou oportunidade, respeitados os direitos adquiridos e ressalvada, em todos os casos, a apreciação judicial*".

Em posição idêntica, a Lei nº 9.784, de 29 de janeiro de 1999, que regula o processo administrativo no âmbito da Administração Pública Federal, dispôs, no art. 53, que a "*Administração deve anular seus próprios atos, quando eivados de vício de legalidade, e pode revogá-los por motivo de conveniência ou oportunidade, respeitados os direitos adquiridos*".

Assim, se os atos da Administração podem ser extintos pela invalidação ou revogação, podem, *a fortiori*, ser modificados, seja para corrigir alguma irregularidade ou convalidar defeito sanável, seja para adequar o ato ao interesse público. Porém, no âmbito da própria Administração Pública deve haver um momento em que os seus atos ou decisões, sobretudo quando praticados em processos administrativos, não possam mais ser modificados em face da necessidade de se garantir, internamente, um mínimo de segurança jurídica.

A essa imodificabilidade interna dos atos ou decisões da Administração a doutrina vem denominando de *coisa julgada administrativa*.

Cumpre advertir, entretanto, que a *coisa julgada administrativa*, apesar das semelhanças, não se confunde com a *coisa julgada* que investe as decisões judiciais do caráter de definitividade e imutabilidade. Isso porque, a *coisa julgada administrativa* torna definitivos e imutáveis os atos ou decisões da Administração Pública apenas **internamente**, ou seja, tão-somente para a Administração, provocando a **preclusão da via administrativa** para impedir alterações do que ficou definitivamente decidido pela Administração em seu ambiente interno.

30. Conforme: http://portal.stf.jus.br/noticias/verNoticiaDetalhe.asp?idConteudo=437550&ori=1, acesso em 03.03.2020.

Mas a *coisa julgada administrativa* **não obsta**, no direito brasileiro, a revisão judicial dos atos ou decisões da Administração Pública, tendo em vista que tais atos e decisões não se revestem de definitividade perante o Poder Judiciário, a cujos órgãos competem, quando provocados, confrontá-los ante a ordem jurídica. O que significada dizer que a *coisa julgada administrativa* não é oponível ao Poder Judiciário.

Enfim, podemos sintetizar a questão asseverando que os atos da Administração Pública podem ser modificados sempre que o interesse público exigir, desde que respeitados os direitos adquiridos. Entrementes, quando os atos da Administração consubstanciarem decisões tomadas em processos administrativos, e tendo já esgotadas todas as discussões e deliberações a seu respeito, impõe-se reconhecer, para se garantir um mínimo de segurança jurídica, a imutabilidade interna desses atos, circunstância que caracteriza a formação da *coisa julgada administrativa*, provocando a preclusão da via administrativa, ressalvada, é claro, a possibilidade de revisão judicial.

11. QUADRO SINÓTICO

ATOS ADMINISTRATIVOS
1. Atos da Administração e Atos Administrativos
A administração pública pratica diversos atos, que não se reduzem todos aos atos administrativos. Isto porque, os atos administrativos, como declaração do estado destinada a produzir efeitos jurídicos, é uma **espécie** do gênero ato jurídico, como também o são as demais espécies das diversas disciplinas do direito, como os *atos jurídicos privados*, os *atos judiciais*, os *atos legislativos* e os *atos políticos* e *de participação política*. Assim, não se pode confundir ***atos da administração*** (gênero) com ***atos administrativos*** (espécie). A administração edita uma série de atos, entre os quais se destacam: a) os **atos jurídicos regidos pelo direito privado** – que são aqueles em face dos quais a administração pública desenvolve uma atividade de gestão de seus bens e interesses, quando, por exemplo, aluga um imóvel para nele instalar um órgão público; b) os **atos materiais** – que são realizações materiais executadas pela administração pública, compreendendo os *fatos administrativos* da administração, de que é exemplo a realização de obra pública; c) os **atos políticos** ou **de governo** – que são aqueles expedidos pelo estado no exercício de funções tipicamente políticas, como a iniciativa de projeto de leis, a sanção, o veto e o indulto. E, finalmente, d) os **atos administrativos** – que são os atos jurídicos editados pela administração pública e sujeitos ao regime de direito público.
2. Conceito
É toda "declaração do Estado (ou de quem lhe faça as vezes – como, por exemplo, um concessionário de serviço público), no exercício de prerrogativas públicas, manifestada mediante providências jurídicas complementares da lei, a título de lhe dar cumprimento, sujeito a controle de legitimidade por órgão jurisdicional".
3. Atributos
3.1. A presunção de juridicidade (legitimidade)
Esse atributo decorre da sujeição da Administração Pública à lei e ao Direito. Em face da presunção de juridicidade (legitimidade), os atos administrativos, até prova em contrário, presumem-se em conformidade com o sistema jurídico.
3.2. Presunção de veracidade
Conformidade dos fatos declarados no ato com a verdade.

3.3. Imperatividade	
Qualidade de constituir unilateralmente o administrado em obrigações, ainda que contra sua vontade e independentemente de prévia autorização judicial. Revela a força obrigatória ou coercitiva do ato.	
3.4. Exigibilidade	
Qualidade de exigir que a obrigação imposta seja cumprida, sob pena de sanções legais – são os meios de coação indireta, independentemente de prévia autorização judicial.	
3.5. Executoriedade ou autoexecutoriedade	
Possibilita a Administração, por seus próprios meios, executar os seus próprios atos, conferindo-lhes plena efetividade, sem a necessidade de recorrer ao Judiciário.	
3.6. Tipicidade	
Exige que o ato administrativo tenha previsão legal.	
4. Perfeição, validade e eficácia do ato administrativo	
4.1. Perfeição	
O ato administrativo é perfeito quando exauridas as fases necessárias à sua produção e passa a existir para o mundo jurídico.	
4.2. Validade	
O ato administrativo é valido quando for expedido em absoluta conformidade com o sistema normativo.	
4.3. Eficácia	
O ato administrativo é eficaz quando se encontra apto a produzir efeitos, não dependendo de qualquer evento posterior, como uma condição suspensiva, ou um termo inicial ou um ato controlador a cargo de outra autoridade (autorização, aprovação ou homologação).	
5. Elementos ou requisitos do ato administrativo	
Para a doutrina majoritária e tradicional, são os seguintes:	
1. Sujeito competente	É o agente público que tem atribuições legais para a prática do ato. É elemento sempre vinculado.
2. Finalidade pública	É o resultado ou interesse que se busca alcançar com a prática do ato. É elemento sempre vinculado.
3. Forma prescrita em lei	É o modo de exteriorização do ato, o seu revestimento. É elemento sempre vinculado.
4. Motivo	A razão que enseja a prática do ato. Poder ser vinculado ou discricionário.
5. Objeto	A disposição jurídica do ato, ou seja, aquilo que o ato determina. Poder ser vinculado ou discricionário.
Há autores, entretanto, que acrescentam a estes 05 (cinco) elementos mais 02 (dois), quais sejam:	
6. Conteúdo	Seria a própria disposição jurídica do ato, enquanto o objeto seria a coisa ou a relação sobre a qual o ato recai; e
7. Causa	A correlação lógica entre o motivo do ato e seu conteúdo à luz de sua finalidade.

6. O Silêncio Administrativo	
A doutrina vem denominando de silêncio administrativo toda omissão da Administração Pública que, devendo pronunciar-se sobre um pedido formulado pelo administrado ou sobre um ato expedido por outro órgão público, queda-se inerte, silenciando-se a respeito. O silêncio da Administração Pública não é ato administrativo, mas é um fato jurídico que, por ser atribuído à Administração, qualifica-se como um fato administrativo.	
7. Classificação dos atos administrativos	
7.1. Classificação genérica	
– Ato simples	É aquele ato que resulta de uma única vontade expressada por um único órgão ou agente público.
– Ato complexo	É ato que resulta da soma ou fusão das vontades expressadas por mais de um órgão ou agente público.
– Ato composto	É aquele ato em que a vontade principal é expressa por um único órgão, sendo que, para ela ter eficácia, reclama uma vontade acessória externada por outro órgão.
– Atos gerais	São aqueles que têm por destinatários pessoas indeterminadas.
– Atos individuais	São os atos que têm por destinatários pessoas certas, determinadas e nominadas, produzindo efeitos jurídicos concretos.
– Atos constitutivos	São aqueles cujos efeitos se destinam a criar situações jurídicas antes inexistentes.
– Atos declaratórios	São aqueles cujos efeitos se destinam a declarar a existência de relação jurídica desde antes ocorrente no mundo jurídico.
– Atos meramente enunciativos	São os atos cujos efeitos se prestam apenas a emitir um juízo de conhecimento ou de opinião, atestando ou reconhecendo uma determinada situação de fato ou de direito.
– Atos discricionários	São aqueles que a Administração Pública edita com certa margem de liberdade para decidir acerca dos motivos e do objeto (ou conteúdo) do ato.
– Atos vinculados	São aqueles que a Administração Pública expede sem qualquer margem de liberdade para a escolha de seus elementos ou requisitos, que já vêm previamente definidos em lei.
7.2. Classificação específica	
7.2.1. Quanto ao conteúdo	
– Autorização	Cuida-se de ato administrativo unilateral, discricionário e precário por meio do qual a Administração Pública faculta ao cidadão, no interesse predominante deste, o exercício de certa atividade material, a utilização bem público em caráter privativo, ou para prestar serviço público em caráter extremamente precário.
– Permissão	É ato administrativo unilateral, discricionário e precário através do qual a Administração Pública faculta ao particular, no interesse predominante da coletividade, a utilização de bem público ou a prestação de serviço público.
– Licença	É ato administrativo unilateral, vinculado e definitivo através do qual a Administração Pública reconhece, em benefício do administrado, um direito relativamente ao exercício de uma atividade jurídica ou material.

– Admissão	É ato administrativo unilateral e vinculado pelo qual a Administração Pública reconhece ao particular, que preencha os requisitos legais, o direito à prestação (desfrute e gozo) de um determinado serviço público.
– Aprovação	É ato unilateral e discricionário pelo qual a Administração Pública exerce o controle prévio (a priori) ou posterior (a posteriori) de outro ato administrativo ou de outro ato jurídico praticado por particular.
– Homologação	É ato unilateral e vinculado pelo qual a Administração Pública, em atividade de controle, reconhece a legalidade de um ato jurídico já praticado. Ela é sempre posterior (a posteriori) e examina apenas o aspecto da legalidade.
– Visto	É ato administrativo unilateral e vinculado consistente num controle de mera legitimidade formal de um outro ato administrativo ou ato praticado pelo administrado. Aqui não há controle de conteúdo, distinguindo-se, por isso, de suas espécies afins (aprovação e homologação), mas sim um controle de legalidade que incide somente sobre os aspectos externos do ato, não alcançando seu conteúdo.
7.2.2. Quanto à forma	
– Decreto	Cuida-se de ato administrativo formal, de competência privativa do Chefe do Poder Executivo, através do qual a chefia do Executivo exterioriza formalmente os seus atos administrativos.
– Instruções	São atos administrativos formais por meio dos quais se veiculam normas gerais de orientação interna dos órgãos ou repartições da Administração Pública.
– Portarias	São atos administrativos formais praticados por diversas autoridades administrativas, quaisquer que sejam seus escalões, que se destinam a uma variedade de situações.
– Resoluções	São atos administrativos formais por meio dos quais se externam as deliberações dos órgãos colegiados.
– Circular	É ato administrativo formal através do qual autoridades superiores expedem ordens uniformes a servidores subordinados.
– Ordem de serviço	É um ato formal que se presta, em regra, a determinar a realização de fatos administrativos consistentes em obras públicas ou serviços públicos.
– Alvará	É ato administrativo formal por meio do qual se veiculam a autorização e a licença para a prática de ato ou exercício de atividade sujeitos ao poder de polícia administrativa do Estado.
– Despacho	É ato administrativo formal que veicula decisões administrativas.
– Parecer administrativo	É uma fórmula por meio da qual os órgãos consultivos da Administração Pública emitem opiniões sobre assuntos técnicos ou jurídicos.
– Aviso	É ato formal que foi muito utilizado ao tempo do Império pelos Ministros do Rei para prescrever orientações aos órgãos subalternos ou ainda como forma de comunicação a autoridades de alto escalão. Atualmente tem utilização restrita aos Comandos Militares.
– Ofício	É ato formal através do qual os agentes públicos se comunicam formalmente, em caráter administrativo ou social.
– Apostilas	São atos administrativos que declaram ou reconhecem uma situação anterior criada por lei, assemelhando-se a uma averbação.

8. Extinção dos atos administrativos (panorama geral da extinção)
8.1. Atos administrativos *eficazes* extinguem-se pelo
I. Cumprimento dos efeitos jurídicos dos atos administrativos. Cumpridos os seus efeitos e atingidos os seus objetivos, não há mais razão de ser para a permanência dos atos administrativos. Ocorre quando há: a) esgotamento do conteúdo jurídico do ato administrativo. Ex.: o gozo de férias de um servidor público (quando acabam as férias, extingue o ato); b) execução material do que o ato determina. Ex.: cumprimento de uma ordem, executada, de demolição de uma casa; c) implemento de uma condição resolutiva ou de um termo final. Ex.: permissão de uso de águas públicas desde que as águas do rio não fiquem abaixo de determinado limite ou a termo certo. II. Desaparecimento da pessoa ou do objeto da relação jurídica que o ato constitui. Ex.: morte de servidor público que se encontrava investido em cargo efetivo, gera a extinção da nomeação; invasão do mar em área de terreno de marinha objeto de enfiteuse. III. Retirada do ato em razão da prática de outro ato. Ela pode ocorrer em cinco hipóteses: a) Revogação. Por razões de conveniência e oportunidade; b) Invalidação. Por vício de ilegalidade que contaminou o ato desde a sua origem; c) Cassação. Por vício de ilegalidade superveniente. Na invalidação há um vício que contamina o ato desde a sua origem; já na cassação, o vício é posterior; d) Caducidade. O ato administrativo foi praticado em consonância com a ordem jurídica em vigor, porém nova lei o torna incompatível com a nova situação criada, causando a sua caducidade. Ex.: nova lei de zoneamento faz com que determinados atos anteriores se tornem incompatíveis com o novo regramento; e) Contraposição. Existe quando um ato posterior, elaborado em momento diverso e no exercício de competência diversa, se colide com o ato anterior. Ex.: nomeação e exoneração. Também denominada de *derrubada*. IV. Renúncia. Ocorre quando o beneficiário dos efeitos administrativos do ato rejeita continuar desfrutando da condição, propiciada por ato administrativo, que lhe é favorável. Ex.: o servidor pede a exoneração do cargo.
8.2. Atos administrativos *ineficazes* extinguem-se pelo
I. Mera retirada. Ocorre com o ato administrativo que se encontra produzido, mas que ainda não surtiu os efeitos desejados. Neste caso, a Administração Pública resolve, por razões de conveniência e oportunidade, ou de legalidade, retirá-lo do cenário jurídico. II. Recusa. Aqui o beneficiário do ato administrativo recusa os efeitos que o ato ainda irá produzir. Na recusa, o ato ainda é ineficaz. Não se confunde com a renúncia porque nesta o ato já produzia efeitos.
9. Revogação
Revogação é a extinção, com efeitos *ex nunc* (desde agora em diante, ou seja, para o futuro), do ato administrativo válido ou de seus efeitos válidos, causada por outro ato administrativo, por razões de conveniência e oportunidade. Somente a Administração Pública pode revogar, no exercício de uma competência discricionária, o seu próprio ato administrativo.
10. Invalidação
É a extinção, com efeitos *ex tunc* (desde então, ou seja, retroativamente), do ato administrativo inválido, causada por outro ato administrativo, por razões de ilegalidade. A invalidação incide sobre o ato administrativo inválido ou seus efeitos invalidamente produzidos. A invalidação do ato administrativo pode ser declarada tanto pela Administração Pública (autotutela) como pelo Poder Judiciário (controle de juridicidade/legitimidade). Segundo Celso Antônio Bandeira de Mello, a invalidação compreende:

a) A inexistência	Atos criminosos da Administração Pública, que jamais prescrevem, jamais podem ser convalidados e convertidos e admitem resistência *manu militari*;
b) A nulidade	Os atos nulos prescrevem, são insuscetíveis de ser convalidados, mas podem, em algumas hipóteses, ser convertidos; e
c) A anulabilidade	Os atos anuláveis prescrevem e podem ser convalidados.

Todavia, para a doutrina majoritária, a invalidação compreende apenas a nulidade e a anulabilidade, que se distinguem pelo fato de que a nulidade não proporciona a convalidação já a anulabilidade sim.

São nulos os atos que não podem ser repetidos validamente. A dizer, em que é racionalmente impossível a convalidação, pois se fossem novamente produzidos, seria reproduzida a invalidade anterior. Assim, os atos que padeçam de vícios relativos ao elemento *finalidade*, ao elemento *motivo* e ao elemento *objeto* (ou *conteúdo)* não podem ser convalidados, posto que toda vez que repetidos o vício renasce. São anuláveis os atos que, corrigidos, podem ser repetidos validamente. Assim, os atos praticados por sujeito incompetente (vício relativo ao elemento *competência*), os expedidos com vício de vontade e os proferidos com defeito de forma (vício relativo ao elemento *forma*) são simplesmente anuláveis, pois podem ser perfeitamente reproduzidos sem os vícios originais.

11. Decadência administrativa

Decadência administrativa é a perda do direito da Administração de anular os atos administrativos de que decorram efeitos favoráveis para os destinatários, após o decurso do prazo de cinco anos, contados da data em que foram praticados, salvo comprovada má-fé. Está prevista no art. 54 da Lei 9.784/99 (Lei do Processo Administrativo Federal).

12. Coisa julgada administrativa

Consiste na imodificabilidade interna dos atos ou decisões da Administração Pública, provocando a **preclusão da via administrativa** para impedir alterações do que ficou definitivamente decidido pela Administração em seu ambiente interno.

12. JURISPRUDÊNCIA APLICADA

- "CAMELÔ. MUDANÇA. LOCAL. Uma vez que os vendedores ambulantes exercem o comércio em logradouros públicos através de autorização precária (art. 15 da Lei Municipal n. 1.896/1992), não têm direito líquido e certo de exercer suas atividades nos locais que antes ocupavam, logo incabível a anulação do ato administrativo que os removeu (Dec. Municipal n. 13.542/1994). Precedente citado: RMS 5.777-RJ, DJ 26/2/1996". (STJ, RMS 13.807-RJ, Rel. Min. Garcia Vieira, julgado em 15/8/2002).

- "TRANSPORTE INTERMUNICIPAL – ALTERAÇÃO DE PARADAS. ATO DISCRICIONÁRIO – O usuário se insurgia quanto à alteração dos itinerários dos ônibus vindos da Baixada Fluminense que, por determinação do Município do Rio de Janeiro, não mais trafegam pelo centro da cidade. A Turma, em julgamento anterior, entendeu que o usuário tem legitimidade para atacar o ato, por ser o destinatário do serviço público e, agora, firmou tratar-se de ato discricionário, que sob o aspecto formal não apresenta nenhum defeito, não podendo o Judiciário adentrar em suas razões de conveniência. Destacou, também, que o Município tinha competência para o ato, apesar deste afetar a região metropolitana" (STJ, RMS 11.050-RJ, Rel. Min. Eliana Calmon, julgado em 22/2/2000).

- "MANDADO DE SEGURANÇA. MAGISTRADO. PROMOÇÃO POR MERECIMENTO. NOMEAÇÃO PARA TRIBUNAL REGIONAL DO TRABALHO. LEGITIMIDADE PASSIVA DO PRESIDENTE DA REPÚBLICA. LITISCONSÓRCIO NECESSÁRIO. ATO ADMINISTRATIVO COMPLEXO. LISTA TRÍPLICE. ART. 93, II, "B", DA CONSTITUIÇÃO

DO BRASIL (REDAÇÃO ANTERIOR À EC N. 45/04). QUINTA PARTE DA LISTA DE ANTIGUIDADE. RECOMPOSIÇÃO PARA INCLUSÃO DE JUIZ QUE PREENCHE APENAS O PRIMEIRO REQUISITO DA ALÍNEA. ADMISSIBILIDADE SOMENTE APÓS ESGOTADAS AS POSSIBILIDADES DE ESCOLHA ENTRE OS INTEGRANTES DA QUINTA PARTE ORIGINAL OU RECUSA DOS NOMES POR QUÓRUM QUALIFICADO. 1. O Presidente da República é parte legítima para figurar como autoridade coatora em mandado de segurança preventivo contra ato de nomeação de juiz para o Tribunal Regional do Trabalho, na qualidade de litisconsorte necessário com o Presidente do Tribunal. 2. *A nomeação de juiz para os cargos de Desembargador dos Tribunais Federais, pelo critério de merecimento, é ato administrativo complexo, para o qual concorrem atos de vontade dos membros do Tribunal de origem – que compõem a lista tríplice a partir da quinta parte dos juízes com dois anos de judicatura na mesma entrância – e do Presidente da República, que procede à escolha a partir do rol previamente determinado.* (...). (STF, PLENO, MS 24575/DF, REL. MIN. EROS GRAU, DJ 04-03-2005, P-00012).

- "ADMINISTRATIVO. **RÁDIO COMUNITÁRIA.** PROCESSO ADMINISTRATIVO. PEDIDO DE **AUTORIZAÇÃO.** MORA DA ADMINISTRAÇÃO. ESPERA DE CINCO ANOS DA **RÁDIO** REQUERENTE. VIOLAÇÃO AOS PRINCÍPIOS DA EFICIÊNCIA E DA RAZOABILIDADE. INEXISTÊNCIA. VULNERAÇÃO AO ARTIGO 535, II DO CÓDIGO DE PROCESSO CIVIL. AUSÊNCIA DE INGERÊNCIA DO PODER JUDICIÁRIO NA SEARA DO PODER EXECUTIVO. RECURSO ESPECIAL CONHECIDO PELA ALEGATIVA DE VIOLAÇÃO AOS ARTIGOS 6º DA LEI 9612/98 E 9º, INCISO II, DO DECRETO 2615/98 EM FACE DA AUSÊNCIA DE PREQUESTIONAMENTO DOS DEMAIS ARTIGOS ELENCADOS PELA RECORRENTE. DESPROVIMENTO. 1. Não existe afronta ao artigo 535, II do Código de Processo Civil quando o decisório combatido resolve a lide enfrentando as questões relevantes ao deslinde da controvérsia. O fato de não emitir pronunciamento acerca de todos os dispositivos legais suscitados pelas partes não é motivo para decretar nula a decisão. 2. Merece confirmação o acórdão que julga procedente pedido para que a União se abstenha de impedir o funcionamento provisório dos serviços de radiodifusão, até que seja decidido o pleito administrativo da recorrida que, tendo cumprido as formalidades legais exigidas, espera já há cinco anos, sem que tenha obtido uma simples resposta da Administração. 3. A Lei 9.784/99 foi promulgada justamente para introduzir no nosso ordenamento jurídico o instituto da Mora Administrativa como forma de reprimir o arbítrio administrativo, pois não obstante a discricionariedade que reveste o ato da **autorização,** não se pode conceber que o cidadão fique sujeito à uma espera abusiva que não deve ser tolerada e que está sujeita, sim, ao controle do Judiciário a quem incumbe a preservação dos direitos, posto que visa a efetiva observância da lei em cada caso concreto. 4. 'O Poder Concedente deve observar prazos razoáveis para instrução e conclusão dos processos de outorga de **autorização** para funcionamento, não podendo estes prolongar-se por tempo indeterminado', sob pena de violação aos princípios da eficiência e da razoabilidade. 5. Recurso especial parcialmente conhecido e desprovido." (STJ, 1ª Turma, Resp nº 531349/RS, Rel. Min. José Delgado, DJ de 09.08.2004, p. 174).
- "**ADMINISTRATIVO** – PRESCRIÇÃO – DEC. 20.910/32 – REQUERIMENTO – **SILÊNCIO** DA ADMINISTRAÇÃO – ENRIQUECIMENTO SEM CAUSA. 1 – Não corre prescrição enquanto pender, sem resposta, requerimento dirigido pelo credor à administração, tratando do direito em causa (dec. 20.910/32 – art. 4º)." (**STJ, 1ª Turma,** REsp 571310/PR, Rel. Min. Humberto Gomes de Barros, DJ 15.12.2003, p. 228).
- "**ADMINISTRATIVO** – PROCESSO CIVIL – **SILENCIO** DA ADMINISTRAÇÃO – INICIO DO PRAZO PRESCRICIONAL. 1. ENQUANTO PENDER SEM RESPOSTA REQUERIMENTO DIRIGIDO A ADMINISTRAÇÃO, O FLUXO PRESCRICIONAL EM FAVOR DESTA NÃO SE INICIA. 2. NAS OBRIGAÇÕES DE TRATO SUCESSIVO, A

PRESCRIÇÃO EM FAVOR DO ESTADO INCIDE APENAS SOBRE AS PRESTAÇÕES NÃO REIVINDICADAS NO QUINQUÊNIO QUE ANTECEDEU O EXERCÍCIO DA AÇÃO (DECRETO 20.910/32 - ART. 3.)" (**STJ, 1ª Turma,** REsp 7374/BA, Rel. Min. Humberto Gomes de Barros, DJ 17.12.1992, p. 24213).

- "RECURSO ORDINÁRIO EM MANDADO DE SEGURANÇA. RESOLUÇÃO. CÂMARA DE COMÉRCIO EXTERIOR - CAMEX. COMPETÊNCIA. ATO ADMINISTRATIVO. AUTORIZAÇÃO PRÉVIA. NULIDADE. 2. É atribuição do Presidente da Câmara de Comércio Exterior - CAMEX, nos casos em que se vislumbre relevância e urgência, expedir resoluções ad referendum do colegiado, obtida previamente a concordância dos demais membros. 3. O requisito da autorização prévia do colegiado para que o ato fosse monocraticamente praticado pelo seu Presidente não foi atendido. 4. A competência para a prática do ato administrativo, seja vinculado, seja discricionário, é a condição primeira de sua validade. Recurso ordinário provido." (STF, **RMS 26967/DF - DISTRITO FEDERAL, Rel. Min. EROS GRAU, Julgamento: 26/02/2008).**

13. QUESTÕES DE CONCURSOS

01. CESPE/CEBRASPE - Órgão: TJDFT - Cargo: Juiz de Direito Substituto - 2023) João, servidor público do Distrito Federal, ingressou no cargo público em 1986, sem ter realizado concurso público. Em 1991, foi editado ato da administração pública que declarou sua estabilidade no cargo. Passados dez anos, a administração pública anulou o referido ato, por considerá-lo incompatível com o texto constitucional. Nessa situação hipotética, a anulação do ato foi

(A) inválida, pois, embora o ato administrativo que concedeu a estabilidade a João tenha sido editado em descompasso com o texto constitucional, decorreu o prazo decadencial para a administração pública exercer o poder-dever de autotutela, cujo afastamento depende da comprovação de má-fé do beneficiário.

(B) inválida, pois, embora o ato administrativo que concedeu a estabilidade a João tenha sido editado em descompasso com o texto constitucional, decorreu o prazo prescricional para a administração pública exercer o poder-dever de autotutela, cujo afastamento depende da comprovação de má-fé do beneficiário.

(C) válida, uma vez que o ato administrativo que concedeu a estabilidade a João destoava do texto constitucional e, portanto, era passível de anulação, não estando sujeito ao prazo para o exercício do poder-dever de autotutela administrativa, que é prescricional, sem prejuízo do contraditório e da ampla defesa em favor do administrado.

(D) válida, uma vez que o ato administrativo que concedeu a estabilidade a João destoava do texto constitucional e, portanto, era passível de anulação, não estando sujeito ao prazo para o exercício do poder-dever de autotutela administrativa, que é decadencial, nem à observância do contraditório e da ampla defesa.

(E) válida, uma vez que o ato administrativo que concedeu a estabilidade a João destoava do texto constitucional e, portanto, era passível de anulação, não estando sujeito ao prazo para o exercício do poder-dever de autotutela administrativa, que é decadencial, sem prejuízo do contraditório e da ampla defesa em favor do administrado.

02. FCC - Órgão: DPE-MT - Cargo: Defensor Público - 2022) Com referência aos atos administrativos, o desvio de poder

(A) torna anulável o ato administrativo.

(B) é vício que atinge a sua finalidade.

(C) é termo genérico, tendo como espécie o abuso de poder.

(D) ocorre quando há excesso nos limites de sua competência.

(E) tem como exemplo a usurpação de poder.

03. FCC - Órgão: MPE-PE - Cargo: Promotor de Justiça Substituto - 2022) Sobre os atos administrativos em espécie:

(A) Visto é o ato unilateral e vinculado pelo qual a Administração pública reconhece a legalidade de um ato jurídico administrativo.

(B) Admissão é o ato bilateral e vinculado pelo qual a Administração pública reconhece ao particular, que preencha os requisitos legais, o direito a prestação de um serviço público.

(C) Homologação é o ato pelo qual os órgãos consultivos da Administração pública emitem opinião sobre assuntos técnicos ou jurídicos de sua competência.

(D) Aprovação é um ato bilateral e vinculado pelo qual se exerce o controle *a priori* ou *a posteriori* do ato administrativo.

(E) Licença é o ato administrativo unilateral e vinculado pelo qual a Administração pública faculta àquele que preencha os requisitos legais o exercício de uma atividade.

04. Banca: FCC – Órgão: DPE-PB – Cargo: Defensor Público – 2022) É admitida a convalidação do ato administrativo:

(A) nos vícios relativos ao objeto.

(B) na conversão, com efeito retroativo.

(C) nos vícios de incompetência em ato não exclusivo.

(D) nos vícios relativos ao motivo.

(E) nos vícios relativos à finalidade.

05. FGV – Órgão: TJ-MG – Cargo: Juiz de Direito Substituto – 2022) A Administração Pública pode:

(A) anular os próprios atos, se estiverem eivados de nulidade, desde que isso não atinja a segurança jurídica.

(B) anular os próprios atos, se estiverem eivados de nulidade, a qualquer tempo.

(C) revogar os próprios atos, por motivo de conveniência ou oportunidade, respeitados os direitos adquiridos.

(D) revogar os próprios atos, por motivo de conveniência ou oportunidade, sem que isso possa gerar quaisquer direitos.

06. (CESPE – Auditor Fiscal Contábil-Financeiro da Receita Estadual– TCDF – 2022) O silêncio administrativo, quando referente a atos discricionários, não se submete ao controle judicial.

07. (CESPE – Auditor Fiscal Contábil-Financeiro da Receita Estadual– TCDF – 2022) Considerando que, hipoteticamente, a diretoria de um órgão da administração distrital tenha editado portaria que aprovou seu regimento interno, julgue o próximo item, com base na teoria dos atos administrativos.

Os elementos ou requisitos comumente citados como pressupostos do ato administrativo, tais como forma, objeto, competência, motivo e finalidade, são expressamente elencados na Lei n.º 9.784/1999.

08. (CESPE – Defensor Público – DPE/RS – 2022) Com relação aos atos administrativos, julgue o item que se segue.

Como decorrência natural do princípio da legalidade, presume-se a legitimidade de todos os atos administrativos; por outro lado, o atributo da imperatividade (ou coercibilidade), além de nem sempre se fazer presente, tem perdido, nos tempos atuais, espaço para a consensualidade.

09. (CESPE – Defensor Público – DPE/PI – 2022) Com relação aos atos administrativos, julgue o item que se segue.

Na delegação e na avocação de competência administrativa, é imprescindível a existência de vínculo formal de hierarquia entre os órgãos administrativos envolvidos.

10. (CESPE – Defensor Público – DPE/PI – 2022) A validade de um ato administrativo se vincula, entre outros aspectos, à existência e à veracidade dos motivos apontados como fundamento para a tomada de decisão do gestor público, sejam razões de fato, sejam razões de direito, inclusive para demonstrar qual seria a melhor alternativa no caso concreto.

GABARITO		
01. E	**02.** B	**03.** E
04. C	**05.** C	**06.** ERRADO
07. ERRADO	**08.** CERTO	**09.** ERRADO
10. CERTO		

Capítulo IV

Organização Administrativa

↳ **Sumário** • 1. Considerações Gerais – 2. Formas de realização da função administrativa: centralização, descentralização, concentração e desconcentração – 3. Administração Direta: 3.1. Órgão público – Conceito; 3.2. Classificação dos órgãos públicos; 3.2.1. Quanto à sua posição estatal ou quanto à hierarquia; 3.2.2. Quanto à estrutura do órgão público; 3.2.3. Quanto à esfera de atuação dos órgãos públicos; 3.2.4. Quanto à composição ou atuação funcional dos órgãos públicos – 4. Administração Indireta: 4.1. Autarquias; 4.2. Fundações; 4.3. Agências reguladoras; 4.4. Agências executivas; 4.5. Empresas estatais; 4.5.1. O Regime jurídico das empresas estatais; 4.6. Consórcio Público; 4.6.1. Conceito e natureza; 4.6.2. Objetivos; 4.6.3. Do protocolo de intenções; 4.6.4. Do contrato de rateio; 4.6.5. Do contrato de programa – 5. Quadro Sinótico – 6. Jurisprudência Aplicada – 7. Questões.

1. CONSIDERAÇÕES GERAIS

Como se sabe, o Estado desempenha fundamentalmente três funções: a **função legislativa**, a **função judicial** e a **função executiva** (ou **administrativa**). Contudo, para realizar tais funções, o Estado precisa se organizar.

Nesse contexto, fala-se de *organização legislativa do Estado*, que ocorre quando o Estado provê os seus órgãos de estrutura adequada e suficiente para exercer a função legislativa; de *organização judiciária do Estado*, quando conforma os seus órgãos para o desempenho da função judicial; e, finalmente, fala-se de *organização administrativa do Estado*, quando o Ente Estatal ordena e distribui as funções administrativas, dispondo sobre a melhor maneira de cumpri-las.

O Estado, portanto, no exercício de sua autonomia político-administrativa, e para o fim de realizar a sua função administrativa, pode organizar-se administrativamente da forma e modo que melhor lhe aprouver, sujeito apenas às limitações e princípios constitucionais.

É da tradição do Direito Administrativo Brasileiro adotar uma organização administrativa do Estado, a partir da divisão entre *Administração Pública* ***Direta*** e *Administração Pública* ***Indireta***, que se compõem, respectivamente, de:

1 – ***Órgãos Públicos*** e

2 – ***Pessoas Jurídicas***, podendo estas ser:

2.1. ***Pessoas jurídicas de direito público*** – que são as Autarquias e as Fundações públicas de direito público, e

2.2. ***Pessoas jurídicas de direito privado*** – que são as Fundações públicas de direito privado, as Sociedades de economia mista e as Empresas públicas.

Isto é, a **Administração Pública Direta** do Estado é composta de órgãos públicos (conjunto ou centros despersonalizados de competências), enquanto a **Administração Pública Indireta** do Estado é constituída de pessoas jurídicas, algumas com personalidade jurídica de direito público (autarquias e fundações de direito público) e outras de direito privado (fundações de direito privado, sociedades de economia mista e empresas públicas).

Em face do Decreto-lei nº 200, de 25 de fevereiro de 1967, a Administração Pública Federal reparte-se em *Administração Direta* e *Administração Indireta*. Essa estrutura administrativa da Administração Federal estendeu-se, por força do art. 37, *caput*, da Constituição Federal de 1988[1], para as Administrações Públicas dos Estados, do Distrito Federal e Municípios.

Assim, em conformidade com o art. 37, *caput*, da Constituição de 1988, a Administração Pública de qualquer dos Poderes da União, dos Estados, do Distrito Federal e dos Municípios, **organiza-se** a partir de uma Administração **direta** e uma Administração **indireta**.

Essa organização está relacionada às **formas de realização da função administrativa**. Nesse sentido, pode-se afirmar que a organização administrativa de todas as Entidades Políticas (da União, dos Estados, do Distrito Federal e dos Municípios) compreende uma Administração Pública:

- **Direta** ou **Centralizada**. Que é aquela constituída a partir de um conjunto de **órgãos públicos** despersonalizados, através do quais o Estado desempenha **diretamente** a atividade administrativa. Na Administração Pública Direta, é a própria pessoa política (União, Estados, DF e Municípios) que realiza *diretamente* a atividade administrativa, servindo-se de seus órgãos públicos (que são centros ou círculos de competências, desprovidos de personalidade jurídica, criados por lei).

- **Indireta** ou **Descentralizada**. Que é constituída a partir de um conjunto de **entidades ou pessoas** dotadas de personalidade jurídica própria, responsáveis pelo exercício, em caráter *especializado* e *descentralizado*, de certa e determinada atividade administrativa, por outorga legal da entidade estatal. Consiste, pois, na criação de pessoas jurídicas, algumas de direito público, outras de direito privado, com personalidade jurídica própria, para exercerem parcela da competência administrativa do ente político que a criou e com o qual não se confunde. Tal criação se dará diretamente de lei específica (quando a entidade for a Autarquia ou Fundação de direito público) ou simplesmente por autorização de lei específica (as demais entidades, que compreendem as Fundações de direito privado, Empresas públicas e Sociedades de economia mista).

Daí se percebe que, no Direito Administrativo Brasileiro, a Administração Direta (ou Centralizada) é composta de **órgãos públicos** despersonalizados; e a Administração Indireta (ou Descentralizada) é integrada por **entidades** com personalidade jurídica, algumas de direito público, outras de direito privado.

1. Com efeito, preconiza o art. 37, *caput*, da Constituição Federal de 1988: "A administração pública *direta* e *indireta* de qualquer dos Poderes da *União*, dos *Estados*, do *Distrito Federal* e dos *Municípios* obedecerá aos princípios de legalidade, impessoalidade, moralidade, publicidade e eficiência e, também, ao seguinte (...)".

ORGANIZAÇÃO DA ADMINISTRAÇÃO PÚBLICA

Em conformidade com o art. 37, *caput*, da CF/88, a Administração Pública de qualquer dos Poderes da União, dos Estados, do Distrito Federal e dos Municípios, **organiza-se** a partir de uma **Administração direta** e uma **Administração indireta**. Essa organização está relacionada às **formas de realização da função administrativa**.

Administração **direta** ou **centralizada** →	• É aquela constituída a partir de um conjunto de **órgãos públicos** despersonalizados, através do quais o Estado desempenha **diretamente** a atividade administrativa.
Administração **indireta** ou **descentralizada** →	• É aquela constituída a partir de um conjunto de **entidades** dotadas de personalidade jurídica própria, responsáveis pelo exercício, em caráter *especializado* e *descentralizado*, de determinada atividade administrativa. Por meio delas, o Estado desempenha **indiretamente** a atividade administrativa.

2. FORMAS DE REALIZAÇÃO DA FUNÇÃO ADMINISTRATIVA: CENTRALIZAÇÃO E DESCENTRALIZAÇÃO, CONCENTRAÇÃO E DESCONCENTRAÇÃO

Na organização de sua Administração, o Estado pode adotar basicamente as seguintes formas de realização da função administrativa: *centralização* e *descentralização*. Ademais disso, ainda se fala em *concentração* e *desconcentração*.

A função administrativa é realizada de forma *centralizada* quando ela é desempenhada *diretamente* pela própria entidade estatal (União, Estados-membros, Distrito Federal e Municípios), através de seus vários *órgãos e agentes públicos*. Nessa forma de atuação, temos a Administração Pública direta, que é o próprio Estado.

A função administrativa, por outro lado, é realizada de forma *descentralizada* quando a entidade estatal a exerce, não diretamente, mas de forma indireta, através de *entidades ou pessoas administrativas* que cria para esse fim específico (autarquias, fundações, empresas públicas, sociedade de economia mista e consórcios públicos).

É importante deixar claro que a *descentralização* não se confunde com a *desconcentração*. Tanto uma quanto outra, é verdade, são formas de distribuição de competências. Contudo, na descentralização, essa distribuição se dá **externamente**, ou seja, de uma entidade para outra, pressupondo, portanto, duas pessoas jurídicas distintas, a estatal e a pessoa por ela criada.

Já na desconcentração, a distribuição ocorre **internamente**, dentro da própria entidade com competência para desempenhar a função, entre os seus próprios órgãos. A desconcentração cuida-se de uma técnica de administração, destinada a desafogar o exercício da função administrativa, haja vista que, podendo uma determinada entidade pública exercer sua atividade por meio de um único órgão público, ou seja, *concentradamente*, ela pode, para facilitar o desempenho dessa atividade, exercê-la por mais de um órgão, o que o faz *desconcentradamente*.

Na desconcentração, reitere-se, há uma **divisão interna** de competências ou funções, no *interior* do próprio Estado ou das entidades de direito público que cria. A desconcentração, explica com propriedade Celso Antônio Bandeira de Mello[2], pode se dá tanto em razão da *matéria* ou do assunto (por exemplo, entre os Ministérios da Justiça, da Saúde, da Fazenda, da Educação), como em razão do *grau de hierarquia* (por exemplo, entre a Presidência da República e os Ministérios de Estado; a Diretoria de Departamentos e a Diretoria de Divisões; Chefias de Seção e Encarregados de Setor) e do *território* (por exemplo, as Delegacias Regionais do Trabalho e da Receita Federal na Bahia, em Sergipe, Pernambuco, Alagoas, etc.).

FORMAS DE REALIZAÇÃO DA FUNÇÃO ADMINISTRATIVA	
Centralização:	• A função é desempenhada diretamente pela própria entidade estatal (União, Estados-membros, Distrito Federal e Municípios), por meio de seus vários órgãos e agentes públicos.
Descentralização:	• A função é realizada pela entidade estatal, não diretamente, mas de forma indireta, por meio de entidades administrativas que cria para esse fim específico (autarquias, fundações, empresas públicas, sociedade de economia mista e consórcios públicos). Pressupõe duas pessoas jurídicas distintas, a estatal e a pessoa por ela criada.
Concentração:	• A função é exercida, internamente à entidade administrativa, por apenas um órgão, sem qualquer divisão.
Desconcentração:	• A função é exercida, internamente à entidade administrativa, por mais de um órgão, que divide competências.

É necessário esclarecer, também, que a *descentralização administrativa* não se confunde com a *descentralização política*. Descentralização Política é partilha ou repartição de competência político-constitucional, no Estado Federal, entre os entes políticos que o compõem, realizada diretamente pela própria Constituição. Descentralização administrativa é repartição de competência administrativa entre as entidades administrativas, procedida por lei da própria pessoa político-constitucional.

Segundo opinião corrente, a descentralização administrativa pode ser:

a) *Territorial* – Quando se cria uma entidade, a partir da especificação de uma área geográfica, dotando-a de personalidade jurídica de direito público e de competência administrativa genérica. No Brasil, a única hipótese desta modalidade

2. *Curso de Direito Administrativo*, p. 140.

ocorrer será através de criação de territórios federais. Atualmente, não existem territórios federais, mas a CF possibilita a sua criação pela União (CF/88, art. 18).

b) *Por colaboração* – Ocorre através de contrato administrativo de concessão ou permissão de serviços públicos, ou de simples ato administrativo unilateral de autorização, por meio dos quais o Estado transfere ou delega a particulares a prestação de um serviço público, que será realizada por conta e risco do delegado. É a distribuição de competências para entidades privadas que irão colaborar com o Estado com a prestação de um serviço público. Ex.: empresas concessionárias prestadoras de serviços públicos de telecomunicações, de energia elétrica, de transportes coletivos, etc. Tais entes não integram a Administração Pública do Estado, sendo apenas delegados do Estado. São empresas comerciais que se submetem a regime de direito privado.

c) *Por serviço ou funcional* – Por força desta descentralização, cria-se ou autoriza-se a criação, por lei específica, uma entidade administrativa, com personalidade jurídica própria, para exercer uma atividade em caráter específico, transferindo-se para o ente descentralizado criado, poderes de decisão para o desempenho dessas atividades específicas.

É desta descentralização que doravante cuidaremos e em virtude da qual se criam as autarquias, as fundações governamentais, as empresas públicas, as sociedades de economia mista e os consórcios públicos – entidades que integram a Administração Indireta do Estado – para prestarem, em caráter especializado, serviços públicos.

3. ADMINISTRAÇÃO DIRETA

A Administração Direta ou Centralizada é aquela constituída a partir de um conjunto de **órgãos públicos**, através dos quais o Estado desempenha *diretamente* a atividade administrativa.

Na Administração Direta ou Centralizada, é a própria pessoa estatal (União, Estados-membros, Distrito Federal e Municípios) que realiza *diretamente* a atividade administrativa. Para tanto, vale-se dos órgãos públicos, que são unidades de competências integrantes da estrutura interna do próprio Estado.

Segundo o art. 4º, inciso I, do Decreto-lei nº 200/67, a Administração Direta da União se constitui dos serviços integrados na estrutura administrativa da Presidência da República e dos Ministérios. Por este paradigma, pode-se afirmar que a Administração Direta dos Estados compreende os serviços integrados na estrutura administrativa da Governadoria dos Estados e das Secretarias respectivas e a Administração Direta dos Municípios abrange os serviços integrados na estrutura administrativa da Prefeitura Municipal e das Secretarias correspondentes.

Todos esses serviços, assim centralizados, são prestados pelos órgãos e agentes públicos.

Assim, para entender a estrutura administrativa da Administração Direta do Estado, seja ela da União, dos Estados-membros, do Distrito Federal e dos Municípios, é imperiosa a compreensão dos órgãos públicos.

3.1. Órgão Público. Conceito

O órgão público consiste num *centro despersonalizado de competências* ou *atribuições*, instituído por lei para o desempenho de funções estatais, através de seus agentes, cuja atuação é imputada à pessoa jurídica a que pertence.

Cada órgão público, como centro ou unidade de atribuições ou competências políticas ou administrativas, dispõe necessariamente de funções, cargos e agentes, mas é distinto desses elementos, que podem ser modificados, substituídos ou retirados sem supressão do órgão[3].

Em suma, o órgão público é um feixe de poderes e atribuições que compõe a intimidade da pessoa estatal ou pessoa administrativa de direito público. Corresponde a um conjunto de competências nele delimitadas e a ele conferidas por lei.

Os órgãos públicos não se confundem com a pessoa pública que integram. Correspondem a um conjunto de competências pertencentes à pessoa pública. Não existem por si, mas em razão de integrarem uma pessoa jurídica.

Assim, os órgãos não têm personalidade jurídica e, em consequência, não podem demandar ou serem demandados em juízo, salvo quando necessitarem defender em juízo suas próprias atribuições e prerrogativas[4]. Isto porque, a doutrina e a jurisprudência dos Tribunais têm admitido, excepcionalmente, a existência da chamada *personalidade judiciária* dos órgãos públicos para a defesa de suas prerrogativas (aquelas relacionadas ao seu funcionamento, autonomia e independência). Conferir:

> PROCESSUAL CIVIL. AGRAVO INTERNO EM ARESP. AÇÃO CIVIL PÚBLICA AJUIZADA PELO MP/RJ EM DESFAVOR DO MUNICÍPIO DE MENDES/RJ. PRETENSÃO DA MUNICIPALIDADE QUE A CÂMARA DE VEREADORES FIGURE NO POLO PASSIVO DA DEMANDA E NÃO O ENTE ESTATAL. ILEGITIMIDADE PASSIVA AD CAUSAM RECONHECIDA PELO TRIBUNAL DE ORIGEM. **DE FATO, AS CÂMARAS DE VEREADORES NÃO POSSUEM PERSONALIDADE JURÍDICA, MAS APENAS PERSONALIDADE JUDICIÁRIA** (AGRG NO ARESP. 44.971/GO, REL. MIN. ARNALDO ESTEVES LIMA, DJE 5.6.2012). **BEM POR ISSO, SÓ PODEM DEMANDAR EM JUÍZO PARA DEFENDER OS DIREITOS INSTITUCIONAIS, ENTENDIDOS ESSES COMO AQUELES QUE DIZEM RESPEITO AO SEU FUNCIONAMENTO, AUTONOMIA E INDEPENDÊNCIA**, O QUE NÃO É O CASO DOS AUTOS, CONSOANTE REGISTROU O ACÓRDÃO RECORRIDO.
>
> 1. A pretensão da parte agravante volta-se ao reconhecimento de que a Câmara Municipal de Mendes/RJ, e não o Município de Mendes/RJ, teria legitimidade para figurar no polo passivo da Ação Civil Pública em que se postula determinação judicial para a realização de concurso público destinado ao provimento de cargos no Legislativo Municipal, frente ao alegado excesso de cargos comissionados.
>
> 2. **Câmaras de Vereadores não possuem personalidade jurídica, mas apenas personalidade judiciária, de modo que só podem demandar em juízo para**

3. Hely Lopes Meirelles, op. cit., pp. 66-67.
4. O que pode ocorrer, por exemplo, quando a Câmara de Vereadores (órgão público) de determinado Município, para defender uma prerrogativa constitucional prevista no art. 168 da CF/88, impetra um mandado de segurança contra ato de Prefeito do Município que se recusa a transferir os duodécimos relativos aos recursos correspondentes às dotações orçamentárias devidos àquele órgão do Poder Legislativo.

defender os direitos institucionais, entendidos esses como aqueles relacionados a funcionamento, autonomia e independência.

3. De acordo com o que leciona o Professor LUÍS OTÁVIO SEQUEIRA DE CERQUEIRA, se não estiver em discussão questões de natureza institucional, que envolve política interna dos órgãos públicos (Poder Legislativo, Poder Judiciário e Tribunal de Contas), a legitimidade será conferida ao respectivo ente de direito público (União, Estado e Município), já que àqueles falta personalidade jurídica, havendo apenas personalidade judiciária, ou seja, capacidade de ser parte (Comentários à Lei de Improbidade Administrativa. São Paulo: RT, 2014, p. 43).

4. Esta Corte Superior endossa a tese de que Casas Legislativas - Câmaras Municipais e Assembleias Legislativas - têm apenas personalidade judiciária, e não jurídica. Assim, podem estar em juízo tão somente na defesa de suas prerrogativas institucionais. Não têm, por conseguinte, legitimidade para recorrer ou apresentar contrarrazões em ação envolvendo direitos estatutários de servidores (AgRg no AREsp. 44.971/GO, Rel. Min. ARNALDO ESTEVES LIMA, DJe 5.6.2012).

5. **De fato, criação doutrinária acolhida pela jurisprudência no sentido de admitir que órgãos sem personalidade jurídica possam em juízo defender interesses e direitos próprios, excepcionalmente, para manutenção, preservação, autonomia e independência das atividades do órgão em face de outro Poder (REsp. 649.824/RN, Rel. Min. ELIANA CALMON, DJ 30.5.2006).**

6. Na presente demanda, o Tribunal Fluminense assinalou que a alegação da ocorrência de fato praticado pela Câmara dos Vereadores não se presta a configurar o necessário fim institucional capaz de justificar a possibilidade, sempre excepcional, pois a pessoa jurídica que responde pelo ato lesivo é a Fazenda Pública e não o Ente Legislativo (fls. 177).

7. A conclusão da Corte de origem não se aparta do desfecho conferido por esta Corte Superior em hipóteses símiles, razão pela qual a decisão agravada não merece reproche.

8. Agravo Interno do Ente Estatal Fluminense desprovido.

(STJ, AGRAVO INTERNO NO AGRAVO EM RECURSO ESPECIAL (AgInt no AREsp) 1304251/RJ, PRIMEIRA TURMA, Rel. Min. NAPOLEÃO NUNES MAIA FILHO, j. em 02/04/2019, DJe 04/04/2019)

Desse modo, os órgãos podem se valer de mandado de segurança ou outra ação judicial adequada para garantir suas prerrogativas e competências.

No entanto, por atos ou fatos atribuídos ou decorrentes dos órgãos, aciona-se a pessoa jurídica à qual integram. Assim, a título de exemplo, se a Receita Federal do Brasil autua indevidamente uma empresa, deve-se demandar – se se tratar de *ação submetida ao procedimento comum* – a União, e não o órgão Receita Federal.

Claro que, tratando a ação a ser proposta de mandado de segurança, tendo em vista o seu perfil constitucional de ação de impugnação de "ato" de autoridade pública lesivo a direito líquido e certo do impetrante[5], deve-se atacar o ato da autoridade pública responsável pela ilegalidade ou abuso de poder. Por essa razão, na petição inicial do MS deverá o impetrante indicar a autoridade coatora e a pessoa jurídica que esta integra, à qual se acha vinculada ou da qual exerce atribuições, cabendo ao juiz, ao

5. CF/88, art. 5º, LXIX: "conceder-se-á mandado de segurança para proteger direito líquido e certo, não amparado por *habeas-corpus* ou *habeas-data*, quando o responsável pela ilegalidade ou abuso de poder for autoridade pública ou agente de pessoa jurídica no exercício de atribuições do Poder Público."

despachar a inicial, ordenar (I) a notificação da autoridade para que, em 10 dias, preste as informações; e (II) a ciência do feito ao órgão de representação judicial da pessoa jurídica interessada, para que, querendo, ingresse no feito.

Os agentes públicos integram os órgãos e realizam em última instância a vontade estatal. Em razão disso, sua atuação sempre é imputada ao ente estatal. Isto porque, como os agentes integram o órgão e este, por sua vez, compõe a pessoa estatal, é ele, o órgão, que constitui o elo da relação entre o agente público e a pessoa jurídica estatal. Cuida-se, aí, da **Teoria do Órgão**, abaixo mencionada, formulada pelo alemão Otto Gierke, e que foi adotada pelo direito brasileiro.

Todavia, outras teorias tentaram, sem êxito, explicar essa relação. Vejamo-las, em apertada síntese:

a) **Teoria do Mandato** – Afirmava que o agente público era o mandatário da pessoa jurídica. Mas quem iria outorgar o mandato, se o Estado não tem vontade própria?

b) **Teoria da Representação** – Defendia que o agente público era legalmente o representante da pessoa jurídica estatal. Foi superada, pois considerava a pessoa jurídica estatal como um incapaz, à semelhança dos tutelados e curatelados, que precisam de representação legal.

c) **Teoria do Órgão** – Esta foi a teoria adotada pelo direito brasileiro, para a qual o órgão público, como mero *centro despersonalizado de competências*, é uma parte da pessoa jurídica estatal. O órgão não é pessoa, não é sujeito de direitos, nem de obrigações. Ele é, na verdade, um círculo de poderes e atribuições. Esta teoria substitui a ideia de representação pela de **imputação**. É o órgão que realiza a ligação entre a pessoa jurídica estatal e o agente público. Por essa teoria, a pessoa jurídica expressa a sua vontade por meio dos seus órgãos, de sorte que quando os agentes que os compõem manifestam essa vontade, é como se a própria pessoa o fizesse[6].

Sem destoar do conceito doutrinário acima, a Lei Federal nº 9.784/99, que dispõe sobre o processo administrativo no âmbito da Administração Pública Federal, conceitua o órgão público como "a unidade de atuação integrante da estrutura da Administração direta e da estrutura da Administração indireta", distinguindo-se da entidade que é "a unidade de atuação dotada de personalidade jurídica" (art. 1º, § 2º, I e II).

Na verdade, quanto ao conceito da Lei Federal nº 9.784/99, impõe-se apenas uma correção. Os órgãos públicos integram a estrutura da Administração direta e a estrutura das entidades administrativas de direito público que compõem a Administração indireta. Os órgãos não integram a Administração indireta, mas sim a estrutura administrativa das pessoas jurídicas de direito público que compõem a Administração indireta (que são as Autarquias, Fundações de direito público e os Consórcios públicos quando criados como Associações públicas).

6. Maria Sylvia Zanella Di Pietro, op. cit., p. 416.

3.2. Classificação dos Órgãos Públicos

A doutrina tem se valido de vários critérios para classificar os órgãos públicos. Vejamos os principais.

3.2.1. *Quanto a sua posição estatal ou quanto à hierarquia*

a) **Órgãos independentes** - São os que se situam no topo da pirâmide da organização política e administrativa do Estado. São os órgãos originários da Constituição e exercentes das funções estatais (legislativa, executiva e judicial) ou das funções que gozam de ampla independência, e só sujeitos aos controles constitucionais de um sobre o outro (no chamado sistema de freios e contrapesos ou *checks and balances*), não se encontrando subordinados a nenhum outro. Por isso mesmo, os órgãos independentes somente existem no âmbito político da Administração Pública direta dos Poderes estatais.

Entre os **órgãos independentes**, incluem-se:

(1) os **órgãos do Poder Legislativo**: Congresso Nacional e suas casas legislativas (Câmara e Senado); as Assembleias Legislativas dos Estados; a Câmara Legislativa do Distrito Federal e as Câmaras de Vereadores;

(2) os **órgãos do Poder Executivo**: Presidência da República, Governadorias dos Estados e do Distrito Federal e as Prefeituras Municipais;

(3) os **órgãos do Poder Judiciário**: o Supremo Tribunal Federal, os Tribunais Superiores (STJ, TSE, TST, STM), os Tribunais Estaduais (Tribunais de Justiça dos Estados e do Distrito Federal), o Tribunais Federais (os 06 TRF's[7], os 27 TRE's e os 24 TRT's e os respectivos Juízos de primeiro grau vinculados);

(4) os **órgãos do Ministério Público** (da União e dos Estados);

(5) os **Tribunais de Contas** (da União, dos Estados e dos Municípios);

(6) o **Conselho Nacional de Justiça** (CNJ);

(7) o **Conselho Nacional do Ministério Público** (CNMP); e

(8) as **Defensorias Públicas Estaduais** (órgãos que foram, em boa hora, contemplados com ampla autonomia e independência administrativa, funcional e financeira pela EC 45/2004) e as **Defensorias Públicas da União e do Distrito Federal** (pois a EC 74/2013, estendeu a estes órgãos aquela autonomia e independência). Ademais, foi promulgada a EC nº 80, de 04 de junho de 2014, que fortaleceu ainda mais as Defensorias Públicas, sobretudo porque lhes atribuiu expressamente a competência para propor ao Poder Legislativo respectivo (portanto, foi conferido poder de *iniciativa legislativa*), observado o

7. A Emenda Constitucional nº 73, de 06 de junho de 2013, criou os seguintes Tribunais Regionais Federais: o da 6ª Região, com sede em Curitiba, Estado do Paraná, e jurisdição nos Estados do Paraná, Santa Catarina e Mato Grosso do Sul; o da 7ª Região, com sede em Belo Horizonte, Estado de Minas Gerais, e jurisdição no Estado de Minas Gerais; o da 8ª Região, com sede em Salvador, Estado da Bahia, e jurisdição nos Estados da Bahia e Sergipe; e o da 9ª Região, com sede em Manaus, Estado do Amazonas, e jurisdição nos Estados do Amazonas, Acre, Rondônia e Roraima.

disposto no art. 169, (a) a alteração do número de seus membros; (b) a criação e a extinção de cargos e a remuneração dos seus serviços auxiliares e dos órgãos que lhes forem vinculados, bem como a fixação do subsídio de seus membros; (c) a criação ou extinção de órgãos vinculados; (d) a alteração da organização e da divisão de suas unidades. Foi inserido o § 4º ao art. 134 da Constituição Federal, com o qual a EC nº 80/2014 reconheceu como *princípios institucionais* da Defensoria Pública a *unidade*, a *indivisibilidade* e a *independência funcional*, determinando, ademais, a aplicação, no que couber, do disposto no art. 93 e no inciso II do art. 96 da Constituição Federal. Assim, ao determinar a incidência do art. 93, aplicam-se, doravante, à Defensoria Pública os mesmos princípios institucionais da Magistratura, entre os quais os concernentes ao ingresso na carreira (com exigência, no mínimo, de três anos de atividade jurídica do candidato) e à promoção. E ao mandar aplicar o inciso II do art. 96, a EC nº 80/2014 conferiu à Defensoria Pública o *poder de iniciativa legislativa*, como acima explicado.

b) Órgãos autônomos – São aqueles que se situam logo abaixo dos órgãos independentes e diretamente subordinados a estes. Gozam de relativa autonomia, não na mesma intensidade dos órgãos independentes, e exercem funções de planejamento, supervisão, coordenação e controle das atividades afetas à sua competência.

São órgãos autônomos os Ministérios de Estado, as Secretarias de Estado, as Secretarias Municipais, a Advocacia-Geral da União, a Controladoria-Geral da União, etc. Nada obstante respeitável opinião de Di Pietro[8] no sentido de que o Ministério Público se enquadra como órgão autônomo, entendemos que esse órgão se posiciona melhor entre os órgãos independentes, pois não se encontra constitucionalmente subordinado a nenhum outro, gozando de ampla independência funcional, administrativa e financeira[9].

c) Órgãos superiores – São órgãos de direção, porém sem autonomia administrativa e financeira. Sujeitam-se aos órgãos independentes e autônomos, compondo o primeiro escalão orgânico da estrutura dos órgãos independentes e autônomos.

São órgãos superiores os Gabinetes, as Secretarias Gerais, as Procuradorias Jurídicas etc.

d) Órgãos subalternos – São aqueles que se encontram na base da estrutura orgânica da Administração Pública e exercem atividades materiais ou de execução, cumprindo as ordens emitidas pelos órgãos que lhes são superiores. Destinam-se à realização dos serviços de rotina. São as portarias, as zeladorias, etc.

---

8. Op. cit., p. 419.
9. Nesse sentido, conferir Hely Lopes Meirelles, op. cit., p. 69. Compartilhamos, como visto acima, desse entendimento.

3.2.2. *Quanto à estrutura do órgão público*

a) **Órgãos simples ou unitários** – Caracterizam-se como um **único centro** de competência, sem subdivisão interna. Vale dizer, inexiste outro órgão compondo-o, como, por exemplo, uma escola pública e uma delegacia de polícia, que são órgãos de estrutura simples.

b) **Órgãos compostos** – São integrados por **diversos centros** de competência. Isto é, são constituídos por vários outros órgãos. Os Ministérios e Secretárias de Estado e de Municípios compreendem vários órgãos, até chegar aos órgãos simples onde inexiste subdivisão. Ex.: a Secretaria de Segurança Pública (órgão composto) possui diversos centros de competência, que são as delegacias de polícia; já as delegacias de polícia são órgãos unitários, porque possuem um único centro de competência; a Secretaria de Educação (órgão composto) integrada por escolas públicas (órgãos simples). Enfim, os Ministérios e as Secretarias são sempre órgãos compostos.

3.2.3. *Quanto à esfera de atuação dos órgãos públicos*

a) **Órgãos centrais** – São os que têm atuação coincidente com o domínio político da entidade estatal a que pertencem. Assim, são órgãos centrais, os órgãos públicos federais, que integram a administração direta da União, e têm atuação em todo o território nacional; os órgãos públicos estaduais, que integram a administração direta do Estado, e têm atuação no território de todo o Estado; e os órgãos públicos municipais, que integram a administração direta do Município, e têm atuação no território de todo o Município. Ex.: os Ministérios e as Secretarias de Estado e de Municípios, no domínio da União, dos Estados e dos Municípios, respectivamente.

b) **Órgãos locais** – São os que têm atuação somente em parte do território federal, estadual e municipal, no domínio político da União, dos Estados e dos Municípios, respectivamente. Ex.: as Delegacias Regionais do Trabalho e da Receita Federal, no âmbito da União; as delegacias de polícia, no âmbito estadual, e as escolas públicas municipais, no âmbito dos Municípios.

3.2.4. *Quanto à composição ou atuação funcional dos órgãos públicos*

Leva em conta a quantidade de agentes responsáveis pela formação da vontade do órgão. Podem ser:

a) **Singulares ou unipessoais** – Há um único agente, sendo este o responsável pela formação da vontade do órgão. Pode haver, nestes órgãos, vários agentes *auxiliares*, mas o desempenho da função precípua cabe a apenas um agente investido como seu titular. Ex.: a Presidência da República, as Governadorias dos Estados e do DF e as Prefeituras Municipais, os juízos de Direito, etc.

b) **Colegiados ou pluripessoais** – Há mais de um agente responsável pela formação da vontade do órgão. Ex.: Tribunais de Justiça, Tribunais de Contas, Conselhos de Contribuintes, órgãos legislativos, etc.

4. ADMINISTRAÇÃO INDIRETA

A Administração indireta é constituída a partir de um conjunto de entidades, dotadas de personalidade jurídica própria, responsáveis pelo exercício, em caráter *especializado* e *descentralizado*, de certa e determinada atividade administrativa, por outorga legal da entidade estatal.

Consiste, pois, na criação de pessoas jurídicas, algumas de direito público, outras de direito privado, com personalidade jurídica própria, para exercerem, com autonomia administrativa, parcela da competência administrativa do ente político que a criou e com o qual não se confunde.

A criação dessas pessoas jurídicas integrantes da Administração indireta ocorrerá *diretamente* da *lei específica* (autarquias ou fundações de direito público) ou simplesmente *autorizada* por *lei específica* (as demais entidades).

Segundo o art. 4º, inciso II, alíneas *a, b, c* e *d*, do Decreto-lei nº 200/67, são entidades que integram a **Administração Indireta**:

a) As **Autarquias**;

b) As **Fundações públicas (de direito público e de direito privado)**;

c) As **Empresas públicas**; e

d) As **Sociedades de economia mista**.

Todavia, em face do advento da Lei nº 11.107, de 06 de abril de 2005, que dispôs sobre normas gerais para a União, os Estados, o Distrito Federal e os Municípios contratarem **Consórcios Públicos** para a realização de objetivos de interesse comum, foi prevista a possibilidade de mais uma entidade da Administração Indireta: as **Associações públicas**, que são entidades formadas por consórcios públicos celebrados entre as entidades da Federação com natureza de pessoa jurídica de direito público.

Com efeito, nos termos do aludido diploma legal, o consórcio público adquirirá personalidade jurídica de direito público, no caso de constituir associação pública, mediante a vigência das leis de ratificação do protocolo de intenções (art. 6º, I).

O consórcio público com personalidade jurídica de direito público integra a administração indireta de todos os entes da Federação consorciados (art. 6º, § 1º). O art. 16 da Lei deu nova redação ao art. 41 do código civil para inserir, ao lado das autarquias, as associações públicas, como pessoas jurídicas de direito público interno[10].

A fim de evitar qualquer confusão no emprego das várias terminologias existentes entre nós, cumpre esclarecer que, no Direito Brasileiro, são conhecidas as seguintes espécies de entidades ou entes jurídicos:

a) Entidade estatal – É a própria entidade política. Possui autonomia política. São a União, os Estados-membros, o Distrito Federal os Municípios. São

10. Art. 41. São pessoas jurídicas de direito público interno: I – a União; II – os Estados, o Distrito Federal e os Territórios; III – os Municípios; IV – as autarquias, inclusive as associações públicas; (Redação dada pela Lei nº 11.107, de 2005); V – as demais entidades de caráter público criadas por lei.

também conhecidas como entidades federadas ou federativas, por integrarem o Estado Federal;

b) **Entidade autárquica** – É a autarquia. É pessoa jurídica de direito público, com capacidade exclusivamente administrativa, que faz parte da Administração Indireta;

c) **Entidade fundacional** – É a fundação governamental ou pública, ou seja, a fundação instituída e mantida pelo poder público, também integrante da Administração indireta, que pode se submeter ao regime de direito público ou de direito privado;

d) **Entidades empresariais do Estado ou empresas estatais ou estatais** – São as pessoas jurídicas de direito privado integrantes da Administração pública indireta, que compreendem as *empresas públicas* (ex.: Caixa Econômica Federal; Empresa Brasileira de Correios e Telégrafos; Infraero, etc.) e as *sociedades de economia mista* (ex.: Banco do Brasil, Petrobrás, etc.).

e) **Associações Públicas (Consórcios Públicos)** – São entidades formadas por consórcios públicos celebrados entre entidades da Federação, com natureza de pessoa jurídica de direito público, para a realização de objetivos de interesse comum.

As autarquias, as fundações governamentais de direito público e os consórcios públicos constituídos como associações públicas são pessoas jurídicas de direito público; enquanto as fundações governamentais de direito privado, as sociedades de economia mista e as empresas públicas são pessoas jurídicas de direito privado.

No âmbito da União, essas entidades *vinculam-se* ao Ministério em cuja área de competência estiver enquadrada sua principal atividade. Tal vinculação não sugere, nem poderia, a existência de qualquer subordinação hierárquica – que existe apenas entre os órgãos da Administração Direta – entre essas entidades da Administração Indireta e a entidade estatal.

Em verdade, a entidade estatal ou central exerce tão somente um *controle administrativo* (conhecido como *tutela administrativa*) sobre as entidades da Administração Indireta.

Na Administração Pública Federal, esse controle recebe a designação de *supervisão ministerial*, a cargo do Ministro de Estado que a exerce através da orientação, coordenação e controle das atividades das entidades vinculadas ao respectivo Ministério. Segundo o art. 26 do Decreto-lei nº 200/67, a supervisão ministerial visará a assegurar, essencialmente, a realização dos objetivos fixados nos atos de constituição da entidade, a harmonia com a política e a programação do Governo no setor de atuação da entidade, a eficiência administrativa e a autonomia administrativa, operacional e financeira da entidade.

Características comuns às entidades da Administração Indireta	→ pessoa jurídica distinta do ente estatal instutuidor → autonomia administrativa (não possui autonomia política, que é primitiva do ente instituidor) → patrimônio próprio → atuação em área específica (princípio da especialização) → vinculação meramente administrativa sem qualquer subordinação hierárquica, ao ente instituidor (princípio da tutela administrativa)

4.1. Autarquias

Conforme o art. 5º, inciso I, do Decreto-lei 200/67, define-se a autarquia como o serviço autônomo, criado por lei, com personalidade jurídica, patrimônio e receita próprios, para executar atividades típicas da Administração Pública, que requeiram, para seu melhor funcionamento, gestão administrativa e financeira descentralizada.

Deveras, em que pese a falta de clareza do conceito legal, as autarquias devem ser compreendidas como pessoas jurídicas de direito público, com capacidade exclusivamente administrativa, criadas por *lei específica* (ou por medida provisória, em caso de relevância, urgência e demonstrada necessidade de criar atividade em caráter emergencial) para exercerem, em caráter especializado e com prerrogativas públicas, atividades típicas referentes à prestação de certos serviços públicos.

Para tanto, possuem autonomia administrativa, financeira e técnica e são dotadas de amplas prerrogativas, de modo que todos os poderes conferidos às entidades estatais são a elas estendidos, inclusive as imunidades tributárias referentes aos impostos sobre o patrimônio, às rendas e aos serviços vinculados às suas finalidades essenciais ou às delas decorrentes (CF/88, § 2º do art. 150).

Entretanto, não se estende às autarquias a autonomia política, que é exclusiva da entidade estatal que as instituiu (União, Estados, Distrito Federal e Municípios).

Seus bens são públicos e elas gozam de responsabilidade própria.

As autarquias possuem as mesmas prerrogativas dos entes estatais, salvo, reitere-se, a autonomia política, pois as autarquias são dotadas de autonomia somente administrativa.

Quanto ao **regime jurídico das autarquias**, é preciso discriminar as seguintes situações:

I. Relação da autarquia com a pessoa jurídica que a criou

A autarquia é entidade **criada diretamente** pela pessoa jurídica estatal (que pode ser a União, os Estados, o Distrito Federal e os Municípios). Só que esta criação exige *lei específica* (CF, art. 37, XIX), de iniciativa do chefe do Poder Executivo.

Assim, não há necessidade de adoção de atos complementares e ulteriores à lei especial instituidora da autarquia. Com a simples publicação e vigência da lei, a autarquia ganha existência jurídica. Do mesmo modo, e em razão do princípio da paridade de formas, a autarquia só pode ser extinta também por lei específica.

O controle exercido pelo ente estatal sobre a autarquia não é hierárquico, mas limitado a uma *tutela administrativa*. Cuida-se de um controle finalístico para verificar a execução do serviço para o qual a autarquia foi criada. No âmbito da União, é chamado de *supervisão ministerial* porque, quando a União cria uma autarquia, esta fica vinculada a um Ministério.

Quanto mais independente for uma autarquia, mais próxima ela estará de um regime especial (ex.: o Banco Central, as Agências Reguladoras, etc.). Vale dizer, noutro sentido, as autarquias em regime especial (como o Bacen e as Agências Reguladoras, por exemplo) gozam de maior independência e autonomia em face da Administração direta.

II. Relação da autarquia com terceiros

A autarquia, como entidade administrativa, expede atos administrativos e celebra contratos administrativos, tal como os entes políticos o fazem, no desempenho direto de suas funções administrativas.

A autarquia, por ter personalidade jurídica própria e patrimônio próprio, ***responde diretamente*** perante terceiros, por danos porventura a estes causados. A responsabilidade será, em regra, objetiva (que se assenta no mero nexo de causalidade entre a atuação administrativa e o dano), podendo ser, nos casos de omissão, subjetiva (que tem por base a culpa administrativa). A entidade estatal que a criou terá responsabilidade tão somente *subsidiária* em relação à autarquia, quando o patrimônio desta mostrar-se insuficiente.

A prescrição das ações contra a autarquia, sujeita-se à mesma disciplina aplicável à prescrição contra a Fazenda Pública, ou seja, prescrevem em 05 anos (Decreto-lei 20.910/32 e Decreto-lei 4.597/42).

Com efeito, não obstante a dúvida e controvérsia surgidas com o advento do novo código civil (CC/02), cujo art. 206, § 3º, V, determinou que a pretensão de reparação civil prescreve em 3 (três) anos, cumpre esclarecer que, em julgamento de recurso repetitivo relatado pelo ministro Mauro Campbell Marques, a Primeira Seção do Superior Tribunal de Justiça (STJ), de forma unânime, definiu que **prescreve em cinco anos** todo e qualquer direito ou ação movida contra a fazenda pública (inclusive as Autarquias), seja ela federal, estadual ou municipal, inclusive indenização por reparação civil. Eis a ementa:

> Administrativo. Recurso Especial Representativo de Controvérsia (Artigo 543-c do CPC). Responsabilidade Civil do Estado. Ação Indenizatória. Prescrição. Prazo Quinquenal (Art. 1º DO DECRETO 20.910/32) X Prazo Trienal (Art. 206, § 3º, V, DO CC). Prevalência da Lei Especial. Orientação Pacificada No Âmbito Do STJ. Recurso Especial Não Provido.

Seus **bens são públicos** e, portanto, são impenhoráveis, imprescritíveis (insuscetíveis de usucapião) e relativamente inalienáveis. Cumpre esclarecer, contudo, que em conformidade com a súmula nº 85, do STJ, "nas relações jurídicas de trato sucessivo em que a Fazenda Pública figure como devedora, quando não tiver sido negado o próprio direito reclamado, a prescrição atinge apenas as prestações vencidas antes do quinquênio anterior a propositura da ação".

Ademais, as autarquias gozam dos mesmos privilégios processuais das entidades estatais. Têm **foro privativo** da fazenda pública e dispõem de **prazo em dobro** para todas as suas manifestações processuais, cuja contagem terá início a partir da intimação pessoal (CPC/2015, art. 183).

E as sentenças proferidas contra as autarquias estão sujeitas ao **duplo grau de jurisdição**, não produzindo efeitos senão depois de confirmadas pelo Tribunal, exceto: a) se a condenação ou o proveito econômico obtido na causa for de valor certo e líquido inferior a 1.000 salários-mínimos para as autarquias da União, 500 salários-mínimos para as autarquias dos Estados, do Distrito Federal e dos Municípios que constituam capitais dos Estados, e 100 salários-mínimos para as autarquias de todos os demais Municípios; e b) quando a sentença estiver fundada em: I – súmula de tribunal superior; II – acórdão proferido pelo Supremo Tribunal Federal ou pelo Superior Tribunal de Justiça em julgamento de recursos repetitivos; III – entendimento firmado em incidente de resolução de demandas repetitivas ou de assunção de competência; IV – entendimento coincidente com orientação vinculante firmada no âmbito administrativo do próprio ente público, consolidada em manifestação, parecer ou súmula administrativa (CPC/2015, art. 496).

III. Relação interna

Em regra, os servidores das autarquias são servidores públicos estatutários, titulares de cargos efetivos, providos mediante concurso público, e sujeitos ao mesmo regime jurídico dos servidores públicos vinculados à administração pública direta da entidade estatal.

Atualmente, entretanto, com o advento da EC nº 19/98, que aboliu a obrigatoriedade do regime jurídico único, existe a possibilidade das autarquias submeterem os seus servidores ao regime de emprego público, sujeito à CLT, desde que em funções subalternas[11].

11. Todavia, o Plenário do STF, no exame da MC requerida na ADI 2135/DF, Rel. Min. NÉRI DA SILVEIRA, Rel. p/ Acórdão Min. ELLEN GRACIE, Julgamento em 02/08/2007, DJ de 07/03/2008, concedeu medida cautelar para suspender, com eficácia *ex nunc*, a nova redação dada pela EC 19/98 ao *caput* do art. 39 da Constituição Federal, restabelecendo, por conseguinte, a exigência do regime jurídico único para os servidores públicos da administração pública direta, das autarquias e fundações, em razão de vício formal por ofensa ao art. 60, § 2º, da Carta Magna. Eis a ementa do julgado: "MEDIDA CAUTELAR EM AÇÃO DIRETA DE INCONSTITUCIONALIDADE. PODER CONSTITUINTE REFORMADOR. PROCESSO LEGISLATIVO. EMENDA CONSTITUCIONAL 19, DE 04.06.1998. ART. 39, *Caput*, DA CONSTITUIÇÃO FEDERAL. SERVIDORES PÚBLICOS. REGIME JURÍDICO ÚNICO. PROPOSTA DE IMPLEMENTAÇÃO, DURANTE A ATIVIDADE CONSTITUINTE DERIVADA, DA FIGURA DO CONTRATO DE EMPREGO PÚBLICO. INOVAÇÃO QUE NÃO OBTEVE A APROVAÇÃO DA MAIORIA DE TRÊS QUINTOS DOS MEMBROS DA CÂMARA DOS DEPUTADOS QUANDO DA APRECIAÇÃO, EM PRIMEIRO TURNO, DO DESTAQUE PARA VOTAÇÃO EM SEPARADO (DVS) Nº 9. SUBSTITUIÇÃO, NA ELABORAÇÃO DA PROPOSTA LEVADA A SEGUNDO TURNO, DA REDAÇÃO ORIGINAL DO *CAPUT* DO ART. 39 PELO TEXTO INICIALMENTE PREVISTO PARA O PARÁGRAFO 2º DO MESMO DISPOSITIVO, NOS TERMOS DO SUBSTITUTIVO APROVADO. SUPRESSÃO, DO TEXTO CONSTITUCIONAL, DA EXPRESSA MENÇÃO AO SISTEMA DE REGIME JURÍDICO ÚNICO DOS SERVIDORES DA ADMINISTRAÇÃO PÚBLICA. RECONHECIMENTO, PELA MAIORIA DO PLENÁRIO DO SUPREMO TRIBUNAL FEDERAL, DA PLAUSIBILIDADE DA ALEGAÇÃO DE VÍCIO FORMAL POR OFENSA AO ART. 60, § 2º, DA CONSTITUIÇÃO FEDERAL. RELEVÂNCIA JURÍDICA DAS DEMAIS ALEGAÇÕES

Regime jurídico comum a todas as Autarquias:

- Criação por **lei específica**
- Atividades **típicas** do Estado
- **Imunidade** quanto a impostos sobre patrimônio, renda ou serviços (CF, art. 150, VI, a e § 2º)
- **Dirigentes** designados pelo Poder Executivo, mas a lei pode prever aprovação pelo Legislativo
- Bens integrantes do patrimônio público **(imprescritibilidade e impenhorabilidade)**
- Prerrogativas processuais da "**Fazenda Pública**"
- **Prescrição** quinquena de suas dívidas pessoais
- Inscrição de créditos em **dívida ativa** e cobrança via **execução fiscal**
- Regime **estatutário** para servidores do seu quadro funcional

4.2. Fundações Públicas

As fundações públicas ou governamentais são as entidades da Administração Pública indireta que o Estado pode criar, quando autorizado por *lei específica*, a partir da personalização de um patrimônio público que destaca e afeta a um determinado fim público de natureza social.

São as fundações instituídas e mantidas pelo Poder Público.

Quanto à natureza jurídica das funções governamentais, prevalece na doutrina o entendimento, haurido de autores como Maria Sylvia Zanella Di Pietro, Diogenes Gasparini, José Cretella Júnior, Geraldo Ataliba, entre outros, de que as fundações instituídas e mantidas pelo Poder Público podem possuir natureza jurídica de direito público ou de direito privado.

Ambas são instituídas pelo Estado, mas com regimes jurídicos diferenciados: se a fundação pública submete-se ao regime jurídico integralmente de direito público (o regime jurídico-administrativo), ela é uma fundação de direito público; se, por outro

---

DE INCONSTITUCIONALIDADE FORMAL E MATERIAL REJEITADA POR UNANIMIDADE. 1. A matéria votada em destaque na Câmara dos Deputados no DVS nº 9 não foi aprovada em primeiro turno, pois obteve apenas 298 votos e não os 308 necessários. Manteve-se, assim, o então vigente *caput* do art. 39, que tratava do regime jurídico único, incompatível com a figura do emprego público. 2. O deslocamento do texto do § 2º do art. 39, nos termos do substitutivo aprovado, para o *caput* desse mesmo dispositivo representou, assim, uma tentativa de superar a não aprovação do DVS nº 9 e evitar a permanência do regime jurídico único previsto na redação original suprimida, circunstância que permitiu a implementação do contrato de emprego público ainda que à revelia da regra constitucional que exige o quorum de três quintos para aprovação de qualquer mudança constitucional. 3. Pedido de medida cautelar deferido, dessa forma, quanto ao *caput* do art. 39 da Constituição Federal, ressalvando-se, em decorrência dos efeitos *ex nunc* da decisão, a subsistência, até o julgamento definitivo da ação, da validade dos atos anteriormente praticados com base em legislações eventualmente editadas durante a vigência do dispositivo ora suspenso. 4. Ação direta julgada prejudicada quanto ao art. 26 da EC 19/98, pelo exaurimento do prazo estipulado para sua vigência. 5. Vícios formais e materiais dos demais dispositivos constitucionais impugnados, todos oriundos da EC 19/98, aparentemente inexistentes ante a constatação de que as mudanças de redação promovidas no curso do processo legislativo não alteraram substancialmente o sentido das proposições ao final aprovadas e de que não há direito adquirido à manutenção de regime jurídico anterior. 6. Pedido de medida cautelar parcialmente deferido".

lado, a fundação pública sujeita-se a regime jurídico de direito privado, ela é uma fundação de direito privado.

A fundação pública é um patrimônio público personalizado e afetado a um determinado fim. Obviamente, se quem afetou o patrimônio foi o ente estatal, o fim será sempre público, ainda que o regime a que se submeta seja de direito privado.

Assim, segundo escólio doutrinário, a fundação de direito público é pessoa jurídica de direito público, integrante da Administração Pública Indireta, criada pelo Estado, diretamente por lei específica, para prestação de certos serviços públicos típicos, consistente num patrimônio público personalizado e regido por normas de direito público, afetado à consecução de um determinado fim público.

Já a fundação pública de direito privado é pessoa jurídica de direito privado, também integrante da Administração Pública Indireta e criada pelo Estado, quando *autorizado* por lei específica, para o exercício de uma determinada atividade de natureza social, consistente num patrimônio parcialmente público, personalizado e regido por normas de direito privado, igualmente afetado ao atendimento de um fim público.

Assim, o que efetivamente distingue as fundações instituídas pelo Estado, entre fundação de direito público e fundação de direito privado, é o *regime jurídico* que sobre elas faz o Estado incidir.

É corrente na doutrina a afirmação de que as fundações de direito público não se distinguem das autarquias. Nesse sentido, essas fundações públicas seriam uma espécie do gênero autarquia[12], chamadas de *autarquias fundacionais*, para diferençá-las das autarquias propriamente ditas (que são denominadas por alguns de *autarquias corporativas*).

Ambas – fundações de direito público e autarquias – possuem o mesmo regime jurídico e dispõem de igual autonomia administrativa e financeira. Celso Antônio Bandeira de Mello chega a esclarecer que as autarquias e as fundações de direito público se diferenciam pelo "substrato básico" sobre que assentam: na autarquia é uma associação de pessoas, enquanto na fundação é o patrimônio afetado[13]. Mas isto não altera as suas características. Por tal motivo, tudo que foi dito para as autarquias se aplicam às fundações de direito público.

Segundo o art. 37, inciso XIX, da Constituição Federal, as fundações só podem ser criadas a partir de *autorização* dada em lei específica. Contudo, essa disposição constitucional, de referência às fundações, somente se aplica às fundações públicas de direito privado e não às fundações públicas de direito público, porque estas últimas só podem ser criadas *diretamente* por lei específica, à semelhança das autarquias, haja vista que não passam de espécie do gênero autarquia.

12. "nem toda fundação instituída pelo Poder Público é fundação de direito privado. As fundações, instituídas pelo Poder Público, que assumem a gestão de serviço estatal e se submetem a regime jurídico administrativo previsto, nos Estados-membros, por leis estaduais, são fundações de direito público, e, portanto, pessoas jurídicas de direito público. Tais fundações são espécie do gênero autarquia". (STF, RE 101.126-RJ, Rel. Min. Moreira Alves. No mesmo sentido, ADI 2.794, DJ de 30.03.2007).
13. Op. cit., p. 146.

A extinção da fundação, seja de direito público ou de direito privado, igualmente exige autorização de lei específica, em razão do respeito ao paralelismo de forma.

Cumpre registrar que o STF, ao apreciar o tema 545 de repercussão geral, no RE 716378, fixou a seguinte tese: "1. A qualificação de uma fundação instituída pelo Estado como sujeita ao regime público ou privado depende (i) do estatuto de sua criação ou autorização e (ii) das atividades por ela prestadas. As atividades de conteúdo econômico e as passíveis de delegação, quando definidas como objetos de dada fundação, ainda que essa seja instituída ou mantida pelo Poder público, podem-se submeter ao regime jurídico de direito privado. 2. A estabilidade especial do art. 19 do ADCT não se estende aos empregados das fundações públicas de direito privado, aplicando-se tão somente aos servidores das pessoas jurídicas de direito público" (tese fixada em 07/08/2019).

É preciso esclarecer que não se aplicam às fundações de direito privado, instituídas e mantidas pelo poder público, as normas do Código Civil. As fundações que aqui estudamos são instituídas pelo Estado, que poderá determinar à fundação dois tipos de regime: de direito público (autarquias fundacionais) ou de direito privado (regime híbrido ou misto). Não se aplicam aqui as regras das fundações privadas do direito civil e do CPC, porque no Direito Administrativo a fundação de direito privado é governamental. Na fundação privada do direito civil, o instituidor perde toda a disposição do bem após a instituição. Nas fundações governamentais isto não ocorre, obviamente.

4.3. Agências Reguladoras

Quando examinamos o poder normativo, tivemos a oportunidade de enfatizar que a função normativa sempre foi exercida por inúmeros órgãos da Administração Pública. Daí afirmar a ilustrada autora Maria Sylvia Zanella Di Pietro[14] que no Direito Brasileiro, qualquer órgão da Administração Direta ou entidade da Administração Indireta com função de regular as matérias de suas competências, pode ser qualificada como agência reguladora, aqui considerada numa acepção ampla. Nesse sentido, acentua a autora que a única coisa que constitui inovação é o próprio vocábulo.

Deveras, de novidade mesmo é o inédito papel que essas agências reguladoras vêm desempenhando, de assumir os poderes que, na concessão, permissão e autorização de serviços públicos, eram outrora exercidos diretamente pela própria entidade estatal, através de seus órgãos, na qualidade de poder concedente.

Assim, foram atribuídos às agências reguladoras os poderes de regular os serviços delegados, realizar a licitação para a contratação dos delegados dos serviços, definir os valores das tarifas e a sua revisão, controlar a execução dos serviços, impor sanções, intervir, proceder a rescisão dos contratos de delegação, examinar as reclamações dos usuários dos serviços delegados, entre outras prerrogativas.

Mas além de esse papel das agências reguladoras referir-se à **regulação de serviços públicos delegados**, especialmente nas hipóteses relacionadas no art. 21,

14. Op. cit., p. 394.

incisos XI e XII, da Constituição Federal (Ex.: ANEEL, ANATEL, ANTT e ANTAQ), ele vem associado também com o **exercício de poder de polícia administrativo** sobre algumas atividades econômicas, como nas hipóteses do art. 177 (Ex.: ANVISA, ANS, ANP, ANA, ANCINE e ANAC).

Assim, há **02 tipos de atividades** das agências reguladoras:

a) **Regulação de Serviços Públicos delegados** (Ex.: ANEEL, ANATEL, ANTT e ANTAQ).

b) **Exercício de Poder de Polícia** (Ex.: ANVISA, ANS, ANP, ANA, ANCINE e ANAC).

Essas novas agências reguladoras vêm sendo criadas como ***autarquias em regime especial***. A elas são conferidas **maior estabilidade** e **maior independência** em relação ao ente que as criou. A natureza especial conferida à agência reguladora é caracterizada pela ausência de tutela ou de subordinação hierárquica, pela autonomia funcional, decisória, administrativa e financeira e pela investidura a termo de seus dirigentes e estabilidade durante os mandatos, além de outros atributos constantes de leis específicas voltadas à sua implementação.

Conforme a Lei nº 13.848/2019, as agências reguladoras **deverão**, em suas atividades: (a) observar a **proporcionalidade**, isto é, a devida adequação entre meios e fins, vedada a imposição de obrigações, restrições e sanções em medida superior àquela necessária ao atendimento do interesse público; (b) **motivar** suas decisões, para tanto indicando os pressupostos de fato e de direito que determinarem suas decisões, inclusive a respeito da edição ou não de atos normativos; e (c) nos termos de regulamento, realizar previamente a **Análise de Impacto Regulatório (AIR)**, que conterá informações e dados sobre os possíveis efeitos do ato normativo, para a adoção e as propostas de alteração de atos normativos de interesse geral dos agentes econômicos, consumidores ou usuários dos serviços prestados.

Caberá ao regulamento dispor sobre o conteúdo e a metodologia da Análise de Impacto Regulatório (AIR), sobre os quesitos mínimos a serem objeto de exame, bem como sobre os casos em que será obrigatória sua realização e aqueles em que poderá ser dispensada. Contudo, nos casos em que não for realizada a AIR, deverá ser disponibilizada, no mínimo, nota técnica ou documento equivalente que tenha fundamentado a proposta de decisão.

Ainda de acordo com a Lei nº 13.848/2019, serão objeto de **consulta pública**[15], previamente à tomada de decisão pelo conselho diretor ou pela diretoria colegiada da agência reguladora, as minutas e as propostas de alteração de atos normativos de interesse geral dos agentes econômicos, consumidores ou usuários dos serviços prestados.

15. Lei 13.848/2019, art. 9ª, § 1º: "A consulta pública é o instrumento de apoio à tomada de decisão por meio do qual a sociedade é consultada previamente, por meio do envio de críticas, sugestões e contribuições por quaisquer interessados, sobre proposta de norma regulatória aplicável ao setor de atuação da agência reguladora."

A Lei em tela também faculta à agência reguladora, por decisão colegiada, convocar **audiência pública** para formação de juízo e tomada de decisão sobre matéria considerada relevante, na qual é possível a manifestação oral por quaisquer interessados em sessão pública previamente destinada a debater matéria relevante.

As agências terão como órgão máximo o Conselho Diretor ou a Diretoria Colegiada, que será composto de até 4 (quatro) Conselheiros ou Diretores e 1 (um) Presidente, Diretor-Presidente ou Diretor-Geral (Lei nº 9.986/2000, art. 4º, com a redação dada pela Lei nº 13.848/2019).

Os mandatos dos membros do Conselho Diretor ou da Diretoria Colegiada serão *não coincidentes*, de modo que, sempre que possível, a cada ano, ocorra o término de um mandato e uma consequente nova indicação. Os mandatos que não forem providos no mesmo ano em que ocorrer sua vacância terão a duração reduzida, a fim de viabilizar a observância à regra de não coincidência.

Integrarão a estrutura organizacional de cada agência uma procuradoria, que a representará em juízo, uma ouvidoria e uma auditoria. Cabe ao Presidente, Diretor-Presidente ou Diretor-Geral do Conselho Diretor ou da Diretoria Colegiada a representação da agência, o comando hierárquico sobre o pessoal e os serviços e o exercício de todas as competências administrativas correspondentes, bem como a presidência das sessões do Conselho Diretor ou da Diretoria Colegiada, sem prejuízo das deliberações colegiadas para matérias definidas em regimento interno (Lei nº 9.986/2000, §§ 1º, 2º, 3º e 4º, art. 4º, incluídos pela Lei nº 13.848, de 2019).

Seus dirigentes se submetem a investidura especial (são nomeados pelo Presidente da República após aprovação do Senado) e exercem mandatos fixos de 5 (cinco) anos, vedada, em regra, a recondução, somente podendo perdê-los em caso de renúncia, de condenação judicial transitada em julgado ou de condenação em processo administrativo disciplinar, ou por infringência de quaisquer das vedações previstas no art. 8º-B[16] da Lei nº 13.848, de 25 de junho de 2019 (Lei nº 9.986/2000, arts. 5º, 6º e 9º, com as alterações promovidas pela Lei nº 13.848/2019).

A indicação, pelo Presidente da República, dos membros do Conselho Diretor ou da Diretoria Colegiada a serem submetidos à aprovação do Senado Federal especificará, em cada caso, se a indicação é para Presidente, Diretor-Presidente, Diretor-Geral, Diretor ou Conselheiro (Lei nº 9.986/2000, § 5º, art. 5º, incluído pela Lei nº 13.848/2019).

Em razão dos poderes que são investidos na direção da agência reguladora, o ex-dirigente submete-se a uma quarentena de saída, ficando impedido de exercer atividade

16. "Art. 8º-B. Ao membro do Conselho Diretor ou da Diretoria Colegiada é vedado: I – receber, a qualquer título e sob qualquer pretexto, honorários, percentagens ou custas; II – exercer qualquer outra atividade profissional, ressalvado o exercício do magistério, havendo compatibilidade de horários; III – participar de sociedade simples ou empresária ou de empresa de qualquer espécie, na forma de controlador, diretor, administrador, gerente, membro de conselho de administração ou conselho fiscal, preposto ou mandatário; IV – emitir parecer sobre matéria de sua especialização, ainda que em tese, ou atuar como consultor de qualquer tipo de empresa; V – exercer atividade sindical; VI – exercer atividade político-partidária; e VII – estar em situação de conflito de interesse, nos termos da Lei nº 12.813, de 16 de maio de 2013."

ou de prestar qualquer serviço no setor regulado pela respectiva agência, por período de 6 (seis) meses, contados da exoneração ou do término de seu mandato, assegurada a remuneração compensatória (Lei nº 9.986/2000, art. 8º, com a redação dada pela Lei nº 13.848, de 2019).

Todavia, durante o impedimento, o ex-dirigente ficará vinculado à agência, fazendo *jus* a remuneração compensatória equivalente à do cargo de direção que exerceu e aos benefícios a ele inerentes (art. 8º, § 2º). E na hipótese de o ex-dirigente ser servidor público, poderá ele optar por essa remuneração compensatória, ou pelo retorno ao desempenho das funções de seu cargo efetivo ou emprego público, desde que não haja conflito de interesse.

Não pode ser indicado para o Conselho Diretor ou a Diretoria Colegiada: I – Ministro de Estado, Secretário de Estado, Secretário Municipal, dirigente estatutário de partido político e titular de mandato no Poder Legislativo de qualquer ente da federação, ainda que licenciados dos cargos (proibição extensiva aos seus parentes consanguíneos ou afins até o terceiro grau); II – pessoa que tenha atuado, nos últimos 36 (trinta e seis) meses, como participante de estrutura decisória de partido político ou em trabalho vinculado a organização, estruturação e realização de campanha eleitoral; III – pessoa que exerça cargo em organização sindical; IV – pessoa que tenha participação, direta ou indireta, em empresa ou entidade que atue no setor sujeito à regulação exercida pela agência reguladora em que atuaria, ou que tenha matéria ou ato submetido à apreciação dessa agência reguladora; V – pessoa que se enquadre nas hipóteses de inelegibilidade previstas no inciso I do *caput* do art. 1º da Lei Complementar nº 64, de 18 de maio de 1990; e VI – membro de conselho ou de diretoria de associação, regional ou nacional, representativa de interesses patronais ou trabalhistas ligados às atividades reguladas pela respectiva agência (Lei nº 9.986/2000, art. 8º-A, incluído pela Lei nº 13.848/2019).

A agência reguladora foi concebida para exercer a disciplina e o controle administrativo sobre os atos e contratos que dizem respeito à prestação de um serviço público delegado ou a alguma atividade econômica, cumprindo-lhe a função de regular essa prestação e atividade.

Cada entidade federada (União, Estados, Distrito Federal e Municípios) pode, no âmbito de sua competência, instituir por lei especial tantas agências reguladoras que repute necessárias.

No âmbito federal, são consideradas agências reguladoras: I - a Agência Nacional de Energia Elétrica (**Aneel**); II - a Agência Nacional do Petróleo, Gás Natural e Biocombustíveis (**ANP**); III - a Agência Nacional de Telecomunicações (**Anatel**); IV - a Agência Nacional de Vigilância Sanitária (**Anvisa**); V - a Agência Nacional de Saúde Suplementar (**ANS**); VI - a Agência Nacional de Águas (**ANA**); VII - a Agência Nacional de Transportes Aquaviários (**Antaq**); VIII - a Agência Nacional de Transportes Terrestres (**ANTT**); IX - a Agência Nacional do Cinema (**Ancine**); X - a Agência Nacional de Aviação Civil (**Anac**); e XI - a Agência Nacional de Mineração (**ANM**).

A **Agência Nacional de Energia Elétrica – ANEEL**, criada pela Lei nº 9.427/96 (alterada pelas Leis nº 13.848/2019, 14.052/2020, 14.120/2021, 14.300/2022 e 14.385/2022) e vinculada ao Ministério de Minas e Energia, que tem por finalidade regular e fiscalizar a produção, transmissão, distribuição e comercialização de energia elétrica, em conformidade com as políticas e diretrizes do governo federal e à qual compete, entre outras coisas, promover, mediante delegação, com base no plano de outorgas e diretrizes aprovadas pelo Poder Concedente, os procedimentos licitatórios para a contratação de concessionárias e permissionárias de serviço público para produção, transmissão e distribuição de energia elétrica e para a outorga de concessão para aproveitamento de potenciais hidráulicos; gerir os contratos de concessão ou de permissão de serviços públicos de energia elétrica, de concessão de uso de bem público, bem como fiscalizar, diretamente ou mediante convênios com órgãos estaduais, as concessões, as permissões e a prestação dos serviços de energia elétrica; dirimir, no âmbito administrativo, as divergências entre concessionárias, permissionárias, autorizadas, produtores independentes e autoprodutores, bem como entre esses agentes e seus consumidores; e fixar os critérios para cálculo do preço de transporte de que trata o § 6º do art. 15 da Lei nº 9.074, de 7 de julho de 1995, e arbitrar seus valores nos casos de negociação frustrada entre os agentes envolvidos. A ANEEL será dirigida por 01 Diretor-Geral e 04 Diretores, em regime de colegiado, nomeados pelo Presidente da República após aprovação do Senado para cumprir mandatos não coincidentes de 5 (cinco) anos, vedada a recondução. Integrarão a estrutura da Aneel uma Procuradoria e uma Ouvidoria.

A **Agência Nacional de Telecomunicações – ANATEL**, criada pela Lei nº 9.472/97 (alterada pelas Leis nº 13.848/2019, 14.134/2021, 14.292/2022, 14.367/2022 e 14.440/2022) e vinculada ao Ministério das Comunicações (conforme o **Decreto 11.401**, de 23 de janeiro de 2023, que dispõe sobre a vinculação das entidades da administração pública federal indireta), com a função de entidade reguladora das telecomunicações. A ANATEL terá um Conselho Diretor, seu órgão máximo, devendo contar também com um Conselho Consultivo, uma Procuradoria, uma Corregedoria, uma Biblioteca e uma Ouvidoria. O Conselho Diretor será composto por Presidente e 4 (quatro) conselheiros e decidirá por maioria absoluta. Os membros do Conselho Diretor serão brasileiros e terão reputação ilibada, formação universitária e elevado conceito no campo de sua especialidade, devendo ser indicados pelo Presidente da República e por ele nomeados, após aprovação pelo Senado Federal, nos termos da alínea "f" do inciso III do art. 52 da Constituição Federal, observado o disposto na Lei nº 9.986, de 18 de julho de 2000. O mandato dos membros do Conselho Diretor será de 5 (cinco) anos, vedada a recondução, nos termos da Lei nº 9.986, de 18 de julho de 2000. Entre outras funções, compete a ANATEL expedir normas quanto à outorga, prestação e fruição dos serviços de telecomunicações no regime público; celebrar e gerenciar contratos de concessão e fiscalizar a prestação do serviço no regime público, aplicando sanções e realizando intervenções e expedir normas sobre prestação de serviços de telecomunicações no regime privado.

Como entidade reguladora da indústria do petróleo, foi criada pela Lei nº 9.478/1997 (alterada pelas Leis nº 9.478/97, 14.134/2021, 14.248/2021, 14.292/2022,

14.367/2022 e 14.440/2022) a **Agência Nacional de Petróleo, Gás Natural e Biocombustíveis – ANP**, autarquia vinculada ao Ministério de Minas e Energia com a finalidade de promover a regulação, a contratação e a fiscalização das atividades econômicas integrantes da indústria do petróleo. A ANP será dirigida por Diretoria Colegiada composta de 1 (um) Diretor-Geral e 4 (quatro) Diretores. Integrarão a estrutura organizacional da ANP uma Procuradoria e uma Ouvidoria. Os membros da Diretoria Colegiada serão nomeados pelo Presidente da República, após aprovação dos respectivos nomes pelo Senado Federal, nos termos da alínea "f" do inciso III do art. 52 da Constituição Federal, observado o disposto na Lei nº 9.986/2000, para um mandato de 5 (cinco) anos, não coincidente, vedada a recondução.

A **Agência Nacional de Vigilância Sanitária – ANVISA**, criada pela Lei nº 9.782/99 (alterada pela Lei nº 13.848/2019) e vinculada ao Ministério da Saúde, com a finalidade de promover a proteção da saúde da população, por intermédio do controle sanitário da produção e da comercialização de produtos e serviços submetidos à vigilância sanitária. A gerência e a administração da Agência serão exercidas por Diretoria Colegiada composta de 5 (cinco) membros, sendo um deles o seu Diretor-Presidente, vedada a recondução, nos termos da Lei nº 9.986/2000. Os membros da Diretoria Colegiada serão brasileiros, indicados pelo Presidente da República e por ele nomeados, após aprovação prévia pelo Senado Federal, nos termos da alínea "f" do inciso III do art. 52 da Constituição Federal, para cumprimento de mandato de 5 (cinco) anos, observado o disposto na Lei nº 9.986/2000. O Diretor-Presidente da Agência será nomeado pelo Presidente da República e investido na função por 5 (cinco) anos, vedada a recondução, observado o disposto na Lei nº 9.986/2000.

A **Agência Nacional de Saúde – ANS**, criada pela Lei nº 9.961/2000 (alterada pela Lei nº 13.848/2019) e também vinculada ao Ministério da Saúde, como entidade de regulação, normatização, controle e fiscalização das atividades que garantam a assistência suplementar à saúde, isto é, das atividades desenvolvidas pelas empresas operadoras de planos de saúde. A gestão da ANS será exercida por Diretoria Colegiada composta de 5 (cinco) Diretores, sendo um deles o seu Diretor-Presidente. Os membros da Diretoria Colegiada serão brasileiros, indicados pelo Presidente da República e por ele nomeados, após aprovação prévia pelo Senado Federal, nos termos da alínea "f" do inciso III do art. 52 da Constituição Federal, para cumprimento de mandato de 5 (cinco) anos, vedada a recondução, nos termos da Lei nº 9.986/2000. O Diretor-Presidente da ANS será nomeado pelo Presidente da República e investido na função pelo prazo de 5 (cinco) anos, vedada a recondução, observado o disposto na Lei nº 9.986, de 18 de julho de 2000.

A **Agência Nacional de Águas e Saneamento Básico – ANA**, criada pela Lei nº 9.984/2000 (alterada pelas Leis nºs 13.848/2019, 14.026/2020 e 14.600/2023) e vinculada ao Ministério do Meio Ambiente e Mudança do Clima (conforme o Decreto 11.401, de 23 de janeiro de 2023, que dispõe sobre a vinculação das entidades da administração pública federal indireta e a Lei nº 13.844, de 18 de junho de 2019, que estabeleceu a organização básica dos órgãos da Presidência da República e dos Ministérios, e transformou o Ministério da Integração Nacional e o Ministério das Cidades no Ministério do Desenvolvimento Regional), com a finalidade de implementar, no âmbito de suas competências, a Política Nacional de Recursos Hídricos e de instituir normas de referência para a regulação dos serviços públicos de saneamento básico. A ANA será dirigida por Diretoria Colegiada composta de 5 (cinco) membros, nomeados pelo Presidente da República, com mandatos não coincidentes de 5 (cinco) anos, vedada a recondução, sendo um deles o Diretor-Presidente, e terá em sua estrutura uma Procuradoria, uma Ouvidoria e uma Auditoria, observado o disposto na Lei nº 9.986/2000. O Diretor-Presidente da ANA será nomeado pelo Presidente da República e investido na função pelo prazo de 5 (cinco) anos, vedada a recondução, observado o disposto na Lei nº 9.986, de 18 de julho de 2000.

A **Agência Nacional de Transportes Terrestres – ANTT** e a **Agência Nacional de Transportes Aquaviários – ANTAQ**, criadas pela Lei nº 10.233/2001 (alterada pelas Leis nº 13.848/2019, 13.901/2019, 14.047/2020, 14.157/2021, 14.273/2021, 14.298/2022, 14.301/2022, 14.465/2022 e 14.813/2024) e vinculadas ao Ministério dos Transportes, em relação à ANTT, e ao para Ministério de Portos e Aeroportos, em relação à ANTAQ (conforme o Decreto 11.401, de 23 de janeiro de 2023, que dispõe sobre a vinculação das entidades da administração pública federal indireta). A ANTT e a ANTAQ terão como órgãos de deliberação máxima as Diretorias Colegiadas e terão em suas estruturas organizacionais uma Procuradoria, uma Ouvidoria e uma Corregedoria. A Diretoria Colegiada da ANTT será composta de 1 (um) Diretor-Geral e 4 (quatro) Diretores, e a Diretoria Colegiada da ANTAQ será composta de 1 (um) Diretor-Geral e 2 (dois) Diretores. Os membros das Diretorias Colegiadas serão brasileiros, terão reputação ilibada, formação universitária e elevado conceito no campo de especialidade dos cargos a serem exercidos e serão nomeados pelo Presidente da República, após aprovação pelo Senado Federal, nos termos da alínea "f" do inciso III do art. 52 da Constituição Federal, observado o disposto na Lei nº 9.986, de 18 de julho de 2000, para um mandato de 5 (cinco) anos, não coincidente, vedada a recondução, observado o disposto na Lei nº 9.986, de 18 de julho de 2000. Os Diretores-Gerais da ANTT e da ANTAQ serão nomeados pelo Presidente da República e investidos na função pelo prazo de 5 (cinco) anos, vedada a recondução, observado o disposto na Lei nº 9.986, de 18 de julho de 2000.

A **Agência Nacional do Cinema – ANCINE**, vinculada ao Ministério da Cultura (conforme o Decreto 11.401, de 23 de janeiro de 2023, que dispõe sobre a vinculação das entidades da administração pública federal indireta) instituída pela Medida Provisória nº 2.228-1/2001 (alterada pela Lei nº 13.848/2019), responsável pelo fomento, regulação e fiscalização da indústria cinematográfica e videofonográfica. A Ancine será dirigida por Diretoria Colegiada composta de 1 (um) Diretor-Presidente e 3 (três) Diretores, com mandatos não coincidentes de 5 (cinco) anos, vedada a recondução, nos termos da Lei nº 9.986, de 18 de julho de 2000. Os membros da Diretoria Colegiada serão nomeados nos termos da Lei nº 9.986, de 18 de julho de 2000. O Diretor-Presidente da Ancine será nomeado pelo Presidente da República e investido na função pelo prazo de 5 (cinco) anos, vedada a recondução, observado o disposto na Lei nº 9.986, de 18 de julho de 2000. Integrarão a estrutura da Ancine, além da

Diretoria Colegiada, uma Procuradoria, que a representará em juízo, uma Ouvidoria e uma Auditoria.

A Lei nº 11.182, de 27 de setembro de 2005 (alterada pelas Leis nº 13.848/2019 e 14.368/2022), criou a **Agência Nacional de Aviação Civil – ANAC**, entidade integrante da Administração Pública Federal indireta, submetida a regime autárquico especial, vinculada ao Ministério dos Portos e Aeroportos (conforme o Decreto 11.401, de 23 de janeiro de 2023, que dispõe sobre a vinculação das entidades da administração pública federal indireta), com prazo de duração indeterminado, com sede e foro no Distrito Federal, podendo instalar unidades administrativas regionais. Compete à União, por intermédio da ANAC e nos termos das políticas estabelecidas pelos Poderes Executivo e Legislativo, regular e fiscalizar as atividades de aviação civil e de infraestrutura aeronáutica e aeroportuária. A ANAC terá como órgão de deliberação máxima a Diretoria Colegiada e terá em sua estrutura uma Procuradoria, uma Corregedoria, um Conselho Consultivo e uma Ouvidoria, além das unidades especializadas. A Diretoria Colegiada será composta de 1 (um) Diretor-Presidente e 4 (quatro) Diretores, que decidirão por maioria absoluta, cabendo ao Diretor-Presidente, além do voto ordinário, o voto de qualidade. Os membros da Diretoria Colegiada serão nomeados pelo Presidente da República, após aprovação pelo Senado Federal, nos termos da alínea "f" do inciso III do art. 52 da Constituição Federal, observado o disposto na Lei nº 9.986, de 18 de julho de 2000, para um mandato de 5 (cinco) anos, vedada a recondução, nos termos da Lei nº 9.986, de 18 de julho de 2000.

Recentemente, a Lei nº 13.575, de 26 de dezembro de 2017, extinguiu o Departamento Nacional de Produção Mineral (DNPM) e criou a **Agência Nacional de Mineração – ANM**, integrante da Administração Pública federal indireta, submetida ao regime autárquico especial e vinculada ao Ministério de Minas e Energia, com a finalidade de promover a gestão dos recursos minerais da União, bem como a regulação e a fiscalização das atividades para o aproveitamento dos recursos minerais no País, competindo-lhe, entre outras atribuições e destacadamente, implementar a política nacional para as atividades de mineração e estabelecer normas e padrões para o aproveitamento dos recursos minerais, observadas as políticas de planejamento setorial definidas pelo Ministério de Minas e Energia e as melhores práticas da indústria de mineração. A ANM será dirigida por Diretoria Colegiada, composta por um Diretor-Geral e quatro Diretores, investidos para um mandato de 4 anos, não coincidentes, permitida única recondução. Os membros da Diretoria Colegiada ficam impedidos de exercer atividade ou de prestar qualquer serviço no setor regulado pela ANM, pelo período de seis meses, contado da data de exoneração ou do término de seus mandatos, assegurada a remuneração compensatória.

Enfim, as agências reguladoras são criadas por lei específica com a finalidade de absorver as matérias antes concentradas no Executivo. As agências reguladoras possuem certa independência em relação ao Executivo e ao Legislativo, uma vez que possuem regime especial, caracterizado pela maior independência administrativa, autonomia financeira, ausência de subordinação hierárquica e mandato fixo de seus dirigentes. Não há controle de subordinação ou hierarquia. Em relação ao Judiciário, a independência limita-se ao mérito administrativo, havendo sempre controle quanto à legitimidade.

4.4. Agências Executivas

Considera-se agência executiva a autarquia ou fundação pública assim qualificada por ato do chefe do Executivo, que celebra com o órgão da Administração Pública direta ao qual se acha vinculada um **contrato de gestão**, com vistas à melhoria da qualidade de gestão, à eficiência e redução de custos, passando, com isso, a gozar de maiores privilégios. Assim, as agências executivas, ao contrário das agências reguladoras, não são entidades criadas para o desempenho de competências específicas.

Em verdade, a agência executiva é um *status*, um título jurídico ou uma qualificação que se confere a uma autarquia ou a uma fundação pública já existente, em razão de um contrato de gestão que uma ou outra celebra com o órgão da Administração Pública Direta a que se acha vinculada, com o escopo de assegurar uma maior eficiência no desempenho de suas atividades e redução de custos.

Isto é, com tal providência, objetiva-se uma melhor eficiência das autarquias e fundações. No contrato de gestão, a autarquia ou fundação interessada se compromete a proceder a uma reestruturação do modelo de gestão para tornar-se mais eficiente. Celebrado o contrato, ao final o Presidente da República expede decreto concedendo a qualidade de "agência executiva" ao ente autárquico ou fundacional.

Com efeito, conforme dispõe o art. 51 da Lei nº 9.649/98, o Poder Executivo poderá qualificar como agência executiva a **autarquia** ou **fundação** que tenha cumprido os seguintes requisitos:

I. Ter um plano estratégico de reestruturação e de desenvolvimento institucional em andamento;

II. Ter celebrado contrato de gestão com o respectivo Ministério supervisor.

A qualificação como agência executiva será feita em ato do Presidente da República. E segundo o art. 52, os planos estratégicos de reestruturação e de desenvolvimento institucional definirão diretrizes, políticas e medidas voltadas para a racionalização de estruturas e do quadro de servidores, a revisão dos processos de trabalho, o desenvolvimento dos recursos humanos e o fortalecimento da identidade institucional da Agência Executiva. O Poder Executivo editará medidas de organização administrativa específicas para as Agências Executivas, visando a assegurar a sua autonomia de gestão, bem como a disponibilidade de recursos orçamentários e financeiros para o cumprimento dos objetivos e metas definidos nos Contratos de Gestão.

Os contratos de gestão serão celebrados com periodicidade mínima de 01 (um) ano e estabelecerão os objetivos, metas e respectivos indicadores de desempenho da entidade, bem como os recursos necessários e os critérios e instrumentos para a avaliação do seu cumprimento.

A autarquia ou fundação qualificada como agência executiva poderá ter um tratamento diferenciado relativamente às demais autarquias ou fundações. Atualmente, essas autarquias ou fundações consideradas como agências executivas são destinatárias de um privilégio, não extensivo às demais, consistente na *dispensa de licitação* para os contratos cujos valores correspondem ao *dobro* do limite estipulado para a dispensa de licitação das autarquias e fundações que não são agências executivas (vide § 2º do art. 75 da Lei 14.133/2021[17]).

Segundo dispõe o art. 1º, § 3º, do Decreto Federal nº 2.487/98, a qualificação da autarquia ou fundação como agência executiva fica mantida desde que o contrato de gestão seja sucessivamente renovado e que o plano estratégico de reestruturação e de desenvolvimento institucional tenha prosseguimento ininterrupto, até a sua conclusão. Se descumprida essa condição, será desqualificada a autarquia ou fundação como agência executiva, por meio de decreto do chefe do Executivo, por iniciativa do Ministério supervisor.

São exemplos de agências executivas federais: o Instituto Nacional de Metrologia, Qualidade e Tecnologia – INMETRO; e o Conselho Administrativo de Defesa Econômica – CADE.

Os Estados e Municípios, dentro de sua competência material, poderão qualificar suas autarquias ou fundações públicas como agências executivas.

4.5. Empresas Estatais

As *empresas estatais*, ou simplesmente *estatais*, são as **empresas públicas** e as **sociedades de economia mista**.

Estas entidades são pessoas jurídicas de direito privado das quais se vale o Estado como *instrumentos de ação* para intervir no domínio econômico, ora para *explorar atividade tipicamente econômica* ora para *prestar serviço público* de natureza comercial ou industrial.

Para cada uma dessas atividades, o regime jurídico será diferenciado:

I. Prevalência das normas privadas nas exploradoras da atividade econômica;

II. Prevalência das normas públicas nas prestadoras de serviço público.

Com efeito, as empresas estatais exploradoras de atividade econômica encontram-se sujeitas ao regime do art. 173 da CF, segundo o qual, ressalvados os casos previstos na Constituição, a exploração direta da atividade econômica pelo Estado só será permitida quando necessária aos imperativos da segurança nacional ou a relevante interesse coletivo, conforme definidos em lei.

Nessas hipóteses, as empresas públicas e as sociedades de economia mista não poderão gozar de privilégios fiscais não extensivos às do setor privado e submetem-se

17. Art. 75. É dispensável a licitação: I – para contratação que envolva valores inferiores a R$ 100.000,00 (cem mil reais), no caso de obras e serviços de engenharia ou de serviços de manutenção de veículos automotores; II – para contratação que envolva valores inferiores a R$ 50.000,00 (cinquenta mil reais), no caso de outros serviços e compras; (...)." § 2º Os valores referidos nos incisos I e II do *caput* deste artigo serão duplicados para compras, obras e serviços contratados por consórcio público ou por autarquia ou fundação qualificadas como agências executivas na forma da lei."

aos mesmos regimes jurídicos das empresas privadas que atuam nesta área, inclusive quanto aos direitos e obrigações civis, comerciais, trabalhistas e tributários.

Ademais, a Constituição, com a nova redação oriunda da EC nº 19/98, determina ao legislador ordinário a elaboração de um **regime jurídico próprio** para estas entidades, inclusive para dispor sobre licitação e contratação de obras, serviços, compras e alienações, que certamente precisa ser mais flexibilizado para lhes dar maior competitividade.

A propósito disto, é compreensível que, para a aquisição de bens necessários ao próprio desempenho da atividade-fim destas empresas estatais e a alienação dos bens dela decorrentes, não se lhes pode impor a exigência de licitação.

Assim, as empresas estatais **devem ser dispensadas de licitação** nas hipóteses de comercialização, prestação ou execução, de forma direta, por terceiros, de produtos, serviços ou obras especificamente **relacionados com seus respectivos objetos sociais**. A não ser assim, essas entidades ficariam absolutamente comprometidas e prejudicadas, num setor no qual a competitividade é sua maior característica, para a exploração de atividade econômica de produção ou comercialização de bens ou serviços.

Todavia, quando a empresa pública e a sociedade de economia mista são criadas para prestarem serviço público, elas se submetem a um regime jurídico distinto daquele aplicado às empresas privadas. Assim, a elas aplica-se a disciplina do art. 175 e art. 37, § 6º da Constituição Federal.

Contudo, indiferentemente de explorarem atividade econômica ou prestarem serviços públicos, a empresa pública e a sociedade de economia mista sujeitam-se a idênticos princípios constitucionais, como o *princípio da inacumulabilidade remunerada de cargos, empregos e funções públicas*; o *princípio da exigência do prévio concurso público para provimento dos empregos públicos*, entre outros.

Ora, a empresa pública e a sociedade de economia mista são entidades de direito privado integrantes da Administração Pública indireta, instituídas pelo Estado para o exercício de atividade no âmbito da ordem econômica, ora para explorá-la economicamente, ora para prestá-la como serviços públicos. Assim, apesar de integrarem a Administração Pública, são pessoas jurídicas de direito privado, sujeitas a regime jurídico próprio das empresas privadas, inclusive quanto aos direitos e obrigações civis, comerciais, trabalhistas e tributários.

Todavia, em que pese ostentarem a natureza de entidade de direito privado e se submeterem a regime jurídico próprio das empresas privadas, inclusive quanto aos direitos e obrigações trabalhistas, as empresas estatais são pessoas que integram a Administração Pública e, em consequência, sujeitam-se também aos princípios constitucionais da Administração elencados no art. 37 da Constituição.

De fato, dispõe o mencionado artigo:

> "Art. 37. A administração pública direta e indireta de qualquer dos Poderes da União, dos Estados, do Distrito Federal e dos Municípios obedecerá aos princípios de legalidade, impessoalidade, moralidade, publicidade e eficiência e, também, ao seguinte:

(...)

II – a investidura em cargo ou emprego público depende de aprovação prévia em concurso público de provas ou de provas e títulos, de acordo com a natureza e a complexidade do cargo ou emprego, na forma prevista em lei, ressalvadas as nomeações para cargo em comissão declarado em lei de livre nomeação e exoneração."

Percebe-se, destarte, que apesar de se submeterem a regime jurídico de direito privado, inclusive o trabalhista, as empresas estatais se subordinam aos princípios constitucionais da Administração, inclusive àquele que, decorrente da igualdade, impessoalidade e moralidade, impõe o *prévio concurso público* para provimento de seu quadro de pessoal.

Desse modo, a empresa pública e a sociedade de economia mista só podem contratar empregado mediante prévio concurso público. O seu empregado é denominado empregado público e contratado, após aprovação em concurso público, para prover emprego público. Sujeita-se, contudo, à CLT e legislação trabalhista correlata.

A não observância do princípio em tela, que obriga a empresa pública e a sociedade de economia mista a contratar só mediante concurso público, não passou despercebida pela Constituição. É que, no art. 37, § 2º, a Constituição censurou o descumprimento da exigência, estabelecendo que "a não observância do disposto nos incisos II e III implicará a nulidade do ato e a punição da autoridade responsável, nos termos da lei". A violação ao princípio do concurso público caracteriza, sem dúvida, *ato de improbidade administrativa* a sujeitar o agente responsável às sanções previstas na lei 8.429/92, em especial no art. 11 que define os atos de improbidade administrativa que atentam contra os princípios da Administração Pública.

A propósito, o Supremo Tribunal Federal, no julgamento do tema 1004 de repercussão geral no RE 629647, firmou a tese segundo a qual "Em ação civil pública proposta pelo Ministério Público do Trabalho em face de empresa estatal, com o propósito de invalidar a contratação irregular de pessoal, não é cabível o ingresso, no polo passivo da causa, de todos os empregados atingidos, mas é indispensável sua representação pelo sindicato da categoria." (03/11/2022).

Em conformidade com o art. 37, inciso XIX, da Constituição Federal, somente por lei específica poderá ser *autorizada* a instituição de empresa pública e de sociedade de economia mista. E por força do inciso XX do mesmo artigo, depende de autorização legislativa, em cada caso[18], a criação de subsidiárias da empresa pública e de sociedade de economia mista, assim como a participação de qualquer delas em empresa privada. Não pode, porém, a lei isentar as empresas estatais exploradoras de atividade econômica de obrigação tributária ou dispensá-las do dever de licitar, ainda que seja para contratar com o Estado.

---

18. Contudo, na ADI 1.649, Rel. Min. Maurício Corrêa, julgamento em 24-3-04, *DJ* de 28-5-04, decidiu o STF: "É dispensável a autorização legislativa para a criação de empresas subsidiárias, desde que haja previsão para esse fim na própria lei que instituiu a empresa de economia mista matriz, tendo em vista que a lei criadora é a própria medida autorizadora."

Não obstante semelhantes quanto à natureza, às atividades e aos respectivos regimes, as empresas públicas e as sociedades de economia mista distinguem-se em várias situações, quais sejam:

a) Quanto à forma de organização:

- Nas empresas públicas, a forma de organização é *livre*. Pode assumir qualquer forma de sociedade civil ou comercial;
- As sociedades de economia mista só podem se constituir na forma de *sociedade anônima* e, ressalvado o disposto na Lei nº 13.303/2016 (Lei que dispôs sobre o Regime Jurídico das Empresas Estatais), estará sujeita ao regime previsto na Lei nº 6.404, de 15 de dezembro de 1976, que dispõe sobre as Sociedades por Ações.

b) Quanto à composição de capital:

- Nas empresas públicas, o *capital* é *exclusivamente público*, na medida em que seu capital social é integralmente detido pela União, pelos Estados, pelo Distrito Federal ou pelos Municípios, conforme se trate de empresa pública federal, estadual, distrital e municipal. Entretanto, tal capital pode proceder de entidade de direito público ou de entidade de direito privado integrante da Administração Indireta, inclusive da sociedade de economia mista, desde que a maioria do capital votante permaneça em propriedade da União, do Estado, do Distrito Federal ou do Município;
- Nas sociedades de economia mista, o *capital é misto*, constituído por capital público e privado, devendo o capital público ser majoritário, sendo majoritário também o direito de voto, de modo que suas ações com direito a voto pertençam em sua maioria à União, aos Estados, ao Distrito Federal, aos Municípios ou a entidade da administração indireta. A parte majoritária do capital público das sociedades de economia mista também pode ser proveniente de pessoa jurídica de direito privado integrante da Administração Indireta.

c) Quanto ao foro competente: art. 109, I, CF:

- Competência da Justiça Federal para as empresas públicas da União;
- A sociedade de economia mista não tem foro na Justiça Federal, ainda que seja da União.

Havia distinção entre as empresas públicas e as sociedades de economia mista no que toca à falência. Antes, somente a empresa pública podia falir, enquanto a sociedade de economia mista não, em face do art. 242 da Lei das Sociedades Anônimas, segundo o qual as sociedades de economia mista não se sujeitavam a falência.

Todavia, a Lei 10.303/01 alterou esta situação, revogando tal dispositivo. Com isso, tem entendido boa parte da doutrina que tanto a empresa pública como a sociedade de economia mista podem falir. Contudo, se elas são prestadoras de serviço público, a doutrina vem ressaltando que os bens aplicados no serviço público passarão para a entidade estatal que as instituiu, a qual garantirá os débitos contratuais até o valor dos bens recebidos ou assegurará o dano decorrente da própria prestação do serviço público até o montante da indenização[19].

Há, entretanto, quem sustente que somente as estatais exploradoras de atividade econômica podem falir, por se sujeitarem ao mesmo regime jurídico-comercial aplicável às empresas privadas (CF, art. 173). Já as estatais prestadoras de serviço público não podem falir, em razão do princípio da continuidade do serviço público e do regime jurídico de direito público que a elas deve ser aplicado.

Esse entendimento – defendido nas lições de Hely Lopes Meirelles e seus atualizadores[20] – tem a nossa adesão. Com efeito, quando as estatais atuam prestando serviços públicos, elas submetem-se ao regime jurídico-administrativo, que se opõe à ideia de paralisação da prestação dos serviços públicos.

Todavia, a Lei nº 11.101, de 09 de fevereiro de 2005, que disciplina a recuperação judicial, a recuperação extrajudicial e a falência do empresário e da sociedade empresária, excluiu de sua incidência a empresa pública e a sociedade de economia mista (art. 2º, I). Com isso, pode-se pensar que as empresas estatais não podem falir, independentemente da atividade explorada.

Entendemos, porém, que o art. 2º, inciso I, da Lei 11.101/2005, deve ser interpretado conforme o art. 173, § 1º, inciso II, da Constituição Federal, sob pena de ser considerado inconstitucional. Com efeito, em face do princípio hermenêutico da interpretação conforme a Constituição, o dispositivo em tela só pode ser aplicado às empresas estatais quando prestadoras de serviços públicos, jamais quando exploradoras de atividade econômica, tendo em vista explícito comando constitucional determinando a sujeição dessas empresas, quando do desempenho de atividade tipicamente econômica, ao regime jurídico próprio das empresas privadas, inclusive quanto aos direitos e obrigações civis e comerciais.

Destarte, defendemos o entendimento de que as empresas públicas e as sociedades de economia mista podem falir e se submetem ao mesmo regime de falência das empresas privadas, *quando exploradoras de atividade econômica.*

4.5.1. O Regime jurídico das empresas estatais

A Lei nº 13.303, de 30 de junho de 2016, dispôs sobre o **estatuto jurídico** da empresa pública, da sociedade de economia mista e de suas subsidiárias, no âmbito da União, dos Estados, do Distrito Federal e dos Municípios.

A referida Lei define a empresa pública como uma entidade dotada de personalidade jurídica de direito privado, com criação autorizada por lei e com patrimônio próprio, cujo capital social é **integralmente** detido pela União, pelos Estados, pelo Distrito Federal ou pelos Municípios. Todavia, desde que a maioria do capital votante permaneça em propriedade da entidade estatal (União, do Estado, do Distrito Federal

19. Confira-se, a propósito, Diogenes Gasparini, op. cit., p. 363.
20. Op. cit., p. 350.

ou do Município), será admitida, no capital da empresa pública, a participação de outras pessoas jurídicas de direito público interno, bem como de entidades da administração indireta da União, dos Estados, do Distrito Federal e dos Municípios.

Relativamente à sociedade de economia mista, a Lei a define como uma entidade dotada de personalidade jurídica de direito privado, com criação autorizada por lei, sob a forma de sociedade anônima, cujas ações com direito a voto pertençam em sua **maioria** à entidade estatal (União, aos Estados, ao Distrito Federal, aos Municípios) ou a entidade da administração indireta. Assim, a pessoa jurídica que controla a sociedade de economia mista tem os deveres e as responsabilidades do acionista controlador, estabelecidos na Lei nº 6.404, de 15 de dezembro de 1976, e deverá exercer o poder de controle no interesse da companhia, respeitado o interesse público que justificou sua criação. Ademais, além das normas previstas na Lei 13.303/2016, a sociedade de economia mista com registro na Comissão de Valores Mobiliários também se submete às disposições da Lei nº 6.385, de 7 de dezembro de 1976.

Preocupada com as boas práticas de gestão, determina a Lei nº 13.303/2016 que o **estatuto** da empresa pública, da sociedade de economia mista e de suas subsidiárias **deverá observar regras de governança corporativa, de transparência e de estruturas, práticas de gestão de riscos e de controle interno**, composição da administração e, havendo acionistas, mecanismos para sua proteção (art. 6º).

Por essa razão, as empresas públicas e as sociedades de economia mista deverão observar, no mínimo, os seguintes **requisitos de transparência** (art. 8º): I – elaboração de carta anual, subscrita pelos membros do Conselho de Administração, com a explicitação dos compromissos de consecução de objetivos de políticas públicas pela empresa pública, pela sociedade de economia mista e por suas subsidiárias, em atendimento ao interesse coletivo ou ao imperativo de segurança nacional que justificou a autorização para suas respectivas criações, com definição clara dos recursos a serem empregados para esse fim, bem como dos impactos econômico-financeiros da consecução desses objetivos, mensuráveis por meio de indicadores objetivos; II – adequação de seu estatuto social à autorização legislativa de sua criação; III – divulgação tempestiva e atualizada de informações relevantes, em especial as relativas a atividades desenvolvidas, estrutura de controle, fatores de risco, dados econômico-financeiros, comentários dos administradores sobre o desempenho, políticas e práticas de governança corporativa e descrição da composição e da remuneração da administração; IV – elaboração e divulgação de política de divulgação de informações, em conformidade com a legislação em vigor e com as melhores práticas; V – elaboração de política de distribuição de dividendos, à luz do interesse público que justificou a criação da empresa pública ou da sociedade de economia mista; VI – divulgação, em nota explicativa às demonstrações financeiras, dos dados operacionais e financeiros das atividades relacionadas à consecução dos fins de interesse coletivo ou de segurança nacional; VII – elaboração e divulgação da política de transações com partes relacionadas, em conformidade com os requisitos de competitividade, conformidade, transparência, equidade e comutatividade, que deverá ser revista, no mínimo, anualmente e aprovada pelo Conselho de Administração; VIII – ampla divulgação, ao público em geral, de carta anual de governança corporativa, que consolide em um único documento escrito, em linguagem clara e direta, as informações de que trata o inciso III; IX – divulgação anual de relatório integrado ou de sustentabilidade.

A empresa pública e a sociedade de economia mista também deverão adotar regras de estruturas e práticas de gestão de riscos e controle interno que abranjam (art. 9º): I – ação dos administradores e empregados, por meio da implementação cotidiana de práticas de controle interno; II – área responsável pela verificação de cumprimento de obrigações e de gestão de riscos; III – auditoria interna e Comitê de Auditoria Estatutário.

Também deverá ser elaborado e divulgado **Código de Conduta e Integridade**, que disponha sobre: I – princípios, valores e missão da empresa pública e da sociedade de economia mista, bem como orientações sobre a prevenção de conflito de interesses e vedação de atos de corrupção e fraude; II – instâncias internas responsáveis pela atualização e aplicação do Código de Conduta e Integridade; III – canal de denúncias que possibilite o recebimento de denúncias internas e externas relativas ao descumprimento do Código de Conduta e Integridade e das demais normas internas de ética e obrigacionais; IV – mecanismos de proteção que impeçam qualquer espécie de retaliação a pessoa que utilize o canal de denúncias; V – sanções aplicáveis em caso de violação às regras do Código de Conduta e Integridade; VI – previsão de treinamento periódico, no mínimo anual, sobre Código de Conduta e Integridade, a empregados e administradores, e sobre a política de gestão de riscos, a administradores.

A área responsável pela verificação de cumprimento de obrigações e de gestão de riscos (área de ***compliance***) deverá ser vinculada ao diretor-presidente e liderada por diretor estatutário, devendo o estatuto social prever as atribuições da área, bem como estabelecer mecanismos que assegurem atuação independente.

Mas o estatuto social deverá prever, ainda, a possibilidade de que a área de ***compliance*** se reporte diretamente ao Conselho de Administração em situações em que se suspeite do envolvimento do diretor-presidente em irregularidades ou quando este se furtar à obrigação de adotar medidas necessárias em relação à situação a ele relatada.

Ainda na linda da transparência, determina a Lei 13.303/2016 que a empresa pública e a sociedade de economia mista divulguem toda e qualquer forma de remuneração dos administradores; e adequem constantemente suas práticas ao Código de Conduta e Integridade e a outras regras de boa prática de governança corporativa (art. 12).

A Lei dispõe de regras específicas sobre a **licitação** e dos **casos de dispensa e de inexigibilidade**, no âmbito das empresas públicas e das sociedades de economia mista que explorem atividade econômica de produção ou comercialização de bens ou de prestação de serviços, ainda que a atividade econômica esteja sujeita ao regime de monopólio da união ou seja de prestação de serviços públicos.

De saída, cumpre ressaltar que a nova Lei de licitações e contratos administrativos (Lei 14.133/2021) não se aplica às empresas públicas, às sociedades de economia mista e às suas subsidiárias, que continuam sendo regidas pela Lei 13.303/2016, ressalvado, contudo, o disposto no art. 178 da Lei 14.133/2021, que determina a aplicação às licitações e aos contratos regidos pela Lei 13.303/2016, as novos disposições do capítulo II-B do título XI da parte especial do Código Penal, que passaram a tratar dos crimes em licitações e contratos administrativos (conforme o art. 1º, § 1º, da Lei 14.133/2021).

Com efeito, dispõe o art. 28 que os contratos com terceiros destinados à prestação de serviços às empresas públicas e às sociedades de economia mista, inclusive de engenharia e de publicidade, à aquisição e à locação de bens, à alienação de bens e ativos integrantes do respectivo patrimônio ou à execução de obras a serem integradas a esse patrimônio, bem como à implementação de ônus real sobre tais bens, **serão precedidos de licitação** nos termos do que a Lei estabelece, **ressalvadas as hipóteses de dispensa e inexigibilidade, previstas, respectivamente, nos arts. 29 e 30**.

Aplicam-se às licitações das empresas públicas e das sociedades de economia mista as disposições constantes dos arts. 42 a 49 da Lei Complementar nº 123, de 14 de dezembro de 2006, que instituiu o Estatuto Nacional da Microempresa e da Empresa de Pequeno Porte.

A Lei **dispensa** as empresas públicas e as sociedades de economia mista da licitação nas seguintes situações: I – comercialização, prestação ou execução, de forma direta, pelas empresas mencionadas no *caput*, de produtos, serviços ou obras especificamente relacionados com seus respectivos objetos sociais; e II – nos casos em que a escolha do parceiro esteja associada a suas características particulares, vinculada a oportunidades de negócio definidas e específicas, justificada a inviabilidade de procedimento competitivo. E consideram-se oportunidades de negócio, a formação e a extinção de parcerias e outras formas associativas, societárias ou contratuais, a aquisição e a alienação de participação em sociedades e outras formas associativas, societárias ou contratuais e as operações realizadas no âmbito do mercado de capitais, respeitada a regulação pelo respectivo órgão competente.

Ademais, é **dispensável** a realização de licitação por empresas públicas e sociedades de economia mista (art. 29):

> I – para obras e serviços de engenharia de valor até R$ 100.000,00 (cem mil reais), desde que não se refiram a parcelas de uma mesma obra ou serviço ou ainda a obras e serviços de mesma natureza e no mesmo local que possam ser realizadas conjunta e concomitantemente;
>
> II – para outros serviços e compras de valor até R$ 50.000,00 (cinquenta mil reais) e para alienações, nos casos previstos nesta Lei, desde que não se refiram a parcelas de um mesmo serviço, compra ou alienação de maior vulto que possa ser realizado de uma só vez;
>
> III – quando não acudirem interessados à licitação anterior e essa, justificadamente, não puder ser repetida sem prejuízo para a empresa pública ou a sociedade de economia mista, bem como para suas respectivas subsidiárias, desde que mantidas as condições preestabelecidas;
>
> IV – quando as propostas apresentadas consignarem preços manifestamente superiores aos praticados no mercado nacional ou incompatíveis com os fixados pelos órgãos oficiais competentes;
>
> V – para a compra ou locação de imóvel destinado ao atendimento de suas finalidades precípuas, quando as necessidades de instalação e localização condicionarem a escolha

do imóvel, desde que o preço seja compatível com o valor de mercado, segundo avaliação prévia;

VI – na contratação de remanescente de obra, de serviço ou de fornecimento, em consequência de rescisão contratual, desde que atendida a ordem de classificação da licitação anterior e aceitas as mesmas condições do contrato encerrado por rescisão ou distrato, inclusive quanto ao preço, devidamente corrigido;

VII – na contratação de instituição brasileira incumbida regimental ou estatutariamente da pesquisa, do ensino ou do desenvolvimento institucional ou de instituição dedicada à recuperação social do preso, desde que a contratada detenha inquestionável reputação ético-profissional e não tenha fins lucrativos;

VIII – para a aquisição de componentes ou peças de origem nacional ou estrangeira necessários à manutenção de equipamentos durante o período de garantia técnica, junto ao fornecedor original desses equipamentos, quando tal condição de exclusividade for indispensável para a vigência da garantia;

IX – na contratação de associação de pessoas com deficiência física, sem fins lucrativos e de comprovada idoneidade, para a prestação de serviços ou fornecimento de mão de obra, desde que o preço contratado seja compatível com o praticado no mercado;

X – na contratação de concessionário, permissionário ou autorizado para fornecimento ou suprimento de energia elétrica ou gás natural e de outras prestadoras de serviço público, segundo as normas da legislação específica, desde que o objeto do contrato tenha pertinência com o serviço público.

XI – nas contratações entre empresas públicas ou sociedades de economia mista e suas respectivas subsidiárias, para aquisição ou alienação de bens e prestação ou obtenção de serviços, desde que os preços sejam compatíveis com os praticados no mercado e que o objeto do contrato tenha relação com a atividade da contratada prevista em seu estatuto social;

XII – na contratação de coleta, processamento e comercialização de resíduos sólidos urbanos recicláveis ou reutilizáveis, em áreas com sistema de coleta seletiva de lixo, efetuados por associações ou cooperativas formadas exclusivamente por pessoas físicas de baixa renda que tenham como ocupação econômica a coleta de materiais recicláveis, com o uso de equipamentos compatíveis com as normas técnicas, ambientais e de saúde pública;

XIII – para o fornecimento de bens e serviços, produzidos ou prestados no País, que envolvam, cumulativamente, alta complexidade tecnológica e defesa nacional, mediante parecer de comissão especialmente designada pelo dirigente máximo da empresa pública ou da sociedade de economia mista;

XIV – nas contratações visando ao cumprimento do disposto nos arts. 3º, 4º, 5º e 20 da Lei nº 10.973, de 2 de dezembro de 2004 (Lei que dispõe sobre incentivos à inovação e à pesquisa científica e tecnológica no ambiente produtivo), observados os princípios gerais de contratação dela constantes;

XV – em situações de emergência, quando caracterizada urgência de atendimento de situação que possa ocasionar prejuízo ou comprometer a segurança de pessoas, obras, serviços, equipamentos e outros bens, públicos ou particulares, e somente para os bens necessários ao atendimento da situação emergencial e para as parcelas de obras e serviços que possam ser concluídas no prazo máximo de 180 (cento e oitenta) dias consecutivos e ininterruptos, contado da ocorrência da emergência, vedada a prorrogação dos respectivos contratos, observado o disposto no § 2º;

XVI – na transferência de bens a órgãos e entidades da administração pública, inclusive quando efetivada mediante permuta;

XVII – na doação de bens móveis para fins e usos de interesse social, após avaliação de sua oportunidade e conveniência socioeconômica relativamente à escolha de outra forma de alienação;

XVIII – na compra e venda de ações, de títulos de crédito e de dívida e de bens que produzam ou comercializem.

Entretanto, julgando o pedido de MC nas ADI 5.624 (MC-Ref), MC-ADI 5.846, MC-ADI 5.924 e MC-ADI 6.029, Rel. Min. Ricardo Lewandowski, o STF referendou, em parte, a medida cautelar anteriormente concedida, em parte, pelo Relator Ministro Ricardo Lewandowski, para conferir ao art. 29, *caput*, inc. XVIII, da Lei nº 13.303/2016, *interpretação conforme à Constituição Federal*, nos seguintes termos: i) a alienação do controle acionário de empresas públicas e sociedades de economia mista exige autorização legislativa e licitação; e ii) a exigência de autorização legislativa, todavia, não se aplica à alienação do controle de suas subsidiárias e controladas. Nesse caso, a operação pode ser realizada sem a necessidade de licitação, desde que siga procedimentos que observem os princípios da administração pública inscritos no art. 37 da Constituição, respeitada, sempre, a exigência de necessária competitividade. Plenário, julgamento em 06.06.2019.

Na hipótese de nenhum dos licitantes aceitar a contratação nos termos do inciso VI do *caput*, a empresa pública e a sociedade de economia mista poderão convocar os licitantes remanescentes, na ordem de classificação, para a celebração do contrato nas condições ofertadas por estes, desde que o respectivo valor seja igual ou inferior ao orçamento estimado para a contratação, inclusive quanto aos preços atualizados nos termos do instrumento convocatório.

A contratação direta com base no inciso XV do *caput* não dispensará a responsabilização de quem, por ação ou omissão, tenha dado causa ao motivo ali descrito, inclusive no tocante ao disposto na Lei nº 8.429, de 2 de junho de 1992 (Lei de Improbidade Administrativa).

Os valores estabelecidos nos incisos I (R$ 100.000,00, para obras e serviços de engenharia) e II (R$ 50.000,00, para outros serviços e compras) acima podem ser alterados, para refletir a variação de custos, por deliberação do Conselho de Administração da empresa pública ou sociedade de economia mista, admitindo-se valores diferenciados para cada sociedade.

Prevê também a Lei os casos de **inexigibilidade** de licitação, de modo que a contratação direta será feita quando houver inviabilidade de competição, em especial na hipótese de (art. 30): I – aquisição de materiais, equipamentos ou gêneros que só possam ser fornecidos por produtor, empresa ou representante comercial exclusivo; II – contratação dos seguintes serviços técnicos especializados, com profissionais ou empresas de notória especialização, vedada a inexigibilidade para serviços de publicidade e divulgação: a) estudos técnicos, planejamentos e projetos básicos ou executivos; b) pareceres, perícias e avaliações em geral; c) assessorias ou consultorias técnicas e auditorias financeiras ou tributárias; d) fiscalização, supervisão ou gerenciamento de obras ou serviços; e) patrocínio ou defesa de causas judiciais ou administrativas; f) treinamento e aperfeiçoamento de pessoal; g) restauração de obras de arte e bens de valor histórico.

Considera-se de notória especialização o profissional ou a empresa cujo conceito no campo de sua especialidade, decorrente de desempenho anterior, estudos, experiência, publicações, organização, aparelhamento, equipe técnica ou outros requisitos relacionados com suas atividades, permita inferir que o seu trabalho é essencial e indiscutivelmente o mais adequado à plena satisfação do objeto do contrato.

Na hipótese de inexigibilidade e em qualquer dos casos de dispensa, se comprovado, pelo órgão de controle externo, sobrepreço ou superfaturamento, respondem solidariamente pelo dano causado quem houver decidido pela contratação direta e o fornecedor ou o prestador de serviços.

O processo de contratação direta será instruído, no que couber, com os seguintes elementos: I – caracterização da situação emergencial ou calamitosa que justifique a dispensa, quando for o caso; II – razão da escolha do fornecedor ou do executante; III – justificativa do preço.

De acordo com o art. 31 da Lei, as licitações realizadas e os contratos celebrados por empresas públicas e sociedades de economia mista **destinam-se a assegurar a seleção da proposta mais vantajosa**, inclusive no que se refere ao ciclo de vida do objeto, e a evitar operações em que se caracterize sobrepreço ou superfaturamento, devendo observar os princípios da impessoalidade, da moralidade, da igualdade, da publicidade, da eficiência, da probidade administrativa, da economicidade, do desenvolvimento nacional sustentável, da vinculação ao instrumento convocatório, da obtenção de competitividade e do julgamento objetivo.

Nas licitações e contratos no âmbito das estatais, serão observadas as seguintes diretrizes (art. 32): I – padronização do objeto da contratação, dos instrumentos convocatórios e das minutas de contratos, de acordo com normas internas específicas; II – busca da maior vantagem competitiva para a empresa pública ou sociedade de economia mista, considerando custos e benefícios, diretos e indiretos, de natureza econômica, social ou ambiental, inclusive os relativos à manutenção, ao desfazimento de bens e resíduos, ao índice de depreciação econômica e a outros fatores de igual relevância; III – parcelamento do objeto, visando a ampliar a participação de licitantes, sem perda de economia de escala, e desde que não atinja valores inferiores aos limites estabelecidos no art. 29, incisos I e II; IV – adoção preferencial da modalidade de licitação denominada pregão, instituída pela Lei nº 10.520, de 17 de julho de 2002, para a aquisição de bens e serviços comuns, assim considerados aqueles cujos padrões de desempenho e qualidade possam ser objetivamente definidos pelo edital, por meio de especificações usuais no mercado; V – observação da política de integridade nas transações com partes interessadas.

Ademais, as licitações e os contratos com as empresas estatais devem respeitar, especialmente, as normas relativas à: I – disposição final ambientalmente adequada dos resíduos sólidos gerados pelas obras contratadas; II – mitigação dos danos ambientais por meio de medidas condicionantes e de compensação ambiental, que serão definidas no procedimento de licenciamento ambiental; III – utilização de produtos, equipamentos e serviços que, comprovadamente, reduzam o consumo de energia e de recursos naturais; IV – avaliação de impactos de vizinhança, na forma da legislação urbanística; V – proteção do patrimônio cultural, histórico, arqueológico e imaterial, inclusive por meio da avaliação do impacto direto ou indireto causado por investimentos realizados por empresas públicas e sociedades de economia mista; VI – acessibilidade para pessoas com deficiência ou com mobilidade reduzida.

As licitações na modalidade de pregão, na forma eletrônica, deverão ser realizadas exclusivamente em portais de compras de acesso público na internet. Nas licitações com etapa de lances, a empresa pública ou sociedade de economia mista disponibilizará ferramentas eletrônicas para envio de lances pelos licitantes.

O objeto da licitação e do contrato dela decorrente será definido de forma sucinta e clara no instrumento convocatório (art. 33). Estabelece o art. 34 que o valor estimado do contrato a ser celebrado pela empresa pública ou pela sociedade de economia mista será **sigiloso**, facultando-se à contratante, mediante justificação na fase de preparação prevista no inciso I do art. 51 da Lei, conferir publicidade ao valor estimado do objeto da licitação, sem prejuízo da divulgação do detalhamento dos quantitativos e das demais informações necessárias para a elaboração das propostas. Na hipótese em que for adotado o critério de julgamento por maior desconto, a informação de que trata o *caput* deste artigo constará do instrumento convocatório. No caso de julgamento por melhor técnica, o valor do prêmio ou da remuneração será incluído no instrumento convocatório. Porém, a informação relativa ao valor estimado do objeto da licitação, ainda que tenha caráter sigiloso, será disponibilizada a órgãos de controle externo e interno, devendo a empresa pública ou a sociedade de economia mista registrar em documento formal sua disponibilização aos órgãos de controle, sempre que solicitado.

Aplicam-se às licitações e contratos, no âmbito das empresas estatais, regidos pela Lei 13.303/16, as normas de direito penal agora inseridas pela Lei 14.133/2021, por força de seu art. 178, no Código Penal (foi inserido o Capítulo II-B no Título XI da Parte Especial do Código Penal).

A Lei prevê um **procedimento próprio para a licitação** no âmbito das estatais, que observará a seguinte sequência de fases: I – preparação; II – divulgação; III – apresentação de lances ou propostas, conforme o modo de disputa adotado; IV – julgamento; V – verificação de efetividade dos lances ou propostas; VI – negociação; VII – habilitação; VIII – interposição de recursos; IX – adjudicação do objeto; X – homologação do resultado ou revogação do procedimento (art. 51). A fase de que trata o inciso VII do *caput* poderá, excepcionalmente, anteceder as referidas nos incisos III a VI do *caput*, desde que expressamente previsto no instrumento convocatório. Os atos e procedimentos decorrentes dessas fases praticados por empresas públicas, por sociedades de economia mista e por licitantes serão efetivados preferencialmente por meio eletrônico, nos termos definidos pelo instrumento convocatório, devendo os avisos contendo os resumos dos editais das licitações e contratos ser previamente publicados no Diário Oficial da União, do Estado ou do Município e na internet.

Poderão ser adotados os modos de disputa aberto ou fechado, ou, quando o objeto da licitação puder ser parcelado, a combinação de ambos, observado o disposto no inciso III do art. 32 da Lei. No modo de disputa aberto, os licitantes apresentarão lances públicos e sucessivos, crescentes ou decrescentes, conforme o critério de julgamento adotado. No modo de disputa fechado, as propostas apresentadas pelos licitantes serão sigilosas até a data e a hora designadas para que sejam divulgadas.

Na licitação, poderão ser utilizados os seguintes critérios de julgamento, que serão expressamente identificados no instrumento convocatório: I – menor preço; II – maior desconto; III – melhor combinação de técnica e preço; IV – melhor técnica; V – melhor conteúdo artístico; VI – maior oferta de preço; VII – maior retorno econômico; VIII – melhor destinação de bens alienados. Esses critérios de julgamento poderão ser combinados na hipótese de parcelamento do objeto, observado o disposto no inciso III do art. 32.

A empresa pública e a sociedade de economia mista não poderão celebrar contrato com preterição da ordem de classificação das propostas ou com terceiros estranhos à licitação (art. 61).

A empresa pública e a sociedade de economia mista constituídas anteriormente à vigência da Lei 13.303/2016 deverão, no prazo de 24 (vinte e quatro) meses, promover as adaptações necessárias à adequação ao disposto nesta Lei.

4.6. Consórcio Público

A Constituição Federal, no art. 241, com a redação dada pela EC nº 19/98, dispôs que "A União, os Estados, o Distrito Federal e os Municípios disciplinarão por meio de lei os consórcios públicos e os convênios de cooperação entre os entes federados, autorizando a gestão associada de serviços públicos, bem como a transferência total ou parcial de encargos, serviços, pessoal e bens essenciais à continuidade dos serviços transferidos".

Visando regular o preceito constitucional acima, a Lei nº 11.107, de 06 de abril de 2005, tratou das normas gerais para a União, os Estados, o Distrito Federal e os Municípios contratarem *Consórcios Públicos* para a realização de objetivos de interesse comum, prevendo a possibilidade de mais uma entidade da Administração Indireta.

4.6.1. Conceito e natureza

Segundo a Lei nº 11.107/2005, o consórcio público, que será formado por contrato cuja celebração dependerá da prévia subscrição, pelas entidades federadas consorciadas, de protocolo de intenções devidamente publicado na imprensa oficial, constituirá *associação pública* ou *pessoa jurídica de direito privado*. Contudo, o contrato de consórcio público somente será celebrado com a ratificação, *mediante lei das entidades federadas consorciadas*, do protocolo de intenções.

Assim, há inegavelmente um conjunto de fases ou etapas para a constituição do consórcio público pelas entidades da Federação, a seguir expostas:

1) a subscrição do protocolo de intenções pelas entidades federadas que desejam se consorciar;
2) a publicação do protocolo de intenções na imprensa oficial;
3) lei de cada uma das entidades federadas, ratificando, total ou parcialmente, o protocolo de intenções ou disciplinando a matéria;
4) celebração do contrato de consórcio público.

Segundo o art. 6º da lei, o consórcio público adquirirá *personalidade jurídica* de *direito público* (e natureza autárquica), no caso de constituir *associação pública*, mediante a vigência das leis de ratificação do protocolo de intenções; e *personalidade jurídica* de *direito privado*, sem fins econômicos, mediante o atendimento dos requisitos da legislação civil. Diz mais a lei que o consórcio público com personalidade jurídica de direito público integra a administração indireta de todos os entes da Federação consorciados.

No caso de se revestir de personalidade jurídica de direito privado, o consórcio público observará as normas de direito público no que concerne à realização de licitação, celebração de contratos, prestação de contas e admissão de pessoal, que será regido pela Consolidação das Leis do Trabalho – CLT. Todavia, de acordo com a nova redação dada pela Lei nº 13.822, de 03 de maio de 2019, ao § 2º do art. 6º da Lei nº 11.107/2005, o consórcio público, seja de personalidade jurídica de direito público, seja de direito privado, além de observar as normas de direito público no que concerne à realização de licitação, à celebração de contratos e à prestação de contas, deve observar, quanto à admissão de pessoal, a Consolidação das Leis do Trabalho (CLT).

Isto é, a Lei nº 13.822/2019 submete os servidores dos consórcios públicos com personalidade jurídica de direito público ao regime da CLT, contrariando frontalmente o comando do artigo 39 da CF, que obriga a União, os Estados, o Distrito Federal e os Municípios a aplicarem um único regime jurídico funcional (regime jurídico único) para os servidores da administração pública direta, das autarquias e das fundações públicas.

Nada fala a lei a respeito da integração do consórcio público com personalidade jurídica de direito privado à administração indireta dos entes da Federação consorciados. Em que pese a omissão da lei, é inegável que o consórcio público instituído sob a forma de pessoa jurídica de direito privado também integra a administração indireta dos entes da Federação consorciados, uma vez que, como são tais entidades criadas pelo Estado, devem compor a sua organização administrativa. Assim, como são entidades dotadas de personalidade jurídica, elas integrarão a administração indireta das pessoas federadas consorciadas[21].

Assim, em face do exposto, podemos conceituar o consórcio público como *pessoa jurídica de direito público (de natureza autárquica) ou de direito privado, instituída pelas entidades da Federação por meio de contrato, cuja celebração dependerá da prévia subscrição de protocolo de intenções, devidamente ratificado por lei de cada uma das entidades federadas instituidoras, para a gestão associada de serviços públicos de interesse comum.*

O Decreto nº 6.017/2007, que regulamentou a Lei 11.107/2005, definiu o consórcio público como: "pessoa jurídica formada exclusivamente por entes da Federação, na forma da Lei nº 11.107, de 2005, para estabelecer relações de cooperação federativa, inclusive a realização de objetivos de interesse comum, constituída como associação pública, com personalidade jurídica de direito público e natureza autárquica, ou como pessoa jurídica de direito privado sem fins econômicos".

Como observado, os consórcios públicos são entidades constituídas a partir de um contrato celebrado entre as entidades federadas, que podem ser da mesma espécie ou

---

21. Nesse sentido, ver Diógenes Gasparini, op. cit., p. 349 e Maria Sylvia Zanella Di Pietro, op. cit., p. 451.

não. Entretanto, segundo a lei, a União não poderá celebrar consórcio público diretamente com o Município, nem o Estado pode se consorciar diretamente com o Município não localizado em seu território. Assim, a "União somente participará de consórcios públicos em que também façam parte todos os Estados em cujos territórios estejam situados os Municípios consorciados" (art. 1º, § 2º).

Os consórcios públicos são instituídos para atuarem em área determinada, que corresponde à soma dos seguintes territórios, independentemente de figurar a União como consorciada: a) dos Municípios, quando o consórcio público for constituído somente por Municípios ou por um Estado e Municípios com territórios nele contidos; b) dos Estados ou dos Estados e do Distrito Federal, quando o consórcio público for, respectivamente, constituído por mais de um Estado ou por um ou mais Estados e o Distrito Federal; e c) dos Municípios e do Distrito Federal, quando o consórcio for constituído pelo Distrito Federal e Municípios.

A alteração ou a extinção do contrato de consórcio público dependerá de instrumento aprovado pela assembleia geral, ratificado mediante lei por todos os entes consorciados.

4.6.2. *Objetivos*

Em consonância com o art. 2º da Lei, os objetivos dos consórcios públicos serão determinados pelos entes da Federação que se consorciarem, observados os limites constitucionais.

Em conformidade com o art. 3º do Decreto 6.017/2007, os objetivos dos consórcios públicos serão determinados pelos entes que se consorciarem, admitindo-se, entre outros, e observados os limites constitucionais e legais, os seguintes:

I – a gestão associada de serviços públicos;

II – a prestação de serviços, inclusive de assistência técnica, a execução de obras e o fornecimento de bens à administração direta ou indireta dos entes consorciados;

III – o compartilhamento ou o uso em comum de instrumentos e equipamentos, inclusive de gestão, de manutenção, de informática, de pessoal técnico e de procedimentos de licitação e de admissão de pessoal;

IV – a produção de informações ou de estudos técnicos;

V – a instituição e o funcionamento de escolas de governo ou de estabelecimentos congêneres;

VI – a promoção do uso racional dos recursos naturais e a proteção do meio-ambiente;

VII – o exercício de funções no sistema de gerenciamento de recursos hídricos que lhe tenham sido delegadas ou autorizadas;

VIII – o apoio e o fomento do intercâmbio de experiências e de informações entre os entes consorciados;

IX – a gestão e a proteção de patrimônio urbanístico, paisagístico ou turístico comum;

X – o planejamento, a gestão e a administração dos serviços e recursos da previdência social dos servidores de qualquer dos entes da Federação que integram o consórcio, vedado que os recursos arrecadados em um ente federativo sejam utilizados no pagamento de benefícios de segurados de outro ente, de forma a atender o disposto no art. 1º, inciso V, da Lei nº 9.717, de 1998;

> XI – o fornecimento de assistência técnica, extensão, treinamento, pesquisa e desenvolvimento urbano, rural e agrário;
>
> XII – as ações e políticas de desenvolvimento urbano, socioeconômico local e regional; e
>
> XIII – o exercício de competências pertencentes aos entes da Federação nos termos de autorização ou delegação.

De sublinhar-se que os consórcios públicos poderão ter um ou mais objetivos e os entes consorciados poderão se consorciar em relação a todos ou apenas a parcela deles. Ademais, os consórcios públicos, ou entidade a ele vinculada, poderão desenvolver as ações e os serviços de saúde, obedecidos os princípios, diretrizes e normas que regulam o Sistema Único de Saúde – SUS.

Para o cumprimento de seus objetivos, o consórcio público poderá:

> I – firmar convênios, contratos, acordos de qualquer natureza, receber auxílios, contribuições e subvenções sociais ou econômicas de outras entidades e órgãos do governo;
>
> II – nos termos do contrato de consórcio de direito público, promover desapropriações e instituir servidões nos termos de declaração de utilidade ou necessidade pública, ou interesse social, realizada pelo Poder Público; e
>
> III – ser contratado pela administração direta ou indireta dos entes da Federação consorciados, dispensada a licitação.

Ademais, os consórcios públicos poderão emitir documentos de cobrança e exercer atividades de arrecadação de tarifas e outros preços públicos pela prestação de serviços ou pelo uso ou outorga de uso de bens públicos por eles administrados ou, mediante autorização específica, pelo ente da Federação consorciado.

Os consórcios públicos poderão outorgar concessão, permissão ou autorização de obras ou serviços públicos mediante autorização prevista no contrato de consórcio público, que deverá indicar de forma específica o objeto da concessão, permissão ou autorização e as condições a que deverá atender, observada a legislação de normas gerais em vigor.

4.6.3. *Do protocolo de intenções*

Como mencionado acima, a constituição de consórcio público *dependerá da prévia celebração de protocolo de intenções* subscrito pelos representantes legais dos entes da Federação interessados. Entende-se por protocolo de intenções um contrato *preliminar* que, ratificado pelos entes da Federação interessados, converte-se em contrato de consórcio público.

Em conformidade com o art. 4º da Lei, são *cláusulas necessárias* do protocolo de intenções as que estabeleçam:

> I – a denominação, a finalidade, o prazo de duração e a sede do consórcio. Contudo, nos termos do Decreto 6.017/2007, admite-se a fixação de prazo indeterminado e a previsão de alteração da sede mediante decisão da Assembleia Geral.
>
> II – a identificação dos entes da Federação consorciados;
>
> III – a indicação da área de atuação do consórcio;

IV – a previsão de que o consórcio público é associação pública (com personalidade jurídica de direito público e natureza autárquica) ou pessoa jurídica de direito privado sem fins econômicos;

V – os critérios para, em assuntos de interesse comum, autorizar o consórcio público a representar os entes da Federação consorciados perante outras esferas de governo;

VI – as normas de convocação e funcionamento da assembleia geral, inclusive para a elaboração, aprovação e modificação dos estatutos do consórcio público;

VII – a previsão de que a assembleia geral é a instância máxima do consórcio público e o número de votos para as suas deliberações;

VIII – a forma de eleição e a duração do mandato do representante legal do consórcio público que, obrigatoriamente, deverá ser Chefe do Poder Executivo de ente da Federação consorciado. Cumpre ressaltar que o mandato do representante legal do consórcio público será fixado em um ou mais exercícios financeiros e cessará automaticamente no caso de o eleito não mais ocupar a Chefia do Poder Executivo do ente da Federação que representa na assembleia geral, hipótese em que será sucedido por quem preencha essa condição. Salvo previsão em contrário dos estatutos, o representante legal do consórcio público, nos seus impedimentos ou na vacância, será substituído ou sucedido por aquele que, nas mesmas hipóteses, o substituir ou o suceder na Chefia do Poder Executivo (Decreto nº 6.017/2007, art. 5º, §§ 4º e 5º).

IX – o número, as formas de provimento e a remuneração dos empregados públicos, bem como os casos de contratação por tempo determinado para atender a necessidade temporária de excepcional interesse público;

X – as condições para que o consórcio público celebre contrato de gestão ou termo de parceria;

XI – a autorização para a gestão associada de serviços públicos, explicitando: a) as competências cujo exercício se transferiu ao consórcio público; b) os serviços públicos objeto da gestão associada e a área em que serão prestados; c) a autorização para licitar ou outorgar concessão, permissão ou autorização da prestação dos serviços; d) as condições a que deve obedecer o contrato de programa, no caso de a gestão associada envolver também a prestação de serviços por órgão ou entidade de um dos entes da Federação consorciados; e) os critérios técnicos para cálculo do valor das tarifas e de outros preços públicos, bem como para seu reajuste ou revisão; e

XII – o direito de qualquer dos contratantes, quando adimplente com suas obrigações, de exigir o pleno cumprimento das cláusulas do contrato de consórcio público.

O protocolo de intenções também deve definir o número de votos que cada ente da Federação consorciado possui na assembleia geral, sendo assegurado 1 (um) voto a cada ente consorciado.

A Lei considera nula a cláusula do contrato de consórcio que preveja determinadas contribuições financeiras ou econômicas de ente da Federação ao consórcio público, salvo a doação, destinação ou cessão do uso de bens móveis ou imóveis e as transferências ou cessões de direitos operadas por força de gestão associada de serviços públicos. Prevê a Lei que os entes da Federação consorciados, ou os com eles conveniados, poderão ceder-lhe servidores, na forma e condições da legislação de cada um.

4.6.4. Do contrato de rateio

A Lei 11.107/2005 prevê o *contrato de rateio*, como instrumento contratual por meio do qual os entes consorciados comprometem-se a fornecer recursos financeiros para a realização das despesas do consórcio público. Em razão disso, os entes consorciados somente entregarão recursos ao consórcio público mediante o contrato de rateio.

Segundo a lei, o contrato de rateio será formalizado em cada exercício financeiro, com observância da legislação orçamentária e financeira do ente consorciado contratante e depende da previsão de recursos orçamentários que suportem o pagamento das obrigações contratadas. Assim, o prazo de vigência do contrato de rateio não será superior ao das dotações que o suportam, com exceção dos contratos que tenham por objeto exclusivamente projetos consistentes em programas e ações contemplados em plano plurianual. Os recursos entregues por meio de contrato de rateio não podem ser aplicados para o atendimento de despesas genéricas, inclusive transferências ou operações de crédito.

Nos termos da Lei, poderá ser excluído do consórcio público, após prévia suspensão, o ente consorciado que não consignar, em sua lei orçamentária ou em créditos adicionais, as dotações suficientes para suportar as despesas assumidas por meio de contrato de rateio.

Os entes consorciados, isolados ou em conjunto, bem como o consórcio público, são partes legítimas para exigir o cumprimento das obrigações previstas no contrato de rateio.

Nos termos do art. 9° da Lei, a execução das receitas e despesas do consórcio público deverá obedecer às normas de direito financeiro aplicáveis às entidades públicas.

Além disso, o consórcio público está sujeito à fiscalização contábil, operacional e patrimonial pelo Tribunal de Contas competente para apreciar as contas do Chefe do Poder Executivo representante legal do consórcio, inclusive quanto à legalidade, legitimidade e economicidade das despesas, atos, contratos e renúncia de receitas, sem prejuízo do controle externo a ser exercido em razão de cada um dos contratos de rateio.

4.6.5. Do contrato de programa

Prevê também a Lei 11.107/2005 o *contrato de programa*, definido pelo Decreto 6.017/2007 (art. 2°, XVI) como "instrumento pelo qual devem ser constituídas e reguladas as obrigações que um ente da Federação, inclusive sua administração indireta, tenha para com outro ente da Federação, ou para com consórcio público, no âmbito da prestação de serviços públicos por meio de cooperação federativa".

Prescreve o art. 13 da Lei, que "Deverão ser constituídas e reguladas por contrato de programa, como condição de sua validade, as obrigações que um ente da Federação constituir para com outro ente da Federação ou para com consórcio público no âmbito de gestão associada em que haja a prestação de serviços públicos ou a transferência total ou parcial de encargos, serviços, pessoal ou de bens necessários à continuidade dos serviços transferidos".

Nos termos do Decreto 6.017/2007, considera-se prestação de serviço público por meio de gestão associada aquela em que um ente da Federação, ou entidade de sua administração indireta, coopere com outro ente da Federação ou com consórcio público, independentemente da denominação que venha a adotar, exceto quando a prestação se der por meio de contrato de concessão de serviços públicos celebrado após regular licitação.

Segundo a Lei, o contrato de programa deverá (I) atender à legislação de concessões e permissões de serviços públicos e, especialmente no que se refere ao cálculo de tarifas e de outros preços públicos, à de regulação dos serviços a serem prestados; e (II) prever procedimentos que garantam a transparência da gestão econômica e financeira de cada serviço em relação a cada um de seus titulares.

No caso de a gestão associada originar a transferência total ou parcial de encargos, serviços, pessoal e bens essenciais à continuidade dos serviços transferidos, o contrato de programa, sob pena de nulidade, deverá conter cláusulas que estabeleçam:

> I – os encargos transferidos e a responsabilidade subsidiária da entidade que os transferiu;
>
> II – as penalidades no caso de inadimplência em relação aos encargos transferidos;
>
> III – o momento de transferência dos serviços e os deveres relativos a sua continuidade;
>
> IV – a indicação de quem arcará com o ônus e os passivos do pessoal transferido;
>
> V – a identificação dos bens que terão apenas a sua gestão e administração transferidas e o preço dos que sejam efetivamente alienados ao contratado;
>
> VI – o procedimento para o levantamento, cadastro e avaliação dos bens reversíveis que vierem a ser amortizados mediante receitas de tarifas ou outras emergentes da prestação dos serviços.

Prevê a Lei que o contrato de programa continuará vigente mesmo quando extinto o consórcio público ou o convênio de cooperação que autorizou a gestão associada de serviços públicos.

Ademais, mediante previsão do contrato de consórcio público, ou de convênio de cooperação, o contrato de programa poderá ser celebrado por entidades de direito público ou privado que integrem a administração indireta (autarquias, fundações de direito público, empresa pública e sociedade de economia mista) de qualquer dos entes da Federação consorciados ou conveniados. Nesse caso, o contrato será automaticamente extinto no caso de o contratado não mais integrar a administração indireta do ente da Federação que autorizou a gestão associada de serviços públicos por meio de consórcio público ou de convênio de cooperação.

Nos termos do art. 32 do Decreto 6.017/2007, o contrato de programa poderá ser celebrado por dispensa de licitação nos termos do art. 75, inciso XI, da Lei nº 14.133/2021. Contudo, o termo de dispensa de licitação e a minuta de contrato de programa deverão ser previamente examinados e aprovados por assessoria jurídica da Administração.

Em síntese:

CONSÓRCIO PÚBLICO	
• Trata-se de pessoa jurídica de direito público (de natureza autárquica) ou de direito privado, instituída pelas entidades da Federação por meio de contrato, cuja celebração dependerá da prévia subscrição de protocolo de intenções, devidamente ratificado por lei de cada uma das entidades federadas instituidoras, para a gestão associada de serviços públicos de interesse comum (CF/88, art. 241 e Lei 11.107/2005). É regulado pela Lei nº 11.107/2005 e, quando criado, passa a integrar a administração indireta de cada uma das entidades federadas consorciadas.	
• A depender do tipo de consórcio público, a sua personalidade jurídica poderá ser: →	↳ de direito público, com natureza autárquica ("associação pública"). ↳ de direito privado, sem fins econômicos.
• Fases do procedimento para a criação do consórcio público: →	a) subscrição e publicação de um protocolo de intenções pelas entidades federadas que desejam se consorciar; b) cada ente promulga uma lei, ratificando o protocolo de intenções; c) celebração dos contratos de rateio e de programa; d) registro na forma da legislação civil, quando se tratar de consórcio com personalidade de direito privado.
• Contrato de rateio: dispõe do fornecimento dos recursos financeiros e despesas do consórcio público.	
• Contrato de programa : dispõe das obrigações assumidas pelos consorciados perante o consórcio público.	

5. QUADRO SINÓTICO

ORGANIZAÇÃO ADMINISTRATIVA
1. Considerações gerais
Em conformidade com o art. 37, *caput*, a Administração Pública de qualquer dos Poderes da União, dos Estados, do Distrito Federal e dos Municípios, organiza-se a partir de uma **Administração direta** e uma **Administração indireta**. Essa organização está relacionada às formas de realização da função administrativa. Nesse sentido, pode-se afirmar que a organização administrativa de todas as Entidades Políticas (União, Estados, Distrito Federal e Municípios) compreende uma Administração Pública Direta ou centralizada e Indireta ou descentralizada.
2. Formas de realização da função administrativa: centralização e descentralização, concentração e desconcentração
Na organização de sua Administração, o Estado pode adotar basicamente as seguintes formas de realização da função administrativa: *centralização* e *descentralização*. A função administrativa é realizada de forma *centralizada* quando ela é desempenhada *diretamente* pela própria entidade estatal (União, Estados-membros, Distrito Federal e Municípios), através de seus vários *órgãos e agentes públicos*. A função administrativa, por outro lado, é realizada de forma *descentralizada* quando a entidade estatal a exerce, não diretamente, mas de forma indireta, através de *entidades administrativas* que cria para esse fim específico (autarquias, fundações, empresas públicas, sociedade de economia mista e consórcios públicos).

É importante deixar claro que a *descentralização* não se confunde com a *desconcentração*. Tanto uma quanto outra são formas de distribuição de competências. Contudo, na descentralização essa distribuição se dá externamente, ou seja, de uma entidade para outra, pressupondo, portanto, duas pessoas jurídicas distintas, a estatal e a pessoa por ela criada. Já na desconcentração, a distribuição ocorre internamente, dentro da própria entidade com competência para desempenhar a função, entre os seus próprios órgãos. A desconcentração cuida-se de uma técnica de administração, destinada a desafogar o exercício da função administrativa.

3. Administração Direta

A Administração Direta ou Centralizada é aquela constituída a partir de um conjunto de órgãos públicos, através dos quais o Estado desempenha *diretamente* a atividade administrativa.

4. Administração Indireta

A Administração Indireta é constituída a partir de um conjunto de *entidades*, dotadas de personalidade jurídica, responsáveis pelo exercício, em caráter especializado e descentralizado, de certa e determinada atividade administrativa, por outorga legal da entidade estatal. Consiste, pois, na criação de pessoas jurídicas, algumas de direito público, outras de direito privado, com personalidade jurídica própria, para exercerem parcela da competência administrativa do ente político que a criou e com o qual não se confunde. Tal criação ocorrerá diretamente da *lei específica* (autarquias) ou simplesmente autorizada por *lei específica* (as demais entidades, que compreendem as fundações, empresas públicas e sociedades de economia mista).

5. Órgãos Públicos. Conceito

O direito brasileiro adotou a **Teoria do Órgão**, formulada pelo alemão Otto Gierke, para explicar a relação jurídica entre o Estado e seus agentes que manifestam a vontade estatal. De acordo com essa teoria, o órgão público não é pessoa jurídica, não se confundindo com o Estado, mas sim mero centro despersonalizado de competências políticas ou administrativas, integrando a pessoa jurídica estatal. Cuida-se de um centro ou círculo de competências ou atribuições despersonalizado e instituído por lei para o desempenho de funções estatais, através de seus agentes, cuja atuação é imputada à pessoa jurídica a que pertence. Cada órgão público, com centro de competências políticas ou administrativas, dispõe necessariamente de funções, cargos e agentes, mas é distinto desses elementos, que podem ser modificados, substituídos ou retirados sem supressão do órgão.

5.1. Classificação dos órgãos públicos

5.1.1. Quanto à sua posição estatal ou quanto à hierarquia

a) **Órgãos independentes** – Estão no topo da pirâmide da organização política e administrativa do Estado. São os órgãos originários da Constituição e exercentes das funções estatais (legislativa, executiva e judicial) e só sujeitos aos controles constitucionais de um sobre o outro;
b) **Órgãos autônomos** – São aqueles que se situam logo abaixo dos órgãos independentes e diretamente subordinados a estes. Têm ampla autonomia administrativa, técnica e financeira e exercem funções de planejamento, supervisão, coordenação e controle das atividades afetas à sua competência;
c) **Órgãos superiores** – São órgãos de direção, porém sem autonomia administrativa e financeira;
d) **Órgãos subalternos** – São aqueles que se encontram na base da estrutura orgânica da Administração Pública e exercem atividades materiais ou de execução.

5.1.2. Quanto à estrutura

a) **Órgãos simples ou unitários** – Caracterizam-se como um único centro de competência, sem subdivisão interna;
b) **Órgãos compostos** – São integrados por diversos centros de competência.

5.1.3. Quanto à esfera de atuação

a) **Órgãos centrais** – São os que têm atuação coincidente com o domínio político da entidade estatal a que pertencem, de modo que sua esfera de ação compreende todo o território nacional (se forem da União), estadual (se dos Estados) e municipal (se dos Municípios). Ex.: os Ministérios e as Secretarias de Estado e de Municípios;

b) **Órgãos locais** – São os que têm atuação somente em parte do território federal, estadual e municipal.

5.1.4. Quanto à composição ou atuação funcional

a) **Singulares ou unipessoais** – Há um único agente, sendo este o responsável pela vontade do órgão;

b) **Colegiados ou pluripessoais** – Há mais de um agente responsável pela formação da vontade do órgão.

6. Entidades da Administração Indireta

6.1. Autarquias

São pessoas jurídicas de direito público com capacidade exclusivamente administrativa. São criadas por lei específica para exercer, em caráter especializado e com prerrogativas de poder, serviços públicos. Para tanto, possuem autonomia administrativa, financeira e técnica e são dotadas de amplas prerrogativas públicas, de modo que todos os poderes conferidos às entidades estatais são a elas estendidos, inclusive as imunidades tributárias referentes aos impostos sobre rendas, serviços e patrimônio. Seus bens são públicos.

6.2. Fundações

A fundação instituída e mantida pelo poder público é um patrimônio público personalizado e afetado a um determinado fim público de natureza social. Segundo escólio doutrinário, a fundação governamental de direito público é pessoa jurídica de direito público, integrante da Administração Pública Indireta, criada pelo Estado, após autorizado por lei específica, para prestação de certos serviços públicos típicos, consistente num patrimônio público personalizado e regido por normas de direito público, afetado à consecução de um determinado fim público. Já a fundação governamental de direito privado é pessoa jurídica de direito privado, também integrante da Administração Pública Indireta e criada pelo Estado para o exercício de uma determinada atividade, consistente num patrimônio público personalizado e regido por normas de direito privado, igualmente afetado ao atendimento de um fim público.

6.3. Empresas Estatais

As *empresas estatais*, ou simplesmente *estatais*, são as **empresas públicas** e as **sociedades de economia mista**. Estas entidades são pessoas jurídicas de direito privado das quais se vale o Estado como *instrumentos de ação* para intervir no domínio econômico, ora para *explorar atividade tipicamente econômica* ora para *prestar serviço público* de natureza comercial ou industrial.

Constituição, com a nova redação oriunda da EC nº 19/98, determinou ao legislador ordinário a elaboração de um **regime jurídico próprio** para estas entidades, inclusive para dispor sobre licitação e contratação de obras, serviços, compras e alienações. A Lei nº 13.303/2016, dispôs sobre o **estatuto jurídico** da empresa pública, da sociedade de economia mista e de suas subsidiárias, no âmbito da União, dos Estados, do Distrito Federal e dos Municípios.

6.3.1. Empresa Pública

É pessoa jurídica de direito privado, com capital exclusivamente público. Pode ser criada, com qualquer forma de organização societária, para prestar serviço público ou para explorar atividade econômica.

6.3.2. Sociedade de Economia Mista
É pessoa jurídica de direito privado, com capital parcialmente público e parcialmente privado. Pode ser criada, apenas como forma de sociedade anônima, para prestar serviço público ou para explorar atividade econômica.
6.4. Agências Reguladoras
São autarquias em regime especial, criadas para exercerem a disciplina e o controle administrativo sobre os atos e contratos que dizem respeito à prestação de um serviço público específico ou a determinada atividade econômica. A elas são conferidas maior estabilidade e independência em relação ao ente que as criou. Seus dirigentes se submetem a investidura especial (são nomeados pelo Presidente da República após aprovação do Senado) e exercem mandatos fixos (5 anos), somente podendo perdê-los em caso de renúncia, de condenação judicial transitada em julgado ou de processo administrativo disciplinar (Lei nº 9.986/2000, arts. 5º, 6º e 9º, alterada pela Lei nº 13.848/2019). As agências reguladoras podem ser criadas para a regulação de serviços públicos delegados, especialmente nas hipóteses relacionadas no art. 21, incisos XI e XII, da Constituição Federal (Ex.: ANEEL, ANATEL, ANTT e ANTAQ), ou para o exercício de poder de polícia administrativo sobre algumas atividades econômicas, como nas hipóteses do art. 177 (Ex.: ANVISA, ANS, ANP, ANA, ANCINE e ANAC).
6.5. Agências Executivas
A agência executiva é um status, um título jurídico, uma qualificação que uma autarquia ou fundação pública que já existe recebe, em razão do contrato de gestão que celebra com o órgão da Administração Pública Direta a que se acha vinculada, para uma maior eficiência e redução de custos.
6.6. Consórcio Público
Cuida-se de pessoa jurídica de direito público ou de direito privado, instituída pelas entidades da Federação por meio de contrato, cuja celebração dependerá da prévia subscrição de protocolo de intenções, devidamente ratificado por lei de cada uma das entidades federadas instituidoras, para a gestão associada de serviços públicos de interesse comum. É regulado pela Lei nº 11.107/2005 e, quando criado, passa a integrar a administração indireta de todas as entidades federadas consorciadas. O consórcio público adquirirá *personalidade jurídica* de *direito público* (e natureza autárquica), no caso de constituir *associação pública*, mediante a vigência das leis de ratificação do protocolo de intenções; e *personalidade jurídica* de *direito privado*, sem fins econômicos, mediante o atendimento dos requisitos da legislação civil.

6. JURISPRUDÊNCIA APLICADA

- Tema 1140 de repercussão geral no RE 1320054: "As empresas públicas e as sociedades de economia mista delegatárias de serviços públicos essenciais, que não distribuam lucros a acionistas privados nem ofereçam risco ao equilíbrio concorrencial, são beneficiárias da imunidade tributária recíproca prevista no artigo 150, VI, a, da Constituição Federal, independentemente de cobrança de tarifa como contraprestação do serviço." (07/05/2021).

- **STF, Pleno, RE 577025/DF, Relator Min. RICARDO LEWANDOWSKI, DJ de 06/03/2009**: RECURSO EXTRAORDINÁRIO. PODER EXECUTIVO. COMPETÊNCIA LEGISLATIVA. ORGANIZAÇÃO DA ADMINISTRAÇÃO PÚBLICA. DECRETOS 26.118/05 E 25.975/05. REESTRUTURAÇÃO DE AUTARQUIA E CRIAÇÃO DE CARGOS. REPERCUSSÃO GERAL RECONHECIDA. INOCORRENTE OFENSA À CONSTITUIÇÃO FEDERAL. RECURSO DESPROVIDO. I – A Constituição da República não oferece guarida à possibilidade de o Governador do Distrito Federal criar cargos e reestruturar órgãos públicos por meio de simples decreto. II – Mantida a decisão do Tribunal *a quo*, que, fundado em dispositivos da Lei Orgânica do DF, entendeu violado, na espécie, o princípio da reserva legal. III – Recurso Extraordinário desprovido.

- **ADI 1642/MG – MINAS GERAIS, Relator Min. EROS GRAU, DJ de 19/09/2008:** AÇÃO DIRETA DE INCONSTITUCIONALIDADE. ALÍNEA "d" DO INCISO XXIII DO ARTIGO 62 DA CONSTITUIÇÃO DO ESTADO DE MINAS GERAIS. APROVAÇÃO DO PROVIMENTO, PELO EXECUTIVO, DOS CARGOS DE PRESIDENTE DAS ENTIDADES DA ADMINISTRAÇÃO PÚBLICA INDIRETA ESTADUAL PELA ASSEMBLÉIA LEGISLATIVA. ALEGAÇÃO DE VIOLAÇÃO DO DISPOSTO NO ARTIGO 173, DA CONSTITUIÇÃO DO BRASIL. DISTINÇÃO ENTRE EMPRESAS ESTATAIS PRESTADORAS DE SERVIÇO PÚBLICO E EMPRESAS ESTATAIS QUE DESENVOLVEM ATIVIDADE ECONÔMICA EM SENTIDO ESTRITO. REGIME JURÍDICO ESTRUTURAL E REGIME JURÍDICO FUNCIONAL DAS EMPRESAS ESTATAIS. INCONSTITUCIONALIDADE PARCIAL. INTERPRETAÇÃO CONFORME À CONSTITUIÇÃO. 1. Esta Corte em oportunidades anteriores definiu que a aprovação, pelo Legislativo, da indicação dos Presidentes das entidades da Administração Pública Indireta restringe-se às autarquias e fundações públicas, dela excluídas as sociedades de economia mista e as empresas públicas. Precedentes. 2. As sociedades de economia mista e as empresas públicas que explorem atividade econômica em sentido estrito estão sujeitas, nos termos do disposto no § 1º do artigo 173 da Constituição do Brasil, ao regime jurídico próprio das empresas privadas. 3. Distinção entre empresas estatais que prestam serviço público e empresas estatais que empreendem atividade econômica em sentido estrito 4. O § 1º do artigo 173 da Constituição do Brasil não se aplica às empresas públicas, sociedades de economia mista e entidades (estatais) que prestam serviço público. 5. A intromissão do Poder Legislativo no processo de provimento das diretorias das empresas estatais colide com o princípio da harmonia e interdependência entre os poderes. A escolha dos dirigentes dessas empresas é matéria inserida no âmbito do regime estrutural de cada uma delas. 6. Pedido julgado parcialmente procedente para dar interpretação conforme à Constituição à alínea "d" do inciso XXIII do artigo 62 da Constituição do Estado de Minas Gerais, para restringir sua aplicação às autarquias e fundações públicas, dela excluídas as empresas estatais, todas elas.

- **STF, AI 626372 AgR/MG, AG. REG. NO AGRAVO DE INSTRUMENTO, Relator Min. GILMAR MENDES, DJ de 18/04/2008**: Agravo regimental em agravo de instrumento. 2. IPTU. Imunidade recíproca. Art. 150, VI, a, § 2º, CF. Extensão às autarquias. Precedentes. 3. Agravo regimental a que se nega provimento.

- **RE 357824 AgR/MG, AG. REG. NO RECURSO EXTRAORDINÁRIO, Relator Min. EROS GRAU, DJ de 29/06/2007**: AGRAVO REGIMENTAL NO RECURSO EXTRAORDINÁRIO. IPTU. IMUNIDADE. AUTARQUIA. SÚMULA N. 724 DO SUPREMO TRIBUNAL FEDERAL. 1. Imunidade tributária prevista no artigo 150, VI, "c", da Constituição de 1988. A circunstância de o imóvel encontrar-se locado não impede o alcance do benefício, uma vez que a renda auferida está voltada às suas finalidades essenciais (Súmula n. 724 do STF). Agravo regimental a que se nega provimento.

- **STF, ADI 191/RS, Relator Min. CÁRMEN LÚCIA, DJ de 07/03/2007**: CONSTITUCIONAL. ADMINISTRATIVO. ART. 28 DA CONSTITUIÇÃO DO ESTADO DO RIO GRANDE DO SUL. EQUIPARAÇÃO ENTRE SERVIDORES DE FUNDAÇÕES INSTITUÍDAS OU MANTIDAS PELO ESTADO E SERVIDORES DAS FUNDAÇÕES PÚBLICAS: INCONSTITUCIONALIDADE. 1. A distinção entre fundações públicas e privadas decorre da forma como foram criadas, da opção legal pelo regime jurídico a que se submetem, da titularidade de poderes e também da natureza dos serviços por elas prestados. 2. A norma questionada aponta para a possibilidade de serem equiparados os servidores de toda e qualquer fundação privada, instituída ou mantida pelo Estado, aos das fundações públicas. 3. Sendo diversos os regimes jurídicos, diferentes são os direitos e os deveres que se combinam e formam os fundamentos da relação empregatícia firmada. A equiparação de regime, inclusive o remuneratório, que se aperfeiçoa pela equiparação de vencimentos, é prática vedada pelo art. 37, inc. XIII, da Constituição brasileira e contrária à Súmula 339 do Supremo Tribunal Federal. Precedentes. 4. Ação Direta de Inconstitucionalidade julgada procedente.

- **RE 363412 AgR/BA, AG. REG. NO RECURSO EXTRAORDINÁRIO, Relator Min. CELSO DE MELLO, DJ de 19/09/2008**: INFRAERO – EMPRESA PÚBLICA FEDERAL VOCACIONADA A EXECUTAR, COMO ATIVIDADE-FIM, EM FUNÇÃO DE SUA ESPECÍFICA DESTINAÇÃO INSTITUCIONAL, SERVIÇOS DE INFRA-ESTRUTURA AEROPORTUÁRIA – MATÉRIA SOB RESERVA CONSTITUCIONAL DE MONOPÓLIO ESTATAL (CF, ART. 21, XII, "C") – POSSIBILIDADE DE A UNIÃO FEDERAL OUTORGAR, POR LEI, A UMA EMPRESA GOVERNAMENTAL, O EXERCÍCIO DESSE ENCARGO, SEM QUE ESTE PERCA O ATRIBUTO DE ESTATALIDADE QUE LHE É PRÓPRIO – OPÇÃO CONSTITUCIONALMENTE LEGÍTIMA – CRIAÇÃO DA INFRAERO COMO INSTRUMENTALIDADE ADMINISTRATIVA DA UNIÃO FEDERAL, INCUMBIDA, NESSA CONDIÇÃO INSTITUCIONAL, DE EXECUTAR TÍPICO SERVIÇO PÚBLICO (LEI Nº 5.862/1972) – CONSEQÜENTE EXTENSÃO, A ESSA EMPRESA PÚBLICA, EM MATÉRIA DE IMPOSTOS, DA PROTEÇÃO CONSTITUCIONAL FUNDADA NA GARANTIA DA IMUNIDADE TRIBUTÁRIA RECÍPROCA (CF, ART. 150, VI, "A") – O ALTO SIGNIFICADO POLÍTICO-JURÍDICO DESSA GARANTIA CONSTITUCIONAL, QUE TRADUZ UMA DAS PROJEÇÕES CONCRETIZADORAS DO POSTULADO DA FEDERAÇÃO – IMUNIDADE TRIBUTÁRIA DA INFRAERO, EM FACE DO ISS, QUANTO ÀS ATIVIDADES EXECUTADAS NO DESEMPENHO DO ENCARGO, QUE, A ELA OUTORGADO, FOI DEFERIDO, CONSTITUCIONALMENTE, À UNIÃO FEDERAL – DOUTRINA – JURISPRUDÊNCIA – PRECEDENTES DO SUPREMO TRIBUNAL FEDERAL – AGRAVO IMPROVIDO. – A INFRAERO, que é empresa pública, executa, como atividade-fim, em regime de monopólio, serviços de infraestrutura aeroportuária constitucionalmente outorgados à União Federal, qualificando-se, em razão de sua específica destinação institucional, como entidade delegatária dos serviços públicos a que se refere o art. 21, inciso XII, alínea "c", da Lei Fundamental, o que exclui essa empresa governamental, em matéria de impostos, por efeito da imunidade tributária recíproca (CF, art. 150, VI, "a"), do poder de tributar dos entes políticos em geral. Consequente inexigibilidade, por parte do Município tributante, do ISS referente às atividades executadas pela INFRAERO na prestação dos serviços públicos de infraestrutura aeroportuária e daquelas necessárias à realização dessa atividade-fim. O ALTO SIGNIFICADO POLÍTICO-JURÍDICO DA IMUNIDADE TRIBUTÁRIA RECÍPROCA, QUE REPRESENTA VERDADEIRA GARANTIA INSTITUCIONAL DE PRESERVAÇÃO DO SISTEMA FEDERATIVO. DOUTRINA. PRECEDENTES DO STF. INAPLICABILIDADE, À INFRAERO, DA REGRA INSCRITA NO ART. 150, § 3º, DA CONSTITUIÇÃO. – A submissão ao regime jurídico das empresas do setor privado, inclusive quanto aos direitos e obrigações tributárias, somente se justifica, como consectário natural do postulado da livre concorrência (CF, art. 170, IV), se e quando as empresas governamentais explorarem atividade econômica em sentido estrito, não se aplicando, por isso mesmo, a disciplina prevista no art. 173, § 1º, da Constituição, às empresas públicas (caso da INFRAERO), às sociedades de economia mista e às suas subsidiárias que se qualifiquem como delegatárias de serviços públicos.

7. QUESTÕES

01. (Juiz Federal Substituto – Tribunal Regional Federal da 1ª Região – 2023) Um determinado ente da federação pretende criar, com autorização legal, nova pessoa jurídica para exercer atividade econômica em sentido estrito, mas pede um parecer à sua procuradoria sobre a melhor estrutura a adotar. Nesse sentido, sobre as principais características das entidades que compõem a Administração Pública indireta, é correto afirmar que:

(A) a autarquia pode ter personalidade jurídica de direito público ou privado, de acordo com a sua área de atuação. São exemplos de autarquias a Comissão de Valores Mobiliários (CVM) e a Superintendência de Seguros Privados (Susep);

(B) a sociedade de economia mista é pessoa jurídica de direito privado e, portanto, pode exercer atividade econômica. A Caixa Econômica Federal é um exemplo de sociedade de economia mista;

(C) a expressão empresa estatal ou governamental é sinônimo da expressão jurídica empresa pública, podendo ser usados ambos os nomes para designar a pessoa jurídica de direito privado com capital inteiramente público;

(D) a empresa pública é pessoa jurídica de direito privado com capital inteiramente público e organização sob qualquer das formas admitidas em direito. O Banco Nacional de Desenvolvimento Econômico e Social (BNDES) é um exemplo de empresa pública;

(E) a autarquia que tenha personalidade jurídica de direito privado pode ter seus bens penhorados e perde a imunidade tributária.

02. (Juiz Federal Substituto – Tribunal Regional Federal da 1ª Região – 2023) Uma empresa prestadora de serviços de transporte interestadual terrestre recebe autuação da agência reguladora Agência Nacional de Transportes Terrestres (ANTT) com identificação da infração e aplicação das sanções de multa e suspensão da atividade. Resolve então ajuizar ação questionando a resolução da agência que tipifica as condutas infracionais e prescreve as sanções correspondentes, por violação ao princípio constitucional da legalidade. Sobre o poder regulador das agências no Brasil, é correto afirmar que:

(A) a decisão da agência reguladora (ANTT) pode ser revista em recurso hierárquico;

(B) a agência reguladora é autarquia especial e recebe da lei que a institui uma delegação para exercer seu poder de regulação;

(C) o principal papel das agências reguladoras é a gestão dos contratos de outorga de serviços públicos, sem atividade de regulação autônoma;

(D) as agências executivas são espécies de agências reguladoras que atuam em atividades típicas do Estado conforme definidas no contrato de gestão;

(E) conforme recente julgamento da ADI 5906, o Supremo Tribunal Federal entendeu pela impossibilidade de a agência reguladora definir em resolução as infrações e suas sanções.

03. (Juiz Federal Substituto - TRF4ª Região – 2022) Assinale a alternativa CORRETA. Sobre a Administração Pública direta e indireta:

(A) autarquias são criadas por lei, possuem personalidade jurídica de direito público e autonomia política e administrativa.

(B) empresas públicas e sociedades de economia mista possuem personalidade jurídica de direito privado e estão sujeitas a controle estatal, interno e externo.

(C) entes da Administração Pública indireta, detentores de personalidade jurídica de direito privado, não se submetem à exigência de concurso público para a contratação de seus empregados.

(D) os privilégios da Fazenda Pública são extensíveis às sociedades de economia mista que exerçam suas atividades em regime de concorrência e distribuam lucros aos seus acionistas.

(E) agências reguladoras independem de lei específica para sua criação e caracterizam-se pela independência administrativa e financeira.

04. (Defensor Público – DPE-MT – FCC – 2022) Na organização administrativa do Estado, a espécie de desconcentração que utiliza como critério para repartição de competências a relação de subordinação entre os diversos órgãos é conhecida como:

(A) multiorganizacional.

(B) material.

(C) funcional.

(D) temática.

(E) territorial.

05. (Procurador Federal – AGU – CESPE/CEBRASPE – 2023) Assinale a opção correta no que se refere às características e constituição das empresas públicas e sociedades de economia mista, previstas na Lei nº 13.303/2016:

(A) A criação de subsidiárias de empresa pública e de sociedade de economia mista depende de autorização legislativa, mas é livre a participação de qualquer delas em empresa privada, cujo objeto social deve estar relacionado ao da investidora.

(B) Aplicam-se às empresas públicas as regras previstas na Lei de Sociedade por Ações, ao passo que às sociedades de economia mista de capital fechado e às suas subsidiárias são aplicadas as normas da Comissão de Valores Mobiliários.

(C) Sociedade de economia mista é a entidade dotada de personalidade jurídica de direito privado, com criação autorizada por lei, sob a forma de sociedade anônima, cujas ações com direito a voto pertençam em sua maioria à União, aos estados, ao Distrito Federal, aos municípios ou a entidade da administração indireta.

(D) Empresa pública é a entidade dotada de personalidade jurídica de direito público ou privado, com criação autorizada por lei e com patrimônio próprio e cujo capital social seja integralmente detido pela União, pelos estados, pelo Distrito Federal ou pelos municípios.

(E) A maioria do capital votante da empresa pública deve permanecer em propriedade da União, do estado, do Distrito Federal ou do município, não se admitindo no capital a participação de outras pessoas jurídicas de direito público interno.

06. (Procurador da Fazenda Nacional – AGU – CESPE/CEBRASPE – 2023) Conforme o disposto na Lei n.º 13.848/2019 (Lei Geral das Agências Reguladoras), a análise de impacto regulatório é um procedimento,

(A) administrativo prévio à edição de atos normativos de interesse geral dos agentes econômicos, consumidores ou usuários de serviços e contém informações e dados sobre os possíveis efeitos do ato normativo.

(B) facultativo que pode ser utilizado pelas agências reguladoras ou pela sociedade em geral previamente à edição de atos normativos de interesse geral dos agentes econômicos, consumidores ou usuários de serviços.

(C) administrativo que viabiliza a democracia participativa, na medida em que a agência reguladora, *ad referendum* da sociedade, implanta medidas de sustentabilidade ambiental para os agentes econômicos, consumidores ou usuários de serviços.

(D) destinado a avaliar o impacto de atos normativos editados pelas agências reguladoras após o período de um ano da sua publicação.

(E) técnico em que órgãos e entidades específicos são convidados a apresentar pareceres e laudos, sem a utilização de mecanismos de participação social.

07. (CESPE – DPE/RO – Oficial de Diligência – 2022) A desconcentração, no âmbito da administração pública, ocorre, por exemplo, na instituição de

(A) Empresa pública.

(B) Autarquia.

(C) Fundação pública.

(D) Sociedade de economia mista.

(E) Secretaria executiva.

08. (CESPE – Defensor Público – DPE/PI – 2022) Assinale a opção correta, a respeito da administração indireta.

(A) É permitida a criação de autarquias por medida provisória, se houver urgência em descentralizar o poder estatal e formalizar atividades administrativas em caráter emergencial.

(B) Os bens de fundação pública que sejam advindos de entes privados são considerados bens privados.

(C) Agências reguladoras só podem ser criadas na esfera federal.

(D) Sociedades de economia mista são, obrigatoriamente, organizadas sob a forma de sociedade anônima.

(E) A Caixa Econômica Federal e o Banco do Brasil são exemplos de empresas públicas.

09. (CESPE – DPE/RO – Oficial de Diligência – 2022) O governo federal, considerando a expansão da linha ferroviária no Brasil, planeja a criação de agência reguladora voltada à regulação e fiscalização do serviço público de transporte ferroviário.

Nessa situação hipotética, tal agência reguladora

(A) deverá ser instituída por meio de decreto, possuindo personalidade jurídica de direito público.

(B) será dotada de autonomia decisória, administrativa e econômico-financeira, além de poder normativo técnico.

(C) deverá ser subordinada hierarquicamente ao ministério ao qual se vincular.

(D) caracterizar-se-á como autarquia especial, revelando, assim, modalidade de desconcentração da administração pública.

(E) terá dirigente nomeado a critério exclusivo do presidente da República, sem estabilidade, por se tratar de cargo de livre nomeação e exoneração.

GABARITO	
01. D	**02.** B
03. B	**04.** C
05. E	**06.** A
07. E	**08.** A
09. B	

Capítulo V

Terceiro setor: os Entes de Cooperação

SUMÁRIO: 1. Considerações gerais – 2. Serviços sociais autônomos – 3. Entidades de apoio – 4. Organizações sociais – "OS" – 5. Organizações da sociedade civil de interesse público – "OSCIP'S" – 6. Quadro sinótico – 7. Jurisprudência aplicada – 8. Questões.

1. CONSIDERAÇÕES GERAIS

Segundo entendimento corrente, o Direito Administrativo convive e tem de lidar com três setores distintos.

O *primeiro setor*, que é o Estado e sua Administração Direta e Indireta.

O *segundo setor*, representado pelo mercado, no qual vigora a livre iniciativa de fins lucrativos, e que é reservado, em regra, à iniciativa privada, admitindo-se, porém, a intervenção do Estado nas seguintes hipóteses: a) diretamente, por imperativos da segurança nacional ou por relevante interesse coletivo (CF, art. 173); b) indiretamente, quando fiscaliza ou planeja suas atividades (CF, art. 174) e c) através dos monopólios (art. 177 CF).

O *terceiro setor*, que é marcado pela presença de entidades da sociedade civil, de natureza privada, sem fins lucrativos, que exercem atividades de interesse social e coletivo e que, por este motivo, recebem incentivos do Estado, que desempenha, em relação a elas, uma atividade de *fomento*. Tais entidades são conhecidas por *entes de cooperação* ou *entidades paraestatais*, que colaboram ou cooperam com o Estado no desempenho de uma atividade de interesse coletivo, embora não o integrem, residindo apenas ao lado dele. São organizações não governamentais (ONG), fomentadas pelo Estado, que exercem atividades privadas de fins filantrópicos, reforçando a atuação estatal na área social. Em razão de perceberem recursos públicos, submetem-se ao controle do Tribunal de Contas, razão por que, apesar de submetidas a regime de direito privado, sobre elas também incidem normas de direito público.

Estas entidades do terceiro setor, que não integram a estrutura do Estado, nem são movidas por intuito lucrativo, pois estão situadas entre os setores estatal e empresarial, realizam projetos de interesse do Estado. Em contrapartida, o Estado exerce, em favor destes entes, uma de suas atividades administrativas, que é o fomento[1].

1. Segundo Sílvio Luís Ferreira da Rocha, *Terceiro Setor*, p. 19, o fomento é uma atividade administrativa que se destina "a proteger ou promover as atividades, estabelecimentos ou riquezas dos particulares que satisfaçam necessidades públicas ou consideradas de utilidade coletiva sem o uso da coação e sem a prestação de serviços públicos; ou, mas concretamente, a atividade administrativa que se destina a satisfazer indiretamente certas necessidades consideradas de caráter público, protegendo ou promovendo, sem empregar coação, as atividades dos particulares". Por meio do fomento, a Administração Pública estimula a atuação do particular a atingir os fins direto e imediato dos próprios órgãos e entidades administrativas.

Atualmente, esses entes de cooperação compreendem os *serviços sociais autônomos*, as *entidades ou fundações de apoio*, as *organizações sociais* e as *organizações da sociedade civil de interesse público*.

1º SETOR	→ O Estado (Setor Público)
2º SETOR	→ As Empresas (Mercado)
3º SETOR	→ As Entidades de Cooperação

2. SERVIÇOS SOCIAIS AUTÔNOMOS

São entidades privadas criadas mediante autorização legal, dotadas de patrimônio próprio, para prestar, sem fins lucrativos, certos serviços sociais relacionados à **assistência social, médica ou de ensino profissional**, geralmente sob a forma de associações civis ou fundações.

São fomentadas pelo Estado por meio de incentivo decorrente de dotações orçamentárias específicas ou contribuições parafiscais instituídas em seu favor e pagas pelos empresários e todos que exercem atividade industrial ou comercial. As contribuições parafiscais são espécies de contribuições sociais (CF/88, arts. 149 e 240), instituídas pelo Estado e destinadas ao fomento dessas entidades paralelas do Estado.

Ademais, de acordo com o art. 57, da Lei 14.600, de 19 de junho de 2023 – que estabeleceu a organização básica dos órgãos da Presidência da República e dos Ministérios –, os servidores da administração pública federal, direta e indireta, poderão ser cedidos para o exercício de cargo em comissão em serviços sociais autônomos supervisionados pelo Poder Executivo federal por meio de contrato de gestão. Porém, a cessão desses servidores será com ônus para o órgão cessionário; não será considerada como tempo de efetivo exercício para fins de progressão e promoção; não permitirá opção pela remuneração do cargo efetivo; e poderá ser realizada ainda que haja disposição em contrário em lei especial.

Os Serviços Sociais Autônomos são entes de cooperação que integram o chamado "**Sistema S**", de que são exemplos o SESI – Serviço Social de Indústria e o SESC – Serviço Social do Comércio, destinados, respectivamente, à promoção da assistência social a empregados dos setores industrial e comercial; o SENAI – Serviço Nacional de Aprendizagem Industrial e o SENAC – Serviço Nacional de Aprendizagem Comercial, destinados à formação profissional e educação para o trabalho, também com vistas, respectivamente, à indústria e ao comércio; o SENAR – Serviço Nacional de Aprendizagem Rural, com o objetivo de organizar, administrar e executar o ensino da formação profissional rural e a promoção social do trabalhador rural; o SEST – Serviço Social do Transporte e o SENAT – Serviço Nacional de Aprendizagem do Transporte, que visam a fins idênticos aos antes referidos, dirigidos especificamente aos serviços de transporte, seja como empresa, seja como trabalhador autônomo; e o SEBRAE – Serviço Brasileiro de Apoio às Micro e Pequenas Empresas, que se destina à execução de programas de auxílio e orientação a empresas de pequeno porte.

A Lei nº 8.246, de 22 de outubro de 1991, autorizou o Poder Executivo a instruir o Serviço Social Autônomo Associação das Pioneiras Sociais, pessoa jurídica de direito privado sem fins lucrativos, de interesse coletivo e de utilidade pública, com o objetivo de prestar assistência médica qualificada e gratuita a todos os níveis da população e de desenvolver atividades educacionais e de pesquisa no campo da saúde, em cooperação com o Poder Público. É a Instituição gestora da Rede SARAH de Hospitais do Aparelho Locomotor, por meio de contrato de gestão firmado em 1991 com a União.

A Lei nº 10.668, de 14 de maio de 2003, autorizou o Poder Executivo a instituir o Serviço Social Autônomo Agência de Promoção de Exportações do Brasil – Apex--Brasil, na forma de pessoa jurídica de direito privado sem fins lucrativos, de interesse coletivo e de utilidade pública, com o objetivo de promover a execução de políticas de promoção de exportações, em cooperação com o Poder Público, especialmente as que favoreçam as empresas de pequeno porte e a geração de empregos.

E a Lei nº 11.080, de 30 de dezembro de 2004, autorizou o Poder Executivo a instituir um novo Serviço Social Autônomo, denominado Agência Brasileira de Desenvolvimento Industrial – ABDI, com natureza de pessoa jurídica de direito privado sem fins lucrativos, de interesse coletivo e de utilidade pública, com a finalidade de promover a execução de políticas de desenvolvimento industrial, especialmente as que contribuam para a geração de empregos, em consonância com as políticas de comércio exterior e de ciência e tecnologia.

Também foi autorizada e instituída pelo Decreto nº 8.252, de 26 de maio de 2014, sob a forma de Serviço Social Autônomo, a Agência Nacional de Assistência Técnica e Extensão Rural - ANATER, com a finalidade, entre outras, de promover, estimular, coordenar e implementar programas de assistência técnica e extensão rural, com vistas à inovação tecnológica e à apropriação de conhecimentos científicos de natureza técnica, econômica, ambiental e social.

Apesar de não pertencerem ao Estado, os serviços sociais autônomos são instituídos mediante autorização legal. Mas para existirem dependem de atos constitutivos de iniciativa das respectivas Confederações Nacionais. Os Decretos-leis 9.403/46 e 9.853/46, por exemplo, atribuíram, respectivamente, à Confederação Nacional da Indústria e à Confederação Nacional do Comércio o encargo de criarem, organizarem e dirigirem o Serviço Social da Indústria (SESI) e o Serviço Social do Comércio (SESC).

É importante salientar que essas entidades não prestam serviços públicos delegados pelo Estado, mas exercem atividade privada de interesse público (serviços não exclusivos do Estado).

Segundo tese fixada pelo STF, "Os serviços sociais autônomos integrantes do denominado Sistema "S" não estão submetidos à exigência de concurso público para contratação de pessoal, nos moldes do art. 37, II, da Constituição Federal." (STF, tema 569 de repercussão geral no RE 789874, j. em 17/09/2014).

3. ENTIDADES DE APOIO

São pessoas jurídicas de natureza privada que exercem, sem fins lucrativos, atividade social de apoio a projetos desenvolvidos pelo poder público na área da ciência, pesquisa, saúde e educação, atuando, comumente, junto a hospitais públicos e universidades públicas perante os quais são credenciadas. São instituições criadas com a finalidade de dar apoio a projetos de pesquisa, ensino e extensão e de desenvolvimento institucional, científico e tecnológico de interesse das instituições perante as quais se vinculam. São instituídas por particulares, em regra diretamente por servidores públicos, que agem em nome próprio e com recursos próprios, para exercerem atividade de interesse social relativa ao serviço prestado pela entidade estatal ou administrativa em que estes servidores atuam. Recebem fomento do Estado, quer através de dotações orçamentárias específicas, quer por meio de cessão provisória de servidores públicos e também por permissão provisória de uso de bens públicos.

São geralmente instituídas sob a forma de fundação de natureza privada, mas podem ser criadas também sob a forma de associação ou cooperativa. Dependem de registro e credenciamento junto à instituição pública perante a qual se vincularão, firmando com estas, vínculos jurídicos, em regra sob a forma de *convênios ou contratos*.

Segundo Di Pietro[2], as entidades de apoio não se sujeitam ao regime jurídico-administrativo, uma vez que prestam atividade de natureza privada. Assim, os seus contratos são de direito privado, celebrados sem licitação e seus empregados são celetistas, contratados sem concurso público.

Essas entidades não têm uma disciplina legal específica, apenas existindo a Lei Federal nº 8.958, de 20.12.94, que já sofreu diversas alterações posteriores, que veio a estabelecer as normas que disciplinam as relações entre as instituições federais de ensino superior e de pesquisa científica e tecnológica e as fundações de apoio.

Consoante o art. 1º da Lei 8.958/94, com a redação dada pela Lei nº 12.863/2013, as Instituições Federais de Ensino Superior – IFES e as demais Instituições Científicas e Tecnológicas – ICTs (disciplinadas pela Lei nº 10.973/2004), poderão celebrar **convênios** e **contratos**, sem licitação nos termos dos incisos V e XV, do art. 75, da Lei nº 14.133/2021, e por prazo determinado, com **fundações instituídas com a finalidade de apoiar** projetos de ensino, pesquisa, extensão, desenvolvimento institucional, científico e tecnológico e estímulo à inovação, inclusive na gestão administrativa e financeira necessária à execução desses projetos.

A Lei considera desenvolvimento institucional os programas, projetos, atividades e operações especiais, inclusive de natureza infraestrutural, material e laboratorial, que levem à melhoria mensurável das condições das IFES e demais ICTs, para cumprimento eficiente e eficaz de sua missão, conforme descrita no plano de desenvolvimento institucional, vedada, em qualquer caso, a contratação de objetos genéricos, desvinculados de projetos específicos (§ 1º incluído pela Lei nº 12.349/2010).

2. Op. cit., p. 408.

Todavia, a Lei veda a subcontratação total do objeto dos ajustes realizados pelas IFES e demais ICTs com as fundações de apoio, com base no disposto na Lei, bem como a subcontratação parcial que delegue a terceiros a execução do núcleo do objeto contratado (§ 4º incluído pela Lei nº 12.349/2010).

Os recursos e direitos provenientes dos projetos apoiados poderão ser repassados pelos contratantes diretamente para as fundações de apoio (§ 7º incluído pela Lei nº 13.243/2016).

Ademais, em conformidade com art. 1º-A da Lei 8.958/94, com a redação dada pela Lei nº 12.863/2013, a Financiadora de Estudos e Projetos – FINEP, como secretaria executiva do Fundo Nacional de Desenvolvimento Científico e Tecnológico – FNDCT, o Conselho Nacional de Desenvolvimento Científico e Tecnológico – CNPq, as agências financeiras oficiais de fomento e empresas públicas ou sociedades de economia mista, suas subsidiárias ou controladas, também poderão celebrar convênios e contratos, com a dispensa de licitação nos termos do inciso XV do *caput* do art. 75 da Lei nº 14.133/2021 e por prazo determinado, com as fundações de apoio, com finalidade de dar apoio às IFES e às demais ICTs, inclusive na gestão administrativa e financeira dos projetos apoiados, com a anuência expressa das instituições apoiadas. E pelo art. 1º-B da Lei 8.958/94, incluído pela Lei nº 12.863/2013, as organizações sociais e entidades privadas poderão realizar convênios e contratos, por prazo determinado, com as fundações de apoio, com a finalidade de dar apoio às IFES e às demais ICTs, inclusive na gestão administrativa e financeira dos projetos mencionados no caput do art. 1º, com a anuência expressa das instituições apoiadas.

De acordo com o art. 2º da Lei 8.958/94, com a redação dada pela Lei nº 12.349/2010, as fundações de apoio deverão estar constituídas na forma de fundações de direito privado, sem fins lucrativos, regidas pelo Código Civil, e por estatutos cujas normas expressamente disponham sobre a observância dos princípios da legalidade, impessoalidade, moralidade, publicidade, economicidade e eficiência, e sujeitas, em especial, à fiscalização pelo Ministério Público, à legislação trabalhista e ao prévio credenciamento no Ministério da Educação e no Ministério da Ciência, Tecnologia, Inovações e Comunicações, renovável a cada 5 (cinco) anos.

Por força do art. 3º da Lei 8.958/94, com a redação dada pela Lei 13.243/2016, na execução de convênios, contratos, acordos e demais ajustes abrangidos pela referida Lei que envolvam recursos provenientes do poder público, as fundações de apoio adotarão **regulamento específico** de aquisições e contratações de obras e serviços, a ser editado por meio de ato do Poder Executivo de cada nível de governo.

As fundações de apoio também se sujeitam a diversas proibições, de modo que não poderão contratar cônjuge, companheiro ou parente, em linha reta ou colateral, por consanguinidade ou afinidade, até o terceiro grau, de (a) servidor das IFES e demais ICTs que atue na direção das respectivas fundações; e (b) ocupantes de cargos de direção superior das IFES e demais ICTs por elas apoiadas. Não poderão contratar, sem licitação, pessoa jurídica que tenha como proprietário, sócio ou cotista (a) seu dirigente; (b) servidor das IFES e demais ICTs; e (c) cônjuge, companheiro ou parente em linha reta ou colateral, por consanguinidade ou afinidade, até o terceiro grau de seu dirigente ou de servidor das IFES e demais ICTs por elas apoiadas. Também não poderão utilizar recursos em finalidade diversa da prevista nos projetos de ensino, pesquisa e extensão e de desenvolvimento institucional, científico e tecnológico e de estímulo à inovação.

Também deverão as fundações de apoio, na execução de convênios, contratos, acordos e demais ajustes: I – prestar contas dos recursos aplicados aos entes financiadores; II – submeter-se ao controle de gestão pelo órgão máximo da Instituição Federal de Ensino ou similar da entidade contratante; e III – submeter-se ao controle finalístico pelo órgão de controle governamental competente.

A Lei 8.958/94 permite que as IFES e demais ICTs contratantes autorizem, de acordo com as normas aprovadas pelo órgão de direção superior competente e limites e condições previstos em regulamento, a participação de seus servidores nas atividades realizadas pelas fundações de apoio, sem prejuízo de suas atribuições funcionais (art. 4º, com nova redação dada pela Lei nº 12.349, de 2010). Contudo, a participação desses servidores nas atividades realizadas pelas fundações de apoio, não cria vínculo empregatício de qualquer natureza, podendo as fundações contratadas, para sua execução, conceder bolsas de ensino, de pesquisa e de extensão, de acordo com os parâmetros a serem fixados em regulamento.

A Lei 8.958/94 também permite a participação não remunerada de servidores das IFES e demais ICTs nos órgãos de direção de fundações de Apoio.

Mas veda aos servidores públicos federais a participação nas atividades realizadas pelas fundações de apoio durante a jornada de trabalho a que estão sujeitos, excetuada a colaboração esporádica, remunerada ou não, em assuntos de sua especialidade, de acordo com as normas aprovadas pelo órgão de direção superior competente.

Em conformidade com o art. 6º Lei 8.958/94, com a redação dada pela Lei 12.863/2013, no cumprimento de suas finalidades de apoio, poderão as fundações de apoio, por meio de instrumento legal próprio, utilizar-se de bens e serviços das IFES e demais ICTs apoiadas, pelo prazo necessário à elaboração e execução do projeto de ensino, pesquisa e extensão e de desenvolvimento institucional, científico e tecnológico e de estímulo à inovação, mediante ressarcimento previamente definido para cada projeto.

O Decreto presidencial nº 7.423, de 31 de dezembro de 2010, que revogou o anterior Decreto nº 5.205, de 14 de setembro de 2004, regulamenta atualmente a Lei nº 8.958/94.

De acordo com o art. 1º do Decreto, a caracterização das entidades como fundação de apoio a Instituições Federais de Ensino Superior - IFES e demais Instituições Científicas e Tecnológicas - ICTs, **é condicionada ao prévio registro e credenciamento**, por ato conjunto dos Ministérios da Educação e da Ciência e Tecnologia, nos termos da Lei 8.958/94 e da regulamentação estabelecida pelo próprio Decreto. Esclarece que a fundação registrada e credenciada como fundação de apoio visa a dar suporte a projetos de pesquisa, ensino e extensão e de desenvolvimento institucional, científico e tecnológico de interesse das instituições apoiadas e, primordialmente, ao desenvolvimento da inovação e da pesquisa científica e tecnológica, criando condições mais propícias a que as instituições apoiadas estabeleçam relações com o ambiente externo.

Na Bahia, temos, por exemplo, as seguintes fundações de apoio: Fundação de Apoio à Pesquisa e à Extensão – FAPEX, que é uma instituição de Direito Privado, sem fins lucrativos, que tem a missão de apoiar as atividades de ensino, Pesquisa e Extensão desenvolvidas prioritariamente pela UFBA; Fundação Escola Politécnica da Bahia – FEP, vinculada à Universidade Federal da Bahia; Fundação de Apoio à Educação e Desenvolvimento Tecnológico – FUNCEFET-BA, vinculada à CEFET-BA; Fundação Pau Brasil – FUNPAB, vinculada à CEPLAC; Fundação Bahiana de Cardiologia – FBC, vinculada ao Hospital Universitário da Universidade Federal da Bahia.

Em Minas Gerais, temos as seguintes fundações de apoio: Fundação Cristiano Ottoni – FCO, vinculada à Universidade Federal de Minas Gerais; a Fundação Universitária Mendes Pimentel – FUMP, vinculada à Universidade Federal de Minas Gerais; a Fundação de Desenvolvimento da Pesquisa – FUNDEP, também vinculada à Universidade Federal de Minas Gerais e a Fundação Biominas – FB, vinculada à UFMG/SEBRAE, entre outras.

Em Brasília, temos a Fundação Universitária de Brasília – FUBRA, que é uma entidade de direito privado, sem fins lucrativos, que apoia e incentiva atividades de ensino, pesquisa e extensão da Universidade de Brasília (UnB), por meio da elaboração e do gerenciamento de ações e projetos institucionais, acadêmicos e de mercado ligados às diversas áreas do conhecimento; a Fundação de Apoio ao Desenvolvimento Científico e Tecnológico do Hospital da Universidade de Brasília – FAHUB, vinculada ao Hospital Universitário da Universidade de Brasília (UnB), entre outras.

Em São Paulo, há a Fundação de Apoio à Universidade de São Paulo – FUSP, vinculada à USP; a Fundação Faculdade de Medicina – FFM, também vinculada à USP, entre outras.

4. ORGANIZAÇÕES SOCIAIS – "OS"

A Lei nº 9.637, de 15 de maio de 1998, dispôs sobre a qualificação de entidades como organizações sociais.

Definidas pela Lei 9.637/98, as organizações sociais (OS) provocaram grande polêmica entre os juristas, devido ao fato de estas entidades terem sido idealizadas para absorver atividades hoje desempenhadas por órgãos ou entidades da Administração Pública, causando a extinção destes órgãos e destas entidades administrativas, com a cessão de suas instalações, incluindo bens móveis e imóveis, e de seus servidores, para a organização social.

Com efeito, a Lei 9.637/98, não só dispôs sobre a qualificação de entidades como organizações sociais, como cuidou de extinguir determinados órgãos e entidades e determinou a absorção de suas atividades pelas organizações sociais.

Enfim, conforme aquele diploma legal, o Poder Executivo poderá qualificar como organizações sociais (OS) pessoas jurídicas de direito privado, sem fins lucrativos, cujas atividades sejam dirigidas ao ensino, à pesquisa científica, ao desenvolvimento tecnológico, à proteção e preservação do meio ambiente, à cultura e à saúde, atendidos aos seguintes requisitos:

I. Comprovar o registro de seu ato constitutivo, dispondo sobre:

a) Natureza social de seus objetivos relativos à respectiva área de atuação;

b) Finalidade não-lucrativa, com a obrigatoriedade de investimento de seus excedentes financeiros no desenvolvimento das próprias atividades;

c) Previsão expressa de a entidade ter, como órgãos de deliberação superior e de direção, um conselho de administração e uma diretoria definidos nos termos do estatuto, asseguradas àquele composição e atribuições normativas e de controle básicas previstas nesta Lei;

d) Previsão de participação, no órgão colegiado de deliberação superior, de representantes do Poder Público e de membros da comunidade, de notória capacidade profissional e idoneidade moral;

e) Composição e atribuições da diretoria;

f) Obrigatoriedade de publicação anual, no Diário Oficial da União, dos relatórios financeiros e do relatório de execução do contrato de gestão;

g) No caso de associação civil, a aceitação de novos associados, na forma do estatuto;

h) Proibição de distribuição de bens ou de parcela do patrimônio líquido em qualquer hipótese, inclusive em razão de desligamento, retirada ou falecimento de associado ou membro da entidade;

i) Previsão de incorporação integral do patrimônio, dos legados ou das doações que lhe foram destinados, bem como dos excedentes financeiros decorrentes de suas atividades, em caso de extinção ou desqualificação, ao patrimônio de outra organização social qualificada no âmbito da União, da mesma área de atuação, ou ao patrimônio da União, dos Estados, do Distrito Federal ou dos Municípios, na proporção dos recursos e bens por estes alocados; e

II. Haver aprovação, quanto à conveniência e oportunidade de sua qualificação como organização social, do Ministro ou titular de órgão supervisor ou regulador da área de atividade correspondente ao seu objeto social e do Ministro de Estado da Administração Federal e Reforma do Estado.

As organizações sociais, portanto, são pessoas jurídicas de direito privado, de interesse social e utilidade pública, sem fins lucrativos, instituídas por iniciativa de particulares e qualificadas pelo Poder Executivo, para exercerem atividades sociais de interesse coletivo, as quais compete ao Estado realizar em caráter não exclusivo, quais sejam, o ensino, a pesquisa científica, o desenvolvimento tecnológico, a proteção e preservação do meio ambiente, a cultura e a saúde.

A entidade qualificada como organização social poderá celebrar *contrato de gestão*[3] com o Poder Público, com vistas à formação de *parceria* entre as partes para fomento

3. Nos termos do art. 5º, da Lei 9.637/98, "entende-se por contrato de gestão o instrumento firmado entre o Poder Público e a entidade qualificada como organização social, com vistas à formação de parceria entre as partes para fomento e execução de atividades relativas às áreas relacionadas no art. 1º.".

e execução de atividades relativas às áreas mencionadas (ensino, pesquisa científica, desenvolvimento tecnológico, proteção e preservação do meio ambiente, cultura e saúde). O contrato de gestão, elaborado de comum acordo entre o órgão ou entidade supervisora e a organização social, discriminará as atribuições, responsabilidades e obrigações do Poder Público e da organização social.

Advirta-se que na elaboração do contrato de gestão, devem ser observados os princípios da legalidade, impessoalidade, moralidade, publicidade, economicidade e, também, os seguintes preceitos: I – especificação do programa de trabalho proposto pela organização social, a estipulação das metas a serem atingidas e os respectivos prazos de execução, bem como previsão expressa dos critérios objetivos de avaliação de desempenho a serem utilizados, mediante indicadores de qualidade e produtividade; e II – a estipulação dos limites e critérios para despesa com remuneração e vantagens de qualquer natureza a serem percebidas pelos dirigentes e empregados das organizações sociais, no exercício de suas funções.

A execução do contrato de gestão será fiscalizada pelo órgão ou entidade supervisora da área de atuação correspondente à atividade fomentada. E os responsáveis pela fiscalização da execução do contrato de gestão, ao tomarem conhecimento de qualquer irregularidade ou ilegalidade na utilização de recursos ou bens de origem pública por organização social, dela darão ciência ao Tribunal de Contas da União, sob pena de responsabilidade solidária. Para além disso, havendo indícios fundados de malversação de bens ou recursos de origem pública, os responsáveis pela fiscalização representarão ao Ministério Público, à Advocacia-Geral da União ou à Procuradoria da entidade para que requeira ao juízo competente a decretação da indisponibilidade dos bens da entidade e o sequestro dos bens dos seus dirigentes, bem como de agente público ou terceiro, que possam ter enriquecido ilicitamente ou causado dano ao patrimônio público.

As entidades qualificadas como organizações sociais são declaradas como **entidades de interesse social e utilidade pública**, para todos os efeitos legais. A título de fomento, poderão ser destinados às organizações sociais recursos orçamentários e bens públicos necessários ao cumprimento do contrato de gestão, mediante permissão de uso, dispensada a licitação, consoante cláusula expressa do contrato de gestão.

São assegurados às organizações sociais os créditos previstos no orçamento e as respectivas liberações financeiras, de acordo com o cronograma de desembolso previsto no contrato de gestão. Os bens móveis públicos permitidos para uso poderão ser permutados por outros de igual ou maior valor, condicionado a que os novos bens integrem o patrimônio da União, desde que haja prévia avaliação do bem e expressa autorização do Poder Público. Ademais, é facultado ao Poder Executivo a cessão especial de servidor para as organizações sociais, com ônus para a origem, além da dispensa de licitação para contratar com a Administração Pública.

As organizações sociais não precisam existir anteriormente ao contrato de gestão. Por tal motivo, Maria Sylvia as chama de "entidades fantasmas, porque não possuem patrimônio próprio, sede própria, vida própria. Elas viverão exclusivamente por conta do contrato de gestão com o poder público"[4].

4. Op. cit., p. 412.

O Poder Executivo poderá proceder à desqualificação da entidade como organização social, quando constatado o descumprimento das disposições contidas no contrato de gestão. A desqualificação, porém, será precedida de processo administrativo, assegurado o direito de ampla defesa, respondendo os dirigentes da organização social, individual e solidariamente, pelos danos ou prejuízos decorrentes de sua ação ou omissão. A desqualificação importará reversão dos bens permitidos e dos valores entregues à utilização da organização social, sem prejuízo de outras sanções cabíveis.

O Supremo Tribunal Federal julgou parcialmente procedente a ação direta de inconstitucionalidade (ADI 1923) proposta contra toda a Lei 9.637/98, e o inciso XXIV do art. 24 da Lei 8.666/93 (com a redação dada pela Lei 9.648/98), "para conferir interpretação conforme à Constituição à Lei nº 9.637/98 e ao art. 24, XXIV, da Lei nº 8.666/93, incluído pela Lei nº 9.648/98, para que: (i) o procedimento de qualificação seja conduzido de forma pública, objetiva e impessoal, com observância dos princípios do *caput* do art. 37 da CF, e de acordo com parâmetros fixados em abstrato segundo o que prega o art. 20 da Lei nº 9.637/98; (ii) a celebração do contrato de gestão seja conduzida de forma pública, objetiva e impessoal, com observância dos princípios do *caput* do art. 37 da CF; (iii) as hipóteses de dispensa de licitação para contratações (Lei nº 8.666/93, art. 24, XXIV) e outorga de permissão de uso de bem público (Lei nº 9.637/98, art. 12, §3º) sejam conduzidas de forma pública, objetiva e impessoal, com observância dos princípios do *caput* do art. 37 da CF; (iv) os contratos a serem celebrados pela Organização Social com terceiros, com recursos públicos, sejam conduzidos de forma pública, objetiva e impessoal, com observância dos princípios do *caput* do art. 37 da CF, e nos termos do regulamento próprio a ser editado por cada entidade; (v) a seleção de pessoal pelas Organizações Sociais seja conduzida de forma pública, objetiva e impessoal, com observância dos princípios do *caput* do art. 37 da CF, e nos termos do regulamento próprio a ser editado por cada entidade; e (vi) para afastar qualquer interpretação que restrinja o controle, pelo Ministério Público e pelo TCU, da aplicação de verbas públicas."[5]

Entendeu a Corte que a finalidade de fomento, na qualificação de entidade como OS, "é posta em prática pela cessão de recursos, bens e pessoal da Administração Pública para as entidades privadas, após a celebração de contrato de gestão, o que viabilizará o direcionamento, pelo Poder Público, da atuação do particular em consonância com o interesse público, através da inserção de metas e de resultados a serem alcançados, sem que isso configure qualquer forma de renúncia aos deveres constitucionais de atuação".

Quanto à dispensa de licitação nas contratações feitas pelas OS's, decidiu o Supremo que "o procedimento de qualificação de entidades, na sistemática da Lei, consiste em etapa inicial e embrionária, pelo deferimento do título jurídico de 'organização social', para que Poder Público e particular colaborem na realização de um interesse comum, não se fazendo presente a contraposição de interesses, com feição comutativa

5 STF, ADI 1923, Rel. p/ Acórdão Min. LUIZ FUX, Julgamento em 16/04/2015, Publicação DJe-254, em 17-12-2015.

e com intuito lucrativo, que consiste no núcleo conceitual da figura do contrato administrativo, o que torna inaplicável o dever constitucional de licitar (CF, art. 37, XXI)". Assim afirmou a Corte, "As dispensas de licitação instituídas no art. 24, XXIV, da Lei nº 8.666/93 e no art. 12, §3º, da Lei nº 9.637/98 têm a finalidade que a doutrina contemporânea denomina de função regulatória da licitação, através da qual a licitação passa a ser também vista como mecanismo de indução de determinadas práticas sociais benéficas, fomentando a atuação de organizações sociais que já ostentem, à época da contratação, o título de qualificação, e que por isso sejam reconhecidamente colaboradoras do Poder Público no desempenho dos deveres constitucionais no campo dos serviços sociais. O afastamento do certame licitatório não exime, porém, o administrador público da observância dos princípios constitucionais, de modo que a contratação direta deve observar critérios objetivos e impessoais, com publicidade de forma a permitir o acesso a todos os interessados".

Asseverou a Corte que "a atribuição de título jurídico de legitimação da entidade através da qualificação configura hipótese de credenciamento, no qual não incide a licitação pela própria natureza jurídica do ato, que não é contrato, e pela inexistência de qualquer competição, já que todos os interessados podem alcançar o mesmo objetivo, de modo includente, e não excludente".

Esclareceu que "a previsão de competência discricionária no art. 2º, II, da Lei nº 9.637/98 no que concerne à qualificação tem de ser interpretada sob o influxo da principiologia constitucional, em especial dos princípios da impessoalidade, moralidade, publicidade e eficiência (CF, art. 37, *caput*). É de se ter por vedada, assim, qualquer forma de arbitrariedade, de modo que o indeferimento do requerimento de qualificação, além de pautado pela publicidade, transparência e motivação, deve observar critérios objetivos fixados em ato regulamentar expedido em obediência ao art. 20 da Lei nº 9.637/98, concretizando de forma homogênea as diretrizes contidas nos inc. I a III do dispositivo".

Aduziu que "as organizações sociais, por integrarem o Terceiro Setor, não fazem parte do conceito constitucional de Administração Pública, razão pela qual não se submetem, em suas contratações com terceiros, ao dever de licitar, o que consistiria em quebra da lógica de flexibilidade do setor privado, finalidade por detrás de todo o marco regulatório instituído pela Lei. Por receberem recursos públicos, bens públicos e servidores públicos, porém, seu regime jurídico tem de ser minimamente informado pela incidência do núcleo essencial dos princípios da Administração Pública (CF, art. 37, *caput*), dentre os quais se destaca o princípio da impessoalidade, de modo que suas contratações devem observar o disposto em regulamento próprio (Lei nº 9.637/98, art. 4º, VIII), fixando regras objetivas e impessoais para o dispêndio de recursos públicos".

Afirmou que "os empregados das Organizações Sociais não são servidores públicos, mas sim empregados privados, por isso que sua remuneração não deve ter base em lei (CF, art. 37, X), mas nos contratos de trabalho firmados consensualmente. Por identidade de razões, também não se aplica às Organizações Sociais a exigência de concurso público (CF, art. 37, II), mas a seleção de pessoal, da mesma forma como a contratação de obras e serviços, deve ser posta em prática através de um procedimento objetivo e impessoal".

Em relação ao controle que as OS's podem se submeter, ressaltou o STF que "o âmbito constitucionalmente definido para o controle a ser exercido pelo Tribunal de Contas da União (CF, arts. 70, 71 e 74) e pelo Ministério Público (CF, arts. 127 e seguintes) não é de qualquer forma restringido pelo art. 4º, *caput*, da Lei nº 9.637/98, porquanto dirigido à estruturação interna da organização social, e pelo art. 10 do mesmo diploma, na medida em que trata apenas do dever de representação dos responsáveis pela fiscalização, sem mitigar a atuação de ofício dos órgãos constitucionais".

Na Bahia, temos as seguintes organizações sociais, qualificadas pelo Estado: O Instituto Biofábrica de Cacau, que assinou Contrato de Gestão em 24 de maio de 2001, para gerir a Biofábrica de Cacau, unidade fabril de assistência à lavoura cacaueira, vinculada à Secretaria da Agricultura do Estado da Bahia – SEAGRI. Pelo Contrato de Gestão, a referida OS se obriga a atingir as metas de produção, distribuição e comercialização de material genético de cacaueiros, de alta produtividade e tolerância à vassoura de bruxa; a Associação Centro de Educação Tecnológica da Bahia – ASCETEB-OS, que assinou Contrato de Gestão em 15 de maio de 2001, para a prestação de serviços de organização, administração, assistência e gerenciamento técnico, financeiro e orçamentário do Centro de Educação Tecnológica da Bahia – CETEB, no município de Feira de Santana – BA; o Instituto de Promoção da Saúde e Desenvolvimento Social da Micro Região de Irecê – PROMIR-OS, primeira Organização Social implantada pelo Governo do Estado da Bahia, em setembro de 1999, para prestação de serviços de organização, administração, assistência e gerenciamento do Hospital Regional Mário Dourado Sobrinho, localizado no município de Irecê-BA.

Como organização social qualificada pela União, temos CGEE – Centro de Gestão e Estudos Estratégicos, IMPA – Associação Instituto de Matemática Pura e Aplicada, LNLS – Associação Brasileira de Tecnologia Luz Síncrotron – ABTLus, IDSM – Instituto de Desenvolvimento Sustentável Mamirauá e RNP – Associação Rede Nacional de Ensino e Pesquisa.

Em síntese:

As organizações sociais são pessoas jurídicas de direito privado, de interesse social e utilidade pública, sem fins lucrativos, instituídas por iniciativa de particulares e assim qualificadas pelo Poder Executivo, para exercerem atividades sociais de interesse coletivo, as quais compete ao Estado realizar em caráter não exclusivo, relativos ao ensino, a pesquisa científica, ao desenvolvimento tecnológico, a proteção e preservação do meio ambiente, a cultura e a saúde. São regulamentadas na **Lei 9.637/98**.

- A qualificação da PJ como OS é **discricionária**, a juízo de conveniência e oportunidade da Administração.
- A OS poderá celebrar **contrato de gestão** com o Estado, com vistas à formação de parceria, que fixará programa de trabalho, metas, prazos, critérios objetivos de avaliação e limites de despesa de pessoal.

↳ Possui órgão de deliberação superior, composto por **representantes do Poder Público** e membros da comunidade.

↳ O intuito foi a substituição do Poder Público na prestação dessas atividades relacionadas a serviços públicos.

↳ Fiscalização pelo Poder Público e controle pelo Tribunal de Contas e MP.

↳ É possível o emprego de recursos orçamentários e bens públicos, bem como a permissão de uso, com dispensa de licitação e a cessão de especial de servidor, com ônus para o Poder Público.

↳ Pode ser desqualificada a qualquer tempo.

5. ORGANIZAÇÕES DA SOCIEDADE CIVIL DE INTERESSE PÚBLICO – "OSCIP'S"

Essas entidades foram reguladas pela Lei Federal nº 9.790, de 23.03.99, regulamentada pelo Decreto Federal nº 3.100, de 30.06.99 e pela Portaria nº 361, de 27.07.99, do Ministério da Justiça. Cuidam-se de pessoas jurídicas de direito privado, sem fins lucrativos, instituídas por iniciativa de particulares, para exercerem, sem fins lucrativos, serviços sociais não exclusivos do Estado, sob incentivo e fiscalização deste, mediante vínculo jurídico constituído por meio de termo de parceria.

Na verdade, não se cuida de instituição de nova entidade, mas da atribuição do *status* ou da qualidade de organização da sociedade civil de interesse público a pessoas jurídicas criadas na conformidade do direito privado e já existentes na sociedade[6].

A Lei 13.019, de 31 de julho de 2014, alterada pela Lei nº 13.204, de 14 de dezembro de 2015, estabeleceu o **regime jurídico das parcerias entre a administração pública e as organizações da sociedade civil**, em regime de mútua cooperação, para a consecução de finalidades de interesse público e recíproco, mediante a execução de atividades ou de projetos previamente estabelecidos em planos de trabalho inseridos em termos de colaboração, em termos de fomento ou em **acordos de cooperação**. Ademais, essa lei definiu diretrizes para a política de fomento, de colaboração e de cooperação com organizações da sociedade civil, e alterou as Leis nºs 8.429/1992 (Lei de Improbidade Administrativa) e 9.790/1999 (lei das OSCIP'S).

De acordo com o art. 1º da Lei 9.790/99, com a nova redação dada pela Lei nº 13.019/2014, somente podem qualificar-se como Organizações da Sociedade Civil de Interesse Público as pessoas jurídicas de direito privado sem fins lucrativos que tenham sido constituídas e se encontrem em funcionamento regular **há, no mínimo, 3 (três) anos**, desde que os respectivos objetivos sociais e normas estatutárias atendam aos requisitos instituídos pela Lei.

Para tanto, devem habilitar-se junto ao Ministério da Justiça e atuar, por exemplo, em pelo menos uma das seguintes áreas: promoção da assistência social; promoção da cultura, defesa e conservação do patrimônio histórico e artístico; promoção gratuita

6. Diogenes Gasparini, op. cit., p. 387.

da educação, observando-se a forma complementar de participação das organizações de que trata a Lei; promoção gratuita da saúde, observando-se a forma complementar de participação das organizações de que trata a Lei; promoção da segurança alimentar e nutricional; defesa, preservação e conservação do meio ambiente e promoção do desenvolvimento sustentável; promoção do voluntariado; promoção do desenvolvimento econômico e social e combate à pobreza; experimentação, não lucrativa, de novos modelos sócio-produtivos e de sistemas alternativos de produção, comércio, emprego e crédito; promoção de direitos estabelecidos, construção de novos direitos e assessoria jurídica gratuita de interesse suplementar; promoção da ética, da paz, da cidadania, dos direitos humanos, da democracia e de outros valores universais; estudos e pesquisas, desenvolvimento de tecnologias alternativas, produção e divulgação de informações e conhecimentos técnicos e científicos que digam respeito às atividades mencionadas neste artigo.

Para qualificarem-se como Organizações da Sociedade Civil de Interesse Público, exige o art. 4º da Lei nº 9.790/99 que as pessoas jurídicas interessadas sejam regidas por estatutos cujas normas expressamente disponham sobre:

> I – a observância dos princípios da legalidade, impessoalidade, moralidade, publicidade, economicidade e da eficiência;
>
> II – a adoção de práticas de gestão administrativa, necessárias e suficientes a coibir a obtenção, de forma individual ou coletiva, de benefícios ou vantagens pessoais, em decorrência da participação no respectivo processo decisório;
>
> III – a constituição de conselho fiscal ou órgão equivalente, dotado de competência para opinar sobre os relatórios de desempenho financeiro e contábil, e sobre as operações patrimoniais realizadas, emitindo pareceres para os organismos superiores da entidade;
>
> IV – a previsão de que, em caso de dissolução da entidade, o respectivo patrimônio líquido será transferido a outra pessoa jurídica qualificada nos termos desta Lei, preferencialmente que tenha o mesmo objeto social da extinta;
>
> V – a previsão de que, na hipótese de a pessoa jurídica perder a qualificação instituída por esta Lei, o respectivo acervo patrimonial disponível, adquirido com recursos públicos durante o período em que perdurou aquela qualificação, será transferido a outra pessoa jurídica qualificada nos termos desta Lei, preferencialmente que tenha o mesmo objeto social;
>
> VI – a possibilidade de se instituir remuneração para os dirigentes da entidade que atuem efetivamente na gestão executiva e para aqueles que a ela prestam serviços específicos, respeitados, em ambos os casos, os valores praticados pelo mercado, na região correspondente a sua área de atuação;
>
> VII – as normas de prestação de contas a serem observadas pela entidade, que determinarão, no mínimo: a) a observância dos princípios fundamentais de contabilidade e das Normas Brasileiras de Contabilidade; b) que se dê publicidade por qualquer meio eficaz, no encerramento do exercício fiscal, ao relatório de atividades e das demonstrações financeiras da entidade, incluindo-se as certidões negativas de débitos junto ao INSS e ao FGTS, colocando-os à disposição para exame de qualquer cidadão; c) a realização de auditoria, inclusive por auditores externos independentes se for o caso, da aplicação dos eventuais recursos objeto do termo de parceria conforme previsto em regulamento; d) a prestação de contas de todos os recursos e bens de origem pública recebidos pelas Organizações da Sociedade Civil de Interesse Público será feita conforme determina o parágrafo único do art. 70 da Constituição Federal.

Ademais, em conformidade com o parágrafo único do art. 4º, com a nova redação dada pela Lei nº 13.019/2014, é permitida a participação de servidores públicos na composição de conselho ou diretoria de Organização da Sociedade Civil de Interesse Público.

Deferida a habilitação, o Ministério da Justiça emitirá, no prazo de quinze dias da decisão, certificado de qualificação da requerente como Organização da Sociedade Civil de Interesse Público.

De acordo com o art. 2º da Lei, não podem ser qualificadas como Organizações da Sociedade Civil de Interesse Público, ainda que se dediquem de qualquer forma às atividades próprias destas entidades (previstas no art. 3º da citada Lei): I – as sociedades comerciais; II – os sindicatos, as associações de classe ou de representação de categoria profissional; III – as instituições religiosas ou voltadas para a disseminação de credos, cultos, práticas e visões devocionais e confessionais; IV – as organizações partidárias e assemelhadas, inclusive suas fundações; V – as entidades de benefício mútuo destinadas a proporcionar bens ou serviços a um círculo restrito de associados ou sócios; VI – as entidades e empresas que comercializam planos de saúde e assemelhados; VII – as instituições hospitalares privadas não gratuitas e suas mantenedoras; VIII – as escolas privadas dedicadas ao ensino formal não gratuito e suas mantenedoras; IX – as organizações sociais; X – as cooperativas; XI – as fundações públicas; XII – as fundações, sociedades civis ou associações de direito privado criadas por órgão público ou por fundações públicas; e XIII – as organizações creditícias que tenham quaisquer tipo de vinculação com o sistema financeiro nacional a que se refere o art. 192 da Constituição Federal.

Entretanto, em conformidade com o parágrafo único desse art. 2º, incluído pela Lei 13.999/2020, não constituem impedimento à qualificação como Organização da Sociedade Civil de Interesse Público as operações destinadas a microcrédito realizadas com instituições financeiras na forma de recebimento de repasses, venda de operações realizadas ou atuação como mandatárias.

Segundo o art. 7º da Lei, perde-se a qualificação de Organização da Sociedade Civil de Interesse Público, a pedido ou mediante decisão proferida em processo administrativo ou judicial, de iniciativa popular ou do Ministério Público, no qual serão assegurados, ampla defesa e o devido contraditório.

A Lei 9.790/99 instituiu o *Termo de Parceria*, assim considerado o instrumento passível de ser firmado entre o Poder Público e as entidades qualificadas como Organizações da Sociedade Civil de Interesse Público destinado à formação de vínculo de cooperação entre as partes, para o fomento e a execução das atividades de interesse público, previstas no art. 3º da citada Lei (art. 9º).

Embora estas entidades guardem certa semelhança com as organizações sociais, elas são inconfundíveis. Enquanto as organizações sociais foram criadas para absorver determinadas atividades hoje desempenhadas, como serviços públicos, por órgãos ou entes da Administração Pública, resultando, daí, na extinção destas últimas, as organizações da sociedade civil de interesse público destinam-se a cooperar com o

Estado exercendo atividade de interesse público, sem que essa atividade deixe de ser desempenhada pelos órgãos e entes administrativos.

Ademais, nas Organizações Sociais é necessária a participação, no órgão colegiado de deliberação superior (Conselho de Administração), de representantes do Poder Público, ao passo que nas Organizações da Sociedade Civil de Interesse Público não se admite a participação do Poder Público. As OSCIP'S devem possuir conselho fiscal ou órgão equivalente e sujeitam-se a prestação de contas de todos os recursos e bens de *origem pública* recebidos, tudo conforme determina o parágrafo único do art. 70 da Constituição Federal (Prestará contas qualquer pessoa física ou jurídica, pública ou privada, que utilize, arrecade, guarde, gerencie ou administre dinheiros, bens e valores públicos ou pelos quais a União responda, ou que, em nome desta, assuma obrigações de natureza pecuniária).

Na Bahia, há as seguintes OSCIP'S: Agência Bahiana dos Portadores de Câncer – ABPC (Salvador); Associação Baiana dos Portadores de Necessidades Especiais – "PROJETO INCLUIR" (Salvador); Instituto Aliança com o Adolescente (Salvador); Instituto Planeta Zôo (Lauro de Freitas), entre outras.

Em Minas Gerais, são OSCIP'S: Instituto Severino Ballesteros (BH); Organização Ponto Terra (BH) e ADOP – Agência de Desenvolvimento Econômico e Social de Ouro Preto-MG (Ouro Preto), entre outras.

No Piauí, existem as seguintes: Associação de Defesa Ambiental e Controle da Desertificação de Gilbués – SOS GILBUÉS (Gilbués-PI); Instituto Cultural Santa Rita (Teresina), entre outras.

Em síntese:

As OSCIP'S são entidades privadas sem fins lucrativos, assim qualificadas pelo Ministério da Justiça, que preencham os requisitos previstos em lei e queiram firmar ***termos de parceria*** com o Estado (Lei 9.790/99), destinado à formação de vínculo de cooperação entre as partes, para o fomento e a execução das atividades de interesse público.

- A qualificação é **vinculada**, aberta aos que preencham os requisitos legais, sendo necessária a motivação no deferimento ou indeferimento do requerimento.
- O **termo de parceria** especifica programa a cumprir, com metas e prazos fiscalizados, além da obrigação de um relatório final.
- O **Poder Público não participa** de seus quadros diretivos.
- Atividades mais amplas do que as das organizações sociais.
- Não se destina a substituir o Poder Público na prestação de serviços públicos.
- Há proibição de qualificação para certas entidades.
- O requerimento de qualificação é feito ao Ministro da Justiça.
- Fiscalização pelo Poder Público, controle pelo Tribunal de Contas e MP.

6. QUADRO SINÓTICO

TERCEIRO SETOR: OS ENTES DE COOPERAÇÃO
1. Conceito
São entes de cooperação ou entidades paraestatais as que colaboram ou cooperam com o Estado, sem nenhum fim lucrativo, no desempenho de uma atividade de interesse coletivo, embora não o integrem, residindo apenas ao lado dele. São entidades do Terceiro Setor, que compreendem as organizações não governamentais (ONG), fomentadas pelo Estado, que exercem atividades privadas de fins filantrópicos, reforçando a atuação estatal na área social.
2. Os entes de cooperação compreendem
2.1. Os serviços sociais autônomos
São entidades privadas criadas diretamente por lei, para prestar, sem fins lucrativos, certos serviços sociais consistentes em ministrar assistência ou ensino a determinadas categorias sociais ou profissionais. Recebem do Estado incentivo através de dotações orçamentárias específicas ou contribuições para fiscais instituídas em seu favor (CF/88, art. 240). Os Serviços Sociais Autônomos são entes de cooperação que integram o chamado "**Sistema S**", de que são exemplos o SESI - Serviço Social de Indústria; o SESC - Serviço Social do Comércio; o SENAI - Serviço Nacional de Aprendizagem Industrial; o SENAC - Serviço Nacional de Aprendizagem Comercial; o SENAR - Serviço Nacional de Aprendizagem Rural; o SEST - Serviço Social do Transporte; o SENAT - Serviço Nacional de Aprendizagem do Transporte; e o SEBRAE - Serviço Brasileiro de Apoio às Micro e Pequenas Empresas.
2.2. As entidades de apoio
São pessoas jurídicas de natureza privada que exercem, sem fins lucrativos, atividade social (serviços sociais não exclusivos do Estado) relacionada à ciência, pesquisa, saúde e educação (comumente, elas atuam junto a hospitais públicos e universidades públicas). São instituídas por iniciativa de particulares, em regra diretamente por servidores públicos, porém em nome próprio e com recursos próprios, para exercer atividade de interesse social relativa ao serviço prestado pela entidade estatal em que este servidor público atue. São geralmente instituídas sob a forma de fundação de natureza privada, mas podem ser criadas também sob a forma de associação ou cooperativa. Dependem de registro e credenciamento junto à instituição pública perante a qual se vincularão, firmando com estas, vínculos jurídicos, em regra sob a forma de *convênios ou contratos*.
2.3. As organizações sociais (OS)
São pessoas jurídicas de direito privado, de interesse social e utilidade pública, sem fins lucrativos, instituídas por iniciativa de particulares e qualificadas pelo Poder Executivo, atendidos certos requisitos, para exercerem atividades sociais de interesse coletivo, as quais compete ao Estado realizar em caráter não exclusivo, quais sejam, o ensino, a pesquisa científica, o desenvolvimento tecnológico, a proteção e preservação do meio ambiente, a cultura e a saúde. A entidade qualificada como organização social poderá celebrar **contrato de gestão** com o Poder Público, com vistas à formação de *parceria* entre as partes para fomento e execução de atividades relativas às áreas mencionadas. Como forma de fomento, a organização social poderá receber: dotações orçamentárias específicas (tais dotações dependem de prévia autorização legislativa); cessão de servidores públicos com ônus para o Estado; permissão de uso de bens públicos sem licitação; dispensa de licitação para contratar com entes estatais (a dispensa é do ente para contratar com a organização social). A qualificação da PJ como OS é **discricionária**, a juízo de conveniência e oportunidade da Administração. A OS poderá celebrar **contrato de gestão** com o Estado, com vistas à formação de parceria, que fixará programa de trabalho, metas, prazos, critérios objetivos de avaliação e limites de despesa

de pessoal. Possui órgão de deliberação superior, composto por **representantes do Poder Público** e membros da comunidade. O intuito foi a substituição do Poder Público na prestação dessas atividades relacionadas a serviços públicos. Fiscalização pelo Poder Público e controle pelo Tribunal de Contas e MP. É possível o emprego de recursos orçamentários e bens públicos, bem como a permissão de uso, com dispensa de licitação e a cessão de especial de servidor, com ônus para o Poder Público. Pode ser desqualificada a qualquer tempo.
2.4. As organizações da sociedade civil de interesse público (OSCIP)
Cuidam-se de pessoas jurídicas de direito privado, sem fins lucrativos, instituídas por iniciativa de particulares, para exercer serviços sociais não exclusivos do Estado, sob incentivo e fiscalização deste, mediante vínculo jurídico constituído por meio de **termo de parceria.** Na verdade, não se cuida de instituição de nova entidade, mas da atribuição do *status* de organização da sociedade civil de interesse público a pessoas jurídicas criadas na conformidade do direito privado e já existentes na sociedade. A qualificação é **vinculada**, aberta aos que preencham os requisitos legais, sendo necessária a motivação no deferimento ou indeferimento do requerimento. O **termo de parceria** especifica programa a cumprir, com metas e prazos fiscalizados, além da obrigação de um relatório final. O **Poder Público não participa** de seus quadros diretivos. Atividades mais amplas do que as das organizações sociais. Não se destina a substituir o Poder Público na prestação de serviços públicos. Há proibição de qualificação para certas entidades. O requerimento de qualificação é feito ao Ministro da Justiça. Fiscalização pelo Poder Público, controle pelo Tribunal de Contas e MP.

7. JURISPRUDÊNCIA APLICADA

- **Tema 569 de repercussão geral no RE 789874:** "Os serviços sociais autônomos integrantes do denominado Sistema "S" não estão submetidos à exigência de concurso público para contratação de pessoal, nos moldes do art. 37, II, da Constituição Federal." (17/09/2014).

- **ADI 1923 MC/DF, MEDIDA CAUTELAR NA AÇÃO DIRETA DE INCONSTITUCIONALIDADE, Relator Min. ILMAR GALVÃO, Relator p/ Acórdão Min. EROS GRAU (ART. 38, IV, b, DO RISTF), DJ de 21/09/2007:** MEDIDA CAUTELAR EM AÇÃO DIRETA DE INCONSTITUCIONALIDADE. LEI N. 9.637, DE 15 DE MAIO DE 1.998. QUALIFICAÇÃO DE ENTIDADES COMO ORGANIZAÇÕES SOCIAIS. INCISO XXIV DO ARTIGO 24 DA LEI N. 8.666, DE 21 DE JUNHO DE 1.993, COM A REDAÇÃO CONFERIDA PELA LEI N. 9.648, DE 27 DE MAIO DE 1.998. DISPENSA DE LICITAÇÃO. ALEGAÇÃO DE AFRONTA AO DISPOSTO NOS ARTIGOS 5º; 22; 23; 37; 40; 49; 70; 71; 74, § 1º E 2º; 129; 169, § 1º; 175, *Caput*; 194; 196; 197; 199, § 1º; 205; 206; 208, § 1º E 2º; 211, § 1º; 213; 215, *Caput*; 216; 218, §§ 1º, 2º, 3º E 5º; 225, § 1º, E 209. INDEFERIMENTO DA MEDIDA CAUTELAR EM RAZÃO DE DESCARACTERIZAÇÃO DO PERICULUM *IN MORA*. 1. Organizações Sociais – pessoas jurídicas de direito privado, sem fins lucrativos, direcionadas ao exercício de atividades referentes a ensino, pesquisa científica, desenvolvimento tecnológico, proteção e preservação do meio ambiente, cultura e saúde. 2. Afastamento, no caso, em sede de medida cautelar, do exame das razões atinentes ao fumus boni iuris. O periculum in mora não resulta no caso caracterizado, seja mercê do transcurso do tempo – os atos normativos impugnados foram publicados em 1.998 – seja porque no exame do mérito poder-se-á modular efeitos do que vier a ser decidido, inclusive com a definição de sentença aditiva. 3. Circunstâncias que não justificariam a concessão do pedido liminar. 4. Medida cautelar indeferida.

- **STF, ADI 1864/PR, Relator Min. MAURÍCIO CORRÊA, Relator p/ Acórdão Min. JOAQUIM BARBOSA, DJ de 02/05/2008:**

CONSTITUCIONAL. ADMINISTRATIVO. EDUCAÇÃO. ENTIDADES DE COOPERAÇÃO COM A ADMINISTRAÇÃO PÚBLICA. LEI 11.970/1997 DO ESTADO DO PARANÁ. PARANAEDUCAÇÃO. SERVIÇO SOCIAL AUTÔNOMO. POSSIBILIDADE. RECURSOS PÚBLICOS FINANCEIROS DESTINADOS À EDUCAÇÃO. GESTÃO EXCLUSIVA PELO ESTADO. AÇÃO DIRETA JULGADA PARCIALMENTE PROCEDENTE. 1. Na sessão plenária de 12 de abril de 2004, esta Corte, preliminarmente e por decisão unânime, não conheceu da ação relativamente à Confederação Nacional dos Trabalhadores em Educação-CNTE. Posterior alteração da jurisprudência da Corte acerca da legitimidade ativa da CNTE não altera o julgamento da preliminar já concluído. Preclusão. Legitimidade ativa do Partido dos Trabalhadores reconhecida. 2. O PARANAEDUCAÇÃO é entidade instituída com o fim de auxiliar na Gestão do Sistema Estadual de Educação, tendo como finalidades a prestação de apoio técnico, administrativo, financeiro e pedagógico, bem como o suprimento e aperfeiçoamento dos recursos humanos, administrativos e financeiros da Secretaria Estadual de Educação. Como se vê, o PARANAEDUCAÇÃO tem atuação paralela à da Secretaria de Educação e com esta coopera, sendo mero auxiliar na execução da função pública – Educação. 3. A Constituição federal, no art. 37, XXI, determina a obrigatoriedade de obediência aos procedimentos licitatórios para a Administração Pública Direta e Indireta de qualquer um dos Poderes da União, dos estados, do Distrito Federal e dos municípios. A mesma regra não existe para as entidades privadas que atuam em colaboração com a Administração Pública, como é o caso do PARANAEDUCAÇÃO. 4. A contratação de empregados regidos pela CLT não ofende a Constituição porque se trata de uma entidade de direito privado. No entanto, ao permitir que os servidores públicos estaduais optem pelo regime celetista ao ingressarem no PARANEDUCAÇÂO, a norma viola o artigo 39 da Constituição, com a redação em vigor antes da EC 19/1998. 5. Por fim, ao atribuir a uma entidade de direito privado, de maneira ampla, sem restrições ou limitações, a gestão dos recursos financeiros do Estado destinados ao desenvolvimento da educação, possibilitando ainda que a entidade exerça a gerência das verbas públicas, externas ao seu patrimônio, legitimando-a a tomar decisões autônomas sobre sua aplicação, a norma incide em inconstitucionalidade. De fato, somente é possível ao Estado o desempenho eficaz de seu papel no que toca à educação se estiver apto a determinar a forma de alocação dos recursos orçamentários de que dispõe para tal atividade. Esta competência é exclusiva do Estado, não podendo ser delegada a entidades de direito privado. 6. Ação direta de inconstitucionalidade julgada parcialmente procedente, para declarar a inconstitucionalidade do artigo 19, § 3º da lei 11.970/1997 do estado do Paraná, bem como para dar interpretação conforme à Constituição ao artigo 3º, I e ao artigo 11, incisos IV e VII do mesmo diploma legal, de sorte a entender-se que as normas de procedimentos e os critérios de utilização e repasse de recursos financeiros a serem geridos pelo PARANAEDUCAÇÃO podem ter como objeto, unicamente, a parcela dos recursos formal e especificamente alocados ao PARANAEDUCAÇÃO, não abrangendo, em nenhuma hipótese, a totalidade dos recursos públicos destinados à educação no Estado do Paraná.

- **AI 349477 AgR/PR, AG. REG. NO AGRAVO DE INSTRUMENTO, Relator Min. CELSO DE MELLO, DJ de 28/02/2003:** RECURSO – APLICABILIDADE ESTRITA DA PRERROGATIVA PROCESSUAL DO PRAZO RECURSAL EM DOBRO (CPC, ART. 188) – PARANAPREVIDÊNCIA – ENTIDADE PARAESTATAL (ENTE DE COOPERAÇÃO) – INAPLICABILIDADE DO BENEFÍCIO EXTRAORDINÁRIO DA AMPLIAÇÃO DO PRAZO RECURSAL – INTEMPESTIVIDADE – RECURSO NÃO CONHECIDO. – As empresas governamentais (sociedades de economia mista e empresas públicas) e os entes de cooperação (serviços sociais autônomos e organizações sociais) qualificam-se como pessoas jurídicas de direito privado e, nessa condição, não dispõem dos benefícios processuais inerentes à Fazenda Pública (União, Estados-membros, Distrito Federal, Municípios e respectivas autarquias), notadamente da prerrogativa excepcional da ampliação dos prazos recursais (CPC, art. 188). Precedentes.

8. QUESTÕES

01. (Cespe – Órgão: PGE-ES – Cargo: Procurador do Estado – 2023) Para fins da lei que institui normas gerais para as parcerias entre a administração pública e organizações da sociedade civil, em regime de mútua cooperação, para a consecução de finalidades de interesse público e recíproco, mediante a execução de atividades ou de projetos previamente estabelecidos em planos de trabalho inseridos em termos de colaboração, em termos de fomento ou em acordos de cooperação, a administração pública poderá dispensar a realização do chamamento público no caso de

(A) urgência verificada por ministro de estado na execução de políticas públicas de relevante interesse público, ainda que executadas por organizações da sociedade civil não credenciadas anteriormente no órgão gestor.

(B) urgência no atendimento de pessoas dependentes de drogas ilícitas, ainda que executado por organizações da sociedade civil não credenciadas anteriormente no órgão gestor.

(C) atividades voltadas a serviços de educação, se executadas por organizações da sociedade civil previamente credenciadas no órgão gestor.

(D) existência de grave perturbação da ordem pública, desde que a organização da sociedade civil executora esteja credenciada no órgão gestor.

(E) realização de programa de proteção a pessoas em situação de insegurança, se executado por organizações da sociedade civil previamente credenciadas no órgão gestor.

02. (Cespe – Órgão: MPE-SE – Cargo: Promotor de Justiça Substituto – 2022) A respeito do terceiro setor, assinale a opção correta, segundo a legislação pertinente e a jurisprudência do STF.

(A) A previsão legal de determinado percentual de representantes do poder público no conselho de administração das organizações sociais é inconstitucional, considerada a ofensa à liberdade de associação e à não interferência.

(B) A execução de serviços públicos pelas organizações sociais, em regime de parceria com o poder público, é formalizada por meio de contrato de gestão, que é espécie de contrato administrativo.

(C) É constitucional previsão legal que permita às organizações sociais o pagamento, com recursos próprios, de vantagens pecuniárias a servidores públicos que lhes forem cedidos.

(D) As organizações sociais integram a administração pública, o que lhes implica a observância do dever de licitar nas contratações com terceiros.

(E) Os empregados das organizações sociais são empregados públicos, razão pela qual a admissão de pessoal deve-se submeter à exigência de concurso público.

03. (Instituto AOCP – Órgão: MPE-MS – Cargo: Promotor de Justiça Substituto – 2022) Considerando as Fundações, Organizações Sociais e Organizações da Sociedade Civil de Interesse Público (e regramentos contidos nas Leis nº 8.958/94, nº 9.790/99 e nº 9.637/98), assinale a alternativa INCORRETA.

(A) Podem qualificar-se como Organizações da Sociedade Civil de Interesse Público as pessoas jurídicas de direito privado sem fins lucrativos que tenham sido constituídas e se encontrem em funcionamento regular há, no mínimo, 3 (três) anos, desde que os respectivos objetivos sociais e normas estatutárias atendam aos requisitos instituídos pela Lei nº 9.790/99.

(B) Perde-se a qualificação de Organização da Sociedade Civil de Interesse Público a pedido ou mediante decisão proferida em processo administrativo ou judicial, de iniciativa popular ou do Ministério Público, no qual serão assegurados ampla defesa e o devido contraditório.

(C) Sem prejuízo de outras medidas previstas em lei, havendo indícios fundados de malversação de bens ou recursos de origem pública, os responsáveis pela fiscalização da Organização da Sociedade Civil de Interesse Público representarão ao Ministério Público ou à Advocacia-Geral da União para que requeira ao juízo competente a decretação da indisponibilidade dos bens da entidade e o sequestro dos bens dos seus dirigentes, bem como de agente público ou terceiro, que possam ter enriquecido ilicitamente ou causado dano ao patrimônio público, além de outras medidas.

(D) As entidades privadas (pessoas jurídicas de direito privado) que queiram se qualificar como Organizações Sociais devem possuir finalidade não lucrativa; com obrigatoriedade de investimento de seus excedentes financeiros no desenvolvimento de suas próprias atividades ou para fundos municipais correlatos; suas atividades serem dirigidas ao ensino, à pesquisa científica, ao desenvolvimento tecnológico, à proteção e preservação do meio ambiente, à cultura e à saúde; com possibilidade de destinação parcial de bens e parcela do patrimônio líquido aos associados na parcela prevista em lei, em caso de desligamento, retirada ou falecimento de associado ou membro da entidade.

(E) Apesar da Lei de Organizações Sociais não tratar da exigência de licitação ou processo seletivo para celebração de contrato de gestão, a jurisprudência, em destaque entendimento do Supremo Tribunal Federal, pontua que, por essas organizações atuarem em serviços públicos sociais, impõe-se que o Poder Público conduza a celebração do contrato por um procedimento público impessoal e pautado por critérios objetivos, com incidência direta dos princípios constitucionais da impessoalidade, da publicidade e da eficiência na Administração Pública (Constituição Federal, art. 37, caput).

04. (Fundação Getúlio Vargas - FGV - SF - Analista Legislativo Processo Legislativo - (Pós-Edital) - 2022 - 2º Simulado) Sobre as entidades paraestatais e terceiro setor, assinale a alternativa correta.

I. As entidades paraestatais são entidades privadas que realizam atividades de interesse coletivo, sem fins lucrativos que recebem incentivos de entidades públicas.

II. As entidades paraestatais, por serem regidas pelo direito privado, não têm os privilégios concedidos constitucional e legalmente às entidades de direito público.

III. O nome "terceiro setor" designa atividades que não são nem governamentais (primeiro setor) nem empresariais e econômicas (segundo setor).

(A) Somente o item I está correto.
(B) Somente os itens I e II estão corretos.
(C) Somente o item III está correto.
(D) Todos os itens estão corretos.
(E) Nenhum item está correto.

05. (Fundação de Amparo e Desenvolvimento da Pesquisa - FADESP - SEFAZ PA - Auditor Fiscal - 2022) O Estado tem a obrigação de fornecer aos seus cidadãos os serviços públicos. No entanto, ao Estado cabe a decisão de descentralizar parte da execução desses serviços a organizações da sociedade civil. Uma das formas de descentralizar a execução de serviços públicos é por meio do regime de parceria. Sobre o regime de parceria, analise as seguintes afirmativas.

I. O regime de parceria é apenas uma das duas formas existentes de descentralização de serviços públicos, a outra é a delegação legal.

II. O regime de parceria é uma forma direta de execução dos serviços públicos.

III. Para acessar o regime de parceria, uma organização sem fim lucrativo precisa ser qualificada como Organização Social (OS) e/ou Organização da Sociedade Civil de Interesse Público (OSCIP).

IV. O tipo de regime de parceria que uma organização sem fim lucrativo, qualificada como Organização Social (OS), se enquadra é o Regime de Contrato de Gestão.

V. Uma organização sem fim lucrativo qualificada como Organização da Sociedade Civil de Interesse Público (OSCIP) estará habilitada a receber recursos financeiros e administrar bens, equipamentos, e pessoal do Estado.

Estão corretas as afirmativas

(A) III e IV apenas.
(B) I, II e V.
(C) III e V.
(D) I e IV.
(E) II, III e IV.

06. (CESPE - Defensor Público - DPE/RS - 2022) A respeito da organização administrativa e de poderes e deveres da administração pública, julgue o item seguinte.

Parcerias entre a administração pública e organizações da sociedade civil para a consecução de finalidades de interesse público e recíproco, celebradas por meio de execução de atividades ou de projetos previamente estabelecidos em planos de trabalhos, podem ocorrer mediante termos de colaboração, termos de fomento ou acordos de cooperação.

GABARITO		
01. C	**02.** C	**03.** D
04. D	**05.** A	**06.** CERTO

CAPÍTULO VI

Serviços públicos

SUMÁRIO: 1. Conceito – 2. Elementos Constitutivos: 2.1. Elemento Subjetivo; 2.2. Elemento formal; 2.3. Elemento material – 3. Princípios que se aplicam ao Serviço Público: 3.1. Princípio da Continuidade do Serviço público; 3.2. Princípio da Mutabilidade do Regime Jurídico; 3.3. Princípio da Igualdade; 3.4. Princípio da Atualidade; 3.5. Princípio da modicidade das tarifas; 3.6. Princípio da cortesia no tratamento com o público; 3.7. Princípio da generalidade – 4. Classificação do Serviço Público: 4.1. Serviços públicos próprios e impróprios; 4.2. Quanto ao objeto; 4.3. Serviços públicos *uti singuli* e serviços públicos *uti universi;* 4.4. Quanto à maneira como concorrem para satisfazer ao interesse social; 4.5. Serviços públicos de relevância pública e serviços públicos de utilidade pública – 5. Formas de Prestação e Meios de Execução dos Serviços Públicos – 6. A terceirização dos serviços na Administração Pública Federal – 7. Delegação do Serviço Público: 7.1. Concessão de Serviço Público; 7.2. Permissão de Serviço Público; 7.3. Autorização de Serviço Público – 8. Quadro Sinótico – 9. Jurisprudência Aplicada – 10. Questões de concursos.

1. CONCEITO

Difícil é encontrar um conceito unânime de serviço público. Isto porque, o serviço público, enquanto atividade material destinada a satisfazer as necessidades coletivas, varia ao sabor mesmo dessas necessidades e das condições socioeconômicas de cada comunidade, e em razão do contexto histórico em que situado[1].

As primeiras noções de serviço público surgiram na França, com a chamada Escola de Serviço Público[2], liderada por Duguit e Jéze. De início, essas noções eram tão amplas que abrangiam todas as atividades do Estado (a legislativa, a administrativa e a judicial). Com efeito, serviço público era considerado toda atividade do Estado desenvolvida para atingir os seus fins. Leon Duguit, por exemplo, chegou ao ponto de propor a substituição da noção de soberania pela de serviço público, por haver considerado que em torno da noção de serviço público gravitava todo o direito público.

No Brasil, Mário Masagão chegou a adotar um conceito amplo de serviço público, para considerá-lo também como "toda atividade que o Estado exerce para cumprir os seus fins"[3], incluindo, portanto, as funções legislativa e judicial.

Foi o saudoso Hely Lopes Meirelles[4] quem apresentou, no Brasil, um conceito mais adequado de serviço público, dele apartando as atividades legislativa e judicial do Estado. Segundo o autor, serviço público é toda atividade administrativa prestada pelo Estado para satisfazer as necessidades coletivas. Este conceito, todavia, ainda se afigura amplo, uma vez que a atividade administrativa não se resume ao serviço público, posto que compreende também o *fomento*, o *exercício do poder de*

1. Ver Fernando Garrido Falla, 'Las crisis de la noción de servicio público'. In: *Las Transformaciones del Régimen Administrativo*, Madrid, 1962, p. 141 e ss.
2. Conf. Maria Sylvia Zanella Di Pietro, op. cit., p. 94 e Odete Medauar, op. Cit., p. 338.
3. *Curso de direito administrativo*, p. 252.
4. Op. cit., p. 316. Segundo o autor, serviço público "é todo aquele prestado pela Administração ou por seus delegados, sob normas e controles estatais, para satisfazer necessidades essenciais ou secundárias da coletividade ou simples conveniências do Estado".

polícia administrativa e a *intervenção no domínio econômico*, como já afirmamos no capítulo referente à Administração Pública. Contudo, teve esse conceito o mérito de discriminar o serviço público (atividade administrativa, ou seja, atividade prestada pela Administração Pública ou por seus delegados) das atividades legislativa e judicial do Estado.

O eminente autor Celso Antônio Bandeira de Mello[5], por outro lado, adota um conceito mais restrito, que tolhe muito, a nosso ver, a noção de serviço público, porquanto deixa o ilustre administrativista de considerar como tal, aquela atividade tão-somente fruída indiretamente pelo administrado. Ele vê o serviço público como aquela atividade *diretamente* usufruída pelo particular.

De maneira mais precisa, a ilustrada autora Maria Sylvia Zanella Di Pietro[6] conceitua serviço público a partir da premissa de que se trata de uma das atividades administrativas, entre outras, exercida pelo Estado e usufruída direta ou indiretamente pelo cidadão. Assim, para a eminente administrativista, serviço público é uma atividade administrativa desempenhada pelo Estado ou por quem lhe faça as vezes, sob regime jurídico ora exclusivamente público, ora híbrido (regime privado derrogado por normas públicas), destinada a atender concretamente os interesses públicos e coletivos.

De fato, o conceito de serviço público sofreu, ao longo de várias décadas, intensa alteração, a ponto de a doutrina haver identificado a existência de uma *crise* na noção de serviço público. No início, não só se pensava que serviço público era toda e qualquer atividade exercida pelo Estado para atender a seus fins, mas também que só o Estado poderia, com exclusividade, prestá-lo diretamente, jamais delegando-o a particular.

Contemporaneamente, o conceito de serviço público está inserido no âmbito da função administrativa do Estado, razão por que dele se excluem as atividades legislativas e judiciais do Estado, que são funções políticas. Porém, o conceito de serviço público não abrange todas as funções administrativas do Estado, até porque o serviço público é função administrativa que consiste numa atividade *material* do Estado, que se realiza através da disponibilização de utilidades ou comodidades materiais aos cidadãos-administrados, situação que o distingue, por exemplo, do poder de polícia administrativo, que também é função administrativa, mas que corresponde a atividade *jurídica* do Estado, realizada por meio de atos administrativos.

Ademais, a prestação do serviço público não é mais exclusiva do Estado. Na maioria dos casos, o serviço público, embora pertença ao Estado, pode ser prestado por particulares, por delegação do Estado e mediante seu controle. É o que se extrai do art. 175 da Constituição Federal, segundo o qual "Incumbe ao Poder Público, na forma da

5. Op. cit., p. 597. Segundo este autor, serviço público é "toda atividade de oferecimento de utilidade ou comodidade material fruível diretamente pelos administrados, prestado pelo Estado ou por quem lhe faça as vezes, sob um regime de Direito Público – portanto, consagrador de prerrogativas de supremacia e de restrições especiais –, instituído pelo Estado em favor dos interesses que houver definido como próprios no sistema normativo".
6. Op. cit., p. 98. Segundo a autora, serviço público é "toda atividade material que a lei atribui ao Estado para que a exerça diretamente ou por meio de seus delegados, com o objetivo de satisfazer concretamente às necessidades coletivas, sob regime jurídico total ou parcialmente público".

lei, diretamente ou sob regime de concessão ou permissão, sempre através de licitação, a prestação de serviços públicos".

Assim, para nós, serviço público é uma atividade administrativa e material, prestada pelos órgãos da Administração direta do Estado ou por suas entidades da Administração indireta ou, ainda, por empresas privadas que atuam por delegação do Estado (são as concessionárias, permissionárias ou autorizatárias), consistente em utilidades ou comodidades materiais, criadas por lei, fruíveis direta ou indiretamente pelos administrados, sujeita a regime total ou parcialmente público. O serviço público, portanto, é função administrativa exercida pelo Estado ou por seus delegados, que consiste em prestações materiais específicas ou genéricas que propiciam para os administrados benefícios das mais variadas ordens (telecomunicação, energia elétrica, transporte coletivo, gás canalizado, fornecimento de água, iluminação pública, coleta de lixo, limpeza de ruas, etc.).

Em razão de destinarem-se a satisfazer as necessidades ou comodidades dos administrados, os serviços públicos são essenciais e devem ser prestados com eficiência e continuidade. Nesse sentido, a Lei nº 8.987/95, que dispõe sobre o regime de concessão e permissão da prestação de serviços públicos, exige que os serviços públicos devam ser *adequados*, entendidos como tais aqueles serviços que satisfaçam as condições de regularidade, continuidade, eficiência, segurança, atualidade, generalidade, cortesia na sua prestação e modicidade das tarifas (art. 6º, § 1º).

2. ELEMENTOS CONSTITUTIVOS

Do conceito acima apresentado, podemos extrair os seguintes elementos:

2.1. Elemento Subjetivo

Por esse elemento, leva-se em conta o **sujeito** responsável pela *criação* e *prestação* do serviço público. É o Estado que cria, por lei, os seus serviços públicos. A Constituição Federal já se antecipou e criou determinados serviços públicos (CF/88, art. 21, incisos X, XI e XII e art. 25, § 2º, por exemplo). Uma vez criado, a gestão do serviço público também incumbe ao Estado, seu *titular absoluto*, que poderá, no entanto, fazê-lo *diretamente* ou *indiretamente*.

Ou seja, a prestação do serviço público pode ser realizada pelo próprio Estado diretamente, por meio de seus órgãos e agentes, ou, indiretamente, por intermédio de outros sujeitos, por *outorga* ou *delegação*. Assim, a entidade estatal pode prestar o serviço público *diretamente*, de forma *centralizada*, por meio de seus órgãos e agentes, ou *indiretamente*, de forma *descentralizada*, por meio de pessoas jurídicas que ela mesma cria por lei especial (autarquias, fundações públicas, empresas públicas, sociedades de economia mista e consórcios públicos) ou ainda através de empresas privadas concessionárias, permissionárias e autorizatárias, que deverão explorá-lo por sua conta e risco, remunerando-se por meio dessa exploração.

Segundo Hely Lopes, na hipótese de o serviço público ser prestado por entidades da Administração Indireta, estamos diante de **serviço outorgado**. Já se for prestado por empresas concessionárias, permissionárias e autorizatárias, temos o **serviço delegado**. Assim:

a) Serviço público outorgado – É aquele prestado por entidade da Administração Indireta (autarquias, fundações públicas, empresas públicas, sociedades de economia mista e consórcios públicos), de natureza pública ou privada. O Estado cria e transfere a estas entidades, por lei especial, determinado serviço público. É importante anotar que a lei especial, a um só tempo, cria diretamente ou autoriza a criação da entidade e a dota do serviço público especificado.

b) Serviço público delegado – É aquele prestado por empresas concessionárias, permissionárias e autorizatárias, que não integram a Administração Pública Direta ou Indireta. O Estado transfere a estas empresas, que são privadas, por meio de contrato administrativo (de concessão ou permissão) ou ato administrativo unilateral (autorização) tão-somente a *prestação* do serviço público.

A **outorga** se dá por lei especial e presume-se definitiva. A **delegação** opera-se por ato ou contrato administrativos e é transitória. Quando o serviço público é outorgado, ele não sai da Administração Pública. Daí se afirmar que há transferência tanto de titularidade como da prestação ou execução do serviço. Porém, quando o serviço é delegado, ele sai da Administração, de modo que a transferência se restringe à prestação do serviço, permanecendo a titularidade com a entidade estatal que o transferiu.

Ao exame desse elemento subjetivo, percebe-se que houve significativa alteração na compreensão do serviço público. No início, prevalecia a ideia de que o serviço público só podia ser prestado pelo Estado, não se cogitando da possibilidade de sua delegação a terceiros. Hoje, tal raciocínio encontra-se superado, haja vista que, a despeito da titularidade do serviço público pertencer sempre ao Estado, a sua prestação pode ser delegada.

2.2. Elemento Formal

Esse elemento, que também se modificou com a evolução da noção de serviço público, diz respeito ao **regime jurídico** aplicável ao serviço público, que outrora se entendia ser exclusivamente de direito público. Atualmente, o regime jurídico varia de acordo com a natureza do serviço público. Para os serviços públicos não comerciais ou não industriais (serviços sociais, por exemplo), o regime jurídico é integralmente de direito público (regime jurídico-administrativo). Contudo, para os chamados serviços públicos comerciais ou industriais, o regime é de direito privado (civil ou comercial), derrogado, ora para mais ora para menos, por normas de direito público.

Saliente-se que os bens das pessoas jurídicas privadas afetados ou vinculados à prestação de serviço público são considerados bens públicos e, por isso, não são penhoráveis, embora pertençam a empresas privadas. Isso por conta do princípio da continuidade do serviço público.

2.3. Elemento Material

Leva em conta a **atividade administrativa** desempenhada. Por esse elemento, sempre se entendeu que o serviço público é uma atividade pública que tem por finalidade atender às necessidades ou comodidades coletivas. Ou seja, é uma atividade administrativa material disponibilizada pelo Estado para atender ao interesse público. Isto é, o serviço público não é atividade jurídica do Estado (como é, por exemplo, o exercício do poder de polícia administrativa pelo Estado), mas uma atividade material que se manifesta por meio da disponibilização de benefícios gerais (limpeza pública) ou especiais (energia elétrica).

3. PRINCÍPIOS QUE SE APLICAM AO SERVIÇO PÚBLICO

Há princípios que são próprios do regime jurídico dos serviços públicos, quais sejam: da continuidade do serviço público, da mutabilidade do regime jurídico, da igualdade entre os usuários, atualidade ou modernidade das técnicas, modicidade das tarifas, cortesia no tratamento com o público e generalidade. Vejamos.

3.1. Princípio da Continuidade do Serviço Publico

Este princípio deriva do princípio da obrigatoriedade do desempenho da atividade administrativa. Assim, o serviço público, além de ser um *dever* do Estado, tem de ser prestado de forma adequada ao pleno atendimento dos usuários, não podendo sofrer solução de continuidade. Isto é, não pode ser interrompido.

Com efeito, a Lei nº 8.987/95, que dispõe sobre o regime de concessão e permissão da prestação de serviços públicos, no art. 6º, § 1º, impõe a *continuidade* dos serviços públicos concedidos ou permitidos. Todavia, em conformidade com o § 3º do art. 6º, da Lei nº 8.987/95, não se caracteriza como descontinuidade do serviço a sua interrupção (a) em situação de emergência ou (b) após prévio aviso, quando: I – motivada por razões de ordem técnica ou de segurança das instalações; e, II – por inadimplemento do usuário, considerado o interesse da coletividade[7].

Porém, em face do § 4º desse art. 6º, incluído pela Lei 14.015/2020, a interrupção do serviço na hipótese de inadimplemento do usuário, prevista no inciso II do § 3º do art. 6º, não poderá iniciar-se na sexta-feira, no sábado ou no domingo, nem em feriado ou no dia anterior a feriado.

Entretanto, conquanto seja possível a interrupção do serviço público por inadimplemento do usuário, inclusive de pessoa jurídica de direito público[8] (após prévio aviso), não creio que o tratamento deva ser o mesmo se a interrupção atingir as unidades

---

7. Nesse sentido, ver STJ, 2ª Turma, REsp 1054398/RS, Rel. Ministro CASTRO MEIRA, DJ 23.06.2008 p. 1: "ADMINISTRATIVO. ENERGIA ELÉTRICA. INADIMPLÊNCIA. DÉBITOS ATUAIS. **SUSPENSÃO** DO FORNECIMENTO. 1. "A interrupção do fornecimento de energia elétrica por inadimplemento não configura descontinuidade da prestação do **serviço público**" (Corte Especial, AgRg na SLS 216/RN, DJU de 10.04.06). 2. Recurso especial não provido".

8. É legítimo o corte no fornecimento de serviços públicos essenciais quando inadimplente pessoa jurídica de direito público, desde que precedido de notificação e a interrupção não atinja as unidades prestadoras de serviços indispensáveis à população. Precedentes: AgRg no AgRg no AREsp 152296/AP, Rel. Ministro MAURO CAMPBELL MARQUES, SEGUNDA TURMA, julgado em 15/08/2013, DJe 11/12/2013; AgRg no Ag 1270130/RJ, Rel. Ministro BENEDITO GONÇALVES, PRIMEIRA TURMA, julgado em 16/08/2011, DJe 19/08/2011; AgRg na SS 1764/PB, Rel. Ministro BARROS MONTEIRO, Rel. p/ Acórdão Ministro ARI PARGENDLER, CORTE ESPECIAL, julgado em 27/11/2008, DJe 16/03/2009; EAREsp 281559/AP (decisão monocrática), Rel. Ministro HERMAN BENJAMIN, julgado em 24/02/2014, DJe 28/02/2014; REsp 992040/RN (decisão monocrática), Rel. Ministro

prestadoras de serviços *indispensáveis* à população. Nesse sentido, há jurisprudência pacífica do STJ:

> "A suspensão do serviço de energia elétrica, por empresa concessionária, em razão de inadimplemento de unidades públicas essenciais – hospitais; pronto-socorros; escolas; creches; fontes de abastecimento d'água e iluminação pública; e serviços de segurança pública –, como forma de compelir o usuário ao pagamento de tarifa ou multa, despreza o interesse da coletividade. Precedentes: EREsp 845.982/RJ, Rel. Ministro LUIZ FUX, PRIMEIRA SEÇÃO, julgado em 24/06/2009, DJe 03/08/2009; EREsp 721.119/RS, Rel. Ministra ELIANA CALMON, PRIMEIRA SEÇÃO, julgado em 08/08/2007, DJ 10/09/2007." (STJ, 1ª Seção, AgRg nos EREsp 1003667/RS, Ministro LUIZ FUX, DJe 25/08/2010)

Tal princípio causa implicações para os contratos de concessão e permissão e para o próprio exercício da função pública.

De referência aos contratos administrativos de concessão e permissão, o princípio em tela gera as seguintes consequências: possibilidade de encampação, com a retomada do objeto do contrato de concessão ou permissão; imposição de prazos rigorosos; impossibilidade, em tese, de invocação da cláusula da "exceção do contrato não cumprido" contra a Administração (*exceptio non adimpleti contractus*) e aplicação da teoria da imprevisão para recompor o equilíbrio econômico financeiro do contrato e permitir a continuação do serviço.

Relativamente ao exercício da função pública, o princípio impõe: a previsão de normas que exigem a permanência do servidor em serviço, quando pede exoneração, pelo prazo definido em lei; os institutos da substituição, suplência e delegação e proibição de greve, hoje flexibilizada pela previsão constitucional do direito de greve (CF, art. 37, VII).

3.2. Princípio da Mutabilidade do Regime Jurídico

Pelo princípio em causa, o regime jurídico incidente sobre a prestação dos serviços públicos pode ser alterado para adaptar-se às exigências sempre variáveis do interesse público, da vida coletiva e de novas técnicas. Por esse motivo, os contratados, os usuários e os servidores públicos não têm direito adquirido à manutenção de determinado regime jurídico, de modo que o estatuto funcional dos servidores públicos pode ser mudado e os contratos de concessão ou permissão de serviços públicos podem ser alterados ou mesmo rescindidos unilateralmente para bem atender ao interesse público[9].

3.3. Princípio da Igualdade

Por este princípio, se todos os usuários estão em situação igual, o tratamento deve ser também igual. Desde que a pessoa satisfaça as condições legais, ela faz *jus* à prestação do serviço, sem qualquer distinção de caráter pessoal.

SÉRGIO KUKINA, julgado em 03/10/2013, DJe 09/10/2013; AREsp 276036/MA(decisão monocrática), Rel. Ministro HUMBERTO MARTINS, julgado em 18/02/2013, DJe 01/02/2013.

9. Maria Sylvia Zanella Di Pietro, op. cit., p. 101.

3.4. Princípio da Atualidade

O princípio da atualidade é uma exigência do § 2º do art. 6º, da Lei n. 8.987/95. Compreende a modernidade das técnicas, do equipamento e das instalações e a sua conservação, bem como a melhoria e expansão do serviço público.

Por este princípio, o Estado ou a entidade outorgada ou delegada deve ajustar a prestação do serviço público com as inovações tecnológicas sempre com vistas a melhor atender o usuário.

3.5. Princípio da Modicidade das Tarifas

Este princípio é coerente com a ideia de serviço público, que consiste numa atividade pública prestada ao público. Na verdade, o correto seria que todo o serviço público fosse gratuito, como ocorre como o serviço de saúde pública e ensino público.

Entretanto, como muitos dos serviços públicos são prestados sob a forma de delegação à iniciativa privada (prestados por empresas privadas concessionárias e permissionárias, que têm custos), há a necessidade de o usuário remunerar a empresa, pelo serviço prestado, com o pagamento de um preço ou *tarifa*. Nessa hipótese, para o usuário não ficar refém da empresa concessionária ou permissionária, impõe-se que o valor da tarifa seja o menor ou mais barato possível, que expresse uma justa relação de custo e benefício na sua prestação.

Para atingir esse objetivo, que é o preço reduzido da tarifa, o Estado muitas vezes subsidia as empresas concessionárias e permissionárias, com redução ou até mesmo isenção de tributos. Assim, com vistas a favorecer a modicidade das tarifas, prevê o art. 11 da Lei 8.987/95 que no atendimento às peculiaridades de cada serviço público, poderá o poder concedente prever, em favor da concessionária, no edital de licitação, a possibilidade de outras fontes provenientes de receitas alternativas, complementares, acessórias ou de projetos associados, com ou sem exclusividade, desde que as vantagens ou subsídios estejam previamente autorizados em lei e à disposição de todos os concorrentes.

A tarifa do serviço público concedido será fixada pelo preço da proposta vencedora da licitação e preservada pelas regras de revisão previstas na Lei 8.987/95, no edital de licitação e no contrato de concessão, a fim de manter-se o equilíbrio econômico-financeiro. Todavia, nos casos expressamente previstos em lei, sua cobrança poderá ser condicionada à existência de serviço público *alternativo* e *gratuito* para o usuário.

Por força da Lei nº 13.673, de 05 de junho de 2018, que incluiu o § 5º ao art. 9º da Lei 8.987/95, a concessionária deverá divulgar em seu sítio eletrônico, de forma clara e de fácil compreensão pelos usuários, tabela com o valor das tarifas praticadas e a evolução das revisões ou reajustes realizados nos últimos cinco anos.

3.6. Princípio da Cortesia no Tratamento com o Público

Este princípio impõe ao prestador do serviço público que dispense um tratamento educado, gentil e respeitoso ao usuário do serviço, especialmente em atenção à sua dignidade.

3.7. Princípio da Generalidade

Por este princípio, o serviço público deve ser ofertado de forma impessoal e destinado a atender a todos, sem qualquer discriminação.

4. CLASSIFICAÇÃO DO SERVIÇO PÚBLICO

Os serviços públicos, consoante sua natureza, podem assumir distintas classificações. Desse modo, fala-se em: 1) *serviços públicos próprios* e *serviços públicos impróprios*; 2) *serviços públicos administrativos, serviços públicos sociais* e *serviços públicos comerciais* ou *industriais;* 3) *serviços públicos 'uti singuli'* e *serviços públicos 'uti universi'*; 4) *serviços públicos exclusivos* e *serviços públicos não exclusivos e, finalmente,* 5) *serviços públicos de relevância pública* e *serviços públicos de utilidade pública.*

4.1. Serviços Públicos Próprios e Impróprios

Serviços públicos próprios são aqueles que, atendendo a necessidades coletivas, o Estado os assume como seus e os presta diretamente (por meio de seus órgãos e agentes) ou indiretamente (por meio de entidades da Administração Indireta e concessionários, permissionários e autorizatários).

Serviços públicos impróprios são os que, embora também destinados à satisfação das necessidades coletivas, não são assumidos nem prestados pelo Estado, seja direta ou indiretamente, mas apenas por ele autorizados, regulamentados e fiscalizados. Eles correspondem a atividades privadas e recebem impropriamente o nome de serviços públicos, porque atendem a necessidades de interesse geral. Por serem atividades privadas, são exercidas por particulares, mas, por atenderem a necessidades coletivas, dependem de autorização do Poder Público, estando sujeitas a maior ingerência do poder de polícia do Estado. São chamados por alguns autores de serviços públicos autorizados[10].

É importante advertir que Hely Lopes Meirelles[11] toma essa classificação para conferir aos serviços próprios e impróprios sentido e alcance distintos. Segundo o saudoso autor, os serviços próprios "são aqueles que se relacionam intimamente com as atribuições do Poder Público (segurança, polícia, higiene e saúde públicas etc.) e para a execução dos quais a Administração usa da sua supremacia sobre os administrados. Por essa razão, só devem ser prestados por órgãos ou entidades públicas, sem delegação a particulares". Já os serviços impróprios "são os que não afetam substancialmente as necessidades da comunidade, mas satisfazem interesses comuns de seus membros, e, por isso, a Administração os presta remuneradamente, por seus órgãos ou entidades descentralizadas (autarquias, empresas públicas, sociedades de economia mista, fundações governamentais), ou delega sua prestação a concessionários, permissionários ou autorizatários".

4.2. Quanto ao Objeto

Serviços públicos administrativos "são os que a Administração Pública executa para atender às suas necessidades internas ou preparar outros serviços que serão prestados

10. Maria Sylvia Zanella Di Pietro, op. cit., p. 102.
11. Op. cit., p. 318.

ao público, tais como os da imprensa oficial, das estações experimentais e outros desta natureza"[12].

Serviços públicos comerciais ou industriais são aqueles que a Administração Pública executa, direta ou indiretamente, para atender às necessidades coletivas de ordem econômica[13]. São remunerados por tarifas ou preços públicos. Tais serviços são executados por empresas comerciais ou industriais, por concessão ou permissão. São eles: telecomunicações, energia elétrica, gás etc.

Serviço público social é o que atende as necessidades coletivas em que a atuação do Estado é essencial, mas que convivem com a iniciativa privada, tal como ocorre com os serviços de saúde, educação, previdência, cultura, meio ambiente, entre outros, destinados a reduzir as desigualdades sociais e garantir o bem estar social de todos. Estes são tratados na CF no título da ordem social.

4.3. Serviços *Uti Singuli* e Serviços *Uti Universi*

Serviços "uti singuli" ou individuais são aqueles usufruídos direta e individualmente pelos administrados, como os serviços de telecomunicações, transportes coletivos, energia elétrica, gás canalizado, etc.

Serviços "uti universi" ou gerais são aqueles que a Administração presta sem usuários determinados, para atender à coletividade em geral, sem destinatários individuais, como os serviços de iluminação pública, de limpeza pública[14], de saneamento, etc. São serviços indivisíveis, ou seja, insuscetíveis de serem mensurados na sua utilização e não podem ser cobrados mediante taxa[15].

4.4. Quanto à Maneira como Concorrem para Satisfazer ao Interesse Social

Serviços públicos exclusivos do Estado são os que só podem ser prestados pelo Estado, quer diretamente (por seus órgãos), quer indiretamente (por meio das entidades da Administração Indireta, ou pelas concessionárias e permissionárias). Exemplos desses serviços são os serviços postais, o correio aéreo nacional, radiodifusão, telecomunicações, energia elétrica, navegação aérea etc.

---

12. Hely Lopes Meirelles, op. cit., p. 318.
13. Maria Sylvia Zanella Di Pietro, op. cit., p. 103.
14. Não confundir "coleta de lixo domiciliar" (que é serviço público singular) com "coleta de lixo e limpeza pública" (que é serviço público universal).
15. Conferir os seguintes acórdãos do STF: "Inexigibilidade da Taxa de Coleta de Lixo e Limpeza Pública por configurar serviço público de caráter universal e indivisível. Precedente" (RE-AgR 351393/RJ, AG. REG. NO RECURSO EXTRAORDINÁRIO, Relator Min. EROS GRAU, Julgamento: 08/05/2007, Órgão Julgador: Segunda Turma). No mesmo sentido: "É ilegítima a cobrança da Taxa de Coleta de Lixo e Limpeza Pública - TCLLP, porquanto não está vinculada apenas à coleta de lixo domiciliar, mas também a serviço de caráter universal e indivisível, como a limpeza de logradouros públicos." (RE-AgR 380427/RJ, AG. REG. NO RECURSO EXTRAORDINÁRIO, Relator Min. RICARDO LEWANDOWSKI, Julgamento: 31/05/2007, Órgão Julgador: Primeira Turma). Todavia, nos termos da **súmula vinculante nº 19**, *A taxa cobrada exclusivamente em razão dos serviços públicos de coleta, remoção e tratamento ou destinação de lixo ou resíduos provenientes de imóveis, não viola o artigo 145, II, da Constituição Federal.* Isto porque, na hipótese, trata-se de um serviço público singular.

Serviços públicos não exclusivos do Estado são todos os serviços públicos sociais que também podem ser prestados pelo particular. Nesse caso, o Estado supervisiona, coordena, autoriza, regulamenta e acompanha a execução destes serviços. Ex.: saúde, previdência e assistência sociais, educação, etc.

Com relação a estes serviços não exclusivos do Estado, pode-se dizer que são considerados serviços públicos próprios, quando prestados pelo Estado; e podem ser considerados serviços públicos impróprios, quando prestados por particulares, porque, neste caso, ficam sujeitos a controle e autorização do Estado, com base em seu poder de polícia. São considerados serviços públicos porque atendem às necessidades coletivas, mas impropriamente públicos, porque lhes falta um dos elementos do conceito de serviço público, que é a gestão, direta ou indireta, pelo Estado[16].

Não verdade, os serviços de saúde são considerados serviço público (serviço público próprio), quando prestados diretamente pelo Estado, e atividade econômica (serviço público próprio) quando explorados por particulares.

4.5. Serviços Públicos e Serviços de Utilidade Pública

Segundo Hely Lopes Meirelles, os *serviços públicos* ou de *relevância pública* são os que a Administração presta diretamente à comunidade, sem delegação a terceiros, por reconhecer sua essencialidade e necessidade para a sobrevivência da população e do próprio Estado. São os serviços de defesa nacional, de polícia, de saúde pública, etc.

Já os *serviços de utilidade pública* são aqueles que visam a atender as comodidades dos membros da sociedade, como os serviços de telecomunicações, transportes coletivos, energia elétrica, gás, etc. Por isso, tendo em vista a sua não essencialidade, mas mera conveniência para os cidadãos, a Administração os presta diretamente ou indiretamente.

Na prestação dos serviços públicos (ou de relevância pública), o serviço se destina a atender as necessidades gerais e essenciais da comunidade, daí serem mais conhecidos como serviços *pró-comunidade*.

Já na prestação dos serviços de utilidade pública, o serviço visa facilitar a vida do cidadão na sociedade, propiciando-lhe maior conforto e bem estar, sendo, por isso, denominados de serviços *pró-cidadão*.

Essa distinção de Hely Lopes, embora tradicional, está superada. Atualmente, dizer que os serviços de energia elétrica, transporte coletivo, gás e até telecomunicação atendem tão-somente as comodidades e conveniências dos membros da coletividade e não às suas necessidades, é ignorar os novos tempos de uma sociedade extremamente complexa e diferenciada.

16. Ibidem, p. 106.

5. FORMAS DE PRESTAÇÃO E MEIOS DE EXECUÇÃO DOS SERVIÇOS PÚBLICOS

Os serviços públicos podem ser *prestados* de forma *centralizada*, *descentralizada* e *desconcentrada* e sua *execução* pode ser *direta* e *indireta*.

A prestação dos serviços públicos de forma *centralizada* (ou direta) é aquela que a Administração Pública, por meio de seus próprios órgãos e agentes, realiza diretamente.

A prestação dos serviços públicos de forma *descentralizada* (ou indireta) é aquela que a Administração Pública realiza através de suas entidades da Administração Indireta (autarquias, fundações públicas, empresas públicas, sociedades de economia mista e consórcios públicos) ou das empresas concessionárias, permissionárias e autorizatárias.

A prestação dos serviços públicos de forma *desconcentrada* é aquela que a Administração Pública realiza centralizadamente, mas a distribui internamente entre os seus vários órgãos.

Essas diferentes formas de prestação – centralizada, descentralizada e desconcentrada – admitem **execução** *direta* e *indireta*.

Ocorre a *execução direta* quando o órgão da Administração Direta ou a entidade da Administração Indireta ou a concessionária, permissionária e autorizatária presta o serviço *por seus próprios meios*, sem contratação de terceiros (ex.: o serviço público de ensino fundamental e médio a cargo dos próprios professores do Estado).

Dá-se a *execução indireta* quando o órgão da Administração Direta ou a entidade da Administração Indireta ou a concessionária, permissionária e autorizatária comete a terceiros contratados a prestação do serviço, ou seja, não os presta *por seus próprios meios* (ex.: o serviço público de coleta de lixo e de limpeza de ruas prestado pela Administração Direta, mas executado por particulares mediante contrato de prestação de serviços).

6. A TERCEIRIZAÇÃO DOS SERVIÇOS NA ADMINISTRAÇÃO PÚBLICA FEDERAL

O Decreto nº 9.507, de 21 de setembro de 2018, tratou da terceirização de serviços no âmbito da Administração Pública Federal, dispondo sobre a execução indireta, mediante contratação, de serviços da administração pública federal direta, autárquica e fundacional e das empresas públicas e das sociedades de economia mista controladas pela União.

Esse Decreto gerou muita polêmica em razão de não ter indicado expressamente os serviços que poderão ser terceirizados, abrindo a possibilidade de a execução indireta compreender as atividades-fim da Administração Pública em violação à regra constitucional do concurso público (CF, art. 37, II).

De fato, o Decreto apenas dispõe que caberá ao Ministro de Estado do Planejamento, Desenvolvimento e Gestão (agora Ministro de Estado da Economia) estabelecer os serviços que serão preferencialmente objeto de execução indireta mediante contratação, sem, contudo, indicar quais serão esses serviços.

O Decreto limitou-se a vedar a terceirização (isto é, não poderão ser objeto de execução indireta) na administração pública federal direta, autárquica e fundacional, dos seguintes serviços: I – que envolvam a tomada de decisão ou posicionamento institucional nas áreas de planejamento, coordenação, supervisão e controle; II – que sejam considerados estratégicos para o órgão ou a entidade, cuja terceirização possa colocar em risco o controle de processos e de conhecimentos e tecnologias; III – que estejam relacionados ao poder de polícia, de regulação, de outorga de serviços públicos e de aplicação de sanção; e IV – que sejam inerentes às categorias funcionais abrangidas pelo plano de cargos do órgão ou da entidade, exceto disposição legal em contrário ou quando se tratar de cargo extinto, total ou parcialmente, no âmbito do quadro geral de pessoal.

Mas, por outro lado, permitiu o Decreto a terceirização dos serviços auxiliares, instrumentais ou acessórios das atividades centrais acima mencionadas, vedando, porém, a transferência de responsabilidade para a realização de atos administrativos ou a tomada de decisão para o contratado.

Ou seja, o Decreto, apesar de ter proibido a terceirização daquelas atividades centrais, permitiu a contratação (execução indireta) das atividades periféricas (auxiliares, instrumentais ou acessórias).

Entretanto, não poderão ser objeto de execução indireta os serviços auxiliares, instrumentais ou acessórios de fiscalização e consentimento relacionados ao exercício do poder de polícia.

O Decreto igualmente proibiu a terceirização de determinados serviços nas empresas públicas e nas sociedades de economia mista controladas pela União, que são os serviços que demandem a utilização, pela contratada, de profissionais com atribuições inerentes às dos cargos integrantes de seus Planos de Cargos e Salários, exceto se contrariar os princípios administrativos da eficiência, da economicidade e da razoabilidade, tais como na ocorrência de, ao menos, uma das seguintes hipóteses: I – caráter temporário do serviço; II – incremento temporário do volume de serviços; III – atualização de tecnologia ou especialização de serviço, quando for mais atual e segura, que reduzem o custo ou for menos prejudicial ao meio ambiente; ou IV – impossibilidade de competir no mercado concorrencial em que se insere.

Cumpre ao Conselho de Administração ou órgão equivalente das empresas públicas e das sociedades de economia mista controladas pela União estabelecer o conjunto de atividades que serão passíveis de terceirização (execução indireta), mediante contratação de serviços.

De acordo com o Decreto, para viabilizar a terceirização dos serviços no âmbito da Administração Pública Federal, as contratações deverão ser precedidas de planejamento e o objeto será definido de forma precisa no instrumento convocatório, no projeto básico ou no termo de referência e no contrato como **exclusivamente de prestação de serviços**.

7. DELEGAÇÃO DO SERVIÇO PÚBLICO

Como restou assentado linhas atrás, o Estado pode *prestar* os serviços públicos diretamente (por meio de seus órgãos e agentes) ou indiretamente (por meio de entidades da Administração indireta ou de concessionárias, permissionárias ou autorizatárias).

Quando o Estado presta os serviços públicos por meio de concessionárias, permissionárias ou autorizatárias há **delegação** do serviço, hipótese em que, apesar da titularidade do serviço continuar com o próprio Estado, a sua **prestação** é transferida para pessoas estranhas ao Estado.

Assim, em resumo, são *formas de delegação* do serviço público: a **concessão**, a **permissão** e a **autorização**. Concessão e permissão de serviço público são formas contratuais de delegação, isto é, são *contratos administrativos*; já a autorização de serviço público é forma unilateral de delegação, quer dizer, é *ato administrativo*.

7.1. Concessão de Serviço Público

Neste tópico faremos uma rápida exposição a respeito da concessão de serviço público e de suas modalidades, remetendo o leitor ao capítulo referente aos contratos administrativos para uma análise mais detida do tema.

A concessão de serviço público, como forma de delegação da prestação de serviços públicos, sofreu profundas alterações com o advento da Lei Federal nº 11.079, de 30 de dezembro de 2004, que instituiu normas gerais para licitação e contratação de **parceria público-privada** no âmbito dos Poderes da União, dos Estados, do Distrito Federal e dos Municípios.

Segundo a Lei 11.079/2004, parceria público-privada é **contrato administrativo de concessão**, na modalidade **patrocinada** ou **administrativa**.

Assim, são conhecidas as seguintes modalidades de concessão no direito brasileiro:

a) a **concessão comum**;

b) a **concessão patrocinada**; e

c) a **concessão administrativa**.

Com efeito, a **concessão comum** é contrato administrativo de concessão de serviços públicos ou de obras públicas, por meio do qual a Administração Pública delega a sua prestação, feita pelo poder concedente, mediante licitação, na modalidade concorrência ou diálogo competitivo, a pessoa jurídica ou consórcio de empresas que demonstre capacidade para seu desempenho, por sua conta e risco e por prazo determinado.

A concessão de obras públicas ou, mais tecnicamente, a concessão de serviço público *precedida* de execução de obra pública, consiste na construção, total ou parcial, conservação, reforma, ampliação ou melhoramento de quaisquer obras de interesse público, delegados pelo poder concedente, mediante licitação, na modalidade de concorrência ou diálogo competitivo, à pessoa jurídica ou consórcio de empresas que demonstre capacidade para a sua realização, por sua conta e risco, de forma que o investimento da concessionária seja remunerado e amortizado mediante a exploração do serviço ou da obra por prazo determinado.

A concessão comum de serviço público é disciplinada pela Lei 8.987/95 e, supletivamente, pela Lei 14.133/2021.

Já a **concessão patrocinada** é contrato administrativo de concessão de serviços públicos ou de obras públicas de que trata a Lei nº 8.987, de 13 de fevereiro de 1995, **quando envolver**, **adicionalmente à tarifa cobrada dos usuários**, **contraprestação pecuniária do parceiro público ao parceiro privado**. Rege-se pela Lei nº 11.079/2004, aplicando-se-lhe subsidiariamente o disposto na Lei nº 8.987, de 13 de fevereiro de 1995, e nas leis que lhe são correlatas.

Já a **concessão administrativa** é o contrato de prestação de serviços **de que a Administração Pública seja a usuária direta ou indireta,** ainda que envolva execução de obra ou fornecimento e instalação de bens. Rege-se pela Lei nº 11.079/2004, aplicando-se-lhe adicionalmente o disposto nos arts. 21, 23, 25 e 27 a 39 da Lei nº 8.987, de 13 de fevereiro de 1995, e no art. 31 da Lei nº 9.074, de 7 de julho de 1995.

A rigor, percebe-se que concessão de serviço público mesmo só são a concessão comum e a concessão patrocinada, visto que estas duas modalidades são as únicas que propiciam uma delegação de serviço público a particular para que o execute objetivando a satisfação das necessidades coletivas. Na concessão administrativa não há essa delegação, pois corresponde apenas a um contrato de prestação de serviços privados que o Estado celebra com o particular para que este realize uma atividade tendo como destinatária a própria Administração Pública.

7.2. Permissão de Serviço Público

Permissão de serviço público é um contrato, formalizado como **contrato de adesão,** através do qual a Administração delega, a **título precário** e **revogável**, e mediante licitação, a prestação de serviços públicos à pessoa física ou jurídica que demonstre capacidade para seu desempenho, por sua conta e risco.

7.3. Autorização de Serviço Público

Autorização de serviço público é ato administrativo unilateral, discricionário e precário, por meio do qual a Administração Pública faculta ao terceiro interessado a prestação de serviços públicos.

Por fim, cumpre pontuar que, qualquer que seja a modalidade de delegação de serviço público, quando envolver serviço público de transporte coletivo, será necessária a prévia licitação, não se admitindo, a princípio, o simples credenciamento. Nesse sentido, o STF fixou a seguinte tese jurídica: “Salvo em situações excepcionais devidamente comprovadas, serviço público de transporte coletivo pressupõe prévia licitação.” (STF, tema 854 de repercussão geral no RE 1001104, j. em 15/05/2020).

8. QUADRO SINÓTICO

SERVIÇO PÚBLICO
1. Conceito
Serviço Público é uma atividade material prestada pelos órgãos da Administração Pública Direta ou pelas entidades da Administração Pública Indireta ou, ainda, por empresas privadas concessionárias, permissionárias ou autorizatárias, consistente em utilidades ou comodidades materiais, criadas por lei, fruíveis direta ou indiretamente pelos administrados, sujeita a regime totalmente público ou parcialmente público.
2. Elementos constitutivos
Do conceito de serviço público, pode-se extrair os seguintes elementos:
2.1. Elemento subjetivo – Por esse elemento, leva-se em conta o *sujeito* responsável pela *criação* e *prestação* do serviço público. É o Estado que cria, por lei, os seus serviços públicos. Uma vez criado, a gestão do serviço público também incumbe ao Estado, seu *titular absoluto*, que poderá, no entanto, fazê-lo *diretamente* ou *indiretamente*. Ou seja, pode ser o próprio Estado diretamente, por meio de seus órgãos e agentes, ou, indiretamente, por intermédio de outros sujeitos, por *outorga* ou *delegação*.
2.2. Elemento formal – Esse elemento diz respeito ao regime jurídico aplicável ao serviço público. Atualmente, o regime jurídico varia de acordo com a natureza do serviço público. Para os serviços públicos não comerciais ou não industriais (serviços sociais, por exemplo), o regime jurídico é integralmente de direito público (regime jurídico-administrativo). Contudo, para os chamados serviços públicos comerciais ou industriais, o regime é de direito privado (civil ou comercial), derrogado, ora para mais ora para menos, por normas de direito público.
2.3. Elemento material – Por esse elemento, sempre se entendeu que o serviço público é uma atividade pública que tem por finalidade atender às necessidades ou comodidades coletivas.
3. Princípios que se aplicamao serviço público
3.1. Princípio da Continuidade do Serviço Público
Em razão deste princípio, o serviço público não pode sofrer solução de continuidade. Tal princípio reflete sobre o contrato administrativo e sobre o próprio exercício da função pública. Todavia, em conformidade com o § 3º do art. 6º, da Lei nº 8.987/95, não se caracteriza como descontinuidade do serviço a sua interrupção (a) em situação de emergência ou (b) após prévio aviso, quando: I – motivada por razões de ordem técnica ou de segurança das instalações; e, II – por inadimplemento do usuário, considerado o interesse da coletividade. Porém, em face do § 4º desse art. 6º, incluído pela Lei 14.015/2020, a interrupção do serviço na hipótese de inadimplemento do usuário, prevista no inciso II do § 3º do art. 6º, não poderá iniciar-se na sexta-feira, no sábado ou no domingo, nem em feriado ou no dia anterior a feriado.
3.2. Princípio da Mutabilidade do Regime Jurídico
Pelo princípio em causa, o regime jurídico incidente sobre a prestação dos serviços públicos pode ser alterado para adaptar-se às exigências sempre variáveis do interesse público. Por esse motivo, os contratados, os usuários e os servidores públicos não têm direito adquirido à manutenção de determinado regime jurídico.
3.3. Princípio da Igualdade
Todos os usuários devem ser tratados igualmente na medida em que se igualem.
3.4. Princípio da Atualidade
Compreende a modernidade das técnicas, do equipamento e das instalações e a sua conservação, bem como a melhoria e expansão do serviço público.

3.5. Princípio da modicidade das tarifas
Impõe-se que o valor da tarifa seja o menor ou mais barato possível, que expresse uma justa relação de custo e benefício na sua prestação.
3.6. Princípio da cortesia no tratamento com o público
Este princípio impõe ao prestador do serviço público que dispense um tratamento educado, gentil e respeitoso ao usuário do serviço, especialmente em atenção à sua dignidade.
3.7. Princípio da generalidade
Por este princípio, o serviço público deve ser ofertado de forma impessoal e destinado a atender a todos, sem qualquer discriminação.
4. Classificação do serviço público
4.1. Serviços públicos próprios
Os assumidos pelo Estado como próprios.
4.2. Serviços públicos impróprios
Os não assumidos pelo Estado. São atividades privadas, exercidas por particulares, que atendem às conveniências da coletividade e dependem de autorização do Estado.
4.3. Serviços públicos administrativos
São aqueles prestados para atender às necessidades internas da Administração.
4.4. Serviços públicos comerciais ou industriais
Os prestados no domínio econômico e que rendem lucro a quem os presta. Ex.: telecomunicação, energia elétrica, gás canalizado, transporte coletivo, etc.
4.5. Serviço público social
Os prestados no âmbito da ordem social. Ex.: saúde, educação, previdência, etc.
4.6. Serviços *uti singuli*
Os serviços usufruídos diretamente por usuários determinados (Ex.: energia elétrica, transporte coletivo, etc.).
4.7. Serviços *uti universi*
Os usufruídos indiretamente pelos usuários (Ex.: limpeza pública, iluminação pública, etc.).
4.8. Serviços públicos exclusivos
Só podem ser prestados pelo Estado, direta ou indiretamente.
4.9. Serviços não exclusivos
Podem ser prestados pela iniciativa privada, sob autorização e fiscalização do Estado (Ex.: saúde, educação).
4.10. Serviços públicos de relevância pública
Os necessários e indispensáveis à vida coletiva. São os serviços pró-comunidade (Ex.: vigilância sanitária, saneamento básico, defesa nacional, etc.).

4.11. Serviços de utilidade pública

Os prestados para proporcionar comodidades e facilitações ao usuário. São os serviços pró-cidadão (Ex.: telecomunicação, gás canalizado, etc.).

5. Formas de prestação e meios de execução do serviço público

Os serviços públicos podem ser **prestados** de forma centralizada (diretamente pela própria entidade estatal), descentralizada (indiretamente, por meio de entidades da Administração Indireta e por meio de concessionários, permissionários e autorizatários de serviço público) e desconcentrada (distribuídos entre vários órgãos) e sua **execução** por ser direta (por seus próprios meios) e indireta (através de meios contratados com terceiros).

6. A terceirização dos serviços na Administração Pública Federal

O Decreto nº 9.507, de 21 de setembro de 2018, tratou da terceirização de serviços no âmbito da Administração Pública Federal, dispondo sobre a execução indireta, mediante contratação, de serviços da administração pública federal direta, autárquica e fundacional e das empresas públicas e das sociedades de economia mista controladas pela União.

De acordo com o Decreto, caberá ao Ministro de Estado do Planejamento, Desenvolvimento e Gestão (agora Ministro da Economia) estabelecer os serviços que serão preferencialmente objeto de execução indireta mediante contratação, sem, contudo, indicar quais serão esses serviços.

Tal situação possibilita a terceirização das atividades-fim, sobretudo porque o Decreto limitou-se a vedar a terceirização (isto é, não poderão ser objeto de execução indireta) na administração pública federal direta, autárquica e fundacional, apenas dos seguintes serviços: I – que envolvam a tomada de decisão ou posicionamento institucional nas áreas de planejamento, coordenação, supervisão e controle; II – que sejam considerados estratégicos para o órgão ou a entidade, cuja terceirização possa colocar em risco o controle de processos e de conhecimentos e tecnologias; III – que estejam relacionados ao poder de polícia, de regulação, de outorga de serviços públicos e de aplicação de sanção; e IV – que sejam inerentes às categorias funcionais abrangidas pelo plano de cargos do órgão ou da entidade, exceto disposição legal em contrário ou quando se tratar de cargo extinto, total ou parcialmente, no âmbito do quadro geral de pessoal.

7. Delegação do serviço público

Quando o Estado presta os serviços públicos por meio de concessionárias, permissionárias ou autorizatárias há delegação do serviço, hipótese em que, apesar da titularidade do serviço continuar com o próprio Estado, a sua prestação é transferida para pessoas estranhas ao Estado. Delegação do serviço público, portanto, é a transferência da prestação do serviço à iniciativa privada, operada por contrato ou ato administrativo.

São *formas de delegação* do serviço público: a *concessão*, a *permissão* e a *autorização*. Concessão e permissão de serviço público são formas contratuais de delegação, isto é, são *contratos administrativos*; já a autorização de serviço público é forma unilateral de delegação, quer dizer, é *ato administrativo*.

A concessão de serviço público é contrato administrativo de concessão de serviços públicos ou de obras públicas, por meio do qual a Administração Pública delega a sua prestação, feita pelo poder concedente, mediante licitação, na modalidade concorrência ou diálogo competitivo, a pessoa jurídica ou consórcio de empresas que demonstre capacidade para seu desempenho, por sua conta e risco e por prazo determinado.

A Permissão de serviço público é um contrato, formalizado como **contrato de adesão,** através do qual a Administração delega, a **título precário** e **revogável**, e mediante licitação, a prestação de serviços públicos à pessoa física ou jurídica que demonstre capacidade para seu desempenho, por sua conta e risco.

Autorização de serviço público é ato administrativo unilateral, discricionário e precário, por meio do qual a Administração Pública faculta ao terceiro interessado a prestação de serviços públicos.

9. JURISPRUDÊNCIA APLICADA

- DIREITO DO CONSUMIDOR. RESPONSABILIDADE CIVIL. FORNECIMENTO DE ENERGIA ELÉTRICA. INTERRUPÇÃO DO SERVIÇO. AUSÊNCIA DE JUSTIFICATIVA. DEMORA EXCESSIVA NA READEQUAÇÃO DA REDE. RESPONSABILIDADE OBJETIVA DA CONCESSIONÁRIA DE SERVIÇO PÚBLICO. INDENIZAÇÃO POR DANOS MORAIS. ÂMBITO INFRACONSTITUCIONAL DO DEBATE. EVENTUAL VIOLAÇÃO REFLEXA DA CONSTITUIÇÃO DA REPÚBLICA NÃO VIABILIZA O MANEJO DE RECURSO EXTRAORDINÁRIO. PRECEDENTES. ACÓRDÃO RECORRIDO PUBLICADO EM 28.6.2013. As razões do agravo não são aptas a infirmar os fundamentos que lastrearam a decisão agravada, mormente no que se refere ao âmbito infraconstitucional do debate, a inviabilizar o trânsito do recurso extraordinário. Além de a pretensão da recorrente de obter decisão em sentido diverso demandar reelaboração da moldura fática delineada no acórdão de origem, a suposta afronta ao preceito constitucional indicado nas razões recursais dependeria da análise de legislação infraconstitucional, o que torna oblíqua e reflexa eventual ofensa, insuscetível, portanto, de viabilizar o conhecimento do recurso extraordinário, considerada a disposição do art. 102, III, "a", da Lei Maior. Agravo regimental conhecido e não provido. (STF, ARE 790091 AgR/RS, AG.REG. NO RECURSO EXTRAORDINÁRIO COM AGRAVO, Rel. Min. ROSA WEBER, Julgamento: 18/03/2014, Órgão Julgador: Primeira Turma, DJe-065 DIVULG 01-04-2014 PUBLIC 02-04-2014).

- TRIBUTÁRIO. AGRAVO REGIMENTAL NO RECURSO EXTRAORDINÁRIO. TAXA DE RESÍDUOS SÓLIDOS DOMICILIARES (TRSD). OFENSA AO ART. 145, II, DA CF. INOCORRÊNCIA. SÚMULA VINCULANTE 19. REPERCUSSÃO GERAL RECONHECIDA NO RE 576.321 QO-RG, REL. MIN. RICARDO LEWANDOWSKI, DJE DE 13/02/2009, TEMA 146. 1. Nos termos da Súmula Vinculante 19, "a taxa cobrada exclusivamente em razão dos serviços públicos de coleta, remoção e tratamento ou destinação de lixo ou resíduos provenientes de imóveis, não viola o artigo 145, II, da Constituição Federal". 2. Tal entendimento foi ratificado pelo Plenário do Supremo Tribunal Federal no julgamento do RE 576.321 QO-RG, rel. Min. Ricardo Lewandowski, DJe 13/02/2009, Tema 146. 3. Agravo regimental a que se nega provimento. (STF, **RE 635886 AgR/SP, AG.REG. NO RECURSO EXTRAORDINÁRIO, Relator(a): Min. TEORI ZAVASCKI, Julgamento: 10/12/2013, Órgão Julgador: Segunda Turma,** DJe-022 DIVULG 31-01-2014 PUBLIC 03-02-2014).

- Inexigibilidade da Taxa de Coleta de Lixo e Limpeza Pública por configurar serviço público de caráter universal e indivisível. Precedente (RE-AgR 351393/RJ, AG. REG. NO RECURSO EXTRAORDINÁRIO, Relator Min. EROS GRAU, Julgamento: 08/05/2007, Órgão Julgador: Segunda Turma).

- É ilegítima a cobrança da Taxa de Coleta de Lixo e Limpeza Pública – TCLLP, porquanto não está vinculada apenas à coleta de lixo domiciliar, mas também a serviço de caráter universal e indivisível, como a limpeza de logradouros públicos (RE-AgR 380427/RJ, AG. REG. NO RECURSO EXTRAORDINÁRIO, Relator Min. RICARDO LEWANDOWSKI, Julgamento: 31/05/2007, Órgão Julgador: Primeira Turma).

- A taxa cobrada exclusivamente em razão dos serviços públicos de coleta, remoção e tratamento ou destinação de lixo ou resíduos provenientes de imóveis, não viola o artigo 145, II, da Constituição Federal (STF, súmula vinculante nº 19).

- **"Fornecimento de Água: Preço Público**

- A Turma manteve decisão da Ministra Ellen Gracie, relatora, que negara seguimento a recurso extraordinário interposto contra acórdão do Tribunal de Justiça do Distrito Federal e Territórios que considerara dispensável lei para a instituição de preço progressivo, aplicável ao fornecimento de água pela Companhia de Água e Esgotos de Brasília – CAESB, a ser pago por usuários que excederem os limites de consumo previamente estabelecidos (na espécie o Decreto 10.157/87). Considerou-se que o serviço de fornecimento de água é submetido ao regime de preço público, e não de taxa, sendo possível a majoração por meio de decreto. Salientou-se, ainda, que o referido acréscimo teve por fim a redução de consumo de produto essencial em período de desabastecimento, não possuindo caráter tributário. Precedentes citados: RREE 85.286-PR (RTJ 84/982) e 77.162-SP (82/763) e ADC 9-DF (julgada em 13.12.2001, acórdão pendente de publicação, v. Informativo 234)". RE (AgR) 201.630-DF, rel. Ministra Ellen Gracie, 11.6.2002.

- "Exploração de transporte urbano, por meio de linha de ônibus. Necessidade de prévia licitação para autorizá-la, quer sob a forma de permissão quer sob a de concessão. Recurso extraordinário provido por contrariedade do art. 175 da Constituição Federal." (RE 140.989, Rel. Min. Octavio Gallotti, DJ 27/08/93).

- "Há quem sustente que quando o Estado presta serviço público, se quiser que tais serviços sejam remunerados, somente poderá fazê-lo mediante taxas (Geraldo Ataliba, 'Sistema Trib. na Constituição', Rev, de Dir. Trib., 51/140; Roque Carrazza, ob. cit., pág. 247). Não vamos a tanto, não obstante reconhecermos que são poderosos e científicos os argumentos de Ataliba e de Carrazza. Ficamos na linha da lição de Sacha Calmon Navarro Coelho, que entende possível a cobrança de preços pela prestação de serviço público. Sacha argumenta com o § 3º do art. 150 da Constituição, do qual deflui que 'o Estado, além das atividades econômicas exercíveis em lide concorrencial pode, mediante instrumentalidade, prestar serviços públicos mediante contraprestação ou pagamento de preços ou tarifas pelos usuários', conclusão que se completa da leitura do que está disposto no art. 175, parágrafo único, inciso III, da Lei Fundamental. Por isso, acrescenta o magistrado e professor, que 'só resta mesmo editar a lei requerida pela Constituição, necessária a uma segura política tarifária, em prol dos usuários.' (Sacha Calmon Navarro Coelho, 'Comentários à Const. de 1988 – Sistema Tributário', Forense,1990, págs. 56-57)." (ADI 447, voto do Min. Carlos Velloso, DJ 05/03/93).

- "Ação Direta de Inconstitucionalidade contra a expressão 'energia elétrica', contida no *caput* do art. 1º da Lei n. 11.260/2002 do Estado de São Paulo, que proíbe o corte de energia elétrica, água e gás canalizado por falta de pagamento, sem prévia comunicação ao usuário. Este Supremo Tribunal Federal possui firme entendimento no sentido da impossibilidade de interferência do Estado-membro nas relações jurídico-contratuais entre Poder concedente federal e as empresas concessionárias, especificamente no que tange a alterações das condições estipuladas em contrato de concessão de serviços públicos, sob regime federal, mediante a edição de leis estaduais. Precedentes. Violação aos arts. 21, XII, *b*, 22, IV, e 175, *caput* e parágrafo único, incisos I, II e III da Constituição Federal. Inconstitucionalidade. Ação Direta de Inconstitucionalidade julgada procedente." (**ADI 3.729**, Rel. Min. Gilmar Mendes, julgamento em 17-9-07, *DJ* de 9-11-07).

- "O Tribunal, por maioria, julgou improcedente pedido formulado em ação direta ajuizada pela Associação Brasileira das Empresas de Transporte Rodoviário Intermunicipal, Interestadual e Internacional de Passageiros – ABRATI contra a Lei nacional 8.899/94, que concede passe livre no sistema de transporte coletivo interestadual às pessoas portadoras de deficiência, comprovadamente carentes. (...) Tendo em conta o disposto no art. 175, parágrafo único, II, da CF, aduziu-se que a pessoa portadora de carências especiais haveria de ser considerada como um potencial usuário do serviço público de transporte coletivo interestadual, e tratando-se de titular de condição diferenciada, nesta condição haveria de ser cuidado pela lei, tal como se deu com o diploma questionado. Rejeitou-se, de igual modo, a apontada ofensa ao princípio da igualdade, ao fundamento de que a lei em questão teria dado forma justa ao direito do usuário que, pela sua diferença, haveria de ser tratado nesta condição desigual para se igualar nas oportunidades de ter acesso àquele serviço público." (**ADI 2.649**, Rel. Min. Cármen Lúcia, julgamento em 8-5-08, Informativo 505).

• "ADMINISTRATIVO – **SERVIÇO PÚBLICO** CONCEDIDO – ENERGIA ELÉTRICA – **SUSPENSÃO** DO **SERVIÇO** – INADIMPLÊNCIA.

• 1. Este Tribunal Superior, encampando entendimento sedimentado no Pretório Excelso, firmou posição no sentido de que a contraprestação cobrada por concessionárias de **serviço público** de água e esgoto tem natureza jurídica de tarifa ou preço **público,** seja o **serviço** prestado diretamente pelo Estado ou por empresa privada, concessionária do **serviço**.

• 2. Os **serviços públicos** essenciais, remunerados por tarifa, podem sofrer interrupção quando há inadimplência, como previsto no art. 6º, § 3º, II, da Lei 8.987/95. Exige-se, entretanto, que a interrupção seja antecedida de aviso, existindo na Lei 9.427/97, que criou a ANEEL, idêntica previsão.

• 3. A continuidade do **serviço,** sem o efetivo pagamento, quebra o princípio da igualdade das partes e ocasiona o enriquecimento sem causa, repudiado pelo Direito (arts. 42 e 71 do CDC, em interpretação conjunta).

• 4. Hipótese em que não há respaldo legal para a **suspensão** do **serviço,** pois tem por objetivo compelir o usuário a pagar diferença de consumo apurada unilateralmente pela Cia de Energia.

• 5. Recurso especial improvido." (STJ, REsp 876341/RS, Rel. Ministra ELIANA CALMON, DJ 27.06.2008 p. 1).

10. QUESTÕES DE CONCURSOS

01. (CESPE/CEBRASPE - 2022/MPE-TO) Em relação aos serviços públicos, assinale a opção correta.

(A) Por força do princípio da continuidade do serviço público, que deriva da necessidade de a população ter acesso garantido a tais serviços, concessionários e permissionários não podem, em hipótese alguma, interromper a oferta do serviço.

(B) Em virtude do regime jurídico especial dos serviços públicos, eles não podem ser considerados atividade econômica.

(C) De acordo com a visão jurídica essencialista, classificam-se como serviços públicos aqueles serviços que o sistema normativo de um país assim os defina.

(D) Apesar de a Constituição Federal de 1988 instituir o Sistema Único de Saúde e definir a saúde como competência comum dos entes federados, direito de todos e dever do Estado, a saúde não é serviço público privativo do poder público.

(E) Em virtude do princípio da segurança jurídica e da regra de manutenção do equilíbrio econômico dos contratos administrativos, a administração pública não pode alterar unilateralmente contratos de concessão com impacto sobre seus aspectos econômicos.

02. (TRF - 3ª REGIÃO - 2022/Juiz Federal) Nos termos do artigo 175 da Constituição Federal, a prestação de serviços públicos dar-se-á diretamente ou por delegação. É CORRETO afirmar que:

(A) Concessão de serviço público é a delegação da prestação do serviço, feita pelo Poder Concedente, mediante licitação, na modalidade concorrência ou diálogo competitivo, a pessoa jurídica ou consórcio de empresas que demonstre capacidade para seu desempenho, por sua conta e risco e por prazo determinado.

(B) Concessão de serviço público é a delegação da prestação do serviço, feita pelo Poder Concedente, mediante licitação, na modalidade concorrência ou pregão, dependendo tratar-se de serviços comuns ou não, a pessoa jurídica ou consórcio de empresas que demonstre capacidade para seu desempenho, por sua conta e risco e por prazo determinado.

(C) Permissão de serviço público é a delegação, a título precário ou não, dispensada a licitação, feita pelo Poder Concedente à pessoa física ou jurídica que demonstre capacidade para seu desempenho, por sua conta e risco.

(D) Permissão de serviço público é a delegação, a título precário ou não, mediante licitação em modalidade condizente com o valor da contratação, feita pelo Poder Concedente à pessoa física ou jurídica que demonstre capacidade para seu desempenho, por sua conta e risco.

03. (CESPE/CEBRASPE - 2023/MPE-PA) No que diz respeito aos contratos de concessão de serviços públicos, em atenção à Lei n.º 8.987/1995, assinale a opção correta.

(A) É vedada a previsão, no âmbito dos contratos de concessão de serviços públicos, de mecanismos privados de resolução de disputas relacionados ao contrato, porquanto é indispensável o crivo judicial.

(B) A responsabilidade da concessionária em relação aos prejuízos causados a terceiros – usuários ou não – pode ser atenuada em razão da fiscalização exercida pelo órgão responsável do poder concedente.

(C) A subconcessão somente será possível se autorizada pelo poder concedente, dispensada a realização de concorrência para a outorga.

(D) A transferência da concessão sem prévia anuência do poder concedente enseja a caducidade da concessão.

(E) No âmbito dos contratos de financiamento, é vedado às concessionárias oferecer em garantia os direitos emergentes da concessão.

GABARITO		
01. D	**02.** A	**03.** D

CAPÍTULO VII

Servidores Públicos

1. AGENTES PÚBLICOS

Como se sabe, o Estado é uma organização, dotada de atribuições, responsabilidades e de uma estrutura mínima instituída para *servir* a sociedade e o cidadão. Para desempenhar as suas funções, concretizar as suas escolhas políticas e promover o bem comum, o Estado se vale de um conjunto de pessoas físicas ou humanas, que *agem* em seu nome e por isso mesmo são denominadas *agentes públicos*.

Agentes públicos, por conseguinte, constituem uma categoria genérica de pessoas físicas que, de algum modo e a qualquer título, exercem funções estatais, independentemente da natureza ou tipo de vínculo que entretêm com o Estado. Assim, pouco importa se esse vínculo é permanente ou meramente eventual, se é remunerado ou não, se é institucional ou contratual. Basta que desempenhem funções estatais, agindo em nome do Estado, para serem qualificadas como agentes públicos.

Essa noção *ampla* de agentes públicos compreende diversas pessoas que expressam a vontade ou ação do Estado, abrangendo os agentes políticos, os servidores públicos e todos aqueles que exercem, ainda que transitoriamente ou sem remuneração, por eleição, nomeação, designação, contratação ou qualquer outra forma de investidura ou vínculo, mandato, cargo, emprego ou função na Administração Pública Direta e Indireta de qualquer dos Poderes da União, dos Estados, do Distrito Federal e dos Municípios.

Esse conceito amplo foi acolhido, inclusive, pela Lei nº 8.429/92 (Lei de Improbidade Administrativa), nos seguintes termos: "Art. 2º Para os efeitos desta Lei, consideram-se agente público o agente político, o servidor público e todo aquele que exerce, ainda que transitoriamente ou sem remuneração, por eleição, nomeação, designação, contratação ou qualquer outra forma de investidura ou vínculo, mandato, cargo, emprego ou função nas entidades referidas no art. 1º desta Lei." (Com a redação dada pela Lei nº 14.230/2021).

Assim, são agentes públicos todos quantos exerçam funções públicas, de qualquer natureza, como os Chefes do Poder Executivo da União (Presidente), dos Estados, do Distrito Federal (Governadores) e dos Municípios (Prefeitos), com seus respectivos Vices e auxiliares diretos (Ministros de Estado, Secretários Estaduais e Municipais); os parlamentares das três esferas políticas (Senadores, Deputados e Vereadores); os magistrados em geral (Juízes, Desembargadores e Ministros); os membros do Ministério Público da União e dos Estados; os titulares de cargos e ocupantes de empregos públicos da Administração Direita e Indireta dos três Poderes; os contratados para funções temporárias; os concessionários, permissionários e autorizatários de serviços públicos; os delegados de função ou ofício público, os requisitados, os contratados sob locação civil de serviços e os gestores de negócios públicos[1].

Para ser considerado agente público, basta que a pessoa esteja investida na função e que essa função seja estatal.

Entretanto, ainda que a investidura na função estatal seja viciada e reconhecida como irregular, isso não é, por si só, causa para a invalidade dos atos já praticados pelo agente, tendo em vista a conhecida teoria do *funcionário de fato*. E entende-se por funcionário (ou agente) de fato aquele cuja investidura na função foi irregular, mas cuja atuação tem a aparência de legalidade. E em face dessa aparente legalidade, reforçada pela boa-fé e legítima confiança do administrado e pelos princípios da segurança jurídica e da legitimidade dos atos administrativos, devem ser considerados válidos os atos por ele praticados.

2. ESPÉCIES DE AGENTES PÚBLICOS

Dado o sentido amplo da expressão, a abranger todos quantos estejam investidos e exerçam uma função pública, seja a que título for, os agentes públicos constituem o *gênero* que compreende as seguintes *espécies*, todas exercentes de funções do Estado:

1. **Agentes políticos**;
2. **Agentes ou servidores administrativos do Estado**;
3. **Agentes ou particulares em colaboração com o Estado**.

Neste ponto, cumpre salientar a falta de uniformidade e consenso na doutrina na indicação das espécies de agentes públicos. Há uma pluralidade de classificações, de tipos e espécies.

1. No mesmo sentido, Celso Antônio Bandeira de Mello, op. cit., p. 227.

Alguns autores incluem no rol acima os chamados agentes honoríficos[2] e os agentes credenciados[3].

Os agentes honoríficos seriam aquelas pessoas, sem qualquer vínculo profissional ou empregatício com o Estado, que assumem, na condição de cidadãos dotados de honorabilidade e com conhecida capacidade profissional, elevadas e nobres funções em conselhos e comissões técnicas[4], a exemplo dos membros que compõem o Conselho da República na condição de cidadão, na forma do art. 89, VII, da Constituição Federal de 1988[5] e dos membros do Conselho de Comunicação Social, como órgão auxiliar do Congresso Nacional, na forma do art. 224 da Constituição Federal[6].

Já os agentes credenciados seriam aqueles que recebem a atribuição da Administração para representá-la em determinado ato ou para praticar alguma atividade específica, mediante remuneração do Poder Público credenciante[7].

2.1. Agentes Políticos

Os agentes políticos são todos aqueles que exercem funções políticas do Estado e titularizam cargos ou mandatos de altíssimo escalão, somente se subordinando à Constituição Federal. São os agentes que estão funcionalmente posicionados no escalão máximo da estrutura orgânica do Estado e gozam de ampla independência funcional e prerrogativas de atuação.

Para Celso Antônio Bandeira de Melo[8], são agentes políticos o Presidente da República, o Vice-Presidente e seus ministros; os Governadores, os Vice-Governadores e seus secretários de Estado; os Prefeitos, os Vice-Prefeitos e seus secretários municipais; os Senadores; os Deputados Federais e Estaduais e os Vereadores. O eminente autor deixa de fora dessa categoria os membros do Poder Judiciário e do Ministério Público.

---

2 Nesse sentido: MELLO, Celso Antônio Bandeira de. *Curso de Direito Administrativo*. 32ª ed., São Paulo: Malheiros, 2015, p. 254. MEIRELLES, Hely Lopes. Direito Administrativo; BURLE FILHO, José Emmanuel. 42ª ed., São Paulo: Malheiros, 2016, pgs. 84 e 86.

3 MEIRELLES, Hely Lopes. Direito Administrativo; BURLE FILHO, José Emmanuel. 42ª ed., São Paulo: Malheiros, 2016, p. 86.

4 Nesse sentido: MELLO, Celso Antônio Bandeira de. *Curso de Direito Administrativo*. 32ª ed., São Paulo: Malheiros, 2015, p. 254. Porém, para Hely Lopes Meirelles, em sentido distinto do texto, os agentes honoríficos "são cidadãos convocados, designados ou nomeados para prestar, transitoriamente, determinados serviços ao Estado, em razão de sua condição cívica, de sua honorabilidade ou de sua notória capacidade profissional, mas sem qualquer vínculo empregatício ou estatutário e, normalmente, sem remuneração. Tais serviços constituem o chamado *múnus público,* ou *serviços públicos relevantes,* de que são exemplos a função de *jurado,* de *mesário eleitoral,* de *comissário de menores,* de *presidente* ou *membro de comissão de estudo ou de julgamento* e outros dessa natureza.".

5 "Art. 89. O Conselho da República é órgão superior de consulta do Presidente da República, e dele participam: (...) VII - seis cidadãos brasileiros natos, com mais de trinta e cinco anos de idade, sendo dois nomeados pelo Presidente da República, dois eleitos pelo Senado Federal e dois eleitos pela Câmara dos Deputados, todos com mandato de três anos, vedada a recondução."

6 "Art. 224. Para os efeitos do disposto neste capítulo, o Congresso Nacional instituirá, como seu órgão auxiliar, o Conselho de Comunicação Social, na forma da lei."

7 MEIRELLES, Hely Lopes. Direito Administrativo; BURLE FILHO, José Emmanuel. 42ª ed., São Paulo: Malheiros, 2016, p. 86.

8. Ibidem, p. 229.

No mesmo sentido, trilham os autores Diogenes Gasparini[9] e, parcialmente, Maria Sylvia Zanella Di Pietro[10].

Consoante leciona o eminente jurista Celso Antônio Bandeira de Mello, os juízes e promotores não são agentes políticos porque não tomam decisões políticas.

Ousamos dissentir do ilustre mestre. Sem dúvida que os membros dos Poderes executivo e legislativo gozam de especial consideração política, pois são os delegatários da vontade política e plural do povo, especialmente depois da EC nº 117/2022, que alterou o art. 17 da Constituição Federal para impor aos partidos políticos a aplicação de recursos do fundo partidário na promoção e difusão da participação política das mulheres, bem como a aplicação de recursos desse fundo e do Fundo Especial de Financiamento de Campanha e a divisão do tempo de propaganda gratuita no rádio e na televisão no percentual mínimo de 30% (trinta por cento) para candidaturas femininas.

Entretanto, os juízes e promotores também tomam importantes decisões políticas, que são fundamentais para um equilibrado sistema de freios e contrapesos. Os juízes, a par de exercerem uma das funções políticas do Estado, que é a *função jurisdicional*, podem decidir a respeito da validade constitucional das leis e atos do poder público, inclusive para declarar suas inconstitucionalidades, cuja decisão se apresenta, inegavelmente, com uma intensa carga política, já que com ela os membros do Poder Judiciário fiscalizam a constitucionalidade das leis com o fim de garantir a supremacia e efetividade da Constituição e dos direitos fundamentais, recusando a validade de atos emanados dos outros dois Poderes (do Legislativo, com a aprovação do projeto; e do Executivo, com a sanção).

Os promotores também tomam importantes decisões políticas, quando promovem o arquivamento do Inquérito Policial ou quando o Procurador-Geral respectivo propõe ou se recusa a propor uma ação direita de inconstitucionalidade interventiva[11].

Contudo, na tradicional e ainda seguida lição do saudoso Hely Lopes Meirelles, são também agentes políticos os membros do Poder Judiciário, os membros do Ministério Público, os membros dos Tribunais de Contas e os membros da carreira diplomática. Essa posição de Hely, segundo entendemos, é a que melhor condiz com a realidade jurídico-constitucional do Estado brasileiro.

---

9. Op. cit., p. 145.
10. Op. cit., p. 423. Em edições mais recentes, a autora vem considerando os membros do Poder Judiciário como agentes políticos, ainda deixando de fora dessa categoria os membros do Ministério Público. Com efeito, diz a autora (2003:433): "É necessário reconhecer, contudo, que atualmente há uma tendência a considerar os membros da Magistratura e do Ministério Público como agentes políticos. Com relação aos primeiros, é válido esse entendimento desde que se tenha presente o sentido em que sua função é considerada política; não significa que participem do Governo ou que suas decisões sejam políticas, baseadas em critérios de oportunidade e conveniência, e sim que correspondem ao exercício de uma parcela da soberania do Estado, consistente na função de dizer o direito em última instância".
11. Basta lembrar a repercussão – negativa, é claro! – que causou a decisão do PRG em arquivar uma representação a ele dirigida para promover a Adin-interventiva destinada à intervenção no Estado do Espírito Santo.

Na jurisprudência, inclusive do Supremo Tribunal Federal, é pacífico o entendimento no sentido de que os magistrados e os membros do Ministério Público, *por serem dotados de plena liberdade funcional no desempenho de suas funções, com prerrogativas próprias e legislação específica*, enquadram-se na espécie *agente político*, investidos que estão para o exercício de atribuições constitucionais[12].

O STF, entretanto, já decidiu que os membros dos tribunais de contas são agentes administrativos, não políticos: "O cargo de Conselheiro do Tribunal de Contas do Estado do Paraná reveste-se, à primeira vista, de natureza administrativa, uma vez que exerce a função de auxiliar do Legislativo no controle da Administração Pública" (Rcl 6702 MC-AgR/PR, Rel. Min. RICARDO LEWANDOWSKI, j. em 04/03/2009).

Discordamos, todavia, desse entendimento. Os tribunais de contas não são meros auxiliares do Legislativo. O próprio STF já reconheceu que "os tribunais de contas ostentam posição eminente na estrutura constitucional brasileira, não se achando subordinados, por qualquer vínculo de ordem hierárquica, ao Poder Legislativo, de que não são órgãos delegatários nem organismos de mero assessoramento técnico. A competência institucional dos tribunais de contas não deriva, por isso mesmo, de delegação dos órgãos do Poder Legislativo, mas traduz emanação que resulta, primariamente, da própria Constituição da República" (ADI 4.190 MC-REF, rel. min. Celso de Mello, j. 10-3-2010, P, *DJE* de 11-6-2010).

Na verdade, os tribunais de contas exercem, com independência e autonomia funcional, uma *jurisdição especial*, julgando as contas dos administradores e demais responsáveis por dinheiros, bens e valores públicos da administração direta e indireta, incluídas as fundações e sociedades instituídas e mantidas pelo poder público, e as contas daqueles que derem causa a perda, extravio ou outra irregularidade de que resulte prejuízo ao erário público. São instituições independentes, e seus integrantes têm as mesmas garantias atribuídas ao Poder Judiciário (Constituição Federal, art. 73, § 3º)[13]. Por essa razão, não obstante a divergência, entendemos que os membros das cortes de contas (conselheiros e ministros) são agentes políticos.

---

12. Conferir, a propósito, a seguinte ementa do STF: "Recurso extraordinário. Responsabilidade objetiva. Ação reparatória de dano por ato ilícito. Ilegitimidade de parte passiva. 2. Responsabilidade exclusiva do Estado. A autoridade judiciária não tem responsabilidade civil pelos atos jurisdicionais praticados. Os magistrados enquadram-se na espécie *agente político*, investidos para o exercício de *atribuições constitucionais*, sendo dotados de plena liberdade funcional no desempenho de suas funções, com prerrogativas próprias e legislação específica. 3. Ação que deveria ter sido ajuizada contra a Fazenda Estadual – responsável eventual pelos alegados danos causados pela autoridade judicial, ao exercer suas atribuições -, a qual, posteriormente, terá assegurado o direito de regresso contra o magistrado responsável, nas hipóteses de dolo ou culpa. 4. Legitimidade passiva reservada ao Estado. Ausência de responsabilidade concorrente em face dos eventuais prejuízos causados a terceiros pela autoridade julgadora no exercício de suas funções, a teor do art. 37, § 6º, da CF/88. 5. Recurso extraordinário conhecido e provido." (STF, 2ª Turma, RE 228.977-2/SP, Rel. Min. Néri da Silveira, DJ 12.04.2002, p. 00066).

13. "A Lei Complementar 142/2011 do Estado do Rio de Janeiro, de origem parlamentar, ao alterar diversos dispositivos da Lei Orgânica do Tribunal de Contas do Estado do Rio de Janeiro, contrariou o disposto nos artigos 73, 75 e 96, II, d, da Constituição Federal, por dispor sobre forma de atuação, competências, garantias, deveres e organização do Tribunal de Contas estadual, matéria de iniciativa legislativa privativa daquela Corte. As Cortes de Contas do país, conforme reconhecido pela Constituição de 1988 e por esta Suprema Corte, gozam das prerrogativas da autonomia e do autogoverno, o que inclui, essencialmente, a iniciativa privativa para instaurar processo legislativo que pretenda alterar sua organização e funcionamento, como resulta da interpretação lógico-sistemática dos artigos 73, 75 e 96, II, d, da Constituição Federal. (...) O ultraje à prerrogativa de instaurar o

A esse rol de agentes políticos, cumpre acrescentar, com o advento da EC nº 45/2004, os membros do Conselho Nacional de Justiça (CNJ), do Conselho Nacional do Ministério Público (CNMP), das Defensorias Públicas Estaduais e, em face da EC nº 74/2013, das Defensorias Públicas da União e do Distrito Federal.

Com efeito, relativamente ao CNJ e ao CNMP, enquanto órgãos criados para realizarem, respectivamente, o controle da atuação administrativa e financeira do Poder Judiciário e do cumprimento dos deveres funcionais dos juízes e o controle da atuação administrativa e financeira do Ministério Público e do cumprimento dos deveres funcionais dos promotores, os seus membros-conselheiros são agentes políticos em razão das próprias funções de controle que desempenham.

Já de referência aos Defensores Públicos Estaduais, Federais e Distritais, eles passaram a ostentar a condição funcional de autênticos agentes políticos tendo em vista a ampla autonomia funcional, administrativa e financeira que os §§ 2º e 3º do art. 134 assegurou diretamente às Defensorias Públicas Estaduais, da União e do Distrito Federal. Os Defensores Públicos Estaduais, Federais e Distritais, por conseguinte, enquadram-se na espécie *agentes políticos*, posto que, muito mais do que investidos para o exercício de *atribuições constitucionais*, são dotados de *plena liberdade funcional* no desempenho de suas funções, com *prerrogativas próprias* e *legislação específica*.

Sem embargo das considerações acima, cremos que a dúvida restou superada com a nova redação do inciso XI do art. 37, dada pela EC nº 19/98, que se refere aos membros do Judiciário e do MP como agentes políticos. E tal referência não se limita a efeitos meramente remuneratórios, devendo ter uma dimensão classificatória.

2.2. Agentes ou Servidores Administrativos do Estado

Os agentes ou servidores administrativos do Estado são todos aqueles agentes públicos que mantêm com o Estado ou suas entidades da Administração Indireta relação de trabalho de natureza profissional e caráter não eventual, sob vínculo de dependência[14], para o desempenho de funções puramente administrativas mediante contraprestação pecuniária. Os agentes ou servidores administrativos compreendem, por sua vez, os seguintes agentes:

1. **Servidores públicos**;
2. **Servidores empregados (ou empregados públicos)**;
3. **Servidores temporários**; e
4. **Servidores militares (ou simplesmente militares)**.

---

processo legislativo privativo traduz vício jurídico de gravidade inquestionável, cuja ocorrência indubitavelmente reflete hipótese de inconstitucionalidade formal, apta a infirmar, de modo irremissível, a própria integridade do ato legislativo eventualmente concretizado." [ADI 4.643, rel. min. Luiz Fux, j. 15-5-2019, P, DJE de 3-6-2019].

14. Celso Antônio Bandeira de Mello, op. cit., p. 230.

2.2.1. *Servidores públicos*

Os servidores públicos são aqueles agentes que entretêm relação de trabalho profissional e permanente com as *entidades de direito público*. Vale dizer, mantêm vínculos profissionais com a Administração Pública Direta das Entidades Estatais ou as suas Autarquias e Fundações de direito público. Compreendem a grande massa de prestadores de serviços à Administração.

Conforme a redação original do *caput* do art. 39 da Constituição Federal de 1988, *A União, os Estados, o Distrito Federal e os Municípios instituirão, no âmbito de sua competência, regime jurídico único e planos de carreira para os servidores da administração pública direta, das autarquias e das fundações públicas.*

Em face deste preceito constitucional, adotou-se para os servidores públicos o sistema do *Regime Jurídico Único – RJU*, de modo que, independentemente de o servidor se encontrar funcionalmente vinculado à administração pública direta ou à autarquia ou à fundação pública da entidade política, o regime jurídico é o mesmo e consistirá naquele previsto em lei especial da entidade estatal respectiva. Com base nessa sistemática, a União, por meio da Lei nº 8.112/90, instituiu o regime jurídico único para os servidores de sua administração direta, suas autarquias e fundações públicas; na sequência, os Estados-membros, o Distrito Federal e os Municípios passaram igualmente a adotar, através de suas leis específicas, os regimes jurídicos para os seus servidores públicos, sendo certo que o regime jurídico escolhido, em cada esfera de governo, tinha de ser necessariamente o mesmo para os servidores públicos da administração direta, autarquias e fundações públicas, sendo vedada a instituição de regimes jurídicos distintos entre eles.

Esse regime jurídico, previsto em lei especial de cada entidade política, passou a ser conhecido usualmente como *regime estatutário*, que será examinado mais adiante.

Todavia, a sistemática do regime jurídico único vigorou até o advento da EC nº 19, de 04 de junho de 1998, que deu nova redação ao *caput* do art. 39, suprimindo a redação anterior que previa a obrigatoriedade do regime jurídico único. Mas em razão de decisão cautelar proferida pelo STF na ADI 2135, a redação originária foi restabelecida[15].

Em consequência da EC 19/98 tornou possível a adoção de regimes jurídicos distintos entre os servidores públicos da mesma esfera de governo, de sorte que, a partir da EC 19/98, os servidores públicos da administração pública direta, das autarquias e das fundações de direito público podem se submeter a regimes jurídicos diferenciados, podendo existir entre eles aqueles que *titularizam cargos públicos* e se submetem ao regime estatutário (são os *estatutários*) e os que *ocupam empregos públicos* e se submetem ao regime da CLT e legislação trabalhista (são os *celetistas*).

---

15. Mais adiante, veremos que a redação anterior do *caput* do art. 39, que previa o regime jurídico único, foi restabelecida por decisão proferida pelo STF, em 02 de agosto de 2007, na ADI nº 2135-4, que considerou formalmente inconstitucional a alteração realizada pela EC 19/98. Mas a decisão, como será esclarecida, tem eficácia apenas *ex nunc*, isto é, para frente, sem retroagir, razão por que persiste o interesse na análise do tema.

Assim, em face da modificação proporcionada pela EC nº 19/98, podem conviver, no interior da mesma entidade de direito público, relativamente aos seus *servidores públicos*, dois regimes jurídicos, a saber:

a) **Regime estatutário**

É o regime aplicável aos servidores públicos titulares de *cargos públicos*, que mantêm com as entidades de direito público uma relação de trabalho de natureza institucional (são os *servidores públicos estatutários*). Esse regime é o estabelecido por lei especial de cada entidade estatal, que fixa as atribuições e responsabilidades, os direitos e deveres do cargo, e que fica sempre sujeito à revisão unilateral por parte do Estado, respeitados apenas os direitos adquiridos pelo servidor no que tange a alguma vantagem ou benefício já incorporado.

Nos termos da Lei Federal nº 8.112/90, que dispôs sobre o regime jurídico dos servidores públicos da União, das autarquias e das fundações públicas federais, é servidor público toda *pessoa legalmente investida em cargo público*. E segundo a mesma Lei, cargo público é o *conjunto de atribuições e responsabilidades previstas na estrutura organizacional que devem ser cometidas a um servidor*.

b) **Regime celetista**

No âmbito das entidades de direito público, o regime celetista é o destinado aos servidores públicos que ocupam *empregos públicos*, que mantêm com as entidades de direito público uma relação de trabalho de natureza contratual e se sujeitam ao regime da CLT (são os *servidores públicos celetistas*).

Cumpre esclarecer, contudo, que se a entidade estatal for a União Federal, ela poderá alterar o regime celetista atribuível ao seu servidor público, já que é a própria União que legisla sobre direito do trabalho, nos exatos termos do art. 22, I, da Constituição Federal. As demais entidades políticas (Estado, DF e Municípios), se optarem pelo regime celetista, deverão aplicar integralmente a CLT, por lhes faltar a competência legislativa de modificar a legislação trabalhista. Note-se que, em todo caso, a legislação trabalhista aplicável sofre necessariamente derrogações decorrentes das normas constitucionais, que impõem, entre outras exigências, a obrigatoriedade de concurso público para o acesso a cargos e empregos públicos e regras relativamente à vedação de acumulação remunerada de cargos e empregos, vencimentos, etc.

A Lei Federal nº 9.962, de 22 de fevereiro de 2.000, *instituiu o regime de emprego público* do pessoal da Administração Pública Federal direta, autárquica e fundacional. Segundo o art. 1º desta Lei, o pessoal admitido para emprego público na Administração Pública Federal direta, autárquica e fundacional terá sua relação de trabalho regida pela CLT e legislação trabalhista correlata, naquilo que ela não dispuser em contrário. Todavia, deixa claro o § 1º do art. 1º da Lei em comento que somente *leis específicas* disporão sobre a criação dos empregos públicos, bem como sobre a transformação dos atuais cargos em empregos, no âmbito da Administração direta, autárquica e fundacional do Poder Executivo.

No art. 3º, a citada Lei estabelece uma espécie de estabilidade, ao dispor em quais hipóteses ocorrerá a rescisão do contrato de trabalho dos servidores públicos celetistas, por *ato unilateral* da Administração Pública, que são as seguintes:

- prática de falta grave, dentre as enumeradas no art. 482 da Consolidação das Leis do Trabalho (CLT);
- acumulação ilegal de cargos, empregos ou funções públicas;
- necessidade de redução de quadro de pessoal, por excesso de despesa, nos termos da lei complementar a que se refere o art. 169 da Constituição Federal; e
- insuficiência de desempenho, apurada em procedimento no qual se assegurem pelo menos um recurso hierárquico dotado de efeito suspensivo, que será apreciado em trinta dias, e o prévio conhecimento dos padrões mínimos exigidos para continuidade da relação de emprego, obrigatoriamente estabelecidos de acordo com as peculiaridades das atividades exercidas.

Todavia, cumpre esclarecer que o Tribunal Superior do Trabalho consolidou, na *Súmula nº 390*, o seu entendimento segundo o qual o servidor público celetista é beneficiado da estabilidade prevista no art. 41 da Constituição Federal. Vejamos o enunciado da Súmula:

> **"ESTABILIDADE. ART. 41 DA CF/1988. CELETISTA. ADMINISTRAÇÃO DIRETA, AUTÁRQUICA OU FUNDACIONAL. APLICABILIDADE. EMPREGADO DE EMPRESA PÚBLICA E SOCIEDADE DE ECONOMIA MISTA. INAPLICÁVEL. (conversão das Orientações Jurisprudenciais nºs 229 e 265 da SBDI-1 e da Orientação Jurisprudencial nº 22 da SBDI-2) - Res. 129/2005 - DJ 20.04.2005**
>
> I – O servidor público celetista da administração direta, autárquica ou fundacional é beneficiário da estabilidade prevista no art. 41 da CF/1988. (ex-OJ nº 265 da SBDI-1 – Inserida em 27.09.2002 e ex-OJ nº 22 da SBDI-2 – Inserida em 20.09.2000).
>
> II – Ao empregado de empresa pública ou de sociedade de economia mista, ainda que admitido mediante aprovação em concurso público, não é garantida a estabilidade prevista no art. 41 da CF/1988. (ex-OJ nº 229 – Inserida em 20.06.2001)."

Finalmente, a Lei 9.962/2000 veda submeter ao regime de emprego público os cargos públicos de provimento em comissão e proíbe alcançar, nas leis específicas criadoras de empregos públicos, servidores regidos pela Lei 8.112/90, às datas das respectivas publicações.

O jurista Celso Antônio Bandeira de Melo, com a mais absoluta razão, assegura que, apesar da possibilidade de convivência destes dois regimes jurídicos no âmbito das entidades de direito público, a EC nº 19 não permitiu que estas entidades escolhessem aleatoriamente o regime a que se submeterá o servidor público. Assim, entende o preclaro autor que o regime celetista ou trabalhista somente pode ser aplicado aos servidores públicos incumbidos de atividades materiais subalternas, como as de motorista, segurança, porteiro, servente, jardineiro, artífice, mecanógrafo, digitadores, etc.[16]. Deveras, esse regime celetista, sem as garantias próprias do regime estatutário, seria incompatível com aquelas atividades que demandam independência e

16. Ibidem, p. 231.

segurança, dada sua complexidade e importância, por envolverem poderes de decisão. Foi esse, aliás, o entendimento do Min. Marco Aurélio ao suspender liminarmente, na Adin 2.310-1/DF, o art. 1º da Lei nº 9.986/2000 que fixou o regime de emprego público para o pessoal das agências reguladoras, entidades nas quais é indispensável uma maior garantia a seus servidores, típica do regime estatutário[17].

---

17. Eis, naquilo que interessa ao tema, parte da decisão do eminente Min. Marco Aurélio: "Conforme salientado na inicial a folha 16, a definição da possibilidade de ter-se a Consolidação das Leis do Trabalho como regedora das relações jurídicas entre as agências reguladoras e os respectivos prestadores de serviços, surge como matéria prejudicial, tendo em conta o exame dos demais dispositivos da Lei n. 9.986/2000 a ela ligados. Inegavelmente, as agências reguladoras atuam com poder de polícia, fiscalizando, cada qual em sua área, atividades reveladoras de serviço público, a serem desenvolvidas pela iniciativa privada. Confira-se com os diplomas legais que as criaram, em que pese a própria razão de ser dessa espécie de autarquia. A problemática não se resolve pelo abandono, mediante alteração constitucional – Emenda 19/98 -, do sistema de regime jurídico único. Cumpre indagar a harmonia, ou não, da espécie de contratação, ante a importância da atividade e, portanto, o caráter indispensável de certas garantias que, em prol de uma atuação equidistante, devem se fazer presentes, considerados os prestadores de serviços. O tema não é novo e vem, de há muito, merecendo a atenção de constitucionalistas e administrativistas. A Constituição Federal encerra dualidade. Ao lado da investidura em cargo, prevê aquela direcionada ao preenchimento de emprego público, jungindo ambas a aprovação previa em concurso público de provas ou de provas e títulos, de acordo com a natureza e a complexidade do cargo ou emprego, na forma prevista em lei – inciso II do artigo 37 da Constituição Federal. Despiciendo é dizer da aplicabilidade do preceito as autarquias, no que integram a Administração indireta, sendo que, no tocante as sociedades de economia mista, as empresas públicas e as fundações de direito privado, não se pode falar na existência de cargo público. A razão é única: são pessoas jurídicas de direito privado. A dualidade prevista na Carta não coloca as investiduras em idêntico patamar, nem sugere a escolha a livre discrição. Nota-se a referência a emprego público apenas nas disposições gerais do Capitulo VII, voltado aos parâmetros da Administração Publica. Na Seção II desse Capitulo, tem-se disciplina a revelar, como regra, a adoção do regime de cargo público, ocupando o tema os artigos 39 a 41. Vê-se, mesmo, a distinção entre cargo público e emprego público, no que se previu, no artigo 39, § 3º, a extensão, aos servidores ocupantes do primeiro, do disposto no artigo 7º, mais precisamente nos incisos IV, VII, VIII, IX, XII, XIII, XV, XVI, XVII, XVIII, XIX, XX, XXII e XXX, enquanto em relação aos empregos públicos, a incidência faz-se de forma linear, ante a aplicação do próprio regime da Consolidação das Leis do Trabalho. Conforme ressaltado pela melhor doutrina – Celso Antonio Bandeira de Mello, em *Curso de Direito Administrativo*, 12ª edição, pagina 260 -, '(...) o regime normal dos servidores públicos teria mesmo de ser o estatutário, pois este (ao contrário do regime trabalhista) é o concebido para atender a peculiaridades de um vínculo no qual não estão em causa tão-só interesses empregatícios, mas onde avultam interesses públicos básicos, visto que os servidores públicos são os próprios instrumentos da atuação do Estado'. Realmente, o cargo público, como ressaltado pelo consagrado mestre, propicia 'desempenho técnico isento, imparcial e obediente tão-só a diretrizes político-administrativas inspiradas no interesse público...', sobressaindo a estabilidade para os concursados. Sim, a teor do artigo 41 da Constituição Federal, preceito que não se encontra nas disposições gerais, mas nas alusivas aos servidores públicos estrito senso, o instituto da estabilidade, alcançável após três anos de efetivo exercício, está jungido a cargo de provimento efetivo em virtude de concurso público, cuja perda pressupõe sentença judicial transitada em julgado (I), processo administrativo em que seja assegurado ao servidor ampla defesa (II) e procedimento de avaliação periódica de desempenho, na forma de lei complementar, também assegurada ampla defesa (III). Nítidas são as balizas, sob o angulo de direitos e deveres, do cargo público e do emprego público, notando-se que a disponibilidade só diz respeito ao primeiro, e que a aposentadoria é diversa, sendo a do servidor, ocupante de cargo público, norteada pelo que percebido em atividade, enquanto o detentor de emprego público está sujeito ao regime geral de previdência, conforme dispõe o artigo 40, § 11, da Constituição Federal. E certo estar o detentor de emprego público em patamar superior aquele dos empregados em geral. Todavia, isso decorre do princípio da legalidade, que submete a Administração como um todo. Vale dizer, não fica o servidor ocupante de emprego público sujeito ao rompimento do vínculo por livre iniciativa da Administração Pública, devendo o ato, como todo e qualquer ato administrativo, ser motivado. Alfim a premissa resulta de não se ter, em tal campo, a amplitude própria ao princípio da autonomia da manifestação da vontade. Então, cumpre examinar a espécie. Os servidores das agências reguladoras hão de estar, necessariamente, submetidos ao regime de cargo público, ou podem, como previsto na lei em exame, ser contratados para empregos públicos. Ninguém coloca em dúvida o objetivo maior das agências reguladoras, no que ligado a proteção do consumidor, sob os mais diversos aspectos negativos – ineficiência, domínio do mercado, concentração econômica, concorrência desleal e aumento arbitrário dos lucros. Hão de estar as decisões desses órgãos imunes a aspectos políticos, devendo fazer-se presente, sempre,

Certamente em razão desse entendimento, veio à baila a Lei nº 10.871, de 20 de maio de 2004, que dispôs sobre a criação de carreiras e organização de cargos efetivos das autarquias especiais denominadas Agências Reguladoras. O art. 6º desta Lei determinou a aplicação do regime jurídico estatutário previsto na Lei 8.112/90 aos cargos e carreiras que cria no âmbito daquelas agências, observadas as suas disposições.

É preciso esclarecer, todavia, que não obstante sujeitos a regimes jurídicos diversos, os servidores públicos estatutários e os servidores públicos celetistas submetem-se a regras e princípios constitucionais comuns, como a obrigatoriedade de concurso público para a investidura dos respectivos cargos e empregos públicos (art. 37, II), o teto remuneratório (art. 37, XI), a proibição de acumulação remunerada (art. 37, XVI), entre outros.

A emenda constitucional nº 51/2006 incluiu o § 4º ao art. 198 da Constituição Federal, para dispor que os gestores locais do Sistema Único de Saúde – SUS poderão admitir agentes comunitários de saúde e agentes de combate às endemias por meio de processo seletivo público, de acordo com a natureza e complexidade de suas atribuições e requisitos específicos para sua atuação. E de acordo com o § 5º, também inserido nesse art. 198 pela EC 51/2006, lei federal disporá sobre o regime jurídico, o piso salarial profissional nacional, as diretrizes para os Planos de Carreira e a regulamentação das atividades de agente comunitário de saúde e agente de combate às endemias, competindo à União, nos termos da lei, prestar assistência financeira complementar aos Estados, ao Distrito Federal e aos Municípios, para o cumprimento do referido piso salarial.

Como se observa, a EC 51/2006 criou as figuras de *Agente Comunitário de Saúde* e *Agente de Combate às Endemias*, determinando que lei federal dispusesse sobre o seu regime jurídico, o piso salarial profissional nacional, as diretrizes para os Planos de Carreira e a regulamentação de suas atividades. Para tanto, foi publicada a Lei nº 11.350/2006, que determinou que o exercício das atividades de Agente Comunitário de Saúde e de Agente de Combate às Endemias se dará exclusivamente no âmbito do Sistema Único de Saúde - SUS, na execução das atividades de responsabilidade dos

---

o contorno técnico. E isso o exigível não só dos respectivos dirigentes – detentores de mandato -, mas também dos servidores – reguladores, analistas de suporte a regulação, procuradores, técnicos em regulação e técnicos em suporte a regulação – Anexo I da Lei n. 9.986/2000 – que, juntamente com os primeiros, hão de corporificar o próprio Estado nesse mister da mais alta importância, para a efetiva regulação dos serviços. Prescindir, no caso, da ocupação de cargos públicos, com os direitos e garantias a eles inerentes, e adotar flexibilidade incompatível com a natureza dos serviços a serem prestados, igualizando os servidores das agencias a prestadores de serviços subalternos, dos quais não se exige, até mesmo, escolaridade maior, como são serventes, artífices, mecanógrafos, entre outros. Atente-se para a espécie. Está-se diante de atividade na qual o poder de fiscalização, o poder de polícia fazem-se com envergadura ímpar, exigindo, por isso mesmo, que aquele que a desempenhe sinta-se seguro, atue sem receios outros, e isso pressupõe a ocupação de cargo público, a estabilidade prevista no artigo 41 da Constituição Federal. Aliás, o artigo 247 da Lei Maior sinaliza a conclusão sobre a necessária adoção do regime de cargo público relativamente aos servidores das agências reguladoras. Refere-se o preceito aqueles que desenvolvam atividades exclusivas de Estado, e a de fiscalização o e. Em suma, não se coaduna com os objetivos precípuos das agências reguladoras, verdadeiras autarquias, embora de caráter especial, a flexibilidade inerente aos empregos públicos, impondo-se a adoção da regra que e a revelada pelo regime de cargo público, tal como ocorre em relação a outras atividades fiscalizadoras – fiscais do trabalho, de renda, servidores do Banco Central, dos Tribunais de Conta, etc.".

entes federados, mediante vínculo direto entre os referidos Agentes e órgão ou entidade da administração direta, autárquica ou fundacional.

Em conformidade com o art. 8º da Lei 11.350/2006, os Agentes Comunitários de Saúde e os Agentes de Combate às Endemias admitidos pelos gestores locais do SUS e pela Fundação Nacional de Saúde – FUNASA, mediante processo seletivo público de provas ou de provas e títulos, *submetem-se ao regime jurídico estabelecido pela Consolidação das Leis do Trabalho – CLT*, salvo se, no caso dos Estados, do Distrito Federal e dos Municípios, lei local dispuser de forma diversa.

Embora submetidos ao regime da CLT, a administração pública somente poderá rescindir unilateralmente o contrato do Agente Comunitário de Saúde ou do Agente de Combate às Endemias, na ocorrência de uma das seguintes hipóteses: I - prática de falta grave, dentre as enumeradas no art. 482 da CLT; II - acumulação ilegal de cargos, empregos ou funções públicas; III - necessidade de redução de quadro de pessoal, por excesso de despesa; ou IV - insuficiência de desempenho, apurada em procedimento no qual se assegurem pelo menos um recurso hierárquico dotado de efeito suspensivo, que será apreciado em trinta dias, e o prévio conhecimento dos padrões mínimos exigidos para a continuidade da relação de emprego, obrigatoriamente estabelecidos de acordo com as peculiaridades das atividades exercidas.

Assim, os Agentes Comunitários de Saúde e os Agentes de Combate às Endemias são *servidores públicos celetistas, ocupantes de empregos públicos, submetidos ao regime jurídico da CLT* e vinculados diretamente a órgão ou entidade da administração direta, autárquica ou fundacional da União, Estado, Distrito Federal ou Município, contratados pelos gestores locais do SUS mediante processo seletivo público de provas ou de provas e títulos, para o exercício de atividades exclusivamente no âmbito do Sistema Único de Saúde - SUS.

A EC nº 120, de 05 de maio de 2022, acrescentou os §§ 7º, 8º, 9º, 10 e 11 ao art. 198 da Constituição Federal, para dispor sobre a responsabilidade financeira da União, corresponsável pelo Sistema Único de Saúde (SUS), na política remuneratória e na valorização dos profissionais que exercem atividades de agente comunitário de saúde e de agente de combate às endemias.

De acordo com o § 7º do art. 198, fica sob responsabilidade da União o vencimento dos agentes comunitários de saúde e dos agentes de combate às endemias, cabendo aos Estados, ao Distrito Federal e aos Municípios estabelecer, além de outros consectários e vantagens, incentivos, auxílios, gratificações e indenizações, a fim de valorizar o trabalho desses profissionais. E os recursos destinados ao pagamento desse vencimento serão consignados no orçamento geral da União com dotação própria e exclusiva.

A EC 120 também fixou um **piso remuneratório** para esses agentes, de modo que seus vencimentos não poderão ser inferiores a 2 salários mínimos, repassados pela União aos Municípios, aos Estados e ao Distrito Federal.

E em razão dos riscos inerentes às funções desempenhadas, o novo § 10 do art. 198 garantiu aos agentes comunitários de saúde e aos agentes de combate às endemias o direito à aposentadoria especial e, somado aos seus vencimentos, adicional de insalubridade.

Por fim, a EC 120 excluiu do cálculo para fins de fixação do limite de despesa com pessoal os recursos financeiros repassados pela União aos Estados, ao Distrito Federal e aos Municípios para pagamento do vencimento ou de qualquer outra vantagem dos agentes comunitários de saúde e dos agentes de combate às endemias (§ 11 do art. 198).

2.2.1.1. *O regime jurídico único*

Como mencionado antes, **o Plenário do STF, no exame da MC requerida na ADI nº 2135/DF, Rel. Min. NÉRI DA SILVEIRA, Rel. p/ Acórdão Min. ELLEN GRACIE, Julgamento em 02/08/2007, DJ de** 07/03/2008, concedeu medida cautelar para suspender, com eficácia *ex nunc*, a nova redação dada pela EC 19/98 ao *caput* do art. 39 da Constituição Federal, restabelecendo, por conseguinte, a exigência do regime jurídico único para os servidores públicos da administração pública direta, das autarquias e fundações públicas, em razão de vício formal por ofensa ao art. 60, § 2º, da Carta Magna.

Segundo o Supremo, a nova redação do *caput* do art. 39 da Constituição Federal, dada pela EC nº 19/98, e que havia suprimido a exigência do regime jurídico único, não foi aprovada, no primeiro turno da Câmara dos Deputados, pelo *quorum* exigido de 3/5, incidindo, pois, em inconstitucionalidade formal.

Eis a ementa do julgado:

> "MEDIDA CAUTELAR EM AÇÃO DIRETA DE INCONSTITUCIONALIDADE. PODER CONSTITUINTE REFORMADOR. PROCESSO LEGISLATIVO. EMENDA CONSTITUCIONAL 19, DE 04.06.1998. ART. 39, *CAPUT*, DA CONSTITUIÇÃO FEDERAL. SERVIDORES PÚBLICOS. REGIME JURÍDICO ÚNICO. PROPOSTA DE IMPLEMENTAÇÃO, DURANTE A ATIVIDADE CONSTITUINTE DERIVADA, DA FIGURA DO CONTRATO DE EMPREGO PÚBLICO. INOVAÇÃO QUE NÃO OBTEVE A APROVAÇÃO DA MAIORIA DE TRÊS QUINTOS DOS MEMBROS DA CÂMARA DOS DEPUTADOS QUANDO DA APRECIAÇÃO, EM PRIMEIRO TURNO, DO DESTAQUE PARA VOTAÇÃO EM SEPARADO (DVS) Nº 9. SUBSTITUIÇÃO, NA ELABORAÇÃO DA PROPOSTA LEVADA A SEGUNDO TURNO, DA REDAÇÃO ORIGINAL DO *CAPUT* DO ART. 39 PELO TEXTO INICIALMENTE PREVISTO PARA O PARÁGRAFO 2º DO MESMO DISPOSITIVO, NOS TERMOS DO SUBSTITUTIVO APROVADO. SUPRESSÃO, DO TEXTO CONSTITUCIONAL, DA EXPRESSA MENÇÃO AO SISTEMA DE REGIME JURÍDICO ÚNICO DOS SERVIDORES DA ADMINISTRAÇÃO PÚBLICA. RECONHECIMENTO, PELA MAIORIA DO PLENÁRIO DO SUPREMO TRIBUNAL FEDERAL, DA PLAUSIBILIDADE DA ALEGAÇÃO DE VÍCIO FORMAL POR OFENSA AO ART. 60, § 2º, DA CONSTITUIÇÃO FEDERAL. RELEVÂNCIA JURÍDICA DAS DEMAIS ALEGAÇÕES DE INCONSTITUCIONALIDADE FORMAL E MATERIAL REJEITADA POR UNANIMIDADE.
>
> 1. A matéria votada em destaque na Câmara dos Deputados no DVS nº 9 não foi aprovada em primeiro turno, pois obteve apenas 298 votos e não os 308 necessários. Manteve-se, assim, o então vigente *caput* do art. 39, que tratava do regime jurídico único, incompatível com a figura do emprego público.
>
> 2. O deslocamento do texto do § 2º do art. 39, nos termos do substitutivo aprovado, para o *caput* desse mesmo dispositivo representou, assim, uma tentativa de superar a não aprovação do DVS nº 9 e evitar a permanência do regime jurídico único previsto na redação original suprimida, circunstância que permitiu a implementação do contrato de

emprego público ainda que à revelia da regra constitucional que exige o quorum de três quintos para aprovação de qualquer mudança constitucional.

3. Pedido de medida cautelar deferido, dessa forma, quanto ao *caput* do art. 39 da Constituição Federal, ressalvando-se, em decorrência dos efeitos *ex nunc* da decisão, a subsistência, até o julgamento definitivo da ação, da validade dos atos anteriormente praticados com base em legislações eventualmente editadas durante a vigência do dispositivo ora suspenso.

4. Ação direta julgada prejudicada quanto ao art. 26 da EC 19/98, pelo exaurimento do prazo estipulado para sua vigência. 5. Vícios formais e materiais dos demais dispositivos constitucionais impugnados, todos oriundos da EC 19/98, aparentemente inexistentes ante a constatação de que as mudanças de redação promovidas no curso do processo legislativo não alteraram substancialmente o sentido das proposições ao final aprovadas e de que não há direito adquirido à manutenção de regime jurídico anterior.

6. Pedido de medida cautelar parcialmente deferido".

Em razão da decisão da Corte, não podem as entidades estatais adotar regimes jurídicos distintos para os seus servidores públicos. Assim, com o restabelecimento da originária dicção normativa do *caput* do art. 39 da Magna Carta, a União, os Estados, o Distrito Federal e os Municípios devem instituir, no âmbito de sua competência, **regime jurídico único** e planos de carreira para os servidores da administração pública direta, das autarquias e das fundações públicas. Não podem, portanto, adotar o regime de emprego público, sujeito à CLT, ao lado do regime de cargo público, submetido aos estatutos jurídicos.

O regime jurídico único, destarte, consentâneo com a Constituição, é o regime estatutário, que deve ser aplicado a todos os servidores públicos, em cada entidade estatal, no âmbito de sua competência, por determinação do *caput* do art. 39 da Constituição Federal.

Entretanto, em desvelada ofensa a esse preceito constitucional, o qual exige, reitere-se, que em cada ente federativo seja adotado um regime jurídico único para o pessoal da administração direta, das autarquias e das fundações públicas, foi editada a Lei 13.822, de 03 de maio de 2019, que alterou o § 2º do art. 6º da Lei nº 11.107/2005, para estabelecer que, no consórcio público com personalidade jurídica de **direito público** (que tem natureza autárquica) o pessoal será regido pela Consolidação das Leis do Trabalho (CLT).

Essa lei não pode prevalecer, pois, tratando-se de servidor público investido em cargo público integrante de pessoa jurídica de direito público, com natureza de autarquia (autarquia interfederativa), os agentes vinculados a consórcio público com personalidade jurídica de **direito público** sujeitam-se ao mesmo regime jurídico (**que é único!**) dos servidores da administração pública direta, das autarquias e das fundações públicas.

2.2.2. *Servidores empregados (ou empregados públicos)*

Os servidores empregados ou, como são mais conhecidos, os *empregados públicos*, são todos aqueles que mantêm relação de trabalho profissional e permanente com as *entidades de direito privado* da Administração Pública Indireta. Isto é, são os empregados das fundações de direito privado instituídas e mantidas pelo poder público, das empresas públicas e das sociedades de economia mista, os quais estão obrigatoriamente submetidos ao *regime celetista* ou trabalhista, que é o aplicável com as derrogações provenientes da incidência das normas constitucionais, como aquelas que exigem o concurso público para a investidura, a proibição de acumulação remunerada, entre outras.

Nas entidades de direito privado da Administração Indireta há exclusivamente o regime celetista, de emprego público, não sendo possível haver nelas servidor sob o regime estatutário.

Assim, no âmbito dos empregos públicos não há, a princípio, a estabilidade, que é uma garantia própria dos servidores públicos titulares de cargos efetivos[18]. Todavia, nada obstante a falta de estabilidade, adotamos a posição segundo a qual, para poder demitir o empregado público, a entidade empregadora *deve instaurar procedimento administrativo para apurar a existência de falta grave, assegurando-lhe o contraditório e o direito de defesa*. Assim, em que pese não existir estabilidade nos empregos públicos, o empregado público, segundo entendemos, tem necessidade de uma maior garantia, não podendo ser equiparado com o empregado privado, tendo em vista que prestou concurso público e desempenha uma função pública. Ademais, acrescente-se a exigência da motivação dos atos da Administração que condiciona a própria validade da decisão administrativa que demite o empregado público, além do princípio da indisponibilidade do interesse público que governa toda a Administração Pública.

Todavia, o Tribunal Superior do Trabalho, laborando em manifesto equívoco, editou a seguinte Orientação Jurisprudencial nº 247, ressalvando apenas a situação dos empregados públicos da ECT. *In verbis*:

> SERVIDOR PÚBLICO. CELETISTA CONCURSADO. DESPEDIDA IMOTIVADA. EMPRESA PÚBLICA OU SOCIEDADE DE ECONOMIA MISTA. POSSIBILIDADE. Inserida em 20.06.2001 (Alterada – Res. nº 143/2007 – DJ 13.11.2007)
>
> I – A despedida de empregados de empresa pública e de sociedade de economia mista, mesmo admitidos por concurso público, independe de ato motivado para sua validade;
>
> II – A validade do ato de despedida do empregado da Empresa Brasileira de Correios e Telégrafos (ECT) está condicionada à motivação, por gozar a empresa do mesmo tratamento destinado à Fazenda Pública em relação à imunidade tributária e à execução por precatório, além das prerrogativas de foro, prazos e custas processuais.

Nos Embargos em Recurso de Revista (ERR) nº 40324-2002-900-01-00, dos quais foi relatora a Min. Maria Cristina Irigoyen Peduzzi, o TST consagrou a Orientação Jurisprudencial acima, com a seguinte ementa de acórdão:

> *"EMBARGOS – ESTABILIDADE – SERVIDOR REGIDO PELA CLT APROVADO EM CONCURSO PÚBLICO.*
>
> *A C. SBDI-1, por meio da Orientação Jurisprudencial nº 247, já pacificou o entendimento de que: "SERVIDOR PÚBLICO. CELETISTA CONCURSADO. DESPEDIDA IMOTIVADA.*

---

18. Nesse sentido o STF, AI 323346 AgR/CE, Relator Min. SEPÚLVEDA PERTENCE, Primeira Turma, DJ de 01-04-2005, p. 00021: "Empresa de economia mista: firme o entendimento do Supremo Tribunal no sentido de que a estabilidade prevista no artigo 41 da Constituição Federal não se aplica aos empregados de sociedade de economia mista: precedentes."

> *EMPRESA PÚBLICA OU SOCIEDADE DE ECONOMIA MISTA. POSSIBILIDADE". Ante o posicionamento da C. SBDI-1, que concluiu pela desnecessidade de motivação da dispensa de servidor regido pela CLT, aprovado em concurso público, por força do disposto no art. 173, § 1º, da Constituição da República, categórico ao afirmar que a empresa pública, a sociedade de economia mista e outras entidades que explorem atividade econômica sujeitam-se ao regime próprio das empresas privadas, inclusive quanto às obrigações trabalhistas e tributárias, não há como vislumbrar ofensa ao artigo 37, "caput" e inciso II, da Constituição Federal. Incidência do Enunciado nº 333 desta Corte. Embargos não conhecidos."*

O fundamento invocado pelo TST está equivocado. O fato de o § 1º do art. 173 submeter as empresas públicas e as sociedades de economia mista ao mesmo regime trabalhista das empresas privadas não autoriza o desatendimento dessas entidades aos princípios constitucionais aplicáveis a toda a Administração Pública, inclusive a Indireta que aquelas entidades integram.

Assim, estamos convencidos de que as chamadas empresas estatais só podem demitir os seus empregados públicos *motivadamente* e em razão de falta grave apurada em processo administrativo sendo assegurada a ampla defesa.

Em sessão de julgamento de 20 de março de 2013, o Plenário do Supremo Tribunal Federal, apreciando o **tema 131** de repercussão geral, por maioria de votos, deu provimento parcial ao Recurso Extraordinário nº 589998, para firmar o entendimento de que é **obrigatória a motivação da dispensa unilateral de empregado por empresa pública e sociedade de economia mista** tanto da União, quanto dos Estados, do Distrito Federal e dos Municípios. Desse julgamento, resultou a seguinte tese: "A Empresa Brasileira de Correios e Telégrafos – ECT tem o dever jurídico de motivar, em ato formal, a demissão de seus empregados.".

Ao tratar mais recentemente sobre o tema, o STF, no RE 688267 (Rep. Geral), fixou a seguinte tese de repercussão geral: **"As empresas públicas e as sociedades de economia mista, sejam elas prestadoras de serviço público ou exploradoras de atividade econômica, ainda que em regime concorrencial, têm o dever jurídico de motivar, em ato formal, a demissão de seus empregados concursados, não se exigindo processo administrativo. Tal motivação deve consistir em fundamento razoável, não se exigindo, porém, que se enquadre nas hipóteses de justa causa da legislação trabalhista"**. Plenário, 28.2.2024.

O STF, entretanto, afastou o instituto da estabilidade no emprego aos trabalhadores de empresas públicas e sociedades de economia mista. Segundo a Corte, esse direito é assegurado pelo artigo 41 da Constituição Federal somente aos servidores públicos estatutários. Ademais, o Supremo também afastou, para a demissão do empregado público, a necessidade de instauração de processo administrativo e de garantia do prévio contraditório.

Com efeito, no julgamento de embargos de declaração, interpostos no mesmo RE 589998, o STF assentou que "a fim de conciliar a natureza privada dos vínculos trabalhistas com o regime essencialmente público reconhecido à ECT, não é possível impor-lhe nada além da exposição, por escrito, dos motivos ensejadores da dispensa sem justa causa. Não se pode exigir, em especial, instauração de processo administrativo ou a abertura de prévio contraditório" (julgado em 10/10/2018 e publicado em 05/12/2018). Essa decisão do Supremo tem repercussão geral.

2.2.3. *Servidores temporários*

Servidores temporários são aqueles contratados, nos termos do art. 37, IX, da Constituição Federal, para atender a **necessidade temporária de excepcional interesse público**. Segundo Celso Antônio Bandeira de Mello[19] e Diogenes Gasparini[20], esses servidores encontram-se sujeitos a regime celetista ou trabalhista.

Entendemos, contudo, que os servidores temporários submetem-se a *regime jurídico especial* – mais conhecido como *regime especial de direito administrativo* – **instituído por lei específica de cada entidade estatal** (União, Estados, Distrito Federal e Municípios), não devendo ser necessariamente celetista. Cumprirá, sim, a cada entidade da Federação fixar, *por lei própria*, as regras acerca do prazo de vigência do contrato, das atividades a serem exercidas, as hipóteses de necessidade temporária de excepcional interesse público, atribuições, responsabilidade, e dos direitos e deveres dos servidores contratados, etc.

Os servidores temporários não titularizam cargos nem ocupam empregos públicos. Desempenham, apenas, *função temporária* (que é uma função autônoma, por não estar vinculada a cargo ou emprego) para o atendimento de *necessidade temporária de excepcional interesse público*. Podem existir tanto na Administração Direta como na Indireta dos três Poderes. Quer dizer, a contratação temporária desses servidores pode ser também utilizada pelo Legislativo, pelo Judiciário, pelos Tribunais de Contas e pelas entidades da Administração Indireta para o atendimento, em tempo determinado, de necessidades temporárias de excepcional interesse público[21].

Para Celso Antônio Bandeira de Mello, porém, os servidores temporários são servidores públicos celetistas das pessoas jurídicas de direito público. Assim, para o ilustre autor, esses servidores ocupam empregos públicos nestes entes públicos.

Todavia, ousamos novamente divergir do eminente jurista. Ora, se esses servidores são contratados por *tempo determinado* para atender a necessidade *temporária* de *excepcional* interesse público, como eles ocupam empregos públicos, quando estes se presumem definitivos, porque criados para existirem por tempo indefinido? Eis aí o motivo de os situarmos como categoria autônoma, ao lado dos servidores públicos e servidores empregados (ou empregados públicos).

A contratação destes servidores, que é precária e efêmera, revelando-se, em consequência, como medida excepcional, *está limitada* ao exercício de atividades temporárias e meramente eventuais, sob pena de transmudar-se a exceção, tornando-a regra. Todavia, o Supremo Tribunal Federal, em julgamento proferido na ADI 3068/DF, fixou, por maioria, o entendimento de que a **Constituição Federal autoriza contratações de servidores, sem concurso público, quer para o desempenho**

19. Ibidem, p. 232.
20. Op. cit., p. 148.
21. Diogenes Gasparini, op. cit., p. 152.

das atividades de caráter eventual, temporário ou excepcional, quer para o desempenho das atividades de caráter regular e permanente, desde que indispensáveis ao atendimento de necessidade temporária de excepcional interesse público. Confira-se o acórdão abaixo:

> "AÇÃO DIRETA DE INCONSTITUCIONALIDADE. LEI N. 10.843/04. SERVIÇO PÚBLICO. AUTARQUIA. CADE. CONTRATAÇÃO DE PESSOAL TÉCNICO POR TEMPO DETERMINADO. PRINCÍPIO DA CONTINUIDADE DA ATIVIDADE ESTATAL. CONSTITUCIONALIDADE. ART. 37, IX, DA CB/88.
>
> 1. O art. 37, IX, da Constituição do Brasil autoriza contratações, sem concurso público, desde que indispensáveis ao atendimento de necessidade temporária de excepcional interesse público, quer para o desempenho das atividades de caráter eventual, temporário ou excepcional, quer para o desempenho das atividades de caráter regular e permanente.
>
> 2. A inércia da Administração Pública não pode ser punida de modo a causar dano ao interesse público, que deve prevalecer em risco a continuidade da atividade estatal.
>
> 3. Ação direta julgada improcedente." (STF, Pleno, ADI 3068/DF, Rel. Min. MARCO AURÉLIO, Rel. p/ Acórdão Min. EROS GRAU, j. em 25.08.2004, DJ de 23.09.2005).[22]

Nada obstante o entendimento do Supremo, cumpre esclarecer que a **contratação, sem concurso público, de servidores temporários é exceção** que não pode ser utilizada para burlar a regra do concurso público. A Administração Pública deve ser parcimoniosa e se valer da contratação temporária, sempre precária, quando houver excepcional interesse público e para atender a necessidade temporária. Sendo assim, a contratação de servidor temporário, sem concurso público, prevista no inciso IX do art. 37 da CF, deve ser interpretada sempre de forma restritiva, pois é **exceção à regra do concurso público obrigatório** consagrado no inciso II do art. 37 da CF.

Ademais, não pode a lei especial que regular a contratação temporária autorizar contratação por tempo determinado, de forma genérica e abrangente, tampouco para os serviços ordinários e para o exercício de funções burocráticas (conforme ADI nº 2.987/SC, Rel. Min. **Sepúlveda Pertence**). Deve a lei, portanto, especificar, de forma detalhada, as hipóteses de excepcional interesse público autorizadores da contratação por tempo determinado; e prever os casos que efetivamente justifiquem a contratação.

Em sessão Plenária de 09 de abril de 2014, o STF evoluiu no debate sobre a interpretação do inciso IX do art. 37 da CF, firmando entendimento mais rigoroso sobre a contratação de servidores temporários, cuja ementa reproduzo abaixo:

22. Na ADI prevaleceu o voto do em. Ministro Eros Grau, que assim expôs o seu ponto de vista: "O inciso IX do art. 37 da Constituição do Brasil não separa, de um lado, atividades a serem desempenhadas em caráter eventual, temporário ou excepcional e, de outro lado, atividades de caráter regular e permanente. Não autoriza exclusivamente a contratação por tempo determinado de pessoal que desempenhe atividades em caráter eventual, temporário ou excepcional. Amplamente, autoriza contratações para atender a necessidade temporária de excepcional interesse público em uma e outra hipótese. Seja para o desempenho das primeiras, seja para o desempenho de atividades de caráter regular e permanente, desde que a contratação seja indispensável ao atendimento de necessidade temporária de excepcional interesse público. Portanto, não existe essa discriminação. A autorização, que se encontra no texto constitucional é ampla. Parece-me ser disso que se trata no caso. Pretende-se suprir temporariamente a carência de pessoal da autarquia, enquanto não é criado quadro de pessoal permanente no CADE – este a ser preenchido, necessariamente, mediante concurso público."

Recurso extraordinário. Repercussão geral reconhecida. Ação direta de inconstitucionalidade de lei municipal em face de trecho da Constituição do Estado de Minas Gerais que repete texto da Constituição Federal. Recurso processado pela Corte Suprema, que dele conheceu. Contratação temporária por tempo determinado para atendimento a necessidade temporária de excepcional interesse público. Previsão em lei municipal de atividades ordinárias e regulares. Definição dos conteúdos jurídicos do art. 37, incisos II e IX, da Constituição Federal. Descumprimento dos requisitos constitucionais. Recurso provido. Declarada a inconstitucionalidade da norma municipal. Modulação dos efeitos.

1. O assunto corresponde ao Tema nº 612 da Gestão por Temas da Repercussão Geral do portal do STF na internet e trata, "à luz dos incisos II e IX do art. 37 da Constituição Federal, [d]a constitucionalidade de lei municipal que dispõe sobre as hipóteses de contratação temporária de servidores públicos".

2. Prevalência da regra da obrigatoriedade do concurso público (art. 37, inciso II, CF). As regras que restringem o cumprimento desse dispositivo estão previstas na Constituição Federal e devem ser interpretadas restritivamente.

3. O conteúdo jurídico do art. 37, inciso IX, da Constituição Federal pode ser resumido, ratificando-se, dessa forma, o entendimento da Corte Suprema de que, para que se considere válida a contratação temporária, é preciso que: a) os casos excepcionais estejam previstos em lei; b) o prazo de contratação seja predeterminado; c) a necessidade seja temporária; d) o interesse público seja excepcional; e) a necessidade de contratação seja indispensável, sendo vedada a contratação para os serviços ordinários permanentes do Estado, e que devam estar sob o espectro das contingências normais da Administração.

4. É inconstitucional a lei municipal em comento, eis que a norma não respeitou a Constituição Federal. A imposição constitucional da obrigatoriedade do concurso público é peremptória e tem como objetivo resguardar o cumprimento de princípios constitucionais, dentre eles, os da impessoalidade, da igualdade e da eficiência. Deve-se, como em outras hipóteses de reconhecimento da existência do vício da inconstitucionalidade, proceder à correção da norma, a fim de atender ao que dispõe a Constituição Federal.

5. Há que se garantir a instituição do que os franceses denominam de la culture de gestion, a cultura de gestão (terminologia atualmente ampliada para 'cultura de gestão estratégica') que consiste na interiorização de um vetor do progresso, com uma apreensão clara do que é normal, ordinário, e na concepção de que os atos de administração devem ter a pretensão de ampliar as potencialidades administrativas, visando à eficácia e à transformação positiva.

6. Dá-se provimento ao recurso extraordinário para o fim de julgar procedente a ação e declarar a inconstitucionalidade do art. 192, inciso III, da Lei nº 509/1999 do Município de Bertópolis/MG, aplicando-se à espécie o efeito ex nunc, a fim de garantir o cumprimento do princípio da segurança jurídica e o atendimento do excepcional interesse social. (RE 658.026, Rel. Min. Dias Toffoli, j. 9-4-2014, *DJE* de 31-10-2014, com repercussão geral).

Nesse julgamento, o STF apreciou o tema 612 de repercussão geral, no RE 658026, e fixou a seguinte tese: "Nos termos do art. 37, IX, da Constituição Federal, para que se considere válida a contratação temporária de servidores públicos, é preciso que: a) os casos excepcionais estejam previstos em lei; b) o prazo de contratação seja predeterminado; c) a necessidade seja temporária; d) o interesse público seja excepcional; e) a contratação seja indispensável, sendo vedada para os serviços ordinários permanentes do Estado que estejam sob o espectro das contingências normais da Administração" (tese fixada em 11/04/2014).

Mas, cumpre registrar que o STF, ao apreciar o tema 916 de repercussão geral, no RE 765320, fixou a seguinte tese: "A contratação por tempo determinado para atendimento de necessidade temporária de excepcional interesse público realizada em desconformidade com os preceitos do art. 37, IX, da Constituição Federal não gera quaisquer efeitos jurídicos válidos em relação aos servidores contratados, com exceção do direito à percepção dos salários referentes ao período trabalhado e, nos termos do art. 19-A da Lei 8.036/1990, ao levantamento dos depósitos efetuados no Fundo de Garantia do Tempo de Serviço – FGTS" (tese fixada em 16/09/2016).

Em maio de 2022, o Supremo Tribunal Federal enfrentou o tema de contratações temporárias de agentes da educação para atividades previsíveis, permanentes e ordinárias do Estado, entendendo ser inconstitucional norma estadual que estabeleça previsão genérica para contratação precária de profissionais da área para suprir vacância de cargo público efetivo. O julgado, no bojo da Arguição de Descumprimento de Preceito Fundamental (ADPF) 915/MG, reafirmou o entendimento da Corte de que é necessário para a contratação temporária que (1) os casos excepcionais estejam previstos em lei; (2) o prazo de contratação seja pré-determinado; (3) a necessidade seja temporária; e (4) o interesse público seja excepcional. Do contrário, perpetuar-se-á a precarização de relações trabalhistas no âmbito da Administração Pública.

Também não pode a Administração Pública, havendo aprovados em concurso público, contratar servidores temporários. Nesse caso, surge para o concursado, que aguarda vaga para ser nomeado durante o prazo de validade do concurso, o **direito subjetivo de ser nomeado**, diante da clara existência de necessidade da Administração. Nesse sentido vem decidindo o Supremo Tribunal Federal, que, no *RE 273.605-SP, rel. Min. Néri da Silveira, 23.4.2002*, e sob o argumento de ofensa ao art. 37, IV, da CF ("*durante o prazo improrrogável previsto no edital de convocação, aquele aprovado em concurso público de provas ou de provas e títulos será convocado com prioridade sobre novos concursados para assumir cargo ou emprego, na carreira;*"), deu provimento ao aludido recurso extraordinário para assegurar a nomeação de candidatos aprovados em concurso público para o cargo de professor assistente da Universidade de São Paulo – USP. Considerou-se que, no caso concreto, ficara comprovada a necessidade da Administração no preenchimento das vagas, haja vista que a Universidade de São Paulo contratara, no prazo de validade do concurso, dois professores para exercerem o mesmo cargo, sob o regime trabalhista – sendo um deles candidato aprovado do mesmo concurso. Afastou-se, ainda, a fundamentação constante do acórdão recorrido no sentido de que seria necessária a abertura de novo concurso pela Administração para a comprovação da existência das vagas. Precedente citado: RE 192.568-PI (DJU de 13.9.96).

No âmbito da União, foi editada a Lei Federal nº 8.745/93, alterada pela Lei Federal nº 9.849/99 e outros instrumentos legislativos posteriores, para a disciplina desses servidores temporários nos órgãos da Administração Federal direta, das autarquias e das fundações públicas.

Em 28 de fevereiro de 2020 foi editada a Medida Provisória nº 922, que alterou a Lei nº 8.745/1993, que dispõe sobre a contratação por tempo determinado para atender a necessidade temporária de excepcional interesse público. O objetivo principal dessa MP foi atender as necessidades emergenciais atualmente enfrentadas pelo INSS, com o grande volume de requerimentos de benefícios previdenciários e assistenciais represados, aguardando análise para resposta aos interessados.

Entre as alterações promovidas pela MP 922, a mais inovadora se deu por meio de acréscimo do art. 3º-A à Lei 8.745/93, que autorizou a contratação por tempo determinado de servidores públicos aposentados pelo regime próprio de previdência social da União.

Essa MP 922/2020, entretanto, perdeu a sua vigência em 29 de junho de 2020, pelo decurso do prazo de 120 dias. Por essa razão, caberá ao Congresso Nacional disciplinar, por decreto legislativo, as relações jurídicas do período em que a MP estava vigente. Se esse decreto não vier a ser editado no prazo de 60 dias, as relações jurídicas estabelecidas durante os 120 dias de vigência da norma permanecem regidas pelo teor da MP 922.

Mais recentemente, foi promulgada a Emenda Constitucional nº 109, de 15 de março de 2021, resultante da aprovação da chamada PEC Emergencial, que, entre outras providências, tratou do **estado de calamidade pública de âmbito nacional**, decretado pelo Congresso Nacional por iniciativa privativa do Presidente da República, durante o qual a União deverá adotar **regime extraordinário** fiscal, financeiro e **de contratações** para atender às necessidades dele decorrentes, somente naquilo em que a urgência for incompatível com o regime regular, **hipótese em que o Poder Executivo federal poderá adotar processos simplificados de contratação de pessoal, em caráter temporário e emergencial**, dispensada a observância do § 1º do art. 169 na contratação dos servidores temporários de que trata o inciso IX do *caput* do art. 37 da Constituição, limitada a dispensa às situações de que trata o referido inciso, sem prejuízo do controle dos órgãos competentes.

Desse modo, para a contratação de servidores temporários, durante a vigência do estado de calamidade pública de âmbito nacional, o poder executivo federal não precisará observar a exigência imposta no § 1º do art. 169 da CF, de que a concessão de qualquer vantagem ou aumento de remuneração, a criação de cargos, empregos e funções ou alteração de estrutura de carreiras, bem como a admissão ou contratação de pessoal, a qualquer título, pelos órgãos e entidades da administração direta ou indireta, inclusive fundações instituídas e mantidas pelo poder público, só poderão ser feitas (i) se houver prévia dotação orçamentária suficiente para atender às projeções de despesa de pessoal e aos acréscimos dela decorrentes; e (ii) se houver autorização específica na lei de diretrizes orçamentárias, ressalvadas as empresas públicas e as sociedades de economia mista.

Porém, é preciso deixar claro que esses **processos simplificados de contratação de pessoal** somente foram autorizados pela EC 109/2021 para o **propósito exclusivo** de enfrentamento da calamidade pública e de seus efeitos sociais e econômicos, no seu período de duração.

2.2.4. *Militares*

São servidores estatais sujeitos a regime jurídico especial, que deve estabelecer normas sobre ingresso, limites de idade, estabilidade, transferência para a inatividade, direitos, deveres, remuneração, prerrogativas e outras situações especiais consideradas as peculiaridades de suas atividades (CF, arts. 42, § 1º e 142, § 3º, X).

Incluem-se nessa espécie os membros das Polícias Militares e Corpos de Bombeiros Militares dos Estados, do Distrito Federal e dos Territórios (CF, art. 42) e os membros das Forças Armadas (CF, art. 142).

Antes da EC nº 18/98, eram considerados servidores públicos militares. Com a nova redação da EC nº 18/98, passaram a ser denominados de **militares** dos Estados, do Distrito Federal e dos Territórios (art. 42[23]) e **militares** das Forças Armadas (art. 142, § 3º[24]).

Embora excluídos pela EC nº 18/98 da categoria específica de servidores públicos, os militares estaduais e federais gozam de alguns direitos sociais previstos para os trabalhadores privados e se sujeitam a determinadas normas próprias dos servidores públicos, conforme determina o art. 142, § 3º, VIII, em conformidade com o qual "aplica-se aos militares o disposto no art. 7º, incisos VIII, XII, XVII, XVIII, XIX e XXV, e no art. 37, incisos XI, XIII, XIV e XV, bem como, na forma da lei e com prevalência da atividade militar, no art. 37, inciso XVI, alínea "c"". Assim, os militares têm direito ao: décimo terceiro salário, salário-família, férias anuais remuneradas, licença à gestante, licença-paternidade e assistência gratuita aos filhos e dependentes desde o nascimento até cinco anos de idade em creches e pré-escolas. E estão submetidos às normas próprias dos servidores públicos: teto salarial, vedação de vinculação ou equiparação de quaisquer espécies remuneratórias para o efeito de remuneração de pessoal do serviço público, forma de cálculo dos acréscimos pecuniárias, irredutibilidade de vencimentos e possibilidade excepcional de acumulação remunerada de dois cargos ou empregos privativos de profissionais de saúde, com profissões regulamentadas, mas com prevalência da atividade militar.

Como já mencionado, os militares sujeitam-se a regime jurídico especial, que deve estabelecer normas sobre ingresso, limites de idade, estabilidade, transferência para a inatividade, direitos, deveres, remuneração, prerrogativas e outras situações especiais consideradas as peculiaridades de suas atividades.

Para os militares federais, aplica-se o Estatuto dos Militares, aprovado pela Lei nº 6.880/80, que define os seus direitos, prerrogativas, impedimentos e regime disciplinar. Para os militares dos Estados, Territórios e Distrito Federal, aplica-se o Decreto-lei federal nº 667/69, que reorganiza as Polícias Militares e os Corpos de Bombeiros Militares dos Estados, dos Território e do Distrito Federal, ficando para os Estados e o Distrito Federal a competência para complementar a legislação federal.

---

23. Assim era a redação anterior à EC nº 18/98: "Art. 42. São servidores militares federais os integrantes das Forças Armadas e servidores militares dos Estados, Territórios e Distrito Federal os integrantes de suas polícias militares e de seus corpos de bombeiros militares." Após a EC nº 18/98: "Art. 42 Os membros das Polícias Militares e Corpos de Bombeiros Militares, instituições organizadas com base na hierarquia e disciplina, são militares dos Estados, do Distrito Federal e dos Territórios."
24. Art. 142, § 3º: Os membros das Forças Armadas são denominados militares (...)."

2.3. Agentes particulares em colaboração com o Estado

Essa espécie abrange todas as pessoas físicas que, sem perderem sua qualidade de particulares, exercem função pública, prestando atividade ao Estado, sem vínculo empregatício, com ou sem remuneração, ainda que às vezes eventualmente. Essa espécie de agentes públicos exerce funções estatais sob diversas formas, a saber:

- **Por requisição, nomeação ou designação** – Como os membros das mesas receptora e apuradora de votos nas eleições; os jurados no Tribunal do Júri[25]; os recrutados para o serviço militar obrigatório, os comissários de menores voluntários, etc.
- **Por delegação** – Como os concessionários e permissionários de serviços públicos; os notários e registradores em serventias não oficiais (art. 236 da CF/88); os tradutores e intérpretes públicos; os leiloeiros; peritos, etc.[26]
- **Por sponte própria (vontade própria)** – Como os gestores de negócios públicos, que espontaneamente assumem determinada função pública, em momento de emergência, para atender a necessidades públicas urgentes, como epidemias, enchentes, etc.
- **Por contratação para fins de locação civil de serviços** – Como a contratação de um advogado para sustentação oral perante tribunais.

3. CARGO, EMPREGO E FUNÇÃO PÚBLICA

A Constituição Federal utiliza, com frequência, as expressões cargos, empregos e funções públicas, para designar realidades distintas que existem paralelamente na Administração Pública. Convém, doravante, examiná-las.

3.1. Considerações Conceituais e Distintivas

As competências administrativas são definidas em lei e distribuídas em três planos distintos: entre as *pessoas jurídicas* (União, Estados, Distrito Federal e Municípios e suas respectivas entidades da administração indireta), entre os *órgãos públicos* (Ministérios, Secretarias e suas subdivisões) e entre os *agentes públicos*.

Os agentes públicos, por sua vez, ora titularizam cargos públicos, ora ocupam empregos públicos, ora exercem direta e simplesmente funções públicas. Essas competências, portanto, empós repartidas entre as pessoas jurídicas estatais e administrativas, são distribuídas *in genere* entre os órgãos e repassadas *in specie* entre seus cargos e empregos, ou repassadas diretamente a agentes sem cargo e sem emprego.

Essas competências são as **funções públicas**, ou seja, um conjunto de atribuições conferidas aos órgãos, aos cargos, aos empregos ou diretamente aos agentes

25. Hely Lopes Meirelles, op. cit., p. 79, denomina os mesários eleitorais e jurados do Tribunal do Júri, assim como os comissários de menores voluntários, entre outros, de *Agentes Honoríficos*, considerados pelo saudoso autor como os cidadãos convocados, designados ou nomeados para prestar, transitoriamente, determinados serviços ao Estado, em razão de sua condição cívica, honorabilidade ou conhecida capacidade profissional, porém sem qualquer vínculo com o Estado e sem remuneração.
26. Esses agentes são designados por Hely Lopes Meirelles, op. cit., p. 79, por *Agentes Delegados*.

públicos. Isso significa que as funções são as atribuições do cargo ou do emprego público ou aquelas destinadas diretamente ao agente. Correspondem à atividade em si, que será exercida pelos agentes públicos.

Desse modo, todo cargo ou emprego público tem função (atividade/atribuição), mas pode haver função (atividade/atribuição) sem estar vinculada à cargo ou emprego público.

A função sem cargo ou emprego é denominada de função autônoma, que, na forma da Constituição atual, abrange:

a) **A função temporária** – Exercida por servidores temporários nos termos do art. 37, IX, da CF; e

b) **A função de confiança** – Prevista no art. 37, V, da CF, e exercida exclusivamente por servidores públicos titulares de cargos efetivos e que se destinam apenas às atribuições de direção, chefia e assessoramento.

Os **cargos** e **empregos públicos** são unidades específicas de atribuições, localizadas no interior dos órgãos, que se distinguem apenas pelo regime jurídico e tipo de vínculo que liga o agente ao Estado. Enquanto o agente titular de cargo público tem vínculo estatutário e institucional, regido, portanto, por um estatuto funcional próprio (na União, a Lei Federal nº 8.112/90), o agente ocupante de emprego público tem vínculo trabalhista e contratual, sob a regência da CLT.

Ademais disso, distinguem-se também pelo fato de só haver cargos públicos nas entidades de direito público, ao passo que os empregos públicos podem existir nestas entidades públicas e nas entidades privadas da Administração Pública Indireta.

Os cargos públicos e os empregos públicos da administração direta e autárquica só podem ser instituídos por *lei*, conforme dispõe o art. 61, § 1º, II, "a".

Em suma, cargos e empregos públicos são unidades de atribuições e responsabilidades funcionais instituídas por lei e situadas na estrutura administrativa das entidades estatais e das entidades integrantes de sua administração indireta. São um conjunto de atribuições e responsabilidades previstas na estrutura organizacional que devem ser cometidas a um servidor. As funções públicas, também instituídas por lei, podem estar atreladas a cargos ou empregos, ou podem ser autônomas, como a função temporária e a função de confiança. As funções vinculadas aos cargos públicos, sujeitam-se a regime estatutário; já as funções associadas aos empregos públicos, submetem-se a regime celetista.

Os cargos públicos podem ser classificados quanto à (a) **organização** e quanto ao (b) **provimento**.

Quanto à **organização**, os cargos distinguem-se entre **cargos de carreira** e **cargos isolados**.

Os **cargos de carreira** são aqueles que estão distribuídos e escalonados em *classes*. *Classe* é o conjunto ou agrupamento de cargos da mesma natureza de trabalho, com idênticas atribuições, responsabilidades e vencimentos (Ex: cargos de Advogado da União da 2ª Classe/categoria – inicial). As classes constituem os degraus da carreira. Já a *carreira* é o agrupamento de classes escalonadas em função do grau de responsabilidade e nível de complexidade das atribuições (Ex: 2ª Classe; 1ª Classe e Classe Especial). Tomemos como exemplo a carreira de Advogado da União, que se compõe dos seguintes cargos efetivos, escalonados em classes: a) Advogado da União da 2ª Classe/categoria (classe inicial); b) Advogado da União de 1ª Classe/categoria (classe intermediária); c) Advogado da União de Classe/categoria Especial (classe final).

Somente os cargos de carreira possibilitam a elevação funcional do servidor, por meio da promoção, que consiste na subida do servidor, dentro da carreira, de uma classe inferior para uma classe imediatamente superior (Ex.: do cargo de Advogado da União da 2ª Classe/categoria – classe inicial para o cargo de Advogado da União de 1ª Classe/categoria – classe intermediária).

Já os **cargos isolados** são todos aqueles que não estão escalonados em classes, por serem os únicos na sua categoria (Ex: Cargos de Ministro do STF; Cargo de PGR). Nos cargos isolados, não há possiblidade de elevação funcional do servidor. Constituem exceção no serviço público.

Quadro funcional é o conjunto de cargos de carreira e cargos isolados.

Quanto ao **provimento**, os cargos públicos ainda se distinguem entre:

a) **Cargos de provimento efetivo**;

b) **Cargos de provimento vitalício**; e

c) **Cargos de provimento em comissão**.

Os **cargos de provimento efetivo** são aqueles que dependem de concurso público de provas ou de provas e títulos para serem titularizados. Eles são os únicos que asseguram a estabilidade de quem os titulariza, após um período de prova. O provimento nestes cargos implica a permanência e continuidade do seu ocupante.

Os **cargos de provimento vitalício** são somente aqueles instituídos no âmbito do Poder Judiciário, do Ministério Público e dos Tribunais de Contas, vale dizer, os cargos de juiz de todas as instâncias, de promotor e procurador do Ministério Público e de Ministros e Conselheiros das Cortes de Contas. Estes cargos são os únicos que asseguram a vitaliciedade de seus titulares.

Já os **cargos de provimento em comissão** são os de livre nomeação e de livre exoneração, destinados às atribuições de direção, chefia ou assessoramento. O provimento nestes cargos pressupõe a provisoriedade do seu ocupante. Podem ser desempenhados por servidores públicos efetivos, ou não; ou seja, podem ser titularizados por qualquer pessoa. A Constituição Federal apenas determinou que a lei reservasse um percentual mínimo destes cargos aos servidores públicos efetivos. É imperioso anotar que não se confundem os cargos em comissão com as funções autônomas de confiança. Apesar de destinadas exclusivamente às atribuições de direção, chefia e assessoramento, submetem-se a regimes distintos, consoante prevê o inciso V do art. 37 da Constituição Federal.

Os cargos em comissão e as funções de confiança não podem possuir atribuições meramente técnicas. A Constituição expressamente lhes atribui caráter de assessoramento, chefia ou direção. Nesse sentido já decidiu o STF: "Lei estadual que cria cargos em comissão. Violação ao art. 37, incisos II e V, da Constituição. Os cargos em comissão criados pela Lei nº1.939/1998, do Estado de Mato Grosso do Sul, possuem atribuições meramente técnicas e que, portanto, não possuem o caráter de assessoramento, chefia ou direção exigido para tais cargos, nos termos do art. 37, V, da Constituição Federal. Ação julgada procedente." (ADI 3.706, Rel. Min. Gilmar Mendes, julgamento em 15-0-07, *DJ* de 5-10-07).

3.2. Acesso aos Cargos, Empregos e Funções Públicas

Na Administração Pública, *todos* podem ter acesso aos cargos, empregos e funções públicas, para trabalharem como agentes públicos, desde que cumpram as exigências estabelecidas em lei. É o que preconiza o art. 37, inciso I, da Constituição Federal, que consagra o princípio do *acesso universal* aos cargos, empregos e funções públicas, proclamando que os cargos, empregos e funções públicas são acessíveis a todos os brasileiros que cumpram os requisitos fixados em *lei* e aos estrangeiros na forma da *lei*.

A Constituição Federal consagrou, portanto, o **princípio do acesso universal** aos cargos, empregos e funções públicas a todos os brasileiros que cumpram os requisitos fixados em **lei** e aos estrangeiros na forma da *lei*[27]. Assim, em face do preceito em tela, (1) não é possível se restringir o acesso aos cargos, empregos e funções públicas a determinados grupos ou categorias[28] e (2) somente a lei pode estabelecer, de modo razoável e proporcional, os requisitos de acesso. Para alguns cargos, a própria Constituição já se antecipa e estabelece alguns requisitos, relacionados à qualificação e a idade (mínima e máxima), como, por exemplo, para os cargos do STF, do STJ, do TST, dos TRF's, TRT's, dos ministros civis do STM e do TCU. A propósito, a EC nº 122, de 17 de maio de 2022, alterou a Constituição Federal para elevar de 65 (sessenta e cinco) **para 70 (setenta) anos** a idade máxima para a escolha e nomeação de membros do Supremo Tribunal Federal, do Superior Tribunal de Justiça, dos Tribunais Regionais Federais, do Tribunal Superior do Trabalho, dos Tribunais

27. Prevê o art. 207 da Constituição Federal que é facultado às universidades e às instituições de pesquisa científica e tecnológica admitir professores, técnicos e cientistas estrangeiros, na forma da lei.
28. Essa proibição se aplica mesmo nas hipóteses em que o acesso restrito ocorre mediante concurso interno. Conferir o seguinte julgado do STF: "Por ofensa ao princípio da ampla acessibilidade aos cargos públicos (CF, art. 37, II), o Plenário, em conclusão de julgamento e por maioria, julgou procedente pedido formulado em ação direta para declarar a inconstitucionalidade do § 1º ao § 5º do art. 27 da Lei 10.961/1992 do Estado de Minas Gerais, que dispõem sobre o acesso como forma de provimento dos cargos públicos naquela unidade federativa – v. *Informativo* 726. Apontou-se que a norma impugnada permitiria que o procedimento de acesso viabilizasse a investidura em cargo de carreira diversa por meio de provimento derivado. Asseverou-se não haver base constitucional para manter na norma estadual o instituto do acesso a novas carreiras por seleções internas. Ponderou-se que essa forma de provimento privilegiaria indevidamente uma categoria de pretendentes que já possuía vínculo com a administração estadual, em detrimento do público externo. Destacou-se que a norma estaria em antagonismo com o postulado da universalidade que, por imposição constitucional, deveria reger os procedimentos seletivos destinados à investidura em cargos, funções ou empregos públicos." (**ADI 917**, rel. p/ o ac. min. **Teori Zavascki**, julgamento em 6-11-2013, Plenário, *Informativo* 727).

Regionais do Trabalho, do Tribunal de Contas da União e dos Ministros civis do Superior Tribunal Militar.

É por essa razão que, segundo a **súmula nº 14**, do STF, "Não é admissível, por ato administrativo, restringir, em razão da idade, inscrição em concurso para cargo público"[29].

Bem assim, em face da **súmula nº 683**, do STF, que "O limite de idade para a inscrição em concurso público só se legitima em face do art. 7º, XXX, da Constituição, quando possa ser justificado pela natureza das atribuições do cargo a ser preenchido".

E apreciando o **tema 646** de repercussão geral, no ARE 678112, o STF fixou a seguinte tese: "O estabelecimento de limite de idade para inscrição em concurso público apenas é legítimo quando justificado pela natureza das atribuições do cargo a ser preenchido." (j. em 26/04/2013).

A propósito da exigência legal de limite de idade, a comprovação do requisito etário estabelecido na lei deve ocorrer no **momento da inscrição no certame**, e não no momento da inscrição do curso de formação[30].

Ainda no que tange aos requisitos de acesso aos cargos, empregos e funções públicas, dispõe a **súmula nº 686**, também da Suprema Corte, que "Só por lei se pode sujeitar a exame psicotécnico a habilitação de candidato a cargo público". E mesmo assim, nessas condições assentadas no seguinte julgado do STF: "Concurso público: além da necessidade de lei formal prevendo-o como requisito para o ingresso no serviço público, o exame psicotécnico depende de um grau mínimo de objetividade e de publicidade dos atos em que se desdobra: precedentes." (RE 417.019-AgR, Rel. Min. Sepúlveda Pertence, julgamento em 14-8-07, *DJ* de 14-9-07).

Isto porque, também afirmou o STF: "O exame psicotécnico, especialmente quando possuir natureza eliminatória, deve revestir-se de rigor científico, submetendo-se, em sua realização, à observância de critérios técnicos que propiciem base objetiva destinada a viabilizar o controle jurisdicional da legalidade, da correção e da razoabilidade dos parâmetros norteadores da formulação e das conclusões resultantes dos testes psicológicos, sob pena de frustrar-se, de modo ilegítimo, o exercício, pelo candidato, da garantia de acesso ao Poder Judiciário, na hipótese de lesão a direito. Precedentes." (AI 625.617-AgR, Rel. Min. Celso de Mello, julgamento em 19-6-07, *DJ* de 3-8-07).

A orientação da súmula nº 686 foi consagrada na **Súmula Vinculante 44**: "Só por lei se pode sujeitar a exame psicotécnico a habilitação de candidato a cargo público".

---

29. No mesmo sentido, e mais recentemente: "Concurso público. Lei 7.289/1984 do Distrito Federal. Limitação de idade apenas em edital. Impossibilidade. A fixação do limite de idade via edital não tem o condão de suprir a exigência constitucional de que tal requisito seja estabelecido por lei." (RE 559.823-AgR , Rel. Min. Joaquim Barbosa, julgamento em 27-11-07, *DJE* de 1º-2-08).

30 STF, ARE 685.870 AgR, rel. min. Cármen Lúcia, j. 17-12-2013, 2ª T, *DJE* de 12-2-2014. No mesmo sentido: **ARE 758.596 AgR**, rel. min. **Roberto Barroso**, j. 19-8-2014, 1ª T, *DJE* de 4-9-2014.

Vide, outrossim, o seguinte acórdão: "Constitucional. Administrativo. Concurso público. Policial militar. Altura mínima. Previsão legal. Inexistência. Somente lei formal pode impor condições para o preenchimento de cargos, empregos ou funções públicas. Precedentes." (AI 723.748-AgR, Rel. Min. Eros Grau, julgamento em 30-9-08, DJE de 7-11-08).

De observar-se, por conseguinte, que só a **lei** pode estabelecer os requisitos de acesso aos cargos, empregos e funções públicos, desde que proceda de forma razoável, proporcional e plenamente justificável pela natureza e complexidade das atribuições do cargo a ser provido[31].

Situação interessante diz respeito ao **momento do cumprimento** dos requisitos de acesso aos cargos, empregos e funções públicas, se no momento da inscrição no certame ou no momento da posse. Entendemos que, se os requisitos exigidos por lei são **para o acesso** aos cargos, empregos e funções públicas, o momento para o seu cumprimento **deve ser o da posse**, ocasião em que efetivamente ocorre a investidura do candidato no cargo público.

Nesse sentido, colhe-se a posição do STJ, consolidada na **Súmula 266**, segundo a qual o *diploma ou habilitação legal para o exercício do cargo deve ser exigido na posse e não na inscrição para o concurso público*. (Súmula 266, TERCEIRA SEÇÃO, julgado em 22/05/2002, DJ 29/05/2002 p. 135).

Questão tormentosa diz respeito à possibilidade de proibir, por lei ou em edital de concurso público, o ingresso em cargo, emprego ou função pública, de candidatos que possuam tatuagem ou respondam a inquérito policial ou ação penal.

Relativamente à proibição de acesso com o fundamento de possuir o candidato tatuagem, decidiu o Supremo Tribunal Federal que "Editais de concurso público não podem estabelecer restrição a pessoas com tatuagem, salvo situações excepcionais em razão de conteúdo que viole valores constitucionais" (**tema 838** de repercussão geral no RE 898450, j. em 17/08/2016). Assim, para o STF, tatuagens que representassem obscenidades, ideologias terroristas, discriminatórias, que pregassem a violência, o ódio e a criminalidade, discriminação de raça, credo, sexo ou origem, temas inegavelmente contrários às instituições democráticas, poderiam obstaculizar o acesso a

31. "A exigência temporal de dois anos de bacharelado em Direito como requisito para inscrição em concurso público para ingresso nas carreiras do Ministério Público da União, prevista no art. 187 da Lei complementar n. 75/93, não representa ofensa ao princípio da razoabilidade, pois, ao contrário de se afastar dos parâmetros da maturidade pessoal e profissional a que objetivam a norma, adota critério objetivo que a ambos atende." (ADI 1.040, Rel. p/ o ac. Min. Ellen Gracie, julgamento em 11-11-04, *DJ* de 1°-4-05). Ver também: "Pode a lei, desde que o faça de modo razoável, estabelecer limites mínimo e máximo de idade para ingresso em funções, emprego e cargos públicos. Interpretação harmônica dos artigos 7°, XXX, 37, I, 39, § 2°. O limite de idade, no caso, para inscrição em concurso público e ingresso na carreira do Ministério Público do Estado de Mato Grosso — vinte e cinco anos e quarenta e cinco anos — é razoável, portanto não ofensivo à Constituição, art. 7° XXX, *ex vi* do art. 39, § 2°. Precedentes do STF: RMS 21.033/DF, *RTJ* 135/958; RMS 21.046; RE 156.404/BA; RE 157.863/DF; RE 136.237/AC; RE 146.934/PR; RE 156.972/PA." (RE 184.635, Rel. Min. Carlos Velloso, julgamento em 26-11-96, *DJ* de 4-5-01).

função pública, de modo que eventual restrição nesse sentido não se afiguraria desarrazoada ou desproporcional[32].

E em relação à proibição de acesso por responder o candidato a inquérito policial ou ação penal, a Suprema Corte fixou tese, no julgamento do **tema 22** de repercussão geral no RE 560900, no sentido de que "Sem previsão constitucionalmente adequada e instituída por lei, não é legítima a cláusula de edital de concurso público que restrinja a participação de candidato pelo simples fato de responder a inquérito ou ação penal." (j. em 05/02/2020).

3.3. Concurso Público

Por força do art. 37, inciso II, da Constituição Federal de 1988, *a investidura em cargo ou emprego público depende de aprovação prévia em concurso público de provas ou de provas e títulos, de acordo com a natureza e a complexidade do cargo ou emprego, na forma prevista em lei, ressalvadas as nomeações para cargo em comissão declarado em lei de livre nomeação e exoneração.*

Assim, diferentemente da Constituição Federal de 1967 que exigia o concurso público apenas para a *primeira investidura* em cargo público (CF/1967, art. 97, § 1º), a Constituição Federal de 1988 instituiu, no inciso II do art. 37, o concurso público como forma de acesso aos cargos e empregos públicos, independentemente de ser a primeira investidura ou não, ressalvada, neste caso, a hipótese de promoção entre cargos efetivos integrantes da mesma carreira. Nesse sentido, conferir: "Servidor público. Cargos públicos. Mesma carreira. Promoção. Constitucionalidade. A investidura de servidor público efetivo em outro cargo depende de concurso público, nos termos do disposto no artigo 37, II, da CF/88, ressalvada a hipótese de promoção na mesma carreira. Precedentes." (RE 461.792-AgR, Rel. Min. Eros Grau, julgamento em 24-6-08,

---

32 No caso, o recorrente fora excluído de concurso público para provimento de cargo de soldado da polícia militar por possuir tatuagem em sua perna esquerda. De início, o Tribunal reafirmou jurisprudência no sentido de que qualquer restrição para o acesso a cargo público constante em editais de concurso dependeria da sua específica menção em lei formal, conforme preceitua o art. 37, I, da CF (...). Desse modo, revelar-se-ia inconstitucional toda e qualquer restrição ou requisito estabelecido em editais, regulamentos, portarias, se não houver lei que disponha sobre a matéria. No caso concreto, não existiria lei no sentido formal e material no ordenamento jurídico local que pudesse ser invocada para a existência da restrição editalícia que motivara a exclusão do recorrente do certame. Sob outro enfoque, a mera previsão legal do requisito não levaria ao reconhecimento automático de sua juridicidade. O legislador não poderia escudar-se em pretensa discricionariedade para criar barreiras arbitrárias para o acesso às funções públicas. Assim, seriam inadmissíveis e inconstitucionais restrições ofensivas aos direitos fundamentais, à proporcionalidade ou que se revelassem descabidas para o pleno exercício da função pública objeto do certame. Toda lei deveria respeitar os ditames constitucionais, mormente quando referir-se à tutela ou restrição a direitos fundamentais, pois os obstáculos para o acesso a cargos públicos deveriam estar estritamente relacionados com a natureza e as atribuições das funções a serem desempenhadas. Além disso, não haveria qualquer ligação objetiva e direta entre o fato de um cidadão possuir tatuagens em seu corpo e uma suposta conduta atentatória à moral, aos bons costumes ou ao ordenamento jurídico. (...) Assim, o fato de uma pessoa possuir tatuagens, visíveis ou não, não poderia ser tratado pelo Estado como parâmetro discriminatório quando do deferimento de participação em concursos de provas e títulos para ingresso em carreira pública. Entretanto, tatuagens que representassem obscenidades, ideologias terroristas, discriminatórias, que pregassem a violência e a criminalidade, discriminação de raça, credo, sexo ou origem, temas inegavelmente contrários às instituições democráticas, poderiam obstaculizar o acesso a função pública. Eventual restrição nesse sentido não se afiguraria desarrazoada ou desproporcional. Essa hipótese, porém, não seria a do recorrente que teria uma tatuagem tribal, medindo 14 por 13 cm. (RE 898.450, rel. min. **Luiz Fux**, j. 17-8-2016, P, *Informativo 835*, com repercussão geral).

2ª Turma, *DJE* de 15-8-08). **No mesmo sentido:** AI 658.449-ED, Rel. Min. Cármen Lúcia, julgamento em 25-8-09, 1ª Turma, *DJE* de 23-10-09.

Em razão do preceito acima, e ressalvados os cargos em comissão (que são de livre nomeação e exoneração), **os cargos públicos e os empregos públicos só podem ser providos mediante concurso público de provas ou de provas e títulos**. O concurso será de provas e títulos quando a natureza e a complexidade do cargo ou emprego exigirem, na forma prevista em lei.

A Constituição Federal, contudo, já impõe o concurso público de provas e títulos para alguns cargos públicos, a exemplo dos cargos de Juiz (art. 93, I); de Promotor (art. 129, § 3º); da carreira da Advocacia da União (art. 131, § 2º); do cargo de Procurador do Estado (art. 132); de Defensor Público da União, do Distrito Federal e dos Estados (art. 134, § 1º) e do ingresso na atividade notarial e de registro (art. 236, § 3º).

A exigência do concurso público para o acesso aos cargos e empregos públicos reveste-se de caráter ético e moralizador, e visa a assegurar a igualdade, impessoalidade e o mérito dos candidatos[33]. Dessa forma, tal exigência só pode ser excepcionada nas restritas hipóteses previstas pela própria Constituição Federal, uma vez que, segundo a súmula nº 685, do STF, "É inconstitucional toda modalidade de provimento que propicie ao servidor investir-se, sem prévia aprovação em concurso público destinado ao seu provimento, em cargo que não integra a carreira na qual anteriormente investido".

Apreciando o **tema 667** de repercussão geral no RE 642895, o STF fixou tese segundo a qual "É inconstitucional, por dispensar o concurso público, a reestruturação de quadro funcional por meio de aglutinação, em uma única carreira, de cargos diversos, quando a nova carreira tiver atribuições e responsabilidades diferentes dos cargos originais.". (j. em 15/05/2020).

E no julgamento **tema 1150** de repercussão geral no RE 1302501, o STF consolidou o seu entendimento no sentido de que "O servidor público aposentado pelo Regime Geral de Previdência Social, com previsão de vacância do cargo em lei local, não tem direito a ser reintegrado ao mesmo cargo no qual se aposentou ou nele manter-se, por violação à regra do concurso público e à impossibilidade de acumulação de proventos e remuneração não acumuláveis em atividade." (j. em 18/06/2021).

À vista desse contexto, em razão da exigência da prévia aprovação em concurso público, que representa a única forma de provimento em cargo efetivo, o STF veda o

33. "A exigência de concurso público para a investidura em cargo garante o respeito a vários princípios constitucionais de direito administrativo, entre eles, o da impessoalidade e o da isonomia. O constituinte, todavia, inseriu no art. 19 do ADCT norma transitória criando uma estabilidade excepcional para servidores não concursados da União, dos Estados, do Distrito Federal e dos Municípios que, quando da promulgação da Carta Federal, contassem com, no mínimo, cinco anos ininterruptos de serviço público. A jurisprudência desta Corte tem considerado inconstitucionais normas estaduais que ampliam a exceção à regra da exigência de concurso para o ingresso no serviço público já estabelecida no ADCT Federal. Precedentes: ADI 498, Rel. Min. Carlos Velloso (*DJ* de 9-8-1996) e ADI 208, Rel. Min. Moreira Alves (*DJ* de 19-12-2002), entre outros." (ADI 100, Rel. Min. Ellen Gracie, julgamento em 9-9-04, *DJ* de 1º-10-04). No mesmo sentido: ADI 88, Rel. Min. Moreira Alves, julgamento em 11-5-00, *DJ* de 8-9-00; ADI 289, Rel. Min. Sepúlveda Pertence, julgamento em 9-2-07, *DJ* de 16-3-07; ADI 125, Rel. Min. Sepúlveda Pertence, julgamento em 9-2-07, *DJ* de 27-4-07.

reenquadramento, em novo plano de carreira, de servidor admitido **sem concurso público** antes da promulgação da Constituição Federal de 1988, mesmo que beneficiado pela estabilidade excepcional do artigo 19 do ADCT.

Nesse sentido, a Suprema Corte fixou a seguinte tese, no julgamento do **tema 1157** de repercussão geral no ARE 1306505: "É vedado o reenquadramento, em novo Plano de Cargos, Carreiras e Remuneração, de servidor admitido sem concurso público antes da promulgação da Constituição Federal de 1988, mesmo que beneficiado pela estabilidade excepcional do artigo 19 do ADCT, haja vista que esta regra transitória não prevê o direito à efetividade, nos termos do artigo 37, II, da Constituição Federal e decisão proferida na ADI 3609 (Rel. Min. DIAS TOFFOLI, Tribunal Pleno, DJe. 30/10/2014).". (j. em 28/03/2022).

Cumpre conferir, a propósito, o seguinte acórdão do STF: "Ação direta de inconstitucionalidade. Ascensão ou acesso, transferência e aproveitamento no tocante a cargos ou empregos públicos. O critério do mérito aferível por concurso público de provas ou de provas e títulos é, no atual sistema constitucional, ressalvados os cargos em comissão declarados em lei de livre nomeação e exoneração, indispensável para cargo ou emprego público isolado ou em carreira. Para o isolado, em qualquer hipótese; para o em carreira, para o ingresso nela, que só se fará na classe inicial e pelo concurso público de provas ou de provas títulos, não o sendo, porém, para os cargos subsequentes que nela se escalonam até o final dela, pois, para estes, a investidura se fará pela forma de provimento que é a 'promoção'. Estão, pois, banidas das formas de investidura admitidas pela Constituição a ascensão e a transferência, que são formas de ingresso em carreira diversa daquela para a qual o servidor público ingressou por concurso, e que não são, por isso mesmo, ínsitas ao sistema de provimento em carreira, ao contrário do que sucede com a promoção, sem a qual obviamente não haverá carreira, mas, sim, uma sucessão ascendente de cargos isolados. O inciso II do artigo 37 da Constituição Federal também não permite o 'aproveitamento', uma vez que, nesse caso, há igualmente o ingresso em outra carreira sem o concurso exigido pelo mencionado dispositivo. Ação direta de inconstitucionalidade que se julga procedente para declarar inconstitucionais os artigos 77 e 80 do Ato das Disposições Constitucionais Transitórias do Estado do Rio de Janeiro." (ADI 231, Rel. Min. Moreira Alves, julgamento em 5-8-92, Plenário, *DJ* de 13-11-92). **No mesmo sentido:** MS 22.148, Rel. Min. Carlos Velloso, julgamento em 19-12-95, Plenário, *DJ* de 8-3-96.

Também viola a exigência do concurso público o aproveitamento de servidor, aprovado em concurso para cargo de nível médio, para cargo de nível superior. Nessa direção, o STF fixou a seguinte tese, no julgamento do **tema 697** de repercussão geral no RE 740008: "É inconstitucional o aproveitamento de servidor, aprovado em concurso público a exigir formação de nível médio, em cargo que pressuponha escolaridade superior." (j. em 21/12/2020).

A Constituição é implacável na reação à violação da exigência do concurso público. Com efeito, segundo o § 2º do art. 37, "A não observância do disposto nos incisos II e III implicará a nulidade do ato e a punição da autoridade responsável, nos termos da lei.". Logo, qualquer contratação de pessoal pela Administração Pública sem concurso público é **nula** e os responsáveis pela contratação poderão ser punidos, salvo nas hipóteses de nomeação para o provimento em cargos em comissão. E os agentes contratados irregularmente só terão o direito à percepção dos salários referentes ao período trabalhado e, nos termos do art. 19-A da Lei 8.036/90, ao levantamento dos depósitos efetuados no FGTS.

Nessa linha, cumpre conferir a seguinte tese do STF, consolidada no julgamento do **tema 308** de repercussão geral no RE 705140: "A Constituição de 1988 comina de nulidade as contratações de pessoal pela Administração Pública sem a observância das normas referentes à indispensabilidade da prévia aprovação em concurso público (CF, art. 37, § 2º), não gerando, essas contratações, quaisquer efeitos jurídicos válidos em relação aos empregados contratados, a não ser o direito à percepção dos salários referentes ao período trabalhado e, nos termos do art. 19-A da Lei 8.036/90, ao levantamento dos depósitos efetuados no Fundo de Garantia por Tempo de Serviço – FGTS". (j. em 28/08/2014).

A exigência de concurso público não alcança as funções públicas, mas somente os cargos e empregos públicos, como previsto no art. 37, II.

Isto porque, as funções públicas sem cargo ou sem emprego, mais conhecidas por funções autônomas, limitam-se às *funções temporárias* (art. 37, IX) e às *funções de confiança* (art. 37, V), para as quais, por razões óbvias e já estudadas acima, não se impõe concurso público.

Também não se exige concurso público para o provimento dos cargos em comissão, pois estes cargos são declarados em lei de livre nomeação e exoneração, desde que destinados às atribuições de direção, chefia e assessoramento (art. 37, II e V)[34].

Mas a criação de cargos em comissão, para o provimento dos quais a Constituição não exige a aprovação prévia em concurso público, **não pode ser livre e arbitrária**, pois é **exceção** no nosso regime constitucional.

A esse respeito, o STF, apreciando o **tema 1010** de repercussão geral no RE 1041210, fixou a seguinte tese jurídica: "a) A criação de cargos em comissão somente se justifica para o exercício de funções de direção, chefia e assessoramento, não se prestando ao desempenho de atividades burocráticas, técnicas ou operacionais; b) tal criação deve pressupor a necessária relação de confiança entre a autoridade nomeante e o servidor nomeado; c) o número de cargos comissionados criados deve guardar proporcionalidade com a necessidade que eles visam suprir e com o número de servidores ocupantes de cargos efetivos no ente federativo que os criar; e d) as atribuições dos cargos em comissão devem estar descritas, de forma clara e objetiva, na própria lei que os instituir." (j. em 28/09/2018).

34. Ver, STF: "Lei estadual que cria cargos em comissão. Violação ao art. 37, incisos II e V, da Constituição. Os cargos em comissão criados pela Lei n. 1.939/1998, do Estado de Mato Grosso do Sul, possuem atribuições meramente técnicas e que, portanto, não possuem o caráter de assessoramento, chefia ou direção exigido para tais cargos, nos termos do art. 37, V, da Constituição Federal. Ação julgada procedente." (ADI 3.706, Rel. Min. Gilmar Mendes, julgamento em 15-0-07, *DJ* de 5-10-07).

Ademais, por força da EC nº 51/2006, que incluiu os §§ 4º, 5º e 6º ao art. 198 da Constituição, não se exige concurso público, *mas tão-somente processo seletivo público*, para admissão, pelos gestores locais do SUS, dos agentes comunitários de saúde e agentes de combate às endemias. E conforme nova redação do § 5º do art. 198, dada pela EC nº 63/2010, Lei federal disporá sobre o regime jurídico, o piso salarial profissional nacional, as diretrizes para os Planos de Carreira e a regulamentação das atividades de agente comunitário de saúde e agente de combate às endemias, competindo à União, nos termos da lei, prestar assistência financeira complementar aos Estados, ao Distrito Federal e aos Municípios, para o cumprimento do referido piso salarial.

Cumpre, também, esclarecer que a exigência de concurso público se aplica tanto à Administração Pública direta como à Administração Pública indireta. Tanto é assim, que a Constituição de 1988 impõe o concurso público para o acesso a **cargos públicos** (unidade de atribuições criada por lei, organizada na estrutura da Administração direta e das entidades de direito público da Administração indireta e submetida a regime estatutário) e a **empregos públicos** (unidade de atribuições criada no âmbito das entidades de direito privado que integram a Administração indireta e submetida ao regime da CLT).

Conferir, a respeito, o seguinte acórdão do STF: "Administração pública indireta. Sociedade de economia mista. Concurso público. Inobservância. Nulidade do contrato de trabalho. Efeitos. Saldo de salário. Após a Constituição do Brasil de 1988, é nula a contratação para a investidura em cargo ou emprego público sem prévia aprovação em concurso público. Tal contratação não gera efeitos trabalhistas, salvo o pagamento do saldo de salários dos dias efetivamente trabalhados, sob pena de enriquecimento sem causa do Poder Público. Precedentes. A regra constitucional que submete as empresas públicas e sociedades de economia mista ao regime jurídico próprio das empresas privadas (...) não elide a aplicação, a esses entes, do preceituado no art. 37, II, da CF/88, que se refere à investidura em cargo ou emprego público." (AI 680.939-AgR, Rel. Min. Eros Grau, julgamento em 27-11-07, 2ª Turma, *DJE* de 1º-2-08). **No mesmo sentido:** AI 751.870-AgR, Rel. Min. Cármen Lúcia, julgamento em 25-8-09, 1ª Turma, *DJE* 29-10-09; AI 743.712-AgR, Rel. Min. Celso de Mello, julgamento em 2-6-09, 2ª Turma, *DJE* de 1º-7-09.

Situação que ensejou muita polêmica e questionamento, relativamente ao concurso público, foi a concernente à limitação de número de candidatos de uma fase do concurso para outra, a chamada **cláusula de barreira**.

Com efeito, enfrentando o tema, reconheceu o STF a constitucionalidade da referida limitação: "É constitucional a regra denominada 'cláusula de barreira', inserida em edital de concurso público, que limita o número de candidatos participantes de cada fase da disputa, com o intuito de selecionar apenas os concorrentes mais bem classificados para prosseguir no certame" (**Tema 376** de repercussão geral, no RE 635739, j. em 19/02/2014).

Essa foi a conclusão do Plenário, que proveu recurso extraordinário no qual se discutia a legitimidade da aludida cláusula à luz do princípio da isonomia. "No mérito, o colegiado explicou que o crescente número de candidatos ao ingresso em carreira pública provocaria a criação de critérios editalícios que restringissem a convocação de concorrentes de uma fase para outra dos certames. Nesse sentido, as regras restritivas subdividir-se-iam em 'eliminatórias' e 'cláusulas de barreira'. As eliminatórias preveriam, como resultado de sua aplicação, a eliminação do candidato do concurso por insuficiência em algum aspecto de seu desempenho. Reputou comum a conjunção, com esta, da cláusula de barreira, que restringiria o número de candidatos para a fase seguinte do certame, para determinar que, no universo de pessoas não excluídas pela regra eliminatória, participaria da etapa subsequente apenas número predeterminado de concorrentes, de modo a contemplar apenas os mais bem classificados. Assinalou que estas regras não produziriam eliminação por insuficiência de desempenho, mas estipulariam um corte deliberado no número de concorrentes que poderiam participar de fase posterior. Asseverou que o acórdão recorrido registrara que esse corte premeditado de classificados violaria o princípio da isonomia, porque todos os que tivessem obtido notas mínimas nas fases anteriores seriam tratados indevidamente de forma diferenciada, uns aptos a participar da fase subsequente, outros não. No ponto, o Pleno consignou que nem todas as distinções implicariam quebra de isonomia, postulado que demandaria tratamento igual aos iguais e desigual aos desiguais. Sublinhou jurisprudência no sentido de estar justificado o tratamento desigual entre candidatos de concursos públicos, a concretizar esse princípio. O colegiado frisou, ainda, que haveria intrínseca relação entre a isonomia e a impessoalidade na realização de concurso público, que poderia ser definido como um conjunto de atos administrativos concatenados, com prazo preestabelecido para sua conclusão, destinado a selecionar, entre vários candidatos, os que melhor atendessem ao interesse público, considerada a qualificação técnica dos concorrentes. Sob esse aspecto, o concurso público objetivaria selecionar os mais preparados para ocupar determinado cargo, e a impessoalidade significaria buscar critério meritório, que não distinguisse atributos meramente subjetivos. Pontuou que regras diferenciadoras de candidatos em concursos públicos também poderiam estar justificadas em razão da necessidade da administração de realizar o concurso de maneira eficaz. Assim, a delimitação de número específico de candidatos seria fator imprescindível para a realização de determinados certames, à luz da exigência constitucional de eficiência. Analisou que, no caso concreto, a cláusula de barreira estipulada utilizara-se, como discrímen, do desempenho meritório dos concorrentes nas etapas anteriores do concurso, o que estaria de acordo com os propósitos constitucionais. O Tribunal destacou que as cláusulas de barreira, de modo geral, elegeriam critérios diferenciadores de candidatos em perfeita consonância com a Constituição, à luz do art. 37, *caput* e II. Apontou que essas regras não constituiriam apenas medida operacional fundada em questões financeiras, mas também levariam em conta a limitação de recursos humanos presente na maioria dos concursos. Elucidou que o estabelecimento do número de candidatos aptos a participar de determinada etapa de concurso público também passaria pelo critério de conveniência e oportunidade da administração, e não infringiria o princípio da isonomia quando o critério de convocação fosse vinculado ao desempenho do concorrente em etapas anteriores." (**RE 635.739**, rel. min. **Gilmar Mendes**, julgamento em 19-2-2014, Plenário,

Informativo 736, com repercussão geral). **No mesmo sentido**: **RMS 23.586**, Rel. Min. **Gilmar Mendes**, julgamento em 25-10-2011, Segunda Turma, *DJE* de 16-11-2011).

Cumpre sublinhar que o CNJ vedou, por meio da Resolução n. 516/2023, nos concursos públicos para outorga de delegação de serviços notariais e de registro e nos concursos públicos do Poder Judiciário, o estabelecimento de nota de corte ou qualquer espécie de cláusula de barreira para os candidatos negros na prova objetiva seletiva. Nessa linha, ficou vedado o estabelecimento de qualquer espécie de cláusula de barreira para os candidatos negros, bastando o alcance de nota 20% inferior à nota mínima estabelecida para aprovação dos candidatos da ampla concorrência, ou nota 6,0 para os concursos da magistratura, para que os candidatos cotistas sejam admitidos nas fases subsequentes.

Importante também destacar uma situação cada vez mais frequente, que envolve a liberdade de crença e a escusa de consciência – direitos fundamentais previstos nos incisos VI e VIII do art. 5º da CF – invocados por alguns candidatos na participação em concursos públicos.

Inicialmente, o STF entendeu que a liberdade de crença não podia ser invocada para participação de candidatos em concurso público ou seleção, em data alternativa à fixada em edital, pois tal situação violaria, segundo a Corte, a igualdade entre os participantes e se constituiria em inadmissível privilégio de determinados grupos religiosos. Assim, decidiu Tribunal: "Agravo Regimental em Suspensão de Tutela Antecipada. Pedido de restabelecimento dos efeitos da decisão do Tribunal *a quo* que possibilitaria a participação de estudantes judeus no Exame Nacional do Ensino Médio (ENEM) em data alternativa ao *Shabat*. Alegação de inobservância ao direito fundamental de liberdade religiosa e ao direito à educação. Medida acautelatória que configura grave lesão à ordem jurídico-administrativa. Em mero juízo de delibação, pode-se afirmar que a designação de data alternativa para a realização dos exames não se revela em sintonia com o princípio da isonomia, convolando-se em privilégio para um determinado grupo religioso. Decisão da Presidência, proferida em sede de contracautela, sob a ótica dos riscos que a tutela antecipada é capaz de acarretar à ordem pública. Pendência de julgamento da ADI 391 e da ADI 3.714, nas quais esta Corte poderá analisar o tema com maior profundidade." (STA 389-AgR, Rel. Min. Presidente Gilmar Mendes, julgamento em 3-12-2009, Plenário, *DJE* de 14-5-2010).

Entretanto, posteriormente, ao julgar o **tema 386** de repercussão geral no RE 611874, o Supremo firmou **novo entendimento**, para fixar tese segundo a qual "Nos termos do artigo 5º, VIII, da Constituição Federal é possível a realização de etapas de concurso público em datas e horários distintos dos previstos em edital, por candidato que invoca escusa de consciência por motivo de crença religiosa, desde que presentes a razoabilidade da alteração, a preservação da igualdade entre todos os candidatos e que não acarrete ônus desproporcional à Administração Pública, que deverá decidir de maneira fundamentada". (j. 26/11/2020).

Todo concurso público submete-se a um prazo de validade, que deve ser fixado em edital. Com efeito, em face do art. 37, III, da Constituição Federal, realizado o concurso público, o seu prazo de validade será de *até dois anos*, prorrogável *uma vez, por igual período*.

Isto é, decidindo a administração pública pela prorrogação, esta deverá ocorrer por tempo igual ao estabelecido originariamente.

Todavia, ultrapassado o prazo inicial, não é mais possível prorrogar-se o prazo de validade do concurso[35]. Mas já decidiu o Supremo Tribunal Federal que "O princípio da razoabilidade é conducente a presumir-se, como objeto do concurso, o preenchimento das vagas existentes. Exsurge configurador de desvio de poder, ato da Administração Pública que implique nomeação parcial de candidatos, indeferimento da prorrogação do prazo do concurso sem justificativa socialmente aceitável e publicação de novo edital com idêntica finalidade." (RE 192.568, Rel. Min. Marco Aurélio, julgamento em 23-4-96, *DJ* de 13-9-96). No mesmo sentido: RE 419.013-AgR, Rel. Min. Carlos Velloso, julgamento em 1º-6-04, DJ de 25-6-04.

Ressalte-se, ademais, que o STF adotou a súmula nº 15, segundo a qual "Dentro do prazo de validade do concurso, o candidato aprovado tem direito à nomeação, quando o cargo for preenchido sem observância da classificação".

Por força do art. 37, IV, da Constituição, durante o prazo improrrogável previsto no edital de convocação, aquele aprovado em concurso público de provas ou de provas e títulos *será convocado com prioridade* sobre novos concursados para assumir cargo ou emprego, na carreira. Mas vem entendendo o STF que é necessário que o aprovado em concurso seja **classificado**, para gozar do direito de ser convocado com prioridade: "Concurso público. Candidatos aprovados, mas não classificados. Preferência de nomeação em relação a classificados em concurso posterior. Impossibilidade. Súmula n. 15 do STF. Reexame de fatos e de provas. O aprovado não classificado em concurso público não tem preferência de nomeação em relação a aprovado em concurso posterior, mesmo que este tenha sido realizado no prazo de validade do certame anterior. Reexame de fatos e provas." (AI 711.504-AgR, Rel. Min. Eros Grau, julgamento em 10-6-08, *DJE* de 27-6-08).

Sendo aprovado e classificado, o inciso IV do art. 37 da Constituição assegura ao candidato a *precedência* para nomeação sobre novos concursados, de modo que a Administração está obrigada a nomeá-lo para as *vagas existentes dentro do período de validade*, quer já existissem quando da abertura do concurso, *quer criadas depois*. Entretanto, não poderá a Administração deixar expirar o prazo de validade do concurso para driblar a determinação constitucional, nomeando em seguida candidatos aprovados no concurso sucessivo. Tal situação seria um inequívoco *desvio de poder*. Nesse

35. "Impossibilidade de prorrogar a validade do concurso quando já expirado o seu prazo inicial." (AI 452.641-AgR, Nelson Jobim, julgamento em 30-9-03, *DJ* de 5-12-03). No mesmo sentido: "Ato do Poder Público que, após ultrapassado o primeiro biênio de validade de concurso público, institui novo período de dois anos de eficácia do certame ofende o art. 37, III da CF/88. Nulidade das nomeações realizadas com fundamento em tal ato, que pode ser declarada pela Administração sem a necessidade de prévio processo administrativo, em homenagem à Súmula STF n. 473." (RE 352.258, Rel. Min. Ellen Gracie, julgamento em 27-4-04, *DJ* de 14-5-04).

sentido, Celso Antônio Bandeira de Mello, para quem, "se fosse possível agir deste modo, a garantia do inciso IV não valeria nada, sendo o mesmo uma 'letra morta'"[36].

No âmbito federal, a Lei nº 8.112/90, no seu art. 12, § 2º, estabeleceu que "Não se abrirá novo concurso enquanto houver candidato aprovado em concurso anterior com prazo de validade não expirado".

A jurisprudência do STJ e do STF vêm se consolidando para reconhecer o direito subjetivo do candidato de ser nomeado, se aprovado em concurso público dentro do número de vagas.

Conferir o seguinte acórdão do STJ:

> "RECURSO EM MANDADO DE SEGURANÇA. ADMINISTRATIVO. CONCURSO PÚBLICO. DIREITO À NOMEAÇÃO. DUAS RECORRENTES. CANDIDATA APROVADA ENTRE AS VAGAS PREVISTAS NO EDITAL TEM DIREITO LÍQUIDO E CERTO À NOMEAÇÃO. RECORRENTE APROVADA NAS VAGAS REMANESCENTES – MERA EXPECTATIVA DE DIREITO. RECURSO PARCIALMENTE PROVIDO. 1. A aprovação do candidato no limite do número de vagas definido no Edital do concurso gera em seu favor o direito subjetivo à nomeação para o cargo. Entretanto, se aprovado nas vagas remanescentes, além daqueles previstas para o cargo, gera-se, apenas, mera expectativa de direito. 2. As disposições contidas no Edital vinculam as atividades da Administração, que está obrigada a prover os aprovados no limite das vagas previstas. A discricionariedade na nomeação de candidatos só incide em relação aos classificados nas vagas remanescentes. 3. Não é lícito à Administração, no prazo de validade do concurso público, simplesmente omitir-se na prática dos atos de nomeação dos aprovados no limite das vagas ofertadas, em respeito aos investimentos realizados pelos concursantes, em termos financeiros, de tempo e emocionais, bem com às suas legítimas expectativas quanto à assunção do cargo público. Precedentes: RMS 15.034/RS e RMS 10.817/MG. 4. No caso, uma recorrente foi aprovada dentro do número de vagas disposto no Edital e detém direito subjetivo ao provimento no cargo; a outra candidata foi aprovada nas vagas remanescentes e não comprovou a violação da ordem de convocação dos classificados ou a contratação irregular de servidores, detendo, tão somente, mera expectativa de direito à nomeação. 5. Recurso Ordinário parcialmente provido, para determinar a nomeação, exclusivamente, da candidata aprovada dentro do número de vagas previstas no Edital. (STJ, 5ª Turma, RMS 25957/MS, Rel. Ministro NAPOLEÃO NUNES MAIA FILHO, DJ 23.06.2008 p. 1).

No mesmo sentido, apreciando o **tema 161** de repercussão geral no RE 598099, o STF fixou a seguinte tese: "O candidato aprovado em concurso público dentro do número de vagas previsto no edital possui direito subjetivo à nomeação". (j. em 10/08/2011).

Conferir: "Dentro do prazo de validade do concurso, a administração poderá escolher o momento no qual se realizará a nomeação, mas não poderá dispor sobre a própria nomeação, a qual, de acordo com o edital, passa a constituir um direito do concursando aprovado e, dessa forma, um dever imposto ao Poder Público. Uma vez publicado o edital do concurso com número específico de vagas, o ato da administração que declara os candidatos aprovados no certame cria um dever de nomeação para a própria administração e, portanto, um direito à nomeação titularizado pelo candidato aprovado dentro desse número de vagas. (...) O dever de boa-fé da administração

36. MELLO, Celso Antônio Bandeira de. *Curso de Direito Administrativo*. 32ª ed., São Paulo: Malheiros, 2015, p. 290.

pública exige o respeito incondicional às regras do edital, inclusive quanto à previsão das vagas do concurso público. Isso igualmente decorre de um necessário e incondicional respeito à segurança jurídica como princípio do Estado de Direito. Tem-se, aqui, o princípio da segurança jurídica como princípio de proteção à confiança. Quando a administração torna público um edital de concurso, convocando todos os cidadãos a participarem de seleção para o preenchimento de determinadas vagas no serviço público, ela impreterivelmente gera uma expectativa quanto ao seu comportamento segundo as regras previstas nesse edital. Aqueles cidadãos que decidem se inscrever e participar do certame público depositam sua confiança no Estado administrador, que deve atuar de forma responsável quanto às normas do edital e observar o princípio da segurança jurídica como guia de comportamento. Isso quer dizer, em outros termos, que o comportamento da administração pública no decorrer do concurso público deve se pautar pela boa-fé, tanto no sentido objetivo quanto no aspecto subjetivo de respeito à confiança nela depositada por todos os cidadãos" (**RE 598.099**, Rel. Min. **Gilmar Mendes**, julgamento em 10-8-2011, Plenário, *DJE* de 3-10-2011, com repercussão geral).

Com efeito, não é legítimo que a Administração Pública, após desgastante concurso público, frustre as justas expectativas de candidato aprovado dentro das vagas previstas no edital. Os princípios da legalidade, da razoabilidade e da moralidade administrativa impõem a nomeação de candidato aprovado dentro das vagas previstas no edital, não podendo na hipótese se falar em conveniência e oportunidade da Administração. A nova dogmática constitucional dos direitos fundamentais, com a sua centralidade no sistema jurídico, tem exigido maior respeito aos direitos dos candidatos aprovados em concurso público, não havendo muito espaço para as opções discricionárias da Administração Pública. Nesse passo, deve ser entendida como superada a ideia, fruto de um ranço autoritário, de que o candidato aprovado em concurso público, dentro das vagas previstas em edital, tem mera expectativa de direito à nomeação, tendo a Administração a liberdade discricionária de decidir se o nomeia ou não.

Recentemente, entendeu o STJ que "O candidato aprovado fora do número de vagas previstas no edital de concurso público tem direito subjetivo à nomeação quando o candidato imediatamente anterior na ordem de classificação, aprovado dentro do número de vagas, for convocado para vaga surgida posteriormente e manifestar desistência". (AgRg no ROMS 48.266-TO, Rel. Min. Benedito Gonçalves, DJe 27.8.15. 1ª T.) (Info STJ 567).

Entretanto, no **tema 784** de repercussão geral no RE 837311, o STF fixou tese segundo a qual "O surgimento de novas vagas ou a abertura de novo concurso para o mesmo cargo, durante o prazo de validade do certame anterior, não gera automaticamente o direito à nomeação dos candidatos aprovados fora das vagas previstas no edital, ressalvadas as hipóteses de preterição arbitrária e imotivada por parte da administração, caracterizada por comportamento tácito ou expresso do Poder Público capaz de revelar a inequívoca necessidade de nomeação do aprovado durante o período de validade do certame, a ser demonstrada de forma cabal pelo candidato. Assim, o direito subjetivo à nomeação do candidato aprovado em concurso público exsurge nas seguintes hipóteses: I – Quando a aprovação ocorrer dentro do número de vagas dentro do edital; II – Quando houver preterição na nomeação por não observância da ordem de classificação; III – Quando surgirem novas vagas, ou for aberto novo concurso durante a validade do certame anterior, e ocorrer a preterição de candidatos de forma arbitrária e imotivada por parte da administração nos termos acima." (j. em 14/10/2015).

Apreciando o **tema 454** de repercussão geral no RE 629392, o STF fixou a seguinte tese: "A nomeação tardia de candidatos aprovados em concurso público, por meio de ato judicial, à qual atribuída eficácia retroativa, não gera direito às promoções ou progressões funcionais que alcançariam houvesse ocorrido, a tempo e modo, a nomeação.". (j. em 08/06/2017).

Também não gera direito à indenização, a posse determinada por ordem judicial. Com efeito, apreciando o **tema 671** de repercussão geral no RE 724347, o STF consolidou seu entendimento com tese segundo a qual "Na hipótese de posse em cargo público determinada por decisão judicial, o servidor não faz jus a indenização, sob fundamento de que deveria ter sido investido em momento anterior, salvo situação de arbitrariedade flagrante." (j. em 26/02/2015).

O Decreto Presidencial nº 9.739, de 28 de março de 2019, estabeleceu, no âmbito da administração pública federal direta, autárquica e fundacional, medidas de eficiência organizacional, normas sobre concursos públicos e dispõe sobre o Sistema de Organização e Inovação Institucional do Governo Federal – SIORG.

Conforme o § 2º do art. 2º do Decreto em tela, o fortalecimento da capacidade institucional da administração pública federal direta, autárquica e fundacional será alcançado por diversos meios, dentre os quais cumpre destaca: (I) a criação e a transformação de cargos e funções ou de sua extinção, quando vagos; (II) a criação, da reorganização e da extinção de órgãos e entidades; (III) a realização de concursos públicos e de provimento de cargos públicos; (IV) – a aprovação e da revisão de estruturas regimentais e de estatutos; (V) o remanejamento ou da redistribuição de cargos e funções públicas; (VI) a autorização para contratação de pessoal com a finalidade de atender à necessidade temporária de excepcional interesse público, nos termos da Lei nº 8.745/1993; e (VII) – da criação ou da restruturação de cargos efetivos, com ou sem alteração de sua estrutura remuneratória.

De acordo com o art. 3º do Decreto, as propostas desses meios de fortalecimento da capacidade institucional serão encaminhadas ao Ministério da Economia e, quando couber, serão submetidas à apreciação da Casa Civil da Presidência da República e da Secretaria-Geral da Presidência da República, devendo conter a justificativa da proposta, caracterizada a necessidade de fortalecimento; a identificação sucinta dos macroprocessos, dos produtos e dos serviços prestados pelos órgãos e pelas entidades; e os resultados a serem alcançados com o fortalecimento institucional.

Caberá ao Ministério da Economia analisar as propostas, emitir parecer sobre sua adequação técnica e orçamentária e propor ou adotar os ajustes e as medidas que forem necessários à sua implementação ou seu prosseguimento.

As propostas que tratem da criação e a transformação de cargos e funções ou de sua extinção, quando vagos; da criação, da reorganização e da extinção de órgãos e entidades; e da realização de concursos públicos e de provimento de cargos públicos e que acarretarem aumento de despesa serão apresentadas pelo órgão ou pela entidade ao Ministério da Economia, até 31 de maio de cada ano, com vistas à sua compatibilização com o projeto de lei orçamentária anual para o exercício subsequente.

As propostas que tenham por objeto pedido de autorização de concurso público conterão informações sobre: I – o perfil necessário aos candidatos para o desempenho das atividades do cargo; II – a descrição do processo de trabalho a ser desenvolvido pela força de trabalho pretendida e o impacto dessa força de trabalho no desempenho das atividades finalísticas do órgão ou da entidade; III – a base de dados cadastral atualizada do Sistema de Pessoal Civil da Administração Federal – SIPEC e o número de vagas disponíveis em cada cargo público; IV – a evolução do quadro de pessoal nos últimos cinco anos, com movimentações, ingressos, desligamentos e aposentadorias e a estimativa de aposentadorias, por cargo, para os próximos cinco anos; V – o quantitativo de servidores ou empregados cedidos e o número de cessões realizadas nos últimos cinco anos; VI – as descrições e os resultados dos principais indicadores estratégicos do órgão ou da entidade e dos objetivos e das metas definidos para fins de avaliação de desempenho institucional nos últimos três anos; VII – o nível de adoção dos componentes da Plataforma de Cidadania Digital e o percentual de serviços públicos digitais ofertados pelo órgão e pela entidade, nos termos do art. 3º do Decreto nº 8.936, de 19 de dezembro de 2016; VIII – a aderência à rede do Sistema de Gestão de Convênios e Contratos de Repasse – Rede Siconv e a conformidade com os atos normativos editados pela Comissão Gestora do Siconv; IX – a adoção do sistema de processo eletrônico administrativo e de soluções informatizadas de contratações e gestão patrimonial, em conformidade com os atos normativos editados pelo órgão central do Sistema de Administração de Serviços Gerais – SISG; X – a existência de plano anual de contratações, em conformidade com os atos normativos editados pelo órgão central do SISG; XI – a participação nas iniciativas de contratação de bens e serviços compartilhados ou centralizados conduzidas pela Central de Compras da Secretaria de Gestão da Secretaria Especial de Desburocratização, Gestão e Governo Digital do Ministério da Economia; XII – a quantidade de níveis hierárquicos e o quantitativo de profissionais por unidade administrativa em comparação com as orientações do órgão central do SIORG para elaboração de estruturas organizacionais; XIII – demonstração de que a solicitação ao órgão central do SIPEC referente à movimentação para composição da força de trabalho de que trata o § 7º do art. 93 da Lei nº 8.112, de 11 de dezembro de 1990, foi inviável ou inócua; e XIV – demonstração de que os serviços que justificam a realização do concurso público não podem ser prestados por meio da execução indireta de que trata o Decreto nº 9.507, de 21 de setembro de 2018.

O Decreto delegou competência ao Ministro da Economia, permitida a subdelegação para o Secretário Especial de Desburocratização, Gestão e Governo Digital do Ministério da Economia, para: I – autorizar a realização de concursos públicos nos órgãos e nas entidades da administração pública federal direta, autárquica e fundacional; II – decidir sobre o provimento de cargos; e III – editar os atos operacionais necessários.

Essa delegação de competência não se aplica, porém, para fins de ingresso: I - às carreiras de Advogado da União, de Procurador da Fazenda Nacional e de Procurador Federal, cujos atos serão realizados pelo Advogado-Geral da União; II - à carreira de Diplomata, cujos atos serão realizados pelo Ministro de Estado das Relações Exteriores; e III - à carreira de Policial Federal, cujos atos serão realizados pelo Diretor-Geral da Polícia Federal. Entretanto, esses atos dependerão de manifestação prévia do Ministro da Economia que confirme a existência de disponibilidade orçamentária para cobrir as despesas com o provimento dos cargos públicos.

Independe de autorização do Ministro da Economia o provimento de cargo de docente e a contratação de professor substituto em instituições federais de ensino, observado o limite autorizado para o quadro docente de cada uma e a necessidade de informar previamente o órgão central do SIPEC, conforme ato conjunto dos Ministros da Economia e da Educação.

Os concursos públicos para o provimento de cargos à carreira de Policial Federal serão realizados: I – quando o número de vagas exceder a cinco por cento dos respectivos cargos; ou II – com menor percentual de cargos vagos, de acordo com a necessidade e a critério do Ministro de Estado da Justiça e Segurança Pública.

Em conformidade com o art. 28, durante o período de validade do concurso público, o Ministro da Economia poderá autorizar, por meio de motivação expressa, a nomeação de candidatos aprovados e não convocados, que ultrapassem em até 25% (vinte e cinco por cento) o quantitativo original de vagas. Mas para esse fim, o órgão solicitante instruirá seu pedido com a justificativa e a comprovação da efetiva necessidade do provimento adicional.

Prevê o Decreto que, excepcionalmente, atendendo a pedido do órgão ou da entidade que demonstre a impossibilidade de se determinar, no prazo de validade do concurso público, o quantitativo de vagas necessário para pronto provimento, o Ministro da Economia poderá autorizar a realização de concurso público para **formação de cadastro de reserva** para provimento futuro (art. 29). A nomeação dos aprovados em cadastro de reserva é faculdade da administração pública federal e depende de autorização do Ministro da Economia. O edital do concurso público para formação de cadastro de reserva preverá a quantidade limite de aprovações e a colocação a partir da qual o candidato será considerado automaticamente reprovado.

O concurso público terá a validade máxima de dois anos, contados da data de sua homologação, podendo ser prorrogado uma vez, por igual período, caso haja previsão no edital do concurso público e haja autorização do Ministro da Economia.

3.3.1. Concurso público e pessoa com deficiência

A Constituição determina a **reserva de vagas** em cargos e empregos públicos para pessoas com deficiência. Com efeito, prevê a Carta Magna, no art. 37, VIII, que a lei reservará percentual dos cargos e empregos públicos para as pessoas com deficiência e definirá os critérios de sua admissão. Trata-se a hipótese da adoção de uma legítima **ação afirmativa**, destinada à integração social das pessoas com deficiência.

É relevante esclarecer, inicialmente, que o fato de uma pessoa ser deficiente não a impede de exercer cargo e emprego público, desde que haja compatibilidade entre o estado de deficiência e o conteúdo ocupacional ou funcional do cargo ou emprego público disputado, pouco importando se a deficiência produzirá dificuldade para o exercício da atividade funcional. Isto é, se a deficiência não a incapacita nem a desqualifica, de modo absoluto, para o exercício das atividades funcionais, a pessoa tem o direito de concorrer ao cargo ou emprego público. Por outro lado, não há o direito se a deficiência mostrar-se absolutamente incompatível com as atribuições funcionais inerentes ao cargo ou emprego público.

Porém, importa asseverar que nem toda deficiência enseja o direito a concorrer nas vagas reservadas. Com efeito, o Superior Tribunal de Justiça sumulou o entendimento de que "O portador de visão monocular tem direito de concorrer, em concurso público, às vagas reservadas aos deficientes" (Súmula 377); mas também entendeu a Corte que "O portador de surdez unilateral não se qualifica como pessoa com deficiência para o fim de disputar as vagas reservadas em concursos públicos" (Súmula 552).

Inicialmente, o Decreto nº 3.298/99, que havia regulamentado a Lei Federal nº 7.853/89, estabeleceu uma reserva de no *mínimo 5%* das vagas oferecidas em concurso público para provimento de cargo público.

Mais recentemente, o Decreto nº 9.508, de 24 de setembro de 2018, revogou os artigos 37 a 43 do Decreto 3.298/99, e assegurou à pessoa com deficiência o direito de se inscrever, no âmbito da administração pública federal direta e indireta e em igualdade de oportunidade com os demais candidatos, em concurso público para o provimento tanto de cargos efetivos e de empregos públicos, como também em processos seletivos para a contratação por tempo determinado para atender necessidade temporária de excepcional interesse público.

O novo Decreto também garantiu a reserva às pessoas com deficiência de, no mínimo, 5% (cinco por cento) das vagas oferecidas para o provimento de cargos efetivos e para a contratação por tempo determinado para atender necessidade temporária de excepcional interesse público, no âmbito da administração pública federal direta e indireta.

Em relação aos empregos públicos, o Decreto estabeleceu no art. 1º, § 2º, a reserva de vagas às pessoas com deficiência nas empresas públicas e nas sociedades de economia mista com 100 (cem) ou mais empregados nos percentuais de que trata o art. 93 da Lei nº 8.213, de 24 de julho de 1991: de 2% (dois por cento) a 5% (cinco por cento), na seguinte proporção: I – até 200 empregados (2%); II – de 201 a 500 (3%); III – de 501 a 1.000 (4%); e IV – de 1.001 em diante (5%).

A Lei Federal nº 8.112/90, aplicável aos Servidores Públicos Federais, prevê a reserva de no *máximo 20%* das vagas oferecidas em concurso público.

A esse respeito, já decidiu o STF que "A exigência constitucional de reserva de vagas para portadores de deficiência em concurso público se impõe ainda que o percentual legalmente previsto seja inferior a um, hipótese em que a fração deve ser arredondada. Entendimento que garante a eficácia do artigo 37, inciso VIII, da Constituição Federal, que, caso contrário, restaria violado." (RE 227.299, Rel. Min. Ilmar Galvão, julgamento em 14-6-00, *DJ* de 6-10-00). Contudo, em decisão posterior, a Suprema Corte decidiu que "Por encerrar exceção, a reserva de vagas para portadores de deficiência faz-se nos limites da lei e na medida da viabilidade consideradas as existentes, afastada a possibilidade de, mediante arredondamento, majorarem-se as percentagens mínima e máxima previstas." (MS 26.310, Rel. Min. Marco Aurélio, julgamento em 20-9-07, *DJ* de 31-10-07).

Isto é, segundo o Pretório Excelso, se da aplicação do percentual previsto no edital (mínimo de 5% e máximo de 20%) sobre o número de vagas oferecidas no concurso público, resultar em número fracionado, este deverá ser elevado até o primeiro número inteiro subsequente (ou seja, arredonda-se a fração), desde que não ultrapasse os limites legais mínimo (5%) e máximo (20%) das vagas oferecidas.

Como exemplo, imagine-se um concurso público federal, cujo edital reservou 5%, das 05 vagas oferecidas, às pessoas com deficiência. Da operação resultará (5% de 5= 0,25) um número fracionado, que é 0,25. Desse modo, é possível arredondar-se esse número para 1, garantindo-se 01 vaga, das 05 oferecidas no edital, para as pessoas com deficiência, na medida em que o resultado do arredondamento não ultrapassa o limite legal máximo de 20% (20% de 5 vagas= 1 vaga). Todavia, não é possível o arredondamento quando ultrapassar o limite legal máximo (20%).

Este também é o entendimento do STJ, conforme acórdão abaixo:

> AGRAVO REGIMENTAL. ADMINISTRATIVO. CONCURSO PÚBLICO. CANDIDATO PORTADOR DE NECESSIDADES ESPECIAIS. RESERVA DE VAGAS. LIMITES ESTABELECIDOS NO ART. 37, §§1º E 2º, DO DECRETO 3.298/99 E NO ART. 5º, §2º, DA LEI 8.112/90. PERCENTUAL MÍNIMO DE 5% DAS VAGAS. NÚMERO FRACIONADO. ARREDONDAMENTO PARA O PRIMEIRO NÚMERO INTEIRO SUBSEQUENTE. OBSERVÂNCIA DO LIMITE MÁXIMO DE 20% DAS VAGAS OFERECIDAS.
>
> 1. A partir da análise do art. 37, §§ 1º e 2º, do Decreto 3298/99 e do art. 5º, §2º, da Lei nº 8112/90, conclui-se que deverá ser reservado, no mínimo, 5% das vagas ofertadas em concurso público aos portadores de necessidades especiais e, caso a aplicação do referido percentual resulte em número fracionado, este deverá ser elevado até o primeiro número inteiro subsequente, desde que respeitado o limite máximo de 20% das vagas ofertadas.
>
> 2. Ressalta-se que, caso se entendesse que todas as frações deveriam ser arredondadas "para cima", a cada vaga disponibilizada à ampla concorrência, outra deveria ser reservada aos portadores de necessidades especiais, o que afrontaria o princípio da igualdade, norteador de todos os concursos públicos.
>
> 3. Nesse sentido, a jurisprudência do Supremo Tribunal Federal, buscando garantir a regra do arredondamento, decidiu que as frações mencionadas no art. 37, § 2º, do Decreto 3.298/99 deverão ser arredondadas para o primeiro número subsequente, desde que respeitado limite máximo de 20% das vagas oferecidas no certame (art. 5º, § 2º, da Lei 8.112/90).

4. Agravo regimental não provido.

(STJ, 2ª TURMA, AgRg no REsp 1353071/CE, 2012/0236999-4, Ministro MAURO CAMPBELL MARQUES, DJe 18/03/2013).

4. PROVIMENTO

Provimento é o ato por meio do qual a Administração Pública designa o agente para o cargo, emprego ou função pública. O provimento far-se-á mediante ato da autoridade competente de cada Poder.

A Lei 8.112/90, que dispõe sobre o regime jurídico dos servidores públicos da União, em seu art. 8º, indica as seguintes formas de provimento de cargo público: (a) *nomeação;* (b) *promoção;* (c) *readaptação;* (d) *reversão;* (e) *aproveitamento;* (f) *reintegração;* e (g) *recondução*. Também eram mencionadas nesse artigo 8º como formas de provimento a *ascensão* e a *transferência*. Porém, a Lei 9.527/97, extinguiu essas duas figuras.

A investidura em cargo público ocorrerá com a posse.

No Direito Administrativo há dois tipos de provimento:

a) O **provimento originário ou autônomo**; e
b) O **provimento derivado**.

4.1. Provimento Originário ou Autônomo

É o **primeiro ato de designação** do agente em cargo, emprego ou função pública. Pressupõe (i) a inexistência de vínculo anterior do agente com a Administração ou (ii) a sua vinculação a cargo de carreira diversa.

O provimento originário se materializa por *nomeação* (em cargos públicos ou em funções de confiança) ou por *contratação* (em empregos públicos ou em funções temporárias).

Via de regra, os estatutos funcionais vêm estabelecendo um prazo para o nomeado tomar posse. A Lei Federal nº 8.112/90 fixou, no § 1º do art. 13, o prazo de 30 dias, contados da publicação do ato de nomeação, para o nomeado tomar posse. A respeito da posse, cumpre sublinhar três situações.

Primeiro, que é direito subjetivo do nomeado tomar posse, conforme reconhece a súmula 16 do Supremo Tribunal Federal: "*Funcionário nomeado por concurso tem direito à posse*".

Segundo, que o prazo para o nomeado tomar posse foi previsto em seu favor, de modo que o nomeado pode tomar posse já no dia da publicação do ato que o nomeou ou no último dia do prazo. Assim, não pode a Administração fixar a data a partir da qual o nomeado poderá tomar posse, pois tal comportamento afronta o direito de escolha previsto nos estatutos legais em benefício do nomeado.

Terceiro, que o ato de nomeação será tornado sem efeito se o nomeado não tomar posse no prazo estabelecido. O § 6º do art. 13 da Lei 8.112/90 assim prevê: "*Será tornado sem efeito o ato de provimento se a posse não ocorrer no prazo previsto no § 1º deste artigo*".

Ademais, é possível, salvo disposição legal em contrário, que o prazo para a posse seja prorrogado a pedido do interessado e a critério e conveniência da Administração Pública, circunstância que revela a discricionariedade na decisão a respeito do pedido.

A posse dar-se-á pela assinatura do respectivo termo, no qual deverão constar as atribuições, os deveres, as responsabilidades e os direitos inerentes ao cargo ocupado.

Finalmente, nos termos do art. 15 da Lei nº 8.112/90, o servidor público federal, uma vez empossado, terá o prazo de 15 dias para entrar em exercício, contados da data da posse, sob pena de ser exonerado do cargo ou ser tornado sem efeito o ato de sua designação para função de confiança. Exercício é o efetivo desempenho das atribuições do cargo público ou da função de confiança.

4.2. Provimento Derivado

O provimento derivado consiste num ato de designação que pressupõe um provimento originário. Ou seja, depende de um vínculo anterior do agente com a Administração Pública. Pode ocorrer de três formas:

4.2.1. Provimento derivado vertical

Destina-se à elevação funcional do servidor. Atualmente, **só existe a promoção**. Contudo, antes da Constituição de 1988 era possível a figura da **transposição (ou ascensão funcional), que foi suprimida pela nova Carta Magna.** Vejamo-las.

a) **Promoção**

Cuida-se de modalidade de provimento derivado que proporciona uma elevação do servidor de um cargo de uma classe para outro cargo de uma classe superior, quando os cargos e as respectivas classes estiverem organizados e escalonados em carreira. Pode dar-se por antiguidade ou merecimento, alternadamente, cabendo à lei dispor sobre as hipóteses de um e de outro.

A promoção só pode ocorrer entre cargos de uma mesma carreira.

Tomando-se como exemplo a carreira Policial Federal, o ingresso ocorrerá sempre na terceira classe, que é a classe inicial da carreira, a partir da qual haverá a promoção para as classes subsequentes (2ª classe, 1ª classe e, por último, a classe especial). Assim, a promoção ocorrerá, alternadamente pelos critérios de antiguidade e merecimento, observando-se a seguinte ordem: de agente de polícia federal de 3ª classe (cargo da classe inicial da carreira, cujo provimento originário se dará com a aprovação no concurso público e nomeação, posse e exercício) para → agente de polícia federal de 2ª classe → agente de polícia federal de 1ª classe → agente de polícia federal de classe especial.

Na promoção, que pressupõe que seja entre cargos da mesma carreira, não há qualquer burla ou ofensa à exigência do concurso público ou a qualquer outro princípio constitucional.

Cumpre esclarecer que a promoção não se confunde com a *progressão funcional*.

Progressão é a passagem do servidor, *dentro de uma mesma classe*, para o padrão de vencimento imediatamente superior, enquanto a promoção consiste na passagem do servidor do último padrão de uma classe para o primeiro padrão da classe imediatamente superior. Entende-se por *padrão* a posição do servidor na escala de vencimentos da carreira. A promoção e a progressão podem se combinar e fazer parte de uma mesma carreira, conforme a lei de organização e estruturação de cargos e carreiras.

Para elucidar essa combinação entre promoção e progressão, tome-se como exemplo a carreira de Analista Judiciário do Poder Judiciário da União, cujos cargos efetivos estão estruturados em Classes e Padrões. A carreira está estruturada nas seguintes classes com seus respectivos padrões: analista judiciário classe A (padrões A1 a A5); analista judiciário classe B (padrões B6 a B10) e analista judiciário classe C (padrões C11 a C13).

Assim, a passagem do cargo efetivo de analista judiciário classe A do padrão A1 para o A2 (mas dentro da mesma classe), denomina-se de *progressão funcional* (exatamente porque é *horizontal*); mas a passagem do analista judiciário classe A, do último padrão (A5), para analista judiciário classe B, padrão inicial (padrão B6), denomina-se de *promoção* (exatamente porque é *vertical*).

b) **Transposição ou ascensão funcional**

Este tipo de provimento derivado vertical foi definitivamente abolido pela Constituição Federal de 1988. Consistia ele na passagem do agente público de um cargo de uma carreira para outro cargo de carreira diversa, sem concurso público ou, quando muito, mediante concurso interno (ex.: de agente de polícia de última classe de sua carreira para a classe inicial de delegado de polícia, de carreira diversa). Quando se chegava à última classe de uma carreira, passava-se para a classe inicial de outra carreira, sem necessitar de concurso público.

Antes da Constituição Federal de 1988 somente se exigia o concurso público para o ato da primeira investidura em cargo público. Após a CF/88, vários órgãos e entidades da Administração Pública, para burlarem a proibição de transposição, realizaram concursos públicos internos – o que também fere a Constituição, em razão do princípio do acesso *universal* aos cargos, empregos e funções públicas abrigado no inciso I do art. 37 do texto constitucional. A propósito do tema, o STF sumulou o seguinte entendimento nos verbetes da súmula nº 685 e da súmula vinculante nº 43, *in verbis:*

> "**Súmula 685** – É inconstitucional toda modalidade de provimento que propicie ao servidor investir-se, sem prévia aprovação em concurso público destinado ao seu provimento, em cargo que não integra a carreira na qual anteriormente investido."

> "**Súmula Vinculante 43**: É inconstitucional toda modalidade de provimento que propicie ao servidor investir-se, sem prévia aprovação em concurso público destinado ao seu provimento, em cargo que não integra a carreira na qual anteriormente investido."

4.2.2. *Provimento derivado horizontal*

É aquele em que o servidor não é elevado nem rebaixado em sua posição funcional, mudando apenas de cargos efetivos situados na mesma classe ou nível. Atualmente, só existe, como forma de provimento derivado horizontal, a *readaptação*. Porém, antes havia previsão também da *transferência* (art. 8º, IV, da Lei 8.112/90), que foi posteriormente revogado. Vejamos ambas as figuras.

a) **Transferência**

Essa forma foi abolida com a Constituição Federal de 1988. Apesar disso, a transferência chegou a ser prevista nos artigos 8º, IV, e 23 da Lei nº 8.112/90, dispositivos que foram, posteriormente, revogados pela Lei nº 9.527/97. Isto é, a transferência, outrora prevista na Lei 8.112/90, foi considerada inconstitucional pelo Supremo Tribunal Federal em 19/12/1995, nos autos do Mandado de Segurança nº 22.148-8/DF, e definitivamente banido de nosso ordenamento jurídico pela Lei nº 9.527/1997.

A transferência consistia na **passagem do servidor** estável de **cargo efetivo para outro** de igual denominação, **pertencente a quadro de pessoal diverso**, de órgão ou instituição do mesmo Poder, de ofício ou a pedido do servidor, atendido o interesse do serviço.

Não pode ser confundida com o instituto da **remoção**, que é admitido e que consiste no **deslocamento do servidor**, a *pedido* ou de *ofício*, **no âmbito do mesmo quadro**, com ou sem mudança de sede. Na Lei nº 8.112/90, a remoção está prevista no artigo 36.

A remoção é de **ofício**, quando ocorre no interesse da Administração Pública.

Contudo, será a **pedido** do servidor, nas seguintes situações:

> 1) a **critério da Administração**; ou
>
> 2) **independentemente do interesse da Administração**, para outra localidade:
>
> a) *para acompanhar cônjuge ou companheiro*, também servidor público civil ou militar, de qualquer dos Poderes da União, dos Estados, do Distrito Federal e dos Municípios, que foi deslocado no interesse da Administração;
>
> b) *por motivo de saúde do servidor*, cônjuge, companheiro ou dependente que viva às suas expensas e conste do seu assentamento funcional, condicionada à comprovação por junta médica oficial;
>
> c) *em virtude de processo seletivo promovido*, na hipótese em que o número de interessados for superior ao número de vagas, de acordo com normas preestabelecidas pelo órgão ou entidade em que aqueles estejam lotados.

A transferência também não se confunde com o instituto da **redistribuição**, que tem previsão legal. No âmbito federal, tem previsão na Lei 8.112/90, art. 37. A redistribuição é o **deslocamento de cargo** de provimento efetivo (não do servidor), ocupado ou vago, no âmbito do quadro geral de pessoal, para outro órgão ou entidade do mesmo Poder, observados determinados preceitos, como: I – interesse da administração; II – equivalência de vencimentos; III – manutenção da essência das atribuições do cargo; IV – vinculação entre os graus de responsabilidade e complexidade das atividades; V – mesmo nível de escolaridade, especialidade ou habilitação profissional; VI – compatibilidade entre as atribuições do cargo e as finalidades institucionais do órgão ou entidade.

A redistribuição pode ocorrer (1) a pedido do servidor investido no cargo efetivo ou (2) *ex officio* para ajustamento de lotação e da força de trabalho às necessidades dos serviços, inclusive nos casos de reorganização, extinção ou criação de órgão ou entidade.

Os institutos da remoção e da transferência estão afetos à figura do **servidor**, enquanto a redistribuição à do **cargo efetivo**. Na remoção, o deslocamento do servidor ocorre **sem mudança de quadro de pessoal**. Na redistribuição (e na transferência), ao contrário da remoção, **há mudança de quadro de pessoal**.

Desses três institutos, reitere-se, somente a remoção e a redistribuição são admitidas pelo Direito.

Também não se confunde a transferência com a **cessão** do servidor público. Na conformidade do art. 93 da Lei nº 8.112/90, o servidor poderá ser cedido para ter exercício em outro órgão ou entidade dos Poderes da União, dos Estados, ou do Distrito Federal e dos Municípios, nas seguintes hipóteses: (I) para exercício de cargo em comissão ou função de confiança e (II) em casos previstos em leis específicas. Na primeira hipótese, sendo a cessão para órgãos ou entidades dos Estados, do Distrito Federal ou dos Municípios, o ônus da remuneração será do órgão ou entidade cessionária, mantido o ônus para o cedente nos demais casos.

b) **Readaptação**

Essa modalidade de provimento horizontal subsiste no ordenamento jurídico.

Está prevista no art. 24 da Lei Federal nº 8.112/90, segundo o qual é a investidura do servidor em cargo de atribuições e responsabilidades compatíveis com a *limitação* que tenha sofrido em sua capacidade física ou mental verificada em inspeção médica.

A readaptação ocorrerá em cargo de atribuições afins, respeitada a habilitação exigida, nível de escolaridade e equivalência de vencimentos. Na hipótese de inexistir cargo vago, o servidor exercerá suas atribuições como *excedente*, até a abertura de vaga. Porém, se o readaptando for julgado incapaz para o serviço público, ele será aposentado.

A EC 103, de 12 de novembro de 2019, incluiu o § 13 ao art. 37 da CF, para atribuir o *status* de constitucional ao conhecido instituto da readaptação, previsto em diversos estatutos funcionais de servidores públicos efetivos.

A Lei 8.112/90, que dispõe sobre o regime jurídico dos servidores públicos da União, das autarquias e das fundações públicas federais, prevê a readaptação, reitere-se, no seu artigo 24, como uma forma de provimento ou investidura do servidor já titular de cargo efetivo (cargo de origem) em novo cargo efetivo (cargo de destino), mas de atribuições e responsabilidades compatíveis com a limitação que tenha sofrido em sua capacidade física ou mental verificada em inspeção médica. Na hipótese de inexistência de cargo vago, o servidor exercerá suas atribuições, reitere-se, como excedente, até a ocorrência de vaga.

Se julgado incapaz para o serviço público, e sendo insuscetível a readaptação, o servidor será aposentado por incapacidade permanente para o trabalho, nos termos do art. 40, § 1º, I, da CF, hipótese em que será obrigatória a realização de avaliações periódicas para verificação da continuidade das condições que ensejaram a concessão da aposentadoria, na forma de lei do respectivo ente federativo.

c) **Redistribuição**

A Redistribuição consiste no **deslocamento de cargo de provimento efetivo**, ocupado ou vago, no âmbito do quadro geral de pessoal, para outro órgão ou entidade do mesmo Poder. Tem previsão no art. 37 da Lei 8.112/90.

Não se trata propriamente de um novo provimento do servidor noutro cargo distinto do de origem, mas no deslocamento do cargo efetivo que o servidor titulariza para outro órgão ou entidade do mesmo Poder. Não se confunde com a remoção, que consiste, como já se disse acima, no deslocamento do próprio servidor, no âmbito do mesmo quadro de pessoal (ex.: remoção dentro do quadro de pessoal na Justiça Federal, remoção dentro do quadro de pessoal na Justiça do Trabalho, remoção dentro do quadro de pessoal na Justiça Eleitoral e remoção dentro do quadro de pessoal na Justiça Militar). Na remoção não há mudança de quadro de pessoal.

Na redistribuição, ao contrário da remoção, **há mudança de quadro de pessoal**.

É claro que, como o deslocamento do cargo, o servidor que o ocupa também acaba mudando de órgão ou entidade. É o que pode ocorrer, por exemplo, quando um cargo de analista judiciário da Justiça Federal (TRF) é deslocado (redistribuído) para a Justiça Eleitoral (TRE).

A redistribuição, todavia, depende: I – do interesse da administração; II – da equivalência de vencimentos; III – da manutenção da essência das atribuições do cargo; IV – da vinculação entre os graus de responsabilidade e complexidade das atividades; V – do mesmo nível de escolaridade, especialidade ou habilitação profissional; e VI – da compatibilidade entre as atribuições do cargo e as finalidades institucionais do órgão ou entidade.

A redistribuição também pode ocorrer por iniciativa da Administração, isto é, *ex officio*, para ajustamento de lotação e da força de trabalho às necessidades dos serviços, inclusive nos casos de reorganização, extinção ou criação de órgão ou entidade. Nos casos de reorganização ou extinção de órgão ou entidade, extinto o cargo ou declarada sua desnecessidade no órgão ou entidade, o servidor estável que não for redistribuído será colocado em disponibilidade, até seu aproveitamento.

4.2.3. *Provimento derivado por reingresso*

É aquele em face do qual o servidor **retorna** ao serviço ativo do qual se encontrava desligado. Abrange a **reversão**, o **aproveitamento**, a **reintegração** e a **recondução**, todos admitidos pela Constituição Federal de 1988 e previstos na Lei nº 8.112/90.

a) **Reversão**

É o retorno do **servidor aposentado** ao serviço ativo, "*ex officio*" ou "no interesse da Administração, a pedido do servidor". Em conformidade com o art. 25 da Lei Federal nº 8.112/90, a reversão pode ocorrer (I) quando junta médica oficial declarar insubsistentes os motivos da aposentadoria por invalidez (é a reversão *ex officio*) ou

(II) no interesse da Administração (é a reversão "a pedido"), desde que, nessa última hipótese:

- O aposentado tenha solicitado;
- A aposentadoria tenha sido voluntária;
- O aposentado era estável quando na atividade;
- A aposentadoria tenha ocorrido nos cinco anos anteriores à solicitação; e
- Haja cargo vago.

A reversão será para o mesmo cargo ou no cargo resultante de sua transformação. Na hipótese de reversão de ofício, encontrando-se provido o cargo, o servidor exercerá suas atribuições como *excedente*, até a ocorrência de vaga. Evidentemente que não poderá haver reversão do aposentado que já tiver completado 75 anos de idade.

A reversão encontra-se atualmente *regulamenta pelo Decreto Federal nº 3.644, de 30.11.2000*.

b) **Aproveitamento**

É o reingresso do servidor estável, que se encontrava em disponibilidade, em cargo de atribuições, escolaridade e vencimentos compatíveis com o anteriormente ocupado.

O aproveitamento ocorre quando o servidor estável é posto em disponibilidade em decorrência da extinção do cargo que titularizava ou em virtude de reintegração de outro servidor no cargo que aquele atualmente ocupava, se não puder ser reconduzido ao cargo de origem. Como ele é estável, tem o direito de permanecer no serviço público. Daí ele pode: ser aproveitado em outro cargo assemelhado, com a mesma remuneração que recebia anteriormente ou ser posto em disponibilidade com remuneração proporcional ao tempo de serviço. Se o servidor não for estável, ele não terá direito à disponibilidade ou ao aproveitamento. O aproveitamento é obrigatório quando houver cargo assemelhado vago.

Disponibilidade é o ato através do qual a Administração Pública transfere para a inatividade remunerada servidor público estável cujo cargo venha ser extinto ou declarado desnecessário ou ocupado por outrem em virtude de reintegração.

Assim, por força do art. 41, § 3º, da Constituição Federal, extinto o cargo ou declarada a sua desnecessidade, o servidor estável ficará em disponibilidade, **com remuneração proporcional ao tempo de serviço**, até seu adequado aproveitamento em outro cargo, que necessariamente deve ser de atribuições e vencimentos compatíveis com o cargo anteriormente ocupado e mesma escolaridade. O tempo em que o servidor ficar em disponibilidade conta normalmente como tempo de serviço.

Contudo, cumpre registrar que o STF, ao apreciar o **tema 697** de repercussão geral, no RE 740008, fixou a seguinte tese: "É inconstitucional o aproveitamento de servidor, aprovado em concurso público a exigir formação de nível médio, em cargo que pressuponha escolaridade superior" (tese fixada em 21/12/2020).

c) **Reintegração**

É o reingresso do servidor estável no cargo anteriormente ocupado ou no cargo resultante de sua transformação, quando invalidada a sua demissão por decisão judicial ou administrativa, com ressarcimento de todas as vantagens. Na hipótese de o cargo ter sido extinto, o servidor ficará em disponibilidade remunerada. Mas, se ainda existir o cargo, o servidor será reintegrado para este mesmo cargo que ele exercia.

E se o cargo que ele titularizava se encontrar ocupado por outro servidor? Este outro servidor, *se estável*, será *reconduzido* ao cargo que ocupava anteriormente, sem direito a indenização ou aproveitado em outro cargo ou posto em disponibilidade com remuneração proporcional ao tempo de serviço. Desse modo, ante o art. 41, § 2º, da Constituição Federal, quando for invalidada judicialmente a demissão do servidor estável, ele será reintegrado, e o eventual ocupante da vaga, se estável, reconduzido ao cargo de origem, sem direito a indenização, aproveitado em outro cargo ou posto em disponibilidade com remuneração proporcional ao tempo de serviço.

d) **Recondução**

A recondução tem previsão expressa no art. 29 da Lei nº 8.112/90.

Consiste no reingresso ou retorno do servidor estável ao cargo que antes ocupava, (a) quer por haver sido desalojado do novo cargo em decorrência de reintegração do anterior ocupante, (b) quer por ter sido inabilitado em estágio probatório relativo a outro cargo[37].

Se o cargo de origem estiver provido, o servidor reconduzido será aproveitado em outro (Lei nº 8.112/90, art. 29 e parágrafo único).

Entretanto, não tem direito à recondução o servidor que já cumpriu o estágio probatório no novo cargo e que se encontra estável.[38]

A recondução pode ser aplicada aos servidores dos Estados e Municípios, desde que tenha previsão na legislação específica dessas unidades da Federação. Não havendo previsão, a omissão legislativa local não autoriza a aplicação analógica da legislação federal (Lei nº 8.112/90), uma vez que esta tem incidência restrita aos servidores federais[39].

---

37. No MS 23.577-DF, rel. Min. Carlos Velloso, 15.5.2002, entendeu o STF que, se o servidor federal estável, submetido a estágio probatório em novo cargo público, **desiste** de exercer a nova função, tem ele o direito a ser reconduzido ao cargo ocupado anteriormente no serviço público. Com esse entendimento, o STF deferiu o mencionado mandado de segurança para assegurar ao impetrante, servidor sujeito a estágio probatório no cargo de escrivão da polícia federal, o retorno ao cargo de policial rodoviário federal, observado, se for o caso, o disposto no art. 29, parágrafo único da Lei 8.112/90 ("*Encontrando-se provido o cargo de origem, o servidor será aproveitado em outro, observado o disposto no art. 30.*"). Considerou-se que o art. 20, § 2º, da Lei 8.112/90 ("*O servidor não aprovado no estágio probatório será exonerado ou, se estável, reconduzido ao cargo anteriormente ocupado...*") autoriza a recondução do servidor estável na hipótese de **desistência voluntária** deste em continuar o estágio probatório, reconhecendo ele próprio a sua inadaptação no novo cargo. Precedente citado: MS 22.933-DF (DJU de 13.11.98).

38. STF, Pleno, MS 24543/DF, Rel. Min. CARLOS VELLOSO, DJ 12.09.2003, p. 00029: "CONSTITUCIONAL. ADMINISTRATIVO. SERVIDOR PÚBLICO. ESTÁGIO PROBATÓRIO. Lei 8.112/90, art. 20, § 2º. C.F., art 41. I.- O direito de o servidor, aprovado em concurso público, estável, que presta novo concurso e, aprovado, é nomeado para cargo outro, retornar ao cargo anterior ocorre enquanto estiver sendo submetido ao estágio probatório no novo cargo: Lei 8.112/90, art. 20, § 2º. É que, enquanto não confirmado no estágio do novo cargo, não estará extinta a situação anterior. II.- No caso, o servidor somente requereu a sua recondução ao cargo antigo cerca de três anos e cinco meses após a sua posse e exercício neste, quando, inclusive, já estável: C.F., art. 41. III.- M.S. indeferido."

39 Nesse sentido: STJ, RMS 46438/MG, Rel. Min. Humberto Martins, DJe 19/12/2014.

5. VACÂNCIA

É o ato administrativo através do qual o servidor é destituído do cargo, emprego ou função. Decorre da exoneração, demissão, aposentadoria, promoção e falecimento. O art. 33 da Lei Federal nº 8.112/90 ainda prevê a readaptação e a posse em outro cargo inacumulável.

A exoneração dar-se-á "a pedido do servidor" ou "de ofício". A exoneração de ofício, quando se tratar de cargo efetivo, dar-se-á quando não satisfeitas as condições do estágio probatório ou quando, tendo tomado posse, o servidor não entrar em exercício do prazo fixado. Quando se tratar de cargo em comissão ou de função de confiança, dar-se-á a juízo da autoridade competente ou a pedido do próprio servidor. A exoneração não é penalidade.

Já a demissão é penalidade imposta, em sede de processo administrativo disciplinar (PAD), ao servidor em virtude da prática de infração administrativo-disciplinar.

6. EFETIVIDADE, ESTABILIDADE E VITALICIEDADE

A *efetividade*, embora se refira ao servidor, é apenas um atributo do cargo, concernente à sua forma de provimento[40]. Efetivo, portanto, é o cargo e não o servidor que o titulariza. O servidor que titulariza um cargo efetivo pode ser, isto sim, estável[41]. Para ser efetivo o cargo, é necessário, como condição de acesso, o concurso público de provas ou de provas e títulos. Distingue-se, pois, do cargo em comissão, que é de livre nomeação, independendo de concurso público. Fala-se, usualmente, que com a estabilidade o servidor é *efetivado*. Essa expressão "efetivado" ou "efetivação" é empregada no sentido vulgar, para indicar a fixação ou estabilização do servidor nos quadros da Administração Pública. Não obstante efetivo, o cargo público pode ser extinto, sem possibilidade de o servidor invocar direito adquirido.

A *estabilidade* é a garantia constitucional de permanência no serviço público, assegurada ao servidor público nomeado para cargo de provimento efetivo em virtude de concurso público, que tenha cumprido um *período de prova*, após o *transcurso de determinado prazo* e *depois de ser submetido à avaliação especial de desempenho por comissão instituída para essa finalidade*. A estabilidade não gera direito adquirido ao cargo, mas sim a permanência do servidor nos quadros da Administração Pública. Para adquirir a estabilidade, é necessário o transcurso do período temporal de 03 anos de

40. Hely Lopes Meirelles, op. cit., p. 418.
41. "Efetividade e estabilidade. Não há que confundir efetividade com estabilidade. Aquela é atributo do cargo, designando o funcionário desde o instante da nomeação; a estabilidade é aderência, é integração no serviço público, depois de preenchidas determinadas condições fixadas em lei, e adquirida pelo decurso de tempo. (...) A vigente Constituição estipulou duas modalidades de estabilidade no serviço público: a primeira, prevista no art. 41, é pressuposto inarredável à efetividade. A nomeação em caráter efetivo constitui-se em condição primordial para a aquisição da estabilidade, que é conferida ao funcionário público investido em cargo, para o qual foi nomeado em virtude de concurso público. A segunda, prevista no art. 19 do ADCT, é um favor constitucional conferido àquele servidor admitido sem concurso público há pelo menos cinco anos antes da promulgação da Constituição. Preenchidas as condições insertas no preceito transitório, o servidor é estável, mas não é efetivo, e possui somente o direito de permanência no serviço público no cargo em que fora admitido, todavia sem incorporação na carreira, não tendo direito a progressão funcional nela, ou a desfrutar de benefícios que sejam privativos de seus integrantes." (RE 167.635, Rel. Min. Maurício Corrêa, julgamento em 17-9-96, *DJ* de 7-2-97).

efetivo exercício, segundo o art. 41, *caput*, da Constituição Federal, na novel redação dada pela EC nº 19/98. Cumpre esclarecer que a jurisprudência do Superior Tribunal de Justiça vinha distinguindo a **estabilidade**, adquirida após 03 anos de serviço, do **estágio probatório**, que permanece, por força da Lei 8.112/90, com o prazo de 24 meses (02 anos) para os servidores submetidos àquele diploma legal. Eis abaixo um elucidativo acórdão do Tribunal[42]:

> "MANDADO DE SEGURANÇA. SERVIDORES PÚBLICOS. **ESTÁGIO PROBATÓRIO.** ART. 20 DA LEI N.º 8.112/90. **ESTABILIDADE.** INSTITUTOS DISTINTOS. ORDEM CONCEDIDA.
>
> 1. Durante o período de 24 (vinte e quatro) meses do **estágio probatório,** o servidor será observado pela Administração com a finalidade de apurar sua aptidão para o exercício de um cargo determinado, mediante a verificação de específicos requisitos legais.
>
> 2. A **estabilidade** é o direito de permanência no serviço público outorgado ao servidor que tenha transposto o **estágio probatório.** Ao término de três anos de efetivo exercício, o servidor será avaliado por uma comissão especial constituída para esta finalidade.
>
> 3. O **prazo** de aquisição de **estabilidade** no serviço público não resta vinculado ao **prazo** do **estágio probatório.** Os institutos são distintos. Interpretação dos arts. 41, § 4º da Constituição Federal e 20 da Lei n.º 8.112/90.
>
> 4. Ordem concedida." (STJ, Terceira Seção, MS 9373/DF, Ministra LAURITA VAZ, DJ 20.09.2004 p. 182).

Em edições anteriores (7ª edição), ressaltamos que havia sido editada, em 14 de maio de 2008, a Medida Provisória nº 431, dando nova redação ao *caput* do art. 20 da Lei nº 8.112/90, que passou a prever o estágio probatório por período de 36 (trinta e seis) meses. Com efeito, com a MP em tela, o *caput* do art. 20 havia ficado com a seguinte redação: "*Ao entrar em exercício, o servidor nomeado para cargo de provimento efetivo ficará sujeito a estágio probatório por período de trinta e seis meses durante o qual a sua aptidão e capacidade serão objeto de avaliação para o desempenho do cargo, observados os seguinte fatores:* (...)".

Ocorre, contudo, que o Projeto de Lei de Conversão da MP nº 431/2008 (Projeto de Lei de Conversão nº 21/2008) foi aprovado sem a redação por ela implementada ao *caput* do art. 20 da Lei 8.112/90. Assim, com a conversão da MP nº 431/2008 na Lei Federal nº 11.784, de 22 de setembro de 2008, voltamos à redação original do *caput* do art. 20, que continua a prever o estágio probatório por período de 24 (vinte e quatro) meses nos seguintes termos: "*Ao entrar em exercício, o servidor nomeado para cargo de provimento efetivo ficará sujeito a estágio probatório por período de 24 (vinte e quatro) meses, durante o qual a sua aptidão e capacidade serão objeto de avaliação para o desempenho do cargo, observados os seguinte fatores:* (...)". O que ficou mantido na Lei Federal nº

42. No mesmo sentido, ver STJ, 3ª Seção, MS 12397/DF, Rel. Ministro ARNALDO ESTEVES LIMA, j. em 09/04/2008, DJ em 16.06.2008 p. 1: "(...) 4. **Estágio probatório** e **estabilidade** são institutos jurídicos distintos. O primeiro tem por objetivo aferir a aptidão e a capacidade do servidor para o desempenho do cargo público de provimento efetivo. O segundo, constitui uma garantia constitucional de permanência no serviço público outorgada àquele que transpôs o **estágio probatório.** Precedente. 5. O servidor público federal tem direito de ser avaliado, para fins de **estágio probatório,** no prazo de 24 (vinte e quatro) meses. Por conseguinte, apresenta-se incabível a exigência de que cumpra o interstício de 3 (três) anos para que passe a figurar em listas de progressão e de promoção na carreira a qual pertence. (...)".

11.784/2008 foi a nova redação do § 1º do art. 20 da Lei 8.112/90, que passou para a seguinte: "*4 (quatro) meses antes de findo o período do estágio probatório, será submetida à homologação da autoridade competente a avaliação do desempenho do servidor, realizada por comissão constituída para essa finalidade, de acordo com o que dispuser a lei ou o regulamento da respectiva carreira ou cargo, sem prejuízo da continuidade de apuração dos fatores enumerados nos incisos I a V do caput deste artigo*".

Entretanto, mesmo em face da previsão legal acima, da qual se infere a distinção entre o prazo da estabilidade do prazo do estágio probatório, o Supremo Tribunal Federal consolidou o seu entendimento no sentido de que a "A nova norma constitucional do art. 41 é imediatamente aplicável. Logo, as legislações estatutárias que previam prazo inferior a três anos para o estágio probatório restaram em desconformidade com o comando constitucional. Isso porque não há como se dissociar o prazo do estágio probatório do prazo da estabilidade". Assim, para a Suprema Corte, "a EC 19/1998, que alterou o art. 41 da CF, elevou para três anos o prazo para a aquisição da estabilidade no serviço público e, por interpretação lógica, o prazo do estágio probatório." (**STA 263-AgR**, Rel. Min. Presidente Gilmar Mendes, julgamento em 4-2-2010, Plenário, *DJE* de 26-2-2010).

No mesmo sentido do STF, vem o Superior Tribunal de Justiça também se posicionando para reconhecer que "o **estágio probatório** é o período compreendido entre a nomeação e a aquisição da **estabilidade.** Após a Emenda Constitucional n.º 19/98, seu prazo passou a ser de 3 anos, acompanhando a alteração para aquisição da **estabilidade,** não obstante tratar-se de institutos distintos. Precedente da Terceira Seção" (STJ, 3ª Seção, AgRg no MS 14396/DF, Relator Ministro JORGE MUSSI, DJe 26/11/2009).

O art. 19 do Ato das Disposições Constitucionais Transitórias (ADCT) ainda prevê a chamada *estabilidade especial ou excepcional*, assegurada aos servidores públicos civis da União, dos Estados, do Distrito Federal e dos Municípios, da administração direta, autárquica e das fundações públicas, em exercício na data da promulgação da Constituição há pelo menos cinco anos continuados, e que não tenham sido admitidos por meio de concurso público (na forma regulada no art. 37, da Constituição).

Todavia, o STF, no julgamento do Recurso Extraordinário nº 716378, com repercussão geral reconhecida, decidiu, na sessão extraordinária de 07 de agosto de 2019, que a estabilidade especial do artigo 19 do ADCT não se estende aos empregados das fundações públicas de direito privado, devendo ser aplicada somente aos servidores das pessoas jurídicas de direito público[43].

---

43. A decisão do STF reformou acórdão do Tribunal Superior do Trabalho que havia assegurado ao empregado de fundação pública com personalidade jurídica de direito privado a estabilidade especial do artigo 19 do ADCT. A tese para fins de repercussão geral proposta pelo relator e aprovada por maioria do STF tem a seguinte redação: 1 – A qualificação de uma fundação instituída pelo Estado como sujeita ao regime público ou privado depende: I – do estatuto de sua criação ou autorização; II – das atividades por ela prestadas. As atividades de conteúdo econômico e as passíveis de delegação, quando definidas como objetos de dada fundação, ainda que essa seja instituída ou mantida pelo Poder Público, podem se submeter ao regime jurídico de direito privado. 2 – A estabilidade especial do artigo 19 do ADCT não se estende aos empregados das fundações públicas de direito privado, aplicando-se tão somente aos servidores das pessoas jurídicas de direito público.

Entretanto, apesar de estáveis, esses servidores não ocupam cargos efetivos, porque não foram admitidos por concurso público, não fazendo parte do quadro de servidores públicos efetivos.

Por essa razão, apreciando o Tema 1157 de Repercussão Geral no ARE 1306505, o STF entendeu que o servidor admitido sem concurso público antes da CF/1988, ainda que beneficiado pela estabilidade excepcional do art. 19 do ADCT, não pode ser reenquadrado em novo Plano de Cargos, Carreiras e Remuneração previsto para servidores efetivos: "É vedado o reenquadramento, em novo Plano de Cargos, Carreiras e Remuneração, de servidor admitido sem concurso público antes da promulgação da Constituição Federal de 1988, mesmo que beneficiado pela estabilidade excepcional do artigo 19 do ADCT, haja vista que esta regra transitória não prevê o direito à efetividade, nos termos do artigo 37, II, da Constituição Federal e decisão proferida na ADI 3609 (Rel. Min. DIAS TOFFOLI, Tribunal Pleno, DJe. 30/10/2014)" (STF. Plenário. Tema 1157 de Repercussão Geral).

Na oportunidade, a Corte firmou tese pela vedação ao reenquadramento, em novo Plano de Cargos, Carreiras e Remuneração, de servidor admitido sem concurso público antes da promulgação da Constituição Federal de 1988, mesmo que beneficiado pela "estabilidade excepcional" do artigo 19 do ADCT. A decisão decorre do fato de que a regra transitória do ADCT, apesar de ter conferido estabilidade excepcional aos servidores que foram admitidos, sem concurso público, há pelo menos cinco anos contínuos da data da promulgação da CF/1988, nada dispôs acerca da possibilidade de esses servidores usufruírem de benefícios legalmente estabelecidos para os ocupantes de cargos efetivos que ingressaram mediante concurso público. Assim, os servidores que adquiriram essa estabilidade excepcional possuem apenas o direito de permanecer na função para as quais foram admitidos, devendo submeter-se a certame público para serem efetivados no cargo, nos termos do art. 37, II, da CF/1988.

A *vitaliciedade* é também uma garantia de permanência no serviço público, assegurada, porém, a alguns agentes políticos, distinguindo-se da estabilidade em razão da maior proteção que proporciona e da natureza dos cargos que ensejam sua aquisição. Somente os cargos de juiz (juízes, desembargadores e ministros), de promotor (promotores e procuradores do MP) e de conselheiros e ministros dos Tribunais de Contas geram a vitaliciedade. Porém, para os cargos de juiz e promotor, no primeiro grau, essa garantia ainda depende do transcurso de um período de prova de 02 anos de exercício, dependendo a perda do cargo, nesse período, de deliberação do tribunal a que o juiz estiver vinculado, e, nos demais casos, de sentença judicial transitada em julgado.

Com relação à estabilidade, a EC nº 19/98 ampliou as hipóteses de perda do cargo do servidor público estável, enfraquecendo significativamente essa garantia constitucional. Assim, além das duas hipóteses já conhecidas de perda do cargo do servidor estável, quais sejam: a) *Por sentença judicial transitada em julgado* e b) *Através de processo administrativo em que seja assegurada a ampla defesa e o contraditório*, aquela emenda constitucional nº 19 acrescentou mais duas: c) *Por avaliação periódica de desempenho* e d) *Para ajustar a folha de pagamento com pessoal aos limites fixados em lei complementar*.

Vejamos as quatro hipóteses de perda do cargo do servidor estável:

a) **Perda do cargo em virtude de sentença judicial transitada em julgado**

Por esta hipótese, o servidor público estável pode perder o cargo em razão de sentença judicial de natureza civil (por exemplo, sentença civil que reconhece a prática de ato de improbidade) ou de natureza penal, como efeito da condenação (art. 92 CP).

b) **Perda do cargo em virtude de demissão aplicada em processo administrativo disciplinar em que sejam asseguradas ao servidor as garantias da ampla defesa e do contraditório**

Cuida-se de demissão do servidor estável aplicada em processo administrativo disciplinar, em que sejam asseguradas as garantias da ampla defesa e do contraditório, em razão da prática de infração disciplinar. Na verdade, é necessário o devido processo administrativo, em que se garantam o contraditório e a ampla defesa, para a demissão de servidores públicos, mesmo que não estáveis, conforme súmula 21 do STF: "*Funcionário em estágio probatório não pode ser exonerado nem demitido sem inquérito ou sem as formalidades legais de apuração de sua capacidade*"[44].

Ademais, é relevante esclarecer que as instâncias cíveis, administrativas e criminais são independentes na apuração dos fatos atribuídos aos servidores públicos. Isso significa que, pelo mesmo fato, o servidor pode ser demitido na instância administrativa e absolvido na instância criminal. Entretanto, a instância penal prevalecerá sobre as demais quando nela se comprova categoricamente que o *fato não existiu* ou que o *réu não foi o seu autor*.

Isto porque, vige no processo penal o princípio da verdade real. Ou seja, se no processo administrativo o servidor é demitido e no processo penal chega-se à conclusão de que não houve, em relação ao mesmo fato, o próprio fato ou de que o réu não foi o seu autor, o servidor demitido terá direito à reintegração (se ainda há o cargo de origem) ou ao aproveitamento ou disponibilidade (se não há mais o cargo de origem). Todavia, se absolvido por falta de provas, não haverá essa prevalência. Cumpre esclarecer, ademais, que as excludentes de ilicitude não afastam, por si só, a responsabilidade civil ou administrativa. O que ocorre é que não se pode mais questionar nas outras instâncias se houve ou não a excludente, quando na instância penal ela já está provada; mas isto não exime a responsabilidade civil ou administrativa.

Todavia, eventual sentença absolutória criminal fundamentada no fato de a conduta do servidor público não constituir infração penal não impede a aplicação de penalidade no âmbito administrativo, com base na chamada falta residual. E a razão é simples, pois nem sempre uma infração administrativa também consiste numa infração penal. Se o fato não se configurar como uma infração penal, o servidor deverá ser inevitavelmente absolvido na instância criminal; mas se esse mesmo fato se caracterizar como uma infração administrativa, o servidor deverá ser punido.

44. No mesmo sentido: "A ausência de processo administrativo para a apuração da culpa ou dolo do servidor. Princípio do contraditório e da ampla defesa. Inobservância. Recurso provido. À demissão do servidor público, com ou sem estabilidade no cargo, deve preceder processo administrativo para a apuração da culpa, assegurando-lhe a ampla defesa e o contraditório." (RE 217.579-AgR, Rel. Min. Cezar Peluso, julgamento em 16-12-04, *DJ* de 4-3-05). No mesmo sentido: RE 491.724-AgR, Rel. Min. Ellen Gracie, julgamento em 25-11-08, *DJE* de 19-12-08, RE 223.927-AgR, *DJ* de 23-3-2001, RE 244.543, *DJ* de 26-9-2003 e RE 223.904, *DJ* de 6-8-04.

c) **Perda do cargo mediante procedimento de avaliação periódica de desempenho**

Esta modalidade de perda do cargo do servidor estável surgiu inspirada no princípio da eficiência. O servidor está sujeito a ser demitido por ineficiência, mediante procedimento de avaliação periódica de desempenho, na forma de lei complementar, assegurada ampla defesa (CF/88, art. 41, § 1º, III).

d) **Perda do cargo em virtude de excesso de despesa**

Esta nova modalidade está prevista no art. 169 da CF. Ocorre por necessidade de os entes estatais se adequarem aos limites fixados em lei complementar para pagamento com pessoal. Segundo esse preceptivo constitucional, com a nova redação dada pela EC nº 109/2021, a despesa com pessoal ativo e inativo e pensionistas da União, dos Estados, do Distrito Federal e dos Municípios não pode exceder os limites estabelecidos em lei complementar. Atualmente, vige a Lei complementar nº 101/2000, mais conhecida como Lei de Responsabilidade Fiscal, que fixou os limites em 50% para a União e 60% para Estados, Distrito Federal e Municípios. Para tanto, a Administração Pública deverá tomar as seguintes providências:

I. Redução em pelo menos vinte por cento das despesas com cargos em comissão e funções de confiança;
II. Exoneração dos servidores não estáveis e estáveis sem concurso público (art. 33 da EC nº 19/98);
III. Exoneração dos servidores estáveis.

De observar-se que a perda do cargo do servidor estável em virtude de excesso de despesa somente ocorrerá se as duas primeiras medidas não forem suficientes para resolver o problema financeiro. Isto é, se as medidas de (I) redução em pelo menos 20% das despesas com cargos em comissão e funções de confiança e de (II) exoneração dos servidores não estáveis e estáveis sem concurso público, não forem suficientes para adequar as despesas com pessoal ativo e inativo e pensionistas aos limites fixados na Lei de Responsabilidade Fiscal.

A perda do cargo, porém, fica dependendo de ato normativo motivado de cada um dos Poderes, a fim de que especifique a atividade funcional, o órgão ou unidade administrativa objeto da redução de pessoal.

Nessa hipótese, demitido o servidor estável, haverá duas garantias:

a) O servidor demitido receberá, a título de indenização, o valor de 01 (uma) remuneração para cada ano de serviço;
b) O cargo será considerado extinto, vedada a criação de cargo, emprego ou função com atribuições iguais ou assemelhadas pelo prazo de quatro anos.

7. REMUNERAÇÃO E SUBSÍDIO

Na sua versão originária, a Constituição Federal de 1988 falava ora em remuneração, ora em vencimentos, para designar a forma de contraprestação pecuniária devida ao servidor público pelo exercício do cargo, emprego ou função pública.

Tradicionalmente, a doutrina tem distinguido três tipos de retribuição pecuniária paga ao servidor público, quais sejam: *vencimento*, *vencimentos* e *remuneração*.

Vencimento, assim grafado no singular, corresponde à própria retribuição pecuniária básica a que tem direito o servidor pelo exercício de cargo público, com valor fixado em lei, sem qualquer vantagem adicional. Refere-se ao *padrão* ou à *referência* do cargo, normalmente simbolizado por letra, número ou combinação de ambos.

Vencimentos, grafado no plural, é tipo de contraprestação que tem um sentido mais amplo e compreende a retribuição pecuniária a que tem direito o servidor pelo exercício de cargo público (o vencimento), acrescida pelas vantagens pecuniárias fixas (adicionais e gratificações).

Finalmente, a **remuneração** compreende os vencimentos e todas as vantagens pecuniárias variáveis ou não fixas. Ou seja, "significa o somatório de todos os valores percebidos pelo servidor, quer sejam pecuniários, quer não. Assim, abrange o vencimento, as vantagens e as quotas de produtividade"[45]. Nada obstante, alguns estatutos funcionais vêm equiparando o conceito de remuneração ao conceito de vencimentos, como, por exemplo, a Lei nº 8.112/90, que dispôs sobre o regime jurídico dos servidores públicos da União, das autarquias e das fundações públicas federais, que no art. 41 definiu a remuneração como "*o vencimento do cargo efetivo, acrescido das vantagens pecuniárias permanentes estabelecidas em lei*".

Com o advento da EC nº 19/98, foi introduzida, no regime de retribuição pecuniária do servidor público, a figura do *subsídio*, obrigatória para determinadas categorias de agentes públicos. Com efeito, essa emenda constitucional acrescentou o § 4º ao art. 39 da Constituição Federal, segundo o qual o membro de Poder, o detentor de mandato eletivo, os Ministros de Estado e os Secretários Estaduais e Municipais *serão remunerados exclusivamente por subsídio* fixado em *parcela única*, vedado o acréscimo de qualquer gratificação, adicional, abono, prêmio, verba de representação ou outra espécie remuneratória. Este preceito trata dos cargos ou funções que serão retribuídos *obrigatoriamente* por meio desse novel estipêndio denominado *subsídio*.

Subsídio, portanto, consiste em nova modalidade de retribuição pecuniária paga a certos agentes públicos, em *parcela única*, sendo vedado o acréscimo de qualquer gratificação, adicional, abono, prêmio, verba de representação ou outra espécie remuneratória. Sem embargo disso, a própria Constituição Federal, em face do § 3º do art. 39, permitiu o acréscimo ao subsídio de certas gratificações e indenizações, e determinados adicionais, como a gratificação de natal, os adicionais de férias, de serviços extraordinários, as diárias, a ajudas de custos e o salário-família.

Excluídos os agentes públicos que obrigatoriamente serão retribuídos por subsídio, a Constituição faculta o pagamento por subsídio aos demais servidores organizados em carreira. Em razão disso, o subsídio, como modalidade de contraprestação pecuniária paga em parcela única ao servidor pelo exercício do cargo ou função, pode assumir duas modalidades: a *obrigatória* e a *facultativa*.

45. Diogenes Gasparini, op. cit., p. 189.

O **subsídio obrigatório** aplica-se para os seguintes agentes públicos:

a) Os Chefes do Executivo, os vices e seus auxiliares diretos (Ministros e Secretários);
b) Os Parlamentares em geral;
c) Os Magistrados em geral;
d) Os Membros do Ministério Público;
e) Os Membros da Advocacia Geral da União, das Procuradorias dos Estados e do Distrito Federal (não os dos Municípios, pois não foram mencionados pela emenda 19/98);
f) Os Membros da Defensoria Pública;
g) Os Servidores policiais das polícias federal, rodoviária e ferroviária federais, polícias civis e militares; e
h) Os Membros dos Tribunais de Contas.

O **subsídio facultativo** é aquele que pode ser aplicável aos demais servidores públicos organizados em carreira, conforme o § 8º do art. 39 da Constituição Federal.

O subsídio, em suma, é retribuição pecuniária paga em *parcela única*, que é sua característica fundamental, diferentemente da remuneração, que permite o fracionamento.

7.1. Fixação e Alteração da Remuneração e do Subsídio

A remuneração e o subsídio dos agentes públicos somente poderão ser fixados ou alterados por *lei específica*[46], observada a iniciativa privativa em cada caso. A lei é de iniciativa privativa: a) do Poder Executivo, relativamente aos seus servidores e dos servidores de suas autarquias e fundações de direito público (Art. 61, § 1º, II, *a*, da CF); b) do Poder Judiciário, de referência aos seus membros e servidores (art. 96, II, *b*, da CF); c) do Poder Legislativo, quanto aos seus servidores (arts. 51, IV e 52, XIII, da CF); d) do Ministério Público, em face de seus membros e servidores (art. 127, § 2º, da CF) e e) do Tribunal de Contas, quanto aos seus membros (art. 73 c/c o art. 96, da CF).

Quanto à fixação dos subsídios dos Deputados Federais, Senadores, Presidente da República, Vice-Presidente da República e Ministros de Estado, a competência é privativa do Congresso Nacional, mediante decreto legislativo (art. 49, incisos VII e VIII, da CF).

Relativamente aos Deputados Estaduais, Governadores, Vice-Governadores e Secretários Estaduais, a fixação dos subsídios depende de lei de iniciativa da Assembleia Legislativa.

O subsídio dos Vereadores será fixado pelas respectivas Câmaras Municipais em cada legislatura para a subsequente, e, finalmente, os subsídios do Prefeito, do Vice-Prefeito e dos Secretários Municipais serão fixados por lei de iniciativa da Câmara Municipal.

46. Conforme recente Súmula do STF nº 679, "*A fixação de vencimentos dos servidores públicos não pode ser objeto de convenção coletiva.*"

Por fim, sublinhe-se que, **segundo o § 1º do art. 39 da Constituição Federal,** a fixação dos padrões de vencimento e dos demais componentes do sistema remuneratório *observará*: (I) a natureza, o grau de responsabilidade e a complexidade dos cargos componentes de cada carreira; (II) os requisitos para a investidura; e (III) as peculiaridades dos cargos.

7.2. Revisão da Remuneração e do Subsídio

Por força do inciso X do art. 37 da Constituição Federal, ficou *assegurada a revisão geral anual, sempre na mesma data* e *sem distinção de índices*.

A Constituição assegura ao servidor a *simultaneidade*, no sentido de que o aumento/revisão da remuneração e dos subsídios deve ser *geral*, na *mesma época* e no *mesmo índice*. Contudo, a jurisprudência do STF admite a revisão especial, limitada a certas categorias de servidores, quando destinada a corrigir distorções na remuneração. Nesse sentido, assim já decidiu o Supremo: "Reajustes setoriais de vencimentos de servidores públicos com a finalidade de corrigir distorções: legitimidade. Inocorrência de ofensa ao princípio da isonomia e ao princípio da revisão geral inscrita no art. 37, X, da CF" (RE 307.302-ED, Rel. Min. Carlos Velloso, unânime, DJ 22.11.2002).

Ademais, em face da EC nº 19/98, restou assegurado também ao servidor a *periodicidade* no reajuste da remuneração e dos subsídios, de tal modo que passou a constituir-se como garantia do servidor a *revisão anual* de sua remuneração e subsídio, como medida necessária para lhe preservar o poder aquisitivo.

Porém, cumpre registrar que o STF, ao apreciar o **tema 864** de repercussão geral, no RE 905357, fixou a seguinte tese: "A revisão geral anual da remuneração dos servidores públicos depende, cumulativamente, de dotação na Lei Orçamentária Anual e de previsão na Lei de Diretrizes Orçamentárias" (tese fixada em 29/11/2019).

Essa garantia da revisão anual, contudo, projeta-se para o futuro, sendo devida a revisão da remuneração e do subsídio do servidor a partir do primeiro ano seguinte à data da publicação da EC nº 19, que ocorreu em junho de 1998. Assim, a partir de junho de 1999, inclusive, o servidor passou a ter direito a revisão de sua remuneração *ano a ano*.

Entendemos que o Poder Executivo não tem liberdade discricionária para decidir se encaminha ou não proposta de revisão anual ou para fixar o índice de revisão da remuneração e do subsídio, devendo anualmente enviar ao Congresso Nacional proposta legislativa de revisão e basear-se naquele que melhor reflita a inflação no período, com vistas a restabelecer o valor real da retribuição do servidor[47]. Entretanto, não

47. Com esse entendimento, prolatamos sentença nos autos do Processo nº 2003.33.00.022583-5, movido por servidores públicos federais contra a União, na Justiça Federal da Seção Judiciária da Bahia, cujo trecho, no que interessa, segue assim transcrito: "Por outro lado, a razão está ao lado dos autores relativamente ao pedido em torno da efetividade da garantia constitucional de que trata o art. 37, inciso X, da Carta Política, com a redação dada pela Emenda Constitucional nº 19/98. Com efeito, é de se afastar, de logo, a alegação de que a pretensão dos autores, no particular, encontra óbice no enunciado da Súmula 339 do Supremo Tribunal Federal. Não há o alegado óbice, entretanto. E não há porque a própria Constituição Federal estabelece, entre os direitos e garantias fundamentais, que a lei não excluirá da apreciação do Poder Judiciário lesão ou ameaça lesão a direito (idem,

art. 5°, XXXV). Além disso, não trata o caso de aumento de vencimentos, mas de correção de uma omissão no que tange à efetivação da revisão anual, de sorte a garantir a aplicação da norma constitucional. Neste passo, da leitura do multicitado dispositivo constitucional, é inegável o entendimento de que tal norma *assegura* aos servidores públicos federais, estaduais e municipais a revisão geral anual de sua remuneração, de sorte que se possa restaurar o seu poder aquisitivo, garantindo, assim, a irredutibilidade de vencimentos. No caso dos autores, a leitura do mencionado dispositivo constitucional também permite a interpretação de que tal remuneração somente poderá ser alterada mediante edição de lei específica, observada a iniciativa privativa, na hipótese dos autos, do Presidente da República. Ocorre que o Supremo Tribunal Federal, em decisões recentes proferidas em Ações Diretas de Inconstitucionalidade por Omissão, reconheceu a omissão legislativa ao não se editar lei específica regulamentando a revisão geral anual na remuneração dos servidores públicos, como se vê nas seguintes ementas: "AÇÃO DIRETA DE INCONSTITUCIONALIDADE POR OMISSÃO. ART. 37, X, DA CONSTITUIÇÃO FEDERAL (REDAÇÃO DA EC N.° 19, DE 4 DE JUNHO DE 1998). ESTADO DO TOCANTINS. Norma constitucional que impõe ao Governador do Estado o dever de desencadear o processo de elaboração da lei anual de revisão geral da remuneração dos servidores estaduais, prevista no dispositivo constitucional em destaque, na qualidade de titular exclusivo da competência para iniciativa da espécie, na forma prevista no art. 61, § 1.°, II, a, da Carta da República. **Mora que, no caso, se tem por verificada, quanto à observância do preceito constitucional, desde junho de 1999, quando transcorridos os primeiros doze meses da data da edição da referida EC n.° 19/98**. Não se compreende, a providência, nas atribuições de natureza administrativa do Chefe do Poder Executivo, não havendo cogitar, por isso, da aplicação, no caso, da norma do art. 103, § 2.°, in fine, que prevê a fixação de prazo para o mister. Procedência parcial da ação." (ADI-2524/TO. Relator Ministro Ilmar Galvão, DJ - 15/03/02, p. 00032. Ement. Vol.- 02061-01 - PP 00154, j. em 19/12/2001, Pleno). "AÇÃO DIRETA DE INCONSTITUCIONALIDADE POR OMISSÃO. ART. 37, X, DA CONSTITUIÇÃO FEDERAL (REDAÇÃO DA EC N° 19, DE 4 DE JUNHO DE 1998). Norma constitucional que impõe ao Presidente da República o dever de desencadear o processo de elaboração da lei anual de revisão geral da remuneração dos servidores da União, prevista no dispositivo constitucional em destaque, na qualidade de titular exclusivo da competência para iniciativa da espécie, na forma prevista no art. 61, § 1°, II, a, da CF. **Mora que, no caso, se tem por verificada, quanto à observância do preceito constitucional, desde junho/1999, quando transcorridos os primeiros doze meses da data da edição da referida EC n.° 19/98.** Não se compreende, a providência, nas atribuições de natureza administrativa do Chefe do Poder Executivo, não havendo cogitar, por isso, da aplicação, no caso, da norma do art. 103, § 2°, in fine, que prevê a fixação de prazo para o mister. Procedência parcial da ação." (ADI-2061/DF. Relator Ministro Ilmar Galvão, DJ - 29-06-01, p. 00033. Ement. Vol.- 02037-03 - PP 00454, j. em 25/04/2001, Pleno). No âmbito federal, observe-se que o Supremo Tribunal Federal, ao julgar a ADIN n° 2061-7/DF (Rel. Min. Ilmar Galvão, Pleno, unânime, publicado no DJ de 29 de junho de 2001), reconheceu a omissão legislativa do Poder Executivo Federal no que se refere à matéria em questão, **declarando a configuração da mora desde junho/99 (quando transcorridos os primeiros doze meses da data da edição da Emenda Constitucional n° 19/98)** sem, contudo, fixar prazo para que fosse ela purgada. Pode-se dizer que, com a edição das Leis n° 10.331/2001 e 10.679/2003, que fixaram os índices de revisão geral das remunerações e subsídios dos servidores públicos federais em 3,5% (três vírgula cinco por cento) e 1% (um por cento), respectivamente, não há mais omissão por parte dos Poderes Executivo e Legislativo. Entretanto, note-se que face aos diminutos reajustes concedidos — que não lograram manter o poder aquisitivo dos vencimentos — a omissão se transmuta em mora. De efeito, com a edição das Leis n°s 10.331/2001 e 10.679/2003, teve o Poder Executivo Federal a chance de suprir **integralmente** a omissão sob análise, não o tendo feito, porém. Assim, credenciado está este órgão jurisdicional, em face da provocação de seus jurisdicionados, a proceder a um controle incidental da aludida omissão, que se afigura inconstitucional, posto que lesiva a direito fundamental. Assim, no período de junho/99 a dezembro/2001 (data da edição da Lei n° 10.331/2001) houve omissão do poder concedente e, após, mora. Quanto a esta última hipótese, verifique-se que ao avalizar os parcos reajustes concedidos nestes últimos anos, estaria o Poder Judiciário a compactuar com a conduta recalcitrante do Poder Executivo Federal, o qual insiste em negar plena efetividade a um direito expressamente reconhecido pela Constituição Federal. E tal desvirtuamento de um dispositivo constitucional, com o sepultamento da garantia que ele encerra, é algo que não pode o Poder Judiciário admitir. Registre-se que o posicionamento deste Juízo não se configura como um desrespeito ao princípio insculpido no art. 2° da CF, haja vista que o mesmo não pode ser interpretado de maneira estanque, devendo ser harmonizado com os demais princípios e garantias prestigiados na própria Constituição. Desse modo, o reconhecimento, ***in casu***, do direito dos autores ao reajuste anual de sua remuneração nada mais é do que a justa intervenção do Poder Judiciário com o propósito de efetivar direito amparado pela Carta Política e reconhecido pelo STF, porém, omitido por quem possui o *munus* de lhe dar substrato. Quanto ao pedido de indenização por danos materiais decorrentes da mora, entendo não ser possível sua cumulação com a revisão pretendida, sob pena de proporcionar um enriquecimento ilícito aos acionantes. É que, no caso, o prejuízo material decorre da própria perda do poder aquisitivo dos vencimentos, o que, com a garantia da revisão, é sanado. Por fim, em estrita observância ao posicionamento firmado pelo Supremo Tribunal Federal (ADIN 2061-7/DF), é dessa forma que vem se posicionando a jurisprudência da Suprema Corte, que se limita a reconhecer a garantia da anualidade da revisão, deixando para o Executivo e Legislativo a fixação dos índices da revisão.

Com efeito, julgando o **tema 624** (RE 843112), o STF firmou tese de que "O Poder Judiciário não possui competência para determinar ao Poder Executivo a apresentação de projeto de lei que vise a promover a revisão geral anual da remuneração dos servidores públicos, tampouco para fixar o respectivo índice de correção." (22/09/2020).

O problema é que os índices estabelecidos por esses órgãos de direção política são sempre abaixo da inflação medida pelo IPCA, circunstância que praticamente esvazia a garantia em tela.

Ademais, também entendemos que, caso o poder executivo não encaminhe a proposta de revisão anual, essa omissão, nitidamente inconstitucional, pode ser convertida em perdas e danos, ensejando a responsabilidade civil do Estado para a indenização e recomposição dos danos.

Entretanto, o STF, julgando o **tema 19** de repercussão geral no RE 565089, fixou a seguinte tese: "O não encaminhamento de projeto de lei de revisão anual dos vencimentos dos servidores públicos, previsto no inciso X do art. 37 da CF/1988, não gera direito subjetivo a indenização. Deve o Poder Executivo, no entanto, se pronunciar, de forma fundamentada, acerca das razões pelas quais não propôs a revisão" (tese fixada em 25/09/2019).

E, posteriormente, o STF, ao apreciar o **tema 624** de repercussão geral, no RE 843112, fixou a seguinte tese: "O Poder Judiciário não possui competência para determinar ao Poder Executivo a apresentação de projeto de lei que vise a promover a revisão geral anual da remuneração dos servidores públicos, tampouco para fixar o respectivo índice de correção" (tese fixada em 22/09/2020).

Em face do art. 167-A, incluído pela EC 109/2021, apurado que, no período de 12 (doze) meses, a relação entre despesas correntes e receitas correntes **supera 95%** (noventa e cinco por cento), no âmbito dos Estados, do Distrito Federal e dos Municípios, **é facultado** aos Poderes Executivo, Legislativo e Judiciário, ao Ministério Público, ao Tribunal de Contas e à Defensoria Pública do ente, enquanto permanecer a situação, aplicar o mecanismo de ajuste fiscal de vedação da concessão, a qualquer título, de vantagem, aumento, reajuste ou adequação de remuneração de membros de Poder ou de órgão, de servidores e empregados públicos e de militares, exceto dos derivados de sentença judicial transitada em julgado ou de determinação legal anterior ao início da aplicação das medidas de que trata esse artigo.

7.3. Limites à Remuneração e ao Subsídio

A Constituição Federal de 1988, desde sua versão originária, preocupou-se em fixar um *limite máximo* ou *teto* para a remuneração dos agentes públicos.

---

considero que o citado reajuste deve ser efetivado tendo como termo inicial o mês de junho de 1999, ocasião em que se teve por verificada a mora legislativa. Quanto ao índice a ser aplicado, tenho como o que melhor reflete a inflação o IPCA, do IBGE. Diante do exposto, **pronuncio a prescrição** relativamente às pretensões aos créditos nascidos anteriormente a 17 de setembro de 1998, e, no mais, **acolho, em parte, o pedido**.

Na sua redação inicial, o inciso XI do art. 37 da Constituição previa *tetos distintos* para as três esferas políticas (União, Estados e Municípios) e para os três Poderes (Legislativo, Executivo e Judiciário), à exceção do Município, no âmbito do qual o teto correspondia à remuneração do Prefeito.

Com a EC nº 19/98, foi modificada a redação primitiva do inciso XI do art. 37, que passou a dispor sobre um novo teto, representado, de forma unificada, pelo *subsídio mensal dos Ministros do STF*. Consoante aquela redação (dada pela EC 19/98), a remuneração e o subsídio dos ocupantes de cargos, funções e empregos públicos da administração direta, autárquica e fundacional, dos membros de qualquer dos poderes da União, dos Estados, do DF e dos Municípios, dos detentores de mandato eletivo e dos demais agentes políticos e os proventos, pensões ou outra espécie remuneratória, percebidos cumulativamente, ou não, incluídas as vantagens pessoais ou de qualquer outra natureza, *não poderão exceder o subsídio mensal, em espécie, dos Ministros do STF*, a ser fixado pelo Congresso Nacional por lei de iniciativa conjunta dos Presidentes da República, da Câmara dos Deputados, do Senado Federal e do Supremo Tribunal Federal.

Destarte, com o advento da EC nº 19/98, o teto da remuneração e do subsídio dos agentes públicos passou a ser o subsídio mensal dos Ministros do STF, ainda que o agente acumule cargos ou funções. Esta regra serve para todos os três Poderes de todas as unidades da Federação.

Na jurisprudência anterior do STF, o teto remuneratório, previsto na redação inaugural do texto constitucional, não se aplicava às vantagens pessoais e às inerentes ao cargo (ex.: adicional por tempo de serviço).

Contudo, em face da nova redação dada pela EC nº 19 ao inciso XI, as vantagens pessoais, de qualquer espécie, devem ser incluídas no redutor do teto remuneratório[48]. Esse teto também se aplica às empresas públicas e às sociedades de economia mista, e suas subsidiárias, que receberem recursos da União, dos Estados, do Distrito Federal ou dos Municípios para pagamento de despesas de pessoal ou de custeio em geral.

Todavia, esse teto da EC 19/98 nunca chegou a ser fixado, em decorrência, sobretudo, da dificuldade da elaboração de uma lei de iniciativa conjunta.

A EC nº 41/2003 alterou a redação dada ao inciso XI do art. 37 pela EC nº 19/98, mantendo o *teto nacional* representado pelo *subsídio mensal dos Ministros do STF*, que será fixado pelo Congresso Nacional, com sanção do Presidente da República (art. 48, XV, da CF), *por lei de iniciativa do STF* (art. 96, II, *b*, da CF), mas estabelecendo *subtetos* no âmbito dos Estados, distintos para os três Poderes, e dos Municípios, representado pelo subsídio do Prefeito.

Com efeito, dispõe o inciso XI do art. 37 da Constituição Federal, na nova redação dada pela EC nº 41/2003, que a remuneração e o subsídio dos ocupantes de cargos,

48. "A jurisprudência do Supremo Tribunal Federal firmou-se no sentido de que, após a Emenda Constitucional n. 41/2003, as vantagens pessoais, de qualquer espécie, devem ser incluídas no redutor do teto remuneratório, previsto no inc. XI do art. 37 da Constituição da República." (RE 464.876-AgR, Rel. Min. Cármen Lúcia, julgamento em 16-12-08, *DJE* de 20-2-09). **No mesmo sentido:** RE 471.070-AgR, Rel. Min. Ellen Gracie, julgamento em 31-3-09, 2ª Turma, *DJE* de 24-4-09.

funções e empregos públicos da administração direta, autárquica e fundacional, dos membros de qualquer dos Poderes da União, dos Estados, do Distrito Federal e dos Municípios, dos detentores de mandato eletivo e dos demais agentes políticos e os proventos, pensões ou outra espécie remuneratória, percebidos cumulativamente ou não, incluídas as vantagens pessoais ou de qualquer outra natureza, *não poderão exceder o subsídio mensal, em espécie, dos Ministros do Supremo Tribunal Federal*, aplicando-se, todavia, *como limite* ou *subteto*, nos *Municípios*, o *subsídio do Prefeito*, e nos *Estados e no Distrito Federal*, o *subsídio mensal do Governador no âmbito do Poder Executivo*, o *subsídio dos Deputados Estaduais e Distritais no âmbito do Poder Legislativo* e o *subsídio dos Desembargadores do Tribunal de Justiça, limitado a noventa inteiros e vinte e cinco centésimos por cento do subsídio mensal, em espécie, dos Ministros do STF*, no *âmbito do Poder Judiciário*, aplicável este limite aos membros do Ministério Público, aos Procuradores e aos Defensores Públicos.

À vista da nova redação do inciso XI do art. 37, o teto, no âmbito federal, é igual para todos os agentes públicos, sendo representado pelo subsídio mensal dos Ministros do STF. Todavia, no âmbito estadual, o teto é distinto para os agentes públicos de cada um dos três Poderes do Estado, sendo representado pelos subsídios dos Deputados Estaduais (no âmbito do Poder Legislativo), do Governador do Estado (no âmbito do Poder Executivo) e dos Desembargadores Estaduais (no âmbito do Poder Judiciário), limitados estes últimos a 90,25% do subsídio mensal, em espécie, dos Ministros do STF[49]. É importante esclarecer que o teto no âmbito do Poder Judiciário Estadual, representado pelo subsídio do Desembargador, estende-se a alguns agentes vinculados ao Poder Executivo, que são os membros do MP (Promotores e Procuradores de Justiça), os Procuradores e os Defensores Públicos Estaduais. No âmbito municipal, o teto é igual para todos os servidores, sendo representado pelo subsídio do Prefeito.

A EC nº 47, de 05 de julho de 2005, acrescentou o § 12 ao art. 37 do texto constitucional, para facultar aos Estados e ao Distrito Federal, mediante emenda às respectivas

49. Todavia, em recente decisão, o Supremo Tribunal Federal, por maioria, deferiu pedido de liminar formulado em ação direta de inconstitucionalidade ajuizada pela Associação dos Magistrados Brasileiros (AMB) para, dando interpretação conforme à Constituição ao art. 37, XI, e § 12, da Constituição Federal, o primeiro dispositivo, na redação da EC 41/2003, e o segundo, introduzido pela EC 47/2005, excluir a submissão dos membros da magistratura estadual ao subteto de remuneração, bem como para suspender a eficácia do art. 2º da Resolução 13/2006 e do art. 1º, parágrafo único, da Resolução 14/2006, ambas do Conselho Nacional de Justiça (CNJ), as quais fixam, como limite remuneratório dos magistrados e servidores dos Tribunais de Justiça, 90,25% do subsídio mensal de Ministro do STF (...). Salientando-se o caráter nacional e unitário do Poder Judiciário, entendeu-se que as normas em questão, aparentemente, violam o princípio da isonomia (CF, art. 5º, *caput* e I) por estabelecerem, sem nenhuma razão lógico-jurídica que o justifique, tratamento discriminatório entre magistrados federais e estaduais que desempenham iguais funções e se submetem a um só estatuto de âmbito nacional (LC 35/79), restando ultrapassados, desse modo, pela EC 41/2003, os limites do poder constitucional reformador (CF, art. 60, § 4º, IV). Asseverou-se que o caráter nacional da estrutura judiciária está reafirmado na chamada regra de escalonamento vertical dos subsídios, de alcance nacional, e objeto do art. 93, V, da CF, que, ao dispor sobre a forma, a gradação e o limite para fixação dos subsídios dos magistrados não integrantes dos Tribunais Superiores, não faz distinção, nem permite que se faça, entre órgãos dos níveis federal e estadual, mas sim os reconhece como categorias da estrutura judiciária nacional. Considerou-se, ademais, manifesto o periculum in mora, tendo em conta que já determinada a implementação do teto remuneratório da magistratura estadual em sete tribunais, estando outros oito no aguardo de decisão do CNJ para também fazê-lo.(ADI 3.854-MC, Rel. Min. Cezar Peluso, julgamento em 28-2-07, Informativo 457).

Constituições e Lei Orgânica, a adoção de *subteto único* para os três Poderes, representado pelo subsídio mensal dos Desembargadores do respectivo Tribunal de Justiça, limitado a 90,25% (noventa inteiros e vinte e cinco centésimos por cento) do subsídio mensal dos Ministros do Supremo Tribunal Federal, não se aplicando, contudo, essa disposição aos subsídios dos Deputados Estaduais e Distritais e dos Vereadores. Confira-se o novo preceito constitucional, *in verbis*:

> "Para os fins do disposto no inciso XI do *caput* deste artigo, fica facultado aos Estados e ao Distrito Federal fixar, em seu âmbito, mediante emenda às respectivas Constituições e Lei Orgânica, como limite único, o subsídio mensal dos Desembargadores do respectivo Tribunal de Justiça, limitado a noventa inteiros e vinte e cinco centésimos por cento do subsídio mensal dos Ministros do Supremo Tribunal Federal, não se aplicando o disposto neste parágrafo aos subsídios dos Deputados Estaduais e Distritais e dos Vereadores."

Conforme o § 11, incluído pela EC nº 20/98 no art. 40 da Constituição, aplica-se o teto à soma total dos proventos de inatividade, inclusive quando decorrentes da acumulação de cargos ou empregos públicos, bem como de outras atividades sujeitas a contribuição para o regime geral de previdência social, e ao montante resultante da adição de proventos de inatividade com remuneração de cargo acumulável na forma desta Constituição, cargo em comissão declarado em lei de livre nomeação e exoneração, e de cargo eletivo.

Entretanto, nada obstante a redação do § 11, incluído pela EC 20/98, o limite remuneratório do serviço público deve incidir sobre o montante de **cada remuneração isolada**, e não sobre o montante de sua soma total, sob pena de violação ao direito à plenitude do trabalho. Pensar diferente seria admitir que, em um dos cargos ou empregos acumuláveis de acordo com o própria Constituição, o servidor devesse trabalhar gratuitamente, sem a devida contraprestação pecuniária.

Nesse sentido, apreciando os **temas 377** (RE 612975) e **384** (RE 602043) de repercussão geral de recurso extraordinário, o STF fixou tese afastando a aplicação do teto remuneratório previsto no art. 37, inciso XI, ao total dos ganhos do agente público, nos casos autorizados constitucionalmente de acumulação de cargos, empregos e funções. Segundo a Corte, para os efeitos do teto, os cargos, empregos e funções devem ser considerados isoladamente. Confira-se a tese:

> "Nos casos autorizados constitucionalmente de acumulação de cargos, empregos e funções, a incidência do artigo 37, inciso XI, da Carta da República pressupõe consideração de cada um dos vínculos formalizados, afastada a observância do teto remuneratório quanto ao somatório dos ganhos do agente público."

Porém, o teto remuneratório aplica-se sobre o somatório de remuneração ou provento e pensão percebida por servidor. Nesse sentido, e apreciando o tema 359 de repercussão geral, no RE 602584, o STF fixou a seguinte tese: "Ocorrida a morte do instituidor da pensão em momento posterior ao da Emenda Constitucional nº 19/1998, o teto constitucional previsto no inciso XI do artigo 37 da Constituição Federal incide sobre o somatório de remuneração ou provento e pensão percebida por servidor."

A EC nº 47/2005 acrescentou o § 11 ao art. 37 da Constituição, em conformidade com o qual não serão computadas no teto e subteto as parcelas de *caráter indenizatório* previstas em lei. Todavia, em face do art. 4º do texto da EC 47/2005, enquanto não editada a lei a que se refere o mencionado § 11, não será computada, para efeito do teto e subteto, qualquer parcela de caráter indenizatório, assim definida pela legislação em vigor na data de publicação da Emenda Constitucional nº 41, de 2003.

Vale ressaltar que o limite/teto remuneratório previsto no inciso XI, por força do que dispõe o § 9º, incluído pela EC 19/98 ao art. 37, aplica-se às empresas públicas e às sociedades de economia mista, e suas subsidiárias, que receberem recursos da União, dos Estados, do Distrito Federal ou dos Municípios para pagamento de despesas de pessoal ou de custeio em geral.

O art. 8º da EC nº 41/2003, em norma transitória, estabeleceu que até que seja fixado o valor do subsídio de que trata o art. 37, XI, da Constituição Federal, será considerado, para os fins do limite fixado naquele inciso, o valor da maior remuneração atribuída por lei na data de publicação desta Emenda a Ministro do Supremo Tribunal Federal, a título de vencimento, de representação mensal e da parcela recebida em razão de tempo de serviço, aplicando-se como limite, nos Municípios, o subsídio do Prefeito, e nos Estados e no Distrito Federal, o subsídio mensal do Governador no âmbito do Poder Executivo, o subsídio dos Deputados Estaduais e Distritais no âmbito do Poder Legislativo e o subsídio dos Desembargadores do Tribunal de Justiça, limitado a noventa inteiros e vinte e cinco centésimos por cento da maior remuneração mensal de Ministro do Supremo Tribunal Federal a que se refere este artigo, no âmbito do Poder Judiciário, aplicável este limite aos membros do Ministério Público, aos Procuradores e aos Defensores Públicos.

Em face dessa norma transitória, que não integra o texto da Constituição Federal, o STF havia fixado o seu subsídio no valor de *R$ 19.115,19* (dezenove mil, cento e quinze reais e dezenove centavos), retroativo a 1º de janeiro de 2004, que passou a valer como teto ou limite máximo para a remuneração e subsídio dos agentes públicos, a viger até a elaboração da lei exigida para disciplinar o valor do subsídio de que trata o inciso XI do art. 37 do Constituição[50].

---

50. Conforme "**ATA DA PRIMEIRA SESSÃO ADMINISTRATIVA DO STF DO ANO DE 2004, REALIZADA EM 05 DE FEVEREIRO DE 2004.** Às dezessete horas, reuniu-se o Supremo Tribunal Federal, em sessão administrativa, presentes os Ministros Maurício Corrêa (Presidente), Sepúlveda Pertence, Celso de Mello, Carlos Velloso, Marco Aurélio, Nelson Jobim, Ellen Gracie, Gilmar Mendes, Cezar Peluso, Carlos Britto e Joaquim Barbosa, para a apreciação da seguinte pauta: **1) Processo 319.269** – Após analisar as inovações introduzidas pela Emenda Constitucional nº 41/2003, o Tribunal decidiu, por maioria, nos termos do voto do Ministro Maurício Corrêa Presidente, que o valor do limite fixado pelo artigo 8º da referida Emenda corresponde a **R$ 19.115,19 (dezenove mil, cento e quinze reais e dezenove centavos)**, maior remuneração atribuída por lei, na data de sua publicação, a Ministro do Supremo Tribunal Federal, a título de vencimento, representação mensal e parcela recebida em razão de tempo de serviço e cuja composição é a seguinte: R$ 3.989,81 (três mil, novecentos e oitenta e nove reais e oitenta e um centavos) a título de **vencimento**, na forma das Leis 10474/02 e 10697/03; R$ 10.628,86 (dez mil, seiscentos e vinte e oito reais e oitenta e seis centavos) a título de **representação mensal**, conforme determinam os Decretos-Lei 2371/87, 1525/77 e 1604/78; e R$ 4.496,52 (quatro mil, quatrocentos e noventa e seis reais e cinqüenta e dois centavos) a título de **adicional em razão do tempo de serviço**, nos termos do artigo 65, inciso VIII, da Lei Complementar 35/79. Vencido, nesse ponto, "o Ministro Marco Aurélio por entender que o valor corresponde a **R$ 17.343,70 (dezessete mil, trezentos e quarenta e três reais e setenta centavos)**, excluindo-se para tanto o adicional de 20% (vinte por cento) da representação mensal devida ao Presidente nos termos do Decreto-Lei 1525/77. Sua Excelência consignou, também, que considera inconstitucional a expressão "percebidos cumulativamente ou não" contida no artigo 1º da Emenda Constitucional

A Lei nº 11.143, de 26 de julho de 2005, fixou o valor dos subsídios dos Ministros do STF, estabelecendo, em definitivo, o teto ou limite máximo do valor das remunerações e dos subsídios pagos aos servidores públicos. Esse valor, retroativo a 01 de janeiro de 2005, passou para R$ 21.500,00; a partir de 01 de janeiro de 2006 passou para R$ 24.500,00; a partir de 01 de fevereiro de 2010, por força da Lei nº 12.041/09, passou para R$ 26.723,13[51]. A Lei 12.771/12 estabeleceu que o subsídio mensal de Ministro do Supremo Tribunal Federal será de: I – R$ 28.059,29 (vinte e oito mil e cinquenta e nove reais e vinte e nove centavos) a partir de 1º de janeiro de 2013; II – R$ 29.462,25 (vinte e nove mil, quatrocentos e sessenta e dois reais e vinte e cinco centavos) a partir de 1º de janeiro de 2014; e III – R$ 30.935,36 (trinta mil, novecentos e trinta e cinco reais e trinta e seis centavos) a partir de 1º de janeiro de 2015. A Lei nº 13.091, de 12 de janeiro de 2015, revogou o inciso III do art. 1º da lei anterior (Lei 12.771/12) e fixou, a partir de 1º de janeiro de 2015, o subsídio mensal dos Ministros do Supremo Tribunal Federal em R$ 33.763,00 (trinta e três mil, setecentos e sessenta e três reais). Por último, a Lei 14.520, de 09 de janeiro de 2023, aumentou o subsídio dos Ministros do STF para R$ 46.366,19 (quarenta e seis mil trezentos e sessenta e seis reais e dezenove centavos), da seguinte forma: R$ 41.650,92 (quarenta e um mil seiscentos e cinquenta reais e noventa e dois centavos), a partir de 1º de abril de 2023; R$ 44.008,52 (quarenta e quatro mil e oito reais e cinquenta e dois centavos), a partir de 1º de fevereiro de 2024; R$ 46.366,19 (quarenta e seis mil trezentos e sessenta e seis reais e dezenove centavos), a partir de 1º de fevereiro de 2025.

Resta saber se esse novo teto atinge ou não situações pretéritas, já consolidadas, ou seja, se o teto em referência pode alcançar ou não os valores da remuneração e dos subsídios dos agentes públicos, que foram constituídos com base no regime remuneratório então vigente, que excluía do teto anterior, consoante jurisprudência do STF da época, as vantagens pessoais e inerentes ao cargo. Entendemos que o novo teto não pode retroagir, em respeito não só ao direito adquirido como à garantia constitucional da irredutibilidade de vencimentos. Isto porque, como é garantia fundamental, a irredutibilidade de vencimentos não pode ser desrespeitada por emenda constitucional ou por qualquer ato infraconstitucional. O valor da remuneração e do subsídio que se mostre superior ao novo teto não poderá ser afetado em razão da necessidade do respeito absoluto às garantias constitucionais do direito adquirido e da irredutibilidade de vencimentos, que são cláusulas pétreas insuscetíveis de supressão.

Assim, vemos como absolutamente desnecessária e sem sentido a norma contida no art. 9º do texto da EC nº 41/2003, segundo a qual se aplica o disposto no art. 17 do Ato

---

41/03, no que deu nova redação ao inciso XI do artigo 37 da Constituição Federal, assim como o artigo 9° da referida Emenda. O Tribunal fixou ainda, por unanimidade, nos termos do voto do Ministro Maurício Corrêa, o entendimento de que, no caso específico da acumulação dos cargos de Ministro do Supremo Tribunal Federal e Ministro do Tribunal Superior Eleitoral, determinada pelo artigo 119, inciso I, letra ""a" da Constituição, não se aplica a cumulação das remunerações para fins de incidência do limite estabelecido pelo inciso XI do artigo 37 da Constituição Federal."

51. É importante esclarecer que a Lei 12.041/2009 reajustou o subsídio mensal do Ministro do STF, quatro anos depois do último reajuste, prevendo um aumento de 5% a partir de 01 de setembro de 2009 e 3,88% a partir de 01 de fevereiro de 2010.

das Disposições Constitucionais Transitórias aos vencimentos, remunerações e subsídios dos ocupantes de cargos, funções e empregos públicos da administração direta, autárquica e fundacional, dos membros de qualquer dos Poderes da União, dos Estados, do Distrito Federal e dos Municípios, dos detentores de mandato eletivo e dos demais agentes políticos e os proventos, pensões ou outra espécie remuneratória percebidos cumulativamente ou não, incluídas as vantagens pessoais ou de qualquer outra natureza.

Ora, a norma do art. 17 do ADCT da Constituição Federal de 1988 é fruto da manifestação do poder constituinte originário, elaborada com vistas a adequar toda remuneração e vencimento em vigor na data da promulgação do texto constitucional ao teto por ele preconizado. Dado o caráter absoluto e juridicamente ilimitado do poder originário, que, simultaneamente, é um poder constituinte e desconstituinte, tal norma transitória decorreu da sua natural atividade, não podendo ser invocado contra ela qualquer direito por aqueles que titularizavam situações jurídicas anteriores ao texto de 1988.

Tal regramento originário da Constituição, voltado para situações anteriores a ela, não pode ser utilizado pelo constituinte reformador, que exerce uma competência limitada, para desconstituir situações consolidadas após o advento da Carta Magna e sob sua égide, sob pena de grave ofensa à Constituição[52].

Entretanto, a respeito da aplicação retroativa do teto remuneratório, o STF fixou tese, ao julgar o tema 480 de repercussão geral do RE 609381, segundo a qual "O teto de retribuição estabelecido pela Emenda Constitucional 41/03 possui eficácia imediata, submetendo às referências de valor máximo nele discriminadas todas as verbas de natureza remuneratória percebidas pelos servidores públicos da União, Estados, Distrito Federal e Municípios, ainda que adquiridas de acordo com regime legal anterior. Os valores que ultrapassam os limites estabelecidos para cada nível federativo na Constituição Federal constituem excesso cujo pagamento não pode ser reclamado com amparo na garantia da irredutibilidade de vencimentos." (02/10/2014).

Para além do teto ou limite máximo da remuneração e do subsídio dos agentes públicos, importa lembrar, outrossim, que, em face do inciso XII do art. 37 da Constituição Federal, os vencimentos dos cargos dos servidores públicos do Poder Legislativo e do Poder Judiciário não poderão ser superiores aos pagos pelo Poder Executivo.

Tal como existe um limite máximo, há um *limite mínimo* para a remuneração e o subsídio dos agentes públicos, de modo que nenhum agente pode perceber como retribuição pecuniária valor inferior ao salário mínimo. É isso que assegura o § 3º do art. 39 da Constituição Federal, que estende a garantia do salário mínimo aos servidores

52. Não foi, entretanto, o que entendeu o STF no julgamento do RECURSO EXTRAORDINÁRIO 609.381/GOIÁS, Pleno, Rel. MIN. TEORI ZAVASCKI, j. em 02.10.2014: 1. O teto de retribuição estabelecido pela Emenda Constitucional 41/03 possui eficácia imediata, submetendo às referências de valor máximo nele discriminadas todas as verbas de natureza remuneratória percebidas pelos servidores públicos da União, Estados, Distrito Federal e Municípios, ainda que adquiridas de acordo com regime legal anterior. 2. A observância da norma de teto de retribuição representa verdadeira condição de legitimidade para o pagamento das remunerações no serviço público. Os valores que ultrapassam os limites pré-estabelecidos para cada nível federativo na Constituição Federal constituem excesso cujo pagamento não pode ser reclamado com amparo na garantia da irredutibilidade de vencimentos. (...). Em voto vencido, o Min. Marco Aurélio cita gentilmente o nosso entendimento exposto acima.

públicos. Porém, importa asseverar que o limite mínimo deve ser observado para a fixação do valor do vencimento, que, como acima conceituado, é a retribuição pecuniária básica a que tem direito o servidor pelo exercício de cargo público, com valor fixado em lei, sem qualquer vantagem adicional. Nesse sentido, a Lei nº 8.112/90, após haver conceituado, no *caput* do art. 40, o vencimento como a *retribuição pecuniária pelo exercício de cargo público, com valor fixado em lei*, previu expressamente, no parágrafo único do art. 40, que *nenhum servidor receberá, a título de vencimento, importância inferior ao salário mínimo*. Contudo, a Medida Provisória nº 431, de 14 de maio de 2008, que restou convertida na Lei Federal nº 11.784, de 22 de setembro de 2008, incidindo em manifesta inconstitucionalidade, *revogou* o parágrafo único do art. 40 da Lei nº 8.112/90, e *incluiu* o § 5º ao art. 4153, segundo o qual *nenhum servidor receberá remuneração inferior ao salário mínimo*. O propósito indisfarçável é possibilitar a fixação do vencimento em valores inferiores ao salário mínimo, o que contraria a Constituição.

Lamentavelmente, o Supremo Tribunal Federal, chancelando a alteração legislativa acima mencionada, editou a **Súmula Vinculante nº 16**, segundo a qual: "*Os artigos 7º, IV, e 39, § 3º (redação da EC 19/98), da Constituição, referem-se ao total da remuneração percebida pelo servidor público*". É um absurdo esse entendimento do STF, pois admite que o valor do vencimento do servidor público fique abaixo do valor do salário mínimo, em flagrante ofensa ao texto constitucional.

Assim, em consonância com o § 5º do art. 41 da Lei 8.112/90 e a Súmula Vinculante nº 16, a remuneração do servidor – que é o resultado da soma do vencimento e das vantagens – é que não pode ser inferior ao salário mínimo[54].

Por fim, prevê a Constituição, no art. 37, XV, que o subsídio e os vencimentos dos ocupantes de cargos e empregos públicos são **irredutíveis**, ressalvado o disposto nos incisos XI e XIV deste artigo e nos arts. 39, § 4º, 150, II, 153, III, e 153, § 2º, I. Essa irredutibilidade de subsídio e vencimentos, entretanto, não impede a supressão de parcelas remuneratórias, *desde que não haja redução nominal* do valor dos vencimentos[55].

---

53. Esse artigo conceitua remuneração como o *vencimento do cargo efetivo, acrescido das vantagens pecuniárias permanentes estabelecidas em lei.*

54. "Servidor público: salário mínimo. É da jurisprudência do STF que a remuneração total do servidor é que não pode ser inferior ao salário mínimo (CF, art. 7º, IV). Ainda que os vencimentos sejam inferiores ao mínimo, se tal montante é acrescido de abono para atingir tal limite, não há falar em violação dos artigos 7º, IV, e 39, § 3º, da Constituição. Inviável, ademais, a pretensão de reflexos do referido abono no cálculo de vantagens, que implicaria vinculação constitucionalmente vedada (CF, art. 7º, IV, parte final)." (RE 439.360-AgR, Rel. Min. Sepúlveda Pertence, julgamento em 9-8-05, 1ª Turma, *DJ* de 2-9-05). No mesmo sentido: RE 553.038-AgR, Rel. Min. Marco Aurélio, julgamento em 7-4-09, 1ª Turma, *DJE* de 29-5-09; AI 583.573-AgR, Rel. Min. Joaquim Barbosa, julgamento em 17-2-09, 2ª Turma, *DJE* de 20-3-09; RE 523.835-AgR, Rel. Min. Ricardo Lewandowski, julgamento em 16-12-08, 1ª Turma, *DJE* de 20-2-09; RE 539.248-AgR, Rel. Min. Carlos Britto, julgamento em 13-5-08, 1ª Turma, *DJE* de 15-5-09; RE 541.100-AgR, Rel. Min. Gilmar Mendes, julgamento em 4-12-07, *DJE* de 1º-2-08; RE 474.197-AgR, Rel. Min. Cezar Peluso, julgamento em 18-9-07, *DJ* de 11-10-07.

55. "Não há direito adquirido a regime jurídico, sendo possível, portanto, a redução ou mesmo a supressão de gratificações ou outras parcelas remuneratórias, desde que preservado o valor nominal da remuneração. Precedentes." (RE 593.711-AgR, Rel. Min. Eros Grau, julgamento em 17-03-09, 2ª Turma, *DJE* de 17-04-09). Conferir também: "Servidor público estatutário – Inalterabilidade do regime jurídico – Direito adquirido – Inexistência – Remuneração – Preservação do montante global – Ausência de ofensa à irredutibilidade de vencimentos (...) Não há direito adquirido do servidor público estatutário à inalterabilidade do regime jurídico pertinente à composição dos vencimentos, desde que a eventual modificação introduzida por ato legislativo superveniente preserve o

Também já decidiu o STF que o aumento da jornada de trabalho do servidor sem o correspondente aumento remuneratório viola o inciso XV do art. 37 da Constituição, tendo em vista que causa redução de vencimentos: "As premissas constantes do acórdão impugnado revelam que edital de concurso veiculou carga de trinta horas semanais. Mediante lei posterior teria ocorrido majoração da jornada semanal para quarenta horas sem a indispensável contraprestação. (...) Está configurada, na espécie, a violação do princípio da irredutibilidade dos vencimentos. Ao aumento da carga de trabalho não se seguiu a indispensável contraprestação, alcançando o Poder Público vantagem indevida. Daí o certo da concessão da segurança para anular o decreto municipal." (RE 255.792, voto do Rel. Min. Marco Aurélio, julgamento em 28-4-09, 1ª Turma, *DJE* de 26-6-09).

Apreciando **o tema 514** de repercussão geral, no ARE 660010, o STF fixou a seguinte tese: "I – A ampliação de jornada de trabalho sem alteração da remuneração do servidor consiste em violação da regra constitucional da irredutibilidade de vencimentos; II – No caso concreto, o § 1º do art. 1º do Decreto estadual 4.345, de 14 de fevereiro de 2005, do Estado do Paraná não se aplica aos servidores elencados em seu caput que, antes de sua edição, estavam legitimamente submetidos a carga horária semanal inferior a quarenta horas."

A EC 103/2019 incluiu o § 9º no art. 39 da Constituição para proibir a incorporação de vantagens de caráter temporário ou vinculadas ao exercício de função de confiança ou de cargo em comissão à remuneração do cargo efetivo, ressalvadas, entretanto, as incorporações efetivadas até a data de entrada em vigor da Emenda 103.

De acordo com o art. 13 do texto da EC 103, não se aplica essa vedação (o disposto no § 9º do art. 39 da Constituição Federal) a parcelas remuneratórias decorrentes de incorporação de vantagens de caráter temporário ou vinculadas ao exercício de função de confiança ou de cargo em comissão efetivada até a data de entrada em vigor desta Emenda Constitucional.

O objetivo da vedação, com a ressalva das incorporações já efetivadas, foi extinguir a figura da estabilidade econômica, que era prevista em diversos estatutos funcionais como um direito que o servidor tinha de continuar a perceber, como vantagem pessoal, o valor do seu cargo temporário (cargo em comissão), se exercido por mais de um determinado período (ex: dez anos), contínuo ou não, no caso de exoneração ou dispensa.

7.4. Proibição de Acumulação Remunerada de Cargos, Empregos e Funções Públicas

A Constituição Federal proíbe a acumulação remunerada de cargos, empregos ou funções públicas.

Assim, por força do seu art. 37, incisos XVI e XVII, é vedada a acumulação remunerada de cargos, empregos e funções públicas, exceto quando, havendo compatibilidade de horários, observado, em qualquer caso, o teto:

---

montante global da remuneração, e, em conseqüência, não provoque decesso de caráter pecuniário. Precedentes." (AI 679.120-AgR, Rel. Min. Celso de Mello, julgamento em 4-12-07, *DJE* de 1º-2-08). No mesmo sentido: AI 609.997-AgR, Rel. Min. Cezar Peluso, julgamento em 10-2-09, 2ª Turma, *DJE* de 13-3-09.

a) De dois cargos de professor;

b) De um cargo de professor, com outro técnico ou científico;

c) De dois cargos ou empregos privativos de profissionais de saúde, com profissões regulamentadas (como, por exemplo, de médico, enfermeiro e qualquer profissional de saúde).

Sublinhe-se que a proibição de acumular estende-se a empregos e funções e abrange autarquias, fundações, empresas públicas, sociedades de economia mista, suas subsidiárias, e sociedades controladas, direta ou indiretamente, pelo poder público[56].

Cumpre observar que a Constituição Federal somente condiciona a possiblidade de acumulação remunerada de cargos, empregos ou funções públicas, nas hipóteses que indica no inciso XVI do art. 37, à **compatibilidade de horários**. A Constituição não estabelece qualquer limitação quanto à carga horária a ser cumprida, vedando, tão somente, a superposição de horários. Da inteligência do inciso XVI do art. 37, percebe-se que a compatibilidade de horários não é aferida pela carga horária mas, sim, pelo exercício das funções inerentes a cada cargo, de modo que o exercício de um cargo não impeça o de outro.

Assim, não há limite de carga horária acumulada, de modo que o entendimento do Tribunal de Contas da União, firmado no Acórdão 2133/2005 (DOU de 21/09/2005), que estabelece o limite de 60 horas semanais, contraria a Constituição da República. Nesse sentido também já se manifestou o STF (MS 24.540/DF, Rel. Min. Gilmar Mendes). Contudo, mais recentemente, o TCU alterou o seu entendimento, admitindo o registro de aposentadorias ou admissões com carga horária semanal superior a 60 horas de cargos acumuláveis, quando comprovado, no caso concreto, o requisito de compatibilidade de horários (Acórdão TCU nº 1176/2014).

E apreciando o **tema 1081** de repercussão geral no ARE 1246685, o STF fixou a seguinte tese: "As hipóteses excepcionais autorizadoras de acumulação de cargos públicos previstas na Constituição Federal sujeitam-se, unicamente, a existência de compatibilidade de horários, verificada no caso concreto, ainda que haja norma infraconstitucional que limite a jornada semanal." (j. em 20/03/2020).

Cumpre ressaltar, para efeito da acumulação permitida pela Constituição, que cargo *técnico* ou *científico* é aquele cujas funções exigem *conhecimentos profissionais especializados* para o seu desempenho. Assim, não se afigura como cargo técnico ou científico aquele cujas funções são de natureza simples e repetitiva. Nesse sentido: "Acumulação de emprego de atendente de telecomunicações de sociedade de economia mista, com cargo público de magistério. Quando viável, em recurso extraordinário, o reexame das atribuições daquele emprego (atividade de telefonista), correto, ainda assim, o acórdão recorrido, no sentido de se revestirem elas de 'características simples e repetitivas', de

56. "Para efeitos do disposto no art. 37, XVII, da Constituição são sociedades de economia mista aquelas – anônimas ou não – sob o controle da União, dos Estados-Membros, do Distrito Federal ou dos Municípios, independentemente da circunstância de terem sido 'criadas por lei'. Configura-se a má-fé do servidor que acumula cargos públicos de forma ilegal quando, embora devidamente notificado para optar por um dos cargos, não o faz, consubstanciando, sua omissão, disposição de persistir na prática do ilícito." (RMS 24.249, Rel. Min. Eros Grau, julgamento em 14-9-04, *DJ* de 3-6-05).

modo a afastar-se a incidência do permissivo do art. 37, XVI, *b*, da Constituição." (AI 192.918-AgR, Rel. Min. Octavio Gallotti, julgamento em 3-6-97, *DJ* de 12-9-97)[57].

Conforme a jurisprudência do STJ: "Cargo científico é o conjunto de atribuições cuja execução tem por finalidade investigação coordenada e sistematizada de fatos, predominantemente de especulação, visando a ampliar o conhecimento humano. Cargo técnico é o conjunto de atribuições cuja execução reclama conhecimento específico de uma área do saber." (RMS 7.550/PB, 6.ª Turma, Rel. Min. LUIZ VICENTE CERNICCHIARO, DJ de 02/03/1998). Assim, decidiu a Corte que o Cargo público de técnico, que permite a acumulação com o de professor nos termos do art. 37, XVI, b, da Constituição Federal, é o que exige formação técnica ou científica específica. Não se enquadra como tal o cargo ocupado pelo impetrante, de Policial Militar (STJ, RMS 32031/AC, Rel. Ministro TEORI ALBINO ZAVASCKI, 1ª Turma, DJe 24/11/2011).

De observar-se que, mesmo sendo acumulável, a EC 20/98 incluiu o § 11 ao art. 40 da Constituição, para estabelecer que a soma dos valores recebidos não pode ultrapassar o teto.

Todavia, chame-se a atenção para a nova jurisprudência do Superior Tribunal de Justiça, cuja primeira seção sedimentou o entendimento de que, "tratando-se de cumulação legítima de cargos, a remuneração do servidor público não se submete ao teto constitucional, devendo os cargos, para este fim, ser considerados isoladamente" (RMS 33.134/DF).

Com efeito, vem decidindo o STJ que, nos casos de acumulação permitida, os cargos devem ser considerados **isoladamente** para efeitos do teto. Assim, a remuneração

---

57. Conferir, também, o seguinte acórdão do STJ: ADMINISTRATIVO. SERVIDOR PÚBLICO. MILITAR. MÉDICO. ACUMULAÇÃO DE CARGOS. NATUREZA CIENTÍFICA. PROFESSOR. POSSIBILIDADE. 1. Discute-se a possibilidade de acumulação dos cargos de médica oficiala da Polícia Militar do Estado de Goiás e de professora da Universidade Federal de Goiás. 2. Com base na interpretação sistemática dos arts. 37, XVI, "c", 42, § 1°, e 142, § 3°, II, da Constituição Federal, a jurisprudência do STJ passou a admitir a acumulação de dois cargos por militares que atuam na área de saúde, desde que o servidor público não desempenhe as funções tipicamente exigidas para a atividade castrense, mas sim atribuições inerentes a profissões de civis (AgRg no RMS 33.703/GO, Rel. Ministro Castro Meira, Segunda Turma, DJe 2.8.2012; RMS 33.357/GO, Rel. Ministro Humberto Martins, Segunda Turma, DJe 26.9.2011; RMS 28.059/RO, Rel. Ministro Jorge Mussi, Quinta Turma, DJe 16.10.2012). 3. Nessa linha, o fato de o profissional de saúde integrar os quadros de instituição militar não configura, por si só, impedimento de acumulação de cargo, o que, entretanto, somente se torna possível nas hipóteses estritamente previstas no art. 37, XVI, da Constituição Federal. 4. O art. 37, XVI, da Constituição impõe como regra a impossibilidade de acumulação de cargos. As exceções se encontram taxativamente listadas em suas alíneas e devem ser interpretadas de forma estrita, sob pena de afrontar o objetivo da norma, que é o de proibir a acumulação remunerada de cargos públicos. 5. É certo que a Constituição disciplinou a situação dos profissionais de saúde em norma específica e nela admitiu a acumulação de dois cargos ou empregos privativos, ambos nessa área (art. 37, XVI, "c"). 6. Contudo, não se pode desconhecer que o cargo de médico possui natureza científica, por pressupor formação em área especializada do conhecimento, dotada de método próprio. Essa é, em breve síntese, a noção de cargo "técnico ou científico", conforme se depreende dos precedentes do STJ (RMS 32.031/AC, Rel. Ministro Teori Albino Zavascki, Primeira Turma, DJe 24.11.2011; RMS 28.644/AP, Rel. Ministra Laurita Vaz, Quinta Turma, DJe 19.12.2011; RMS 24.643/MG, Rel. Ministro Arnaldo Esteves Lima, Quinta Turma, DJe 16.2.2009). 7. A acumulação exercida pela recorrente se amolda, portanto, à exceção inserta no art. 37, XVI, "b", da Constituição Federal. De fato, parece desarrazoado admitir a acumulação de um cargo de professor com outro técnico ou científico e, entretanto, eliminar desse universo o cargo de médico, cuja natureza científica é indiscutível. 8. Por fim, verifica-se que é incontroversa a questão da compatibilidade de horários (40 horas semanais, sem dedicação exclusiva na Universidade Federal de Goiás, e 20 horas semanais, no exercício da atividade de médica reumatologista, no Hospital da Polícia Militar de Goiás – fls. 45-46). 9. Recurso Ordinário provido. (RMS 39157/GO, Rel. Ministro HERMAN BENJAMIN, 2ª Turma, DJe 07/03/2013).

de **cada cargo** não pode ser superior ao teto, sendo possível que a soma dos dois ultrapasse esse limite. Confira-se o seguinte acórdão: "(...) a acumulação de proventos de servidor aposentado em decorrência do exercício cumulado de dois cargos de médico, legalmente exercidos, nos termos autorizados pela Constituição, não se submete ao teto constitucional, devendo os cargos ser considerados isoladamente para esse fim. (...)" (RMS 38682/ES, Rel. Min. Herman Benjamin, Segunda Turma, julgado em 18/10/2012). No mesmo sentido: *A acumulação de proventos de servidor aposentado em decorrência do exercício cumulado de dois cargos, de técnico e de professor, não se submete ao teto constitucional, devendo os cargos serem considerados isoladamente para esse fim. (...) (RMS 33.170/DF, Rel. p/ Acórdão Ministro Cesar Asfor Rocha, Segunda Turma, julgado em 15/05/2012, DJe 07/08/2012).*

De fato, conforme o § 11, incluído pela EC nº 20/98 no art. 40 da Constituição, aplica-se o teto à soma total dos proventos de inatividade, inclusive quando decorrentes da acumulação de cargos ou empregos públicos, bem como de outras atividades sujeitas a contribuição para o regime geral de previdência social, e ao montante resultante da adição de proventos de inatividade com remuneração de cargo acumulável na forma desta Constituição, cargo em comissão declarado em lei de livre nomeação e exoneração, e de cargo eletivo.

Entretanto, nada obstante a redação do § 11, incluído pela EC 20/98, o limite remuneratório do serviço público deve incidir sobre o montante de **cada remuneração isolada**, e não sobre o montante de sua soma total, sob pena de violação ao direito à plenitude do trabalho. Pensar diferente seria admitir que, em um dos cargos ou empregos acumuláveis de acordo com o própria Constituição, o servidor devesse trabalhar gratuitamente, sem a devida contraprestação pecuniária.

Nesse sentido, apreciando os **temas 377** (RE 612975) e **384** (RE 602043) de repercussão geral de recurso extraordinário, **o STF fixou a seguinte tese jurídica**:

> "Nos casos autorizados constitucionalmente de acumulação de cargos, empregos e funções, a incidência do artigo 37, inciso XI, da Carta da República pressupõe consideração de cada um dos vínculos formalizados, afastada a observância do teto remuneratório quanto ao somatório dos ganhos do agente público."

Proíbe-se também a percepção acumulada de remuneração ou subsídio com a pensão ou proventos de aposentadoria, a não ser para os casos em que a Constituição Federal permite a acumulação na ativa[58]. Assim, forte no que dispõe o art. 37, § 10, da Constituição, é vedada a percepção simultânea de *proventos* de aposentadoria decorrentes do regime próprio de aposentadoria do servidor público titular de cargo efetivo com a *remuneração* de cargo, emprego ou função pública, ressalvados os cargos acumuláveis na forma da Constituição (CF, art. 37, XVI), os cargos eletivos e os cargos em comissão declarados em lei de livre nomeação e exoneração. Essa vedação, entretanto,

58. "O dispositivo impugnado, ao estabelecer indistintamente que os proventos da inatividade não serão considerados para efeito de acumulação de cargos, afronta o art. 37, XVI, da CF, na medida em que amplia o rol das exceções à regra da não cumulatividade de proventos e vencimentos, já expressamente previstas no texto constitucional. Impossibilidade de acumulação de proventos com vencimentos quando envolvidos cargos inacumuláveis na atividade." (ADI 1.328, Rel. Min. Ellen Gracie, julgamento em 12-5-04, *DJ* de 18-6-04).

em face do art. 11 da EC nº 20/98, não se aplica aos membros de poder e aos inativos, servidores e militares, que, até a publicação da referida emenda, tenham ingressado novamente no serviço público por concurso público de provas ou de provas e títulos, e pelas demais formas previstas na Constituição Federal[59].

Relativamente à possibilidade ou não de o servidor público acumular cargo, emprego ou função pública com o mandato eletivo, a Constituição Federal, **no art. 38**, dispõe que:

(I) tratando-se de mandato eletivo federal (Presidente e Vice-Presidente da República, Deputado Federal ou Senador), estadual ou distrital (Governador e Vice-Governador do Estado ou do Distrito Federal ou Deputado Estadual ou Distrital), ficará o servidor afastado de seu cargo, emprego ou função;

(II) investido no mandato de Prefeito e Vice-Prefeito[60], será ele afastado do cargo, emprego ou função, sendo-lhe facultado, porém, optar pela sua remuneração; e, finalmente,

(III) investido no mandato de Vereador, e havendo compatibilidade de horários, ele perceberá as vantagens de seu cargo, emprego ou função, sem prejuízo da remuneração do mandato eletivo, e, não havendo compatibilidade, será ele afastado do cargo, emprego ou função, sendo-lhe facultado, contudo, optar pela sua remuneração.

Em qualquer caso que exija o afastamento para o exercício de mandato eletivo, seu tempo de serviço será contado para todos os efeitos legais, *exceto para promoção por merecimento*. Para efeito de benefício previdenciário, no caso de afastamento, e na hipótese de ser segurado de regime próprio de previdência social, permanecerá filiado a esse regime, no ente federativo de origem, conforme nova redação do inciso V do art. 38 dado pela EC 103/2019.

O artigo 38 da Constituição Federal, portanto, dispõe sobre a situação do servidor público **investido em mandato eletivo**. O preceito em tela não impede o servidor de exercer o seu direito político de ser votado e investido em mandato eletivo, mas considera, como regra geral, a **inacumulabilidade** de cargos, empregos e

59. "Os dispositivos impugnados, pelo simples fato de possibilitarem ao policial militar — agente público — o acúmulo remunerado deste cargo (ainda que transferido para a reserva) com outro que não seja o de professor, afrontam visivelmente o art. 37, XVI, da Constituição. Impossibilidade de acumulação de proventos com vencimentos quando envolvidos cargos inacumuláveis na atividade. Precedentes: RE 163.204, Rel. Min. Carlos Velloso, RE 197.699, Rel. Min. Marco Aurélio e AGRRE n. 245.200, Rel. Min. Maurício Corrêa. Este entendimento foi revigorado com a inserção do parágrafo 10 no art. 37 pela EC n. 20/98, que trouxe para o texto constitucional a vedação à acumulação retro mencionada. Vale destacar que esta mesma Emenda, em seu art. 11, excetuou da referida proibição os membros de poder e os inativos, servidores e militares, que, até a publicação da Emenda, tenham ingressado novamente no serviço público por concurso público de provas ou de provas e títulos, ou pelas demais formas previstas pela Constituição Federal." (ADI 1.541, Rel. Min. Ellen Gracie, julgamento em 5-9-02, *DJ* de 4-10-02). No mesmo sentido: RE 382.389, Rel. Min. Ellen Gracie, julgamento em 14-2-06, *DJ* de 17-3-06.

60. "Recurso extraordinário. 2. Vice-Prefeito, que é titular de emprego remunerado em empresa pública. 3. Não pode o Vice-Prefeito acumular a remuneração decorrente de emprego em empresa pública estadual com a representação estabelecida para o exercício do mandato eletivo (Constituição Federal art. 29, V). 4. Constituição, art. 38, II. 5. O que a Constituição excepcionou, no art. 38, III, no âmbito municipal, foi apenas a situação do Vereador, ao possibilitar-lhe, se servidor público, no exercício do mandato, perceber as vantagens de seu cargo, emprego ou função, sem prejuízo da remuneração do cargo eletivo, quando houver compatibilidade de horários; se não se comprovar a compatibilidade de horários, será aplicada a norma relativa ao Prefeito (CF, art. 38, II). 6. Hipótese em que o acórdão não reconheceu ao Vice- Prefeito, que exercia emprego em empresa pública, o direito a perceber, cumulativamente, a retribuição estabelecida pela Câmara Municipal. 7. Recurso extraordinário não conhecido" (STF, 2ª Turma, RE 140.269/RJ, Rel. Min. Néri da Silveira, DJ de 09.05.1997, p. 18139).

funções públicas com o mandato popular, ressalvando da proibição apenas o mandato de vereador.

Por essa razão, se o servidor público for eleito Presidente da República, vice-Presidente da República, Governador, vice-Governador, Senador, Deputado Federal, Estadual ou Distrital, Prefeito e vice-Prefeito, **deve ser afastado do cargo, emprego ou função**.

Se eleito Prefeito ou vice-Prefeito, apesar de ter de se afastar do cargo, emprego ou função, pode optar por receber a sua remuneração do cargo, emprego ou função do qual teve de se afastar. Essa faculdade entre escolher pela remuneração do cargo, emprego ou função ou subsídio do mandato não foi assegurada aos investidos em mandato eletivo federal, estadual ou distrital.

Todavia, se o servidor foi eleito Vereador, ele pode acumular seu mandato eletivo com o cargo, emprego ou função que ocupa, percebendo as vantagens de seu cargo, emprego ou função sem prejuízo do subsídio do mandato eletivo, desde que haja compatibilidade de horários. Entretanto, não havendo a compatibilidade de horários, deve o servidor se afastar do cargo, emprego ou função, podendo, porém, optar por receber a sua remuneração de servidor, se maior do que o subsídio do mandato eletivo.

De qualquer modo, mesmo para os servidores públicos que tiverem de se afastar do cargo, emprego ou função pública para exercerem mandato eletivo, a Constituição lhes assegura a contagem de tempo de serviço para todos os efeitos legais, exceto para os fins de promoção por *merecimento*, que, por imperativo lógico, pressupõe efetivo desempenho das funções do cargo.

Esclareça-se que o servidor público que acumule, ilegalmente, cargos, empregos ou funções públicas na Administração Pública poderá optar por um dos cargos, *se estiver de boa-fé*. Todavia, notificado para proceder à opção e permanecendo assim mesmo nos cargos, será considerado de má-fé, devendo ser demitido do cargo. Vide o seguinte acórdão do STF: "Configura-se a má-fé do servidor que acumula cargos públicos de forma ilegal quando, embora devidamente notificado para optar por um dos cargos, não o faz, consubstanciando, sua omissão, disposição de persistir na prática do ilícito." (RMS 24.249, Rel. Min. Eros Grau, julgamento em 14-9-04, *DJ* de 3-6-05).

Vide também: "Acórdão proferido pela terceira seção do Superior Tribunal de Justiça, que denegou mandado de segurança impetrado contra ato do Ministro de Estado da Previdência e Assistência Social. Demissão do cargo de médico do quadro de pessoal do INSS. Acumulação ilegal de emprego público em três cargos. Presunção de má-fé, após regular notificação. O acórdão recorrido entendeu que o servidor público que exerce três cargos ou empregos públicos de médico – um no INSS, outro na Secretaria Estadual de Saúde e Meio Ambiente e outro junto a hospital controlado pela União, incorre em acumulação ilegal de cargos. O Supremo Tribunal Federal tem reconhecido a presunção de má-fé do servidor que, embora notificado, não faz a opção que lhe compete. Demissão do recorrente que se assentou em processo administrativo regular, verificada a ocorrência dos requisitos do art. 133, § 6º, da Lei 8.112/90." (RMS 23.917, Rel. Min. Ricardo Lewandowski, julgamento em 2-9-08, *DJE* de 19-9-08).

Cabe, por último, um esclarecimento quanto aos militares que atuam como profissionais da saúde. Na sua versão original, a Constituição previa que o militar em atividade que tomasse posse em cargo ou emprego público civil permanente, seria transferido, nos termos da lei, para a reserva. Bem como que o militar da ativa que tomasse posse em cargo, emprego ou função pública civil temporária, não eletiva, ainda que da administração indireta, ficaria agregado ao respectivo quadro e somente poderia, enquanto permanecesse nessa situação, ser promovido por antiguidade, contando-se-lhe o tempo de serviço apenas para aquela promoção e transferência para a reserva, sendo depois de dois anos de afastamento, contínuos ou não, transferido para a reserva, nos termos da lei.

Todavia, a Emenda Constitucional nº 77, de 11 de fevereiro de 2014, alterou os incisos II, III e VIII do § 3º do art. 142 da Constituição Federal, **para estender aos profissionais de saúde das Forças Armadas a possibilidade de cumulação de cargo a que se refere o art. 37, inciso XVI, alínea "c"**.

Isto é, a EC 77/14 passou a permitir que os militares das Forças Armadas, que atuem em qualquer das três Forças como profissionais de saúde (médicos e enfermeiros militares, por exemplo), **possam acumular suas atividades nas Forças Armadas com outro cargo, emprego ou função pública de profissional de saúde**, desde que com prevalência da atividade militar e que haja compatibilidade de horários, não sendo o Militar da saúde, nessa situação, transferido para a reserva (no caso de cargo ou emprego civil permanente) ou agregado ao respectivo quadro (no caso de cargo, emprego ou função pública civil temporária). Em razão disso, pode, por exemplo, um Capitão médico do Exército, acumular, havendo compatibilidade de horários, essa atividade com o cargo público de médico no Ministério da Saúde.

Essa possibilidade de acumulação remunerada com outro cargo, emprego ou função pública de profissional de saúde também se aplica aos Militares dos Estados e do Distrito Federal, por força do § 1º do art. 42 da Constituição Federal[61].

Nada obstante, a EC 101/2019 foi mais longe e acrescentou o § 3º ao art. 42 da Constituição Federal para estender aos militares dos Estados, do Distrito Federal e dos Territórios o direito à acumulação de cargos públicos prevista no art. 37, inciso XVI (não mais limitada a possibilidade de acumulação à alínea "c" desse inciso), com prevalência da atividade militar. Assim, os militares dos Estados, do Distrito Federal e dos Territórios, desde que com a prevalência da atividade militar, e havendo compatibilidade de horário, podem acumular seus cargos com os cargos de **professor** ou de cargos ou empregos privativos de **profissionais de saúde**, com profissões regulamentadas.

61. § 1º: "Aplicam-se aos militares dos Estados, do Distrito Federal e dos Territórios, além do que vier a ser fixado em lei, as disposições do art. 14, § 8º; do art. 40, § 9º; e do art. 142, §§ 2º e 3º, cabendo a lei estadual específica dispor sobre as matérias do art. 142, § 3º, inciso X, sendo as patentes dos oficiais conferidas pelos respectivos governadores".

7.5. Proibição de Vinculação e Equiparação de Remuneração e Subsídio

Em face do art. 37, inciso XIII, a Constituição *veda a vinculação* e a *equiparação* de quaisquer espécies remuneratórias para o efeito de remuneração de pessoal do serviço público. Com isso, a Constituição proíbe qualquer reajuste automático de remuneração e subsídio.

Segundo a Súmula nº 681, do STF, "*É inconstitucional a vinculação do reajuste de vencimentos de servidores estaduais ou municipais a índices federais de correção monetária.*" No mesmo sentido, a **Súmula Vinculante 42**: "*É inconstitucional a vinculação do reajuste de vencimentos de servidores estaduais ou municipais a índices federais de correção monetária.*"

O Supremo Tribunal Federal também consolidou, na Súmula Vinculante nº 04, o entendimento segundo o qual "*Salvo nos casos previstos na Constituição, o salário mínimo não pode ser usado como indexador de base de cálculo de vantagem de servidor público ou de empregado, nem ser substituído por decisão judicial.*"

Mais recentemente, o STF editou a Súmula Vinculante nº 15, com os seguintes termos: "*O cálculo de gratificações e outras vantagens do servidor público não incide sobre o abono utilizado para se atingir o salário mínimo*". Com isso, a Suprema Corte objetivou reprimir a vinculação do valor das gratificações e outras vantagens do servidor ao aumento do valor do abono utilizado para se atingir o salário mínimo, sempre que este venha a sofrer aumento.

Ocorre a vinculação quando o aumento de uma remuneração fica atrelado ou dependente ao aumento de outra remuneração (ex.: o subsídio de Delegados de Polícia vinculado ao subsídio dos membros do Ministério Público, de modo que, quando o subsídio destes aumenta, o dos Delegados também) ou a arrecadação de tributos ou a índice de correção monetária[62].

Equiparação é o tratamento igual a situações desiguais.

Finalmente, segundo o inciso XIV do art. 37 da Constituição Federal, os acréscimos pecuniários percebidos por servidor público não serão computados nem acumulados para fins de concessão de acréscimos ulteriores. O STF, apreciando o tema 24 de repercussão geral no RE 563708, fixou tese segunda a qual "I - O art. 37, XIV, da Constituição Federal, na redação dada pela Emenda Constitucional 19/98, é autoaplicável; II - Não há direito adquirido a regime jurídico, notadamente à forma de composição da remuneração de servidores públicos, observada a garantia da irredutibilidade de vencimentos." (06/02/2013).

62. "Reajuste automático de vencimentos vinculado à arrecadação do ICMS e a índice de correção monetária. Inconstitucionalidade. Lei Complementar n. 101/93 do Estado de Santa Catarina. Reajuste automático de vencimentos dos servidores do Estado-membro, vinculado ao incremento da arrecadação do ICMS e a índice de correção monetária. Ofensa ao disposto nos artigos 37, XIII; 96, II, b, e 167, IV, da Constituição do Brasil. Recurso extraordinário conhecido e provido para cassar a segurança, declarando-se, incidentalmente, a inconstitucionalidade da Lei Complementar n. 101/93 do Estado de Santa Catarina." (RE 218.874, Rel. Min. Eros Grau, julgamento em 7-11-07, *DJ* de 1º-2-08).

8. DIREITOS DOS TRABALHADORES EXTENSIVOS AOS SERVIDORES PÚBLICOS. O DIREITO À LIVRE ASSOCIAÇÃO SINDICAL E O DIREITO DE GREVE

A Constituição Federal, no § 3º do art. 39, determina a aplicação aos servidores públicos de alguns direitos reconhecidos aos trabalhadores da iniciativa privada.

Desse modo, são *extensivos* aos servidores públicos os seguintes direitos fundamentais sociais:

a) salário mínimo, fixado em lei, nacionalmente unificado, capaz de atender a suas necessidades vitais básicas e às de sua família com moradia, alimentação, educação, saúde, lazer, vestuário, higiene, transporte e previdência social, com reajustes periódicos que lhe preservem o poder aquisitivo;

b) garantia de salário, nunca inferior ao mínimo, para os que percebem remuneração variável;

c) décimo terceiro salário com base na remuneração integral ou no valor da aposentadoria;

d) remuneração do trabalho noturno superior à do diurno;

e) salário-família pago em razão do dependente do trabalhador de baixa renda nos termos da lei;

f) duração do trabalho normal não superior a oito horas diárias e quarenta e quatro semanais, facultada a compensação de horários e a redução da jornada, mediante acordo ou convenção coletiva de trabalho;

g) repouso semanal remunerado, preferencialmente aos domingos;

h) remuneração do serviço extraordinário superior, no mínimo, em cinquenta por cento à do normal;

i) gozo de férias anuais remuneradas com, pelo menos, um terço a mais do que o salário normal;

j) licença à gestante, sem prejuízo do emprego e do salário, com a duração de cento e vinte dias;

k) licença-paternidade, nos termos fixados em lei;

l) proteção do mercado de trabalho da mulher, mediante incentivos específicos, nos termos da lei;

m) redução dos riscos inerentes ao trabalho, por meio de normas de saúde, higiene e segurança; e

n) proibição de diferença de salários, de exercício de funções e de critério de admissão por motivo de sexo, idade, cor ou estado civil.

Relativamente à licença à gestante, sem prejuízo do emprego e do salário, com a duração de cento e vinte dias, prevista no art. 7º, inciso XVIII, e assegurada para a mãe trabalhadora, o Supremo Tribunal Federal firmou tese de Repercussão Geral no RE1348854, com o Tema 1.182, estendendo ao pai servidor público em família monoparental (o chamado pai solo) o mesmo prazo de licença maternidade garantido às mulheres pela Constituição. A decisão foi fundamentada nos princípios constitucionais da proteção integral das crianças, bem como da maternidade responsável, tendo sido reconhecida a tese por unanimidade, a partir do voto do relator Ministro Alexandre de Moraes. O relator destacou em seu voto que desde a CRFB de 1988 não há mais a figura da "cabeça do casal", sendo o poder familiar distribuído igualmente na estrutura familiar, com equiparação de direitos entre homens e mulheres. Por enquanto, a decisão vale somente para servidores públicos, mas pode inspirar outros casos.

Relativamente ao direito de férias do servidor, o STF, ao julgar o tema 0221 de repercussão geral no RE 593448, fixou tese segundo a qual: "No exercício da autonomia legislativa municipal, não pode o Município, ao disciplinar o regime jurídico de seus servidores, restringir o direito de férias a servidor em licença saúde de maneira a inviabilizar o gozo de férias anuais previsto no art. 7º, XVII, da Constituição Federal de 1988." (05/12/2022).

Ademais, foi garantido ao servidor público o **direito à livre associação sindical** e o **direito de greve**.

O **direito à livre associação sindical** está previsto no art. 37, inciso VI, da Constituição, que deve ser exercido nos moldes do art. 8º.

O **direito de greve** tem fundamento constitucional no art. 37, inciso VII, em conformidade com o qual **será exercido nos termos e nos limites definidos em lei específica**. Em razão da ressalva do dispositivo de que o direito de greve do servidor público será exercido nos termos e nos limites definidos em lei, o Supremo Tribunal Federal firmou a sua jurisprudência no sentido de que o mencionado direito só pode ser exercitado, sob pena de ilegalidade, após a edição de lei reguladora, pois a norma do art. 37, VII, não é autoaplicável, admitindo a Corte, inclusive, que decreto do chefe do Poder Executivo possa disciplinar as consequências administrativas da paralisação do servidor, disciplinares ou não.[63]

Contudo, o STF concluiu julgamento de três mandados de injunção impetrados, respectivamente, pelo Sindicato dos Servidores Policiais Civis do Espírito Santo – SINDIPOL, pelo Sindicato dos Trabalhadores em Educação do Município de João Pessoa – SINTEM, e pelo Sindicato dos Trabalhadores do Poder Judiciário do Estado do Pará – SINJEP, nos quais pretendiam os impetrantes fosse garantido aos seus associados o exercício do direito de greve previsto no art. 37, VII, da CF. O Tribunal, por maioria, conheceu dos mandados de injunção e propôs a solução para a omissão legislativa com

63. STF, Pleno, ADI 1696/SE, Rel. Min. SEPÚLVEDA PERTENCE, DJ 14.06.2002, p. 00126: "Greve de servidor público: não ofende a competência privativa da União para disciplinar-lhe, por lei complementar, os termos e limites – e o que o STF reputa indispensável à licitude do exercício do direito (MI 20 e MI 438; ressalva do relator) – o decreto do Governador que – a partir da premissa de ilegalidade da paralisação, à falta da lei complementar federal – discipline suas conseqüências administrativas, disciplinares ou não (precedente: ADInMC 1306, 30.6.95)."

a aplicação, no que couber, da Lei 7.783/89, que dispõe sobre o exercício do direito de greve na iniciativa privada[64].

Também decidiu o STF que "A simples circunstância de o servidor público estar em estágio probatório não é justificativa para demissão com fundamento na sua participação em movimento grevista por período superior a trinta dias. A ausência de regulamentação do direito de greve não transforma os dias de paralisação em movimento grevista em faltas injustificadas." (RE 226.966, Rel. p/ o ac. Min. Cármen Lúcia, julgamento em 11-11-08, *DJE* de 21-8-09).

A norma do art. 37, VII, da Constituição, é de *eficácia contida* e, nos termos do § 1º do art. 5º, de *aplicabilidade imediata*, podendo o direito nela consagrado ser exercido independentemente de lei reguladora. Assim, a lei que a norma em tela faz menção só é indispensável para a fixação dos limites do exercício do direito, não para o próprio desfrute deste.

Ademais, o direito de greve, como autêntico direito de defesa, não depende de nenhuma prestação positiva do Estado. Logo, uma vez reconhecido constitucionalmente, como efetivamente foi, pode ser exercitado imediatamente, sob pena de, por absurdo, se admitir que uma lei (a que o art. 37, VII, faz referência) tenha mais força que a própria Constituição!

---

64. No MI 670/ES e no MI 708/DF prevaleceu o voto do Min. Gilmar Mendes. Nele, inicialmente, teceram-se considerações a respeito da questão da conformação constitucional do mandado de injunção no Direito Brasileiro e da evolução da interpretação que o Supremo lhe tem conferido. Ressaltou-se que a Corte, afastando-se da orientação inicialmente perfilhada no sentido de estar limitada à declaração da existência da mora legislativa para a edição de norma regulamentadora específica, passou, sem assumir compromisso com o exercício de uma típica função legislativa, a aceitar a possibilidade de uma regulação provisória pelo próprio Judiciário. Registrou-se, ademais, o quadro de omissão que se desenhou, não obstante as sucessivas decisões proferidas nos mandados de injunção. Entendeu-se que, diante disso, talvez se devesse refletir sobre a adoção, como alternativa provisória, para esse impasse, de uma moderada sentença de perfil aditivo. Aduziu-se, no ponto, no que concerne à aceitação das sentenças aditivas ou modificativas, que elas são em geral aceitas quando integram ou completam um regime previamente adotado pelo legislador ou, ainda, quando a solução adotada pelo Tribunal incorpora 'solução constitucionalmente obrigatória'. Salientou-se que a disciplina do direito de greve para os trabalhadores em geral, no que tange às denominadas atividades essenciais, é especificamente delineada nos artigos 9 a 11 da Lei 7.783/89 e que, no caso de aplicação dessa legislação à hipótese do direito de greve dos servidores públicos, afigurar-se-ia inegável o conflito existente entre as necessidades mínimas de legislação para o exercício do direito de greve dos servidores públicos, de um lado, com o direito a serviços públicos adequados e prestados de forma contínua, de outro. Assim, tendo em conta que ao legislador não seria dado escolher se concede ou não o direito de greve, podendo tão-somente dispor sobre a adequada configuração da sua disciplina, reconheceu-se a necessidade de uma solução obrigatória da perspectiva constitucional. Por fim, concluiu-se que, sob pena de injustificada e inadmissível negativa de prestação jurisdicional nos âmbitos federal, estadual e municipal, seria mister que, na decisão do *writ*, fossem fixados, também, os parâmetros institucionais e constitucionais de definição de competência, provisória e ampliativa, para apreciação de dissídios de greve instaurados entre o Poder Público e os servidores com vínculo estatutário. Dessa forma, no plano procedimental, vislumbrou-se a possibilidade de aplicação da Lei 7.701/88, que cuida da especialização das turmas dos Tribunais do Trabalho em processos coletivos. No MI 712/PA, prevaleceu o voto do Min. Eros Grau, relator, nessa mesma linha. Ficaram vencidos, em parte, nos três mandados de injunção, os Ministros Ricardo Lewandowski, Joaquim Barbosa e Marco Aurélio, que limitavam a decisão à categoria representada pelos respectivos sindicatos e estabeleciam condições específicas para o exercício das paralisações. Também ficou vencido, parcialmente, no MI 670/ES, o Min. Maurício Corrêa, relator, que conhecia do *writ* apenas para certificar a mora do Congresso Nacional." (MI 712, Rel. Min. Eros Grau, MI 708, Rel. Min. Gilmar Mendes, e MI 670, Rel. p/ o ac. Min. Gilmar Mendes, julgamento em 25-10-07, Informativo 485).

Mas **ATENÇÃO**: O Plenário do Supremo Tribunal Federal, na sessão de 27.10.2016, concluiu o julgamento do Recurso Extraordinário nº 693456, **com repercussão geral reconhecida**, que discutia a constitucionalidade do desconto dos dias parados em razão de greve de servidor público. Por maioria (6 votos a 4), o Plenário decidiu que a Administração Pública deve fazer o corte do ponto dos grevistas, mas admitiu a possibilidade de compensação dos dias parados mediante acordo. Porém, também foi decidido que o desconto não poderá ser feito caso o movimento grevista tenha sido motivado por conduta ilícita do próprio Poder Público.

Ao final do julgamento, foi aprovada a seguinte **tese de repercussão geral**:

> "A administração pública deve proceder ao desconto dos dias de paralisação decorrentes do exercício do direito de greve pelos servidores públicos, em virtude da suspensão do vínculo funcional que dela decorre, permitida a compensação em caso de acordo. O desconto será, contudo, incabível se ficar demonstrado que a greve foi provocada por conduta ilícita do Poder Público".

A tese adotada no julgamento assentou a interpretação de que a Constituição Federal não assegura o direito de greve com pagamento de salário. Isto é, o direito de greve pode ser exercido, mas os dias de paralisação decorrentes do exercício do direito devem ser descontados com o corte do ponto.

Cumpre salientar, outrossim, que o STF fixou tese, julgando o tema 541 de repercussão geral em ARE 654432, para considerar que os policiais civis e todos os servidores públicos que atuem diretamente na área de segurança pública não têm o direito de greve. Assim, conforme a Corte: "1 - O exercício do direito de greve, sob qualquer forma ou modalidade, é vedado aos policiais civis e a todos os servidores públicos que atuem diretamente na área de segurança pública. 2 - É obrigatória a participação do Poder Público em mediação instaurada pelos órgãos classistas das carreiras de segurança pública, nos termos do art. 165 do CPC, para vocalização dos interesses da categoria." (05/04/2017).

E cabe a justiça comum, federal ou estadual, a competência para julgar eventual abusividade de greve de servidores públicos celetistas da Administração pública direta, autarquias e fundações públicas. Com esse entendimento, o STF firmou tese no julgamento do tema 544 de repercussão geral em RE 846854: "A justiça comum, federal ou estadual, é competente para julgar a abusividade de greve de servidores públicos celetistas da Administração pública direta, autarquias e fundações públicas." (25/05/2017).

9. A EMENDA CONSTITUCIONAL 109/2021 E O AJUSTE FISCAL DE VEDAÇÕES

A Emenda Constitucional nº 109/2021 acrescentou o art. 167-A ao texto constitucional, impondo uma série de restrições e vedações no âmbito do regime funcional dos servidores públicos, destacando-se aquelas que proíbem a concessão de vantagem, aumento e reajuste; vedam a criação de cargo, emprego ou função que implique aumento de despesa; proíbem a alteração de estrutura de carreira que implique aumento de despesa; vedam a admissão ou contratação de pessoal, salvo algumas exceções;

proíbem a realização de concurso público, salvo as exceções que indica; e vedam a criação ou majoração de auxílios, vantagens, bônus, abonos, verbas de representação ou benefícios de qualquer natureza, salvo as exceções que indica.

Com efeito, conforme a nova disciplina restritiva, uma vez apurado que, no período de 12 (doze) meses, **a relação** entre despesas correntes e receitas correntes **supera 95%** (noventa e cinco por cento), no âmbito dos Estados, do Distrito Federal e dos Municípios, é facultado aos Poderes Executivo, Legislativo e Judiciário, ao Ministério Público, ao Tribunal de Contas e à Defensoria Pública do ente, enquanto permanecer a situação, aplicar o mecanismo de **ajuste fiscal de vedação** da:

- concessão, a qualquer título, de vantagem, aumento, reajuste ou adequação de remuneração de membros de Poder ou de órgão, de servidores e empregados públicos e de militares, exceto dos derivados de sentença judicial transitada em julgado ou de determinação legal anterior ao início da aplicação das medidas de que trata este artigo;
- criação de cargo, emprego ou função que implique aumento de despesa;
- alteração de estrutura de carreira que implique aumento de despesa;
- admissão ou contratação de pessoal, a qualquer título, ressalvadas: a) as reposições de cargos de chefia e de direção que não acarretem aumento de despesa; b) as reposições decorrentes de vacâncias de cargos efetivos ou vitalícios; c) as contratações temporárias de que trata o inciso IX do *caput* do art. 37 desta Constituição; e d) as reposições de temporários para prestação de serviço militar e de alunos de órgãos de formação de militares;
- realização de concurso público, exceto para as reposições de vacâncias previstas no item anterior;
- criação ou majoração de auxílios, vantagens, bônus, abonos, verbas de representação ou benefícios de qualquer natureza, inclusive os de cunho indenizatório, em favor de membros de Poder, do Ministério Público ou da Defensoria Pública e de servidores e empregados públicos e de militares, ou ainda de seus dependentes, exceto quando derivados de sentença judicial transitada em julgado ou de determinação legal anterior ao início da aplicação das medidas de que trata este artigo;
- criação de despesa obrigatória;
- adoção de medida que implique reajuste de despesa obrigatória acima da variação da inflação, observada a preservação do poder aquisitivo referida no inciso IV do *caput* do art. 7º da Constituição;
- criação ou expansão de programas e linhas de financiamento, bem como remissão, renegociação ou refinanciamento de dívidas que impliquem ampliação das despesas com subsídios e subvenções; e
- concessão ou ampliação de incentivo ou benefício de natureza tributária.

Todavia, prevê o § 1º do art. 167-A, apurado que a despesa corrente **supera 85%** (oitenta e cinco por cento) da receita corrente, sem exceder o percentual de 95%, as medidas de restrição acima indicadas podem ser, no todo ou em parte, implementadas por atos do Chefe do Poder Executivo com vigência imediata, facultado aos demais Poderes e órgãos autônomos implementá-las em seus respectivos âmbitos, devendo esses atos se submeterem, em regime de urgência, à apreciação do Poder Legislativo.

Entretanto, estabelece o § 3º do art. 167-A que esses atos perdem a eficácia, reconhecida a validade dos atos praticados na sua vigência, quando (I) rejeitado pelo Poder Legislativo; (II) transcorrido o prazo de 180 (cento e oitenta) dias sem que se ultime a sua apreciação; ou (III) apurado que não mais se verifica a hipótese prevista no § 1º art. 167-A (despesa corrente **superar 85%** da receita corrente), mesmo após a sua aprovação pelo Poder Legislativo.

A apuração da relação entre despesas correntes e receitas correntes, referida no art. 167-A, deve ser realizada bimestralmente (art. 167-A, § 4º).

A EC 109/2021, visando a proibir qualquer questionamento futuro sobre as vedações que podem ser impostas pelo ajuste fiscal, tratou de prevê que as disposições do art. 167-A (i) não constituem obrigação de pagamento futuro pelo ente da Federação ou direitos de outrem sobre o erário; e (ii) não revogam, dispensam ou suspendem o cumprimento de dispositivos constitucionais e legais que disponham sobre metas fiscais ou limites máximos de despesas.

Estabelece o § 6º do art. 167-A, que ocorrendo a hipótese de a despesa corrente superar 95% da receita corrente, de que trata o *caput* do art. 167-A, até que todas as medidas nele previstas tenham sido adotadas por todos os Poderes e órgãos nele mencionados, de acordo com declaração do respectivo Tribunal de Contas, é vedada (i) a concessão, por qualquer outro ente da Federação, de garantias ao ente envolvido; e (ii) a tomada de operação de crédito por parte do ente envolvido com outro ente da Federação, diretamente ou por intermédio de seus fundos, autarquias, fundações ou empresas estatais dependentes, ainda que sob a forma de novação, refinanciamento ou postergação de dívida contraída anteriormente, ressalvados os financiamentos destinados a projetos específicos celebrados na forma de operações típicas das agências financeiras oficiais de fomento.

E por força do art. 167-G, na hipótese de estado de calamidade pública de âmbito nacional, aplicam-se à União, até o término da calamidade pública, essas vedações do ajuste fiscal referidas acima e previstas no art. 167-A.

Entretanto, conforme o § 1º do art. 167-G, na hipótese de medidas de combate à calamidade pública cuja vigência e efeitos não ultrapassem a sua duração, não se aplicam as vedações referidas nos incisos II, IV, VII, IX e X do *caput* do art. 167-A da Constituição.

De acordo com o § 2º do art. 167-G, na hipótese de estado de calamidade pública de âmbito nacional, **não se aplica** a alínea "c" do inciso I do *caput* do art. 159 da Constituição, que prevê a obrigação de a União entregar 3% (dos 49% do produto da arrecadação do IR e do IPI), para aplicação em programas de financiamento ao setor produtivo das Regiões Norte, Nordeste e Centro-Oeste, através de suas instituições financeiras de caráter regional, de acordo com os planos regionais de desenvolvimento, ficando assegurada ao semi-árido do Nordeste a metade dos recursos destinados à Região, na forma que a lei estabelecer, devendo a transferência a que se refere aquele dispositivo ser efetuada nos mesmos montantes transferidos no exercício anterior à decretação da calamidade.

E é facultada, nos termos do § 3º do art. 167-G, aos Estados, ao Distrito Federal e aos Municípios a aplicação das vedações do decorrentes do ajuste fiscal, referidas no art. 167-A, e, até que as tenham adotado na integralidade, estarão submetidos às restrições do § 6º do art. 167-A da Constituição, enquanto perdurarem seus efeitos para a União.

10. PREVIDÊNCIA SOCIAL DO SERVIDOR PÚBLICO

A previdência social é conquista consagrada com o advento das Constituições sociais e consolidada a partir da implantação do Estado social. Manifesta-se como um **direito humano fundamental social** que assegura aos seus beneficiários, mediante pagamento de determinada contribuição, os meios indispensáveis de sua manutenção, por motivo de incapacidade, desemprego involuntário, idade avançada, tempo de serviço, encargos familiares e prisão do segurado, ou morte daqueles de quem dependiam economicamente, através de certos benefícios como, por exemplo, as *aposentadorias*, o *auxílio-doença*, o *auxílio-acidente*, o *auxílio-reclusão*, o *salário-maternidade*, o *salário-família* e a *pensão por morte*.

Relativamente à previdência social do servidor público, dois benefícios, porém, se destacam: a *aposentadoria* e a *pensão*.

A **aposentadoria** é um direito fundamental, de natureza social, à inatividade remunerada, assegurado ao servidor em caso de incapacidade permanente para o trabalho, idade avançada ou a pedido. Nestes termos, o servidor tem o direito de se aposentar por (1) incapacidade permanente para o trabalho, (2) *compulsoriamente aos 75 anos de idade* ou (3) *voluntariamente, se atendidas determinadas condições*.

A **pensão** é um benefício devido, em caso de morte do servidor, aos seus dependentes.

De acordo com o § 2º do art. 9º da EC 103/2019, o rol de benefícios dos regimes próprios de previdência social fica limitado às **aposentadorias** e à **pensão por morte**.

E o § 3º do mesmo art. 9º da EC 103/2019 determina que os afastamentos por incapacidade temporária para o trabalho (as licenças para tratamento de saúde) e o salário-maternidade serão pagos diretamente pelo ente federativo (recursos do tesouro) e não correrão à conta do regime próprio de previdência social ao qual o servidor se vincula. Assim, esses benefícios perdem a natureza de benefícios previdenciários e passam à condição de benefícios estatutários do servidor.

10.1. Regimes Previdenciários

Esses benefícios previdenciários podem submeter-se a **regimes previdenciários** distintos. À luz da Constituição Federal, há, fundamentalmente, os seguintes regimes previdenciários:

- **Regime Geral de Previdência Social (RGPS)**, aplicável a todos os trabalhadores da iniciativa privada, de caráter contributivo e de filiação obrigatória, observados critérios que preservem o equilíbrio financeiro e atuarial (CF, art. 201);
- **Regime Próprio de Previdência Social (RPPS)**, aplicável aos servidores públicos titulares de cargo efetivo, de caráter contributivo e solidário, mediante contribuição do respectivo ente público, dos servidores ativos e inativos e dos pensionistas, observados critérios que preservem o equilíbrio financeiro e atuarial (CF, art. 40).

Em consonância com o § 22 do art. 40 da CF, incluído pela EC 103/2019, ficou vedada a instituição de novos regimes próprios de previdência social, devendo a lei complementar federal estabelecer, para os que já existam, normas gerais de organização, de funcionamento e de responsabilidade em sua gestão.

Ainda há o chamado **Regime de Previdência Complementar (RPC)**, que, nos termos do § 14 do art. 40 da Constituição, será instituído pela União, Estados, Distrito Federal e Municípios, por lei de iniciativa do respectivo Poder Executivo, para os servidores públicos ocupantes de cargo efetivo, observado o limite máximo dos benefícios do Regime Geral de Previdência Social para o valor das aposentadorias e das pensões em regime próprio de previdência social, ressalvado o disposto no § 16, que prevê que somente mediante sua prévia e expressa opção, o regime de previdência complementar poderá ser aplicado ao servidor que tiver ingressado no serviço público até a data da publicação do ato de sua instituição. E segundo o § 15, o regime de previdência complementar oferecerá plano de benefícios somente na modalidade contribuição definida, observará o disposto no art. 202 e será efetivado por intermédio de entidade fechada de previdência complementar ou de entidade aberta de previdência complementar.

A Lei nº 12.618, de 30 de abril de 2012, instituiu o regime de previdência complementar a que se referem os §§ 14, 15 e 16 do art. 40 da Constituição Federal para os servidores públicos titulares de cargo efetivo da União, suas autarquias e fundações, inclusive para os membros do Poder Judiciário, do Ministério Público da União e do Tribunal de Contas da União. A referida Lei autorizou a União a criar as seguintes entidades fechadas de previdência complementar, com a finalidade de administrar e executar planos de benefícios de caráter previdenciário nos termos das Leis Complementares nºs 108 e 109, de 29 de maio de 2001:

> I – a **Fundação de Previdência Complementar do Servidor Público Federal do Poder Executivo (Funpresp-Exe)**, para os servidores públicos titulares de cargo efetivo do Poder Executivo, por meio de ato do Presidente da República;

II – a **Fundação de Previdência Complementar do Servidor Público Federal do Poder Legislativo (Funpresp-Leg)**, para os servidores públicos titulares de cargo efetivo do Poder Legislativo e do Tribunal de Contas da União e para os membros deste Tribunal, por meio de ato conjunto dos Presidentes da Câmara dos Deputados e do Senado Federal; e

III – a **Fundação de Previdência Complementar do Servidor Público Federal do Poder Judiciário (Funpresp-Jud)**, para os servidores públicos titulares de cargo efetivo e para os membros do Poder Judiciário, por meio de ato do Presidente do Supremo Tribunal Federal.

A **Funpresp-Exe,** a **Funpresp-Leg** e a **Funpresp-Jud** serão estruturadas na forma de fundação, de natureza pública, com personalidade jurídica de direito privado, gozarão de autonomia administrativa, financeira e gerencial e terão sede e foro no Distrito Federal[65].

Ao servidor público titular de cargo efetivo é assegurado um **regime próprio de previdência social** (RPPS), de caráter contributivo, previsto no art. 40 da Constituição Federal. Esse regime previdenciário também se aplica aos titulares de cargos vitalícios: aos magistrados, em face do art. 93, VI; aos membros do Ministério Público, por força do art. 129, § 4º e, finalmente, aos membros dos Tribunais de Contas, em consequência do art. 73, § 3º.

Aos demais agentes públicos ocupantes, **exclusivamente**, de cargo em comissão declarado em lei de livre nomeação e exoneração (aqueles que não integram o quadro funcional efetivo da Administração Pública), de outro cargo temporário (são os servidores temporários contratados por tempo determinado para atenderem necessidades temporárias de excepcional interesse público, nos termos do art. 37, IX, da Constituição Federal), inclusive mandato eletivo, ou de emprego público, aplica-se o **regime geral de previdência social** previsto no art. 201.

A propósito, o Supremo Tribunal Federal decidiu, em julgamento da ADI 7198/PA, finalizado em 28 de outubro de 2022, que viola o art. 40, *caput* e §13, da Constituição Federal, a instituição, por meio de lei estadual, de um regime previdenciário específico para os agentes públicos não titulares de cargos efetivos. Segundo a Corte, a competência legislativa dos Estados e do Distrito Federal em matéria previdenciária, restringe-se à competência suplementar para o respectivo regime próprio (CF/1988, art. 24, § 2º) e à instituição da contribuição previdenciária para o regime próprio (CF/1988, art. 149, § 1º). Em qualquer hipótese, o exercício dessa competência legislativa é sempre limitada aos servidores titulares de cargo efetivo. Não há, pois, espaço para que os entes subnacionais criem regime próprio de previdência para agentes públicos não titulares de cargos efetivos (ex.: os providos em cargos em comissão). O Supremo também ressaltou que, conforme disposto no art. 40, § 13, da CF/1988, aplica-se o Regime Geral de Previdência Social ao agente público ocupante, exclusivamente, de

65. O Decreto 7.808, de 20/09/2012 criou a Funpresp-Exe e a Resolução STF Nº 496, de 26/10/2012 criou a Funpresp-Jud. A Câmara dos Deputados, o Senado Federal e o Tribunal de Contas da União firmaram convênio de adesão com a Funpresp-Exe para administrar seu plano de benefícios. O Ministério Público da União firmou convênio de adesão com a Funpresp-Jud.

cargo em comissão declarado em lei de livre nomeação e exoneração; de outro cargo temporário – inclusive mandato eletivo – ou de emprego público.

O regime próprio de previdência do servidor público titular de cargo efetivo, sob a égide da atual Constituição Federal, já foi alterado diversas vezes. Uma primeira vez, por meio da **EC nº 20**, de 15 de dezembro de 1998. Na segunda, através da **EC nº 41**, de 19 de dezembro de 2003. Posteriormente, foi alterado pela **EC nº 47**, de 05 de julho de 2005, pela **EC nº 70**, de 29 de março de 2012, pela **EC nº 88**, de 07 de maio de 2015 e, finalmente, pela **EC 103**, de 12 de novembro de 2019. O objetivo principal e indisfarçável destas reformas foi, reduzindo os direitos sociais do servidor público, equipará-los aos trabalhadores da iniciativa privada.

10.2. Aposentadoria e Pensão

Antes da primeira reforma da previdência social, implementada pela EC nº 20, de 15 de dezembro de 1998, a **aposentadoria do servidor público** titular de cargo efetivo se dava por **tempo de serviço** e não havia, relativamente à aposentadoria voluntária ou a pedido, qualquer requisito que se relacionasse à idade ou tempo de contribuição.

Assim, **na sua versão original**, a Constituição Federal de 1988 assegurava ao servidor público regime de previdência que contemplava as seguintes **espécies de aposentadoria**:

> I – **por invalidez permanente**, sendo os proventos integrais quando decorrentes de acidente em serviço, moléstia profissional ou doença grave, contagiosa ou incurável, especificas em lei, e proporcionais nos demais casos;
>
> II – **compulsoriamente**, aos 70 anos de idade, com proventos proporcionais ao tempo de serviço;
>
> III – **voluntariamente**:
>
> a) aos 35 anos de serviço, se homem, e aos 30, se mulher, com proventos integrais;
>
> b) aos 30 anos de efetivo exercício em funções de magistério, se professor, e 25, se professora, com proventos integrais;
>
> c) aos 30 anos de serviço, se homem, e aos 25, se mulher, com proventos proporcionais a esse tempo;
>
> d) aos 65 anos de idade, se homem, e aos 60, se mulher, com proventos proporcionais ao tempo de serviço.

Relativamente ao benefício de **pensão por morte**, determinava a Constituição que o seu pagamento, devido aos dependentes do servidor falecido, seria igual ao valor dos proventos do servidor falecido ou ao valor dos proventos a que teria direito o servidor em atividade na data de seu falecimento, não havendo qualquer limitação de seu valor.

Todavia, tanto a aposentadoria do servidor como a pensão por morte devida aos seus dependentes sofreram significativas alterações com as sucessivas emendas constitucionais que foram sendo aprovadas.

A seguir, faremos uma síntese destas alterações.

Porém, destaco que, de acordo com o **atual arranjo constitucional**, desenhado pela **EC nº 103, de 12 de novembro de 2019**, os servidores abrangidos pelo regime próprio de previdência social serão **aposentados**:

I – **por incapacidade permanente para o trabalho**, no cargo em que estiver investido, quando insuscetível de readaptação, hipótese em que será obrigatória a realização de avaliações periódicas para verificação da continuidade das condições que ensejaram a concessão da aposentadoria, na forma de lei do respectivo ente federativo;

II – **compulsoriamente**, com proventos proporcionais ao tempo de contribuição, aos 70 (setenta) anos de idade, ou aos 75 (setenta e cinco) anos de idade, na forma de lei complementar;

III – **voluntariamente**, no âmbito da União, aos 62 anos de idade, se mulher, e aos 65 anos de idade, se homem, e, no âmbito dos Estados, do Distrito Federal e dos Municípios, na idade mínima estabelecida mediante emenda às respectivas Constituições e Leis Orgânicas, observados o tempo de contribuição e os demais requisitos estabelecidos em lei complementar do respectivo ente federativo.

Antes da EC 103/2019, servidor submetido por regime próprio de previdência social era aposentado:

I – **por invalidez permanente**, sendo os proventos proporcionais ao tempo de contribuição, exceto se decorrente de acidente em serviço, moléstia profissional ou doença grave, contagiosa ou incurável, na forma da lei;

II – **compulsoriamente**, com proventos proporcionais ao tempo de contribuição, aos 70 (setenta) anos de idade, ou aos 75 (setenta e cinco) anos de idade, na forma de lei complementar; (Redação dada pela Emenda Constitucional nº 88, de 2015)

III – **voluntariamente**, desde que cumprido tempo mínimo de dez anos de efetivo exercício no serviço público e cinco anos no cargo efetivo em que se dará a aposentadoria, observadas as seguintes condições:

a) sessenta anos de idade e trinta e cinco de contribuição, se homem, e cinquenta e cinco anos de idade e trinta de contribuição, se mulher;

b) sessenta e cinco anos de idade, se homem, e sessenta anos de idade, se mulher, com proventos proporcionais ao tempo de contribuição.

10.2.1. *A Previdência do Servidor após a EC 20/1998*

A Emenda 20/98 modificou o panorama anterior, prevendo que o regime de previdência do servidor titular de cargo efetivo passaria a ter **caráter contributivo** e compreenderia a aposentadoria:

I – **por invalidez permanente**, sendo os proventos proporcionais ao tempo de contribuição, exceto se decorrente de acidente em serviço, moléstia profissional ou doença grave, contagiosa ou incurável, especificadas em lei;

II – **compulsoriamente**, aos 70 anos de idade, com proventos proporcionais ao tempo de contribuição;

III – **voluntariamente**, desde que *cumprido tempo mínimo de dez anos de efetivo exercício no serviço público* e *cinco anos no cargo efetivo* em que se dará a aposentadoria, observadas as seguintes condições:

a) 60 (sessenta) anos de idade e 35 (trinta e cinco) de contribuição, se homem, e 55 (cinquenta e cinco) anos de idade e 30 (trinta) de contribuição, se mulher. Saliente-se que, ante o que dispõe o § 5º do art. 40 da Constituição Federal, esses requisitos de idade e de tempo de contribuição serão reduzidos em cinco anos, para o professor que comprove exclusivamente tempo de efetivo exercício das funções de magistério na educação infantil e no ensino fundamental e médio.

b) 65 (sessenta e cinco) anos de idade, se homem, e 60 (sessenta) anos de idade, se mulher, com proventos proporcionais ao tempo de contribuição.

Assim, por força da EC nº 20/98, as aposentadorias por invalidez e por idade passaram a exigir, ao invés de tempo de serviço, o **tempo de contribuição** do servidor para a previdência; e a aposentadoria voluntária a reclamar cumulativamente os requisitos relativos a **tempo mínimo de exercício no serviço público** e **tempo mínimo no cargo**, assim como **idade mínima** e **tempo de contribuição**.

O regime previdenciário, portanto, com o advento da EC nº 20/98, passou a ter **caráter contributivo**[66]. Foram mantidas, entretanto, a integralidade e a paridade entre os proventos de aposentadoria e a remuneração, tanto no que tange à ***concessão*** quanto no que se refere à ***revisão***.

Com efeito, preservou a aludida emenda a regra segundo a qual os proventos de aposentadoria, por ocasião da sua concessão, eram calculados com base na remuneração do servidor no cargo efetivo em que se der a aposentadoria e, na forma da lei, correspondiam à totalidade da remuneração.

Ademais, os proventos de aposentadoria e as pensões *eram revistos na mesma proporção e na mesma data*, sempre que se modificar a remuneração dos servidores em atividade, sendo também estendidos aos aposentados e aos pensionistas quaisquer benefícios ou vantagens posteriormente concedidos aos servidores em atividade, inclusive quando decorrentes da transformação ou reclassificação do cargo ou função em que se deu a aposentadoria ou que serviu de referência para a concessão da pensão, na forma da lei.

Em face da EC nº 20/98, que acrescentou o § 10 ao art. 40 da Constituição, não se pode criar tempo de contribuição fictício para contagem do tempo de aposentadoria, o que antes não era vedado (tal situação permitia, por exemplo, a contagem em dobro do período de licença prêmio não gozada, para efeitos de aposentadoria). Contudo, visando preservar as situações anteriores, o art. 4º do texto da EC nº 20/98 assegurou que o tempo de serviço, considerado pela legislação vigente para efeito de aposentadoria (menos o tempo de serviço fictício), cumprido até que a lei discipline a matéria, será contado como tempo de contribuição.

A EC nº 20/98, ademais, proibiu o cálculo dos proventos de aposentadoria e da pensão com qualquer tipo de acréscimo ou com referência a cargo distinto no qual se deu a aposentadoria ou serviu de referência para a concessão da pensão. Destarte, conforme redação dada ao § 2º do art. 40 da Constituição, os proventos de aposentadoria e as pensões, por ocasião de sua concessão, não poderão exceder a remuneração do respectivo servidor, no cargo efetivo em que se deu a aposentadoria ou que serviu de referência para a concessão da pensão.

66. Embora, para os servidores federais, essa contributividade vem desde a EC 03/93.

Por força do § 9º acrescentado pela aludida Emenda ao art. 40 da Constituição, o tempo de contribuição federal, estadual ou municipal será contado para efeito de aposentadoria e o tempo de serviço correspondente para efeito de disponibilidade. A partir da EC nº 20/98, portanto, o tempo de serviço somente é relevante para fins de disponibilidade. Para além disso, consoante dispõe o art. 201, § 9º, é assegurada, para efeito de aposentadoria, a contagem recíproca do tempo de contribuição na Administração Pública e na atividade privada, rural e urbana, hipótese em que os diversos regimes de previdência social se compensarão financeiramente, segundo critérios estabelecidos em lei[67].

Em seu texto original, a Constituição não previu nenhum teto para os benefícios previdenciários, sejam os submetidos ao regime geral, sejam os sujeitos ao regime próprio de previdência do servidor público titular de cargo efetivo.

Com a EC nº 20/98, contudo, foi criado o teto exclusivamente para os benefícios do regime geral de previdência social. De fato, o art. 14 do texto da EC nº 20 fixou o limite máximo para o valor dos benefícios do regime geral de previdência social de que trata o art. 201 da Constituição Federal em R$ 1.200,00 (um mil e duzentos reais), valor este que passou a ser reajustado, a partir da data da publicação da Emenda, de forma a preservar, em caráter permanente, seu valor real, atualizado pelos mesmos índices aplicados aos benefícios do regime geral de previdência social.

Entretanto, a Emenda 20/98 acrescentou o § 14 ao art. 40 da Constituição, com o qual autorizou a União, os Estados, o Distrito Federal e os Municípios, ***desde que instituam regime de previdência complementar para os seus respectivos servidores titulares de cargo efetivo***, a fixarem, para o valor das aposentadorias e pensões, o limite máximo estabelecido para os benefícios do regime geral de previdência social de que trata o art. 201. Todavia, à vista do que dispõe o § 16 do art. 40, somente mediante sua prévia e expressa opção, esse regime de previdência complementar poderá ser aplicado ao servidor que tiver ingressado no serviço público até a data da publicação do ato de instituição do correspondente regime complementar.

A Emenda 20/98 deu nova redação ao § 4º do art. 40 da Constituição e vedou a adoção de requisitos e critérios diferenciados para a concessão de aposentadoria, **ressalvados os casos de atividades exercidas exclusivamente sob condições especiais** que prejudiquem a saúde ou a integridade física, definidos em lei complementar. Esse parágrafo passou a ter nova redação com o advento da EC 47/2005, como veremos mais adiante.

Entretanto, importa esclarecer que esse § 4º do art. 40 adotou a **aposentadoria especial** para o servidor público nos casos de atividades exercidas exclusivamente sob condições especiais que prejudiquem a saúde ou a integridade física, definidos em lei complementar. Ocorre, porém, que a lei complementar exigida nunca foi elaborada, de modo que o direito do servidor à aposentadoria especial foi por muito tempo negado pela Administração sob o argumento da ausência de sua regulamentação.

---

67. A Lei nº 9.796, de 05 de maio de 1999, dispõe sobre a compensação financeira entre o Regime Geral de Previdência Social e os regimes de previdência dos servidores da União, dos Estados, do Distrito Federal e dos Municípios, nos casos de contagem recíproca de tempo de contribuição para efeito de aposentadoria.

Mas o Supremo Tribunal Federal, julgando uma ação de mandado de injunção impetrada por servidora pública, decidiu que, inexistente a disciplina específica da aposentadoria especial do servidor, cujas atividades sejam exercidas sob condições especiais que prejudiquem a saúde ou a integridade física, impõe-se a adoção, via pronunciamento judicial, daquela própria aos trabalhadores em geral, prevista no artigo 57, § 1º, da Lei n. 8.213/91[68].

O Supremo Tribunal Federal aprovou, em 09/04/2014, por unanimidade, a **Súmula Vinculante nº 33**. O texto estabelece que, até a edição de lei complementar regulamentando a norma constitucional sobre a **aposentadoria especial do servidor público**, deverão ser seguidas as mesmas normas vigentes para os trabalhadores sujeitos ao Regime Geral de Previdência Social.

O verbete de **súmula 33** tem a seguinte redação:

> *"Aplicam-se ao servidor público, no que couber, as regras do Regime Geral de Previdência Social sobre aposentadoria especial de que trata o artigo 40, parágrafo 4º, inciso III, da Constituição Federal, até edição de lei complementar específica".*

Desse modo, como a Súmula Vinculante se aplica à Administração Pública direta e indireta de todos os Poderes da União, dos Estados, do Distrito Federal e dos Municípios, a Administração não pode mais negar a aposentadoria especial aos seus servidores sob o argumento da ausência de regulamentação.

Ficou vedada, outrossim, nos termos do § 6º do art. 40 da Constituição, a percepção de mais de uma aposentadoria à conta do regime próprio de previdência do servidor público titular de cargo efetivo, salvo nas hipóteses de aposentadorias decorrentes dos cargos acumuláveis na forma da Constituição.

Ademais, no § 4º do art. 40, após vedar a adoção de requisitos e critérios diferenciados para a concessão de aposentadoria, ressalvou, nos termos definidos em lei

---

68. Conferir a ementa do julgado: "Mandado de injunção – Natureza. Conforme disposto no inciso LXXI do artigo 5º da Constituição Federal, conceder-se-á mandado de injunção quando necessário ao exercício dos direitos e liberdades constitucionais e das prerrogativas inerentes à nacionalidade, à soberania e à cidadania. Há ação mandamental e não simplesmente declaratória de omissão. A carga de declaração não é objeto da impetração, mas premissa da ordem a ser formalizada. Mandado de injunção – Decisão – Balizas. Tratando-se de processo subjetivo, a decisão possui eficácia considerada a relação jurídica nele revelada. Aposentadoria – Trabalho em condições especiais – Prejuízo à saúde do servidor – Inexistência de lei complementar – Artigo 40, § 4º, da Constituição Federal. Inexistente a disciplina específica da aposentadoria especial do servidor, impõe-se a adoção, via pronunciamento judicial, daquela própria aos trabalhadores em geral – artigo 57, § 1º, da Lei n. 8.213/91." (MI 721, Rel. Min. Marco Aurélio, julgamento em 30-08-07, *DJ* de 30-11-07). Neste caso, o Tribunal julgou parcialmente procedente pedido formulado em mandado de injunção impetrado contra o Presidente da República, por servidora do Ministério da Saúde, para, de forma mandamental, assentar o direito da impetrante à contagem diferenciada do tempo de serviço, em decorrência de atividade em trabalho insalubre prevista no § 4º do art. 40 da CF, adotando como parâmetro o sistema do regime geral de previdência social (Lei 8.213/1991, art. 57), que dispõe sobre a aposentadoria especial na iniciativa privada. Na espécie, a impetrante, auxiliar de enfermagem, pleiteava fosse suprida a falta da norma regulamentadora a que se refere o art. 40, § 4º, a fim de possibilitar o exercício do seu direito à aposentadoria especial, haja vista ter trabalhado por mais de 25 anos em atividade considerada insalubre. Salientando o caráter mandamental e não simplesmente declaratório do mandado de injunção, asseverou-se caber ao Judiciário, por força do disposto no art. 5º, LXXI e seu § 1º, da CF, não apenas emitir certidão de omissão do Poder incumbido de regulamentar o direito a liberdades constitucionais, a prerrogativas inerentes à nacionalidade, à soberania e à cidadania, mas viabilizar, no caso concreto, o exercício desse direito, afastando as conseqüências da inércia do legislador.

complementar, os casos de servidores cujas atividades sejam exercidas sob condições especiais que prejudiquem a saúde ou a integridade física. Como o direito à aposentadoria especial do servidor público ainda não foi regulamentado, por falta da lei complementar, o Supremo Tribunal Federal, reitere-se, julgando procedente mandado de injunção, garantiu ao impetrante o exercício *imediato* do direito à aposentadoria especial prevista no art. 40, § 4°, da Constituição Federal, decidindo a Corte que, inexistente a disciplina específica da aposentadoria especial do servidor, cujas atividades sejam exercidas sob condições especiais que prejudiquem a saúde ou a integridade física, impõe-se a adoção, via pronunciamento judicial, daquela própria aos trabalhadores em geral, prevista no artigo 57, § 1°, da Lei n. 8.213/91[69].

Todavia, visando a evitar alterações traumáticas para os servidores públicos que ingressaram no serviço público antes da Emenda, que gozavam apenas expectativas de direito, a EC 20/98 estabeleceu algumas regras de transição no art. 8° de seu texto[70].

Sob a égide da Emenda 20/98, os proventos de aposentadoria, por ocasião da sua concessão, eram calculados com base na remuneração do servidor no cargo efetivo em que se dava a aposentadoria, e correspondiam à totalidade da remuneração. Ademais, os proventos de aposentadoria, assim como as pensões, eram *revistos na mesma proporção e na mesma data*, sempre que se modificasse a remuneração dos servidores em atividade, sendo também estendidos aos aposentados e aos pensionistas quaisquer benefícios ou

69. "(...) Aposentadoria – Trabalho em condições especiais – Prejuízo à saúde do servidor – Inexistência de lei complementar – Artigo 40, § 4°, da Constituição Federal. Inexistente a disciplina específica da aposentadoria especial do servidor, impõe-se a adoção, via pronunciamento judicial, daquela própria aos trabalhadores em geral – artigo 57, § 1°, da Lei n. 8.213/91." (STF, MI 721, Rel. Min. Marco Aurélio, julgamento em 30-08-07, *DJ* de 30-11-07).

70. Com efeito, segundo o art. 8° da citada emenda constitucional, ressalvado o direito de opção a aposentadoria pelas normas estabelecidas na Emenda 20, é assegurado o direito à aposentadoria voluntária com proventos calculados de acordo com o art. 40, § 3°, da Constituição Federal, ou seja, *proventos integrais*, àquele que tenha ingressado regularmente em cargo efetivo na Administração Pública, direta, autárquica e fundacional, até a data de publicação da citada Emenda, quando o servidor, *cumulativamente*:I. Tiver 53 (cinqüenta e três) anos de idade, se homem, e 48 (quarenta e oito) anos de idade, se mulher; II. Tiver 05 (cinco) anos de efetivo exercício no cargo em que se dará a aposentadoria; III. Contar tempo de contribuição igual, no mínimo, à *soma* de: a) Trinta e cinco anos, se homem, e trinta anos, se mulher; e b) Um período *adicional* de contribuição equivalente a *20%* (vinte por cento) do tempo que, na data da publicação da Emenda, faltaria para atingir o limite de tempo constante da alínea anterior (ou seja, 20% sobre a *diferença* entre o tempo de contribuição já cumprido e o tempo de 35 anos de contribuição, se homem e 30 anos de contribuição, se mulher). Ademais, o servidor público efetivo, desde que atendido o disposto nos incisos I e II acima (ou seja, tiver 53 anos de idade, se homem, e 48 anos de idade, se mulher e tiver 05 anos de efetivo exercício no cargo em que se dará a aposentadoria), e observado o disposto no art. 4° da Emenda 20, pode aposentar-se com *proventos proporcionais* ao tempo de contribuição, quando atendidas as seguintes condições: I. Contar tempo de contribuição igual, no mínimo, à *soma* de: a) Trinta anos, se homem, e vinte e cinco anos, se mulher; e b) Um período *adicional* de contribuição equivalente a 40% (quarenta por cento) do tempo que, na data da publicação da Emenda, faltaria para atingir o limite de tempo constante da alínea anterior (ou seja, 40% sobre a *diferença* entre o tempo de contribuição já cumprido e o tempo de 30 anos de contribuição, se homem e 25 anos de contribuição, se mulher); II. Os proventos da aposentadoria proporcional serão equivalentes a 70% (setenta por cento) do valor máximo que o servidor poderia obter a título de proventos integrais, acrescido de 5% (cinco por cento) por ano de contribuição que supere a soma a que se refere o inciso anterior, até o limite de 100% (cem por cento). Relativamente ao professor que, até a data da publicação da Emenda 20, tenha ingressado, regularmente, em cargo efetivo de magistério e que opte por aposentar-se nos moldes da regra de transição prevista no art. 8°, *caput*, da referida emenda constitucional, terá o mesmo, segundo o § 4° do art. 8°, da EC, tempo de serviço exercido até a publicação da Emenda contado com o *acréscimo de 17%* (dezessete por cento), se homem, e *20%* (de vinte por cento), se mulher, desde que se aposente, exclusivamente, com tempo de efetivo exercício das funções de magistério.

vantagens posteriormente concedidos aos servidores em atividade, inclusive quando decorrentes da transformação ou reclassificação do cargo ou função em que se deu a aposentadoria ou que serviu de referência para a concessão da pensão, na forma da lei.

Relativamente ao valor da pensão por morte devida aos dependentes do servidor público, ele correspondia ao valor dos proventos do servidor falecido ou ao valor dos proventos a que teria direito o servidor em atividade na data de seu falecimento, não tendo a EC 20/98 provocado qualquer alteração a respeito deste benefício.

10.2.2. *A Previdência do Servidor após a EC 41/2003*

Com o advento da Emenda Constitucional nº 41, de 19 de dezembro de 2003, houve substancial alteração no regime próprio de previdência social do servidor público titular de cargo efetivo, destacando-se a que **extinguiu, para os futuros servidores, a integralidade e a paridade entre os proventos de aposentadoria e a remuneração do servidor**, tanto no que concerne à *concessão* quanto no que se refere à *revisão*.

Ademais, prevê a Emenda a contribuição previdenciária dos inativos e pensionistas, impondo a obrigatoriedade de seu pagamento, inclusive, para aqueles que já gozavam destes benefícios ou que tinham o direito adquirido a deles usufruir quando da publicação da EC 41/2003. Mas a Emenda teve o cuidado de resguardar situações anteriores e chegou a assegurar algumas opções de regime de aposentadoria. Vejamos essas mudanças.

Foi dada nova redação ao *caput* do art. 40, que passou a assegurar aos servidores titulares de cargos efetivos da União, dos Estados, do Distrito Federal e dos Municípios, incluídas suas autarquias e fundações, um regime de previdência de caráter contributivo e solidário, mediante contribuição do respectivo ente público, dos servidores ativos e inativos e dos pensionistas, observados critérios que preservem o equilíbrio financeiro e atuarial.

Manteve a Emenda 41/2003, em essência, **as hipóteses de aposentadoria do servidor**, ou seja, **por invalidez permanente**, **compulsória** e **voluntária**, nas mesmas condições introduzidas pela Emenda 20/98, **porém abolindo a paridade outrora assegurada**, uma vez que, na novel redação dada ao § 3º do art. 40, ela determinou que, para o cálculo dos proventos de aposentadoria, por ocasião da sua concessão, serão consideradas as remunerações utilizadas como base para as contribuições do servidor aos regimes de previdência a que esteve vinculado, na forma da lei.

Assim, em face da EC 41/2003, para o cálculo dos proventos de aposentadoria serão consideradas apenas as remunerações utilizadas como base para as contribuições do servidor aos regimes de previdência a que esteve vinculado. Por isso, firmou o STF o entendimento segundo o qual somente as parcelas que podem ser incorporadas à remuneração do servidor para fins de aposentadoria podem sofrer a incidência da contribuição previdenciária. Logo, as vantagens ou valores que não integram a remuneração do servidor para fins de aposentadoria não podem sofrer a incidência da contribuição previdenciária. Nesse sentido, conferir o julgado abaixo:

> "Impossibilidade da incidência de contribuição previdenciária sobre o terço constitucional de férias. A jurisprudência do Supremo Tribunal Federal firmou-se no sentido de que somente as parcelas que podem ser incorporadas à remuneração do servidor para fins de aposentadoria podem sofrer a incidência da contribuição previdenciária." (AI 710.361-AgR, Rel. Min. Cármen Lúcia, julgamento em 7-4-09, 1ª Turma, *DJE* de 8-5-09). No mesmo sentido: AI 712.880-AgR, Rel. Min. Ricardo Lewandowski, julgamento em 26-5-09, 1ª Turma, *DJE* de 19-6-09[71].

Ademais, modificou a metodologia da revisão dos valores dos proventos de aposentadoria e das pensões, atribuindo nova redação ao § 8º do art. 40, que determinou o reajustamento destes benefícios, visando preservar-lhes permanentemente o valor real, conforme critérios estabelecidos em lei.

Com o objetivo de disciplinar a aplicação das disposições da Emenda 41/2003, foi elaborada a Lei nº 10.887, de 18 de junho de 2004, que determinou, no seu art. 1º, que, no cálculo dos proventos de aposentadoria dos servidores titulares de cargo efetivo de qualquer dos Poderes da União, dos Estados, do Distrito Federal e dos Municípios, incluídas suas autarquias e fundações, previsto no § 3º do art. 40 da Constituição Federal e no art. 2º do texto da EC 41/2003, fosse considerada a ***média aritmética simples das maiores remunerações, utilizadas como base para as contribuições do servidor aos regimes de previdência a que esteve vinculado, correspondentes a 80% (oitenta por cento) de todo o período contributivo desde a competência julho de 1994 ou desde a do início da contribuição, se posterior àquela competência***. As remunerações consideradas no cálculo do valor inicial dos proventos terão os seus valores atualizados mês a mês de acordo com a variação integral do índice fixado para a atualização dos salários-de-contribuição considerados no cálculo dos benefícios do regime geral de previdência social (§ 1º). A base de cálculo dos proventos será a remuneração do servidor no cargo efetivo nas competências a partir de julho de 1994 em que não tenha havido contribuição para regime próprio (§ 2º). O art. 15 da Lei dispõe que os proventos de aposentadoria e as pensões serão reajustados na mesma data em que se der o reajuste dos benefícios do regime geral de previdência social.

Segundo a Emenda 41/2003, a pensão por morte, para os futuros pensionistas, **não mais corresponderá à totalidade da remuneração ou dos proventos do servidor falecido**.

A pensão por morte será igual:

(I) ao valor da totalidade dos proventos do servidor falecido, até o limite máximo estabelecido para os benefícios do regime geral de previdência social de que trata o art. 201 (que foi fixado pelo art. 5º do texto da Emenda 41/2003 em

---

71. Conferir também: "Agravo regimental no recurso extraordinário. Contribuição social incidente sobre o abono de incentivo à participação em reuniões pedagógicas. Impossibilidade. Somente as parcelas incorporáveis ao salário do servidor sofrem a incidência da contribuição previdenciária." (RE 589.441-AgR, Rel. Min. Eros Grau, julgamento em 9-12-08, *DJE* de 6-2-09).

R$ 2.400,00[72]), acrescido de 70% (setenta por cento) da parcela excedente a este limite, caso aposentado à data do óbito; ou

(II) ao valor da totalidade da remuneração do servidor no cargo efetivo em que se deu o falecimento, até o limite máximo estabelecido para os benefícios do regime geral de previdência social de que trata o art. 201, acrescido de 70% (setenta por cento) da parcela excedente a este limite, caso em atividade na data do óbito.

Assim, se o servidor, na data do óbito, percebia, como remuneração ou provento, R$ 5.000,00, a pensão por morte corresponderá ao limite máximo estabelecido para os benefícios do regime geral de previdência social (no valor de origem, R$ 2.400,00), acrescido de 70% da parcela excedente a este limite (R$ 5.000,00 – R$ 2.400,00 = R$ 2.600,00 x 70% = R$ 1.820 + R$ 2.400,00 = valor da pensão: **R$ 4.220,00**). Ou, o que dá no mesmo, o limite máximo estabelecido para os benefícios do regime geral (R$ 2.400,00) mais a parcela excedente reduzida em 30% (R$ 2.600,00 – 30% = 1.820,00).

A Emenda 41/2003 inseriu o § 18 ao art. 40 da Constituição, que determinou a incidência da contribuição sobre os proventos de aposentadorias e pensões sujeitas ao regime próprio de previdência do servidor público, que superem o limite máximo estabelecido para os benefícios do regime geral de previdência social de que trata o art. 201, com percentual igual ao estabelecido para os servidores titulares de cargos efetivos, atualmente fixado em 11%, conforme art. 5º da Lei 10.887/2004[73].

Todavia, não satisfeita em prever a incidência da contribuição para os futuros servidores e pensionistas, a referida Emenda também a impôs aos servidores inativos e aos pensionistas da União, dos Estados, do Distrito Federal e dos Municípios, incluídas suas autarquias e fundações, em gozo de benefícios na data da publicação da Emenda, bem como àqueles que tinham satisfeito as condições para a aposentadoria e obtenção da pensão, fazendo apenas uma distinção relativamente à base de cálculo para a incidência da contribuição.

Assim dispôs o art. 4º do texto da Emenda 41/2003:

---

72. A partir de 01 de maio de 2004 esse valor foi atualizado para R$ 2.508,72. A partir de 01 de maio de 2005 foi atualizado para R$ 2.668,15. Já a partir de 01 de abril de 2006, foi atualizado para R$ 2.801,56. A partir de 01 de abril de 2007, foi atualizado para R$ 2.894,28. A partir de 01 de março de 2008, foi atualizado para R$ 3.038,99. A partir de 01 de fevereiro de 2009, foi atualizado para R$ 3.218,90. A partir de 01 de janeiro de 2010, foi atualizado para R$ 3.416,54. A partir de 16 de junho de 2010, foi atualizado para R$ 3.467,40. A partir de 01 de janeiro de 2011, foi atualizado para R$ 3.689,66. A partir de 01 de janeiro de 2012, foi atualizado para R$ 3.916,20. A partir de 01 de janeiro de 2013, foi atualizado para R$ 4.157,05. A partir de 01 de janeiro de 2014, foi atualizado para R$ 4.390,24. A partir de 01 de janeiro de 2015, foi atualizado para R$ 4.663,75. A partir de 01 de janeiro de 2016, foi atualizado para R$ 5.189,82. A partir de 01 de janeiro de 2017, foi atualizado para R$ 5.531,31. A partir de 01 de janeiro de 2018, foi atualizado para R$ 5.645,80. A partir de 01 de janeiro de 2019, foi atualizado para R$ 5.839,45. A partir de 01 de janeiro de 2020, foi atualizado para R$ 6.101,06. A partir de 01 de janeiro de 2021, foi atualizado para R$ 6.433,57. A partir de 01 de janeiro de 2022, foi atualizado para R$ 7.087,22. A partir de 01 de janeiro de 2023, foi atualizado para R$ 7.507,49. E a partir de 01 de janeiro de 2024, foi atualizado para R$ 7.786,02.
73. "Art. 5º Os aposentados e os pensionistas de qualquer dos Poderes da União, incluídas suas autarquias e fundações, contribuirão com 11% (onze por cento), incidentes sobre o valor da parcela dos proventos de aposentadorias e pensões concedidas de acordo com os critérios estabelecidos no art. 40 da Constituição Federal e nos arts. 2º e 6º da Emenda Constitucional n. 41, de 19 de dezembro de 2003, que supere o limite máximo estabelecido para os benefícios do regime geral de previdência social."

> "Os servidores inativos e os pensionistas da União, dos Estados, do Distrito Federal e dos Municípios, incluídas suas autarquias e fundações, em gozo de benefícios na data de publicação desta Emenda, bem como os alcançados pelo disposto no seu art. 3º, contribuirão para o custeio do regime de que trata o art. 40 da Constituição Federal com percentual igual ao estabelecido para os servidores titulares de cargos efetivos. Parágrafo único. A contribuição previdenciária a que se refere o *caput* incidirá apenas sobre a parcela dos proventos e das pensões que supere: I – cinquenta por cento do limite máximo estabelecido para os benefícios do regime geral de previdência social de que trata o art. 201 da Constituição Federal, para os servidores inativos e os pensionistas dos Estados, do Distrito Federal e dos Municípios; II – sessenta por cento do limite máximo estabelecido para os benefícios do regime geral de previdência social de que trata o art. 201 da Constituição Federal, para os servidores inativos e os pensionistas da União".

Sempre entendemos que o art. 4º da Emenda Constitucional 41/2003 padece de manifesto vício de inconstitucionalidade, fundamentalmente por violar as garantias constitucionais do ato jurídico perfeito e do direito adquirido. Tivemos a oportunidade de sustentar nosso ponto de vista em Sentença que proferimos na Justiça Federal da Seção Judiciária da Bahia, no Mandado de Segurança nº 2004.33.00.000610-0, que tramitou na 4ª Vara Federal, cuja decisão foi assim ementada[74]:

---

74. Eis parte da fundamentação da Sentença: "No mérito, afigura-se-me presente o direito líquido e certo dos impetrantes, eis que a Emenda Constitucional nº 41/03, ao impor a obrigatoriedade da incidência da contribuição previdenciária sobre os proventos e pensões *em curso*, malfere duas preciosas garantias constitucionais – o direito adquirido e o ato jurídico perfeito, consagradas no art. 5º, inciso XXXVI, da Constituição Federal de 1988 –, fulminando, com isso, o princípio da segurança jurídica, necessário, num Estado Democrático de Direito, à estabilidade das relações jurídicas constituídas. Na presente hipótese, o art. 4º da EC 41/03 macula a garantia constitucional do **ato jurídico perfeito**, consistente na aposentadoria dos impetrantes, padecendo, por essa razão, do vício extremo da inconstitucionalidade material. Com efeito, o ato de aposentadoria configura-se como um ato jurídico-administrativo perfeito *vinculado ao regime jurídico vigente à época de sua concessão*, que constitui, em favor de seu beneficiado, uma situação jurídica de vantagem decorrente dos efeitos e consequências expressamente previstas. Ora, os impetrantes, ao se aposentarem à luz do regime previdenciário então em vigor, desfrutavam de um sentimento de segurança e confiança que lhes afiançava a *certeza* de que o benefício obtido, nos moldes em que adquirido, permaneceria intocável, mesmo que houvesse superveniente alteração daquele regime. Isso significa, destarte, que não se está aqui a falar de direito adquirido a regime jurídico. Definitivamente, não! O que está em questão são *situações jurídicas consolidadas*, perfeitamente implementadas sob a égide da normativa constitucional do tempo em que se verificaram: o servidor se aposentou, e, ao tempo da concessão da aposentadoria, vigia a norma que lhe garantia a aposentadoria com a percepção de proventos integrais. A aposentadoria, enquanto direito social fundamental, se rege pelo Direito positivo vigente no momento em que tinha o servidor condições para exercitá-lo, surgindo para ele, naquele instante, o direito que o regime jurídico então vigorante lhe assegurava. Se ele não o exerceu, ele adquiriu o direito de fazê-lo a qualquer tempo, debaixo da normativa em que satisfez as condições necessárias ao seu desfrute, pouco importando eventual modificação posterior; se ele o exerceu, o ato de concessão da aposentadoria revelar-se-á doravante como um ato jurídico perfeito, inalcançável por alterações supervenientes, mesmo que engendradas por emendas constitucionais, como veremos mais adiante. Com a EC 41/03, os impetrantes, já titulares de uma situação jurídica consolidada — e em razão da qual estabeleceram diversas outras relações jurídicas, decorrentes da prática dos atos da vida civil — se veem arbitrariamente despidos de direitos que constitucionalmente conquistaram, pondo em perigo as relações jurídicas que travaram, com violenta repercussão em seu patrimônio jurídico. E a tanto a Constituição não permite. Deveras, atento a tais abusos, o Poder Constituinte fixou *limitações materiais* ou *substanciais* ao exercício da competência reformadora da Constituição, a cargo do Congresso Nacional, – as chamadas cláusulas pétreas – que constituem o núcleo irredutível da Carta Magna, entre as quais se encontram os direitos e garantias individuais (art. 60, § 4º, IV). Esse núcleo, irreformável em um Estado Democrático de Direito, guarda tamanha magnitude, que, em face dele, admite-se o controle da constitucionalidade das emendas constitucionais, como já vem há muito entendendo o próprio Supremo Tribunal Federal. A dizer, se é verdade que a Constituição admite e, por vezes, reclama por reformas de suas disposições, não menos verdade é que ela subtrai desta reforma determinadas matérias consideradas imprescindíveis à preservação do núcleo social. Entre estas matérias insuscetíveis de supressão por emenda constitucional figuram os direitos e garantias fundamentais, dos quais o ato jurídico perfeito faz parte. Não há seriedade na afirmação segundo a qual a garantia do ato jurídico perfeito ou do

"CONSTITUCIONAL E PREVIDENCIÁRIO. CONTRIBUIÇÃO PREVIDENCIÁRIA DO SERVIDOR PÚBLICO INATIVO. EC Nº 41/03, ART. 4º. ATO JURÍDICO PERFEITO. SEGURANÇA JURÍDICA. CONFIGURADA VIOLAÇÃO DE GARANTIA CONSTITUCIONAL POR EMENDA CONSTITUCIONAL. INCONSTITUCIONALIDADE INCIDENTAL RECONHECIDA.

- *O ato de concessão de aposentadoria do servidor público configura ato jurídico perfeito, que deve ser preservado em nome da segurança jurídica. Assim, se a aposentadoria, ao tempo de sua*

---

direito adquirido é intocável apenas por lei, jamais por emenda constitucional, tendo em vista a dicção do inciso XXXVI do art. 5º (*"a lei não prejudicará o direito adquirido, o ato jurídico perfeito e a coisa julgada"*). Ora, não se interpreta a Constituição em tiras. A expressão "lei", contida no referido dispositivo, deve ser coadunada com o art. 59 do texto constitucional, para nela ser compreendido todos os atos submetidos ao processo legislativo (emendas constitucionais, leis complementares, leis ordinárias, leis delegadas, medidas provisórias, decretos e resoluções legislativas). Assim, o legislador constituinte ao utilizar a palavra "lei" se referiu, na realidade, a qualquer veículo introdutor de normas, ou seja, a quaisquer das espécies legislativas elencadas no artigo 59 da Constituição Federal, dentre elas a emenda constitucional. De mais a mais, a interpretação conjunta do inciso IV, do parágrafo 4º, do artigo 60, com o inciso XXXVI, do artigo 5º, da Constituição, deixa claro que não só as leis, mas também as emendas constitucionais não podem prejudicar o direito adquirido e o ato jurídico perfeito, que se revelam inequivocamente como garantias individuais. O entendimento da melhor doutrina, portanto, é no sentido de que o respeito ao ato jurídico perfeito, ao direito adquirido e à coisa julgada, proclamado no artigo 5º, inciso XXXVI, do texto constitucional, está inserto no rol dos direitos e garantias individuais, inatingível, assim, por emenda constitucional. É absurda, outrossim, a pretensão de que a Constituição proíbe tão-somente a edição de emenda tendente a abolir a previsão geral e abstrata, inserta no rol dos direitos e garantias individuais, da garantia do ato jurídico perfeito ou da garantia do direito adquirido, e não cada uma destas singularmente considerados. Não tem qualquer sentido a interpretação de que somente seria inconstitucional a alteração do próprio inciso XXXVI, do artigo 5º, e não o prejuízo imposto ao seu conteúdo. Isso porque, sem a proteção dos direitos adquiridos e atos jurídicos perfeitos singularmente considerados, o preceito constitucional restaria inócuo e sem aplicação. Afinal, de que adiantaria garantir a proteção genérica dos direitos adquiridos e dos atos jurídicos perfeitos se o conteúdo de cada direito adquirido e de cada ato jurídico perfeito individualmente considerado, pudesse ser diretamente atingido por emendas ao texto constitucional? Sob o ângulo das normas constitucionais tributárias, melhor sorte não acode a contribuição em tela. Com efeito, conforme já reconhecido pelo próprio STF quando do julgamento da ADI 2010-2, a contribuição para a seguridade social é **tributo vinculado**, haja vista que o produto de sua arrecadação é especificamente "destinado ao custeio e ao financiamento do regime de previdência dos servidores públicos titulares de cargos efetivos". Isso significa que, se o legislador deseja impor uma nova contribuição, deverá também criar um novo benefício que a justifique, sob pena se ter como caracterizada a cobrança de um imposto *sui generis*, cujo fato imponível seria a percepção de proventos de aposentadoria, hipótese que já se configura como fato gerador do imposto de renda. Destarte, ante o caráter **retributivo** do sistema contributivo em que consiste a previdência, não se justifica, sem causa suficiente, a instituição ou majoração da contribuição de seguridade social. Nesse sentido, decidiu o STF, na mesma ADI 2010-2, que "... *Sem causa suficiente, não se justifica a instituição (ou a majoração) da contribuição de seguridade social, pois, no regime de previdência de caráter contributivo, deve haver, necessariamente, correlação entre custo e benefício. A existência de estrita vinculação causal entre contribuição e benefício põe em evidência a correção da fórmula segundo a qual não pode haver contribuição sem benefício, nem benefício sem contribuição*". Observando-se, portanto, que o art. 4º da EC 41/03 apenas instituiu nova contribuição previdenciária, sem especificar qualquer novo benefício, tem-se a criação de tributo sem causa, sendo, também por essa razão, inconstitucional. A solidariedade não pode ser utilizada como fundamento para a tributação dos inativos e pensionistas, pois, embora seja um valor incorporado no ordenamento jurídico pátrio, através de princípios como o da capacidade contributiva, consagrado no parágrafo 1º, do artigo 145, da Constituição Federal, não autoriza a criação de novos tributos, não previstos no texto constitucional. A tanto não chega esse princípio, a impor mais um desmedido esforço ao contribuinte aposentado, que por longo tempo contribuiu para a obtenção do benefício. Assim, seja porque viola a garantia do ato jurídico perfeito, em total desconformidade com a segurança jurídica, seja porque propicia a criação de um tributo sem causa, em descompasso com a natureza vinculada e, em conseqüência, retributiva da contribuição hostilizada, o art. 4º da EC 41/03 é materialmente inconstitucional. Não fosse assim, estar-se-ia estabelecendo o próprio caos, eis que não haveria, entre os cidadãos, qualquer segurança jurídica, ante a utilização arbitrária e indiscriminada de emendas constitucionais. Ante o exposto, **declaro**, *para o caso e incidentemente*, **a inconstitucionalidade do art. 4º da EC nº 41/03** e julgo **PROCEDENTE** o pedido, **CONCEDENDO** a segurança pleiteada, para determinar à autoridade impetrada que se abstenha de proceder, nos proventos dos impetrantes, qualquer desconto a título de contribuição social."

concessão, originou para o aposentado benefício consistente na percepção de proventos integrais, tal situação resta definitivamente consolidada, não podendo ser desfeita nem por emenda constitucional, em face da cláusula material de irreformabilidade.

- Ademais, ante o caráter "retributivo" do sistema contributivo em que consiste a previdência, não se justifica, sem causa suficiente, a instituição ou majoração da contribuição previdenciária em tela.

- Art. 4º da EC 41/03 declarado, incidentemente, inconstitucional. Segurança concedida."

Contra a cobrança da contribuição previdenciária dos inativos e pensionistas, instituída no artigo 4º da Emenda Constitucional 41/2003, foram propostas duas ações diretas de inconstitucionalidade no STF (as Adin's nº 3105 e 3128). Lamentavelmente, frustrando toda uma expectativa da comunidade jurídica, o Supremo Tribunal Federal, **por sete votos a quatro**, em julgamento realizado em seção de 18 de agosto de 2004, considerou constitucional a aludida contribuição.

Votaram pela constitucionalidade da contribuição os ministros Cezar Peluso, Eros Roberto Grau, Gilmar Mendes, Carlos Velloso, Joaquim Barbosa, Sepúlveda Pertence e Nelson Jobim. Já a ministra-relatora Ellen Gracie e os ministros Carlos Ayres Britto, Marco Aurélio e Celso de Mello votaram pela inconstitucionalidade da contribuição, sob o fundamento jurídico de que a instituição desta exação, a incidir sobre os proventos dos inativos e sobre a pensão dos pensionistas ou sobre aqueles que já poderiam se aposentar ou gozar do benefício da pensão, na conformidade das condições anteriores, feria as garantias constitucionais do ato jurídico perfeito e do direito adquirido, que são cláusulas materiais insuscetíveis de supressão ou reforma, isto é, são cláusulas pétreas.

Os ministros que decidiram pela constitucionalidade da contribuição seguiram o voto do eminente ministro Cezar Peluso. Ao votar pela constitucionalidade da contribuição, o Ministro Peluso argumentou que o sistema previdenciário vigente no País não é regido por normas de Direito privado, mas sim pelo Direito público: "O regime previdenciário público tem por escopo garantir condições de subsistência, independência e dignidade pessoais ao servidor idoso, mediante o pagamento de proventos de aposentadoria durante a velhice, e, conforme o artigo 195 da Constituição, deve ser custeado por toda da sociedade, de forma direta e indireta, o que bem poderia chamar-se de princípio estrutural da solidariedade", afirmou o ministro.

Ele afirmou, ainda, que "no rol dos direitos subjetivos inerentes à situação de servidor inativo não consta o de imunidade tributária absoluta dos proventos correlatos".

Porém, o Ministro Peluso considerou inconstitucional a diferença de alíquotas contributivas estabelecidas nos incisos I e II do parágrafo único do artigo 4º da emenda. Isto é, fez ressalva quanto à instituição de alíquotas diferentes (incisos I e II do parágrafo único do artigo 4º da EC 41/03) para a contribuição de servidores dos Estados, Municípios e Distrito Federal (50%) e de servidores União (60%). Segundo o Ministro Peluso, o tratamento diferenciado é inconstitucional por ferir o princípio da igualdade.

Já o ministro Marco Aurélio acompanhou o voto da relatora, ministra Ellen Gracie, proferido em maio deste ano, quando o julgamento foi suspenso devido ao pedido de vista do ministro Cezar Peluso. Em seu voto, o Ministro Marco Aurélio sustentou que a EC 41/03 afrontou o parágrafo 4º do artigo 60 da Constituição Federal, segundo o qual não será objeto de deliberação a proposta de emenda tendente a abolir os direitos e garantias individuais, "porque cobra-se a seriedade dos representantes do povo".

Ele salientou, ao finalizar, que o Estado tudo pode, desde que observe de forma irrestrita a Constituição Federal. "E a esta altura, considerados servidores que estão aposentados há 15 anos ou mais, introduzir quanto a eles, a título de contribuição, um ônus, diminuindo-se os proventos, é algo que conflita frontalmente com a Constituição Federal e implica até mesmo o maltrato à dignidade da pessoa humana", afirmou o preclaro Ministro.

Ao votar com a relatora, o ministro Celso de Mello abordou o princípio da proibição do retrocesso que, em termos de direitos fundamentais de caráter social, impede que sejam desconstituídas conquistas já alcançadas pelo cidadão. Segundo ele, a cláusula proíbe o retrocesso em matéria social, exceto quando há a implementação de políticas compensatórias pelas instâncias governamentais.

Além de Marco Aurélio e Celso de Mello, também votou com Ellen Gracie o ministro Carlos Ayres Britto.

Na proclamação do resultado do julgamento, o presidente do STF, Nelson Jobim, esclareceu que a Ação Direta de Inconstitucionalidade sobre a taxação dos inativos foi considerada improcedente no que se refere ao *caput* do artigo 4º da Emenda Constitucional 41/03, e procedente com relação aos incisos I e II do parágrafo único do artigo 4º da Emenda, sendo, portanto, inconstitucionais as expressões "50% do" e "60% do", constantes nos incisos.

Enfim, o resultado prático da decisão do Supremo é que, para todos os inativos e pensionistas, sejam eles federais, estaduais ou municipais, a contribuição previdenciária deve incidir somente sobre a parcela dos proventos e pensões que exceder o teto estabelecido no artigo 5º da EC 41/03. Este dispositivo fixara em R$ 2.400,00 o teto para os benefícios do Regime Geral da Previdência Social, devendo este valor ser atualizado pelos mesmos índices aplicados aos benefícios do respectivo Regime de Previdência (a partir de 01 de janeiro de 2024, foi atualizado para R$ 7.786,02).[75]

---

75. "1. Inconstitucionalidade. Seguridade social. Servidor público. Vencimentos. Proventos de aposentadoria e pensões. Sujeição à incidência de contribuição previdenciária. Ofensa a direito adquirido no ato de aposentadoria. Não ocorrência. Contribuição social. Exigência patrimonial d e natureza tributária. Inexistência de norma de imunidade tributária absoluta. Emenda Constitucional nº 41/2003 (art. 4º, *caput*). Regra não retroativa. Incidência sobre fatos geradores ocorridos depois do início de sua vigência. Precedentes da Corte. Inteligência dos arts. 5º, XXXVI, 146, III, 149, 150, I e III, 194, 195, *caput*, II e § 6º, da CF, e art. 4º, *caput*, da EC nº 41/2003. No ordenamento jurídico vigente, não há norma, expressa nem sistemática, que atribua à condição jurídico-subjetiva da aposentadoria de servidor público o efeito de lhe gerar direito subjetivo como poder de subtrair *ad aeternum* a percepção dos respectivos proventos e pensões à incidência de lei tributária que, anterior ou ulterior, os submeta à incidência de contribuição previdencial. Noutras palavras, não há, em nosso ordenamento, nenhuma norma jurídica válida que, como efeito específico do fato jurídico da aposentadoria, lhe imunize os proventos e as pensões, de modo absoluto, à tributação de ordem constitucional, qualquer que seja a modalidade do tributo eleito, donde não haver, a respeito, direito adquirido com o aposenta mento. **2. Inconstitucionalidade. Ação direta. Seguridade social. Servidor público. Vencimentos. Proventos de aposentadoria e pensões. Sujeição à incidência de contribuição previdenciária, por força de Emenda Constitucional. Ofensa a**

A Emenda 41/2003 acrescentou, outrossim, o § 19 ao art. 40 da Constituição, segundo o qual o servidor público que tenha completado as exigências para aposentadoria voluntária estabelecidas no § 1º, III, a, da Constituição e que opte por permanecer em atividade fará jus a um **abono de permanência** equivalente ao valor da sua contribuição previdenciária até completar as exigências para aposentadoria compulsória contidas no § 1º, II.

O art. 3º do texto da Emenda 41/2003, em respeito à garantia do direito adquirido, assegura a concessão, a qualquer tempo, de aposentadoria aos servidores públicos, bem como pensão aos seus dependentes, que, até a data de publicação da Emenda (31.12.2003), tenham cumprido todos os requisitos para obtenção desses benefícios, com base nos critérios da legislação então vigente.

A Emenda 41/2003 assegura, no art. 2º de seu texto, o **direito de opção** pela aposentadoria voluntária com proventos calculados de acordo com o art. 40, §§ 3º e 17 (parágrafos, respectivamente, alterados e inseridos pela Emenda 41), da Constituição Federal (ou seja, sem a paridade entre proventos e remuneração), àquele que tenha ingressado regularmente em cargo efetivo na Administração Pública direta, autárquica e fundacional, *até a data de publicação da Emenda Constitucional 20/98*, quando o servidor, cumulativamente: I – tiver 53 (cinquenta e três) anos de idade, se homem, e 48 (quarenta e oito) anos de idade, se mulher; II – tiver 5 (cinco) anos de efetivo exercício no cargo em que se der a aposentadoria; III – contar tempo de contribuição igual, no mínimo, à soma de: a) 35 (trinta e cinco) anos, se homem, e 30 (trinta) anos, se mulher; e b) um período adicional de contribuição equivalente a 20% (vinte por cento) do tempo que, na data de publicação daquela Emenda, faltaria para atingir o limite de tempo constante da alínea *a* deste inciso.

Nessa hipótese, o servidor que cumprir essas exigências para aposentadoria terá os seus proventos de inatividade *reduzidos* para *cada ano antecipado* em relação aos

---

outros direitos e garantias individuais. Não ocorrência. Contribuição social. Exigência patrimonial de natureza tributária. Inexistência de norma de imunidade tributária absoluta. Regra não retroativa. Instrumento de atuação do Estado na área da previdência social. Obediência aos princípios da solidariedade e do equilíbrio financeiro e atuarial, bem como aos objetivos constitucionais de universalidade, equidade na forma de participação no custeio e diversidade da base de financiamento. Ação julgada improcedente em relação ao art. 4º, *caput*, da EC nº 41/2003. Votos vencidos. Aplicação dos arts. 149, *caput*, 150, I e III, 194, 195, *caput*, II e § 6º, e 201, *caput*, da CF. Não é inconstitucional o art. 4º, *caput*, da Emenda Constitucional nº 41, de 19 de dezembro de 2003, que instituiu contribuição previdenciária sobre os proventos de aposentadoria e as pensões dos servidores públicos da União, dos Estados, do Distrito Federal e dos Municípios, incluídas suas autarquias e fundações. **3. Inconstitucionalidade. Ação direta. Emenda Constitucional (EC nº 41/2003, art. 4º, parágrafo único, I e II). Servidor público. Vencimentos. Proventos de aposentadoria e pensões. Sujeição à incidência de contribuição previdenciária. Bases de cálculo diferenciadas. Arbitrariedade. Tratamento discriminatório entre servidores e pensionistas da União, de um lado, e servidores e pensionistas dos Estados, do Distrito Federal e dos Municípios, de outro. Ofensa ao princípio constitucional da isonomia tributária, que é particularização do princípio fundamental da igualdade. Ação julgada procedente para declarar inconstitucionais as expressões "cinquenta por cento do" e "sessenta por cento do", constante do art. 4º, § único, I e II, da EC nº 41/2003. Aplicação dos arts. 145, § 1º, e 150, II, cc. art. 5º, caput e § 1º, e 60, § 4º, IV, da CF, com restabelecimento do caráter geral da regra do art. 40, § 18. São inconstitucionais as expressões** "*cinquenta por cento do*" e "*sessenta por cento do*", constantes do § único, incisos I e II, do art. 4º da Emenda Constitucional nº 41, de 19 de dezembro de 2003, e tal pronúncia restabelece o caráter geral da regra do art. 40, § 18, da Constituição da República, com a redação dada por essa mesma Emenda."

necessários para completar os requisitos de idade estabelecidos pelo art. 40, § 1º, III, a (60, se homem e 55, se mulher), e § 5º (55, se professor e 50, se professora) da Constituição Federal, na seguinte proporção: I – 3,5% (três inteiros e cinco décimos por cento), para aquele que completar todas as exigências acima, necessárias para sua aposentadoria, até 31 de dezembro de 2005; II – 5% (cinco por cento), para aquele que completar todas as exigências acima, necessárias para sua aposentadoria, a partir de 1º de janeiro de 2006. Assim, imagine-se um servidor público, no ano de 2005, com 53 anos de idade, que cumpre todas as exigências do *caput* do art. 2º do texto da Emenda 41/2003, estando apto a se aposentar, cujo valor dos proventos, calculados de acordo com o art. 40, §§ 3º e 17, da Constituição Federal, corresponda a R$ 3.000,00. Relativamente ao limite de idade previsto no art. 40, § 1º, III, *a* (60 anos), ele antecipou 07 anos (60 – 53 = 07). Aposentando-se em 2005, ou seja, até antes de 01 de janeiro de 2006, a redução por cada ano antecipado (e são 07 anos) será na proporção de 3,5% (ou seja, para cada ano antecipado, ao total de 07 anos, os proventos serão reduzidos na proporção de 3,5% = 24,5%). Logo os proventos de R$ 3.000 serão reduzidos em 24,5%, totalizando **R$ 2.265,00**.

Essa opção conferida pelo art. 2º da Emenda 41 aplica-se ao magistrado e ao membro do Ministério Público e de Tribunal de Contas. Nesse caso, o magistrado ou o membro do Ministério Público ou de Tribunal de Contas, se homem, terá o tempo de serviço exercido até a data de publicação da Emenda Constitucional nº 20/98, contado com acréscimo de 17% (dezessete por cento), observado o redutor acima.

O professor, servidor da União, dos Estados, do Distrito Federal e dos Municípios, incluídas suas autarquias e fundações, que, até a data de publicação da Emenda Constitucional nº 20/98, tenha ingressado, regularmente, em cargo efetivo de magistério e que opte por aposentar-se na forma do disposto no *caput* do art. 2º da Emenda 41/2003, terá o tempo de serviço exercido até a publicação daquela Emenda 20/98 contado com o acréscimo de 17% (dezessete por cento), se homem, e de 20% (vinte por cento), se mulher, desde que se aposente, exclusivamente, com tempo de efetivo exercício nas funções de magistério, observado também o redutor.

Finalmente, **no art. 6º** de seu texto, a **Emenda Constitucional nº 41/2003**, ressalvando o direito de opção à aposentadoria pelas normas estabelecidas pelo art. 40 da Constituição Federal ou pelas regras estabelecidas pelo art. 2º da própria Emenda, **assegura** ao servidor da União, dos Estados, do Distrito Federal e dos Municípios, incluídas suas autarquias e fundações, **que tenha ingressado no serviço público até a data de publicação da Emenda Constitucional 41/2003** (que se deu em 31.12.2003), a **aposentar-se** com ***proventos integrais***, que *corresponderão à totalidade da remuneração do servidor no cargo efetivo em que se der a aposentadoria*, na forma da lei, *quando*, observadas as reduções de idade e tempo de contribuição contidas no § 5º do art. 40 da Constituição Federal (para servidor professor e professora), *vier a preencher, cumulativamente, as seguintes condições*, porém muito mais rigorosas (tendo em vista que aumentou o tempo mínimo de efetivo exercício no serviço público, de 10 anos para 20 anos e passou a exigir um novo requisito consistente nos 10 anos de carreira):

I – 60 (sessenta) anos de idade, se homem, e 55 (cinquenta e cinco) anos de idade, se mulher;

II – 35 (trinta e cinco) anos de contribuição, se homem, e 30 (trinta) anos de contribuição, se mulher;

III – 20 (vinte) anos de efetivo exercício no serviço público; e

IV – 10 (dez) anos de carreira e 05 (cinco) anos de efetivo exercício no cargo em que se der a aposentadoria.

Os proventos das aposentadorias concedidas conforme o artigo 6º da Emenda 41/2003 **serão revistos na mesma proporção e na mesma data**, sempre que se modificar a remuneração dos servidores em atividade, na forma da lei, observado o teto e os subtetos previstos no art. 37, XI, da Constituição Federal. Note-se, contudo, que o dispositivo em tela não garantiu aos servidores que se aposentarem na forma do art. 6º do texto da EC 41/2003 a extensão de quaisquer benefícios ou vantagens posteriormente concedidos aos servidores em atividade, inclusive quando decorrentes da transformação ou reclassificação do cargo ou função em que se deu a aposentadoria ou que serviu de referência para a concessão da pensão. Todavia, a **EC nº 47**, de 05 de julho de 2005, que se falará mais adiante, por força de seu art. 2º, determinou a aplicação aos proventos de aposentadoria dos servidores públicos que se aposentarem na forma do *caput* do art. 6º da EC 41/2003, do direito de **extensão de quaisquer benefícios ou vantagens posteriormente concedidos aos servidores em atividade**, inclusive quando decorrentes da transformação ou reclassificação do cargo ou função em que se deu a aposentadoria ou que serviu de referência para a concessão da pensão.

Em face do art. 7º da EC 41/2003, e observado o teto e o subteto (CF, art. 37, XI), **os proventos** de aposentadoria dos servidores públicos titulares de cargo efetivo e **as pensões** dos seus dependentes pagos pela União, Estados, Distrito Federal e Municípios, incluídas suas autarquias e fundações, **em fruição na data de publicação da EC 41/2003**, bem como os proventos de aposentadoria dos servidores e as pensões dos dependentes abrangidos pelo art. 3º da referida Emenda, serão revistos na mesma proporção e na mesma data, sempre que se modificar a remuneração dos servidores em atividade, sendo também estendidos aos aposentados e pensionistas quaisquer benefícios ou vantagens posteriormente concedidos aos servidores em atividade, inclusive quando decorrentes da transformação ou reclassificação do cargo ou função em que se deu a aposentadoria ou que serviu de referência para a concessão da pensão, na forma da lei.

Contudo, cumpre registrar que o STF, ao apreciar o tema 156 de repercussão geral, no RE 596962, fixou a seguinte tese: “I – As vantagens remuneratórias legítimas e de caráter geral conferidas a determinada categoria, carreira ou, indistintamente, a servidores públicos, por serem vantagens genéricas, são extensíveis aos servidores inativos e pensionistas; II – Nesses casos, a extensão alcança os servidores que tenham ingressado no serviço público antes da publicação das Emendas Constitucionais 20/1998 e 41/2003 e se aposentado ou adquirido o direito à aposentadoria antes da EC 41/2003; III – Com relação àqueles servidores que se aposentaram após a EC 41/2003, deverão ser observados os requisitos estabelecidos na regra de transição contida no seu art. 7º, em virtude da extinção da paridade integral entre ativos e inativos contida no art. 40, § 8º, da CF para os servidores que ingressaram no serviço público após a publicação da referida emenda; IV – Por fim, com relação aos servidores que ingressaram no serviço público antes da EC 41/2003 e se aposentaram ou adquiriram o direito à aposentadoria após a sua edição, é necessário observar a incidência das regras de transição fixadas pela EC 47/2005, a qual estabeleceu efeitos retroativos à data de vigência da EC 41/2003, conforme decidido nos autos do RE 590.260/SP, Plenário, Rel. MIN. RICARDO LEWANDOWSKI, julgado em 24/6/2009" (tese fixada em 22/08/2014).

A Emenda Constitucional 41/2003 alterou o limite máximo ou teto previsto pela Emenda 20/98 para os benefícios do regime geral da previdência social. Segundo o art. 5º da Emenda 41, o limite máximo para o valor dos benefícios do regime geral de previdência social de que trata o art. 201 da Constituição Federal é fixado em R$ 2.400,00 (dois mil e quatrocentos reais), devendo, a partir da data de publicação da Emenda, ser reajustado de forma a preservar, em caráter permanente, seu valor real, atualizado pelos mesmos índices aplicados aos benefícios do regime geral de previdência social. A partir de 01 de janeiro de 2024, foi atualizado para R$ 7.786,02.

Esse limite máximo, reitere-se, só se aplica aos servidores públicos titulares de cargo efetivo se a respectiva entidade política à qual esteja vinculado instituir o regime de previdência complementar, conforme autoriza o § 14 do art. 40 da Constituição Federal, hipótese em que aquele limite será obrigatório para os futuros servidores e facultativos para os antigos.

10.2.3. *A Previdência do Servidor após a EC 47/2005*

Em 05 de julho de 2005, foi promulgada a **EC nº 47**, como resultado da PEC paralela da reforma da previdência social.

Essa emenda constitucional deu **nova redação ao § 4º** do art. 40 da Constituição para **também ressalvar** da proibição de adoção de critérios e requisitos diferenciados para concessão de aposentadoria aos abrangidos pelo RPPS, os servidores **portadores de deficiência** e **que exerçam atividades de risco**. Com efeito, com a nova redação, o § 4º do art. 40, que depende de regulação por lei complementar, passou a dispor o seguinte:

> Art. 40. (...).
>
> "§ 4º. É vedada a adoção de requisitos e critérios diferenciados para a concessão de aposentadoria aos abrangidos pelo regime de que trata este artigo, ressalvados, nos termos definidos em leis complementares, os casos de servidores:
>
> I – portadores de deficiência;
>
> II – que exerçam atividades de risco;
>
> III – cujas atividades sejam exercidas sob condições especiais que prejudiquem a saúde ou a integridade física."

A EC 47/2005 incluiu o § 21 ao art. 40 da Constituição, para estabelecer que a contribuição sobre os proventos de aposentadorias e pensões **incidirá apenas sobre**

as parcelas que superem o dobro do limite máximo estabelecido para os benefícios do regime geral de previdência social de que trata o art. 201 da Constituição, **quando o beneficiário, na forma da lei, for portador de doença incapacitante**.

Finalmente, a EC 47/2005, no seu art. 3º, ressalvando o direito de opção à aposentadoria pelas normas estabelecidas pelo art. 40 da Constituição Federal ou pelas regras estabelecidas pelos arts. 2º e 6º da Emenda Constitucional nº 41, de 2003, **assegurou** ao servidor público da União, dos Estados, do Distrito Federal e dos Municípios, incluídas suas autarquias e fundações, que tenha ingressado no serviço público **até 16 de dezembro de 1998**, o **direito de aposentar-se com proventos integrais**, desde que preencha, cumulativamente, as seguintes condições, muito mais agravadas (apesar do redutor de idade):

> I – 35 (trinta e cinco) anos de contribuição, se homem, e 30 (trinta) anos de contribuição, se mulher;
>
> II – 25 (vinte e cinco) anos de efetivo exercício no serviço público, 15 (quinze) anos de carreira e 05 (cinco) anos no cargo em que se der a aposentadoria;
>
> III – idade mínima resultante da redução, relativamente aos limites do art. 40, § 1º, inciso III, alínea "a", da Constituição Federal (60 anos, homem; 55, mulher), de um ano de idade para cada ano de contribuição que exceder a condição prevista no inciso I anterior (ou seja, 35 homem e 30 mulher). Ou seja, por exemplo, se homem, idade mínima de 59 anos, se contar com 36 anos de contribuição; 58 anos de idade, se tiver 37 anos de contribuição; 57 anos de idade, se alcançar 38 anos de contribuição e assim sucessivamente.

Ao valor dos proventos de aposentadorias concedidas com base no art. 3º do texto da emenda aplica-se o disposto no art. 7º da Emenda Constitucional nº 41, de 2003, observando-se igual critério de revisão às pensões derivadas dos proventos de servidores falecidos que tenham se aposentado em conformidade com o dispositivo em comento.

Em razão do que dispôs o art. 6º da EC 47/2005, apesar de sua entrada em vigor na data de sua publicação (06.07.2005), os seus **efeitos são retroativos** à data de vigência da Emenda Constitucional nº 41, de 2003 (31.12.2003).

Por fim, cumpre registrar que o STF, ao apreciar o tema 139 de repercussão geral, no RE 590260, fixou a seguinte tese: "Os servidores que ingressaram no serviço público antes da EC 41/2003, mas que se aposentaram após a referida emenda, possuem direito à paridade remuneratória e à integralidade no cálculo de seus proventos, desde que observadas as regras de transição especificadas nos arts. 2º e 3º da EC 47/2005" (tese fixada em 24/06/2009).

10.2.4. A Previdência do Servidor após a EC 70/2012

Mais recentemente, foi promulgada a **EC nº 70**, de 29 de março de 2012, que acrescentou o art. 6º-A à EC nº 41/2003, para estabelecer critérios para o **cálculo** e a **correção** dos **proventos da aposentadoria por invalidez dos servidores públicos** que ingressaram no serviço público até a data da publicação daquela EC 41 (31.12.2003).

Cumpre advertir, desde logo, que a EC 70/2012 não alterou o inciso I do § 1º do art. 40 da Constituição, de modo que permanece entre nós a modalidade de aposentadoria por invalidez permanente *com proventos proporcionais ao tempo de contribuição*, exceto se decorrente de acidente em serviço, moléstia profissional ou doença grave, contagiosa ou incurável, na forma da lei, hipótese em que a aposentadoria será com proventos integrais.

Na verdade, a EC 70/2012 beneficia os servidores públicos tão somente na **forma de cálculo e correção** dos proventos da aposentadoria por invalidez, aplicando-se aos servidores que ingressaram no serviço público até 31 de dezembro de 2003 (data de publicação da EC 41) e que tenham se aposentado ou venham a se aposentar por invalidez permanente, com fundamento no inciso I do § 1º do art. 40 da Constituição Federal.

Essa vantagem trazida pela EC 70/2012 consiste na garantia:

(1) do cálculo da aposentadoria por invalidez com base na **última remuneração** (e não na média aritmética das maiores remunerações);

(2) da **paridade entre proventos e remuneração** (os proventos serão revistos na mesma proporção e na mesma data, sempre que se modificar a remuneração dos servidores em atividade); e

(3) da **extensão de vantagens** (são estendidos aos aposentados e pensionistas quaisquer benefícios ou vantagens posteriormente concedidos aos servidores em atividade, inclusive quando decorrentes da transformação ou reclassificação do cargo ou função em que se deu a aposentadoria ou que serviu de referência para a concessão da pensão).

Em razão disso, a EC 70 afastou dos servidores que ingressaram no serviço público até 31 de dezembro de 2003 as disposições constantes dos §§ 3º, 8º e 17 do art. 40 da Constituição Federal, que estabelecem que os proventos de aposentadoria são calculados pela média aritmética das remunerações utilizadas como base para as contribuições do servidor (§ 3º), bem como as formas de atualização dos proventos para preservar o valor real, conforme critérios fixados em lei (§§ 8º e 17).

Entretanto, cumpre salientar que foi aprovada pela Câmara dos Deputados, em ambos os turnos, a PEC nº 434/2014[76], que dá nova redação ao inciso I, § 1º do art. 40 da Constituição Federal, com os seguintes termos:

> Art. 1º O inciso I do § 1º do art. 40 da Constituição Federal, passa a vigorar com a seguinte redação:
>
> "I – por invalidez permanente;"
>
> Art. 2º O servidor da União, dos Estados, do Distrito Federal e dos Municípios, incluídas suas autarquias e fundações, que tenha ingressado no serviço público até 31 de dezembro de 2003, que se aposentou ou venha a se aposentar por invalidez permanente, com fundamento no inciso I do § 1º do art. 40 da Constituição, ressalvada a hipótese do § 16 do art. 40 da Constituição, tem direito a:
>
> I – proventos de aposentadoria calculados com base na remuneração do cargo efetivo em que se der a aposentadoria, na forma da lei, não sendo aplicáveis as disposições constantes dos §§ 3º, 8º e 17 do art. 40 da Constituição Federal.

76. A PEC 434/14 foi aprovada na Câmara dos Deputados, em segundo turno, no dia 16/12/2014, sendo remetida para o Senado em 17/12/2014.

II – revisão dos proventos de aposentadoria dos servidores públicos titulares de cargo efetivo e das pensões dos seus dependentes na mesma proporção e na mesma data, sempre que se modificar a remuneração dos servidores em atividade, sendo também estendidos aos aposentados e pensionistas quaisquer benefícios ou vantagens posteriormente concedidos aos servidores em atividade, inclusive quando decorrentes da transformação ou reclassificação do cargo ou função em que se deu a aposentadoria ou que serviu de referência para a concessão da pensão, na forma da lei.

Art. 3º A União, os Estados, o Distrito Federal e os Municípios, assim como as respectivas autarquias e fundações procederão, no prazo de cento e oitenta dias da entrada em vigor desta Emenda Constitucional, à revisão das aposentadorias por invalidez e pensões concedidas para adequá-las ao disposto nos artigos 1º e 2º desta Emenda Constitucional, com efeitos financeiros a partir da data de promulgação desta Emenda Constitucional.

Art. 4º Esta Emenda Constitucional entra em vigor na data de sua publicação.

A PEC tem por objetivo unificar a regra para o cálculo dos proventos de aposentadoria por invalidez, acabando com as distinções entre as causas de invalidez, de modo que não haverá mais aposentadoria por invalidez com proventos proporcionais por tempo de contribuição. Todas passarão a ser integrais.

Entretanto, o texto define a regra de transição para assegurar ao servidor que ingressou no serviço público até 31.12.2003 proventos vinculados à última remuneração da ativa (proventos calculados com base na **última remuneração**, e não na média aritmética das maiores remunerações) e o reajuste nos mesmos valores e datas dos reajustes dos servidores da ativa (**paridade entre proventos e remuneração**). Já para os servidores que ingressaram no serviço público a partir de 1.1.2004, será aplicada a média de 80% das maiores remunerações do período contributivo, com limite na última remuneração no cargo efetivo.

10.2.5. *A Previdência do Servidor após a EC 88/2015*

A Emenda Constitucional nº 88, de 07 de maio de 2015, alterou o art. 40 da Constituição Federal, **aumentando** o limite de idade para a aposentadoria compulsória do servidor público em geral, para 75 anos de idade, na forma de lei complementar; e acrescentou o art. 100 ao Ato das Disposições Constitucionais Transitórias, para garantir a aplicação imediata, independentemente de lei complementar, desse novo limite de idade (75 anos) aos Ministros do Supremo Tribunal Federal, dos Tribunais Superiores e do Tribunal de Contas da União.

Com a EC 88/2015, os servidores abrangidos pelo regime próprio de previdência social serão aposentados:

I – **por invalidez permanente**, sendo os proventos proporcionais ao tempo de contribuição, exceto se decorrente de acidente em serviço, moléstia profissional ou doença grave, contagiosa ou incurável, na forma da lei;

II – **compulsoriamente**, com proventos proporcionais ao tempo de contribuição, aos 70 (setenta) anos de idade, ou aos 75 (setenta e cinco) anos de idade, na forma de lei complementar; (Redação dada pela Emenda Constitucional nº 88, de 2015)

III – **voluntariamente**, desde que cumprido tempo mínimo de dez anos de efetivo exercício no serviço público e cinco anos no cargo efetivo em que se dará a aposentadoria, observadas as seguintes condições:

a) sessenta anos de idade e trinta e cinco de contribuição, se homem, e cinquenta e cinco anos de idade e trinta de contribuição, se mulher;

b) sessenta e cinco anos de idade, se homem, e sessenta anos de idade, se mulher, com proventos proporcionais ao tempo de contribuição.

A Lei Complementar nº 152, de 03 de dezembro de 2015, regulou o inciso II do § 1º do art. 40 da Constituição, para assegurar a aposentadoria compulsória aos 75 anos de idade aos servidores titulares de cargos efetivos da União, dos Estados, do Distrito Federal e dos Municípios, incluídas suas autarquias e fundações; aos membros do Poder Judiciário; aos membros do Ministério Público; aos membros das Defensorias Públicas; e aos membros dos Tribunais e dos Conselhos de Contas.

Assim, com o advento da LC 152/2015, o aumento do limite de idade para a aposentadoria compulsória, de 70 para 75 anos, passou a valer para *todos* os agentes públicos abrangidos pelo regime próprio de previdência social.

10.2.6. A Previdência do Servidor após a EC 103/2019

Foi promulgada em 12 de novembro de 2019, a **Emenda Constitucional nº 103**, que promoveu uma ampla reforma no sistema de previdência social e estabeleceu regras de transição e disposições transitórias, com expressivo impacto no regime próprio de previdência social dos servidores públicos federais.

A EC 103 **excluiu de seu alcance** os servidores públicos dos Estados, Distrito Federal e Municípios, cujas regras de aposentadoria e de pensão por morte devem ser fixadas pelas Constituições dos Estados e Leis Orgânicas do DF e Municípios, havendo a possibilidade de os Estados, o Distrito Federal e os Municípios adotarem em seus regimes próprios de previdência social as mesmas regras aplicáveis ao regime próprio da União, como prevê a PEC 133, de 2019, em tramitação no Congresso Nacional e já aprovada nos dois turnos no Senado Federal.

A EC 103 manteve basicamente **os três tipos de aposentadoria** do regime próprio:

I – por incapacidade permanente para o trabalho;

II – compulsória, aos 75 anos de idade;

III – voluntária.

Antes chamada de aposentadoria por invalidez permanente, a atualmente denominada de aposentadoria por incapacidade permanente para o trabalho, ocorrerá no cargo em que o servidor estiver investido, quando for insuscetível de readaptação. Nessa hipótese, será obrigatória a realização de avaliações periódicas para verificação da continuidade das condições que ensejaram a concessão da aposentadoria, na forma de lei do respectivo ente federativo. E se demonstrada, em qualquer uma dessas avaliações, a cessação dos motivos que determinaram a concessão da aposentadoria, dar-se-á a reversão de ofício do servidor, com o seu retorno ao cargo de origem.

Não comprovada a incapacidade permanente para o trabalho, o servidor dever ser readaptado, nos termos do § 13 do art. 37 da Constituição (incluído pela EC 103), para exercício de cargo cujas atribuições e responsabilidades sejam compatíveis com a limitação que tenha sofrido em sua capacidade física ou mental, enquanto permanecer nesta condição, desde que possua a habilitação e o nível de escolaridade exigidos para o cargo de destino, mantida a remuneração do cargo de origem.

Não houve qualquer alteração em relação à aposentadoria compulsória, que continua aos 75 anos de idade para todos os servidores públicos titulares de cargo efetivo. Todavia, a EC 103 trouxe uma novidade, ao incluir o § 16 no art. 201, e estabelecer a aposentadoria compulsória aos 75 anos de idade para os empregados dos consórcios públicos, das empresas públicas, das sociedades de economia mista e das suas subsidiárias, observado o cumprimento do tempo mínimo de contribuição, na forma estabelecida em lei.

Mas foi a aposentadoria voluntária que maiores mudanças sofreu. A EC 103 elevou a idade mínima dos servidores federais, para 62 anos, se mulher, e 65 anos, se homem. Em relação aos servidores estaduais, distrital e municipais, caberão aos Estados, ao Distrito Federal e aos Municípios estabelecer a idade mínima para a aposentadoria voluntária mediante emenda às respectivas Constituições e Leis Orgânicas[77].

Para todos os servidores, a EC 103 determina que sejam observados o tempo de contribuição e os demais requisitos (tempo no serviço público e tempo no cargo público efetivo) estabelecidos em lei complementar do respectivo ente federativo. (art. 40, § 1º, III), **desconstitucionalizando regras constitucionais anteriores que fixavam todos esses requisitos**. Com base na EC 103, cabe agora a cada entidade federativa estabelecer, por meio de sua lei complementar, esses requisitos relativos ao tempo de contribuição, tempo de serviço público e tempo no cargo efetivo em que se dará a aposentadoria.

A EC 103/2019 também alterou o percentual para o cálculo das contribuições previdenciárias, uma vez que determinou, no § 1º do art. 149, que a União, os Estados, o Distrito Federal e os Municípios instituirão, por meio de lei, contribuições para custeio de regime próprio de previdência social, cobradas dos servidores ativos, dos aposentados e dos pensionistas, que poderão ter alíquotas progressivas de acordo com o valor da base de contribuição ou dos proventos de aposentadoria e de pensões.

A EC 103/2019 também incluiu os §§ 1º-A, 1º-B e 1º-C ao art. 149 da CF.

O § 1º-A prevê a possibilidade, quando houver *déficit* atuarial, da incidência da contribuição ordinária dos aposentados e pensionistas sobre o valor dos proventos de aposentadoria e de pensões que supere o salário-mínimo, afastando a diretriz normativa do § 18 do art. 40, que somente autoriza a incidência de contribuição sobre os proventos de aposentadorias e pensões que superem o limite máximo estabelecido para os benefícios do regime geral de previdência social de que trata o art. 201.

77. Tramita no Congresso Nacional a PEC 133/2019, já aprovada nos dois turnos no Senado, que permite que os Estados, o Distrito Federal e os Municípios adotem em seus regimes próprios de previdência social as mesmas regras aplicáveis ao regime próprio da União, desde que o façam por meio de lei ordinária de iniciativa do respectivo Poder Executivo, sem prazo definido, condições ou exceções.

O § 1º-B faculta a instituição de **contribuição extraordinária**, no âmbito da União, dos servidores públicos ativos, dos aposentados e dos pensionistas, quando demonstrada a insuficiência da medida anterior (contribuição ordinária dos aposentados e pensionistas incidir sobre o valor dos proventos de aposentadoria e de pensões que supere o salário-mínimo) para equacionar o *déficit* atuarial. Essa contribuição extraordinária, em face do § 1º-C, deverá ser instituída simultaneamente com outras medidas para equacionamento do *déficit* e vigorará por período determinado, contado da data de sua instituição. De acordo com o § 8º do art. 9º da EC 103, poderá ser instituída, por meio de lei, contribuição extraordinária pelo prazo máximo de 20 (vinte) anos, nos termos dos §§ 1º-B e 1º-C do art. 149 da Constituição Federal.

Essas alterações promovidas pela EC 103/2019 no art. 149 da CF, para os regimes próprios de previdência social dos Estados, do Distrito Federal e dos Municípios, entrarão em vigor na data de publicação de lei de iniciativa privativa do respectivo Poder Executivo que as referende integralmente.

De acordo com o art. 11 do texto da EC 103, até que entre em vigor lei que altere a alíquota da contribuição previdenciária do servidor público ativo, do aposentado e pensionista de qualquer dos Poderes da União, incluídas suas autarquias e fundações de que tratam os arts. 4º, 5º e 6º da Lei nº 10.887, de 18 de junho de 2004 (alíquota de 11%), **esta será de 14% (quatorze por cento)**.

Essa alíquota de 14% será reduzida ou majorada, considerado o valor da base de contribuição ou do benefício recebido, de acordo com os seguintes parâmetros:

I - até R$ 1.302,00, será **7,5%**;

II - de R$ 1.302,01 até R$ 2.571,29, será **9%**;

III - de R$ 2.571,30 até R$ 3.856,94, será **12%**;

IV - de R$ 3.856,95 até R$ 7.507,49, será **14%**;

V - de R$ 7.507,50 até R$ 12.856,50, será **14,5%**;

VI - de R$ 12.856,51 até R$ R$ 25.712,99, será **16,5%**;

VII - de R$ 25.713,00 até R$ 50.140,33, será **19%**;

VIII - acima de R$ 50.140,33, será **22%**.

Conforme o § 3º do art. 11, os valores mencionados serão reajustados, a partir da data de entrada em vigor da EC 103, na mesma data e com o mesmo índice em que se der o reajuste dos benefícios do Regime Geral de Previdência Social, ressalvados aqueles vinculados ao salário-mínimo, aos quais se aplica a legislação específica.

A Portaria Interministerial MPS/MF nº 2, de 11 de janeiro de 2024, atualizou os valores da base de contribuição, a partir de 1º de janeiro de 2024, conforme a tabela abaixo.

TABELA DE CONTRIBUIÇÃO DOS SEGURADOS E BENEFICIÁRIOS DO REGIME PRÓPRIO DE PREVIDÊNCIA SOCIAL DA UNIÃO A PARTIR DE 1º DE JANEIRO DE 2024

BASE DE CONTRIBUIÇÃO (R$)	ALÍQUOTA PROGRESSIVA INCIDINDO SOBRE A FAIXA DE VALORES
até 1.412,00	7,5%
de 1.412,01 até 2.666,68	9%
de 2.666,69 até 4.000,03	12%
de 4.000,04 até 7.786,02	14%
de 7.786,03 até 13.333,48	14,5%
de 13.333,49 até 26.666,94	16,5%
de 26.666,95 até 52.000,54	19%
acima de 52.000,54	22%

De acordo com o § 4º do art. 9º, os Estados, o Distrito Federal e os Municípios não poderão estabelecer alíquota inferior à da contribuição dos servidores da União, exceto se demonstrado que o respectivo regime próprio de previdência social não possui *déficit* atuarial a ser equacionado, hipótese em que a alíquota não poderá ser inferior às alíquotas aplicáveis ao Regime Geral de Previdência Social.

Mas o STF fixou tese segundo a qual "1. A ausência de estudo atuarial específico e prévio à edição de lei que aumente a contribuição previdenciária dos servidores públicos não implica vício de inconstitucionalidade, mas mera irregularidade que pode ser sanada pela demonstração do déficit financeiro ou atuarial que justificava a medida. 2. A majoração da alíquota da contribuição previdenciária do servidor público para 13,25% não afronta os princípios da razoabilidade e da vedação ao confisco." (STF, tema 933 de repercussão geral no ARE 875958, j. em 19/10/2021).

10.2.6.1. Regra temporária de aposentadoria do servidor público federal

Porém, até que entre em vigor lei federal que discipline os benefícios do regime próprio de previdência social dos servidores da União, o art. 10 da EC 103 estabelece **regra temporária sobre as aposentadorias dos servidores públicos federais** (incluindo os policiais, os servidores sujeitos a agentes prejudiciais à saúde e os professores).

O art. 10, § 1º, I, do texto da EC 103, prevê, para a aposentadoria voluntária dos servidores federais, além das idades de 62 (mulher) e 65 (homem), o tempo de 25 anos de contribuição, o tempo de 10 anos de efetivo exercício no serviço público e o tempo de 5 anos no cargo efetivo em que for concedida a aposentadoria.

E de acordo com o § 4º do art. 10 do texto da EC 103, os proventos das aposentadorias dos servidores públicos federais (voluntária, por incapacidade permanente para o trabalho e compulsória) serão apurados na forma da lei.

Todavia, o art. 26 da EC 103 prevê **regra temporária sobre cálculo de benefício**, determinando que, até que lei discipline o cálculo dos benefícios do regime próprio de previdência social da União e do Regime Geral de Previdência Social, será utilizada a média aritmética simples dos salários de contribuição e das remunerações adotados como base para contribuições a regime próprio de previdência social e ao Regime Geral de Previdência Social, ou como base para contribuições decorrentes das atividades militares de que tratam os arts. 42 e 142 da Constituição Federal, atualizados monetariamente, correspondentes a 100% (cem por cento) do período contributivo desde a competência julho de 1994 ou desde o início da contribuição, se posterior àquela competência.

De acordo com § 2º do art. 26, o valor do benefício de aposentadoria corresponderá a 60% da média aritmética simples de todas as remunerações adotados como base para contribuições a RPPS, atualizados monetariamente, com acréscimo de 2% para cada ano de contribuição que exceder o tempo de 20 anos de contribuição.

Entretanto, tratando-se de aposentadoria por incapacidade permanente decorrendo de acidente de trabalho, de doença profissional e de doença do trabalho, o valor do benefício corresponderá a 100% da média aritmética, não a 60%.

Já na hipótese de aposentadoria compulsória, o cálculo do benefício é diferente, pois prevê o § 4º do art. 26 da EC 103 que o valor do benefício de aposentadoria corresponderá ao resultado do tempo de contribuição dividido por 20 (vinte) anos, limitado a um inteiro, multiplicado pelo valor apurado na forma do cálculo dos 60% da média aritmética simples das remunerações, com o acréscimo de 2% para cada ano de contribuição exceder 20 anos de contribuição (apurado na forma do *caput* do § 2º do art. 26), ressalvado o caso de cumprimento de critérios de acesso para aposentadoria voluntária que resulte em situação mais favorável.

10.2.6.2. Regras de transição de aposentadoria do servidor público federal

Ademais, relativamente à aposentadoria voluntária, a EC 103 também prevê duas **regras de transição** para a aposentadoria dos servidores públicos federais que ingressaram no serviço público até a data de sua entrada em vigor (13/11/2019).

A **primeira regra de transição** está prevista no **art. 4º da EC 103**, segundo a qual o servidor público federal que tenha ingressado no serviço público em cargo efetivo até 13.11.2019 (data de entrada em vigor da EC 103) poderá aposentar-se voluntariamente quando preencher, cumulativamente, os seguintes requisitos:

> I – 56 anos de idade, se mulher, e 61 anos de idade, se homem, sendo que, a partir de 1º de janeiro de 2022, a idade mínima aumenta para 57 anos de idade, se mulher, e 62 anos de idade, se homem;
>
> II – 30 anos de contribuição, se mulher, e 35 anos de contribuição, se homem;
>
> III – 20 anos de efetivo exercício no serviço público;
>
> IV – 5 anos no cargo efetivo em que se der a aposentadoria; e
>
> V – somatório da idade e do tempo de contribuição, incluídas as frações, equivalente a 86 pontos, se mulher, e 96 pontos, se homem, sendo que, a partir de 1º de janeiro de 2020, a pontuação será acrescida, a cada ano, de 1 ponto, até atingir o limite de 100 pontos, se mulher (que ocorrerá em 2033), e de 105 pontos, se homem (que ocorrerá em 2028). (art. 4º, §§ 1º, 2º e 3º da EC 103).

Para o titular do cargo de professor que comprovar exclusivamente tempo de efetivo exercício das funções de magistério na educação infantil e no ensino fundamental e médio, os requisitos de idade e de tempo de contribuição reduzem-se em 5 anos e serão:

> I – 51 anos de idade, se mulher (52 anos a partir de 1º de janeiro de 2022), e 56 anos de idade, se homem (57 anos a partir de 1º de janeiro de 2022); e
>
> II – 25 (vinte e cinco) anos de contribuição, se mulher, e 30 (trinta) anos de contribuição, se homem.

E o somatório da idade e do tempo de contribuição para professor, incluídas as frações, será de 81 pontos, se mulher, e 91 pontos, se homem, aos quais serão acrescidos, a partir de 1º de janeiro de 2020, 1 (um) ponto a cada ano, até atingir o limite de 92 pontos, se mulher, e de 100 pontos, se homem.

Os proventos das aposentadorias concedidas ao servidor público federal que tenha cumprido esses requisitos do art. 4º da EC 103, e que tenha ingressado no serviço público em cargo efetivo até 31 de dezembro de 2003 e que não tenha feito a opção pelo regime de previdência complementar de que trata o § 16 do art. 40 da Constituição Federal, corresponderão **à totalidade da remuneração** do servidor público no cargo efetivo em que se der a aposentadoria, desde que tenha, no mínimo, 62 anos de idade, se mulher, e 65 anos de idade, se homem, ou, para os titulares do cargo de professor, 57 anos de idade, se mulher, e 60 anos de idade, se homem.

Nessa hipótese, os proventos serão reajustados de acordo com o disposto no art. 7º da EC nº 41, de 19 de dezembro de 2003 (que determina que os proventos de aposentadoria serão revistos na mesma proporção e na mesma data, sempre que se modificar a remuneração dos servidores em atividade, sendo também estendidos aos aposentados e pensionistas quaisquer benefícios ou vantagens posteriormente concedidos aos servidores em atividade, inclusive quando decorrentes da transformação ou reclassificação do cargo ou função em que se deu a aposentadoria ou que serviu de referência para a concessão da pensão, na forma da lei). (art. 4º, § 6º, I e § 7º, I). Estão garantidos a paridade e a integralidade dos proventos.

Todavia, para o servidor público não contemplado nessa hipótese, o provento de aposentadoria corresponderá ao valor apurado na forma da lei (art. 4º, § 6º, II). E de acordo como art. 26 da EC, até que lei discipline o cálculo dos benefícios o valor do benefício de aposentadoria corresponderá a 60% da média aritmética simples de todas as remunerações adotados como base para contribuições a RPPS, atualizados monetariamente, com acréscimo de 2% para cada ano de contribuição que exceder o tempo de 20 anos de contribuição. E será reajustado nos termos estabelecidos para o Regime Geral de Previdência Social. (art. 4º, § 7º, II).

A **segunda regra de transição** está prevista no **art. 20 da EC 103**, para a qual o servidor público federal que tenha ingressado no serviço público em cargo efetivo até a data de entrada em vigor da EC 103 poderá aposentar-se voluntariamente quando preencher, cumulativamente, os seguintes requisitos:

I – 57 (cinquenta e sete) anos de idade, se mulher, e 60 (sessenta) anos de idade, se homem;

II – 30 (trinta) anos de contribuição, se mulher, e 35 (trinta e cinco) anos de contribuição, se homem;

III – para os servidores públicos, 20 (vinte) anos de efetivo exercício no serviço público e 5 (cinco) anos no cargo efetivo em que se der a aposentadoria;

IV – período adicional de contribuição correspondente ao tempo que, na data de entrada em vigor da Emenda Constitucional, faltaria para atingir o tempo mínimo de contribuição referido no inciso II (30 anos, se mulher; 35 anos, se homem).

Para o professor que comprovar exclusivamente tempo de efetivo exercício das funções de magistério na educação infantil e no ensino fundamental e médio serão reduzidos, para ambos os sexos, os requisitos de idade e de tempo de contribuição em 5 (cinco) anos.

Aqui também, conforme o § 2º do art. 20, o valor das aposentadorias concedidas de acordo com essa regra do art. 20, corresponderá: I – em relação ao servidor público que tenha ingressado no serviço público em cargo efetivo até 31 de dezembro de 2003 e que não tenha feito a opção de que trata o § 16 do art. 40 da Constituição Federal, à **totalidade da remuneração** no cargo efetivo em que se der a aposentadoria; e II – em relação aos demais servidores públicos (ingressados no serviço público em cargo efetivo após 31 de dezembro de 2003, mas antes da EC 103) e aos segurados do Regime Geral de Previdência Social, ao valor apurado na forma da lei (mas de acordo como art. 26 da EC, até que lei discipline o cálculo dos benefícios o valor do benefício de aposentadoria corresponderá a 100% da média aritmética simples de todas as remunerações adotados como base para contribuições a RPPS, atualizados monetariamente).

E o valor das aposentadorias não será inferior ao valor do salário mínimo e será reajustado: I – de acordo com o disposto no art. 7º da EC nº 41, de 19 de dezembro de 2003 (que determina que os proventos de aposentadoria serão revistos na mesma proporção e na mesma data, sempre que se modificar a remuneração dos servidores em atividade), se cumpridos os requisitos previstos no inciso I do § 2º, do art. 20; II – nos termos estabelecidos para o Regime Geral de Previdência Social, na hipótese prevista no inciso II do § 2º.

10.2.6.3. Demais regras permanentes do RPPS do servidor público federal

A EC 103/2019 deu nova redação ao § 2º do art. 40, para estabelecer os limites mínimo e máximo dos proventos de aposentadoria do regime próprio, que ficam equiparados aos limites dos proventos de aposentadoria do regime geral.

Assim, os proventos de aposentadoria do regime próprio dos servidores titulares de cargo efetivo não poderão ser inferiores ao salário-mínimo nem superiores ao teto ou limite máximo estabelecido para o regime geral de previdência social, devendo ser observado o disposto nos §§ 14 a 16 do art. 40 que tratam do regime de previdência complementar.

A EC 103/2019 também deu nova redação ao § 3º do art. 40, para estabelecer que as regras de cálculo dos proventos de aposentadoria do RPPS serão disciplinadas em lei de cada ente federativo. Fazendo um breve histórico, cumpre lembrar que, sob a égide da Emenda 20/98, os proventos de aposentadoria, por ocasião da sua concessão, eram calculados com base na remuneração do servidor no cargo efetivo em que se dava a aposentadoria, e correspondiam à totalidade da remuneração. Ademais, os proventos de aposentadoria, assim como as pensões, eram *revistos na mesma proporção e na mesma data*, sempre que se modificasse a remuneração dos servidores em atividade, sendo também estendidos aos aposentados e aos pensionistas quaisquer benefícios ou vantagens posteriormente concedidos aos servidores em atividade, inclusive quando decorrentes da transformação ou reclassificação do cargo ou função em que se deu a aposentadoria ou que serviu de referência para a concessão da pensão, na forma da lei.

Com o advento da Emenda Constitucional nº 41, de 19 de dezembro de 2003, houve substancial alteração no regime próprio de previdência social do servidor público titular de cargo efetivo, destacando-se a que extinguiu a integralidade e a paridade entre os proventos de aposentadoria e a remuneração do servidor, tanto no que concerne à *concessão* quanto no que se refere à *revisão*.

A Emenda 41/2003 aboliu a integralidade e a paridade outrora asseguradas, uma vez que determinou, para o cálculo dos proventos de aposentadoria, por ocasião da sua concessão, que deveriam ser consideradas as remunerações utilizadas como base para as contribuições do servidor aos regimes de previdência a que esteve vinculado, na forma da lei.

Com o objetivo de disciplinar a aplicação das disposições da Emenda 41/2003, foi elaborada a Lei nº 10.887, de 18 de junho de 2004, que determinou, no seu art. 1º, que, no cálculo dos proventos de aposentadoria dos servidores titulares de cargo efetivo de qualquer dos Poderes da União, dos Estados, do Distrito Federal e dos Municípios, incluídas suas autarquias e fundações, previsto no § 3º do art. 40 da Constituição Federal e no art. 2º do texto da EC 41/2003, fosse considerada a *média aritmética simples das maiores remunerações, utilizadas como base para as contribuições do servidor aos regimes de previdência a que esteve vinculado, correspondentes a 80% (oitenta por cento)* de todo o período contributivo desde a competência julho de 1994 ou desde a do início da contribuição, se posterior àquela competência.

Todavia, de acordo com o art. 26 da EC 103, **até que lei discipline o cálculo dos benefícios do regime próprio de previdência social da União e do Regime Geral de Previdência Social**, será utilizada a **média aritmética simples** dos salários de contribuição e das remunerações adotados como base para contribuições a regime próprio de previdência social e ao Regime Geral de Previdência Social, ou como base para contribuições decorrentes das atividades militares de que tratam os arts. 42 e 142 da Constituição Federal, atualizados monetariamente, correspondentes a 100% (cem por cento) do período contributivo desde a competência julho de 1994 ou desde o início da contribuição, se posterior àquela competência.

Essa média aritmética dos salários de contribuição e das remunerações adotados como base para contribuições aos regimes de previdência social **será limitada** ao valor máximo do salário de contribuição do Regime Geral de Previdência Social para os segurados desse regime e para o servidor que ingressou no serviço público em cargo efetivo após a implantação do regime de previdência complementar ou que tenha exercido a opção correspondente, nos termos do disposto nos §§ 14 a 16 do art. 40 da Constituição Federal.

E em regra, o valor do benefício de aposentadoria corresponderá a 60% da média aritmética apurada, com acréscimo de 2% para cada ano de contribuição que exceder o tempo de 20 anos de contribuição. Em alguns casos, o valor será de 100% da média aritmética. Ver abaixo:

1. REGRA GERAL: **60% da aritmética simples de todas as remunerações (100%) adotados como base para as contribuições** (a RPPS e ao RGPS ou como base para contribuições decorrentes das atividades militares) de período contributivo a partir da competência julho de 1994 ou desde o início da contribuição, se posterior àquela competência, com acréscimo de 2% para cada ano de contribuição que exceder o tempo de 20 anos, compreendendo:

→ a concessão das aposentadorias pela regra temporária do art. 10 da EC 103 (exceto nos casos de aposentadoria por incapacidade permanente, quando decorrer de acidente de trabalho, de doença profissional e de doença do trabalho; e aposentadoria compulsória);

→ a concessão das aposentadorias pela regra transitória do art. 4º da EC 103 (exceto se forem cumpridas as condições para a integralidade).

2. EXCEÇÃO: **100% da aritmética simples de todas as remunerações (100%) adotados como base para as contribuições**, nas hipóteses de:

→ aposentadoria por incapacidade permanente, quando decorrer de acidente de trabalho, de doença profissional e de doença do trabalho;

→ aposentadoria pela regra de transição do art. 20 da EC 103 (exceto se forem cumpridas as condições para a integralidade).

De acordo com o § 6º do art. 26 da EC 103, poderão ser excluídas da média as contribuições que resultem em redução do valor do benefício, desde que mantido o tempo mínimo de contribuição exigido. Todavia, o tempo excluído não poderá ser utilizado para nenhuma finalidade, inclusive para o acréscimo dos 2% para cada ano de contribuição que exceder o tempo de 20 anos, para a averbação em outro regime previdenciário ou para a obtenção dos proventos de inatividade das atividades militares (PM e Forças Armadas).

A EC 103 modificou o § 4º do art. 40 e incluiu os §§ 4º-A, 4º-B e 4º-C.

Com isso, manteve a vedação de adoção de requisitos ou critérios diferenciados para concessão de benefícios em regime próprio de previdência social, ressalvado o disposto nos novos §§ 4º-A, 4º-B, 4º-C e 5º do art. 40 da CF, que facultam a União, Estados, Distrito Federal e Municípios estabelecerem, por suas leis complementares, **idade e tempo de contribuição diferenciados** para aposentadoria de seus servidores nas hipóteses (1) de **deficiência**, (2) de **atividade policial e de agentes penitenciário e socioeducativo**, (3) de **atividades exercidas com efetiva exposição a agentes químicos, físicos e biológicos prejudiciais à saúde**, ou associação desses agentes (vedada a caracterização por categoria profissional ou ocupação) e (4) de **magistério** na educação infantil e no ensino fundamental e médio.

Assim, de acordo com os novos §§ 4º-A, 4º-B, 4º-C e 5º do art. 40 da CF, poderão ser estabelecidos por lei complementar do respectivo ente federativo **idade e tempo de contribuição diferenciados** para aposentadoria de servidores:

> 1) **com deficiência**, previamente submetidos a avaliação biopsicossocial realizada por equipe multiprofissional e interdisciplinar;
>
> 2) ocupantes do **cargo** de **agente penitenciário**, de **agente socioeducativo** ou de **policial** dos órgãos de que tratam o inciso IV do **caput** do art. 51 (policial da Câmara dos Deputados), o inciso XIII do caput do art. 52 (policial do Senado) e os incisos I a IV do caput do art. 144 (polícia federal, rodoviária federal, ferroviária federal e polícia civil); e
>
> 3) cujas atividades sejam exercidas com **efetiva exposição a agentes químicos, físicos e biológicos prejudiciais à saúde**, ou associação desses agentes, vedada a caracterização por categoria profissional ou ocupação.

Porém, o art. 10 do texto da EC 103 estabeleceu **regras temporárias**, prevendo que, **até que entre em vigor lei federal que discipline os benefícios do regime próprio de previdência social dos servidores da União**, os servidores públicos federais com direito a idade mínima ou tempo de contribuição distintos da regra geral para concessão de aposentadoria na forma dos §§ 4º-B, 4º-C e 5º do art. 40 da Constituição Federal poderão aposentar-se, com proventos apurados na forma da lei, observados os seguintes requisitos: (art. 10, § 2º)

> I – o policial civil do Distrito Federal (órgão a que se refere o inciso XIV do **caput** do art. 21 da Constituição Federal), o policial da Câmara dos Deputados e do Senado (dos órgãos a que se referem o inciso IV do caput do art. 51 e o inciso XIII do caput do art. 52) e os policiais federais, rodoviários e ferroviários federais (dos órgãos a que se referem os incisos I a III do caput do art. 144 da Constituição Federal) e o ocupante de cargo de agente federal penitenciário ou socioeducativo, aos 55 (cinquenta e cinco) anos de idade, com 30 (trinta) anos de contribuição e 25 (vinte e cinco) anos de efetivo exercício em cargo dessas carreiras, para ambos os sexos;

Mas de acordo com o art. 5º do texto da EC 103, que prevê **regra de transição**, esses servidores (policial civil do Distrito Federal, policial da Câmara e do Senado, policiais federais, rodoviários e ferroviários federais, e ocupante de cargo de agente federal penitenciário ou socioeducativo), desde que tenham ingressado na respectiva carreira até a data de entrada em vigor da EC 103, poderão aposentar-se, na forma da Lei Complementar nº 51, de 20 de dezembro de 1985 (aposentadoria com proventos integrais, após 30 anos de contribuição, desde que conte, pelo menos, 20 anos de exercício em cargo de natureza estritamente policial, se homem; e após 25 anos de contribuição, desde que conte, pelo menos, 15 anos de exercício em cargo de natureza estritamente policial, se mulher), observada (1) a idade mínima de 55 (cinquenta e cinco) anos para ambos os sexos ou observado (2) o disposto no § 3º (aposentar-se aos 52 anos de idade, se mulher, e aos 53 anos de idade, se homem, desde que cumprido período adicional de contribuição correspondente ao tempo que, na data de entrada em vigor da EC 103, faltaria para atingir o tempo de contribuição previsto na LC 51/85, ou seja, de 30 para homem e 25 para mulher).

Conforme § 1º do art. 5º da EC 103, serão considerados tempo de exercício em cargo de natureza estritamente policial, para os fins do inciso II do art. 1º da Lei Complementar nº 51, de 20 de dezembro de 1985, o tempo de atividade militar nas Forças Armadas, nas polícias militares e nos corpos de bombeiros militares e o tempo de atividade como agente penitenciário ou socioeducativo.

> II – o servidor público federal cujas atividades sejam exercidas com efetiva exposição a agentes químicos, físicos e biológicos prejudiciais à saúde, ou associação desses agentes, vedada a caracterização por categoria profissional ou ocupação, aos 60 (sessenta) anos de idade, com 25 (vinte e cinco) anos de efetiva exposição e contribuição, 10 (dez) anos de efetivo exercício de serviço público e 5 (cinco) anos no cargo efetivo em que for concedida a aposentadoria.

Porém, conforme o art. 21 da EC 103, que estabelece **regra de transição**, o servidor público federal que tenha ingressado no serviço público em cargo efetivo até a data de entrada em vigor da EC 103 cujas atividades tenham sido exercidas com efetiva exposição a agentes químicos, físicos e biológicos prejudiciais à saúde, ou associação desses agentes, vedada a caracterização por categoria profissional ou ocupação, desde que cumpridos o tempo mínimo de 20 anos de efetivo exercício no serviço público e de 5 anos no cargo efetivo em que for concedida a aposentadoria, na forma dos arts. 57 e 58 da Lei nº 8.213, de 24 de julho de 1991, poderá aposentar-se quando o total da soma resultante da sua idade e do tempo de contribuição e o tempo de efetiva exposição forem, respectivamente, de:

> I – 66 (sessenta e seis) pontos e 15 (quinze) anos de efetiva exposição;
>
> II – 76 (setenta e seis) pontos e 20 (vinte) anos de efetiva exposição; e
>
> III – 86 (oitenta e seis) pontos e 25 (vinte e cinco) anos de efetiva exposição.

Para o cálculo do somatório de pontos, a idade e o tempo de contribuição serão apurados em dias. O valor da aposentadoria de que trata esse art. 20 será apurado na forma da lei (o valor da aposentadoria corresponderá a 60% da média aritmética apurada dos 100% das remunerações, com acréscimo de 2% para cada ano de contribuição que exceder o tempo de 20 anos de contribuição).

Entretanto, quando a aposentadoria for concedida quando o total da soma resultante da idade e do tempo de contribuição e o tempo de efetiva exposição forem, respectivamente, de 66 pontos e 15 anos de efetiva exposição, o acréscimo de 2%, a que se refere o *caput* do § 2º do art. 26 da EC 103, será aplicado para cada ano que exceder 15 anos de tempo de contribuição.

Cumpre registrar que o STF, ao apreciar o **tema 942** de repercussão geral, no RE 1014286, fixou a seguinte tese: "Até a edição da Emenda Constitucional nº 103/2019, o direito à conversão, em tempo comum, do prestado sob condições especiais que prejudiquem a saúde ou a integridade física de servidor público decorre da previsão de adoção de requisitos e critérios diferenciados para a jubilação daquele enquadrado na hipótese prevista no então vigente inciso III do § 4º do art. 40 da Constituição da República, devendo ser aplicadas as normas do regime geral de previdência social relativas à aposentadoria especial contidas na Lei 8.213/1991 para viabilizar sua concretização enquanto não sobrevier lei complementar disciplinadora da matéria. Após a vigência da EC n.º 103/2019, o direito à conversão em tempo comum, do prestado sob condições especiais pelos servidores obedecerá à legislação complementar dos entes federados, nos termos da competência conferida pelo art. 40, § 4º-C, da Constituição da República." (tese fixada em 31/08/2020).

> III – o titular do cargo federal de professor, aos 60 (sessenta) anos de idade, se homem, aos 57 (cinquenta e sete) anos, se mulher, com 25 (vinte e cinco) anos de contribuição exclusivamente em efetivo exercício das funções de magistério na educação infantil e no ensino fundamental e médio, 10 (dez) anos de efetivo exercício de serviço público e 5 (cinco) anos no cargo efetivo em que for concedida a aposentadoria, para ambos os sexos.

Também prevê que a aposentadoria a que se refere o § 4º-C do art. 40 da Constituição Federal observará adicionalmente as condições e os requisitos estabelecidos para o Regime Geral de Previdência Social, naquilo em que não conflitarem com as regras específicas aplicáveis ao regime próprio de previdência social da União, vedada a conversão de tempo especial em comum. (art. 10, § 3º).

De acordo como § 4º do art. 10 da EC 103, os proventos das aposentadorias concedidas nos termos do disposto neste artigo serão apurados na forma da lei.

Conforme o art. 22 da EC 103, até que lei discipline o § 4º-A do art. 40 e o inciso I do § 1º do art. 201 da Constituição Federal, a aposentadoria da pessoa com deficiência segurada do Regime Geral de Previdência Social ou do servidor público federal com deficiência vinculado a regime próprio de previdência social, desde que cumpridos, no caso do servidor, o tempo mínimo de 10 (dez) anos de efetivo exercício no serviço público e de 5 (cinco) anos no cargo efetivo em que for concedida a aposentadoria, será concedida na forma da Lei Complementar nº 142, de 8 de maio de 2013 (regulamenta a concessão de aposentadoria da pessoa com deficiência), inclusive quanto aos critérios de cálculo dos benefícios.

Com a nova redação dada ao § 5º do art. 40, a EC 103 manteve, para os ocupantes do cargo de professor, a previsão de redução da idade mínima em 5 (cinco) anos em relação às idades decorrentes da aplicação do disposto no novo inciso III do § 1º (para os servidores da União, de 65 para 60 anos, se homem; e de 62 para 57 anos, se mulher), desde que comprovem tempo de efetivo exercício das funções de magistério na educação infantil e no ensino fundamental e médio fixado em lei complementar do respectivo ente federativo. Todavia, embora a EC 103 tenha mantido a redução da idade mínima do professor em 5 anos, relativamente às idades mínimas fixadas para os servidores da União e a serem estabelecidas pelos entes federativos mediante emenda às respectivas Constituições e Leis Orgânicas, não prevê mais a redução de tempo de contribuição, que será fixado em lei complementar do respectivo ente federativo. (art. 40, § 5º).

Mas de acordo com o **art. 10, § 2º, III, do texto da EC 103**, até que entre em vigor lei federal que discipline os benefícios do RPPS dos servidores da União, o titular do cargo federal de professor poderá aposentar-se aos 60 (sessenta) anos de idade, se homem, aos 57 (cinquenta e sete) anos, se mulher, com 25 (vinte e cinco) anos de contribuição exclusivamente em efetivo exercício das funções de magistério na educação infantil e no ensino fundamental e médio, 10 (dez) anos de efetivo exercício de serviço público e 5 (cinco) anos no cargo efetivo em que for concedida a aposentadoria, para ambos os sexos. E os proventos das aposentadorias serão apurados na forma da lei (art. 10, § 4º).

Mas o servidor público federal titular de cargo de professor, que comprovar exclusivamente tempo de efetivo exercício das funções de magistério na educação infantil e no ensino fundamental e médio, e que tenha ingressado no serviço público em cargo efetivo até a data de entrada em vigor da EC 103 poderá aposentar-se voluntariamente quando preencher, cumulativamente, os seguintes requisitos, com a redução dos requisitos de idade e de tempo de contribuição:

> I – 51 (cinquenta e um) anos de idade, se mulher, e 56 (cinquenta e seis) anos de idade, se homem;
>
> II – 25 (vinte e cinco) anos de contribuição, se mulher, e 30 (trinta) anos de contribuição, se homem; e
>
> III – 52 (cinquenta e dois) anos de idade, se mulher, e 57 (cinquenta e sete) anos de idade, se homem, a partir de 1º de janeiro de 2022.
>
> IV – somatório da idade e do tempo de contribuição, incluídas as frações, de 81 (oitenta e um) pontos, se mulher, e 91 (noventa e um) pontos, se homem, aos quais serão acrescidos, a partir de 1º de janeiro de 2020, 1 (um) ponto a cada ano, até atingir o limite de 92 (noventa e dois) pontos, se mulher, e de 100 (cem) pontos, se homem.

Nessa hipótese, de acordo como § 6º do art. 4º da EC 103, os proventos das aposentadorias concedidas aos professores federais corresponderão à totalidade da remuneração do servidor público no cargo efetivo em que se der a aposentadoria, para o servidor público que tenha ingressado no serviço público em cargo efetivo até 31 de dezembro de 2003 e que não tenha feito a opção de que trata o § 16 do art. 40 da Constituição Federal, desde que tenha, no mínimo, 57 (cinquenta e sete) anos de idade, se mulher, e 60 (sessenta) anos de idade, se homem. E serão reajustados de acordo com o disposto no art. 7º da Emenda Constitucional nº 41, de 19 de dezembro de 2003 (na mesma proporção e na mesma data, sempre que se modificar a remuneração dos servidores em atividade), se cumpridos esses requisitos.

Desde a EC 20 que o tempo de serviço não pode ser utilizado para fins de aposentadoria, limitando-se a ser contado para fins de disponibilidade. Todavia, a própria EC 20, no seu art. 4º, assegurou – vedada qualquer forma de contagem de tempo de contribuição fictício – o tempo de serviço considerado pela legislação vigente para efeito de aposentadoria, cumprido até que a lei discipline a matéria, como tempo de contribuição.

Porém, a partir da EC 20 somente o tempo de contribuição, seja federal, estadual, distrital ou municipal, será contado para fins de aposentadoria.

A EC 103 manteve essa sistemática e determinou que fossem observados o §§ 9º e 9º-A, segundo os quais para fins de aposentadoria, será assegurada a contagem recíproca do tempo de contribuição entre o RGPS e os RPPS's, e destes entre si, observada a compensação financeira, de acordo com os critérios estabelecidos em lei; e o tempo de serviço militar exercido nas atividades de que tratam os arts. 42 (PM), 142 e 143 (Forças Armadas) e o tempo de contribuição ao Regime Geral de Previdência Social ou a regime próprio de previdência social terão contagem recíproca para fins de inativação militar ou aposentadoria, e a compensação financeira será devida entre as receitas de contribuição referentes aos militares e as receitas de contribuição aos demais regimes.

A EC 103/2019 deu nova redação aos §§ 14 e 15, para, basicamente:

> (1) tornar obrigatória a todas as entidades federativas a instituição do regime de previdência complementar para seus servidores públicos ocupantes de cargo efetivo, observado o limite máximo dos benefícios do Regime Geral de Previdência Social para o valor das aposentadorias e das pensões em regime próprio de previdência social, ressalvado o disposto no § 16, que estabelece que somente mediante a prévia e expressa opção, esse RPC poderá ser aplicado ao servidor que tiver ingressado no serviço público até a data da publicação do ato de instituição do correspondente regime de previdência complementar;
>
> (2) permitir que o regime de previdência complementar seja efetivado por intermédio de entidade fechada de previdência complementar ou de entidade aberta de previdência complementar. Antes da EC 103, somente era possível o RPC ser efetivado por intermédio de entidade fechada de previdência complementar, de natureza pública.

A Emenda 41/2003 havia acrescentado o § 19 ao art. 40 da Constituição, segundo o qual o servidor público que tenha completado as exigências para aposentadoria voluntária estabelecidas no § 1º, III, a, da Constituição e que opte por permanecer em atividade fará jus a um ***abono de permanência*** equivalente ao valor da sua contribuição previdenciária até completar as exigências para aposentadoria compulsória contidas no § 1º, II.

Todavia, a EC 103 deu nova redação a este § 19. Apesar de haver mantido o abono de permanência ao servidor titular de cargo efetivo que tenha completado as exigências para a aposentadoria voluntária e que opte por permanecer em atividade, passou a prever que o valor do abono seja, no máximo, ao valor equivalente da sua contribuição previdenciária (podendo, portanto, não ser integral), até completar a idade para aposentadoria compulsória e observados critérios a serem estabelecidos em lei do respectivo ente federativo.

De acordo com o § 20 do art. 40 da Constituição, incluído pela EC 41/2003, só pode existir, no âmbito de cada ente da federação, apenas um único regime próprio de previdência social (RPPS) e única unidade gestora do respectivo regime, visando a atender isonomicamente a todos os servidores públicos, sem qualquer distinção. Já não era possível, portanto, a existência de mais de um regime próprio de previdência social, nem a existência de mais de uma unidade gestora desse regime, numa mesma entidade política.

Com a nova redação dada pela EC 103, essa proibição de mais de um regime próprio e mais de uma unidade gestora, prevista no § 20, se estendeu a todos os poderes, órgãos e entidades autárquicas e fundacionais em cada ente estatal.

O § 21, incluído ao art. 40 da Constituição pela EC 47/2005, estabelecia um tratamento diferenciado e mais favorável aos aposentados e pensionistas com doença incapacitante, relativamente à incidência de contribuição sobre os proventos de aposentadorias e pensões, pois previa que a contribuição dos aposentados e pensionistas, nessas condições, somente incidiria sobre as parcelas de proventos de aposentadoria e de pensão que superassem o **dobro** do limite máximo estabelecido para os benefícios do regime geral de previdência social.

Todavia, a EC 103/2019 **revogou esse § 21**, acabando com esse tratamento mais favorável e inclusivo dos aposentados e pensionistas com doença incapacitante.

Essa revogação, entretanto, somente entrará em vigor para os servidores públicos dos Estados, do Distrito Federal e dos Municípios na data de publicação de lei de iniciativa privativa do respectivo Poder Executivo que referende integralmente essa revogação do § 21.

A EC 103 incluiu o § 22 ao art. 40, para proibir a criação de novos regimes próprios de previdência social e determinar que lei complementar estabeleça, para os que já existam, normas gerais de organização, de funcionamento e de responsabilidade em sua gestão, entre outros temas.

Todavia, de acordo com o art. 9º da EC 103/2019, até que entre em vigor essa lei complementar prevista no § 22 do art. 40, aplicam-se aos regimes próprios de previdência social o disposto na Lei nº 9.717/1998, e as seguintes diretrizes.

> (1) O equilíbrio financeiro e atuarial do regime próprio de previdência social deverá ser comprovado por meio de garantia de equivalência, a valor presente, entre o fluxo das receitas estimadas e das despesas projetadas, apuradas atuarialmente, que, juntamente com os bens, direitos e ativos vinculados, comparados às obrigações assumidas, evidenciem a solvência e a liquidez do plano de benefícios.
>
> (2) O rol de benefícios dos regimes próprios de previdência social fica limitado às aposentadorias e à pensão por morte.
>
> (3) Os afastamentos por incapacidade temporária para o trabalho e o salário-maternidade serão pagos diretamente pelo ente federativo e não correrão à conta do regime próprio de previdência social ao qual o servidor se vincula.
>
> (4) Os Estados, o Distrito Federal e os Municípios não poderão estabelecer alíquota inferior à da contribuição dos servidores da União, exceto se demonstrado que o respectivo regime próprio de previdência social não possui *deficit* atuarial a ser equacionado, hipótese em que a alíquota não poderá ser inferior às alíquotas aplicáveis ao Regime Geral de Previdência Social. E esse fim, não será considerada como ausência de *deficit* a implementação de segregação da massa de segurados ou a previsão em lei de plano de equacionamento de *deficit*.
>
> (5) A instituição do regime de previdência complementar na forma dos §§ 14 a 16 do art. 40 da Constituição Federal e a adequação do órgão ou entidade gestora do regime próprio de previdência social ao § 20 do art. 40 da Constituição Federal deverão ocorrer no prazo máximo de 2 (dois) anos da data de entrada em vigor da EC 103.
>
> (6) Os recursos de regime próprio de previdência social poderão ser aplicados na concessão de empréstimos a seus segurados, na modalidade de consignados, observada regulamentação específica estabelecida pelo Conselho Monetário Nacional.
>
> (7) Por meio de lei, poderá ser instituída contribuição extraordinária pelo prazo máximo de 20 (vinte) anos, nos termos dos §§ 1º-B e 1º-C do art. 149 da Constituição Federal.

A EC 103/2019 incluiu o § 14 no art. 37 para estabelecer que a aposentadoria concedida com a utilização de tempo de contribuição decorrente de cargo, emprego ou função pública, inclusive do Regime Geral de Previdência Social, acarretará o rompimento do vínculo que gerou o referido tempo de contribuição. Assim, esse novo parágrafo prevê

o rompimento do vínculo com a Administração Pública, sempre que o agente público utilize o tempo de contribuição, gerado por esse vínculo e decorrente de cargo, emprego ou função pública, inclusive do Regime Geral de Previdência Social, para se aposentar.

Essa novidade atingirá especialmente os servidores públicos ocupantes exclusivamente de cargo em comissão e os empregados públicos, que queiram se aposentar utilizando o tempo de contribuição decorrente do cargo em comissão e do emprego público nas empresas estatais (empresas públicas, sociedades de economia mista e consórcios públicos), ressalvando-se a concessão de aposentadoria dos agentes públicos pelo RGPS até a data de entrada em vigor da Emenda Constitucional nº 103/2019. Esta ressalva deve-se ao art. 6º do texto da EC 103, que afastou a aplicação do disposto no § 14 do art. 37 da CF às aposentadorias concedidas pelo Regime Geral de Previdência Social até a data de entrada em vigor da EC.

Após a entrada em vigor da EC 103, não podem mais os servidores públicos ocupantes exclusivamente de cargo em comissão nem os empregados públicos acumular cargo em comissão e emprego público (salário) com a aposentadoria (proventos) concedida com a utilização de tempo de contribuição decorrente desses vínculos com a Administração (no cargo em comissão e no emprego público). Aposentando-se nestas condições, extingue-se o vínculo, com a destituição dos agentes.

10.2.7. *Pensão por morte do servidor público federal*

Com a nova redação dada ao § 7º deste art. 40 pela EC 103, o benefício de pensão por morte será concedido nos termos de lei do respectivo ente federativo, a qual tratará de forma diferenciada a hipótese de morte dos servidores de que trata o § 4º-B (agente penitenciário, agente socioeducativo e policial) decorrente de agressão sofrida no exercício ou em razão da função. De acordo com o art. 10, § 6º, do texto da EC 103, a pensão por morte devida aos dependentes dos policiais, mortos em razão de agressão sofrida no exercício ou em razão da função, será vitalícia para o cônjuge ou companheiro e equivalente à remuneração do cargo.

É possível ser fixado em valor abaixo do salário mínimo, salvo quando se tratar da única fonte de renda formal auferida pelo dependente, hipótese em que deve ser observado o disposto no § 2º do art. 201 (limite mínimo de um salário mínimo).

De acordo com o art. 23 da EC 103, a pensão por morte concedida a dependente de segurado do Regime Geral de Previdência Social ou de servidor público federal será equivalente a uma **cota familiar de 50%** do valor da aposentadoria recebida pelo segurado ou servidor ou daquela a que teria direito se fosse aposentado por incapacidade permanente na data do óbito, **acrescida de cotas de 10% por dependente**, até o máximo de 100% (cem por cento).

O Plenário do Supremo Tribunal Federal, em sessão encerrada em 23/06/2023, julgou improcedente a Ação Direta de Inconstitucionalidade (ADI) 7051, Rel. ministro Roberto Barroso, e validou a nova regra de cálculo das pensões por morte de segurados do Regimento Próprio de Previdência Social (RGPS) antes da aposentadoria. Por maioria, a Corte declarou constitucional o art. 23 da EC 103, de 2019, que fixou os novos critérios para a concessão do benefício.

Pelo § 1º, as cotas por dependente cessarão com a perda dessa qualidade e não serão reversíveis aos demais dependentes, preservado o valor de 100% da pensão por morte quando o número de dependentes remanescente for igual ou superior a 5 (cinco).

Mas segundo o § 2º, na hipótese de existir **dependente inválido**[78] ou com **deficiência intelectual, mental ou grave**, o valor da pensão por morte será equivalente a:

> I – 100% da aposentadoria recebida pelo segurado ou servidor ou daquela a que teria direito se fosse aposentado por incapacidade permanente na data do óbito, até o limite máximo de benefícios do Regime Geral de Previdência Social; e
>
> II – uma cota familiar de 50% acrescida de cotas de 10% por dependente, até o máximo de 100% (cem por cento), para o valor que supere o limite máximo de benefícios do Regime Geral de Previdência Social.

Prevê o § 3º, que quando não houver mais dependente inválido ou com deficiência intelectual, mental ou grave, o valor da pensão será recalculado na forma do disposto no *caput* e no § 1º do art. 23.

Dispõe o § 4º que o tempo de duração da pensão por morte e das cotas individuais por dependente até a perda dessa qualidade, o rol de dependentes e sua qualificação e as condições necessárias para enquadramento serão aqueles fixados na Lei nº 8.213, de 24 de julho de 1991, que estabelece o plano de benefícios do RGPS.

O § 5º permite que, para o dependente inválido ou com deficiência intelectual, mental ou grave, sua condição pode ser reconhecida previamente ao óbito do segurado, por meio de avaliação biopsicossocial realizada por equipe multiprofissional e interdisciplinar, observada revisão periódica na forma da legislação.

Segundo o § 6º, equiparam-se a filho, para fins de recebimento da pensão por morte, exclusivamente o **enteado** e o **menor tutelado**, desde que comprovada a dependência econômica. Foi excluído da equiparação pela EC 103 o menor sob guarda.

Entretanto, essa exclusão é questionável, pois fere, a nosso sentir, o princípio da proteção integral e prioridade absoluta da criança e do adolescente, previsto no art. 227 da Constituição Federal, que é cláusula pétrea garantida pelo inciso IV do § 4º do art. 60, da Constituição Federal.

Em julgamento das ADI 4878 e ADI 5083, finalizado em 07 de junho de 2021, o STF firmou entendimento segundo o qual os menores sob guarda são considerados dependentes para fins de recebimento de pensão por morte, se comprovada a dependência econômica. Assim, definiu a Corte que a interpretação constitucional - pelo critério hermenêutico da interpretação da lei conforme a Constituição - a ser conferida ao art. 16, § 2º, da Lei 8213/1991, deve contemplar os "menores sob guarda" na categoria de dependentes do Regime Geral de Previdência Social, em consonância com o princípio da proteção integral e da prioridade absoluta, desde que comprovada a dependência econômica, nos termos da legislação previdenciária.

78. **Súmula 663** – A pensão por morte de servidor público federal pode ser concedida ao filho inválido de qualquer idade, desde que a invalidez seja anterior ao óbito.

Entre os fundamentos, o STF destacou que a doutrina da proteção integral, consagrada no art. 227 da Constituição Federal e nos tratados internacionais vigentes sobre o tema, dos quais sobressai a Convenção dos Direitos das Crianças (Decreto 99.710/1990), estabelece o estatuto protetivo de crianças e adolescentes, conferindo-lhes *status* de sujeitos de direito. Seus direitos e garantias devem ser universalmente reconhecidos, diante de sua especial condição de pessoas em desenvolvimento. Nos termos do texto constitucional, assegurar à criança e ao adolescente, com absoluta prioridade, seus direitos fundamentais, é dever que se impõe não apenas à família e à sociedade, mas também ao Estado.

De acordo como § 7º, as regras sobre pensão previstas no art. 23 da EC 103 e na legislação vigente na data de entrada em vigor da Emenda Constitucional poderão ser alteradas na forma da lei para o Regime Geral de Previdência Social e para o regime próprio de previdência social da União. Uma forma esdrúxula de uma EC revestir-se de flexibilidade constitucional para permitir que a própria lei possa alterá-la.

E o § 8º prevê que se aplicam às pensões concedidas aos dependentes de servidores dos Estados, do Distrito Federal e dos Municípios as normas constitucionais e infraconstitucionais anteriores à data de entrada em vigor da Emenda Constitucional, enquanto não promovidas alterações na legislação interna relacionada ao respectivo regime próprio de previdência social.

O art. 24 da EC 103 veda a acumulação de mais de uma pensão por morte deixada por cônjuge ou companheiro, no âmbito do mesmo regime de previdência social, ressalvadas as pensões do mesmo instituidor decorrentes do exercício de cargos acumuláveis na forma do art. 37 da Constituição Federal.

O § 1º admite, nos termos do § 2º, a acumulação de:

> I – pensão por morte deixada por cônjuge ou companheiro de um regime de previdência social com pensão por morte concedida por outro regime de previdência social ou com pensões decorrentes das atividades militares de que tratam os arts. 42 e 142 da Constituição Federal;
>
> II – pensão por morte deixada por cônjuge ou companheiro de um regime de previdência social com aposentadoria concedida no âmbito do Regime Geral de Previdência Social ou de regime próprio de previdência social ou com proventos de inatividade decorrentes das atividades militares de que tratam os arts. 42 e 142 da Constituição Federal; ou
>
> III – pensões decorrentes das atividades militares de que tratam os arts. 42 e 142 da Constituição Federal com aposentadoria concedida no âmbito do Regime Geral de Previdência Social ou de regime próprio de previdência social.

De acordo como § 2º, nas hipóteses das acumulações permitidas, é assegurada a percepção do valor integral do benefício mais vantajoso e de uma parte de cada um dos demais benefícios, apurada cumulativamente de acordo com as seguintes faixas:

> I – 60% (sessenta por cento) do valor que exceder 1 (um) salário-mínimo, até o limite de 2 (dois) salários-mínimos;
>
> II – 40% (quarenta por cento) do valor que exceder 2 (dois) salários-mínimos, até o limite de 3 (três) salários-mínimos;

III – 20% (vinte por cento) do valor que exceder 3 (três) salários-mínimos, até o limite de 4 (quatro) salários-mínimos; e

IV – 10% (dez por cento) do valor que exceder 4 (quatro) salários-mínimos.

Considerando, hipoteticamente, que o valor do salário mínimo é **R$1.212,00**, vejamos o exemplo abaixo:

Até um salário mínimo (1.212,00) não há desconto.

Primeira faixa: 1.212,00 + 60% (de 1.211,99 que corresponde a diferença de 1.212,01-2.424) = 1.212 + 727,19 = **1.939,19**;

Segunda faixa: 2.424 + 40% (de 1.211,99 que corresponde a diferença entre 2.424,01-3.636) = 2.424 + 484,79 = **2.908,79**;

Terceira faixa: 3.636 + 20% (de 1.211,99 que corresponde a diferença entre 3.636,01-4.848) = 3.636 + 242,39 = **3.878,39**;

Quarta faixa: 4.848 + 10% (do que exceder a 4.848,01).

Se um benefício acumulável de valor menor for, por exemplo, 7.000 reais, ele corresponderá a: 4.848 + 10% (de 2.151,99 que corresponde a diferença entre 4.848,01-7.000) = 4.848 + 215,19 = **5.063,19**. Isto é, de R$7.000 somente receberá, para fins de acumulação, **o valor de R$5.063,19**.

Conforme o § 3º, a aplicação do disposto no § 2º, que trata das condições de acumulação, poderá ser revista a qualquer tempo, a pedido do interessado, em razão de alteração de algum dos benefícios.

Em razão da garantia do direito adquirido, o § 4º prevê que as restrições previstas no art. 24, sobre as condições de acumulação, não serão aplicadas se o direito aos benefícios houver sido adquirido antes da data de entrada em vigor da Emenda Constitucional 103.

E o § 5º também permite que as regras sobre acumulação previstas no art. 24 e na legislação vigente na data de entrada em vigor da Emenda Constitucional 103 poderão ser alteradas na forma do § 6º do art. 40 e do § 15 do art. 201 da Constituição Federal.

11. QUADRO SINÓTICO

SERVIDORES PÚBLICOS
1. Agentes públicos
Constituem uma categoria genérica para compreender todas as pessoas físicas que, de algum modo, exercem funções estatais, independentemente da natureza do vínculo que entretêm com o Estado. Basta que desempenhem funções estatais, agindo em nome do Estado, para serem qualificadas como agentes públicos.
2. Espécies de agentes públicos
2.1. Agentes políticos
São agentes públicos que titularizam cargos ou mandatos de altíssimo escalão, somente se subordinando à CF, e sujeitos a regime especial. São os Parlamentares; os chefes do Executivo, Vice e Auxiliares; os Magistrados; os membros do Ministério Público, dos Tribunais de Contas, da Carreira Diplomática, do CNJ e CNMP, assim como os Defensores Públicos.

2.2. Agentes ou servidores administrativo do Estado

São todos aqueles que mantêm com o Estado e suas entidades da Administração Indireta relação de trabalho de natureza profissional e caráter não eventual, sob vínculo de dependência. Compreendem:

2.2.1. Servidores públicos

São todos aqueles vinculados, em caráter permanente, com uma entidade de direito público. A partir da EC nº 19/98, que aboliu a obrigatoriedade do regime jurídico único, os servidores públicos podem se submeter a regimes funcionais diversos, de tal modo que podemos ter:

a) Servidores públicos estatutários – São os titulares de cargos públicos, submetidos a estatuto funcional, definido em lei especial.
b) Servidores públicos celetistas – São os ocupantes de empregos públicos, submetidos à legislação trabalhista (CLT).

Contudo, importa esclarecer que o Plenário do STF, no exame da MC requerida na ADI nº 2135/DF, Rel. Min. NÉRI DA SILVEIRA, Rel. p/ Acórdão Min. ELLEN GRACIE, Julgamento em 02/08/2007, DJ de 07/03/2008, concedeu medida cautelar para suspender, com eficácia *ex nunc*, a nova redação dada pela EC 19/98 ao *caput* do art. 39 da Constituição Federal, restabelecendo, por conseguinte, a exigência do regime jurídico único para os servidores públicos da administração pública direta, das autarquias e fundações, em razão de vício formal por ofensa ao art. 60, § 2º, da Carta Magna, com o que ficou proibido o regime de emprego público entre os servidores públicos.

2.2.2. Servidores empregados (ou empregados públicos)

Os empregados públicos, como são mais conhecidos, são todos aqueles que entretêm relação de trabalho profissional e permanente com as entidades de direito privado da Administração Pública Indireta (são os empregados públicos da empresa pública ou sociedade de economia mista).

2.2.3. Servidores temporários

São aqueles contratados por prazo determinado, nos termos do art. 37, IX, da Constituição Federal, para atender a necessidade temporária de excepcional interesse público. Sujeitam-se a regime especial de direito administrativo (REDA), estabelecido por lei especial de cada entidade política.

2.2.4. Militares

São os membros das polícias militares e corpos de bombeiros dos Estados, do DF e Territórios e os membros das forças armadas, sujeitos a regime especial.

2.3. Agentes ou particulares em colaboração com o Estado

São todas as pessoas físicas que, sem perderem a condição de particulares, exercem função pública, prestando alguma atividade ao Estado, sem vínculo empregatício, com ou sem remuneração, ainda que às vezes eventualmente (ex.: os requisitados pela Justiça Eleitoral; os notários e registradores das serventias não oficiais; os gestores de negócios, etc.).

3. Cargo, emprego e função pública

Cargos e empregos públicos são unidades de atribuições e responsabilidades funcionais instituídas e situadas na estrutura administrativa das entidades estatais ou administrativas.

Enquanto o agente titular de cargo público tem vínculo estatutário e institucional, regido, portanto, por um estatuto funcional próprio (na União, a Lei Federal nº 8.112/90), o agente ocupante de emprego público tem vínculo trabalhista e contratual, sob a regência da CLT.

As funções são as próprias atribuições do cargo ou do emprego público ou, quando autônomos, aquelas destinadas diretamente ao agente (exemplo, as funções temporárias e as funções de confiança).

Relativamente aos cargos públicos, a Constituição os distingue, quanto à forma de seu provimento, entre os (a) cargos de provimento efetivo, (b) os cargos de provimento vitalício e (c) os cargos de provimento em comissão.

Os **cargos de provimento efetivo** são aqueles que dependem de concurso público de provas ou de provas e títulos para serem titularizados.

Os **cargos de provimento vitalício** são somente aqueles instituídos no âmbito do Poder Judiciário, do Ministério Público e dos Tribunais de Contas, vale dizer, os cargos de juiz de todas as instâncias, de promotor e procurador do Ministério Público e de Ministros e Conselheiros das Cortes de Contas.

Os **cargos de provimento em comissão** são os de livre nomeação e de livre exoneração, que não dependem de concurso público, e são destinados às atribuições de direção, chefia ou assessoramento.

Ainda há os cargos públicos que se distinguem, quanto à organização, entre (a) cargos organizados em carreira e (b) cargos isolados.

4. Provimento

4.1. Conceito

É o ato por meio do qual o agente público é investido no exercício do cargo, emprego ou função.

4.2. Provimento originário ou autônomo

É o primeiro ato de investidura do agente em cargo, emprego ou função pública.

4.3. Provimento derivado

É o ato de investidura do agente que pressupõe uma investidura anterior e que pode assumir a forma de:

4.3.1. Provimento derivado vertical

a) Promoção – É modalidade de provimento que proporciona uma elevação do servidor, por critério, alternadamente, de antiguidade e merecimento, de um cargo de uma classe para outro cargo de uma classe imediatamente superior, quando os cargos e as respectivas classes estiverem organizados e escalonados em carreira. A promoção não se confunde com a *progressão funcional*. Progressão é a passagem do servidor, *dentro de uma mesma classe*, para o padrão de vencimento imediatamente superior, enquanto a promoção consiste na passagem do servidor do último padrão de uma classe para o primeiro padrão da classe imediatamente superior. Entende-se por *padrão* a posição do servidor na escala de vencimentos da carreira. A promoção e a progressão podem fazer parte uma mesma carreira.
b) Transposição ou ascensão funcional – Abolido pela CF/88.

4.3.2. Provimento derivado horizontal

a) Transferência – Forma abolida com a CF/88. Consistia na **passagem do servidor** estável de **cargo efetivo para outro** de igual denominação, **pertencente a quadro de pessoal diverso**, de órgão ou instituição do mesmo Poder, de ofício ou a pedido do servidor, atendido o interesse do serviço.
b) Readaptação – É a investidura do servidor em cargo de atribuições, escolaridade e responsabilidades compatíveis com a limitação que tenha sofrido em sua capacidade física ou mental verificada em inspeção médica.

c) **Redistribuição** – Consiste no **deslocamento de cargo de provimento efetivo**, ocupado ou vago no âmbito do quadro geral de pessoal, para outro órgão ou entidade do mesmo Poder. Tem previsão no art. 37 da Lei 8.112/90.

4.3.3. Provimento derivado por reingresso

a) Reversão – É o retorno do **servidor aposentado** ao serviço ativo, "*ex officio*" ou "no interesse da Administração, a pedido do servidor".
b) Aproveitamento – É o reingresso do servidor estável, que se encontrava em disponibilidade, em cargo de atribuições e vencimentos compatíveis com o anteriormente ocupado.
c) Reintegração – É o reingresso do servidor estável no cargo anteriormente ocupado ou no cargo resultante de sua transformação, quando invalidada a sua demissão por decisão judicial ou administrativa, com ressarcimento de todas as vantagens.
d) Recondução – É o reingresso do servidor estável ao cargo que antes ocupava, quer por haver sido desalojado do novo cargo em decorrência de reintegração do anterior ocupante, quer por ter sido inabilitado em estágio probatório relativo a outro cargo.

5. Vacância

É o ato administrativo através do qual o servidor é destituído do cargo, emprego ou função. Pode decorrer da exoneração, demissão, aposentadoria, promoção, falecimento, readaptação e posse em cargo inacumulável.

6. Efetividade, estabilidade e vitaliciedade

6.1. Efetividade

É um atributo do cargo, concernente à sua forma de provimento dependente de concurso público.

6.2. Estabilidade

É a garantia constitucional de permanência no serviço Público, assegurada ao servidor público nomeado para cargo de provimento efetivo em virtude de concurso público, que tenha cumprido um período de prova de 3 anos (**estágio probatório**), após ser submetido a avaliação especial de desempenho por comissão instituído para essa finalidade. O servidor estável só perde o cargo:

a) Em virtude de sentença judicial transitada em julgado (CF, art. 41, § 1º, I);
b) Mediante processo administrativo em que seja assegurada a ampla defesa e o contraditório (CF, art. 41, § 1º, II);
c) Mediante procedimento de avaliação periódica de desempenho, na forma de lei complementar, assegurada ampla defesa (CF, art. 41, § 1º, III); e
d) Por excesso de despesas e para ajustar a folha de pagamento com pessoal aos limites fixados em lei (CF, art. 169, § 4º).

6.3. Vitaliciedade

É garantia de permanência no serviço público assegurada a alguns agentes políticos, distinguindo-se da estabilidade em razão da maior garantia que proporciona e da natureza dos cargos que ensejam sua aquisição (Juízes e Desembargadores e Ministros dos Tribunais Superiores e do STF; Promotores e Procuradores de Justiça; e Conselheiros e Ministros dos Tribunais de Contas).

7. Remuneração e subsídio

7.1. Vencimento

É o próprio estipêndio básico correspondente ao cargo, sem qualquer vantagem.

7.2. Vencimentos
É o estipêndio básico acrescentado com as vantagens fixas (ex.: adicional por tempo de serviço). A irredutibilidade só alcança os vencimentos.
7.3. Remuneração
Compreende os vencimentos e todas as vantagens variáveis ou não fixas.
7.4. Subsídio
É a parcela única paga como contraprestação pecuniária obrigatória aplicável aos seguintes agentes públicos: chefes do Executivo, os vices e seus auxiliares diretos (Ministros e Secretários); parlamentares em geral; magistrados; membros do Ministério Público; os membros da Advocacia Geral da União, das Procuradorias dos Estados e do Distrito Federal (não os dos Municípios, pois não foram mencionados pela emenda 19/93); os membros da Defensoria Pública; os servidores policiais das polícias federal, rodoviária e ferroviária federal, polícias civis e militares; os membros dos Tribunais de Contas.
7.5. Fixação e alteração da remuneração e do subsídio
A remuneração e o subsídio dos agentes públicos somente poderão ser fixados ou alterados por *lei específica*, observada a iniciativa privativa em cada caso.
7.6. Revisão da remuneração e do subsídio
Por força do inciso X do art. 37 da Constituição Federal, ficou *assegurada a revisão geral anual, sempre na mesma data e sem distinção de índices*. Porém, cumpre registrar que o STF, ao apreciar o tema 864 de repercussão geral, no RE 905357, fixou a seguinte tese: "A revisão geral anual da remuneração dos servidores públicos depende, cumulativamente, de dotação na Lei Orçamentária Anual e de previsão na Lei de Diretrizes Orçamentárias" (tese fixada em 29/11/2019).
7.7. Limites à remuneração e ao subsídio
A Constituição Federal de 1988, desde sua versão originária, preocupou-se em fixar um *limite máximo* ou *teto* para a remuneração dos agentes públicos, hoje correspondendo, na nova redação dada pela EC nº 41/2003 ao inciso XI do art. 37 da CF, ao *subsídio mensal, em espécie, dos Ministros do Supremo Tribunal Federal*, aplicando-se, todavia, *como limite* ou *subteto*, nos *Municípios*, o *subsídio do Prefeito*, e nos *Estados e no Distrito Federal*, o *subsídio mensal do Governador no âmbito do Poder Executivo*, o *subsídio dos Deputados Estaduais e Distritais no âmbito do Poder Legislativo* e o *subsídio dos Desembargadores do Tribunal de Justiça, limitado a noventa inteiros e vinte e cinco centésimos por cento do subsídio mensal, em espécie, dos Ministros do STF*, no *âmbito do Poder Judiciário*, aplicável este limite aos membros do Ministério Público, aos Procuradores e aos Defensores Públicos.
7.8. Proibição de acumulação remunerada de cargos, empregos e funções públicas
A Constituição Federal proíbe a acumulação remunerada de cargos, empregos ou funções públicas. Assim, por força do seu art. 37, incisos XVI e XVII, é vedada a acumulação remunerada de cargos, empregos e funções públicas, exceto quando, havendo compatibilidade de horários, observado, em qualquer caso, o teto: a) De dois cargos de professor; b) De um cargo de professor, com outro técnico ou científico; c) De dois cargos ou empregos privativos de profissionais de saúde, com profissões regulamentadas (médico, enfermeiro e qualquer profissional de saúde).

Relativamente à possibilidade ou não de o servidor público acumular cargo, emprego ou função pública com o mandato eletivo, a Constituição Federal, no art. 38, dispõe que: (I) tratando-se de mandato eletivo federal (Presidente e Vice-Presidente da República, Deputado Federal ou Senador), estadual ou distrital (Governador e Vice-Governador do Estado ou do Distrito Federal ou Deputado Estadual ou Distrital), ficará o servidor afastado de seu cargo, emprego ou função; (II) investido no mandato de Prefeito e Vice-Prefeito, será ele afastado do cargo, emprego ou função, sendo-lhe facultado, porém, optar pela sua remuneração; e, finalmente, (III) investido no mandato de Vereador, e havendo compatibilidade de horários, ele perceberá as vantagens de seu cargo, emprego ou função, sem prejuízo da remuneração do mandato eletivo, e, não havendo compatibilidade, será ele afastado do cargo, emprego ou função, sendo-lhe facultado, contudo, optar pela sua remuneração. Em qualquer caso que exija o afastamento para o exercício de mandato eletivo, seu tempo de serviço será contado para todos os efeitos legais, exceto para promoção por merecimento. Para efeito de benefício previdenciário, no caso de afastamento, os valores serão determinados como se no exercício estivesse.

7.9. Proibição de vinculação e equiparação de remuneração e subsídio

A Constituição *veda* a *vinculação* e a *equiparação* de quaisquer espécies remuneratórias para o efeito de remuneração de pessoal do serviço público. Com isso, a Constituição proíbe qualquer reajuste automático de remuneração e subsídio. Ocorre a vinculação quando o aumento de uma remuneração fica atrelado ou dependente ao aumento de outra remuneração (ex.: o subsídio de Delegados de Polícia vinculado ao subsídio dos membros do Ministério Público, de modo que, quando o subsídio destes aumenta, o dos Delegados também). Equiparação é o tratamento igual a situações desiguais.

8. Direitos dos trabalhadores extensivos aos servidores públicos. O direito à livre associação sindical e o direito de greve

A Constituição Federal, no § 3º do art. 39, determina a aplicação aos servidores públicos de alguns direitos reconhecidos aos trabalhadores da iniciativa privada, quais sejam: a) salário mínimo, fixado em lei, nacionalmente unificado, capaz de atender a suas necessidades vitais básicas e às de sua família com moradia, alimentação, educação, saúde, lazer, vestuário, higiene, transporte e previdência social, com reajustes periódicos que lhe preservem o poder aquisitivo; b) garantia de salário, nunca inferior ao mínimo, para os que percebem remuneração variável; c) décimo terceiro salário com base na remuneração integral ou no valor da aposentadoria; d) remuneração do trabalho noturno superior à do diurno; e) salário-família pago em razão do dependente do trabalhador de baixa renda nos termos da lei; f) duração do trabalho normal não superior a oito horas diárias e quarenta e quatro semanais, facultada a compensação de horários e a redução da jornada, mediante acordo ou convenção coletiva de trabalho; g) repouso semanal remunerado, preferencialmente aos domingos; h) remuneração do serviço extraordinário superior, no mínimo, em cinquenta por cento à do normal; i) gozo de férias anuais remuneradas com, pelo menos, um terço a mais do que o salário normal; j) licença à gestante, sem prejuízo do emprego e do salário, com a duração de cento e vinte dias; k) licença-paternidade, nos termos fixados em lei; l) proteção do mercado de trabalho da mulher, mediante incentivos específicos, nos termos da lei; m) redução dos riscos inerentes ao trabalho, por meio de normas de saúde, higiene e segurança; e n) proibição de diferença de salários, de exercício de funções e de critério de admissão por motivo de sexo, idade, cor ou estado civil. Ademais, foi garantido ao servidor público o direito à livre associação sindical e o direito de greve.

9. Previdência do servidor

A **aposentadoria** é um direito fundamental, de natureza social, à inatividade remunerada, assegurado ao servidor em caso de incapacidade permanente para o trabalho, idade avançada ou a pedido. Nestes termos, o servidor tem o direito de se aposentar por (1) incapacidade permanente para o trabalho, (2) *compulsoriamente aos 75 anos de idade ou* (3) *voluntariamente, se atendidas determinadas condições.*

A **pensão** é um benefício devido, em caso de morte do servidor, aos seus dependentes.

De acordo com o § 2º do art. 9º da EC 103/2019, o rol de benefícios dos regimes próprios de previdência social fica limitado às **aposentadorias** e à **pensão por morte**.

Esses benefícios podem submeter-se a regimes previdenciários distintos. À vista da Constituição Federal, há, fundamentalmente, os seguintes regimes previdenciários:

9.1. Regime Geral da Previdência Social – RGPS (CF, art. 201) – Aplica-se aos empregados da iniciativa privada, regidos pela legislação trabalhista.

9.2. Regime Próprio da Previdência Social – RPPS (CF, art. 40) – Aplica-se ao servidor titular de cargo efetivo, que é assegurado o regime próprio de previdência social, de caráter contributivo. Aos demais servidores, inclusive os ocupantes, exclusivamente, de cargo em comissão, cargo temporário ou emprego público, aplica-se o regime geral de previdência social.

Foi promulgada em 12 de novembro de 2019, a **Emenda Constitucional nº 103**, que promoveu uma ampla reforma previdenciária, com expressivo impacto no regime próprio de previdência social dos servidores públicos federais. A EC 103 excluiu de seu alcance os servidores públicos dos Estados, Distrito Federal e Municípios, cujas regras de aposentadoria e de pensão por morte devem ser fixadas pelas Constituições dos Estados e Leis Orgânicas do DF e Municípios.

A EC 103 manteve basicamente **os três tipos de aposentadoria** do regime próprio:

I – por incapacidade permanente para o trabalho;

II – compulsória, aos 75 anos de idade;

III – voluntária.

Antes chamada de aposentadoria por invalidez permanente, a atualmente denominada de aposentadoria por incapacidade permanente para o trabalho, ocorrerá no cargo em que o servidor estiver investido, quando for insuscetível de readaptação. Nessa hipótese, será obrigatória a realização de avaliações periódicas para verificação da continuidade das condições que ensejaram a concessão da aposentadoria, na forma de lei do respectivo ente federativo. E se demonstrada, em qualquer uma dessas avaliações, a cessação dos motivos que determinaram a concessão da aposentadoria, dar-se-á a reversão de ofício do servidor, com o seu retorno ao cargo de origem.

Não houve qualquer alteração em relação à aposentadoria compulsória, que continua aos 75 anos de idade para todos os servidores públicos titulares de cargo efetivo. Todavia, a EC 103 trouxe uma novidade, ao incluir o § 16 no art. 201, e estabelecer a aposentadoria compulsória aos 75 anos de idade para os empregados dos consórcios públicos, das empresas públicas, das sociedades de economia mista e das suas subsidiárias, observado o cumprimento do tempo mínimo de contribuição, na forma estabelecida em lei.

Mas foi a aposentadoria voluntária que maiores mudanças sofreu. A EC 103 elevou a idade mínima dos servidores federais, para 62 anos, se mulher, e 65 anos, se homem. Em relação aos servidores estaduais, distrital e municipais, caberão aos Estados, ao Distrito Federal e aos Municípios estabelecer a idade mínima para a aposentadoria voluntária mediante emenda às respectivas Constituições e Leis Orgânicas.

Para todos os servidores, a EC 103 determina que sejam observados o tempo de contribuição e os demais requisitos (tempo no serviço público e tempo no cargo público efetivo) estabelecidos em lei complementar do respectivo ente federativo. (art. 40, § 1º, III), desconstitucionalizando regras constitucionais anteriores que fixavam todos esses requisitos. Com base na EC 103, cabe agora a cada entidade federativa estabelecer, por meio de sua lei complementar, esses requisitos relativos ao tempo de contribuição, tempo de serviço público e tempo no cargo efetivo em que se dará a aposentadoria.

Porém, até que entre em vigor lei federal que discipline os benefícios do regime próprio de previdência social dos servidores da União, o art. 10 da EC 103 estabelece **regras temporárias** sobre as aposentadorias dos servidores públicos federais (incluindo os policiais, os servidores sujeitos a agentes prejudiciais à saúde e os professores).

O art. 10, § 1º, I, do texto da EC 103, prevê, para os servidores federais, além das idades de 62 (mulher) e 65 (homem), o tempo de 25 anos de contribuição, o tempo de 10 anos de efetivo exercício no serviço público e o tempo de 5 anos no cargo efetivo em que for concedida a aposentadoria.

9.3. Regime de Previdência Complementar (RPC) – Aplica-se aos servidores efetivos que ingressaram após a sua instituição. Esse regime deve ser instituído pela União, Estados, Distrito Federal e Municípios, por lei de iniciativa do respectivo Poder Executivo, para os servidores públicos ocupantes de cargo efetivo, observado o limite máximo dos benefícios do Regime Geral de Previdência Social para o valor das aposentadorias e das pensões em regime próprio de previdência social, ressalvado o disposto no § 16, que prevê que somente mediante sua prévia e expressa opção, o regime de previdência complementar poderá ser aplicado ao servidor que tiver ingressado no serviço público até a data da publicação do ato de sua instituição

9.4. A Pensão por Morte do Servidor Público Federal

Com a nova redação dada ao § 7º do art. 40 pela EC 103, o benefício de pensão por morte será concedido nos termos da lei do respectivo ente federativo.

É possível ser fixado em valor abaixo do salário mínimo, salvo quando se tratar da única fonte de renda formal auferida pelo dependente, hipótese em que deve ser observado o disposto no § 2º do art. 201 (limite mínimo de um salário mínimo).

De acordo com o art. 23 da EC 103, a pensão por morte concedida a dependente de segurado do Regime Geral de Previdência Social ou de servidor público federal será equivalente a uma **cota familiar de 50%** do valor da aposentadoria recebida pelo segurado ou servidor ou daquela a que teria direito se fosse aposentado por incapacidade permanente na data do óbito, **acrescida de cotas de 10% por dependente**, até o máximo de 100% (cem por cento).

Pelo § 1º, as cotas por dependente cessarão com a perda dessa qualidade e não serão reversíveis aos demais dependentes, preservado o valor de 100% da pensão por morte quando o número de dependentes remanescente for igual ou superior a 5 (cinco).

O tempo de duração da pensão por morte e das cotas individuais por dependente até a perda dessa qualidade, o rol de dependentes e sua qualificação e as condições necessárias para enquadramento serão aqueles estabelecidos na Lei nº 8.213, de 24 de julho de 1991, que estabelece o plano de benefícios do RGPS.

Equiparam-se a filho, para fins de recebimento da pensão por morte, exclusivamente o **enteado** e o **menor tutelado**, desde que comprovada a dependência econômica. Foi excluído da equiparação pela EC 103 o menor sob guarda.

Aplicam-se às pensões concedidas aos dependentes de servidores dos Estados, do Distrito Federal e dos Municípios as normas constitucionais e infraconstitucionais anteriores à data de entrada em vigor da Emenda Constitucional, enquanto não promovidas alterações na legislação interna relacionada ao respectivo regime próprio de previdência social.

O art. 24 da EC 103 veda a acumulação de mais de uma pensão por morte deixada por cônjuge ou companheiro, no âmbito do mesmo regime de previdência social, ressalvadas as pensões do mesmo instituidor decorrentes do exercício de cargos acumuláveis na forma do art. 37 da Constituição Federal.

O § 1º admite, nos termos do § 2º, a acumulação de:

I – pensão por morte deixada por cônjuge ou companheiro de um regime de previdência social com pensão por morte concedida por outro regime de previdência social ou com pensões decorrentes das atividades militares de que tratam os arts. 42 e 142 da Constituição Federal;

II – pensão por morte deixada por cônjuge ou companheiro de um regime de previdência social com aposentadoria concedida no âmbito do Regime Geral de Previdência Social ou de regime próprio de previdência social ou com proventos de inatividade decorrentes das atividades militares de que tratam os arts. 42 e 142 da Constituição Federal; ou

III – pensões decorrentes das atividades militares de que tratam os arts. 42 e 142 da Constituição Federal com aposentadoria concedida no âmbito do Regime Geral de Previdência Social ou de regime próprio de previdência social.

Entretanto, de acordo como § 2º, nas hipóteses das acumulações permitidas, é assegurada a percepção do valor integral do benefício mais vantajoso e de uma parte de cada um dos demais benefícios, apurada cumulativamente de acordo com as seguintes faixas:

I – 60% (sessenta por cento) do valor que exceder 1 (um) salário-mínimo, até o limite de 2 (dois) salários-mínimos;
II – 40% (quarenta por cento) do valor que exceder 2 (dois) salários-mínimos, até o limite de 3 (três) salários-mínimos;
III – 20% (vinte por cento) do valor que exceder 3 (três) salários-mínimos, até o limite de 4 (quatro) salários-mínimos; e
IV – 10% (dez por cento) do valor que exceder 4 (quatro) salários-mínimos.

12. JURISPRUDÊNCIA APLICADA

- Tema 1097 de repercussão geral no RE 1237867: "Aos servidores públicos estaduais e municipais é aplicado, para todos os efeitos, o art. 98, § 2° e § 3°, da Lei 8.112/1990[79]." (17/12/2022).

- Tema 221 de repercussão geral no 05/12/2022: "No exercício da autonomia legislativa municipal, não pode o Município, ao disciplinar o regime jurídico de seus servidores, restringir o direito de férias a servidor em licença saúde de maneira a inviabilizar o gozo de férias anuais previsto no art. 7º, XVII, da Constituição Federal de 1988." (05/12/2022).

- Tema 900 de repercussão geral no RE 964659: "É defeso o pagamento de remuneração em valor inferior ao salário mínimo ao servidor público, ainda que labore em jornada reduzida de trabalho." (08/08/2022).

- Tema 1207 de repercussão geral no RE 1322195: "A promoção por acesso de servidor a classe distinta na carreira não representa ascensão a cargo diverso daquele em que já estava efetivado, de modo que, para fins de aposentadoria, o prazo mínimo de cinco anos no cargo efetivo, exigido pelo artigo 40, § 1º, inciso III, da Constituição Federal, na redação da Emenda Constitucional 20/1998, e pelos artigos 6º da Emenda Constitucional 41/2003 e 3º da Emenda Constitucional 47/2005, não recomeça a contar pela alteração de classe." (01/04/2022).

- Tema 1157 de repercussão geral no ARE 1306505: "É vedado o reenquadramento, em novo Plano de Cargos, Carreiras e Remuneração, de servidor admitido sem concurso público antes da promulgação da Constituição Federal de 1988, mesmo que beneficiado pela estabilidade excepcional do artigo 19 do ADCT, haja vista que esta regra transitória não prevê o direito à efetividade, nos termos do artigo 37, II, da Constituição Federal e decisão proferida na ADI 3609 (Rel. Min. DIAS TOFFOLI, Tribunal Pleno, DJe. 30/10/2014)." (28/03/2022).

- Tema 1150 de repercussão geral no RE 1302501: "O servidor público aposentado pelo Regime Geral de Previdência Social, com previsão de vacância do cargo em lei local, não tem direito a ser reintegrado ao mesmo cargo no qual se aposentou ou nele manter-se, por violação à regra do concurso público e à impossibilidade de acumulação de proventos e remuneração não acumuláveis em atividade." (18/06/2021).

- Tema 606 de repercussão geral no RE 655283: "A natureza do ato de demissão de empregado público é constitucional-administrativa e não trabalhista, o que atrai a competência da Justiça comum para julgar a questão. A concessão de aposentadoria aos empregados públicos inviabiliza a permanência no emprego, nos termos do art. 37, § 14,

---

79. "Art. 98. Será concedido horário especial ao servidor estudante, quando comprovada a incompatibilidade entre o horário escolar e o da repartição, sem prejuízo do exercício do cargo.
(...)
§ 2º Também será concedido horário especial ao servidor portador de deficiência, quando comprovada a necessidade por junta médica oficial, independentemente de compensação de horário.
§ 3º As disposições constantes do § 2º são extensivas ao servidor que tenha cônjuge, filho ou dependente com deficiência."

da CRFB, salvo para as aposentadorias concedidas pelo Regime Geral de Previdência Social até a data de entrada em vigor da Emenda Constitucional nº 103/19, nos termos do que dispõe seu art. 6º." (15/03/2021).

- Tema 697 de repercussão geral no RE 740008: "É inconstitucional o aproveitamento de servidor, aprovado em concurso público a exigir formação de nível médio, em cargo que pressuponha escolaridade superior." (21/12/2020).

- Tema 1021 de repercussão geral no ARE 1099099: "Nos termos do artigo 5º, VIII, da Constituição Federal é possível à Administração Pública, inclusive durante o estágio probatório, estabelecer critérios alternativos para o regular exercício dos deveres funcionais inerentes aos cargos públicos, em face de servidores que invocam escusa de consciência por motivos de crença religiosa, desde que presentes a razoabilidade da alteração, não se caracterize o desvirtuamento do exercício de suas funções e não acarrete ônus desproporcional à Administração Pública, que deverá decidir de maneira fundamentada." (26/11/2020).

- Tema 386 de repercussão geral no RE 611874: "Nos termos do artigo 5º, VIII, da Constituição Federal é possível a realização de etapas de concurso público em datas e horários distintos dos previstos em edital, por candidato que invoca escusa de consciência por motivo de crença religiosa, desde que presentes a razoabilidade da alteração, a preservação da igualdade entre todos os candidatos e que não acarrete ônus desproporcional à Administração Pública, que deverá decidir de maneira fundamentada." (26/11/2020).

- Tema 624 de repercussão geral no RE 843112: "O Poder Judiciário não possui competência para determinar ao Poder Executivo a apresentação de projeto de lei que vise a promover a revisão geral anual da remuneração dos servidores públicos, tampouco para fixar o respectivo índice de correção." (22/09/2020).

- Tema 942 de repercussão geral no RE 1014286: "Até a edição da Emenda Constitucional nº 103/2019, o direito à conversão, em tempo comum, do prestado sob condições especiais que prejudiquem a saúde ou a integridade física de servidor público decorre da previsão de adoção de requisitos e critérios diferenciados para a jubilação daquele enquadrado na hipótese prevista no então vigente inciso III do § 4º do art. 40 da Constituição da República, devendo ser aplicadas as normas do regime geral de previdência social relativas à aposentadoria especial contidas na Lei 8.213/1991 para viabilizar sua concretização enquanto não sobrevier lei complementar disciplinadora da matéria. Após a vigência da EC n.º 103/2019, o direito à conversão em tempo comum, do prestado sob condições especiais pelos servidores obedecerá à legislação complementar dos entes federados, nos termos da competência conferida pelo art. 40, § 4º-C, da Constituição da República." (31/08/2020).

- Tema 578 de repercussão geral no RE 662423: "(i) Ressalvado o direito de opção, a regra de transição do art. 8º, inciso II da Emenda Constitucional nº 20/98, somente se aplica aos servidores que, quando da sua publicação, ainda não reuniam os requisitos necessários para a aposentadoria; (ii) em se tratando de carreira pública escalonada em classes, a exigência instituída pelo art. 8º, inciso II da Emenda Constitucional n.º 20/98, de cinco anos de efetivo exercício no cargo no qual se dará a aposentadoria, deverá ser compreendida como cinco anos de efetivo exercício na carreira a que pertencente o servidor." (25/08/2020).

- Tema 951 de repercussão geral no RE 1023750: "Servidores que tiveram relação jurídica regida pela Consolidação das Leis do Trabalho, modificada considerado o Regime Jurídico Único, têm direito à diferença remuneratória decorrente do plano de cargos e salários - PCCS." (25/08/2020).

- Tema 359 de repercussão geral no RE 602584: "Ocorrida a morte do instituidor da pensão em momento posterior ao da Emenda Constitucional nº 19/1998, o teto constitucional previsto no inciso XI do artigo 37 da Constituição Federal incide sobre o somatório de remuneração ou provento e pensão percebida por servidor." (06/08/2020).

- Tema 551 de repercussão geral no RE 1066677: "Servidores temporários não fazem jus a décimo terceiro salário e férias remuneradas acrescidas do terço constitucional, salvo (I) expressa previsão legal e/ou contratual em sentido contrário, ou (II) comprovado desvirtuamento da contratação temporária pela Administração Pública, em razão de sucessivas e reiteradas renovações e/ou prorrogações." (22/05/2020).

- Tema 22 de repercussão geral no RE 560900: "Sem previsão constitucionalmente adequada e instituída por lei, não é legítima a cláusula de edital de concurso público que restrinja a participação de candidato pelo simples fato de responder a inquérito ou ação penal." (05/02/2020).

- Tema 864 de repercussão geral no RE 905357: "A revisão geral anual da remuneração dos servidores públicos depende, cumulativamente, de dotação na Lei Orçamentária Anual e de previsão na Lei de Diretrizes Orçamentárias." (29/11/2019).

- Tema 19 de repercussão geral no RE 565089: "O não encaminhamento de projeto de lei de revisão anual dos vencimentos dos servidores públicos, previsto no inciso X do art. 37 da CF/1988, não gera direito subjetivo a indenização. Deve o Poder Executivo, no entanto, se pronunciar, de forma fundamentada, acerca das razões pelas quais não propôs a revisão." (25/09/2019).

- "Os prazos prescricionais previstos no art. 142 da Lei n. 8.112/1990 iniciam-se na data em que a autoridade competente para a abertura do procedimento administrativo toma conhecimento do fato, interrompem-se com o primeiro ato de instauração válido - sindicância de caráter punitivo ou processo disciplinar - e voltam a fluir por inteiro, após decorridos 140 dias desde a interrupção." (SÚMULA 635, PRIMEIRA SEÇÃO, julgado em 12/06/2019, DJe 17/06/2019).

- Tema 973 de repercussão geral no RE 1058333: "É constitucional a remarcação do teste de aptidão física de candidata que esteja grávida à época de sua realização, independentemente da previsão expressa em edital do concurso público." (21/11/2018).

- Tema 163 de repercussão geral no RE 593068: "Não incide contribuição previdenciária sobre verba não incorporável aos proventos de aposentadoria do servidor público, tais como terço de férias, serviços extraordinários, adicional noturno e adicional de insalubridade."(11/10/2018).

- Tema 1010 de repercussão geral no RE 1041210: "a) A criação de cargos em comissão somente se justifica para o exercício de funções de direção, chefia e assessoramento, não se prestando ao desempenho de atividades burocráticas, técnicas ou operacionais; b) tal criação deve pressupor a necessária relação de confiança entre a autoridade nomeante e o servidor nomeado; c) o número de cargos comissionados criados deve guardar proporcionalidade com a necessidade que eles visam suprir e com o número de servidores ocupantes de cargos efetivos no ente federativo que os criar; e d) as atribuições dos cargos em comissão devem estar descritas, de forma clara e objetiva, na própria lei que os instituir." (28/09/2018).

- Tema 454 de repercussão geral no RE 629392: "A nomeação tardia de candidatos aprovados em concurso público, por meio de ato judicial, à qual atribuída eficácia retroativa, não gera direito às promoções ou progressões funcionais que alcançariam houvesse ocorrido, a tempo e modo, a nomeação." (08/06/2017).

- Tema 541 de repercussão geral no ARE 654432: "1 - O exercício do direito de greve, sob qualquer forma ou modalidade, é vedado aos policiais civis e a todos os servidores públicos que atuem diretamente na área de segurança pública. 2 - É obrigatória a participação do Poder Público em mediação instaurada pelos órgãos classistas das carreiras de segurança pública, nos termos do art. 165 do CPC, para vocalização dos interesses da categoria" (05/04/2017).

- Tema 916 de repercussão geral no RE 765320: "A contratação por tempo determinado para atendimento de necessidade temporária de excepcional interesse público realizada em desconformidade com os preceitos do art. 37, IX, da Constituição Federal não gera quaisquer efeitos jurídicos válidos em relação aos servidores contratados, com exceção do direito à percepção dos salários referentes ao período trabalhado e, nos termos do art. 19-A da Lei 8.036/1990, ao levantamento dos depósitos efetuados no Fundo de Garantia do Tempo de Serviço - FGTS." (16/09/2016).

- Tema 509 de repercussão geral no RE 655265: "A comprovação do triênio de atividade jurídica exigida para o ingresso no cargo de juiz substituto, nos termos do inciso I do art. 93 da Constituição Federal, deve ocorrer no momento da inscrição definitiva no concurso público." (13/04/2016).

- Tema 784 de repercussão geral no RE 837311: "O surgimento de novas vagas ou a abertura de novo concurso para o mesmo cargo, durante o prazo de validade do certame anterior, não gera automaticamente o direito à nomeação dos candidatos aprovados fora das vagas previstas no edital, ressalvadas as hipóteses de preterição arbitrária e imotivada por parte da administração, caracterizada por comportamento tácito ou expresso do Poder Público capaz de revelar a inequívoca necessidade de nomeação do aprovado durante o período de validade do certame, a ser demonstrada de forma cabal pelo candidato. Assim, o direito subjetivo à nomeação do candidato aprovado em concurso público exsurge nas seguintes hipóteses: I – Quando a aprovação ocorrer dentro do número de vagas dentro do edital; II – Quando houver preterição na nomeação por não observância da ordem de classificação; III – Quando surgirem novas vagas, ou for aberto novo concurso durante a validade do certame anterior, e ocorrer a preterição de candidatos de forma arbitrária e imotivada por parte da administração nos termos acima." (14/10/2015).

- Tema 612 de repercussão geral no RE 658026: "Nos termos do art. 37, IX, da Constituição Federal, para que se considere válida a contratação temporária de servidores públicos, é preciso que: a) os casos excepcionais estejam previstos em lei; b) o prazo de contratação seja predeterminado; c) a necessidade seja temporária; d) o interesse público seja excepcional; e) a contratação seja indispensável, sendo vedada para os serviços ordinários permanentes do Estado que estejam sob o espectro das contingências normais da Administração." (11/04/2014).

- Tema 376 de repercussão geral no RE 635739: "É constitucional a regra inserida no edital de concurso público, denominada cláusula de barreira, com o intuito de selecionar apenas os candidatos mais bem classificados para prosseguir no certame." (19/02/2014).

- EMBARGOS DE DECLARAÇÃO NO AGRAVO REGIMENTAL NO AGRAVO DE INSTRUMENTO. EMPRESA BRASILEIRA DE CORREIOS E TELÉGRAFOS – ECT. DEMISSÃO IMOTIVADA DE SUA EMPREGADA. IMPOSSIBILIDADE. NECESSIDADE DE MOTIVAÇÃO DA DISPENSA. EMBARGOS ACOLHIDOS COM EFEITOS INFRINGENTES. I – O Plenário do Supremo Tribunal Federal, ao julgar o mérito do RE 589.998/PI, de minha relatoria, com repercussão geral reconhecida, firmou o entendimento no sentido de que a dispensa de empregados de empresas públicas e sociedades de economia mista prestadoras de serviços públicos deve ser motivada, em obediência aos princípios da impessoalidade e isonomia que regem a admissão por concurso público, afastando-se, entretanto, o direito à estabilidade prevista no art. 41 da Constituição Federal. II – Embargos de declaração acolhidos para, atribuindo-lhes excepcionais efeitos infringentes, cassar o acórdão embargado, dar provimento ao agravo regimental, para dar provimento ao agravo de instrumento, para dar provimento ao recurso extraordinário, em conformidade ao que foi decidido no julgamento do RE 589.998-RG/PI. (AI 651512 AgR-ED/RS, EMB.DECL. NO AG.REG. NO AGRAVO DE INSTRUMENTO, Relator(a): Min. RICARDO LEWANDOWSKI, Julgamento: 26/11/2013, Órgão Julgador: Primeira Turma, DJe-022 DIVULG 31-01-2014 PUBLIC 03-02-2014).

- EMPRESA BRASILEIRA DE CORREIOS E TELÉGRAFOS - ECT. DEMISSÃO IMOTIVADA DE SEUS EMPREGADOS. IMPOSSIBILIDADE. NECESSIDADE DE MOTIVAÇÃO DA DISPENSA. RE PARCIALEMENTE PROVIDO. I – Os empregados públicos não fazem jus à estabilidade prevista no art. 41 da CF, salvo aqueles admitidos em período anterior ao advento da EC nº 19/1998. Precedentes. II – Em atenção, no entanto, aos princípios da impessoalidade e isonomia, que regem a admissão por concurso público, a dispensa do empregado de empresas públicas e sociedades de economia mista que prestam serviços públicos deve ser motivada, assegurando-se, assim, que tais princípios, observados no momento daquela admissão, sejam também respeitados por ocasião da dispensa. III – A motivação do ato de dispensa, assim, visa a resguardar o empregado de uma possível quebra do postulado da impessoalidade por parte do agente estatal investido do poder de demitir. IV – Recurso extraordinário parcialmente provido para afastar a aplicação, ao caso, do art. 41 da CF, exigindo-se, entretanto, a motivação para legitimar a rescisão unilateral do contrato de trabalho (RE 589998/PI, RECURSO EXTRAORDINÁRIO, Relator(a): Min. RICARDO LEWANDOWSKI, Julgamento: 20/03/2013, Órgão Julgador: Tribunal Pleno, REPERCUSSÃO GERAL - MÉRITO, DJe-179 DIVULG 11-09-2013 PUBLIC 12-09-2013).

- ADMINISTRATIVO. SERVIDOR PÚBLICO. MILITAR. MÉDICO. ACUMULAÇÃO DE CARGOS. NATUREZA CIENTÍFICA. PROFESSOR. POSSIBILIDADE. 1. Discute-se a possibilidade de acumulação dos cargos de médica oficiala da Polícia Militar do Estado de Goiás e de professora da Universidade Federal de Goiás. 2. Com base na interpretação sistemática dos arts. 37, XVI, "c", 42, § 1°, e 142, § 3°, II, da Constituição Federal, a jurisprudência do STJ passou a admitir a acumulação de dois cargos por militares que atuam na área de saúde, desde que o servidor público não desempenhe as funções tipicamente exigidas para a atividade castrense, mas sim atribuições inerentes a profissões de civis (AgRg no RMS 33.703/GO, Rel. Ministro Castro Meira, Segunda Turma, DJe 2.8.2012; RMS 33.357/GO, Rel. Ministro Humberto Martins, Segunda Turma, DJe 26.9.2011; RMS 28.059/RO, Rel. Ministro Jorge Mussi, Quinta Turma, DJe 16.10.2012). 3. Nessa linha, o fato de o profissional de saúde integrar os quadros de instituição militar não configura, por si só, impedimento de acumulação de cargo, o que, entretanto, somente se torna possível nas hipóteses estritamente previstas no art. 37, XVI, da Constituição Federal. 4. O art. 37, XVI, da Constituição impõe como regra a impossibilidade de acumulação de cargos. As exceções se encontram taxativamente listadas em suas alíneas e devem ser interpretadas de forma estrita, sob pena de afrontar o objetivo da norma, que é o de proibir a acumulação remunerada de cargos públicos. 5. É certo que a Constituição disciplinou a situação dos profissionais de saúde em norma específica e nela admitiu a acumulação de dois cargos ou empregos privativos, ambos nessa área (art. 37, XVI, "c"). 6. Contudo, não se pode desconhecer que o cargo de médico possui natureza científica, por pressupor formação em área especializada do conhecimento, dotada de método próprio. Essa é, em breve síntese, a noção de cargo "técnico ou científico", conforme se depreende dos precedentes do STJ (RMS 32.031/AC, Rel. Ministro Teori Albino Zavascki, Primeira Turma, DJe 24.11.2011; RMS 28.644/AP, Rel. Ministra Laurita Vaz, Quinta Turma, DJe 19.12.2011; RMS 24.643/MG, Rel. Ministro

Arnaldo Esteves Lima, Quinta Turma, DJe 16.2.2009). 7. A acumulação exercida pela recorrente se amolda, portanto, à exceção inserta no art. 37, XVI, "b", da Constituição Federal. De fato, parece desarrazoado admitir a acumulação de um cargo de professor com outro técnico ou científico e, entretanto, eliminar desse universo o cargo de médico, cuja natureza científica é indiscutível. 8. Por fim, verifica-se que é incontroversa a questão da compatibilidade de horários (40 horas semanais, sem dedicação exclusiva na Universidade Federal de Goiás, e 20 horas semanais, no exercício da atividade de médica reumatologista, no Hospital da Polícia Militar de Goiás – fls. 45-46). 9. Recurso Ordinário provido. (RMS 39157 / GO, Rel. Ministro HERMAN BENJAMIN, 2ª Turma, DJe 07/03/2013).

- RECURSO ORDINÁRIO. MANDADO DE SEGURANÇA. ACUMULAÇÃO DO CARGO PÚBLICO DE POLICIAL MILITAR COM O DE PROFESSOR. IMPOSSIBILIDADE. 1. A jurisprudência do Superior Tribunal de Justiça assentou o entendimento de que o Cargo público de técnico, que permite a acumulação com o de professor nos termos do art. 37, XVI, b, da Constituição Federal, é o que exige formação técnica ou científica específica. Não se enquadra como tal o cargo ocupado pelo impetrante, de Policial Militar. 2. Recurso ordinário desprovido. (STJ, RMS 32031/ AC, Rel. Ministro TEORI ALBINO ZAVASCKI, 1ª Turma, DJe 24/11/2011).

- "(...) a EC 19/1998, que alterou o art. 41 da CF, elevou para três anos o prazo para a aquisição da estabilidade no serviço público e, por interpretação lógica, o prazo do estágio probatório." (**STA 263-AgR**, Rel. Min. Presidente Gilmar Mendes, julgamento em 4-2-2010, Plenário, *DJE* de 26-2-2010.)

- "(...) constata-se que o dispositivo impugnado padece de inconstitucionalidade, na medida em que considera o exercício não abusivo de um direito constitucional – direito de greve – como falta grave ou fato desabonador da conduta no serviço público, a ensejar a imediata exoneração do servidor público em estágio probatório, mediante processo administrativo próprio. (...) Além disso, o dispositivo impugnado explicita uma diferenciação de efeitos do exercício do direito de greve entre servidores estáveis e não estáveis, imputando consequência gravosa apenas aos primeiros, consubstanciada no ato de imediata exoneração. A CF de 1988 não alberga nenhuma diferenciação nesse sentido." (**ADI 3.235**, voto do Rel. p/ o ac. Min. Gilmar Mendes, julgamento em 4-2-10, Plenário, *DJE* de 12-3-10.) **Vide**: RE 226.966, Rel. p/ o ac. Min. Cármen Lúcia, julgamento em 11-11-08, 1ª Turma, *DJE* de 21-8-09.

- "O Tribunal julgou parcialmente procedente pedido formulado em ação direta ajuizada pelo Governador do Estado do Rio de Janeiro para declarar a inconstitucionalidade da alínea g, I, e da alínea a, IV, ambas do art. 178 da Constituição estadual, que, preveem, respectivamente, que o defensor público, após dois anos de exercício na função, não perderá o cargo senão por sentença judicial transitada em julgado, e ser prerrogativa daquele requisitar, administrativamente, de autoridade pública e dos seus agentes ou de entidade particular, certidões, exames, perícias, e outros documentos e providências necessários ao exercício de suas atribuições. Quanto à citada alínea g, considerou-se o advento da EC 19/1998, que ao alterar o art. 41 e respectivos parágrafos, passou a prever a estabilidade de servidores nomeados para cargo de provimento efetivo em virtude de concurso público somente após 3 anos de efetivo exercício, bem como a perda do cargo de servidor público estável tanto por sentença judicial transitada em julgado quanto mediante processo administrativo, assegurada a ampla defesa, e procedimento de avaliação periódica de desempenho, na forma de lei complementar, também garantida a ampla defesa." (**ADI 230**, Rel. Min. Cármen Lúcia, julgamento em 1º-2-2010, Plenário, *Informativo 573)*

- *"A simples circunstância de o servidor público estar em estágio probatório não é justificativa* *para demissão com fundamento na sua participação em movimento grevista por período superior a trinta dias. A ausência de regulamentação do direito de greve não transforma os dias de paralisação em movimento grevista em faltas injustificadas." (***RE 226.966**, Rel. p/ o ac. Min. Cármen Lúcia, julgamento em 11-11-2008, Primeira Turma, *DJE* de 21-8-2009.) **Vide**: ADI 3.235, Rel. p/ o ac. Min. Gilmar Mendes, julgamento em 4-2-2010, Plenário, *DJE* de 12-3-2010.

• "O Supremo Tribunal Federal fixou entendimento no sentido de que a eliminação do candidato de concurso público que esteja respondendo a inquérito ou ação penal, sem pena condenatória transitada em julgado, fere o princípio da presunção de inocência." (AI 741.101-AgR, Rel. Min. Eros Grau, julgamento em 28-4-09, 2ª Turma, *DJE* de 29-5-09).

• "A jurisprudência do Supremo Tribunal Federal firmou-se no sentido de que, após a Emenda Constitucional n. 41/2003, as vantagens pessoais, de qualquer espécie, devem ser incluídas no redutor do teto remuneratório, previsto no inc. XI do art. 37 da Constituição da República." (RE 464.876-AgR, Rel. Min. Cármen Lúcia, julgamento em 16-12-08, *DJE* de 20-2-09). No mesmo sentido: RE 471.070-AgR, Rel. Min. Ellen Gracie, julgamento em 31-3-09, 2ª Turma, *DJE* de 24-4-09.

• "Os servidores que ingressaram no serviço público antes da EC 41/2003, mas que se aposentaram após a referida emenda, possuem direito à paridade remuneratória e à integralidade no cálculo de seus proventos, desde que observadas as regras de transição especificadas nos arts. 2º e 3º da EC 47/2005." (**RE 590.260**, Rel. Min. Ricardo Lewandowski, julgamento em 24-6-2009, Plenário, *DJE* de 23-10-2009.)

• "Impossibilidade da incidência de contribuição previdenciária sobre o terço constitucional de férias. A jurisprudência do Supremo Tribunal Federal firmou-se no sentido de que somente as parcelas que podem ser incorporadas à remuneração do servidor para fins de aposentadoria podem sofrer a incidência da contribuição previdenciária." (**AI 710.361-AgR**, Rel. Min. Cármen Lúcia, julgamento em 7-4-2009, Primeira Turma, *DJE* de 8-5-2009.) No mesmo sentido: AI 712.880-AgR, Rel. Min. Ricardo Lewandowski, julgamento em 26-5-2009, Primeira Turma, *DJE* de 11-9-2009.

• "Agravo regimental no recurso extraordinário. Contribuição social incidente sobre o abono de incentivo à participação em reuniões pedagógicas. Impossibilidade. Somente as parcelas incorporáveis ao salário do servidor sofrem a incidência da contribuição previdenciária." (**RE 589.441-AgR**, Rel. Min. Eros Grau, julgamento em 9-12-2008, Segunda Turma, *DJE* de 6-2-2009.)

• "Mandado de injunção. Natureza. Conforme disposto no inciso LXXI do art. 5º da CF, conceder-se-á mandado de injunção quando necessário ao exercício dos direitos e liberdades constitucionais e das prerrogativas inerentes à nacionalidade, à soberania e à cidadania. Há ação mandamental e não simplesmente declaratória de omissão. A carga de declaração não é objeto da impetração, mas premissa da ordem a ser formalizada. Mandado de injunção. Decisão. Balizas. Tratando-se de processo subjetivo, a decisão possui eficácia considerada a relação jurídica nele revelada. Aposentadoria. Trabalho em condições especiais. Prejuízo à saúde do servidor. Inexistência de lei complementar. Art. 40, § 4º, da CF. Inexistente a disciplina específica da aposentadoria especial do servidor, impõe-se a adoção, via pronunciamento judicial, daquela própria aos trabalhadores em geral – art. 57, § 1º, da Lei 8.213/1991." (**MI 758**, Rel. Min. Marco Aurélio, julgamento em 1º-7-2008, Plenário, *DJE* de 26-9-2008.) No mesmo sentido: MI 795, Rel. Min. Cármen Lúcia, julgamento em 15-4-2009, Plenário, *DJE* de 22-5-2009; MI 788, Rel. Min. Carlos Britto, julgamento em 15-4-2009, Plenário, *DJE* de 8-5-2009.

• "Gratificação de Desempenho de Atividade de Seguridade Social e do Trabalho

– GDASST, Instituída pela Lei 10.483/2002. Extensão. Servidores inativos. Possibilidade. (...) Gratificação de desempenho que deve ser estendida aos inativos no valor de 60 (sessenta) pontos, a partir do advento da Medida Provisória 198/2004, convertida na Lei 10.971/2004, que alterou a sua base de cálculo. Embora de natureza *pro labore faciendo*, a falta de regulamentação das avaliações de desempenho, transmuda a GDASST em uma gratificação de natureza genérica, extensível aos servidores inativos. Inocorrência, na espécie, de violação ao princípio da isonomia." (**RE 572.052**, Rel. Min. Ricardo Lewandowski, julgamento em 11-2-2009, Plenário, *DJE* de 17-4-2009.)

- Por vislumbrar direito subjetivo à nomeação dentro do número de vagas, a Turma, em votação majoritária, desproveu recurso extraordinário em que se discutia a existência ou não de direito adquirido à nomeação de candidatos habilitados em concurso público – v. Informativo 510. Entendeu-se que, se o Estado anuncia em edital de concurso público a existência de vagas, ele se obriga ao seu provimento, se houver candidato aprovado. Em voto de desempate, o Min. Carlos Britto observou que, no caso, o Presidente do TRF da 2ª Região deixara escoar o prazo de validade do certame, embora patente a necessidade de nomeação de aprovados, haja vista que, passados 15 dias de tal prazo, fora aberto concurso interno destinado à ocupação dessas vagas, por ascensão funcional." (RE 227.480, Rel. p/ o ac. Min. Cármen Lúcia, julgamento em 16-9-08, Informativo 520).

- "Concurso público. Policial civil. Idoneidade moral. Suspensão condicional da pena. Art. 89 da Lei n. 9.099/1995. Não tem capacitação moral para o exercício da atividade policial o candidato que está subordinado ao cumprimento de exigências decorrentes da suspensão condicional da pena prevista no art. 89 da Lei n. 9.099/95 que impedem a sua livre circulação, incluída a frequência a certos lugares e a vedação de ausentar-se da comarca, além da obrigação de comparecer pessoalmente ao Juízo para justificar suas atividades. Reconhecer que candidato assim limitado preencha o requisito da idoneidade moral necessária ao exercício da atividade policial não é pertinente, ausente, assim, qualquer violação do princípio constitucional da presunção de inocência." (RE 568.030, Rel. Min. Menezes Direito, julgamento em 2-9-08, *DJE* de 24-10-08).

- "A Turma, em votação majoritária, manteve acórdão do Tribunal de Justiça do Estado do Rio Grande do Sul, que concedera a segurança para reintegrar servidor público exonerado, durante estágio probatório, por faltar ao serviço em virtude de sua adesão a movimento grevista. Entendera aquela Corte que a participação em greve – direito constitucionalmente assegurado, muito embora não regulamentado por norma infraconstitucional – não seria suficiente para ensejar a penalidade cominada. O ente federativo, ora recorrente, sustentava que o art. 37, VII, da CF seria norma de eficácia contida e, desse modo, o direito de greve dos servidores públicos dependeria de lei para ser exercido. Além disso, tendo em conta que o servidor não gozaria de estabilidade (CF, art. 41), aduziu que a greve fora declarada ilegal e que ele não comparecera ao serviço por mais de 30 dias. Considerou-se que a inassiduidade em decorrência de greve não poderia implicar a exoneração de servidor em estágio probatório, uma vez que essa ausência não teria como motivação a vontade consciente de não comparecer ao trabalho simplesmente por não comparecer ou por não gostar de trabalhar. Revelaria, isso sim, inassiduidade imprópria, resultante de um movimento de paralisação da categoria em busca de melhores condições de trabalho. Assim, o fato de o recorrido estar em estágio probatório, por si só, não seria fundamento para essa exoneração." (RE 226.966, Rel. p/ o ac. Min. Cármen Lúcia, julgamento em 11-11-08, Informativo 528).

- "Revisão geral anual de vencimentos. Competência privativa do poder executivo. Dever de indenizar. Impossibilidade. Agravo regimental ao qual se nega provimento. Não compete ao Poder Judiciário deferir pedido de indenização no tocante à revisão geral anual de servidores, por ser atribuição privativa do Poder Executivo." (RE 548.967-AgR, Rel. Min. Cármen Lúcia, julgamento em 20-11-07, *DJE* de 8-2-08) No mesmo sentido: RE 529.489-AgR, Rel. Min. Joaquim Barbosa, julgamento em 27-11-07, *DJE* de1º-2-08; RE 561.361-AgR, Rel. Min. Cármen Lúcia, julgamento em 20-11-07, *DJE* de 8-2-08. No mesmo sentido: RE 547.020-AgR, Rel. Min. Ricardo Lewandowski, julgamento em 6-11-07, *DJE* de15-2-08).

- "Revisão geral anual de vencimentos. Omissão legislativa inconstitucional. Dever de indenizar. Impossibilidade. Agravo desprovido. Não sendo possível, pela via do controle abstrato, obrigar o ente público a tomar providências legislativas necessárias para prover omissão declarada inconstitucional – na espécie, o encaminhamento de projeto de lei de revisão geral anual dos vencimentos dos servidores públicos –, com mais razão não poderia fazê-lo o Poder Judiciário, por via oblíqua, no controle concreto de constitucionalidade, deferindo pedido de indenização para recompor perdas salariais em face da inflação." (RE 505.194-AgR, Rel. Min. Cármen Lúcia, julgamento em 13-12-06, *DJ* de 16-2-07). No mesmo sentido: RE 501.669-AgR, Rel. Min. Ricardo Lewandowski, julgamento em 13-12-06, *DJ* de 16-2-07.

- "Mesmo que reconheça mora do Chefe do Poder Executivo, o Judiciário não pode obrigá-lo a apresentar projeto de lei de sua iniciativa privativa, tal como é o que trata da revisão geral anual da remuneração dos servidores, prevista no inciso X do artigo 37 da Lei Maior, em sua redação originária. Ressalva do entendimento pessoal do Relator. Precedentes: ADI 2.061, Relator Ministro Ilmar Galvão; MS 22.439, Relator Ministro Maurício Corrêa; MS 22.663, Relator Ministro Néri da Silveira; AO 192, Relator Ministro Sydney Sanches; e RE 140.768, Relator Ministro Celso de Mello. Agravo regimental desprovido." (RE 519.292-AgR, Rel. Min. Carlos Britto, julgamento em 15-5-07, *DJ* de 3-8-07)

- "Art. 37, X, da Constituição Federal (redação da EC n. 19, de 4 de junho de 1998). Estado do Rio Grande do Sul. Norma constitucional que impõe ao Governador do Estado o dever de desencadear o processo de elaboração da lei anual de revisão geral da remuneração dos servidores estaduais, prevista no dispositivo constitucional em destaque, na qualidade de titular exclusivo da competência para iniciativa da espécie, na forma prevista no art. 61, § 1.º, II, *a*, da Carta da República. Mora que, no caso, se tem por verificada, quanto à observância do preceito constitucional, desde junho de 1999, quando transcorridos os primeiros doze meses da data da edição da referida EC n. 19/98. Não se compreende, a providência, nas atribuições de natureza administrativa do Chefe do Poder Executivo, não havendo cogitar, por isso, da aplicação, no caso, da norma do art. 103, § 2º, *in fine*, que prevê a fixação de prazo para o mister." (ADI 2.481, Rel. Min. Ilmar Galvão, julgamento em 19-12-01, *DJ* de 22-3-02).

- "Servidor público. Funcionário (s) da Empresa Brasileira de Correios e Telégrafos – ECT. Cargo. Ascensão funcional sem concurso público. Anulação pelo Tribunal de Contas da União – TCU. Inadmissibilidade. Ato aprovado pelo TCU há mais de cinco (5) anos. Inobservância do contraditório e da ampla defesa. Consumação, ademais, da decadência administrativa após o quinquênio legal. Ofensa a direito líquido e certo. Cassação dos acórdãos. Segurança concedida para esse fim. Aplicação do art. 5º, inc. LV, da CF, e art. 54 da Lei federal n. 9.784/99. Não pode o Tribunal de Contas da União, sob fundamento ou pretexto algum, anular ascensão funcional de servidor operada e aprovada há mais de 5 (cinco) anos, sobretudo em procedimento que lhe não assegura o contraditório e a ampla defesa." (MS 26.560, Rel. Min. Cezar Peluso, julgamento em 17-12-07, *DJE* de 22-2-08)

- "Administração pública indireta. Sociedade de economia mista. Concurso público. Inobservância. Nulidade do contrato de trabalho. Efeitos. Saldo de salário. Após a Constituição do Brasil de 1988, é nula a contratação para a investidura em cargo ou emprego público sem prévia aprovação em concurso público. Tal contratação não gera efeitos trabalhistas, salvo o pagamento do saldo de salários dos dias efetivamente trabalhados, sob pena de enriquecimento sem causa do Poder Público. Precedentes. A regra constitucional que submete as empresas públicas e sociedades de economia mista ao regime jurídico próprio das empresas privadas – (...) – não elide a aplicação, a esses entes, do preceituado no art. 37, II, da CF/88, que se refere à investidura em cargo ou emprego público." (AI 680.939-AgR , Rel. Min. Eros Grau, julgamento em 27-11-07, *DJE* de 1º-2-08).

- "(...) Investidura e provimento dos cargos da carreira de Defensor público estadual. Servidores estaduais investidos na função de Defensor público e nos cargos de assistente jurídico de penitenciária e de analista de justiça. Transposição para a recém criada carreira de Defensor público estadual sem prévio concurso público. Modulação dos efeitos. Afronta ao disposto nos artigos 37, II, E 134, § 1º, da constituição do Brasil. (...) Servidores estaduais integrados na carreira de Defensor Público estadual, recebendo a remuneração própria do cargo de Defensor Público de Primeira Classe, sem o prévio concurso público. Servidores investidos na função de Defensor Público, sem especificação do modo como se deu a sua investidura, e ocupantes dos cargos de Assistente Jurídico de Penitenciária e de Analista de Justiça. A exigência de concurso público como regra para o acesso aos cargos, empregos e funções públicas confere concreção ao princípio da isonomia. Não-cabimento da transposição de servidores ocupantes de distintos cargos para o de Defensor Público no âmbito dos Estados Membros. Precedentes. A autonomia de que são dotadas as entidades estatais para organizar seu pessoal e respectivo regime jurídico não tem o condão de afastar as normas gerais de observância obrigatória pela Administração Direta e Indireta estipuladas na Constituição [artigo 25 da CB/88]. O servidor investido na função de defensor público até a data em que instalada a Assembleia Nacional Constituinte pode optar pela carreira, independentemente da forma da investidura originária [artigo 22 do ADCT]. Precedentes. (...)" (ADI 3.819, Rel. Min. Eros Grau, julgamento em 24-10-07, *DJE* de 28-3-08.

- "Ação direta de inconstitucionalidade. Ascensão ou acesso, transferência e aproveitamento no tocante a cargos ou empregos públicos. O critério do mérito aferível por concurso público de provas ou de provas e títulos é, no atual sistema constitucional, ressalvados os cargos em comissão declarados em lei de livre nomeação e exoneração, indispensável para cargo ou emprego público isolado ou em carreira. Para o isolado, em qualquer hipótese; para o em carreira, para o ingresso nela, que só se fará na classe inicial e pelo concurso público de provas ou de provas títulos, não o sendo, porém, para os cargos subsequentes que nela se escalonam até o final dela, pois, para estes, a investidura se fará pela forma de provimento que é a 'promoção'. Estão, pois, banidas das formas de investidura admitidas pela Constituição a ascensão e a transferência, que são formas de ingresso em carreira diversa daquela para a qual o servidor público ingressou por concurso, e que não são, por isso mesmo, ínsitas ao sistema de provimento em carreira, ao contrário do que sucede com a promoção, sem a qual obviamente não haverá carreira, mas, sim, uma sucessão ascendente de cargos isolados. O inciso II do artigo 37 da Constituição Federal também não permite o 'aproveitamento', uma vez que, nesse caso, há igualmente o ingresso em outra carreira sem o concurso exigido pelo mencionado dispositivo. Ação direta de inconstitucionalidade que se julga procedente para declarar inconstitucionais os artigos 77 e 80 do Ato das Disposições Constitucionais Transitórias do Estado do Rio de Janeiro." (ADI 231, Rel.

Min. Moreira Alves, julgamento em 5-8-92, *DJ* de 13-11-92).

- "Concurso público - Candidatos - Tratamento igualitário. A regra é a participação dos candidatos, no concurso público, em igualdade de condições. Concurso público - Reserva de vagas - Portador de deficiência - Disciplina e viabilidade. Por encerrar exceção, a reserva de vagas para portadores de deficiência faz-se nos limites da lei e na medida da viabilidade consideradas as existentes, afastada a possibilidade de, mediante arredondamento, majorarem-se as percentagens mínima e máxima previstas." (MS 26.310, Rel. Min. Marco Aurélio, julgamento em 20-9-07, *DJ* de 31-10-07)

- "Em face do princípio da legalidade, pode a Administração Pública, enquanto não concluído e homologado o concurso público, alterar as condições do certame constantes do respectivo edital, para adaptá-las à nova legislação aplicável à espécie, visto que, antes do provimento do cargo, o candidato tem mera expectativa de direito à nomeação ou, se for o caso, à participação na segunda etapa do processo seletivo." (RE 290.346, Rel. Min. Ilmar Galvão, julgamento em 29-5-01, *DJ* de 29-6-01). No mesmo sentido: RE 306.938-AgR, Rel. Min. Cezar Peluso, julgamento em 18-9-07, *DJ* de 11-10-07.

- "Concurso público: reputa-se ofensiva do art. 37, II, CF, toda modalidade de ascensão de cargo de uma carreira ao de outra, a exemplo do 'aproveitamento' de que cogita a norma impugnada. O caso é diverso daqueles em que o Supremo Tribunal Federal abrandou o entendimento inicial de que o aproveitamento de servidores de cargos extintos em outro cargo feriria a exigência de prévia aprovação em concurso público, para aceitar essa forma de investidura nas hipóteses em que as atribuições do cargo recém criado fossem similares àquelas do cargo extinto (*v.g.*, ADIn 2.335, Gilmar, *DJ* 19-12-03; ADIn 1.591, Gallotti, *DJ* 30-6-00). As expressões impugnadas não especificam os cargos originários dos servidores do quadro do Estado aproveitados, bastando, para tanto, que estejam lotados em distrito policial e que exerçam a função de motorista policial. A indistinção - na norma impugnada - das várias hipóteses que estariam abrangidas evidencia tentativa de burla ao princípio da prévia aprovação em concurso público, nos termos da jurisprudência pacífica do Supremo Tribunal." (ADI 3.582, Rel. Min. Sepúlveda Pertence, julgamento em 1º-8-07, *DJ* de 17-8-07)

- "A exigência de concurso público para a investidura em cargo garante o respeito a vários princípios constitucionais de direito administrativo, entre eles, o da impessoalidade e o da isonomia. O constituinte, todavia, inseriu no art. 19 do ADCT norma transitória criando uma estabilidade excepcional para servidores não concursados da União, dos Estados, do Distrito Federal e dos Municípios que, quando da promulgação da Carta Federal, contassem com, no mínimo, cinco anos ininterruptos de serviço público. A jurisprudência desta Corte tem considerado inconstitucionais normas estaduais que ampliam a exceção à regra da exigência de concurso para o ingresso no serviço público já estabelecida no ADCT Federal. Precedentes: ADI 498, Rel. Min. Carlos Velloso (*DJ* de 9-8-1996) e ADI 208, Rel. Min. Moreira Alves (*DJ* de 19-12-2002), entre outros." (ADI 100, Rel. Min. Ellen Gracie, julgamento em 9-9-04, *DJ* de 1º-10-04). No mesmo sentido: ADI 88, Rel. Min. Moreira Alves, julgamento em 11-5-00, *DJ* de 8-9-00; ADI 289, Rel. Min. Sepúlveda Pertence, julgamento em 9-2-07, *DJ* de 16-3-07; ADI 125, Rel. Min. Sepúlveda Pertence, julgamento em 9-2-07, *DJ* de 27-4-07.

- "Concurso público. Limitação do número de candidatos aprovados em uma etapa para ter acesso à segunda. Possibilidade. O art. 37, II, da Constituição, ao dispor que a investidura em cargo público depende de aprovação em concurso público de provas ou de provas e títulos, não impede a Administração de estabelecer, como condição para a realização das etapas sucessivas de um concurso, que o candidato, além de alcançar determinada pontuação mínima na fase precedente, esteja, como ocorre na espécie, entre os 400 melhor classificados. Não cabe ao Poder Judiciário, que não é árbitro da conveniência e oportunidade administrativas, ampliar, sob o fundamento da isonomia, o número de convocações." (RE 478.136-AgR, Rel. Min. Sepúlveda Pertence, julgamento em 14-11-06, *DJ* de 7-12-06)

- "Não procede a alegação de que a OAB sujeita-se aos ditames impostos à Administração Pública Direta e Indireta. A OAB não é uma entidade da Administração Indireta da União. A Ordem é um serviço público independente, categoria ímpar no elenco das personalidades jurídicas existentes no direito brasileiro. A OAB não está incluída na categoria na qual se inserem essas que se tem referido como 'autarquias especiais' para pretender-se afirmar equivocada independência das hoje chamadas 'agências'. Por não consubstanciar uma entidade da Administração Indireta, a OAB não está sujeita a controle da Administração, nem a qualquer das suas partes está vinculada. (...) Improcede o pedido do requerente no sentido de que se dê interpretação conforme o artigo 37, inciso II, da Constituição do Brasil ao *caput* do artigo 79 da Lei n. 8.906, que determina a aplicação do regime trabalhista aos servidores da OAB. Incabível a exigência de concurso público para admissão dos contratados sob o regime trabalhista pela OAB. Princípio da moralidade. Ética da legalidade e moralidade. Confinamento do princípio da moralidade ao âmbito da ética da legalidade, que não pode ser ultrapassada, sob pena de dissolução do próprio sistema. Desvio de poder ou de finalidade." (ADI 3.026, Rel. Min. Eros Grau, julgamento em 8-6-06, *DJ* de 29-9-06)

- "Concurso público: controle jurisdicional admissível, quando não se cuida de aferir da correção dos critérios da banca examinadora, na formulação das questões ou na avaliação das respostas, mas apenas de verificar que as questões formuladas não se continham no programa do certame, dado que o edital – nele incluído o programa – é a lei do concurso." (RE 434.708, Rel. Min. Sepúlveda Pertence, julgamento em 21-6-05, *DJ* de 9-9-05)

- "Mostra-se conflitante com o princípio da razoabilidade eleger como critério de desempate tempo anterior na titularidade do serviço para o qual se realiza o concurso público." (ADI 3.522, Rel. Min. Marco Aurélio, julgamento em 24-11-05, *DJ* de 12-5-06)

- "Viola o princípio constitucional da isonomia norma que estabelece como título o mero exercício de função pública." (ADI 3.443, Rel. Min. Carlos Velloso, julgamento em 8-9-05, *DJ* de 23-9-05)

- "Não ofende o art. 37, II da Constituição atual o reconhecimento de vínculo empregatício com empresa pública, iniciado sem concurso público, em período anterior a sua entrada em vigor. Precedentes: AI 290.014-AgR (Rel. Min. Cezar Peluso, Primeira Turma, *DJ* de 7-10-2005); RE 313.130 (Rel. Min. Maurício Corrêa, *DJ* de 5-8-2002); RE 454.410 (Rel. Min. Gilmar Mendes, *DJ* de 12-8-2005) e AI 254.417-AgR (Rel. Min. Octavio Gallotti, Primeira Turma, *DJ* de 16-6-2000)." (AI 367.237-AgR, Rel. Min. Joaquim Barbosa, julgamento em 27-3-07, *DJ* de 3-8-07)

- "Texto normativo que assegura o direito de nomeação, dentro do prazo de cento e oitenta dias, para todo candidato que lograr aprovação em concurso público de provas, ou de provas de títulos, dentro do número de vagas ofertadas pela administração pública estadual e municipal. O direito do candidato aprovado em concurso público de provas, ou de provas e títulos, ostenta duas dimensões: 1) o implícito direito de ser recrutado segundo a ordem descendente de classificação de todos os aprovados (concurso é sistema de mérito pessoal) e durante o prazo de validade do respectivo edital de convocação (que é de 2 anos, prorrogável, apenas uma vez, por igual período); 2) o explícito direito de precedência que os candidatos aprovados em concurso anterior têm sobre os candidatos aprovados em concurso imediatamente posterior, contanto que não-escoado o prazo daquele primeiro certame; ou seja, desde que ainda vigente o prazo inicial ou o prazo de prorrogação da primeira competição pública de provas, ou de provas e títulos. Mas ambos os direitos, acrescente-se, de existência condicionada ao querer discricionário da administração estatal quanto à conveniência e oportunidade do chamamento daqueles candidatos tidos por aprovados. O dispositivo estadual adversado, embora resultante de indiscutível atributo moralizador dos concursos públicos, vulnera os artigos 2°, 37, inciso IV, e 61, § 1°, inciso II, *c*, da Constituição Federal de 1988. Precedente: RE 229.450, Rel. Min. Maurício Corrêa." (ADI 2.931, Rel. Min. Carlos Britto, julgamento em 24-2-05, *DJ* de 29-9-06)

- "A exigência constitucional de reserva de vagas para portadores de deficiência em concurso público se impõe ainda que o percentual legalmente previsto seja inferior a um, hipótese em que a fração deve ser arredondada. Entendimento que garante a eficácia do artigo 37, inciso VIII, da Constituição Federal, que, caso contrário, restaria violado." (RE 227.299, Rel. Min. Ilmar Galvão, julgamento em 14-6-00, *DJ* de 6-10-00)

- **"SERVIDOR PÚBLICO. APOSENTADORIA. VINCULAÇÃO DE VENCIMENTOS.** A Turma negou provimento ao recurso, entendendo correto o acórdão *a quo*, o qual decidiu que é vedada a vinculação de vencimentos, estando eivada de ilegalidade a aposentadoria de funcionários públicos com proventos calculados sobre vencimentos de outros cargos. Não existe, portanto, nada a reparar na Portaria do Presidente do TJ/CE, que determinou a revogação das decisões concessivas de aposentadorias, pois eram calculadas sobre vencimentos de outro cargo, com patamar superior ao ocupado pelo servidor aposentado. Ressaltou-se que a vinculação de vencimentos somente se dá, válida e legitimamente, entre cargos de atribuições iguais, e não há a mínima correspondência entre os cargos de Tabelião e Juiz de Direito, como pretendia o recorrente. Precedentes citados - do STF: ADIMC 1.551-PE, DJ 17/12/1999, e RE 222.656-PR, DJ 16/6/2000; - do STJ: RMS 1.500-MG, DJ 22/2/1995". *RMS 11.662-CE, Rel. Min. Fernando Gonçalves, julgado em 20/11/2001.*

- **"CONCURSO PÚBLICO. PROFESSOR. LIMITAÇÃO ETÁRIA.** A Turma negou provimento ao recurso, ao entendimento de que, embora a Constituição vede a discriminação pela idade, a fixação de limites máximo ou mínimo para a admissão ao cargo é aceitável desde que seja imposição da natureza e das atribuições do cargo a preencher. No caso, além da exigência da idade mínima decorrer de expressa disposição legal, há de se considerar que tal imposição não se mostra fora da razoabilidade que deve reger os atos administrativos, pois se está apenas a limitar aos maiores de dezoito anos o exercício do cargo de professor. Precedentes citados do STF: RMS 21.046-RJ, DJ 14/11/1991, e RMS 21.045-DF, DJ 30/9/1994". *RMS 12;548-RJ, Rel.* Min. Félix Fischer, julgado em 11/6/2002.

- **"CONCURSO PÚBLICO. PSICOTÉCNICO. SIGILO. RECURSO.** A Turma negou provimento ao recurso ao entendimento de que, nos concursos públicos, o exame psicotécnico deve ser o mais objetivo possível, consistente na aplicação de testes de reconhecido e comprovado valor científico, vedada a sua realização de forma sigilosa, irrecorrível e ausente de fundamentação. Precedentes citados: REsp 285.318-RS, DJ 19/2/2001, e REsp 153.180-RN, DJ 5/6/2000". *REsp 435.479-CE, Rel. Min. José Arnaldo da Fonseca, julgado em 15/8/2002.*

- **"MS. SERVIDOR PÚBLICO. ABANDONO. CARGO. EXONERAÇÃO *EX OFFICIO*.** No caso de infração disciplinar de abandono de cargo, punível com pena de demissão, a teor do art. 132, II, da Lei n. 8.112/1990, não pode a Administração Pública, ao seu próprio alvedrio, exonerar *ex officio* servidora pública estável, ocupante de cargo efetivo, quando já reconhecida a prescrição da pretensão punitiva pela Administração, sob pena de violação ao princípio da legalidade". *MS 7.113-DF, Rel. Min. Felix Fischer, julgado em 11/9/2002.*

- **"EXONERAÇÃO VOLUNTÁRIA. DEMISSÃO POSTERIOR A BEM DO SERVIÇO PÚBLICO.** O servidor que respondia a processo administrativo disciplinar foi exonerado a pedido, conforme previa a lei estadual que disciplinou o Programa de Demissão Voluntária (PDV). Posteriormente, com o fim do referido processo, foi demitido a bem do serviço público. A Turma deu provimento ao recurso, entendendo que, desde a exoneração voluntária, o servidor está fora do âmbito da Administração para todos os efeitos, sujeito apenas às sanções civis e criminais aplicáveis aos atos que praticou. As sanções administrativas já não o alcançam. Ressalte-se que o ato de exoneração opera no plano material, desconstituindo a relação jurídica servidor-Administração. Seu efeito é instantâneo e estático, conformando-se as partes à nova situação, que à Administração não é dado alterar unilateralmente. No caso, a imposição da pena de demissão a bem do serviço público ao recorrente, mais de um ano após sua exoneração, feriu seu direito ao devido processo, por ter alterado em seu desfavor situação jurídico-material regularmente constituída sem lhe dar azo a qualquer defesa, tornando, portanto, o ato ilegal". *RMS 11.056-GO, Rel. Min. Fontes de Alencar, julgado em 6/3/2001.*

- **"SERVIDOR CELETISTA. ESTATUTÁRIO. PENALIDADES.** No caso, o servidor celetista que se tornou estatutário após a promulgação da CF/88 obedece às normas instituídas pelo Regime Estatutário de Servidores do Estado do Paraná. Logo, para adotar qualquer penalidade funcional ou administrativa, não há que se observar o disposto no art. 853 da CLT". *RMS 11.199-PR, Rel. Min. Jorge Scartezzini, julgado em 13/3/2001.*

- **"RELAÇÃO EMPREGATÍCIA. TERCEIRIZAÇÃO DO SERVIÇO PÚBLICO.** A Turma, por maioria, entendeu que o empregado de empresa particular que presta serviços na Caixa Econômica Federal, empresa pública federal, não mantém vínculo empregatício com esta, sendo necessária a realização de concurso para admissão de pessoal. Precedente citado: REsp 118.533-RS, DJ 16/10/2000". *REsp 79.007-RS, Rel. originário Min. Barros Monteiro, Rel. para acórdão Min. Cesar Asfor Rocha, julgado em 12/6/2001.*

- **"AÇÃO DIRETA DE INCONSTITUCIONALIDADE. RIO GRANDE DO NORTE. VENCIMENTOS DE PROCURADORES DO ESTADO, DEFENSORES PÚBLICOS, DELEGADOS DE POLÍCIA E PROCURADORES DA ASSEMBLÉIA LEGISLATIVA E DAS AUTARQUIAS. VINCULAÇÃO À REMUNERAÇÃO DO MINISTÉRIO PÚBLICO ESTADUAL. IMPOSSIBILIDADE.** 1. Prejudicado o pedido na parte referente à violação ao artigo 39, § 1º, da Constituição Federal, modificado substancialmente pela promulgação da EC 19/98 no curso da ação. Precedentes. 2. Equiparação de vencimentos no âmbito do serviço público. Vedação prescrita no inciso XIII do artigo 37 da Carta Federal. Alteração superveniente do dispositivo constitucional que não implicou modificação essencial do seu conteúdo, mantido o princípio que obsta a referida vinculação. Proibição que atinge situações anteriores à Constituição de 1988 (artigo 17 do ADCT/88). Ação conhecida em parte e, nesta parte, julgada procedente". (ADI N. 305-RN, RELATOR: MIN. MAURÍCIO CORRÊA, Noticiado no Informativo 285).

- **"PROMOÇÃO POR ANTIGUIDADE: RECUSA FUNDAMENTADA.** Deferido mandado de segurança para anular sessão administrativa do Plenário do TRF da 4ª Região na qual fora escolhido o juiz a ser indicado ao Presidente da República para nomeação, pelo critério da antiguidade, em vaga de desembargador federal. Considerou-se que a recusa do juiz federal mais antigo para a promoção pelo critério da antiguidade, tal como ocorrera na espécie, deve ser devidamente fundamentada, a teor do art. 93, X, da CF ("*as decisões administrativas dos tribunais serão motivadas, sendo as disciplinares tomadas pelo voto da maioria absoluta de seus membros;*"). Precedente citado: RE 235.487-RO (DJU de 21.6.2002)". *MS 24.305-DF, Min. Gilmar Mendes, 11.12.2002.* (MS-24305)

• **"REVISÃO GERAL DE REMUNERAÇÃO: DEDUÇÃO.** Julgando improcedente no mérito o pedido formulado em ação direta (Lei 9.868/99, art. 12) ajuizada pelo Partido Social Liberal – PSL, o Tribunal, por maioria, declarou a constitucionalidade do art. 3º da Lei 10.331/2001 que, tratando da revisão geral e anual das remunerações e subsídios dos servidores públicos federais prevista no art. 37, X, da CF, dispõe que quaisquer aumentos que sejam dados no exercício imediatamente anterior ao da revisão deverão ser deduzidos, sejam eles decorrentes de nova estruturação da carreira, majorações de gratificações ou adicionais, adiantamentos, ou qualquer outro tipo de vantagem inerente aos respectivos cargos ou empregos públicos. O Tribunal entendeu que a dedução impugnada deu concreção legítima ao inciso X do art. 37 da CF, uma vez que a reestruturação de carreira e a revisão anual, por serem custeadas pela mesma fonte de receitas e terem os mesmos destinatários, são interdependentes, afastando, ainda, a alegada ofensa ao princípio da razoabilidade (CF, art. 5º, LIV) porquanto a mencionada norma atende ao princípio da igualdade e evita o aumento injustificado de vencimentos somente a determinados servidores públicos. Vencidos os Ministros Ilmar Galvão e Sepúlveda Pertence que, fazendo a distinção entre a revisão geral de remuneração prevista no art. 37, X, da CF e a reavaliação de carreiras em face da escala relativa dos vencimentos existentes, julgavam procedente em parte o pedido formulado na ação direta para declarar a inconstitucionalidade da dedução prevista no art. 3º, salvo quanto à referência aos adiantamentos de revisão. Vencido em maior extensão o Min. Marco Aurélio, que julgava totalmente procedente o pedido para declarar a inconstitucionalidade do referido art. 3º". *ADI 2.726-DF, rel. Min. Maurício Corrêa, 5.12.2002.* (ADI-2726).

• **"GRATIFICAÇÃO: NÃO-EXTENSÃO AOS INATIVOS.** A Turma deu provimento a recurso extraordinário para reformar acórdão proferido pelo Tribunal de Justiça do Estado da Bahia que reconhecera aos oficiais da reserva remunerada da Polícia Militar o direito ao recebimento de gratificação de comando e chefia, instituída pela Lei 6.403/92, do mesmo Estado, ao fundamento de tratar-se de vantagem genérica e haverem os recorridos exercido chefia quando em atividade. A Turma entendeu tratar-se de vantagem restrita ao servidor que se encontra no exercício de tal atividade, não se incorporando aos proventos da inatividade e nem se estendendo aos proventos dos já inativados". *RE 325.032-BA, rel. Min. Ilmar Galvão, 12.11.2002. (RE-325.032).*

• **"ESTÁGIO PROBATÓRIO E RECONDUÇÃO.** Se o servidor federal estável, submetido a estágio probatório em novo cargo público, desiste de exercer a nova função, tem ele o direito a ser reconduzido ao cargo ocupado anteriormente no serviço público. Com esse entendimento, o Tribunal deferiu mandado de segurança para assegurar ao impetrante, servidor sujeito a estágio probatório no cargo de escrivão da polícia federal, o retorno ao cargo de policial rodoviário federal, observado, se for o caso, o disposto no art. 29, parágrafo único da Lei 8.112/90 (*"Encontrando-se provido o cargo de origem, o servidor será aproveitado em outro, observado o disposto no art. 30."*). Considerou-se que o art. 20, § 2º, da Lei 8.112/90 (*"O servidor não aprovado no estágio probatório será exonerado ou, se estável, reconduzido ao cargo anteriormente ocupado..."*) autoriza a recondução do servidor estável na hipótese de desistência voluntária deste em continuar o estágio probatório, reconhecendo ele próprio a sua inadaptação no novo cargo. Precedente citado: MS 22.933-DF (DJU de 13.11.98)". *MS 23.577-DF, rel. Min. Carlos Velloso, 15.5.2002. (MS-23577).*

• **"CONTAGEM RECÍPROCA DO TEMPO DE SERVIÇO.** O Tribunal declarou a inconstitucionalidade do art. 119 da Lei Complementar 2.303/91, do Município de Sarandi – RS, que, para efeito de aposentadoria, exigia um tempo mínimo de serviço público para ter-se a compensação entre os diferentes sistemas previdenciários. Considerou-se caracterizada a ofensa ao art. 202, § 2º, da CF (redação anterior à EC 20/98), que não admite qualquer restrição à contagem recíproca do tempo de serviço. Precedente citado: RE 220.821-RS (DJU de 19.5.2000)". *RE 219.169-RS, rel. Min. Nelson Jobim, 25.4.2002.*

• **"CONCURSO PÚBLICO: DIREITO À NOMEAÇÃO.** Por ofensa ao art. 37, IV, da CF (*"durante o prazo improrrogável previsto no edital de convocação, aquele aprovado em concurso público de provas ou de provas e títulos será convocado com prioridade sobre novos concursados para assumir cargo ou emprego, na carreira;"*), a Turma deu provimento a recurso extraordinário para assegurar a nomeação de candidatos aprovados em concurso público para o cargo de professor assistente da Universidade de São Paulo – USP. Considerou-se que, no caso concreto, ficara comprovada a necessidade da Administração no preenchimento das vagas, haja vista que a Universidade de São Paulo contratara, no prazo de validade do concurso, dois professores para exercerem o mesmo cargo, sob o regime trabalhista – sendo um deles candidato aprovado do mesmo concurso. Afastou-se, ainda, a fundamentação constante do acórdão recorrido no sentido de que seria necessária a abertura de novo concurso pela Administração para a comprovação da existência das vagas. Precedente citado: RE 192.568-PI (DJU de 13.9.96)". *RE 273.605-SP, rel. Min. Néri da Silveira, 23.4.2002.*

• **"REVISÃO GERAL DE REMUNERAÇÃO: OMISSÃO.** O Tribunal declarou a inconstitucionalidade por omissão de medida para tornar efetiva a norma constitucional que assegura a revisão geral anual de remuneração dos servidores públicos (CF, art. 37, X), da parte de quatro governadores de estado aos quais cabe a iniciativa do projeto de lei. Julgando parcialmente procedentes várias ações diretas, o Tribunal assentou a mora do Poder Executivo de quatro Estados no encaminhamento do projeto de lei visando a revisão geral anual de remuneração dos servidores públicos, dando-se-lhes ciência da decisão (CF, art. 37, X: *"a remuneração dos servidores públicos e o subsídio de que trata o § 4º do art. 39 somente poderão ser fixados ou alterados por lei específica, observada a iniciativa privativa em cada caso, assegurada revisão geral anual sempre na mesma data e sem distinção de índices"*). Precedente citado: ADIn 2.061-DF (DJU de 29.6.2001)". *ADIn 2.504-MG, ADIn 2.506-CE, ADIn 2.507-AL e ADIn 2.519-RR, rel. Min. Ilmar Galvão, 18.3.2002.*(ADI-2504)(ADI-2506)(ADI-2507)(ADI-2519).

• **"EXAME PSICOTÉCNICO E RESERVA LEGAL.** O exame psicotécnico pode ser estabelecido para concurso público desde que seja feito por lei, e que tenha por base critérios objetivos de reconhecido caráter científico, devendo existir, inclusive, a possibilidade de reexame. Com esse entendimento, a Turma manteve acórdão do Tribunal de Justiça do Distrito Federal que concluíra pela inviabilidade do exame psicotécnico realizado em concurso para ingresso na carreira de policial civil, feito por meio de entrevista baseada em critérios subjetivos, sem o necessário rigor científico, cujo resultado era irrecorrível. Precedente citado: RE 112.676-MG (RTJ 124/770)". *RE 188.234-DF, rel. Min. Néri da Silveira, 19.3.2002.*

• **"ART. 77 DA LOMAN: NÃO RECEPÇÃO.** Não foi recepcionado pela CF/88 o art. 77 da LOMAN – LC 35/79 – que estabelecia, para efeito de aposentadoria e disponibilidade de magistrados provenientes do quinto constitucional, o cômputo de no máximo 15 anos do exercício da advocacia – uma vez que é incompatível com a garantia da contagem recíproca de tempo de serviço na administração pública e na atividade privada (CF, art. 202, § 2º, na sua redação original). Com esse entendimento, a Turma manteve acórdão do Tribunal de Justiça do Estado do Rio Grande do Sul que concedera a desembargador, oriundo da classe dos advogados, a aposentadoria voluntária pleiteada, computando para tanto todo o tempo referente ao exercício da advocacia que, na espécie, era de 23 anos. (LOMAN, art. 77: "*Computar-se-á, para efeito de aposentadoria e disponibilidade, o tempo de exercício da advocacia, até o máximo de quinze anos, em favor dos Ministros do Supremo Tribunal Federal e dos membros dos demais Tribunais que tenham sido nomeados para os lugares reservados a advogados, nos termos da Constituição federal.*")". *RE 250.948-RS, rel. Min. Néri da Silveira, 19.3.2002.*

- **"GRATIFICAÇÃO DE ENCARGOS ESPECIAIS E INATIVOS.** Por ofensa ao art. 40, § 4º, da CF (na redação original) – que determina a extensão aos inativos de quaisquer benefícios ou vantagens posteriormente concedidos aos servidores em atividade –, a Turma deu provimento a recurso extraordinário para assegurar o direito de servidores inativos da Loteria do Estado do Rio de Janeiro – LOTERJ ao recebimento da vantagem denominada gratificação de encargos especiais, concedida aos servidores em atividade. Considerou-se estar demonstrado no acórdão recorrido que a mencionada gratificação fora concedida de forma geral, não configurando verba exclusiva dos servidores em atividade, nem vantagem decorrente do exercício de atividade específica". *RE 317.810-RJ, rel. Min. Sepúlveda Pertence, 12.3.2002.*

- **"ADICIONAL DE LOCAL DE EXERCÍCIO E INATIVOS.** O § 4º, do art. 40, da CF (na redação anterior à EC 20/98), ao determinar que serão "*estendidos aos inativos quaisquer benefícios ou vantagens posteriormente concedidos aos servidores em atividade*", refere-se aos de caráter geral e, portanto, não contempla o adicional de local de exercício criado pela Lei Complementar Paulista 689/92, dele tendo direito apenas os integrantes das carreiras da polícia militar do Estado de São Paulo que se encontrem em atividade, não se incorporando aos vencimentos básicos do servidor. Com esse entendimento, a Turma deu provimento a recurso extraordinário do Estado de São Paulo para reformar acórdão do Tribunal de Justiça local que estendera tal vantagem a policiais militares da reserva. Precedentes citados: RE 236.199-RS (DJU de 11.4.2000) e RE (AgRg) 261.997-RR (DJU de 23.2.2001)". *RE 234.054-SP, rel. Min. Maurício Corrêa, 5.3.2002.(RE-234054).*

- **"CARGO PÚBLICO: PROVIMENTO POR ASCENSÃO.** Julgando procedente o pedido formulado em ação direta movida pelo Governador do Espírito Santo, o Tribunal declarou a inconstitucionalidade de dispositivos da Lei Complementar 46/94, do mesmo Estado, que autorizavam o provimento de cargos públicos mediante ascensão, ressalvando que as vagas eventualmente não preenchidas por esse critério o seriam através de concurso público (inciso II do art. 8º, II; art. 49 e parág. único; e inciso III do art. 63). Entendeu-se caracterizada a contrariedade à exigência de concurso público para o provimento de cargos (CF, art. 37, II)". *STF ADI 1.345-ES, rel. Ministra Ellen Gracie, 20.3.2003.*

- **"STJ – APOSENTADORIA. DOENÇA INVALIDANTE. PROVENTOS PROPORCIONAIS.** O autor é portador de pancreatite crônica calcificante e diabetes de difícil controle clínico. Munido de laudos médicos comprovadores da moléstia, requereu aposentadoria junto à Administração. Sucede que lhe foi concedida a aposentadoria com proventos proporcionais, ao fundamento que a doença não consta do rol do art. 186, § 1º, da Lei n. 8.112/1990, apesar de a junta médica nomeada qualificá-la como invalidante. Diante disso, prosseguindo o julgamento, a Corte Especial, por maioria, denegou a ordem, visto que, *in casu*, a aposentadoria por invalidez não se dará com proventos integrais à mingua de autorização legal. Os votos vencidos consignavam não ser caso de se utilizar o mandado de segurança e ressalvavam as vias ordinárias. Precedentes citados: REsp 216.773-SC, DJ 2/5/2000, e RMS 10.936-MG, DJ 1º/4/2002". MS 8.334-DF, *Rel. Min. José Arnaldo da Fonseca, julgado em 5/3/2003.*

- **"STJ – SERVIDOR. PENALIDADE. FALTA DE FUNDAMENTAÇÃO. REINTEGRAÇÃO.** A demissão teve como causa o fato de, quando em serviço de patrulhamento na rodovia, ao atender a uma ocorrência, ter efetuado disparos para dispersar uma multidão, ensejo em que foi agredido e, na luta corporal com seu agressor, que tentava tomar-lhe a arma, ter ocorrido um disparo, que atingiu tal indivíduo, causando-lhe a morte. A Comissão de Inquérito Administrativo afastou a tese da legítima defesa e opinou no sentido de ser aplicada ao servidor a penalidade de suspensão por trinta dias. A Assistência Jurídica do Ministério da Justiça enquadra a hipótese na regra do art. 132, VII, da Lei n. 8.112/1990 e recomenda que lhe seja aplicada a pena de demissão. A jurisprudência deste Tribunal é no sentido de que, na hipótese de aplicação de penalidade diversa daquela sugerida pela Comissão Processante, deve a decisão da autoridade competente ser devidamente fundamentada. Na hipótese, houve injustificado agravamento da penalidade sugerida, sem a devida fundamentação, ensejando grave prejuízo ao impetrante, motivo pelo qual cabe ao Poder Judiciário, nos estreitos limites do controle da legalidade, corrigir o ato administrativo viciado. Prosseguindo o julgamento, a Seção, por maioria, concedeu a segurança no sentido de, revisando a pena imposta, ordenar a reintegração do servidor no quadro da Polícia Rodoviária Federal". MS 6.667-DF, *Rel. originário Min. Fontes de Alencar, Rel. para acórdão Min. Vicente Leal, julgado em 26/3/2003.*

- **"CONSTITUCIONAL. ADMINISTRATIVO. SERVIDOR PÚBLICO. ESTÁGIO PROBATÓRIO.** Lei 8.112/90, art. 20, § 2º. C.F., art. 41. I.- O direito de o servidor, aprovado em concurso público, estável, que presta novo concurso e, aprovado, é nomeado para cargo outro, retornar ao cargo anterior ocorre enquanto estiver sendo submetido ao estágio probatório no novo cargo: Lei 8.112/90, art. 20, § 2º. É que, enquanto não confirmado no estágio do novo cargo, não estará extinta a situação anterior. II.- No caso, o servidor somente requereu a sua recondução ao cargo antigo cerca de três anos e cinco meses após a sua posse e exercício neste, quando, inclusive, já estável: C.F., art. 41. III.- M.S. indeferido." (STF, Pleno, MS 24543/DF, Rel. Min. CARLOS VELLOSO, DJ 12.09.2003, p.00029)

13. QUESTÕES DE PROVAS DE CONCURSOS

01. (Juiz Federal Substituto – Tribunal Regional Federal da 1ª Região 2023) Joaquim, servidor público federal ocupante de cargo efetivo na Autarquia Alfa, ao atender ao público em seu local de trabalho, colocava seu celular escondido abaixo da mesa, de maneira que filmava, por meio da câmera do telefone, as partes íntimas de cidadãs que buscavam atendimento na repartição, assim como de outras servidoras e funcionárias terceirizadas que precisavam com ele despachar algum expediente. Certo dia, sua colega de trabalho Maria percebeu a conduta de Joaquim, o filmou na execução do ato e comunicou ao órgão correcional competente. Foi instaurado processo administrativo disciplinar, no bojo do qual restou comprovada a conduta antes narrada. Tendo em vista que a folha de assentamentos funcionais de Joaquim, até então, só contava com elogios, de acordo com a jurisprudência do Superior Tribunal de Justiça, a Joaquim deverá ser aplicada a sanção de:

(A) demissão, por conduta escandalosa na repartição;

(B) suspensão por até noventa dias, por incontinência pública na repartição;

(C) suspensão por até noventa dias, por coagir ou aliciar subordinados na repartição;

(D) suspensão por até noventa dias, por valer-se do cargo para lograr proveito pessoal, em detrimento da dignidade da função pública;

(E) demissão, apenas se Joaquim tiver sido condenado pelos mesmos fatos na esfera criminal; caso negativo, deverá ser sancionado com suspensão por até noventa dias, por ter procedido de forma desidiosa.

02. (Juiz Federal Substituto – Tribunal Regional Federal da 1ª Região 2023) Após ser aprovada em concurso público, Fernanda foi nomeada e empossada como servidora pública federal, tendo entrado em exercício em 15/02/2022. No mês de março de 2023, Fernanda gozou trinta dias de férias, referentes a seu primeiro período aquisitivo de férias. No mês de junho de 2023, Fernanda requereu o gozo de mais trinta dias de férias para o mês seguinte, dentro do atual período aquisitivo ainda em curso. Apesar de reconhecer que não há necessidade de serviço e que não haveria qualquer prejuízo ao interesse público, a Administração Pública Federal indeferiu o pedido de férias de Fernanda para julho de 2023, alegando que seria necessário que a servidora completasse mais um período aquisitivo de doze meses, o que só ocorrerá em fevereiro de 2024. Inconformada, Fernanda ajuizou ação judicial pretendendo gozar férias em julho de 2023. Atento à jurisprudência do Superior Tribunal de Justiça e aos termos da Lei nº 8.112/1990, o Juízo Federal decidiu que;

(A) não assiste razão a Fernanda, pois o gozo de cada período de férias somente pode ocorrer após ser cumprido integralmente o correlato período aquisitivo de doze meses de exercício, e o servidor não pode gozar de mais de trinta dias de férias por ano;

(B) não assiste razão a Fernanda, pois o gozo de cada período de férias somente pode ocorrer após ser cumprido integralmente o correlato período aquisitivo de doze meses de exercício, e o servidor não pode gozar de mais de sessenta dias de férias por ano;

(C) não assiste razão a Fernanda, pois o gozo de cada período de férias somente pode ocorrer após ser cumprido integralmente o correlato período aquisitivo de doze meses de exercício, embora não haja limitação para gozo de férias por ano, desde que haja dias disponíveis no banco de férias;

(D) assiste razão a Fernanda, porque, mesmo no curso do primeiro período aquisitivo de férias, isto é, nos primeiros doze meses de exercício, o servidor já tem direito a gozar até sessenta dias de férias, com a devida compensação nos exercícios seguintes;

(E) assiste razão a Fernanda, porque é possível ao servidor que já usufruiu o primeiro período de férias, após cumprida a exigência de doze meses de exercício, usufruir as férias seguintes no mesmo ano civil, dentro do período aquisitivo ainda em curso.

03. (Fundação de Estudos e Pesquisas Socioeconômicos - FEPESE - Prefeitura de Águas de Chapecó - Agente de Recursos Humanos - 2023) De acordo com o artigo 39 da Constituição Federal, a fixação dos padrões de vencimento e dos demais componentes do sistema remuneratório observará:

1. as peculiaridades dos cargos.
2. a filiação partidária do servidor.
3. os requisitos para a investidura.
4. a natureza, o grau de responsabilidade e a complexidade dos cargos componentes de cada carreira.

Assinale a alternativa que indica todas as afirmativas **corretas**.

(A) São corretas apenas as afirmativas 3 e 4.

(B) São corretas apenas as afirmativas 1, 2 e 4.

(C) São corretas apenas as afirmativas 1, 2 e 3.

(D) São corretas apenas as afirmativas 1, 3 e 4.

(E) São corretas apenas as afirmativas 2, 3 e 4.

04. (Fundação Mariana Resende Costa - FUMARC - ALE MG - Consultor de Processo Legislativo - 2023) A imposição de responsabilidade administrativa ao servidor público **requer:**

(A) Anuência do Plenário da Casa, se o servidor pertencer ao Poder Legislativo.

(B) Ato de seu superior hierárquico, independentemente de direito de defesa, mediante publicação oficial.

(C) Processo administrativo disciplinar, com direito de defesa, sob pena de nulidade.

(D) Processo administrativo disciplinar, com direito inafastável de defesa apenas se a pretensão sancionatória for de demissão.

05. (Universidade Federal Rural do Rio de Janeiro - UFRRJ - Auditor - 2023) A Constituição Federal determina que são estáveis, após três anos de efetivo exercício, os servidores nomeados para cargo de provimento efetivo em virtude de concurso público. Dessa forma, o servidor público estável só perderá o cargo por

(A) procedimento de avaliação de desempenho realizado pelo Conselho Superior do órgão de lotação.

(B) decisão fundamentada de autoridade competente em processo administrativo, em que lhe seja assegurada ampla defesa.

(C) sentença judicial, ainda que não transitada em julgado, devendo ser observado a ampla defesa e o contraditório.

(D) decisão de extinção do cargo público pela autoridade competente, sem que lhe seja assegurada ampla defesa e contraditório.
(E) reprovação em avaliação anual de desempenho, mediante procedimento contraditório, porém sem o exercício de ampla defesa.

06. (Fundação Getúlio Vargas – FGV – TCE ES – Auditor de Controle Externo - Área Direito – 2023) Maria é servidora pública estadual ocupante de cargo efetivo e cumpre jornada de trabalho de vinte horas por semana. Os vencimentos mensais atuais brutos da servidora consistem no valor total de mil reais. Tendo em vista que sua remuneração é inferior a um salário mínimo, e esse valor recebido é insuficiente para viver de forma digna com sua família, Maria, por meio da associação de servidores estaduais, apresentou ao Tribunal de Contas uma representação contra o Estado em matéria estipendial.
No caso em tela, deve ser observado que o Supremo Tribunal Federal tem entendimento no sentido de que:
(A) não há que se falar em inconstitucionalidade do pagamento de vencimentos em montante inferior ao salário mínimo ao servidor que desempenha jornada semanal de vinte horas, pois o piso salarial de um salário mínimo se aplica a quaisquer trabalhadores com carga horária de quarenta horas por semana;
(B) é defeso o pagamento de remuneração em valor inferior ao salário mínimo ao servidor público estatutário, mesmo que exerça jornada de trabalho reduzida, respeitado o limite mínimo de vinte horas por semana, em razão de seu regime jurídico único, mas tal piso salarial é inaplicável aos empregados públicos celetistas;
(C) não há que se falar em inconstitucionalidade do pagamento de vencimentos em montante inferior ao salário mínimo ao servidor público que desempenha jornada semanal de vinte horas, pois o piso salarial de um salário mínimo se aplica a trabalhadores celetistas;
(D) é possível o pagamento de vencimentos em montante inferior ao salário mínimo ao servidor público que desempenha jornada semanal de vinte horas, desde que observado o piso salarial consistente na metade do salário mínimo, tendo por parâmetro carga horária de quarenta horas por semana para recebimento do salário mínimo;
(E) é defeso o pagamento de remuneração em valor inferior ao salário mínimo ao servidor público, mesmo que exerça jornada de trabalho reduzida, sob pena de violação a normas constitucionais e ao valor social do trabalho, ao princípio da dignidade da pessoa humana, ao mínimo existencial e ao postulado da vedação do retrocesso de direitos sociais.

07. (CESPE – Delegado de polícia – PCPB – 2022) Se determinado órgão público receber denúncia anônima que impute conduta irregular a servidor público lotado nesse mesmo órgão, por ato cometido no exercício da função, à administração pública
(A) é vedada a instauração de processo administrativo disciplinar em desfavor do servidor, em razão do impedimento constitucional ao anonimato nas denúncias e do princípio da proporcionalidade.
(B) é permitida a instauração de processo administrativo disciplinar em desfavor do servidor, em razão do poder-dever de autotutela imposto à administração, desde que motivada e com amparo em investigação ou sindicância.
(C) é vedada a instauração de processo administrativo disciplinar em desfavor do servidor, em razão do impedimento constitucional ao anonimato nas denúncias e do princípio da razoabilidade.
(D) é vedada a instauração de processo administrativo disciplinar em desfavor do servidor, em razão do impedimento constitucional ao anonimato nas denúncias e do princípio da legalidade.
(E) é permitida a instauração de processo administrativo disciplinar em desfavor do servidor, em razão do poder-dever de autotutela imposto à administração, desde que a portaria de instauração exponha detalhadamente o fato a ser apurado.

08. (FGV – Promotor de justiça – MPGO – 2022) Débora foi aprovada em concurso público de provas e títulos, mas não logrou êxito, ao ver da Administração Pública, em comprovar o período de exercício da atividade profissional exigido na lei e no edital.
A decisão administrativa, apesar de estar bem fundamentada e de apresentar total coerência interna, veio a ser desconstituída em sede judicial, sendo determinada a posse de Débora no respectivo cargo de provimento efetivo. A posse ocorreu três anos após a de cinco candidatos com colocação imediatamente posterior à de Débora, os quais já

tinham ascendido à classe imediatamente superior da respectiva carreira. À luz dessa narrativa, Débora:

(A) terá direito à indenização e às promoções ou progressões que a alcançariam caso tivesse sido nomeada em momento anterior, antes dos cinco candidatos referidos;

(B) fará jus apenas à indenização, ainda que não tenha sido reconhecida qualquer arbitrariedade da Administração Pública, por não ter sido investida em momento anterior;

(C) não fará jus à indenização e não terá direito às promoções ou progressões que a alcançariam caso tivesse sido nomeada em momento anterior, antes dos cinco candidatos referidos;

(D) terá direito apenas às promoções ou progressões que a alcançariam caso tivesse sido nomeada no momento devido, o que deveria ter ocorrido antes dos cinco candidatos referidos;

(E) deve ser indenizada, beneficiada pelas promoções ou progressões que a alcançariam caso tivesse sido nomeada em momento anterior, além de ocupar a classificação original.

09. (CESPE - DPE/RO - Oficial de Diligência - 2022) Assinale a opção que indica o tipo de agente público que consiste em um grupo de agentes que, mesmo sem ter uma investidura normal e regular, executa uma função pública em nome do Estado.

(A) agente honorífico

(B) agente político

(C) agente administrativo

(D) agente credenciado

(E) agente de fato

10. (CESPE - DPE/RO - Oficial de Diligência - 2022) As atribuições de direção, chefia e assessoramento destinam-se

(A) As funções de chefia e assessoramento, que, por sua vez, somente podem ser exercidas por servidor ocupante de emprego público.

(B) os cargos vitalícios, que, por sua vez, somente podem ser ocupados por servidor ocupante de cargo efetivo.

(C) os cargos em comissão, que, por sua vez, podem ser exercidos por servidores de carreira.

(D) os empregos públicos, que, por sua vez, não podem ser ocupados por pessoas sem vínculo com a administração pública.

(E) os cargos efetivos, que, por sua vez, somente podem ser ocupados por servidor aprovado em concurso público.

GABARITO				
01. A	**02.** E	**03.** D	**04.** C	**05.** B
06. E	**07.** B	**08.** C	**09.** E	**10.** C

CAPÍTULO VIII

Responsabilidade Extracontratual do Estado por Comportamentos Administrativos

SUMÁRIO: 1. Considerações gerais e evolução da Responsabilidade do Estado: 1.1. Distinção entre a responsabilidade administrativa e a responsabilidade civil do Estado; 1.2. Distinção entre a responsabilidade civil do Estado e a responsabilidade civil submetida ao direito privado; 1.3. Distinção entre responsabilidade civil do Estado e sacrifício de Direito; 1.4. Evolução da responsabilidade do Estado; 1.4.1. Fase da irresponsabilidade do Estado (teoria regaliana); 1.4.2. Fase da responsabilidade do Estado fundada no Direito Privado (teorias civilistas); 1.4.3. Fase da responsabilidade do Estado fundada no Direito Público (teorias publicistas) – 2. Teoria da Culpa Administrativa ou Culpa do Serviço – 3. Teoria do Risco – 4. Responsabilidade do Estado no Direito Brasileiro: 4.1. Responsabilidade por ação ou ato comissivo do Estado; 4.1.1. Por comportamentos lícitos; 4.1.2. Por comportamentos ilícitos; 4.2. Responsabilidade por omissão do Estado; 4.2.1. Fato da natureza; 4.2.2. Comportamento material de terceiros; 4.3. Responsabilidade em razão de atuação positiva do Estado propiciatória de risco de dano – 5. O Dano Indenizável – 6. Causas excludentes da Responsabilidade do Estado – 7. O Direito de Regresso – 8. Responsabilidade do Estado por Atos Legislativos e Judiciais – 9. Quadro Sinótico – 10. Jurisprudência Aplicada – 11. Questões.

1. CONSIDERAÇÕES GERAIS E EVOLUÇÃO DA RESPONSABILIDADE DO ESTADO

Como se sabe, para cumprir as suas obrigações, o Estado exerce múltiplas atividades, no decorrer das quais pode causar, por ato lícito ou ilícito, danos a terceiros. Surge, então, a grande indagação: o Estado *responde* por seus atos ou omissões lesivas a terceiros?

Presentemente, não há dúvida que sim!

Todavia, cumpre esclarecer, desde logo, que a responsabilidade do Estado pode compreender a responsabilidade *contratual* e a responsabilidade *extracontratual*.

A responsabilidade *contratual* dá-se quando o Estado descumpre as cláusulas contratuais às quais se obrigou por ocasião da formalização de uma avença. Não é dessa responsabilidade que cuidaremos aqui.

Neste capítulo, nos limitaremos a tratar da responsabilidade *extracontratual* do Estado, também chamada de responsabilidade *Aquiliana*, que é a obrigação jurídica que lhe incumbe de reparar os danos lesivos a terceiros e que lhe sejam imputáveis em virtude de comportamentos unilaterais, lícitos ou ilícitos, comissivos ou omissivos, materiais ou jurídicos. Essa responsabilidade estatal, por sua vez, pode decorrer de *comportamentos administrativos* (para essa hipótese alguns autores preferem chamar de responsabilidade civil da Administração Pública[1]), de *atos legislativos* e de *atos judiciais*.

1. É o caso, por exemplo, de Hely Lopes Meirelles, op. cit., p. 617.

Ademais, cumpre apresentar na sequência alguns breves esclarecimentos conceituais de institutos semelhantes à responsabilidade do Estado.

1.1. Distinção entre a Responsabilidade Administrativa e a Responsabilidade Civil do Estado

A **responsabilidade administrativa** do Estado consiste na submissão da organização estatal ao dever jurídico-político de exercer a gestão pública dos interesses da coletividade de acordo com a ordem jurídica, com as exigências da boa administração, devendo zelar pelo adequado funcionamento da máquina administrativa, bem como prestar informações e contas ao cidadão por suas ações e omissões e de corrigir as imperfeições verificadas em sua conduta.

Já a **responsabilidade civil** do Estado, consiste no dever de indenizar as perdas e danos, materiais e morais, sofridos por terceiros em virtude de ação ou omissão imputável ao Estado.

1.2. Distinção entre a Responsabilidade Civil do Estado e a Responsabilidade Civil Submetida ao Direito Privado

A **responsabilidade civil do Estado** submete-se ao regime próprio da responsabilidade civil das pessoas de direito público, que é diferente em vista da incidência de princípios e regras de direito público. Submete-se ao regime jurídico-administrativo (Direito Público).

Já a **responsabilidade civil submetida ao direito privado** é aquele que se aplica às pessoas de direito privado, não prestadoras de serviço público. Assim, uma entidade integrante da Administração indireta, dotada de personalidade jurídica de direito privado e exploradora de atividade econômica, estará sujeita ao regime da responsabilidade civil próprio da iniciativa privada.

1.3. Distinção entre Responsabilidade Civil do Estado e Sacrifício de Direito

Cumpre distinguir **responsabilidade civil do estado** e **sacrifício de direito**, em razão de, em ambas as hipóteses, haver um dano a ser indenizado pelo Estado. A distinção é fundamental, pela relevância jurídica de se identificar se a indenização devida pelo Estado é em decorrência da responsabilidade civil ou do sacrifício de direito.

Pois bem, ocorre o "Sacrifício de Direito" quando o Estado, autorizado pela ordem jurídica, atua com a finalidade de impor uma perda ao particular, sem que isso importe em qualquer violação a direito. Aqui, não há violação, mas apenas "sacrifício" de direito, previsto e autorizado pela ordenação jurídica. São exemplos de sacrifício de direito os casos de intervenção do Estado na propriedade privada, que podem importar em indenização pela perda, total ou parcial, do bem (as desapropriações; as servidões e requisições administrativas). No sacrifício de direito, a própria ordem jurídica confere ao Estado o poder de investir "diretamente" contra o direito de terceiros, "sacrificando" certos interesses privados e convertendo-os em sua correspondente expressão patrimonial.

Já a "Responsabilidade civil do Estado", caracteriza-se quando a atuação do Estado não tem por finalidade imediata a produção de danos, porém acaba por gerar, em decorrência dessa atuação, prejuízos patrimoniais a terceiros. Aqui, a atuação do Estado, que visa a um bem comum, e é legitimado pelo Direito, acaba acarretando, "indiretamente", como "simples consequência" - não como sua finalidade própria -, a lesão a um direito alheio. Distingue-se, pois, do sacrifício de direito no qual a atuação do Estado tem por conteúdo e finalidade própria, conforme prevista na lei, a privação de determinados direitos.

1.4. Evolução da Responsabilidade do Estado

No mundo atual e civilizado, onde imperam os valores da Democracia e do Estado de Direito, não se cogita de irresponsabilidade do Estado por comportamentos lesivos a terceiros. Não há falar, no Estado de Direito, de Estado irresponsável.

Mas nem sempre foi assim. Na sequência, será apresentada uma síntese das fases de evolução da Responsabilidade do Estado.

1.4.1. Fase da irresponsabilidade do Estado (teoria regaliana)

Durante muito tempo, na época dos chamados Estados absolutos, nos quais imperava um regime de concentração do Poder e da Autoridade em um único Governante, o Estado dispunha de incontestável autoridade sobre o súdito, de modo que, responsabilizá-lo, significaria colocá-lo no mesmo nível que o súdito, em total desrespeito à sua plena soberania. Nessa época vigia a máxima *The King can do no wrong* ou *Lê Roi ne peut mal faire* (O Rei não pode errar).

E o Estado era o próprio Rei, na célebre afirmação do Rei Luís XIV da França (1638-1715), o "Rei-Sol": *L'État c'est moi* (O Estado sou eu). Era a fase da irresponsabilidade do Estado, sustentada pela teoria *regaliana*, segundo a qual o Estado não responde pelos danos causados a terceiros. Somente o agente do Estado, quando violasse do Direito, poderia *pessoalmente* responder pelos danos que causassem.

Contudo, a ideia da irresponsabilidade era tão absurda e injusta que ela começou a ruir já no século XIX dando ensanchas ao postulado democrático da responsabilidade. Os Estados Unidos e a Inglaterra, últimos a resistirem a essa paradigmática mudança, abandonaram a teoria da irresponsabilidade, por meio do *Federal Tort Claim Act*, de 1946, e *Crown Proceeding Act*, de 1947, respectivamente.

1.4.2. Fase da responsabilidade do Estado fundada no Direito Privado (teorias civilistas)

Surge o Estado responsável. No início, porém, essa responsabilidade do Estado foi identificada à simples responsabilidade civil do direito privado. Despontam as teorias civilistas, também chamadas de *intermediárias* ou *mistas*, que procuraram condicionar a responsabilidade do Estado a determinados comportamentos de seus agentes.

Num primeiro momento, defendem a responsabilidade do Estado a partir da distinção entre *atos de gestão* e *atos de império*, somente admitindo a responsabilidade quando o dano decorrer de ato de gestão do Estado. Isto deve-se ao entendimento de que, quando pratica ato de gestão, o Estado equipara-se a um particular (Ex: quando aliena ou adquire um bem, quando celebra um contrato de locação, etc.), sendo diferente quando pratica um ato de império, ocasião em que o Estado age com prerrogativas de autoridade, não respondendo, por conseguinte, aos danos causados nessa hipótese.

Posteriormente, restando superada a distinção entre *atos de gestão* e *atos de império*, firmou-se o entendimento de que a responsabilidade do Estado, para se configurar, dependia da comprovação da culpa individual do agente (culpa civil) na ocorrência do dano a terceiro. O Estado só respondia pelos danos causados, portanto, quando comprovada a culpa individual do seu agente, isto é, quando se demonstrasse que este, no exercício de sua função, procedeu com imperícia, negligência ou imprudência.

Contudo, a partir da segunda metade do século XIX, em especial em razão do conhecido aresto Blanco, do Tribunal de Conflitos, na França, proferido em 08 de fevereiro de 1873[2], a responsabilidade do Estado começa a sofrer forte influência de princípios do direito público.

1.4.3. *Fase da responsabilidade do Estado fundada no Direito Público (teorias publicistas)*

Surgem, assim, as *teorias publicistas* da responsabilidade do Estado: teoria da *culpa administrativa* ou da *culpa do serviço* e a teoria do *risco*. Esta última, segundo alguns autores, ainda podendo ser desdobrada no *risco administrativo* e no *risco integral*[3]. A análise desta fase, em razão de sua importância, será feita mais adiante, em tópicos separados.

Seguem abaixo, de forma encadeada, as **fases** da evolução da Responsabilidade do Estado.

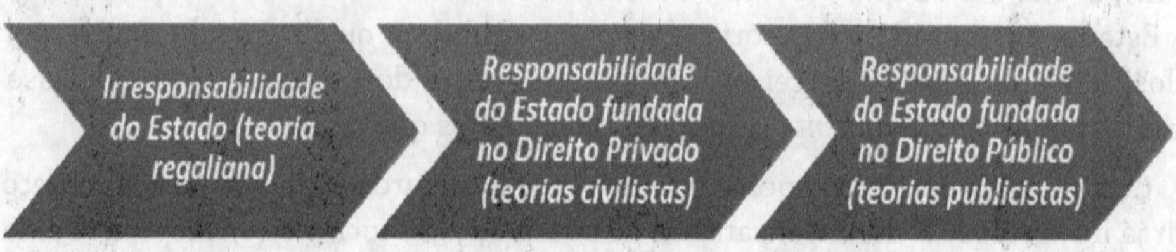

2. Em 03 de novembro de 1871, Agnès Blanco, de 5 anos, ao passar em frente a uma fábrica de processamento de tabaco, foi atropelada e ferida gravemente por um vagonete que saiu subitamente de dentro do estabelecimento, tendo uma perna amputada. A vagonete pertencia a uma empresa estatal de manufatura de tabaco de Bourdeax e era conduzido por quatro empregados. Inconformado, o pai da menina, Jean Blanco, ingressou, em 24 de janeiro de 1872, no tribunal de justiça (civil) com uma ação de indenização (reparação de danos) contra o Estado, alegando a responsabilidade civil (patrimonial) pela falta cometida por seus quatro empregados, em face de um serviço público. A chamada *faute du service*. Surgiu, então, um conflito entre a jurisdição judicial (causas entre particulares – civil) e a jurisdição administrativa (causas em que o Estado é parte), sendo o Tribunal de Conflitos responsável por decidir de quem era a competência para julgar a causa. A corte, composta por quatro membros de cada jurisdição, enfrentou um impasse, posto que houve um empate (4 x 4). O Ministro da Justiça, Jules Dufaure, presidente do Tribunal de Conflitos, denominado Guardião dos Selos, desempatou, usando sua prerrogativa do Voto de Minerva, em favor do Conselho do Estado, a jurisdição administrativa. Diante dessa decisão superior, prevaleceu a decisão do Conselho do Estado que concedeu uma pensão vitalícia à vítima, lançando, assim, as bases da ***Teoria do Risco Administrativo*** que estabelece a responsabilidade objetiva do Estado por danos causados pelos seus agentes.
3. Nesse sentido, Hely Lopes Meirelles, op. cit., p. 619-620.

2. TEORIA DA CULPA ADMINISTRATIVA OU CULPA DO SERVIÇO

A teoria da culpa administrativa ou culpa do serviço procura desvincular a responsabilidade do Estado da ideia de culpa individual ou subjetiva do agente público. Ela teve o mérito de *distinguir*, de um lado, a *culpa individual do agente público*, em virtude da qual ele mesmo respondia, e, de outro, a *culpa administrativa* ou *culpa anônima do serviço*.

Ela se apoia na ideia de culpa do serviço (*faute du service*, para os franceses) para fixar a responsabilidade do Estado, não indagando a respeito da culpa subjetiva do agente. Exige-se uma culpa sim, mas especial, conhecida como culpa administrativa ou culpa do serviço. Essa culpa do serviço, segundo Paul Duez, ocorre quando:

a) O serviço não existiu ou não funcionou, *devendo funcionar;*

b) O serviço funcionou mal; ou

c) O serviço atrasou.

Em qualquer uma dessas situações (*a* ou *b* ou *c)* ocorre a culpa do serviço ou culpa administrativa ou culpa anônima, suscitando a responsabilidade do Estado independentemente de qualquer investigação da culpa do agente.

Cumpre esclarecer que a responsabilidade por *culpa do serviço* é *responsabilidade subjetiva* do Estado, porque baseada na *culpa*. A peculiaridade que existe aqui é que, em razão dos princípios de direito público, não se trata de uma culpa qualquer ou individual do agente público, mas de uma culpa anônima do serviço, sem individualização pessoal, caracterizada pela presença de qualquer uma daquelas três situações acima citadas (o serviço não funcionou ou funcionou mal ou funcionou atrasado), que descortina o proceder *ilícito* da Administração Pública, próprio da responsabilidade subjetiva.

3. TEORIA DO RISCO

É a teoria do risco que serve de fundamento para a ideia de responsabilidade objetiva ou sem culpa do Estado. Ela toma por base os seguintes aspectos: (1) o risco que a atividade administrativa potencialmente gera para os administrados e (2) a necessidade de repartir-se, igualmente, tanto os *benefícios* gerados pela atuação estatal à comunidade como os *encargos* suportados por alguns, por danos decorrentes dessa atuação.

Assim, em suma, e como o próprio nome sugere, essa teoria leva em conta o *risco* que a atividade estatal gera para os administrados e na possibilidade de causar danos a determinados membros da comunidade, impingindo-lhes um ônus não suportado pelos demais. Para compensar essa desigualdade, todos os demais membros da comunidade devem concorrer, através dos recursos públicos, para a reparação dos danos.

Por essa teoria, a ideia de culpa é substituída pela de *nexo de causalidade* entre o *comportamento estatal (fato do serviço)* e o *dano sofrido pelo administrado*, sem se cogitar da culpa do serviço, tampouco da culpa do agente público. Aqui é indiferente indagar-se se o serviço funcionou, se funcional bem ou mal, de forma rápida ou demorada. Não se exige, portanto, o questionamento acerca da culpa ou dolo do agente, da licitude ou ilicitude do comportamento, do bom ou mau funcionamento do serviço. Evidenciado o nexo de causalidade entre o comportamento estatal e o dano a terceiro, o Estado responde.

Para Hely Lopes Meirelles[4], a teoria do risco abrange duas modalidades: o *risco administrativo* e o *risco integral*, distinguindo-se apenas pelo fato de que a primeira modalidade admite causas excludentes de responsabilidade e a segunda não. Todavia, boa parte da doutrina não faz essa distinção, considerando as duas expressões como sinônimas[5].

Porém, a jurisprudência vem fazendo a diferença, embora concorde que a regra geral é a aplicação da teoria do risco administrativo. Só em hipóteses estreitas é que se admite a teoria do risco integral, como, por exemplo, no caso de dano ambiental.

Conforme a jurisprudência do STJ, nas hipóteses de dano ao meio ambiente aplica-se a teoria do risco integral, de modo que descabe a invocação, pela empresa responsável pelo dano ambiental, de excludentes de responsabilidade civil para afastar sua obrigação de indenizar[6].

Nessa linha, tenho que a responsabilidade civil do Estado pela indenização de dano ambiental, seja ele material ou moral, é **objetiva**, assentada no **risco integral**, o que dispensa a demonstração de dolo ou culpa, bastando que se desvele a ocorrência do dano efetivo e indenizável decorrente da ação e/ou omissão para ensejar o **dever de indenizar** ou recompor o dano, conforme apregoa o art. 225, parágrafo 3º, da Constituição Federal, combinado com o § 1º do art. 14 da Lei 6.938/81. O próprio nexo de causalidade, na doutrina da responsabilidade objetiva fundada no risco integral, constitui o **fator aglutinante que permite que o risco se integre na unidade do ato**, sendo descabida a invocação, pelo responsável do dano ambiental, de excludentes de responsabilidade civil para afastar o seu dever de indenizar.

No mesmo sentido acima firmado, já se posicionou o STJ em Tese firmada no **Tema Repetitivo 681**, segundo a qual "**A responsabilidade por dano ambiental**

---

4. Op. cit., p. 619-620.
5. Conf., a propósito, Maria Sylvia Zanella Di Pietro, op. cit., p. 515.
6. RESPONSABILIDADE CIVIL POR DANO AMBIENTAL. RECURSO ESPECIAL REPRESENTATIVO DE CONTROVÉRSIA. ART. 543-C DO CPC. DANOS DECORRENTES DO ROMPIMENTO DE BARRAGEM. ACIDENTE AMBIENTAL OCORRIDO, EM JANEIRO DE 2007, NOS MUNICÍPIOS DE MIRAÍ E MURIAÉ, ESTADO DE MINAS GERAIS. TEORIA DO RISCO INTEGRAL. NEXO DE CAUSALIDADE.
1. Para fins do art. 543-C do Código de Processo Civil: a) a responsabilidade por dano ambiental é objetiva, informada pela teoria do risco integral, sendo o nexo de causalidade o fator aglutinante que permite que o risco se integre na unidade do ato, sendo descabida a invocação, pela empresa responsável pelo dano ambiental, de excludentes de responsabilidade civil para afastar sua obrigação de indenizar; b) em decorrência do acidente, a empresa deve recompor os danos materiais e morais causados e c) na fixação da indenização por danos morais, recomendável que o arbitramento seja feito caso a caso e com moderação, proporcionalmente ao grau de culpa, ao nível socioeconômico do autor, e, ainda, ao porte da empresa, orientando-se o juiz pelos critérios sugeridos pela doutrina e jurisprudência, com razoabilidade, valendo-se de sua experiência e bom senso, atento à realidade da vida e às peculiaridades de cada caso, de modo que, de um lado, não haja enriquecimento sem causa de quem recebe a indenização e, de outro, haja efetiva compensação pelos danos morais experimentados por aquele que fora lesado.
2. No caso concreto, recurso especial a que se nega provimento. (STJ, SEGUNDA SEÇÃO, REsp 1374284/MG, Ministro LUIS FELIPE SALOMÃO, DJe 05/09/2014).

é objetiva, informada pela teoria do risco integral, sendo o nexo de causalidade o fator aglutinante que permite que o risco se integre na unidade do ato, sendo descabida a invocação, pela empresa responsável pelo dano ambiental, de excludentes de responsabilidade civil para afastar a sua obrigação de indenizar." (REsp nº 1354536/SE, Rel. Min. LUIS FELIPE SALOMÃO, Julgado em 26/03/2014 e publicado em 05/05/2014). (grifamos).

Ademais, em Tese firmada no **Tema Repetitivo 438**, também decidiu o STJ que: "A alegação de culpa exclusiva de terceiro pelo acidente em causa, como excludente de responsabilidade, deve ser afastada, ante a incidência da teoria do risco integral e da responsabilidade objetiva ínsita ao dano ambiental (art. 225, § 3º, da CF e do art. 14, § 1º, da Lei nº 6.938/81), responsabilizando o degradador em decorrência do princípio do poluidor-pagador." (REsp nº 1114398 / PR, Rel. Min. SIDNEI BENETI, julgado em 08/02/2012 e publicado em 16/02/2012).

Conforme a súmula 652 do STJ, "A responsabilidade civil da Administração Pública por danos ao meio ambiente, decorrente de sua omissão no dever de fiscalização, é de caráter solidário, mas de execução subsidiária". (Primeira Seção, provada em 2/12/2021).

E no julgamento do **tema 999** de repercussão geral no RE 654833, fixou o STF a seguinte tese: "É imprescritível a pretensão de reparação civil de dano ambiental." (j. em 20/04/2020).

A responsabilidade objetiva, portanto, assenta-se no nexo de causalidade entre a atuação estatal e os danos daí decorrentes, independentemente de culpa administrativa ou do serviço. Essa responsabilidade consiste na obrigação de reparar os danos causados a terceiros em razão de um procedimento *lícito* ou *ilícito* do Estado. Distingue-se da responsabilidade subjetiva não só pelo fato de dispensar a demonstração da culpa administrativa ou do serviço, pois se satisfaz com a mera relação de causalidade entre o comportamento e o dano, como pela circunstância de abranger tanto os comportamentos ilícitos como lícitos do Estado.

4. RESPONSABILIDADE DO ESTADO NO DIREITO BRASILEIRO

A Constituição Imperial de 1824 acolheu a tese da Irresponsabilidade do Estado (Teoria Regaliana quanto à responsabilização do Estado). Adotou, apenas, a *responsabilidade pessoal do servidor*, no art. 179, item XXIX, de modo que o Estado não responde, mas somente o seu servidor em casos de dolo ou culpa: "Os Empregados Públicos são strictamente responsáveis pelos abusos, e omissões praticadas no exercício das suas funcções, e por não fazerem effectivamente responsáveis aos seus subalternos".

A Constituição Federal de 1891 também acolheu a tese da Irresponsabilidade do Estado (Teoria Regaliana quanto à responsabilização do Estado). Repetindo a Constituição do Império, adotou a responsabilidade pessoal do servidor, no art. 82 (o Estado não responde, somente o seu servidor em casos de dolo ou culpa): "Os funcionários públicos são estritamente responsáveis pelos abusos e omissões em que incorrerem no exercício de seus cargos, assim como pela indulgência ou negligência em não responsabilizarem efetivamente os seus subalternos".

O Código Civil de 1916, inspirado pela Doutrina Civilista da culpa, adotou a Responsabilidade Civil do Estado no seu art. 15, mas de natureza subjetiva (o Estado responde diretamente, mas somente quando o seu agente agiu com dolo ou culpa; o Estado tem assegurado o direito de regresso contra o causador do dano): "As pessoas jurídicas de direito público são civilmente responsáveis por atos dos seus representantes que nessa qualidade causem danos a terceiros, procedendo de modo contrário ao direito ou faltando a dever prescrito por lei, salvo o direito regressivo contra os causadores do dano".

A Constituição Federal de 1934, no art. 171, adotou a Responsabilidade Civil do Estado, mas dependendo da culpa de seu agente (o Estado responde diretamente, mas somente quando o seu agente agiu com dolo ou culpa). Era a Responsabilidade subjetiva: "Art. 171. Os funcionários públicos são responsáveis solidariamente com a Fazenda nacional, estadual ou municipal, por quaisquer prejuízos decorrentes de negligência, omissão ou abuso no exercício dos seus cargos".

A Constituição de 1937 repetiu a regra da Constituição anterior, no art. 158: "Os funcionários públicos são responsáveis solidariamente com a Fazenda nacional, estadual ou municipal por quaisquer prejuízos decorrentes de negligência, omissão ou abuso no exercício dos seus cargos".

A Constituição Federal de 1946 foi a *primeira a consagrar a Responsabilidade objetiva ou sem culpa do Estado*, no seu art. 194 (o Estado responde diretamente, sem a necessidade de demonstrar que o seu agente agiu com dolo ou culpa; basta o nexo de causalidade entre a ação ou omissão do Estado e o dano; o Estado tem assegurado o direito de regresso contra o causador do dano, quando comprovada o dolo ou a culpa): Art. 194. "As pessoas jurídicas de direito público interno são civilmente responsáveis pelos danos que os seus funcionários, nessa qualidade, causem a terceiros. Parágrafo único – Caber-lhes-á ação regressiva contra os funcionários causadores do dano, quando tiver havido culpa destes".

A Constituição de 1967 (art. 105) e sua EC nº 01 de 1969 (art. 107) repetiram a regra da CF/46: "As pessoas jurídicas de direito público responderão pelos danos que seus funcionários, nessa qualidade, causarem a terceiros. Parágrafo único. Caberá ação regressiva contra o funcionário responsável, nos casos de culpa ou dolo".

Finalmente, a Constituição Federal de 1988, no art. 37, § 6º, não só mantém a Responsabilidade objetiva do Estado, como expressamente a *estende às pessoas jurídicas de direito privado prestadoras de serviços públicos* (ex: concessionárias e permissionárias de serviços públicos).

Com efeito, segundo o art. 37, § 6º da Constituição Federal de 1988, as *pessoas jurídicas de direito público* e as de *direito privado prestadoras de serviços públicos* responderão pelos danos que seus agentes, nessa qualidade, causarem a terceiros, assegurado o direito de regresso contra o responsável nos casos de dolo ou culpa. Este dispositivo consagra a responsabilidade objetiva das entidades de direito público (entidades estatais, autarquias e fundações governamentais de direito público) e também das entidades de direito privado *prestadoras de serviços públicos*, integrantes da Administração Indireta (que são as fundações governamentais de direito privado, as empresas públicas e as sociedades de economia mista, quando prestadores de serviços públicos, excluindo-se daí, portanto, as empresas estatais exploradoras de atividade econômica, porque não prestadoras de serviços públicos) ou não integrantes da Administração indireta (são os particulares delegados do Estado, como as empresas concessionárias, permissionárias e autorizatárias de serviços públicos). Entretanto, ele não afasta – nem poderia – a possibilidade de o Estado responder subjetivamente pela culpa do serviço, em determinadas situações.

O preceito normativo ainda assegura ao Estado ou as entidades privadas prestadoras do serviço público o *direito de regresso*, que consiste no direito de reaver do seu agente ou responsável o que pagou ao lesado, quando aquele procedeu com culpa ou dolo.

De esclarecer-se, contudo, que o Supremo Tribunal Federal chegou a firmar um entendimento segundo o qual a responsabilidade objetiva das pessoas jurídicas de direito privado prestadoras de serviços públicos *limita-se ao usuário de serviço*, não se estendendo ao não usuário do serviço prestado. Com efeito, assim decidiu a Suprema Corte no RE 262.651-SP, 2ª Turma, Rel. Min. CARLOS VELLOSO, DJ 06/05/2005:

> "CONSTITUCIONAL. ADMINISTRATIVO. CIVIL. RESPONSABILIDADE CIVIL DO ESTADO: RESPONSABILIDADE OBJETIVA. PESSOAS JURÍDICAS DE DIREITO PRIVADO PRESTADORAS DE SERVIÇO PÚBLICO. CONCESSIONÁRIO OU PERMISSIONÁRIO DO SERVIÇO DE TRANSPORTE COLETIVO. C.F., art. 37, § 6°.
>
> I. – A responsabilidade civil das pessoas jurídicas de direito privado prestadoras de serviço público é objetiva relativamente aos usuários do serviço, não se estendendo a pessoas outras que não ostentem a condição de usuário. Exegese do art. 37, § 6°, da C.F.
>
> II. – R.E. conhecido e provido."

É evidente que essa jurisprudência do Supremo, quando prevalecia, somente se aplicava relativamente aos serviços públicos *uti singuli*, ou seja, aqueles prestados a usuários certos e determinados. Quando se cuida, porém, de serviços *uti universi*, que são prestados a usuários incertos, como os serviços de limpeza pública, a responsabilidade sempre será objetiva, pois todos os administrados são usuários universais desses serviços.

Mas focando um pouco mais a decisão do STF, não me parece que andou bem a Excelsa Corte ao limitar a responsabilidade objetiva das pessoas jurídicas de direito privado prestadoras de serviços públicos tão somente aos usuários do serviço prestado, deixando de fora terceiros não usuários. Isto porque, além da Constituição não fazer distinções entre usuários e não usuários do serviço público prestado por empresas particulares, é inegável que o regime jurídico da responsabilidade civil do Estado deve ser absolutamente o mesmo independentemente de quem esteja exercendo a função estatal, se o próprio Estado diretamente ou os seus outorgados ou delegados. Assim, cremos que a melhor interpretação do § 6° do art. 37 da Carta Magna é aquela que se dirige para uma maior efetividade na proteção do cidadão vítima do dano (postulado hermenêutico da máxima efetividade), para considerar que a responsabilidade objetiva das pessoas jurídicas de direito privado prestadoras de serviços públicos alcança a todos, usuário ou não usuário do serviço prestado.

Aliás, no RE 459749/PE, Pleno, Rel. Min. Joaquim Barbosa, sessão de julgamento de 08/03/2007, o STF acenou para uma mudança. De fato, consoante se depreende do Informativo STF nº 458,

> "O Tribunal iniciou julgamento de recurso extraordinário interposto contra acórdão prolatado pelo Tribunal de Justiça do Estado de Pernambuco que, com base no princípio da responsabilidade objetiva (CF, art. 37, § 6º), condenara a recorrente, empresa privada concessionária de serviço público de transporte, ao pagamento de indenização por dano moral a terceiro não-usuário, atropelado por veículo da empresa. O Min. Joaquim Barbosa, relator, negou provimento ao recurso por entender que a responsabilidade civil das pessoas jurídicas de direito privado prestadoras de serviço público é objetiva também relativamente aos terceiros não-usuários do serviço. Asseverou que, em razão de a Constituição brasileira ter adotado um sistema de responsabilidade objetiva fundado na teoria do risco, mais favorável às vítimas do que às pessoas públicas ou privadas concessionárias de serviço público, toda a sociedade deveria arcar com os prejuízos decorrentes dos riscos inerentes à atividade administrativa, tendo em conta o princípio da isonomia de todos perante os encargos públicos. Ademais, reputou ser indevido indagar sobre a qualidade intrínseca da vítima, a fim de se verificar se, no caso concreto, configura-se, ou não, a hipótese de responsabilidade objetiva, haja vista que esta decorre da natureza da atividade administrativa, a qual não é modificada pela mera transferência da prestação dos serviços públicos a empresas particulares concessionárias do serviço. Após os votos dos Ministros Cármen Lúcia, Ricardo Lewandowski e Carlos Britto que acompanhavam o voto do relator, pediu vista dos autos o Min. Eros Grau.

Ocorre, porém, que o aludido RE não chegou a um julgamento conclusivo da Corte, pois foi arquivado devido ao acordo ao qual chegaram as partes da relação processual. Entretanto, acreditamos que o STF afastará definitivamente a orientação anterior, para consolidar a posição capitaneada pelo eminente Ministro Joaquim Barbosa no RE 459749/PE.

Foi, de fato, o que ocorreu quando do julgamento do **RE 591.874**, Rel. Min. Ricardo Lewandowski, na sessão plenária de 26-8-2009, publicado no *DJE* de 18-12-2009, no qual a Suprema Corte assentou que "A responsabilidade civil das pessoas jurídicas de direito privado prestadoras de serviço público é objetiva relativamente a terceiros usuários, e não usuários do serviço, segundo decorre do art. 37, § 6º, da CF. A inequívoca presença do nexo de causalidade entre o ato administrativo e o dano causado ao terceiro não usuário do serviço público é condição suficiente para estabelecer a responsabilidade objetiva da pessoa jurídica de direito privado."

A responsabilidade do Estado ou de seus delegados na prestação de serviços públicos será firmada sempre que houver algum dano que seus agentes, **nessa qualidade**, causarem a terceiros. Assim, observe-se que, para a afirmação da responsabilidade do Estado, é necessário que o dano possa ser imputado a ele. Daí a exigência constitucional de ser o dano decorrência de atuação de agente público no exercício de função pública ou em razão dela, quando o referido § 6º do art. 37 da Constituição se vale da prescrição: *"(...) responderão pelos danos que seus agentes, nessa qualidade, causarem a terceiros (...)"*.

Assim, não cabe a responsabilização do Estado quando o agente público causador do dano estiver agindo, não na qualidade de agente, mas na condição de um simples particular, isto é, sem estar exercendo as suas atribuições ou sem estar atuando a pretexto de exercê-las, hipótese em que a responsabilidade é pessoal, regida pelo Direito Civil[7]. Mas é possível haver responsabilidade do Estado ainda que não identificado o agente público ou ainda que o agente não se encontre no exercício efetivo das funções, mas atue na qualidade de agente[8]. Basta que se demonstre, naturalmente, que o dano proveio de comportamento ativo ou omissivo do Estado, ainda que oriundo de falha mecânica ou de culpa do serviço (*faute de service*).

Ademais, o terceiro, vítima do dano, pode ser um particular ou o próprio servidor ou agente público[9].

Em suma, o § 6º do art. 37 da Constituição Federal cria duas relações de responsabilidade:

(1) a do Estado e de seus delegados na prestação de serviços públicos perante a vítima do dano, de natureza objetiva (em regra), baseada no nexo causal, ou de natureza subjetiva (só nos casos de omissão, segundo entendimento doutrinário prevalente), calcada na culpa administrativa; e

(2) a do agente público causador direto do dano, perante o Estado ou delegado na prestação de serviço público, de caráter exclusivamente subjetivo, com base na culpa ou dolo.

Surge a necessidade, portanto, de precisar quando o Estado responde objetivamente ou subjetivamente pelos danos causados a terceiros, haja vista que ambas as responsabilidades convivem no ordenamento jurídico brasileiro.

Para a elucidação do problema, podemos apresentar, com base nas precisas lições de Celso Antônio Bandeira de Melo[10], três situações distintas, a saber:

---

7. Foi o que ficou reconhecido no acórdão a seguir declinado, em cujo julgamento o STF entendeu que o policial militar não age na qualidade de agente do Estado quando, de folga, ainda que de posse de arma de fogo pertencente à corporação, dispara tiros contra sua ex-mulher, por haver esta rompido a relação amorosa: "Constitucional. Administrativo. Recurso Extraordinário. Responsabilidade Civil do Estado. Lesão corporal. Disparo de arma de fogo pertencente à corporação. Policial Militar em período de folga. Caso em que o policial autor do disparo não se encontrava na qualidade de agente público. Nessa contextura, não há falar de responsabilidade civil do Estado." (**RE 363.423**, Rel. Min. Carlos Britto, julgamento em 16-11-04, *DJE* de 14-3-08).
8. Assim vem entendendo o STF, quando o agente público, mesmo fora do serviço, atua nessa qualidade como se estivesse em exercício. Vide o seguinte acórdão: "Agressão praticada por soldado, com a utilização de arma da corporação militar: incidência da responsabilidade objetiva do Estado, mesmo porque, não obstante fora do serviço, foi na condição de policial-militar que o soldado foi corrigir as pessoas. O que deve ficar assentado é que o preceito inscrito no art. 37, § 6º, da CF, não exige que o agente público tenha agido no exercício de suas funções, mas na qualidade de agente público." (**RE 160.401**, Rel. Min. Carlos Velloso, julgamento em 20-4-99, *DJ* de 4-6-99).
9. Nesse sentido, ver STF, **AI 473.381-AgR**, Rel. Min. Carlos Velloso, julgamento em 20-9-05, *DJ* de 28-10-05: "Constitucional. Administrativo. Acidente de trânsito. Agente e vítima: servidores públicos. Responsabilidade objetiva do estado: CF, art. 37, § 6º. O entendimento do Supremo Tribunal Federal é no sentido de que descabe ao intérprete fazer distinções quanto ao vocábulo 'terceiro' contido no § 6º do art. 37 da Constituição Federal, devendo o Estado responder pelos danos causados por seus agentes qualquer que seja a vítima, servidor público ou não."
10. Op. Cit., p. 816-826.

4.1. Responsabilidade por Ação ou Ato Comissivo do Estado

Se o Estado *causou* o dano, ou seja, se o dano decorreu de um comportamento positivo seu, ele responde objetivamente, pois o dano teve origem direta em uma ação estatal. A responsabilidade é **objetiva**, sendo suficiente demonstrar-se a **ação estatal**, o **dano** e o **nexo de causalidade** entre ambos (ação do Estado e dano).

É preciso ressaltar que a responsabilidade objetiva do Estado pode decorrer de comportamentos lícitos e ilícitos[11], jurídicos e materiais.

4.1.1. *Por comportamentos lícitos*

O Estado responde objetivamente em face da prática de:

a) **Atos jurídicos** – quando expressa uma declaração jurídica, que, não obstante lícita ou conforme o direito, causa danos a terceiros. É o que ocorre, *v. g.*, com um ato administrativo que, visando a ordenar o trânsito, determina a interrupção do fluxo de veículos em determinado local, causando significativos danos aos proprietários de edifícios-garagem, devidamente licenciados.

b) **Atos materiais** – quando executa uma atividade ou realiza uma obra necessária, como, por exemplo, uma construção de um viaduto que causa desvalorização nos imóveis vizinhos (ex.: o elevado Costa e Silva, conhecido como "minhocão", em São Paulo, causou grande desvalorização imobiliária nos apartamentos de prédios próximos).

4.1.2. *Por comportamentos ilícitos*

O Estado também responde objetivamente em face da prática de:

a) **Atos jurídicos** – quando manifesta alguma providência jurídica que fere o direito, como, *v. g.*, a que determina a apreensão de determinado material, sem as formalidades legais.

b) **Atos materiais** – quando executa um comportamento em descompasso com o direito, como o fato de um carcereiro espancar um preso.

Pelas situações expostas acima, percebe-se que os atos materiais também ensejam a responsabilidade objetiva do Estado. Estes atos, no Direito Administrativo, são melhor conhecidos como *fatos administrativos*. Porque, como lembra Hely Lopes Meirelles[12], o dano decorrente de obra pública gera para o Estado a mesma responsabilidade objetiva prevista para os serviços públicos, tendo em vista que, embora a obra seja um *fato administrativo*, ela deriva sempre de um ato administrativo de quem ordena sua execução.

---

11. STF, **RE 456.302-AgR**, Rel. Min. Sepúlveda Pertence, julgamento em 6-2-07, *DJ* de 16-3-07: "Responsabilidade civil do Estado: reparação de danos morais e materiais decorrentes de parada cardiorrespiratória durante cirurgia realizada em hospital público. Recurso extraordinário: descabimento. (...) *É da jurisprudência do Supremo Tribunal que, para a configuração da responsabilidade objetiva do Estado não é necessário que o ato praticado seja ilícito. Precedentes.*"
12. Op. cit., p. 625.

Mesmo que a obra pública seja confiada a terceiros (empreiteiros, por exemplo), a responsabilidade pelos danos oriundos do *só fato da obra* é sempre do Estado que determinou sua realização. Decerto que, se o dano decorreu de imperícia, imprudência ou negligência do empreiteiro, pode o Estado cobrar deste, regressivamente, o que pagou à vítima. Mas lembre-se: a responsabilidade originária é do Estado, como *dono da obra*. Mas pode a vítima optar por acionar o particular, na hipótese de negligência, imperícia ou imprudência deste na execução da obra.

A propósito da responsabilidade do Estado por comportamentos ilícitos, o STF julgou o RE 136861, de repercussão geral, no qual foi definido o tema 366, com a seguinte tese: "Para que fique caracterizada a responsabilidade civil do Estado por danos decorrentes do comércio de fogos de artifício, é necessário que exista a violação de um dever jurídico específico de agir, que ocorrerá quando for concedida a licença para funcionamento sem as cautelas legais ou quando for de conhecimento do poder público eventuais irregularidades praticadas pelo particular." (11/03/2020).

No RE 1209429, também com repercussão geral, o Supremo definiu tema 1055, com tese segundo a qual "É objetiva a Responsabilidade Civil do Estado em relação a profissional da imprensa ferido por agentes policiais durante cobertura jornalística, em manifestações em que haja tumulto ou conflitos entre policiais e manifestantes. Cabe a excludente da responsabilidade da culpa exclusiva da vítima, nas hipóteses em que o profissional de imprensa descumprir ostensiva e clara advertência sobre acesso a áreas delimitadas, em que haja grave risco à sua integridade física." (10/06/2021).

4.2. Responsabilidade por Omissão do Estado

Evidentemente que, se o Estado não causou o dano, ele não pode, a princípio, ser responsabilizado, de modo que sua responsabilidade só existirá se ele tinha o *dever jurídico de agir para impedir o evento danoso* e quedou-se inerte. Por outras palavras, embora o Estado não seja o causador direito do dano, ele tinha o dever jurídico de evitá-lo e não evitou, por culpa do serviço. Para a doutrina, até então prevalente, o Estado responde pelos danos que não evitou tão somente subjetivamente.

Só existe a responsabilidade do Estado, insista-se, quando houver uma correlativa obrigação de agir (há, em contrapartida, um dever de agir do Estado para evitar o dano). A omissão do Estado gera, conforme a doutrina, uma *responsabilidade subjetiva por culpa anônima*, caracterizada pela *faute du service*. Deve-se, portanto, demonstrar a culpa administrativa ou do serviço (mas não é a culpa ou o dolo individual do agente). Assim ocorre, por exemplo, quando o Estado não desentope as galerias pluviais e os bueiros de escoamento de águas, de modo que, em razão de chuva torrencial, se provoca uma enchente que alaga toda área, causando danos a proprietários de veículos e de imóveis; neste caso, o Estado será responsável pelos danos, por culpa do serviço (o serviço não funcionou), respondendo, entretanto, subjetivamente. A jurisprudência tem entendido que, aplicando-se por analogia o art. 6º do CDC, o juiz poderá inverter o ônus da prova diante da impossibilidade de se comprovar que o serviço inexistiu ou existiu de forma insuficiente ou retardada.

Reitere-se, portanto, que para a doutrina, a responsabilidade do Estado por suas *omissões* é de natureza *subjetiva*, calcada na culpa administrativa. Tal conclusão resulta, aliás, da exegese que se faz do § 6º do art. 37 da Constituição, que utiliza a expressão *causar* (*as pessoas jurídicas de direito público (...) responderão pelos danos que seus agentes, nessa qualidade,* **causarem** *a terceiros*), dando a ideia de que a responsabilidade objetiva nele adotada se limita aos danos derivados das *ações* do Estado[13]. Nesse sentido vinha se posicionando o Supremo Tribunal Federal, conforme se depreende do aresto abaixo transcrito:

> "CONSTITUCIONAL. ADMINISTRATIVO. CIVIL. RESPONSABILIDADE CIVIL DO ESTADO. ATO OMISSIVO DO PODER PÚBLICO: DETENTO FERIDO POR OUTRO DETENTO. RESPONSABILIDADE SUBJETIVA: CULPA PUBLICIZADA: FALTA DO SERVIÇO. C.F., art. 37, § 6º. I. – **Tratando-se de ato omissivo do poder público, a responsabilidade civil por esse ato é subjetiva**, pelo que exige dolo ou culpa, em sentido estrito, esta numa de suas três vertentes – a negligência, a imperícia ou a imprudência – não sendo, entretanto, necessário individualizá-la, dado que pode ser atribuída ao serviço público, de forma genérica, a falta do serviço. II. – A falta do serviço – faute du service dos franceses – não dispensa o requisito da causalidade, vale dizer, do nexo de causalidade entre ação omissiva atribuída ao poder público e o dano causado a terceiro. III. – Detento ferido por outro detento: responsabilidade civil do Estado: ocorrência da falta do serviço, com a culpa genérica do serviço público, por isso que o Estado deve zelar pela integridade física do preso. IV. – RE conhecido e provido." (STF, 2ª Turma, RE 382054/RJ, Rel. Min. CARLOS VELLOSO, DJ 01-10-2004, p. 00037). (grifos nossos).[14]

Contudo, mais recentemente, a Suprema Corte passou a atenuar o seu entendimento quanto à natureza subjetiva da responsabilidade do Estado por omissão, levando em conta situações especiais, como se pode conferir do acórdão abaixo:

> "O Tribunal, por maioria, deu provimento a agravo regimental interposto em suspensão de tutela antecipada para manter decisão interlocutória proferida por desembargador do Tribunal de Justiça do Estado de Pernambuco, que concedera parcialmente pedido formulado em ação de indenização por perdas e danos morais e materiais para determinar

---

13. Nesse sentido, Oswaldo Aranha Bandeira de Mello, *Princípios Gerais de Direito Administrativo*, v. II, p. 486-487; Celso Antônio Bandeira de Mello, op. cit., p. 895-900; Diógenes Gasparini, op. cit., p. 841: "O texto constitucional em apreço exige para a configuração da responsabilidade objetiva do Estado uma *ação* do agente público, haja vista a utilização do verbo "causar" (causarem). Isso significa que se há de ter por pressuposto uma atuação do agente público e que não haverá responsabilidade objetiva por atos omissos"; e Lúcia Valle Figueiredo, op. cit., p. 264: "No tocante aos atos ilícitos decorrentes de omissão devemos admitir que a responsabilidade só poderá ser inculcada ao Estado se houver prova de culpa ou dolo do funcionário."

14. No mesmo sentido, RE 372.472-RN, Rel. Min. Carlos Velloso, DJ de 28.11.2003. No seu voto condutor do acórdão, enfatizou o eminente Ministro Relator: "Repito: a responsabilidade do Estado por ato omissivo é subjetiva. Todavia, não é necessário, em casos como o que está sendo tratado, que essa culpa seja individualizada, dado que pode ser atribuída ao serviço público, de forma genérica, a falta do serviço." Vide também: STF, **RE 409.203**, Rel. p/ o ac. Min. Joaquim Barbosa, julgamento em 7-3-06, *DJ* de 20-4-07: "Responsabilidade civil do Estado. Art. 37, § 6º da Constituição Federal. *Faute du service public* caracterizada. Estupro cometido por presidiário, fugitivo contumaz, não submetido à regressão de regime prisional como manda a lei. Configuração do nexo de causalidade. Recurso extraordinário desprovido. Impõe-se a responsabilização do Estado quando um condenado submetido a regime prisional aberto pratica, em sete ocasiões, falta grave de evasão, sem que as autoridades responsáveis pela execução da pena lhe apliquem a medida de regressão do regime prisional aplicável à espécie. Tal omissão do Estado constituiu, na espécie, o fator determinante que propiciou ao infrator a oportunidade para praticar o crime de estupro contra menor de 12 anos de idade, justamente no período em que deveria estar recolhido à prisão. Está configurado o nexo de causalidade, uma vez que se a lei de execução penal tivesse sido corretamente aplicada, o condenado dificilmente teria continuado a cumprir a pena nas mesmas condições (regime aberto), e, por conseguinte, não teria tido a oportunidade de evadir-se pela oitava vez e cometer o bárbaro crime de estupro."

que o mencionado Estado-membro pagasse todas as despesas necessárias à realização de cirurgia de implante de Marcapasso Diafragmático Muscular – MDM no agravante, com o profissional por este requerido. Na espécie, o agravante, que teria ficado tetraplégico em decorrência de assalto ocorrido em via pública, ajuizara a ação indenizatória, em que objetiva a responsabilização do Estado de Pernambuco pelo custo decorrente da referida cirurgia, 'que devolverá ao autor a condição de respirar sem a dependência do respirador mecânico'. *Entendeu-se que restaria configurada uma* ***grave omissão, permanente e reiterada****, por parte do Estado de Pernambuco, por intermédio de suas corporações militares, notadamente por parte da polícia militar, em prestar o adequado serviço de policiamento ostensivo, nos locais notoriamente passíveis de práticas criminosas violentas, o que também ocorreria em diversos outros Estados da Federação. Em razão disso, o cidadão teria o direito de exigir do Estado, o qual não poderia se demitir das consequências que resultariam do cumprimento do seu dever constitucional de prover segurança pública, a contraprestação da falta desse serviço.* ***Ressaltou-se que situações configuradoras de falta de serviço podem acarretar a responsabilidade civil objetiva do Poder Público****, considerado o dever de prestação pelo Estado, a necessária existência de causa e efeito, ou seja, a omissão administrativa e o dano sofrido pela vítima, e que, no caso, estariam presentes todos os elementos que compõem a estrutura dessa responsabilidade. (...)*" (STF, **STA 223-AgR**, Rel. p/ o ac. Min. Celso de Mello, julgamento em 14-4-08, Informativo 502).

No mesmo sentido:

> Responsabilidade civil do Estado. Art. 37, § 6º, da CB. Latrocínio cometido por foragido. Nexo de causalidade configurado. Precedente. A negligência estatal na vigilância do criminoso, a inércia das autoridades policiais diante da terceira fuga e o curto espaço de tempo que se seguiu antes do crime são suficientes para caracterizar o nexo de causalidade. **Ato omissivo do Estado que enseja a responsabilidade objetiva nos termos do disposto no art. 37, § 6º, da CB**. (RE 573.595-AgR, Rel. Min. Eros Grau, julgamento em 24-6-2008, Segunda Turma, *DJE* de 15-8-2008.)

Das decisões acima, o STF evoluiu para assentar o seu novo entendimento sobre o tema, acolhendo, de forma ampla, a responsabilidade objetiva tanto nas hipóteses de comportamentos comissivos como nos casos de comportamentos omissivos do Estado, conforme se depreende do acórdão abaixo:

> Professora. Tiro de arma de fogo desferido por aluno. Ofensa à integridade física em local de trabalho. **Responsabilidade objetiva. Abrangência de atos omissivos**. (ARE 663.647-AgR, Rel. Min. Cármen Lúcia, julgamento em 14-2-2012, Primeira Turma, *DJE* de 6-3-2012.)

No julgamento acima, a Ministra relatora afirmou que o Supremo Tribunal Federal assentou que a responsabilidade objetiva prevista no art. 37, § 6°, da Constituição da República abrange os atos omissivos do Poder Público. Tal entendimento também pode ser extraído do seguinte acórdão:

> Responsabilidade objetiva prevista no art. 37, § 6º, da Constituição Federal abrange também os atos omissivos do Poder Público. (AI 766.051-AgR, Rel. Min. Gilmar Mendes, Segunda Turma, DJe 29.6.2011).

Todavia, há uma posição intermediária. Boa parte da doutrina e da jurisprudência vêm se baseando na distinção que deve ser feita entre a "**omissão genérica**" e a "**omissão específica**":

> "(...) A responsabilidade por omissão estatal não é sempre subjetiva, tendo em vista que assim o será quando se tratar de omissão genérica. Não quando houver omissão

específica, pois aí há dever individualizado de agir" – *TRF4ª, AC 200171020045794, Des. Fed. Jairo Schafer, DJ 28.04.2008.*

"(...) A omissão é específica quando o Estado tem a obrigação de evitar o dano. Um exemplo desse tipo de omissão são os bueiros destampados, que ocasionam a queda de uma pessoa, provocando-lhe danos físicos. Quando há responsabilidade civil por omissão específica, o Estado responde objetivamente, conforme o art. 37, § 6º, da CF. Há situações outras, todavia, que é impossível ao Estado impedir, através de seus agentes, eventuais danos aos seus administrados. Por exemplo, o de lesões sofridas por atos de vandalismo de terceiros, em estádios de futebol. Nesses casos, se diz que a omissão é genérica e a responsabilidade do Poder Público é subjetiva, havendo a necessidade de se aferir a culpa" – *TRF3ª, AP1010923, Juiz Alexandre Sormani, DJ 08.10.2009.*

Os acontecimentos que podem suscitar a responsabilidade do Estado por omissão são os seguintes:

4.2.1. *Fato da natureza*

Cuida-se de um fato ou acontecimento natural que causa um dano a terceiro, que o Estado não obsta, embora devesse fazê-lo. E o que ocorre, por exemplo, quando um alagamento decorrente do empoçamento de águas pluviais, que não escoaram em razão da culpa do serviço, causa danos ao cidadão. O Estado responde, indenizando os danos causados, exatamente pela omissão do serviço público de limpeza dos bueiros de escoamento e das galerias.

4.2.2. *Comportamento material de terceiros*

Trata-se de comportamento de terceiro, cuja atuação danosa não foi impedida pelo Estado, embora pudesse e devesse fazê-lo. Cite-se, como exemplo, um furto ou roubo realizado na presença de policiais inertes. Embora o dano, decorrente do crime, tenha sido causado por comportamento ilícito de terceiro, o Estado, ao qual cumpria o dever de segurança pública, deve responder indenizando a vítima.

Nessas hipóteses, o Estado responde objetivamente, segundo a nova orientação do Supremo Tribunal Federal, como acima tratado. Mas nada impede, assim pensamos, de também reconhecer, para certos casos, a responsabilidade subjetiva do Estado, que – relembre-se – decorre de um comportamento exclusivamente ilícito do Estado (desconforme ao direito), que, em razão de culpa ou de dolo seu, causou um dano a terceiros. É o que se chama de *culpa anônima* – porque não é necessário se demonstrar a culpa do agente público, uma vez que não se exige demonstrar quem foi o causador direto do dano. É também chamada de *culpa do serviço* (*faute du service*), que pressupõe a demonstração de uma destas três situações: que o serviço não funcionou, devendo funcionar; ou que o serviço funcionou de forma insuficiente; ou que o serviço funcionou, mas com atraso.

Mas cumpre esclarecer que, para a configuração da responsabilidade do Estado por omissão, impõe-se a existência de relação de causalidade entre a conduta omitida e o dano sofrido por terceiro. Com base nesse entendimento, o STF vem afastando a responsabilidade do Estado, por ausência de relação de causalidade, por dano causado a terceiro por detento foragido, ***meses após*** a sua fuga da prisão[15].

Contudo, o Supremo vem confirmando a responsabilidade do Estado, quando o dano causado pelo detento ocorrer ***logo após*** a fuga da prisão, tendo em vista a relação de causalidade que há entre a omissão do Estado no sistema de vigilância e o dano provocado[16].

Esse entendimento foi consagrado na jurisprudência do STF que, ao apreciar o tema 362 de repercussão geral, no RE 608880, fixou a seguinte tese: "Nos termos do artigo 37, § 6º, da Constituição Federal, não se caracteriza a responsabilidade civil objetiva do Estado por danos decorrentes de crime praticado por pessoa foragida do sistema prisional, quando não demonstrado o nexo causal direto entre o momento da fuga e a conduta praticada." (tese fixada em 08/09/2020).

4.3. Responsabilidade em Razão de Atuação Positiva do Estado Propiciatória de Risco de Dano

Na situação em epígrafe, embora o Estado não seja o causador direto do dano, ele propiciou, por ato positivo seu, uma situação que gerou um risco de dano. Ele responde objetivamente. Nesta terceira modalidade, o Estado não é o causador direto do dano, mas sim indireto. O ato lesivo não parte de um ato do Estado, mas sim de uma situação criada por um ato positivo do Estado.

Em suma, ocorrerá esta modalidade de responsabilidade quando o Estado, embora não atue diretamente no dano, faz surgir a situação propiciadora do risco. Aqui a responsabilidade também será objetiva. O caso mais comum é o que deriva da guarda, pelo Estado, de coisas ou pessoas perigosas, em face do que o Estado expõe terceiros a risco[17]. Um depósito de pólvora, por exemplo, autorizado pelo Estado ou mantido por ele mesmo, que vem a explodir em decorrência de um raio (força maior), causando danos a residências vizinhas; ou danos causados por presos foragidos nas residências vizinhas do presídio. Também haverá a responsabilidade do Estado, por essa hipótese, quando ocorre um acidente de trânsito causado por problemas nos semáforos.

5. O DANO INDENIZÁVEL

Inicialmente, cumpre esclarecer que a ação de indenização por responsabilidade civil do Estado **prescreve em 5 (cinco) anos**, aplicando-se à hipótese o prazo

15. RESPONSABILIDADE CIVIL DO ESTADO. ART. 37, § 6º, DA CONSTITUIÇÃO FEDERAL. LATROCÍNIO PRATICADO POR PRESO FORAGIDO, MESES DEPOIS DA FUGA. Fora dos parâmetros da causalidade não é possível impor ao Poder Público uma responsabilidade ressarcitória sob o argumento de falha no sistema de segurança dos presos. (RE 172025/RJ, Rel. Min. Ilmar Galvão, j. em 08.10.1996).
16. Responsabilidade civil do Estado: fuga de preso – atribuída à incúria da guarda que o acompanhava ao consultório odontológico fora da prisão – preordenada ao assassínio de desafetos a quem atribuía a sua condenação, na busca dos quais, no estabelecimento industrial de que fora empregado, veio a matar o vigia, marido e pai dos autores: indenização deferida sem ofensa do art. 37, § 6º, da Constituição (RE 136247/RJ, Min. Sepúlveda Pertence, j. em 20.06.2000).
17. Celso Antônio Bandeira de Mello, op. cit., p. 823.

quinquenal previsto no art. 1º do Decreto nº 20.910/32, que é lei especial, e não o prazo trienal do art. 206, § 3º, V, do Código Civil[18].

Todavia, para haver indenização, é necessário que o dano cause, para além de uma lesão econômica, **uma lesão a um direito**. Ademais, desde a Constituição de 1988 que não é mais imprescindível o dano econômico, uma vez que restou consagrado o dano tão somente moral.

O fundamental, portanto, é que o dano seja *jurídico*. Os proprietários de bares e restaurantes, por exemplo, ainda que tenham danos econômicos, não podem pretender – porque lhes falta direito a isso – responsabilizar o Estado pelo fato deste ter retirado um teatro público ou uma universidade pública das proximidades, subtraindo-lhes a clientela natural derivada dos usuários daqueles estabelecimentos públicos transferidos.

O dano, outrossim, ademais de *jurídico* preciso ser *certo* (ou **real**), podendo ser atual ou futuro, ou seja, engloba o que se perdeu e o que se deixou de ganhar. Assim, por exemplo, a indenização pela morte da vítima do dano abrangerá o tratamento, o sepultamento e a prestação alimentícia às pessoas a quem o falecido a devia, levada em conta a duração provável de sua vida. Nesse particular, registre-se que a jurisprudência do STJ vem fixando a seguinte orientação: *o limite da pensão para os filhos até a idade em que completem 24 (vinte e quatro) anos de idade, e a da viúva até a idade em que a vítima completaria 65 (sessenta e cinco) anos de idade* (REsp 255.082/RJ, Rel. Ministro Carlos Alberto Menezes Direito). Relativamente aos filhos do falecido, o argumento do STJ pauta-se na circunstância de que o limite de 24 anos de idade corresponde ao momento em que, presumivelmente, os beneficiários já terão concluído a sua formação, inclusive em curso superior (REsps nºs REsp 333462/MG, Relator Ministro Barros Monteiro; 56.705-RJ, Relator Ministro Waldemar Zveiter; 61.001-0/RJ, Relator Ministro Eduardo Ribeiro; 106.396-PR, Relator Ministro Cesar Asfor Rocha; 189.856-RS e 226.412-SC, Relator Ministro Barros Monteiro).

Essa regra, contudo, tem sido flexibilizada com base na doutrina da **"perda de uma chance"**, como também vem acatando a jurisprudência pátria:

> "(...) A teoria da perda de uma chance ('perte d'une chance') visa à responsabilização do agente causador não de um dano emergente, tampouco de lucros cessantes, mas de algo intermediário entre um e outro, precisamente a perda da possibilidade de se buscar posição mais vantajosa que muito provavelmente se alcançaria, não fosse o ato ilícito praticado. Nesse passo, a perda de uma chance – desde que essa seja razoável, séria e real, e não somente fluida ou hipotética – é considerada uma lesão às justas expectativas frustradas do indivíduo, que, ao perseguir uma posição jurídica mais vantajosa, teve o curso normal dos acontecimentos interrompido por ato ilícito de terceiro.(...)" – (*STJ – REsp. 1190180/SP, Min. Luis Felipe Salomão, DJ 22.11.2010*).

18 Nesse sentido: Em julgamento de recurso repetitivo relatado pelo ministro Mauro Campbell Marques, a Primeira Seção do Superior Tribunal de Justiça (STJ), de forma unânime, definiu que **prescreve em cinco anos** todo e qualquer direito ou ação movida contra a fazenda pública, seja ela federal estadual ou municipal, inclusive indenização por reparação civil. Eis a ementa: Administrativo. Recurso Especial Representativo de Controvérsia (Artigo 543-c do CPC). Responsabilidade Civil do Estado. Ação Indenizatória. Prescrição. Prazo Quinquenal (Art. 1º DO DECRETO 20.910/32) X Prazo Trienal (Art. 206, § 3º, V, DO CC). Prevalência da Lei Especial. Orientação Pacificada No Âmbito Do STJ. Recurso Especial Não Provido (STJ, REsp 1251993/PR, Ministro MAURO CAMPBELL MARQUES, DJe 19/12/2012).

"(...) danos morais, decorrentes da não efetivação de inscrição em concurso público, a Empresa Brasileira de Correios e Telégrafos – ECT, cujo funcionário recebeu boleto bancário para quitação e, não obstante "fora do ar" o sistema operacional, comprometeu-se a efetivar seu pagamento a posteriori, o que não se consumou.(...) A frustração decorrente da não participação em concurso público devido à falha no serviço prestado pela instituição recebedora do pagamento da inscrição não se situa no plano dos dissabores insuscetíveis de causarem dano moral. Supera-os, causando abalo psíquico de considerável monta, na medida em que depositadas esperanças na conquista de emprego estável e razoavelmente remunerado, além de despendidos tempo e dinheiro na preparação.(...) Já decidiu esta Turma que "a hipótese é de 'perda de uma chance' de realizar concurso." – (*TRF1ª, AC200441000017172, Juiz Evaldo Fernandes, DJ 08.10.2010).*

Porém, nas hipóteses de *comportamentos estatais lícitos* é necessário que o dano, para além de *jurídico* e *certo*, seja *especial* e *anormal*. Dano especial é aquele que onera a situação particular de um ou alguns indivíduos, não sendo um prejuízo genérico. Dano anormal é aquele que excede os agravos normais que às vezes incidem sobre o patrimônio do administrado (ex.: a recuperação de uma avenida causa, decerto, alguns transtornos à população, acarretando até alguns prejuízos normais, como a poeira que prejudica a pintura das residências vizinhas).

6. CAUSAS EXCLUDENTES DA RESPONSABILIDADE DO ESTADO

Como a responsabilidade objetiva do Estado está fundada na relação de causalidade entre o comportamento estatal e o dano, é evidente que, existindo uma causa que quebre essa relação de causa e efeito, ela deve ser qualificada como excludente de responsabilidade.

Assim, toda causa que rompa o nexo de causalidade é causa excludente de responsabilidade objetiva. Daí afirmar-se, com frequência, que a *culpa exclusiva da vítima*, a *força maior* e o *caso fortuito* são causas excludentes de responsabilidade.

A força maior e o caso fortuito são conhecidos como *fatos imprevisíveis*, tendo em vista que se revelam como ocorrências que escapam, ordinariamente, à percepção das pessoas que não têm condições objetivas de prevê-las. Desse modo, a *imprevisibilidade* é comum a ambos.

Há intensa divergência doutrinária a respeito do conceito de força maior e caso fortuito. Para alguns autores, força maior é acontecimento humano, enquanto caso fortuito é evento da natureza[19]. Para outros, os conceitos se invertem, considerando a força maior o evento da natureza e o caso fortuito o acontecimento humano[20].

Assim, convém registrar que não há um conceito certo e absoluto. Como examinado, a doutrina e a própria jurisprudência divergem. Acreditamos que o melhor conceito é aquele que considera a força maior um acontecimento imputável ao ser humano,

19. Hely Lopes Meirelles, ob. cit, p. 231; Diógenes Gasparini, ob. cit., p. 739. Vide, na jurisprudência, STJ, 3ª Turma, AgRg no REsp 753404/SC, Rel. Ministro PAULO FURTADO (DESEMBARGADOR CONVOCADO DO TJ/BA, DJe 19/10/2009), "Segundo entendimento consolidado, o roubo de carga constitui força maior, suficiente para excluir a responsabilidade da transportadora perante a seguradora do proprietário da mercadoria transportada. Agravo regimental a que se nega provimento."

20. Maria Sylvia Zanella Di Pietro, ob. cit., p. 648, para quem, inclusive, o caso fortuito não constitui causa excludente da responsabilidade do Estado; Celso Antônio Bandeira de Mello, ob. cit., p. 907.

como a greve e o roubo, enquanto o caso fortuito é um evento da natureza, de que são exemplos as tempestades, os trovões e os raios

Contudo, independentemente do conceito que se venha adotar, elas são, e somente são, causas excludentes de responsabilidade, na medida em que impeçam o nexo causal entre o comportamento estatal e o dano e que, ademais, não exista nenhuma outra causa paralela atribuída ao Estado que possa também haver contribuído para a provocação do dano. Caso contrário, não podem assim ser qualificadas.

Explico melhor a partir do seguinte exemplo: imagine-se um roubo dentro de um ônibus operado por uma concessionária de serviço público de transporte coletivo. Evidentemente, a concessionária vai alegar força maior/caso fortuito (o roubo) para eximir-se da responsabilidade pelos danos que os usuários do serviço suportaram. Todavia, impõe-se verificar, junto aos elementos do caso concreto, se a rota coberta pela concessionária era imune a abordagens de assaltantes e se a empresa havia adotado todos os procedimentos de segurança necessários para garantir o bem estar dos usuários. Caso a rota seja um trecho conhecido pela prática frequente de assaltos e a empresa, sabendo desse fato, tenha se omitido de adotar os procedimentos de segurança (como escolta armada, etc.) haverá, nesse caso, uma *concausa*, isto é, uma causa paralela ao roubo, atribuível à concessionária, que consiste na omissão de prestar um serviço seguro, que contribuiu para o dano sofrido. Assim, ela deve responder, não lhe aproveitando a força maior invocada.

Quando houver culpa concorrente entre o Estado e a vítima, não haverá exclusão da responsabilidade, mas tão só atenuação do *quantum* da indenização.

7. O DIREITO DE REGRESSO

O art. 37, § 6º, da Constituição de 1988 assegurou ao Estado o direito de agir regressivamente contra o agente *culpado* (ou que agiu com *dolo)*, para dele cobrar o que pagou ao administrado. De observar-se, assim, que *só existe* o direito de regresso quando:

a) O agente agiu com culpa ou dolo; e

b) O Estado, condenado, pagou indenização à vítima.

A propósito do assunto, alguns problemas devem ser aqui enfrentados.

O **primeiro diz respeito à possibilidade de o lesado acionar diretamente o agente público causador do dano**. Pensamos que sim. Nesse sentido vem pronunciando a doutrina majoritária. Celso Antônio Bandeira de Mello, por exemplo, entende que o art. 37, § 6º da Constituição Federal não tem caráter defensivo do agente público perante terceiro: "A norma visa a proteger o administrado, oferecendo-lhe um patrimônio solvente e a possibilidade da responsabilidade objetiva em muitos casos. Daí não se segue que haja restringido sua possibilidade de proceder contra quem lhe causou dano"[21]. Desse modo, o administrado lesado pode propor ação contra o Estado ou contra o agente público causador do dano ou contra ambos, como responsáveis

21. Ibidem, p. 840.

solidários, nos casos de culpa ou dolo. Essa também era a posição do STF (RE 90.071[22], RDA 142/93 e AI 106.483, RDA 162/236).

Contudo, o STF, por meio de sua 1ª Turma, decidiu diferentemente a questão, para impedir que se acione diretamente o agente público culpado. Com efeito, em 15 de agosto de 2006, a Primeira Turma do Supremo Tribunal Federal, por unanimidade dos votos, negou provimento ao Recurso Extraordinário nº 327.904, interposto pela Associação de Caridade da Santa Casa de Misericórdia de Assis (SP) contra acórdão do Tribunal de Justiça do Estado de São Paulo, no qual a entidade sustentava que o ex-prefeito do município de Assis, em São Paulo, editou o Decreto de Intervenção 2.664/93 contra hospital e maternidade de propriedade da associação.

De acordo com o recurso, o ato teria resultado em prejuízos financeiros à entidade beneficente de modo a justificar a propositura de ação indenizatória, com pedido de ressarcimento de perdas e danos contra o próprio ex-prefeito. Conforme o RE, o processo foi extinto sem julgamento do mérito, sob o fundamento de ilegitimidade passiva do réu. A associação defendia a tese de que é "permitido ao lesado mover ação de indenização diretamente contra ao agente prescindindo de responsabilizar o Estado quem lhe faça as vezes, ou contra ambos, como responsáveis solidários nos casos de dolo ou de culpa". Sustentava que, se fundamentada causa na conduta culposa do agente político, a ação poderia ser dirigida diretamente à pessoa do ex-prefeito, independentemente da responsabilidade do município por ele até então governado.

No voto, o ministro-relator Carlos Ayres Britto ressaltou que à luz do dispositivo constitucional (parágrafo 6º do artigo 37) somente as pessoas jurídicas de direito público ou as pessoas jurídicas de direito privado que prestem serviços públicos é que poderão responder objetivamente pela reparação de dano a terceiros.

Quanto à questão da ação regressiva, o relator explicou que "uma coisa é assegurar ao ente público, ou quem lhe faça as vezes, o direito de se ressarcir perante o servidor praticante de ato lesivo a outrem nos casos de dolo ou de culpa. Coisa bem diferente é querer imputar à pessoa física do próprio agente estatal de forma direta e imediata a responsabilidade civil pelo suposto dano a terceiros".

Segundo o Min. Carlos Ayres Britto, se o prejuízo ocorreu em razão da função, como se deu no caso, "não vejo como extrair do parágrafo 6º do artigo 37 da CF a responsabilidade *per saltum* da pessoa natural do agente. Tal responsabilidade, se cabível, dar-se-á apenas em caráter de ressarcimento ao erário, ação regressiva, portanto". "Ação regressiva é ação de volta ou de retorno contra aquele agente que praticou ato juridicamente imputável ao Estado, mas causador de dano a terceiro. Trata-se de ação de ressarcimento, a pressupor a recuperação de um desembolso", sentenciou o ministro. Conforme o Ministro, no caso dos autos, "trata-se de ato típico da administração pública, decreto de intervenção em instituição privada, dado que as ações

22. STF, RE 90.071-SC, Rel. Min. CUNHA PEIXOTO, DJ 26-09-1980, p. 07426: "Responsabilidade civil das pessoas de direito público – Ação de indenização movida contra o ente público e o funcionário causador do dano – Possibilidade. O fato de a Constituição Federal prever direito regressivo as pessoas jurídicas de direito público contra o funcionário responsável pelo dano não impede que este último seja acionado conjuntamente com aquelas, vez que a hipótese configura típico litisconsórcio facultativo – voto vencido. Recurso extraordinário conhecido e provido."

relacionadas à saúde estão compreendidas em área de interesse que a própria Carta da República elegeu como direito de todos e dever do Estado (artigo 196)".

Por fim, o relator destacou que "o agente não representa o Estado, ele é o Estado em ação", concluindo que quem responde perante terceiros por dano objetivamente causado "é a pessoa do Estado, é o poder público ou quem lhe faça as vezes". Dessa forma, ele negou provimento ao recurso e foi acompanhado por todos os ministros da Turma[23].

Confirmando esse entendimento, o STF, ao julgar o **tema 940** de repercussão geral no RE 1027633, fixou a seguinte tese: "A teor do disposto no art. 37, § 6º, da Constituição Federal, a ação por danos causados por agente público deve ser ajuizada contra o Estado ou a pessoa jurídica de direito privado prestadora de serviço público, sendo parte ilegítima para a ação o autor do ato, assegurado o direito de regresso contra o responsável nos casos de dolo ou culpa". (j. em 14/08/2019).

Assim, para o STF, o art. 37, § 6º, da Constituição da República de 1988, consagrou a **teoria da dupla garantia**, segundo a qual a ação por danos causados por agente público deve ser ajuizada contra o Estado ou contra a pessoa jurídica de direito privado prestadora de serviço público, sendo parte ilegítima para a ação o autor do ato, assegurado o direito de regresso contra o responsável nos casos de dolo ou culpa.

O **segundo problema refere-se à possibilidade de denunciação da lide**, em face do art. 125, II, do CPC/2015, provocada pelo Estado contra o agente público, no processo movido pelo administrado lesado.

De fato, o art. 125, II, do CPC/2015, estabelece que é admissível a denunciação da lide, promovida por qualquer das partes, àquele que estiver obrigado, por lei ou pelo contrato, a indenizar, em ação regressiva, o prejuízo de quem for vencido no processo.

Como a ação fundada na responsabilidade civil do Estado tem por objeto a reparação de um dano que o agente do Estado causou a terceiro, há a previsão constitucional de ação regressiva, nos termos do § 6º do art. 37 da CF/1988, segundo o qual as pessoas jurídicas de direito público e as de direito privado prestadoras de serviços públicos **responderão pelos danos que seus agentes**, nessa qualidade, causarem a terceiros, **assegurado o direito de regresso contra o responsável nos casos de dolo ou culpa**.

---

23. Eis a ementa do julgado: "RECURSO EXTRAORDINÁRIO. ADMINISTRATIVO. RESPONSABILIDADE OBJETIVA DO ESTADO: § 6º DO ART. 37 DA MAGNA CARTA. ILEGITIMIDADE PASSIVA AD CAUSAM. AGENTE PÚBLICO (EX-PREFEITO). PRÁTICA DE ATO PRÓPRIO DA FUNÇÃO. DECRETO DE INTERVENÇÃO.
O § 6º do artigo 37 da Magna Carta autoriza a proposição de que somente as pessoas jurídicas de direito público, ou as pessoas jurídicas de direito privado que prestem serviços públicos, é que poderão responder, objetivamente, pela reparação de danos a terceiros. Isto por ato ou omissão dos respectivos agentes, agindo estes na qualidade de agentes públicos, e não como pessoas comuns. Esse mesmo dispositivo constitucional consagra, ainda, dupla garantia: uma, em favor do particular, possibilitando-lhe ação indenizatória contra a pessoa jurídica de direito público, ou de direito privado que preste serviço público, dado que bem maior, praticamente certa, a possibilidade de pagamento do dano objetivamente sofrido. Outra garantia, no entanto, em prol do servidor estatal, que somente responde administrativa e civilmente perante a pessoa jurídica a cujo quadro funcional se vincular. Recurso extraordinário a que se nega provimento."

Inicialmente, cumpre anotar que o CPC/2015 não considera a denunciação da lide como obrigatória. Com efeito, o § 1º do art. 125 prevê que o direito regressivo será exercido por **ação autônoma** quando a denunciação da lide for indeferida, deixar de ser promovida ou não for permitida.

A questão é saber se o Estado, demandado por terceiro vítima de dano causado por agente seu, pode promover a denunciação da lide ao agente causador do dano.

A doutrina, em sua maioria, tem entendido que não cabe essa denunciação, sob o argumento de que ela traria fato novo (responsabilidade subjetiva – com culpa ou dolo – do agente público) ao processo baseado na responsabilidade objetiva. Nesse sentido Celso Antônio Bandeira de Mello[24], que, com base nas lições da ilustrada Weida Zancaner, sustenta que a denunciação implicaria mesclar-se o tema de responsabilidade objetiva (a do Estado) com elementos peculiares à responsabilidade subjetiva (a do agente). No mesmo sentido, o eminente autor Diogenes Gasparini[25].

Todavia, melhor solução é a que apresenta Maria Sylvia Zanella Di Pietro[26]. Segundo a ilustrada autora, "quando se trata de ação fundada na culpa anônima do serviço ou apenas na responsabilidade objetiva decorrente do risco, a denunciação não cabe, porque o denunciante estaria incluindo novo fundamento na ação: a culpa ou dolo do funcionário, não arguida pelo autor;" "quando se trata de ação fundada na responsabilidade objetiva do Estado, mas com arguição de culpa do agente público, a denunciação da lide é cabível como também é possível o litisconsórcio facultativo (com citação da pessoa jurídica e de seu agente) ou a propositura da ação diretamente contra o agente público".

Na jurisprudência do STJ, predomina esse entendimento pelo não cabimento da denunciação da lide quando essa denunciação propiciar a análise de fundamento novo, de tal modo que, segundo a Corte, em "relação à exegese do art. 70, III, CPC, melhor se recomenda a corrente que não permite a *denunciação* nos casos de alegado direito de regresso cujo reconhecimento demandaria análise de fundamento novo não constante da *lide* originária" (STJ, Resp 210607, Rel. Min. Sálvio de Figueiredo Teixeira, DJU 04.02.2002, p. 369).

Ademais disso, "a denunciação da lide ao agente do Estado em ação fundada na responsabilidade prevista no art. 37, § 6º, da CF/88 *não é obrigatória*, uma vez que a primeira relação jurídica funda-se na culpa objetiva e a segunda na culpa subjetiva, fundamento novo não constante da lide originária" (STJ, 1ª SEÇÃO, ERESP 313886/RN, Relª. Minª. Eliana Calmon, DJU 22.03.2004). Em consonância desse entendimento, "Não perde o Estado o direito de regresso se não denuncia a lide ao seu preposto".

A solução da questão, portanto, dependerá da existência ou não de fundamento novo com a denunciação. Assim, se o autor propõe a ação de reparação de danos invocando, exclusivamente ou não, fundamento relacionado à culpa ou dolo do agente público, é

24. Ibidem, mesma página.
25. Op. cit., p. 835.
26. Op. cit., p. 525.

possível a denunciação à lide pelo Estado ao seu agente, pois nessa hipótese a denunciação não propiciará fundamento novo. Caso contrário, não é admissível a denunciação.

Por fim, cumpre anotar que a propositura de ação regressiva contra o agente público que causar, por dolo ou culpa, dano a terceiro, é *obrigatória*, após o trânsito em julgado da decisão que condenar o Estado.

8. RESPONSABILIDADE DO ESTADO POR ATOS LEGISLATIVOS E JUDICIAIS

Na doutrina e jurisprudência já começa a prevalecer o entendimento segundo o qual os atos legislativos firmam a responsabilidade do Estado quando estes forem previamente declarados inconstitucionais pelo STF, em sede de controle principal e concentrado de constitucionalidade (seja comissivo ou omissivo o ato), além da demonstração dos danos eventualmente suportados.

No RE 153.464, o STF decidiu que "O Estado responde civilmente por danos causados aos particulares pelo desempenho inconstitucional da função de legislar" (RDA 189, de 1992, p. 305-306).

Outrossim, há substanciosa posição que considera também haver responsabilidade do Estado por ato legislativo nos casos em que tal ato for previamente declarado inconstitucional em sede de controle difuso-concreto-incidental de constitucionalidade. Mas, em todo caso, só a inconstitucionalidade *material* é que pode suscitar a responsabilidade do Estado por ato legislativo.

Ademais disso, incide a responsabilidade do Estado por atos legislativos de efeitos concretos, uma vez que estes são equiparados aos atos administrativos, desafiando o mesmo tratamento. Contudo, é preciso esclarecer que só a responsabilidade objetiva é que é compatível com a responsabilidade do Estado por ato legislativo.

Quanto aos atos judiciais, a própria Constituição admite a responsabilidade do Estado de indenizar o particular por **erro judiciário** e **por excesso de tempo de prisão** (CF, art. 5º, LXXV: "o Estado indenizará o condenado por erro judiciário, assim como o que ficar preso além do tempo fixado na sentença").

O juiz, entretanto, só responde pessoalmente nos termos do art. 143 do CPC/2015, ou seja, em caso de dolo, fraude, recusa, omissão ou retardamento injustificado de providências que deva ordenar de ofício ou a requerimento da parte[27]. A jurisprudência do STF, inicialmente, era contrária à tese da responsabilidade objetiva do Estado por ato judicial, como se pode colher de acórdão lavrado em 09.12.1958 no RE nº 35.500, Rel. Min. A. Vilas Boas, para o qual "Domina, pois, nesse âmbito, o princípio da irresponsabilidade, não só em atenção à autoridade da coisa julgada como também à liberdade e independência dos magistrados, que se sentiriam tolhidos, a cada passo, na sua função

27. Art. 143. O juiz responderá, civil e regressivamente, por perdas e danos quando: I – no exercício de suas funções, proceder com dolo ou fraude; II – recusar, omitir ou retardar, sem justo motivo, providência que deva ordenar de ofício ou a requerimento da parte. Parágrafo único. As hipóteses previstas no inciso II somente serão verificadas depois que a parte requerer ao juiz que determine a providência e o requerimento não for apreciado no prazo de 10 (dez) dias.

de dizer o direito ou resolver as graves questões administrativas que lhes são afetas, pelo temor de engendrar responsabilidade para si e para o Estado que representam".

Atualmente, porém, o STF vem reconhecendo, embora com limitações, a responsabilidade objetiva do Estado por ato judicial, conforme ementas de julgados assim exaradas:

> AGRAVO REGIMENTAL NO AGRAVO DE INSTRUMENTO. PRISÃO ILEGAL. DEPOSITÁRIO INFIEL. MANDADO DE PRISÃO QUE RECAIU SOB PESSOA DIVERSA. ERRO DO PODER JUDICIÁRIO. RESPONSABILIDADE OBJETIVA DO ESTADO. 1. Indenização por danos morais. Necessidade de reexame de fatos e provas: Súmula n. 279 do Supremo Tribunal Federal. 2. Este Supremo Tribunal assentou que a teoria da responsabilidade objetiva do Estado não se aplica aos atos judiciais, salvo nos casos de erro judiciário e de prisão além do tempo fixado na sentença (inc. LXXV do art. 5º da Constituição da República) e nas hipóteses expressamente previstas em lei. 3. Agravo regimental ao qual se nega provimento. (**AI 599501 AgR/PR, AG.REG. NO AGRAVO DE INSTRUMENTO, Relator(a): Min. CÁRMEN LÚCIA, Julgamento: 19/11/2013**).

> "Recurso extraordinário. Responsabilidade objetiva. Ação reparatória de dano por ato ilícito. Ilegitimidade de parte passiva. 2. Responsabilidade exclusiva do Estado. A autoridade judiciária não tem responsabilidade civil pelos atos jurisdicionais praticados. Os magistrados enquadram-se na espécie *agente político*, investidos para o exercício de *atribuições constitucionais*, sendo dotados de plena liberdade funcional no desempenho de suas funções, com prerrogativas próprias e legislação específica. 3. Ação que deveria ter sido ajuizada contra a Fazenda Estadual – responsável eventual pelos alegados danos causados pela autoridade judicial, ao exercer suas atribuições –, a qual, posteriormente, terá assegurado o direito de regresso contra o magistrado responsável, nas hipóteses de dolo ou culpa. 4. Legitimidade passiva reservada ao Estado. Ausência de responsabilidade concorrente em face dos eventuais prejuízos causados a terceiros pela autoridade julgadora no exercício de suas funções, a teor do art. 37, § 6º, da CF/88. 5. Recurso extraordinário conhecido e provido." (STF, 2ª Turma, RE 228.977-2/SP, Rel. Min. Néri da Silveira, DJ 12.04.2002, p. 00066).

Enfim, num Estado Democrático de Direito, o Estado reponde por todos os seus atos (administrativos, legislativos e judiciais), quando lesivos a esfera juridicamente protegida do cidadão.

9. QUADRO SINÓTICO

RESPONSABILIDADE EXTRACONTRATUAL DO ESTADO POR COMPORTAMENTOS ADMINISTRATIVOS
1. Conceito
Responsabilidade civil extracontratual do Estado é a obrigação que lhe incumbe de reparar os danos lesivos a terceiros e que lhe sejam imputáveis em virtude de comportamentos unilaterais, lícitos ou ilícitos, comissivos ou omissivos, materiais ou jurídicos. Essa responsabilidade estatal pode decorrer de *comportamentos administrativos* (para essa hipótese alguns autores preferem chamar de responsabilidade civil da Administração Pública), de *atos legislativos* e de *atos judiciais*.

2. Evolução da responsabilidade estatal
Nos Estados absolutos prevalecia a teoria da irresponsabilidade do Estado, em face da máxima "o Rei não pode errar" (*The King can do no* wrong). Todavia, no século XIX surge o Estado responsável. No início, porém, essa responsabilidade do Estado foi identificada à simples responsabilidade civil do direito privado, calcada na ideia civilista da culpa individual. Posteriormente, a responsabilidade do Estado começa a sofrer forte influência de princípios do direito público. Daí surgiram as *teorias publicistas* da responsabilidade do Estado: teoria da *culpa administrativa* ou da *culpa do serviço* e a teoria do *risco*. Esta última, segundo alguns autores, ainda podendo ser desdobrada no *risco administrativo* e no *risco integral*.
3. Teoria da culpa administrativa ou culpa do serviço
Essa teoria procura desvincular a responsabilidade do Estado da ideia de culpa individual ou subjetiva do agente público. Ela teve o mérito de *distinguir*, de um lado, a *culpa individual do agente público*, em virtude da qual ele mesmo respondia, e, de outro, a *culpa administrativa* ou *culpa anônima do serviço*. Ela se apoia na ideia de culpa do serviço (*faute du service*, para os franceses) para fixar a responsabilidade do Estado, não indagando a respeito da culpa subjetiva do agente. Exige-se uma culpa sim, mas especial, conhecida como culpa administrativa ou culpa do serviço, que ocorre quando: **a)** O serviço não existiu ou não funcionou, *devendo funcionar;* **b)** O serviço funcionou mal; ou **c)** O serviço atrasou. A responsabilidade por *culpa do serviço é responsabilidade subjetiva* do Estado, porque baseada na *culpa*.
4. Teoria do risco
Essa teoria serve de fundamento para a ideia de responsabilidade objetiva. Por essa teoria a ideia de culpa é substituída pela de *nexo de causalidade* entre o *comportamento estatal* e o *dano sofrido pelo administrado*, sem se cogitar da culpa do serviço, tampouco da culpa do agente público. Para alguns autores, a teoria do risco abrange duas modalidades: o *risco administrativo* e o *risco integral*, distinguindo-se apenas pelo fato de que a primeira modalidade admite causas excludentes de responsabilidade e a segunda não.
5. Responsabilidade do Estado no Direito Brasileiro
O Direito brasileiro sempre concebeu um Estado responsável. Todavia, a responsabilidade objetiva só veio a ser consagrada a partir da Constituição de 1946 (art. 194), passando pela Constituição de 1967 (art. 105), pela Emenda nº 01 de 1969 (art. 107) até os nossos dias, com previsão no art. 37, § 6º, da Constituição vigente, segundo o qual as *pessoas jurídicas de direito público* e as de *direito privado prestadoras de serviços públicos* responderão pelos danos que seus agentes, nessa qualidade, causarem a terceiros, assegurado o direito de regresso contra o responsável nos casos de dolo ou culpa. Este dispositivo consagra a responsabilidade objetiva das entidades de direito público (entidades estatais, autarquias e fundações públicas) e também das entidades de direito privado prestadoras de serviços públicos (fundações governamentais privadas, empresas públicas e sociedades de economia mista quando prestadoras de serviços públicos e as empresas concessionárias, permissionárias e autorizatórias de serviços públicos). Entretanto, ele não afasta – nem poderia – a possibilidade de o Estado responder subjetivamente pela culpa do serviço, em determinadas situações. O preceito normativo ainda assiste o Estado no direito de reaver do seu agente o que pagou ao lesado, quando aquele procedeu com culpa ou dolo.
5.1. Responsabilidade por ação ou ato comissivo do Estado
Se o Estado causou o dano por um comportamento positivo, ele responde objetivamente, pois o dano decorreu diretamente de uma ação estatal.

5.2. Responsabilidade por omissão do Estado
Evidentemente que, se o Estado não causou o dano, ele não pode ser responsabilizado, de modo que sua responsabilidade só existirá se ele tinha o dever jurídico de agir e quedou-se inerte. Nesse caso, ele responde pelos danos que não evitou tão somente subjetivamente. Mas o STF, recentemente, passou a reconhecer a responsabilidade objetiva do Estado, tanto nos casos de *ação* como nas hipóteses de *omissão*.
5.3. Responsabilidade em razão de atuação positiva
Aqui, embora o Estado não seja o causador direto do dano, ele propiciou, por ato positivo seu, uma situação que causou um risco ao dano. Ele responde objetivamente.
6. O dano indenizável
Para haver indenização, é necessário que o dano cause, para além de uma lesão econômica, uma lesão a um direito. Ademais, desde a Constituição de 1988 que não é mais imprescindível o dano econômico, uma vez que restou consagrado o dano tão somente moral. O dano, outrossim, ademais de *jurídico* preciso ser *certo* (ou real), podendo ser atual ou futuro, ou seja, engloba o que se perdeu e o que se deixou de ganhar. Porém, nas hipóteses de *comportamentos estatais lícitos* é necessário que o dano, para além de *jurídico* e *certo*, seja *especial* e *anormal*.
7. Causas excludente responsabilidade do Estado
Causa que rompa o nexo de causalidade é causa excludente de responsabilidade objetiva. Daí afirmar-se, com frequência, que a *culpa exclusiva da vítima*, a *força maior* e o *caso fortuito* são causas excludentes de responsabilidade. Elas são, e somente são, causas excludentes de responsabilidade, na medida em que obstaculizem o nexo causal entre o comportamento estatal e o dano. Caso contrário, não podem assim ser qualificadas. Quando houver culpa concorrente entre o Estado e a vítima, não haverá exclusão da responsabilidade, mas tão só atenuação do *quantum* da indenização.
8. O direito de regresso
O art. 37, § 6º, da Constituição de 1988 conferiu ao Estado o direito de agir regressivamente contra o agente *culpado* (ou que agiu com *dolo*), para dele cobrar o que pagou ao administrado. De observar-se, assim, que *só existe* o direito de regresso quando: a) O agente agiu com culpa ou dolo; e b) O Estado, condenado, pagou indenização à vítima. O administrado lesado pode propor ação contra o Estado ou contra o agente público causador do dano ou contra ambos, como responsáveis solidários, nos casos de culpa ou dolo. Essa também é a posição do STF (RE 90.071, RDA 142/93 e AI 106.483, RDA 162/236). Contudo, recentemente, o STF, por meio de sua 1ª Turma, ao julgar o Recurso Extraordinário nº 327.904, decidiu diferentemente a questão, para impedir que se acione diretamente o agente público culpado. A doutrina, em sua maioria, tem entendido que não cabe denunciação à lide do agente pelo Estado, sob o argumento de que ela traria fato novo (responsabilidade subjetiva – com culpa ou dolo – do agente público) ao processo baseado na responsabilidade objetiva. Na jurisprudência do STJ, predomina o entendimento pelo não cabimento da denunciação da lide quando essa denunciação propiciar a análise de fundamento novo.
9. Responsabilidade do Estado por atos legislativos e judiciais
Na doutrina e jurisprudência já começa a prevalecer o entendimento segundo o qual os atos legislativos firmam a responsabilidade do Estado quando estes forem previamente declarados inconstitucionais pelo STF, em sede de controle principal e concentrado (seja comissivo ou omissivo o ato). Ademais disso, incide a responsabilidade do Estado por atos legislativos de efeitos concretos, uma vez que estes são equiparados aos atos administrativos, desafiando o mesmo tratamento. Quanto aos atos judiciais, a própria Constituição admite a responsabilidade do Estado de indenizar o particular por erro judiciário (CF, art. 5º, LXXV). O juiz, entretanto, só responde pessoalmente nos termos do art. 133 do CPC, ou seja, em caso de dolo, fraude, recusa, omissão ou retardamento injustificado de providências de seu ofício.

10. JURISPRUDÊNCIA APLICADA

- "A responsabilidade civil da Administração Pública por danos ao meio ambiente, decorrente de sua omissão no dever de fiscalização, é de caráter solidário, mas de execução subsidiária." (SÚMULA 652, PRIMEIRA SEÇÃO, julgado em 02/12/2021, DJe 06/12/2021).

- Tema 1055 de repercussão geral no RE 1209429: " É objetiva a Responsabilidade Civil do Estado em relação a profissional da imprensa ferido por agentes policiais durante cobertura jornalística, em manifestações em que haja tumulto ou conflitos entre policiais e manifestantes. Cabe a excludente da responsabilidade da culpa exclusiva da vítima, nas hipóteses em que o profissional de imprensa descumprir ostensiva e clara advertência sobre acesso a áreas delimitadas, em que haja grave risco à sua integridade física. " (10/06/2021).

- Tema 512 de repercussão geral no RE 662405: "O Estado responde subsidiariamente por danos materiais causados a candidatos em concurso público organizado por pessoa jurídica de direito privado (art. 37, § 6º, da CRFB/88), quando os exames são cancelados por indícios de fraude". (29/06/2020).

- Tema 366 de repercussão geral no RE 136861: "Para que fique caracterizada a responsabilidade civil do Estado por danos decorrentes do comércio de fogos de artifício, é necessário que exista a violação de um dever jurídico específico de agir, que ocorrerá quando for concedida a licença para funcionamento sem as cautelas legais ou quando for de conhecimento do poder público eventuais irregularidades praticadas pelo particular.". (11/03/2020).

- Tema 940 de repercussão geral no RE 1027633: "A teor do disposto no art. 37, § 6º, da Constituição Federal, a ação por danos causados por agente público deve ser ajuizada contra o Estado ou a pessoa jurídica de direito privado prestadora de serviço público, sendo parte ilegítima para a ação o autor do ato, assegurado o direito de regresso contra o responsável nos casos de dolo ou culpa." (14/08/2019).

- Tema 777 de repercussão geral no RE 842846: "O Estado responde, objetivamente, pelos atos dos tabeliães e registradores oficiais que, no exercício de suas funções, causem dano a terceiros, assentado o dever de regresso contra o responsável, nos casos de dolo ou culpa, sob pena de improbidade administrativa." (27/02/2019).

- AGRAVO REGIMENTAL NO AGRAVO DE INSTRUMENTO. PRISÃO ILEGAL. DEPOSITÁRIO INFIEL. MANDADO DE PRISÃO QUE RECAIU SOB PESSOA DIVERSA. ERRO DO PODER JUDICIÁRIO. RESPONSABILIDADE OBJETIVA DO ESTADO. 1. Indenização por danos morais. Necessidade de reexame de fatos e provas: Súmula n. 279 do Supremo Tribunal Federal. 2. Este Supremo Tribunal assentou que a teoria da responsabilidade objetiva do Estado não se aplica aos atos judiciais, salvo nos casos de erro judiciário e de prisão além do tempo fixado na sentença (inc. LXXV do art. 5º da Constituição da República) e nas hipóteses expressamente previstas em lei. 3. Agravo regimental ao qual se nega provimento. (**AI 599501 AgR/PR, AG.REG. NO AGRAVO DE INSTRUMENTO, Relator(a): Min. CÁRMEN LÚCIA, Julgamento: 19/11/2013**).

- "Nos termos da jurisprudência do STF, é cabível a indenização por danos materiais nos casos de demora na nomeação de candidatos aprovados em concursos públicos, quando o óbice imposto pela administração pública é declarado inconstitucional pelo Poder Judiciário." (**RE 339.852-AgR**, Rel. Min. **Ayres Britto**, julgamento em 26-4-2011, Segunda Turma, *DJE* de 18-8-2011.)

- "O Supremo Tribunal já assentou que, salvo os casos expressamente previstos em lei, a responsabilidade objetiva do Estado não se aplica aos atos de juízes." (**RE 553.637-ED**, Rel. Min. Ellen Gracie, julgamento em

4-8-2009, Segunda Turma, *DJE* de 25-9-2009.) **Vide: RE 228.977**, Rel. Min. Néri da Silveira, julgamento em 5-3-2002, Segunda Turma, *DJ* de 12-4-2002.

• "Morte de preso no interior de estabelecimento prisional. Indenização por danos morais e materiais. Cabimento. Responsabilidade objetiva do Estado. Art. 37, § 6º, da Constituição Federal. Teoria do risco administrativo. Missão do Estado de zelar pela integridade física do preso. Pensão fixada. Hipótese excepcional em que se permite a vinculação ao salário mínimo. Precedentes." (**AI 577.908-AgR**, Rel. Min. Gilmar Mendes, julgamento em 30-9-08, *DJE* de 21-11-08). No mesmo sentido: **AI 718.202-AgR**, Rel. Min. Ricardo Lewandowski, julgamento em 28-4-09, 1ª Turma, *DJE* de 22-5-09.

• "Responsabilidade civil do Estado. Artigo 37, § 6º, da Constituição do Brasil. Latrocínio cometido por foragido. Nexo de causalidade configurado. Precedente. A negligência estatal na vigilância do criminoso, a inércia das autoridades policiais diante da terceira fuga e o curto espaço de tempo que se seguiu antes do crime são suficientes para caracterizar o nexo de causalidade. Ato omissivo do Estado que enseja a responsabilidade objetiva nos termos do disposto no artigo 37, § 6º, da Constituição do Brasil." (**RE 573.595-AgR**, Rel. Min. Eros Grau, julgamento em 24-6-08, *DJE* de 15-8-08).

• "Os elementos que compõem a estrutura e delineiam o perfil da responsabilidade civil objetiva do Poder Público compreendem (a) a alteridade do dano, (b) a causalidade material entre o *eventus damni* e o comportamento positivo (ação) ou negativo (omissão) do agente público, (c) a oficialidade da atividade causal e lesiva imputável a agente do Poder Público que tenha, nessa específica condição, incidido em conduta comissiva ou omissiva, independentemente da licitude, ou não, do comportamento funcional e (d) a ausência de causa excludente da responsabilidade estatal. Precedentes. O dever de indenizar, mesmo nas hipóteses de responsabilidade civil objetiva do Poder Público, supõe, dentre outros elementos (RTJ 163/1107-1109, v.g.), a comprovada existência do nexo de causalidade material entre o comportamento do agente e o *eventus damni*, sem o que se torna inviável, no plano jurídico, o reconhecimento da obrigação de recompor o prejuízo sofrido pelo ofendido." (RE 481.110-AgR, Rel. Min. Celso de Mello, julgamento em 6-2-2007, Segunda Turma, *DJ* de 9-3-2007.) No mesmo sentido: AI 299.125, Rel. Min. Celso de Mello, decisão monocrática, julgamento em 5-10-2009, *DJE* de 20-10-2009; RE 109.615, Rel. Min. Celso de Mello, julgamento em 28-5-1996, Primeira Turma, *DJ* de 2-8-1996. Vide: ARE 663.647-AgR, Rel. Min. Cármen Lúcia, julgamento em 14-2-2012, Primeira Turma, *DJE* de 6-3-2012.

• "A jurisprudência dos tribunais em geral tem reconhecido a responsabilidade civil objetiva do Poder Público nas hipóteses em que o *eventus damni* ocorra em hospitais públicos (ou mantidos pelo Estado), ou derive de tratamento médico inadequado, ministrado por funcionário público, ou, então, **resulte de conduta positiva (ação) ou negativa (omissão)** imputável a servidor público com atuação na área médica. Servidora pública gestante, que, no desempenho de suas atividades laborais, foi exposta à contaminação pelo citomegalovírus, em decorrência de suas funções, que consistiam, essencialmente, no transporte de material potencialmente infectocontagioso (sangue e urina de recém-nascidos). Filho recém-nascido acometido da 'Síndrome de West', apresentando um quadro de paralisia cerebral, cegueira, tetraplegia, epilepsia e malformação encefálica, decorrente de infecção por citomegalovírus contraída por sua mãe, durante o período de gestação, no exercício de suas atribuições no berçário de hospital público. Configuração de todos os pressupostos primários determinadores do reconhecimento da responsabilidade civil objetiva do Poder Público, o que faz emergir o dever de indenização pelo dano pessoal e/ou patrimonial sofrido." (**RE 495.740-AgR**, Rel. Min. **Celso de Mello**, julgamento em 15-4-2008, Segunda Turma, *DJE* de 14-8-2009.) **Vide**: **AI 455.846**, rel. min. **Celso de Mello**, decisão monocrática, julgamento em 11-10-2004, *DJ* de 21-10-2004.

• "A intervenção estatal na economia, mediante regulamentação e regulação de setores econômicos, faz-se com respeito aos princípios e fundamentos da Ordem Econômica. CF, art. 170. O princípio da livre iniciativa é fundamento da República e da Ordem Econômica: CF, art. 1º, IV; art. 170. Fixação de preços em valores abaixo da realidade e em desconformidade com a legislação aplicável ao setor: empecilho ao livre exercício da atividade econômica, com desrespeito ao princípio da livre iniciativa. Contrato celebrado com instituição privada para o estabelecimento de levantamentos que serviriam de embasamento para a fixação dos preços, nos termos da lei. Todavia, a fixação dos preços acabou realizada em valores inferiores. Essa conduta gerou danos patrimoniais ao agente econômico, vale dizer, à recorrente: obrigação de indenizar por parte do Poder Público. CF, art. 37, § 6º. Prejuízos apurados na instância ordinária, inclusive mediante perícia técnica." (**RE 422.941**, Rel. Min. **Carlos Velloso**, julgamento em 6-12-2005, Segunda Turma, *DJ* de 24-3-2006.) **No mesmo sentido: AI 752.432-AgR**, Rel. Min. **Cármen Lúcia**, julgamento em 24-8-2010, Primeira Turma, *DJE* de 24-9-2010.

• "Morte de detento por colegas de carceragem. Indenização por danos morais e materiais. Detento sob a custódia do Estado. Responsabilidade objetiva. Teoria do Risco Administrativo. Configuração do nexo de causalidade em função do dever constitucional de guarda (art. 5º, XLIX). Responsabilidade de reparar o dano que prevalece ainda que demonstrada a ausência de culpa dos agentes públicos." (**RE 272.839**, Rel. Min. Gilmar Mendes, julgamento em 1º-2-05, *DJ* de 8-4-05). No mesmo sentido: **AI 512.698-AgR**, Rel. Min. Carlos Velloso, julgamento em 13-12-05, *DJ* de 24-2-06.

• "Caracteriza-se a responsabilidade civil objetiva do Poder Público em decorrência de danos causados, por invasores, em propriedade particular, quando o Estado se omite no cumprimento de ordem judicial para envio de força policial ao imóvel invadido." (**RE 283.989**, Rel. Min. Ilmar Galvão, julgamento em 28-5-02, *DJ* de 13-9-02)

• "A responsabilidade civil das pessoas jurídicas de direito público e das pessoas jurídicas de direito privado prestadoras de serviço público, responsabilidade objetiva, com base no risco administrativo, admite pesquisa em torno da culpa da vítima, para o fim de abrandá-la ou mesmo excluí-la. Precedentes." (**AI 636.814-AgR**, Rel. Min. Eros Grau, julgamento em 22-5-07, *DJ* de 15-6-07)

• "A Administração Pública pode anular seus próprios atos, quando inquinados de ilegalidade (**Súmula 473**); mas, se a atividade do agente público acarretou danos patrimoniais ou morais a outrem — salvo culpa exclusiva dele, eles deverão ser ressarcidos, de acordo com o disposto no art. 37, § 6º, da Constituição Federal." (**RE 460.881**, Rel. Min. Sepúlveda Pertence, julgamento em 18-4-06, *DJ* de 12-5-06)

• "Responsabilidade civil do Estado. Danos morais. Ato de tabelionato. CF, art. 37, § 6º. Cabimento. Precedentes." (**AI 522.832-AgR**, Rel. Min. Gilmar Mendes, julgamento em 26-2-08, *DJE* de 28-3-08)

• "Tratando-se de ato omissivo do poder público, a responsabilidade civil por tal ato é subjetiva, pelo que exige dolo ou culpa, esta numa de suas três vertentes, a negligência, a imperícia ou a imprudência, não sendo, entretanto, necessário individualizá-la, dado que pode ser atribuída ao serviço público, de forma genérica, a falta do serviço. A falta do serviço — *faute du service* dos franceses — não dispensa o requisito da causalidade, vale dizer, do nexo de causalidade entre a ação omissiva atribuída ao poder público e o dano causado a terceiro. Latrocínio praticado por quadrilha da qual participava um apenado que fugira da prisão tempos antes: neste caso, não há falar em nexo de causalidade entre a fuga do apenado e o latrocínio." (**RE 369.820**, Rel. Min. Carlos Velloso, julgamento em 4-11-03, *DJ* de 27-2-04).

• "RESPONSABILIDADE CIVIL DO ESTADO. DANO POR OBRA PÚBLICA.

• A cláusula contratual firmada com o Estado, no sentido de que quaisquer indenizações correriam por conta da empreiteira, por danos causados por ela ou seus prepostos a terceiros, é regra que vincula apenas as partes contratantes e só assegura ao Estado o direito de regresso, sem afastar sua responsabilidade pelos danos causados por aquela a terceiros, pela execução de obras públicas". (REsp 106.485-AM, Rel. Min. Cesar Asfor Rocha, julgado em 13/6/2000).

• "RESPONSABILIDADE. TRANSPORTE PÚBLICO. INCÊNDIO.

• O motorista, preposto da permissionária de transporte público, autorizou o passageiro a adentrar no coletivo pela porta da frente, carregando um pacote, já que não passava pela roleta. Dentro do embrulho havia material explosivo, que foi detonado acidentalmente, incendiando o interior do ônibus, causando lesões e a morte de alguns passageiros. A Turma entendeu não se tratar de caso fortuito, restando configurado o ato ilícito da empresa permissionária, que não cuidou de transportar com segurança seus passageiros (art. 22 do CDC), devendo responder pelo ato de seu preposto (art. 1.521 do CC). A responsabilidade do transportador não se origina exclusivamente dos eventos comumente verificados no exercício de sua atividade, mas de todos aqueles que se possa esperar como possíveis ou previsíveis de acontecer, dentro de um leque amplo de variáveis inerentes ao meio, interno e externo, em que trafega o coletivo". (REsp 168.985-RJ, Rel. Min. Aldir Passarinho Junior, julgado em 23/5/2000).

• A Turma, considerando não caracterizada na espécie a alegada ofensa ao art. 37,§ 6º da CF, manteve acórdão do Tribunal de Justiça do Estado de Santa Catarina que condenara o Município de Concórdia – SC a reparar os danos materiais e morais decorrentes da morte do esposo e dos dois filhos da recorrida em acidente ocorrido em rio pertencente a parque turístico mantido pela municipalidade. Reconheceu-se que, embora tendo mencionado a teoria do risco integral, o acórdão recorrido orientara-se pela responsabilidade objetiva do Estado nos moldes da teoria do risco administrativo, tendo demonstrado o nexo causal entre a omissão atribuída ao ente federativo e o dano ocorrido, bem como a inexistência de culpa exclusiva das vítimas. (CF, art. 37, § 6º: "As pessoas jurídicas de direito público e as de direito privado prestadoras de serviços públicos responderão pelos danos que seus agentes, nessa qualidade, causarem a terceiros, assegurado o direito de regresso contra o responsável nos casos de dolo ou culpa")". (RE 238.453-SC, rel. Min. Moreira Alves, 12.11.2002).

• "CONSTITUCIONAL. RESPONSABILIDADE OBJETIVA DO ESTADO. ARTIGO 37, § 6.º, DA CONSTITUIÇÃO DA REPÚBLICA. DANOS CAUSADOS POR TERCEIROS EM IMÓVEL RURAL. DESCUMPRIMENTO DE ORDEM JUDICIAL. INDENIZAÇÃO. ILEGITIMIDADE DE PARTE. DENUNCIAÇÃO DA LIDE.

• Esta Corte já firmou entendimento de que é incabível, na via extraordinária, alegação de ofensa indireta à Constituição Federal, por má interpretação de normas processuais, contidas na legislação infraconstitucional. Caracteriza-se a responsabilidade civil objetiva do Poder Público em decorrência de danos causados, por invasores, em propriedade particular, quando o Estado se omite no cumprimento de ordem judicial para envio de força policial ao imóvel invadido. Recursos extraordinários não conhecidos". (RE N. 283.989-PR, RELATOR: MIN. ILMAR GALVÃO).

• "Recurso extraordinário. Responsabilidade civil do Estado. Morte de preso no interior do estabelecimento prisional. 2. Acórdão que proveu parcialmente a apelação e condenou o Estado do Rio de Janeiro ao pagamento de indenização correspondente às despesas de funeral comprovadas. 3. Pretensão de procedência da demanda indenizatória. 4. O consagrado princípio da responsabilidade objetiva do Estado resulta da causalidade do ato comissivo ou omissivo e não só da culpa do agente. Omissão por parte dos agentes públicos na tomada de medidas que seriam exigíveis a fim de ser evitado o homicídio. 5. Recurso conhecido e provido para condenar o Estado do Rio de Janeiro a pagar pensão mensal à mãe da vítima, a ser fixada em execução de sentença". (RE N. 215.981-RJ, RELATOR: MIN. NÉRI DA SILVEIRA).

- Por entender não caracterizada a alegada ofensa ao art. 37, § 6º, da CF, a Turma manteve acórdão do TRF da 5ª Região que condenara a União ao pagamento de indenização por danos morais e materiais aos recorridos, em face da morte dos seus pais em decorrência de acidente aéreo. O acórdão recorrido, na espécie, entendera manifesto o nexo de causalidade entre o dano sofrido e a omissão do agente estatal responsável pela fiscalização das atividades de aviação civil, no caso o Departamento de Aviação Civil – DAC, comprovada pela situação irregular em que se encontrava a aeronave, sem o cumprimento de requisitos mínimos de segurança, bem como pela confirmação, segundo laudo do próprio Ministério da Aeronáutica, de que o checador, oficial da aeronáutica, que operava a aeronave – em situação também irregular, pois o comandante, que nessa hipótese, deveria assumir a posição do copiloto, estava fora da cabine de comando – não possuía treinamento adequado para a situação de emergência ocorrida (Art. 37, § 6º: "*As pessoas jurídicas de direito público e as de direito privado prestadoras de serviços públicos responderão pelos danos que seus agentes, nessa qualidade, causarem a terceiros, assegurado o direito de regresso contra o responsável nos casos de dolo ou culpa.*")". (RE 258.726-AL, rel. Min. Sepúlveda Pertence, 14.5.2002.).

- "RESPONSABILIDADE DO ESTADO E DANO CIRÚRGICO

- Por ofensa ao art. 37, § 6º, da CF/88, a Turma deu provimento a recurso extraordinário para reformar acórdão do Tribunal de Justiça do Estado de São Paulo que, entendendo não ter havido erro médico, ou seja, a culpa subjetiva do agente, mantivera a improcedência de ação de indenização por danos causados em razão de cirurgia realizada em hospital público por equipe médica composta de funcionários do Estado. Tratava-se, na espécie, de recorrente que, em razão de sequela permanente decorrente de procedimento cirúrgico – perda da visão do olho esquerdo em razão de cirurgia para correção de desvio do septo nasal –, ingressara com ação de indenização dos danos causados, em face do Hospital das Clínicas da Universidade de São Paulo, sob o fundamento da responsabilidade civil objetiva do Estado (CF, art. 37, § 6º). Considerou-se que, sendo caso de responsabilidade objetiva, basta a comprovação do nexo de causalidade entre o dano e a intervenção cirúrgica, não havendo, na espécie, qualquer elemento que indique ter a vítima concorrido para o evento danoso. Entendeu-se, ainda, que o risco cirúrgico não exime o Estado, no âmbito da responsabilidade civil objetiva, do ressarcimento à vítima. Precedente citado: RE 178.806-RJ (DJU de 30.6.95)". RE 217.389-SP, rel. Min. Néri da Silveira, 2.4.2002.).

- "PROCESSO CIVIL. AÇÃO ANULATÓRIA DE ESCRITURA PÚBLICA. FALSIDADE DA PROCURAÇÃO UTILIZADA NO ATO. ALEGAÇÃO DE FRAUDE. DENUNCIAÇÃO DA LIDE DO TITULAR DO CARTÓRIO RESPONSÁVEL PELO REGISTRO. IMPOSSIBILIDADE. INTRODUÇÃO DE FATO NOVO. RESPONSABILIDADE NEM SEMPRE OBJETIVA. FALHA DO SERVIÇO PÚBLICO. PRECEDENTES. DOUTRINA. JULGAMENTO ANTECIPADO DA LIDE. SUFICIÊNCIA DA PROVA DOCUMENTAL. POSSIBILIDADE. RECURSO DESACOLHIDO.

- I. Em relação à exegese do art. 70, III, CPC, melhor se recomenda a corrente que não permite a *denunciação* nos casos de alegado direito de regresso cujo reconhecimento demandaria análise de fundamento novo não constante da *lide* originária.

- II. A *denunciação* da *lide*, como modalidade de intervenção de terceiros, busca atender aos princípios da economia e da presteza na entrega da prestação jurisdicional, não devendo ser prestigiada quando susceptível de pôr em risco tais princípios."

- III. Na hipótese do art. 70, III, do Código de Processo Civil, a ação regressiva subsiste ainda que a *denunciação* da *lide* não tenha sido feita.

- IV. A suficiência da prova documental autoriza o julgamento antecipado da *lide*, uma vez desnecessárias, a critério do juiz, outras provas. Não é de cogitar-se, de outro lado, de cerceamento de defesa, porque a perícia pretendida viria confirmar a mesma circunstância já demonstrada por documentos, na conclusão do órgão julgador: a falsidade da escritura pública.

- V. A verificação da necessidade ou não de outras provas para alicerçar o julgamento da causa demandaria, na espécie, o reexame das provas dos autos, vedado nesta instância especial, a teor do verbete sumular nº 7/STJ.

- VI. Não há omissão no acórdão que soluciona todas as questões submetidas a julgamento.

- VII. A fundamentação sucinta, que exponha os motivos que ensejaram a conclusão alcançada, não inquina a decisão de nulidade, ao contrário do que sucede com a decisão desmotivada. (RESP 210607/RJ, DJ 04/02/2002, P. 00369, REL. Min. SÁLVIO DE FIGUEIREDO TEIXEIRA).

- "RECURSO ESPECIAL. RESPONSABILIDADE OBJETIVA DO ESTADO. DENUNCIAÇÃO DA LIDE INDEFERIDA. DIVERGÊNCIA JURISPRUDENCIAL NÃO DEMONSTRADA. PRINCÍPIOS DA CELERIDADE E ECONOMIA PROCESSUAL.

- O dissídio jurisprudencial alegado não restou adequadamente apresentado, pois o recorrente apenas juntou aos autos cópia da ementa do julgado paradigma, não demonstrando as circunstâncias que identificassem ou assemelhassem os casos confrontados, vindo em desacordo com o estabelecido nos artigos 541, do Código de Processo Civil e 255, §§ 1º e 2º, do RISTJ, e com o entendimento pacificado na jurisprudência deste egrégio Superior Tribunal de Justiça. Ainda que assim não fosse, buscou o constituinte, ao assegurar ao Estado o direito de regresso contra o agente público que, por dolo ou culpa, cause danos a terceiros (art. 37, § 6º, da Constituição Federal), garantir celeridade à ação interposta, com fundamento na responsabilidade objetiva do Estado. "A denunciação da lide ao agente do Estado em ação fundada na responsabilidade prevista no art. 37, § 6º, da CF/88 não é obrigatória, vez que a primeira relação jurídica funda-se na culpa objetiva e a segunda na culpa subjetiva, fundamento novo não constante da lide originária" (REsp n. 184.571/SP, Rel. Min. Eliana Calmon, DJ de 13.08.2001). A não-aceitação da litisdenunciação não impede o exercício do direito de regresso, tendo em vista que a Constituição Federal assegura esse direito ao Estado para que, em ação própria, obtenha o ressarcimento do prejuízo.

- Recurso especial não conhecido." (REsp nº 448409-SP, 2ª Turma, Rel. Min. Franciulli Netto, DJU de 04.08.2003, p. 269).

- "RESPONSABILIDADE. ESTADO. ACIDENTE. BALNEÁRIO.

- O menor de quatorze anos, no fim-de-semana, desacompanhado de seus responsáveis, adentrou o movimentado balneário administrado pelo Estado mediante a aquisição onerosa de ingresso. Sucede que, ao mergulhar em ribeirão rochoso e pouco profundo, viu lesada sua medula cervical, o que resultou tetraplegia. Diante disso, a Turma entendeu haver culpa recíproca, visto que, apesar de que fosse exigível da vítima prudência e certo discernimento de não mergulhar em local desconhecido, pois lá estava pela primeira vez, há negligência do Estado em zelar pela segurança dos visitantes, na medida em que não providenciou o isolamento da zona perigosa, salva-vidas, enfermeiras ou ambulância. Nesse tipo de empreendimento, é exigível o cabo de isolamento e a presença permanente de quem conheça o ambiente visitado e oriente a respeito. Precedentes citados: REsp 46.491-RJ, DJ 16/2/1998, e REsp 35.842-RJ, DJ 29/5/1995". (REsp 418.713-SP, Rel. Min. Franciulli Netto, julgado em 20/5/2003).

- "PROCESSUAL CIVIL E ADMINISTRATIVO – RESPONSABILIDADE CIVIL DO ESTADO – DENUNCIAÇÃO DA LIDE – DIREITO DE REGRESSO – ART. 70, III, DO CPC.
- 1. A denunciação da lide só é obrigatória em relação ao denunciante que, não denunciando, perderá o direito de regresso, mas não está obrigado o julgador a processá-la, se concluir que a tramitação de duas ações em uma só onerará em demasia uma das partes, ferindo os princípios da economia e da celeridade na prestação jurisdicional.
- 2. A denunciação da lide ao agente do Estado em ação fundada na responsabilidade prevista no art. 37, § 6º, da CF/88 não é obrigatória, vez que a primeira relação jurídica funda-se na culpa objetiva e a segunda na culpa subjetiva, fundamento novo não constante da lide originária.
- 3. Não perde o Estado o direito de regresso se não denuncia a lide ao seu preposto (precedentes jurisprudenciais).
- 4. Embargos de divergência rejeitados. (STJ – PRIMEIRA SEÇÃO, EMBARGOS DE DIVERGÊNCIA EM RECURSO ESPECIAL (ERESP) 313886/RN, Rel. Min. ELIANA CALMON, DJ 22.03.2004, PG. 00188.).
- "CONSTITUCIONAL. ADMINISTRATIVO. CIVIL. RESPONSABILIDADE CIVIL DO ESTADO. ATO OMISSIVO DO PODER PÚBLICO: DETENTO FERIDO POR OUTRO DETENTO. RESPONSABILIDADE SUBJETIVA: CULPA PUBLICIZADA: FALTA DO SERVIÇO. C.F., art. 37, § 6º. I. – Tratando-se de ato omissivo do poder público, a responsabilidade civil por esse ato é subjetiva, pelo que exige dolo ou culpa, em sentido estrito, esta numa de suas três vertentes – a negligência, a imperícia ou a imprudência – não sendo, entretanto, necessário individualizá-la, dado que pode ser atribuída ao serviço público, de forma genérica, a falta do serviço. II. – A falta do serviço – faute du service dos franceses – não dispensa o requisito da causalidade, vale dizer, do nexo de causalidade entre ação omissiva atribuída ao poder público e o dano causado a terceiro. III. – Detento ferido por outro detento: responsabilidade civil do Estado: ocorrência da falta do serviço, com a culpa genérica do serviço público, por isso que o Estado deve zelar pela integridade física do preso. IV. – RE conhecido e provido." (STF, 2ª Turma, RE 382054/RJ, Rel. Min. CARLOS VELLOSO, DJ 01-10-2004, p. 00037.).
- "CONSTITUCIONAL. ADMINISTRATIVO. CIVIL. RESPONSABILIDADE CIVIL DO ESTADO: RESPONSABILIDADE OBJETIVA. PESSOAS JURÍDICAS DE DIREITO PRIVADO PRESTADORAS DE SERVIÇO PÚBLICO. CONCESSIONÁRIO OU PERMISSIONÁRIO DO SERVIÇO DE TRANSPORTE COLETIVO. C.F., art. 37, § 6º. I. – A responsabilidade civil das pessoas jurídicas de direito privado prestadoras de serviço público é objetiva relativamente aos usuários do serviço, não se estendendo a pessoas outras que não ostentem a condição de usuário. Exegese do art. 37, § 6º, da C.F. II. – R.E. conhecido e provido." (RE 262.651-SP, 2ª Turma, Rel. Min. CARLOS VELLOSO, DJ 06/05/2005.).

11. QUESTÕES

01. (CESPE/CEBRASPE Órgão: AGER – Mato Grosso Prova: CESPE/CEBRASPE – 2023 – AGER – Mato Grosso – Analista Regulador – Direito – 2023) No que se refere à responsabilidade civil do Estado, assinale a opção correta.

(A) Em caso de explosão que cause danos a terceiros em estabelecimento comercial que comercialize clandestinamente fogos de artifício, a responsabilidade civil do Estado será subjetiva, por ausência de fiscalização específica.

(B) No caso de um suposto erro médico em hospital público, respaldado pela omissão administrativa, a responsabilidade civil do Estado passa a ser subjetiva.

(C) Caso foragido do sistema prisional dirigindo veículo em alta velocidade colida com um terceiro e cause-lhe dano, a responsabilidade do Estado será objetiva, devendo o Estado indenizar a vítima.

(D) Quanto à responsabilidade das pessoas jurídicas de direito privado prestadoras de serviços públicos, o Estado somente será responsabilizado se houver comprovação de omissão do ente público.

(E) Em caso de concurso público organizado por instituição privada ser cancelado por indícios de existência de fraude, o Estado estará isento de ressarcir qualquer dano causado aos candidatos.

02. (CESPE/CEBRASPE Órgão: MPE-AM - Promotor de Justiça Substituto - 2023) Considerando os requisitos para a caracterização da responsabilidade do Estado, assinale a opção correta.

(A) Segundo a jurisprudência do STF, há sempre responsabilidade do poder público nos casos de morte de pessoas presas em estabelecimento prisional do Estado, devido a seu dever de zelar pela integridade física dos indivíduos nessa situação.

(B) Admite-se dano moral como causa de responsabilidade extracontratual do Estado, desde que se demonstre repercussão patrimonial da lesão.

(C) A culpa da vítima ou de terceiros afasta a responsabilidade civil do Estado.

(D) O nexo de causalidade entre a ação ou omissão estatal e o resultado danoso deve ser demonstrado apenas nos casos de responsabilidade subjetiva do Estado.

(E) O princípio da responsabilidade civil do Estado não é absoluto, apesar de esta ser objetiva em muitas situações.

03. (FGV - 2022 - TJ-SC - Juiz Substituto - 2022) A definição a respeito do sentido e do alcance das normas constitucionais disciplinadoras da responsabilidade civil extracontratual do Estado constitui tema recorrentemente examinado pelo Supremo Tribunal Federal. À luz de sua jurisprudência dominante sobre a matéria, é correto afirmar que:

(A) a responsabilidade civil das pessoas jurídicas de direito privado prestadoras de serviços públicos é objetiva relativamente aos usuários do serviço, não se estendendo a pessoas outras que não ostentem a condição de usuários, visto que não podem ser qualificados como terceiros em relação ao evento danoso;

(B) nos termos do Art. 37, §6º, da Constituição da República de 1988, configura-se a responsabilidade civil objetiva do Estado, na modalidade omissiva, por danos decorrentes de crime praticado por pessoa foragida do sistema prisional, ainda que não haja a demonstração do nexo causal direto entre o momento da fuga e a conduta praticada;

(C) a responsabilidade civil das pessoas jurídicas de direito público e das pessoas jurídicas de direito privado prestadoras de serviços públicos é baseada no risco administrativo e exige, para sua configuração, a ocorrência de dano; ação ou omissão administrativa ilícita; existência de nexo causal entre o dano e a conduta administrativa, bem como a ausência de causa excludente da responsabilidade estatal;

(D) o Art. 37, §6º, da Constituição da República de 1988, consagra a teoria da dupla garantia, segundo a qual a ação por danos causados por agente público deve ser ajuizada contra o Estado ou contra a pessoa jurídica de direito privado prestadora de serviço público, sendo parte ilegítima para a ação o autor do ato, assegurado o direito de regresso contra o responsável nos casos de dolo ou culpa;

(E) os serviços notariais e de registro, por serem pessoas jurídicas de direito privado prestadoras de serviços públicos, submetem-se à disciplina do Art. 37, §6º, da Constituição da República de 1988 e respondem, objetivamente, pelos atos dos tabeliães e registradores oficiais que, no exercício de suas funções, causem danos a terceiros, assentado o dever de regresso contra o responsável, nos casos de dolo ou culpa, sob pena de improbidade administrativa.

04. (FGV - 2022 - TJ-PE - Juiz Substituto - 2022) O Município Ômega realizou queima de fogos de artifício na noite de réveillon do último ano. No dia primeiro de janeiro seguinte, os irmãos João e Maria, de 7 e 8 anos de idade, brincavam na praça da cidade,

quando resolveram manusear restos de explosivos deixados na noite anterior por agentes municipais sem qualquer tipo de alerta, proteção ou elemento indicativo de que era proibido o acesso ao local, ocasião em que alguns fogos dispararam e o acidente resultou em sérias lesões no corpo de ambas as crianças. João e Maria, patrocinados por seu tio que é advogado, ajuizaram ação indenizatória em face do Município, que se defendeu alegando culpa exclusiva dos pais dos autores, que não os vigiaram adequadamente.
Ao proferir sentença, adotando a jurisprudência do Superior Tribunal de Justiça, o magistrado deve aplicar a responsabilidade civil:

(A) objetiva, orientada pela teoria do risco administrativo, não havendo que se falar em culpa exclusiva ou concorrente dos pais pelos danos causados aos seus filhos;

(B) objetiva, não havendo que se falar em culpa exclusiva dos pais pelos danos causados aos seus filhos, mas reduzindo-se o valor da indenização pela culpa concorrente dos genitores;

(C) objetiva, não havendo que se falar em culpa exclusiva ou concorrente dos pais pelos danos causados aos seus filhos, mas afastando-se a pretensão autoral pela excludente de responsabilidade do caso fortuito ou força maior;

(D) subjetiva, por se tratar de conduta omissiva do poder público, de maneira que é necessária a comprovação da conduta culposa dos agentes municipais consistente na negligência ou má prestação do serviço;

(E) subjetiva, por se tratar de conduta omissiva do poder público, mas persiste o dever de indenizar em razão da teoria do risco integral, que não admite excludente de responsabilidade por caso fortuito ou força maior.

05. (CESPE – Delegado de polícia – PCPB – 2022) Considere que um policial civil do estado da Paraíba seja acusado de ter exercido irregularmente sua função e, se condenado, tenha de responder civil, penal e administrativamente pelo ato praticado. Nessa situação,

(A) a responsabilidade civil decorre independentemente de o ato cometido importar prejuízo.

(B) eventual dano cometido pelo policial exclui seus sucessores de repará-lo.

(C) eventuais sanções administrativa, civil e penal serão dependentes entre si.

(D) o ressarcimento de eventual dano cometido implicará a supressão da responsabilidade administrativa.

(E) eventual absolvição criminal por inexistência material do fato afastará a responsabilidade administrativa.

06. (CESPE – Defensor Público – DPE/PI – 2022) Considerando a jurisprudência majoritária do STF a respeito da responsabilidade civil do Estado pela morte de detento, assinale a opção correta.

(A) Aplica-se, nesse caso, a teoria dor isco integral.

(B) O nexo de causalidade só deve ser verificado se a conduta estatal for comissiva.

(C) Nos casos em que não é possível o Estado agir para evitar a morte do detento, rompe-se o nexo de causalidade.

(D) A responsabilidade civil estatal somente se submete à teoria do risco administrativo nos casos de responsabilidade por conduta estatal omissiva.

(E) Somente há responsabilidade do Estado pelas condutas comissivas, nunca pelas omissivas.

07. (FGV – TJMG – Juiz Substituto – 2022) A Constituição Federal adotou a teoria da responsabilidade objetiva do Estado, através da qual o Estado responde, em razão de sua atividade, se causar danos a terceiros. Sobre a responsabilidade objetiva do Estado, analise as afirmativas a seguir.

(I) Na responsabilidade objetiva, o particular deve demonstrar o ato da administração pública, o dano e o nexo de causalidade, preenchendo os requisitos para a indenização.

(II) Na responsabilidade objetiva, se houver a culpa da vítima, afasta-se o dever de indenizar, pois o Estado não responde sempre.

(III) Não é preciso provar a culpa do Estado, em caso de responsabilidade subjetiva, ocorrendo omissão estatal que provoque danos ao particular.

Está correto o que se afirma em

(A) I, somente.

(B) II e III, somente.

(C) I, II e III.

(D) I e II, apenas.

Estas e outras questões estão disponíveis para serem respondidas na plataforma JusClass:

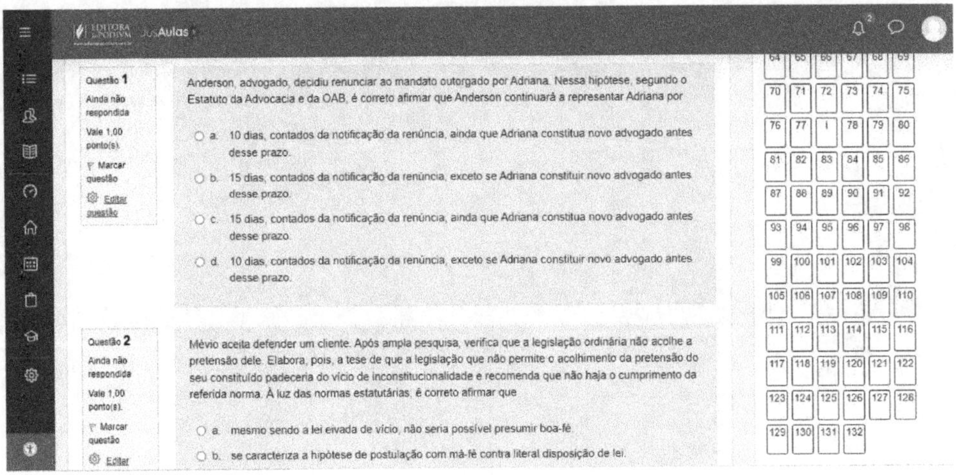

GABARITO	
01. B	**02.** E
03. D	**04.** A
05. E	**06.** C
07. A	

CAPÍTULO IX

Bens Públicos

SUMÁRIO: 1. Conceito – 2. Classificação dos Bens Públicos – 3. Características dos Bens Públicos: 3.1. Inalienabilidade; 3.2. Impenhorabilidade; 3.3. Imprescritibilidade; 3.4. Impossibilidade de oneração – 4. Uso dos Bens Públicos por Particular: 4.1. Uso comum; 4.1.1. Ordinário; 4.1.2. Extraordinário; 4.2. Uso privativo ou especial; 4.2.1. Uso de "bens públicos afetados" por particular; 4.2.1.1. Autorização de uso; 4.2.1.2. Permissão de uso; 4.2.1.3. Concessão de uso; 4.2.2. Uso de "bens públicos não-afetados" por particular; 4.2.2.1. Locação; 4.2.2.2. Arrendamento; 4.2.2.3. Enfiteuse ou aforamento; 4.2.2.4. Cessão de uso; 4.2.2.5. Concessão de direito real de uso – 5. Bens Públicos em Espécie: 5.1. Terrenos de marinha e seus acrescidos; 5.2. Terrenos reservados e seus acrescidos; 5.3. Terras tradicionalmente ocupadas pelos povos indígenas; 5.4. Faixa de fronteira; 5.5. Terras devolutas; 5.6. Ilhas; 5.7. Recursos minerais e jazidas – 6. Quadro Sinótico – 7. Jurisprudência Aplicada – 8. Questões.

1. CONCEITO

Na doutrina, prevalece o entendimento segundo o qual os bens públicos são todas as coisas materiais ou imateriais, móveis ou imóveis, cujos titulares são as *pessoas jurídicas de direito público* (entidades estatais, autarquias e fundações de direito público) ou as *pessoas jurídicas de direito privado prestadoras de serviços públicos*, quando estes bens, na última hipótese, se encontrem vinculados à prestação destes serviços públicos (os bens da ECT, por exemplo, quando afetados à prestação do serviço postal, são bens públicos, não obstante seu titular seja pessoa jurídica de direito privado; e os bens das concessionárias e permissionárias de serviços públicos afetados à prestação dos serviços delegados)[1].

Contudo, o Código Civil de 2002, no art. 98, deu a seguinte definição:

> Art. 98. São públicos os bens do domínio nacional pertencentes às pessoas jurídicas de direito público interno; todos os outros são particulares, seja qual for a pessoa a que pertencerem.

Assim, em que pese o acerto da posição dominante da doutrina, é forçoso reconhecer que o sistema jurídico positivado acolheu conceito mais restrito, para considerar como bens públicos somente aqueles pertencentes às pessoas jurídicas de direito público, que, entre nós, são a União, os Estados-membros, o Distrito Federal e Territórios, os Municípios e suas autarquias e fundações de direito público. Todos os outros – diz o art. 98 do CC – são particulares, seja qual for a pessoa a que pertencerem.

Conceito de Bens Públicos		
Código Civil de 2002, no art. 98, deu a seguinte definição:	⇨	Art. 98. São públicos os bens do domínio nacional pertencentes às **pessoas jurídicas de direito público interno;** todos os outros são particulares, seja qual for a pessoa a que pertencerem.

1. Nesse sentido, Celso Antônio Bandeira de Mello, op. cit., p. 751; Diogenes Gasparini, op. cit., p. 671 e Hely Lopes Meirelles, op. cit., p. 486, entre outros.

2. CLASSIFICAÇÃO DOS BENS PÚBLICOS

Há diversas classificações de bens públicos. Na doutrina, são encontradiças classificações que levam em consideração a *titularidade* dos bens públicos, distinguindo-os em bens federais (da União), estaduais (dos Estados), distritais (do Distrito Federal), municipais (dos Municípios), autárquicos (das autarquias) e fundacionais (das fundações de direito público); e a *natureza* dos bens públicos, dividindo-os em bens móveis e imóveis.

Todavia, a que mais chama a atenção do jurista é aquela que leva em conta a **destinação** do bem. Desse modo, o Código Civil brasileiro fornece ao Direito Administrativo importante contribuição no tema ora em exame. Segundo seu art. 99, são bens públicos:

I. **Os de uso comum do povo** – Os bens públicos de **uso comum** são aqueles *destinados* ao uso comum e geral de toda a comunidade, tais como os rios, os mares, as estradas, ruas e praças. Há uma destinação específica ao uso coletivo.

II. **Os de uso especial** – Os bens públicos de **uso especial** *destinam-se* à prestação do serviço administrativo, tais como os edifícios ou terrenos destinados a serviço ou estabelecimento da administração federal, estadual, distrital ou municipal, inclusive os de suas autarquias e fundações públicas. São bens vinculados ao exercício de alguma atividade administrativa ou ao uso especial coletivo, de que são exemplos os veículos oficiais, prédios públicos onde funcionam órgãos, bens tombados, bibliotecas públicas, estádios de futebol, escolas públicas, universidades públicas, teatros públicos, museus e outros estabelecimentos abertos à visitação pública.

III. **Os dominicais** – São os bens públicos que constituem o **patrimônio disponível** das pessoas jurídicas de direito público, como objeto de direito pessoal, ou real, de cada uma dessas entidades. Os bens públicos dominicais ou dominiais não têm destinação específica. Estão dentro do patrimônio disponível do Estado, compreendendo os bens móveis ou imóveis, corpóreos ou incorpóreos. São exemplos destes bens, as terras devolutas, os terrenos de marinha e seus acrescidos e os terrenos reservados e acrescidos quando não vinculados a destino público específico. Em conformidade com o art. 99, parágrafo único, do CC, não dispondo a lei em contrário, consideram-se dominicais os bens pertencentes às pessoas jurídicas de direito público a que se tenha dado estrutura de direito privado.

CLASSIFICAÇÃO DE BENS PÚBLICOS
Quanto à **destinação**, os bens públicos classificam-se em (Art. 99 do CC)
I – os de **uso comum do povo**, tais como rios, mares, estradas, ruas e praças;
II – os de **uso especial**, tais como edifícios ou terrenos destinados a serviço ou estabelecimento da administração federal, estadual, territorial ou municipal, inclusive os de suas autarquias;
III – os dominicais, que constituem o patrimônio das pessoas jurídicas de direito público, como objeto de direito pessoal, ou real, de cada uma dessas entidades.

Assim, os bens de *uso comum do povo* e os bens de *uso especial* são bens públicos com *destinação pública específica* e são *inalienáveis, enquanto conservarem a sua qualificação*, na forma que a lei determinar.

Os de uso comum destinam-se, por lei ou por natureza, ao uso coletivo.

Os de uso especial são destinados ao uso da Administração para a realização de seus objetivos.

Já os bens *dominicais* não têm destinação alguma e podem ser alienados, observadas as exigências da lei.

Na doutrina, os bens de uso comum e os de uso especial, por terem destinação pública específica, são considerados *bens afetados*, pois encontram-se vinculados a um destino ou fim público (ao uso da coletividade ou a prestação de um serviço público, por exemplo). Já os bens dominiais, por não terem destinação pública específica, são considerados *bens não afetados*, pois não se vinculam a nada. Todavia, é possível que um bem não afetado passe para a categoria de bem afetado e que um bem afetado passe para a classe de bem não afetado. Isto se dá, respectivamente, pelos fenômenos da *afetação* e da *desafetação*.

A **afetação** é o ato ou fato através do qual um bem, outrora não vinculado a nada, passa a sofrer destinação com sua vinculação a um fim público. Ou seja, é a preposição de um bem a um dado destino, podendo ser ele relacionado ao uso comum ou ao uso especial.

A **desafetação** é o ato ou fato através do qual um bem, outrora vinculado ao uso coletivo ou ao uso especial, tem subtraída a sua destinação pública.

Na primeira hipótese há uma vinculação antes inexistente; na segunda hipótese há uma desvinculação.

Enfim, quando um bem público passa de dominical para de uso comum do povo ou uso especial, temos uma afetação; quando passa de uso comum do povo ou uso especial para dominical, temos uma desafetação.

A afetação e a desafetação podem ser expressas ou tácitas. Serão expressas quando decorrem de lei ou de ato administrativo. Serão tácitas quando resultam da atuação da Administração Pública, porém sem sua manifestação expressa a respeito, ou de fato da natureza, o que pode ocorre, por exemplo, quando a Administração Pública determina a instalação de uma escola pública num determinado prédio público desocupado ou quando determina a mudança dessa escola, deixando o referido prédio novamente desocupado, sem nenhuma destinação, ou, ainda, quando um terremoto põe abaixo um prédio público que sediava uma Secretaria de Estado.

Ainda a respeito dessa importante classificação, é interessante apontar a distinção que faz Maria Sylvia Di Pietro, dividindo os bens públicos em:

a) *Bens de domínio público do Estado* (são os bens de uso comum do povo e os de uso especial); e

b) *Bens do domínio privado do Estado* (são os bens dominicais ou dominiais).

Os bens do domínio público, ou afetados (uso comum do povo e uso especial), sujeitam-se a regime jurídico integralmente público e estão fora do comércio jurídico de direito privado (esses bens, porém, estão dentro do comércio jurídico de direito público), pelo menos enquanto mantiverem essa afetação. Já os bens do domínio privado, ou não afetados (dominicais), sujeitam-se a regime jurídico de direito privado derrogado por normas de direito público e estão dentro do comércio jurídico de direito privado.

<table>
<tr><th colspan="2">Bens públicos afetados e não afetados</th></tr>
<tr><td colspan="2">Ainda a respeito dessa importante classificação, é interessante apontar a distinção que faz Maria Sylvia Di Pietro, dividindo os bens públicos em:</td></tr>
<tr><td>a) Bens do domínio público do Estado (são os bens de uso comum do povo e os de uso especial) e</td><td>b) Bens do domínio privado do Estado (são os bens dominicais).</td></tr>
<tr><td colspan="2">⇩
Os bens do domínio público, ou afetados (uso comum do povo e uso especial), sujeitam-se a regime jurídico integralmente público e estão fora do comércio jurídico de direito privado (esses bens, porém, estão dentro do comércio jurídico de direito público), pelo menos enquanto mantiverem essa afetação.
Já os bens de domínio privado, ou não afetados (dominicais), sujeitam-se a regime jurídico de direito privado derrogado por normas de direito público e estão dentro do compercio jurídico de direito privado.</td></tr>
</table>

3. CARACTERÍSTICAS DOS BENS PÚBLICOS

Os bens públicos são inalienáveis, impenhoráveis, imprescritíveis e insuscetíveis de oneração.

3.1. Inalienabilidade

Os bens públicos são inalienáveis. Esta característica, todavia, não é absoluta, uma vez que é possível alienar-se bens públicos, desde que obedecidas certas formalidades legais.

Assim, tratando-se de bem público *afetado*, ele precisa ser, previamente, *desafetado*, para que possa ser alienado. Isto significa que, enquanto afetados, os bens públicos são absolutamente inalienáveis. Nesse sentido, diz o art. 100 do Código Civil, que os bens públicos de uso comum do povo e os de uso especial (bens afetados) são inalienáveis, enquanto conservarem a sua qualificação, na forma que a lei determinar. Desse modo, desafetados estes bens – isto é, subtraindo-os de sua destinação – eles podem ser alienados, desde que sejam atendidas as exigências legais.

Já os bens *não afetados* podem ser desde logo alienados, contanto que sejam atendidas certas formalidades legais. É isso que afirma o art. 101 do Código Civil, segundo o qual os bens públicos dominicais (bens não afetados) podem ser alienados, observadas as exigências da lei.

Porém, em **qualquer hipótese**, a alienação dependerá da existência de interesse público devidamente justificado.

Se o bem público for **imóvel**, e pertencente às entidades políticas, às autarquias e fundações públicas, a alienação dependerá:

- de *autorização legislativa*;
- de *avaliação prévia*; e
- de *licitação na modalidade de leilão* (dispensada esta nas hipóteses previstas na Lei 14.133/2021, art. 76, inciso I, alíneas *"a"* a *"j"*).

Ademais, se o bem imóvel for da União, é necessária ainda a autorização do Presidente da República (Lei 9.636/98, art. 23).

E tratando-se de terras públicas com área superior a 2.500 (dois mil e quinhentos) hectares, ainda é necessária a aprovação prévia do Congresso Nacional, nos termos do art. 49, XVII, da Constituição Federal, salvo nas hipóteses de alienação ou concessão de terras públicas para fins de reforma agrária, em que se dispensa o controle parlamentar (art. 188, § 2º, da CF).

Entretanto, se o bem imóvel pertencer à empresa pública ou à sociedade de economia mista, não é necessária a autorização legislativa.

Se o bem público for **móvel**, a alienação dependerá tão somente:

- de *avaliação prévia*; e
- de *licitação na modalidade de leilão* (também dispensada nas hipóteses previstas na 14.133/2021, art. 76, inciso II, alíneas *"a"* a *"f"*).

3.2. Impenhorabilidade

Os bens públicos são impenhoráveis. Por isso, a Administração Pública se submete a um processo de execução especial de seus débitos, **via precatórios**, nos moldes do art. 100 da Constituição Federal, segundo o qual "Os pagamentos devidos pelas Fazendas Públicas Federal, Estaduais, Distrital e Municipais, em virtude de sentença judiciária, far-se-ão exclusivamente na ordem cronológica de apresentação dos precatórios e à conta dos créditos respectivos, proibida a designação de casos ou de pessoas nas dotações orçamentárias e nos créditos adicionais abertos para este fim.".

No § 5º do art. 100, prevê que "É obrigatória a inclusão no orçamento das entidades de direito público de verba necessária ao pagamento de seus débitos oriundos de sentenças transitadas em julgado constantes de precatórios judiciários apresentados até 2 de abril, fazendo-se o pagamento até o final do exercício seguinte, quando terão seus valores atualizados monetariamente.".

Cumpre esclarecer que os **débitos de natureza alimentícia** serão pagos **com preferência** sobre todos os demais débitos (exceto sobre aqueles referidos no § 2º do art. 100, que gozam de *superpreferência*) e compreendem aqueles decorrentes de salários, vencimentos, proventos, pensões e suas complementações, benefícios previdenciários e indenizações por morte ou por invalidez, fundadas em responsabilidade civil, em virtude de sentença judicial transitada em julgado[2].

O § 2º do art. 100 da CF, com a redação dada pela EC 62/09 e posteriormente pela EC 94/2016, criou uma *superpreferência* no pagamento de débitos de natureza alimentícia, cujos titulares, originários ou por sucessão hereditária, tenham 60 (sessenta) anos de idade, ou sejam portadores de doença grave, ou pessoas com deficiência, assim definidos na forma da lei, pois serão pagos com preferência sobre todos os demais débitos, até o valor equivalente ao triplo fixado em lei para os fins do disposto no § 3º do art. 100 (valor que dispensa o precatório), admitido o fracionamento para essa finalidade, sendo que o restante será pago na ordem cronológica de apresentação do precatório.

Mas o STF, interpretando a redação anterior do art. 100 (anterior a EC 62/09), consolidou na Súmula nº 655 o seguinte entendimento, "*A exceção prevista no art. 100, caput, da Constituição, em favor dos créditos de natureza alimentícia, não dispensa a expedição de precatório, limitando-se a isentá-los da observância da ordem cronológica dos precatórios decorrentes de condenações de outra natureza.*"

Todavia, admite a Constituição Federal, exclusivamente para o caso de preterimento da ordem de precedência para fins de precatório ou de não alocação orçamentária do valor necessário à satisfação do débito, a possibilidade de que eles sejam objeto de sequestro.

Assim, em consonância com o § 6º do art. 100, as dotações orçamentárias e os créditos abertos serão consignados diretamente ao Poder Judiciário, cabendo ao Presidente do Tribunal que proferir a decisão exequenda determinar o pagamento integral e autorizar, a requerimento do credor e exclusivamente para os casos de preterimento de seu direito de precedência ou de não alocação orçamentária do valor necessário à satisfação do seu débito, o sequestro da quantia respectiva.

No entanto, o Supremo Tribunal Federal vem admitindo o bloqueio de verbas públicas para cumprimento de liminar, visando a assegurar o fornecimento gratuito de medicamentos a pessoas hipossuficientes, conforme o acórdão abaixo:

> "A disciplina do art. 100 da CF cuida do regime especial dos precatórios, tendo aplicação somente nas hipóteses de execução de sentença condenatória, o que não é o caso dos autos. Inaplicável o dispositivo constitucional, não se verifica a apontada violação à Constituição Federal. Possibilidade de bloqueio de valores a fim de assegurar o fornecimento gratuito de medicamentos em favor de pessoas hipossuficientes." (**AI 553.712-AgR**, Rel. Min. Ricardo Lewandowski, julgamento em 19-5-09, 1ª Turma, *DJE* de 5-6-09).

---

2. Esse rol, entretanto, não é exaustivo, como já decidiu o STF: "A definição contida no § 1º-A do artigo 100 da Constituição Federal, de crédito de natureza alimentícia, não é exaustiva. (...). Conforme o disposto nos artigos 22 e 23 da Lei n. 8.906/94, os honorários advocatícios incluídos na condenação pertencem ao advogado, consubstanciando prestação alimentícia cuja satisfação pela Fazenda ocorre via precatório, observada ordem especial restrita aos créditos de natureza alimentícia, ficando afastado o parcelamento previsto no artigo 78 do Ato das Disposições Constitucionais Transitórias, presente a Emenda Constitucional n. 30, de 2000." (**RE 470.407**, Rel. Min. Marco Aurélio, julgamento em 9-5-06, *DJ* de 13-10-06).

A Constituição **excepciona** da obrigação dos precatórios o pagamento de créditos considerados por lei de **pequeno valor**.

Assim, nos termos do § 3º do art. 100, "O disposto no *caput* deste artigo relativamente à expedição de precatórios não se aplica aos pagamentos de obrigações definidas em leis como de pequeno valor que as Fazendas referidas devam fazer em virtude de sentença judicial transitada em julgado". Contudo, esclareça-se que para os fins do disposto no § 3º, poderão ser fixados, por leis próprias, valores distintos às entidades de direito público, segundo as diferentes capacidades econômicas, sendo o mínimo igual ao valor do maior benefício do regime geral de previdência social.

No âmbito da fazenda pública federal, a obrigação de pequeno valor, para dispensa de precatório, foi fixada em **60 salários mínimos** pela Lei 10.259/2001, que dispõe sobre a instituição dos Juizados Especiais Cíveis e Criminais na esfera da justiça federal.

De acordo com o art. 17 da Lei 10.259/2001, após o trânsito em julgado da decisão, o pagamento será efetuado no prazo de *sessenta dias*, contados da entrega da requisição do Juiz, à autoridade citada para a causa, na agência mais próxima da Caixa Econômica Federal ou do Banco do Brasil, independentemente de precatório. Desatendida a requisição judicial, o Juiz determinará o sequestro do numerário suficiente ao cumprimento da decisão. Todavia, se o valor da execução ultrapassar os 60 salários mínimos, o pagamento far-se-á, sempre, por meio do precatório, sendo facultado à parte exequente a *renúncia* ao crédito do valor excedente, para que possa optar pelo pagamento do saldo sem o precatório.

A EC nº 94, de 15 de dezembro de 2016, alterou o art. 100 da Constituição Federal, para dispor sobre o regime de pagamento de débitos públicos decorrentes de condenações judiciais; e acrescentou dispositivos ao Ato das Disposições Constitucionais Transitórias, para instituir regime especial de pagamento para os casos em mora.

Deveras, a EC nº 94/2016 estabeleceu um **novo sistema de pagamento de precatórios**, para permitir o pagamento até 2020, por um regime especial, dos precatórios a cargo de Estados, do Distrito Federal e de Municípios pendentes até 25 de março de 2015 e aqueles que vencerão até 31 de dezembro de 2020. Esse novo regime de pagamento de precatórios dos Estados, do Distrito Federal e dos Municípios, entretanto, foi **mais uma vez alterado**, agora pela **EC nº 99, de 14/12/2017.** E surpreendentemente, a **EC nº 109, de 15 de março de 2021**, alterou mais uma vez esse sistema de pagamento, como se verá adiante.

A EC 94/2016 deu nova redação ao § 2º do art. 100 da CF, incluiu os §§ 17, 18, 19 e 20 ao art. 100 da CF e acrescentou os arts. 101, 102, 103, 104 e 105 ao Ato das Disposições Constitucionais Transitórias da CF/88.

A nova redação do § 2º do art. 100 manteve a superpreferência em relação ao pagamento dos débitos de natureza alimentícia em razão do seu titular, sobre todos os demais débitos, até o valor equivalente ao triplo fixado em lei para os fins de requisição de pagamento de obrigações de pequeno valor, mas trouxe as seguintes novidades: titulares, não só originários mas também por sucessão hereditária, que tenham 60 (sessenta) anos de idade, ou sejam portadores de doença grave, ou pessoas com deficiência.

O novo § 19, acrescentado ao art. 100, permitiu o financiamento da parcela excedente ao montante total de débitos decorrentes de condenações judiciais em precatórios e obrigações de pequeno valor, em período de 12 (doze) meses, que ultrapasse a média do comprometimento percentual da receita corrente líquida nos 5 (cinco) anos imediatamente anteriores, excetuada dos limites de endividamento de que tratam os incisos VI e VII do art. 52 da Constituição Federal e de quaisquer outros limites de endividamento previstos, não se aplicando a esse financiamento a vedação de vinculação de receita prevista no inciso IV do art. 167 da Constituição Federal.

E de acordo com o novo § 20 adicionado ao art. 100, caso haja precatório com valor superior a 15% (quinze por cento) do montante dos precatórios apresentados nos termos do § 5º do art. 100 (que prevê a obrigatória inclusão, no orçamento das entidades de direito público, de verba necessária ao pagamento de seus débitos, oriundos de sentenças transitadas em julgado, constantes de precatórios judiciários apresentados até 1º de julho), 15% (quinze por cento) do valor deste precatório serão pagos até o final do exercício seguinte e o restante em parcelas iguais nos cinco exercícios subsequentes, acrescidas de juros de mora e correção monetária, ou mediante acordos diretos, perante Juízos Auxiliares de Conciliação de Precatórios, com redução máxima de 40% (quarenta por cento) do valor do crédito atualizado, desde que em relação ao crédito não penda recurso ou defesa judicial e que sejam observados os requisitos definidos na regulamentação editada pelo ente federado.

No âmbito da União, a Lei 14.057/2020 disciplinou o acordo direto com credores para pagamento com desconto de precatórios federais, nos termos do § 20 do art. 100 da CF. Assim, as propostas de acordo direto para pagamento de precatório poderão ser apresentadas pelo credor ou pela entidade devedora perante o Juízo Auxiliar de Conciliação de Precatórios vinculado ao presidente do tribunal que proferiu a decisão exequenda. Recebida a proposta de acordo direto, o Juízo Auxiliar de Conciliação de Precatórios intimará o credor ou a entidade devedora para aceitar ou recusar a proposta ou apresentar-lhe contraproposta, observado o limite máximo de desconto de 40% (quarenta por cento) do valor do crédito atualizado nos termos legais. Aceita a proposta, o Juízo Auxiliar de Conciliação de Precatórios homologará o acordo e dará conhecimento dele ao Presidente do Tribunal para que sejam adotadas as medidas cabíveis.

A EC 94/2016 também acrescentou os arts. 101, 102, 103, 104 e 105 ao Ato das Disposições Constitucionais Transitórias da CF/88, para permitir o pagamento até 31 de dezembro de 2020, por um **regime especial**, dos precatórios a cargo de Estados, do Distrito Federal e de Municípios.

Porém, como acima mencionado, esse regime especial foi substituído por outro, que foi instituído pela EC nº 99, de 14/12/2017, que **estendeu de 31 de dezembro de 2020 para 31 de dezembro de 2024** o prazo para os Estados, o Distrito Federal e os Municípios que, em 25 de março de 2015, estavam em mora com o pagamento de seus precatórios, quitarem seus débitos vencidos e a vencer. É uma espécie absurda de moratória da moratória, já que amplia o prazo de pagamento de precatórios que já havia sido dilatado pela EC 94 e oficializa um inadmissível prolongamento no pagamento das dívidas dos Estados, DF e Municípios decorrentes de condenações judiciais já transitadas em julgado.

Assim, conforme o art. 101 do ADCT, com a nova redação dada pela EC 99/2017, os Estados, o Distrito Federal e os Municípios que, em 25 de março de 2015, se encontravam em mora no pagamento de seus precatórios quitarão, até 31 de dezembro de 2024, seus débitos vencidos e os que vencerão dentro desse período, atualizados pelo Índice Nacional de Preços ao Consumidor Amplo Especial (IPCA-E), ou por outro índice que venha a substituí-lo, depositando mensalmente em conta especial do Tribunal de Justiça local, sob única e exclusiva administração deste, 1/12 (um doze avos) do valor calculado percentualmente sobre suas receitas correntes líquidas apuradas no segundo mês anterior ao mês de pagamento, em percentual suficiente para a quitação de seus débitos e, ainda que variável, nunca inferior, em cada exercício, ao percentual praticado na data da entrada em vigor do regime especial a que se refere este artigo, em conformidade com plano de pagamento a ser anualmente apresentado ao Tribunal de Justiça local.

Entretanto, a **EC nº 109, de 15 de março de 2021**, prorrogou mais uma vez o prazo limite para os Estados, o Distrito Federal e os Municípios pagarem as suas dívidas de precatórios há muito tempo vencidas. Com efeito, a EC 109/2021 deu nova redação ao **art. 101 do ADCT**, para prorrogar o prazo até **31/12/2029**: "Os Estados, o Distrito Federal e os Municípios que, em 25 de março de 2015, se encontravam em mora no pagamento de seus precatórios quitarão, até 31 de dezembro de 2029, seus débitos vencidos e os que vencerão dentro desse período, atualizados pelo Índice Nacional de Preços ao Consumidor Amplo Especial (IPCA-E), ou por outro índice que venha a substituí-lo, depositando mensalmente em conta especial do Tribunal de Justiça local, sob única e exclusiva administração deste, 1/12 (um doze avos) do valor calculado percentualmente sobre suas receitas correntes líquidas apuradas no segundo mês anterior ao mês de pagamento, em percentual suficiente para a quitação de seus débitos e, ainda que variável, nunca inferior, em cada exercício, ao percentual praticado na data da entrada em vigor do regime especial a que se refere este artigo, em conformidade com plano de pagamento a ser anualmente apresentado ao Tribunal de Justiça local."

3.3. Imprescritibilidade

Os bens públicos são insuscetíveis de prescrição aquisitiva, ou seja, não podem ser objeto de usucapião. A Constituição Federal de 1988 afastou todas as dúvidas a respeito da imprescritibilidade dos bens públicos, ao prevê-la nos arts. 183, § 3º e 191, parágrafo único.

O Código Civil, no art. 102, também prevê que os bens públicos não estão sujeitos a usucapião.

A jurisprudência marcha na mesma direção, consoante se depreende do acórdão abaixo, do Eg. Superior Tribunal de Justiça:

"RECURSO ESPECIAL. USUCAPIÃO IMÓVEL PERTENCENTE À REDE FERROVIÁRIA FEDERAL S.A – RFFSA. ESTRADA DE FERRO DESATIVADA – IMPOSSIBILIDADE

DE SER USUCAPIDO. LEI N° 6.428/77 E DECRETO-LEI N° 9.760/46. 1. Aos **bens** originariamente integrantes do acervo das estradas de ferro incorporadas pela União, à Rede Ferroviária Federal S.A., nos termos da Lei número 3.115, de 16 de março de 1957, aplica-se o disposto no artigo 200 do Decreto-lei número 9.760, de 5 de setembro de 1946, segundo o qual os **bens** imóveis, seja qual for a sua natureza, não são sujeitos a usucapião. 2. Tratando-se de **bens públicos** propriamente ditos, de uso especial, integrados no patrimônio do ente político e afetados à execução de um serviço público, são eles inalienáveis, imprescritíveis e impenhoráveis. 3. Recurso especial conhecido e provido". (STJ, REsp 242073/SC, Rel. Ministro LUIS FELIPE SALOMÃO, Relator p/ Acórdão Ministro CARLOS FERNANDO MATHIAS, DJe 11/05/2009)[3].

Por essa razão, o STJ editou a Súmula 619, segundo a qual *A ocupação indevida de bem público configura mera detenção, de natureza precária, insuscetível de retenção ou indenização por acessões e benfeitorias*. (Súmula 619, CORTE ESPECIAL, julgado em 24/10/2018, DJe 30/10/2018). Segundo a Corte, "Não é cabível o pagamento de indenização por acessões ou benfeitorias, nem o reconhecimento do direito de retenção, na hipótese em que o particular ocupa irregularmente área pública, pois admitir que o particular retenha imóvel público seria reconhecer, por via transversa, a posse privada do bem coletivo, o que não se harmoniza com os princípios da indisponibilidade do patrimônio público e da supremacia do interesse público' [...]" (AgInt no AREsp 460180 ES, Rel. Ministro SÉRGIO KUKINA, PRIMEIRA TURMA, julgado em 03/10/2017, DJe 18/10/2017).

3.4. Impossibilidade de Oneração

Os bens públicos são insuscetíveis de oneração. Assim, sobre eles não podem incidir hipoteca, anticrese, penhor etc.

4. USO DOS BENS PÚBLICOS POR PARTICULAR

Os bens públicos podem ser utilizados pelos próprios titulares, por outras entidades públicas e por terceiros particulares (pessoas físicas ou pessoas jurídicas de direito privado). Este uso, consoante esteja conforme ou não com o destino principal do bem, pode ser:

a) *Normal;* e

b) *Anormal;*

E, segundo esteja sendo exclusivo ou não, pode ser:

a) *Privativo*; e

b) *Comum.*

O uso normal é o que se dá na conformidade com a destinação principal do bem. Já o uso anormal é o que ocorre em desconformidade com essa destinação principal. O uso privativo é aquele em face do qual somente o particular utilizará o bem. O uso

3. STJ, AgRg no REsp 865999/DF, Rel. Ministro HUMBERTO GOMES DE BARROS, DJ 14/12/2007 p. 404: "DIREITO CIVIL. IMÓVEIS PERTENCENTES À TERRACAP. **BENS PÚBLICOS**. USUCAPIÃO. IMPOSSIBILIDADE. "Os imóveis administrados pela Companhia Imobiliária de Brasília (Terracap) são **públicos,** sendo insuscetíveis de usucapião" (EREsp 695.928/JOSÉ DELGADO).

comum é aquele diante do qual todos podem, igualmente, utilizar o bem. Se uma rua está aberta à circulação, tem-se uso *comum normal;* se estiver sendo utilizada, em dada situação, para desfiles ou festejos, tem-se uso *comum anormal.* Se uma pessoa, com a devida permissão, utiliza um *box* em mercado municipal, tem-se o uso *privativo normal* (é normal porque o mercado foi construído para esse fim). Se utiliza, porém, uma parte da calçada para instalar uma barraca ou tabuleiro de venda de acarajé, tem-se uso *privativo anormal.*

Cumpre advertir que o uso anormal só é admitido quando não prejudique ou obstrua o uso normal do bem. Vale dizer, é necessário que o uso anormal seja *compatível com o fim principal* do bem, embora não tenha por objeto o mesmo fim.

4.1. Uso Comum

O uso comum é o exercido por todos, em igualdade de condições. Pode ser: ordinário e extraordinário.

4.1.1. *Ordinário*

É aquele para o qual o terceiro não precisa de qualquer autorização prévia, concomitante ou posterior para exercê-lo. O particular usa os bens públicos de forma natural. Ex.: em regra, ninguém precisa de autorização para ir às praias, caminhar nas ruas ou calçadas, etc.

4.1.2. *Extraordinário*

A despeito de o particular estar usando bem de uso coletivo, aqui há uma sujeição prévia, concomitante ou posterior, como o pagamento de pedágio em rodovias. Assim, há restrições ao uso do bem, impostas pelo poder de polícia administrativa. Certos veículos (em razão do tamanho, do peso, da natureza da carga transportada, etc.), para trafegarem nas rodovias, necessitam de autorização do poder público. As reuniões ou passeatas que venham a interromper o tráfego na via pública, também dependem, em certos casos, de autorização (vale ressaltar que tal exigência de forma alguma se choca com o direito de reunião assegurado na CF, visto que a interrupção do tráfego colide com o direito de liberdade de locomoção das outras pessoas, tendo-se, neste caso, um conflito de direitos resolvido pelo princípio da ponderação de interesse ou proporcionalidade, que faz necessária a exigência de autorização prévia do Poder Público).

4.2. Uso Privativo ou Especial

O uso privativo do bem público consiste na utilização, em caráter exclusivo, de um bem público pelo particular. Assim ocorre quando o particular deseja utilizar um dos boxes em mercados municipais; colocar mesas do restaurante na via pública; instalar bancas de revista e jornal nos calçadões e nas praças, etc. Desse modo, é possível um particular utilizar em caráter especial e privativo um bem público, *desde que para tanto seja autorizado por algum título jurídico.*

O uso privativo dos bens públicos submete-se a títulos jurídicos diferenciados. Se se tratar de bens afetados (de uso comum do povo ou de uso especial), o uso privativo desses bens *só é possível* por meio de *títulos jurídicos de direito público.* Já relativamente aos bens não afetados (os dominicais), o uso privativo pode ocorrer por meio de *títulos jurídicos de direito público* ou *títulos jurídicos de direito privado.* Nesta última hipótese, o emprego de um ou de outro título dar-se-á na conformidade da predominância do interesse público (então serão utilizados os títulos de direito público) ou do interesse privado (então serão utilizados os títulos de direito privado).

Os bens afetados, por se encontrarem fora do comércio jurídico de direito privado, só podem ser utilizados por particulares através de títulos de direito público, que compreendem a *autorização,* a *permissão* e a *concessão de uso.*

Já os bens não afetados, por serem coisas que estão no comércio jurídico de direito privado, podem ser utilizados por particulares através de títulos de direito privado, que abrangem a *locação,* o *arrendamento,* o *comodato,* a *enfiteuse,* a *cessão de uso* e a *concessão de direito real de uso.*

4.2.1. *Uso de "bens públicos afetados" por particular*

Como já afirmado, os bens de uso comum do povo e os bens de uso especial só podem ser utilizados por particulares, mediante os seguintes títulos jurídicos: autorização, permissão e concessão de uso.

4.2.1.1. Autorização de uso

Cuida-se de um ato administrativo unilateral, *discricionário* e *precário*, por meio do qual o Estado faculta a alguém o uso privativo de bens públicos para atender a interesse predominantemente particular da pessoa. A autorização é discricionária porque pode ser deferida ou indeferida, segundo a conveniência e oportunidade da Administração. É precária porque pode ser revogada a qualquer momento pela Administração, sem ensejar indenização. Em razão disso, apresenta-se como a mais precária das formas de utilização de bem público, pois além de não gerar indenização, não se exige licitação.

A autorização pode ser *simples*, ou seja, sem prazo, ou *qualificada* (também chamada *condicionada*), quando se fixa prazo. Quando a autorização for qualificada, se a Administração Pública não cumprir o termo ou a condição estabelecida, a sua revogação, com a violação das condições fixadas, poderá gerar indenização pelos prejuízos efetivamente suportados pelo particular. Ressalte-se que o particular não tem direito de exigir a permanência do ato, porque ele é precário, mas terá direito à indenização, em face dos danos verificados. A autorização pode ser gratuita ou onerosa.

São exemplos: autorização de uso para se colocar nas ruas pequenas barracas durante o carnaval; autorização de uso para se instalar em determinados locais públicos modestas bancas de camelô; autorização de uso para se colocar nas ruas mesas e cadeiras de bar, etc.

4.2.1.2. *Permissão de uso*

É ato administrativo também discricionário e precário em virtude do qual se franqueia a alguém o uso privativo de bens públicos. Distingue-se da autorização, porque a permissão é empregada para atender interesse predominantemente público. Ademais, exige, em regra, licitação, salvo nas hipóteses de dispensa ou inexigibilidade. Pode ser gratuita ou onerosa e obriga o interessado a utilizar o bem para o fim predeterminado, sob pena de ser revogada a permissão. Em geral, a permissão é o título mais adequado para o uso privativo *anormal* do bem, isto é, para o uso privativo não conforme a destinação principal do bem, mas com ela compatível. O particular não pode se opor à sua revogação devido a precariedade do ato, mas poderá pleitear indenização pelos danos que vier a sofrer em decorrência desta revogação.

São exemplos: permissão para instalação de bancas de jornal e revista em ruas ou praças; permissão para uso de *boxes* em mercados públicos, etc.

4.2.1.3. *Concessão de uso*

Trata-se de contrato administrativo através do qual a Administração Pública, por prazo determinado, faculta a terceiro interessado o uso privativo de determinado bem público. Distingue-se da permissão e da autorização, que são atos administrativos unilaterais e precários, enquanto a concessão, por ser contrato, goza de maior estabilidade e gera direito à indenização quando rescindida antes do prazo. É empregada quando o uso do bem ensejar maior dispêndio financeiro. Também depende de licitação, na modalidade de concorrência. Em geral, esse título é o mais adequado para o uso privativo *normal* do bem.

São exemplos: concessão de uso de áreas localizadas nas dependências de aeroportos, de portos e de estações rodoviárias, para exploração de lojas, lanchonetes e restaurantes; concessão de uso de áreas localizadas nas dependências de escolas e universidades públicas, para instalação de cantinas e livrarias; concessão de uso de sepultura, etc.

Uso de "Bens Públicos Afetados" por Particular	
Os bens de uso **comum do povo** e os bens de uso **especial** só podem ser utilizados por particulares, mediante os seguintes títulos jurídicos:	Autorização de uso
	Permissão de uso
	Concessão de uso

4.2.2. *Uso de "bens públicos não-afetados" por particular*

Já os bens dominicais podem ser utilizados pelo particular também por meio da autorização, da permissão e da concessão de uso, quando a utilização do bem atender ao interesse público. Todavia, quando visa a atender predominantemente ao interesse privado, esses bens podem ser usados pelo particular mediante títulos privados, já que eles estão dentro do comércio jurídico de direito privado. Assim, os bens dominicais podem ser objeto de contratos regidos pelo código civil ou leis especiais, a exemplo da locação, do arrendamento, da enfiteuse, do comodato e da concessão de direito real de uso. Contudo, o regime jurídico de direito privado sofre profundas derrogações do direito público, para ajustar os institutos às peculiaridades da Administração. Às vezes, como ressalta Di Pietro[4], essa influência do direito público é tão marcante que chega a desnaturar o próprio instituto de direito privado, emprestando-lhe conotação publicística, como ocorre com a locação de bens imóveis da União, sujeita ao regime instituído pelo Decreto-lei nº 9.760, de 05 de setembro de 1946 (arts. 86 a 98). Vejamos esses institutos do direito privado:

4.2.2.1. *Locação*

A locação dos bens imóveis da União não se sujeita à lei geral das locações, mas sim ao *Decreto-lei nº 9.760/46*, ainda em vigor, segundo o qual a *locação se fará quando houver conveniência em tornar o imóvel produtivo, conservando porém, a União, sua plena propriedade, considerada arrendamento mediante condições especiais, quando objetivada a exploração de frutos ou prestação de serviços* (art. 64, § 1º).

Pode ser celebrado: com autoridades federais ou servidores públicos da União por necessidade do serviço; com servidores públicos da União, em caráter voluntário e para fins residenciais ou com particulares para qualquer fim. A locação de imóveis da União se fará mediante contrato, *não ficando sujeita a disposições de outras leis concernentes à locação*. É proibida a sublocação do imóvel, no todo ou em parte, bem como a transferência de locação.

O contrato de locação poderá ser rescindido:

I. Quando ocorrer sublocação ou transferência;

II. Quando os aluguéis não forem pagos nos prazos estipulados;

III. Quando o imóvel for necessário a serviço público, e desde que não tenha a locação sido feita em condições especiais, aprovadas pelo Ministro da Fazenda;

IV. Quando ocorrer inadimplemento de cláusula contratual.

Nos casos previstos nos itens I e II, *a rescisão dar-se-á de pleno direito, imitindo-se a União sumariamente na posse da coisa locada*. Na hipótese do item III, *a rescisão poderá ser feita em qualquer tempo, por ato administrativo da União, sem que esta fique por isso obrigada a pagar ao locatário indenização de qualquer espécie*, excetuada a que se refira a benfeitorias necessárias.

4.2.2.2. *Arrendamento*

O arrendamento é uma modalidade de locação, também previsto no DL 9.760/46, quando objetivada a exploração de frutos ou prestação de serviços (art. 96). Em conformidade com o parágrafo único do art. 96, com a nova redação dada pela Lei nº 11.314, de 03.07.2006, salvo em casos especiais, expressamente determinados em lei, não se fará arrendamento por prazo superior a 20 (vinte) anos. Anteriormente, esse prazo era de 10 (dez) anos. Terão preferência para a locação sob essa modalidade os Estados e Municípios, que, porém, ficarão sujeitos ao pagamento da cota ou aluguel fixado e ao cumprimento das demais obrigações estipuladas em contrato.

4. Op. cit., p. 557.

4.2.2.3. *Enfiteuse ou aforamento*

É bem semelhante à enfiteuse do direito civil, não se confundindo, porém, com ela. Rege-se pelo Decreto-lei 9.760/46 (arts. 99 e seguintes) e pela Lei nº 9.636/98. No direito civil, à luz do Código anterior, o objeto da enfiteuse era qualquer terreno não edificado. Já na enfiteuse prevista para os bens da União, tal instituto está praticamente limitado aos *terrenos de marinha* e seus acrescidos.

Em conformidade com o art. 12 da Lei nº 9.636/98, os imóveis dominiais da União, situados em zonas sujeitas ao regime enfitêutico, poderão ser aforados, mediante leilão ou concorrência pública, respeitado, como preço mínimo, o valor de mercado do respectivo domínio útil, estabelecido em avaliação de precisão, realizada, especificamente para esse fim, pela SPU ou, sempre que necessário, pela Caixa Econômica Federal, com validade de seis meses a contar da data de sua publicação. Porém, em face do seu § 3º, com a redação dada pela Lei nº 13.139/2015, não serão objeto de aforamento os imóveis que, por sua natureza e em razão de norma especial, são ou venham a ser considerados indisponíveis e inalienáveis; e os que são considerados de interesse do serviço público, mediante ato do Secretário do Patrimônio da União do Ministério do Planejamento, Orçamento e Gestão.

Na enfiteuse ou aforamento, o domínio útil (uso, gozo e disposição) do imóvel é conferido ao enfiteuta ou foreiro, cabendo à União somente o domínio direto. Domínio direto é uma parcela da dominialidade, excluído o domínio útil. Segundo o art. 101 do Decreto-lei 9.760/46, os terrenos aforados pela União ficam sujeitos ao foro de 0,6% (seis décimos por cento) do valor do respectivo domínio pleno, que será anualmente atualizado. O não-pagamento do foro durante três anos consecutivos, ou quatro anos intercalados, importará a caducidade do aforamento.

De acordo com o art. 3º do Decreto-lei nº 2.398/87, com a redação dada pela Lei nº 13.465/2017, dependerá do prévio recolhimento do **laudêmio** pelo vendedor, em quantia correspondente a 5% (cinco por cento) do valor atualizado do domínio pleno do terreno, excluídas as benfeitorias, a transferência onerosa, entre vivos, do domínio útil e da inscrição de ocupação de terreno da União ou de cessão de direito a eles relativos.

4.2.2.4. *Cessão de uso*

É um instituto típico de direito público, originariamente disciplinado pelo DL 9.760/46 (arts. 125 e 126). Atualmente está disciplinado na Lei nº 9.636, de 15 de maio de 1998. A cessão de uso é contrato de natureza pessoal. Ele somente se aplica aos bens de domínio privado do Estado, apesar de ser um título de direito público. A cessão se fará quando interessar à União concretizar, *com a permissão da utilização gratuita de imóvel seu*, auxílio ou colaboração que entenda prestar.

A critério do Poder Executivo, poderão ser cedidos, *gratuitamente* ou *em condições especiais*, imóveis da União: a) aos Estados, ao Distrito Federal, aos Municípios e entidades sem fins lucrativos das áreas de educação, cultura, assistência social ou saúde, e b) a pessoas físicas ou jurídicas, em se tratando de interesse público ou social ou de aproveitamento econômico de interesse nacional.

Nos termos do § 1º do art. 18 da Lei 9.636/98, com a redação dada pela Lei 11.481/2007, a cessão ainda poderá ser realizada sob o regime de concessão de direito real de uso resolúvel, previsto no art. 7º do Decreto-Lei nº 271, de 28 de fevereiro de 1967, aplicando-se, inclusive, em terrenos de marinha e acrescidos, dispensando-se o procedimento licitatório para associações e cooperativas em se tratando de interesse público ou social ou de aproveitamento econômico de interesse nacional.

A cessão será autorizada em ato do Presidente da República e se formalizará mediante termo ou contrato, do qual constarão expressamente as condições estabelecidas, entre as quais a finalidade da sua realização e o prazo para seu cumprimento, e tornar-se-á nula, independentemente de ato especial, se ao imóvel, no todo ou em parte, vier a ser dada aplicação diversa da prevista no ato autorizativo e consequente termo ou contrato. A competência para autorizar a cessão, no entanto, poderá ser delegada ao Ministro de Estado da Fazenda, permitida a subdelegação.

A cessão de uso não se confunde com a concessão de uso. Concessão de uso, em regra, é um contrato oneroso. A cessão de uso é um contrato gratuito, salvo quando destinada à execução de empreendimento de fim lucrativo, hipótese em que será onerosa e, sempre que houver condições de competitividade, deverão ser observados os procedimentos licitatórios previstos em lei. A cessão de uso é um título jurídico de direito público pelo qual a União faculta aos Estados-membros e aos Municípios o uso gratuito e por prazo determinado de seus bens. Hoje, permite-se que este contrato beneficie também pessoas jurídicas de direito privado ou pessoas físicas que prestem serviço ou exerçam atividade de interesse público; ou, mesmo que intervenham no domínio econômico, se exercerem atividade econômica de interesse nacional.

Por força do § 6º do art. 18 da Lei 9.636/98, incluído pela Lei 11.481/2007, fica dispensada de licitação a cessão relativa a (I) – bens imóveis residenciais construídos, destinados ou efetivamente utilizados no âmbito de programas de provisão habitacional ou de regularização fundiária de interesse social desenvolvidos por órgãos ou entidades da administração pública; (II) – bens imóveis de uso comercial de âmbito local com área de até 250 m² (duzentos e cinquenta metros quadrados), inseridos no âmbito de programas de regularização fundiária de interesse social desenvolvidos por órgãos ou entidades da administração pública e cuja ocupação se tenha consolidado até 27 de abril de 2006; (III) – espaços físicos em corpos d'água de domínio da União para fins de aquicultura, no âmbito da regularização aquícola desenvolvida por órgãos ou entidades da administração pública. (Incluído pela Lei 14.011, de 2020).

4.2.2.5. Concessão de direito real de uso

Cuida-se de instituto previsto no Decreto-lei nº 271, de 28 de fevereiro de 1967. É contrato pelo qual o Estado transfere, como *direito real resolúvel*, o uso remunerado ou gratuito de terreno público ou do espaço aéreo que o recobre, para que seja utilizado com fins específicos por tempo certo ou indeterminado. É instituto de direito real resolúvel, para fins específicos de regularização fundiária de interesse social, urbanização, industrialização, edificação, cultivo da terra, aproveitamento sustentável das várzeas, preservação das comunidades tradicionais e seus meios de subsistência ou outras modalidades de interesse social em áreas urbanas. A concessão de direito real de uso poderá ser contratada, por instrumento público ou particular, ou por simples termo administrativo, e será inscrita e cancelada em livro especial. Desde a inscrição da concessão, o concessionário fruirá plenamente do terreno para os fins estabelecidos no contrato e responderá por todos os encargos civis, administrativos e tributários que venham a incidir sobre o imóvel e suas rendas. Resolve-se a concessão antes de seu termo, desde que o concessionário dê ao imóvel destinação diversa da estabelecida no contrato ou termo, ou descumpra cláusula resolutória do ajuste, perdendo, neste caso, as benfeitorias de qualquer natureza.

A concessão de uso, salvo disposição contratual em contrário, transfere-se por ato *inter vivos*, ou por sucessão legítima ou testamentária, como os demais direitos reais sobre coisas alheias, registrando-se a transferência. É permitida a concessão de direito real de uso do espaço aéreo sobre a superfície de terrenos públicos ou particulares, tomada em projeção vertical. Sua celebração depende de prévia autorização legislativa e de licitação na modalidade obrigatória de leilão (dispensada esta, nos termos do art. 76, I, "f", "g" e "h", da Lei 14.133/2021, nos casos de: 1 – de bens imóveis residenciais construídos, destinados ou efetivamente usados em programas de habitação ou de regularização fundiária de interesse social desenvolvidos por órgão ou entidade da Administração Pública; 2 – bens imóveis comerciais de âmbito local, com área de até 250 m² e destinados a programas de regularização fundiária de interesse social desenvolvidos por órgão ou entidade da Administração Pública; e 3 – de terras públicas rurais da União e do Instituto Nacional de Colonização e Reforma Agrária (Incra) onde incidam ocupações até o limite de que trata o § 1º do art. 6º da Lei nº 11.952, de 25 de junho de 2009 – isto é, até 2.500 há –, para fins de regularização fundiária, atendidos os requisitos legais.

Nos termos do § 3º, do art. 76, da Lei 14.133/2021, a Administração também poderá conceder direito real de uso de imóveis, dispensada licitação, quando o uso destinar-se: I – outro órgão ou entidade da Administração Pública, qualquer que seja a localização do imóvel; II – pessoa natural que, nos termos de lei, regulamento ou ato normativo do órgão competente, haja implementado os requisitos mínimos de cultura, de ocupação mansa e pacífica e de exploração direta sobre área rural, observado o limite de que trata o § 1º do art. 6º da Lei nº 11.952, de 25 de junho de 2009 (isto é, até 2.500 há).

É contrato de *natureza real*, distinguindo-se da concessão de uso, por ser este contrato de natureza pessoal.

5. BENS PÚBLICOS EM ESPÉCIE

Dediquemos, um pouco, aos bens públicos em espécie, notadamente aos chamados terrenos de marinha, terrenos reservados, terrenos acrescidos, terras tradicionalmente ocupadas pelos índios e as faixas de fronteiras.

5.1. Terrenos de Marinha e seus Acrescidos

Os **terrenos de marinha** são todos aqueles que, banhados pelas águas do mar ou dos rios e lagoas navegáveis (estes últimos, exclusivamente, se *sofrerem a influência das marés*, porque senão serão terrenos reservados), vão até a distância de 33 metros para a parte da terra contados da linha do preamar[5] médio medida em 1831[6] (este ponto refere-se ao estado do lugar no tempo da execução do art. 15, § 4º, da Lei de 15 de novembro de 1831)[7].

Devido a dificuldade de se identificar a linha do preamar médio de 1831, a doutrina vem se referindo à chamada *linha do jundu*, que é caracterizada pelo início de uma vegetação (*jundu*), sempre existente além das praias e para o interior das terras que com elas confinam. Essa linha vem sendo utilizada para determinar a separação dos terrenos de marinha das terras particulares[8]. Eis, abaixo, uma imagem da vegetação.

A influência das marés é caracterizada pela oscilação periódica de 05 (cinco) centímetros pelo menos, do nível das águas, que ocorra qualquer época do ano.

São terrenos acrescidos de marinha, os que se tiverem formado, natural ou artificialmente, para o lado do mar ou dos rios e lagoas, em seguimento aos terrenos de marinha.

Os terrenos de marinha e seus acrescidos pertencem à União e integram seus bens dominicais. Não devem ser confundidos com praia que são bens públicos de uso comum.

---

5. Preamar é maré cheia, isto é, o ponto mais alto ao qual sobe a maré.
6. Média da maré alta apurada em 1831.
7. Conforme art. 1º e 2º, do Decreto-lei nº 3.438/1941.
   "Art. 1º São terrenos de marinha, em uma profundidade de 33 metros, medidos para a parte de terra, do ponto em que se passava a linha do preamar médio de 1831:
   a) os situados no continente, na costa marítima e nas margens dos rios e lagoas, até onde se faça sentir a influência das marés;
   b) os que contornam as ilhas situadas em zona onde se faça sentir a influência das marés.
   Parágrafo único. Para os efeitos deste artigo, a influência das marés é caracterizada pela oscilação de cinco centímetros, pelo menos, do nível das águas (atração luni-solar) que ocorra em qualquer época do ano.
   Art. 2º São terrenos acrescidos de marinha os que se tiverem formado, natural ou artificialmente, para o lado do mar ou dos rios e lagoas, em seguimento nos terrenos de marinha."
8. Diogenes Gasparini, op. cit., p. 925.

5.2. Terrenos Reservados e seus Acrescidos

São **terrenos reservados** (também chamados de terrenos marginais) os que, banhados pelas correntes navegáveis, *fora do alcance das marés,* vão até a distância de 15 (quinze) metros, medidos horizontalmente para a parte da terra, contados desde a linha média das enchentes ordinárias, também medida em 1831[9].

Esses terrenos pertencem aos Estados, salvo se, por algum título legítimo, forem do domínio federal (os situados nos territórios federais e na faixa de fronteira), municipal ou particular (aforamento). São bens dominicais. Em razão disso, e nos termos da súmula 479 do STF, as margens dos rios navegáveis são de domínio público, insuscetíveis de expropriação e, por isso mesmo, excluídas de indenização[10].

---

9. Art. 14, do Decreto nº 24.643/1934 (Código de Águas): Os terrenos reservados são os que, banhados pelas correntes navegáveis, fora do alcance das marés, vão até a distância de 15 metros para a parte de terra, contados desde o ponto médio das enchentes ordinárias.

10. No mesmo sentido: STJ, REsp 763591/MS, Rel. Ministro MAURO CAMPBELL MARQUES, DJe 23/10/2008: "ADMINISTRATIVO. AÇÃO DE DESAPROPRIAÇÃO DIRETA. CONSTRUÇÃO DE USINA HIDRELÉTRICA. INDENIZAÇÃO DOS TERRENOS RESERVADOS. IMPOSSIBILIDADE. APLICAÇÃO DA SÚMULA 479/STF. PRECEITOS LEGAIS NÃO-PREQUESTIONADOS. SÚMULA 282/STF. DEFICIÊNCIA DE FUNDAMENTAÇÃO. SÚMULA 284/STF. DISSÍDIO PRETORIANO NÃO-DEMONSTRADO. 1. Tratam os autos de ação de desapropriação tendo por objeto uma gleba de terras, com área de 1,00 ha, necessária para a implantação da bacia de inundação da Usina Hidrelétrica Engenheiro Sérgio Motta – Porto Primavera, no Rio Paraná, divisa dos Estados de São Paulo e Mato Grosso do Sul. Segundo a expropriante, a gleba de terras pertence aos expropriados na qualidade de detentores da posse e 0, 0450 ha constitui-se de terrenos de reserva, de domínio da União, insuscetíveis de indenização. A única questão deduzida nas razões do especial é concernente à impossibilidade de serem indenizados os chamados terrenos de reserva, apontando, para tanto, ofensa dos arts. 11, 12, 14 e 29 do Decreto 24.643/1934, além de divergência jurisprudencial. 2. Insurgência pela alínea "c" que não observou o regramento dos arts. 255, § 2º, do RISTJ e 541, parágrafo único, do CPC, que exigem o cotejo analítico das teses divergentes e comprovação de similaridade de molduras fáticas, a ponto de reclamarem a mesma solução jurídica. 3. Sobre a matéria, a jurisprudência do Superior Tribunal de Justiça vinha adotando posicionamento pelo afastamento da Súmula 479/STF em hipóteses que era possível identificar algum título legítimo pertencente ao domínio particular. Concluía-se que os terrenos marginais presumiam-se de domínio público, podendo, excepcionalmente, integrar o domínio de particulares, desde que objeto de concessão legítima, expressamente emanada da autoridade competente. 4. Hodiernamente, a Segunda Turma, por ocasião do julgamento do Resp 508.377/MS, em sessão realizada em 23/10/2007, sob a relatoria do eminente Ministro João Otávio de Noronha e voto-vista do Ministro Herman Benjamin, reviu o seu posicionamento para firmar-se na linha de que a Constituição Federal aboliu expressamente a dominialidade privada dos cursos de água, terrenos reservados e terrenos marginais, ao tratar do assunto em seu art. 20, inciso III (Art. 20: São bens da União: III – os lagos, rios e quaisquer correntes de água em terrenos de seu domínio, ou que banhem mais de um Estado, sirvam de limites com outros países, ou se estendam a território estrangeiro ou dele provenham, bem como os terrenos marginais e as praias fluviais;). Desse modo, a interpretação a ser conferida ao art. 11, *caput*, do Código de Águas ("ou por algum título legítimo não pertencerem ao domínio particular"), que, teoricamente, coaduna-se com o sistema constitucional vigente e com a Lei das Águas (Lei 9.433/1997), é a de que, no que tange a rios federais e estaduais, o título legítimo em favor do particular que afastaria o domínio pleno da União seria somente o decorrente de enfiteuse ou concessão, este último de natureza pessoal, e não real. Ou seja, admissível a indenização advinda de eventuais benefícios econômicos que o particular retiraria da sua contratação com o Poder Público. 5. Na espécie, conquanto tenha o acórdão recorrido consignado que terrenos reservados pertencentes ao domínio particular devem ser indenizados em casos de desapropriação, declarou expressamente que o imóvel objeto da lide não está registrado em nome dos expropriados, os quais detêm, tão-somente, a posse direta. Mas, ainda assim, concluiu pelo reconhecimento do direito à indenização. 6. Reforma do aresto de segundo grau que se impõe para determinar a exclusão do valor referente aos terrenos reservados do montante fixado para a indenização tendo em vista a interpretação do art. 11, *caput*, do Código das Águas conforme o texto insculpido no art. 20, III, da Constituição Federal. 7. Aplicação da Súmula 479/STF: "As margens dos rios navegáveis são domínio público, insuscetíveis de expropriação e, por isso mesmo, excluídas de indenização." 8. Recurso especial parcialmente conhecido e, nessa parte, provido".

Quanto às margens dos *rios não navegáveis*, estas estão oneradas, em uma faixa de 10 metros, com servidão de trânsito, em benefício dos agentes da Administração em execução de serviços (art. 12 do Código de Águas).

São terrenos acrescidos aos terrenos reservados todos aqueles que se tiverem formado para o lado dos rios ou lagos em seguimento aos terrenos reservados.

5.3. Terras Tradicionalmente Ocupadas pelos Povos Indígenas

São terras tradicionalmente ocupadas pelos povos indígenas as por eles habitadas em caráter permanente, as utilizadas para suas atividades produtivas, as imprescindíveis à preservação dos recursos ambientais necessários ao seu bem-estar e as necessárias a sua reprodução física e cultural, segundo seus usos, costumes e tradições. As terras tradicionalmente ocupadas pelos indígenas destinam-se a sua posse permanente, cabendo-lhes o usufruto exclusivo das riquezas do solo, dos rios e dos lagos nelas existentes.

O aproveitamento dos recursos hídricos, incluídos os potenciais energéticos, a pesquisa e a lavra das riquezas minerais em terras indígenas só podem ser efetivados com autorização do Congresso Nacional, ouvidas as comunidades afetadas, ficando-lhes assegurada participação nos resultados da lavra, na forma da lei. Estas terras são inalienáveis e indisponíveis, e os direitos sobre elas, imprescritíveis.

Estas terras pertencem a União e são bens de uso especial.

Por fim, esclareça-se que, nos termos do art. 1º, *h*, do Decreto-lei 9.760/46, pertencem à União os terrenos dos extintos aldeamentos de índios e das colônias militares, que não tenham passado, legalmente, para o domínio dos Estados, Municípios ou particulares.

5.4. Faixa de Fronteira

É uma área de 150 km de largura, paralela à linha divisória terrestre do território nacional, considerada indispensável à segurança nacional.

Na faixa de fronteira há terras públicas e particulares. Entre as terras públicas, de propriedade da União, há as terras devolutas. As propriedades particulares nela situadas submetem-se a uma série de restrições fixadas em lei, em benefício da segurança nacional. Essas restrições estão reguladas na Lei nº 6.634, de 02 de maio de 1979.

5.5. Terras Devolutas[11]

É necessário, para compreender o conceito de terras devolutas, estabelecer-se uma distinção entre terras públicas *(lato sensu* e *stricto sensu)* e terras devolutas. Isoladamente tomada, a expressão *terras públicas* é gênero. É o que se pode chamar de terras públicas *lato sensu*. Nesse sentido amplo, são terras públicas todas aquelas pertencentes ao poder público, ou seja, são bens públicos determinados ou determináveis que integram o patrimônio público, incluindo-se, aí, as terras devolutas. Assim, as terras devolutas são espécie de terras públicas *lato sensu*. A outra espécie são as terras públicas *stricto sensu*.

---

11. Conforme escrevemos a respeito na Revista Jurídica dos Formandos em Direito da UFBA, Ano III, Vol. IV, sob o título *Terras Devolutas nas Constituições Republicas*, p. 261-276.

Temos, pois, duas espécies de terras públicas *lato sensu* (gênero): as terras devolutas e as terras públicas *stricto sensu*. Esse é o sentido, pois, empregado no art. 188 da CF de 1988, ao mencionar que "A destinação de terras públicas e devolutas...". Entenda-se, aí, terras públicas *stricto sensu*.

E terras públicas *stricto sensu*, são aqueles bens determinados que integram o patrimônio público como bem de uso especial ou patrimonial. Assim, *v. g.*, é terra pública *stricto sensu* uma fazenda de propriedade da administração pública, que esta utiliza para fins de pesquisa.

De notar-se, pois, que a noção de bens *determinados* e *determináveis* é fundamental para compreensão do que sejam terras devolutas. Tanto que as terras devolutas passam a ser terras públicas *stricto sensu* depois de discriminadas, uma vez que passam a ser bens *determinados*. Logo, não fosse a existência de terras devolutas, desnecessária seria a distinção entre terras públicas *lato sensu* e *stricto sensu*. Teríamos, apenas, terras públicas, como sói acontecer em quase todos os países.

O conceito de terras devolutas, todavia, não é uniforme, tendo em vista que a Lei Imperial nº 601, de 1850, deu uma definição de terras devolutas por exclusão.

"Comumente, encontramos opiniões – informa Paulo Garcia – sustentando que devolutas são as terras que retornaram ao patrimônio da Coroa Portuguesa, após a extinção do regime de concessão de capitanias". Contudo, afirma o mesmo autor, com razão, "isto, porém, não exprime a realidade, pois:

a) Nem todas as terras do Brasil-Colônia foram objeto de concessão aos donatários das Capitanias. Essas capitanias eram perfeitamente delimitadas e o número delas abrangeu apenas um limitado e restrito pedaço do solo brasileiro;

b) Por outro lado, muito território o Brasil veio a adquirir, após a cessação do regime das capitanias. Desta forma, essas novas terras que passaram a integrar a extensão do solo pátrio (inclusive as do território do Acre) não poderiam ser tidas como devolutas, pois que não foram, em época alguma, devolvidas à Coroa Portuguesa"[12].

Para nós, terras devolutas são terras públicas *lato sensu*, indeterminadas ou determináveis, sem nenhuma utilização pública específica e que não se encontram, por qualquer título, integradas ao domínio privado. Quando determinadas via ação discriminatória, passam a ser terras públicas *stricto sensu*.

As terras devolutas pertencem, em regra, desde a Constituição de 1891 (art. 64), aos Estados-membros, excetuando-se aquelas indispensáveis à defesa das fronteiras, das fortificações e construções militares, das vias federais de comunicação e à preservação ambiental, que são de propriedade da União (CF/88, art. 20, II).

5.6. Ilhas

As ilhas são extensões de terra cercadas por águas do mar (**ilhas marítimas**), dos rios (**ilhas fluviais**) ou dos lagos (**ilhas lacustres**).

12. Paulo Garcia, op. cit., pg. 155.

As **ilhas fluviais** e **lacustres** pertencem, em regra, aos Estados. Entretanto, pertencerão à União se estiverem em zonas limítrofes com outros países ou se estiverem em rios ou lagos do domínio da União (como, por exemplo, que banhem mais de um Estado ou que sirvam de limites com outros países).

As **ilhas marítimas** dividem-se em ilhas **oceânicas** e ilhas **costeiras**. As oceânicas são aquelas que se encontram em pleno oceano, distantes dos litorais continentais; as costeiras situam-se próximas aos continentes, ligadas através da plataforma continental.

Em regra, as ilhas marítimas (oceânicas e costeiras) pertencem a União.

Porém, é possível, excepcionalmente, que as áreas, *nas ilhas oceânicas e costeiras* pertençam aos Estados e aos Municípios. Isto porque, segundo o art. 26, II, da Constituição, são bens dos Estados as áreas, *nas ilhas oceânicas e costeiras*, que estiverem no seu domínio, excluídas aquelas sob domínio da União, Municípios ou terceiros.

Ademais, o próprio inciso IV do art. 20 da Constituição, com a nova redação dada pela EC nº 46/2005, declara que não pertencem mais à União as *ilhas costeiras que contenham a sede* de Municípios, exceto aquelas áreas afetadas ao serviço público e a unidade ambiental federal. Assim, a alteração introduzida pela EC nº 46/2005 criou exceção à regra geral então vigente sobre a propriedade federal das ilhas costeiras.

Com a novel redação conferida ao art. 20, IV, da Constituição, deixaram de pertencer à União as ilhas costeiras em que sediados Municípios, sendo expressamente ressalvadas, apenas, as "*áreas afetadas ao serviço público e a unidade ambiental federal e as referidas no art. 26, II*". A EC nº 46/2005, portanto, suprimiu da União a propriedade das ilhas costeiras em que sediados Municípios, trespassando para essas entidades federadas locais a propriedade desses bens.

Antes da EC nº 46/2005, todos os imóveis situados nas ilhas costeiras que não pertencessem, por outro título, a Estado, Município ou particular, eram propriedade da União. Porém, com o comando da Emenda, "deixa de constituir título hábil a ensejar o domínio da União o simples fato de que situada determinada área em ilha costeira, se nela estiver sediado Município, não mais se presumindo a propriedade da União sobre tais terras, que passa a depender da existência de outro título que a legitime."[13]

Todavia, mesmo nas ilhas costeiras em que sediados Municípios, permanece a propriedade da União sobre os terrenos de marinha e seus acrescidos lá localizados, a teor do inciso VII do art. 20 da Constituição, pois a EC nº 46/2005 em nada alterou o regime jurídico-constitucional dos terrenos de marinha e seus acrescidos, que, independentemente de sua localização, seja em ilhas costeiras sede de Municípios ou não, continuam de propriedade da União. Essa conclusão resulta da interpretação conjunta dos incisos IV e VII do art. 20 da Constituição da República.

A esse respeito, no RE 636.199, rel. min. Rosa Werber, j. 27-4-2017, P, *DJE* de 3-8-2017, **Tema 676**, o STF firmou a seguinte tese: "Ao equiparar o regime jurídico--patrimonial das ilhas costeiras em que sediados Municípios àquele incidente sobre a porção continental do território brasileiro, a Emenda Constitucional nº 46/2005 não interferiu na propriedade da União, nos moldes do art. 20, VII, da Constituição da

13. RE 636.199, rel. min. Rosa Werber, j. 27-4-2017, P, *DJE* de 3-8-2017, Tema 676.

República, sobre os terrenos de marinha e seus acrescidos situados em ilhas costeiras sede de Municípios, incólumes as relações jurídicas daí decorrentes."[14]

5.7. Recursos Minerais e Jazidas

Entende-se por minérios as rochas ou minerais que podem ser retirados, processados e colocados no mercado para suprir as necessidades da indústria ou do consumidor final (exemplos: alumínio, manganês, diamante, turmalina, esmeralda, etc.). **As jazidas** são concentrações de minerais de onde podem ser extraídos minerais.

De acordo com o inciso IX do art. 20 da Constituição Federal, os recursos minerais, inclusive os do subsolo, são bens da União.

Ademais, nos termos do art. 176 da Constituição, as jazidas, em lavra ou não, e demais recursos minerais constituem propriedade distinta da do solo, para efeito de exploração ou aproveitamento, e pertencem à União, garantida ao concessionário a propriedade do produto da lavra.

Porém, a pesquisa e a lavra (extração) de recursos minerais somente poderão ser efetuados mediante autorização ou concessão da União, no interesse nacional, por brasileiros ou empresa constituída sob as leis brasileiras e que tenha sua sede e administração no País, na forma da lei. A autorização de pesquisa será sempre por prazo determinado, e as autorizações e concessões da pesquisa e lavra de recursos minerais não poderão ser cedidas ou transferidas, total ou parcialmente, sem prévia anuência do poder concedente.

A Constituição, entretanto, assegura ao proprietário do solo participação nos resultados da lavra, na forma e no valor que dispuser a lei.

Em se tratando de bens públicos, com relação à exploração e ao aproveitamento de jazidas, define-se o sistema regaliano como aquele em que a propriedade do subsolo distingue-se da propriedade do solo e, desse modo, as jazidas constituem propriedade da "Coroa", que pode explorá-las diretamente ou mediante autorização ou concessão a terceiros.

---

14. Apreciado o Tema nº 676 da repercussão geral, fixou-se a seguinte tese: "A Emenda Constitucional nº 46/2005 não interferiu na propriedade da União, nos moldes do art. 20, VII, da Constituição da República, sobre os terrenos de marinha e seus acrescidos situados em ilhas costeiras sede de Municípios".

6. QUADRO SINÓTICO

BENS PÚBLICOS

1. Conceito

Bens públicos são todas as coisas materiais ou imateriais cujos titulares são as *pessoas jurídicas de direito público* (entidades estatais, autarquias e fundações públicas) ou *pessoas jurídicas de direito privado prestadoras de serviços públicos*, quando estes bens, na última hipótese, se encontrem vinculados à prestação destes serviços públicos.
Todavia, segundo o art. 98 do Código Civil de 2002, são bens públicos somente aqueles pertencentes às pessoas jurídicas de direito público, que, entre nós, são a União, os Estados-membros, o Distrito Federal e Territórios, os Municípios e suas autarquias e fundações de direito público.

2. Classificação dos bens públicos

Segundo art. 99 do CC, são bens públicos:

I. Os de uso comum do povo – Tais como rios, mares, estradas, ruas e praças. Os bens públicos de uso comum são *destinados* ao uso comum e geral de toda a comunidade;

II. Os de uso especial – Tais como edifícios ou terrenos destinados a serviço ou estabelecimento da administração federal, estadual, distrital ou municipal, inclusive os de suas autarquias e fundações públicas;

III. Os dominicais – Que constituem o patrimônio disponível das pessoas jurídicas de direito público, como objeto de direito pessoal, ou real, de cada uma dessas entidades.

Na doutrina, os bens de uso comum do povo e os de uso especial, por terem destinação pública específica, são considerados *bens afetados,* pois encontram-se vinculados a um destino ou fim público. Já os bens dominiais, por não terem destinação pública específica, são considerados *bens não afetados,* pois não se vinculam a nada. Quando um bem público passa de dominical para de uso comum ou especial, temos uma afetação; quando passa de uso comum ou especial para dominical, temos uma desafetação.

3. Características dos bens públicos

3.1. Inalienabilidade

Essa característica é relativa, pois é possível alienar bem públicos, desde que atendidas certas formalidade legais, como, por exemplo, a prévia desafetação dos bens afetados, a avaliação prévia, a justificativa de interesse público, a autorização legislativa para os bens públicos imóveis pertencentes às entidades de direito público e a licitação).

3.2. Impenhorabilidade

Não podem ser objeto de penhora.

3.3. Imprescritibilidade

Não podem ser objeto de usucapião.

3.4. Impossibilidade de oneração

Não podem ser objeto de hipoteca, anticrese e penhor.

4. Uso dos bens públicos por particular

Os bens públicos podem ser utilizados pelos próprios titulares, por outras entidades públicas e por terceiros particulares (pessoas físicas ou pessoas jurídicas de direito privado). Este uso, consoante esteja conforme ou não com o destino principal do bem, pode ser: *a) Normal* e *b) Anormal;* e, segundo esteja sendo exclusivo ou não, pode ser: *a) Privativo* e *b) Comum.* O uso normal é o que se dá na conformidade com a destinação principal do bem. Já o uso anormal é o que ocorre em desconformidade com essa destinação principal. O uso privativo é aquele em face do qual somente o particular utilizará o bem. O uso comum é aquele em face do qual todos podem, igualmente, utilizar o bem.

4.1. Uso comum

O uso comum é o exercido por todos, em igualdade de condições. Pode ser: ordinário e extraordinário.

4.1.1. Ordinário

Sem restrições ou prévias condições.

4.1.2. Extraordinário

Com restrições e prévias condições, como a necessidade de autorização do poder público para certos veículos trafegarem em razão do peso, do tamanho, da carga que transporta e a cobrança de pedágios nas rodovias.

4.2. Uso privativo ou especial

O uso privativo do bem público consiste na utilização, em caráter exclusivo, de um bem público pelo particular. O uso privativo dos bens públicos submete-se a títulos jurídicos diferenciados. Títulos jurídicos de direito público, obrigatoriamente para os bens de uso afetado: autorização, permissão e concessão de uso; Títulos jurídicos de direito privado são os aplicáveis para os bens não afetados, por serem coisas que estão no comércio jurídico de direito privado. Abrangem a *locação*, o *arrendamento*, o *comodato*, a *enfiteuse*, a *cessão de uso* e a *concessão de direito real de uso*.

5. Bens Públicos em espécie

5.1. Terrenos de marinha e seus acrescidos

São terrenos de marinha todos aqueles que, banhados pelas águas do mar ou dos rios e lagoas navegáveis (estes últimos, exclusivamente, se *sofrerem a influência das marés,* porque senão serão terrenos reservados), vão até a distância de 33 metros para a parte da terra contados da linha do preamar médio, medida em 1831.
São terrenos acrescidos de marinha, os que se tiverem formado, natural ou artificialmente, para o lado do mar ou dos rios e lagoas, em seguimento aos terrenos de marinha.
Os terrenos de marinha e seus acrescidos pertencem à União e integram seus bens dominicais. Não devem ser confundidos com praia que são bens públicos de uso comum.

5.2. Terrenos reservados e seus acrescidos

São terrenos reservados (também chamados de terrenos marginais) os que, banhados pelas correntes navegáveis, *fora do alcance das marés,* vão até a distância de 15 (quinze) metros, medidos horizontalmente para a parte da terra, contados desde a linha média das enchentes ordinárias, também medida em 1831.
São terrenos acrescidos aos terrenos reservados todos aqueles que se tiverem formado para o lado dos rios ou lagos em seguimento aos terrenos reservados.
Esses terrenos pertencem aos Estados, salvo se, por algum título legítimo, forem do domínio federal (os situados nos territórios federais e na faixa de fronteira), municipal ou particular (aforamento). São bens dominicais. Em razão disso, e nos termos da súmula 479 do STF, as margens dos rios navegáveis são de domínio público, insuscetíveis de expropriação e, por isso mesmo, excluídas de indenização.

5.3. Terras tradicionalmente ocupadas pelos índios
São terras tradicionalmente ocupadas pelos índios as por eles habitadas em caráter permanente, as utilizadas para suas atividades produtivas, as imprescindíveis à preservação dos recursos ambientais necessários ao seu bem-estar e as necessárias a sua reprodução física e cultural, segundo seus usos, costumes e tradições. As terras tradicionalmente ocupadas pelos índios destinam-se a sua posse permanente, cabendo-lhes o usufruto exclusivo das riquezas do solo, dos rios e dos lagos nelas existentes.
5.4. Faixa de fronteira
É uma área de 150 km de largura, paralela à linha divisória terrestre do território nacional, considerada indispensável à segurança nacional.
5.5. Terras devolutas
São terras públicas *lato sensu*, indeterminadas ou determináveis, sem nenhuma utilização pública específica e que não se encontram, por qualquer título, integradas ao domínio privado. Quando determinadas via ação discriminatória, passam a ser terras públicas *stricto sensu*.
5.6. Ilhas
As ilhas são extensões de terra cercadas por águas do mar (**ilhas marítimas**), dos rios (**ilhas fluviais**) ou dos lagos (**ilhas lacustres**). As **ilhas marítimas** (que se dividem em ilhas oceânicas e costeiras) são bens da União, excluídas, porém, as ilhas costeiras que contenham a sede de Municípios (exceto aquelas áreas afetadas ao serviço público e a unidade ambiental federal) e as referidas no art. 26, II.

7. JURISPRUDÊNCIA APLICADA

- "O ente público detém legitimidade e interesse para intervir, incidentalmente, na ação possessória entre particulares, podendo deduzir qualquer matéria defensiva, inclusive, se for o caso, o domínio." (SÚMULA 637, CORTE ESPECIAL, julgado em 06/11/2019, DJe 11/11/2019).

- "A ocupação indevida de bem público configura mera detenção, de natureza precária, insuscetível de retenção ou indenização por acessões e benfeitorias." (SÚMULA 619, CORTE ESPECIAL, julgado em 24/10/2018, DJe 30/10/2018).

- STJ, REsp 1019820/RS, Rel. Ministra DENISE ARRUDA, DJe 07/05/2009: "PROCESSUAL CIVIL. ADMINISTRATIVO. RECURSO ESPECIAL. TERRENO DE MARINHA. TAXA DE OCUPAÇÃO. ALEGADA VIOLAÇÃO DOS ARTS. 131, 458 E 535 DO CPC. NÃO-OCORRÊNCIA. QUALIFICAÇÃO DOS IMÓVEIS COMO TERRENOS DE MARINHA. REEXAME DE MATÉRIA FÁTICA. SÚMULA 7/STJ. TITULARIDADE. DIREITO DE PROPRIEDADE. REGISTRO IMOBILIÁRIO. NATUREZA ORIGINÁRIA. 1. É pacífica a jurisprudência do Superior Tribunal de Justiça no sentido de que não viola o art. 535 do CPC, tampouco nega a prestação jurisdicional, o acórdão que, mesmo sem ter examinado individualmente cada um dos argumentos trazidos pelo vencido, adota, entretanto, fundamentação suficiente para decidir de modo integral a controvérsia. 2. A fundamentação de maneira concisa não se confunde com a ausência de fundamentos, não se podendo falar, por esse motivo, em contrariedade aos arts. 131 e 458, II, do Código de Processo Civil. 3. As instâncias ordinárias, mediante análise de fatos e provas, concluíram que os imóveis dos autores estão localizados na faixa dos terrenos de marinha, sendo legítima, por conseguinte, a cobrança da taxa de ocupação. Assim, o reexame da qualificação dos imóveis e da posição da linha preamar média de 1831, para fins de enquadrá-los na categoria dos bens privados — e, com isso, afastar a cobrança da taxa questionada —, pressupõe, necessariamente, o reexame do contexto fático-probatório dos autos, inviável em sede de recurso especial, conforme o disposto na Súmula 7/STJ. 4. O Superior Tribunal de Justiça já firmou o entendimento de que os títulos de domínio privado não podem ser opostos à União, porque a titularidade dos terrenos de marinha e acrescidos, conferida por lei, tem natureza originária. 5. Recurso especial parcialmente conhecido e, nessa parte, desprovido".

- STJ, AgRg no REsp 1006133/SC, Rel. Ministro HUMBERTO MARTINS, DJe 04/02/2009: "ADMINISTRATIVO – AGRAVO REGIMENTAL – RECURSO ESPECIAL – TAXA DE OCUPAÇÃO – TERRENO DE MARINHA – PRESCRIÇÃO – CINCO ANOS – PRECEDENTES. 1. Os precedentes da Segunda Turma do STJ encontram-se uníssonos sobre a incidência de prescrição vintenária nas pretensões de cobrança da taxa de ocupação dos terrenos de marinha, até 1998. O artigo 47, Lei n. 9.636/1998, fez nascer o prazo quinquenal. 2. "Os créditos anteriores a edição da Lei nº 9.821/99 não estavam sujeitos à decadência, mas somente a prazo prescricional de cinco anos (art. 1º do Decreto nº 20.910/32 ou 47 da Lei nº 9.636/98), já os créditos posteriores à Lei nº 9.821/99 sujeitavam-se a prazo decadencial de cinco anos." (REsp 1064962/PE, Rel. Min. Castro Meira, Segunda Turma, julgado em 9.9.2008, DJe 10.10.2008). Agravo regimental improvido".

- STJ, REsp 1064962/PE, Rel. Ministro CASTRO MEIRA, DJe 10/10/2008: "TRIBUTÁRIO. EXECUÇÃO FISCAL. TERRENOS DE MARINHA. PRESCRIÇÃO E DECADÊNCIA. 1. Até 1998 a cobrança da taxa de ocupação dos terrenos de marinha estava sujeita ao prazo vintenário inserto no artigo 177 do Código Civil de 1916. 2. O artigo 47 da Lei nº 9.636/98 instituiu prazo quinquenal para a cobrança de taxa de ocupação de terreno de marinha. 3. Os créditos anteriores a edição da Lei nº 9.821/99 não estavam sujeitos à decadência, mas somente a prazo prescricional de cinco anos (art. 1º do Decreto nº 20.910/32 ou 47 da Lei nº 9.636/98), já os créditos posteriores à Lei nº 9.821/99 sujeitavam-se a prazo decadencial de cinco anos. 4. No caso, como todos os créditos foram constituídos em 15.10.02, não houve decadência de qualquer parcela em cobrança. 5. As anuidades do ano de 1988 a 1998, por não se sujeitarem à decadência, deveriam ser cobradas em cinco anos, portanto, as parcelas de 1988 a 1997 estão prescritas, já que cobradas somente no ano de 2003, por outro lado a parcela referente ao exercício de 1998 não está prescrita, considerando que poderia ser cobrada até o final do exercício de 2003. 6. As anuidades de 1999 a 2002 sujeitam-se a prazos decadencial e prescricional de cinco anos, com isso, os créditos referentes a esses quatro exercícios foram constituídos dentro do prazo legal de cinco anos (15.10.02) e cobrados também no prazo de cinco anos a contar da constituição (08.09.03), não se podendo falar em decadência ou prescrição do crédito em cobrança. 7. Deve ser reconhecida a prescrição dos créditos referentes aos exercícios anteriores a 1997, prosseguindo a execução quanto aos créditos remanescentes, exercícios de 1998 e 2001. 5. Recurso especial não provido".

- STJ, REsp 995963/PE, Rel. Ministra ELIANA CALMON, DJe 18/09/2008: "PROCESSO CIVIL – ADMINISTRATIVO – TAXA DE OCUPAÇÃO DE TERRENOS DE MARINHA – DIREITO PATRIMONIAL – PRAZO DECADENCIAL E PRESCRICIONAL – ART. 1º, DECRETO-LEI 2.398/87 E ART. 101, *CAPUT*, do DECRETO-LEI n. 9.760/46 – AUSÊNCIA DE PREQUESTIONAMENTO – SÚMULA 282/STF – ART. 177, CC/16 – LEIS 9.636/98, 9.821/99, MP 152 E 10.852/04, ART. 173, CTN E DECRETO-LEI 20.910/32 – ANALOGIA – EXISTÊNCIA DE NORMAS DE DIREITO PÚBLICO – PRINCÍPIO DA SIMETRIA – APLICAÇÃO. 1. Ausente qualquer juízo de valor sobre o valor da taxa de ocupação, carente o recurso de prequestionamento quanto aos enunciados normativos que lhe fazem referência. Aplicação da Súmula n. 282/STF. 2. As taxas de ocupação de terrenos de marinha sujeitam-se ao regime jurídico publicístico, cuja regulação atualmente encontra-se na Lei n. 9.363, de 15 de maio de 1998. 3. Fixada a natureza do regime da taxa de ocupação, aplicam-se-lhe os prazos decadencial e prescricional previstos nas normas de Direito Público, já que no processo integrativo o intérprete deve buscar, prioritariamente, no próprio Sistema de Direito Público as normas aplicáveis por analogia. 4. Existência de normas jurídicas de Direito Público idôneas a suprir a lacuna normativa: arts. 173 do CTN para o prazo de constituição dos créditos e art. 1º do Decreto-lei n. 20.910/32 para o prazo de cobrança executiva. Inaplicabilidade do art. 177 do CC. 5. Aplicação do prazo quinquenal de decadência e prescrição até o advento da MP n. 152, de 24 de dezembro de 2003 e da Lei n. 9.363/98, respectivamente. 6. Após 24 de dezembro de 2003, aplica-se o prazo decenal para constituição dos créditos referentes à taxa de ocupação. 7. Caducidade dos créditos referentes aos exercícios de 1991 a 1996. Validade da constituição e cobrança dos demais créditos. 8. Recurso especial não provido".

- STJ, REsp 775476/SP, Rel. Ministro TEORI ALBINO ZAVASCKI, DJe 12/11/2008: "ADMINISTRATIVO. PROCESSUAL CIVIL. AÇÃO DE INDENIZAÇÃO POR DESAPROPRIAÇÃO INDIRETA. TERRENOS RESERVADOS À MARGEM DE RIO. AUSÊNCIA DE TÍTULO DE DOMÍNIO PARTICULAR. PROPRIEDADE PÚBLICA. 1. Não há falar em violação ao artigo 535 do CPC, por omissão no julgamento, quando o acórdão examinado todos os pontos relevantes para a solução da causa. 2. Não se conhece de recurso especial fundado em divergência jurisprudencial quando não apontado, como exige a Constituição também para esse caso (CF, art.105, III, c), o dispositivo de lei federal objeto da interpretação alegadamente divergente. 3. Segundo o Código de Águas, os terrenos reservados às margens de correntes e lagos navegáveis (a) são bens públicos dominicais, exceto se estiverem destinados ao uso comum ou por algum título legítimo pertencerem ao domínio particular; (b) pertencem aos Estados se, por algum título, não forem de domínio federal, municipal ou particular; e (c) vão até a distância de 15 metros para a parte de terra, contados desde o ponto médio das enchentes ordinárias (Decreto nº 24.643, de 10 de julho de 1934, arts. 11, 14 e 31). 4. "As margens dos rios navegáveis são domínio público, insuscetíveis de expropriação e, por isso mesmo, excluídas de indenização" (Súmula 479/STF). Portanto, sem título de domínio concedido pelo Poder Público, não tem o particular direito a indenização dessas áreas, no caso de desapropriação. Precedentes. 5. Recurso especial a que se nega provimento".

- **"ADMINISTRATIVO. DESAPROPRIAÇÃO. TERRENOS RESERVADOS. PRETENSÃO DE INDENIZABILIDADE. DESCABIMENTO.** 1. Os terrenos reservados nas margens das correntes públicas, como o caso dos rios navegáveis, são, na forma do art. 11 do Código de Águas, **bens públicos** dominiais, salvo se por algum título legítimo não pertencerem ao domínio particular. 2. O título que legitima a propriedade particular deve provir do poder competente, no caso, o Poder Público, quando se tratar de **bens públicos** às margens dos rios navegáveis. Isto significa que os terrenos marginais presumem-se de domínio público, podendo, excepcionalmente, integrar o domínio de particulares, desde que objeto de concessão legítima, expressamente emanada da autoridade competente. 3. In casu, concluiu a instâncias ordinária, com base em laudo de avaliação elaborado pelo perito judicial e em documento oriundo da Capitania dos Portos, que o Rio Cabuçu de Cima não constitui via navegável, e, portanto, as suas áreas marginais não configuram terrenos reservados, na forma prevista pelos arts. 11 e 14 do Código de Águas, mercê da impossibilidade de sindicância da questão pelo óbice da Súmula n.º 07/STJ, é devida a indenização aos expropriados. 4. Ainda que, ad argumentandum, fosse demonstrada a navegabilidade do Rio Cabuçu de Cima, a indenização das áreas marginais não poderia ser afastada, porquanto os expropriados comprovaram a titularidade do imóvel desapropriado, acarretando a inaplicabilidade da Súmula 479/STF, verbis: "As margens dos rios navegáveis são domínio público, insuscetíveis de expropriação e, por isso mesmo, excluídas de indenização."(Precedentes das Primeira e Segunda Turmas do STJ: RESP n.º

637.726/SP, deste relator, DJ de 28.03.2005 e REsp 443.370/SP, Rel. Min.ª Eliana Calmon, DJ 16/08/2004.) 5. A sucumbência rege-se pela lei vigente à data da sentença que a impõe pelo que deve ser observado o art. 27, § 1º, do Decreto-Lei n.º 3.365/41, com a modificação introduzida pela MP n.º 1.577/97, observando-se o limite máximo de 5% (cinco por cento). 6. A sentença proferida em 21.05.2002, ou seja, após a edição da MP n.º 1.577/97, que introduziu o limite de 5% (cinco por cento) para fixação da verba honorária, submete-se a esse regramento, por isso que se impõe o provimento do recurso, haja vista que a sucumbência decorreu do ato prolatado sob a égide da Lei nova. 7. Recurso Especial parcialmente conhecido e, nesta parte, provido para determinar a observância do limite máximo de 5% (cinco por cento) de verba honorária. (STJ, REsp 812153/SP, Ministro LUIZ FUX, DJ 25.02.2008 p. 1).

- **"INFRAERO. BENS. USO** – Os recorrentes alegam que contrataram com a Infraero a locação de um imóvel e que este contrato é regido pelas normas de Direito Privado referentes à locação predial urbana. A Turma entendeu que os bens da empresa pública relativos a sua finalidade são utilizados de acordo com as regras do Direito Público, desta forma, os bens da recorrida em área de atividade aeroportuária não seguem as regras da locação. Precedentes citados: REsp 55.565-ES, DJ 19/6/1995; REsp 55.276-ES, DJ 4/8/1997, e REsp 55.275-ES, DJ 21/8/1995". REsp 41.549-ES, Rel. Min. Eliana Calmon, julgado em 22/2/2000.

- **"BENS PÚBLICOS DE USO ESPECIAL E IMUNIDADE** – Tendo em conta que os imóveis da Companhia Docas do Estado de São Paulo – CODESP – delegatária do serviço de exploração do Porto de Santos –, são bens de uso especial e, portanto, estão acobertados pela imunidade tributária recíproca prevista no art. 150, VI, a, da CF, a Turma deu provimento ao recurso extraordinário para reformar acórdão do Tribunal de Alçada do Estado de São Paulo que entendera incidente o IPTU sobre o patrimônio do referido porto". RE 253.394-SP, rel. Min. Ilmar Galvão, 26.11.2002.

- "Empresa Brasileira de Correios e Telégrafos: execução (CF, art. 100; C.Pr.Civil, arts. 730 e 731): recepção pela Constituição de 1988 do art. 12 do Decreto-Lei 509/69, que estendeu à Empresa Brasileira de Correios e Telégrafos os privilégios conferidos à Fazenda Pública, dentre eles o da impenhorabilidade de seus bens, rendas e serviços, devendo a execução fazer-se mediante precatório, sob pena de vulneração do disposto no artigo 100 da Constituição da República: precedente" (STF, **AI-AgR 243250/RS, AG.REG.NO AGRAVO DE INSTRUMENTO, Relator Min. SEPÚLVEDA PERTENCE, Julgamento em 10/02/2004**).

8. QUESTÕES

01. (FCC - DPE SP - Defensor Público – 2023). O direito à concessão de uso especial para fins de moradia

(A) transmite-se ao herdeiro legítimo que dá continuidade à posse de seu antecessor, ainda que resida em outro imóvel por ocasião da abertura da sucessão.

(B) será exercido exclusivamente no local em que consolidada a moradia.

(C) extingue-se no caso de o concessionário adquirir a concessão de uso de outro imóvel rural.

(D) é direito de quem, até 30 de junho de 2001, possuiu como seu, por cinco anos, ininterruptamente e sem oposição, imóvel público de até duzentos e cinquenta metros quadrados.

(E) não é transferível por ato inter vivos.

02. (FCC - DPE PB - Defensor Público – 2022). Tratando-se do uso do bem público por particular, no caso de ruas fechadas ao acesso veicular, para montagem de barracas e passagem de desfiles em determinada data festiva, tem-se a modalidade de

(A) uso comum anormal do bem.

(B) concessão de uso privativo do bem.

(C) concessão dominical do bem.

(D) uso privativo normal do bem.

(E) uso comum normal do bem.

03. (CESPE/CEBRASPE – DPE TO – Defensor Público – 2022). São bens públicos os

(A) bens de uso comum do povo destinados à realização das atividades da administração pública e que podem ser objeto de alienação enquanto conservarem sua qualificação.

(B) bens dominicais destinados à utilização de todos os membros da sociedade, como edifícios públicos e universidades públicas.

(C) bens de uso especial que podem ser objeto de alienação enquanto conservarem sua qualificação, como logradouros públicos e estradas.

(D) bens de uso especial destinados à consecução dos fins da administração pública, como os imóveis voltados à instalação de repartições públicas.

(E) bens de uso comum do povo que compõem o patrimônio de qualquer dos entes federados, como objeto de direito pessoal ou real, tais quais rios e mares.

Estas e outras questões estão disponíveis para serem respondidas na plataforma JusClass:

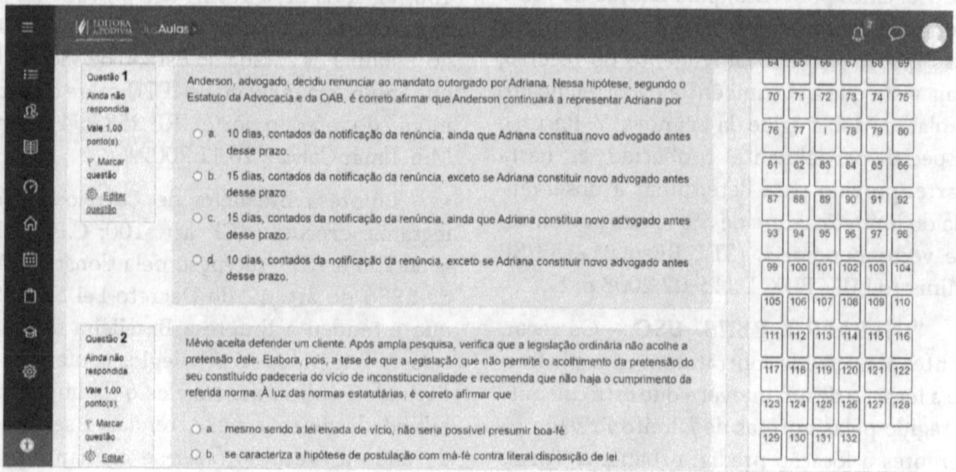

GABARITO		
01. C	**02.** A	**03.** D

CAPÍTULO X

Intervenções estatais na propriedade

1. CONSIDERAÇÕES INICIAIS

Os Estados contemporâneos, conquanto reconheçam e garantam a propriedade privada, condicionam o uso, gozo e disposição dessa propriedade ao bem-estar social. A propriedade, portanto, nos tempos hodiernos, deve cumprir sua *função social*, deixando de ser um direito absoluto ou exclusivamente individual para se tornar um direito de dimensão social.

Assim, em face do advento do chamado Estado Social, tem-se exigido a conformação pública do direito de propriedade, baseada na função social da propriedade e na delimitação de seu exercício individual, de acordo notadamente com o estabelecido nos planos diretores municipais.

A função social da propriedade autoriza o Estado a intervir na propriedade privada sempre que for necessário para adequar o seu uso ao interesse público. Nesse poder de intervenção, o Estado pode ordenar socialmente o uso da propriedade privada, por meio das limitações e servidões administrativas; pode utilizar transitoriamente o bem particular, através da ocupação temporária ou da requisição administrativa; pode estabelecer restrições sobre algumas propriedades privadas em razão de seu valor histórico e artístico, via tombamento; pode, finalmente, tomar a própria propriedade privada de seu dono, por intermédio da desapropriação.

Em face da Constituição de 1988, a intervenção do Estado na propriedade privada tem fundamento expresso no art. 5º, incisos XXIII ao XXV e no art. 170, inciso III.

2. MODALIDADES

Assim, são conhecidas as seguintes modalidades por meio das quais o Estado intervém na propriedade privada: *limitação administrativa*, *servidão administrativa*, *ocupação temporária*, *requisição administrativa*, *tombamento* e *desapropriação*.

Ademais, em conformidade com o art. 4º da Lei nº 10.257, de 10 de julho de 2001, conhecida como Estatuto da Cidade, são relacionadas, como instrumentos da Política Urbana, de competência dos Municípios, outras modalidades específicas de intervenção estatal na propriedade privada, a saber: zoneamento ambiental; imposto sobre a propriedade predial e territorial urbana – IPTU, progressivo no tempo, mediante a majoração da alíquota pelo prazo de cinco anos consecutivos; instituição de unidades de conservação; instituição de zonas especiais de interesse social; parcelamento, edificação ou utilização compulsórios; direito de preempção em favor do Poder Público municipal[1]; demarcação urbanística para fins de regularização fundiária; estudo prévio de impacto de vizinhança (EIV). Algumas dessas restrições de natureza urbanística inserem-se no âmbito das limitações administrativas, como o parcelamento, a edificação ou a utilização compulsórios impostos ao dono do solo urbano não edificado, subutilizado ou não utilizado; direito de preempção em favor do Poder Público municipal; e a elaboração de estudo prévio de impacto de vizinhança (EIV) relativamente aos empreendimentos e atividades privados ou públicos em área urbana, definidos em lei municipal, como condição para obter as licenças ou autorizações de construção, ampliação ou funcionamento a cargo do Poder Público municipal.

3. LIMITAÇÕES ADMINISTRATIVAS

São restrições gerais e abstratas emanadas do exercício do poder de polícia administrativa do Estado, que atingem o caráter absoluto da propriedade privada, tolhendo o poder de uso, gozo e disposição de um número indeterminado de propriedades particulares.

Consistem, em regra, em obrigação genérica de *não fazer* (obrigações negativas), como, por exemplo, a limitação que proíbe o proprietário edificar acima de determinada altura. Às vezes, porém, podem estabelecer obrigação de fazer, como ocorre com o dever que têm os proprietários de edifícios de adotarem medidas de segurança (colocação de extintores, por exemplo).

1. Segundo o art. 25 da Lei nº 10.257/2001, o direito de preempção confere ao Poder Público municipal preferência para aquisição de imóvel urbano objeto de alienação onerosa entre particulares. Mas é a Lei municipal, baseada no plano diretor, que delimitará as áreas em que incidirá o direito de preempção e fixará prazo de vigência, não superior a cinco anos, renovável a partir de um ano após o decurso do prazo inicial de vigência. O direito de preempção fica assegurado durante o referido prazo de vigência, independentemente do número de alienações referentes ao mesmo imóvel. De acordo com o art. 26, o direito de preempção será exercido sempre que o Poder Público necessitar de áreas para: "I – regularização fundiária; II – execução de programas e projetos habitacionais de interesse social; III – constituição de reserva fundiária; IV – ordenamento e direcionamento da expansão urbana; V – implantação de equipamentos urbanos e comunitários; VI – criação de espaços públicos de lazer e áreas verdes; VII – criação de unidades de conservação ou proteção de outras áreas de interesse ambiental; VIII – proteção de áreas de interesse histórico, cultural ou paisagístico". Em face do art. 27, o "proprietário deverá notificar sua intenção de alienar o imóvel, para que o Município, no prazo máximo de trinta dias, manifeste por escrito seu interesse em comprá-lo". A essa notificação será anexada proposta de compra assinada por terceiro interessado na aquisição do imóvel, da qual constarão preço, condições de pagamento e prazo de validade. Transcorrido o prazo de trinta dias sem manifestação, fica o proprietário autorizado a realizar a alienação para terceiros, nas condições da proposta apresentada. Caso seja concretizada a venda a terceiro, o proprietário fica obrigado a apresentar ao Município, no prazo de trinta dias, cópia do instrumento público de alienação do imóvel. Advirta-se que a alienação processada em condições diversas da proposta apresentada é nula de pleno direito. Nesse caso, invalidada a alienação, o Município poderá adquirir o imóvel pelo valor da base de cálculo do IPTU ou pelo valor indicado na proposta apresentada, se este for inferior àquele.

Na limitação administrativa, a obrigação de não fazer é imposta em benefício do interesse público genérico, abstratamente considerado.

Por ser genérica, a limitação administrativa não dá ensejo a direito à indenização.

4. SERVIDÃO ADMINISTRATIVA OU PÚBLICA

São restrições estatais específicas que atingem parcial e concretamente o direito de propriedade, incidindo sobre propriedades *determinadas*, afetando seu caráter exclusivo. São injunções concretas realizadas em determinada propriedade particular.

Têm natureza de direito real. Tomem-se como exemplos a servidão de energia elétrica, através da colocação, em propriedades privadas, de postes e linhas de transmissão de energia, impondo aos seus proprietários uma obrigação de suportar; a passagem, por uma propriedade particular, de um oleoduto, aqueduto e gasoduto; a colocação de placas com nome de rua; a instalação de ganchos para sustentação de fios da rede de energia elétrica em paredes de prédios situados em certos cruzamentos, etc.

Na servidão administrativa existe uma *relação jurídica concreta* entre a *coisa serviente* e a *coisa dominante*. Coisa serviente é a propriedade privada que possui o encargo real de suportar a servidão administrativa. Já coisa dominante é o serviço público concreto ou um bem afetado a uma utilidade pública.

A servidão administrativa é *direito real de gozo* instituído pelo Poder Público e incidirá sobre bem imóvel a favor do serviço público ou de bem imóvel destinado a atender uma utilidade pública. A servidão administrativa consiste numa obrigação de tolerar que se faça ou de *deixar fazer*. Distingue-se da limitação administrativa, não só porque esta impõe, em regra, uma obrigação de não fazer (obrigações negativas), mas também porque a limitação administrativa é de natureza pessoal e não incide sobre o caráter exclusivo da propriedade, enquanto a servidão administrativa encerra uma obrigação de deixar fazer (obrigação de suportar ou tolerar que se faça), é de natureza real e incide sobre o caráter exclusivo da propriedade na medida em que o proprietário terá de dividir o uso de sua propriedade com o Estado ou seus delegados.

Outrossim, enquanto a limitação não rende ensejo a indenização, a servidão administrativa pode gerá-la, se obviamente causou algum dano, com o ônus que impôs. Essa indenização, contudo, será proporcional ao efetivo prejuízo, aferido em perícia técnica. Isto é, a indenização não corresponde ao valor total do imóvel onerado, na medida em que na servidão não há perda da propriedade, devendo a indenização compensar o proprietário do bem tão somente pela restrição imposta. Mas o valor da indenização deve compreender os juros moratórios e compensatórios[2], assim como a correção monetária, os honorários de advogado e as despesas judiciais, se for o caso. Na jurisprudência, seu *quantum* tem girado em torno de 10 a 30 por cento do valor do imóvel serviente[3]. Acrescente-se, ademais, que a limitação administrativa é restrição

---

2. Segundo a Súmula nº 56 do STJ, "Na desapropriação para instituir servidão administrativa são devidos os juros compensatórios pela limitação de uso da propriedade."
3. TRF-1ª Região, 3ª Turma, REO 2001.33.00.019308-0/BA, Rel. DESEMBARGADOR FEDERAL OLINDO MENEZES, JUIZ FEDERAL GUILHERME DOEHLER (CONV.), DJ de 26/08/2005, p. 15: "ADMINISTRATIVO.

que atinge um número indeterminado e generalizado de propriedades, enquanto a servidão recai sobre propriedade certa e determinada.

A servidão administrativa pode ser constituída por meio de uma das seguintes formas:

a) Diretamente da lei, independentemente de qualquer ato jurídico, unilateral ou bilateral (ex.: servidão que incide sobre uma faixa de 10 metros quando o rio não for navegável nem flutuável[4]; servidão sobre prédios vizinhos a imóvel tombado[5], etc.).

b) Por acordo entre as partes, precedido de ato declaratório de utilidade pública, e

c) Pela via de ação judicial de constituição de servidão, pelo mesmo procedimento da desapropriação (Decreto-lei nº 3.365/41, art. 40[6]).

5. OCUPAÇÃO TEMPORÁRIA

É uma restrição estatal que atinge o caráter exclusivo da propriedade particular, fundada na necessidade pública de realização de obras ou exercício de atividades. É provisória e incide tão somente sobre bens imóveis, em razão, reitere-se, da necessidade que pode ter o Estado de utilizar, temporariamente, um imóvel particular para a realização de obras públicas ou execução de serviços públicos. Se causar dano, rende ensejo à indenização posterior.

Cumpre observar – e aqui peço licença ao leitor para rever entendimento exposto em edições anteriores deste livro – que a ocupação temporária não tem fundamento em situação de perigo público iminente. Na verdade, a ocupação temporária tem lugar sempre que houver uma necessidade pública de o Estado utilizar, por um certo período, um bem imóvel particular para o fim de poder executar uma obra ou um serviço público.

Assim, sempre que o Poder Público tiver a necessidade de usar alguma propriedade particular desocupada para poder realizar determinada atividade de interesse público,

---

SERVIDÃO ADMINISTRATIVA DE ELETRODUTO. INDENIZAÇÃO. JUROS COMPENSATÓRIOS E MORATÓRIOS. 1. A servidão administrativa de eletroduto, mesmo não implicando a transferência do domínio para o poder público, mas somente uma limitação ao uso pleno da propriedade por parte do seu titular, enseja o pagamento de indenização na proporção da intensidade das limitações ao uso do bem, orçada pelos precedentes entre 20 e 30% do valor do domínio pleno, ainda que admitida, a depender das circunstâncias limitativas, a imposição de percentual maior. Indenização que se mantém, na hipótese, porque devidamente fundamentada, com base no laudo pericial. 2. A constituição de servidão administrativa, implicando o pagamento de indenização, à imagem e semelhança da desapropriação (DL nº 3.365/41 – art. 40), propicia também, da mesma forma, o pagamento dos juros moratórios e compensatórios, itens que usualmente integram o justo preço. Merece reforma a sentença, entretanto, quanto à base de cálculo dos juros compensatórios, que será a diferença eventualmente apurada entre 80% do preço ofertado e o valor do bem fixado em sentença. 3. Provimento parcial da remessa oficial."

4. Código de Águas (Decreto 24.643/34), art. 12. "Sobre as margens das correntes a que se refere a última parte do nº 2 do artigo anterior, fica somente, e dentro apenas da faixa de 10 metros, estabelecida uma servidão de trânsito para os agentes da administração pública, quando em execução de serviço."

5. Lei do Tombamento (Decreto-Lei 25/37), art. 18. "Sem prévia autorização do Serviço do Patrimônio Histórico e Artístico Nacional, não se poderá, na vizinhança da coisa tombada, fazer construção que lhe impeça ou reduza a visibilidade, nem nela colocar anúncios ou cartazes, sob pena de ser mandada destruir a obra ou retirar o objeto, impondo-se neste caso a multa de cinqüenta por cento do valor do mesmo objeto."

6. Art. 40. "O expropriante poderá constituir servidões, mediante indenização na forma desta lei."

pode promover a ocupação temporária, com o pagamento de indenização posterior em caso de ocorrer efetivo dano ao proprietário. Desse modo, o objetivo da ocupação temporária está relacionado à necessidade de o Estado usar o terreno privado para poder instalar canteiros de obras, habitações de operários, guarda de maquinário e equipamentos em geral, assim como permitir a realização de alguma atividade de interesse coletivo (como, por exemplo, na ocupação de clubes sociais, escolas e outros estabelecimentos para vinculá-los às atividades de eleições).

Nada obstante, a legislação infraconstitucional tem previsto a ocupação temporária para determinadas situações. Assim, em conformidade com o art. 139, II, da Lei nº 14.133/2021 (Nova Lei Geral de Licitações e Contratos Administrativos), pode ocorrer a ocupação temporária como consequência da extinção do contrato administrativo determinada por ato unilateral da Administração, assegurando a Administração Pública a ocupação e utilização do local, instalações, equipamentos, material e pessoal empregados na execução do contrato, necessários à sua continuidade.

Bem assim, pode ocorrer a ocupação temporária como um instituto complementar da desapropriação[7], de tal sorte que é permitida a ocupação temporária, que será indenizada, ao final, por ação própria, de terrenos não edificados, vizinhos às obras e necessários à sua realização (DL 3.365/41, art. 36). Também prevê o art. 36, que o expropriante prestará caução, quando exigida[8].

Em suma, a ocupação temporária só ganha contornos próprios quando destinada a atender necessidade pública normal de realização de obras ou exercício de atividades. Nesse caso, ela pode ser conceituada como uma modalidade de restrição da propriedade privada por meio da qual o Estado, ou quem lhe faça as vezes, utiliza temporariamente de imóvel particular improdutivo visando instalar canteiro de obras, serviços ou atividade pública, mediante indenização posterior[9].

6. REQUISIÇÃO ADMINISTRATIVA

Cuida-se de modalidade de intervenção estatal na propriedade particular, **fundada na urgência**, por meio da qual o Estado faz uso de bens móveis e imóveis ou serviços prestados por particulares, em face de situações de iminente perigo público (como, por exemplo, grave deficiência no atendimento à saúde pública; epidemias; pandemias; calamidades públicas; inundações; catástrofes, etc.).

Tem expresso fundamento constitucional, consoante dispõe o art. 5º, inciso XXV, da Constituição de 1988, em conformidade com o qual "no caso de iminente perigo público, a autoridade competente poderá usar de propriedade particular, assegurada ao proprietário indenização ulterior, se houver dano".

---

7. Maria Sylvia Zanella Di Pietro, op. cit., p. 127.
8. A propósito, conferir antigo acórdão do STF, RE 84986/RJ, Relator Min. Thompson Flores, DJ 24/09/1976: Ocupação Temporária. Terreno não edificado, vizinho a obra pública realizada pelo Estado. II. Não precedida de notificação, nem justificada sua omissão, condição imposta pela Lei para que o proprietário possa exigir caução, se considerada necessária, caracteriza-se o esbulho possessório, reparável pela reintegratória e consequente indenização em perdas e danos. Aplicação dos arts. 36 do Dec Lei n 3365/41, c.c. 371 e 374 do CPC 1939 (arts. 927 e 925, do CPC, 1973). III. Recurso Extraordinário limitado ao art. 119, III, a, da Constituição, não conhecido.
9. Nesse sentido, conferir Diogenes Gasparini, op. cit., p. 800/801.

Não se confunde com a ocupação temporária, na medida em que, enquanto a requisição administrativa tem fundamento numa situação de perigo público iminente, na ocupação temporária a intervenção estatal está assentada na necessidade pública normal de realização de obras ou exercício de atividades de interesse público.

Em regra, a requisição administrativa gera a tomada da coisa, sem possibilidade de devolução (principalmente quando o bem é fungível).

Distingue-se da desapropriação porque a requisição ocorre em caso de urgência (guerra ou iminente perigo público) e só enseja **indenização posterior**, podendo até não suscitar qualquer tipo de ressarcimento. Já na desapropriação não há falar em urgência, mas simplesmente em utilidade ou necessidade pública ou interesse social a justificá-la, e a **indenização é prévia**. Ademais, na desapropriação, o Estado depende de autorização judicial para imitir-se na posse do bem, enquanto **a requisição é ato autoexecutório**.

Em suma, a desapropriação destina-se à aquisição da propriedade; a requisição ao uso dela. A desapropriação, para se efetivar, depende de acordo ou ação judicial; a requisição é autoexecutória. A desapropriação exige prévia e justa indenização; a requisição pode ser indenizada *a posteriori* ou mesmo não comportar indenização. A desapropriação alcança sempre bens; a requisição pode alcançar bens e serviços.

A Lei nº 13.979, de 6 de fevereiro de 2020, que dispôs sobre as medidas que poderão ser adotadas para enfrentamento da emergência de saúde pública de importância internacional decorrente do coronavírus (Covid-19), autorizou as autoridades (ministro da saúde e gestores locais de saúde) a adotar, no âmbito de suas competências, dentre outras, a **requisição de bens e serviços** de pessoas naturais e jurídicas, hipótese em que será garantido o pagamento posterior de indenização justa.

E em face da emergência de saúde pública decretada pelo ministro da saúde e do estado de calamidade pública decretado pelo Congresso Nacional, diversas autoridades estaduais e municipais passaram a requisitar aparelhos e insumos médicos (respiradores e "kit intubação", por exemplo) e leitos hospitalares de hospitais privados, para o enfrentamento da situação provocada pelo novo coronavírus (Covid-19).

7. TOMBAMENTO

Segundo o art. 216 da Constituição Federal, constituem patrimônio cultural brasileiro os bens de natureza material e imaterial, tomados individualmente ou em conjunto, portadores de referência à identidade, à ação, à memória dos diferentes grupos formadores da sociedade brasileira, nos quais se incluem: I – as formas de expressão; II – os modos de criar, fazer e viver; III – as criações científicas, artísticas e tecnológicas; IV – as obras, objetos, documentos, edificações e demais espaços destinados às manifestações artístico-culturais; V – os conjuntos urbanos e sítios de valor histórico, paisagístico, artístico, arqueológico, paleontológico, ecológico e científico.

Conforme prevê o § 1º desse artigo, o Poder Público, com a colaboração da comunidade, promoverá e protegerá o patrimônio cultural brasileiro, por meio de inventários, registros, vigilância, tombamento e desapropriação, e de outras formas de acautelamento e preservação.

Como se vê, entre os meios de proteção do patrimônio cultural brasileiro, destaca-se o *tombamento*.

O tombamento consiste em uma restrição estatal da propriedade privada, que se destina especificamente à proteção do patrimônio histórico e artístico nacional, assim considerado o conjunto dos bens móveis e imóveis existentes no país e cuja conservação seja de interesse público, quer por sua vinculação a fatos memoráveis da história do Brasil, quer por seu excepcional valor arqueológico ou etnográfico, bibliográfico ou artístico.

Ele depende de um *procedimento administrativo prévio*, que pode ser iniciado por qualquer entidade federativa, necessário para se aferir o valor histórico e artístico do bem, assegurado ao proprietário o direito à ampla defesa. Ao final, constatado esse valor, o bem será inscrito no livro chamado "Livro do Tombo".

Tendo em vista as competências materiais comuns (art. 23, III e IV, c/c art. 216, § 1º, da CF) e legislativas concorrentes (art. 24, VII, da CF), a União, os Estados, o Distrito Federal e os Municípios podem proceder ao tombamento para proteção ao patrimônio histórico, cultural, artístico, turístico e paisagístico.

O Decreto-Lei 25/1937, que organiza a proteção do patrimônio histórico e artístico nacional, dispõe sobre o **tombamento**. Prevê que os bens de valor histórico e artístico só serão considerados parte integrante do patrimônio histórico o artístico nacional, depois de inscritos separada ou agrupadamente num dos quatro Livros do Tombo, de que trata o art. 4º desse Decreto-Lei.

Conforme esse artigo 4º, o Serviço do Patrimônio Histórico e Artístico Nacional possuirá **quatro Livros do Tombo**, nos quais serão inscritos os bens: 1) no Livro do Tombo Arqueológico, Etnográfico e Paisagístico, as coisas pertencentes às categorias de arte arqueológica, etnográfica, ameríndia e popular, e bem assim os monumentos naturais, os sítios e paisagens que importe conservar e proteger pela feição notável com que tenham sido dotados pelo natureza ou agenciados pelo indústria humana; 2) no Livro do Tombo Histórico, as coisas de interesse histórico e as obras de arte histórica; 3) no Livro do Tombo das Belas Artes, as coisas de arte erudita, nacional ou estrangeira; e 4) no Livro do Tombo das Artes Aplicadas, as obras que se incluírem na categoria das artes aplicadas, nacionais ou estrangeiras.

O tombamento pode gerar direito à indenização, a depender da maneira que afete a propriedade (se, por exemplo, o tombamento gerar a desvalorização do bem, ele enseja o direito à indenização). O proprietário pode impugnar a pretensão estatal de tombar o imóvel, contestando o seu valor histórico e artístico.

7.1. Objeto do Tombamento

Pode ser objeto de tombamento bens de qualquer natureza, desde que tenham valor histórico ou artístico, compreendendo os bens móveis e imóveis, materiais e imateriais, públicos e privados.

Cumpre assinalar, que não se aplica no tombamento a chamada *hierarquia verticalizada*, prevista na Lei de Desapropriação (Decreto-Lei 3.365/41), de modo que uma entidade federativa menor pode tombar bem pertencente a entidade federativa maior (município ou estado pode tombar bem da União).

7.2. Modalidades

Segundo o Decreto-lei nº 25, de 30 de novembro de 1937 (conhecido como a Lei do Tombamento), o tombamento pode ser:

a) Quanto à constituição – *De ofício* (bem público – art. 5º), *voluntário* (acordado com o proprietário – art. 7º) e *compulsório* (independentemente da aquiescência do proprietário – arts. 8º e 9º);

b) Quanto à eficácia – *Provisório* e *definitivo;*

c) Quanto aos destinatários – *Geral* e *individual.*

7.2.1. *Quanto à constituição*

O tombamento de **ofício** é aquele que incide sobre os bens públicos pertencentes à União, aos Estados e aos Municípios, e se fará por ordem do diretor do Serviço do Patrimônio Histórico e Artístico Nacional (atualmente denominado IPHAN – Instituto do Patrimônio Histórico e Artístico Nacional), mas deverá ser notificado à entidade a quem pertencer, ou sob cuja guarda estiver a coisa tombada, a fim de produzir os necessários efeitos.

Cabe reiterar que não se aplica no tombamento a chamada *hierarquia verticalizada*, prevista na Lei de Desapropriação (Decreto-Lei 3.365/41). Por essa razão, uma entidade federativa menor (município ou estado) pode tombar bem pertencente a entidade federativa maior (União), nos termos dos arts. 2º, 5º e 11 do Decreto-Lei 25/1937[10].

Os bens tombados que pertençam à União, aos Estados ou aos Municípios **são inalienáveis por natureza** e só poderão ser transferidas de uma à outra das referidas entidades federativas. Nesse caso, feita a transferência, dela deve o adquirente dar imediato conhecimento ao Serviço do Patrimônio Histórico e Artístico Nacional.

O tombamento voluntário ou compulsório é aquele que pode incidir sobre bem pertencente à pessoa natural ou à pessoa jurídica de direito privado.

10. "Agravo em ação cível originária. 2. Administrativo e Constitucional. 3. *Tombamento* de bem público da União por Estado. Conflito Federativo. Competência desta Corte. 4. Hierarquia verticalizada, prevista na Lei de Desapropriação (Decreto-Lei 3.365/41). Inaplicabilidade no *tombamento*. Regramento específico. Decreto-Lei 25/1937 (arts. 2º, 5º e 11). Interpretação histórica, teleológica, sistemática e/ou literal. Possibilidade de o Estado tombar bem da União. Doutrina. 5. Lei do Estado de Mato Grosso do Sul 1.526/1994. Devido processo legal observado. 6. Competências concorrentes material (art. 23, III e IV, c/c art. 216, § 1º, da CF) e legislativa (art. 24, VII, da CF). Ausência de previsão expressa na Constituição Estadual quanto à competência legislativa. Desnecessidade. Rol exemplificativo do art. 62 da CE. Proteção do patrimônio histórico, cultural, artístico, turístico e paisagístico regional. Interesse estadual. 7. Ilegalidade. Vício de procedimento por ser implementado apenas por ato administrativo. Rejeição. Possibilidade de lei realizar *tombamento* de bem. Fase provisória. Efeito meramente declaratório. Necessidade de implementação de procedimentos ulteriores pelo Poder Executivo. 8. Notificação prévia. *Tombamento* de ofício (art. 5º do Decreto-Lei 25/1937). Cientificação do proprietário postergada para a fase definitiva. Condição de eficácia e não de validade. Doutrina. 9. Ausência de argumentos capazes de infirmar a decisão agravada. 10. Agravo desprovido. 11. Honorários advocatícios majorados para 20% do valor atualizado da causa à época de decisão recorrida (§ 11 do art. 85 do CPC)." (STF, ACO 1208 AgR, Rel. Min. GILMAR MENDES, p. 04/12/2017).

Proceder-se-á ao tombamento **voluntário**:

a) Sempre que o proprietário o pedir e a coisa se revestir dos requisitos necessários para constituir parte integrante do patrimônio histórico e artístico nacional, a juízo do órgão técnico competente;

b) Ou sempre que o mesmo proprietário anuir, por escrito, à notificação, que se lhe fizer, para a inscrição da coisa em qualquer dos Livros do Tombo.

Já o tombamento **compulsório** ocorrerá quando o proprietário se recusar a anuir à inscrição da coisa. O tombamento compulsório se fará de acordo com o seguinte processo:

1) O Serviço do Patrimônio Histórico e Artístico Nacional, por seu órgão competente, notificará o proprietário para anuir ao tombamento, dentro do prazo de quinze dias, a contar do recebimento da notificação, ou para, se o quiser impugnar, oferecer dentro do mesmo prazo as razões de sua impugnação;

2) No caso de não haver impugnação dentro do prazo assinado, que é fatal, o diretor do Serviço do Patrimônio Histórico e Artístico Nacional mandará, por simples despacho, que se proceda à inscrição da coisa no competente Livro do Tombo;

3) Se a impugnação for oferecida dentro do prazo assinado, dela se dará vista, dentro de outros quinze dias, também fatais, ao órgão de que houver emanado a iniciativa do tombamento, a fim de sustentá-la. Em seguida, independentemente de custas, será o processo remetido ao Conselho Consultivo do Serviço do Patrimônio Histórico e Artístico Nacional, que proferirá decisão a respeito, dentro do prazo de sessenta dias, a contar do seu recebimento. Essa decisão depende de homologação do Ministro da Cultura.

Nada obstante o tombamento consistir em um procedimento administrativo, é possível sustentar que lei pode deflagrar, em caráter prévio, esse procedimento, declarando o bem como de valor histórico a ser protegido. Nesse caso de ato declaratório expressado por lei, para a consecução do tombamento definitivo, é necessário que haja continuidade do procedimento pelo Poder Executivo, cumprindo à autoridade administrativa competente dar seguimento aos demais trâmites do tombamento, conforme o seu tipo: de ofício (bem público – art. 5º), voluntário (acordado com o proprietário – art. 7º) ou compulsório (independentemente da aquiescência do proprietário – arts. 8º e 9º).

7.2.2. *Quanto à eficácia*

O tombamento dos bens será considerado provisório ou definitivo, conforme esteja o respectivo processo iniciado pela notificação ou concluído pela inscrição dos referidos bens no competente Livro do Tombo.

Para todos os efeitos, o tombamento provisório se equiparará ao definitivo.

7.2.3. *Quanto aos destinatários*

O tombamento geral é aquele que incide sobre todos os bens situados num bairro ou numa cidade (exemplo: os imóveis situados nas cidades de Cachoeira e Lençóis, na Bahia, e em Ouro Preto, em Minas Gerais, são todos tombados).

O tombamento individual, por sua vez, só atinge um bem determinado.

7.3. Efeitos

O tombamento, em que pese não provocar a transferência da propriedade do bem, pode ensejar diversos efeitos, impondo ao bem e ao seu proprietário uma série de limitações.

Incidindo o tombamento sobre bens de propriedade da União, dos Estados ou dos Municípios, ele causará a **inalienabilidade dos bens tombados**, que só poderão ser transferidos de uma à outra das referidas entidades. E caso seja feita a transferência, dela deve o adquirente dar imediato conhecimento ao Serviço do Patrimônio Histórico e Artístico Nacional.

Segundo o Decreto-lei 25/37, o tombamento produzirá os seguintes efeitos:

1) As coisas tombadas não poderão, em caso algum, ser destruídas, demolidas ou mutiladas, nem, sem prévia autorização especial do Serviço do Patrimônio Histórico e Artístico Nacional, ser reparadas, pintadas ou restauradas, sob pena de multa de 50% por cento do dano causado. Tratando-se de bens pertencentes à União, aos Estados ou aos Municípios, a autoridade responsável pela infração incorrerá pessoalmente na multa;

2) Sem prévia autorização do Serviço do Patrimônio Histórico e Artístico Nacional, não se poderá, na vizinhança ou entorno da coisa tombada, fazer construção que lhe impeça ou reduza a visibilidade, nem nela colocar anúncios ou cartazes, sob pena de ser mandada destruir a obra ou retirar o objeto, impondo-se neste caso a multa de 50% por cento do valor do mesmo objeto. Cuida-se, aqui, de uma servidão administrativa instituída por lei que recai sobre os imóveis localizados no entorno do bem tombado, constituída em favor deste bem. Mas é preciso ter cautela na interpretação e inteligência deste efeito decorrente do tombamento, a fim de não prejudicar indiscriminada e genericamente o direito de propriedade de todos quantos tenham imóveis em área situada no entorno ou próximo ao bem tombado;

3) O proprietário de coisa tombada, que não dispuser de recursos para proceder às obras de conservação e reparação que a mesma requerer, levará ao conhecimento do Serviço do Patrimônio Histórico e Artístico Nacional a necessidade das mencionadas obras, sob pena de multa correspondente ao dobro da importância em que for avaliado o dano sofrido pela mesma coisa. Recebida a comunicação, e consideradas necessárias as obras, o diretor do Serviço do Patrimônio Histórico e Artístico Nacional mandará executá-las, a expensas da União, devendo as mesmas ser iniciadas dentro do prazo de seis meses, ou providenciará para que seja feita a desapropriação da coisa. À falta de qualquer

destas providências, poderá o proprietário requerer que seja cancelado o tombamento da coisa. Uma vez que verifique haver urgência na realização de obras e conservação ou reparação em qualquer coisa tombada, poderá o Serviço do Patrimônio Histórico e Artístico Nacional tomar a iniciativa de projetá-las e executá-las, a expensas da União, independentemente de comunicação por parte do proprietário;

4) As coisas tombadas ficam sujeitas à vigilância permanente do Serviço do Patrimônio Histórico e Artístico Nacional, que poderá inspecioná-los sempre que for julgado conveniente, não podendo os respectivos proprietários ou responsáveis criar obstáculos à inspeção, sob pena de multa, elevada ao dobro em caso de reincidência.

Não mais subsiste no sistema jurídico vigente o direito de preferência, outrora previsto no texto original do Decreto-lei nº 25/37 e estatuído em favor da União, dos Estados e Municípios. Isto porque, o art. 1.072 do CPC/2015 revogou expressamente o art. 22 do Decreto-lei nº 25/37 que estabelecia esse direito de preferência nos seguintes termos: "Em face da alienação onerosa de bens tombados, pertencentes a pessoas naturais ou a pessoas jurídicas de direito privado, a União, os Estados e os Municípios terão, nesta ordem, o direito de preferência". Esse direito impunha ao proprietário do bem tombado, caso pretendesse vendê-lo, o dever de notificar, sob pena da nulidade da alienação, os titulares do direito de preferência a exercê-lo, dentro de trinta dias, sob pena de perder o direito.

Todavia, por força do art. 892, § 3º, do CPC/2015, na execução por quantia certa, e no caso de leilão de bem seja tombado, a União, os Estados e os Municípios terão, nessa ordem, o direito de preferência na arrematação, em igualdade de oferta.

7.4. Natureza Jurídica

Compartilhamos com o entendimento de Di Pietro[11], quando defende que o tombamento é uma modalidade autônoma de restrição do Estado na propriedade, que não se confunde nem com a limitação administrativa nem com a servidão administrativa.

Discordamos, porém, da eminente autora, quando afirma que se cuida o tombamento de um ato discricionário. É, na verdade, um *ato vinculado*, porquanto determinado pela Constituição: "O Poder Público, com a colaboração da comunidade, *promoverá* e *protegerá* o patrimônio cultural brasileiro, por meio de inventários, registros, vigilância, *tombamento* e desapropriação, e de outras formas de acautelamento e preservação" (CF/88, art. 216, § 1º).

Por essa razão, entendimento que o Ministério Público, por meio da ação civil pública, e o cidadão, por meio da ação popular, podem constranger judicialmente o poder público a promover os tombamentos necessários e indispensáveis à proteção do patrimônio cultural, artístico e histórico.

---

11. Ibidem, p. 139-140. Celso Bandeira de Mello e outros importantes autores en-tendem que o tombamento representa modalidade de servidão administrativa.

8. DESAPROPRIAÇÃO

8.1. Conceito

É a forma mais drástica de intervenção estatal na propriedade, que afeta o próprio caráter perpétuo e irrevogável do direito de propriedade, por meio da qual o poder público toma o domínio da propriedade de seu titular para o fim de vinculá-la a algum interesse público, consistente em alguma necessidade ou utilidade pública ou num interesse social.

Segundo a precisa e completa definição de Hely Lopes Meirelles, a desapropriação consiste na "transferência compulsória da propriedade particular (ou pública de entidade de grau inferior para a superior) para o Poder Público ou seus delegados, por utilidade ou necessidade pública ou, ainda, por interesse social, mediante prévia e justa indenização em dinheiro (CF, art. 5º, XXIV), salvo as exceções constitucionais de pagamento em *títulos da dívida pública de emissão previamente aprovada pelo Senado Federal*, no caso de área urbana não edificada, subutilizada ou não utilizada (CF, art. 182, § 4º, III), e de pagamento em *títulos da dívida agrária*, no caso de Reforma Agrária, por interesse social (CF, art. 184)"[12].

Com efeito, a desapropriação é modalidade de intervenção do Estado na propriedade privada (mas também, excepcionalmente, e desde que atendidos certos requisitos, na propriedade pública), que consiste em *um procedimento administrativo através do qual o Poder Público ou seus delegados subtrai do particular (ou, excepcionalmente, do próprio Poder Público, nessa ordem: a União do Estado ou do Município; o Estado só do Município) algum bem, mediante prévia declaração de necessidade pública, utilidade pública ou interesse social e pagamento de justa indenização (em regra, em dinheiro; excepcionalmente, em títulos da dívida pública)*.

Cuida-se, induvidosamente, de uma forma originária de aquisição da propriedade.

Tem por fundamento constitucional o inciso XXIV, do art. 5º, da Constituição de 1988, segundo o qual "a lei estabelecerá o procedimento para desapropriação por necessidade ou utilidade pública, ou por interesse social, mediante justa e prévia indenização em dinheiro, ressalvados os casos previstos nesta Constituição".

A ressalva que faz a parte final do inciso XXIV, do art. 5º, deve-se à circunstância de que a própria Constituição autoriza a desapropriação mediante o pagamento de indenização em *títulos da dívida pública de emissão previamente aprovada pelo Senado Federal*, no caso de área urbana não edificada, subutilizada ou não utilizada, como instrumento de política urbana (CF, art. 182, § 4º, III), e de pagamento em *títulos da dívida agrária*, no caso de reforma agrária, por interesse social (CF, art. 184).

A Constituição ainda prevê, no art. 243 (com a nova redação dada pela EC nº 81, de 05 de junho de 2014), uma modalidade especial de desapropriação, que denomina expropriação ou desapropriação-confisco, *sem qualquer indenização ao proprietário*, que recai sobre as propriedades urbana e rural de qualquer região do País, onde forem localizadas culturas

12. Op. cit., p. 569.

ilegais de plantas psicotrópicas ou a exploração de trabalho escravo na forma da lei, que serão, após devidamente expropriadas, destinadas à reforma agrária e a programas de habitação popular.

E em conformidade com o parágrafo único do art. 243, todo e qualquer bem de valor econômico apreendido em decorrência do tráfico ilícito de entorpecentes e drogas afins e da exploração de trabalho escravo *será confiscado* e reverterá a fundo especial com destinação específica, na forma da lei.

Segundo o STF, essa desapropriação-confisco, prevista no art. 243 da CF, incide sobre a totalidade da propriedade em que forem cultivadas plantas psicotrópicas, e não apenas sobre a área efetivamente plantada (RE 543.974, Rel. Min. Eros Grau, julgamento em 26-3-2009, Plenário, *DJE* de 29-5-2009.).

O Supremo, no julgamento do tema de repercussão geral 399, no RE 635336, também fixou segundo a qual "A expropriação prevista no art. 243 da Constituição Federal pode ser afastada, desde que o proprietário comprove que não incorreu em culpa, ainda que "in vigilando" ou "in eligendo".".

O Decreto-lei nº 3.365/41[13] é a Lei Geral da Desapropriação, que se aplica tanto à desapropriação por necessidade ou utilidade pública – expressões que o mencionado diploma fundiu em uma só: utilidade pública –, como à desapropriação por interesse social. A Lei nº 4.132/62, todavia, indica as hipóteses de interesse social.

A Lei Complementar nº 76/93, com as alterações introduzidas pela Lei Complementar nº 88/96, dispõe sobre o procedimento especial da desapropriação por interesse social para fins de reforma agrária, de competência exclusiva da União.

A Lei nº 10.257/2001 – conhecida como o Estatuto da Cidade – disciplina a desapropriação por interesse social, como sanção ao proprietário do solo urbano não edificado, subutilizado ou não utilizado, de competência exclusiva dos Municípios, como instrumento de política urbana.

Ainda há a Lei nº 8.257/91 que regula a expropriação das glebas de terras onde forem localizadas culturas ilegais de plantas psicotrópicas, sem qualquer indenização ao seu proprietário.

8.2. Procedimento

A desapropriação é um procedimento administrativo que se realiza em duas fases:

1) Uma **fase declaratória**, que consiste na indicação da necessidade ou utilidade pública, ou do interesse social do bem, e das próprias características do bem objeto da restrição; e

---

13 Importa esclarecer que a **Medida Provisória nº 700,** de 8 de dezembro de 2015, publicada no Diário Oficial da União do dia 9 do mesmo mês e ano, que "Altera o Decreto-Lei nº 3.365, de 21 de junho de 1941, que dispõe sobre desapropriações por utilidade pública, e a Lei nº 6.015, de 31 de dezembro de 1973, que dispõe sobre os registros públicos, e dá outras providências", **teve seu prazo de vigência encerrado no dia 17 de maio de 2016, por Ato Declaratório do Presidente da Mesa do Congresso Nacional nº 23, de 18 de maio de 2016.**

2) Uma **fase executória**, que compreende a fixação do preço (justa indenização) e a efetiva transferência do bem para o domínio do expropriante. Essa fase executória, no entanto, pode se dá:

2.1) extrajudicialmente (ou administrativamente), quando o proprietário do bem aceita o preço ofertado; ou

2.2) judicialmente (com a propositura da ação judicial de desapropriação), quando o proprietário do bem discordar da indenização oferecida e não aceitar o acordo proposto.

8.2.1. *Fase declaratória*

A fase declaratória é aquela que dá início e deflagra o procedimento expropriatório, sem a qual este não tem tramitação regular. É preciso esclarecer que, com ela, ainda não há transferência do bem, que permanece com o proprietário, com todos os poderes inerentes ao direito de propriedade. Essa fase, portanto, é pressuposto de uma regular desapropriação: sem a declaração expropriatória não é possível passar para a fase executória.

Por meio da declaração, indica-se o sujeito passivo da desapropriação, a necessidade ou utilidade pública ou o interesse social do bem, a destinação específica a ser dada ao bem e a identificação do bem a ser expropriado.

A competência para declarar a desapropriação, dando início ao procedimento, é privativa das entidades políticas (União, Estados-membros, Distrito Federal e Municípios), salvo quando a própria lei atribua essa competência a outras entidades da Administração Indireta, tal como ocorria com o extinto DNER, por meio do Decreto-lei 512/69, hoje o DNIT – Departamento Nacional de Infra-Estrutura de Transportes, que pode declarar a desapropriação, por meio de portaria, conforme autoriza o art. 82, IX, da Lei nº 10.233/2001[14], e como ocorre com a ANEEL – Agência Nacional de Energia Elétrica (relativamente às áreas necessárias à implantação de instalações de concessionários, permissionários e autorizatários de energia elétrica, consoante o art. 10 da Lei nº 9.074/95[15], com redação dada pela Lei nº 9.648/98).

Uma entidade política pode desapropriar os bens do domínio de outra entidade política, desde que observe a **verticalização** e a necessária **autorização legislativa**. Assim, havendo autorização legislativa, a União pode desapropriar os bens de domínio dos Estados, dos Municípios e do Distrito Federal; e os Estados podem desapropriar os bens de domínio dos Municípios.

A Lei nº 14.620/2023 incluiu o § 2º-A ao art. 2º do DL 3.365/41, para prevê a **dispensa da autorização legislativa** quando a desapropriação for realizada mediante acordo entre os entes federativos, no qual serão fixadas as respectivas responsabilidades financeiras quanto ao pagamento das indenizações correspondentes.

---

14. "Art. 82, IX – declarar a utilidade pública de bens e propriedades a serem desapropriados para implantação do Sistema Federal de Viação".
15. "Art. 10. Cabe à Agência Nacional de Energia Elétrica - ANEEL, declarar a utilidade pública, para fins de desapropriação ou instituição de servidão administrativa, das áreas necessárias à implantação de instalações de concessionários, permissionários e autorizados de energia elétrica."

Tal declaração pode ser feita pelo Poder Executivo, através de decreto do Chefe do Poder, que é a regra (Decreto-lei nº 3.365/41, art. 6º), ou pelo Poder Legislativo, através de lei (Decreto-lei nº 3.365/41, art. 8º). Quando a iniciativa da desapropriação partir do Poder Legislativo, cumpre, neste caso, ao Executivo praticar os atos necessários à sua execução ou efetivação.

Contudo, para a execução/promoção da desapropriação (fase executória), a competência pode ser delegada para as entidades da Administração Indireta e para as concessionárias, permissionárias e autorizatárias de serviço público, além de outras entidades. Com efeito, prevê o art. 3º do DL 3.365/41, com a nova redação dada pela Lei nº 14.620, de 13 de julho de 2023, que podem promover a desapropriação, mediante autorização expressa constante de lei ou contrato:

(I) os concessionários, inclusive aqueles contratados nos termos da Lei 11.079/2004 (Lei das parcerias público-privada), permissionários, autorizatários e arrendatários;

(II) as entidades públicas;

(III) as entidades que exerçam funções delegadas do poder público; e

(IV) o contratado pelo poder público para fins de execução de obras e serviços de engenharia sob os regimes de empreitada por preço global, empreitada integral e contratação integrada.

A Lei nº 14.620/2023 incluiu o parágrafo único ao art. 3º do DL 3.365/41, para estabelecer que, na hipótese de a desapropriação ser promovida por contratado pelo poder público para fins de execução de obras e serviços de engenharia sob os regimes de empreitada por preço global, empreitada integral e contratação integrada, prevista no inciso IV do *caput* do DL, o edital deverá prever expressamente: (I) o responsável por cada fase do procedimento expropriatório; (II) o orçamento estimado para sua realização; e (III) a distribuição objetiva de riscos entre as partes, incluído o risco pela variação do custo das desapropriações em relação ao orçamento estimado.

São efeitos da declaração:

a) Sujeitar o imóvel à força expropriatória do Estado;

b) Fixação do "estado" do bem, a fim de ficar definido suas condições físicas e seus melhoramentos e benfeitorias. Isso significa que, após esta fase, todas as benfeitorias feitas no imóvel, à exceção das necessárias e úteis, não serão indenizáveis. As benfeitorias necessárias serão sempre indenizadas, independentemente de autorização do Poder Público. Já as benfeitorias úteis somente serão indenizáveis se autorizadas pelo Poder Público. As benfeitorias voluptuárias, de qualquer forma, não serão indenizáveis. Antes da declaração, todavia, tudo será indenizável, tendo em vista que a indenização deve recompor plenamente o bem expropriado; a partir da declaração somente as benfeitorias necessárias ou úteis (estas últimas só quando autorizadas pelo poder público). Isto, aliás, é o que consta do parágrafo único do art. 26 do Decreto-lei nº 3.365/41, segundo o qual serão atendidas as benfeitorias necessárias feitas após a desapropriação e as úteis, somente quando feitas com autorização do expropriante. A declaração, no entanto, não impede que o proprietário utilize o bem, realize construções, etc. Nessa hipótese, o STF consolidou o seu entendimento na súmula nº 23, em conformidade com a qual "verificados os pressupostos legais para o licenciamento da obra, não o impede a declaração de utilidade pública para a desapropriação do imóvel, mas o valor da obra não se incluirá na indenização, quando a desapropriação for efetivada". Ademais, o proprietário poderá vendê-lo e também dá-lo em garantia em execução;

c) Atribui ao Estado o direito de adentrar no imóvel declarado. Em conformidade com o art. 7º do DL 3.365/41, com a nova redação dada pela Lei nº 14.620/2023, declarada a utilidade pública, ficam as autoridades administrativas do expropriante ou seus representantes autorizados a ingressar nas áreas compreendidas na declaração, inclusive para realizar inspeções e levantamentos de campo, podendo recorrer, em caso de resistência, ao auxílio de força policial. Todavia, em caso de dano por excesso ou abuso de poder ou originário das inspeções e levantamentos de campo realizados, cabe indenização por perdas e danos, sem prejuízo da ação penal. O ingresso no imóvel expropriando permitirá a medição e avaliação do bem para que o Poder Público possa fazer a sua proposta de preço. Esse efeito, porém, deve ser conciliado com a exigência de prévia autorização judicial, em face da garantia constitucional da inviolabilidade do domicílio, quando o proprietário do bem não concordar com a entrada no seu imóvel (CF/88, art. 5º, XI);

d) Fixação do termo inicial para o prazo de caducidade da declaração (prazo que o Poder Público possui para dar início à fase executória e efetivar a desapropriação). Este prazo é de 05 anos quando o fundamento da desapropriação for a necessidade ou utilidade pública; e de 02 anos quando o fundamento for o interesse social, inclusive para fins de reforma agrária. Na primeira hipótese, contudo, o decurso desse prazo de 05 anos não é fatal, pois se permite a renovação do ato declaratório 01 ano após expirado o prazo de decadência, segundo previsão contida no art. 10 do DL 3.365/41.

8.2.2. *Fase executória*

A fase executória compreende atos pelos quais se efetiva a transferência do bem expropriando, com a sua integração ao patrimônio público. Podem executar a desapropriação tanto as entidades jurídicas competentes para a sua declaração (ato declaratório da expropriação) como as entidades que agem por delegação do Poder Público, compreendendo as autarquias, fundações instituídas e mantidas pelo Poder Público, as empresas públicas e sociedades de economia mista, as concessionárias e permissionárias de serviços públicos[16].

---

16. Decreto-lei 3.365/41, art. 3º: "Poderão promover a desapropriação mediante autorização expressa constante de lei ou contrato: *(Redação dada pela Lei 14.620/2023)*

I - os concessionários, inclusive aqueles contratados nos termos da Lei nº 11.079, de 30 de dezembro de 2004 (Lei de Parceria Público-Privada), permissionários, autorizatários e arrendatários; *(Redação dada pela Lei 14.620/2023)*

De acordo com o art. 10 do Decreto-Lei nº 3.365/41, a desapropriação poderá ocorrer **mediante acordo** ou **judicialmente**, dentro de cinco anos, contados da data da expedição do respectivo decreto e findos os quais este caducará. Neste caso, somente decorrido um ano, poderá ser o mesmo bem objeto de nova declaração.

Esta fase pode ser:

a) *Administrativa ou extrajudicial*

É a que ocorre de forma amigável, vale dizer, quando há acordo entre as partes a respeito do valor da indenização. Nesse caso, lavra-se o termo de acordo, registrando-o, se imóvel o bem, no cartório de registro de imóveis.

A Lei nº 13.867, de 26 de agosto de 2019, alterou o Decreto-Lei nº 3.365/1941, para incluir os artigos 10-A e 10-B, e possibilitar a opção pela **mediação** ou **pela via arbitral** para a definição dos valores de indenização nas desapropriações por utilidade pública.

De acordo com o art. 10-A, declarada a utilidade pública do bem para fins de desapropriação, o poder público deverá notificar o proprietário e apresentar-lhe oferta de indenização. Na notificação deverá conter a cópia do ato de declaração de utilidade pública; a planta ou descrição dos bens e suas confrontações; o valor da oferta; e a informação de que o prazo para aceitar ou rejeitar a oferta é de 15 dias e de que o silêncio será considerado rejeição.

Aceita a oferta e realizado o pagamento, será lavrado acordo, o qual será título hábil para a transcrição no registro de imóveis. Todavia, rejeitada a oferta, ou transcorrido o prazo sem manifestação, o poder público proporá a ação judicial de desapropriação.

Mas conforme o art. 10-B, feita a opção pela mediação ou pela via arbitral, o particular indicará um dos órgãos ou instituições especializadas em mediação ou arbitragem previamente cadastrados pelo órgão responsável pela desapropriação. A mediação seguirá as normas da Lei nº 13.140/2015, e, subsidiariamente, os regulamentos do órgão ou instituição responsável. Poderá ser eleita câmara de mediação criada pelo poder público, nos termos do art. 32 da Lei nº 13.140/2015.E a arbitragem seguirá as normas da Lei nº 9.307/1996, e, subsidiariamente, os regulamentos do órgão ou instituição responsável.

b) *Judicial*

Não havendo acordo quanto ao valor da indenização, outra alternativa não resta ao Poder Público senão a via judicial. A fase judicial tem início com a propositura

---

II - as entidades públicas; *(Redação dada pela Lei 14.273/2021)*

III - as entidades que exerçam funções delegadas do poder público; e *(Redação dada pela Lei 14.273/2021)*

IV - o contratado pelo poder público para fins de execução de obras e serviços de engenharia sob os regimes de empreitada por preço global, empreitada integral e contratação integrada. *(Redação dada pela Lei 14.620/2023)*

Parágrafo único. Na hipótese prevista no inciso IV do caput, o edital deverá prever expressamente: *(Incluído pela Lei 14.620/2023)*

I - o responsável por cada fase do procedimento expropriatório; *(Incluído pela Lei 14.620/2023)*

II - o orçamento estimado para sua realização; *(Incluído pela Lei 14.620/2023)*

III - a distribuição objetiva de riscos entre as partes, incluído o risco pela variação do custo das desapropriações em relação ao orçamento estimado. *(Incluído pela Lei 14.620/2023)*".

da ação de desapropriação, cujo procedimento está previsto no Decreto-lei 3.365/41 (arts. 11 a 30), aplicável tanto às desapropriações por necessidade pública como por interesse social.

A petição inicial, além dos requisitos previstos no Código de Processo Civil, conterá a *oferta do preço* e será instruída com um exemplar do contrato, ou do jornal oficial que houver publicado o decreto de desapropriação, ou cópia autenticada dos mesmos, e a planta ou descrição dos bens e suas confrontações.

Se o *expropriante alegar urgência* e depositar quantia calculada nos moldes do § 1º do art. 15, do DL 3.365/41,[17] o juiz *mandará imiti-lo provisoriamente na posse* dos bens. Segundo o art. 34-A, incluído pela Lei nº 13.465, de 2017, se houver concordância, reduzida a termo, do expropriado, a decisão concessiva da imissão provisória na posse implicará a aquisição da propriedade pelo expropriante com o consequente registro da propriedade na matrícula do imóvel. A concordância escrita do expropriado, porém, não implica renúncia ao seu direito de questionar o preço ofertado em juízo. Nessa hipótese, o expropriado poderá levantar 100% (cem por cento) do depósito de que trata o art. 33 do Decreto-Lei.

Cumpre esclarecer que a alegação de urgência, que não pode ser renovada, obriga o expropriante a requerer a imissão provisória dentro do prazo improrrogável de 120 dias[18].

Feita a citação, a causa seguirá com o rito ordinário. Se a parte ré não contestar a ação e concordar com o preço ofertado, o juiz o homologará por sentença.

A *contestação só poderá versar sobre vício do processo judicial ou impugnação do preço*, de modo que qualquer outra questão deverá ser suscitada e decidida por ação direta (DL 3.365/41, art. 20). Isto porque, é vedado ao Poder Judiciário, no processo de desapropriação, decidir se se verificam ou não os casos de utilidade pública (DL 3.365/41, art. 9º). Deve-se acrescentar aí, decerto, os vícios formais na declaração expropriatória, como a incompetência e decadência. Pode o expropriado, ademais, requerer, na contestação, a extensão da desapropriação a área não incluída no ato declaratório, quando essa área revelar-se imprestável economicamente, em face do ato expropriatório.

---

17. "Art. 15. Se o expropriante alegar urgência e depositar quantia arbitrada de conformidade com o art. 685 do Código de Processo Civil, o juiz mandará imiti-lo provisoriamente na posse dos bens. § 1º A imissão provisória poderá ser feita, independente da citação do réu, mediante o depósito: a) do preço oferecido, se este for superior a 20 (vinte) vezes o valor locativo, caso o imóvel esteja sujeito ao imposto predial; b) da quantia correspondente a 20 (vinte) vezes o valor locativo, estando o imóvel sujeito ao imposto predial e sendo menor o preço oferecido; c) do valor cadastral do imóvel, para fins de lançamento do imposto territorial, urbano ou rural, caso o referido valor tenha sido atualizado no ano fiscal imediatamente anterior; d) não tendo havido a atualização a que se refere o inciso c, o juiz fixará independente de avaliação, a importância do depósito, tendo em vista a época em que houver sido fixado originalmente o valor cadastral e a valorização ou desvalorização posterior do imóvel." Segundo a **Súmula 652 do STF**, "*Não contraria a Constituição o Art. 15, § 1º, do DL 3.365/41 (Lei da Desapropriação por Utilidade Pública)*". De rigor, o STF firmou entendimento segundo o qual, para a imissão provisória da posse, é suficiente o pagamento, pelo Poder Público, do valor cadastral do imóvel, sem prejuízo da discussão judicial sobre a diferença entre o valor cadastral e o valor determinado por avaliação prévia.
18. Quando a ação de desapropriação for para os fins de reforma agrária, a imissão provisória integra o procedimento normal da desapropriação, não carecendo de alegação de urgência (Lei Complementar 76/93, arts. 5º e 6º).

Findo o prazo para a contestação e não havendo concordância expressa quanto ao preço, o perito do Juízo apresentará o laudo em cartório até cinco dias, pelo menos, antes da audiência de instrução e julgamento. Na audiência de instrução e julgamento proceder-se-á na conformidade do Código de Processo Civil. Encerrado o debate, o juiz proferirá sentença fixando o preço da indenização.

De acordo com o art. 33 do DL 3.365/41, o depósito do preço fixado por sentença, à disposição do juiz da causa, é considerado pagamento prévio da indenização.

Da sentença que fixar o preço da indenização, caberá recurso de apelação com efeito simplesmente devolutivo, quando interposta pelo expropriado, e com ambos os efeitos, quando o for pelo expropriante. Mas a sentença que condenar a Fazenda Pública em quantia superior ao dobro da oferecida, fica sujeita ao duplo grau de jurisdição.

Efetuado o pagamento ou a consignação, expedir-se-á, em favor do expropriante, mandado de imissão de posse, valendo a sentença como título hábil para a transcrição no registro de imóveis.

Tem a jurisprudência do STF admitido a possibilidade de desistência da desapropriação, independentemente do consentimento do expropriado, ficando a este ressalvada, nas vias ordinárias, a possibilidade de ingressar com ação para a reparação dos danos sofridos, pelos atos de desapropriação que aconteceram, desde a imissão da autora na posse do imóvel, até a reintegração do expropriado na posse do bem (STF, RE 99528/MG, Rel. Min. Néri da Silveira). Desse modo, não pode o expropriado opor-se à desistência da desapropriação, ficando-lhe ressalvado apenas o direito à indenização por perdas e danos[19]. A desistência da desapropriação – que pode ser total ou parcial – efetiva-se, pela *revogação* (quando total) ou *modificação* (quando parcial) *do ato declaratório* da necessidade ou utilidade pública ou interesse social.

8.3. Modalidades de Desapropriação

Além da desapropriação por necessidade ou utilidade pública, ou por interesse social, prevista no art. 5º, inciso XXIV, da Constituição Federal, que a qualquer entidade política compete realizar, e cuja indenização do bem é sempre em dinheiro, a Carta Magna ainda prevê outras modalidades de desapropriação, de competência privativa, porém, de certas entidades, quais sejam:

19. STF, RE 99528-MG, Rel. Min. Néri da Silveira, DJ de 20.03.92, p. 3324: "Recurso extraordinário. Desapropriação. Desistência, após imissão do desapropriante na posse do imóvel. Tem a jurisprudência do STF admitido a possibilidade de desistência da desapropriação, independentemente do consentimento do expropriado. Precedentes do STF. Fica ressalvado ao expropriado, nas vias ordinárias, ingressar com ação para a reparação dos danos sofridos, pelos atos de desapropriação que aconteceram, desde a imissão da autora na posse do imóvel, até a reintegração do expropriado na posse do bem. Desistência da ação homologada, julgando-se extinto o processo, condenado o expropriante a pagar honorários advocatícios e ressalvado ao expropriado pleitear, em ação própria, ressarcimento de eventuais prejuízos sofridos. Julgam-se, em conseqüência, prejudicados os recursos extraordinários."

8.3.1. Desapropriação para fins de reforma agrária

Essa modalidade de desapropriação está prevista no art. 184 da Constituição Federal, como desapropriação-sanção, cujo alvo é o *imóvel rural* que não esteja cumprindo sua função social.

Em conformidade com o art. 184 da CF é da competência privativa da União desapropriar por interesse social, para fins de reforma agrária, o imóvel rural que não esteja cumprindo sua função social, mediante prévia e justa indenização em *títulos da dívida agrária*, com cláusula de preservação do valor real, resgatáveis no prazo de até vinte anos, a partir do segundo ano de sua emissão, e cuja utilização será definida em lei. Contudo, as benfeitorias úteis e necessárias serão indenizadas em dinheiro (art. 184, § 1º).

O decreto que declarar o imóvel como de interesse social, para fins de reforma agrária, autoriza a União a propor a ação de desapropriação. A desapropriação é executada – *amigável ou judicialmente* – pelo *Instituto Nacional de Colonização e Reforma Agrária* – INCRA, que é uma autarquia federal vinculada ao Ministério da Agricultura, criada pelo Decreto-lei nº 1.110, de 09 de julho de 1970 e executor da reforma agrária no país.

Por força do § 5º do art. 184 da CF, são isentas de impostos federais, estaduais e municipais as operações de transferência de imóveis desapropriados para fins de reforma agrária. Segundo o STF, a isenção de tributos de que trata o § 5º do artigo 184 da Constituição Federal, deferida às operações relativas às transferências de imóveis desapropriados, há de ser entendida como *imunidade* e tem por fim não onerar o procedimento expropriatório ou dificultar a realização da reforma agrária, de competência exclusiva da União Federal. Ademais, os títulos da dívida agrária constituem moeda de pagamento da justa indenização devida pela desapropriação de imóveis por interesse social e, dado o seu caráter indenizatório, não podem ser tributados. Todavia, terceiro adquirente de títulos da dívida agrária não goza da referida imunidade, uma vez que o benefício alcança tão-somente o expropriado. O terceiro adquirente, que com ele realiza ato mercantil, em negócio estranho à reforma agrária, não é destinatário da norma constitucional (RE 168.110, Rel. Min. Moreira Alves, julgamento em 4-4-00, *DJ* de 19-5-00).

Segundo o art. 186 da Constituição, a função social é cumprida quando a propriedade rural atende, simultaneamente, segundo critérios e graus de exigência estabelecidos em lei, aos seguintes requisitos: I – aproveitamento racional e adequado; II – utilização adequada dos recursos naturais disponíveis e preservação do meio ambiente; III – observância das disposições que regulam as relações de trabalho; IV – exploração que favoreça o bem-estar dos proprietários e dos trabalhadores.

Todavia, a desapropriação para fins de reforma agrária não atinge a pequena e média propriedade rural, assim definida em lei, desde que seu proprietário não possua outra, nem a propriedade produtiva, em face da cláusula de inexpropriabilidade fundada no art. 185 da Constituição, ainda que não cumpram a função social nos moldes do art. 186[20].

20. Nesse sentido, STF, MS 23006/PB, Rel. Min. CELSO DE MELLO, DJ de 29-08-2003 PP-00021: "MANDADO DE SEGURANÇA – REFORMA AGRÁRIA – DESAPROPRIAÇÃO-SANÇÃO (CF, ART. 184, *CAPUT*) – MÉDIA

Ao julgar a ADI 3865, Min. Edson Fachin, o STF fixou orientação no sentido de que o cumprimento da função social é requisito para que um imóvel produtivo não possa ser desapropriado para fins de reforma agrária. Isto é, para a Corte, o "art. 185 da Constituição da República exige, para a aplicação da cláusula de insuscetibilidade de desapropriação para fins de reforma agrária, a função social e o caráter produtivo da propriedade como requisitos simultâneos". Logo, coaduna-se com a Constituição o entendimento de que é possível conjugar, para a inexpropriabilidade da propriedade, a exigência da funcionalização social e a exigência da propriedade produtiva.

A Lei nº 8.629, de 25 de fevereiro de 1993, alterada pela Lei nº 13.465, de 2017, dispõe sobre a regulamentação dos dispositivos constitucionais relativos à reforma agrária, sobre o conceito de pequena e média propriedade rural e de propriedade produtiva.

Já a Lei Complementar nº 76/93 dispõe sobre o procedimento contraditório especial, de rito sumário, para o processo de desapropriação de imóvel rural, por interesse social, para fins de reforma agrária. Em conformidade com ela, a ação de desapropriação deverá ser proposta dentro do prazo de dois anos, contado da publicação do decreto declaratório. A petição inicial, além dos requisitos previstos no Código de Processo Civil, conterá a oferta do preço e será instruída com os seguintes documentos: (a) texto do decreto declaratório de interesse social para fins de reforma agrária, publicado no Diário Oficial da União; (b) certidões atualizadas de domínio e de ônus real do imóvel; (c) documento cadastral do imóvel; (d) laudo de vistoria e avaliação administrativa, que conterá, necessariamente: (d1) descrição do imóvel, por meio de suas plantas geral e de situação, e memorial descritivo da área objeto da ação, (d2) relação das benfeitorias úteis, necessárias e voluptuárias, das culturas e pastos naturais e artificiais, da cobertura florestal, seja natural ou decorrente de florestamento ou reflorestamento, e dos semoventes, e (d3) discriminadamente, os valores de avaliação

---

PROPRIEDADE RURAL (CF, ART. 185, I) – ÁREA QUE RESULTOU DE DOAÇÃO CELEBRADA EM MOMENTO QUE PRECEDEU TANTO A EDIÇÃO DA MP 1.577/97 (REEDITADA, PELA ÚLTIMA VEZ, COMO MP 2.183-56/2001) COMO A PUBLICAÇÃO DO ATO PRESIDENCIAL QUESTIONADO – INEXPROPRIABILIDADE DO IMÓVEL RURAL EM QUESTÃO – FALTA DE NOTIFICAÇÃO PESSOAL E PRÉVIA DO PROPRIETÁRIO RURAL QUANTO À REALIZAÇÃO DA VISTORIA (LEI Nº 8.629/93, ART. 2º, § 2º) – OFENSA AO POSTULADO DO DUE PROCESS OF LAW (CF, ART. 5º, LIV) – NULIDADE RADICAL DA DECLARAÇÃO EXPROPRIATÓRIA – MANDADO DE SEGURANÇA DEFERIDO. A PEQUENA E A MÉDIA PROPRIEDADES RURAIS, EM TEMA DE REFORMA AGRÁRIA, SÃO CONSTITUCIONALMENTE INSUSCETÍVEIS DA DESAPROPRIAÇÃO-SANÇÃO A QUE SE REFERE O ART. 184 DA CARTA POLÍTICA. – A pequena e a média propriedades rurais, cujas dimensões físicas ajustem-se aos parâmetros fixados em sede legal (Lei nº 8.629/93, art. 4º, II e III), não estão sujeitas, em tema de reforma agrária (CF, art. 184), ao poder expropriatório da União Federal, em face da cláusula de inexpropriabilidade fundada no art. 185, I, da Constituição da República, desde que o proprietário de tais prédios rústicos – sejam eles produtivos ou não – não possua outra propriedade rural. A prova negativa do domínio, para os fins do art. 185, I, da Constituição, não incumbe ao proprietário que sofre a ação expropriatória da União Federal, pois o "onus probandi", em tal situação, compete ao poder expropriante, que dispõe, para esse efeito, de amplo acervo informativo resultante dos dados constantes do Sistema Nacional de Cadastro Rural. Precedente. A NOTIFICAÇÃO PRÉVIA DO PROPRIETÁRIO RURAL, EM TEMA DE REFORMA AGRÁRIA, TRADUZ EXIGÊNCIA IMPOSTA PELA CLÁUSULA DO DEVIDO PROCESSO LEGAL. – A vistoria administrativa do imóvel rural, na fase preliminar do procedimento expropriatório instaurado para fins de reforma agrária, deve ser precedida de notificação pessoal, dirigida ao proprietário rural, sob pena de desrespeito à cláusula constitucional do "due process of law", cuja inobservância afeta a própria declaração expropriatória, invalidando-a desde o momento em que formalmente veiculada em decreto presidencial. Precedentes."

da terra nua e das benfeitorias indenizáveis; (e) comprovante de lançamento dos Títulos da Dívida Agrária correspondente ao valor ofertado para pagamento de terra nua; (f) comprovante de depósito em banco oficial, ou outro estabelecimento no caso de inexistência de agência na localidade, à disposição do juízo, correspondente ao valor ofertado para pagamento das benfeitorias úteis e necessárias.

O juiz, ao despachar a petição inicial, de plano ou no prazo máximo de quarenta e oito horas: I – mandará imitir o autor na posse do imóvel; II – determinará a citação do expropriando para contestar o pedido e indicar assistente técnico, se quiser; e III – expedirá mandado ordenando a averbação do ajuizamento da ação no registro do imóvel expropriando, para conhecimento de terceiros.

Inexistindo dúvida acerca do domínio, ou de algum direito real sobre o bem, ou sobre os direitos dos titulares do domínio útil, e do domínio direto, em caso de enfiteuse ou aforamento, ou, ainda, inexistindo divisão, hipótese em que o valor da indenização ficará depositado à disposição do juízo enquanto os interessados não resolverem seus conflitos em ações próprias, poderá o expropriando requerer o levantamento de oitenta por cento da indenização depositada, quitado os tributos e publicados os editais, para conhecimento de terceiros, a expensas do expropriante, duas vezes na imprensa local e uma na oficial, decorrido o prazo de trinta dias.

No curso da ação poderá o Juiz designar, com o objetivo de fixar a prévia e justa indenização, audiência de conciliação, que será realizada nos dez primeiros dias a contar da citação, e na qual deverão estar presentes o autor, o réu e o Ministério Público. As partes ou seus representantes legais serão intimadas via postal. Aberta a audiência, o Juiz ouvirá as partes e o Ministério Público, propondo a conciliação. Se houver acordo, lavrar-se-á o respectivo termo, que será assinado pelas partes e pelo Ministério Público ou seus representantes legais. Integralizado o valor acordado, nos dez dias úteis subsequentes ao pactuado, o Juiz expedirá mandado ao registro imobiliário, determinando a matrícula do bem expropriado em nome do expropriante.

A citação do expropriando será feita na pessoa do proprietário do bem, ou de seu representante legal, obedecido o disposto no art. 12 do Código de Processo Civil.

A contestação deve ser oferecida no prazo de quinze dias se versar matéria de interesse da defesa, excluída a apreciação quanto ao interesse social declarado. Recebida a contestação, o juiz, se for o caso, determinará a realização de prova pericial, adstrita a pontos impugnados do laudo de vistoria administrativa, a que se refere o art. 5º, inciso IV e, simultaneamente: I – designará o perito do juízo; II – formulará os quesitos que julgar necessários; III – intimará o perito e os assistentes para prestar compromisso, no prazo de cinco dias; IV – intimará as partes para apresentar quesitos, no prazo de dez dias. A prova pericial será concluída no prazo fixado pelo juiz, não excedente a sessenta dias, contado da data do compromisso do perito.

Havendo acordo sobre o preço, este será homologado por sentença. Não havendo acordo, o valor que vier a ser acrescido ao depósito inicial por força de laudo pericial acolhido pelo Juiz será depositado em espécie para as benfeitorias, juntado aos autos o comprovante de lançamento de Títulos da Dívida Agrária para terra nua, como integralização dos valores ofertados.

Ao fixar o valor da indenização, o juiz considerará, além dos laudos periciais, outros meios objetivos de convencimento, inclusive a pesquisa de mercado. O valor da indenização corresponderá ao valor apurado na data da perícia, ou ao consignado pelo juiz, corrigido monetariamente até a data de seu efetivo pagamento. Na sentença, o juiz individualizará o valor do imóvel, de suas benfeitorias e dos demais componentes do valor da indenização.

Da sentença que fixar o preço da indenização caberá apelação com efeito simplesmente devolutivo, quando interposta pelo expropriado e, em ambos os efeitos, quando interposta pelo expropriante. A sentença que condenar o expropriante, em quantia superior a cinquenta por cento sobre o valor oferecido na inicial, fica sujeita a duplo grau de jurisdição.

O valor da indenização, estabelecido por sentença, deverá ser depositado pelo expropriante à ordem do juízo, em dinheiro, para as benfeitorias úteis e necessárias, inclusive culturas e pastagens artificiais e, em Títulos da Dívida Agrária, para a terra nua. Em caso de reforma de sentença, com o aumento do valor da indenização, o expropriante será intimado a depositar a diferença, no prazo de quinze dias.

A pedido do expropriado, após o trânsito em julgado da sentença, será levantada a indenização ou o depósito judicial, deduzidos o valor de tributos e multas incidentes sobre o imóvel, exigíveis até a data da imissão na posse pelo expropriante.

Efetuado ou não o levantamento, ainda que parcial, da indenização ou do depósito judicial, será expedido em favor do expropriante, no prazo de quarenta e oito horas, mandado translativo do domínio para o Cartório do Registro de Imóveis competente, sob a forma e para os efeitos da Lei de Registros Públicos. O registro da propriedade nos cartórios competentes far-se-á no prazo improrrogável de três dias, contado da data da apresentação do mandado.

As ações concernentes à desapropriação de imóvel rural, por interesse social, para fins de reforma agrária, têm caráter preferencial e prejudicial em relação a outras ações referentes ao imóvel expropriando, e independem do pagamento de preparo ou de emolumentos. Qualquer ação que tenha por objeto o bem expropriando será distribuída, por dependência, à Vara Federal onde tiver curso a ação de desapropriação, determinando-se a pronta intervenção da União.

O Ministério Público Federal intervirá, obrigatoriamente, após a manifestação das partes, antes de cada decisão manifestada no processo, em qualquer instância.

As despesas judiciais e os honorários do advogado e do perito constituem encargos do sucumbente, assim entendido o expropriado, se o valor da indenização for igual ou inferior ao preço oferecido, ou o expropriante, na hipótese de valor superior ao preço oferecido. Os honorários do advogado do expropriado serão fixados em até vinte por cento sobre a diferença entre o preço oferecido e o valor da indenização.

Os imóveis rurais desapropriados, uma vez registrados em nome do expropriante, não poderão ser objeto de ação reivindicatória.

8.3.2. *Desapropriação por descumprimento da função social da propriedade urbana*

Cuida-se de modalidade de desapropriação prevista no art. 182, § 4º, inciso III, da Constituição Federal, como desapropriação-sanção, cujo alvo é o *imóvel urbano* que não esteja cumprindo sua função social e, em consequência, não esteja atendendo as exigências fundamentais de ordenação da cidade expressas no plano diretor.

Nos termos do art. 182, § 4º, inciso III, somente o Município pode proceder a essa desapropriação, como instrumento de política urbana. É uma forma de sanção àquele que não estiver aproveitando adequadamente o solo urbano de que é proprietário. Desse modo, é facultado ao Poder Público municipal, mediante lei específica para área incluída no plano diretor, exigir, nos termos da lei federal, do proprietário do solo urbano não edificado, subutilizado ou não utilizado, que promova seu adequado aproveitamento, sob pena, sucessivamente, de:

I. parcelamento ou edificação compulsórios;

II. imposto sobre a propriedade predial e territorial urbana progressivo no tempo;

III. *desapropriação com pagamento mediante títulos da dívida pública* de emissão previamente aprovada pelo Senado Federal, com prazo de resgate de até dez anos, em parcelas anuais, iguais e sucessivas, assegurados o valor real da indenização e os juros legais.

De observar-se que a desapropriação em tela, como modo de punir o proprietário do solo urbano não edificado, subutilizado ou não utilizado, que não promoveu o seu adequado aproveitamento, é medida que só pode ser aplicada após a tomada de providências preliminares consistentes, em primeiro lugar, no parcelamento ou edificação compulsórios do solo e, em segundo, na exigência de IPTU com alíquota progressiva urbana.

A Lei nº 10.257, de 10 de julho de 2001, conhecida como o Estatuto da Cidade, regulou os artigos 182 e 183 da Constituição Federal e disciplinou a desapropriação em comento como instrumento jurídico de política urbana.

Em conformidade com o seu art. 5º, lei municipal específica para área incluída no plano diretor poderá determinar o parcelamento, a edificação ou a utilização compulsórios do solo urbano não edificado, subutilizado ou não utilizado, devendo fixar as condições e os prazos para implementação da referida obrigação. Estes prazos não poderão ser inferiores a um ano, a partir da notificação, para que seja protocolado o projeto no órgão municipal competente e a dois anos, a partir da aprovação do projeto, para iniciar as obras do empreendimento. O proprietário será notificado pelo Poder Executivo municipal para o cumprimento da obrigação, devendo a notificação ser averbada no cartório de registro de imóveis.

Todavia, por força do art. 7º, em caso de descumprimento das condições e dos prazos previstos para o parcelamento, a edificação ou a utilização compulsórios, o Município procederá à aplicação do imposto sobre a propriedade predial e territorial urbana

(IPTU) progressivo no tempo, mediante a majoração da alíquota pelo prazo de cinco anos consecutivos. O valor da alíquota a ser aplicado a cada ano será fixado na lei específica a que se refere o art. 5º da Lei e não excederá a duas vezes o valor referente ao ano anterior, respeitada a alíquota máxima de quinze por cento. Caso a obrigação de parcelar, edificar ou utilizar não esteja atendida em cinco anos, o Município manterá a cobrança pela alíquota máxima, até que se cumpra a referida obrigação.

Finalmente, decorridos cinco anos de cobrança do IPTU progressivo sem que o proprietário tenha cumprido a obrigação de parcelamento, edificação ou utilização, o Município poderá proceder à desapropriação do imóvel, com pagamento em títulos da dívida pública.

Assim, a desapropriação-sanção por descumprimento da função social da propriedade urbana não edificada, subutilizada ou não utilizada só pode ser empregada quando as medidas do parcelamento ou edificação compulsórios e do IPTU progressivo não forem suficientes para compelir o proprietário do solo urbano ao seu adequado aproveitamento, circunstância que torna o instituto da desapropriação um instrumento subsidiário e de rara ocorrência.

Ao processo de desapropriação, em razão do silêncio da Lei 10.257/2001, aplica-se o Decreto-lei nº 3.365/41.

8.4. Sujeitos Ativo e Passivo da Desapropriação

Sujeito ativo é quem tem competência para desapropriar, expedindo o ato declaratório de utilidade pública ou interesse social do bem. Nos termos do Decreto-lei 3.365/41, podem ser sujeitos ativos da desapropriação por utilidade pública a União, os Estados-membros, o Distrito Federal, os Municípios e os Territórios (art. 2º).

Quanto à desapropriação por interesse social, além destas entidades, em competência comum, compete privativamente, já se disse, ao Município a desapropriação para os fins do art. 182, e privativamente à União a desapropriação para os fins do art. 184[21].

Contudo, para a execução/promoção da desapropriação (fase executória), a competência pode ser delegada para as entidades da Administração Indireta e para as concessionárias, permissionárias e autorizatárias de serviço público, além de outras entidades.

Com efeito, prevê o art. 3º do DL 3.365/41, com a nova redação dada pela Lei nº 14.620, de 13 de julho de 2023, que podem promover a desapropriação, mediante autorização expressa constante de lei ou contrato:

(I) os concessionários, inclusive aqueles contratados nos termos da Lei 11.079/2004 (Lei parcerias público-privada), permissionários, autorizatários e arrendatários;

(II) as entidades públicas;

---

21. Os Estados e Municípios podem desapropriar imóvel rural, desde que não se destine à reforma agrária, pois, neste caso, a competência é exclusiva da União (STF, *in* RDA 152/122 e RT 595/266).

(III) as entidades que exerçam funções delegadas do poder público; e

(IV) o contratado pelo poder público para fins de execução de obras e serviços de engenharia sob os regimes de empreitada por preço global, empreitada integral e contratação integrada.

A Lei nº 14.620/2023 incluiu o parágrafo único ao art. 3º do DL 3.365/41, para estabelecer que, na hipótese de a desapropriação ser promovida por contratado pelo poder público para fins de execução de obras e serviços de engenharia sob os regimes de empreitada por preço global, empreitada integral e contratação integrada, prevista no inciso IV do *caput* do DL, o edital deverá prever expressamente: (I) o responsável por cada fase do procedimento expropriatório; (II) o orçamento estimado para sua realização; e (III) a distribuição objetiva de riscos entre as partes, incluído o risco pela variação do custo das desapropriações em relação ao orçamento estimado.

Esclareça-se, todavia, que não se confunde com o sujeito ativo, a competência que têm, por delegação, as entidades da Administração Indireta e as concessionárias e permissionárias de serviços públicos para promover as medidas de execução (fase executória) da desapropriação, após o ato declaratório expedido pelo sujeito ativo. Não confundir, assim, sujeito ativo da desapropriação com a competência para promovê-la ou executá-la. Sujeito ativo é só quem tem a competência legal para expedir o ato declaratório da desapropriação, sujeitando o bem à força expropriatória (dando início a fase declaratória).

Atualmente, são sujeitos ativos as entidades políticas (União, Estados-membros, Distrito Federal e Municípios), o DNIT – Departamento Nacional de Infra-Estrutura de Transportes (conforme a Lei nº 10.233/2001, art. 82, IX[22], para implantação do Sistema Federal de Viação) e a ANEEL – Agência Nacional de Energia Elétrica (relativamente às áreas necessárias à implantação de instalações de concessionários, permissionários e autorizatários de energia elétrica, consoante o art. 10 da Lei nº 9.074/95[23], com redação dada pela Lei nº 9.648/98).

Uma entidade política pode desapropriar os bens do domínio de outra entidade política, desde que observe a **verticalização** e a necessária **autorização legislativa**. Assim, havendo autorização legislativa, a União pode desapropriar os bens de domínio dos Estados, dos Municípios e do Distrito Federal; e os Estados podem desapropriar os bens de domínio dos Municípios.

A Lei nº 14.620/2023 incluiu o § 2º-A ao art. 2º do DL 3.365/41, para prevê a **dispensa da autorização legislativa** quando a desapropriação for realizada mediante acordo entre os entes federativos, no qual serão fixadas as respectivas responsabilidades financeiras quanto ao pagamento das indenizações correspondentes.

A declaração pode ser feita pelo Poder Executivo, através de decreto do Chefe do Poder, que é a regra (Decreto-lei nº 3.365/41, art. 6º), ou pelo Poder Legislativo,

---

22. "Art. 82, IX – declarar a utilidade pública de bens e propriedades a serem desapropriados para implantação do Sistema Federal de Viação".
23. "Art. 10. Cabe à Agência Nacional de Energia Elétrica – ANEEL, declarar a utilidade pública, para fins de desapropriação ou instituição de servidão administrativa, das áreas necessárias à implantação de instalações de concessionários, permissionários e autorizados de energia elétrica."

através de lei (Decreto-lei nº 3.365/41, art. 8º). Quando a iniciativa da desapropriação partir do Poder Legislativo, cumpre, neste caso, ao Executivo praticar os atos necessários à sua execução ou efetivação.

Sujeito passivo é o expropriado, que pode ser pessoa natural ou jurídica, pública ou privada.

8.5. Pressupostos

Os pressupostos constitucionais da desapropriação são a necessidade pública, a utilidade pública ou o interesse social. Há necessidade pública quando é indispensável a desapropriação; há utilidade pública quando é conveniente a desapropriação e, finalmente, há interesse social quando a desapropriação visa atender às camadas pobres da população, objetivando a redistribuição de riqueza.

O Decreto-lei nº 3.365/41 fundiu os pressupostos "necessidade e utilidade pública" em um só, denominando-os somente de *utilidade pública*. Com efeito, segundo o art. 5º do referido decreto, consideram-se casos de utilidade pública:

a) A segurança nacional;

b) A defesa do Estado;

c) O socorro público em caso de calamidade;

d) A salubridade pública;

e) A criação e melhoramento de centros de população, seu abastecimento regular de meios de subsistência;

f) O aproveitamento industrial das minas e das jazidas minerais, das águas e da energia hidráulica;

g) A assistência pública, as obras de higiene e decoração, casas de saúde, clínicas, estações de clima e fontes medicinais;

h) A exploração ou a conservação dos serviços públicos;

i) A abertura, conservação e melhoramento de vias ou logradouros públicos; a execução de planos de urbanização; o parcelamento do solo, com ou sem edificação, para sua melhor utilização econômica, higiênica ou estética; a construção ou ampliação de distritos industriais;

j) O funcionamento dos meios de transporte coletivo;

k) A preservação e conservação dos monumentos históricos e artísticos, isolados ou integrados em conjuntos urbanos ou rurais, bem como as medidas necessárias a manter-lhes e realçar-lhes os aspectos mais valiosos ou característicos e, ainda, a proteção de paisagens e locais particularmente dotados pela natureza;

l) A preservação e a conservação adequada de arquivos, documentos e outros bens móveis de valor histórico ou artístico;

m) A construção de edifícios públicos, monumentos comemorativos e cemitérios;

n) A criação de estádios, aeródromos ou campos de pouso para aeronaves;

o) A reedição ou divulgação de obra ou invento de natureza científica, artística ou literária;

p) Os demais casos previstos por leis especiais.

Nos termos do § 3º do art. 5º do DL 3.365/41, não é possível dar outra utilização nem haverá retrocessão, quando o imóvel for desapropriado para implantação de parcelamento popular, destinado às classes de menor renda.

Entretanto, a Lei nº 14.620/2023 incluiu o § 6º ao art. 5º do DL 3.365/41, que prever que, uma vez comprovada a inviabilidade ou a perda objetiva de interesse público em manter a destinação do bem prevista no decreto expropriatório, o expropriante deverá adotar uma das seguintes medidas, nesta ordem de preferência:

(I) destinar a área não utilizada para outra finalidade pública; ou

(II) alienar o bem a qualquer interessado, na forma prevista em lei, assegurado o direito de preferência à pessoa física ou jurídica desapropriada.

Cumpre salientar que, nos termos do § 4º do art. 5º do DL 3.365/41, na redação dada pela Lei nº 14.620/2023, é possível que os bens desapropriados para fins de utilidade pública e os direitos decorrentes da respectiva imissão na posse sejam alienados a terceiros, locados, cedidos, arrendados, outorgados em regimes de concessão de direito real de uso, de concessão comum ou de parceria público-privada e ainda transferidos como integralização de fundos de investimento ou sociedades de propósito específico.

Os casos de interesse social estão previstos na Lei 4.132/62 e na Constituição Federal (art. 182, § 4º e art. 184).

Reitere-se que a desapropriação por interesse social tem por finalidade promover a justa distribuição da propriedade ou condicionar o seu uso ao bem estar social.

De acordo com o art. 2º da Lei 4.132/62, considera-se de interesse social:

I - o aproveitamento de todo bem improdutivo ou explorado sem correspondência com as necessidades de habitação, trabalho e consumo dos centros de população a que deve ou possa suprir por seu destino econômico;

II - a instalação ou a intensificação das culturas nas áreas em cuja exploração não se obedeça a plano de zoneamento agrícola;

III - o estabelecimento e a manutenção de colônias ou cooperativas de povoamento e trabalho agrícola;

IV - a manutenção de posseiros em terrenos urbanos onde, com a tolerância expressa ou tácita do proprietário, tenham construído sua habilitação, formando núcleos residenciais de mais de 10 (dez) famílias;

V - a construção de casa populares;

VI - as terras e águas suscetíveis de valorização extraordinária, pela conclusão de obras e serviços públicos, notadamente de saneamento, portos, transporte, eletrificação armazenamento de água e irrigação, no caso em que não sejam ditas áreas socialmente aproveitadas;

VII - a proteção do solo e a preservação de cursos e mananciais de água e de reservas florestais.

VIII - a utilização de áreas, locais ou bens que, por suas características, sejam apropriados ao desenvolvimento de atividades turísticas.

8.6. Objeto

Todos os bens podem ser desapropriados, incluindo:

a) Coisas corpóreas (móveis ou imóveis);

b) Coisas incorpóreas, como os direitos (menos os personalíssimos, que são bens inexpropriáveis), as ações, patentes, fundos de comércio, nome de empresa etc.;

c) Bens públicos ou privados.

Quanto ao espaço aéreo e ao subsolo, a regra é a não desapropriação. Todavia, consoante a norma contida no § 1º do art. 2º do DL 3.365/41, a desapropriação do espaço aéreo ou do subsolo, cabível excepcionalmente, só se tornará necessária, quando de sua utilização resultar prejuízo patrimonial do proprietário do solo.

De acordo com o § 2º do art. 2º do DL 3.365/41, os bens do domínio dos Estados, Municípios, Distrito Federal e Territórios poderão ser desapropriados pela União, e os dos Municípios pelos Estados, mas, em qualquer caso, ao ato deverá preceder autorização legislativa.

A Lei nº 14.620/2023 incluiu o art. 4º-A do DL 3.365/41, para estabelecer que, quando o imóvel a ser desapropriado caracterizar-se como **núcleo urbano informal ocupado predominantemente por população de baixa renda**, nos termos do § 2º do art. 9º da Lei 13.465/2017, e seu regulamento, o ente expropriante deverá prever, no planejamento da ação de desapropriação, **medidas compensatórias.**

Essas **medidas compensatórias** devem incluir a realocação de famílias em outra unidade habitacional, a indenização de benfeitorias ou a compensação financeira suficiente para assegurar o restabelecimento da família em outro local, exigindo-se, para este fim, o prévio cadastramento dos ocupantes. E poderá ser equiparada à família ou à pessoa de baixa renda aquela ocupante da área que, por sua situação fática específica, apresente condição de vulnerabilidade, conforme definido pelo expropriante.

8.7. A indenização

Segundo a Constituição, a indenização deve ser *justa*, *prévia* e em *dinheiro* (à exceção daquelas hipóteses em que, ao invés de dinheiro, é paga mediante títulos públicos – CF/88, arts. 182, § 4º e 184). O seu valor deverá ser o mais amplo possível. Visa a reconstituir tudo o que o proprietário perdeu e deixou de ganhar com a desapropriação, incluindo, portanto, os danos emergentes e os lucros cessantes.

A indenização também compreende os juros compensatórios, que são devidos desde a imissão na posse[24]. Os juros compensatórios destinam-se a "compensar" o proprietário da privação antecipada da posse.

Segundo o art. 15-A do DL 3.365/41, com a nova redação da Lei 14.620/2023, no caso de imissão prévia na posse, na desapropriação por necessidade ou utilidade pública ou na desapropriação por interesse social prevista na Lei nº 4.132/1962, na hipótese de haver divergência entre o preço ofertado em juízo e o valor do bem fixado na sentença, expressos em termos reais, poderão incidir juros compensatórios de até 6% a.a. (seis por cento ao ano) sobre o valor da diferença eventualmente apurada, contado da data de imissão na posse, vedada a aplicação de juros compostos.

O STF, todavia, no julgamento da ADIN nº 2.332-2, em 17 de maio de 2018, julgou parcialmente procedente a ação direta para: i) por maioria, e nos termos do voto do Relator, reconhecer a constitucionalidade do percentual de juros compensatórios de 6% (seis por cento) ao ano para remuneração do proprietário pela imissão provisória do ente público na posse de seu bem, declarando a inconstitucionalidade do vocábulo "até", e interpretar conforme a Constituição o *caput* do art. 15-A do Decreto-Lei 3.365/41, de 21 de junho de 1941, introduzido pelo artigo 1º da Medida Provisória nº 2.027-43, de 27 de setembro de 2000, e suas sucessivas reedições, de maneira a incidir juros compensatórios sobre a diferença entre 80% (oitenta por cento) do preço ofertado em juízo pelo ente público e o valor do bem fixado na sentença, vencido o Ministro Marco Aurélio, que julgava procedente o pedido, no ponto, em maior extensão; ii) por maioria, vencidos os Ministros Roberto Barroso (Relator), Luiz Fux e Celso de Melo, declarar a constitucionalidade do § 1º e do § 2º do art. 15-A do Decreto-Lei 3.365/41; iii) por unanimidade, e nos termos do voto do Relator, declarar a constitucionalidade do § 3º do artigo 15-A do Decreto-Lei 3.365/41; iv) por maioria, e nos termos do voto do Relator, declarar a inconstitucionalidade do § 4º do art. 15-A do Decreto-Lei 3.365/41, vencido o Ministro Marco Aurélio; v) por unanimidade, e nos termos do voto do Relator, declarar a constitucionalidade da estipulação de parâmetros mínimo e máximo para a concessão de honorários advocatícios previstos no § 1º do artigo 27 o Decreto-Lei 3.365/41 e declarar a inconstitucionalidade da expressão "não podendo os honorários ultrapassar R$ 151.000,00 (cento e cinquenta e um mil reais)".

No julgamento dessa ADI, foram fixadas as seguintes teses:

> *"(i) É constitucional o percentual de juros compensatórios de 6% (seis por cento) ao ano para a remuneração pela imissão provisória na posse de bem objeto de desapropriação;*
>
> *(ii) A base de cálculo dos juros compensatórios em desapropriações corresponde à diferença entre 80% do preço ofertado pelo ente público e o valor fixado na sentença;*
>
> *(iii) São constitucionais as normas que condicionam a incidência de juros compensatórios à produtividade da propriedade;*

24. Conforme súmula nº 69 do STJ: "Na desapropriação direta, os juros compensatórios são devidos desde a antecipada imissão na posse e, na desapropriação indireta, a partir da efetiva ocupação do imóvel".

(iv) É constitucional a estipulação de parâmetros mínimo e máximo para a concessão de honorários advocatícios em desapropriações, sendo, contudo, vedada a fixação de um valor nominal máximo de honorários."

Assim, o Supremo Tribunal Federal decidiu que devem ser de 6%, e não mais de 12%, os juros compensatórios incidentes sobre as desapropriações por necessidade ou utilidade pública e interesse social ou para fins de reforma agrária, no caso em que haja imissão prévia na posse pelo Poder Público e divergência entre o preço ofertado em juízo e o valor do bem, fixado em sentença judicial.

De acordo com o relator da ação, ministro Luís Roberto Barroso, a jurisprudência construída pelo próprio STF, que estabeleceu como devidos os juros compensatórios e, posteriormente, fixou o percentual de 12% (Súmulas 164 e 618), justificou-se dentro de uma conjuntura de instabilidade econômica e inflacionária em que, por largo período, sequer havia previsão de correção monetária. Além disso, tais processos de desapropriação duravam décadas sem previsão de correção monetária, mas hoje isso não se justifica, a despeito de a duração de tais processos continuar sendo longa.

Barroso sustentou que a taxa de juros de 6% é perfeitamente compatível com as aplicações que existem no mercado financeiro. Foi considerada inconstitucional a expressão "até" 6%, ou seja, o percentual não poderá ser inferior a 6%.

Em seu voto, o ministro Barroso afirmou ser constitucional o percentual de juros compensatórios de 6% ao ano para remuneração do proprietário pela imissão provisória do ente público na posse do seu bem, na medida em que consiste em "ponderação legislativa proporcional entre o direito constitucional do proprietário à justa indenização e os princípios constitucionais da eficiência e da economicidade". Quanto à base de cálculo, foi dada interpretação conforme a Constituição ao *caput* do artigo 15-A do Decreto-Lei 3.365/1941, de maneira a incidir juros compensatórios sobre a diferença entre 80% do preço ofertado pelo ente público e o valor fixado na sentença judicial. O parágrafo 1º do artigo 27 foi considerado inconstitucional, na parte que estabelecia teto para honorários advocatícios (em R$ 155 mil à época da edição da MP).

Após divergência parcial do relator, aberta pelo ministro Alexandre de Moraes e seguida por seis ministros, foram consideradas constitucionais as restrições à incidência dos juros compensatórios quando não houver comprovação de efetiva perda de renda pelo proprietário com a imissão provisória na posse (artigo 15-A, parágrafo 1º) e quando o imóvel tenha graus de utilização da terra e de eficiência na exploração iguais a zero (parágrafo 2º do mesmo artigo).

O entendimento prevalecente foi o de que os juros compensatórios se destinam apenas a compensar a perda de renda comprovadamente sofrida pelo proprietário. O ministro Barroso havia considerado tais restrições inconstitucionais, mas decidiu reajustar seu voto nesta parte, com ressalva de seu entendimento pessoal, mantendo-se na relatoria do processo.

Todavia, a Lei nº 14.620/2023 deu nova redação ao art. 15-A do DL 3.365/41 e parágrafos, reproduzindo, em grande parte, a redação anterior que havia sido declarada inconstitucional por decisão do STF na ADI nº 2.332-2.

Com efeito, a Lei nº 14.620/2023 praticamente reeditou a anterior redação do caput do art. 15-A, reiterando que, no caso de imissão prévia na posse (na desapropriação por necessidade ou utilidade pública ou na desapropriação por interesse social prevista na Lei nº 4.132, de 10 de setembro de 1962), na hipótese de haver divergência entre o preço ofertado em juízo e o valor do bem fixado na sentença, expressos em termos reais, poderão incidir juros compensatórios de até 6% a.a. (seis por cento ao ano) sobre o valor da diferença eventualmente apurada, contado da data de imissão na posse, vedada a aplicação de juros compostos.

Chame-se a atenção para a reprodução do vocábulo "até", que o STF havia declarado inconstitucional no julgamento da ADI acima referida, numa verdadeira reação legislativa (efeito backlash) ao entendimento da Corte.

A Lei nº 14.620/2023 deu nova redação ao § 1º do art. 15-A, para restringir ainda mais a destinação dos juros compensatórios, estabelecendo que eles se destinam apenas a compensar danos correspondentes a lucros cessantes comprovadamente sofridos pelo proprietário, não incidindo nas indenizações relativas às desapropriações que tiverem como pressuposto o descumprimento da função social da propriedade, previstas no art. 182, § 4º, inciso III, e no art. 184 da Constituição.

E também replicou, no § 3º do art. 15-A, que os juros compensatórios nas ações ordinárias de indenização por apossamento administrativo ou por desapropriação indireta e nas ações que visem à indenização por restrições decorrentes de atos do poder público, não se aplicam ao poder público quando relativos a período anterior à aquisição da propriedade ou da posse titulada pelo autor da ação. Essa redação, que também constava do § 4º do art. 15-A, havia sido igualmente declarada inconstitucional por decisão do STF na ADI nº 2.332-2.

A indenização compreende, outrossim, os juros de mora. Os juros moratórios destinam-se a recompor a *perda decorrente do atraso* no efetivo pagamento da indenização fixada na decisão final de mérito, e somente serão devidos à razão de até *seis por cento ao ano, a partir de 1º de janeiro do exercício seguinte àquele em que o pagamento deveria ser feito*[25], nos termos do art. 100 da Constituição (art. 15-B do DL 3.365/41, acrescentado pela MP nº 2.183-56/2001).

Os juros compensatórios e moratórios são cumuláveis (STJ, súmula 12). Ademais, em razão da súmula 102 do STJ, "a incidência dos juros moratórios sobre os compensatórios, nas ações expropriatórias, não constitui anatocismo vedado em lei".

Também é devida a correção monetária, calculada a partir do laudo de avaliação do bem. Segundo a súmula nº 561 do STF, "em desapropriação, é devida a correção monetária até a data do efetivo pagamento da indenização, devendo proceder-se à

25. Em razão disso, fica cancelada a súmula nº 70 do STJ que tinha a seguinte redação: "Os juros moratórios, na desapropriação direta ou indireta, contam-se desde o transito em julgado da sentença".

atualização do cálculo, ainda que por mais de uma vez". Também em face da súmula nº 67 do STJ, "na desapropriação, cabe a atualização monetária, ainda que por mais de uma vez, independente do decurso de prazo superior a um ano entre o cálculo e o efetivo pagamento da indenização".

Ademais, a sentença que fixar o valor da indenização quando este for superior ao preço oferecido condenará o desapropriante a pagar honorários do advogado, que serão fixados, segundo o § 1º do art. 27 do DL 3.365/41 (com redação determinada pela MP 2.183-56/2001) entre 0,5 (meio) e 5% (cinco por cento) do valor da diferença, não podendo os honorários ultrapassar R$ 151.000,00 (cento e cinquenta e um mil reais). Este valor, consoante o § 4º do mesmo art. 27 (acrescentado pela MP 2.183-56/2001) será atualizado, a partir de maio de 2000, no dia 1º de janeiro de cada ano, com base na variação acumulada do Índice de Preços ao Consumidor Amplo – IPCA do respectivo período. Contudo, impõe-se esclarecer que o STF, no julgamento da mesma ADIN nº 2.332-2, declarou a constitucionalidade da estipulação de parâmetros mínimo e máximo para a concessão de honorários advocatícios previstos no § 1º do artigo 27 o Decreto-Lei 3.365/41, mas declarou a inconstitucionalidade da expressão "não podendo os honorários ultrapassar R$ 151.000,00 (cento e cinquenta e um mil reais)". Isto é, apesar de reconhecer a possibilidade da fixação de parâmetros mínimo e máximo para a concessão de honorários advocatícios em desapropriações, considerou como inconstitucional a fixação de um valor nominal máximo de honorários.

Nos termos da súmula nº 131 do STJ, "nas ações de desapropriação incluem-se no cálculo da verba advocatícia as parcelas relativas aos juros compensatórios e moratórios, devidamente corrigidas".

Na desapropriação para fins de reforma agrária, a Lei nº 8.629/93, no art. 12, dispõe que se considera *justa* a indenização que reflita o preço atual de mercado do imóvel em sua totalidade, aí incluídas as terras e acessões naturais, matas e florestas e as benfeitorias indenizáveis, observados os seguintes aspectos: I – localização do imóvel; II – aptidão agrícola; III – dimensão do imóvel; IV – área ocupada e ancianidade das posses; V – funcionalidade, tempo de uso e estado de conservação das benfeitorias.

Relativamente à desapropriação por interesse social de imóvel urbano, a Lei nº 10.257/2001 (Estatuto da Cidade) estabelece, no § 2º do seu art. 8º, que o valor real da indenização: I – refletirá o valor da base de cálculo do IPTU, descontado o montante incorporado em função de obras realizadas pelo Poder Público na área onde o mesmo se localiza após a notificação de que trata o § 2º do art. 5º desta Lei, e que II – não computará expectativas de ganhos, lucros cessantes e juros compensatórios. Este dispositivo legal, que limita a indenização do imóvel urbano, é induvidosamente inconstitucional por violar a garantia constitucional da justa indenização.

8.8. Desapropriação Indireta ou Apossamento Administrativo

É a que se realiza sem o atendimento das formalidades legais. Não passa de um esbulho estatal e ocorre quando o Poder Público interfere na propriedade e lá pratica atos de domínio, sem prévia ação ou prévio título. Por se tratar de ato ilícito, suscita direito de defesa por meio de ações possessórias e até de *desforço incontinênti*.

Contudo, se a propriedade é incorporada ao patrimônio público, por ter lhe dado o ente estatal um destino público específico (ex.: construção de uma escola pública), não pode mais ser objeto de reivindicação, resolvendo-se com perdas e danos, por meio de ação de ressarcimento de dano. Esta ação recebe o nome de "ação judicial por desapropriação indireta" ou "ação de ressarcimento de danos causados por apossamento administrativo". Nesta ação cabem danos materiais e também danos morais ante a ilicitude do comportamento do Estado.

O prazo prescricional para a ação indenizatória por desapropriação indireta é de 10 anos, em regra, salvo comprovação da inexistência de obras ou serviços públicos no local, caso em que o prazo passa a ser de 15 anos. O entendimento foi firmado pela 1ª Seção do Superior Tribunal de Justiça, no julgamento do EREsp 1.575.846, Rel. Og Fernandes.

De acordo com o ministro, a desapropriação indireta retrata situação fática em que a Administração, sem qualquer título legítimo, ocupa indevidamente a propriedade privada, incorporando de forma irreversível e plena o bem particular ao patrimônio público, restando ao esbulhado apenas a ação indenizatória. "A jurisprudência conferiu a essa ação indenizatória caráter de direito real, equiparando seu prazo prescricional ao da ocorrência de usucapião em favor do ente público".

A tese fixada foi a seguinte: *"O prazo prescricional aplicável à desapropriação indireta, na hipótese em que o poder público tenha realizado obras no local ou atribuído natureza de utilidade pública ou de interesse social ao imóvel, é de dez anos, conforme parágrafo único do artigo 1.238 do Código Civil"*.

8.9. Direitos do Desapropriado

O desapropriado desfruta de alguns direitos ante o poder de desapropriação do Estado. Além de, obviamente, ter o direito de exigir que a desapropriação ocorra em conformidade com a Constituição e com a Lei, o expropriado goza de outros direitos, como o direito de retrocessão e o direito de extensão.

O direito de retrocessão é aquele que assiste ao proprietário do bem de exigi-lo de volta caso o mesmo não tenha o destino declarado na desapropriação. Surge quando ocorre a *tredestinação* do bem, ou seja, seu *desvio de finalidade*. Contudo, cumpre sublinhar que só haverá a retrocessão quando a tredestinação importar em desvio de finalidade que consistir em traspassar o bem de finalidade pública para finalidade particular (distintamente do que ocorre nos atos administrativos em geral, pois o desvio de finalidade pública, mesmo que para outra finalidade pública, gera a nulidade do ato). Na desapropriação, a situação é bem diversa, uma vez que a mesma só será anulada se houver desvio de interesse público para interesse particular (*tredestinação ilícita*). Em outras palavras, se o imóvel for empregado para uma finalidade pública, ainda que não a especificada originariamente, não há direito de retrocessão, ocorrendo na hipótese a chamada *tredestinação lícita*[26].

Sucede que, nos termos do § 3º do art. 5º do DL 3.365/41, ao imóvel desapropriado para implantação de parcelamento popular, destinado às classes de menor renda, *não se dará outra utilização nem haverá retrocessão*.

Segundo o art. 35 do DL 3.365/41, os bens expropriados, uma vez incorporados à Fazenda Pública, não podem ser objeto de reivindicação, ainda que fundada em nulidade do processo de desapropriação, de modo que, qualquer ação, julgada procedente, resolver-se-á em perdas e danos.

A propósito disso, surgiram 3 correntes.

Uma que admite a retomada do bem (natureza real), outra que só vislumbra a possibilidade de o expropriado pedir perdas e danos (natureza pessoal) e, finalmente, outra que aceita a faculdade do expropriado reivindicar o bem ou requerer perdas e danos (natureza mista).

Na primeira corrente, há as posições de Celso Antônio Bandeira de Mello, José Cretella Júnior, Seabra Fagundes e Pontes de Miranda que defendem a tese de que a retrocessão permanece como direito real, consistente no poder de o ex-proprietário reaver o bem pelo mesmo preço pelo qual foi desapropriado, com fundamento no direito fundamental de propriedade, que só pode ser limitado por ato fundado no interesse público. Consoante essa corrente, a norma do art. 35 do DL 3.365/41 somente é aplicável se a desapropriação atendeu aos requisitos constitucionais.

Na segunda corrente, encontram-se Hely Lopes Meirelles e Clóvis Beviláqua, para os quais a retrocessão não existe mais como direito real de reivindicar o imóvel de volta, mas tão-somente como direito pessoal de pleitear perdas e danos, em face do que dispunha o art. 1.150 do Código Civil de 1916.

Na terceira, situa-se Maria Sylvia Zanella Di Pietro, para quem o direito de retrocessão é um *direito de natureza mista*, uma vez que cabe ao expropriado o direito real de exigir de volta o bem ou, se preferir, o direito pessoal de exigir perdas e danos.

A jurisprudência do STF, contudo, aderiu ao entendimento de que a retrocessão é direito real de reaver o bem.

Revendo posição anterior, entendemos mais razoável a segundo corrente, sobretudo em face da nova disciplina dada ao tema pelo art. 519 do Código Civil de 2.002, segundo o qual se o bem desapropriado não tiver o destino para que se desapropriou, caberá ao expropriado o direito de preferência pelo preço atual da coisa. Desse modo,

---

26. STJ, REsp 995724/SP, Rel. Ministro JOSÉ DELGADO, DJ 23.06.2008 p. 1: "ADMINISTRATIVO E CIVIL. RECURSO ESPECIAL. RETROCESSÃO. NÃO-CARACTERIZAÇÃO. 1. O direito de retrocessão só há de ser reconhecido quando ficar comprovado o desvio de finalidade no uso do bem desapropriado. 2. A **tredestinação** do bem, por conveniência da administração pública, resguardando, de modo integral, o interesse público, não caracteriza o direito de retrocessão. 3. Bem desapropriado, entre outros, para a criação de um Parque Ecológico. Destinação do mesmo bem, anos depois, para a implantação de um Centro de Pesquisas Ambientais, um Pólo Industrial Metal Mecânico, um Terminal Intermodal de Cargas Rodoviário e um Estacionamento. Interesse público preservado. 4. Recurso especial não-provido".

verifica-se que o dispositivo em comento não mais determina que o poder público ofereça o bem ao desapropriado (como fazia o revogado art. 1.150 do CC/16), apenas assegurando ao expropriado o direito pessoal de preferência, pelo preço atual da coisa.

O direito de extensão é aquele em virtude do qual o expropriado pode exigir que a desapropriação compreenda a parte do bem expropriando que não foi incluída no ato declaratório, em razão da inutilidade desta fração remanescente. Ocorre, assim, quando o Poder Público desapropria somente parte do bem, tornando a parte não expropriada imprestável. O particular poderá exigir que a desapropriação se estenda ao restante da propriedade. Esse direito existe desde 1903, em face do Decreto n. 4.956. Relativamente à desapropriação para fins de reforma agrária, o art. 4º da Lei Complementar nº 76/93, prevê expressamente que, proposta a desapropriação parcial, o expropriado poderá requerer, na contestação, a desapropriação de todo o imóvel, quando a área remanescente ficar reduzida a superfície inferior à da pequena propriedade rural ou prejudicada substancialmente em suas condições de exploração econômica, caso seja o seu valor inferior ao da parte desapropriada.

8.10. Desapropriação por Zona

Segundo o art. 4º do DL 3.365/41, a "desapropriação poderá abranger a área contígua necessária ao desenvolvimento da obra a que se destina, e as zonas que se valorizarem extraordinariamente, em consequência da realização do serviço. Em qualquer caso, a declaração de utilidade pública deverá compreendê-las, mencionando-se quais as indispensáveis à continuação da obra e as que se destinam à revenda".

Prevê o dispositivo em tela a **desapropriação por zona**, também chamada extensiva, que é modalidade de desapropriação por utilidade pública caracterizada por abranger a:

a) Área contígua necessária ao desenvolvimento da obra a que desapropriação se destina; e
b) As zonas que se valorizarem extraordinariamente, em consequência da realização do serviço.

O ato declaratório de utilidade pública deverá compreendê-las, mencionando-se quais as indispensáveis à continuação da obra e as que se destinam à revenda. Assim, essa desapropriação, que atinge área maior que a necessária à realização de uma obra ou serviço, pode servir para:

- Possibilitar no futuro a continuidade ou a complementação de obra pública já iniciada no local;
- Possibilitar a venda das áreas ou zonas excedentes que se valorizaram em consequência da realização da obra ou do serviço público.

Celso Antônio Bandeira de Melo[27] critica esta última forma de desapropriação por zona e afirma que a solução apresentada pela Constituição Federal para esta situação

27. Op. cit., p. 733.

fática seria a instituição de contribuição de melhoria (pela "mais valia" ou valorização do imóvel).

Em face do parágrafo único do art. 4º do DL 3.365/41, com a nova redação dada pela Lei 14.620/2023, quando a desapropriação executada pelas entidades autorizadas a que se refere o art. 3º do DL destinar-se a planos de urbanização, de renovação urbana ou de parcelamento ou reparcelamento do solo previstos no plano diretor, o edital de licitação poderá prever que a receita decorrente da revenda ou da utilização imobiliária integre projeto associado por conta e risco do contratado, garantido ao poder público responsável pela contratação, no mínimo, o ressarcimento dos desembolsos com indenizações, quando essas ficarem sob sua responsabilidade.

9. QUADRO SINÓTICO

INTERVENÇÕES ESTATAIS NA PROPRIEDADE
1. Modalidades de intervenção estatal na propriedade
Com fundamento na função social da propriedade, e visando a adequar a propriedade ao bem-estar da coletividade, o Estado pode intervir na propriedade privada através da *limitação administrativa*, da *servidão administrativa*, da *ocupação temporária*, da *requisição administrativa*, do *tombamento* e da *desapropriação*.
2. Limitações administrativas
São restrições gerais e abstratas, emanadas do exercício do poder de polícia administrativa, impostas pelo Estado a um número indeterminado de propriedades particulares, que atingem o caráter absoluto da propriedade, tolhendo o poder de uso, gozo e disposição do proprietário. Consistem, em regra, em obrigação genérica de *não fazer* (obrigações negativas), como, por exemplo, a limitação que proíbe o proprietário edificar acima de determinada altura.
3. Servidão administrativa ou pública
São restrições estatais parciais e concretas ao direito de propriedade. Incidem sobre propriedades *determinadas*, afetando seu caráter exclusivo. São injunções concretas realizadas em determinada propriedade particular. Têm natureza de direito real. Tomem-se como exemplos a servidão de energia elétrica, através da colocação de postes e linhas de distribuição de energia elétrica na propriedade privada, impondo a seu proprietário uma obrigação de suportar.
4. Ocupação temporária
É uma restrição estatal que atinge o caráter exclusivo da propriedade particular, fundada na necessidade pública de realização de obras ou exercício de atividades. É provisória e incide tão somente sobre bens imóveis, em razão, reitere-se, da necessidade que pode ter o Estado de utilizar, temporariamente, um imóvel particular para a realização de obras públicas ou execução de serviços públicos. Se causar dano, rende ensejo à indenização posterior.
5. Requisição administrativa
Cuida-se de modalidade de intervenção estatal na propriedade particular, fundada na urgência, por meio da qual o Estado faz uso de bens móveis e imóveis ou serviços prestados por particulares, em face de situações de iminente perigo público (como, por exemplo, grave deficiência no atendimento à saúde pública; epidemias; calamidades públicas; inundações; catástrofes, etc.).

6. Tombamento
É modalidade de restrição da propriedade privada que visa à proteção do patrimônio histórico e artístico nacional, assim considerado o conjunto dos bens móveis e imóveis existentes no país e cuja conservação seja de interesse público, quer por sua vinculação a fatos memoráveis da história do Brasil, quer por seu excepcional valor arqueológico ou etnográfico, bibliográfico ou artístico. Depende de um procedimento administrativo prévio, no qual o proprietário tem direito à ampla defesa e por meio do qual se examina o valor histórico e artístico do bem, concluindo, constatado esse valor, com a inscrição do bem num livro chamado "Livro do Tombo".
7. Desapropriação
7.1. Conceito
É a forma mais drástica de intervenção estatal na propriedade, que afeta o próprio caráter perpétuo e irrevogável do direito de propriedade. Segundo a precisa e completa definição de Hely Lopes Meirelles, consiste na "transferência compulsória da propriedade particular (ou pública de entidade de grau inferior para a superior) para o Poder Público ou seus delegados, por utilidade ou necessidade pública ou, ainda, por interesse social, mediante prévia e justa indenização em dinheiro (CF, art. 5º, XXIV), salvo as exceções constitucionais de pagamento em *títulos da dívida pública de emissão previamente aprovada pelo Senado Federal*, no caso de área urbana não edificada, subutilizada ou não utilizada (CF, art. 182, § 4º, III), e de pagamento em *títulos da dívida agrária*, no caso de Reforma Agrária, por interesse social (CF, art. 184)". A desapropriação – considerada como forma originária de aquisição da propriedade – é um *procedimento* que se realiza em duas fases: **1**) *Uma fase declaratória* – Consistente na indicação da necessidade ou utilidade pública ou do interesse social do bem; e **2**) *Uma fase executória* – que compreende a fixação do preço (justa indenização) e a efetiva transferência do bem para o domínio do expropriante.
7.2. A fase declaratória
É aquela que deflagra o procedimento expropriatório, sem a qual este não tem tramitação regular. Por meio da declaração, indica-se a necessidade ou utilidade pública ou do interesse social do bem para fins de desapropriação, a destinação específica a ser dada ao bem e a identificação do bem a ser expropriado. A competência para declarar a desapropriação é privativa das entidades políticas (União, Estados membros, Distrito Federal e Municípios), salvo quando a própria lei atribua essa competência a outras entidades da Administração Indireta, tal como ocorreu com o DNIT (Lei nº 10.233/2001) e a ANEEL (Lei nº 9.074/95). Tal declaração pode ser feita pelo Poder Executivo (através de decreto do Chefe do Executivo) ou pelo Poder Legislativo (por meio de lei). Quando a iniciativa da desapropriação partir do Poder Legislativo, cumpre, neste caso, ao Executivo, praticar os atos necessários à sua efetivação. Contudo, para a execução (fase executória), a competência pode ser delegada para as entidades da Administração Indireta e para as concessionárias ou permissionárias de serviço público. São *efeitos da declaração:* **a)** Sujeitar o imóvel à força expropriatória do Estado; **b**) Fixação do "estado" do bem, a fim de ficar definido suas condições físicas e seus melhoramentos e benfeitorias; **c**) Atribui ao Estado o direito de adentrar no imóvel declarado; **d**) Fixação do termo inicial para o prazo de caducidade da declaração (prazo que o Poder Público possui para efetivar a desapropriação). Este prazo é de *05 anos* quando o fundamento da desapropriação for a necessidade ou utilidade pública; e de *02 anos* quando o fundamento for o interesse social, inclusive para fins de reforma agrária.

7.3. A fase executória
Compreende atos pelos quais se efetiva a transferência do bem expropriando. Esta fase pode ser: **a)** *Administrativa* ou *extrajudicial* – Ocorre de forma amigável, vale dizer, há acordo entre as partes a respeito da indenização; **b)** *Judicial* – Na hipótese de inexistir o acordo. A fase judicial tem início com a propositura da ação de desapropriação, cujo procedimento está previsto no Decreto-lei 3.365/41 (arts. 11 a 30), aplicável tanto às desapropriações por necessidade pública como por interesse social.
7.4. Sujeitos ativo e passivo da desapropriação
Sujeito ativo é quem tem competência para desapropriar, expedindo o ato declaratório de utilidade pública ou interesse social do bem. Nos termos do Decreto-lei 3.365/41, podem ser sujeitos ativos da desapropriação por utilidade pública a União, os Estados-membros, o Distrito Federal, os Municípios e os Territórios (art. 2º). Quanto à desapropriação por interesse social, além destas entidades, em competência comum, compete privativamente o Município a desapropriação para os fins do art. 182 e privativamente à União a desapropriação para os fins do art. 184. Sujeito passivo é o expropriado, que pode ser pessoa natural ou jurídica, pública ou privada.
7.5. Pressupostos
Os pressupostos constitucionais da desapropriação são a necessidade pública, o interesse público ou o interesse social.
7.6. Objeto
Todos os bens podem ser desapropriados, incluindo: a) Coisas corpóreas (móveis ou imóveis); b) Coisas incorpóreas, como os direitos (menos os personalíssimos), as ações, patentes, fundos de comércio, nome de empresa etc.; e c) Públicas ou privadas.
7.7. A indenização
Segundo a Constituição, a indenização deve ser justa, prévia e em dinheiro (à exceção daquelas hipóteses em que, ao invés de dinheiro, é paga mediante títulos públicos – CF/88, arts. 182, § 4º e 184). O seu valor deverá ser o mais amplo possível. Visa reconstituir tudo o que o proprietário perdeu e deixou de ganhar com a desapropriação, incluindo, portanto, os danos emergentes, os lucros cessantes, os juros compensatórios e moratórios, correção monetária e honorários de advogado.
7.8. Desapropriação indireta ou apossamento administrativo
É a que se realiza sem o atendimento das formalidades legais. Não passa de um esbulho estatal e ocorre quando o Poder Público interfere na propriedade e lá pratica atos de domínio, sem prévia ação ou prévio título. Cabível ação possessória ou ação judicial por desapropriação indireta (ou "ação de ressarcimento de danos causados por apossamento administrativo").
7.9. Direitos do desapropriado
a) Direito de retrocessão – É aquele que assiste ao proprietário do bem imóvel de exigi-lo de volta caso o bem não tenha o destino relacionado ao interesse público. Surge quando ocorre a *tredestinação ilícita* do bem, ou seja, seu desvio de finalidade pública para particular; *b) Direito de extensão* – Ocorre se o Poder Público desapropriar somente parte do bem, mas, com este ato, tornar a parte não desapropriada imprestável. O particular poderá exigir que a desapropriação se estenda ao restante da propriedade.

7.10. Desapropriação por zona
A desapropriação por zona, também chamada extensiva, é modalidade de desapropriação por utilidade pública caracterizada por abranger: a) A área contígua necessária ao desenvolvimento da obra a que se destina; e b) As zonas que se valorizarem extraordinariamente, em consequência da realização do serviço. Em qualquer caso, a declaração de utilidade pública deverá compreendê-las, mencionando-se quais as indispensáveis à continuação da obra e as que se destinam à revenda. Assim, essa desapropriação, que atinge área maior que a necessária à realização de uma obra ou serviço, pode servir para: possibilitar no futuro a continuidade ou a complementação de obra pública já iniciada no local; possibilitar a venda das áreas ou zonas excedentes que se valorizaram em consequência da realização da obra ou do serviço público.

10. JURISPRUDÊNCIA APLICADA

• "AÇÃO DIRETA DE INCONSTITUCIONALIDADE. LEI 312/2016, DO ESTADO DO AMAZONAS, QUE DISPÕE SOBRE O *TOMBAMENTO* DAS EFIFICAÇÕES DE PROJETOS DO ARQUITETO SEVERIANO MÁRIO VIEIRA DE MAGALHÃES PORTO. PROTEÇÃO DO PATRIMÔNIO HISTÓRICO-CULTURAL. ART. 216, § 1° DA CF. COMPETÊNCIA COMUM DE PROTEGER OBRAS E BENS. *TOMBAMENTO* PROVISÓRIO. ATO NORMATIVO DE EFEITOS CONCRETOS DO PODER LEGISLATIVO. POSSIBILIDADE. AUSÊNCIA DE RAZÕES PARA SUPERAÇÃO DO PRECEDENTE FIRMADO NO JULGAMENTO DA ACO 1.208-AGR/MS, REL. MIN. GILMAR MENDES. INOCORRÊNCIA DE INVASÃO DE COMPETÊNCIA DO PODER EXECUTIVO. POSTERIOR OBSERVÂNCIA DO PROCEDIMENTO CONSTANTE DO DECRETO-LEI 25/1937. GARANTIA DA AMPLA DEFESA E DO CONTRADITÓRIO. AÇÃO DIRETA DE INCONSTITUCIONALIDADE JULGADA IMPROCEDENTE. I - A previsão constitucional de proteção do patrimônio histórico-cultural brasileiro possui relevante importância no direcionamento de criação de políticas públicas e de mecanismos infraconstitucionais para a sua concretização (art. 216, § 1° da CF). II - A Constituição outorgou a todas as unidades federadas a competência comum de proteger as obras e bens de valor histórico, artístico e cultural, compreendida nela a adoção de quaisquer medidas que se mostrem necessárias para promover e salvaguardar o patrimônio cultural brasileiro, incluindo-se o uso do instrumento do *tombamento*. III – Ao julgar a ACO 1.208-AgR/MS, de relatoria do Ministro Gilmar Mendes, suplantando entendimento anterior em sentido oposto, o Plenário do Supremo Tribunal Federal, dentre outras deliberações, entendeu possível o *tombamento* de bem por meio de lei. IV - Assim, ainda que não tenha sido proferido em controle concentrado, entendo que não há razões para superar o entendimento firmado na ACO 1.208-AgR/MS, seja porque não houve discussões recentes a respeito do tema, seja porque transcorridos pouco mais de 3 anos daquele julgamento, cujo elevado score contou com apenas um voto divergente. V – O legislador estadual não invadiu a competência do Poder Executivo para tratar sobre a matéria, mas exerceu atribuição própria de iniciar o procedimento para tombar bens imóveis com a finalidade de proteger e promover o patrimônio cultural amazonense. VI - Com base no entendimento fixado na deliberação da ACO 1.208-AgR/MS, considera-se a Lei 312/2016, do Estado do Amazonas, de efeitos concretos, como o ato acautelatório de *tombamento* provisório a provocar o Poder Executivo local, o qual deverá perseguir, posteriormente, o procedimento constante do Decreto-Lei 25/1937, sem descurar da garantia da ampla defesa e do contraditório, previstas nos arts. 5° ao 9° do referido ato normativo. VII - O Poder Executivo, ainda que esteja compelido a levar adiante procedimento tendente a culminar no *tombamento* definitivo, não se vincula à declaração de reconhecimento do valor do bem como patrimônio cultural perfectibilizada pelo Poder Legislativo VIII - Ação direta de inconstitucionalidade julgada improcedente." (STF, ADI 5670, Min. RICARDO LEWANDOWSKI, p. 26/10/2021).

- "STJ, Tema Repetitivo 1004: "Reconhecida a incidência do princípio da boa-fé objetiva em ação de desapropriação indireta, se a aquisição do bem ou de direitos sobre ele ocorrer quando já existente restrição administrativa, fica subentendido que tal ônus foi considerado na fixação do preço. Nesses casos, o adquirente não faz jus a qualquer indenização do órgão expropriante por eventual apossamento anterior. Excetuam-se da tese hipóteses em que patente a boa-fé objetiva do sucessor, como em situações de negócio jurídico gratuito ou de vulnerabilidade econômica do adquirente.". (10/03/2021)."

- "Administrativo. Ação Direta de Inconstitucionalidade. Regime Jurídico dos Juros Compensatórios e dos Honorários Advocatícios na *Desapropriação*. Procedência Parcial. 1. A jurisprudência desta Corte é firme no sentido de que o controle judicial dos pressupostos constitucionais para a edição das medidas provisórias tem caráter excepcional, justificando-se apenas quando restar evidente a inexistência de relevância e urgência ou a caracterização de abuso de poder do Presidente da República, o que não ocorre no presente caso. 2. É constitucional o percentual de juros compensatórios de 6% (seis por cento) ao ano para a remuneração do proprietário pela imissão provisória do ente público na posse do seu bem, na medida em que consiste em ponderação legislativa proporcional entre o direito constitucional do proprietário à justa indenização (art. 5º, XXIV, CF/88) e os princípios constitucionais da eficiência e da economicidade (art. 37, caput, CF/88). 3. Declaração da inconstitucionalidade do termo "até" e interpretação conforme a Constituição do caput do art. 15-A, de maneira a incidir juros compensatórios sobre a diferença entre 80% do preço ofertado pelo ente público e o valor fixado na sentença. 4. Constitucionalidade dos §§ 1º, 2º e 4º, do art. 15-A, do Decreto-lei nº 3.365/1941, ao determinarem a não incidência dos juros compensatórios nas hipóteses em que (i) não haja comprovação de efetiva perda de renda pelo proprietário com a imissão provisória na posse (§ 1º), (ii) o imóvel tenha "graus de utilização da terra e de eficiência na exploração iguais a zero" (§ 2º), e (iii) sobre o período anterior "à aquisição da propriedade ou posse titulada pelo autor da ação". Voto reajustado para expressar o entendimento da maioria. 5. É constitucional a estipulação de parâmetros mínimo e máximo para a concessão de honorários advocatícios, previstos no § 1º, do art. 27, do Decreto-lei nº 3.365/1941. 6. Declaração da inconstitucionalidade da expressão "não podendo os honorários ultrapassar R$ 151.000,00 (cento e cinquenta e um mil reais)" por inobservância ao princípio da proporcionalidade e por possibilitar violação reflexa ao justo preço na indenização do expropriado (art. 5º, XXIV, CF/88). 7. Ação direta julgada parcialmente procedente." Fixação das seguintes teses: "(i) É constitucional o percentual de juros compensatórios de 6% (seis por cento) ao ano para a remuneração pela imissão provisória na posse de bem objeto de *desapropriação*; (ii) A base de cálculo dos juros compensatórios em *desapropriações* corresponde à diferença entre 80% do preço ofertado pelo ente público e o valor fixado na sentença; (iii) São constitucionais as normas que condicionam a incidência de juros compensatórios à produtividade da propriedade; (iv) É constitucional a estipulação de parâmetros mínimo e máximo para a concessão de honorários advocatícios em *desapropriações*, sendo, contudo, vedada a fixação de um valor nominal máximo de honorários." (STF, ADI 2332, Min. ROBERTO BARROSO, p. 16/04/2019).

- "Agravo em ação cível originária. 2. Administrativo e Constitucional. 3. *Tombamento* de bem público da União por Estado. Conflito Federativo. Competência desta Corte. 4. Hierarquia verticalizada, prevista na Lei de Desapropriação (Decreto-Lei 3.365/41). Inaplicabilidade no *tombamento*. Regramento específico. Decreto-Lei 25/1937 (arts. 2º, 5º e 11). Interpretação histórica, teleológica, sistemática e/ou literal. Possibilidade de o Estado tombar bem da União. Doutrina. 5. Lei do Estado de Mato Grosso do Sul 1.526/1994. Devido processo legal observado. 6. Competências concorrentes material (art. 23, III e IV, c/c art. 216, § 1º, da CF) e legislativa (art. 24, VII, da CF). Ausência de previsão expressa na Constituição Estadual quanto à competência legislativa. Desnecessidade. Rol exemplificativo do art. 62 da CE. Proteção do patrimônio histórico, cultural, artístico, turístico e paisagístico regional. Interesse estadual. 7. Ilegalidade. Vício de procedimento por ser implementado apenas por ato administrativo. Rejeição. Possibilidade de lei realizar *tombamento* de bem. Fase provisória. Efeito meramente declaratório. Necessidade de implementação de procedimentos ulteriores pelo Poder Executivo. 8. Notificação prévia. *Tombamento* de ofício (art. 5º do Decreto-Lei 25/1937). Cientificação do proprietário postergada para a fase definitiva. Condição de eficácia e não de validade. Doutrina. 9. Ausência de argumentos capazes de infirmar a decisão agravada. 10. Agravo desprovido. 11. Honorários advocatícios majorados para 20% do valor atualizado da causa à época de decisão recorrida (§ 11 do art. 85 do CPC)." (STF, ACO 1208 AgR, Rel. Min. GILMAR MENDES, p. 04/12/2017).

• "DIREITO ADMINISTRATIVO – RECURSO ESPECIAL – RETROCESSÃO – DESVIO DE FINALIDADE PÚBLICA DE BEM DESAPROPRIADO – DECRETO EXPROPRIATÓRIO. CRIAÇÃO DE PARQUE ECOLÓGICO. NÃO EFETIVAÇÃO. BENS DESTINADOS AO ATENDIMENTO DE FINALIDADE PÚBLICA DIVERSA. **TREDESTINAÇÃO** LÍCITA. INEXISTÊNCIA DE DIREITO À RETROCESSÃO OU À PERDAS E DANOS. 1. A retrocessão é o instituto por meio do qual ao expropriado é lícito pleitear as consequências pelo fato de o imóvel não ter sido utilizado para os fins declarados no decreto expropriatório. Nessas hipóteses, a lei permite que a parte, que foi despojada do seu direito de propriedade, possa reivindicá-lo e, diante da impossibilidade de fazê-lo (ad impossibilia nemo tenetur), venha postular em juízo a reparação pelas perdas e danos sofridos. 2. A retrocessão constitui-se direito real do ex-proprietário dereaver o bem expropriado, mas não preposto a finalidade pública (Celso Antônio Bandeira de Mello, Curso de Direito Administrativo, 17ª edição, pg. 784). 3. Precedentes: RESP n.º 623.511/RJ, Primeira Turma, deste relator, DJ de 06.06.2005) RESP nº 570.483/MG, Segunda Turma, Rel. Min. Franciulli Netto, DJ de 30.06.2004). 4. Outrossim, o Supremo Tribunal Federal também assentou a natureza real da retrocessão: "DESAPROPRIAÇÃO – Retrocessão – Prescrição – Direito de natureza real – Aplicação do prazo previsto no art. 177 do CC e não do quinquenal do De. 20.910/32 – Termo inicial – Fluência a partir da data da transferência do imóvel ao domínio particular, e não da desistência pelo Poder expropriante." (STF, ERE 104.591/RS, Rel. Min. Djaci Falcão, DJU 10/04/87) 5. Consagrado no Código Civil, o direito de vindicar a coisa, ou as consequentes perdas e danos, forçoso concluir que a lei civil considera esse direito real, tendo em vista que é um sucedâneo do direito à reivindicação em razão da subtração da propriedade e do desvio de finalidade na ação expropriatória. 6. O Supremo Tribunal Federal concluiu que: "Desapropriação. Retrocessão. Alienação do imóvel. Responsabilidade solidária. Perdas e danos. Código Civil, art. 1150 – Transitado em julgado o reconhecimento da impossibilidade de retrocessão do imóvel por já incorporado ao patrimônio público e cedido a terceiros, razoável é o entendimento, em consonância com doutrina e jurisprudência, do cabimento de perdas e danos ao expropriados – Recursos extraordinários não conhecidos." (STF – RE nº 99.571/ES, Rel. Min. Rafael Mayer, DJU de 02/12/83). 7. É cediço na doutrina que o Poder Público não deve desapropriar imóveis sem lhes destinar qualquer finalidade pública ou interesse social, exigência constitucional para legitimar a desapropriação. Com efeito, "não pode haver expropriação por interesse privado de pessoa física ou organização particular" (Hely Lopes

Meirelles, Direito Administrativo Brasileiro, p. 576). 8. O e. STJ através da pena do Exmº Sr. Ministro Humberto Gomes de Barros no julgamento do REsp 412.634/RJ, afirmou que a obrigação de retroceder "homenageia a moralidade administrativa, pois evita que o Administrador – abusando da desapropriação – locuplete-se ilicitamente às custas do proprietário. Não fosse o dever de retroceder, o saudável instituto da desapropriação pode servir de instrumentos a perseguições políticas e, ainda ao enriquecimento particular dos eventuais detentores do Poder" (EDREsp 412.634/RJ, Rel. Min. Francisco Falcão, DJ de 09.06.2003). 9. In casu, o Tribunal a quo com ampla cognição de matéria fático-probatória, cujo reexame é vedado ao E. STJ a teor do disposto na Súmula n.º 07/STJ, assentou que, muito embora não cumprida a destinação prevista no decreto expropriatório – criação de Parque Ecológico -, não houve desvio de finalidade haja vista que o interesse público permaneceu resguardado com cessão da área expropriada para fins de criação de um Centro de Pesquisas Ambientais, um Polo Industrial Metal Mecânico e um Terminal Intermodal de Cargas Rodoviário e Estacionamento. 10. Consectariamente, em não tendo havido o desvio de finalidade, uma vez que, muito embora não efetivada a criação de Parque Ecológico, conforme constante do decreto expropriatório, a área desapropriada for utilizada para o atingimento de outra finalidade pública, não há vício algum que enseje ao particular ação de retrocessão, ou, sequer, o direito a perdas e danos. 11. Precedentes que trataram de matéria idêntica à versada nos presentes autos: RESP n.º 800.108/SP, Rel. Min. Teori Albino Zavascki, DJ de 20.03.2006; RESP n.º 710.065/SP, Rel. Min. José Delgado, DJ de 06.06.2005; RESP n. 847092/SP, Rel. Min. Denise Arruda, DJ. 18.09.2006. 12. Inexistente o direito à retrocessão uma vez que inocorreu desvio de finalidade do ato, os expropriados não fazem jus, da mesma forma, à percepção de indenização por perdas e danos. 13. Não há falar em retrocessão se ao bem expropriado for dada destinação que atende ao interesse público, ainda que diversa da inicialmente prevista no decreto expropriatório. 14. Recurso especial improvido". (STJ, REsp 868120/SP, Rel. Min. Luiz Fux, DJ 21.02.2008 p. 37).

- "CONDOMÍNIO. LEGITIMIDADE. DESAPROPRIAÇÃO. A Prefeitura invadiu área comum de um edifício destinada a estacionamento. Assim, pode o condomínio propor ação de indenização por desapropriação indireta, visando defender o interesse da universalidade dos condôminos, uma vez que o litígio envolve área comum. Precedente citado: REsp 114.579-PR, DJ 16/3/1998." (REsp 412.774-SP, Rel. Min. Eliana Calmon, julgado em 4/6/2002).

- "DESAPROPRIAÇÃO. IPTU. RESPONSABILIDADE. O proprietário de imóvel expropriado para fins de utilidade pública tão-somente é responsável pelos impostos, inclusive o IPTU, até o deferimento e efetivação da imissão da posse provisória. Precedentes citados: REsp 18.946-SP, DJ 13/5/1995, e REsp 182.235-SP, DJ 22/2/1999." (REsp 239.687-SP, Rel. Min. Garcia Vieira, julgado em 17/2/2000).

- "Recurso extraordinário. Desapropriação. Desistência, após imissão do desapropriante na posse do imóvel. Tem a jurisprudência do STF admitido a possibilidade de desistência da desapropriação, independentemente do consentimento do expropriado. Precedentes do STF. Fica ressalvado ao expropriado, nas vias ordinárias, ingressar com ação para a reparação dos danos sofridos, pelos atos de desapropriação que aconteceram, desde a imissão da autora na posse do imóvel, até a reintegração do expropriado na posse do bem. Desistência da ação homologada, julgando-se extinto o processo, condenado o expropriante a pagar honorários advocatícios e ressalvado ao expropriado pleitear, em ação própria, ressarcimento de eventuais prejuízos sofridos. Julgam-se, em consequência, prejudicados os recursos extraordinários." (STF, RE 99528-MG, Rel. Min. Néri da Silveira, DJ de 20.03.92, p. 3324).

- "MANDADO DE SEGURANÇA – REFORMA AGRÁRIA – DESAPROPRIAÇÃO-SANÇÃO (CF, ART. 184, *CAPUT*) – MÉDIA PROPRIEDADE RURAL (CF, ART. 185, I) – ÁREA QUE RESULTOU DE DOAÇÃO CELEBRADA EM MOMENTO QUE PRECEDEU TANTO A EDIÇÃO DA MP 1.577/97 (REEDITADA, PELA ÚLTIMA VEZ, COMO MP 2.183-56/2001) COMO A PUBLICAÇÃO DO ATO PRESIDENCIAL QUESTIONADO – INEXPROPRIABILIDADE DO IMÓVEL RURAL EM QUESTÃO – FALTA DE NOTIFICAÇÃO PESSOAL E PRÉVIA DO PROPRIETÁRIO RURAL QUANTO À REALIZAÇÃO DA VISTORIA (LEI Nº 8.629/93, ART. 2º, § 2º) – OFENSA AO POSTULADO DO DUE PROCESS OF LAW (CF, ART. 5º, LIV) – NULIDADE RADICAL DA DECLARAÇÃO EXPROPRIATÓRIA – MANDADO DE SEGURANÇA DEFERIDO. A PEQUENA E A MÉDIA PROPRIEDADES RURAIS, EM TEMA DE REFORMA AGRÁRIA, SÃO CONSTITUCIONALMENTE INSUSCETÍVEIS DA DESAPROPRIAÇÃO-SANÇÃO A QUE SE REFERE O ART. 184 DA CARTA POLÍTICA. – A pequena e a média propriedades rurais, cujas dimensões físicas ajustem-se aos parâmetros fixados em sede legal (Lei nº 8.629/93, art. 4º, II e III), não estão sujeitas, em tema de reforma agrária (CF, art. 184), ao poder expropriatório da União Federal, em face da cláusula de inexpropriabilidade fundada no art. 185, I, da Constituição da República, desde que o proprietário de tais prédios rústicos – sejam eles produtivos ou não – não possua outra propriedade rural. A prova negativa do domínio, para os fins do art. 185, I, da Constituição, não incumbe ao proprietário que sofre a ação expropriatória da União Federal, pois o "onus probandi", em tal situação, compete ao poder expropriante, que dispõe, para esse efeito, de amplo acervo informativo resultante dos dados constantes do Sistema Nacional de Cadastro Rural. Precedente. A NOTIFICAÇÃO PRÉVIA DO PROPRIETÁRIO RURAL, EM TEMA DE REFORMA AGRÁRIA, TRADUZ EXIGÊNCIA IMPOSTA PELA CLÁUSULA DO DEVIDO PROCESSO LEGAL. – A vistoria administrativa do imóvel rural, na fase preliminar do procedimento expropriatório instaurado para fins de reforma agrária, deve ser precedida de notificação pessoal, dirigida ao proprietário rural, sob pena de desrespeito à cláusula constitucional do "due process of law", cuja inobservância afeta a própria declaração expropriatória, invalidando-a desde o momento em que formalmente veiculada em decreto presidencial. Precedentes." (STF, MS 23006/PB, Rel. Min. CELSO DE MELLO, DJ de 29-08-2003 PP-00021).

- "DESAPROPRIAÇÃO. DESVIO DE FINALIDADE. PRESCRIÇÃO. Trata-se de ação de perdas e danos por desvio de finalidade do expropriante, que em vez de destinar o terreno para reserva ecológica resolveu destiná-lo para loteamento urbano, transferindo-o a empresa, a qual por sua vez, o alienou a terceiros. Prosseguindo o julgamento, a Turma, por maioria, em embargos declaratórios, afastou a prescrição do Dec. n. 20.910/1932 entendendo que caberia uma análise das demais questões de mérito. Considerou-se que a ação de perdas e danos é de natureza real, tendo em vista que é sucedânea do direito à reivindicação em razão da subtração da propriedade e do desvio de finalidade em expropriação, aplicando-se à lide o art. 177 do antigo CC. Registre-se que o Min. Relator reconhecia que se tratava de uma ação pessoal contra a Fazenda Pública, que prescreve em cinco anos." (STJ, EDcl no REsp 412.634-RJ, Rel. originário Min. José Delgado, Rel. para acórdão Min. Francisco Falcão, julgados em 20/3/2003).

- "DESAPROPRIAÇÃO. ESTADO-MEMBRO. FINALIDADE. REFORMA AGRÁRIA. Prosseguindo o julgamento, a Turma, por maioria, deu provimento ao recurso, entendendo que não compete ao Estado-membro desapropriar imóvel rural, por interesse social, com a finalidade de promover a reforma agrária, uma vez que se trata de competência exclusiva da União para fazê-lo. Assim, o Decreto Estadual n. 41.241/2001 invadiu seara restrita à União, em flagrante afronta ao art. 184 da CF/1988." (STJ, RMS 15.545-RS, Rel. Min. José Delgado, julgado em 25/3/2003).

- "DESAPROPRIAÇÃO. ÁREA *NON AEDIFICANDI*. Na espécie, a área sofreu limitação administrativa de proibição de edificar decorrente do Código de Urbanismo e Obras do Município de Salvador (Lei municipal n. 1.855/1966), e três anos depois foi desapropriada pelo Estado da Bahia (Decreto n. 21.404/1969). Assim, tanto a Prefeitura quanto o Estado respondem pelo valor da indenização, sendo que a primeira em relação ao valor corresponde à limitação *non aedificandi*, e o segundo, apenas quanto à área desapropriada com seu valor depreciado da referida limitação. Assim, prosseguindo o julgamento, após voto de desempate, a Turma, por maioria, manteve o acórdão impugnado." (STJ, REsp 68.537-BA, Rel. Min. Eliana Calmon, julgado em 8/4/2003).

- "HONORÁRIOS ADVOCATÍCIOS. DESAPROPRIAÇÃO DIRETA. Nas desapropriações diretas, a fixação dos honorários advocatícios não se sujeita aos preceitos do CPC, mas ao art. 27, § 1º, do DL n. 3.365/1941, com a nova redação dada pela MP n. 1.577/1997 e suas reedições. Em consequência, o citado artigo, com a redação dada pela MP n. 2.027-38/2000, reeditada, por último, com o número 2.183-56/2001, passou a disciplinar a forma de fixação dos honorários advocatícios, limitando-os de 0,5% a 5%. Ressalte-se que o STF considerou constitucional o arbitramento desses percentuais no julgamento da medida liminar na ADIN 2.332-2. Precedentes citados: REsp 37.084-SP, DJ 14/11/1994, e REsp 416.998-SP, DJ 23/9/2002." (STJ, AgRg no Ag 481.236-SP, Rel. Min. Luiz Fux, julgado em 20/5/2003).

- "ADMINISTRATIVO. CRIAÇÃO DE ÁREA DE PROTEÇÃO AMBIENTAL. (DECRETO ESTADUAL 37.536/93). DESAPROPRIAÇÃO INDIRETA. PRESSUPOSTOS: APOSSAMENTO, AFETAÇÃO À UTILIZAÇÃO PÚBLICA, IRREVERSIBILIDADE. NÃO-CARACTERIZAÇÃO. 1. A chamada "desapropriação indireta" é construção pretoriana criada para dirimir conflitos concretos entre o direito de propriedade e o princípio da função social das propriedades, nas hipóteses em que a Administração ocupa propriedade privada, sem observância de prévio processo de desapropriação, para implantar obra ou serviço público. 2. Para que se tenha por caracterizada situação que imponha ao particular a substituição da prestação específica (restituir a coisa vindicada) por prestação alternativa (indenizá-la em dinheiro), com a consequente transferência compulsória do domínio ao Estado, é preciso que se verifiquem, cumulativamente, as seguintes circunstâncias: (a) o apossamento do bem pelo Estado, sem prévia observância do devido processo de desapropriação; (b) a afetação do bem, isto é, sua destinação à utilização pública; e (c) a impossibilidade material da outorga da tutela específica ao proprietário, isto é, a irreversibilidade da situação fática resultante do indevido apossamento e da afetação. 3. No caso concreto, não está satisfeito qualquer dos requisitos acima aludidos, porque (a) a mera edição do Decreto 37.536/93 não configura tomada de posse, a qual pressupõe necessariamente a prática de atos materiais; (b) a plena reversibilidade da situação fática permite aos autores a utilização, se for o caso, dos interditos possessórios, com indubitável possibilidade de obtenção da tutela específica. 4. Não se pode, salvo em caso de fato consumado e irreversível, compelir o Estado a efetivar a desapropriação, se ele não a quer, pois se trata de ato informado pelos princípios da conveniência e da oportunidade. 5. Recurso especial a que se nega provimento." (STJ, 1ª Turma, REsp 628588/SP, Rel. p/ Acórdão Ministro TEORI ALBINO ZAVASCKI, DJ 01.08.2005 p. 327).

- "ADMINISTRATIVO. DESAPROPRIAÇÃO. TERRENOS MARGINAIS. ININDENIZABILIDADE. 1. Os terrenos reservados nas margens das correntes públicas, como o caso dos rios navegáveis, são, na forma do art. 11 do Código de Águas, bens públicos dominiais, salvo se por algum título legítimo não pertencerem ao domínio particular. 2. Em se tratando de bens públicos às margens dos rios navegáveis, o título que legitima a propriedade particular deve provir do poder competente, no caso, o Poder Público. Isto significa que os terrenos marginais presumem-se de domínio público, podendo, excepcionalmente, integrar o domínio de particulares, desde que objeto de concessão legítima, expressamente emanada de autoridade competente. 3. Por força da Constituição Federal, art. 20, III, os rios que banham mais de um Estado, como é o caso do Rio Paraná, são bens da União, assim como o são os terrenos marginais e as praias fluviais, por isso que afigura-se incabível a **indenização** pretendida. 4. Aplicação da Súmula 479/STF, verbis: "As margens dos rios navegáveis são domínio público, insuscetíveis de expropriação e, por isso mesmo, excluídas de **indenização.**" 5. "São de propriedade da União quando marginais de águas doces sitas em terras de domínio federal ou das que banhem mais de um Estado, sirvam de limite com outros países ou, ainda, se estendam a território estrangeiro ou dele provenham (art. 20, III, da Constituição). Por seguirem o destino dos rios, são de propriedade dos Estados quando não forem marginais de rios federais. Em tempos houve quem, erroneamente, sustentasse que sobre eles não havia propriedade pública, mas apensa **servidão** pública. Hoje a matéria é pacificada, havendo súmula do STF (nº 479) reconhecendo o caráter público de tais bens, ao confirmar acórdão do TJSP no qual a matéria fora exaustivamente aclarada pelo relator, Des. O. A. Bandeira de Mello, o qual, em trabalhos teóricos anteriores, já havia examinado ex professo o assunto. De resto, hoje, no art. 20, VII, da Constituição, a questão está expressamente resolvida. Os terrenos reservados são bens públicos dominicais (art. 11 do Código de Águas)." (Celso Antonio Bandeira de Mello, Curso de Direito Administrativo, 14ª edição, Malheiros, 2002, p. 778). 6. Recurso Especial provido." (STJ, 1ª Turma, REsp 617822/SP, Rel. Min. LUIZ FUX, DJ 28.03.2005 p. 198).

• "ADMINISTRATIVO. DESAPROPRIAÇÃO. **SERVIDÃO ADMINISTRATIVA.** AÇÃO DE **INDENIZAÇÃO.** DIVERGÊNCIA JURISPRUDENCIAL. JUROS COMPENSATÓRIOS. JUROS MORATÓRIOS. CUMULAÇÃO. 1. "Na desapropriação para instituir **servidão administrativa** são devidos juros compensatórios pela limitação do uso da propriedade" (Súmula n. 56/STJ). 2. Na desapropriação indireta, os juros compensatórios são devidos a partir da efetiva ocupação do imóvel (Súmulas n. 69 e 114/STJ). 3. Nas ações expropriatórias, a incidência dos juros moratórios sobre os compensatórios não constitui anatocismo vedado em lei (Súmulas n. 12 e 102/STJ). 4. Recurso especial conhecido e provido." (STJ, 2ª Turma, REsp 110551/SP, Rel. Ministro JOÃO OTÁVIO DE NORONHA, DJ 21.02.2005 p. 116).

• "ADMINISTRATIVO. SERVIDÃO ADMINISTRATIVA DE ELETRODUTO. INDENIZAÇÃO. JUROS COMPENSATÓRIOS E MORATÓRIOS. 1. A servidão administrativa de eletroduto, mesmo não implicando a transferência do domínio para o poder público, mas somente uma limitação ao uso pleno da propriedade por parte do seu titular, enseja o pagamento de indenização na proporção da intensidade das limitações ao uso do bem, orçada pelos precedentes entre 20 e 30% do valor do domínio pleno, ainda que admitida, a depender das circunstâncias limitativas, a imposição de percentual maior. Indenização que se mantém, na hipótese, porque devidamente fundamentada, com base no laudo pericial. 2. A constituição de servidão administrativa, implicando o pagamento de indenização, à imagem e semelhança da desapropriação (DL nº 3.365/41 – art. 40), propicia também, da mesma forma, o pagamento dos juros moratórios e compensatórios, itens que usualmente integram o justo preço. Merece reforma a sentença, entretanto, quanto à base de cálculo dos juros compensatórios, que será a diferença eventualmente apurada entre 80% do preço ofertado e o valor do bem fixado em sentença. 3. Provimento parcial da remessa oficial." (TRF-1ª Região, 3ª Turma, REO 2001.33.00.019308-0/BA, Rel. DESEMBARGADOR FEDERAL OLINDO MENEZES, JUIZ FEDERAL GUILHERME DOEHLER (CONV.), DJ de 26/08/2005, p. 15).

11. QUESTÕES DE CONCURSOS

01. (Juiz Federal Substituto – Tribunal Regional Federal da 1ª Região 2023) A União, por meio do Departamento Nacional de Infraestrutura de Transportes (DNIT), na busca da ampliação da malha viária, para promover o desenvolvimento social e econômico e a melhor integração entre duas regiões do país, pretende desapropriar propriedade particular. Sobre os procedimentos a serem adotados pela autarquia, é correto afirmar que:

(A) a segunda fase do procedimento de desapropriação (fase executória) é sempre judicial pela necessidade de controle do valor da indenização que deve ser prévia, justa e em dinheiro;

(B) é cabível a imissão provisória na posse, caso requerida em até 120 dias da alegação de urgência e mediante o depósito da quantia fixada segundo o critério previsto em lei;

(C) tem-se na hipótese uma desapropriação por necessidade pública, com a final transferência do bem de propriedade do particular para o poder público;

(D) não incidem honorários advocatícios de sucumbência na ação de desapropriação dada a natureza dessa demanda judicial;

(E) proposta a ação de desapropriação, é cabível a imissão provisória na posse pelo DNIT, após a avaliação judicial do imóvel a ser expropriado.

02. (Juiz Federal Substituto – Tribunal Regional Federal da 1ª Região 2023) A União se apropriou do imóvel de Humberto no ano de 2012, sem observar as formalidades previstas em lei para a desapropriação, e nele imediatamente construiu um prédio que até hoje é sede de diversos órgãos públicos federais. Como já era aposentado e costumava viajar constantemente para o exterior, Humberto decidiu ajuizar ação indenizatória por desapropriação indireta somente agora no ano de 2023. O Juízo Federal, observando a atual jurisprudência do Superior Tribunal de Justiça em tema de recurso repetitivo, decidiu que:

(A) já ocorreu a prescrição da pretensão de Humberto, pois se aplica o prazo de dez anos da usucapião extraordinária do Código Civil;

(B) não ocorreu a prescrição da pretensão de Humberto, pois se aplica o prazo de quinze anos da usucapião ordinária do Código Civil;

(C) não ocorreu a prescrição da pretensão de Humberto, pois se aplica o prazo de vinte anos da usucapião extraordinária do Código Civil;

(D) já ocorreu a prescrição da pretensão de Humberto, pois se aplica o prazo quinquenal de dívidas passivas de entes públicos previsto no Decreto nº 20.910/1932;

(E) não ocorreu a prescrição da pretensão de Humberto, pois é imprescritível o ressarcimento ao particular de atos dolosos do poder público, sob pena de locupletamento ilícito da União.

03. (FGV - 2023 - PGM - Niterói - Analista Processual - 2023). Em decorrência da grave crise financeira que vem enfrentando, o Município X está conjecturando alienar obras artísticas de sua propriedade, tombadas, que adornam a sede da respectiva Prefeitura. Em relação a tais bens, é correto afirmar que:

(A) são inalienáveis por natureza e só poderão ser transferidos entre entes federativos;

(B) tem a sua alienação subordinada à existência de interesse público devidamente justificado e avaliação prévia, bem como licitação na modalidade concorrência;

(C) podem ser objeto de permuta com outro ente da federação, desde que realizada licitação na modalidade leilão;

(D) apenas podem ser alienados para a União, mediante dispensa de licitação, devidamente documentada;

(E) após a avaliação e motivação quanto ao interesse público justificante, podem ser alienados para pessoas de direito privado, mediante licitação na modalidade leilão.

04. (FGV - 2023 - CGM - RJ - Técnico de Controle Interno - 2023). Para atender um clamor da população, com vistas a proteger o patrimônio histórico e artístico local, o Município Utopia fez publicar uma lei que determinou o tombamento de alguns prédios considerados marcos de um renomado de arquiteto nascido na localidade, devidamente especificados na norma. Dentre os aludidos bens, existe um que é de propriedade do Estado Utopia. Diante dessa situação hipotética, à luz da jurisprudência do Supremo Tribunal Federal, é correto afirmar que o aludido tombamento:

(A) não pode ser realizado por lei, pois exige a ampla defesa e o contraditório para a sua perfectibilização;

(B) não poderia abarcar bem do Estado Utopia, na medida em que os entes menores não podem tombar bens de entes maiores;

(C) não pode ser realizado pelo Município Utopia, pois a competência para determinar tal modalidade de intervenção do Estado na propriedade é exclusiva da União;

(D) está perfectibilizado pela determinação do Poder Legislativo no sentido de realizar tal modalidade de intervenção do Estado na propriedade;

(E) poderia ter seu procedimento iniciado pela mencionada lei, que será considerada de efeitos concretos para fins de dar prosseguimento à ampla defesa e ao contraditório necessários para a perfectibilização de tal intervenção do Estado na propriedade.

05. (FEPESE - 2023 - Prefeitura de Balneário Camboriú - SC - Procurador do Município – 2023). Assinale a alternativa correta de acordo com o Decreto-Lei nº 3.365/1941, que dispõe sobre desapropriações por utilidade pública.

(A) não se considera caso de utilidade pública, para fins de desapropriação, a salubridade pública.

(B) extingue-se no prazo de dez anos o direito de propor ação que vise a indenização por restrições decorrentes de atos do Poder Público.

(C) é vedado ao Poder Judiciário, no processo de desapropriação, decidir se se verificam ou não os casos de utilidade pública.

(D) é textualmente vedado que lei ou contrato autorizem as entidades públicas a promover desapropriação.

(E) os bens do domínio dos Estados, dos Municípios e do Distrito Federal poderão ser desapropriados pela União, independentemente de autorização legislativa.

06. (FGV – TJMG – Juiz Substituto – 2022) O poder público necessitando, com urgência, construir um anel viário ingressou em imóvel alheio vazio e passou a praticar a terraplanagem do terreno. Assinale a opção que indica a ação adequada que o proprietário do imóvel pode mover em face do poder público.

(A) Ação de reintegração de posse, pois o esbulho equivale à própria perda da posse sobre o bem.

(B) Ação de manutenção de posse, porque a turbação por atos da administração pública equivale à perda total da posse.

(C) Ação de desapropriação indireta, pois o poder público já ingressou no imóvel e pratica atos de dono da área.

(D) Ação de desapropriação, porque o proprietário, no futuro, poderá perder o título de propriedade do imóvel, sem indenização.

07. (FGV – TJMG – Juiz Substituto – 2022) Com relação à requisição administrativa de leitos, medicamentos e insumos, feita pelo Poder Público, em razão de pandemia por COVID-19, assinale a afirmativa correta.

(A) Constitui limitação constitucional à propriedade privada, através de ato de império do Poder Público, bastando a demonstração da necessidade e do perigo público iminente.

(B) Na requisição administrativa será garantida a indenização prévia do dano ao particular.

(C) Além do aspecto legal, o Poder Judiciário pode acrescentar outras medidas políticas que entende cabíveis, a serem adotadas na requisição, além daquelas estabelecidas pelo Executivo.

(D) Não cabe ao Poder Judiciário a fixação do valor da indenização, que deve ser estabelecida posteriormente ao ato de intervenção na propriedade privada.

08. (CESPE – Defensor público – DPE/RS – 2022) Determinado município desapropriou imóvel mediante declaração de utilidade pública, constando expressamente no decreto expropriatório que no local seria construído um campo de pouso para aeronaves. Não obstante, diante do esgotamento da capacidade ativa de sepultamentos na cidade, o prefeito resolveu construir um cemitério na área então destinada ao campo de pouso.

Tendo como referência essa situação hipotética, julgue o item a seguir, acerca de desapropriação e desvio de finalidade.

O expropriado pode exigir seu imóvel de volta, já que não foi dado o destino para o qual se desapropriou o bem.

Estas e outras questões estão disponíveis para serem respondidas na plataforma JusClass:

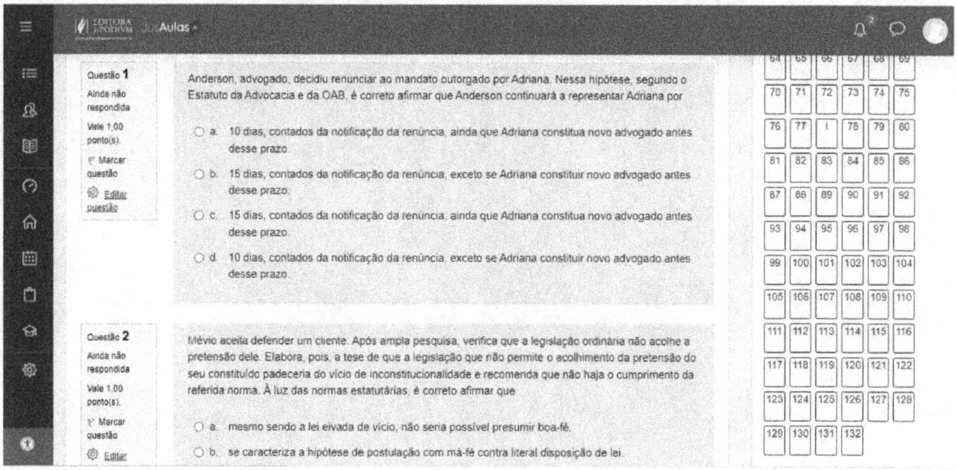

GABARITO			
01. B	**02.** A	**03.** A	**04.** E
05. C	**06.** C	**07.** A	**08.** ERRADO

Capítulo XI

Licitação

Em 01 de abril de 2021, entrou em vigor a **Lei nº 14.133**, como a **nova** Lei de licitações e contratos administrativos. Porém, a Lei 14.133 havia determinado a revogação das Leis anteriores e então existentes sobre licitações e contratos (as Leis 8.666/1993, 10.520/2002 e 12.462/2011), **2 anos após a sua publicação**.

Entretanto, a Medida Provisória 1.167, de 31/03/2023, alterou a Lei nº 14.133/2021 e **prorrogou, até 29 de dezembro de 2023**, a possibilidade de uso da Lei nº 8.666/1993, da Lei º 10.520/2002, e dos art. 1º a art. 47-A da Lei nº 12.462/2011.

Nada obstante a prorrogação já determinada pela MP 1.167/2023, a Lei Complementar nº 198, de 28 de junho de 2023, deu nova redação ao inciso II do *caput* do art. 193 da Lei 14.133/2021, para considerar revogadas, somente em 30 de dezembro de 2023, as Leis 8.666/1993 e 10.520/2002, e os art. 1º a art. 47-A da Lei nº 12.462/2011.

Em razão de as Leis anteriores ainda se encontrarem em vigor, situação que perdurou até 29 de dezembro de 2023, a nova Lei 14.133/2021 **autorizou** a Administração Pública a **optar** por licitar ou contratar diretamente de acordo com a nova Lei ou de acordo com as Leis então existentes e que continuarão em vigor durante esse prazo. Essas Leis, que já dispunham sobre licitações e contratos administrativos, são a Lei 8.666/93 (Lei geral das licitações e contratos administrativos), a Lei 10.520 (Lei do Pregão) e a Lei 12.462/2011 (Lei do Regime Diferenciado de Contratações Públicas – RDC, nos arts. 1º a 47-A).

Assim, até 29 de dezembro de 2023, vigoraram, **lado a lado**, a nova Lei de licitações e contratos administrativos (14.133/2021) e as Leis anteriores (8.666/1993, 10.520/2002 e 12.462/2011).

Todavia, essa possibilidade de optar por licitar ou contratar diretamente de acordo com a nova Lei ou de acordo com as leis anteriores - situação que durou até o dia 29 de dezembro de 2023 - dependia da observância, pela Administração, das seguintes condições: (I) que a publicação do edital ou do ato autorizativo da contratação direta ocorresse até 29 de dezembro de 2023; e (II) que a opção escolhida fosse expressamente indicada no edital ou no ato autorizativo da contratação direta.

Na hipótese de a Administração optar por licitar de acordo com as leis anteriores, o respectivo contrato seria regido pelas regras nelas previstas durante toda a sua vigência.

Neste capítulo e no próximo, abordaremos os temas já a partir da novel legislação (Lei 14.133/2021).

1. A NOVA LEI DE LICITAÇÕES E CONTRATOS ADMINISTRATIVOS

A Lei nº 14.133, de 01 de abril de 2021, é a nova **Lei Geral das Licitações e Contratos Administrativos**, que estabeleceu novas **normas gerais** de licitação e contratação para as Administrações Públicas diretas, autárquicas e fundacionais dos poderes da União, dos Estados, do Distrito Federal e dos Municípios. Ela entrou em vigor na data de sua publicação, que ocorreu em edição extra do DOU de 01 de abril de 2021.

A nova Lei de Licitações e Contratos revogou a Lei nº 8.666/1993, a Lei nº 10.520/2002 e os arts. 1º a 47-A da Lei nº 12.462/2011, que tratavam, respectivamente, das Normas Gerais sobre Licitações e Contratos Administrativos, do Pregão e do Regime Diferenciado de Contratações Públicas – RDC, mas com efeitos revogatórios **diferidos**, inicialmente, para após decorridos 2 (dois) anos de sua publicação oficial (que ocorreu, reitere-se, em 01 de abril de 2021). Somente as disposições da Lei 8.666/93 relativas aos crimes em licitações e contratos administrativos (arts. 89 a 108) foram **imediatamente revogadas** desde a publicação da nova Lei, que acrescentou ao título XI da Parte Especial do Código Penal o Capítulo II-B, tratando dos crimes em licitações e contratos administrativos (arts. 337-E a 337-P).

Entretanto, como acima mencionado, a Medida Provisória 1.167, de 31/03/2023, alterou a Lei nº 14.133/2021 e **prorrogou, até 29 de dezembro de 2023**, a possibilidade de uso da Lei nº 8.666/1993, da Lei º 10.520/2002, e dos art. 1º a art. 47-A da Lei nº 12.462/2011.

Nada obstante a prorrogação já determinada pela MP 1.167/2023, a Lei Complementar nº 198, de 28 de junho de 2023, deu nova redação ao inciso II do *caput* do art. 193 da Lei 14.133/2021, para considerar revogadas, somente em 30 de dezembro de 2023, as Leis 8.666/1993 e 10.520/2002, e os art. 1º a art. 47-A da Lei nº 12.462/2011.

Por essa razão, a Lei 14.133/2021 assegurou à Administração, até 29 de dezembro de 2023, o direito de optar por licitar ou contratar diretamente de acordo com a nova Lei ou de acordo com as Leis então existentes e que continuarão em vigor durante esse prazo. Essas Leis, que já dispunham sobre licitação e contratos administrativos, são a Lei 8.666/93 (Lei geral das licitações e contratos administrativos), a Lei 10.520 (Lei do Pregão) e a Lei 12.462/2011 (Lei do Regime Diferenciado de Contratações Públicas - RDC, arts. 1º a 47-A).

Todavia, a opção escolhida deveria ser indicada expressamente no edital ou no ato autorizativo da contratação direta, vedada a aplicação combinada da nova Lei com as citadas Leis já existentes.

Na hipótese de a Administração optar por licitar de acordo com as leis já existentes, o contrato respectivo, em consequência, seria regido pelas regras nelas previstas durante toda a sua vigência.

2. ESTRUTURA DA LEI 14.133/2021

A Lei 14.133/2021 tem uma estrutura bem dividida, organizada, sequenciada e de fácil compreensão. Se for possível uma sumária apresentação temática, podemos indicar o sequenciamento da nova Lei dessa forma:

Disposições preliminares → Das Licitações → Dos Contratos administrativos → Das Irregularidades na licitação e no contrato → Disposições gerais.

A Lei 14.133/2021 está estruturada em **5 Títulos** e **estende do art. 1º ao art. 194**.

O **Título I** (arts. 1º a 10), a pretexto de tratar das **disposições preliminares da Lei**, disciplina o âmbito de aplicação da nova Lei de licitação (capítulo I, arts. 1º a 4º), os princípios da licitação (capítulo II, art. 5º), as definições básicas dos institutos e modalidades da licitação (capítulo III, art. 6º) e sobre os agentes públicos responsáveis pela licitação (capítulo IV, arts. 7º a 10).

O **Título II** (arts. 11 a 88) dispõe sobre as **Licitações**, compreendendo a disciplina do processo licitatório e de suas fases (capítulo I, arts. 11 a 17), da fase preparatória, que envolve a instrução do processo licitatório, as modalidades de licitação e os critérios de julgamento (capítulo II, arts. 18 a 52), da fase da divulgação do edital de licitação (capítulo III, arts. 53 a 54), da fase de apresentação de propostas e lances (capítulo IV, arts. 55 a 58), da fase do julgamento (capítulo V, arts. 59 a 61), da fase da habilitação (capítulo VI, arts. 62 a 70), do encerramento da licitação (capítulo VII, art. 71), da contratação direta, que compreende os casos de inexigibilidade e de dispensa de licitação (capítulo VIII, arts. 72 a 75), das alienações (capítulo IX, arts. 76 e 77) e dos instrumentos auxiliares das licitações e das contratações administrativas (capítulo X, arts. 78 a 88).

O **Título III** (arts. 89 a 154) dispõe sobre os **contratos administrativos**, tratando sobre a formalização dos contratos (capítulo I, arts. 89 a 95), a garantia nas contratações (capítulo II, arts. 96 a 102), a alocação de riscos entre contratante e contratado (capítulo III, art. 103), as prerrogativas da administração (capítulo IV, art. 104), a duração dos contratos (capítulo V, arts. 105 a 114), a execução dos contratos (capítulo VI, arts. 115 a 123), a alteração dos contratos e dos preços (capítulo VII, arts. 124 a 136), as hipóteses de extinção dos contratos (capítulo VIII, arts. 137 a 139), o recebimento do objeto do contrato (capítulo IX, art. 140), os pagamentos (capítulo X, arts. 141 a 146), a nulidade dos contratos (capítulo XI, arts. 147 a 150) e os meios alternativos de resolução de controvérsias (capítulo XII, arts. 151 a 154).

O **Título IV** (arts. 155 a 173) trata das **irregularidades na licitação e no contrato**, dispondo sobre as infrações e sanções administrativas na licitação e no contrato administrativo (capítulo I, arts. 155 a 163), as impugnações, os pedidos de esclarecimento e os recursos (capítulo II, arts. 164 a 168) e sobre o controle das contratações (capítulo III, arts. 169 a 173).

Por fim, o **Título V** (arts. 174 a 194) contempla normas de **disposições gerais**, regulando a criação do Portal Nacional de Contratações Públicas (PNCP) (capítulo I, arts. 174 a 176), as alterações legislativas do Código de Processo Civil, do Código Penal, da Lei sobre Concessões e Permissões de Serviços Públicos e da Lei de contratação de Parceria Público-Privada (capítulo II, arts. 177 a 180) e as disposições transitórias e finais (capítulo III, arts. 181 a 194).

De um modo geral, a nova Lei avança em vários aspectos, especialmente para prever a possibilidade de utilização pela Administração Pública de tecnologias destinadas a garantir uma maior segurança, eficácia e eficiência no processo licitatório, como, por exemplo, o catálogo eletrônico de padronização de compras, serviços e obras, que consiste em um sistema informatizado, de gerenciamento centralizado e com indicação de preços, destinado a permitir a padronização de itens a serem adquiridos pela Administração Pública e que estarão disponíveis para a licitação.

Em síntese, apenas a título ilustrativo e sem qualquer pretensão de esgotamento, seguem algumas importantes novidades da Lei 14.133/2021:

- A unificação de todas as normas gerais sobre Licitação e Contratos Administrativos, respeitada a legislação especial ou normas previstas em legislação própria;
- O processo licitatório passou a ter, entre outros objetivos, o de incentivar a inovação e o desenvolvimento nacional sustentável;
- Avança com práticas afirmativas de inclusão da mulher vítima de violência doméstica. O § 9º do art. 25 da nova Lei permite que os editais de licitações exijam das empresas participantes dos certames que incluam na mão de obra responsável pela execução do objeto da contratação percentual mínimo de mulheres vítimas de violência doméstica. A nova Lei também prevê a implementação de ações de equidade de gênero como fator de desempate (art. 60, *caput*, inciso III);

- A alta administração do órgão ou entidade deve primar pela governança das contratações e deve implementar processos e estruturas, inclusive de gestão de riscos e controles internos, para avaliar, direcionar e monitorar os processos licitatórios e os respectivos contratos, com o intuito de alcançar os objetivos da licitação, promover um ambiente íntegro e confiável, assegurar o alinhamento das contratações ao planejamento estratégico e às leis orçamentárias e promover eficiência, efetividade e eficácia em suas contratações;
- A autoridade máxima do órgão ou da entidade da Administração deverá observar o princípio da segregação de funções, vedada a designação do mesmo agente público para atuação simultânea em funções mais suscetíveis a riscos, de modo a reduzir a possibilidade de ocultação de erros e de ocorrência de fraudes na respectiva contratação;
- As licitações devem ser realizadas preferencialmente sob a forma eletrônica, admitida a utilização, apenas em caráter excepcional e desde que motivada, da forma presencial, devendo a sessão pública ser registrada em ata e gravada em áudio e vídeo;
- Os atos do processo de licitação deverão ser preferencialmente digitais, de forma a permitir que sejam produzidos, comunicados, armazenados e validados por meio eletrônico;
- Os órgãos responsáveis pelo planejamento de cada ente federativo poderão, na forma de regulamento, elaborar plano de contratações anual, com o objetivo de racionalizar as contratações dos órgãos e entidades sob sua competência, garantir o alinhamento com o seu planejamento estratégico e subsidiar a elaboração das respectivas leis orçamentárias;
- O plano de contratações anual deverá ser divulgado e mantido à disposição do público em sítio eletrônico oficial e deverá ser observado pelo ente federativo na realização de licitações e na execução dos contratos;
- É permitida a identificação e assinatura digital por pessoa física ou jurídica em meio eletrônico, mediante certificado digital emitido em âmbito da Infraestrutura de Chaves Públicas Brasileira (ICP-Brasil);
- Os órgãos da Administração com competências regulamentares relativas às atividades de administração de materiais, de obras e serviços e de licitações e contratos deverão instituir instrumentos que permitam, preferencialmente, a centralização dos procedimentos de aquisição e contratação de bens e serviços; criar catálogo eletrônico de padronização de compras, serviços e obras, admitida a adoção do catálogo do Poder Executivo federal por todos os entes federativos; instituir sistema informatizado de acompanhamento de obras, inclusive com recursos de imagem e vídeo; instituir, com auxílio dos órgãos de assessoramento jurídico e de controle interno, modelos de minutas de editais, de termos de referência, de contratos padronizados e de outros documentos, admitida a adoção das minutas do Poder Executivo federal por todos os entes federativos; e promover a adoção gradativa de tecnologias e processos

integrados que permitam a criação, a utilização e a atualização de modelos digitais de obras e serviços de engenharia;

- A fixação da fase de habilitação no processo licitatório somente depois de julgamento, podendo, entretanto, mas mediante ato motivado com explicitação dos benefícios decorrentes, a habilitação anteceder a fase de apresentação de propostas e lances e a fase de julgamento, desde que expressamente previsto no edital de licitação. Com efeito, pela Lei 8.666/93, a fase de habilitação precedia a de julgamento (classificação). Com a nova Lei, muda-se a sequência dessas fases, com o julgamento antecedendo a fase de habilitação. A novidade se alinha com o entendimento da doutrina majoritária, com as normas licitatórias de organismos financeiros multilaterais internacionais e é providência mais consentânea com o princípio da eficiência e com as necessárias celeridade e eficácia do processo licitatório, pois a Administração somente avaliará os requisitos de habilitação daqueles que poderão, pelas propostas apresentadas e aprovadas na fase de julgamento, contratar com o poder público. Isso foi uma grande inovação da Lei do pregão, que agora, com a nova Lei, é estendida a toda as modalidades de licitação;
- Uma novidade muito importante, foi a obrigação imposta à Administração Pública, nas contratações de obras, serviços e fornecimentos de **grande vulto**, de prever nos editais de licitação a implantação obrigatória de **programa de integridade pelo licitante vencedor**, no prazo de 6 (seis) meses, contado da celebração do contrato, conforme regulamento que disporá sobre as medidas a serem adotadas, a forma de comprovação e as penalidades pelo seu descumprimento;
- A extinção das modalidades de licitação de tomada de preços e convite e a criação de nova modalidade chamada diálogo competitivo, que consiste na modalidade de licitação destinada à contratação de obras, serviços e compras em que a administração pública realiza diálogos com licitantes previamente selecionados mediante critérios objetivos, com o intuito de desenvolver uma ou mais alternativas capazes de atender às suas necessidades, devendo os licitantes apresentar proposta final após o encerramento dos diálogos;
- A extinção do Regime Diferenciado de Contratações Públicas – RDC, previsto na Lei 12.462/2011;
- A previsão do **pregão** como modalidade de licitação **obrigatória** para **aquisição de bens e serviços comuns**;
- A licitação na modalidade **leilão**, para a alienação de **bens públicos imóveis**, é outra novidade da Lei 14.133/2021. Isto porque, na Lei 8.666/93, a modalidade de licitação exigida para a alienação de bens imóveis era a concorrência. Com base nessa Lei anterior, o leilão somente podia ser aplicado para a alienação de bens imóveis, cuja aquisição pela Administração haja derivado de procedimentos judiciais ou de dação em pagamento;

- Do mesmo modo, houve uma inovação legal em relação aos bens móveis, para cuja alienação também se exige o leilão, independentemente de seu valor. Pela lei anterior, o leilão só era cabível quando o valor dos bens móveis não fosse superior a R$ 1.430.000,00 (um milhão, quatrocentos e trinta mil reais), conforme dispunha o art. 17, § 6º, com valores atualizados pelo decreto presidencial nº 9.412/2018;
- A desvinculação da modalidade de concorrência do valor da contratação. Pela Lei 8.666/93, a modalidade de licitação de concorrência (assim como de tomada de preços e convite, que deixaram de existir com a nova Lei) era determinada em função de determinados limites, tendo em vista o valor estimado da contratação;
- A possiblidade de a Administração convocar, com antecedência mínima de 8 dias úteis, **audiência pública** (presencial ou a distância), na forma eletrônica, sobre licitação que pretenda realizar, com disponibilização prévia de informações pertinentes, inclusive de estudo técnico preliminar e elementos do edital de licitação, e com possibilidade de manifestação de todos os interessados. Também faculta à Administração submeter a licitação a **prévia consulta pública**, mediante a disponibilização de seus elementos a todos os interessados, que poderão formular sugestões no prazo fixado;
- Foi criado o **Portal Nacional de Contratações Públicas - PNCP**, sítio eletrônico oficial destinado à divulgação centralizada e obrigatória dos atos exigidos pela nova Lei e à realização facultativa das contratações pelos órgãos e entidades dos Poderes Executivo, Legislativo e Judiciário de todos os entes federativos;
- A previsão do *performance bond*, que é o seguro-garantia que tem por objetivo garantir o fiel cumprimento das obrigações assumidas pelo contratado perante à Administração, inclusive as multas, os prejuízos e as indenizações decorrentes de inadimplemento. E na contratação de obras e serviços de engenharia, há a previsão da possibilidade de o edital exigir o seguro-garantia e prever a obrigação de a própria seguradora, em caso de inadimplemento pelo contratado, assumir a execução e concluir o objeto do contrato;
- A previsão de os entes federativos instituírem **centrais de compras**, com o objetivo de realização de compras em grande escala, para atender a diversos órgãos e entidades sob sua competência e atingir as finalidades da nova Lei;
- Para facilitar a execução da nova Lei no âmbito dos Estados, do Distrito Federal e dos Municípios, essas entidades federadas poderão aplicar os regulamentos editados pela União para execução da Lei.

Nos termos do art. 182 da nova Lei, o Poder Executivo federal deverá atualizar, a cada dia 1º de janeiro, pelo Índice Nacional de Preços ao Consumidor Amplo Especial (IPCA-E) ou por índice que venha a substituí-lo, os valores fixados pela Lei 14.133/2021, os quais serão divulgados no Portal Nacional de Contratações Públicas – PNCP.

Com fundamento nesse art. 182, foi expedido pela Presidência da República, em 29 de dezembro de 2023, o novo Decreto nº 11.871, de 29/12/2023, com vigência a partir 1º de janeiro de 2024, que dispôs sobre a atualização dos valores estabelecidos na Lei 14.133/2021 – Lei de Licitações e Contratos Administrativos, conforme a tabela abaixo.

DISPOSITIVO	VALOR ATUALIZADO
inciso XXII do *caput* do art. 6º	R$ 239.624.058,14 (duzentos e trinta e nove milhões seiscentos e vinte e quatro mil cinquenta e oito reais e quatorze centavos)
§ 2º do art. 37	R$ 359.436,08 (trezentos e cinquenta e nove mil quatrocentos e trinta e seis reais e oito centavos)
inciso III do *caput* do art. 70	R$ 359.436,08 (trezentos e cinquenta e nove mil quatrocentos e trinta e seis reais e oito centavos)
inciso I do *caput* do art. 75	R$ 119.812,02 (cento e dezenove mil oitocentos e doze reais e dois centavos)
inciso II do *caput* do art. 75	R$ 59.906,02 (cinquenta e nove mil novecentos e seis reais e dois centavos)
alínea "c" do inciso IV do *caput* do art. 75	R$ 359.436,08 (trezentos e cinquenta e nove mil quatrocentos e trinta e seis reais e oito centavos)
§ 7º do art. 75	R$ 9.584,97 (nove mil quinhentos e oitenta e quatro reais e noventa e sete centavos)
§ 2º do art. 95	R$ 11.981,20 (onze mil novecentos e oitenta e um reais e vinte centavos)

3. ÂMBITO DE APLICAÇÃO DA LEI 14.133/2021

A nova Lei de licitação e contratos administrativos aplica-se à toda Administração Pública direta, às autarquias e às fundações da União, dos Estados, do Distrito Federal e dos Municípios, abrangendo todos os poderes da União, dos Estados e do Distrito Federal e dos Municípios; e os fundos especiais e as demais entidades controladas direta ou indiretamente pela Administração Pública.

Entretanto, a Lei 14.133/2021 não se aplica às empresas públicas, às sociedades de economia mista e às suas subsidiárias, tendo em vista que essas empresas estatais já são regidas pela Lei nº 13.303/2016. Porém, a nova Lei se aplica a essas empresas estatais e às suas subsidiárias relativamente aos crimes em licitações e contratos administrativos, previstos no art. 178 da Lei 14.133/2021 e incluídos no código penal (o Título XI da Parte Especial do Código Penal passou a vigorar acrescido do Capítulo II-B).

Quando a contratação for realizada no âmbito das repartições públicas sediadas no exterior (por exemplo, nas embaixadas brasileiras situadas em país estrangeiro), a aplicação da nova Lei deverá ser deveras mitigada. Isto porque, nessas contratações administrativas realizadas no exterior, deverão ser observadas as peculiaridades locais, para atender as condições locais de contratação, sem se afastar, porém, dos princípios básicos estabelecidos na nova Lei, tudo na forma de regulamentação específica a ser editada por ministro de Estado.

Já nas licitações e contratações que envolvam recursos provenientes de empréstimo ou doação oriundos de agência oficial de cooperação estrangeira ou de organismo financeiro de que o Brasil seja parte, podem ser admitidas: (I) – condições decorrentes de acordos internacionais aprovados pelo Congresso Nacional e ratificados pelo Presidente da República; (II) – condições peculiares à seleção e à contratação constantes de normas e procedimentos das agências ou dos organismos, desde que (a) sejam essas condições exigidas para a obtenção do empréstimo ou doação; (b) não conflitem com os princípios constitucionais em vigor; (c) sejam indicadas no respectivo contrato de empréstimo ou doação e tenham sido objeto de parecer favorável do órgão jurídico do contratante do financiamento previamente à celebração do referido contrato.

Não se aplica a nova Lei nas contratações relativas à gestão, direta e indireta, das reservas internacionais do País, inclusive as de serviços conexos ou acessórios a essa atividade, tendo em vista que essas contratações, devido a sua natureza e especificidade, serão disciplinadas em ato normativo próprio do Banco Central do Brasil, assegurada a observância dos princípios estabelecidos no caput do art. 37 da Constituição Federal.

Quanto ao **objeto** da licitação e do contrato administrativo, a Lei 14.133/2021 se aplica a:

(I) alienação e concessão de direito real de uso de bens;

(II) compra, inclusive por encomenda;

(III) locação;

(IV) concessão e permissão de uso de bens públicos;

(V) prestação de serviços, inclusive os técnico-profissionais especializados;

(VI) obras e serviços de arquitetura e engenharia; e

(VII) contratações de tecnologia da informação e de comunicação.

Todavia, não se subordinam ao regime da nova Lei: (I) os contratos que tenham por objeto operação de crédito, interno ou externo, e gestão de dívida pública, incluídas as contratações de agente financeiro e a concessão de garantia relacionadas a esses contratos; e (II) as contratações sujeitas a normas previstas em legislação própria.

Quando os participantes da licitação forem **microempresas** e **empresas de pequeno porte**, aplicam-se às licitações e contratos disciplinados pela nova Lei 14.133, as disposições constantes dos arts. 42 a 49 da Lei Complementar 123/2006 (**Lei que instituiu o Estatuto Nacional da Microempresa e da Empresa de Pequeno Porte**), que prevê diversos benefícios e preferências de contratação como critério de desempate em favor dessas entidades empresariais menores. A ideia é conferir um tratamento diferenciado e simplificado para as microempresas e empresas de pequeno porte, objetivando a promoção do desenvolvimento econômico e social, para dar fiel e efetivo cumprimento ao inciso IX do art. 170 da Constituição Federal, que determina, como princípio da ordem econômica, um tratamento favorecido para as empresas de pequeno porte constituídas sob as leis brasileiras e que tenham sua sede e administração no País.

Todavia, essas disposições mais benéficas do Estatuto Nacional da Microempresa e da Empresa de Pequeno Porte não são aplicadas: (I) – no caso de licitação para aquisição de bens ou contratação de serviços em geral, ao item cujo valor estimado for superior à receita bruta máxima admitida para fins de enquadramento como empresa de pequeno porte; (II) – no caso de contratação de obras e serviços de engenharia, às licitações cujo valor estimado for superior à receita bruta máxima admitida para fins de enquadramento como empresa de pequeno porte.

E a obtenção desses benefícios da LC 123/2006 fica limitada às microempresas e às empresas de pequeno porte que, no ano-calendário de realização da licitação, ainda não tenham celebrado contratos com a Administração Pública cujos valores somados extrapolem a receita bruta máxima admitida para fins de enquadramento como empresa de pequeno porte, devendo o órgão ou entidade exigir do licitante declaração de observância desse limite na licitação.

4. CONCEITO, FINS E OBJETO DA LICITAÇÃO

A licitação é um processo administrativo por meio do qual a Administração Pública **seleciona** a proposta mais vantajosa, entre as apresentadas pelos interessados, para o contrato que melhor atenda ao interesse público. Isto significa que as contratações da Administração Pública, por obrigação constitucional, **devem ser antecedidas, via de regra, pela licitação**, que somente será afastada nas hipóteses legais de dispensa e inexigibilidade, que autorizam, excepcionalmente, a contratação direta.

Diferentemente do particular, que pode contratar livremente a venda ou aquisição de bens ou a prestação de serviços, a Administração Pública, em razão da indisponibilidade do interesse público, não goza da mesma liberdade. A Administração somente pode contratar depois de realizar uma seleção pública e transparente – na qual qualquer interessado que cumpra as formalidades legais para a contratação pode, em igualdade de condições, participar – e proceder a escolha da melhor proposta entre as apresentadas, a partir de critérios objetivos, prévia e amplamente divulgados.

A ideia central da licitação, longe de impor entraves burocráticos à Administração, é a promoção da melhor gestão do interesse coletivo. Por isso, alinhado a esse sentido, a nova Lei 14.133 estabelece que a licitação tem por finalidade assegurar a seleção da proposta apta a gerar o resultado de contratação mais vantajoso para a Administração Pública, inclusive no que se refere ao ciclo de vida do objeto; assegurar tratamento isonômico entre os licitantes, bem como a justa competição; evitar contratações com sobrepreço ou com preços manifestamente inexequíveis e superfaturamento na execução dos contratos; e incentivar a inovação e o desenvolvimento nacional sustentável.

A licitação, exatamente por consistir numa seleção pública, será processada e julgada em estrita conformidade com os princípios da legalidade, da impessoalidade, da moralidade, da publicidade, da eficiência, do interesse público, da probidade administrativa, da igualdade, do planejamento, da transparência, da eficácia, da segregação de funções, da motivação, da vinculação ao edital, do julgamento objetivo, da segurança jurídica, da razoabilidade, da competitividade, da proporcionalidade, da celeridade, da economicidade e do desenvolvimento nacional sustentável, assim como as disposições da Lei de Introdução às Normas do Direito Brasileiro (Decreto-Lei nº 4.657, de 4 de setembro de 1942).

Tem por objeto a contratação de obras e serviços de arquitetura e engenharia, prestação de serviços, compras, alienações, concessões, permissões e locações da Administração Pública, quando contratadas com terceiros.

5. COMPETÊNCIA PARA LEGISLAR SOBRE LICITAÇÃO

A Constituição atribuiu a competência para legislar sobre licitação e contratos a todas as entidades federadas, **com destaque, porém, para a União**. Isto porque, nos termos do inciso XXVII do art. 22, compete a União legislar sobre as **normas gerais** de licitação e contratação, em todas as modalidades, para as administrações públicas diretas, autárquicas e fundacionais da União, Estados, Distrito Federal e Municípios, obedecido o disposto no art. 37, XXI, e para as empresas públicas e sociedades de economia mista, nos termos do art. 173, § 1°, III.

Aos Estados, Distrito Federal e Municípios **cabe apenas exercer a competência suplementar**, legislando sobre **normas específicas** de licitação (CF, art. 24, § 2º, c/c art. 30, II).

Isto significa que as normas gerais da União, de extensão nacional, são de observância obrigatória para as demais entidades políticas, às quais cumpre tão somente complementá-las com suas normas específicas locais.

Todavia, nada impede que a União também legisle sobre normas específicas de licitação, desde que restritas à administração pública federal, sob pena de usurpação da competência constitucional suplementar dos Estados, Distrito Federal e Municípios.

Basicamente, **antes da Lei 14.133/2021**, já existiam três diplomas legais que veiculavam as normas gerais da União em tema de licitação e contratos. São eles:

(1) a **Lei nº 8.666, de 21 de junho de 1993**, que instituiu normas gerais para licitações e contratos da Administração Pública;

(2) a **Lei nº 10.520, de 17 de julho de 2002**, que instituiu modalidade de licitação denominada pregão, para aquisição de bens e serviços comuns; e

(3) a **Lei nº 12.462, de 05 de agosto de 2011**, que instituiu o **Regime Diferenciado de Contratações Públicas (RDC)**, aplicável, no início, às licitações e contratos necessários à realização da *Copa das Confederações (Fifa 2013)*, da *Copa do Mundo (Fifa 2014)*, dos *Jogos Olímpicos e Paraolímpicos de 2016* e de *obras de infraestrutura e de contratação de serviços para os aeroportos* das capitais dos Estados da Federação distantes até 350 km (trezentos

e cinquenta quilômetros) das cidades sedes dos mundiais referidos (Copas e Jogos). Posteriormente, a partir de sucessivas leis, o RDC foi estendido às licitações e contratos necessários à realização **das ações integrantes do Programa de Aceleração do Crescimento (PAC)**; às licitações e contratos necessários à realização **das obras e serviços de engenharia no âmbito do Sistema Único de Saúde – SUS**; às licitações e contratos necessários à realização (a) das **obras e serviços de engenharia para construção, ampliação e reforma e administração de estabelecimentos penais e de unidades de atendimento socioeducativo**; (b) das **ações no âmbito da segurança pública**; (c) das **obras e serviços de engenharia, relacionadas a melhorias na mobilidade urbana ou ampliação de infraestrutura logística**; e às licitações e aos contratos necessários à realização de **obras e serviços de engenharia no âmbito dos sistemas públicos de ensino e de pesquisa, ciência e tecnologia**; assim como à realização **das ações em órgãos e entidades dedicados à ciência, à tecnologia e à inovação**.

Cumpre relembrar que esses três diplomas permaneceram em vigor até 29 de dezembro de 2023, em razão do que expressamente previa o art. 193, II, da nova Lei 14.133/2021, com a nova redação dada pela Lei Complementar nº 198/2023.

6. PRINCÍPIOS DA LICITAÇÃO

Em face do princípio da indisponibilidade do interesse público, a Administração Pública só pode contratar com terceiros depois de proceder à licitação, salvo as exceções previstas na Lei para as hipóteses de dispensa e inexigibilidade. Tal exigência decorre da norma prevista no inciso XXI do art. 37 da Constituição Federal, segundo a qual as obras, serviços, compras e alienações, ressalvados os casos especificados na legislação, serão contratados mediante **processo de licitação pública** que assegure igualdade de condições a todos os concorrentes.

A **obrigatoriedade da licitação**, portanto, já é, **por si só**, um princípio jurídico que vincula toda a Administração Pública. Todavia, há princípios que se aplicam ao processo licitatório, considerados indispensáveis à concretização dos fins da própria licitação. Sem embargo da variedade de opiniões doutrinárias, selecionamos abaixo os mais importantes princípios da licitação, a maioria mencionados no art. 5º da própria Lei 14.133/2021, que indica os seguintes: da legalidade, da impessoalidade, da moralidade, da publicidade, da eficiência, do interesse público, da probidade administrativa, da igualdade, do planejamento, da transparência, da eficácia, da segregação de funções, da motivação, da vinculação ao edital, do julgamento objetivo, da segurança jurídica, da razoabilidade, da competitividade, da proporcionalidade, da celeridade, da economicidade e do desenvolvimento nacional sustentável, assim como as disposições da Lei de Introdução às Normas do Direito Brasileiro.

6.1. Princípio da Legalidade

A licitação é um processo administrativo vinculado, de modo que todas as suas fases e atos são regrados e devem ser realizados com a fiel observância da lei. Em decorrência desse princípio, o art. 53 da Lei 14.133/2021, prevê que "Ao final da fase preparatória, o processo licitatório seguirá para o órgão de assessoramento jurídico da Administração, que realizará controle prévio de legalidade mediante análise jurídica da contratação".

Também estatui que "o órgão de assessoramento jurídico da Administração também realizará controle prévio de legalidade de contratações diretas, acordos, termos de cooperação, convênios, ajustes, adesões a atas de registro de preços, outros instrumentos congêneres e de seus termos aditivos" (§ 4º do art. 53).

Ademais, ainda estabelece a Lei que "Encerradas as fases de julgamento e habilitação, e exauridos os recursos administrativos, o processo licitatório será encaminhado à autoridade superior, que poderá: (...) III – proceder à anulação da licitação, de ofício ou mediante provocação de terceiros, sempre que presente ilegalidade insanável" (Art. 71, III).

6.2. Princípio da Impessoalidade

Em razão deste princípio, ficam vedados quaisquer favoritismos ou discriminações entre os licitantes. Na licitação, impõe-se um tratamento objetivo, levando em consideração as propostas apresentadas pelos participantes e as condições objetivas expostas previamente no edital, jamais se atentando para as condições pessoais dos licitantes que sejam estanhas ao objeto da licitação e ao futuro contrato.

6.3. Princípios da Moralidade e Probidade Administrativa

A licitação deve se desenvolver em conformidade com os padrões éticos, de zelo, de honestidade e probidade que conformam toda a atividade administrativa. Tal princípio visa a evitar os conluios, como a participação de empresas fantasmas, criadas para burlar a justa concorrência entre os interessados.

Para garantir a aplicação desses princípios, a Lei 14.133 prevê, no § 4º do art. 25, que nas contratações de obras, serviços e fornecimentos de grande vulto, o edital deverá prever a **obrigatoriedade de implantação de programa de integridade pelo licitante vencedor**, no prazo de 6 (seis) meses, contado da celebração do contrato, conforme regulamento que disporá sobre as medidas a serem adotadas, a forma de comprovação e as penalidades pelo seu descumprimento.

6.4. Princípio da Publicidade

Os atos e termos da licitação devem ser públicos, para garantir a todos os interessados o direito de conhecê-los.

A publicidade se impõe desde o encerramento da instrução do processo licitatório, devendo a autoridade competente determinar a divulgação do edital de licitação, cuja publicidade será realizada mediante divulgação e manutenção do inteiro teor do ato convocatório e de seus anexos no Portal Nacional de Contratações Públicas (PNCP).

Ademais, a Lei 14.133/2021 faculta à Administração a proceder a divulgação adicional e a manutenção do inteiro teor do edital e de seus anexos em sítio eletrônico oficial do ente federativo do órgão ou entidade responsável pela licitação ou, no caso de consórcio público, do ente de maior nível entre eles, admitida, ainda, a divulgação direta a interessados devidamente cadastrados para esse fim.

E mesmo após a homologação do processo licitatório, serão disponibilizados no Portal Nacional de Contratações Públicas (PNCP) e, se o órgão ou entidade responsável pela licitação entender cabível, também no sítio eletrônico oficial do ente federativo do órgão ou entidade responsável pela licitação, os documentos elaborados na fase preparatória que porventura não tenham integrado o edital e seus anexos.

E de acordo com o art. 13 da Lei 14.133, os atos praticados no processo licitatório **são públicos**, ressalvadas as hipóteses de informações cujo sigilo seja imprescindível à segurança da sociedade e do Estado, na forma da lei.

Todavia, para garantir a igualdade e a competitividade entre os licitantes, a exigência da publicidade não alcança o conteúdo das propostas, que deve permanecer sigiloso até a respectiva abertura.

Também não se estende a publicidade ao orçamento da Administração, pois, nos termos do art. 24 da Lei, e desde que justificado, o orçamento estimado da contratação poderá ter caráter sigiloso, sem prejuízo da divulgação do detalhamento dos quantitativos e das demais informações necessárias para a elaboração das propostas. Mas nesse caso, o sigilo não prevalecerá para os órgãos de controle interno e externo.

6.5. Princípios da Eficiência e Eficácia

Com fundamento nesse princípio jurídico, a atividade administrativa deve ser desempenhada de forma *rápida*, para atingir os seus propósitos com celeridade e dinâmica, de modo a afastar qualquer burocracia ou embaraço administrativo.

No âmbito da ciência da Administração, costuma-se distinguir **eficiência** e **eficácia**. Essa distinção foi adotada pela nova Lei 14.133, para assegurar que o processo de licitação seja simultaneamente eficiente e eficaz.

Com efeito, a **eficiência** seria o emprego de meios adequados, visando a garantir a melhor utilização dos recursos disponíveis; preocupa-se, assim, com os meios, os métodos e procedimentos de trabalho adotados no âmbito interno da Administração.

Já a **eficácia** consistiria no sucesso dos resultados obtidos; preocupa-se com os fins, não com os meios.

A ideia que decorre dos princípios da eficiência e eficácia deve abranger tanto o sucesso dos meios (**eficiência**), como o sucesso dos fins (**eficácia**), visando a atender aquilo que a doutrina contemporânea vem chamando de *efetividade administrativa*. Isto porque, a "efetividade surge quando se alcançam os resultados através do emprego dos meios adequados"[1].

1. Raquel Melo Urbano de Carvalho, *Curso de Direito Administrativo*, Salvador: Ed. Juspodivm, 2008, p. 188.

Por essa razão, o parágrafo único do art. 11 da Lei 14.133, determina que a alta administração do órgão ou entidade, responsável pela governança das contratações, deve implementar processos e estruturas, para avaliar, direcionar e monitorar os processos licitatórios e os respectivos contratos, com o intuito de alcançar os objetivos da licitação e **promover eficiência, efetividade e eficácia em suas contratações**.

6.6. Princípio da Igualdade

O princípio em tela exige tratamento igual a todos os licitantes em todas as fases do processo licitatório.

Em decorrência disto, e nos termos do art. 9º da nova Lei, é vedado ao agente público designado para atuar na área de licitações e contratos, ressalvados os casos previstos em lei, admitir, prever, incluir ou tolerar, nos atos que praticar, situações que (a) comprometam, restrinjam ou frustrem o caráter competitivo do processo licitatório, inclusive nos casos de participação de sociedades cooperativas; e (b) estabeleçam preferências ou distinções em razão da naturalidade, da sede ou do domicílio dos licitantes.

Também é vedado estabelecer tratamento diferenciado de natureza comercial, legal, trabalhista, previdenciária ou qualquer outra entre empresas brasileiras e estrangeiras, inclusive no que se refere a moeda, modalidade e local de pagamento, mesmo quando envolvido financiamento de agência internacional.

Ocorrendo empate entre duas ou mais propostas, a Lei 14.133/2021 indica, no art. 60, os **critérios de desempate**, que são os seguintes, **nesta ordem**:

1. **disputa final**, hipótese em que os licitantes empatados poderão apresentar nova proposta em ato contínuo à classificação;
2. **avaliação do desempenho contratual prévio dos licitantes**, para a qual deverão preferencialmente ser utilizados registros cadastrais para efeito de atesto de cumprimento de obrigações previstos na Lei de licitação;
3. **desenvolvimento pelo licitante de ações de equidade** entre homens e mulheres no ambiente de trabalho, conforme regulamento;
4. **desenvolvimento pelo licitante de programa de integridade**, conforme orientações dos órgãos de controle.

Todavia, se não houver desempate, e apesar da igualdade de tratamento que deve ser assegurada entre os licitantes no processo licitatório, a Lei 14.133/2021 assegura, em igualdade de condições, **preferência**, **sucessivamente**, aos bens e serviços produzidos ou prestados por:

> I – empresas estabelecidas no território do Estado ou do Distrito Federal do órgão ou entidade da Administração Pública estadual ou distrital licitante ou, no caso de licitação realizada por órgão ou entidade de Município, no território do Estado em que este se localize;
>
> II – empresas brasileiras;
>
> III – empresas que invistam em pesquisa e no desenvolvimento de tecnologia no País;

IV – empresas que comprovem a prática de mitigação[2], nos termos da Lei nº 12.187/2009.

Conforme o § 2º do art. 60 da Lei, essas regras de preferência não prejudicarão a aplicação do disposto no art. 44 da Lei Complementar nº 123/2006, que assegura nas licitações, como critério de desempate, preferência de contratação para as microempresas e empresas de pequeno porte.

Ademais, a Lei 14.133/2021, à semelhança da Lei anterior (Lei 8.666/93), faculta à Administração estabelecer, no processo de licitação, **margem de preferência** em benefício dos: I – bens manufaturados e serviços nacionais que atendam a normas técnicas brasileiras, cuja margem de preferência será definida em decisão fundamentada do Poder Executivo federal; e II – bens reciclados, recicláveis ou biodegradáveis, conforme regulamento (art. 26, *caput*).

Por força do art. 27, a Administração deverá divulgar, em sítio eletrônico oficial, a cada exercício financeiro, a relação de empresas favorecidas com a margem de preferência prevista no art. 26, com indicação do volume de recursos destinados a cada uma delas.

6.7. Princípio da Vinculação ao Instrumento Convocatório

Conforme este princípio, a Administração Pública está obrigada a observar todas as regras previamente fixadas para o certame, não podendo descumprir as normas e condições do edital, ao qual se acha estritamente vinculada.

Em razão do princípio em tela, tornou-se muito comum a afirmação de que **o edital é a lei da licitação**.

6.8. Princípio do Julgamento Objetivo

O julgamento das propostas será *objetivo*, devendo o agente, a comissão de contratação ou o pregoeiro, conforme o caso, realizá-lo em conformidade com as condições e os critérios de julgamento previamente estabelecidos no edital e de acordo com os fatores exclusivamente nele referidos, de maneira a possibilitar sua aferição pelos licitantes e pelos órgãos de controle.

Assim, no julgamento das propostas, a Administração levará em consideração os critérios objetivos definidos no edital, os quais não devem contrariar as normas estabelecidas na Lei para a licitação e contratação. Desse modo, é vedada a utilização de qualquer elemento, critério ou fator sigiloso, secreto, subjetivo ou reservado que possa ainda que indiretamente elidir o princípio da igualdade entre os licitantes. Bem assim, não se considerará qualquer oferta de vantagem não prevista no edital.

Entretanto, conforme o § 3º do art. 17 da Lei 14.133, desde que previsto no edital, na fase de julgamento, o órgão ou entidade licitante poderá, em relação ao

2. Nos termos da Lei 12.187/2009, que institui a Política Nacional sobre Mudança do Clima – PNMC, **mitigação** consiste em mudanças e substituições tecnológicas que reduzam o uso de recursos e as emissões por unidade de produção, bem como a implementação de medidas que reduzam as emissões de gases de efeito estufa e aumentem os sumidouros.

licitante provisoriamente vencedor, realizar análise e avaliação da conformidade da proposta, mediante homologação de amostras, exame de conformidade e prova de conceito, entre outros testes de interesse da Administração, de modo a comprovar sua aderência às especificações definidas no termo de referência ou no projeto básico.

Enfim, esse princípio, como se pode observar, visa a afastar critérios subjetivos no julgamento das propostas.

6.9. Princípio da Segregação de Funções

Com fundamento nesse princípio, a Administração **não pode** promover a designação do mesmo agente público para atuação simultânea em funções mais suscetíveis a riscos, de modo a reduzir a possibilidade de ocultação de erros e de ocorrência de fraudes na respectiva contratação (art. 7º, § 1º, da Lei 14.133/2021).

Ou seja, cuida-se da aplicação da lógica de que **quem compra não pode fiscalizar**, de modo que é fundamental a distinção e separação de funções e atuações entre os agentes públicos no processo de licitação, para não confundir a atuação do agente de contratação com a atuação dos agentes responsáveis pelo assessoramento jurídico ou controle interno ou com a atuação de fiscais e gestores de contratos.

Conforme o § 3º do art. 8º da Lei 14.133/2021, as regras relativas à atuação do agente de contratação e da equipe de apoio, ao funcionamento da comissão de contratação e à atuação de fiscais e gestores de contratos serão estabelecidas em regulamento, e deverá ser prevista a possibilidade de eles contarem com o apoio dos órgãos de assessoramento jurídico e de controle interno para o desempenho das funções essenciais à execução do disposto nesta Lei.

6.10. Princípio da Motivação

Esse princípio se traduz na exigência de que todos os atos e decisões da Administração Pública no processo licitatório devem ser *fundamentados*, a partir da explicitação dos fatos e dos argumentos jurídicos.

A motivação deve ser explícita, clara e congruente, podendo consistir em declaração de concordância com fundamentos de anteriores pareceres, informações, decisões ou propostas, que, neste caso, serão parte integrante do ato.

6.11. Princípio da Segurança Jurídica

Visa à garantia da **certeza, estabilidade** e **confiança** nas relações ou situações jurídicas.

Os licitantes precisam ter a certeza e confiança de que estão participando de um processo licitatório íntegro e seguro. Por essa razão, a Administração do órgão ou entidade é responsável pela governança das contratações e deve implementar processos e estruturas, inclusive de gestão de riscos e controles internos, para avaliar, direcionar e monitorar os processos licitatórios e os respectivos contratos, com o intuito de promover, entre outros fins, **um ambiente íntegro, seguro e confiável**.

7. OBRIGATORIEDADE DA LICITAÇÃO

Como anteriormente mencionado, a obrigatoriedade da licitação, por si mesma, é um princípio jurídico-constitucional que vincula a Administração Pública. Nesse passo, a Constituição Federal *obriga* todos os órgãos da Administração Direta e todas as entidades da Administração Indireta a realizar licitação para seus contratos de obras, serviços, compras e alienações (CF/88, art. XXI do art. 37), bem como para a concessão e permissão de serviços públicos (CF/88, art. 175).

Importa considerar que mesmo a empresa pública e a sociedade de economia mista, assim como as suas subsidiárias, que explorem atividades econômicas, sujeitam-se à exigência da licitação. Com efeito, nos termos do art. 22, XXVII, da Constituição Federal, compete a União legislar sobre as normas gerais de licitação e contratação, em todas as modalidades, para as administrações públicas diretas, autárquicas e fundacionais da União, Estados, Distrito Federal e Municípios, obedecido o disposto no art. 37, XXI, e *para as empresas públicas e sociedades de economia mista, nos termos do art. 173, § 1°, III.*

Por outro lado, em face do inciso III, do § 1º do art. 173 da Constituição Federal, a lei estabelecerá o estatuto jurídico da empresa pública, da sociedade de economia mista e de suas subsidiárias que explorem atividade econômica de produção ou comercialização de bens ou de prestação de serviços, dispondo sobre *licitação e contratação* de obras, serviços, compras e alienações, observados os princípios da administração pública.

Esse estatuto jurídico da empresa pública, da sociedade de economia mista e de suas subsidiárias que explorem atividade econômica, ao dispor sobre licitação e contratação de obras, serviços, compras e alienações, deve, certamente, ser mais flexibilizado para assegurar a essas empresas estatais competitividade com as empresas do setor.

A propósito disto, entendemos que, para a aquisição de bens necessários ao próprio desempenho da *atividade-fim* dessas empresas estatais e a alienação dos bens dela decorrentes, não se lhes impõe a exigência de licitação. A não ser assim, essas entidades ficariam absolutamente comprometidas para a exploração de atividade econômica de produção ou comercialização de bens ou serviços. Quer dizer, para as suas *atividades-fim* não se lhes exige a submissão à Lei de Licitação. No entanto, para as atividades-meio deve-se exigir a licitação conforme o estatuto jurídico dessas estatais.

A Lei nº 13.303/2016, dispôs sobre o **estatuto jurídico** da empresa pública, da sociedade de economia mista e de suas subsidiárias, no âmbito da União, dos Estados, do Distrito Federal e dos Municípios.

A Lei estabelece regras específicas sobre a **licitação** e os **casos de dispensa e de inexigibilidade**, no âmbito das empresas públicas e das sociedades de economia mista que explorem atividade econômica de produção ou comercialização de bens ou de prestação de serviços, ainda que a atividade econômica esteja sujeita ao regime de monopólio da união ou seja de prestação de serviços públicos.

Dispõe o art. 28 que os contratos com terceiros destinados à prestação de serviços às empresas públicas e às sociedades de economia mista, inclusive de engenharia e de publicidade, à aquisição e à locação de bens, à alienação de bens e ativos integrantes do respectivo patrimônio ou à execução de obras a serem integradas a esse patrimônio, bem como à implementação de ônus real sobre tais bens, **serão precedidos de licitação** nos termos do que a Lei estabelece, ressalvadas as hipóteses de dispensa e inexigibilidade, previstas, respectivamente, nos arts. 29 e 30.

Aplicam-se às licitações das empresas públicas e das sociedades de economia mista as disposições constantes dos arts. 42 a 49 da Lei Complementar nº 123, de 14 de dezembro de 2006, que instituiu o Estatuto Nacional da Microempresa e da Empresa de Pequeno Porte.

Na linha do entendimento doutrinário, a Lei **dispensa** as empresas públicas e as sociedades de economia mista da licitação nas seguintes situações: I – comercialização, prestação ou execução, de forma direta, pelas empresas mencionadas no *caput*, de produtos, serviços ou obras especificamente relacionados com seus respectivos objetos sociais; e II – nos casos em que a escolha do parceiro esteja associada a suas características particulares, vinculada a oportunidades de negócio definidas e específicas, justificada a inviabilidade de procedimento competitivo. E consideram-se oportunidades de negócio, a formação e a extinção de parcerias e outras formas associativas, societárias ou contratuais, a aquisição e a alienação de participação em sociedades e outras formas associativas, societárias ou contratuais e as operações realizadas no âmbito do mercado de capitais, respeitada a regulação pelo respectivo órgão competente.

Ademais, prevê a Lei, no art. 29, os casos de licitação **dispensável** por empresas públicas e sociedades de economia mista.

Prevê também a Lei os casos de **inexigibilidade** de licitação, de modo que a contratação direta será feita quando houver inviabilidade de competição.

A Lei prevê um **procedimento próprio para a licitação** no âmbito das estatais, que observará a seguinte sequência de fases: I – preparação; II – divulgação; III – apresentação de lances ou propostas, conforme o modo de disputa adotado; IV – julgamento; V – verificação de efetividade dos lances ou propostas; VI – negociação; VII – habilitação; VIII – interposição de recursos; IX – adjudicação do objeto; X – homologação do resultado ou revogação do procedimento (art. 51).

8. DO PROCESSO LICITATÓRIO

8.1. Conceito e Objetivos

O processo licitatório é um processo administrativo que consiste num conjunto de fase e atos, deflagrados pela Administração Pública, com a participação de agentes públicos e de licitantes.

Tem por objetivos, nos termos do art. 11 da Lei 14.133/2021: (I) assegurar a seleção da proposta apta a gerar o resultado de contratação mais vantajoso para a Administração Pública, inclusive no que se refere ao ciclo de vida do objeto; (II) assegurar tratamento isonômico entre os licitantes, bem como a justa competição; (III) evitar contratações com sobrepreço ou com preços manifestamente inexequíveis e superfaturamento na execução dos contratos; e (IV) incentivar a inovação e o desenvolvimento nacional sustentável.

No processo licitatório, os documentos devem ser produzidos por escrito, com data e local de sua realização e assinatura dos responsáveis, e os valores, os preços e os custos utilizados terão como expressão monetária a moeda corrente nacional, salvo nas licitações de âmbito internacional, na qual poderá ser permitido ao licitante, estrangeiro e brasileiro, cotar preço em moeda estrangeira.

Nada obstante, o não atendimento de exigências meramente formais que não comprometam a aferição da qualificação do licitante ou a compreensão do conteúdo de sua proposta não importará seu afastamento da licitação ou a invalidação do processo.

Visando a afastar exigências excessivamente formais e burocráticas, a nova Lei 14.133/2021 permite que a prova de autenticidade de cópia de documento público ou particular seja feita perante agente da Administração, mediante apresentação de original ou de declaração de autenticidade por advogado, sob sua responsabilidade pessoal, assim como que o reconhecimento de firma somente seja exigido quando houver dúvida de autenticidade, salvo imposição legal e que os atos sejam preferencialmente digitais, de forma a permitir que sejam produzidos, comunicados, armazenados e validados por meio eletrônico.

Ademais, a Lei também permite a identificação e assinatura digital por pessoa física ou jurídica em meio eletrônico, mediante certificado digital emitido em âmbito da Infraestrutura de Chaves Públicas Brasileira (ICP-Brasil).

Uma outra importante novidade da nova Lei, é a previsão de que os órgãos responsáveis pelo planejamento de cada ente federativo possam, a partir de documentos de formalização de demandas e na forma de regulamento, elaborar **plano de contratações anual**, com o objetivo de racionalizar as contratações dos órgãos e entidades sob sua competência, garantir o alinhamento com o seu planejamento estratégico e subsidiar a elaboração das respectivas leis orçamentárias. Esse plano de contratações anual deverá ser divulgado e mantido à disposição do público em sítio eletrônico oficial e será observado pelo ente federativo na realização de licitações e na execução dos contratos.

Em face do princípio da publicidade, os atos praticados no processo licitatório devem ser públicos, ressalvadas as hipóteses de informações cujo sigilo seja imprescindível à segurança da sociedade e do Estado, na forma da lei. Entretanto, a publicidade será diferida: (I) quanto ao conteúdo das propostas, que é sigiloso, até a respectiva abertura; (II) quanto ao orçamento da Administração, que poderá ter caráter sigiloso nos termos do art. 24 da Lei, desde que justificado, sem prejuízo da divulgação do detalhamento dos quantitativos e das demais informações necessárias para a elaboração das propostas. Mas nesse caso, o sigilo não prevalecerá para os órgãos de controle interno e externo.

8.2. Fases do Processo Licitatório

A licitação, como um processo administrativo que é, se desenvolve a partir de um conjunto ordenado e sequenciado de fases. Com fundamento no art. 17 da Lei

14.133/2021, identifica-se como as **fases do processo de licitação**, que devem ser realizadas **em sequência**, as seguintes:

I – preparatória;

II – de divulgação do edital de licitação;

III – de apresentação de propostas e lances, quando for o caso;

IV – de julgamento;

V – de habilitação;

VI – recursal;

VII – de homologação.

Em síntese, essas fases estão acima sequenciadas: **preparatória → de divulgação do edital de licitação → de apresentação pelos interessados de propostas e lances, quando for o caso → de julgamento → de habilitação → recursal → de homologação**. Encerrado tudo isso, conclui-se o processo licitatório e passa-se para a contratação com o licitante cuja proposta restou vencedora.

Como outra importante novidade da Lei 14.133/2021, em relação à anterior, fixou-se a fase de habilitação **após** a fase de julgamento. Com efeito, pela Lei 8.666/93, a fase de habilitação precedia a de julgamento (classificação). Com a nova Lei, muda-se a sequência dessas fases, com o julgamento antecedendo a fase de habilitação. A novidade se alinha com o entendimento da doutrina majoritária, com as normas licitatórias de organismos financeiros multilaterais internacionais e é providência mais consentânea com o princípio da eficiência e com as necessárias celeridade e eficácia do processo licitatório, pois a Administração somente avaliará os requisitos de habilitação daqueles que poderão, pelas propostas apresentadas e aprovadas na fase de julgamento, contratar com o poder público. Isso foi uma grande inovação da Lei do pregão, que agora, com a nova Lei, é estendida a toda as modalidades de licitação.

Entretanto, nesse sequenciamento de fases, **é possível a inversão** entre as fases de habilitação e apresentação de propostas e julgamento. Com efeito, a fase de habilitação poderá, mediante ato motivado com explicitação dos benefícios decorrentes, **anteceder** a fase de apresentação de propostas e lances e a fase de julgamento, desde que expressamente prevista essa possibilidade no edital de licitação.

De acordo com a nova Lei, as licitações deverão ser realizadas **preferencialmente sob a forma eletrônica**, admitida a utilização, em caráter excepcional, da forma presencial, desde que motivada, devendo a sessão pública ser registrada em ata e gravada em áudio e vídeo. Nos procedimentos realizados por meio eletrônico, a Administração poderá determinar, como condição de validade e eficácia, que os licitantes pratiquem seus atos em formato eletrônico.

E na hipótese excepcional de a licitação ser realizada sob a forma presencial, a sessão pública de apresentação de propostas deverá ser gravada em áudio e vídeo, e a gravação será juntada aos autos do processo licitatório depois de seu encerramento.

Permite a nova Lei, desde que previsto no edital, que na fase de julgamento, o órgão ou entidade licitante poderá, em relação ao licitante provisoriamente vencedor, realizar análise e avaliação da conformidade da proposta, mediante homologação de amostras, exame de conformidade e prova de conceito, entre outros testes de interesse da Administração, de modo a comprovar sua aderência às especificações definidas no termo de referência ou no projeto básico.

Pela nova Lei, a Administração poderá exigir certificação por organização independente acreditada pelo Instituto Nacional de Metrologia, Qualidade e Tecnologia (Inmetro) como condição para aceitação de: (I) estudos, anteprojetos, projetos básicos e projetos executivos; (II) conclusão de fases ou de objetos de contratos; (III) material e corpo técnico apresentados por empresa para fins de habilitação.

8.3. Das Pessoas Proibidas de Disputar Licitação ou Participar da Execução de Contrato

A Lei 14.133/2021, por várias razões que indica e com o fim de tutelar o interesse público, proíbe algumas pessoas físicas e jurídicas de disputar licitação ou participar da execução de contrato, direta ou indiretamente.

Assim, estão proibidos:

(I) o autor do anteprojeto, do projeto básico ou do projeto executivo, pessoa física ou jurídica, quando a licitação versar sobre obra, serviços ou fornecimento de bens a ele relacionados; pela Lei, equiparam-se aos autores do projeto as empresas integrantes do mesmo grupo econômico;

(II) a empresa, isoladamente ou em consórcio, responsável pela elaboração do projeto básico ou do projeto executivo, ou empresa da qual o autor do projeto seja dirigente, gerente, controlador, acionista ou detentor de mais de 5% (cinco por cento) do capital com direito a voto, responsável técnico ou subcontratado, quando a licitação versar sobre obra, serviços ou fornecimento de bens a ela necessários;

(III) a pessoa física ou jurídica que se encontre, ao tempo da licitação, impossibilitada de participar da licitação em decorrência de sanção que lhe foi imposta, extensiva essa proibição ao licitante que atue em substituição a outra pessoa, física ou jurídica, com o intuito de burlar a efetividade da sanção a ela aplicada, inclusive a sua controladora, controlada ou coligada, desde que devidamente comprovado o ilícito ou a utilização fraudulenta da personalidade jurídica do licitante;

(IV) aquele que mantenha vínculo de natureza técnica, comercial, econômica, financeira, trabalhista ou civil com dirigente do órgão ou entidade contratante ou com agente público que desempenhe função na licitação ou atue na fiscalização ou na gestão do contrato, ou que deles seja cônjuge, companheiro ou parente em linha reta, colateral ou por afinidade, até o terceiro grau, devendo essa proibição constar expressamente do edital de licitação;

(V) empresas controladoras, controladas ou coligadas, nos termos da Lei de Sociedades por Ações (Lei nº 6.404/1976), concorrendo entre si;

(VI) pessoa física ou jurídica que, nos 5 (cinco) anos anteriores à divulgação do edital, tenha sido condenada judicialmente, com trânsito em julgado, por exploração de trabalho infantil, por submissão de trabalhadores a condições análogas às de escravo ou por contratação de adolescentes nos casos vedados pela legislação trabalhista.

Admite a nova Lei, a critério da Administração e exclusivamente a seu serviço, que o autor do anteprojeto e dos projetos e a empresa a que se referem, respectivamente, os itens I e II acima indicados, possam participar no apoio das atividades de planejamento da contratação, de execução da licitação ou de gestão do contrato, desde que sob supervisão exclusiva de agentes públicos do órgão ou entidade.

A proibição de disputar licitação ou participar da execução de contrato, porém, não impede a licitação ou a contratação de obra ou serviço que inclua como encargo do contratado a elaboração do projeto básico e do projeto executivo, nas contratações integradas, e do projeto executivo, nos demais regimes de execução.

Tratando-se de licitações e contratações realizadas no âmbito de projetos e programas parcialmente financiados por agência oficial de cooperação estrangeira ou por organismo financeiro internacional com recursos do financiamento ou da contrapartida nacional, não poderá participar do certame licitatório pessoa física ou jurídica sancionada por essas entidades ou que seja declarada inidônea nos termos da nova Lei.

A Lei 14.133/2021 não veda pessoa jurídica de participar de licitação em consórcio, salvo proibição devidamente justificada no processo licitatório. Entretanto, para a pessoa jurídica participar de licitação em consórcio, será necessário, conforme o art. 15 da Lei, observar as seguintes condições:

(I) comprovação de compromisso público ou particular de constituição de consórcio, subscrito pelos consorciados, de modo que, vencendo o certame, a pessoa jurídica é obrigada a promover, antes da celebração do contrato, a constituição e o registro do consórcio;

(II) indicação da empresa líder do consórcio, que será responsável por sua representação perante a Administração;

(III) admissão, para efeito de habilitação técnica, do somatório dos quantitativos de cada consorciado e, para efeito de habilitação econômico-financeira, do somatório dos valores de cada consorciado;

(IV) impedimento de a empresa consorciada participar, na mesma licitação, de mais de um consórcio ou de forma isolada;

(V) responsabilidade solidária dos integrantes pelos atos praticados em consórcio, tanto na fase de licitação quanto na de execução do contrato.

Ainda segundo a Lei, o edital deverá estabelecer para o consórcio acréscimo de 10% (dez por cento) a 30% (trinta por cento) sobre o valor exigido de licitante individual para a habilitação econômico-financeira, salvo justificação. Porém, esse acréscimo não se aplica aos consórcios compostos, em sua totalidade, de microempresas e pequenas empresas, assim definidas em lei.

A Lei possibilita à Administração estabelecer no edital de licitação **limite máximo** para o número de empresas consorciadas, desde que haja justificativa técnica aprovada pela autoridade competente.

É possível, ademais, a substituição de empresa consorciada, desde que expressamente autorizada pelo órgão ou entidade contratante e condicionada à comprovação de que a nova empresa (a substituta) do consórcio possui, no mínimo, os mesmos quantitativos para efeito de habilitação técnica e os mesmos valores para efeito de qualificação econômico-financeira apresentados pela empresa substituída para fins de habilitação do consórcio no processo licitatório que originou o contrato.

Os profissionais organizados sob a forma de cooperativa também poderão participar de licitação quando (I) a constituição e o funcionamento da cooperativa observarem as regras estabelecidas na legislação aplicável, em especial a Lei nº 5.764/1971, a Lei nº 12.690/2012, e a Lei Complementar nº 130/2009; (II) a cooperativa apresentar demonstrativo de atuação em regime cooperado, com repartição de receitas e despesas entre os cooperados; (III) qualquer cooperado, com igual qualificação, for capaz de executar o objeto contratado, vedado à Administração indicar nominalmente pessoas; e (IV) o objeto da licitação referir-se, em se tratando de cooperativas enquadradas na Lei nº 12.690/2012, a serviços especializados constantes do objeto social da cooperativa, a serem executados de forma complementar à sua atuação.

9. DA FASE PREPARATÓRIA

A fase preparatória é a **fase interna** do processo licitatório, que consiste na etapa inaugural, de **iniciativa planejada** da Administração pública interessada, que deflagra o processo de licitação e é necessária para a instrução de todo o processo. É caracterizada pelo planejamento e deve compatibilizar-se com o plano de contratações anual, sempre que elaborado, e com as leis orçamentárias, bem como abordar todas as considerações técnicas, mercadológicas e de gestão que podem interferir na contratação.

É nessa fase que a Administração Pública **planeja toda a licitação**, adotando todas as providências necessárias para a realização da licitação e futura contratação, compreendendo, basicamente, as seguintes:

- a **descrição da necessidade da contratação fundamentada em estudo técnico preliminar** que caracterize o interesse público envolvido, entendendo-se por estudo técnico preliminar o documento constitutivo da primeira etapa do planejamento de uma contratação que caracteriza o interesse público envolvido e a sua melhor solução e dá base ao anteprojeto, ao termo de referência ou ao projeto básico a serem elaborados caso se conclua pela viabilidade da contratação;
- a **definição do objeto** (por exemplo: compra, alienação, locação, concessão, prestação de serviços, obras, etc.) para o atendimento da necessidade, por meio de termo de referência, anteprojeto, projeto básico ou projeto executivo, conforme o caso;

- a **definição das condições de execução e pagamento**, das garantias exigidas e ofertadas e das condições de recebimento;
- o **orçamento estimado**, com as composições dos preços utilizados para sua formação;
- a **elaboração do edital de licitação**;
- a **elaboração de minuta de contrato**, quando necessária, que constará obrigatoriamente como anexo do edital de licitação;
- o **regime de fornecimento** de bens, de prestação de serviços ou de execução de obras e serviços de engenharia, observados os potenciais de economia de escala;
- a **modalidade de licitação**, o **critério de julgamento**, o modo de disputa e a adequação e eficiência da forma de combinação desses parâmetros, para os fins de seleção da proposta apta a gerar o resultado de contratação mais vantajoso para a Administração Pública, considerado todo o ciclo de vida do objeto;
- a **motivação circunstanciada das condições do edital**, tais como justificativa de exigências de qualificação técnica, mediante indicação das parcelas de maior relevância técnica ou valor significativo do objeto, e de qualificação econômico-financeira, justificativa dos critérios de pontuação e julgamento das propostas técnicas, nas licitações com julgamento por melhor técnica ou técnica e preço, e justificativa das regras pertinentes à participação de empresas em consórcio;
- a **análise dos riscos** que possam comprometer o sucesso da licitação e a boa execução contratual; e
- a **motivação sobre o momento da divulgação do orçamento** da licitação, observado o disposto no art. 24 da Lei.

O **estudo técnico preliminar** no qual se baseará a contratação, e que caracterize o interesse público envolvido, deverá evidenciar o problema a ser resolvido e a sua melhor solução, de modo a permitir a avaliação da viabilidade técnica e econômica da contratação. Ele deverá conter os seguintes elementos:

I – descrição da necessidade da contratação, considerado o problema a ser resolvido sob a perspectiva do interesse público;

II – demonstração da previsão da contratação no plano de contratações anual, sempre que elaborado, de modo a indicar o seu alinhamento com o planejamento da Administração;

III – requisitos da contratação;

IV – estimativas das quantidades para a contratação, acompanhadas das memórias de cálculo e dos documentos que lhes dão suporte, que considerem interdependências com outras contratações, de modo a possibilitar economia de escala;

V – levantamento de mercado, que consiste na análise das alternativas possíveis, e justificativa técnica e econômica da escolha do tipo de solução a contratar;

VI – estimativa do valor da contratação, acompanhada dos preços unitários referenciais, das memórias de cálculo e dos documentos que lhe dão suporte, que poderão constar de anexo classificado, se a Administração optar por preservar o seu sigilo até a conclusão da licitação;

VII – descrição da solução como um todo, inclusive das exigências relacionadas à manutenção e à assistência técnica, quando for o caso;

VIII. justificativas para o parcelamento ou não da contratação;

IX – demonstrativo dos resultados pretendidos em termos de economicidade e de melhor aproveitamento dos recursos humanos, materiais e financeiros disponíveis;

X – providências a serem adotadas pela Administração previamente à celebração do contrato, inclusive quanto à capacitação de servidores ou de empregados para fiscalização e gestão contratual;

XI – contratações correlatas e/ou interdependentes;

XII – descrição de possíveis impactos ambientais e respectivas medidas mitigadoras, incluídos requisitos de baixo consumo de energia e de outros recursos, bem como logística reversa para desfazimento e reciclagem de bens e refugos, quando aplicável; e

XIII – posicionamento conclusivo sobre a adequação da contratação para o atendimento da necessidade a que se destina.

De acordo com a Lei, dentre esses elementos, o estudo técnico preliminar deverá conter ao menos os previstos nos itens incisos I, IV, VI, VIII e XIII acima mencionados e, quando não contemplar os demais elementos previstos nos outros itens, apresentar as devidas justificativas.

Porém, tratando-se de estudo técnico preliminar para contratação de obras e serviços comuns de engenharia, se demonstrada a inexistência de prejuízo para a aferição dos padrões de desempenho e qualidade almejados, a especificação do objeto poderá ser realizada apenas em termo de referência ou em projeto básico, dispensada a elaboração de projetos.

Com o propósito de conferir uma maior eficácia e racionalidade no processo licitatório, a Lei determina, no art. 19, que os órgãos da Administração com competências normativas relativamente às atividades de administração de materiais, de obras e serviços e de licitações e contratos deverão:

I – instituir instrumentos que permitam, preferencialmente, a **centralização dos procedimentos** de aquisição e contratação de bens e serviços;

II – criar **catálogo eletrônico de padronização** de compras, serviços e obras, admitida a adoção do catálogo do Poder Executivo federal por todos os entes federativos;

III – instituir **sistema informatizado de acompanhamento** de obras, inclusive com recursos de imagem e vídeo;

IV – instituir, com auxílio dos órgãos de assessoramento jurídico e de controle interno, **modelos de minutas** de editais, de termos de referência, de contratos padronizados e de outros documentos, admitida a adoção das minutas do Poder Executivo federal por todos os entes federativos;

V – promover a adoção gradativa de tecnologias e processos integrados que permitam a criação, a utilização e a atualização de modelos digitais de obras e serviços de engenharia.

O **catálogo eletrônico de padronização** de compras, serviços e obras poderá ser utilizado em licitações cujo critério de julgamento seja o de menor preço ou o de maior desconto e conterá toda a documentação e os procedimentos próprios da fase interna de licitações, assim como as especificações dos respectivos objetos, conforme disposto em regulamento. Tamanha é a importância dessas providências, que a Lei estabelece que a não utilização desse catálogo eletrônico de padronização ou dos modelos de minutas de editais, de termos de referência, de contratos padronizados e de outros documentos, deverá ser justificada por escrito e anexada ao respectivo processo licitatório.

Nas licitações de obras e serviços de engenharia e arquitetura, sempre que adequada ao objeto da licitação, será preferencialmente adotada a Modelagem da Informação da Construção (*Building Information Modelling* – BIM) ou tecnologias e processos integrados similares ou mais avançados que venham a substituí-la.

A Lei 14.133/2021 veda a aquisição de artigos de luxo pela Administração Pública.

Certamente, a Administração somente poderá usufruir, para suprir as suas necessidades, de bens de consumo de qualidade comum, bastantes para cumprir as suas finalidades. Assim, em conformidade com o art. 20, os itens de consumo adquiridos para suprir as demandas das estruturas da Administração Pública deverão ser de qualidade comum, não superior à necessária para cumprir as finalidades às quais se destinam, cabendo aos poderes Executivo, Legislativo e Judiciário definir em regulamento os limites para o enquadramento dos bens de consumo nas categorias comum e luxo.

E de acordo com o § 2º do art. 20 da Lei, a partir de 180 dias contados da promulgação da nova Lei, novas compras de bens de consumo só poderão ser efetivadas com a edição, pela autoridade competente, do regulamento necessário para definir os limites para o enquadramento dos bens de consumo nas categorias comum e luxo.

9.1. Da Audiência Pública dos Interessados

A nova Lei, visando a garantir uma maior participação dos interessados nos atos preparatórios da licitação, prevê a possiblidade de a Administração convocar, com antecedência mínima de 8 dias úteis, **audiência pública**, presencial ou a distância, na forma eletrônica, sobre licitação que pretenda realizar, com disponibilização prévia de informações pertinentes, inclusive de estudo técnico preliminar e elementos do edital de licitação, e com possibilidade de manifestação de todos os interessados.

Também faculta à Administração submeter a licitação a **prévia consulta pública**, mediante a disponibilização de seus elementos a todos os interessados, que poderão formular sugestões no prazo fixado.

9.2. Da Matriz de Riscos

A Lei 14.133 também inova, preocupada em assegurar o equilíbrio econômico-financeiro inicial do contrato. Para tanto, prevê no art. 22, que o edital poderá contemplar **matriz de alocação de riscos** entre o contratante e o contratado, hipótese em que o cálculo do valor estimado da contratação poderá considerar taxa de risco compatível com o objeto da licitação e com os riscos atribuídos ao contratado, de acordo com metodologia predefinida pelo ente federativo.

Entretanto, o edital **obrigatoriamente** contemplará matriz de alocação de riscos entre o contratante e o contratado, quando a contratação se referir a **obras e serviços de grande vulto** ou **forem adotados os regimes de contratação integrada e semi-integrada**.

Nessas contratações integradas ou semi-integradas, os riscos decorrentes de fatos supervenientes à contratação associados à escolha da solução de projeto básico pelo contratado deverão ser alocados como de sua responsabilidade na matriz de riscos.

Entende-se por **obras, serviços e fornecimentos de grande vulto**, aqueles cujo valor estimado supera R$ 200.000.000,00 (duzentos milhões de reais), conforme inciso XXII, do art. 6º da Lei. Esse valor foi atualizado, pelo Decreto 11.871/2023, para R$ 239.624.058,14 (duzentos e trinta e nove milhões seiscentos e vinte e quatro mil cinquenta e oito reais e quatorze centavos).

Por **contratação integrada**, entende-se o regime de contratação de obras e serviços de engenharia em que o contratado é responsável por elaborar e desenvolver os projetos básico e executivo, executar obras e serviços de engenharia, fornecer bens ou prestar serviços especiais e realizar montagem, teste, pré-operação e as demais operações necessárias e suficientes para a entrega final do objeto (art. 6º, XXXII). E por **contratação semi-integrada**, o regime de contratação de obras e serviços de engenharia em que o contratado é responsável por elaborar e desenvolver o projeto executivo, executar obras e serviços de engenharia, fornecer bens ou prestar serviços especiais e realizar montagem, teste, pré-operação e as demais operações necessárias e suficientes para a entrega final do objeto (art. 6º, XXXIII).

De acordo com a Lei, entende-se por **matriz de riscos**, cláusula contratual que define os riscos e as responsabilidades entre as partes e caracterizadora do equilíbrio econômico-financeiro inicial do contrato, em termos de ônus financeiro decorrente de eventos supervenientes à contratação, contendo, no mínimo, as seguintes informações: a) listagem de possíveis eventos supervenientes à assinatura do contrato que possam causar impacto em seu equilíbrio econômico-financeiro e previsão de eventual necessidade de prolação de termo aditivo por ocasião de sua ocorrência; b) no caso de obrigações de resultado, estabelecimento das frações do objeto com relação às quais haverá liberdade para os contratados inovarem em soluções metodológicas ou tecnológicas, em termos de modificação das soluções previamente delineadas no anteprojeto ou no projeto básico; e c) no caso de obrigações de meio, estabelecimento preciso das frações do objeto com relação às quais não haverá liberdade para os contratados inovarem em soluções metodológicas ou tecnológicas, devendo haver obrigação de aderência entre a execução e a solução predefinida no anteprojeto ou no projeto básico, consideradas as características do regime de execução no caso de obras e serviços de engenharia.

A matriz de riscos deverá promover a alocação eficiente dos riscos de cada contrato e estabelecer a responsabilidade que caiba a cada parte contratante, bem como os mecanismos que afastem a ocorrência do sinistro e mitiguem os seus efeitos, caso este ocorra durante a execução contratual.

Ademais, o contrato deverá refletir a alocação realizada pela matriz de riscos, especialmente quanto: I – às hipóteses de alteração para o restabelecimento da equação econômico-financeira do contrato nos casos em que o sinistro seja considerado na matriz de riscos como causa de desequilíbrio não suportada pela parte que pretenda o restabelecimento; II – à possibilidade de resolução quando o sinistro majorar excessivamente ou impedir a continuidade da execução contratual; e III – à contratação de seguros obrigatórios previamente definidos no contrato, integrado o custo de contratação ao preço ofertado.

9.3. Do Valor Previamente Estimado da Contratação

Em conformidade com a Lei, o valor previamente estimado da contratação **deverá ser compatível com os valores praticados pelo mercado**, considerados os preços constantes de bancos de dados públicos e as quantidades a serem contratadas, observadas a potencial economia de escala e as peculiaridades do local de execução do objeto.

O valor estimado, na **licitação para aquisição de bens e contratação de serviços em geral**, conforme regulamento, será definido com base no **melhor preço** aferido por meio da utilização dos seguintes parâmetros, adotados de forma combinada ou não: I – composição de custos unitários menores ou iguais à mediana do item correspondente no painel para consulta de preços ou no banco de preços em saúde disponíveis no Portal Nacional de Contratações Públicas (PNCP); II – contratações similares feitas pela Administração Pública, em execução ou concluídas no período de 1 (um) ano anterior à data da pesquisa de preços, inclusive mediante sistema de registro de preços, observado o índice de atualização de preços correspondente; III – utilização de dados de pesquisa publicada em mídia especializada, de tabela de referência formalmente aprovada pelo Poder Executivo federal e de sítios eletrônicos especializados ou de domínio amplo, desde que contenham a data e hora de acesso; IV – pesquisa direta com no mínimo 3 (três) fornecedores, mediante solicitação formal de cotação, desde que seja apresentada justificativa da escolha desses fornecedores e que não tenham sido obtidos os orçamentos com mais de 6 (seis) meses de antecedência da data de divulgação do edital; e V – pesquisa na base nacional de notas fiscais eletrônicas, na forma de regulamento.

Já no **processo licitatório para contratação de obras e serviços de engenharia**, conforme regulamento, o valor estimado, acrescido do percentual de Benefícios e Despesas Indiretas (BDI) de referência e dos Encargos Sociais (ES) cabíveis, será definido por meio da utilização de parâmetros na seguinte ordem: I – composição de custos unitários menores ou iguais à mediana do item correspondente do Sistema de Custos Referenciais de Obras (Sicro), para serviços e obras de infraestrutura de transportes, ou do Sistema Nacional de Pesquisa de Custos e Índices de Construção Civil (Sinapi), para as demais obras e serviços de engenharia; II – utilização de dados de pesquisa publicada em mídia especializada, de tabela de referência formalmente aprovada pelo Poder Executivo federal e de sítios eletrônicos especializados ou de domínio amplo, desde que contenham a data e a hora de acesso; III – contratações similares feitas pela Administração Pública, em execução ou concluídas no período de 1 (um) ano anterior à data da pesquisa de preços, observado o índice de atualização de preços correspondente; e IV – pesquisa na base nacional de notas fiscais eletrônicas, na forma de regulamento.

O valor previamente estimado, nas **contratações realizadas por Municípios, Estados e Distrito Federal**, desde que não envolvam recursos da União, **poderá ser definido por meio da utilização de outros sistemas de custos adotados** pelo respectivo ente federativo.

Tratando-se de contratações diretas por inexigibilidade ou por dispensa de licitação, quando não for possível estimar o valor do objeto – seja na aquisição de bens e contratação de serviços em geral, seja na contratação de obras e serviços de engenharia e nas contratações realizadas por Municípios, Estados e Distrito Federal –, estabelece a Lei 14.133 que o contratado deverá comprovar previamente que os preços estão em conformidade com os praticados em contratações semelhantes de objetos de mesma natureza, por meio da apresentação de notas fiscais emitidas para outros contratantes no período de até 1 (um) ano anterior à data da contratação pela Administração, ou por outro meio idôneo.

Quando a licitação for destinada à **contratação de obras e serviços de engenharia sob os regimes de contratação integrada ou semi-integrada**, o valor estimado da contratação será calculado nos mesmos termos previstos para a contratação de obras e serviços de engenharia, acrescido ou não de parcela referente à remuneração do risco, e, sempre que necessário e o anteprojeto o permitir, a estimativa de preço será baseada em orçamento sintético, balizado em sistema de custo definido no inciso I do § 2º do art. 23 da Lei (Sistema de Custos Referenciais de Obras – Sicro, para serviços e obras de infraestrutura de transportes; ou do Sistema Nacional de Pesquisa de Custos e Índices de Construção Civil – Sinapi, para as demais obras e serviços de engenharia), devendo a utilização de metodologia expedita ou paramétrica e de avaliação aproximada baseada em outras contratações similares ser reservada às frações do empreendimento não suficientemente detalhadas no anteprojeto. Nessa hipótese, será exigido dos licitantes ou contratados, no orçamento que compuser suas respectivas propostas, no mínimo, o mesmo nível de detalhamento do orçamento sintético.

9.4. Do Caráter Sigiloso do Orçamento Estimado da Contratação

Prevê a Lei 14.133 que o orçamento estimado da contratação, desde que justificado, poderá ter caráter sigiloso, sem prejuízo da divulgação do detalhamento dos quantitativos e das demais informações necessárias para a elaboração das propostas. Todavia, o sigilo não prevalecerá para os órgãos de controle interno e externo.

Sem embargo disso, na hipótese de licitação em que for adotado o critério de julgamento por maior desconto, o preço estimado ou o máximo aceitável constará do edital da licitação.

9.5. Do Edital da Licitação

O **edital** é o ato administrativo com base no qual a Administração Pública convoca os interessados para participarem do processo licitatório, fixando os requisitos para a participação e definindo o objeto e as condições do futuro contrato. Enfim, o edital funciona como uma lei da licitação e o instrumento onde se consignam as futuras cláusulas do contrato a ser firmado entre a Administração e o licitante vencedor.

De acordo com o art. 25 da Lei 14.133, o edital deverá indicar o objeto da licitação e as regras relativas à convocação, ao julgamento, à habilitação, aos recursos e às penalidades da licitação, à fiscalização e à gestão do contrato, à entrega do objeto e às condições de pagamento. E todos os elementos do edital, incluídos minuta de contrato, termos de referência, anteprojeto, projetos e outros anexos, deverão ser divulgados em sítio eletrônico oficial na mesma data de divulgação do edital, sem necessidade de registro ou de identificação para acesso.

Buscando a padronização administrativa, a Lei determina que a Administração adote, sempre que o objeto permitir, **minutas padronizadas** de **edital** e de **contrato com cláusulas uniformes**.

O edital poderá prever a utilização de mão de obra, materiais, tecnologias e matérias-primas **existentes no local** da execução, conservação e operação do bem, serviço ou obra, desde que não haja prejuízos à competitividade do processo licitatório e à eficiência do respectivo contrato, conforme demonstrado em estudo técnico preliminar.

Uma outra importante novidade da Lei 14.133, foi a obrigação imposta à Administração Pública, nas contratações de obras, serviços e fornecimentos de grande vulto, de prever nos editais de licitação a implantação obrigatória de **programa de integridade pelo licitante vencedor**, no prazo de 6 (seis) meses, contado da celebração do contrato, conforme regulamento que disporá sobre as medidas a serem adotadas, a forma de comprovação e as penalidades pelo seu descumprimento.

Com isso, impõe-se que as empresas contratadas pela Administração para obras, serviços e fornecimentos de grande vulto, na linha do que estabelece a Lei 12.846/2013 (lei anticorrupção), criem em suas estruturas um programa de *compliance*, com medidas anticorrupção adotadas pela empresa, especialmente aquelas que visem à prevenção, detecção, punição e remediação dos atos lesivos contra a administração pública. A ideia central é a criação, pelas empresas contratadas, de mecanismos e procedimentos internos de integridade, auditoria e incentivo à denúncia de irregularidades e a aplicação efetiva de códigos de ética e de conduta no âmbito da pessoa jurídica.

O edital também poderá prever a responsabilidade do contratado pela: I – obtenção do licenciamento ambiental; e II – realização da desapropriação autorizada pelo poder público. Segundo o § 6º do art. 25 da Lei 14.133, os licenciamentos ambientais de obras e serviços de engenharia licitados e contratados **terão prioridade** de tramitação nos órgãos e entidades integrantes do Sistema Nacional do Meio Ambiente (Sisnama) e deverão ser orientados pelos princípios da celeridade, da cooperação, da economicidade e da eficiência.

Impõe a Lei a obrigação de o edital prever o índice de reajustamento de preço, com data-base vinculada à data do orçamento estimado e com a possibilidade de ser estabelecido mais de um índice específico ou setorial, em conformidade com a realidade de mercado dos respectivos insumos, independentemente do prazo de duração do contrato.

Nas licitações de serviços contínuos, que são aqueles contratados pela Administração Pública para a manutenção da atividade administrativa, decorrentes de necessidades permanentes ou prolongadas, observado o interregno mínimo de 1 (um) ano, o critério de reajustamento será por: I – reajustamento em sentido estrito, quando não houver regime de dedicação exclusiva de mão de obra ou predominância de mão de obra, mediante previsão de índices específicos ou setoriais; II – repactuação, quando houver regime de dedicação exclusiva de mão de obra ou predominância de mão de obra, mediante demonstração analítica da variação dos custos.

O edital também poderá, na forma disposta em regulamento, exigir que percentual mínimo da mão de obra responsável pela execução do objeto da contratação seja constituído por: I – mulheres vítimas de violência doméstica; II – oriundos ou egressos do sistema prisional.

9.6. Da Margem de Preferência no Processo de Licitação

Apesar do tratamento isonômico que deve ser assegurado aos licitantes, a Lei 14.133/2021, à semelhança da Lei anterior (Lei 8.666/93), faculta à Administração estabelecer, no processo de licitação, **margem de preferência** em benefício dos: I – bens manufaturados e serviços nacionais que atendam a normas técnicas brasileiras, cuja margem de preferência será definida em decisão fundamentada do Poder Executivo federal; e II – bens reciclados, recicláveis ou biodegradáveis, conforme regulamento (art. 26, *caput*).

Entende-se por produto manufaturado nacional, o produto manufaturado produzido no território nacional de acordo com o processo produtivo básico ou com as regras de origem estabelecidas pelo Poder Executivo federal (art. 6º, XXXVII). Já por serviço nacional, todo serviço prestado em território nacional, nas condições estabelecidas pelo Poder Executivo federal (art. 6º, XXXVI)

Para os bens manufaturados nacionais e serviços nacionais resultantes de desenvolvimento e inovação tecnológica no País, definidos conforme regulamento do Poder Executivo federal, essa margem de preferência poderá ser de até 20% (vinte por cento).

Entretanto, a margem de preferência poderá ser de até 10% (dez por cento) sobre o preço de outros bens e serviços que não se enquadrem no disposto nos itens I ou II, acima mencionados.

E desde que haja reciprocidade com o País, prevista em acordo internacional aprovado pelo Congresso Nacional e ratificado pelo Presidente da República, essa margem de preferência poderá ser estendida a bens manufaturados e serviços originários de Estados Partes do Mercado Comum do Sul – MERCOSUL.

Todavia, para preservar a garantia da execução do contrato, essa margem de preferência **não se aplica** aos bens manufaturados nacionais e aos serviços nacionais se a capacidade de produção desses bens ou de prestação desses serviços no País for inferior: I – à quantidade a ser adquirida ou contratada; ou II – aos quantitativos fixados em razão do parcelamento do objeto, quando for o caso.

De acordo com o § 6º do art. 26, os editais de licitação para a contratação de bens, serviços e obras poderão, mediante prévia justificativa da autoridade competente, **exigir que o contratado** promova, em favor de órgão ou entidade integrante da Administração Pública ou daqueles por ela indicados a partir de processo isonômico, **medidas de compensação** comercial, industrial ou tecnológica ou acesso a condições vantajosas de financiamento, cumulativamente ou não, na forma estabelecida pelo Poder Executivo federal.

E nas contratações destinadas à implantação, à manutenção e ao aperfeiçoamento dos **sistemas de tecnologia de informação e comunicação considerados estratégicos** em ato do Poder Executivo federal, a licitação poderá ser restrita a bens e serviços com tecnologia desenvolvida no País produzidos de acordo com o processo produtivo básico de que trata a Lei nº 10.176/2001 (que dispõe sobre a capacitação e competitividade do setor de tecnologia da informação).

Por força do art. 27, a Administração deverá divulgar, em sítio eletrônico oficial, a cada exercício financeiro, a relação de empresas favorecidas com a margem de preferência prevista no art. 26, com indicação do volume de recursos destinados a cada uma delas.

10. DAS MODALIDADES DE LICITAÇÃO

Pela nova Lei 14.133/2021, **são modalidades de licitação**:

I – **pregão**;

II – **concorrência**;

III – **concurso**;

IV – **leilão**;

V – **diálogo competitivo**.

A Lei inovou bastante aqui. Ela extinguiu as modalidades anteriores de tomada de preços e convite, e criou uma nova modalidade, que é o **diálogo competitivo**. Na mesma linha da Lei 8.666/93, a nova Lei também veda a criação de outras modalidades de licitação ou, ainda, a combinação das existentes.

Mas além dessas modalidades de licitação, a Administração também poderá servir-se dos **procedimentos auxiliares das licitações e das contratações**, previstos no art. 78 da Lei, que compreendem o credenciamento; a pré-qualificação; o procedimento de manifestação de interesse; o sistema de registro de preços; e o registro cadastral.

Pregão é modalidade de licitação **obrigatória** para **aquisição de bens e serviços comuns**, cujo critério de julgamento poderá ser o de menor preço ou o de maior desconto, conforme art. 6º, XLI. São **bens e serviços comuns**, nos termos do art. 6º, XIII, aqueles cujos padrões de desempenho e qualidade podem ser **objetivamente definidos** pelo edital, por meio de especificações usuais de mercado.

Concorrência é modalidade de licitação para **contratação de bens e serviços especiais** e **de obras e serviços comuns e especiais de engenharia**, cujo critério de julgamento poderá ser: (a) menor preço; (b) melhor técnica ou conteúdo artístico; (c) técnica e preço; (d) maior retorno econômico; e (e) maior desconto.

Nos termos do art. 6º, XIV, são **bens e serviços especiais**, aqueles cujos padrões de desempenho e qualidade **não podem**, por sua alta heterogeneidade ou complexidade, ser objetivamente definidos pelo edital, por meio de especificações usuais de mercado, exigida justificativa prévia do contratante.

Entende-se por **obra**, toda atividade estabelecida, por força de lei, como privativa das profissões de arquiteto e engenheiro que implica intervenção no meio ambiente por meio de um conjunto harmônico de ações que, agregadas, formam um todo que inova o espaço físico da natureza ou acarreta alteração substancial das características originais de bem imóvel (art. 6º, XII).

Por **serviço de engenharia**, entende-se toda atividade ou conjunto de atividades destinadas a obter determinada utilidade, intelectual ou material, de interesse para a Administração e que, não enquadradas no conceito de obra, são estabelecidas, por força de lei, como privativas das profissões de arquiteto e engenheiro ou de técnicos especializados, que compreendem (art. 6º, XXI): a) **serviço comum de engenharia**: todo serviço de engenharia que tem por objeto ações, objetivamente padronizáveis em termos de desempenho e qualidade, de manutenção, de adequação e de adaptação de bens móveis e imóveis, com preservação das características originais dos bens; e b) **serviço especial de engenharia**: aquele que, por sua alta heterogeneidade ou complexidade, não pode se enquadrar na definição anterior, de serviço comum de engenharia.

Concurso é modalidade de licitação para escolha de trabalho técnico, científico ou artístico, cujo critério de julgamento será o de melhor técnica ou conteúdo artístico, e para concessão de prêmio ou remuneração ao vencedor.

Leilão é modalidade de licitação para alienação de bens imóveis ou de bens móveis inservíveis ou legalmente apreendidos a quem oferecer o maior lance.

E como novidade, o **Diálogo Competitivo** é modalidade de licitação para contratação de obras, serviços e compras em que a Administração Pública realiza diálogos com licitantes previamente selecionados mediante critérios objetivos, com o intuito de desenvolver uma ou mais alternativas capazes de atender às necessidades da Administração, devendo os licitantes apresentar proposta final após o encerramento dos diálogos.

Nos termos do art. 29 da Lei, a concorrência e o pregão seguem o rito procedimental comum a que se refere o art. 17 da Lei 14.133/2021, que prevê as fases do processo de licitação, realizadas nessa sequência:

preparatória → de divulgação do edital de licitação → de apresentação de propostas e lances, quando for o caso → de julgamento → de habilitação → recursal e → de homologação.

Porém, adota-se obrigatoriamente o pregão, reitere-se, sempre que o objeto – **aquisição de bens e serviços comuns** – possuir padrões de desempenho e qualidade que possam ser objetivamente definidos pelo edital, por meio de especificações usuais de mercado.

Entretanto, o pregão também pode ser aplicado nas contratações de serviços **comuns** de engenharia, já conceituados acima. Mas não se aplica o pregão às contratações de serviços técnicos especializados de natureza predominantemente intelectual e de obras e serviços especiais de engenharia.

Entende-se por serviços técnicos especializados de natureza predominantemente intelectual, aqueles realizados em trabalhos relativos a: a) estudos técnicos, planejamentos, projetos básicos e projetos executivos; b) pareceres, perícias e avaliações em geral; c) assessorias e consultorias técnicas e auditorias financeiras e tributárias; d) fiscalização, supervisão e gerenciamento de obras e serviços; e) patrocínio ou defesa de causas judiciais e administrativas; f) treinamento e aperfeiçoamento de pessoal; g) restauração de obras de arte e de bens de valor histórico; e h) controles de qualidade e tecnológico, análises, testes e ensaios de campo e laboratoriais, instrumentação e monitoramento de parâmetros específicos de obras e do meio ambiente e demais serviços de engenharia que se enquadrem na definição deste inciso (art. 6º, XVIII).

O concurso deve observar as regras e as condições previstas em edital, que indicará: I – a qualificação exigida dos participantes; II – as diretrizes e formas de apresentação do trabalho; III – as condições de realização e o prêmio ou remuneração a ser concedida ao vencedor (art. 30). Nos concursos destinados à elaboração de projeto, o vencedor deverá ceder à Administração Pública, nos termos do art. 93 da Lei 14.133/2021[3], todos os direitos patrimoniais relativos ao projeto e autorizar sua execução conforme juízo de conveniência e oportunidade das autoridades competentes.

O leilão poderá ser cometido a leiloeiro oficial ou a servidor designado pela autoridade competente da Administração. Os procedimentos operacionais do leilão devem ser disciplinados por regulamento (art. 31).

Se a Administração optar pela realização de leilão por intermédio de leiloeiro oficial, deverá selecioná-lo mediante credenciamento ou licitação na modalidade pregão e adotar o critério de julgamento de maior desconto para as comissões a serem

3. Art. 93. Nas contratações de projetos ou de serviços técnicos especializados, inclusive daqueles que contemplem o desenvolvimento de programas e aplicações de internet para computadores, máquinas, equipamentos e dispositivos de tratamento e de comunicação da informação (software) – e a respectiva documentação técnica associada -, o autor deverá ceder todos os direitos patrimoniais a eles relativos para a Administração Pública, hipótese em que poderão ser livremente utilizados e alterados por ela em outras ocasiões, sem necessidade de nova autorização de seu autor.

cobradas, utilizados como parâmetro máximo os percentuais definidos na lei que regula a referida profissão e observados os valores dos bens a serem leiloados.

O leilão será precedido da divulgação do edital em sítio eletrônico oficial, que deverá conter: I – a descrição do bem, com suas características, e, no caso de imóvel, sua situação e suas divisas, com remissão à matrícula e aos registros; II – o valor pelo qual o bem foi avaliado, o preço mínimo pelo qual poderá ser alienado, as condições de pagamento e, se for o caso, a comissão do leiloeiro designado; III – a indicação do lugar onde estiverem os móveis, os veículos e os semoventes; IV – o sítio da internet e o período em que ocorrerá o leilão, salvo se excepcionalmente for realizado sob a forma presencial por comprovada inviabilidade técnica ou desvantagem para a Administração, hipótese em que serão indicados o local, o dia e a hora de sua realização; V – a especificação de eventuais ônus, gravames ou pendências existentes sobre os bens a serem leiloados (art. 31, § 2º).

Mas além da divulgação no sítio eletrônico oficial, o edital do leilão também deverá ser afixado em local de ampla circulação de pessoas na sede da Administração e poderá, ainda, ser divulgado por outros meios necessários para ampliar a publicidade e a competitividade da licitação.

A Lei não exige registro cadastral prévio no leilão. E no processo do leilão, não terá fase de habilitação e deverá ser homologado assim que concluída a fase de lances, superada a fase recursal e efetivado o pagamento pelo licitante vencedor, na forma definida no edital.

A nova modalidade do diálogo competitivo **é restrita** a contratações em que a Administração:

> I – vise a contratar objeto que envolva as seguintes condições: a) inovação tecnológica ou técnica; b) impossibilidade de o órgão ou entidade ter sua necessidade satisfeita sem a adaptação de soluções disponíveis no mercado; e c) impossibilidade de as especificações técnicas serem definidas com precisão suficiente pela Administração;
>
> II – verifique a necessidade de definir e identificar os meios e as alternativas que possam satisfazer suas necessidades, com destaque para os seguintes aspectos: a) a solução técnica mais adequada; b) os requisitos técnicos aptos a concretizar a solução já definida; e c) a estrutura jurídica ou financeira do contrato.

Nos termos do § 1º do art. 32, na modalidade diálogo competitivo, serão observadas as seguintes disposições: I – a Administração apresentará, por ocasião da divulgação do edital em sítio eletrônico oficial, suas necessidades e as exigências já definidas e estabelecerá prazo mínimo de 25 (vinte e cinco) dias úteis para manifestação de interesse na participação da licitação; II – os critérios empregados para pré-seleção dos licitantes deverão ser previstos em edital, e serão admitidos todos os interessados que preencherem os requisitos objetivos estabelecidos; III – será vedada a divulgação de informações de modo discriminatório que possa implicar vantagem para algum licitante; IV – a Administração não poderá revelar a outros licitantes as soluções propostas ou as informações sigilosas comunicadas por um licitante sem o seu consentimento; V – a fase de diálogo poderá ser mantida até que a Administração, em decisão fundamentada, identifique a solução ou as soluções que atendam às suas necessidades; VI – as reuniões com os licitantes pré-selecionados serão registradas em ata e gravadas mediante utilização de recursos tecnológicos de áudio e vídeo; VII – o edital poderá prever a realização de fases sucessivas, caso em que cada fase poderá restringir as soluções ou as propostas a serem discutidas; VIII – a Administração deverá, ao declarar que o diálogo foi concluído, juntar aos autos do processo licitatório os registros e as gravações da fase de diálogo, iniciar a fase competitiva com a divulgação de edital contendo a especificação da solução que atenda às suas necessidades e os critérios objetivos a serem utilizados para seleção da proposta mais vantajosa e abrir prazo, não inferior a 60 (sessenta) dias úteis, para todos os licitantes pré-selecionados apresentarem suas propostas, que deverão conter os elementos necessários para a realização do projeto; IX – a Administração poderá solicitar esclarecimentos ou ajustes às propostas apresentadas, desde que não impliquem discriminação nem distorçam a concorrência entre as propostas; X – a Administração definirá a proposta vencedora de acordo com critérios divulgados no início da fase competitiva, assegurada a contratação mais vantajosa como resultado; e XI – o diálogo competitivo será conduzido por comissão de contratação composta de pelo menos 3 (três) servidores efetivos ou empregados públicos pertencentes aos quadros permanentes da Administração, admitida a contratação de profissionais para assessoramento técnico da comissão, que deverão assinar termo de confidencialidade e abster-se de atividades que possam configurar conflito de interesses.

11. DOS CRITÉRIOS DE JULGAMENTO

No julgamento das propostas apresentadas, a Administração Público poderá se utilizar de diversos critérios, devidamente previstos no edital. De acordo com o art. 33 da Lei 14.133/2021, o julgamento será realizado de acordo com os seguintes critérios: I – menor preço; II – maior desconto; III – melhor técnica ou conteúdo artístico; IV – técnica e preço; V – maior lance, no caso de leilão; e VI – maior retorno econômico.

O julgamento por menor preço ou maior desconto e, quando couber, por técnica e preço, considerará o **menor dispêndio** para a Administração, atendidos os parâmetros mínimos de qualidade definidos no edital de licitação (Art. 34).

Para a definição do menor dispêndio, poderão ser considerados os custos indiretos, relacionados com as despesas de manutenção, utilização, reposição, depreciação e impacto ambiental do objeto licitado, entre outros fatores vinculados ao seu ciclo de vida, sempre que objetivamente mensuráveis, conforme disposto em regulamento.

O julgamento por **maior desconto** terá como referência o preço global fixado no edital de licitação, e o desconto será estendido aos eventuais termos aditivos.

O julgamento por **melhor técnica ou conteúdo artístico** considerará exclusivamente as propostas técnicas ou artísticas apresentadas pelos licitantes, e o edital deverá definir o prêmio ou a remuneração que será atribuída aos vencedores (Art. 35). Esse critério de julgamento da melhor técnica ou conteúdo artístico poderá ser utilizado para a contratação de projetos e trabalhos de natureza técnica, científica ou artística.

O julgamento por **técnica e preço** considerará a maior pontuação obtida a partir da ponderação, segundo fatores objetivos previstos no edital, das notas atribuídas aos aspectos de técnica e de preço da proposta (Art. 36).

Esse critério de julgamento de técnica e preço será escolhido quando estudo técnico preliminar demonstrar que a avaliação e a ponderação da qualidade técnica das propostas que superarem os requisitos mínimos estabelecidos no edital forem relevantes aos fins pretendidos pela Administração nas licitações para contratação de: I – serviços técnicos especializados de natureza predominantemente intelectual, caso em que o critério de julgamento de técnica e preço deverá ser preferencialmente empregado; II – serviços majoritariamente dependentes de tecnologia sofisticada e de domínio restrito, conforme atestado por autoridades técnicas de reconhecida qualificação; III – bens e serviços especiais de tecnologia da informação e de comunicação; IV – obras e serviços especiais de engenharia; V – objetos que admitam soluções específicas e alternativas e variações de execução, com repercussões significativas e concretamente mensuráveis sobre sua qualidade, produtividade, rendimento e durabilidade, quando essas soluções e variações puderem ser adotadas à livre escolha dos licitantes, conforme critérios objetivamente definidos no edital de licitação.

No julgamento por técnica e preço, deverão ser avaliadas e ponderadas as propostas técnicas e, em seguida, as propostas de preço apresentadas pelos licitantes, na proporção máxima de 70% (setenta por cento) de valoração para a proposta técnica.

E o desempenho pretérito da atuação do contratado no cumprimento de obrigações assumidas na execução de contratos com a Administração Pública deverá ser considerado na pontuação técnica, observado o disposto nos §§ 3º e 4º do art. 88 da Lei e em regulamento.

O julgamento por **melhor técnica ou por técnica e preço** deverá ser realizado por: I – verificação da capacitação e da experiência do licitante, comprovadas por meio da apresentação de atestados de obras, produtos ou serviços previamente realizados; II – atribuição de notas a quesitos de natureza qualitativa por banca designada para esse fim, de acordo com orientações e limites definidos em edital, considerados a demonstração de conhecimento do objeto, a metodologia e o programa de trabalho, a qualificação das equipes técnicas e a relação dos produtos que serão entregues; e III – atribuição de notas por desempenho do licitante em contratações anteriores aferida nos documentos comprobatórios de que trata o § 3º do art. 88 da Lei e em registro cadastral unificado disponível no Portal Nacional de Contratações Públicas – PNCP (art. 37).

A banca designada para atribuição de notas terá no mínimo 3 (três) membros e poderá ser composta de: I – servidores efetivos ou empregados públicos pertencentes aos quadros permanentes da Administração Pública; e II – profissionais contratados por conhecimento técnico, experiência ou renome na avaliação dos quesitos especificados em edital, desde que seus trabalhos sejam supervisionados por profissionais designados conforme o disposto no art. 7º da Lei.

Nos termos do § 2º, incisos I e II, do art. 37 da Lei 14.133/2021, inicialmente vetados pelo Presidente da República, cujo veto foi derrubado pelo Congresso Nacional, ressalvados os casos de inexigibilidade de licitação, na **licitação para contratação**

dos serviços técnicos especializados de natureza predominantemente intelectual previstos nas alíneas "a", "d" e "h" do inciso XVIII do *caput* do art. 6º da Lei 14.133/2021, cujo valor estimado da contratação seja superior a R$ 300.000,00 (trezentos mil reais), o julgamento da licitação será por (I) melhor técnica; ou (II) técnica e preço, na proporção de 70% de valoração da proposta técnica. Esse valor foi atualizado, pelo Decreto 11.871/2023, para R$ 359.436,08 (trezentos e cinquenta e nove mil quatrocentos e trinta e seis reais e oito centavos).

No julgamento por melhor técnica ou por técnica e preço, a obtenção de pontuação devido à capacitação técnico-profissional exigirá que a execução do respectivo contrato tenha participação direta e pessoal do profissional correspondente (Art. 38).

O julgamento por **maior retorno econômico**, utilizado exclusivamente para a celebração de contrato de eficiência, considerará a maior economia para a Administração, e a remuneração deverá ser fixada em percentual que incidirá de forma proporcional à economia efetivamente obtida na execução do contrato (Art. 39).

Nas licitações que adotarem o maior retorno econômico como critério de julgamento, os licitantes apresentarão:

> I – proposta de trabalho, que deverá contemplar: a) as obras, os serviços ou os bens, com os respectivos prazos de realização ou fornecimento; b) a economia que se estima gerar, expressa em unidade de medida associada à obra, ao bem ou ao serviço e em unidade monetária;
>
> II – proposta de preço, que corresponderá a percentual sobre a economia que se estima gerar durante determinado período, expressa em unidade monetária.

O edital de licitação deverá prever parâmetros objetivos de mensuração da economia gerada com a execução do contrato, que servirá de base de cálculo para a remuneração devida ao contratado.

E para efeito de julgamento da proposta, o retorno econômico será o resultado da economia que se estima gerar com a execução da proposta de trabalho, deduzida a proposta de preço.

Nos casos em que não for gerada a economia prevista no contrato de eficiência: I – a diferença entre a economia contratada e a efetivamente obtida será descontada da remuneração do contratado; e II – se a diferença entre a economia contratada e a efetivamente obtida for superior ao limite máximo estabelecido no contrato, o contratado sujeitar-se-á, ainda, a outras sanções cabíveis.

12. DISPOSIÇÕES SETORIAIS

Na seção IV do capítulo concernente à fase preparatória do processo licitatório (capítulo II), a Lei 14.133/2021 trata das *compras*, das *obras e serviços de engenharia*, dos *serviços em geral*, da *locação de imóveis* e das *licitações Internacionais*.

12.1. Das Compras

A Lei 14.133/2021 considera **compra** toda aquisição remunerada de bens para fornecimento de uma só vez ou parceladamente, considerada imediata aquela com prazo de entrega de até 30 (trinta) dias da ordem de fornecimento.

Relativamente às compras, a Lei 14.133/2021 determina, no art. 40, que a Administração **faça um planejamento**, de modo a considerar a expectativa de consumo anual e observar as condições de aquisição e pagamento semelhantes às do setor privado; o processamento das compras por meio de sistema de registro de preços, quando pertinente; a determinação de unidades e quantidades a serem adquiridas em função de consumo e utilização prováveis, cuja estimativa será obtida, sempre que possível, mediante adequadas técnicas quantitativas, admitido o fornecimento contínuo; as condições de guarda e armazenamento que não permitam a deterioração do material.

Ademais, deve a Administração atender aos princípios (i) da padronização, considerada a compatibilidade de especificações estéticas, técnicas ou de desempenho; (ii) do parcelamento, quando for tecnicamente viável e economicamente vantajoso; e (iii) da responsabilidade fiscal, mediante a comparação da despesa estimada com a prevista no orçamento.

No termo de referência a ser elaborado pela Administração na realização de suas compras, além dos elementos previstos no inciso XXIII do caput do art. 6º da Lei[4], também devem constar obrigatoriamente as seguintes informações: I – especificação do produto, preferencialmente conforme catálogo eletrônico de padronização, observados os requisitos de qualidade, rendimento, compatibilidade, durabilidade e segurança; II – indicação dos locais de entrega dos produtos e das regras para recebimentos provisório e definitivo, quando for o caso; e III – especificação da garantia exigida e das condições de manutenção e assistência técnica, quando for o caso.

Relativamente à garantia e às condições de manutenção e assistência técnica, a Administração poderá exigir, desde que fundamentada em estudo técnico preliminar, que os serviços de manutenção e assistência técnica sejam prestados mediante deslocamento de técnico ou disponibilizados em unidade de prestação de serviços localizada em distância compatível com suas necessidades.

Em conformidade com o art. 41 da Lei 14.133/2021, no caso de licitação que envolva o fornecimento de bens, a Administração poderá, excepcionalmente, (I) indicar uma ou mais marcas ou modelos, desde que formalmente justificado, nas seguintes hipóteses: a) em decorrência da necessidade de padronização do objeto; b) em decorrência da necessidade de manter a compatibilidade com plataformas e

---

4. De acordo com esse inciso XXIII do caput do art. 6º da Lei 14.133/2021, o termo de referência é o **documento necessário para a contratação de bens e serviços**, que deve conter os seguintes parâmetros e elementos descritivos: a) definição do objeto, incluídos sua natureza, os quantitativos, o prazo do contrato e, se for o caso, a possibilidade de sua prorrogação; b) fundamentação da contratação, que consiste na referência aos estudos técnicos preliminares correspondentes ou, quando não for possível divulgar esses estudos, no extrato das partes que não contiverem informações sigilosas; c) descrição da solução como um todo, considerado todo o ciclo de vida do objeto; d) requisitos da contratação; e) modelo de execução do objeto, que consiste na definição de como o contrato deverá produzir os resultados pretendidos desde o seu início até o seu encerramento; f) modelo de gestão do contrato, que descreve como a execução do objeto será acompanhada e fiscalizada pelo órgão ou entidade; g) critérios de medição e de pagamento; h) forma e critérios de seleção do fornecedor; i) estimativas do valor da contratação, acompanhadas dos preços unitários referenciais, das memórias de cálculo e dos documentos que lhe dão suporte, com os parâmetros utilizados para a obtenção dos preços e para os respectivos cálculos, que devem constar de documento separado e classificado; e j) adequação orçamentária.

padrões já adotados pela Administração; c) quando determinada marca ou modelo comercializados por mais de um fornecedor forem os únicos capazes de atender às necessidades do contratante; d) quando a descrição do objeto a ser licitado puder ser mais bem compreendida pela identificação de determinada marca ou determinado modelo aptos a servir apenas como referência; (II) exigir amostra ou prova de conceito do bem no procedimento de pré-qualificação permanente, na fase de julgamento das propostas ou de lances, ou no período de vigência do contrato ou da ata de registro de preços, desde que previsto no edital da licitação e justificada a necessidade de sua apresentação, restringindo-se essa exigência ao licitante provisoriamente vencedor quando realizada na fase de julgamento das propostas ou de lances; (III) vedar a contratação de marca ou produto, quando, mediante processo administrativo, restar comprovado que produtos adquiridos e utilizados anteriormente pela Administração não atendem a requisitos indispensáveis ao pleno adimplemento da obrigação contratual; e (IV) solicitar, motivadamente, carta de solidariedade emitida pelo fabricante, que assegure a execução do contrato, no caso de licitante revendedor ou distribuidor.

Ademais, havendo a possibilidade de compra ou de locação de bens, a Administração deverá proceder à realização de estudo técnico preliminar para considerar os custos e os benefícios de cada opção (compra ou locação de bens), com indicação da alternativa mais vantajosa para o interesse público.

12.2. Das Obras e Serviços de Engenharia

Entende-se por **obra**, para os fins da Lei 14.133/2021, toda atividade estabelecida, por força de lei, como privativa das profissões de arquiteto e engenheiro que implica intervenção no meio ambiente por meio de um conjunto harmônico de ações que, agregadas, formam um todo que inova o espaço físico da natureza ou acarreta alteração substancial das características originais de bem imóvel.

Já por **serviço de engenharia**, a Lei considera toda atividade ou conjunto de atividades destinadas a obter determinada utilidade, intelectual ou material, de interesse para a Administração e que, não enquadradas no conceito de obra, são estabelecidas, por força de lei, como privativas das profissões de arquiteto e engenheiro ou de técnicos especializados. O serviço de engenharia pode compreender:

- O serviço **comum** de engenharia, que é todo serviço de engenharia que tem por objeto ações, objetivamente padronizáveis em termos de desempenho e qualidade, de manutenção, de adequação e de adaptação de bens móveis e imóveis, com preservação das características originais dos bens; e
- O serviço **especial** de engenharia, que é aquele que, por sua alta heterogeneidade ou complexidade, não pode se enquadrar na definição de serviço comum.

Nos termos do art. 45 da Lei 14.133/2021, as licitações de obras e serviços de engenharia devem respeitar determinados valores ambientais e culturais, especialmente, as normas relativas a:

I – disposição final ambientalmente adequada dos resíduos sólidos gerados pelas obras contratadas;

II – mitigação por condicionantes e compensação ambiental, que serão definidas no procedimento de licenciamento ambiental;

III – utilização de produtos, de equipamentos e de serviços que, comprovadamente, favoreçam a redução do consumo de energia e de recursos naturais;

IV – avaliação de impacto de vizinhança, na forma da legislação urbanística;

V – proteção do patrimônio histórico, cultural, arqueológico e imaterial, inclusive por meio da avaliação do impacto direto ou indireto causado pelas obras contratadas;

VI – acessibilidade para pessoas com deficiência ou com mobilidade reduzida.

A Lei admite, na execução indireta de obras e serviços de engenharia, os seguintes regimes: I – empreitada por preço unitário; II – empreitada por preço global; III – empreitada integral; IV – contratação por tarefa; V – contratação integrada; VI – contratação semi-integrada; VII – fornecimento e prestação de serviço associado.

Para a realização de obras e serviços de engenharia é imprescindível o projeto executivo, ressalvada a hipótese de contratação de obras e serviços comuns de engenharia, se estudo técnico preliminar demonstrar a inexistência de prejuízo para a aferição dos padrões de desempenho e qualidade almejados, de modo que a especificação do objeto poderá ser realizada apenas em termo de referência ou em projeto básico.

12.3. Dos Serviços em Geral

De acordo com o art. 47 da Lei 14.133/2021, as licitações de serviços atenderão aos princípios (I) da padronização, considerada a compatibilidade de especificações estéticas, técnicas ou de desempenho; e (II) do parcelamento, quando for tecnicamente viável e economicamente vantajoso, devendo ser considerados, aqui, a responsabilidade técnica; o custo para a Administração de vários contratos frente às vantagens da redução de custos, com divisão do objeto em itens; e o dever de buscar a ampliação da competição e de evitar a concentração de mercado.

Tratando-se de licitação de serviços de manutenção e assistência técnica, o edital deverá definir o local de realização dos serviços, admitida a exigência de deslocamento de técnico ao local da repartição ou a exigência de que o contratado tenha unidade de prestação de serviços em distância compatível com as necessidades da Administração.

A Lei 14.133/2021 admite a *execução por terceiros* (terceirização da execução) de atividades materiais acessórias, instrumentais ou complementares aos assuntos que constituam área de competência legal do órgão ou da entidade, sendo, porém, vedado à Administração ou a seus agentes, na contratação do serviço terceirizado: I – indicar pessoas expressamente nominadas para executar direta ou indiretamente o objeto contratado; II – fixar salário inferior ao definido em lei ou em ato normativo a ser pago pelo contratado; III – estabelecer vínculo de subordinação com funcionário de empresa prestadora de serviço terceirizado; IV – definir forma de pagamento mediante exclusivo reembolso dos salários pagos; V – demandar a funcionário de empresa prestadora de serviço terceirizado a execução de tarefas fora do escopo do objeto da contratação; e VI – prever em edital exigências que constituam intervenção indevida da Administração na gestão interna do contratado (art. 48).

Também admite a Lei, no art. 49, que a Administração possa, mediante justificativa expressa, contratar mais de uma empresa ou instituição para executar o mesmo serviço, desde que essa contratação não implique perda de economia de escala e desde que a Administração mantenha o controle individualizado da execução do objeto contratual relativamente a cada um dos contratados, quando: I – o objeto da contratação puder ser executado de forma concorrente e simultânea por mais de um contratado; e II – a múltipla execução for conveniente para atender à Administração.

A Lei 14.133/2021 empodera a Administração com vistas à vigilância do cumprimento das obrigações trabalhistas por parte do contratado, relativamente aos empregados diretamente envolvidos na execução do contrato. Por isso, nos termos de seu art. 50, nas contratações de serviços com regime de dedicação exclusiva de mão de obra, o contratado deverá apresentar, quando solicitado pela Administração, sob pena de multa, **comprovação do cumprimento** das obrigações trabalhistas e com o Fundo de Garantia do Tempo de Serviço (FGTS) em relação aos empregados diretamente envolvidos na execução do contrato, em especial quanto ao: I – registro de ponto; II – recibo de pagamento de salários, adicionais, horas extras, repouso semanal remunerado e décimo terceiro salário; III – comprovante de depósito do FGTS; IV – recibo de concessão e pagamento de férias e do respectivo adicional; V – recibo de quitação de obrigações trabalhistas e previdenciárias dos empregados dispensados até a data da extinção do contrato; e VI – recibo de pagamento de vale-transporte e vale-alimentação, na forma prevista em norma coletiva.

12.4. Da Locação de Imóveis

Para a locação de imóveis, a Administração Pública também deverá realizar a licitação, devendo igualmente proceder à avaliação prévia do bem, do seu estado de conservação, dos custos de adaptações e do prazo de amortização dos investimentos necessários.

Entretanto, quando a locação de um determinado imóvel, cujas características de instalações e de localização tornem necessária sua escolha, a Administração deverá **declarar inexigível a licitação**, nos termos do inciso V do *caput* do art. 74 da Lei 14.133/2021, devendo instaurar processo de contratação direta com o seu proprietário.

12.5. Das Licitações Internacionais

Entende-se por **licitação internacional**, a licitação processada em território nacional na qual é admitida a participação de licitantes estrangeiros, com a possibilidade de cotação de preços em moeda estrangeira, ou licitação na qual o objeto contratual pode ou deve ser executado no todo ou em parte em território estrangeiro.

Conforme o art. 52 da Lei 14.133/2021, nas licitações de âmbito internacional, o edital deverá ajustar-se às diretrizes da política monetária e do comércio exterior e atender às exigências dos órgãos competentes. Quando for permitido ao licitante estrangeiro cotar preço em moeda estrangeira, o licitante brasileiro igualmente poderá fazê-lo. Porém, o pagamento feito ao licitante brasileiro eventualmente contratado em virtude de licitação internacional será efetuado em moeda corrente nacional.

Em que pese tratar-se de uma licitação internacional, as propostas de todos os licitantes, brasileiros ou estrangeiros, estarão sujeitas às mesmas regras e condições, na forma estabelecida no edital. Ademais, o edital de licitação internacional não poderá prever condições de habilitação, classificação e julgamento que constituam barreiras de acesso ao licitante estrangeiro, admitida, porém, a previsão de margem de preferência para bens produzidos no País e serviços nacionais que atendam às normas técnicas brasileiras, na forma definida no art. 26 da Lei 14.133/2021.

13. DA DIVULGAÇÃO DO EDITAL DE LICITAÇÃO

No final da fase preparatória, o processo licitatório seguirá para o órgão de assessoramento jurídico da Administração, que deverá realizar **controle prévio de legalidade** mediante **análise jurídica da contratação** (Art. 53).

Na elaboração do parecer jurídico, o órgão de assessoramento jurídico da Administração deverá: I – apreciar o processo licitatório conforme critérios objetivos prévios de atribuição de prioridade; II – redigir sua manifestação em linguagem simples e compreensível e de forma clara e objetiva, com apreciação de todos os elementos indispensáveis à contratação e com exposição dos pressupostos de fato e de direito levados em consideração na análise jurídica.

O órgão de assessoramento jurídico também realizará controle prévio de legalidade de contratações diretas, acordos, termos de cooperação, convênios, ajustes, adesões a atas de registro de preços, outros instrumentos congêneres e de seus termos aditivos. Porém, é dispensável a análise jurídica nas hipóteses previamente definidas em ato da autoridade jurídica máxima competente, que deverá considerar o baixo valor, a baixa complexidade da contratação, a entrega imediata do bem ou a utilização de minutas de editais e instrumentos de contrato, convênio ou outros ajustes previamente padronizados pelo órgão de assessoramento jurídico.

Encerrada a instrução do processo sob os aspectos técnico e jurídico, a autoridade determinará a **divulgação do edital de licitação,** que será publicado, conforme disposto no art. 54, mediante divulgação e manutenção do inteiro teor do ato convocatório e de seus anexos no Portal Nacional de Contratações Públicas – PNCP.

A Lei faculta a divulgação adicional e a manutenção do inteiro teor do edital e de seus anexos em **sítio eletrônico oficial** do ente federativo do órgão ou entidade responsável pela licitação ou, no caso de consórcio público, do ente de maior nível entre eles, admitida, ainda, a divulgação direta a interessados devidamente cadastrados para esse fim.

Após a homologação do processo licitatório, serão disponibilizados no Portal Nacional de Contratações Públicas – PNCP e, se o órgão ou entidade responsável pela licitação entender cabível, também no sítio eletrônico oficial do ente federativo, os documentos elaborados na fase preparatória que porventura não tenham integrado o edital e seus anexos.

14. DA APRESENTAÇÃO DE PROPOSTAS E LANCES

Divulgado o edital de licitação, os licitantes deverão apresentar propostas ou lances, conforme o caso. De acordo com o art. 55 da Lei 14.133/2021, há prazos mínimos para apresentação de propostas e lances[5], contados a partir da data de divulgação do edital de licitação, que são os seguintes:

> I – para **aquisição de bens**: a) 8 dias úteis, quando adotados os critérios de julgamento de menor preço ou de maior desconto; e b) 15 dias úteis, nas demais hipóteses não abrangidas pela alínea "a" anterior;
>
> II – no caso de **serviços e obras**: a) 10 dias úteis, quando adotados os critérios de julgamento de menor preço ou de maior desconto, no caso de serviços comuns e de obras e serviços comuns de engenharia; b) 25 dias úteis, quando adotados os critérios de julgamento de menor preço ou de maior desconto, no caso de serviços especiais e de obras e serviços especiais de engenharia; c) 60 dias úteis, quando o regime de execução for de contratação integrada; e d) 35 dias úteis, quando o regime de execução for o de contratação semi-integrada ou nas hipóteses não abrangidas pelas alíneas "a", "b" e "c" deste inciso;
>
> III – para licitação em que se adote o critério de julgamento de maior lance, 15 dias úteis;
>
> IV – para licitação em que se adote o critério de julgamento de técnica e preço ou de melhor técnica ou conteúdo artístico, 35 dias úteis.

Cumpre salientar que, se houver modificações no edital, deverá haver nova divulgação na mesma forma de sua divulgação inicial, além do cumprimento dos mesmos prazos dos atos e procedimentos originais, exceto quando a alteração não comprometer a formulação das propostas.

Esses prazos mínimos para apresentação de propostas e lances poderão, mediante decisão fundamentada, **ser reduzidos até a metade** nas licitações realizadas pelo Ministério da Saúde, no âmbito do Sistema Único de Saúde (SUS).

Conforme o art. 56 da Lei 14.133, o **modo de disputa** entre os licitantes poderá ser, isolada ou conjuntamente: I – **aberto**, hipótese em que os licitantes apresentarão suas propostas por meio de lances públicos e sucessivos, crescentes ou decrescentes; II – **fechado**, hipótese em que as propostas permanecerão em sigilo até a data e hora designadas para sua divulgação.

Cumpre sublinhar que a Lei veda a utilização isolada do modo de disputa fechado, quando adotados os critérios de julgamento de menor preço ou de maior desconto. E também veda a utilização do modo de disputa aberto, quando adotado o critério de julgamento de técnica e preço.

Serão considerados intermediários os lances: I – iguais ou inferiores ao maior já ofertado, quando adotado o critério de julgamento de maior lance; II – iguais ou superiores ao menor já ofertado, quando adotados os demais critérios de julgamento.

---

5. Conforme MP 1.221/2024 (art. 2º, II) os prazos mínimos apresentados serão reduzidos pela metade em caso de calamidade pública.

Após a definição da melhor proposta, se a diferença em relação à proposta classificada em segundo lugar for de pelo menos 5% (cinco por cento), a Administração poderá admitir o reinício da disputa aberta, nos termos estabelecidos no instrumento convocatório, para a definição das demais colocações.

Nas licitações de obras ou serviços de engenharia, após o julgamento, o licitante vencedor deverá reelaborar e apresentar à Administração, por meio eletrônico, as planilhas com indicação dos quantitativos e dos custos unitários, bem como com detalhamento das Bonificações e Despesas Indiretas (BDI) e dos Encargos Sociais (ES), com os respectivos valores adequados ao valor final da proposta vencedora, admitida a utilização dos preços unitários, no caso de empreitada por preço global, empreitada integral, contratação semi-integrada e contratação integrada, exclusivamente para eventuais adequações indispensáveis no cronograma físico-financeiro e para balizar excepcional aditamento posterior do contrato.

Nos termos do art. 57, o edital de licitação poderá estabelecer **intervalo mínimo** de diferença de valores entre os lances, que incidirá tanto em relação aos lances intermediários quanto em relação à proposta que cobrir a melhor oferta.

Poderá ser exigida, no momento da apresentação da proposta, a comprovação do recolhimento de quantia a título de **garantia de proposta**, como requisito de pré-habilitação (Art. 58). Mas a garantia de proposta não poderá ser superior a 1% (um por cento) do valor estimado para a contratação e será devolvida aos licitantes no prazo de 10 (dez) dias úteis, contado da assinatura do contrato ou da data em que for declarada fracassada a licitação.

A garantia de proposta poderá ser prestada nas modalidades indicadas no § 1º do art. 96 da Lei, que compreende a caução em dinheiro ou em títulos da dívida pública; seguro-garantia; e fiança bancária.

A recusa em assinar o contrato ou a não apresentação dos documentos para a contratação implicará execução do valor integral da garantia de proposta.

15. DO JULGAMENTO

Pela Lei 8.666/93, o processo e julgamento da licitação seria conduzido por uma comissão, permanente ou especial, criada pela Administração com a função de receber, examinar e julgar todos os documentos e procedimentos relativos às licitações e ao cadastramento de licitantes.

Já a nova Lei 14.133/2021 substituiu a comissão de licitação pela figura do **agente de contratação** e, quando a licitação envolver bens ou serviços especiais, pela **comissão de contratação**.

Com efeito, pela nova Lei, a licitação será conduzida por agente de contratação, que é pessoa designada pela autoridade competente, entre servidores efetivos ou empregados públicos dos quadros permanentes da Administração Pública, para tomar decisões, acompanhar o trâmite da licitação, dar impulso ao procedimento licitatório e executar quaisquer outras atividades necessárias ao bom andamento do certame até a homologação.

Esse agente de contratação será auxiliado por equipe de apoio e responderá individualmente pelos atos que praticar, salvo quando induzido a erro pela atuação da equipe.

Entretanto, segundo a nova Lei, em licitação que envolva bens ou serviços especiais, o agente de contratação poderá ser substituído por comissão de contratação formada por, no mínimo, 3 membros, que responderão solidariamente por todos os atos praticados pela comissão, ressalvado o membro que expressar posição individual divergente fundamentada e registrada em ata lavrada na reunião em que houver sido tomada a decisão.

Também de acordo com a Lei 14.133, as regras relativas à atuação do agente de contratação e da equipe de apoio, ao funcionamento da comissão de contratação e à atuação de fiscais e gestores de contratos de que trata a Lei, serão estabelecidas em regulamento, no qual também deverá ser prevista a possibilidade de tanto o agente como a comissão de contratação contarem com o apoio dos órgãos de assessoramento jurídico e de controle interno para o desempenho das funções essenciais à execução da Lei.

Ademais, em licitação que envolva bens ou serviços especiais cujo objeto não seja rotineiramente contratado pela Administração, também poderá ser contratado, por prazo determinado, serviço de empresa ou de profissional especializado para assessorar os agentes públicos responsáveis pela condução da licitação.

Mas na modalidade de licitação pregão, o agente responsável pela condução do certame continua sendo designado, tal como previa a Lei 10.520/02 (lei do pregão), **pregoeiro**.

Na **fase de julgamento**, o agente ou a comissão de contratação, conforme o caso, examinará todas as propostas apresentadas, tendo como parâmetro as exigências previstas no edital e os critérios de julgamento. Ao final, **desclassificará** as propostas que:

> I – contiverem vícios insanáveis;
>
> II – não obedecerem às especificações técnicas pormenorizadas no edital;
>
> III – apresentarem preços inexequíveis ou permanecerem acima do orçamento estimado para a contratação;
>
> IV – não tiverem sua exequibilidade demonstrada, quando exigido pela Administração; e
>
> V – apresentarem desconformidade com quaisquer outras exigências do edital, desde que insanável.

Entretanto, a Lei autoriza que a Administração se limite a verificar a conformidade das propostas apenas em relação à proposta mais bem classificada.

A Administração também poderá realizar diligências para aferir a exequibilidade das propostas ou exigir dos licitantes que ela seja demonstrada.

Em face do § 3º do art. 59 da Lei, na hipótese de obras e serviços de engenharia e arquitetura, para efeito de avaliação da exequibilidade e de sobrepreço, serão considerados o preço global, os quantitativos e os preços unitários tidos como relevantes, observado o critério de aceitabilidade de preços unitário e global a ser fixado no edital, conforme as especificidades do mercado correspondente.

No caso de obras e serviços de engenharia, serão consideradas inexequíveis as propostas cujos valores forem inferiores a 75% do valor orçado pela Administração.

E nas contratações de obras e serviços de engenharia, será exigida, sem prejuízo das demais garantias exigíveis de acordo com a nova Lei, **garantia adicional** do licitante vencedor cuja proposta for inferior a 85% do valor orçado pela Administração, equivalente à diferença entre este último e o valor da proposta.

Apesar da igualdade de tratamento que deve ser assegurada entre os licitantes no processo licitatório, ocorrendo empate entre duas ou mais propostas, a Lei 14.133/2021 indica, no art. 60, os **critérios de desempate**, que são os seguintes, **nesta ordem**:

1. **disputa final**, hipótese em que os licitantes empatados poderão apresentar nova proposta em ato contínuo à classificação;
2. **avaliação do desempenho contratual prévio dos licitantes**, para a qual deverão preferencialmente ser utilizados registros cadastrais para efeito de atesto de cumprimento de obrigações previstos na Lei de licitação;
3. **desenvolvimento pelo licitante de ações de equidade** entre homens e mulheres no ambiente de trabalho, conforme regulamento;
4. **desenvolvimento pelo licitante de programa de integridade**, conforme orientações dos órgãos de controle.

Todavia, se não houver desempate, e apesar da igualdade de tratamento que deve ser assegurada entre os licitantes no processo licitatório, a Lei 14.133/2021 assegura, em igualdade de condições, **preferência**, **sucessivamente**, aos bens e serviços produzidos ou prestados por:

> I – empresas estabelecidas no território do Estado ou do Distrito Federal do órgão ou entidade da Administração Pública estadual ou distrital licitante ou, no caso de licitação realizada por órgão ou entidade de Município, no território do Estado em que este se localize;
>
> II – empresas brasileiras;
>
> III – empresas que invistam em pesquisa e no desenvolvimento de tecnologia no País;
>
> IV – empresas que comprovem a prática de mitigação[6], nos termos da Lei nº 12.187/2009.

Conforme o § 2º do art. 60 da Lei, essas regras de preferência não prejudicarão a aplicação do disposto no art. 44 da Lei Complementar nº 123/2006, que assegura nas licitações, como critério de desempate, preferência de contratação para as microempresas e empresas de pequeno porte.

---

6. Nos termos da Lei 12.187/2009, que institui a Política Nacional sobre Mudança do Clima – PNMC, **mitigação** consiste em mudanças e substituições tecnológicas que reduzam o uso de recursos e as emissões por unidade de produção, bem como a implementação de medidas que reduzam as emissões de gases de efeito estufa e aumentem os sumidouros.

Pois bem, definido o resultado do julgamento, a Administração poderá negociar condições mais vantajosas com o primeiro colocado. Isso é uma novidade trazida pela nova Lei, para permitir, mesmo após o resultado do julgamento, a negociação entre a Administração e o licitante classificado em primeiro colocado, visando a obtenção de condições mais vantajosas para o interesse público.

Essa negociação também poderá ser feita com os demais licitantes, segundo a ordem de classificação inicialmente estabelecida, quando o primeiro colocado, mesmo após a negociação, for desclassificado em razão de sua proposta permanecer acima do preço máximo definido pela Administração.

A negociação será conduzida por agente de contratação ou comissão de contratação, na forma de regulamento, e, depois de concluída, terá seu resultado divulgado a todos os licitantes e anexado aos autos do processo licitatório.

16. DA HABILITAÇÃO

Concluída a fase de julgamento, com a relação dos licitantes classificados, dá-se início à habilitação.

A **habilitação** é a fase da licitação na qual se examina o conjunto de informações e documentos necessários e suficientes para demonstrar a **capacidade do licitante de realizar o objeto da licitação**. Ela se divide, conforme o art. 62 da Lei 14.133/2021, em:

> I – jurídica;
>
> II – técnica;
>
> III – fiscal, social e trabalhista; e
>
> IV – econômico-financeira.

Na habilitação, a Administração:

> I – poderá exigir dos licitantes a declaração de que atendem aos requisitos de habilitação, e o declarante responderá pela veracidade das informações prestadas, na forma da lei;
>
> II – exigirá a apresentação dos documentos de habilitação apenas pelo licitante vencedor, exceto quando a fase de habilitação anteceder a de julgamento;
>
> III – exigirá os documentos relativos à regularidade fiscal, em qualquer caso, somente em momento posterior ao julgamento das propostas, e apenas do licitante mais bem classificado;
>
> IV – exigirá do licitante declaração de que cumpre as exigências de reserva de cargos para pessoa com deficiência e para reabilitado da Previdência Social, previstas em lei e em outras normas específicas.

Será exigida dos licitantes, pelo edital de licitação, sob pena de desclassificação, declaração de que suas propostas econômicas compreendem a **integralidade dos custos para atendimento dos direitos trabalhistas** assegurados na Constituição Federal, nas leis trabalhistas, nas normas infralegais, nas convenções coletivas de trabalho e nos termos de ajustamento de conduta vigentes na data de entrega das propostas.

Segundo a nova Lei, quando for imprescindível a avaliação prévia do local de execução para o conhecimento pleno das condições e peculiaridades do objeto a ser contratado, o edital de licitação poderá prever, sob pena de inabilitação, a necessidade de o licitante atestar que conhece o local e as condições de realização da obra ou serviço, assegurado a ele o direito de realização de vistoria prévia.

Porém, nessa hipótese, o edital de licitação sempre deverá prever a possibilidade de substituição da vistoria por declaração formal assinada pelo responsável técnico do licitante acerca do conhecimento pleno das condições e peculiaridades da contratação. Entretanto, se os licitantes optarem por realizar vistoria prévia, a Administração deverá disponibilizar data e horário diferentes para os eventuais interessados.

Nos termos do art. 64, após a entrega dos documentos para habilitação, não será permitida a substituição ou a apresentação de novos documentos, salvo em sede de diligência, para:

> I – complementação de informações acerca dos documentos já apresentados pelos licitantes e desde que necessária para apurar fatos existentes à época da abertura do certame;
>
> II – atualização de documentos cuja validade tenha expirado após a data de recebimento das propostas.

Na análise dos documentos de habilitação, a comissão de licitação poderá sanar erros ou falhas que não alterem a substância dos documentos e sua validade jurídica, mediante despacho fundamentado registrado e acessível a todos, atribuindo-lhes eficácia para fins de habilitação e classificação.

Mas quando a fase de habilitação anteceder a de julgamento e já tiver sido encerrada, não caberá exclusão de licitante por motivo relacionado à habilitação, salvo em razão de fatos supervenientes ou só conhecidos após o julgamento.

Todas as condições de habilitação deverão ser definidas no edital.

Tratando-se de empresas criadas no exercício financeiro de realização da licitação, sem prejuízo da obrigação de atender a todas as exigências da habilitação, ficarão autorizadas a substituir os demonstrativos contábeis pelo balanço de abertura.

A Lei autoriza que a habilitação seja realizada por processo eletrônico de comunicação a distância, nos termos dispostos em regulamento (art. 65, § 2º).

16.1. Da Habilitação Jurídica

A **habilitação jurídica** visa a demonstrar a capacidade de o licitante exercer direitos e assumir obrigações, a partir de sua necessária identificação jurídica perante a Administração.

A documentação a ser apresentada pelo licitante, limita-se à comprovação de existência jurídica da pessoa e, quando cabível, de autorização para o exercício da atividade a ser contratada.

16.2. Da Habilitação Técnica

A **habilitação técnica** se destina à comprovação da qualificação técnico-profissional e técnico-operacional do licitante. Nos termos do art. 67 da nova Lei, a documentação relativa à qualificação técnico-profissional e técnico-operacional será restrita a:

> I – apresentação de profissional, devidamente registrado no conselho profissional competente, quando for o caso, detentor de atestado de responsabilidade técnica por execução de obra ou serviço de características semelhantes, para fins de contratação;
>
> II – certidões ou atestados, regularmente emitidos pelo conselho profissional competente, quando for o caso, que demonstrem capacidade operacional na execução de serviços similares de complexidade tecnológica e operacional equivalente ou superior, bem como documentos comprobatórios emitidos na forma do § 3º do art. 88 da Lei 14.133 (que prevê a emissão pelo contratante de documento comprobatório da avaliação de desempenho realizada da atuação do contratado sobre a execução contratual e ao cumprimento de obrigações assumidas).
>
> III – indicação do pessoal técnico, das instalações e do aparelhamento adequados e disponíveis para a realização do objeto da licitação, bem como da qualificação de cada membro da equipe técnica que se responsabilizará pelos trabalhos;
>
> IV – prova do atendimento de requisitos previstos em lei especial, quando for o caso;
>
> V – registro ou inscrição na entidade profissional competente, quando for o caso;
>
> VI – declaração de que o licitante tomou conhecimento de todas as informações e das condições locais para o cumprimento das obrigações objeto da licitação.

Conforme o § 1º do art. 67, a exigência de atestados será restrita às parcelas de maior relevância ou valor significativo do objeto da licitação, assim consideradas as que tenham valor individual igual ou superior a 4% do valor total estimado da contratação.

Salvo na contratação de obras e serviços de engenharia, as exigências de apresentação de profissional registrado no conselho profissional e de certidões ou atestados, emitidos pelo conselho profissional competente, que demonstrem capacidade operacional na execução de serviços similares de complexidade tecnológica e operacional equivalente ou superior, a critério da Administração, poderão ser substituídas por outra prova de que o profissional ou a empresa possui conhecimento técnico e experiência prática na execução de serviço de características semelhantes, hipótese em que as provas alternativas aceitáveis deverão ser previstas em regulamento.

Serão aceitos atestados ou outros documentos hábeis emitidos por entidades estrangeiras quando acompanhados de tradução para o português, salvo se comprovada a inidoneidade da entidade emissora.

Tratando-se o objeto da licitação de serviços contínuos, o edital poderá exigir certidão ou atestado que demonstre que o licitante tenha executado serviços similares ao objeto da licitação, em períodos sucessivos ou não, por um prazo mínimo, que não poderá ser superior a 3 anos.

Segunda a Lei, os profissionais indicados pelo licitante deverão participar da obra ou serviço objeto da licitação, e será admitida a sua substituição por profissionais de experiência equivalente ou superior, desde que aprovada pela Administração.

De acordo com a Lei, as sociedades empresárias estrangeiras deverão atenderão à exigência de registro ou inscrição na entidade profissional competente por meio da apresentação, no momento da assinatura do contrato, da solicitação de registro perante a entidade profissional competente no Brasil.

16.3. Da Habilitação Fiscal, Social e Trabalhista

Nos termos do art. 68 da Lei, as **habilitações fiscal, social e trabalhista** serão aferidas mediante a verificação dos seguintes requisitos:

> I – a inscrição no Cadastro de Pessoas Físicas (CPF) ou no Cadastro Nacional da Pessoa Jurídica (CNPJ);
>
> II – a inscrição no cadastro de contribuintes estadual e/ou municipal, se houver, relativo ao domicílio ou sede do licitante, pertinente ao seu ramo de atividade e compatível com o objeto contratual;
>
> III – a regularidade perante a Fazenda federal, estadual e/ou municipal do domicílio ou sede do licitante, ou outra equivalente, na forma da lei;
>
> IV – a regularidade relativa à Seguridade Social e ao FGTS, que demonstre cumprimento dos encargos sociais instituídos por lei;
>
> V – a regularidade perante a Justiça do Trabalho; e
>
> VI – o cumprimento do disposto no inciso XXXIII do art. 7º da CF, que proíbe o trabalho noturno, perigoso ou insalubre a menores de dezoito e de qualquer trabalho a menores de dezesseis anos, salvo na condição de aprendiz, a partir de quatorze anos.

Esses documentos, exigidos para comprovar as habilitações fiscal, social e trabalhista, poderão ser substituídos ou supridos, no todo ou em parte, por outros meios hábeis a comprovar a regularidade do licitante, inclusive por meio eletrônico.

Entretanto, cumpre ressaltar que, por força da Emenda Constitucional nº 109/2021, durante a vigência do estado de calamidade pública de âmbito nacional, de que trata o novo art. 167-B da CF, não se aplica o disposto no § 3º do art. 195 da Constituição, que veda a pessoa jurídica em débito com o sistema da seguridade social de contratar com o Poder Público e dele receber benefícios ou incentivos fiscais ou creditícios.

16.4. Da Habilitação Econômico-financeira

A **habilitação econômico-financeira** visa a demonstrar a capacidade econômica do licitante para cumprir as obrigações decorrentes do futuro contrato, devendo ser comprovada de forma objetiva, por coeficientes e índices econômicos previstos no edital, devidamente justificados no processo licitatório.

A comprovação da habilitação econômico-financeira, conforme o art. 69 da Lei 14.133/2021, será restrita à apresentação da seguinte documentação:

> I – balanço patrimonial, demonstração de resultado de exercício e demais demonstrações contábeis dos 2 (dois) últimos exercícios sociais, limitados ao último exercício no caso de a pessoa jurídica ter sido constituída há menos de 2 (dois) anos;
>
> II – certidão negativa de feitos sobre falência expedida pelo distribuidor da sede do licitante.

Mas a critério da Administração, poderá ser exigida declaração, assinada por profissional habilitado da área contábil, que ateste o atendimento pelo licitante dos índices econômicos previstos no edital.

Para os fins de comprovação da habilitação econômico-financeira, não pode a Administração exigir valores mínimos de faturamento anterior e de índices de rentabilidade ou lucratividade. Mas é admitida a exigência da relação dos compromissos assumidos pelo licitante que importem em diminuição de sua capacidade econômico-financeira, excluídas parcelas já executadas de contratos firmados.

Nos termos no § 4º do art. 69, a Administração, nas compras para entrega futura e na execução de obras e serviços, poderá estabelecer no edital a **exigência de capital mínimo** ou **de patrimônio líquido mínimo** equivalente a até 10% (dez por cento) do valor estimado da contratação.

Não pode a Administração, por outro lado, exigir índices e valores não usualmente adotados para a avaliação de situação econômico-financeira suficiente para o cumprimento das obrigações decorrentes da licitação.

Por fim, cumpre ressaltar que a nova Lei prevê que a documentação necessária para todas as habilitações poderá ser (art. 70):

> I – apresentada em original, por cópia ou por qualquer outro meio expressamente admitido pela Administração;
>
> II – substituída por registro cadastral emitido por órgão ou entidade pública, desde que previsto no edital e que o registro tenha sido feito em obediência ao disposto na nova Lei;
>
> III – dispensada, total ou parcialmente, nas contratações para entrega imediata, nas contratações em valores inferiores a 1/4 (um quarto) do limite para dispensa de licitação para compras em geral e nas contratações de produto para pesquisa e desenvolvimento até o valor de R$ 300.000,00 (trezentos mil reais).

Esse valor do inciso III, art. 70, foi atualizado, pelo Decreto 11.871/2023, para R$ 359.436,08 (trezentos e cinquenta e nove mil quatrocentos e trinta e seis reais e oito centavos).

E as empresas estrangeiras que não funcionem no País deverão apresentar documentos equivalentes, na forma de regulamento emitido pelo Poder Executivo federal.

17. DO ENCERRAMENTO DA LICITAÇÃO

Encerradas as fases de julgamento e habilitação, e exauridos os recursos administrativos, o processo licitatório será encaminhado à autoridade superior da Administração do órgão ou entidade responsável pela licitação para promover a **adjudicação do objeto** e a **homologação da licitação**. Essa é a conclusão natural.

Entretanto, constatada a existência de determinados vícios sanáveis, deverá a Autoridade determinar o retorno dos autos do processo licitatório para saneamento das irregularidades encontradas, hipótese em que, uma vez suplantadas, o processo volta à Autoridade para a adjudicação e homologação da licitação.

Porém, presente algum **vício insanável de ilegalidade**, deverá a Autoridade, no exercício do poder-dever de autotutela, **anular a licitação**, de ofício ou mediante provocação de terceiros.

E por fato superveniente devidamente comprovado, ainda poderá a Autoridade revogar a licitação por motivo de conveniência e oportunidade.

Ao pronunciar a nulidade, a autoridade indicará expressamente os atos com vícios insanáveis, tornando sem efeito todos os subsequentes que deles dependam. Na ocasião, determinará a apuração de responsabilidade de quem tenha dado causa à nulidade.

Nos casos de anulação e revogação da licitação, a Administração deverá assegurar a prévia manifestação dos interessados.

18. DA CONTRATAÇÃO DIRETA

A Licitação é **providência obrigatória** para a Administração Pública. Assim, para contratar, a Administração deve, previamente, licitar, instaurando o processo licitatório e realizando todas as suas fases, desde a preparatória até a homologação da licitação.

Essa é a regra, que se extrai de mandamento constitucional (CF, art. 37, XXI). Porém, a própria Constituição ressalva dessa obrigação de licitar, os casos especificados na legislação.

A Lei 8.666/93 já havia especificado esses casos, indicando as hipóteses de **inexigibilidade** e de **dispensa da licitação.**

A nova Lei 14.133/2021 também tratou do tema, disciplinando-o no capítulo dedicado à contratação direta. Com efeito, de acordo com o art. 72 da nova Lei, o processo de contratação direta compreende os **casos de inexigibilidade** e de **dispensa de licitação**.

Em que pese apresentarem-se como exceções à regra constitucional da obrigatoriedade da licitação e permitirem, ambas, a contratação direta pela Administração, a inexigibilidade e a dispensa de licitação não se confundem.

A **inexigibilidade** é exceção à obrigatoriedade da licitação que consiste na ausência do próprio pressuposto lógico da licitação que é a existência de competição, seja porque só existe *um objeto* (objeto singular), seja porque só existe *uma pessoa* que possa atender às necessidades da Administração (produtor, empresa ou representante comercial exclusivos). Assim, a licitação é inexigível quando inviável a competição.

A **dispensa** é outra exceção ao princípio da obrigatoriedade da licitação que pressupõe, todavia, a *possibilidade de competição*, de tal modo que a licitação seria possível, só que razões de tomo justificam que se deixe de efetuá-la em nome de outros interesses públicos. Assim, a dispensa consiste na possibilidade legal de a Administração Pública deixar de proceder à licitação, diante de determinadas hipóteses previstas taxativamente em lei, à vista das quais os órgãos e as entidades administrativas podem contratar diretamente com terceiros.

Em relação à dispensa de licitação, ainda é possível fazer uma distinção entre **licitação dispensável** e **licitação dispensada.**

Já a **licitação dispensável** é aquela em virtude da qual a Administração, mesmo ocorrendo a hipótese legal que autorize a dispensa da licitação, goza da liberdade de deliberar pela sua realização ou não (art. 75, da Lei 14.133/2021).

A licitação dispensada é aquela que a própria lei declarou-a como tal, de modo que não há discricionariedade administrativa de decidir se realiza ou não a licitação (art. 76, I e II, da Lei 14.133/2021). Aqui, configurada a hipótese legal, a Administração está obrigada a dispensar a licitação, por determinação da própria lei.

Pois bem, o processo de contratação direta deverá ser instruído com os seguintes documentos:

> I – documento de formalização de demanda e, se for o caso, estudo técnico preliminar, análise de riscos, termo de referência, projeto básico ou projeto executivo;
>
> II – estimativa de despesa, que deverá ser calculada na forma estabelecida no art. 23 da Lei;
>
> III – parecer jurídico e pareceres técnicos, se for o caso, que demonstrem o atendimento dos requisitos exigidos;
>
> IV – demonstração da compatibilidade da previsão de recursos orçamentários com o compromisso a ser assumido;
>
> V – comprovação de que o contratado preenche os requisitos de habilitação e qualificação mínima necessária;
>
> VI – razão da escolha do contratado;
>
> VII – justificativa de preço;
>
> VIII. autorização da autoridade competente.

O ato da Autoridade que autoriza a contratação direta ou o extrato decorrente do contrato deverá ser divulgado e mantido à disposição do público em sítio eletrônico oficial.

De acordo com o art. 73 da Lei, na hipótese de contratação direta indevida ocorrida com dolo, fraude ou erro grosseiro, o contratado e o agente público responsável, responderão solidariamente pelo dano causado ao erário, sem prejuízo de outras sanções legais cabíveis.

18.1. Da Inexigibilidade de Licitação

Como já mencionado antes, é inexigível a licitação em todos os casos em que é **inviável a competição**. Nada obstante, a nova Lei 14.133/2021, na linha da Lei anterior (Lei 8.666/93), prevê, em especial, os casos de inexigibilidade de licitação, **mas de forma meramente exemplificativa**. De observar-se que eles visam a afastar a licitação onde ela é impossível, devido à singularidade do objeto (ou do objeto único) ou à exclusividade do fornecedor.

Nos termos do art. 74 da Lei 14.133/2021, são especialmente os seguintes os casos de inexigibilidade de licitação:

> I – Aquisição de materiais, de equipamentos ou de gêneros ou contratação de serviços **que só possam ser fornecidos por produtor, empresa ou representante comercial exclusivos**. Nesse caso, a Administração deverá demonstrar a inviabilidade de competição mediante atestado de exclusividade, contrato de exclusividade, declaração do fabricante ou outro documento idôneo capaz de comprovar que o objeto é fornecido ou prestado por produtor, empresa ou representante comercial exclusivos, vedada a preferência por marca específica.
>
> II – Contratação de **profissional do setor artístico**, diretamente ou por meio de empresário exclusivo, **desde que consagrado pela crítica especializada ou pela opinião pública**. Nessa hipótese, considera-se empresário exclusivo a pessoa física ou jurídica que possua contrato, declaração, carta ou outro documento que ateste a exclusividade permanente e contínua de representação, no País ou em Estado específico, do profissional do setor artístico, afastada a possibilidade de contratação direta por inexigibilidade por meio de empresário com representação restrita a evento ou local específico.
>
> III – Contratação dos seguintes **serviços técnicos especializados de natureza predominantemente intelectual com profissionais ou empresas de notória especialização**, vedada a inexigibilidade para serviços de publicidade e divulgação: a) estudos técnicos, planejamentos, projetos básicos ou projetos executivos; b) pareceres, perícias e avaliações em geral; c) assessorias ou consultorias técnicas e auditorias financeiras ou tributárias; d) fiscalização, supervisão ou gerenciamento de obras ou serviços; e) patrocínio ou defesa de causas judiciais ou administrativas; f) treinamento e aperfeiçoamento de pessoal; g) restauração de obras de arte e de bens de valor histórico; e h) controles de qualidade e tecnológico, análises, testes e ensaios de campo e laboratoriais, instrumentação e monitoramento de parâmetros específicos de obras e do meio ambiente e demais serviços de engenharia que se enquadrem no disposto neste inciso. De acordo com a Lei, considera-se de **notória especialização** o profissional ou a empresa cujo conceito no campo de sua especialidade, decorrente de desempenho anterior, estudos, experiência, publicações, organização, aparelhamento, equipe técnica ou outros requisitos relacionados com suas atividades, permita inferir que o seu trabalho é essencial e reconhecidamente adequado à plena satisfação do objeto do contrato.
>
> IV – objetos que devam ou possam ser contratados por meio de credenciamento;
>
> V – aquisição ou locação de imóvel cujas características de instalações e de localização tornem necessária sua escolha.

Nas contratações direta de serviços técnicos especializados de natureza predominantemente intelectual com profissionais ou empresas de notória especialização, **é vedada a subcontratação** de empresas ou a atuação de profissionais distintos daqueles que tenham justificado a inexigibilidade.

Nas contratações para aquisição ou locação de imóvel cujas características de instalações e de localização tornem necessária sua escolha, devem ser observados os seguintes requisitos: I – avaliação prévia do bem, do seu estado de conservação, dos custos de adaptações, quando imprescindíveis às necessidades de utilização, e do prazo de amortização dos investimentos; II – certificação da inexistência de imóveis públicos vagos e disponíveis que atendam ao objeto; e III – justificativas que demonstrem a singularidade do imóvel a ser comprado ou locado pela Administração e que evidenciem vantagem para ela.

A nova Lei, diferente da anterior (Lei 8.666/93), não exigiu a singularidade do serviço (que é aquele que não seja comum ou de rotina) para contratação direta de serviços técnicos especializados de natureza predominantemente intelectual com profissionais ou empresas de notória especialização.

18.2. Da Dispensa de Licitação

Como pontuado alhures, a **dispensa de licitação** consiste na possibilidade legal de a Administração Pública deixar de proceder à licitação, diante de determinadas hipóteses previstas taxativamente em lei, à vista das quais os órgãos e as entidades administrativas podem contratar diretamente com terceiros.

Apesar de existir a possibilidade de competição e participação de interessados, e ser possível a licitação, há razões maiores que justificam que se deixe de efetuá-la em nome de outros interesses públicos.

Também como já mencionado, em relação à dispensa de licitação ainda é possível fazer uma distinção entre **licitação dispensável** e **licitação dispensada.**

18.2.1. Da licitação dispensável

Licitação dispensável é aquela em virtude da qual a Administração, mesmo ocorrendo a hipótese legal que autorize a contratação direta, goza da liberdade discricionária de deliberar pela sua realização ou não (art. 75, da Lei 14.133/2021).

As hipóteses de licitação **dispensável** encontram-se discriminadas, em rol taxativo, no art. 75 da Lei 14.133/2021.

Também com base na nova Lei 14.133/2021, é possível dividir essas hipóteses em **04 categorias**, assim identificadas:

- Em razão do **pequeno valor** (as hipóteses previstas no art. 75, incisos I e II);
- Em razão de **situações excepcionais** (as hipóteses previstas no art. 75, incisos III, VI, VII, VIII, X);
- Em razão do **objeto** (as hipóteses previstas no art. 75, incisos IV, V, XII, XVII e XVIII); e
- Em razão da **pessoa** (as hipóteses previstas no art. 75, incisos IX, XI, XIII, XIV, XV e XVI).

→ (I) Em razão do **pequeno valor**, a licitação pode ser dispensada:

1. Para contratação que envolva **valores inferiores a R$ 100.000,00 (cem mil reais)**, no caso de **obras e serviços de engenharia** ou de **serviços de manutenção de veículos automotores** (art. 75, I).
2. Para contratação que envolva **valores inferiores a R$ 50.000,00 (cinquenta mil reais)**, no caso de **outros serviços e compras** (art. 75, II).

Para fins de aferição dos valores que atendam a esses limites (**R$ 100.000,00** e **R$ 50.000,00**[7], a Administração Pública deverá observar, de acordo com o § 1º do art. 75 da Lei: I – o somatório do que for despendido no exercício financeiro pela respectiva unidade gestora; e II – o somatório da despesa realizada com objetos de mesma natureza, entendidos como tais aqueles relativos a contratações no mesmo ramo de atividade. Todavia, por força do § 7º desse art. 75, não se aplica essa exigência às contratações de até R$ 8.000,00 (oito mil reais) de serviços de manutenção de veículos automotores de propriedade do órgão ou entidade contratante, incluído o fornecimento de peças. Esse valor foi atualizado, pelo Decreto 11.871/2023, para R$ 9.584,97 (nove mil quinhentos e oitenta e quatro reais e noventa e sete centavos).

Para compras, obras e serviços **contratados por consórcio público** ou por **autarquia ou fundação qualificadas como agências executivas** na forma da lei, **esses valores serão duplicados.** Isto é, serão **R$200.000,00** no caso de obras e serviços de engenharia ou de serviços de manutenção de veículos automotores; e **R$100.000,00** para outros serviços e compras, valores que deverão ser atualizados anualmente, a cada dia 1º de janeiro, nos termos do art. 182 da nova Lei[8].

As contratações diretas, em razão do pequeno valor, de obras e serviços de engenharia ou de serviços de manutenção de veículos automotores e outros serviços e compras, de que tratam os incisos I e II do art. 75, **serão preferencialmente precedidas de divulgação de aviso em sítio eletrônico oficial**, pelo prazo mínimo de 3 (três) dias úteis, com a especificação do objeto pretendido e com a manifestação de interesse da Administração em obter propostas adicionais de eventuais interessados, **devendo ser selecionada a proposta mais vantajosa**.

Ademais, essas contratações diretas pelo pequeno valor serão preferencialmente pagas por meio de cartão de pagamento, cujo extrato deverá ser divulgado e mantido à disposição do público no Portal Nacional de Contratações Públicas (PNCP).

Por fim, cumpre lembrar que esses **valores limites** para a dispensa da licitação (**R$ 100.000,00**, para obras e serviços de engenharia ou de serviços de manutenção de veículos automotores**;** e **R$ 50.000,00**, para outros serviços e compras), serão atualizados pelo Poder Executivo federal, a cada dia 1º de janeiro, pelo Índice Nacional de Preços ao Consumidor Amplo Especial (IPCA-E) ou por índice que venha a substituí-lo, que serão divulgados no Portal Nacional de Contratações Públicas – PNCP.

Esses valores dos incisos I e II, art. 75, foram atualizados, pelo Decreto 11.871/2023, para R$ 119.812,02 (cento e dezenove mil oitocentos e doze reais e dois centavos) e R$ 59.906,02 (cinquenta e nove mil novecentos e seis reais e dois centavos), respectivamente..

→ (II) Em razão de **situações excepcionais**, a licitação pode ser dispensada:

7. Valores atualizados pelo Decreto 11.871/2023, para R$ 119.812,02 (cento e dezenove mil oitocentos e doze reais e dois centavos) e R$ 59.906,02 (cinquenta e nove mil novecentos e seis reais e dois centavos), respectivamente.
8. Valores atualizados pelo Decreto 11.871/2023, para R$ 239.624,04 e R$ 119.812,04, respectivamente.

1. Para contratação que mantenha todas as condições definidas em edital de licitação realizada **há menos de 1 (um) ano**, quando se verificar que naquela licitação: a) não surgiram licitantes interessados ou não foram apresentadas propostas válidas; b) as propostas apresentadas consignaram preços manifestamente superiores aos praticados no mercado ou incompatíveis com os fixados pelos órgãos oficiais competentes (art. 75, III).

Na hipótese de não surgirem licitantes interessados para a licitação anterior, caracteriza-se a chamada **licitação deserta**, para a qual não se apresentou nenhum interessado. E no caso de, apresentando-se o licitante, não foram apresentadas propostas válidas ou as propostas apresentadas consignaram preços manifestamente superiores aos praticados no mercado ou incompatíveis com os fixados pelos órgãos oficiais competentes, temos a chamada **licitação fracassada**, em que aparecem interessados, mas nenhum é selecionado, em decorrência da inabilitação ou da desclassificação.

2. Para contratação com vistas ao cumprimento do disposto nos arts. 3º, 3º-A, 4º, 5º e 20 da Lei nº 10.973/2004 (Lei que estabelece medidas de incentivo à inovação e à pesquisa científica e tecnológica no ambiente produtivo), observados os princípios gerais de contratação constantes da referida Lei (art. 75, V).
3. Para contratação que possa acarretar comprometimento da segurança nacional, nos casos estabelecidos pelo Ministro de Estado da Defesa, mediante demanda dos comandos das Forças Armadas ou dos demais ministérios (art. 75, VI).
4. Nos casos de guerra, estado de defesa, estado de sítio, intervenção federal ou de grave perturbação da ordem (art. 75, VII).
5. Nos casos de emergência ou de calamidade pública, quando caracterizada urgência de atendimento de situação que possa ocasionar prejuízo ou comprometer a continuidade dos serviços públicos ou a segurança de pessoas, obras, serviços, equipamentos e outros bens, públicos ou particulares, e somente para aquisição dos bens necessários ao atendimento da situação emergencial ou calamitosa e para as parcelas de obras e serviços que possam ser concluídas no prazo máximo de 1 (um) ano, contado da data de ocorrência da emergência ou da calamidade, vedadas a prorrogação dos respectivos contratos e a recontratação de empresa já contratada com base no disposto neste inciso (art. 75, VIII).

Nos termos do § 6º do art. 75, considera-se emergencial a contratação por dispensa com objetivo de manter a continuidade do serviço público, e deverão ser observados os valores praticados pelo mercado na forma do art. 23 da nova Lei e adotadas as providências necessárias para a conclusão do processo licitatório, sem prejuízo de apuração de responsabilidade dos agentes públicos que deram causa à situação emergencial.

6. Quando a União tiver que intervir no domínio econômico para regular preços ou normalizar o abastecimento (art. 75, X).

→ (III) Em razão do **objeto,** a licitação pode ser dispensada nos seguintes casos:

1. Para contratação que tenha por **objeto** (art. 75, IV):

a) bens, componentes ou peças de origem nacional ou estrangeira necessários à manutenção de equipamentos, a serem adquiridos do fornecedor original desses equipamentos durante o período de garantia técnica, quando essa condição de exclusividade for indispensável para a vigência da garantia;

b) bens, serviços, alienações ou obras, nos termos de acordo internacional específico aprovado pelo Congresso Nacional, quando as condições ofertadas forem manifestamente vantajosas para a Administração;

c) produtos para pesquisa e desenvolvimento, limitada a contratação, no caso de obras e serviços de engenharia, ao valor de R$ 300.000,00 (trezentos mil reais). Nessa hipótese específica, nos termos do § 5º do art. 75 da Lei, a dispensa, quando aplicada a obras e serviços de engenharia, seguirá procedimentos especiais instituídos em regulamentação específica. Esse valor foi atualizado, pelo Decreto 11.871/2023, para R$ 359.436,08 (trezentos e cinquenta e nove mil quatrocentos e trinta e seis reais e oito centavos);

d) transferência de tecnologia ou licenciamento de direito de uso ou de exploração de criação protegida, nas contratações realizadas por instituição científica, tecnológica e de inovação (ICT) pública ou por agência de fomento, desde que demonstrada vantagem para a Administração;

e) hortifrutigranjeiros, pães e outros gêneros perecíveis, no período necessário para a realização dos processos licitatórios correspondentes, hipótese em que a contratação será realizada diretamente com base no preço do dia;

f) bens ou serviços produzidos ou prestados no País que envolvam, cumulativamente, alta complexidade tecnológica e defesa nacional;

g) materiais de uso das Forças Armadas, com exceção de materiais de uso pessoal e administrativo, quando houver necessidade de manter a padronização requerida pela estrutura de apoio logístico dos meios navais, aéreos e terrestres, mediante autorização por ato do comandante da força militar;

h) bens e serviços para atendimento dos contingentes militares das forças singulares brasileiras empregadas em operações de paz no exterior, hipótese em que a contratação deverá ser justificada quanto ao preço e à escolha do fornecedor ou executante e ratificada pelo comandante da força militar;

i) abastecimento ou suprimento de efetivos militares em estada eventual de curta duração em portos, aeroportos ou localidades diferentes de suas sedes, por motivo de movimentação operacional ou de adestramento;

j) coleta, processamento e comercialização de resíduos sólidos urbanos recicláveis ou reutilizáveis, em áreas com sistema de coleta seletiva de lixo, realizados por associações ou cooperativas formadas exclusivamente de pessoas físicas de baixa renda reconhecidas pelo poder público como catadores de materiais recicláveis, com o uso de equipamentos compatíveis com as normas técnicas, ambientais e de saúde pública;

k) aquisição ou restauração de obras de arte e objetos históricos, de autenticidade certificada, desde que inerente às finalidades do órgão ou com elas compatível;

l) serviços especializados ou aquisição ou locação de equipamentos destinados ao rastreamento e à obtenção de provas previstas nos incisos II e V do *caput* do art. 3º da Lei nº 12.850/2013 (Lei que define organização criminosa e dispõe sobre a investigação criminal), quando houver necessidade justificada de manutenção de sigilo sobre a investigação;

m) aquisição de medicamentos destinados exclusivamente ao tratamento de doenças raras definidas pelo Ministério da Saúde.

2. Para contratação com vistas ao cumprimento do disposto nos arts. 3º, 3º-A, 4º, 5º e 20 da Lei nº 10.973/2004 (Lei que estabelece medidas de incentivo à inovação e à pesquisa científica e tecnológica no ambiente produtivo), observados os princípios gerais de contratação constantes da referida Lei (art. 75, V).

3. Para contratação em que houver transferência de tecnologia de produtos estratégicos para o Sistema Único de Saúde (SUS), conforme elencados em ato da direção nacional do SUS, inclusive por ocasião da aquisição desses produtos durante as etapas de absorção tecnológica, e em valores compatíveis com aqueles definidos no instrumento firmado para a transferência de tecnologia (art. 75, XII).

4. Para a contratação de entidades privadas sem fins lucrativos para a implementação de cisternas ou outras tecnologias sociais de acesso à água para consumo humano e produção de alimentos, para beneficiar as famílias rurais de baixa renda atingidas pela seca ou pela falta regular de água (art. 75, XVII, incluído pela Lei 14.628/2023).

5. para contratação de entidades privadas sem fins lucrativos, para a implementação do Programa Cozinha Solidária, que tem como finalidade fornecer alimentação gratuita preferencialmente à população em situação de vulnerabilidade e risco social, incluída a população em situação de rua, com vistas à promoção de políticas de segurança alimentar e nutricional e de assistência social e à efetivação de direitos sociais, dignidade humana, resgate social e melhoria da qualidade de vida (art. 75, XVIII, incluído pela Lei 14.628/2023).

→ (IV) Em razão da **pessoa**, a licitação pode ser dispensada:

1. Para a aquisição, por pessoa jurídica de direito público interno, de bens produzidos ou serviços prestados por órgão ou entidade que integrem a Administração Pública e que tenham sido criados para esse fim específico, desde que o preço contratado seja compatível com o praticado no mercado (art. 75, IX).

2. Para celebração de contrato de programa com ente federativo ou com entidade de sua Administração Pública indireta que envolva prestação de serviços

públicos de forma associada nos termos autorizados em contrato de consórcio público ou em convênio de cooperação (art. 75, XI).

3. Para contratação de profissionais para compor a comissão de avaliação de critérios de técnica, quando se tratar de profissional técnico de notória especialização (art. 75, XIII).
4. Para contratação de associação de pessoas com deficiência, sem fins lucrativos e de comprovada idoneidade, por órgão ou entidade da Administração Pública, para a prestação de serviços, desde que o preço contratado seja compatível com o praticado no mercado e os serviços contratados sejam prestados exclusivamente por pessoas com deficiência (art. 75, XIV).
5. Para contratação de instituição brasileira que tenha por finalidade estatutária apoiar, captar e executar atividades de ensino, pesquisa, extensão, desenvolvimento institucional, científico e tecnológico e estímulo à inovação, inclusive para gerir administrativa e financeiramente essas atividades, ou para contratação de instituição dedicada à recuperação social da pessoa presa, desde que o contratado tenha inquestionável reputação ética e profissional e não tenha fins lucrativos (art. 75, XV).
6. Para aquisição, por pessoa jurídica de direito público interno, de insumos estratégicos para a saúde produzidos por fundação que, regimental ou estatutariamente, tenha por finalidade apoiar órgão da Administração Pública direta, sua autarquia ou fundação em projetos de ensino, pesquisa, extensão, desenvolvimento institucional, científico e tecnológico e de estímulo à inovação, inclusive na gestão administrativa e financeira necessária à execução desses projetos, ou em parcerias que envolvam transferência de tecnologia de produtos estratégicos para o SUS, e que tenha sido criada para esse fim específico em data anterior à entrada em vigor da Lei 14.133, desde que o preço contratado seja compatível com o praticado no mercado; e (art. 75, XVI).

18.2.2. *Da licitação dispensada e da alienação de bens da Administração Pública*

A **Licitação dispensada** é aquela que a própria lei determina a contratação direta, afastando a licitação, de modo que não há discricionariedade da Administração de decidir se realiza ou não a licitação (art. 76, I e II, da Lei 14.133/2021). Aqui, configurada a hipótese legal, a Administração está obrigada a dispensar a licitação, por determinação da própria lei.

Essa licitação dispensada ocorre nas hipóteses de alienação de bens públicos, móveis e imóveis.

Entretanto, é importante esclarecer que uma das características dos bens públicos, conforme se estudou no capítulo referente a esse tema, é a **inalienabilidade**. Porém, como também se ressaltou naquele capítulo, essa inalienabilidade não é absoluta, na medida em que é possível, tratando-se de bem público não afetado ou após a sua devida desafetação, isto é, bem não vinculado ou após a sua desvinculação de alguma finalidade específica, proceder-se à sua alienação. Assim, ficou bem claro, naquele capítulo sobre o tema, **que somente os bens públicos não afetados podem ser objeto de alienação**.

Porém, a alienação dos bens públicos dependerá de determinadas providências legais, dentre elas a existência de interesse público devidamente justificado, a prévia avaliação do bem, a autorização legislativa quando se tratar de bens imóveis e a **licitação na modalidade leilão**.

A licitação na modalidade leilão, para a alienação de bens públicos imóveis, é outra novidade da Lei 14.133/2021. Isto porque, na Lei 8.666/93, a modalidade de licitação exigida para a alienação de bens imóveis era a concorrência. Com base nessa Lei anterior, o leilão somente podia ser aplicado para a alienação de bens imóveis, cuja aquisição pela Administração haja derivado de procedimentos judiciais ou de dação em pagamento.

Do mesmo modo, houve uma inovação legal em relação aos bens móveis, para cuja alienação também se exige o leilão, independentemente de seu valor. Pela lei anterior, o leilão só era cabível quando o valor dos bens móveis não fosse superior a R$ 1.430.000,00 (um milhão, quatrocentos e trinta mil reais), conforme dispunha o art. 17, § 6º, com valores atualizados pelo decreto presidencial nº 9.412/2018.

Enfim, com a nova Lei 14.133/2021, a modalidade de licitação exigida como condição para alienação de bens públicos, sejam imóveis ou móveis, é o leilão. Isto porque, pela nova Lei, o leilão é modalidade de licitação para alienação de **bens imóveis** ou de **bens móveis inservíveis** ou **legalmente apreendidos** a quem oferecer o maior lance, independente de valores.

Pois bem, feitas essas considerações, cumpre prosseguir para asseverar que é exatamente na exigência legal de licitação para a alienação de bens públicos (imóveis ou móveis) que incide a chamada licitação dispensada.

Na Lei 14.133/2021, é o art. 76 que dispõe sobre a **alienação** de bens móveis e imóveis da Administração Pública, condicionando-a, entre outras exigências, **à prévia realização de licitação**. No entanto, determinou expressamente a **dispensa da licitação**, nos casos que indica nos incisos I e II (**que são as hipóteses de licitação *dispensada***).

Com efeito, de acordo como o art. 76, a alienação de bens da Administração Pública, sempre subordinada à existência de interesse público devidamente justificado, será precedida de avaliação e obedecerá às seguintes normas:

I. Tratando-se de **bens imóveis**, inclusive os pertencentes às autarquias e às fundações, exigirá autorização legislativa e dependerá de licitação na modalidade leilão, **dispensada a realização de licitação nos casos de (são as hipóteses de licitação *dispensada* na alienação de bens imóveis)**:

a) doação em pagamento;

b) doação, permitida exclusivamente para outro órgão ou entidade da Administração Pública, de qualquer esfera de governo, ressalvado o disposto nas alíneas "f", "g" e "h" deste inciso;

Cumpre lembrar que a anterior Lei 8.666/93 também previa a licitação dispensada nessa hipótese "doação, permitida exclusivamente para outro órgão ou entidade da Administração Pública, de qualquer esfera de governo (...)". Contudo, na ADI nº 927-3/SP, o STF, por maioria de votos, deferiu medida cautelar, para suspender, quanto aos Estados, ao Distrito Federal e aos Municípios, a eficácia da expressão "permitida exclusivamente para outro órgão ou entidade da Administração Pública", contida nessa letra "b", por entender a Corte que essa expressão, por sua especificidade, não se insere no conceito de normas gerais, não se aplicando, por conseguinte, às demais entidades federadas, sendo limitada à União. A nova Lei nº 14.133/2021, novamente, ao que parece, incidindo na inconstitucionalidade, repetiu a restrição suspensa pelo Supremo ("permitida exclusivamente para outro órgão ou entidade da Administração Pública, de qualquer esfera de governo").

A hipótese revela uma inadmissível reação legislativa à decisão do STF, que em nada contribui para o Direito. Ao contrário, gera mais insegurança jurídica.

Conforme o § 2º do art. 76, os imóveis doados, cessadas as razões que justificaram sua doação, serão revertidos ao patrimônio da pessoa jurídica doadora, vedada sua alienação pelo beneficiário.

c) permuta por outros imóveis que atendam aos requisitos relacionados às finalidades precípuas da Administração, desde que a diferença apurada não ultrapasse a metade do valor do imóvel que será ofertado pela União, segundo avaliação prévia, e ocorra a torna de valores, sempre que for o caso;

d) investidura;

De acordo com o § 5º do art. 76, entende-se por investidura: I – a alienação, ao proprietário de imóvel lindeiro, de área remanescente ou resultante de obra pública que se tornar inaproveitável isoladamente, por preço que não seja inferior ao da avaliação nem superior a 50% (cinquenta por cento) do valor máximo permitido para dispensa de licitação de bens e serviços previsto nesta Lei; e II – a alienação, ao legítimo possuidor direto ou, na falta dele, ao poder público, de imóvel para fins residenciais construído em núcleo urbano anexo a usina hidrelétrica, desde que considerado dispensável na fase de operação da usina e que não integre a categoria de bens reversíveis ao final da concessão.

e) venda a outro órgão ou entidade da Administração Pública de qualquer esfera de governo;

f) alienação gratuita ou onerosa, aforamento, concessão de direito real de uso, locação e permissão de uso de bens imóveis residenciais construídos, destinados ou efetivamente usados em programas de habitação ou de regularização fundiária de interesse social desenvolvidos por órgão ou entidade da Administração Pública;

g) alienação gratuita ou onerosa, aforamento, concessão de direito real de uso, locação e permissão de uso de bens imóveis comerciais de âmbito local, com área de até 250 m^2 (duzentos e cinquenta metros quadrados) e destinados a programas de regularização fundiária de interesse social desenvolvidos por órgão ou entidade da Administração Pública;

h) alienação e concessão de direito real de uso, gratuita ou onerosa, de terras públicas rurais da União e do Instituto Nacional de Colonização e Reforma Agrária (Incra) onde incidam ocupações até o limite de 2.500 ha (dois mil e quinhentos hectares), que trata o § 1º do art. 6º da Lei 11.952/09, para fins de regularização fundiária, atendidos os requisitos legais;

i) legitimação de posse de que trata o art. 29 da Lei 6.383/76, mediante iniciativa e deliberação dos órgãos da Administração Pública competentes;

De acordo com o art. 29 da Lei 6.383/76, o ocupante de terras públicas, que as tenha tornado produtivas com o seu trabalho e o de sua família, fará jus à legitimação da posse de área contínua até 100 (cem) hectares, desde que não seja proprietário de imóvel rural e comprove a morada permanente e cultura efetiva, pelo prazo mínimo de 1 (um) ano.

j) legitimação fundiária e legitimação de posse de que trata a Lei 13.465/2017, que dispõe sobre a regularização fundiária rural e urbana.

II. Tratando-se de **bens móveis**, dependerá de licitação na modalidade leilão, **dispensada a realização de licitação nos casos de**:

a) doação, permitida exclusivamente para fins e uso de interesse social, após avaliação de oportunidade e conveniência socioeconômica em relação à escolha de outra forma de alienação;

b) permuta, permitida exclusivamente entre órgãos ou entidades da Administração Pública;

c) venda de ações, que poderão ser negociadas em bolsa, observada a legislação específica;

d) venda de títulos, observada a legislação pertinente;

e) venda de bens produzidos ou comercializados por entidades da Administração Pública, em virtude de suas finalidades;

f) venda de materiais e equipamentos sem utilização previsível por quem deles dispõe para outros órgãos ou entidades da Administração Pública.

Em face do § 1º do art. 76, a alienação de bens imóveis da Administração Pública cuja aquisição tenha sido derivada de procedimentos judiciais ou de dação em pagamento dispensará autorização legislativa e exigirá apenas avaliação prévia e licitação na modalidade leilão.

De acordo com § 3º do art. 76, a Administração poderá **conceder título de propriedade** ou **de direito real de uso de imóvel**, admitida a dispensa de licitação, quando o uso destinar-se a:

> I – outro órgão ou entidade da Administração Pública, qualquer que seja a localização do imóvel;
>
> II – pessoa natural que, nos termos de lei, regulamento ou ato normativo do órgão competente, haja implementado os requisitos mínimos de cultura, de ocupação mansa e pacífica e de exploração direta sobre área rural, observado o limite de 2.500 ha (dois mil e quinhentos hectares), de que trata o § 1º do art. 6º da Lei 11.952/09.

Na hipótese de concessão de título de propriedade ou de direito real de uso de imóvel a pessoa natural que haja implementado os requisitos mínimos de cultura, de ocupação mansa e pacífica e de exploração direta sobre área rural, será dispensada a autorização legislativa, mas a concessão deve observar as seguintes condições:

> I – aplicação exclusiva às áreas em que a detenção por particular seja comprovadamente anterior a 1º de dezembro de 2004;
>
> II – submissão aos demais requisitos e impedimentos do regime legal e administrativo de destinação e de regularização fundiária de terras públicas;
>
> III – vedação de concessão para exploração não contemplada na lei agrária, nas leis de destinação de terras públicas ou nas normas legais ou administrativas de zoneamento ecológico-econômico;
>
> IV – previsão de extinção automática da concessão, dispensada notificação, em caso de declaração de utilidade pública, de necessidade pública ou de interesse social;
>
> V – aplicação exclusiva a imóvel situado em zona rural e não sujeito a vedação, impedimento ou inconveniente à exploração mediante atividade agropecuária;
>
> VI – limitação a áreas de 2.500 ha (dois mil e quinhentos hectares), vedada a dispensa de licitação para áreas superiores;
>
> VII – acúmulo com o quantitativo de área decorrente do caso previsto na alínea "i" do inciso I do art. 76, que se refere à legitimação de posse de área contínua até 100 (cem) hectares, até o limite previsto no inciso VI acima citado, de 2.500 ha.

Conforme o § 6º do art. 76, a doação com encargo será licitada e de seu instrumento constarão, obrigatoriamente, os encargos, o prazo de seu cumprimento e a cláusula de reversão, sob pena de nulidade do ato, dispensada a licitação em caso de interesse público devidamente justificado. E caso o donatário necessite oferecer o imóvel em garantia de financiamento, a cláusula de reversão e as demais obrigações serão garantidas por hipoteca em segundo grau em favor do doador.

Por fim, ainda prevê o art. 77 que, para a venda de bens imóveis, será concedido **direito de preferência** ao licitante que, submetendo-se a todas as regras do edital, **comprove a ocupação do imóvel objeto da licitação**.

19. DOS INSTRUMENTOS AUXILIARES DAS LICITAÇÕES E DAS CONTRATAÇÕES

A nova Lei 14.133/2021 instituiu os por ela chamados **procedimentos auxiliares**, que consistem num conjunto de instrumentos destinados a auxiliar as licitações e as contratações. Em conformidade com o art. 78, esses procedimentos auxiliares compreendem:

> I – o credenciamento;
>
> II – a pré-qualificação;
>
> III – o procedimento de manifestação de interesse;
>
> IV – o sistema de registro de preços;
>
> V – o registro cadastral.

Caberá a regulamento do poder executivo definir de forma clara e objetiva os critérios dos procedimentos auxiliares.

De acordo com o § 2º do art. 78, o julgamento que decorrer dos procedimentos de pré-qualificação e de manifestação de interesse seguirá o mesmo procedimento das licitações.

19.1. Do Credenciamento

Consiste o **credenciamento** em processo administrativo de chamamento público por meio do qual a Administração Pública convoca interessados em prestar serviços ou fornecer bens para se credenciarem, cumpridos os requisitos necessários, no órgão ou na entidade para executar o objeto quando convocados.

De acordo com o art. 79 da Lei 14.133/2021, o credenciamento poderá ser usado nas seguintes hipóteses de contratação:

> I – paralela e não excludente: caso em que é viável e vantajosa para a Administração a realização de contratações simultâneas em condições padronizadas;
>
> II – com seleção a critério de terceiros: caso em que a seleção do contratado está a cargo do beneficiário direto da prestação;
>
> III – em mercados fluidos: caso em que a flutuação constante do valor da prestação e das condições de contratação inviabiliza a seleção de agente por meio de processo de licitação.

Já o parágrafo único do mesmo art. 79, prevê que os procedimentos de credenciamento serão definidos em regulamento, observadas as seguintes regras:

> I – a Administração deverá divulgar e manter à disposição do público, em sítio eletrônico oficial, edital de chamamento de interessados, de modo a permitir o cadastramento permanente de novos interessados;
>
> II – na hipótese de contratação paralela e não excludente, do inciso I do caput do art. 79, quando o objeto não permitir a contratação imediata e simultânea de todos os credenciados, deverão ser adotados critérios objetivos de distribuição da demanda;
>
> III – o edital de chamamento de interessados deverá prever as condições padronizadas de contratação e, nas hipóteses de contratação paralela e não excludente e de contratação com seleção a critério de terceiros, dos incisos I e II do caput do art. 79, deverá definir o valor da contratação;
>
> IV – na hipótese de contratação em mercados fluidos, do inciso III do caput do art. 79, a Administração deverá registrar as cotações de mercado vigentes no momento da contratação;

V – não será permitido o cometimento a terceiros do objeto contratado sem autorização expressa da Administração; e

VI – será admitida a denúncia por qualquer das partes nos prazos fixados no edital.

19.2. Da Pré-qualificação

A **pré-qualificação** consiste em **procedimento seletivo prévio** à licitação, convocado por meio de edital, destinado à análise das condições de habilitação, total ou parcial, dos *interessados* ou do *objeto*. Assim, a pré-qualificação visa a selecionar **licitantes** que reúnam condições de habilitação para participar de futura licitação ou **bens** que atendam às exigências da Administração.

Nos termos do art. 80, da Lei 14.133/2021, a pré-qualificação é o procedimento técnico-administrativo destinado a selecionar previamente (I) **licitantes** que reúnam condições de habilitação para participar de futura licitação ou de licitação vinculada a programas de obras ou de serviços objetivamente definidos; e (II) **bens** que atendam às exigências técnicas ou de qualidade estabelecidas pela Administração.

A ideia central do procedimento prévio da pré-qualificação de interessados ou bens, é racionalizar o processo licitatório, tornando-o menos burocrático, de modo a permitir que a licitação que se seguir ao procedimento da pré-qualificação **seja ser restrita a licitantes ou bens pré-qualificados**.

Segundo a Lei 14.133/2021, os bens e os serviços pré-qualificados **deverão integrar o catálogo de bens e serviços da Administração**.

O procedimento de pré-qualificação deverá ficar **permanentemente aberto** para a inscrição de interessados. Na pré-qualificação, *quando aberta a licitantes*, poderão ser dispensados os documentos que já constarem do registro cadastral; e, *quando aberta a bens*, poderá ser exigida a comprovação de qualidade.

Deverão constar do edital, para o procedimento da pré-qualificação, as informações mínimas necessárias para definição do objeto; e a modalidade, a forma da futura licitação e os critérios de julgamento.

Os interessados na pré-qualificação deverão apresentar os documentos perante órgão ou comissão indicada pela Administração, que deverá examiná-los no prazo máximo de 10 (dez) dias úteis e determinar correção ou reapresentação de documentos, quando for o caso, com vistas à ampliação da competição.

De acordo com a Lei 14.133/2021, a pré-qualificação:

- poderá ser realizada em grupos ou segmentos, segundo as especialidades dos fornecedores.
- poderá ser parcial ou total, com alguns ou todos os requisitos técnicos ou de habilitação necessários à contratação, assegurada, em qualquer hipótese, a igualdade de condições entre os concorrentes.
- quanto ao prazo, a pré-qualificação terá validade de 1 (um) ano, no máximo, e poderá ser atualizada a qualquer tempo; e a validade da pré-qualificação não poderá ser superior ao prazo de validade dos documentos apresentados pelos interessados.

Os licitantes e os bens pré-qualificados serão obrigatoriamente divulgados e mantidos à disposição do público.

19.3. Do Procedimento de Manifestação de Interesse

O **procedimento de manifestação de interesse** é instrumento auxiliar da licitação por meio do qual a Administração **poderá solicitar à iniciativa privada**, com a publicação de edital de chamamento público, a propositura e a realização de estudos, investigações, levantamentos e projetos de soluções inovadoras que contribuam com questões de relevância pública, na forma de regulamento.

A realização, pela iniciativa privada, desses estudos, investigações, levantamentos e projetos em decorrência do procedimento de manifestação de interesse não atribuirá ao realizador direito de preferência no processo licitatório; não obrigará o poder público a realizar licitação; não implicará, por si só, direito a ressarcimento de valores envolvidos em sua elaboração; e será remunerada somente pelo vencedor da licitação, vedada, em qualquer hipótese, a cobrança de valores do poder público.

Entretanto, os estudos, as investigações, os levantamentos e os projetos vinculados à contratação e de utilidade para a licitação, realizados pela Administração ou com a sua autorização, estarão à disposição dos interessados, e o vencedor da licitação deverá ressarcir os dispêndios correspondentes, conforme especificado no edital.

Para aceitação dos produtos e serviços da iniciativa privada, convocada mediante o procedimento de manifestação de interesse, a Administração deverá elaborar parecer fundamentado com a demonstração de que o produto ou serviço entregue é adequado e suficiente à compreensão do objeto, de que as premissas adotadas são compatíveis com as reais necessidades do órgão e de que a metodologia proposta é a que propicia maior economia e vantagem entre as demais possíveis.

A Lei 14.133/2021 autoriza a Administração a restringir o procedimento de manifestação de interesse a *startups*, assim considerados os microempreendedores individuais, as microempresas e as empresas de pequeno porte, de natureza emergente e com grande potencial, que se dediquem à pesquisa, ao desenvolvimento e à implementação de novos produtos ou serviços baseados em soluções tecnológicas inovadoras que possam causar alto impacto, exigida, na seleção definitiva da inovação, validação prévia fundamentada em métricas objetivas, de modo a demonstrar o atendimento das necessidades da Administração.

19.4. Do Sistema de Registro de Preços

O **sistema de registro de preços** consiste no conjunto de procedimentos para realização, mediante contratação direta ou licitação nas modalidades pregão ou concorrência, de **registro formal de preços** relativos a prestação de serviços, a obras e a aquisição e locação de bens para contratações futuras.

De acordo com o art. 82, da Lei 14.133/2021, o edital de licitação para registro de preços observará as regras gerais da Lei e deverá dispor sobre:

I – as especificidades da licitação e de seu objeto, inclusive a quantidade máxima de cada item que poderá ser adquirida;

II – a quantidade mínima a ser cotada de unidades de bens ou, no caso de serviços, de unidades de medida;

III – a possibilidade de prever preços diferentes: a) quando o objeto for realizado ou entregue em locais diferentes; b) em razão da forma e do local de acondicionamento; c) quando admitida cotação variável em razão do tamanho do lote; e d) por outros motivos justificados no processo;

IV – a possibilidade de o licitante oferecer ou não proposta em quantitativo inferior ao máximo previsto no edital, obrigando-se nos limites dela;

V – o critério de julgamento da licitação, que será o de menor preço ou o de maior desconto sobre tabela de preços praticada no mercado;

VI – as condições para alteração de preços registrados;

VII – o registro de mais de um fornecedor ou prestador de serviço, desde que aceitem cotar o objeto em preço igual ao do licitante vencedor, assegurada a preferência de contratação de acordo com a ordem de classificação;

VIII – a vedação à participação do órgão ou entidade em mais de uma ata de registro de preços com o mesmo objeto no prazo de validade daquela de que já tiver participado, salvo na ocorrência de ata que tenha registrado quantitativo inferior ao máximo previsto no edital;

IX – as hipóteses de cancelamento da ata de registro de preços e suas consequências.

Nos termos do art. 82, § 1º, o critério de julgamento de menor preço por grupo de itens somente poderá ser adotado quando for demonstrada a inviabilidade de se promover a adjudicação por item e for evidenciada a sua vantagem técnica e econômica, e o critério de aceitabilidade de preços unitários máximos deverá ser indicado no edital. Nessa hipótese, observados os parâmetros estabelecidos nos <u>§§ 1º, 2º e 3º do art. 23 da Lei</u> 14.133, a contratação posterior de item específico constante de grupo de itens exigirá prévia pesquisa de mercado e demonstração de sua vantagem para o órgão ou entidade.

A Lei permite o registro de preços com indicação limitada a unidades de contratação, sem indicação do total a ser adquirido, mas apenas nas seguintes situações: I – quando for a primeira licitação para o objeto e o órgão ou entidade não tiver registro de demandas anteriores; II – no caso de alimento perecível; III – no caso em que o serviço estiver integrado ao fornecimento de bens. Nessas situações, é obrigatória a indicação do valor máximo da despesa e é vedada a participação de outro órgão ou entidade na ata.

O sistema de registro de preços poderá ser usado para a contratação de bens e serviços, inclusive de obras e serviços de engenharia, observadas as seguintes condições:

I – realização prévia de ampla pesquisa de mercado;

II – seleção de acordo com os procedimentos previstos em regulamento;

III – desenvolvimento obrigatório de rotina de controle;

IV – atualização periódica dos preços registrados;

V – definição do período de validade do registro de preços;

VI – inclusão, em ata de registro de preços, do licitante que aceitar cotar os bens ou serviços em preços iguais aos do licitante vencedor na sequência de classificação da licitação e inclusão do licitante que mantiver sua proposta original.

Conforme o § 6º do art. 82, o sistema de registro de preços poderá, na forma de regulamento, ser utilizado nas hipóteses de inexigibilidade e de dispensa de licitação para a aquisição de bens ou para a contratação de serviços por mais de um órgão ou entidade.

Apesar de a existência de preços registrados implicar o **compromisso de fornecimento** nas condições estabelecidas, a Administração **não estará obrigada** a contratar, facultada a realização de licitação específica para a aquisição pretendida, desde que devidamente motivada.

O prazo de vigência da ata de registro de preços será de 1 (um) ano e poderá ser prorrogado, por igual período, desde que comprovado o preço vantajoso. A ata de registro de preços consiste em documento vinculativo e obrigacional, com característica de **compromisso para futura contratação**, no qual são registrados o objeto, os preços, os fornecedores, os órgãos participantes e as condições a serem praticadas, conforme as disposições contidas no edital da licitação, no aviso ou instrumento de contratação direta e nas propostas apresentadas.

Mas o contrato decorrente da ata de registro de preços terá sua vigência estabelecida em conformidade com as disposições nela contidas.

Em conformidade com o art. 85, da Lei 14.133/2021, a Administração poderá contratar a execução de obras e serviços de engenharia pelo sistema de registro de preços, desde que exista projeto padronizado, sem complexidade técnica e operacional; e também haja necessidade permanente ou frequente de obra ou serviço a ser contratado.

Em face do art. 86, o **órgão ou entidade gerenciadora**, responsável pela condução do conjunto de procedimentos para registro de preços e pelo gerenciamento da ata de registro de preços dele decorrente, deverá, na fase preparatória do processo licitatório, para fins de registro de preços, **realizar procedimento público de intenção de registro de preços** para, nos termos de regulamento, possibilitar, pelo prazo mínimo de 8 (oito) dias úteis, a participação de outros órgãos ou entidades na respectiva ata e determinar a estimativa total de quantidades da contratação.

Porém, esse procedimento público de intenção de registro de preços será dispensável quando o órgão ou entidade gerenciadora for o único contratante. Se não participarem desse procedimento, os órgãos e entidades não participantes poderão **aderir à ata de registro de preços na condição de não participantes**, observados, entretanto, os seguintes requisitos:

I – apresentação de justificativa da vantagem da adesão, inclusive em situações de provável desabastecimento ou descontinuidade de serviço público;

II – demonstração de que os valores registrados estão compatíveis com os valores praticados pelo mercado na forma do art. 23 da Lei;

III – prévias consulta e aceitação do órgão ou entidade gerenciadora e do fornecedor.

Entretanto, essa **faculdade de aderir à ata de registro de preços na condição de não participante** poderá ser exercida (I) por órgãos e entidades da Administração Pública federal, estadual, distrital e municipal, relativamente a ata de registro de preços de órgão ou entidade gerenciadora federal, estadual ou distrital; ou (II) por órgãos e entidades da Administração Pública municipal, relativamente a ata de registro de preços de órgão ou entidade gerenciadora municipal, desde que o sistema de registro de preços tenha sido formalizado mediante licitação.

Mas as aquisições ou as contratações adicionais pelos órgãos e entidades não participantes do procedimento, **não poderão exceder, por órgão ou entidade, a 50% dos quantitativos dos itens** do instrumento convocatório registrados na ata de registro de preços para o órgão gerenciador e para os órgãos participantes.

O quantitativo decorrente das adesões à ata de registro de preços, pelos órgãos e entidades não participantes, não poderá exceder, na totalidade, ao dobro do quantitativo de cada item registrado na ata de registro de preços para o órgão gerenciador e órgãos participantes, independentemente do número de órgãos não participantes que aderirem. E de acordo com o § 6º do art. 86, a adesão à ata de registro de preços de órgão ou entidade gerenciadora do Poder Executivo federal por órgãos e entidades da Administração Pública estadual, distrital e municipal **poderá ser exigida para fins de transferências voluntárias**, não ficando sujeita ao limite dobro do quantitativo de cada item registrado na ata se destinada à execução descentralizada de programa ou projeto federal e comprovada a compatibilidade dos preços registrados com os valores praticados no mercado na forma do art. 23 da Lei.

E para a aquisição emergencial de medicamentos e material de consumo médico-hospitalar por órgãos e entidades da Administração Pública federal, estadual, distrital e municipal, a adesão à ata de registro de preços gerenciada pelo Ministério da Saúde não estará sujeita ao limite do dobro do quantitativo de cada item registrado na ata.

A Lei 14.133/2021 veda aos órgãos e entidades da Administração Pública federal a aderir à ata de registro de preços gerenciada por órgão ou entidade estadual, distrital ou municipal.

19.5. Do Registro Cadastral

A Lei 14.133/2021 determina aos órgãos e entidades da Administração Pública utilizarem o sistema de **registro cadastral unificado** disponível no Portal Nacional de Contratações Públicas (PNCP), para efeito de cadastro unificado de licitantes, na forma disposta em regulamento (art. 87).

Esse sistema de registro cadastral unificado **será público** e deverá ser **amplamente divulgado** e estar permanentemente aberto aos interessados. A Administração Pública também deve realizar o chamamento público pela *internet*, no mínimo anualmente, para atualização dos registros existentes e para ingresso de novos interessados.

E o interessado poderá requerer, a qualquer tempo, sua inscrição no cadastro ou a sua atualização. Porém, deverá fornecer os elementos necessários exigidos para habilitação previstos na Lei 14.133.

O interessado inscrito no registro cadastral será classificado, considerada sua área de atuação, por categorias, subdivididas em grupos, segundo a qualificação técnica e econômico-financeira avaliada, de acordo com regras objetivas divulgadas em sítio eletrônico oficial. E, ao final, será fornecido certificado ao inscrito, renovável sempre que atualizar o registro.

O interessado que requerer sua inscrição no cadastro, poderá participar de processo licitatório até a decisão da Administração, mas a celebração do contrato ficará condicionada à emissão do certificado ao inscrito.

A Lei 14.133 proíbe ao órgão ou entidade licitante exigir registro cadastral complementar para acesso a edital e anexos.

Nos termos do § 3º do art. 87, a Administração poderá realizar licitação **restrita a fornecedores cadastrados**, atendidos os critérios, as condições e os limites estabelecidos em regulamento, bem como a ampla publicidade dos procedimentos para o cadastramento. Nessa hipótese, será admitido fornecedor que realize seu cadastro dentro do prazo previsto no edital para apresentação de propostas.

Conforme o § 3º do art. 88, e com o propósito de incentivar os licitantes que possuírem ótimo desempenho anotado em seu registro cadastral, **constará do registro cadastral** em que a inscrição for realizada a **atuação do contratado** no cumprimento de obrigações assumidas, **avaliada pelo contratante**, que emitirá documento comprobatório da avaliação realizada, com menção ao seu desempenho na execução contratual, baseado em indicadores objetivamente definidos e aferidos, e a eventuais penalidades aplicadas.

Entretanto, essa anotação do cumprimento de obrigações pelo contratado, será condicionada à implantação e à regulamentação do cadastro de atesto de cumprimento de obrigações, apto à realização do registro de forma objetiva, em atendimento aos princípios da impessoalidade, da igualdade, da isonomia, da publicidade e da transparência, de modo a possibilitar a implementação de medidas de incentivo aos licitantes que possuírem ótimo desempenho anotado em seu registro cadastral.

A qualquer tempo poderá ser alterado, suspenso ou cancelado o registro de inscrito que deixar de satisfazer exigências determinadas pela Lei 14.133 ou por regulamento.

20. DAS IMPUGNAÇÕES, DOS PEDIDOS DE ESCLARECIMENTO E DOS RECURSOS

Nos termos do art. 164 da Lei 14.133/2021, **qualquer pessoa é parte legítima para impugnar edital de licitação por irregularidade** na aplicação dessa Lei ou **para solicitar esclarecimento sobre os seus termos**, devendo protocolar o pedido até 3 (três) dias úteis antes da data de abertura do certame licitatório.

Assim, a Lei permite a qualquer pessoa, ainda que não venha a participar da licitação, impugnar edital de licitação, para indicar alguma irregularidade, requerendo a nulidade do edital ou o saneamento das irregularidades. Como também autoriza a qualquer pessoa solicitar esclarecimentos sobre os termos do edital, em razão da alguma dúvida.

A Lei também exige que a Administração Pública **responda** à impugnação ou ao pedido de esclarecimento, devendo divulgar a resposta em sítio eletrônico oficial no prazo de até 3 (três) dias úteis, limitado ao último dia útil anterior à data da abertura do certame.

Ademais, o art. 165 prevê a possibilidade de **recursos** e **pedidos de reconsideração** dos atos da Administração, de iniciativa do interessado ou do licitante, fixando prazos para ambos.

Assim, contra os atos da Administração realizados no processo licitatório cabe recurso administrativo ou, quando não previsto, pedidos de reconsideração, sempre no prazo de 03 dias úteis, a contar da intimação do ato ou da lavratura da ata.

Desse modo, o interessado ou o licitante **pode recorrer**, no prazo de 3 dias úteis, contado da data de intimação ou de lavratura da ata, dos atos da Administração, nas seguintes hipóteses:

a) ato que defira ou indefira pedido de pré-qualificação de interessado ou de inscrição em registro cadastral, sua alteração ou cancelamento;
b) julgamento das propostas;
c) ato de habilitação ou inabilitação de licitante;
d) anulação ou revogação da licitação; e
e) extinção do contrato, quando determinada por ato unilateral e escrito da Administração.

E relativamente a ato do qual não caiba recurso, o interessado ou o licitante ainda pode apresentar **pedido de reconsideração**, no prazo de 3 (três) dias úteis, contado da data de intimação.

Em relação ao recurso apresentado contra ato de julgamento das propostas e contra ato de habilitação ou inabilitação de licitante, devem ser observadas, segundo o § 1º do art. 165 da Lei 14.133, as seguintes disposições:

> I – **a intenção de recorrer deverá ser manifestada imediatamente, sob pena de preclusão**, e o prazo 3 dias úteis para apresentação das razões recursais será iniciado na data de intimação ou de lavratura da ata de habilitação ou inabilitação ou, na hipótese de adoção da inversão de fases (habilitação preceder ao julgamento), da ata de julgamento;
>
> II – a **apreciação do recurso dar-se-á em fase única**.

O **recurso será dirigido à autoridade que tiver editado o ato ou proferido a decisão recorrida**, que, se não reconsiderar o ato ou a decisão no prazo de 3 (três) dias úteis, encaminhará o recurso com a sua motivação à autoridade superior, a qual deverá proferir sua decisão no prazo máximo de 10 (dez) dias úteis, contado do recebimento dos autos (art. 165, § 2º).

O provimento do recurso somente implicará a invalidação do ato recorrido quando insuscetível de aproveitamento.

O interessado ou o licitante contrário ao recurso, disporá do prazo de 3 dias úteis para apresentação de contrarrazões, contado da data de intimação pessoal ou de divulgação da interposição do recurso.

Será assegurado ao licitante vista dos elementos indispensáveis à defesa de seus interesses.

Nos termos do art. 168, o recurso e o pedido de reconsideração terão **efeito suspensivo** do ato ou da decisão recorrida até que sobrevenha decisão final da autoridade competente.

Na elaboração de suas decisões, a autoridade competente será auxiliada pelo órgão de assessoramento jurídico, que deverá dirimir dúvidas e subsidiá-la com as informações necessárias.

Com fundamento no art. 183 da Lei 14.133/2021, os prazos serão contados com a **exclusão do dia do começo** e **inclusão do dia do vencimento**. Nos prazos expressos **em dias úteis**, como os aqui mencionados, serão computados somente os dias em que ocorrer expediente administrativo no órgão ou entidade competente. E salvo disposição em contrário, considera-se dia do começo do prazo o primeiro dia útil seguinte ao da disponibilização da informação na internet; e a data de juntada aos autos do aviso de recebimento, quando a notificação for pelos correios.

Considera-se prorrogado o prazo até o primeiro dia útil seguinte se o vencimento cair em dia em que não houver expediente, se o expediente for encerrado antes da hora normal ou se houver indisponibilidade da comunicação eletrônica.

21. ANULAÇÃO E REVOGAÇÃO DA LICITAÇÃO

Concluído o processo licitatório, e exauridos os recursos administrativos, a autoridade superior do órgão ou entidade responsável pela licitação procederá a adjudicação do objeto e a homologação da licitação.

Em caso de irregularidades, caberá a autoridade determinar o retorno dos autos, para a adoção das providências necessárias ao saneamento dessas irregularidades. Saneadas, os autos do processo licitatório seguem novamente para a autoridade superior, a fim de proceder a adjudicação do objeto e a homologação da licitação.

Todavia, na hipótese de identificar **ilegalidade insanável**, deverá a autoridade proceder, de ofício ou mediante provocação de terceiros, **à anulação da licitação**. Nesse caso, ao pronunciar a nulidade, a autoridade deverá indicar expressamente os atos com vícios insanáveis, tornando sem efeito todos os subsequentes que deles dependam, e dará ensejo à apuração de responsabilidade de quem lhes tenha dado causa.

A existência de vício insanável de ilegalidade no processo licitatório pode justificar, nos termos do art. 147 da Lei 14.133/2021, a declaração de nulidade do contrato na hipótese em que se revelar medida de interesse público. Porém, a declaração de nulidade do contrato administrativo requererá **análise prévia do interesse público envolvido**, operando retroativamente (efeitos *ex tunc*) e impedindo os efeitos jurídicos que o contrato deveria produzir ordinariamente e desconstituindo os já produzidos.

Mas a nulidade do contrato, conforme o art. 149 da Lei 14.133, não exonerará a Administração do dever de indenizar o contratado pelo que houver executado até a data em que for declarada, bem como por outros prejuízos regularmente comprovados, desde que não lhe seja imputável, e será promovida a responsabilização de quem lhe tenha dado causa.

Finalmente, a autoridade competente para a aprovação do processo licitatório também poderá revogar a licitação por razões de conveniência e oportunidade decorrente de fato superveniente devidamente comprovado, pertinente e suficiente para justificar tal conduta.

Nos casos de anulação (por vício insanável de ilegalidade) e revogação (por razões de conveniência e oportunidade decorrente de fato superveniente devidamente comprovado), deverá ser assegurada a **prévia manifestação dos interessados**.

22. QUADRO SINÓTICO

1. A NOVA LEI DE LICITAÇÕES E CONTRATOS ADMINISTRATIVOS
A **Lei nº 14.133**, de 01 de abril de 2021, é a nova **Lei Geral das Licitações e Contratos Administrativos**, que estabeleceu novas **normas gerais** de licitação e contratação para as Administrações Públicas diretas, autárquicas e fundacionais dos poderes da União, dos Estados, do Distrito Federal e dos Municípios. Ela entrou em vigor na data de sua publicação, que ocorreu em edição extra do DOU de 01 de abril de 2021. A nova Lei de Licitações e Contratos revogou a Lei nº 8.666/1993, a Lei nº 10.520/2002 e os arts. 1º a 47-A da Lei nº 12.462/2011, que tratavam, respectivamente, das Normas Gerais sobre Licitações e Contratos Administrativos, do Pregão e do Regime Diferenciado de Contratações Públicas – RDC, mas com efeitos revogatórios **diferidos**, inicialmente, para após decorridos 2 (dois) anos de sua publicação oficial (que ocorreu, reitere-se, em 01 de abril de 2021). Somente as disposições da Lei 8.666/93 relativas aos crimes em licitações e contratos administrativos (arts. 89 a 108) foram **imediatamente revogadas** desde a publicação da nova Lei, que acrescentou ao título XI da Parte Especial do Código Penal o Capítulo II-B, tratando dos crimes em licitações e contratos administrativos (arts. 337-E a 337-P). Entretanto, a Medida Provisória 1.167, de 31/03/2023, alterou a Lei nº 14.133/2021 e **prorrogou, até 29 de dezembro de 2023**, a possibilidade de uso da Lei nº 8.666/1993, da Lei º 10.520/2002, e dos art. 1º a art. 47-A da Lei nº 12.462/2011. Nada obstante a prorrogação já determinada pela MP 1.167/2023, a Lei Complementar nº 198, de 28 de junho de 2023, deu nova redação ao inciso II do *caput* do art. 193 da Lei 14.133/2021, para considerar revogadas, somente em 30 de dezembro de 2023, as Leis 8.666/1993 e 10.520/2002, e os art. 1º a art. 47-A da Lei nº 12.462/2011. Por essa razão, a Lei 14.133/2021 assegurou à Administração, até 29 de dezembro de 2023, o direito de optar por licitar ou contratar diretamente de acordo com a nova Lei ou de acordo com as Leis então existentes e que continuaram em vigor durante esse prazo. Todavia, a opção escolhida deveria ser indicada expressamente no edital ou no ato autorizativo da contratação direta, vedada a aplicação combinada da nova Lei com as citadas Leis já existentes. Na hipótese de a Administração optar por licitar de acordo com as leis já existentes, o contrato respectivo, em consequência, seria regido pelas regras nelas previstas durante toda a sua vigência.
2. ESTRUTURA DA LEI 14.133/2021
A Lei 14.133/2021 está estruturada em **5 Títulos** e compreende **do art. 1º ao art. 194**. O **Título I** (arts. 1º a 10), trata das **disposições preliminares da Lei**. O **Título II** (arts. 11 a 88) dispõe sobre a **Licitação**. O **Título III** (arts. 89 a 154) cuida dos **contratos administrativos**. O **Título IV** (arts. 155 a 173) disciplina as **irregularidades na licitação e no contrato**. Por fim, o **Título V** (arts. 174 a 194) contempla normas de **disposições gerais**.

De um modo geral, a nova Lei avança em vários aspectos, especialmente para prever a possibilidade de utilização pela Administração Pública de tecnologias destinadas a garantir uma maior segurança, eficácia e eficiência no processo licitatório, como, por exemplo, o catálogo eletrônico de padronização de compras, serviços e obras, que consiste em um sistema informatizado, de gerenciamento centralizado e com indicação de preços, destinado a permitir a padronização de itens a serem adquiridos pela Administração Pública e que estarão disponíveis para a licitação.

3. ÂMBITO DE APLICAÇÃO DA LEI 14.133/2021

A nova Lei de licitação e contratos administrativos aplica-se à toda Administração Pública direta, às autarquias e às fundações da União, dos Estados, do Distrito Federal e dos Municípios, abrangendo todos os poderes da União, dos Estados e do Distrito Federal e dos Municípios; e os fundos especiais e as demais entidades controladas direta ou indiretamente pela Administração Pública.

Entretanto, a Lei 14.133/2021 não se aplica às empresas públicas, às sociedades de economia mista e às suas subsidiárias, tendo em vista que essas empresas estatais já são regidas pela Lei nº 13.303/2016. Porém, a nova Lei se aplica a essas empresas estatais e às suas subsidiárias relativamente aos crimes em licitações e contratos administrativos, previstos no art. 178 da Lei 14.133/2021 e incluídos no código penal (o Título XI da Parte Especial do Código Penal passou a vigorar acrescido do Capítulo II-B).

Quando a contratação for realizada no âmbito das repartições públicas sediadas no exterior (por exemplo, nas embaixadas brasileiras situadas em país estrangeiro), a aplicação da nova Lei deverá ser deveras mitigada. Isto porque, nessas contratações administrativas realizadas no exterior, deverão ser observadas as peculiaridades locais, para atender as condições locais de contratação, sem se afastar, porém, dos princípios básicos estabelecidos na nova Lei, tudo na forma de regulamentação específica a ser editada por ministro de Estado.

4. CONCEITO, FINS E OBJETO DA LICITAÇÃO

A licitação é um processo administrativo por meio do qual a Administração Pública seleciona a proposta mais vantajosa, entre as apresentadas pelos interessados, para o contrato que melhor atenda ao interesse público. Isto significa que as contratações da Administração Pública, por obrigação constitucional, devem ser antecedidas, via de regra, pela licitação, que somente será afastada nas hipóteses legais de dispensa e inexigibilidade.

A ideia central da licitação, longe de impor entraves burocráticos à Administração, é a promoção da melhor gestão do interesse coletivo. Por isso, alinhado a esse sentido, a nova Lei 14.133 estabelece que a licitação tem por finalidade assegurar a seleção da proposta apta a gerar o resultado de contratação mais vantajoso para a Administração Pública, inclusive no que se refere ao ciclo de vida do objeto; assegurar tratamento isonômico entre os licitantes, bem como a justa competição; evitar contratações com sobrepreço ou com preços manifestamente inexequíveis e superfaturamento na execução dos contratos; e incentivar a inovação e o desenvolvimento nacional sustentável.

A licitação, exatamente por consistir numa seleção pública, será processada e julgada em estrita conformidade com os princípios os princípios da legalidade, da impessoalidade, da moralidade, da publicidade, da eficiência, do interesse público, da probidade administrativa, da igualdade, do planejamento, da transparência, da eficácia, da segregação de funções, da motivação, da vinculação ao edital, do julgamento objetivo, da segurança jurídica, da razoabilidade, da competitividade, da proporcionalidade, da celeridade, da economicidade e do desenvolvimento nacional sustentável, assim como as disposições da Lei de Introdução às Normas do Direito Brasileiro (Decreto-Lei nº 4.657, de 4 de setembro de 1942).

Tem por objeto a contratação de obras e serviços de arquitetura e engenharia, prestação de serviços, compras, alienações, concessões, permissões e locações da Administração Pública, quando contratadas com terceiros.

5. COMPETÊNCIA PARA LEGISLAR SOBRE LICITAÇÃO

A Constituição atribuiu a competência para legislar sobre licitação a todas as entidades federadas, com destaque, porém, para a União. Isto porque, nos termos do inciso XXVII do art. 22, compete a União legislar sobre as **normas gerais** de licitação e contratação, em todas as modalidades, para as administrações públicas diretas, autárquicas e fundacionais da União, Estados, Distrito Federal e Municípios, obedecido o disposto no art. 37, XXI, e para as empresas públicas e sociedades de economia mista, nos termos do art. 173, § 1°, III.

Aos Estados, Distrito Federal e Municípios cabe apenas exercer a competência suplementar, legislando sobre **normas específicas** de licitação (CF, art. 24, § 2º, c/c art. 30, II).

Isto significa que as normas gerais da União, de extensão nacional, são de observância obrigatória para as demais entidades políticas, às quais cumpre tão somente complementá-las com suas normas específicas locais.

6. PRINCÍPIOS DA LICITAÇÃO

Em face do princípio da indisponibilidade do interesse público, a Administração Pública só pode contratar com terceiros depois de proceder à licitação.

A **obrigatoriedade da licitação**, portanto, já é, por si mesma, um princípio jurídico que vincula toda a Administração Pública. Todavia, há princípios que se aplicam ao processo licitatório, considerados indispensáveis à concretização dos fins da própria licitação.

6.1. Princípio da Legalidade

A licitação é um processo administrativo vinculado, de modo que todas as suas fases e atos são regrados e devem ser realizados com a fiel observância da lei. Em decorrência desse princípio, o art. 53 da Lei 14.133/2021, prevê que "Ao final da fase preparatória, o processo licitatório seguirá para o órgão de assessoramento jurídico da Administração, que realizará controle prévio de legalidade mediante análise jurídica da contratação".

Também estatui que "o órgão de assessoramento jurídico da Administração também realizará controle prévio de legalidade de contratações diretas, acordos, termos de cooperação, convênios, ajustes, adesões a atas de registro de preços, outros instrumentos congêneres e de seus termos aditivos" (§ 4º do art. 53).

6.2. Princípio da Impessoalidade

Em razão deste princípio, ficam vedados quaisquer favoritismos ou discriminações entre os licitantes. Na licitação, impõe-se um tratamento objetivo, levando em consideração as propostas apresentadas pelos participantes e as condições objetivas expostas previamente no edital, jamais se atentando para as condições pessoais dos licitantes que sejam estanhas ao objeto da licitação e ao futuro contrato.

6.3. Princípios da Moralidade e Probidade Administrativa

A licitação deve se desenvolver em conformidade com os padrões éticos, de zelo, de honestidade e probidade que conformam toda a atividade administrativa. Tal princípio visa a evitar os conluios, como a participação de empresas fantasmas, criadas para burlar a justa concorrência entre os interessados.

6.4. Princípio da Publicidade

Os atos e termos da licitação devem ser públicos, para garantir a todos os interessados o direito de conhecê-los.

A publicidade se impõe desde o encerramento da instrução do processo licitatório, devendo a autoridade competente determinar a divulgação do edital de licitação, cuja publicidade será realizada mediante divulgação e manutenção do inteiro teor do ato convocatório e de seus anexos no Portal Nacional de Contratações Públicas (PNCP).

E de acordo com o art. 13 da Lei 14.133, os atos praticados no processo licitatório **são públicos**, ressalvadas as hipóteses de informações cujo sigilo seja imprescindível à segurança da sociedade e do Estado, na forma da lei.

Todavia, para garantir a igualdade e a competitividade entre os licitantes, a exigência da publicidade não alcança o conteúdo das propostas, que deve permanecer sigiloso até a respectiva abertura.

6.5. Princípios da Eficiência e Eficácia

Com fundamento nesse princípio jurídico, a atividade administrativa deve ser desempenhada de forma *rápida*, para atingir os seus propósitos com celeridade e dinâmica, de modo a afastar qualquer burocracia ou embaraço administrativo.

No âmbito da ciência da Administração, costuma-se distinguir **eficiência** e **eficácia**. Essa distinção foi adotada pela nova Lei 14.133, para assegurar que o processo de licitação seja simultaneamente eficiente e eficaz.

Com efeito, a **eficiência** seria o emprego de meios adequados, visando a garantir a melhor utilização dos recursos disponíveis; preocupa-se, assim, com os meios, os métodos e procedimentos de trabalho adotados no âmbito interno da Administração.

Já a **eficácia** consistiria no sucesso dos resultados obtidos; preocupa-se com os fins, não com os meios.

6.6. Princípio da Igualdade

O princípio em tela exige tratamento igual a todos os licitantes em todas as fases do processo licitatório.

Em decorrência disto, e nos termos do art. 9º da nova Lei, é vedado ao agente público designado para atuar na área de licitações e contratos, ressalvados os casos previstos em lei, admitir, prever, incluir ou tolerar, nos atos que praticar, situações que (a) comprometam, restrinjam ou frustrem o caráter competitivo do processo licitatório, inclusive nos casos de participação de sociedades cooperativas; e (b) estabeleçam preferências ou distinções em razão da naturalidade, da sede ou do domicílio dos licitantes.

Também é vedado estabelecer tratamento diferenciado de natureza comercial, legal, trabalhista, previdenciária ou qualquer outra entre empresas brasileiras e estrangeiras, inclusive no que se refere a moeda, modalidade e local de pagamento, mesmo quando envolvido financiamento de agência internacional.

6.7. Princípio da Vinculação ao Instrumento Convocatório

Conforme este princípio, a Administração Pública está obrigada a observar todas as regras previamente fixadas para o certame, não podendo descumprir as normas e condições do edital, ao qual se acha estritamente vinculada.

Em razão do princípio em tela, tornou-se muito comum a afirmação de que o **edital é a lei da licitação**.

6.8. Princípio do Julgamento Objetivo

O julgamento das propostas será *objetivo,* devendo o agente, a comissão de contratação ou o pregoeiro, conforme o caso, realizá-lo em conformidade com as condições e os critérios de julgamento previamente estabelecidos no edital e de acordo com os fatores exclusivamente nele referidos, de maneira a possibilitar sua aferição pelos licitantes e pelos órgãos de controle.

Assim, no julgamento das propostas, a Administração levará em consideração os critérios objetivos definidos no edital, os quais não devem contrariar as normas estabelecidas na Lei para a licitação e contratação. Desse modo, é vedada a utilização de qualquer elemento, critério ou fator sigiloso, secreto, subjetivo ou reservado que possa ainda que indiretamente elidir o princípio da igualdade entre os licitantes. Bem assim, não se considerará qualquer oferta de vantagem não prevista no edital.

6.9. Princípio da Segregação de Funções

Com fundamento nesse princípio, a Administração **não pode** promover a designação do mesmo agente público para atuação simultânea em funções mais suscetíveis a riscos, de modo a reduzir a possibilidade de ocultação de erros e de ocorrência de fraudes na respectiva contratação (art. 7º, § 1º, da Lei 14.133/2021).

Ou seja, cuida-se da aplicação da lógica de que quem compra não pode fiscalizar, de modo que é fundamental a distinção e separação de funções e atuações entre os agentes públicos no processo de licitação, para não confundir a atuação do agente de contratação com a atuação dos agentes responsáveis pelo assessoramento jurídico ou controle interno ou com a atuação de fiscais e gestores de contratos.

6.10. Princípio da Motivação

Esse princípio se traduz na exigência de que todos os atos e decisões da Administração Pública no processo licitatório devem ser *fundamentados*, a partir da explicitação dos fatos e dos argumentos jurídicos.

A motivação deve ser explícita, clara e congruente, podendo consistir em declaração de concordância com fundamentos de anteriores pareceres, informações, decisões ou propostas, que, neste caso, serão parte integrante do ato.

6.11. Princípio da Segurança Jurídica

Visa à garantia da **certeza, estabilidade** e **confiança** nas relações ou situações jurídicas.

Os licitantes precisam ter a certeza e confiança de que estão participando de um processo licitatório íntegro e seguro. Por essa razão, a Administração do órgão ou entidade é responsável pela governança das contratações e deve implementar processos e estruturas, inclusive de gestão de riscos e controles internos, para avaliar, direcionar e monitorar os processos licitatórios e os respectivos contratos, com o intuito de promover, entre outros fins, **um ambiente íntegro, seguro e confiável.**

7. OBRIGATORIEDADE DA LICITAÇÃO

Como anteriormente mencionado, a obrigatoriedade da licitação, por si mesma, é um princípio jurídico-constitucional que vincula a Administração Pública. Nesse passo, a Constituição Federal *obriga* todos os órgãos da Administração Direta e todas as entidades da Administração Indireta a realizar licitação para seus contratos de obras, serviços, compras e alienações (CF/88, art. XXI do art. 37), bem como para a concessão e permissão de serviços públicos (CF/88, art. 175).

Importa considerar que mesmo a empresa pública e a sociedade de economia mista, assim como as suas subsidiárias, que explorem atividades econômicas, sujeitam-se à exigência da licitação.

8. DO PROCESSO LICITATÓRIO

8.1 Conceito e Objetivos

O processo licitatório é um processo administrativo que consiste num conjunto de fase e atos, deflagrados pela Administração Pública, com a participação de agentes públicos e de licitantes.

Tem por objetivos, nos termos do art. 11 da Lei 14.133/2021: (I) assegurar a seleção da proposta apta a gerar o resultado de contratação mais vantajoso para a Administração Pública, inclusive no que se refere ao ciclo de vida do objeto; (II) assegurar tratamento isonômico entre os licitantes, bem como a justa competição; (III) evitar contratações com sobrepreço ou com preços manifestamente inexequíveis e superfaturamento na execução dos contratos; e (IV) incentivar a inovação e o desenvolvimento nacional sustentável.

No processo licitatório, os documentos devem ser produzidos por escrito, com data e local de sua realização e assinatura dos responsáveis, e os valores, os preços e os custos utilizados terão como expressão monetária a moeda corrente nacional, salvo nas licitações de âmbito internacional, na qual poderá ser permitido ao licitante, estrangeiro e brasileiro, cotar preço em moeda estrangeira.
Uma outra importante novidade da nova Lei, é a previsão de que os órgãos responsáveis pelo planejamento de cada ente federativo possam, a partir de documentos de formalização de demandas e na forma de regulamento, elaborar **plano de contratações anual**, com o objetivo de racionalizar as contratações dos órgãos e entidades sob sua competência, garantir o alinhamento com o seu planejamento estratégico e subsidiar a elaboração das respectivas leis orçamentárias. Esse plano de contratações anual deverá ser divulgado e mantido à disposição do público em sítio eletrônico oficial e será observado pelo ente federativo na realização de licitações e na execução dos contratos.

8.2. Fases do Processo Licitatório

Nos termos do art. 17 da Lei 14.133/2021, o processo de licitação deve observar as **seguintes fases**, realizadas **em sequência**:
I – preparatória;
II – de divulgação do edital de licitação;
III – de apresentação de propostas e lances, quando for o caso;
IV – de julgamento;
V – de habilitação;
VI – recursal;
VII – de homologação.
Em síntese, as fases se desenvolvem na seguinte sequência: preparatória → de divulgação do edital de licitação → de apresentação de propostas e lances, quando for o caso → de julgamento → de habilitação → recursal → de homologação.
Uma outra importante novidade da Lei 14.133/2021, foi a inversão das fases do processo de licitação da Lei 8.666/93, para fixar a habilitação **após** o julgamento. Com efeito, pela Lei 8.666/93, a fase de habilitação precedia a de julgamento (classificação). Com a nova Lei, muda-se a sequência dessas fases, com o julgamento antecedendo a fase de habilitação. A novidade se alinha com o entendimento da doutrina majoritária, com as normas licitatórias de organismos financeiros multilaterais internacionais e é providência mais consentânea com o princípio da eficiência e com as necessárias celeridade e eficácia do processo licitatório.
No entanto, a fase de habilitação poderá, mediante ato motivado com explicitação dos benefícios decorrentes, anteceder a fase de apresentação de propostas e lances e a fase de julgamento, desde que expressamente prevista essa possibilidade no edital de licitação.

8.3. Das pessoas proibidas de disputar licitação ou participar da execução de contrato

A Lei 14.133/2021, por várias razões que indica e com o fim de tutelar o interesse público, proíbe algumas pessoas físicas e jurídicas de disputar licitação ou participar da execução de contrato, direta ou indiretamente.
Assim, estão proibidos:
(I) o autor do anteprojeto, do projeto básico ou do projeto executivo, pessoa física ou jurídica, quando a licitação versar sobre obra, serviços ou fornecimento de bens a ele relacionados; pela Lei, equiparam-se aos autores do projeto as empresas integrantes do mesmo grupo econômico;
(II) a empresa, isoladamente ou em consórcio, responsável pela elaboração do projeto básico ou do projeto executivo, ou empresa da qual o autor do projeto seja dirigente, gerente, controlador, acionista ou detentor de mais de 5% (cinco por cento) do capital com direito a voto, responsável técnico ou subcontratado, quando a licitação versar sobre obra, serviços ou fornecimento de bens a ela necessários;

(III) a pessoa física ou jurídica que se encontre, ao tempo da licitação, impossibilitada de participar da licitação em decorrência de sanção que lhe foi imposta, extensiva essa proibição ao licitante que atue em substituição a outra pessoa, física ou jurídica, com o intuito de burlar a efetividade da sanção a ela aplicada, inclusive a sua controladora, controlada ou coligada, desde que devidamente comprovado o ilícito ou a utilização fraudulenta da personalidade jurídica do licitante;
(IV) aquele que mantenha vínculo de natureza técnica, comercial, econômica, financeira, trabalhista ou civil com dirigente do órgão ou entidade contratante ou com agente público que desempenhe função na licitação ou atue na fiscalização ou na gestão do contrato, ou que deles seja cônjuge, companheiro ou parente em linha reta, colateral ou por afinidade, até o terceiro grau, devendo essa proibição constar expressamente do edital de licitação;
(V) empresas controladoras, controladas ou coligadas, nos termos da Lei de Sociedades por Ações (Lei nº 6.404/1976), concorrendo entre si;
(VI) pessoa física ou jurídica que, nos 5 (cinco) anos anteriores à divulgação do edital, tenha sido condenada judicialmente, com trânsito em julgado, por exploração de trabalho infantil, por submissão de trabalhadores a condições análogas às de escravo ou por contratação de adolescentes nos casos vedados pela legislação trabalhista.

9. DA FASE PREPARATÓRIA

A fase preparatória é a **fase interna** do processo licitatório, que consiste na etapa inaugural, de **iniciativa planejada** da Administração pública interessada, que deflagra o processo de licitação e é necessária para a instrução de todo o processo. É caracterizada pelo planejamento e deve compatibilizar-se com o plano de contratações anual, sempre que elaborado, e com as leis orçamentárias, bem como abordar todas as considerações técnicas, mercadológicas e de gestão que podem interferir na contratação.

É nessa fase que a Administração Pública planeja toda a licitação, adotando todas as providências necessárias para a realização da licitação e futura contratação, compreendendo, basicamente, as seguintes:

- a **definição do objeto** (por exemplo: compra, alienação, locação, concessão, prestação de serviços, obras, etc.) para o atendimento da necessidade, por meio de termo de referência, anteprojeto, projeto básico ou projeto executivo, conforme o caso;
- a **definição das condições de execução e pagamento**, das garantias exigidas e ofertadas e das condições de recebimento;
- o **orçamento estimado**, com as composições dos preços utilizados para sua formação;
- a **elaboração do edital de licitação**;
- a **elaboração de minuta de contrato**, quando necessária, que constará obrigatoriamente como anexo do edital de licitação;
- o **regime de fornecimento** de bens, de prestação de serviços ou de execução de obras e serviços de engenharia, observados os potenciais de economia de escala;
- a **modalidade de licitação**, o **critério de julgamento**, o modo de disputa e a adequação e eficiência da forma de combinação desses parâmetros, para os fins de seleção da proposta apta a gerar o resultado de contratação mais vantajoso para a Administração Pública, considerado todo o ciclo de vida do objeto;
- a **motivação circunstanciada das condições do edital**, tais como justificativa de exigências de qualificação técnica, mediante indicação das parcelas de maior relevância técnica ou valor significativo do objeto, e de qualificação econômico-financeira, justificativa dos critérios de pontuação e julgamento das propostas técnicas, nas licitações com julgamento por melhor técnica ou técnica e preço, e justificativa das regras pertinentes à participação de empresas em consórcio;
- a **análise dos riscos** que possam comprometer o sucesso da licitação e a boa execução contratual; e
- a **motivação sobre o momento da divulgação do orçamento** da licitação, observado o disposto no art. 24 da Lei.

9.1. Da audiência pública dos interessados

A nova Lei, visando a garantir uma maior participação dos interessados nos atos preparatórios da licitação, prevê a possiblidade de a Administração convocar, com antecedência mínima de 8 dias úteis, **audiência pública**, presencial ou a distância, na forma eletrônica, sobre licitação que pretenda realizar, com disponibilização prévia de informações pertinentes, inclusive de estudo técnico preliminar e elementos do edital de licitação, e com possibilidade de manifestação de todos os interessados.
Também faculta à Administração submeter a licitação a **prévia consulta pública**, mediante a disponibilização de seus elementos a todos os interessados, que poderão formular sugestões no prazo fixado.

9.2. Da matriz de riscos

A Lei 14.133 também inova, preocupada em assegurar o equilíbrio econômico-financeiro inicial do contrato. Para tanto, prevê no art. 22, que o edital poderá contemplar **matriz de alocação de riscos** entre o contratante e o contratado, hipótese em que o cálculo do valor estimado da contratação poderá considerar taxa de risco compatível com o objeto da licitação e com os riscos atribuídos ao contratado, de acordo com metodologia predefinida pelo ente federativo.
Entretanto, o edital **obrigatoriamente** contemplará matriz de alocação de riscos entre o contratante e o contratado, quando a contratação se referir a **obras e serviços de grande vulto** ou **forem adotados os regimes de contratação integrada e semi-integrada**.

9.3. Do valor previamente estimado da contratação

Em conformidade com a Lei, o valor previamente estimado da contratação **deverá ser compatível com os valores praticados pelo mercado**, considerados os preços constantes de bancos de dados públicos e as quantidades a serem contratadas, observadas a potencial economia de escala e as peculiaridades do local de execução do objeto.

9.4. Do caráter sigiloso do orçamento estimado da contratação

Prevê a Lei 14.133 que o orçamento estimado da contratação, desde que justificado, poderá ter caráter sigiloso, sem prejuízo da divulgação do detalhamento dos quantitativos e das demais informações necessárias para a elaboração das propostas. Todavia, o sigilo não prevalecerá para os órgãos de controle interno e externo.
Sem embargo disso, na hipótese de licitação em que for adotado o critério de julgamento por maior desconto, o preço estimado ou o máximo aceitável constará do edital da licitação.

9.5. Do Edital da Licitação

O **edital** é o ato administrativo com base no qual a Administração Pública convoca os interessados para participarem do processo licitatório, fixando os requisitos para a participação e definindo o objeto e as condições do futuro contrato. Enfim, o edital funciona como uma lei da licitação e o instrumento onde se consignam as futuras cláusulas do contrato a ser firmado entre a Administração e o licitante vencedor.
De acordo com o art. 25 da Lei 14.133, o edital deverá indicar o objeto da licitação e as regras relativas à convocação, ao julgamento, à habilitação, aos recursos e às penalidades da licitação, à fiscalização e à gestão do contrato, à entrega do objeto e às condições de pagamento. E todos os elementos do edital, incluídos minuta de contrato, termos de referência, anteprojeto, projetos e outros anexos, deverão ser divulgados em sítio eletrônico oficial na mesma data de divulgação do edital, sem necessidade de registro ou de identificação para acesso.
Buscando a padronização administrativa, a Lei determina que a Administração adote, sempre que o objeto permitir, **minutas padronizadas** de **edital** e de **contrato com cláusulas uniformes**.

9.6. Da margem de preferência no processo de licitação

Apesar do tratamento isonômico que deve ser assegurado aos licitantes, a Lei 14.133/2021, à semelhança da Lei anterior (Lei 8.666/93), faculta à Administração estabelecer, no processo de licitação, **margem de preferência** em benefício dos: I – bens manufaturados e serviços nacionais que atendam a normas técnicas brasileiras, cuja margem de preferência será definida em decisão fundamentada do Poder Executivo federal; e II – bens reciclados, recicláveis ou biodegradáveis, conforme regulamento (art. 26, *caput*).

10. DAS MODALIDADES DE LICITAÇÃO

Pela nova Lei 14.133/2021, são modalidades de licitação:

I – **pregão;**

II – **concorrência**;

III – **concurso;**

IV – **leilão;**

V – **diálogo competitivo.**

A Lei inovou bastante aqui. Ela extinguiu as modalidades anteriores de tomada de preços e convite, e criou uma nova modalidade, que é o **diálogo competitivo.** Na mesma linha da Lei 8.666/93, a nova Lei também veda a criação de outras modalidades de licitação ou, ainda, a combinação das existentes.

Mas além dessas modalidades de licitação, a Administração também poderá servir-se dos procedimentos auxiliares das licitações e das contratações, previstos no art. 78 da Lei, que compreendem o credenciamento; a pré-qualificação; o procedimento de manifestação de interesse; o sistema de registro de preços; e o registro cadastral.

Pregão é modalidade de licitação **obrigatória** para **aquisição de bens e serviços comuns**, cujo critério de julgamento poderá ser o de menor preço ou o de maior desconto. São **bens e serviços comuns** aqueles cujos padrões de desempenho e qualidade podem ser **objetivamente definidos** pelo edital, por meio de especificações usuais de mercado.

Concorrência é modalidade de licitação para **contratação de bens e serviços especiais e de obras e serviços comuns e especiais de engenharia**, cujo critério de julgamento poderá ser: (a) menor preço; (b) melhor técnica ou conteúdo artístico; (c) técnica e preço; (d) maior retorno econômico; e (e) maior desconto.

Bens e serviços especiais são aqueles cujos padrões de desempenho e qualidade **não podem**, por sua alta heterogeneidade ou complexidade, ser objetivamente definidos pelo edital, por meio de especificações usuais de mercado, exigida justificativa prévia do contratante.

Concurso é modalidade de licitação para escolha de trabalho técnico, científico ou artístico, cujo critério de julgamento será o de melhor técnica ou conteúdo artístico, e para concessão de prêmio ou remuneração ao vencedor.

Leilão é modalidade de licitação para alienação de bens imóveis ou de bens móveis inservíveis ou legalmente apreendidos a quem oferecer o maior lance.

E a novidade, **Diálogo Competitivo** é modalidade de licitação para contratação de obras, serviços e compras em que a Administração Pública realiza diálogos com licitantes previamente selecionados mediante critérios objetivos, com o intuito de desenvolver uma ou mais alternativas capazes de atender às necessidades da Administração, devendo os licitantes apresentar proposta final após o encerramento dos diálogos.

Nos termos do art. 29 da Lei, a concorrência e o pregão seguem o rito procedimental comum a que se refere o art. 17 da Lei 14.133/2021, que prevê que o processo de licitação observará as seguintes fases, nessa sequência: preparatória → de divulgação do edital de licitação → de apresentação de propostas e lances, quando for o caso → de julgamento → de habilitação → recursal e → de homologação.

Porém, adota-se o pregão, reitere-se, sempre que o objeto – **aquisição de bens e serviços comuns** – possuir padrões de desempenho e qualidade que possam ser objetivamente definidos pelo edital, por meio de especificações usuais de mercado. Entretanto, o pregão também pode ser aplicado nas contratações de serviços comuns de engenharia. Mas não se aplica o pregão às contratações de serviços técnicos especializados de natureza predominantemente intelectual e de obras e serviços especiais de engenharia.

O concurso deve observar as regras e as condições previstas em edital, que indicará: I – a qualificação exigida dos participantes; II – as diretrizes e formas de apresentação do trabalho; III – as condições de realização e o prêmio ou remuneração a ser concedida ao vencedor (art. 30). Nos concursos destinados à elaboração de projeto, o vencedor deverá ceder à Administração Pública, nos termos do art. 93 da Lei, todos os direitos patrimoniais relativos ao projeto e autorizar sua execução conforme juízo de conveniência e oportunidade das autoridades competentes.

O leilão poderá ser cometido a leiloeiro oficial ou a servidor designado pela autoridade competente da Administração. Os procedimentos operacionais do leilão devem ser disciplinados por regulamento (art. 31).

A Lei não exige registro cadastral prévio no leilão. E no processo do leilão, não terá fase de habilitação e deverá ser homologado assim que concluída a fase de lances, superada a fase recursal e efetivado o pagamento pelo licitante vencedor, na forma definida no edital.

A nova modalidade do diálogo competitivo **é restrita** a contratações em que a Administração (I) – vise a contratar objeto que envolva as seguintes condições: a) inovação tecnológica ou técnica; b) impossibilidade de o órgão ou entidade ter sua necessidade satisfeita sem a adaptação de soluções disponíveis no mercado; e c) impossibilidade de as especificações técnicas serem definidas com precisão suficiente pela Administração; e (II) – verifique a necessidade de definir e identificar os meios e as alternativas que possam satisfazer suas necessidades, com destaque para os seguintes aspectos: a) a solução técnica mais adequada; b) os requisitos técnicos aptos a concretizar a solução já definida; e c) a estrutura jurídica ou financeira do contrato.

11. DOS CRITÉRIOS DE JULGAMENTO

No julgamento das propostas apresentadas, a Administração Público poderá se utilizar de diversos critérios, devidamente previstos no edital. De acordo com o art. 33 da Lei 14.133/2021, o julgamento será realizado de acordo com os seguintes critérios: I – menor preço; II – maior desconto; III – melhor técnica ou conteúdo artístico; IV – técnica e preço; V – maior lance, no caso de leilão; e VI – maior retorno econômico.

O julgamento por menor preço ou maior desconto e, quando couber, por técnica e preço, considerará o **menor dispêndio** para a Administração, atendidos os parâmetros mínimos de qualidade definidos no edital de licitação (Art. 34).

O julgamento por **maior desconto** terá como referência o preço global fixado no edital de licitação, e o desconto será estendido aos eventuais termos aditivos.

O julgamento por **melhor técnica ou conteúdo artístico** considerará exclusivamente as propostas técnicas ou artísticas apresentadas pelos licitantes, e o edital deverá definir o prêmio ou a remuneração que será atribuída aos vencedores (Art. 35). Esse critério de julgamento da melhor técnica ou conteúdo artístico poderá ser utilizado para a contratação de projetos e trabalhos de natureza técnica, científica ou artística.

O julgamento por **técnica e preço** considerará a maior pontuação obtida a partir da ponderação, segundo fatores objetivos previstos no edital, das notas atribuídas aos aspectos de técnica e de preço da proposta (Art. 36).

No julgamento por técnica e preço, deverão ser avaliadas e ponderadas as propostas técnicas e, em seguida, as propostas de preço apresentadas pelos licitantes, na proporção máxima de 70% (setenta por cento) de valoração para a proposta técnica.

O julgamento por **maior retorno econômico**, utilizado exclusivamente para a celebração de contrato de eficiência, considerará a maior economia para a Administração, e a remuneração deverá ser fixada em percentual que incidirá de forma proporcional à economia efetivamente obtida na execução do contrato (Art. 39).

12. DA DIVULGAÇÃO DO EDITAL DE LICITAÇÃO

No final da fase preparatória, o processo licitatório seguirá para o órgão de assessoramento jurídico da Administração, que deverá realizar **controle prévio de legalidade** mediante **análise jurídica da contratação** (Art. 53).

Encerrada a instrução do processo sob os aspectos técnico e jurídico, a autoridade determinará a **divulgação do edital de licitação,** que será publicado, conforme disposto no art. 54, mediante divulgação e manutenção do inteiro teor do ato convocatório e de seus anexos no Portal Nacional de Contratações Públicas – PNCP.

A Lei faculta a divulgação adicional e a manutenção do inteiro teor do edital e de seus anexos em **sítio eletrônico oficial** do ente federativo do órgão ou entidade responsável pela licitação ou, no caso de consórcio público, do ente de maior nível entre eles, admitida, ainda, a divulgação direta a interessados devidamente cadastrados para esse fim.

13. DA APRESENTAÇÃO DE PROPOSTAS E LANCES

Divulgado o edital de licitação, os licitantes deverão apresentar propostas ou lances, conforme o caso. De acordo com o art. 55 da Lei 14.133/2021, há prazos mínimos para apresentação de propostas e lances, contados a partir da data de divulgação do edital de licitação, que são os seguintes:

I – para **aquisição de bens**: a) 8 dias úteis, quando adotados os critérios de julgamento de menor preço ou de maior desconto; e b) 15 dias úteis, nas demais hipóteses não abrangidas pela alínea "a" anterior;

II – no caso de **serviços e obras**: a) 10 dias úteis, quando adotados os critérios de julgamento de menor preço ou de maior desconto, no caso de serviços comuns e de obras e serviços comuns de engenharia; b) 25 dias úteis, quando adotados os critérios de julgamento de menor preço ou de maior desconto, no caso de serviços especiais e de obras e serviços especiais de engenharia; c) 60 dias úteis, quando o regime de execução for de contratação integrada; e d) 35 dias úteis, quando o regime de execução for o de contratação semi-integrada ou nas hipóteses não abrangidas pelas alíneas "a", "b" e "c" deste inciso;

III – para licitação em que se adote o critério de julgamento de maior lance, 15 dias úteis;

IV – para licitação em que se adote o critério de julgamento de técnica e preço ou de melhor técnica ou conteúdo artístico, 35 dias úteis.

Esses prazos mínimos para apresentação de propostas e lances poderão, mediante decisão fundamentada, **ser reduzidos até a metade** nas licitações realizadas pelo Ministério da Saúde, no âmbito do Sistema Único de Saúde (SUS).

14. DO JULGAMENTO

Pela Lei 8.666/93, o processo e julgamento da licitação seria conduzido por uma comissão, permanente ou especial, criada pela Administração com a função de receber, examinar e julgar todos os documentos e procedimentos relativos às licitações e ao cadastramento de licitantes.

Já a nova Lei 14.133/2021 substituiu a comissão de licitação pela figura do **agente de contratação** e, quando a licitação envolver bens ou serviços especiais, pela **comissão de contratação.**

Na **fase de julgamento**, o agente ou a comissão de contratação, conforme o caso, examinará todas as propostas apresentadas, tendo como parâmetro as exigências previstas no edital e os critérios de julgamento. Ao final, **desclassificará** as propostas que:

I – contiverem vícios insanáveis;

II – não obedecerem às especificações técnicas pormenorizadas no edital;

III – apresentarem preços inexequíveis ou permanecerem acima do orçamento estimado para a contratação;

IV – não tiverem sua exequibilidade demonstrada, quando exigido pela Administração; e

V – apresentarem desconformidade com quaisquer outras exigências do edital, desde que insanável.

15. DA HABILITAÇÃO

Concluída a fase de julgamento, com a relação dos licitantes classificados, dá-se início à habilitação.
A **habilitação** é a fase da licitação na qual se examina o conjunto de informações e documentos necessários e suficientes para demonstrar a **capacidade do licitante de realizar o objeto da licitação**. Ela se divide, conforme o art. 62 da Lei 14.133/2021, em:

I – jurídica;

II – técnica;

III – fiscal, social e trabalhista; e

IV – econômico-financeira.

Na habilitação, a Administração:

I – poderá exigir dos licitantes a declaração de que atendem aos requisitos de habilitação, e o declarante responderá pela veracidade das informações prestadas, na forma da lei;

II – exigirá a apresentação dos documentos de habilitação **apenas pelo licitante vencedor**, exceto quando a fase de habilitação anteceder a de julgamento;

III – exigirá os documentos relativos à regularidade fiscal, em qualquer caso, somente em momento posterior ao julgamento das propostas, e apenas do licitante mais bem classificado;

IV – exigirá do licitante declaração de que cumpre as exigências de reserva de cargos para pessoa com deficiência e para reabilitado da Previdência Social, previstas em lei e em outras normas específicas.

15.1. Da habilitação jurídica

A **habilitação jurídica** visa a demonstrar a capacidade de o licitante exercer direitos e assumir obrigações, a partir de sua necessária identificação jurídica perante a Administração.
A documentação a ser apresentada pelo licitante, limita-se à comprovação de existência jurídica da pessoa e, quando cabível, de autorização para o exercício da atividade a ser contratada.

15.2. Da habilitação técnica

A **habilitação técnica** se destina à comprovação da qualificação técnico-profissional e técnico-operacional do licitante. Nos termos do art. 67 da nova Lei, a documentação relativa à qualificação técnico-profissional e técnico-operacional será restrita a:

I – apresentação de profissional, devidamente registrado no conselho profissional competente, quando for o caso, detentor de atestado de responsabilidade técnica por execução de obra ou serviço de características semelhantes, para fins de contratação;

II – certidões ou atestados, regularmente emitidos pelo conselho profissional competente, quando for o caso, que demonstrem capacidade operacional na execução de serviços similares de complexidade tecnológica e operacional equivalente ou superior, bem como documentos comprobatórios emitidos na forma do § 3º do art. 88 da Lei 14.133 (que prevê a emissão pelo contratante de documento comprobatório da avaliação de desempenho realizada da atuação do contratado sobre a execução contratual e ao cumprimento de obrigações assumidas);

III – indicação do pessoal técnico, das instalações e do aparelhamento adequados e disponíveis para a realização do objeto da licitação, bem como da qualificação de cada membro da equipe técnica que se responsabilizará pelos trabalhos;

IV – prova do atendimento de requisitos previstos em lei especial, quando for o caso;

V – registro ou inscrição na entidade profissional competente, quando for o caso;

VI – declaração de que o licitante tomou conhecimento de todas as informações e das condições locais para o cumprimento das obrigações objeto da licitação.

15.3. Da habilitação fiscal, social e trabalhista

Nos termos do art. 68 da Lei, as **habilitações fiscal, social e trabalhista** serão aferidas mediante a verificação dos seguintes requisitos:

I – a inscrição no Cadastro de Pessoas Físicas (CPF) ou no Cadastro Nacional da Pessoa Jurídica (CNPJ);

II – a inscrição no cadastro de contribuintes estadual e/ou municipal, se houver, relativo ao domicílio ou sede do licitante, pertinente ao seu ramo de atividade e compatível com o objeto contratual;

III – a regularidade perante a Fazenda federal, estadual e/ou municipal do domicílio ou sede do licitante, ou outra equivalente, na forma da lei;

IV – a regularidade relativa à Seguridade Social e ao FGTS, que demonstre cumprimento dos encargos sociais instituídos por lei;

V – a regularidade perante a Justiça do Trabalho; e

VI – o cumprimento do disposto no inciso XXXIII do art. 7º da CF, que proíbe o trabalho noturno, perigoso ou insalubre a menores de dezoito e de qualquer trabalho a menores de dezesseis anos, salvo na condição de aprendiz, a partir de quatorze anos.

15.4. Da habilitação econômico-financeira

A **habilitação econômico-financeira** visa a demonstrar a capacidade econômica do licitante para cumprir as obrigações decorrentes do futuro contrato, devendo ser comprovada de forma objetiva, por coeficientes e índices econômicos previstos no edital, devidamente justificados no processo licitatório.

16. DO ENCERRAMENTO DA LICITAÇÃO

Encerradas as fases de julgamento e habilitação, e exauridos os recursos administrativos, o processo licitatório será encaminhado à autoridade superior da Administração do órgão ou entidade responsável pela licitação para promover a **adjudicação do objeto** e a **homologação da licitação**. Essa é a conclusão natural.

Entretanto, constatada a existência de determinados vícios sanáveis, deverá a Autoridade determinar o retorno dos autos do processo licitatório para saneamento das irregularidades encontradas, hipótese em que, uma vez suplantadas, o processo retorna para a adjudicação e homologação da licitação.

Porém, presente algum vício insanável de ilegalidade, deverá a Autoridade anular a licitação, de ofício ou mediante provocação de terceiros.

E por fato superveniente devidamente comprovado, ainda poderá a Autoridade revogar a licitação por motivo de conveniência e oportunidade.

Ao pronunciar a nulidade, a autoridade indicará expressamente os atos com vícios insanáveis, tornando sem efeito todos os subsequentes que deles dependam. Na ocasião, determinará a apuração de responsabilidade de quem tenha dado causa à nulidade.

Nos casos de anulação e revogação da licitação, a Administração deverá assegurar a prévia manifestação dos interessados.

17. DA CONTRATAÇÃO DIRETA

A Licitação é **providência obrigatória** para a Administração Pública. Assim, para contratar, a Administração deve, previamente, licitar, instaurando o processo licitatório e realizando todas as suas fases, desde a preparatória até a homologação da licitação.

Essa é a regra, que se extrai de mandamento constitucional (CF, art. 37, XXI). Porém, a própria Constituição ressalva dessa obrigação de licitar, os casos especificados na legislação.

A Lei 8.666/93 já havia especificado esses casos, indicando as hipóteses de **inexigibilidade** e de **dispensa da licitação.**

A nova Lei 14.133/2021 também tratou do tema, disciplinando-o no capítulo dedicado à contratação direta. Com efeito, de acordo com o art. 72 da nova Lei, o processo de contratação direta compreende os **casos de inexigibilidade** e de **dispensa de licitação**.

Em que pese apresentarem-se como exceções à regra constitucional da obrigatoriedade da licitação e permitirem, ambas, a contratação direta pela Administração, a inexigibilidade e a dispensa de licitação não se confundem.

A **inexigibilidade** é exceção à obrigatoriedade da licitação que consiste na ausência do próprio pressuposto lógico da licitação que é a existência de competição, seja porque só existe *um objeto* (objeto singular), seja porque só existe *uma pessoa* que possa atender às necessidades da Administração (produtor, empresa ou representante comercial exclusivos). Assim, a licitação é inexigível quando inviável a competição.

A **dispensa** é outra exceção ao princípio da obrigatoriedade da licitação que pressupõe, todavia, a *possibilidade de competição*, de tal modo que a licitação seria possível, só que razões de tomo justificam que se deixe de efetuá-la em nome de outros interesses públicos. Assim, a dispensa consiste na possibilidade legal de a Administração Pública deixar de proceder à licitação, diante de determinadas hipóteses previstas taxativamente em lei, à vista das quais os órgãos e as entidades administrativas podem contratar diretamente com terceiros.

Em relação à dispensa de licitação, ainda é possível fazer uma distinção entre **licitação dispensável** e **licitação dispensada.**

Já a **licitação dispensável** é aquela em virtude da qual a Administração, mesmo ocorrendo a hipótese legal que autorize a dispensa da licitação, goza da liberdade de deliberar pela sua realização ou não (art. 75, da Lei 14.133/2021).

A **licitação dispensada** é aquela que a própria lei declarou-a como tal, de modo que não há discricionariedade administrativa de decidir se realiza ou não a licitação (art. 76, I e II, da Lei 14.133/2021). Aqui, configurada a hipótese legal, a Administração está obrigada a dispensar a licitação, por determinação da própria lei.

17.1. Da Inexigibilidade de Licitação

Como já mencionado antes, é inexigível a licitação em todos os casos em que é **inviável a competição.** Nada obstante, a nova Lei 14.133/2021, na linha da Lei anterior (Lei 8.666/93), prevê, em especial, os casos de inexigibilidade de licitação, **mas de forma meramente exemplificativa**. De observar-se que eles visam a afastar a licitação onde ela é impossível, devido à singularidade do objeto (ou do objeto único) ou à exclusividade do fornecedor.

17.2. Da Dispensa de Licitação

Como pontuado alhures, a **dispensa de licitação** consiste na possibilidade legal de a Administração Pública deixar de proceder à licitação, diante de determinadas hipóteses previstas taxativamente em lei, à vista das quais os órgãos e as entidades administrativas podem contratar diretamente com terceiros.

Apesar de existir a possibilidade de competição e participação de interessados, e ser possível a licitação, há razões maiores que justificam que se deixe de efetuá-la em nome de outros interesses públicos.

Também como já mencionado, em relação à dispensa de licitação ainda é possível fazer uma distinção entre **licitação dispensável** e **licitação dispensada.**

17.2.1. Da Licitação dispensável

Licitação dispensável é aquela em virtude da qual a Administração, mesmo ocorrendo a hipótese legal que autorize a contratação direta, goza da liberdade discricionária de deliberar pela sua realização ou não (art. 75, da Lei 14.133/2021).

As hipóteses de licitação **dispensável** encontram-se discriminadas, em rol taxativo, no art. 75 da Lei 14.133/2021.

Também com base na nova Lei 14.133/2021, é possível dividir essas hipóteses em **04 categorias**, assim identificadas:

→ (I) Em razão do **pequeno valor** da contratação (as hipóteses previstas no art. 75, incisos I e II); esses valores deverão ser atualizados anualmente, a cada dia 1º de janeiro, pelo Índice Nacional de Preços ao Consumidor Amplo Especial (IPCA-E) ou por índice que venha a substituí-lo;

→ (II) Em razão de **situações excepcionais** (as hipóteses previstas no art. 75, incisos III, VI, VII, VIII, X);
→ (III) Em razão do **objeto** (as hipóteses previstas no art. 75, incisos IV, V, XII, XVII e XVIII); e
→ (IV) Em razão da **pessoa** (as hipóteses previstas no art. 75, incisos IX, XI, XIII, XIV, XV e XVI).

17.2.2. Da Licitação dispensada e da alienação de bens da Administração Pública

A **Licitação dispensada** é aquela que a própria lei determina a contratação direta, afastando a licitação, de modo que não há discricionariedade da Administração de decidir se realiza ou não a licitação (art. 76, I e II, da Lei 14.133/2021). Aqui, configurada a hipótese legal, a Administração está obrigada a dispensar a licitação, por determinação da própria lei.

Essa licitação dispensada ocorre nas hipóteses de alienação de bens públicos, móveis e imóveis.

Entretanto, é importante esclarecer que uma das características dos bens públicos, conforme se estudou no capítulo referente a esse tema, é a inalienabilidade. Porém, como também se ressaltou naquele capítulo, essa inalienabilidade não é absoluta, na medida em que é possível, tratando-se de bem público não afetado ou após a sua devida desafetação, isto é, bem não vinculado ou após a sua desvinculação de alguma finalidade específica, proceder-se à sua alienação. Assim, ficou bem claro, naquele capítulo sobre o tema, **que somente os bens públicos não afetados podem ser objeto de alienação**.

Porém, a alienação dos bens públicos dependerá de determinadas providências legais, dentre elas a existência de interesse público devidamente justificado, a prévia avaliação do bem, a autorização legislativa quando se tratar de bens imóveis e a **licitação na modalidade leilão**.

A licitação na modalidade leilão, para a alienação de bens públicos imóveis, é outra novidade da Lei 14.133/2021. Isto porque, na Lei 8.666/93, a modalidade de licitação exigida para a alienação de bens imóveis era a concorrência. Com base nessa Lei anterior, o leilão somente podia ser aplicado para a alienação de bens imóveis, cuja aquisição pela Administração haja derivado de procedimentos judiciais ou de dação em pagamento.

Do mesmo modo, houve uma inovação legal em relação aos bens móveis, para cuja alienação também se exige o leilão, independentemente de seu valor. Pela lei anterior, o leilão só era cabível quando o valor dos bens móveis não fosse superior a R$ 1.430.000,00 (um milhão, quatrocentos e trinta mil reais), conforme dispunha o art. 17, § 6º, com valores atualizados pelo decreto presidencial nº 9.412/2018.

Enfim, com a nova Lei 14.133/2021, a modalidade de licitação exigida como condição para alienação de bens públicos, sejam imóveis ou móveis, é o leilão. Isto porque, pela nova Lei, o leilão é modalidade de licitação para alienação de bens imóveis ou de bens móveis inservíveis ou legalmente apreendidos a quem oferecer o maior lance, independente de valores.

Pois bem, feitas essas considerações, cumpre prosseguir para asseverar que é exatamente na exigência legal de licitação para a alienação de bens públicos (imóveis ou móveis) que incide a chamada licitação dispensada.

Na Lei 14.133/2021, é o art. 76 que dispõe sobre a **alienação** de bens móveis e imóveis da Administração Pública, condicionando-a, entre outras exigências, **à prévia realização de licitação**. No entanto, determinou expressamente a **dispensa da licitação**, nos casos que indica nos incisos I e II (**que são as hipóteses de licitação *dispensada***).

18. DOS INSTRUMENTOS AUXILIARES DAS LICITAÇÕES E DAS CONTRATAÇÕES

A nova Lei 14.133/2021 instituiu os por ela chamados **procedimentos auxiliares**, que consistem num conjunto de instrumentos destinados a auxiliar as licitações e as contratações. Em conformidade com o art. 78, esses procedimentos auxiliares compreendem:

I – o credenciamento;
II – a pré-qualificação;
III – o procedimento de manifestação de interesse;
IV – o sistema de registro de preços;
V – o registro cadastral.

18.1. Do Credenciamento

Consiste o **credenciamento** em processo administrativo de chamamento público por meio do qual a Administração Pública convoca interessados em prestar serviços ou fornecer bens para se credenciarem, cumpridos os requisitos necessários, no órgão ou na entidade para executar o objeto quando convocados.

18.2. Da Pré-qualificação

A **pré-qualificação** consiste em **procedimento seletivo prévio** à licitação, convocado por meio de edital, destinado à análise das condições de habilitação, total ou parcial, dos *interessados* ou do *objeto*. Assim, a pré-qualificação visa a selecionar **licitantes** que reúnam condições de habilitação para participar de futura licitação ou **bens** que atendam às exigências da Administração.

18.3. Do Procedimento de Manifestação de Interesse

O **procedimento de manifestação de interesse** é instrumento auxiliar da licitação por meio do qual a Administração **poderá solicitar à iniciativa privada**, com a publicação de edital de chamamento público, a propositura e a realização de estudos, investigações, levantamentos e projetos de soluções inovadoras que contribuam com questões de relevância pública, na forma de regulamento.

18.4. Do Sistema de Registro de Preços

O **sistema de registro de preços** consiste no conjunto de procedimentos para realização, mediante contratação direta ou licitação nas modalidades pregão ou concorrência, de **registro formal de preços** relativos a prestação de serviços, a obras e a aquisição e locação de bens para contratações futuras.

18.5. Do Registro Cadastral

A Lei 14.133/2021 determina aos órgãos e entidades da Administração Pública utilizarem o sistema de **registro cadastral unificado** disponível no Portal Nacional de Contratações Públicas (PNCP), para efeito de cadastro unificado de licitantes, na forma disposta em regulamento (art. 87).

Esse sistema de registro cadastral unificado **será público** e deverá ser **amplamente divulgado** e estar permanentemente aberto aos interessados. A Administração Pública também deve realizar o chamamento público pela *internet*, no mínimo anualmente, para atualização dos registros existentes e para ingresso de novos interessados.

19. DAS IMPUGNAÇÕES, DOS PEDIDOS DE ESCLARECIMENTO E DOS RECURSOS

Nos termos do art. 164 da Lei 14.133/2021, **qualquer pessoa pode impugnar edital de licitação por irregularidade** na aplicação dessa Lei ou **solicitar esclarecimento sobre os seus termos**, devendo protocolar o pedido até 3 (três) dias úteis antes da data de abertura do certame licitatório.

Ademais, o art. 165 prevê a possibilidade de **recursos** e **pedidos de reconsideração** dos atos da Administração, de iniciativa do interessado ou do licitante, fixando prazos para ambos.

Assim, contra os atos da Administração realizados no processo licitatório cabe recurso administrativo ou, quando não previsto, pedidos de reconsideração, sempre no prazo de 03 dias úteis, a contar da intimação do ato ou da lavratura da ata.

O interessado ou o licitante **pode recorrer**, no prazo de 3 dias úteis, contado da data de intimação ou de lavratura da ata, dos atos da Administração, nas seguintes hipóteses:

a) ato que defira ou indefira pedido de pré-qualificação de interessado ou de inscrição em registro cadastral, sua alteração ou cancelamento;
b) julgamento das propostas;
c) ato de habilitação ou inabilitação de licitante;
d) anulação ou revogação da licitação; e

e) extinção do contrato, quando determinada por ato unilateral e escrito da Administração.
E relativamente a ato do qual não caiba recurso, o interessado ou o licitante ainda pode apresentar **pedido de reconsideração**, no prazo de 3 (três) dias úteis, contado da data de intimação.
Nos termos do art. 168, o recurso e o pedido de reconsideração terão **efeito suspensivo**.
Os prazos serão contados com a **exclusão do dia do começo** e **inclusão do dia do vencimento**.
Nos prazos expressos **em dias úteis**, como os aqui mencionados, serão computados somente os dias em que ocorrer expediente administrativo no órgão ou entidade competente.

20. ANULAÇÃO E REVOGAÇÃO DA LICITAÇÃO

Concluído o processo licitatório, e exauridos os recursos administrativos, a autoridade superior procederá a adjudicação do objeto e a homologação da licitação.
Em caso de irregularidades, caberá a autoridade determinar o retorno dos autos, para a adoção das providências necessárias ao saneamento dessas irregularidades.
Todavia, na hipótese de identificar ilegalidade insanável, deverá a autoridade proceder, de ofício ou mediante provocação de terceiros, à anulação da licitação. Nesse caso, ao pronunciar a nulidade, a autoridade deverá indicar expressamente os atos com vícios insanáveis, tornando sem efeito todos os subsequentes que deles dependam, e dará ensejo à apuração de responsabilidade de quem lhes tenha dado causa.
Finalmente, a autoridade competente para a aprovação do processo licitatório também poderá revogar a licitação por razões de conveniência e oportunidade decorrente de fato superveniente devidamente comprovado, pertinente e suficiente para justificar tal conduta.

23. JURISPRUDÊNCIA APLICADA

- Tema 854 de repercussão geral no RE 1001104: "Salvo em situações excepcionais devidamente comprovadas, serviço público de transporte coletivo pressupõe prévia licitação." (15/05/2020).

- "O Tribunal deferiu medida cautelar em ação direta de inconstitucionalidade para suspender a eficácia do § 3º do art. 5º da Portaria 2.814/98, do Ministério da Saúde, que exige que, nas compras e licitações públicas de medicamentos, realizadas pelos serviços próprios, e conveniados pelo SUS, as empresas distribuidoras apresentem declaração do seu credenciamento como distribuidora junto à empresa detentora do registro dos produtos, bem como termo de responsabilidade emitido pela distribuidora, garantindo a entrega dos mesmos em prazo e quantidade estabelecidos na licitação. Preliminarmente, consignou-se que, em resposta à diligência determinada pela Corte, fora informado que o preceito impugnado continuaria em vigor. Em seguida, entendeu-se que as exigências constantes do dispositivo analisado, em princípio, limitariam a concorrência no certame, configurando verdadeiro aditamento da Lei de Licitações (Lei 8.666/93), em dissonância com o previsto no art. 37, XXI, da CF." (**ADI 4.105-MC**, Rel. Min. Marco Aurélio, julgamento em 17-3-10, Plenário, **Informativo 579**).

- "A licitação é um procedimento que visa à satisfação do interesse público, pautando-se pelo princípio da isonomia. Está voltada a um duplo objetivo: o de proporcionar à Administração a possibilidade de realizar o negócio mais vantajoso – o melhor negócio – e o de assegurar aos administrados a oportunidade de concorrerem, em igualdade de condições, à contratação pretendida pela Administração. (...) Procedimento que visa à satisfação do interesse público, pautando-se pelo princípio da isonomia, a função da licitação é a de viabilizar, através da mais ampla disputa, envolvendo o maior número possível de agentes econômicos capacitados, a satisfação do interesse público. A competição visada pela licitação, a instrumentar a seleção da proposta mais vantajosa para a Administração, impõe-se seja desenrolada de modo que reste assegurada a igualdade (isonomia) de todos quantos pretendam acesso às contratações da Administração. A conversão automática de permissões municipais em permissões intermunicipais afronta a igualdade – artigo 5º -, bem assim o preceito veiculado pelo artigo 175 da Constituição do Brasil. (...) Afronta ao princípio da isonomia, igualdade entre todos quantos pretendam acesso às contratações da Administração. A lei pode, sem violação do princípio da igualdade, distinguir situações, a fim de conferir a uma tratamento diverso do que atribui a outra. Para que possa fazê-lo, contudo, sem que tal violação se manifeste, é necessário que a discriminação guarde compatibilidade com o conteúdo do princípio. A Constituição do Brasil exclui quaisquer exigências de qualificação técnica e econômica que não sejam indispensáveis à garantia do cumprimento das obrigações. A discriminação, no julgamento da concorrência, que exceda essa limitação é inadmissível." (**ADI 2.716**, Rel. Min. Eros Grau, julgamento em 29-11-07, *DJE* de 7-3-08)

• "Licitação. Análise de proposta mais vantajosa. Consideração dos valores relativos aos impostos pagos à Fazenda Pública daquele Estado. Discriminação arbitrária. Licitação. Isonomia, princípio da igualdade. Distinção entre brasileiros. Afronta ao disposto nos artigos 5º, *caput*; 19, inciso III; 37, inciso XXI, e 175, da Constituição do Brasil. É inconstitucional o preceito, segundo o qual, na análise de licitações, serão considerados, para averiguação da proposta mais vantajosa, entre outros itens os valores relativos aos impostos pagos à Fazenda Pública daquele Estado-membro. Afronta ao princípio da isonomia, igualdade entre todos quantos pretendam acesso às contratações da Administração. (...) A Constituição do Brasil exclui quaisquer exigências de qualificação técnica e econômica que não sejam indispensáveis à garantia do cumprimento das obrigações. A discriminação, no julgamento da concorrência, que exceda essa limitação é inadmissível. Ação direta julgada procedente para declarar inconstitucional o § 4º do artigo 111 da Constituição do Estado do Rio Grande do Norte." (**ADI 3.070**, Rel. Min. Eros Grau, julgamento em 29-11-07, DJ de 19-12-07)

• "Ato administrativo. Licitação. Concessão de exploração do serviço de radiodifusão de sons e imagens em certa cidade. Revogação do processo licitório antes do início da fase de qualificação das propostas. Licitude. Interesse público declarado e reconhecido. Superveniência de fatores que recomendavam a prática do ato discricionário. Inexistência de ofensa a direito subjetivo dos concorrentes habilitados. Não incidência do art. 5º, LV, da CF, nem do art. 49, § 3º, da Lei n. 8.666/93. Mandado de segurança denegado. É lícito à administração pública, com base em fatos supervenientes configuradores do interesse público, revogar motivadamente, mas sem audiência dos concorrentes habilitados, procedimento de licitação antes do início da fase de qualificação das propostas." (**RMS 24.188**, Rel. Min. Cezar Peluso, julgamento em 14-8-07, DJ de 14-9-07)

• "A Constituição Federal, no art. 37, XXI, determina a obrigatoriedade de obediência aos procedimentos licitatórios para a Administração Pública Direta e Indireta de qualquer um dos Poderes da União, dos Estados, do Distrito Federal e dos Municípios. A mesma regra não existe para as entidades privadas que atuam em colaboração com a Administração Pública, como é o caso do PARANAEDUCAÇÃO." (**ADI 1.864**, Rel. p/ o ac. Min. Joaquim Barbosa, julgamento em 8-8-07, DJE de 2-5-08)

• "Ação penal pública. Contratação emergencial de advogados face ao caos administrativo herdado da administração municipal sucedida. Licitação. Art. 37, XXI da Constituição do Brasil. Dispensa de licitação não configurada. Inexigibilidade de licitação caracterizada pela notória especialização dos profissionais contratados, comprovada nos autos, aliada à confiança da Administração por eles desfrutada. Previsão legal. A hipótese dos autos não é de dispensa de licitação, eis que não caracterizado o requisito da emergência. Caracterização de situação na qual há inviabilidade de competição e, logo, inexigibilidade de licitação. 'Serviços técnicos profissionais especializados' são serviços que a Administração deve contratar sem licitação, escolhendo o contratado de acordo, em última instância, com o grau de confiança que ela própria, Administração, deposite na especialização desse contratado. Nesses casos, o requisito da confiança da Administração em quem deseje contratar é subjetivo. Daí que a realização de procedimento licitatório para a contratação de tais serviços — procedimento regido, entre outros, pelo princípio do julgamento objetivo — é incompatível com a atribuição de exercício de subjetividade que o direito positivo confere à Administração para a escolha do 'trabalho essencial e indiscutivelmente mais adequado à plena satisfação do objeto do contrato' (cf. o § 1º do art. 25 da Lei 8.666/93). O que a norma extraída do texto legal exige é a notória especialização, associada ao elemento subjetivo confiança. Há, no caso concreto, requisitos suficientes para o seu enquadramento em situação na qual não incide o dever de licitar, ou seja, de inexigibilidade de licitação: os profissionais contratados possuem notória especialização, comprovada nos autos, além de desfrutarem da confiança da Administração. Ação Penal que se julga improcedente." (**AP 348**, Rel. Min. Eros Grau, julgamento em 15-12-06, DJ de 3-8-07)

• "Ação direta de inconstitucionalidade: L. Distrital 3.705, de 21-11-2005, que cria restrições a empresas que discriminarem na contratação de mão-de-obra: inconstitucionalidade declarada. (...) Afronta ao art. 37, XXI, da Constituição da República — norma de observância compulsória pelas ordens locais — segundo o qual a disciplina legal das licitações há de assegurar a 'igualdade de condições de todos os concorrentes', o que é incompatível com a proibição de licitar em função de um critério — o da discriminação de empregados inscritos em cadastros restritivos de crédito —, que não tem pertinência com a exigência de garantia do cumprimento do contrato objeto do concurso." (**ADI 3.670**, Rel. Min. Sepúlveda Pertence, julgamento em 2-4-07, DJ de 18-5-07)

• ADMINISTRATIVO. LICITAÇÃO. HABILITAÇÃO. REGULARIDADE FISCAL. CERTIDÕES. PRAZO DE VALIDADE. NÃO-FORNECIMENTO PELO MUNICÍPIO. ART. 535 DO CPC. EFEITOS INFRINGENTES DOS EMBARGOS DE DECLARAÇÃO. 1. O art. 535 do CPC, ao dispor sobre as hipóteses de cabimento dos embargos de declaração, não veda a atribuição de efeitos infringentes, com alteração da decisão embargada, quando o Tribunal conclui deva ser sanada omissão, contradição, obscuridade ou, ainda, deva ser corrigido erro material. 2. Não configura afronta ao art. 535 do CPC se o Tribunal a quo entende ter havido "contradição em seu corpo, associada a erro relevante na apreciação dos elementos constantes do caderno processual" e conclui que o acórdão exarado no mandado de segurança incorreu em vício, mais especificamente, em contradição, motivo pelo qual os embargos de declaração foram acolhidos com efeitos modificativos, resultando na reforma do julgado embargado. 3. A exigência de regularidade fiscal para habilitação nas licitações (arts. 27, IV, e 29, III, da Lei nº 8.666/93) está respaldada pelo art. 195, § 3º, da C.F., todavia não se deve perder de vista o princípio constitucional inserido no art. 37, XXI, da C.F., que veda exigências que sejam dispensáveis, já que o objetivo é a garantia do interesse público. A habilitação é o meio do qual a Administração Pública dispõe para aferir a idoneidade do licitante e sua capacidade de cumprir o objeto da licitação. 4. É legítima a exigência administrativa de que seja apresentada a comprovação de regularidade fiscal por meio de certidões emitidas pelo órgão competente e dentro do prazo de validade. O ato administrativo, subordinado ao princípio da legalidade, só poderá ser expedido nos termos do que é determinado pela lei. 5. A despeito da vinculação ao edital a que se sujeita a Administração Pública (art. 41 da Lei nº 8.666/93), afigura-se ilegítima a exigência da apresentação de certidões comprobatórias de regularidade fiscal quando não são fornecidas, do modo como requerido pelo edital, pelo município de domicílio do licitante. 6. Recurso especial não provido. (STJ, REsp 974854 / MA, Rel. Ministro CASTRO MEIRA, DJ 16.05.2008 p. 1).

• ADMINISTRATIVO. RECURSO ESPECIAL. LICITAÇÃO. CONCORRÊNCIA PÚBLICA. EXIGÊNCIA EDITALÍCIA DE REGULARIDADE FISCAL DA FILIAL DA EMPRESA PERANTE A FAZENDA PÚBLICA MUNICIPAL. SUPOSTA OFENSA AO ART. 29, III, DA LEI 8.666/93. NÃO-OCORRÊNCIA. DOUTRINA. PRECEDENTE. DESPROVIMENTO. 1. A recorrente impetrou mandado de segurança contra ato do Diretor da Divisão de Preparo de Licitações da Prefeitura Municipal do Rio de Janeiro/RJ, pleiteando, em síntese, afastar exigência prevista no edital de licitação – Concorrência Pública 01/2002, destinada à aquisição de cimento asfáltico de petróleo – concernente à regularidade fiscal imobiliária da filial perante a municipalidade, sob o argumento de que a Lei 8.666/93 somente exige a respectiva certidão do domicílio ou sede da empresa. 2. A exigência editalícia relativa à comprovação de regularidade fiscal da filial perante a Fazenda Pública Municipal responsável pela licitação, independentemente da situação fiscal da matriz situada em município diverso, é razoável e encontra respaldo na interpretação teleológica do art. 29, III, da Lei 8.666/93. 3. "Constatado que a filial da empresa ora interessada é que cumprirá o objeto do certame licitatório, é de se exigir a comprovação de sua regularidade fiscal, não bastando somente a da matriz, o que inviabiliza sua contratação pelo Estado. Entendimento do artigo 29, incisos II e III, da Lei de Licitações, uma vez que a questão nele disposta é de natureza fiscal" (REsp 900.604/RN, 1ª Turma, Rel. Min. Francisco Falcão, DJ de 16.4.2007). 4. Isentar a recorrente de comprovar sua regularidade fiscal perante o município que promove a licitação viola o princípio da isonomia (Lei 8.666/93, art. 3º), pois estar-se-ia privilegiando os licitantes irregulares em detrimento dos concorrentes regulares. 5. Recurso especial desprovido. (STJ, REsp 809262 / RJ, Rel. Ministra DENISE ARRUDA, DJ 19.11.2007 p. 190).

• LICITAÇÃO. ATESTADOS DE QUALIDADE TÉCNICA. A empresa concorrente em processo licitatório deve comprovar sua qualidade técnica por meio de atestados expedidos em seu próprio nome e não em nome dos profissionais que a compõem, conforme dispõe o art. 30, § 1º, I, da Lei n. 8.666/93. Resp 172.199-SP, Rel. Min. Eliana Calmon, julgado em 16/4/2001.

• NULIDADE. LICITAÇÃO. SERVIÇO DE TRAVESSIA LITORÂNEA. A autoridade administrativa pode decretar a nulidade do procedimento licitatório após a fase de abertura das propostas, desde que o faça de modo fundamentado. No caso, o serviço de travessia litorânea, para ser explorado por particular, deve ser regulamentado, o que não ocorreu na espécie. RMS 11.842-SP, Rel. Min. José Delgado, julgado em 4/10/2001.

24. QUESTÕES

01. (Juiz Federal Substituto – Tribunal Regional Federal da 1ª Região 2023) Entre os procedimentos auxiliares das licitações e das contratações regidas pela Lei nº 14.133/2021, destaca-se o credenciamento, que é o processo administrativo de chamamento público em que a Administração Pública convoca interessados em prestar serviços ou fornecer bens para que, preenchidos os requisitos necessários, se credenciem no órgão ou na entidade para executar o objeto quando convocados. Nesse contexto, de acordo com o citado diploma legal:

(A) a licitação é inexigível quando inviável a competição, em especial no caso de objetos que devam ou possam ser contratados por meio de credenciamento;

(B) o credenciamento é o procedimento técnico-administrativo para selecionar previamente licitantes que reúnam condições de habilitação para participar de futura licitação ou de licitação vinculada a programas de obras ou de serviços objetivamente definidos;

(C) os procedimentos de credenciamento serão definidos em regulamento, observadas algumas regras, como a que permite o cometimento a terceiros do objeto contratado sem autorização expressa da Administração, com escopo de fomentar o princípio da vantajosidade;

(D) o credenciamento não poderá ser usado na hipótese de contratação em mercados fluidos, caso em que a flutuação constante do valor da prestação e das condições de contratação inviabiliza a seleção de agente por meio de processo de licitação;

(E) o procedimento auxiliar específico adequado para a Administração solicitar à iniciativa privada, a propositura e a realização de estudos, investigações, levantamentos e projetos de soluções inovadoras que contribuam com questões de relevância pública é o credenciamento a ser iniciado com a publicação de edital de chamamento público.

02. (FCC - DPE SP - Defensor Público - 2023). De acordo com a Nova Lei de Licitações,

(A) os casos de dispensa de licitação em razão do valor do objeto foram reduzidos para até R$ 50.000,00 (cinquenta mil reais) para obras ou serviços de engenharia, ou serviços de manutenção de veículos automotores.

(B) o diálogo competitivo surge como uma nova modalidade de licitação.

(C) a etapa de análise dos documentos de habilitação deve preceder às etapas de propostas e julgamento.

(D) não há definição da modalidade em razão da natureza do objeto, de modo que as modalidades de tomada de preços e concorrência deixam de existir.

(E) a possibilidade de resolução de controvérsias por meio do comitê de resolução de disputas foi suprimida.

03. (CESPE/CEBRASPE - TJ MA - Juiz de Direito Substituto - 2022). O órgão responsável pela gestão dos recursos humanos no governo do estado Z solicitou a instauração de procedimento para a contratação da prestação de serviços médicos para os servidores públicos estaduais com regime de reembolso parcial de mensalidades pelo Estado.

Por sua vez, a comissão responsável pelo procedimento de contratação estimou a cobertura mínima de atendimento e o valor máximo dos serviços médicos a ser apresentado nas propostas das operadoras de planos de saúde interessadas na prestação dos serviços aos servidores estaduais.

Nessa situação hipotética, o procedimento adequado de contratação é a

(A) dispensa de licitação, pois o valor máximo dos serviços já foi previamente estabelecido pela administração.

(B) inexigibilidade de licitação, com a realização de chamamento público, pois há viabilidade de contratação por meio de credenciamento.

(C) licitação na modalidade diálogo competitivo, consideradas as diversas possibilidades de atendimento do objeto a ser contratado.

(D) licitação na modalidade concurso, visto que se trata de serviço técnico cuja remuneração está previamente definida.

(E) licitação na modalidade concorrência, devendo o critério de julgamento ser por técnica e preço.

04. (FAURGS - TJ RS - Juiz de Direito Substituto - 2022). No tocante à licitação, assinale a afirmativa INCORRETA.

(A) O princípio da vinculação ao instrumento convocatório é garantia do administrador e dos administrados e daqueles que participam do certame. Assim, as regras traçadas para o procedimento devem ser fielmente observadas por todos os interessados.

(B) Dispensa de licitação caracteriza-se pela circunstância de que, em tese, poderia o procedimento ser realizado, mas que, pela peculiaridade do caso, decidiu o legislador não o tornar obrigatório.

(C) A inexigibilidade caracteriza-se pela inviabilidade de competição, especialmente, nas seguintes hipóteses: fornecedor exclusivo, atividades artísticas de profissionais consagrados e serviços técnicos especializados com profissionais de notória especialização.

(D) A nulidade da licitação é decretada quando existe, no procedimento, vício de legalidade.

(E) O princípio da licitação sustentável não será observado pela Administração Pública direta.

05. (ACOP – Defensoria Pública – DPE/PR – 2022) No presente ano, por meio de licitação, a Defensoria Pública pretende contratar novos serviços de telefonia visando garantir a melhoria do atendimento ao público. Sobre essa hipotética contratação, considerando as disposições da Lei n.º 14.133, de 1o de abril de 2021, é correto afirmar que

(A) obrigatoriamente será regida pela Lei n.o 14.133, de 1o de abril de 2021.

(B) poderá optar pelas regras da Lei n.º 8.666, de 21 de junho de 1993, mas obrigatoriamente o contrato passará a ser regido pela Lei n.º 14.133, de 1º de abril de 2021, após a revogação da Lei n.º 8.666, de 21 de junho de 1993.

(C) poderá combinar as regras das Leis n.º 8.666, de 21 de junho de 1993, e 14.133, de 1o de abril de 2021, desde que indicado expressamente no edital, no intuito de se garantir um contrato mais vantajoso à Administração Pública.

(D) poderá optar pelas regras da Lei n.º 8.666, de 21 de junho de 1993, desde que indicado expressamente no edital, podendo, a qualquer momento, migrar para as regras da Lei n.º 14.133, de 1º de abril de 2021.

(E) poderá optar pelas regras da Lei n. 8.666, de 21 de junho de 1993, desde que indicado expressamente no edital, sendo, nesse caso, o respectivo contrato regido pelas regras nelas previstas durante toda a sua vigência.

06. (ACOP – Defensoria Pública – DPE/PR – 2022) Sobre o Sistema de Registro de Preços previsto na Lei n.o 14.133/2021 (nova Lei de Licitações e Contratos Administrativos), assinale a alternativa correta.

(A) É possível a utilização do sistema de registro de preços para a contratação de obras e serviços de engenharia.

(B) A existência do registro de preço obriga a Administração a contratar dentro do prazo de validade, ressalvada a identificação de algum vício no procedimento.

(C) É vedada a utilização do sistema de registro de preços em qualquer caso de inexigibilidade e de dispensa de licitação.

(D) O prazo de vigência da ata de registro de preços é de um ano, vedada a prorrogação.

(E) O contrato decorrente da ata de registro de preços terá prazo máximo idêntico à validade da respectiva ata que o originou.

07. (ACOP – Defensoria Pública – DPE/PR – 2022) Em relação à disciplina dos contratos administrativos e considerando a Lei n.º 14.133/2021 (nova Lei de Licitações e Contratos Administrativos), assinale a alternativa correta.

(A) É possível a celebração de contratos com duração superior a um exercício financeiro, hipótese em que será necessária apenas a verificação da disponibilidade de créditos orçamentários a cada exercício financeiro.

(B) Os contratos administrativos e seus aditivos terem a forma escrita e a sua disponibilização física na sede do órgão ou Poder é suficiente para garantia da transparência.

(C) Os bens ou serviços licitados só poderão ser adquiridos pela Administração Pública através do instrumento do contrato.

(D) É possível que a Administração Pública estabeleça contrato com prazo indeterminado quando se tratar de serviço público oferecido em regime de monopólio.

(E) É lícito à Administração Pública retardar a execução de obra ou serviço contratado quando justificado na posse de novo representante do órgão público.

08. (FGV – Auditor Federal de Finanças e Controle – CGU – 2022) No ano de 2022, a União, por meio do Ministério do Meio Ambiente, pretende celebrar contrato administrativo, cujo objeto é a prestação de serviços técnicos especializados de natureza predominantemente intelectual de controles de qualidade e tecnológico, análises, testes e ensaios de campo e laboratoriais, instrumentação e monitoramento de parâmetros específicos de obras e do meio ambiente, com determinada sociedade empresária de notória especialização, conforme especificações constantes no processo administrativo.

De acordo com a nova Lei de Licitações (Lei nº 14.133/2021), a contratação em tela ocorrerá mediante:

(A) prévia e indispensável licitação, cuja modalidade será definida a partir do valor estimado do contrato;

(B) prévia e indispensável licitação, cuja modalidade será o diálogo competitivo, pela natureza do objeto do contrato;

(C) prévia e indispensável licitação, cuja modalidade será a concorrência, por expressa determinação legal;

(D) dispensa de licitação, por expressa previsão e com as cautelas legais;

(E) inexigibilidade de licitação, por expressa previsão e com as cautelas legais.

09. Em momento anterior à publicação da Lei nº 14.133/2021, determinado agente foi denunciado pela modificação de ato convocatório de licitação, o que possibilitou a concessão de vantagens financeiras indevidas à construtora específica. O Ministério Público capitulou no Art. 90 da Lei nº 8.666/1993 ("Frustrar ou fraudar, mediante ajuste, combinação ou qualquer outro expediente, o caráter competitivo do procedimento licitatório, com o intuito de obter, para si ou para outrem, vantagem decorrente da adjudicação do objeto da licitação"). Ao longo da instrução, a conduta imputada foi devidamente comprovada como narrada, sendo certo que, em determinado momento antes do seu encerramento, entrou em vigor a Lei nº 14.133/2021. Procedendo à comparação, quando da prolação da sentença, o juiz identificou que a capitulação do *Parquet* deveria ser atualizada para o Art. 337-F do Código Penal ("Frustrar ou fraudar, com o intuito de obter para si ou para outrem vantagem decorrente da adjudicação do objeto da licitação, o caráter competitivo do processo licitatório"). No entanto, se convenceu de que a conduta narrada deveria ter nova capitulação, consistente no delito do Art. 337-H ("Admitir, possibilitar ou dar causa a qualquer modificação ou vantagem, inclusive prorrogação contratual, em favor do contratado, durante a execução dos contratos celebrados com a Administração Pública, sem autorização em lei, no edital da licitação ou nos respectivos instrumentos contratuais, ou, ainda, pagar fatura com preterição da ordem cronológica de sua exigibilidade"), conduta que já tinha previsão no revogado Art. 92 da Lei nº 8.666/1993.

Diante de tal cenário e adotando-se a premissa de que o Ministério Público cumpriu seu ônus probatório, o juiz deverá proceder à:

(A) absolvição, diante da impossibilidade de atuação do juiz sem aditamento espontâneo pelo Ministério Público;

(B) condenação, corrigindo a capitulação com o Art. 383 do Código de Processo Penal, diante da continuidade típico- normativa;

(C) absolvição, diante da expressa revogação da norma incriminadora pela Lei nº 14.133/2021;

(D) condenação, corrigindo a capitulação com o Art. 384 do Código de Processo Penal, diante da continuidade típico normativa;

(E) absolvição, diante do erro na imputação original e a impossibilidade de o juiz julgar *ultra petita*.

10. (CESPE – Defensor Público – DPE/PI – 2022) São modalidades de licitação, conforme a Lei n. 14.133/2021 (Nova Lei de Licitações e Contratos),

(A) pregão, leilão, concorrência, tomada de preços e concurso.

(B) pregão, concorrência, concurso, leilão e diálogo competitivo.

(C) pregão, concorrência, leilão, tomada de preços e carta-convite.

(D) licitação dispensável, concorrência, leilão e diálogo competitivo.

(E) concorrência, convite, concurso, consulta e licitação inexigível.

GABARITO				
01. A	**02.** B	**03.** B	**04.** E	**05.** E
06. A	**07.** D	**08.** E	**09.** B	**10.** B

Capítulo XII

Contrato Administrativo

SUMÁRIO: 1. Considerações Iniciais – 2. Conceito e Características: 2.1. A presença da Administração Pública com prerrogativas públicas; 2.2. A finalidade pública; 2.3. A obediência à forma prescrita em lei; 2.4. O procedimento legal; 2.5. A natureza de contrato de adesão; 2.6. A natureza *intuitu personae*; 2.7. A presença de cláusulas exorbitantes (cláusulas de privilégio); 2.7.1. Exigência de garantia nos contratos administrativos; 2.7.2. Alteração unilateral dos contratos administrativos; 2.7.3. Extinção unilateral dos contratos administrativos; 2.7.4. Fiscalização da execução do contrato; 2.7.5. Aplicação de penalidade ao contratado responsável pelas infrações administrativas.; 2.7.6. Anulação; 2.7.7. Retomada do objeto; 2.7.8. Restrição ao emprego da cláusula da exceção do contrato não cumprido "exceptio non adimpleti contractus"; 2.8. A mutabilidade: 2.8.1. Fato do Príncipe; 2.8.2. Fato da Administração; 2.8.3. Teoria da Imprevisão – 3. Da alocação de riscos nos contratos administrativos. 4. Da duração e prorrogação do contrato administrativo. 5. Da execução dos contratos administrativos. 6. Alteração dos Contratos Administrativos e dos Preços. 7. Da extinção dos contratos administrativos. 8. Do recebimento do objeto do contrato administrativo. 9. Dos pagamentos. 10. Da nulidade dos contratos administrativos. 11. Dos meios alternativos de resolução de controvérsias. 12. Das infrações e sanções administrativas. 13. Dos recursos. 14. Do controle das contratações. 15. Do Portal Nacional de Contratações Públicas – PNCP. 16. Modalidades de Contratos Administrativos: 16.1. Concessão de serviço público; 16.1.1. Conceito; 16.1.2. Da tarifa; 16.1.3. Da licitação; 16.1.4. Cláusulas essenciais; 16.1.5. Encargos do Poder Concedente; 16.1.6. Encargos da concessionária; 16.1.7. Intervenção na concessão; 16.1.8. Extinção da concessão; 16.2. Concessão de serviço público precedida de obra pública ou concessão de obra pública; 16.3. Permissão de serviço público; 16.4. Contrato de parceria público-privada; 16.4.1. Conceito e modalidade; 16.4.2. Diretrizes a serem observadas no contrato de parceria público-privada; 16.4.3. Cláusulas essenciais do contrato de parceria público-privada; 16.4.4. Das garantias no contrato de parceria público-privada; 16.4.5. Da sociedade de propósito específico; 16.4.6. Da licitação; 16.4.7. Disposições da Lei 11.079/04 aplicáveis à União; 16.5. Concessão de uso de bem público – 17. Convênio – 18. Consórcio Administrativo: 18.1. Consórcios públicos – 19. Quadro Sinótico – 20. Jurisprudência Aplicada – 21. Questões.

1. CONSIDERAÇÕES INICIAIS

A Administração Pública, na gestão do interesse público, pode celebrar diversos contratos, sejam regidos pelo direito privado, ou regidos pelo direito público. Nos contratos de direito privado, a Administração Pública se nivela ao particular, caracterizando-se a relação jurídica pelo traço da **horizontalidade**. Já nos contratos de direito público, a Administração age com supremacia e autoridade sobre o particular, caracterizando-se a relação jurídica pelo traço da **verticalidade**.

Assim, são contratos da Administração Pública:

a) Os **Contratos de direito privado** – São aqueles regidos pelo direito comum, apenas parcialmente revogado por normas de Direito Público. É o que ocorre quando a Administração Pública precisa alugar algum imóvel, celebrando um contrato de locação com o particular, ou realizar um comodato, uma compra e venda, etc.; e

b) Os **Contratos de direito público ou administrativos** – Que são aqueles regidos pelo direito público, entre os quais se incluem:

b1) Os **contratos tipicamente administrativos** – São aqueles que não têm paralelo no direito privado e inteiramente regidos pelo direito público, como os contratos de concessão de serviço público, de obra pública e de uso de bem público; e b2) Os **contratos não tipicamente administrativos** – Que já são aqueles que têm paralelo no direito privado, não obstante regidos pelo direito público, como o mandato, o empréstimo, o depósito e a empreitada[1].

É a **Lei nº 14.133/2021** que regula os contratos administrativos. Em conformidade com o seu art. 89, os contratos administrativos regulam-se pelas suas cláusulas e pelos preceitos de direito público, aplicando-se-lhes, supletivamente, os princípios da teoria geral dos contratos e as disposições de direito privado.

2. CONCEITO E CARACTERÍSTICAS

Contrato administrativo é o ajuste que a Administração Pública, agindo com supremacia e prerrogativas públicas, celebra com o particular para a realização dos objetivos de interesse público, nas condições fixadas pela própria Administração.

No contrato, há o contratante, que é a pessoa jurídica integrante da Administração Pública responsável pela contratação; e o contratado, que é a pessoa física ou jurídica, ou consórcio de pessoas jurídicas, signatária de contrato com a Administração.

O contrato administrativo possui as seguintes **características**:

2.1. A Presença da Administração Pública com Prerrogativas Públicas

A presença da Administração Pública, por si só, não caracteriza o contrato administrativo, pois já se sabe que a Administração também pode celebrar outros contratos, submetidos ao direito privado, nos quais a Administração não dispõe de nenhuma autoridade sobre o particular.

Com efeito, o que descortina efetivamente a existência de um contrato administrativo é a presença da Administração Pública **agindo com prerrogativas públicas**. Assim, é nota essencial dos contratos administrativos a presença das chamadas **cláusulas exorbitantes do direito comum**, por meio das quais a Administração procede com supremacia sobre o particular contratado.

2.2. A Finalidade Pública

Toda a atuação da Administração Pública deve ser informada por uma finalidade pública, sob pena de configurar-se o desvio de poder ou de finalidade. Até os contratos de direito privado celebrados pela Administração devem ter um fim público.

2.3. A Obediência à Forma Prescrita em Lei

A forma é essencial nos contratos administrativos. A Lei 14.133/2021 estabelece inúmeras formalidades relacionadas aos contratos e seus aditamentos. A primeira delas, e como regra geral, é a **forma escrita**. Assim, em regra, os contratos administrativos e seus aditamentos devem ser **formalizados por escrito** e deverão ser juntados ao processo que tiver dado origem à contratação, divulgados e mantidos à disposição do público em sítio eletrônico oficial. Essa regra não se aplica aos contratos

1. Maria Sylvia Zanella Di Pietro, op. cit., p. 237.

de pequenas compras ou o de prestação de serviços de **pronto pagamento**, assim entendidos aqueles de valor não superior a R$ 10.000,00 (dez mil reais), que poderão ser feitos verbalmente.

Porém, nos termos do § 2º do art. 95 da Lei 14.133, **é nulo e de nenhum efeito** o contrato verbal com a Administração de valor superior a R$ 10.000,00 (dez mil reais). Esse valor foi atualizado, pelo Decreto 11.871/2023, para R$ 11.981,20 (onze mil novecentos e oitenta e um reais e vinte centavos).

A Lei 14.133, no art. 91, § 1º, admite, excepcionalmente, a manutenção em sigilo de contratos e de termos aditivos **quando imprescindível à segurança da sociedade e do Estado**, nos termos da legislação que regula o acesso à informação.

Os contratos relativos a direitos reais sobre imóveis deverão ser **formalizados por escritura pública lavrada em notas de tabelião**, cujo teor deverá ser divulgado e mantido à disposição do público em sítio eletrônico oficial.

Admite-se a **forma eletrônica** na celebração de contratos e de termos aditivos, desde que atendidas as exigências previstas em regulamento.

Deve a Administração, antes de formalizar ou prorrogar o prazo de vigência do contrato, **verificar a regularidade fiscal do contratado**, consultar o Cadastro Nacional de Empresas Inidôneas e Suspensas (Ceis) e o Cadastro Nacional de Empresas Punidas (Cnep), emitir as certidões negativas de inidoneidade, de impedimento e de débitos trabalhistas e juntá-las ao respectivo processo.

Assim, segundo o art. 92 da Lei 14.133/2021, são **cláusulas necessárias em todo contrato** as que estabeleçam: I – o objeto e seus elementos característicos; II – a vinculação ao edital de licitação e à proposta do licitante vencedor ou ao ato que tiver autorizado a contratação direta e à respectiva proposta; III – a legislação aplicável à execução do contrato, inclusive quanto aos casos omissos; IV – o regime de execução ou a forma de fornecimento; V – o preço e as condições de pagamento, os critérios, a data-base e a periodicidade do reajustamento de preços e os critérios de atualização monetária entre a data do adimplemento das obrigações e a do efetivo pagamento; VI – os critérios e a periodicidade da medição, quando for o caso, e o prazo para liquidação e para pagamento; VII – os prazos de início das etapas de execução, conclusão, entrega, observação e recebimento definitivo, quando for o caso; VIII – o crédito pelo qual correrá a despesa, com a indicação da classificação funcional programática e da categoria econômica; IX – a matriz de risco, quando for o caso; X – o prazo para resposta ao pedido de repactuação de preços, quando for o caso; XI – o prazo para resposta ao pedido de restabelecimento do equilíbrio econômico-financeiro, quando for o caso; XII – as garantias oferecidas para assegurar sua plena execução, quando exigidas, inclusive as que forem oferecidas pelo contratado no caso de antecipação de valores a título de pagamento; XIII – o prazo de garantia mínima do objeto, observados os prazos mínimos estabelecidos nesta Lei e nas normas técnicas aplicáveis, e as condições de manutenção e assistência técnica, quando for o caso; XIV – os direitos e as responsabilidades das partes, as penalidades cabíveis e os valores das multas e suas bases de cálculo; XV – as condições de importação e a data e a taxa de câmbio para conversão, quando for o caso; XVI – a obrigação do contratado de manter, durante toda a execução do contrato, em compatibilidade com as obrigações por ele assumidas, todas as condições exigidas para a habilitação na licitação, ou para a qualificação, na contratação direta; XVII – a obrigação de o contratado cumprir as exigências de reserva de cargos prevista em lei, bem como em outras normas específicas, para pessoa com deficiência, para reabilitado da Previdência Social e para aprendiz; XVIII – o modelo de gestão do contrato, observados os requisitos definidos em regulamento; e XIX – os casos de extinção.

Importante salientar que, nos termos do art. 150 da Lei 14.133/2021, nenhuma contratação será feita sem a caracterização adequada de seu objeto e sem a indicação dos créditos orçamentários para pagamento das parcelas contratuais vincendas no exercício em que for realizada a contratação, sob pena de nulidade do ato e de responsabilização de quem lhe tiver dado causa.

Os contratos celebrados pela Administração Pública com pessoas físicas ou jurídicas, inclusive as domiciliadas no exterior, deverão conter **cláusula que declare competente o foro da sede da Administração** para dirimir qualquer questão contratual. Não se aplica essa exigência, entretanto, à licitação internacional para a aquisição de bens e serviços cujo pagamento seja feito com o produto de financiamento concedido por organismo financeiro internacional de que o Brasil faça parte ou por agência estrangeira de cooperação; à contratação com empresa estrangeira para a compra de equipamentos fabricados e entregues no exterior precedida de autorização do Chefe do Poder Executivo; à aquisição de bens e serviços realizada por unidades administrativas com sede no exterior.

Todo contrato deverá mencionar os nomes das partes e os de seus representantes, a finalidade, o ato que autorizou sua lavratura, o número do processo da licitação ou da contratação direta e a sujeição dos contratantes às normas da Lei 14.133/2021 e às cláusulas contratuais.

Ademais, os contratos deverão estabelecer com clareza e precisão as condições para sua execução, expressas em cláusulas que definam os direitos, as obrigações e as responsabilidades das partes, em conformidade com os termos do edital de licitação e os da proposta vencedora ou com os termos do ato que autorizou a contratação direta e os da respectiva proposta.

A divulgação no Portal Nacional de Contratações Públicas (PNCP) é **condição indispensável para a eficácia** do contrato e de seus aditamentos e deverá ocorrer nos seguintes prazos, contados da data de sua assinatura: I – 20 (vinte) dias úteis, no caso de licitação; II – 10 (dez) dias úteis, no caso de contratação direta.

Os contratos celebrados em **caso de urgência terão eficácia** a partir de sua assinatura, mas deverão ser publicados nos mesmos prazos acima, sob pena de nulidade.

O contrato deve ser escrito e formalizado por meio do **instrumento de contrato** (termo de contrato), **que é obrigatório**. Todavia, nas hipóteses de dispensa de licitação em razão de valor; e de compras com entrega imediata e integral dos bens adquiridos e dos quais não resultem obrigações futuras, inclusive quanto a assistência técnica, independentemente de seu valor, a Administração **poderá substituir** o instrumento de contrato por outro instrumento hábil, como **carta-contrato, nota de empenho de despesa, autorização de compra** ou **ordem de execução de serviço**.

Reitere-se que é nulo e de nenhum efeito o contrato verbal com a Administração, salvo o de pequenas compras ou o de prestação de serviços de pronto pagamento, assim entendidos aqueles de valor não superior a R$ 10.000,00 (dez mil reais). Esse valor foi atualizado, pelo Decreto 11.871/2023, para R$ 11.981,20 (onze mil novecentos e oitenta e um reais e vinte centavos).

A minuta do futuro contrato integrará sempre o edital da licitação. Com efeito, de acordo com o § 3º do art. 25 da Lei 14.133, todos os elementos do edital, **incluídos minuta de contrato**, termos de referência, anteprojeto, projetos e outros anexos, deverão ser divulgados em sítio eletrônico oficial na mesma data de divulgação do edital, sem necessidade de registro ou de identificação para acesso.

Homologada a licitação, a Administração convocará regularmente o licitante vencedor para assinar o termo de contrato ou para aceitar ou retirar o instrumento equivalente, dentro do prazo e nas condições estabelecidas no edital de licitação, sob pena de decair o direito à contratação, sem prejuízo das sanções previstas na Lei 14.133/21.

Esse prazo de convocação poderá ser prorrogado 1 (uma) vez, por igual período, mediante solicitação da parte durante seu transcurso, devidamente justificada, e desde que o motivo apresentado seja aceito pela Administração.

Quando o convocado não assinar o termo de contrato ou não aceitar ou não retirar o instrumento equivalente no prazo e nas condições estabelecidas, será facultado à Administração convocar os licitantes remanescentes, na ordem de classificação, para a celebração do contrato nas condições propostas pelo licitante vencedor. Nesse caso, na hipótese de nenhum dos licitantes aceitar a contratação, a Administração, observados o valor estimado e sua eventual atualização nos termos do edital, poderá convocar os licitantes remanescentes para negociação, na ordem de classificação, com vistas à obtenção de preço melhor, mesmo que acima do preço do licitante vencedor; e adjudicar e celebrar o contrato nas condições ofertadas pelos licitantes remanescentes, atendida a ordem classificatória, quando frustrada a negociação de melhor condição. E observados esses mesmos critérios, será facultada à Administração a convocação dos demais licitantes classificados para a contratação de remanescente de obra, de serviço ou de fornecimento em consequência de rescisão contratual.

Decorrido o prazo de validade da proposta indicado no edital, sem convocação para a contratação, ficarão os licitantes liberados dos compromissos assumidos.

Entretanto, nos termos do § 5º do art. 90, da Lei 14.133, a recusa injustificada do licitante vencedor em assinar o contrato ou em aceitar ou retirar o instrumento equivalente no prazo estabelecido pela Administração, **caracterizará o descumprimento total da obrigação assumida** e **o sujeitará às penalidades legalmente estabelecidas e à imediata perda da garantia de proposta em favor do órgão ou entidade licitante**.

2.4. O Procedimento Legal

A lei estabelece certos procedimentos de observância obrigatória para a celebração do contrato administrativo e que podem variar de uma modalidade para outra, abrangendo medidas como licitação, autorização legislativa nas alienações de imóveis, avaliação prévia, justificação, autorização pela autoridade competente, indicação de recursos orçamentários, etc.

2.5. A Natureza de Contrato de Adesão

Nos contratos administrativos, todas as suas cláusulas são estabelecidas prévia e unilateralmente pela Administração. Aliás, essas cláusulas são fixadas parcialmente já no próprio edital da licitação, além do fato de que, por força do § 3º do art. 25 da Lei 14.133/2021, a **minuta do contrato** a ser firmado entre a Administração e o licitante vencedor constitui **elemento do edital** da licitação, dele fazendo parte integrante.

Se assim o é, o contrato administrativo caracteriza-se por ser um **contrato de adesão**, uma vez que o contratado apenas adere às suas cláusulas, aceitando-as tais como elaboradas pela Administração Pública.

Isso, porém, não significa dizer que a proposta do licitante vencedor não deva ser considerada. Ora, se a proposta do licitante vencedor foi acolhida pela Administração, tendo cumprido todas as exigências do edital da licitação, não há dúvidas de que ela deve ser considerada na formalização do contrato administrativo. Por essa razão, o inciso II do art. 92, da Lei 14.133/2021, prevê como cláusula necessária em todo contrato a que estabeleça a vinculação ao edital de licitação e **à proposta do licitante vencedor** ou ao ato que tiver autorizado a contratação direta e à respectiva proposta.

2.6. A Natureza *Intuitu Personae*

Os contratos administrativos *precedidos* de licitação são firmados, a princípio, *intuitu personae*, isto é, em razão das condições pessoas do contratado, apuradas no processo licitatório. Isto porque, como já se examinou no capítulo anterior, o art. 62 da Lei de licitações e contratos **exige a habilitação do licitante**, que consiste numa fase do processo licitatório em que a Administração deve verificar o conjunto de informações e documentos necessários e suficientes para **demonstrar a capacidade do licitante de realizar o objeto da licitação**, compreendendo a habilitação jurídica, técnica, fiscal, social e trabalhista e econômico-financeira.

Entretanto, é possível, em determinadas hipóteses expressamente autorizadas e previstas da Lei 14.133/2021, afastar-se essa natureza pessoal. É o que prevê, por exemplo, o art. 122, em conformidade com o qual, na execução do contrato e sem prejuízo das responsabilidades contratuais e legais, o **contratado poderá subcontratar partes** da obra, do serviço ou do fornecimento até o limite autorizado, em cada caso, pela Administração.

Mas, nesse caso, deverá o contratado apresentar à Administração documentação que comprove a **capacidade técnica do subcontratado**, que será avaliada e juntada aos autos do processo correspondente.

E a Lei 14.133 prevê que regulamento ou edital de licitação poderão vedar, restringir ou estabelecer condições para a subcontratação.

Porém, a Lei veda a subcontratação de pessoa física ou jurídica, se aquela ou os dirigentes desta mantiverem vínculo de natureza técnica, comercial, econômica, financeira, trabalhista ou civil com dirigente do órgão ou entidade contratante ou com agente público que desempenhe função na licitação ou atue na fiscalização ou na gestão do contrato, ou se deles forem cônjuge, companheiro ou parente em linha reta, colateral, ou por afinidade, até o terceiro grau, devendo essa proibição constar expressamente do edital de licitação.

Ademais, o art. 102 da Lei também prevê que o edital de licitação poderá exigir, na contratação de obras e serviços de engenharia, a prestação da garantia na modalidade seguro-garantia e **prever a obrigação de a seguradora, em caso de inadimplemento pelo contratado, assumir a execução e concluir o objeto do contrato**, hipótese em que a seguradora **deverá firmar o contrato**, inclusive os aditivos, como interveniente anuente, sendo que a emissão de empenho em nome da seguradora, ou a quem ela indicar para a conclusão do contrato, será autorizada desde que demonstrada sua regularidade fiscal. Ademais, a seguradora ainda poderá subcontratar a conclusão do contrato, total ou parcialmente.

2.7. A Presença de Cláusulas Exorbitantes (Cláusulas de Privilégio)

O regime jurídico dos contratos administrativos, previsto na Lei nº 14.133/2021, confere à Administração Pública um conjunto de prerrogativas. Em face desse regime especial, sustenta-se que as cláusulas do contrato administrativo qualificam-se como **cláusulas exorbitantes do direito comum**, ou cláusulas de privilégio[2], assim chamadas porque derrogatórias do direito privado, uma vez que, em face do interesse público, concedem à Administração Pública significativos poderes, elevando-a a uma posição de supremacia sobre o contratado.

De um modo geral, esse regime jurídico especial dos contratos administrativos confere à Administração Pública a **prerrogativa** de:

- Modificar, unilateralmente, os contratos administrativos para melhor adequação às finalidades de interesse público, respeitados os direitos do contratado;
- Extinguir, unilateralmente, os contratos administrativos nos casos especificados na Lei 14.133/2021;
- Fiscalizar a execução dos contratos administrativos;
- Aplicar sanções motivadas pela inexecução total ou parcial do contrato administrativo; e
- Ocupar provisoriamente bens móveis e imóveis e utilizar pessoal e serviços vinculados ao objeto do contrato, nas hipóteses de risco à prestação de serviços essenciais; e necessidade de acautelar apuração administrativa de faltas contratuais pelo contratado, inclusive após extinção do contrato.

---

2. CARVALHO FILHO, José dos Santos. *Manual de Direito Administrativo*. 25ª ed, São Paulo: Atlas, p. 191, 2012.

Todavia, sem embargos dessas importantes prerrogativas, cumpre sublinhar que as cláusulas econômico-financeiras e monetárias dos contratos administrativos não poderão ser alteradas sem prévia concordância do contratado.

Nessa hipótese, as cláusulas econômico-financeiras do contrato deverão ser revistas para que se mantenha o equilíbrio contratual.

Entre as cláusulas exorbitantes, **podemos destacar as seguintes**:

2.7.1. *Exigência de garantia nos contratos administrativos*

Goza a Administração Pública da prerrogativa de exigir do contratado a prestação de garantia nas contratações de obras, serviços e fornecimentos.

Com efeito, nos termos do art. 96 da Lei 14.133/2021, a critério da autoridade competente, em cada caso, poderá ser exigida, mediante previsão no edital, prestação de garantia nas contratações de obras, serviços e fornecimentos. No entanto, caberá ao contratado optar por uma das seguintes modalidades de garantia:

> I – **caução em dinheiro** ou **em títulos da dívida pública** emitidos sob a forma escritural, mediante registro em sistema centralizado de liquidação e de custódia autorizado pelo Banco Central do Brasil, e avaliados por seus valores econômicos, conforme definido pelo Ministério da Economia;
>
> II – **seguro-garantia**;
>
> III – **fiança bancária emitida por banco** ou **instituição financeira** devidamente autorizada a operar no País pelo Banco Central do Brasil.
>
> IV - **título de capitalização** custeado por pagamento único, com resgate pelo valor total. Esta última garantia foi incluída pela Lei 14.770/2023.

O edital fixará prazo mínimo de 1 (um) mês, contado da data de homologação da licitação e anterior à assinatura do contrato, para a prestação da garantia pelo contratado, quando optar pela modalidade de seguro-garantia.

A Lei 14.133/2021 traz uma novidade, que é a previsão do *performance bond*, que consiste no seguro-garantia que tem por objetivo garantir o fiel cumprimento das obrigações assumidas pelo contratado perante à Administração, inclusive as multas, os prejuízos e as indenizações decorrentes de inadimplemento. E na contratação de obras e serviços de engenharia, há a previsão da possibilidade de o edital exigir o seguro-garantia, com cláusula de retomada, e prever a obrigação de a própria seguradora, em caso de inadimplemento pelo contratado, assumir a execução e concluir o objeto do contrato.

O seguro-garantia deve observar as seguintes regras nas contratações regidas pela Lei 14.133/2021: I – o prazo de vigência da apólice será igual ou superior ao prazo estabelecido no contrato principal e deverá acompanhar as modificações referentes à vigência deste mediante a emissão do respectivo endosso pela seguradora; e II – o seguro-garantia continuará em vigor mesmo se o contratado não tiver pago o prêmio nas datas convencionadas.

Nos contratos de execução continuada ou de fornecimento contínuo de bens e serviços, será permitida a substituição da apólice de seguro-garantia na data de renovação ou de aniversário, desde que mantidas as mesmas condições e coberturas da apólice vigente e desde que nenhum período fique descoberto.

A garantia, todavia, nas contratações de obras, serviços e fornecimentos, não poderá exceder a 5% (cinco por cento) do valor inicial do contrato, autorizada a majoração desse percentual para até 10% (dez por cento), desde que justificada mediante análise da complexidade técnica e dos riscos envolvidos.

Porém, nas contratações de **obras e serviços de engenharia de grande vulto**, poderá ser exigida a prestação de garantia, na modalidade seguro-garantia, com cláusula de retomada (*performance bond*), em percentual equivalente a até 30% (trinta por cento) do valor inicial do contrato.

A garantia prestada pelo contratado será liberada ou restituída após a fiel execução do contrato ou após a sua extinção por culpa exclusiva da Administração e, quando em dinheiro, atualizada monetariamente.

E nos casos de contratos que impliquem a entrega de bens pela Administração, dos quais o contratado ficará depositário, o valor desses bens deverá ser acrescido ao valor da garantia.

Na contratação de **obras e serviços de engenharia**, o **edital poderá exigir** a prestação da garantia na **modalidade seguro-garantia** e **prever a obrigação de a seguradora**, em caso de inadimplemento pelo contratado, **assumir a execução e concluir o objeto do contrato** (*performance bond*). Nessa hipótese:

> I – a seguradora deverá firmar o contrato, inclusive os aditivos, como interveniente anuente e poderá: a) ter livre acesso às instalações em que for executado o contrato principal; b) acompanhar a execução do contrato principal; c) ter acesso a auditoria técnica e contábil; e d) requerer esclarecimentos ao responsável técnico pela obra ou pelo fornecimento;
>
> II – a emissão de empenho em nome da seguradora, ou a quem ela indicar para a conclusão do contrato, será autorizada desde que demonstrada sua regularidade fiscal;
>
> III – a seguradora poderá subcontratar a conclusão do contrato, total ou parcialmente.

E na hipótese de inadimplemento do contratado, serão observadas as seguintes disposições:

> I – caso a seguradora execute e conclua o objeto do contrato, estará isenta da obrigação de pagar a importância segurada indicada na apólice;
>
> II – caso a seguradora não assuma a execução do contrato, pagará a integralidade da importância segurada indicada na apólice.

2.7.2. *Alteração unilateral dos contratos administrativos*

O regime jurídico dos contratos administrativos confere à Administração, em relação a eles, a prerrogativa de modificá-los, unilateralmente, para melhor adequação às finalidades de interesse público, respeitados, contudo, os direitos do contratado.

Assim, conforme o art. 124 da Lei, a Administração pode alterar, **unilateralmente**, os contratos administrativos (i) quando houver modificação do projeto ou das especificações, para melhor adequação técnica a seus objetivos ou (ii) quando for necessária a modificação do valor contratual em decorrência de acréscimo ou diminuição quantitativa de seu objeto, nos limites permitidos pela Lei 14.133/2021.

Todavia, se a alteração unilateral do contrato importar em aumento ou diminuição dos encargos do contratado, a Administração deverá **restabelecer**, no mesmo termo aditivo, o **equilíbrio econômico-financeiro inicial**.

2.7.3. *Extinção unilateral dos contratos administrativos*

Em caso de inexecução total ou parcial do contrato, pode a Administração Pública **extingui-lo por ato unilateral e escrito**. De fato, o regime jurídico dos contratos administrativos confere à Administração, nos termos do art. 104, II, da Lei 14.133/2021, a prerrogativa de extingui-los, unilateralmente.

A extinção determinada por ato unilateral da Administração poderá acarretar, sem prejuízo das sanções previstas na Lei 14.133, as seguintes consequências:

- Assunção imediata do objeto do contrato, no estado e local em que se encontrar, por ato próprio da Administração;
- Ocupação e utilização do local, das instalações, dos equipamentos, do material e do pessoal empregados na execução do contrato e necessários à sua continuidade;
- Execução da garantia contratual para: a) ressarcimento da Administração Pública por prejuízos decorrentes da não execução; b) pagamento de verbas trabalhistas, fundiárias e previdenciárias, quando cabível; c) pagamento das multas devidas à Administração Pública; e d) exigência da assunção da execução e da conclusão do objeto do contrato pela seguradora, quando cabível;
- Retenção dos créditos decorrentes do contrato até o limite dos prejuízos causados à Administração Pública e das multas aplicadas.

A **assunção imediata do objeto** do contrato, assim como a **ocupação e utilização do local**, das **instalações**, dos **equipamentos**, do **material** e do **pessoal** empregados na execução do contrato, ficarão a critério da Administração, que poderá dar continuidade à obra ou ao serviço por execução direta ou indireta.

Mas na hipótese de **ocupação e utilização do local**, das **instalações**, dos **equipamentos**, do **material** e do **pessoal** empregados na execução do contrato, o ato da Administração **deverá ser precedido de autorização expressa** do ministro de Estado, do secretário estadual ou do secretário municipal competente, conforme o caso.

2.7.4. *Fiscalização da execução do contrato*

Goza ainda a Administração Pública da prerrogativa de fiscalizar a execução dos contratos administrativos.

Segundo o art. 117 da Lei 14.133/21, a execução do contrato deverá ser acompanhada e fiscalizada por um ou mais **fiscais do contrato**, representantes da Administração Pública especialmente designados, ou pelos seus substitutos, permitida a contratação de terceiros para assisti-los e subsidiá-los com informações pertinentes a essa atribuição.

O fiscal do contrato anotará em registro próprio todas as ocorrências relacionadas com a execução do contrato, determinando o que for necessário à regularização das faltas ou defeitos observados.

As decisões e providências que ultrapassarem a competência do fiscal do contrato deverão ser solicitadas a seus superiores em tempo hábil para a adoção das medidas convenientes. O contratado deverá manter preposto, aceito pela Administração, no local da obra ou serviço, para representá-lo na execução do contrato.

2.7.5. *Aplicação de penalidade ao contratado responsável pelas infrações administrativas*

O regime jurídico dos contratos administrativos confere à Administração, em relação a eles, a prerrogativa de aplicar sanções motivadas pela inexecução total ou parcial do ajuste. Assim, consoante prevê o art. 156 da Lei 14.133/21, poderá a Administração Pública, em face da inexecução total ou parcial do contrato, aplicar ao contratado responsável pelas infrações administrativas as seguintes sanções:

a) Advertência;

b) Multa;

c) impedimento de licitar e contratar; e

d) Declaração de inidoneidade para licitar ou contratar com a Administração Pública.

A Administração Pública, para cobrança da multa aplicada, **poderá reter a garantia exigida do contratado**. Se o valor da multa ultrapassar o valor da garantia, a diferença será descontada dos pagamentos eventualmente devidos pela Administração. Nesses casos, a Administração age com *autoexecutoriedade*, não dependendo de autorização judicial.

Todavia, na hipótese dos valores não serem suficientes para o resgate da multa, deve a Administração promover a cobrança judicial.

2.7.6. *Anulação*

A Administração Pública, no exercício da autotutela, deve e pode declarar a nulidade de seus contratos quando eivados de vícios insanáveis de ilegalidade. A declaração de nulidade do contrato administrativo opera retroativamente impedindo os efeitos jurídicos que ele, ordinariamente, deveria produzir, além de desconstituir os já produzidos. Entretanto, a nulidade não exonera a Administração do dever de indenizar o contratado pelo que este houver executado até a data em que ela for declarada e por outros prejuízos regularmente comprovados, contanto que não lhe seja imputável, promovendo-se a responsabilidade de quem lhe deu causa.

2.7.7. *Retomada do objeto*

Com o objetivo de assegurar a continuidade da execução do contrato, sempre que a sua interrupção possa ocasionar prejuízo ao interesse público, a Lei 14.133/2021, em seu art. 139, prevê a possibilidade de a Administração, ao extinguir unilateralmente o contrato, adotar as seguintes medidas, sem prejuízo de outras sanções:

a) Assunção imediata do objeto do contrato, no estado e local em que se encontrar, por ato próprio da Administração;

b) Ocupação e utilização do local, instalações, equipamentos, material e pessoal empregados na execução do contrato, necessários à sua continuidade;

c) Execução da garantia contratual, para ressarcimento da Administração por prejuízos decorrentes da inexecução contratual, para pagamento de verbas trabalhistas, fundiárias e previdenciárias, quando cabível, e dos valores das multas e indenizações devidas à Administração;

d) Retenção dos créditos decorrentes do contrato até o limite dos prejuízos causados à Administração e das multas aplicadas.

2.7.8. *Restrição ao emprego da cláusula da exceção do contrato não cumprido* ("exceptio non adimpleti contractus")

O contratado não pode fazer uso contra a Administração Pública contratante da cláusula da exceção do contrato não cumprido, segundo a qual uma parte pode invocar o descumprimento do contrato pela outra, para deixar de cumprir as suas obrigações contratuais.

No entanto, a Lei 14.133/2021, em seu art. 137, § 2º, inciso IV, autoriza o contratado a **suspender o cumprimento das obrigações assumidas** até a normalização da situação ou a **requerer a extinção do contrato**, por **atraso superior a 2 (dois) meses**, contado da emissão da nota fiscal, dos pagamentos ou de parcelas de pagamentos devidos pela Administração por despesas de obras, serviços ou fornecimentos, salvo em caso de calamidade pública, de grave perturbação da ordem interna ou de guerra, bem como quando decorrerem de ato ou fato que o contratado tenha praticado, do qual tenha participado ou para o qual tenha contribuído.

Na hipótese de o contratado ter optado pela suspensão do cumprimento das obrigações assumidas até a normalização da situação, a Lei admite o **restabelecimento do equilíbrio econômico-financeiro do contrato.**

2.8. A Mutabilidade

De acordo com essa característica, os contratos administrativos podem sofrer mudanças ou alterações, seja em razão do poder que tem a Administração de alterar unilateralmente o contrato, seja em decorrência do **fato do príncipe**, do **fato da administração** e da **teoria da imprevisão**.

A alteração ou mudança do contrato por *ato unilateral da Administração* e por decorrência do *fato do príncipe* e *fato da administração* caracterizam aquilo que costumeiramente se denomina **álea administrativa**.

Já a alteração ou mudança do contrato em consequência da *teoria da imprevisão* exprime a chamada **álea econômica**.

É importante ressaltar que, a despeito da mutabilidade do contrato, seja em decorrência da **álea administrativa** (*alteração unilateral por ato da Administração; fato do príncipe* e *fato da administração*), seja em consequência da **álea econômica** (*teoria da imprevisão*), o contratado tem assegurado o seu direito à manutenção do equilíbrio econômico-financeiro do contrato, devendo a Administração responder pela recomposição.

Isto porque, em consonância com o art. 124, inciso II, *d*, da Lei 14.133/2021, o contrato administrativo pode ser alterado por acordo entre as partes para restabelecer o equilíbrio econômico-financeiro inicial do contrato em caso de força maior, caso fortuito ou fato do príncipe ou em decorrência de fatos imprevisíveis ou previsíveis de consequências incalculáveis, que inviabilizem a execução do contrato tal como pactuado, respeitada, em qualquer caso, a repartição objetiva de risco estabelecida no contrato.

Nos termos do § 2º do art. 184, da Lei 14.133/2021, incluído pela Lei 14.770/2023, quando, verificada qualquer das hipóteses mencionadas na alínea *d* do inciso II do *caput* do art. 124, o valor global inicialmente pactuado demonstrar-se insuficiente para a execução do objeto, poderão ser:

> I - utilizados saldos de recursos ou rendimentos de aplicação financeira;
>
> II - aportados novos recursos pelo concedente;
>
> III - reduzidas as metas e as etapas, desde que isso não comprometa a fruição ou a funcionalidade do objeto pactuado.

Tanto a álea administrativa como a álea econômica são **áleas extraordinárias**, que autorizam a recomposição do equilíbrio econômico-financeiro do contrato.

A chamada **álea ordinária** ou empresarial, que figura em qualquer tipo de negócio e constitui risco que todo empresário corre em decorrência da sua própria atividade, não autoriza a alteração do contrato, devendo o próprio contratado responder por eventuais prejuízos. Assim, não se mostra razoável o entendimento de que a inflação possa ser tomada, no Brasil, como álea extraordinária, de modo a possibilitar algum desequilíbrio na equação econômica do contrato, como há muito afirma a jurisprudência do STJ. Não há como imputar as aludidas perdas a fatores imprevisíveis, pois tal situação constitui álea ordinária não suportável pela Administração e não autorizadora da Teoria da Imprevisão[3].

2.8.1. *Fato do príncipe*

Fato do Príncipe é todo aquele que a Administração pratica, positiva ou negativamente, não como parte do contrato, mas como autoridade pública, que reflexamente repercute no contrato. Segundo lições clássicas de Hely Lopes Meirelles, "é toda determinação estatal, positiva ou negativa, geral, imprevista e imprevisível, que onera substancialmente a execução do contrato administrativo", constituindo uma **álea administrativa extraordinária e extracontratual**, que obriga a Administração contratante a compensar os prejuízos causados ao contratado, a fim de possibilitar o prosseguimento da execução do contrato ou, se esta não for mais possível, a extinção

3. STJ, REsp 744446/DF, Ministro Humberto Martins, DJe 05/05/2008.

contratual com as indenizações cabíveis. Caracteriza-se, assim, por ser um *ato geral* do poder público, tal como a proibição de importar determinado produto[4].

Mas cumpre anotar que esse ato geral do poder público tanto pode onerar (**fato do príncipe positivo**) como desonerar (**fato do príncipe negativo**) o contratado[5]. Ocorre o primeiro, quando há o aumento de um tributo; e o segundo, quando há a redução ou extinção do tributo.

Nos termos do art. 134 da Lei 14.133/2021, os preços contratados serão alterados, **para mais ou para menos**, conforme o caso, se houver, após a data da apresentação da proposta, criação, alteração ou extinção de quaisquer tributos ou encargos legais ou a superveniência de disposições legais, com comprovada repercussão sobre os preços contratados.

No direito brasileiro, cuja organização política compreende a União, os Estados, o Distrito Federal e os Municípios, a teoria em tela *somente se aplica se a autoridade responsável pelo fato do príncipe for da mesma esfera política em que se celebrou o contrato*[6]; se for de outra, não é o caso de aplicá-la, podendo incidir eventualmente a teoria da imprevisão.

2.8.2. *Fato da administração*

Fato da Administração é toda ação ou omissão da Administração que se relaciona diretamente com o contrato, retardando ou impedindo sua execução. Aqui, compreende qualquer conduta ou comportamento da Administração que, como parte contratual, torne impossível a execução do contrato ou provoque seu desequilíbrio econômico[7]. Ocorre, por exemplo, quando a Administração deixa de entregar o local da obra ou serviço, ou não providencia as desapropriações necessárias.

Isto é, quando a execução do contrato for obstada pelo atraso da Administração na conclusão de procedimentos de desapropriação, desocupação, servidão administrativa ou licenciamento ambiental, por circunstâncias alheias ao contratado.

As hipóteses previstas no art. 137, incisos II, III, IV e V, da Lei 14.133/2021 configuram **fato da administração**, a saber: a suspensão da execução do contrato, por ordem escrita da Administração, por prazo superior a 3 (três) meses; ou ainda por repetidas suspensões que totalizem 90 (noventa) dias úteis, independentemente do pagamento obrigatório de indenizações pelas sucessivas e contratualmente imprevistas desmobilizações e mobilizações e outras previstas; o atraso superior a 2 (dois) meses dos pagamentos ou de parcelas de pagamentos devidos pela Administração decorrentes de obras, serviços ou fornecimento, salvo em caso de calamidade pública, de grave perturbação da ordem interna ou de guerra, bem como quando decorrerem de ato ou fato que o contratado tenha praticado, do qual tenha participado ou para

4. Hely Lopes Meirelles, op. cit., p. 233.
5. Nesse sentido, Diogenes Gasparini, op. cit., p. 737.
6. Nesse sentido: Maria Sylvia Zanella Di Pietro, op. cit., p. 264 e Diogenes Gasparini, op. cit., p. 737. Em sentido contrário: José dos Santos Carvalho Filho, *Manual de Direito Administrativo*, p. 169.
7. Maria Sylvia Zanella Di Pietro, op. cit., p. 258.

o qual tenha contribuído, assegurado ao contratado, nesses casos, o direito de optar pela suspensão do cumprimento das obrigações assumidas até que seja normalizada a situação; e não liberação pela Administração, nos prazos contratuais, de área, local ou objeto, para execução de obra, serviço ou fornecimento, e de fontes de materiais naturais especificadas no projeto, inclusive devido a atraso ou descumprimento das obrigações atribuídas pelo contrato à Administração relacionadas a desapropriação, a desocupação de áreas públicas ou a licenciamento ambiental.

2.8.3. *Teoria da imprevisão*

A Teoria da Imprevisão é todo acontecimento externo ao contrato, estranho à vontade das partes, imprevisível e inevitável, que causa um excessivo desequilíbrio, tornando a execução do contrato demasiadamente onerosa para o contratado[8].

O art. 124, inciso II, alínea *d*, da 14.133/2021, prevê a possibilidade de alteração do contrato para restabelecer o equilíbrio econômico-financeiro inicial do contrato em caso de força maior, caso fortuito ou fato do príncipe ou em decorrência de fatos imprevisíveis ou previsíveis de consequências incalculáveis, que inviabilizem a execução do contrato tal como pactuado, respeitada, em qualquer caso, a repartição objetiva de risco estabelecida no contrato.

Assim, é requisito para a aplicação da teoria da imprevisão, com o restabelecimento do equilíbrio econômico-financeiro do contrato, que o fato seja imprevisível quanto à sua ocorrência ou quanto às suas consequências; estranho à vontade das partes; inevitável e causa de desequilíbrio muito grande no contrato.

O código civil, no art. 478, também acolheu a teoria da imprevisão, prevendo que nos contratos de execução continuada ou diferida, se a prestação de uma das partes se tornar excessivamente onerosa, com extrema vantagem para a outra, em virtude de acontecimentos extraordinários e imprevisíveis, poderá o devedor pedir a resolução do contrato.

3. DA ALOCAÇÃO DE RISCOS NOS CONTRATOS ADMINISTRATIVOS

A alocação de riscos é uma novidade incluída na Lei 14.133/2021, no art. 103. Consiste na previsão no contrato administrativo de cláusula de designação e distribuição de riscos, que visa a definir os riscos e as responsabilidades entre as partes contratante e contratada, relativamente ao ônus financeiro decorrente de eventos supervenientes à contratação.

Para tanto, o contrato deve identificar os riscos contratuais previstos e presumíveis e prever **matriz de alocação de riscos**, dispondo-os e distribuindo-os entre contratante e contratado, mediante indicação daqueles riscos a serem assumidos pelo setor público ou pelo setor privado ou daqueles a serem compartilhados por ambos.

A ideia é estabelecer no contrato administrativo cláusula que **caracterize o equilíbrio econômico-financeiro inicial do contrato**, contendo, entre outras coisas, a listagem de possíveis eventos supervenientes à assinatura do contrato que possam

8. Ibidem, p. 260.

causar impacto em seu equilíbrio econômico-financeiro e previsão de eventual necessidade de prolação de termo aditivo por ocasião de sua ocorrência.

No caso de obrigações de resultado, será necessário o estabelecimento das frações do objeto com relação às quais haverá liberdade para os contratados inovarem em soluções metodológicas ou tecnológicas, em termos de modificação das soluções previamente delineadas no anteprojeto ou no projeto básico.

E no caso de obrigações de meio, a fixação precisa das frações do objeto com relação às quais não haverá liberdade para os contratados inovarem em soluções metodológicas ou tecnológicas, devendo haver obrigação de aderência entre a execução e a solução predefinida no anteprojeto ou no projeto básico, consideradas as características do regime de execução no caso de obras e serviços de engenharia.

A alocação de riscos deverá considerar, em compatibilidade com as obrigações e os encargos atribuídos às partes no contrato, a natureza do risco, o beneficiário das prestações a que se vincula e a capacidade de cada setor para melhor gerenciá-lo.

Os riscos que tenham cobertura oferecida por seguradoras serão preferencialmente transferidos ao contratado.

Conforme o § 5º do art. 103, sempre que atendidas as condições do contrato e da matriz de alocação de riscos, será considerado mantido o equilíbrio econômico-financeiro, renunciando as partes aos pedidos de restabelecimento do equilíbrio relacionados aos riscos assumidos, exceto no que se refere (i) às alterações unilaterais determinadas pela Administração, nas hipóteses do inciso I do *caput* do art. 124 da Lei 14.133 e (ii) ao aumento ou à redução, por legislação superveniente, dos tributos diretamente pagos pelo contratado em decorrência do contrato.

4. DURAÇÃO E PRORROGAÇÃO DO CONTRATO ADMINISTRATIVO

A duração dos contratos administrativos será **pelo prazo previsto em edital**, observados os limites máximos previstos na Lei 14.133/2021. Entretanto, os prazos contratuais previstos na Lei 14.133/2021 não excluem nem revogam os prazos contratuais previstos em lei especial.

Além dos prazos previstos no edital, deverão ser observadas, no momento da contratação e a cada exercício financeiro, a **disponibilidade de créditos orçamentários**, bem como a **previsão no plano plurianual**, quando a duração do contrato ultrapassar um exercício financeiro.

Tratando-se de **serviços e fornecimentos contínuos**, que são os serviços contratados e as compras realizadas pela Administração Pública para a manutenção da atividade administrativa, decorrentes de necessidades permanentes ou prolongadas, a Administração poderá celebrar **contratos com prazo de até 5 (cinco) anos**, observadas, porém, algumas diretrizes. Nesse caso, deverá a autoridade competente do órgão ou entidade contratante atestar a maior vantagem econômica vislumbrada em razão da contratação plurianual; deverá a Administração atestar, no início da contratação e de cada exercício, a existência de créditos orçamentários vinculados à contratação e a vantagem em sua manutenção; e a

Administração terá a opção de extinguir o contrato, sem ônus, quando não dispuser de créditos orçamentários para sua continuidade ou quando entender que o contrato não mais lhe oferece vantagem, devendo a extinção ocorrer apenas na próxima data de aniversário do contrato e não poderá ocorrer em prazo inferior a 2 (dois) meses, contado da referida data.

A Administração também poderá celebrar **contratos com prazo de até 5 (cinco) anos**, observadas as mesmas diretrizes acima, em relação ao aluguel de equipamentos e à utilização de programas de informática.

Permite a Lei 14.133/2021, no art. 107, que esses contratos de serviços e fornecimentos contínuos sejam **prorrogados sucessivamente**, respeitada, porém, **a vigência máxima de 10 (dez) anos**, desde que haja previsão em edital e que a autoridade competente ateste que as condições e os preços permanecem vantajosos para a Administração, permitida a negociação com o contratado ou a extinção contratual sem ônus para qualquer das partes.

Conforme dispõe o art. 108 da Lei 14.133, a Administração poderá celebrar contratos **com prazo de até 10 (dez) anos** nas seguinte hipóteses, todas previstas nas alíneas "f" e "g" do inciso IV e nos incisos V, VI, XII e XVI do *caput* do art. 75 da Lei:

- para contratação que tenha por objeto (i) bens ou serviços produzidos ou prestados no País que envolvam, cumulativamente, alta complexidade tecnológica e defesa nacional e (ii) materiais de uso das Forças Armadas, com exceção de materiais de uso pessoal e administrativo, quando houver necessidade de manter a padronização requerida pela estrutura de apoio logístico dos meios navais, aéreos e terrestres, mediante autorização por ato do comandante da força militar;
- para contratação com vistas ao cumprimento do disposto nos arts. 3º, 3º-A, 4º, 5º e 20 da Lei nº 10.973/2004, que dispõe sobre incentivos à inovação e à pesquisa científica e tecnológica no ambiente produtivo, observados os princípios gerais de contratação constantes da referida Lei;
- para contratação que possa acarretar comprometimento da segurança nacional, nos casos estabelecidos pelo Ministro de Estado da Defesa, mediante demanda dos comandos das Forças Armadas ou dos demais ministérios;
- para contratação em que houver transferência de tecnologia de produtos estratégicos para o Sistema Único de Saúde (SUS), conforme elencados em ato da direção nacional do SUS, inclusive por ocasião da aquisição desses produtos durante as etapas de absorção tecnológica, e em valores compatíveis com aqueles definidos no instrumento firmado para a transferência de tecnologia; e
- para aquisição, por pessoa jurídica de direito público interno, de insumos estratégicos para a saúde produzidos por fundação que, regimental ou estatutariamente, tenha por finalidade apoiar órgão da Administração Pública direta, sua autarquia ou fundação em projetos de ensino, pesquisa, extensão, desenvolvimento institucional, científico e tecnológico e de estímulo à inovação,

inclusive na gestão administrativa e financeira necessária à execução desses projetos, ou em parcerias que envolvam transferência de tecnologia de produtos estratégicos para o SUS e que tenha sido criada para esse fim específico em data anterior à entrada em vigor desta Lei, desde que o preço contratado seja compatível com o praticado no mercado.

Admite a Lei 14.133 que Administração estabeleça **vigência por prazo indeterminado** nos contratos em que **seja usuária de serviço público oferecido em regime de monopólio**, desde que comprovada, a cada exercício financeiro, a existência de créditos orçamentários vinculados à contratação (art. 109).

Nos termos do art. 110 da Lei, na contratação que gere receita e no contrato de eficiência[9] que gere economia para a Administração, os prazos serão de: I – **até 10 (dez) anos, nos contratos sem investimento**; e II – **até 35 (trinta e cinco) anos, nos contratos com investimento**, assim considerados aqueles que impliquem a elaboração de benfeitorias permanentes, realizadas exclusivamente a expensas do contratado, que serão revertidas ao patrimônio da Administração Pública ao término do contrato.

Na contratação que previr a conclusão de escopo predefinido, o prazo de vigência será automaticamente prorrogado quando seu objeto não for concluído no período firmado no contrato. Mas quando a não conclusão decorrer de culpa do contratado, ele será constituído em mora, aplicáveis a ele as respectivas sanções administrativas; e a Administração poderá optar pela extinção do contrato e, nesse caso, adotará as medidas admitidas em lei para a continuidade da execução contratual.

Em face do art. 113 da Lei, o contrato firmado sob o regime de **fornecimento e prestação de serviço associado**[10] terá sua vigência máxima definida pela soma do prazo relativo ao fornecimento inicial ou à entrega da obra com o prazo relativo ao serviço de operação e manutenção, este limitado a 5 (cinco) anos contados da data de recebimento do objeto inicial, autorizada a prorrogação na forma do art. 107 da Lei, isto é, também poderá esse tipo de contrato ser prorrogado sucessivamente, respeitada a vigência máxima de 10 anos, desde que haja previsão em edital e que a autoridade competente ateste que as condições e os preços permanecem vantajosos para a Administração, permitida a negociação com o contratado ou a extinção contratual sem ônus para qualquer das partes.

Por fim, de acordo com o art. 114 da Lei, o contrato que previr a operação continuada de sistemas estruturantes de tecnologia da informação poderá ter **vigência máxima de 15 (quinze) anos**.

9. Entende-se por contrato de eficiência aquele cujo objeto é a prestação de serviços, que pode incluir a realização de obras e o fornecimento de bens, com o objetivo de proporcionar economia ao contratante, na forma de redução de despesas correntes, remunerado o contratado com base em percentual da economia gerada (art. 6º, LIII).

10. Entende-se por fornecimento e prestação de serviço associado, o regime de contratação em que, além do fornecimento do objeto, o contratado responsabiliza-se por sua operação, manutenção ou ambas, por tempo determinado (art. 6º, XXXIV).

5. DA EXECUÇÃO DOS CONTRATOS ADMINISTRATIVOS

Por se tratar de negócio jurídico em relação ao qual as partes contratante e contratada se vinculam e se comprometem à sua escorreita execução, o contrato administrativo deverá ser executado fielmente pelas partes, de acordo com as cláusulas avençadas e as disposições da Lei 14.133/2021, de modo que cada parte responderá pelas consequências de sua inexecução total ou parcial.

Por óbvio, nenhuma das partes pode retardar, sem justa causa devidamente comprovada, a execução do objeto contratual. Nenhuma, especialmente a Administração Pública, que se submete a um sistema de princípios constitucional.

Por essa razão, o § 1º do art. 115 da Lei 14.133/2021, de conteúdo didático, prevê que é proibido à Administração retardar imotivadamente a execução de obra ou serviço, ou de suas parcelas, inclusive na hipótese de posse do respectivo chefe do Poder Executivo ou de novo titular no órgão ou entidade contratante.

A ideia subjacente ao preceito em tela é evitar que, com a mudança de gestão administrativa – seja do titular do próprio poder executivo (presidente, governadores e prefeitos), seja do titular do órgão ou da entidade da Administração contratante –, a execução dos contratos sofra qualquer solução de continuidade.

Porém, em caso de impedimento, ordem de paralisação ou suspensão do contrato, o cronograma de execução será **prorrogado automaticamente pelo tempo correspondente**, anotadas tais circunstâncias mediante simples apostila. Nas **contratações de obras**, verificada qualquer dessas ocorrências de impedimento, ordem de paralisação ou suspensão do contrato por mais de 1 (um) mês, a Lei 14.133/2021 **determina** que **a Administração divulgue**, *em sítio eletrônico oficial e em placa a ser afixada em local da obra de fácil visualização pelos cidadãos*, em texto elaborado pela própria Administração, **aviso público de obra paralisada**, *com o motivo e o responsável pela inexecução temporária* do objeto do contrato e a data prevista para o reinício da sua execução (art. 115, § 6º).

Sensível às ações afirmativas e às políticas de inclusão, o art. 116 da Lei 14.133/2021 **obriga o contratado** a cumprir, ao longo de toda a execução do contrato, a **reserva de cargos** prevista em lei para pessoa com deficiência, para reabilitado da Previdência Social ou para aprendiz, bem como as reservas de cargos previstas em outras normas específicas. E sempre que solicitado pela Administração, o contratado deverá comprovar o cumprimento dessa reserva de cargos, com a indicação dos empregados que preencherem as referidas vagas.

A Lei 14.133/2021 impõe à Administração Pública o **poder-dever de fiscalizar** a execução dos contratos administrativos.

Segundo o art. 117 da Lei 14.133/21, a execução do contrato deverá ser acompanhada e fiscalizada por um ou mais **fiscais do contrato**, que são os representantes da Administração Pública especialmente designados, ou pelos seus substitutos, permitida a contratação de terceiros para assisti-los e subsidiá-los com informações pertinentes a essa atribuição.

O fiscal do contrato anotará em registro próprio todas as ocorrências relacionadas com a execução do contrato, determinando o que for necessário à regularização das faltas ou defeitos observados.

As decisões e providências que ultrapassarem a competência do fiscal do contrato deverão ser solicitadas a seus superiores em tempo hábil para a adoção das medidas convenientes. O contratado deverá manter preposto, aceito pela Administração, no local da obra ou serviço, para representá-lo na execução do contrato.

Com o objetivo de prevenir riscos na execução contratual, a Lei 14.133 prevê que o fiscal do contrato será auxiliado pelos órgãos de assessoramento jurídico e de controle interno da Administração, que deverão dirimir dúvidas e subsidiá-lo com as informações relevantes (art. 117, § 3º).

Na hipótese eventual da contratação de terceiros, para auxiliar o trabalho do fiscal do contrato na fiscalização da execução contratual, a empresa ou o profissional contratado **assumirá responsabilidade civil objetiva** pela veracidade e pela precisão das informações prestadas, firmará termo de compromisso de confidencialidade e não poderá exercer atribuição própria e exclusiva de fiscal de contrato.

A contratação de terceiros, porém, **não eximirá de responsabilidade o fiscal do contrato**, nos limites das informações recebidas do terceiro contratado.

Se for constata a existência de vícios, defeitos ou incorreções resultantes da execução do objeto do contrato ou de materiais nela empregados, **o contratado será obrigado** a reparar, corrigir, remover, reconstruir ou substituir, **a suas expensas**, no total ou em parte, o objeto do contrato em que se verificarem esses vícios, defeitos ou incorreções.

Em razão da execução do contrato, o contratado será responsável pelos danos causados diretamente à Administração ou a terceiros. E a fiscalização ou o acompanhamento da execução do contrato pelo contratante **não excluirá nem reduzirá essa responsabilidade**.

Nos termos do art. 121, somente o contratado será responsável pelos encargos trabalhistas, previdenciários, fiscais e comerciais resultantes da execução do contrato.

Assim, a inadimplência do contratado em relação aos encargos trabalhistas, fiscais e comerciais não transferirá à Administração a responsabilidade pelo seu pagamento e não poderá onerar o objeto do contrato nem restringir a regularização e o uso das obras e das edificações, inclusive perante o registro de imóveis (art. 121, § 1º).

Entretanto, nas contratações de **serviços contínuos com regime de dedicação exclusiva de mão de obra**, a **Administração responderá solidariamente pelos encargos previdenciários** e apenas **subsidiariamente pelos encargos trabalhistas**, *se comprovada falha na fiscalização do cumprimento das obrigações do contratado.*

A nova Lei 14.133/2021 praticamente reproduziu o art. 71 da Lei 8.666/93, que também afirmava a responsabilidade do contratado pelos encargos trabalhistas, previdenciários, fiscais e comerciais resultantes da execução do contrato, estabelecendo igualmente que a inadimplência do contratado, com referência aos encargos trabalhistas, fiscais e comerciais, não transferia à Administração Pública a responsabilidade por seu pagamento.

A propósito, cumpre lembrar que no RE 760.931/DF (Relatora Min. Rosa Weber, Redator do Acórdão Min. Edson Fachin, julgado final em 06/09/2019), o Supremo Tribunal Federal, apreciando o tema 246 da repercussão geral sobre a responsabilização da Administração Pública diante do inadimplemento de encargos trabalhistas pelos contratados, **fixou a seguinte tese**:

> "O inadimplemento dos encargos trabalhistas dos empregados do contratado não transfere automaticamente ao Poder Público contratante a responsabilidade pelo seu pagamento, seja em caráter solidário ou subsidiário, nos termos do art. 71, § 1º, da Lei nº 8.666/93."

Antes mesmo do julgamento desse RE, o STF, em 2010, julgou a ADC nº 16 (Rel. Min. Cezar Peluso, Tribunal Pleno, julgado em 24/11/2010), reconhecendo a constitucionalidade do art. 71, § 1º, da lei de licitações da época.

Assim, a nova previsão da Lei 14.133/2021, que somente reconhece, exclusivamente nas contratações de **serviços contínuos com regime de dedicação exclusiva de mão de obra**, a responsabilidade da Administração Pública pelos encargos previdenciários (solidária) e trabalhistas (subsidiária), **se comprovada falha na fiscalização do cumprimento das obrigações do contratado**, está em consonância com a tese anteriormente fixada pelo STF.

E segundo o § 3º do art. 121, nessas contratações de serviços contínuos com regime de dedicação exclusiva de mão de obra, para assegurar o cumprimento de obrigações trabalhistas pelo contratado, a Administração, mediante disposição em edital ou em contrato, poderá, entre outras medidas:

> I – exigir caução, fiança bancária ou contratação de seguro-garantia com cobertura para verbas rescisórias inadimplidas;
>
> II – condicionar o pagamento à comprovação de quitação das obrigações trabalhistas vencidas relativas ao contrato;
>
> III – efetuar o depósito de valores em conta vinculada, considerados absolutamente impenhoráveis pela Lei 14.133/2021;
>
> IV – em caso de inadimplemento, efetuar diretamente o pagamento das verbas trabalhistas, que serão deduzidas do pagamento devido ao contratado;
>
> V – estabelecer que os valores destinados a férias, a décimo terceiro salário, a ausências legais e a verbas rescisórias dos empregados do contratado que participarem da execução dos serviços contratados serão pagos pelo contratante ao contratado somente na ocorrência do fato gerador.

Mitigando um pouco a natureza *intuitu personae* dos contratos administrativos precedidos da licitação, o art. 122 da Lei 14.133/2021 permite ao contratado, na execução do contrato e sem prejuízo das responsabilidades contratuais e legais, **subcontratar** partes da obra, do serviço ou do fornecimento até o limite autorizado, em cada caso, pela Administração. Mas, para esse fim, deve o contratado apresentar à Administração documentação que comprove a capacidade técnica do subcontratado, que será avaliada e juntada aos autos do processo correspondente.

Entretanto, o regulamento ou o edital de licitação poderão vedar, restringir ou mesmo estabelecer condições para a subcontratação.

Porém, o § 3º do art. 122 da Lei 14.133/2021 veda a subcontratação de pessoa física ou jurídica, se aquela ou os dirigentes desta mantiverem vínculo de natureza técnica, comercial, econômica, financeira, trabalhista ou civil com dirigente do órgão ou entidade contratante ou com agente público que desempenhe função na licitação ou atue na fiscalização ou na gestão do contrato, ou se deles forem cônjuge, companheiro ou parente em linha reta, colateral, ou por afinidade, até o terceiro grau, devendo essa proibição constar expressamente do edital de licitação.

Por fim, é relevante sublinhar que o art. 123 da nova Lei de licitações e contratos administrativos **exige que a Administração decida**, de forma explícita, sobre todas as solicitações e reclamações relacionadas à execução dos contratos administrativos, ressalvados os requerimentos manifestamente impertinentes, meramente protelatórios ou de nenhum interesse para a boa execução do contrato. E a Administração terá, concluída a instrução do requerimento, **o prazo de 1 (um) mês para decidir**, admitida a prorrogação motivada por igual período, salvo disposição legal ou cláusula contratual que estabeleça prazo específico.

6. ALTERAÇÃO DOS CONTRATOS ADMINISTRATIVOS E DOS PREÇOS

Os contratos administrativos **podem ser alterados**, com as devidas justificativas:

- Unilateralmente pela Administração; ou
- Por acordo entre as partes (Administração e contratado).

Com efeito, o regime jurídico dos contratos administrativos confere à Administração, em relação a eles, a prerrogativa de modificá-los, unilateralmente, para melhor adequação às finalidades de interesse público, respeitados, contudo, os direitos do contratado.

Assim, conforme o art. 124 da Lei, a Administração pode alterar, **unilateralmente**, os contratos administrativos (i) quando houver modificação do projeto ou das especificações, para melhor adequação técnica a seus objetivos ou (ii) quando for necessária a modificação do valor contratual em decorrência de acréscimo ou diminuição quantitativa de seu objeto, nos limites permitidos pela Lei 14.133/2021.

Todavia, se a alteração unilateral do contrato importar em aumento ou diminuição dos encargos do contratado, a Administração deverá **restabelecer**, no mesmo termo aditivo, o **equilíbrio econômico-financeiro inicial**.

A ideia é a de que, se por um lado tem a Administração Pública a prerrogativa de alterar unilateralmente o contrato, por outro ela deve preservar certos direitos do contratado, entre os quais o direito de o contratado ver mantida a *equação financeira inicial* do contrato, isto é, a proporção inicialmente fixada entre os encargos contratuais e a sua remuneração. Esse equilíbrio econômico-financeiro está ligado às chamadas **cláusulas contratuais**, assim entendidas aquelas cláusulas que se referem à remuneração do contratado e que se distinguem das denominadas **cláusulas regulamentares**, que dizem respeito à execução do objeto do contrato.

Esclareça-se que, consoante o art. 125 da Lei nº 14.133/2021, **o contratado fica obrigado a aceitar**, nas mesmas condições contratuais, os acréscimos ou supressões que se fizerem nas obras, serviços ou compras, **até 25% (vinte e cinco por cento)** do valor inicial atualizado do contrato, e, no caso particular de reforma de edifício ou de equipamento, **até o limite de 50% (cinquenta por cento)** para os seus acréscimos.

Entretanto, caso a supressão, por parte da Administração, de obras, serviços ou compras acarrete modificação do valor inicial do contrato além desses limites permitidos (25%, para obras, serviços ou compras; e 50% para reforma de edifício ou de equipamento), **o contratado terá direito à extinção do contrato** (conf. inciso I do § 2º do art. 137).

Todavia, nas alterações contratuais para supressão de obras, bens ou serviços, se o contratado já houver adquirido os materiais e posto no local dos trabalhos, estes deverão ser pagos pela Administração pelos custos de aquisição regularmente comprovados e monetariamente corrigidos, podendo caber indenização por outros danos eventualmente decorrentes da supressão, desde que comprovados (art. 129).

Os contratos também podem ser alterados por **acordo entre as partes** nas seguintes hipóteses:

(1) quando conveniente a substituição da garantia de execução;

(2) quando necessária a modificação do regime de execução da obra ou do serviço, bem como do modo de fornecimento, em face de verificação técnica da inaplicabilidade dos termos contratuais originários;

(3) quando necessária a modificação da forma de pagamento por imposição de circunstâncias supervenientes, mantido o valor inicial atualizado e vedada a antecipação do pagamento em relação ao cronograma financeiro fixado sem a correspondente contraprestação de fornecimento de bens ou execução de obra ou serviço; e

(4) para restabelecer o equilíbrio econômico-financeiro inicial do contrato em caso de força maior, caso fortuito ou fato do príncipe ou em decorrência de fatos imprevisíveis ou previsíveis de consequências incalculáveis, que inviabilizem a execução do contrato tal como pactuado, respeitada, em qualquer caso, a repartição objetiva de risco estabelecida no contrato.

Em caso de alteração do contrato por acordo entre as partes para restabelecer o equilíbrio econômico-financeiro inicial, quando verificada qualquer das hipóteses mencionadas no item 4 acima, e o valor global inicialmente pactuado demonstrar-se insuficiente para a execução do objeto, poderão ser, nos termos do § 2º do art. 184, da Lei 14.133/2021, incluído pela Lei 14.770/2023 (I) utilizados saldos de recursos ou rendimentos de aplicação financeira; (II) aportados novos recursos pelo concedente; e (III) reduzidas as metas e as etapas, desde que isso não comprometa a fruição ou a funcionalidade do objeto pactuado.

Também é possível a alteração do contrato por acordo entre as partes visando a restabelecer o equilíbrio econômico-financeiro inicial do contrato nas contratações de obras e serviços de engenharia, quando a execução for obstada pelo atraso na conclusão de procedimentos de desapropriação, desocupação, servidão administrativa ou licenciamento ambiental, por circunstâncias alheias ao contratado.

Os preços contratados também podem ser alterados.

Nos termos do art. 134 da Lei, se após a data da apresentação da proposta, houver criação, alteração ou extinção de quaisquer tributos ou encargos legais ou a superveniência de disposições legais, com comprovada repercussão sobre os preços contratados, esses preços serão alterados, para mais ou para menos, conforme o caso.

Nos **contratos para serviços contínuos com regime de dedicação exclusiva de mão de obra**[11] ou **com predominância de mão de obra**, os **preços serão repactuados**[12] **para manutenção do equilíbrio econômico-financeiro**, mediante demonstração analítica da variação dos custos contratuais, com data vinculada (I) à da apresentação da proposta, **para custos decorrentes do mercado**; e (II) ao acordo, à convenção coletiva ou ao dissídio coletivo ao qual a proposta esteja vinculada, **para os custos de mão de obra** (art. 135).

Mas a Administração **não se vinculará** às disposições contidas em acordos, convenções ou dissídios coletivos de trabalho que tratem de matéria não trabalhista, de pagamento de participação dos trabalhadores nos lucros ou resultados do contratado, ou que estabeleçam direitos não previstos em lei, como valores ou índices obrigatórios de encargos sociais ou previdenciários, bem como de preços para os insumos relacionados ao exercício da atividade (§ 1º do art. 135).

A Lei 14.133/21 veda a órgão ou entidade contratante vincular-se às disposições previstas nos acordos, convenções ou dissídios coletivos de trabalho que tratem de obrigações e direitos que somente se aplicam aos contratos com a Administração Pública (§ 2º do art. 135).

A repactuação dos preços deverá observar o interregno mínimo de 1 (um) ano, contado da data da apresentação da proposta ou da data da última repactuação (§ 3º do art. 135).

---

11. Assim considerados, nos termos do inciso XVI do art. 6º da Lei 14.133/2021, aqueles cujo modelo de execução contratual exige, entre outros requisitos, que os empregados do contratado fiquem à disposição nas dependências do contratante para a prestação dos serviços; o contratado não compartilhe os recursos humanos e materiais disponíveis de uma contratação para execução simultânea de outros contratos; e o contratado possibilite a fiscalização pelo contratante quanto à distribuição, controle e supervisão dos recursos humanos alocados aos seus contratos.
12. Nos termos do inciso LIX do art. 6º da Lei 14.133/2021, **repactuação** consiste em forma de manutenção do equilíbrio econômico-financeiro de contrato utilizada para serviços contínuos com regime de dedicação exclusiva de mão de obra ou predominância de mão de obra, por meio da análise da variação dos custos contratuais, devendo estar prevista no edital com data vinculada à apresentação das propostas, para os custos decorrentes do mercado, e com data vinculada ao acordo, à convenção coletiva ou ao dissídio coletivo ao qual o orçamento esteja vinculado, para os custos decorrentes da mão de obra.

A repactuação poderá ser dividida em tantas parcelas quantas forem necessárias, observado o princípio da anualidade do reajuste de preços da contratação, podendo ser realizada em momentos distintos para discutir a variação de custos que tenham sua anualidade resultante em datas diferenciadas, como os decorrentes de mão de obra e os decorrentes dos insumos necessários à execução dos serviços (§ 4º do art. 135).

Porém, quando a contratação envolver mais de uma categoria profissional, a repactuação dos preços **para os custos de mão de obra** poderá ser dividida em tantos quantos forem os acordos, convenções ou dissídios coletivos de trabalho das categorias envolvidas na contratação (§ 5º do art. 135).

Mas a repactuação será **precedida** de solicitação do contratado, acompanhada de demonstração analítica da variação dos custos, por meio de apresentação da planilha de custos e formação de preços, ou do novo acordo, convenção ou sentença normativa que fundamenta a repactuação (§ 6º do art. 135).

7. DA EXTINÇÃO DOS CONTRATOS ADMINISTRATIVOS

Diferente da Lei 8.666/93, que tratava o tema como **rescisão** do contrato, a nova Lei 14.133/2021, com mais técnica, dispõe sobre a **extinção** do contrato, indicando suas formas e hipóteses.

Certamente, a extinção natural do contrato administrativo ocorre com a execução integral de suas cláusulas e o cumprimento de seu objeto.

Entretanto, nem sempre isso se verifica, na medida em que é possível, ao longo da execução do contrato, a ocorrência de situações que podem implicar na sua prematura extinção. A Lei 14.133/2021 indica, no art. 137, os **motivos para extinção do contrato**:

- não cumprimento ou cumprimento irregular de normas editalícias ou de cláusulas contratuais, de especificações, de projetos ou de prazos;
- desatendimento das determinações regulares emitidas pela autoridade designada para acompanhar e fiscalizar sua execução ou por autoridade superior;
- alteração social ou modificação da finalidade ou da estrutura da empresa que restrinja sua capacidade de concluir o contrato;
- decretação de falência ou de insolvência civil, dissolução da sociedade ou falecimento do contratado;
- caso fortuito ou força maior, regularmente comprovados, impeditivos da execução do contrato;
- atraso na obtenção da licença ambiental, ou impossibilidade de obtê-la, ou alteração substancial do anteprojeto que dela resultar, ainda que obtida no prazo previsto;
- atraso na liberação das áreas sujeitas a desapropriação, a desocupação ou a servidão administrativa, ou impossibilidade de liberação dessas áreas;
- razões de interesse público, justificadas pela autoridade máxima do órgão ou da entidade contratante; e

- não cumprimento das obrigações relativas à reserva de cargos prevista em lei, bem como em outras normas específicas, para pessoa com deficiência, para reabilitado da Previdência Social ou para aprendiz.

Verificada a ocorrência de qualquer um desses motivos, que deverá ser formalmente explicitado nos autos do processo, o contrato poderá ser extinto, assegurados o contraditório e a ampla defesa. Regulamento poderá especificar procedimentos e critérios para verificação da ocorrência desses motivos.

A extinção do contrato poderá ser:

- **por ato unilateral e escrito da Administração**, exceto no caso de descumprimento decorrente de sua própria conduta;
- **consensual**, que ocorre por acordo entre as partes, por conciliação, por mediação ou por comitê de resolução de disputas, desde que haja interesse da Administração;
- **por decisão arbitral**, em decorrência de cláusula compromissória ou compromisso arbitral; e
- **por decisão judicial**, mediante propositura de ação judicial de extinção de contrato perante órgão judicial competente (que é o foro da sede da Administração contratante, nos termos do § 1º do art. 92, salvo as exceções legais que afastam esse foro).

Nos termos do § 1º do art. 138, a **extinção por ato unilateral da Administração** e a **extinção consensual** deverão ser **precedidas de autorização** escrita e fundamentada da autoridade competente e reduzidas a termo no respectivo processo.

Quando a extinção do contrato decorrer de **culpa exclusiva da Administração**, o contratado será ressarcido pelos prejuízos regularmente comprovados que houver sofrido e terá direito a devolução da garantia prestada, aos pagamentos devidos pela execução do contrato até a data de extinção e ao pagamento do custo da desmobilização.

Por outro lado, a extinção determinada por **ato unilateral da Administração** poderá acarretar, sem prejuízo das sanções previstas na Lei 14.133/2021, **as seguintes consequências**:

- **assunção imediata do objeto do contrato**, no estado e local em que se encontrar, por ato próprio da Administração;
- **ocupação e utilização do local**, das **instalações**, dos **equipamentos**, do **material** e do **pessoal** empregados na execução do contrato e necessários à sua continuidade;
- **execução da garantia contratual** para: a) ressarcimento da Administração Pública por prejuízos decorrentes da não execução; b) pagamento de verbas trabalhistas, fundiárias e previdenciárias, quando cabível; c) pagamento das multas devidas à Administração Pública; e d) exigência da assunção da execução e da conclusão do objeto do contrato pela seguradora, quando cabível;

- **retenção dos créditos** decorrentes do contrato até o limite dos prejuízos causados à Administração Pública e das multas aplicadas.

A aplicação das medidas de **assunção imediata do objeto do contrato** e **ocupação e utilização do local, das instalações, dos equipamentos, do material e do pessoal** empregados na execução do contrato e necessários à sua continuidade, ficará a critério da Administração, que poderá dar continuidade à obra ou ao serviço por execução direta ou indireta.

E na hipótese de **ocupação e utilização do local, das instalações, dos equipamentos, do material e do pessoal** empregados na execução do contrato e necessários à sua continuidade, o **ato deverá ser precedido de autorização expressa** do ministro de Estado, do secretário estadual ou do secretário municipal competente, conforme o caso.

Todavia, a extinção do contrato administrativo pode ser de **iniciativa do contratado** em algumas situações ante as quais fica insuportável para o contratado a continuidade da execução contratual. É o que acontece quando a Administração ordena a supressão de obras, serviços ou compras que acarrete modificação do valor inicial do contrato além dos limites permitidos no art. 125 da Lei 14.133, isto é, acima de 25% nas obras, serviços ou compras; e acima de 50% na reforma de edifício ou de equipamento. De fato, o contratado é obrigado a aceitar, nas mesmas condições contratuais, por acréscimos ou supressões, a modificação do valor inicial do contrato até esses limites; acima deles, não.

Igualmente, quando a Administração determina a suspensão a execução do contrato, por prazo superior a 3 (três) meses, salvo em caso de calamidade pública, de grave perturbação da ordem interna ou de guerra, bem como quando decorrerem de ato ou fato que o contratado tenha praticado, do qual tenha participado ou para o qual tenha contribuído.

Ou quando ocorrem repetidas suspensões contratuais que totalizem 90 (noventa) dias úteis, independentemente do pagamento obrigatório de indenização pelas sucessivas e contratualmente imprevistas desmobilizações e mobilizações e outras previstas, salvo também em caso de calamidade pública, de grave perturbação da ordem interna ou de guerra, bem como quando decorrerem de ato ou fato que o contratado tenha praticado, do qual tenha participado ou para o qual tenha contribuído.

Assim como, por atraso superior a 2 (dois) meses, contado da emissão da nota fiscal, dos pagamentos ou de parcelas de pagamentos devidos pela Administração por despesas de obras, serviços ou fornecimentos, salvo em caso de calamidade pública, de grave perturbação da ordem interna ou de guerra, bem como quando decorrerem de ato ou fato que o contratado tenha praticado, do qual tenha participado ou para o qual tenha contribuído.

E, finalmente, a extinção do contrato também pode ocorrer por iniciativa do contratado quando não houver liberação pela Administração, nos prazos contratuais, de área, local ou objeto, para execução de obra, serviço ou fornecimento, e de fontes de materiais naturais especificadas no projeto, inclusive devido a atraso ou descumprimento das obrigações atribuídas pelo contrato à Administração relacionadas a desapropriação, a desocupação de áreas públicas ou a licenciamento ambiental.

Nas hipóteses de suspensão pela Administração da execução do contrato por prazo superior a 3 meses, de repetidas suspensões que totalizem 90 dias úteis e de atraso superior a 2 meses dos pagamentos devidos pela Administração, a Lei 14.133/2021 assegura ao contratado, ao invés de requerer a extinção do contrato, o **direito de optar** pela suspensão do cumprimento das obrigações assumidas até a normalização da situação, admitida, nessa hipótese, a alteração do contrato **para restabelecer o equilíbrio econômico-financeiro inicial do contrato** (§ 3º do art. 137).

Devem os emitentes das garantias prestadas no contrato ser notificados pelo contratante quanto ao início de processo administrativo para apuração de descumprimento de cláusulas contratuais.

8. DO RECEBIMENTO DO OBJETO DO CONTRATO ADMINISTRATIVO

Nos termos do art. 140 da Lei 14.133/2021, o **objeto do contrato administrativo será recebido**:

- em se tratando de **obras e serviços**: a) **provisoriamente**, pelo responsável por seu acompanhamento e fiscalização, mediante termo detalhado, quando verificado o cumprimento das exigências de caráter técnico; b) **definitivamente**, por servidor ou comissão designada pela autoridade competente, mediante termo detalhado que comprove o atendimento das exigências contratuais;
- em se tratando de **compras**: a) **provisoriamente**, de forma sumária, pelo responsável por seu acompanhamento e fiscalização, com verificação posterior da conformidade do material com as exigências contratuais; b) **definitivamente**, por servidor ou comissão designada pela autoridade competente, mediante termo detalhado que comprove o atendimento das exigências contratuais.

Quando estiver em desacordo com o contrato, o objeto do contrato poderá ser rejeitado, no todo ou em parte.

O recebimento provisório ou definitivo do objeto do contrato não excluirá a responsabilidade civil pela solidez e pela segurança da obra ou serviço nem a responsabilidade ético-profissional pela perfeita execução do contrato, nos limites estabelecidos pela lei ou pelo contrato.

Os prazos e os métodos para a realização dos recebimentos provisório e definitivo serão definidos em regulamento ou no contrato.

E tratando-se de obra, o recebimento definitivo pela Administração não eximirá o contratado, pelo prazo mínimo de 5 (cinco) anos, admitida a previsão de prazo de garantia superior no edital e no contrato, da responsabilidade objetiva pela solidez e pela segurança dos materiais e dos serviços executados e pela funcionalidade da construção, da reforma, da recuperação ou da ampliação do bem imóvel, e, em caso de vício, defeito ou incorreção identificados, o contratado ficará responsável pela reparação, pela correção, pela reconstrução ou pela substituição necessárias.

9. DOS PAGAMENTOS

Nos termos do art. 141 da Lei 14.133/2021, para cumprir a sua obrigação de pagar, a Administração deverá observar uma **ordem cronológica** para cada fonte diferenciada de recursos, subdividida nas seguintes **categorias de contratos**:

- fornecimento de bens;
- locações;
- prestação de serviços;
- realização de obras.

Essa ordem cronológica **é de observância obrigatória pela Administração**, de modo que a sua inobservância imotivada ensejará a apuração de responsabilidade do agente responsável, cabendo aos órgãos de controle a sua fiscalização.

Entretanto, a Lei 14.133 **autoriza a alteração dessa ordem cronológica**, mediante prévia justificativa da autoridade competente e posterior comunicação ao órgão de controle interno da Administração e ao tribunal de contas competente, mas exclusivamente nas seguintes situações: I – grave perturbação da ordem, situação de emergência ou calamidade pública; II – pagamento a microempresa, empresa de pequeno porte, agricultor familiar, produtor rural pessoa física, microempreendedor individual e sociedade cooperativa, desde que demonstrado o risco de descontinuidade do cumprimento do objeto do contrato; III – pagamento de serviços necessários ao funcionamento dos sistemas estruturantes, desde que demonstrado o risco de descontinuidade do cumprimento do objeto do contrato; IV – pagamento de direitos oriundos de contratos em caso de falência, recuperação judicial ou dissolução da empresa contratada; e V – pagamento de contrato cujo objeto seja imprescindível para assegurar a integridade do patrimônio público ou para manter o funcionamento das atividades finalísticas do órgão ou entidade, quando demonstrado o risco de descontinuidade da prestação de serviço público de relevância ou o cumprimento da missão institucional.

Deve a Administração disponibilizar, mensalmente, em seção específica de acesso à informação em seu sítio na internet, a ordem cronológica de seus pagamentos, bem como as justificativas que fundamentarem a eventual alteração dessa ordem.

O edital ou o contrato poderão, expressamente, prever a **forma de pagamento,** se em **conta vinculada** ou **pela efetiva comprovação do fato gerador**.

O pagamento em conta vinculada, que é aberta e bloqueada pela Administração e somente pode ser movimentada por autorização dela, pode ser utilizado para o depósito das provisões destinadas ao pagamento, por exemplo, de férias, 13° salário e verbas rescisórias dos empregados da contratada, depositando-o em uma conta bancária aberta pela Administração em nome da contratada, mas com movimentação vinculada à autorização da Administração contratante, que somente será concedida por ocasião dos pagamentos dessas verbas aos trabalhadores.

Já o pagamento pela efetiva comprovação do fato gerador é aquele que ocorre com a verificação da situação prevista na lei ou no contrato, necessária e suficiente para gerar obrigação de pagamento do contratante à contratada.

Havendo controvérsia sobre a execução do objeto, quanto a dimensão, qualidade e quantidade, a Administração deve liberar a parcela incontroversa no prazo previsto para pagamento.

Conforme o art. 144 da Lei 14.133/2021, na contratação de obras, fornecimentos e serviços, inclusive de engenharia, **poderá ser estabelecida remuneração variável** vinculada ao desempenho do contratado, com base em metas, padrões de qualidade, critérios de sustentabilidade ambiental e prazos de entrega definidos no edital de licitação e no contrato.

O pagamento poderá ser ajustado em base percentual sobre o valor economizado em determinada despesa, quando o objeto do contrato visar à implantação de processo de racionalização, hipótese em que as despesas correrão à conta dos mesmos créditos orçamentários, na forma de regulamentação específica (art. 144, § 1º).

E a utilização de remuneração variável **será motivada** e respeitará o limite orçamentário fixado pela Administração para a contratação (art. 144, § 2º).

Em face do art. 145 da Lei 14.133/2021, não será permitido pagamento antecipado, parcial ou total, relativo a parcelas contratuais vinculadas ao fornecimento de bens, à execução de obras ou à prestação de serviços. Todavia, a antecipação de pagamento somente será permitida se propiciar sensível economia de recursos ou se representar condição indispensável para a obtenção do bem ou para a prestação do serviço, hipótese que deverá ser previamente justificada no processo licitatório e expressamente prevista no edital de licitação ou instrumento formal de contratação direta. Mas a Administração poderá exigir a prestação de garantia adicional como condição para o pagamento antecipado. E caso o objeto não seja executado no prazo contratual, o valor antecipado deverá ser devolvido.

Por fim, prevê o art. 146 da Lei 14.133/2021 que no ato de liquidação da despesa, os serviços de contabilidade comunicarão aos órgãos da administração tributária as características da despesa e os valores pagos, conforme o disposto no art. 63 da Lei 4.320/64 (Lei que estatuiu normas gerais de direito financeiro).

10. DA NULIDADE DOS CONTRATOS ADMINISTRATIVOS

A Administração Pública, no exercício da autotutela, deve e pode declarar a nulidade de seus contratos quando eivados de vícios insanáveis de ilegalidade.

Entretanto, nos termos do art. 147 da Lei 14.133/2021, constatada irregularidade no processo licitatório ou na execução contratual, caso não seja possível o saneamento, a decisão sobre a suspensão da execução ou sobre a declaração de nulidade do contrato **somente será adotada na hipótese em que se revelar medida**

de interesse público, devendo a Administração avaliar, entre outros, os seguintes aspectos: I – impactos econômicos e financeiros decorrentes do atraso na fruição dos benefícios do objeto do contrato; II – riscos sociais, ambientais e à segurança da população local decorrentes do atraso na fruição dos benefícios do objeto do contrato; III – motivação social e ambiental do contrato; IV – custo da deterioração ou da perda das parcelas executadas; V – despesa necessária à preservação das instalações e dos serviços já executados; VI – despesa inerente à desmobilização e ao posterior retorno às atividades; VII – medidas efetivamente adotadas pelo titular do órgão ou entidade para o saneamento dos indícios de irregularidades apontados; VIII – custo total e estágio de execução física e financeira dos contratos, dos convênios, das obras ou das parcelas envolvidas; IX – fechamento de postos de trabalho diretos e indiretos em razão da paralisação; X – custo para realização de nova licitação ou celebração de novo contrato; e XI – custo de oportunidade do capital durante o período de paralisação.

Assim, após as avaliações necessárias, caso a Administração conclua que a suspensão ou a anulação do contrato não se revele medida de interesse público, ela **deverá optar pela continuidade do contrato e pela solução da irregularidade por meio de indenização por perdas e danos**, sem prejuízo da apuração de responsabilidade e da aplicação de penalidades cabíveis.

Porém, mesmo após procedidas as avaliações necessárias, caso a Administração conclua pela declaração de nulidade do contrato administrativo, essa decisão operará efeitos retroativamente (*ex tunc*), impedindo os efeitos jurídicos que o contrato deveria produzir ordinariamente e desconstituindo os já produzidos.

Caso não seja possível o retorno à situação fática anterior, a nulidade será resolvida pela indenização por perdas e danos, sem prejuízo da apuração de responsabilidade e aplicação das penalidades cabíveis.

Mas poderá a autoridade, ao declarar a nulidade do contrato, e com vistas à continuidade da atividade administrativa, decidir que ela só tenha eficácia em momento futuro (*ex nunc*), suficiente para efetuar nova contratação, por prazo de até 6 (seis) meses, prorrogável uma única vez.

Cumpre salientar que a nulidade não exonerará a Administração do dever de indenizar o contratado pelo que houver executado até a data em que for declarada ou tornada eficaz, bem como por outros prejuízos regularmente comprovados, desde que não lhe seja imputável, e será promovida a responsabilização de quem lhe tenha dado causa.

Por fim, é importante se atentar para a advertência do art. 150 da Lei 14.133/2021, segundo o qual nenhuma contratação será feita sem a caracterização adequada de seu objeto e sem a indicação dos créditos orçamentários para pagamento das parcelas contratuais vincendas no exercício em que for realizada a contratação, sob pena de nulidade do ato e de responsabilização de quem lhe tiver dado causa.

11. DOS MEIOS ALTERNATIVOS DE RESOLUÇÃO DE CONTROVÉRSIAS

Havendo controvérsias entre contratante e contratado, sobre questões relacionadas ao contrato administrativo, a nova Lei 14.133/2021 autoriza a utilização de meios alternativos de prevenção e resolução dessas controvérsias, notadamente a **conciliação**, a **mediação**, o **comitê de resolução de disputas** e a **arbitragem**.

Esses meios alternativos serão aplicados às controvérsias relacionadas a direitos patrimoniais disponíveis, como as questões relacionadas ao restabelecimento do equilíbrio econômico-financeiro do contrato, ao inadimplemento de obrigações contratuais por quaisquer das partes e ao cálculo de indenizações.

Os contratos em curso poderão ser aditados para permitir a adoção dos meios alternativos de resolução de controvérsias.

Em face do art. 152 da Lei, a arbitragem será sempre de direito e observará o princípio da publicidade.

E conforme o art. 154 da Lei, o processo de escolha dos árbitros, dos colegiados arbitrais e dos comitês de resolução de disputas observará critérios isonômicos, técnicos e transparentes.

12. DAS INFRAÇÕES E SANÇÕES ADMINISTRATIVAS

O regime jurídico dos contratos administrativos confere à Administração, em relação a eles, a prerrogativa de **apurar as infrações** e **aplicar as sanções** devidas ao licitante ou ao contratado, motivadas, no geral, pela inexecução total ou parcial do ajuste.

Com efeito, o art. 155 da Lei 14.133/2021 prevê as **seguintes infrações** (12, no total), pelas quais o licitante ou o contratado poderão ser responsabilizados administrativamente:

- dar causa à inexecução parcial do contrato;
- dar causa à inexecução parcial do contrato que cause grave dano à Administração, ao funcionamento dos serviços públicos ou ao interesse coletivo;
- dar causa à inexecução total do contrato;
- deixar de entregar a documentação exigida para o certame licitatório;
- não manter a proposta apresentada no processo licitatório, salvo em decorrência de fato superveniente devidamente justificado;
- não celebrar o contrato ou não entregar a documentação exigida para a contratação, quando convocado dentro do prazo de validade de sua proposta;
- ensejar o retardamento da execução ou da entrega do objeto da licitação sem motivo justificado;
- apresentar declaração ou documentação falsa exigida para o certame ou prestar declaração falsa durante a licitação ou a execução do contrato;
- fraudar a licitação ou praticar ato fraudulento na execução do contrato;

- comportar-se de modo inidôneo ou cometer fraude de qualquer natureza;
- praticar atos ilícitos com vistas a frustrar os objetivos da licitação;
- praticar ato lesivo previsto no art. 5º da Lei 12.846/13 (Lei que dispõe sobre a responsabilização administrativa e civil de pessoas jurídicas pela prática de atos lesivos à administração pública).

E consoante prevê o art. 156 da Lei 14.133/21, poderá a Administração Pública, pelas infrações administrativas acima indicadas, **aplicar ao responsável as seguintes sanções**:

a) Advertência;

b) Multa;

c) impedimento de licitar e contratar; e

d) Declaração de inidoneidade para licitar ou contratar com a Administração Pública.

Na aplicação dessas sanções, a Administração deverá considerar a natureza e a gravidade da infração cometida; as peculiaridades do caso concreto; as circunstâncias agravantes ou atenuantes; os danos que dela provierem para a Administração Pública; e a implantação ou o aperfeiçoamento de programa de integridade, conforme normas e orientações dos órgãos de controle.

Mas a aplicação dessas sanções **não exclui**, em hipótese alguma, a obrigação de reparação integral do dano causado à Administração Pública.

A Lei 14.133/2021, observando a proporcionalidade entre a sanção e a gravidade da infração, estabelece uma correlação entre a aplicação da sanção e a infração.

Com efeito, a sanção de **advertência** será aplicada exclusivamente pela infração concernente a **dar causa à inexecução parcial do contrato**, quando não se justificar a imposição de penalidade mais grave.

Sanção de **advertência** → Infração: **dar causa à inexecução parcial do contrato.**

A sanção de **multa**, calculada na forma do edital ou do contrato, não poderá ser inferior a 0,5% (cinco décimos por cento) nem superior a 30% (trinta por cento) do valor do contrato licitado ou celebrado com contratação direta e será aplicada ao responsável por **qualquer das infrações administrativas** acima indicadas e previstas no art. 155 da Lei.

Sanção de **multa** → Infração: qualquer **infração administrativa**.

A sanção de **impedimento de licitar e contratar** será aplicada ao responsável pelas infrações administrativas de **dar causa à inexecução parcial do contrato que cause grave dano à Administração**, ao funcionamento dos serviços públicos ou ao interesse coletivo; **dar causa à inexecução total do contrato**; **deixar de entregar a documentação exigida para o certame**; **não manter a proposta**, salvo em decorrência de fato superveniente devidamente justificado; **não celebrar o contrato ou não entregar a documentação exigida** para a contratação, quando convocado dentro do prazo de validade de sua proposta; **ensejar o retardamento da execução ou da entrega do objeto** da licitação sem motivo justificado (previstas nos incisos II, III, IV, V, VI e VII do *caput* do art. 155 da Lei), quando não se justificar a imposição de penalidade mais grave, e impedirá o responsável de licitar ou contratar no âmbito da Administração Pública direta e indireta **do ente federativo que tiver aplicado a sanção**, pelo prazo máximo de 3 (três) anos.

Sanção de **impedimento de licitar e contratar pelo prazo máximo de 3 anos** → Infrações: **dar causa à inexecução parcial do contrato que cause grave dano à Administração**, ao serviço público ou ao interesse coletivo; **dar causa à inexecução total do contrato**; **deixar de entregar a documentação exigida para o certame**; **não manter a proposta**; **não celebrar o contrato ou não entregar a documentação exigida** para a contratação; **ensejar o retardamento da execução ou da entrega do objeto** da licitação.

A sanção de **declaração de inidoneidade para licitar ou contratar com a Administração Pública**, que é a mais grave de todas, será aplicada ao responsável pelas infrações administrativas, igualmente mais graves, de **apresentar declaração ou documentação falsa exigida para o certame ou prestar declaração falsa durante a licitação ou a execução do contrato**; **fraudar a licitação ou praticar ato fraudulento na execução do contrato**; **comportar-se de modo inidôneo ou cometer fraude de qualquer natureza**; **praticar atos ilícitos com vistas a frustrar os objetivos da licitação**; **praticar ato lesivo à administração pública** previsto no art. 5º da Lei 12.846/13 (lei anticorrupção) (previstas nos incisos VIII, IX, X, XI e XII do *caput* do art. 155 da Lei), bem como pelas infrações administrativas previstas nos incisos II, III, IV, V, VI e VII do *caput* do referido art. 155 que justifiquem a imposição de penalidade mais grave que a sanção de impedimento de licitar e contratar mencionada anteriormente, e impedirá o responsável de licitar ou contratar no âmbito da Administração Pública direta e indireta de **todos os entes federativos**, pelo prazo mínimo de 3 (três) anos e máximo de 6 (seis) anos.

Sanção de **declaração de inidoneidade para licitar ou contratar com a Administração Pública pelo prazo mínimo de 3 anos e máximo de 6 anos** → Infrações: **apresentar declaração ou documentação falsa exigida para o certame ou prestar declaração falsa durante a licitação ou a execução do contrato**; **fraudar a licitação ou praticar ato fraudulento na execução do contrato**; **comportar-se de modo inidôneo ou cometer fraude de qualquer natureza**; **praticar atos ilícitos com vistas a frustrar os objetivos da licitação**; **praticar ato lesivo à administração pública.**

Em razão de sua gravidade, a sanção de **declaração de inidoneidade para licitar ou contratar com a Administração Pública** será precedida de análise jurídica e observará as seguintes regras: I – quando aplicada por órgão do Poder Executivo, será de competência exclusiva de ministro de Estado, de secretário estadual ou de secretário municipal e, quando aplicada por autarquia ou fundação, será de competência exclusiva da autoridade máxima da entidade; II – quando aplicada por órgãos dos Poderes Legislativo e Judiciário, pelo Ministério Público e pela Defensoria Pública no desempenho da função administrativa, será de competência exclusiva de autoridade de nível hierárquico equivalente às autoridades referidas no inciso I deste parágrafo, na forma de regulamento.

As sanções de advertência, impedimento de licitar e contratar e declaração de inidoneidade para licitar ou contratar com a Administração Pública **poderão ser aplicadas cumulativamente com a sanção de multa**.

Os valores da multa aplicada e das indenizações cabíveis serão descontados do valor de pagamento eventualmente devido pela Administração ao contratado. Todavia, se esses valores forem superiores ao valor de pagamento devido pela Administração ao contratado, além da perda desse valor, **a diferença será descontada da garantia prestada** ou **será cobrada judicialmente**.

Na aplicação de qualquer uma das sanções previstas na Lei 14.133/2021, a Administração **deve assegurar** ao contratado **o contraditório e a ampla defesa**, muito embora a Lei seja omissa, no que tange a essas garantias, em relação a aplicação da sanção de advertência. Isto porque, a Lei 14.133 limita-se a facultar o direito de defesa ao contratado quando as sanções a serem aplicadas for a multa, o impedimento de licitar e contratar e a declaração de inidoneidade para licitar ou contratar com a Administração Pública.

Na aplicação da sanção de multa, será facultada a defesa do interessado no prazo de 15 (quinze) dias úteis, contado da data de sua intimação.

A aplicação das sanções de impedimento de licitar e contratar e declaração de inidoneidade para licitar ou contratar com a Administração Pública **requererá a instauração de processo de responsabilização**, a ser conduzido por comissão composta de 2 (dois) ou mais servidores estáveis (ou, não havendo servidores estatutários, composta de 2 ou mais empregados públicos pertencentes aos quadros permanentes da entidade), que avaliará fatos e circunstâncias conhecidos e intimará o licitante ou o contratado para, no prazo de 15 (quinze) dias úteis, contado da data de intimação, apresentar defesa escrita e especificar as provas que pretenda produzir.

Havendo produção de novas provas ou juntada de provas julgadas indispensáveis pela comissão, o licitante ou o contratado **poderá apresentar alegações finais no prazo de 15 (quinze) dias úteis**, contado da data da intimação.

A Lei 14.133/2021 prevê a prescrição, que ocorrerá em 5 (cinco) anos, contados da ciência da infração pela Administração. A prescrição será:

> I – interrompida pela instauração do processo de responsabilização;
>
> II – suspensa pela celebração de acordo de leniência previsto na Lei 12.846/2013 (lei anticorrupção); e
>
> III – suspensa por decisão judicial que inviabilize a conclusão da apuração administrativa.

Nos termos do art. 159 da Lei 14.133/2021, os atos previstos como infrações administrativas na própria Lei 14.133 ou em outras leis de licitações e contratos da Administração Pública **que também sejam tipificados como atos lesivos à Administração Pública** pela Lei 12.846/2013 (Lei anticorrupção), **serão apurados e**

julgados conjuntamente, nos mesmos autos, observados o rito procedimental e a autoridade competente definidos na referida Lei.

O art. 160 da Lei prevê a **possibilidade de desconsideração da personalidade jurídica** sempre que utilizada com abuso do direito para facilitar, encobrir ou dissimular a prática dos atos ilícitos previstos nesta Lei ou para provocar confusão patrimonial, e, nesse caso, todos os efeitos das sanções aplicadas à pessoa jurídica serão estendidos aos seus administradores e sócios com poderes de administração, a pessoa jurídica sucessora ou a empresa do mesmo ramo com relação de coligação ou controle, de fato ou de direito, com o sancionado, observados, em todos os casos, o contraditório, a ampla defesa e a obrigatoriedade de análise jurídica prévia.

Para os fins de **publicidade no Ceis e Cnep**, respectivamente, Cadastro Nacional de Empresas Inidôneas e Suspensas e Cadastro Nacional de Empresas Punidas, instituídos no âmbito do Poder Executivo federal, os órgãos e entidades de todos os Poderes da União, Estados, Distrito Federal e Municípios deverão, no prazo máximo 15 (quinze) dias úteis, contado da data de aplicação da sanção, informar e manter atualizados os dados relativos às sanções por eles aplicadas.

Para fins de aplicação das sanções previstas na Lei 14.133, o Poder Executivo regulamentará a forma de cômputo e as consequências da soma de diversas sanções aplicadas a uma mesma empresa e derivadas de contratos distintos.

De acordo com o art. 162, o atraso injustificado na execução do contrato sujeitará o contratado a **multa de mora**, na forma prevista em edital ou em contrato. A aplicação de multa de mora não impedirá que a Administração a converta em compensatória e promova a extinção unilateral do contrato com a aplicação cumulada de outras sanções previstas na Lei 14.133.

A Lei 14.133 admite, no art. 163, que o licitante ou contratado, após a aplicação da penalidade, **seja reabilitado** perante a própria autoridade que aplicou a penalidade. Entretanto, a reabilitação dependerá, cumulativamente, das seguintes exigências:

> I – reparação integral do dano causado à Administração Pública;
>
> II – pagamento da multa;
>
> III – transcurso do prazo mínimo de 1 (um) ano da aplicação da penalidade, no caso de impedimento de licitar e contratar, ou de 3 (três) anos da aplicação da penalidade, no caso de declaração de inidoneidade;
>
> IV – cumprimento das condições de reabilitação definidas no ato punitivo;
>
> V – análise jurídica prévia, com posicionamento conclusivo quanto ao cumprimento das exigências acima.

A sanção pelas infrações de (i) apresentar declaração ou documentação falsa exigida para o certame ou prestar declaração falsa durante a licitação ou a execução do contrato e (ii) praticar ato lesivo à Administração Pública previsto no art. 5º da Lei 12.846/2013 (Lei anticorrupção) ainda **exigirá**, como condição de reabilitação do licitante ou contratado, a **implantação ou aperfeiçoamento de programa de integridade pelo responsável**.

13. DOS RECURSOS

O art. 165 da Lei 14.133/2021 prevê a possibilidade de **interposição de recurso**, no prazo de 3 (três) dias úteis, contado da data de intimação, em face da extinção do contrato, quando determinada por ato unilateral e escrito da Administração.

O recurso será dirigido à autoridade que tiver editado o ato ou proferido a decisão recorrida, que, se não a reconsiderar no prazo de 3 (três) dias úteis, encaminhará o recurso com a sua motivação à autoridade superior, a qual deverá proferir sua decisão no prazo máximo de 10 (dez) dias úteis, contado do recebimento dos autos.

O prazo para apresentação de contrarrazões será o mesmo do recurso (3 dias úteis) e terá início na data de intimação pessoal ou de divulgação da interposição do recurso.

O acolhimento do recurso implicará invalidação apenas de ato insuscetível de aproveitamento.

A Lei também prevê, relativamente a ato do qual não caiba recurso, pedido de reconsideração, também no prazo de 3 (três) dias úteis, contado da data de intimação.

Nos termos do art. 166, da aplicação das sanções de **advertência**, **multa** e **impedimento de licitar e contratar**, **caberá recurso no prazo de 15 (quinze) dias úteis**, contado da data da intimação. Esse recurso será dirigido à autoridade que tiver proferido a decisão recorrida, que, se não a reconsiderar no prazo de 5 (cinco) dias úteis, encaminhará o recurso com sua motivação à autoridade superior, a qual deverá proferir sua decisão no prazo máximo de 20 (vinte) dias úteis, contado do recebimento dos autos.

Entretanto, de acordo com o art. 167, da aplicação da sanção de **declaração de inidoneidade para licitar ou contratar**, **caberá apenas pedido de reconsideração**, que deverá ser apresentado à autoridade que tiver proferido a decisão, no prazo de 15 (quinze) dias úteis, contado da data da intimação, e decidido, pela mesma autoridade, no prazo máximo de 20 (vinte) dias úteis, contado do seu recebimento.

Em face do disposto no art. 168, o recurso e o pedido de reconsideração **terão efeito suspensivo do ato ou da decisão recorrida** até que sobrevenha decisão final da autoridade competente.

Com fundamento no art. 183 da Lei 14.133/2021, os prazos serão contados com a **exclusão do dia do começo** e **inclusão do dia do vencimento**. Nos prazos expressos **em dias úteis**, como os aqui mencionados, serão computados somente os dias em que ocorrer expediente administrativo no órgão ou entidade competente. E salvo disposição em contrário, considera-se dia do começo do prazo o primeiro dia útil seguinte ao da disponibilização da informação na internet; e a data de juntada aos autos do aviso de recebimento, quando a notificação for pelos correios.

Considera-se prorrogado o prazo até o primeiro dia útil seguinte se o vencimento cair em dia em que não houver expediente, se o expediente for encerrado antes da hora normal ou se houver indisponibilidade da comunicação eletrônica.

14. DO CONTROLE DAS CONTRATAÇÕES

A Lei 14.133/2021, preocupada com o escorreito e reto cumprimento do contrato, determina, no art. 169, que as contratações públicas se submetam a **práticas contínuas e permanentes de gestão de riscos** e **de controle preventivo**, inclusive mediante adoção de recursos de tecnologia da informação.

Ainda de acordo com o preceito legal, além da sujeição ao controle social, essas contratações sujeitar-se-ão a **três linhas de defesa**:

- **primeira linha de defesa**, integrada por servidores e empregados públicos, agentes de licitação e autoridades que atuam na estrutura de governança do órgão ou entidade;
- **segunda linha de defesa**, integrada pelas unidades de assessoramento jurídico e de controle interno do próprio órgão ou entidade;
- **terceira linha de defesa**, integrada pelo órgão central de controle interno da Administração e pelo tribunal de contas.

Na forma de regulamento, a implementação dessas práticas de gestão de riscos e de controle preventivo será de responsabilidade da alta administração do órgão ou entidade e levará em consideração os custos e os benefícios decorrentes de sua implementação, optando-se pelas medidas que promovam relações íntegras e confiáveis, com segurança jurídica para todos os envolvidos, e que produzam o resultado mais vantajoso para a Administração, com eficiência, eficácia e efetividade nas contratações públicas.

Para a realização de suas atividades, os órgãos de controle deverão ter acesso irrestrito aos documentos e às informações necessárias à realização dos trabalhos, inclusive aos documentos classificados pelo órgão ou entidade nos termos da Lei de acesso a informações (Lei 12.527/2011), e o órgão de controle com o qual foi compartilhada eventual informação sigilosa tornar-se-á corresponsável pela manutenção do seu sigilo.

Todos os agentes e órgãos integrantes das três linhas de defesa observarão o seguinte:

> I – quando constatarem simples impropriedade formal, adotarão medidas para o seu saneamento e para a mitigação de riscos de sua nova ocorrência, preferencialmente com o aperfeiçoamento dos controles preventivos e com a capacitação dos agentes públicos responsáveis;
>
> II – quando constatarem irregularidade que configure dano à Administração, sem prejuízo das medidas previstas no item anterior, adotarão as providências necessárias para a apuração das infrações administrativas, observadas a segregação de funções e a necessidade de individualização das condutas, bem como remeterão ao Ministério Público competente cópias dos documentos cabíveis para a apuração dos ilícitos de sua competência.

No cumprimento de suas funções, os órgãos de controle adotarão, na fiscalização dos atos e contratos, critérios de oportunidade, materialidade, relevância e risco e considerarão as razões apresentadas pelos órgãos e entidades responsáveis e os resultados obtidos com a contratação.

Qualquer licitante, contratado ou pessoa física ou jurídica poderá representar aos órgãos de controle interno ou ao tribunal de contas competente contra irregularidades na aplicação da Lei 14.133/2021.

15. DO PORTAL NACIONAL DE CONTRATAÇÕES PÚBLICAS – PNCP

A Lei 14.133/2021 inova e cria o **Portal Nacional de Contratações Públicas – PNCP**, que consiste em um **sítio eletrônico oficial** destinado à:

- divulgação centralizada e obrigatória dos atos exigidos pela Lei 14.133; e
- realização facultativa das contratações pelos órgãos e entidades dos Poderes Executivo, Legislativo e Judiciário de todos os entes federativos.

O Portal Nacional de Contratações Públicas será gerido pelo Comitê Gestor da Rede Nacional de Contratações Públicas, a ser presidido por representante indicado pelo Presidente da República e composto de: I – 3 (três) representantes da União indicados pelo Presidente da República; II – 2 (dois) representantes dos Estados e do Distrito Federal indicados pelo Conselho Nacional de Secretários de Estado da Administração; e III – 2 (dois) representantes dos Municípios indicados pela Confederação Nacional de Municípios.

O Portal Nacional de Contratações Públicas conterá, entre outras, as seguintes informações acerca das contratações: I – planos de contratação anuais; II – catálogos eletrônicos de padronização; III – editais de credenciamento e de pré-qualificação, avisos de contratação direta e editais de licitação e respectivos anexos; IV – atas de registro de preços; V – contratos e termos aditivos; VI – notas fiscais eletrônicas, quando for o caso.

O Portal Nacional de Contratações Públicas deverá, entre outras funcionalidades, oferecer: I – sistema de registro cadastral unificado; II – painel para consulta de preços, banco de preços em saúde e acesso à base nacional de notas fiscais eletrônicas; III – sistema de planejamento e gerenciamento de contratações, incluído o cadastro de atesto de cumprimento de obrigações; IV – sistema eletrônico para a realização de sessões públicas; V – acesso ao Cadastro Nacional de Empresas Inidôneas e Suspensas (Ceis) e ao Cadastro Nacional de Empresas Punidas (Cnep); VI – sistema de gestão compartilhada com a sociedade de informações referentes à execução do contrato, que possibilite: a) envio, registro, armazenamento e divulgação de mensagens de texto ou imagens pelo interessado previamente identificado; b) acesso ao sistema informatizado de acompanhamento de obras; c) comunicação entre a população e representantes da Administração e do contratado designados para prestar as informações e esclarecimentos pertinentes, na forma de regulamento; d) divulgação, na forma de regulamento, de relatório final com informações sobre a consecução dos objetivos que tenham justificado a contratação e eventuais condutas a serem adotadas para o aprimoramento das atividades da Administração.

O Portal Nacional de Contratações Públicas adotará o formato de **dados abertos** e observará as exigências previstas na Lei de acesso à informação (Lei 12.527/2011).

Sem prejuízo da realização das contratações pelo Portal Nacional de Contratações Públicas, os entes federativos poderão instituir sítio eletrônico oficial para divulgação complementar e realização das respectivas contratações.

Porém, admite o § 1º do art. 175 da Lei 14.133/2021, desde que mantida a integração com o PNCP, que as contratações poderão ser realizadas por meio de sistema eletrônico fornecido por pessoa jurídica de direito privado, na forma de regulamento.

16. MODALIDADES DE CONTRATOS ADMINISTRATIVOS

Várias são as modalidades de contratos administrativos. Assim, prevê a Lei 14.133/2021:

- o **contrato de obra pública**: que tem por fim toda atividade estabelecida, por força de lei, como privativa das profissões de arquiteto e engenheiro que implica intervenção no meio ambiente por meio de um conjunto harmônico de ações que, agregadas, formam um todo que inova o espaço físico da natureza ou acarreta alteração substancial das características originais de bem imóvel;
- o **contrato de serviço**: que tem por finalidade toda atividade ou conjunto de atividades destinadas a obter determinada utilidade, intelectual ou material, de interesse da Administração, tais como, demolição, conserto, instalação, montagem, operação, conservação, reparação, adaptação, manutenção, transporte, locação de bens, publicidade, seguro ou trabalhos técnico-profissionais;
- o **contrato de compra**: que tem por objetivo a aquisição remunerada de bens para fornecimento de uma só vez ou parceladamente, considerada imediata aquela com prazo de entrega de até 30 dias da ordem de fornecimento;
- o **contrato de empreitada por preço unitário**: contratação da execução da obra ou do serviço por preço certo de unidades determinadas;
- o **contrato de empreitada por preço global**: contratação da execução da obra ou do serviço por preço certo e total;
- o **contrato de empreitada integral**: contratação de empreendimento em sua integralidade, compreendida a totalidade das etapas de obras, serviços e instalações necessárias, sob inteira responsabilidade do contratado até sua entrega ao contratante em condições de entrada em operação, com características adequadas às finalidades para as quais foi contratado e atendidos os requisitos técnicos e legais para sua utilização com segurança estrutural e operacional;
- **contratação por tarefa**: regime de contratação de mão de obra para pequenos trabalhos por preço certo, com ou sem fornecimento de materiais;
- **contratação integrada**: regime de contratação de obras e serviços de engenharia em que o contratado é responsável por elaborar e desenvolver os projetos básico e executivo, executar obras e serviços de engenharia, fornecer bens ou prestar serviços especiais e realizar montagem, teste, pré-operação e as demais operações necessárias e suficientes para a entrega final do objeto;

- **contratação semi-integrada**: regime de contratação de obras e serviços de engenharia em que o contratado é responsável por elaborar e desenvolver o projeto executivo, executar obras e serviços de engenharia, fornecer bens ou prestar serviços especiais e realizar montagem, teste, pré-operação e as demais operações necessárias e suficientes para a entrega final do objeto;
- **contrato de fornecimento e prestação de serviço associado**: regime de contratação em que, além do fornecimento do objeto, o contratado responsabiliza-se por sua operação, manutenção ou ambas, por tempo determinado;
- **contrato de eficiência**: contrato cujo objeto é a prestação de serviços, que pode incluir a realização de obras e o fornecimento de bens, com o objetivo de proporcionar economia ao contratante, na forma de redução de despesas correntes, remunerado o contratado com base em percentual da economia gerada.

Todavia, ocupemo-nos com as modalidades mais específicas de contratos administrativos, quais sejam:

a) **Contrato de concessão de serviço público**;

b) **Contrato de concessão de serviço público precedida de obra pública** ou **concessão de obra pública**;

c) **Contrato de permissão de serviço público**;

d) **Contrato de parceria público-privada**, que é o contrato administrativo de concessão, na modalidade patrocinada ou administrativa; e

e) **Contrato de concessão de uso de bem público**.

16.1. Concessão de Serviço Público

16.1.1. Conceito

A concessão de serviço público é um contrato administrativo por meio do qual a Administração Pública – da União, do Estado, do Distrito Federal ou do Município, na condição de poder concedente e em cuja competência se encontre o serviço público – delega sua prestação, feita pelo poder concedente, mediante licitação, na modalidade concorrência ou diálogo competitivo, a pessoa jurídica ou consórcio de empresas que demonstre capacidade para seu desempenho, por sua conta e risco e por prazo determinado.

Mas o poder concedente deverá publicar, previamente ao edital de licitação, ato justificando a conveniência da outorga de concessão, caracterizando seu objeto, área e prazo.

O contrato de concessão sujeita-se à fiscalização pelo poder concedente responsável pela delegação, com a cooperação dos usuários.

A concessão de serviço público é disciplinada pela Lei 8.987/95 e, supletivamente, pela Lei 14.133/2021.

16.1.2. *Da tarifa*

Pela execução do serviço concedido, a empresa concessionária remunera-se, via de regra, pela cobrança de tarifa paga pelo usuário do serviço público, que é fixada pelo preço da proposta vencedora da licitação e preservada pelas regras de revisão previstas na Lei nº 8.987/95, no edital e no contrato. Assim, os contratos poderão prever mecanismos de revisão das tarifas, a fim de manter-se o equilíbrio econômico-financeiro. Todavia, em face do art. 10 da Lei 8.987/95, considera-se mantido o equilíbrio econômico-financeiro, sempre que forem atendidas as condições do contrato.

De acordo com a Lei nº 13.673, de 5 de junho de 2018, que incluiu o § 5º ao art. 9º da Lei nº 8.987/95, a concessionária deverá divulgar em seu sítio eletrônico, de forma clara e de fácil compreensão pelos usuários, tabela com o valor das tarifas praticadas e a evolução das revisões ou reajustes realizados nos últimos cinco anos.

Ademais, em razão de seu art. 11, a Lei faculta ao poder concedente, no atendimento às peculiaridades de cada serviço público, prever, em favor da concessionária, no edital de licitação, a possibilidade de outras fontes provenientes de receitas alternativas, complementares, acessórias ou de projetos associados, com ou sem exclusividade, com vistas a favorecer a modicidade das tarifas. As fontes de receita previstas neste artigo serão obrigatoriamente consideradas para a aferição do inicial equilíbrio econômico-financeiro do contrato.

16.1.3. *Da licitação*

Por força do art. 14 da Lei 8.987/1995, toda concessão de serviço público, precedida ou não da execução de obra pública, será objeto de prévia licitação, obrigatoriamente na modalidade de concorrência, nos termos da legislação própria e com observância dos princípios da legalidade, moralidade, publicidade, igualdade, do julgamento por critérios objetivos e da vinculação ao instrumento convocatório.

Nos termos do art. 18 da referida Lei, o edital de licitação será elaborado pelo poder concedente, observados, no que couber, os critérios e as normas gerais da legislação própria sobre licitações e contratos e conterá, especialmente: I – o objeto, metas e prazo da concessão; II – a descrição das condições necessárias à prestação adequada do serviço; III – os prazos para recebimento das propostas, julgamento da licitação e assinatura do contrato; IV – prazo, local e horário em que serão fornecidos, aos interessados, os dados, estudos e projetos necessários à elaboração dos orçamentos e apresentação das propostas; V – os critérios e a relação dos documentos exigidos para a aferição da capacidade técnica, da idoneidade financeira e da regularidade jurídica e fiscal; VI – as possíveis fontes de receitas alternativas, complementares ou acessórias, bem como as provenientes de projetos associados; VII – os direitos e obrigações do poder concedente e da concessionária em relação a alterações e expansões a serem realizadas no futuro, para garantir a continuidade da prestação do serviço; VIII – os critérios de reajuste e revisão da tarifa; IX – os critérios, indicadores, fórmulas e parâmetros a serem utilizados no julgamento técnico e econômico-financeiro da proposta; X – a indicação dos bens reversíveis; XI – as características dos bens reversíveis e as condições em que estes serão postos à disposição, nos casos em que houver sido extinta a concessão anterior; XII – a expressa indicação do responsável pelo ônus das desapropriações necessárias à execução do serviço ou da obra pública, ou para a instituição de servidão administrativa; XIII – as condições de liderança da empresa responsável, na hipótese em que for permitida a participação de empresas em consórcio; XIV – nos casos de concessão, a minuta do respectivo contrato, que conterá as cláusulas essenciais referidas no art. 23 desta Lei, quando aplicáveis; XV – nos casos de concessão de serviços públicos precedida da execução de obra pública, os dados relativos à obra, dentre os quais os elementos do projeto básico que permitam sua plena caracterização, bem assim as garantias exigidas para essa parte específica do contrato, adequadas a cada caso e limitadas ao valor da obra; XVI – nos casos de permissão, os termos do contrato de adesão a ser firmado.

Todavia, por força da Lei nº 11.196/2005, foi acrescentado na Lei 8.987/95 o art. 18-A, segundo o qual o edital poderá prever a *inversão da ordem das fases* de habilitação e julgamento, hipótese em que: I – encerrada a fase de classificação das propostas ou o oferecimento de lances, será aberto o invólucro com os documentos de habilitação do licitante mais bem classificado, para verificação do atendimento das condições fixadas no edital; II – verificado o atendimento das exigências do edital, o licitante será declarado vencedor; III – inabilitado o licitante melhor classificado, serão analisados os documentos habilitatórios do licitante com a proposta classificada em segundo lugar, e assim sucessivamente, até que um licitante classificado atenda às condições fixadas no edital; IV – proclamado o resultado final do certame, o objeto será adjudicado ao vencedor nas condições técnicas e econômicas por ele ofertadas.

16.1.4. Cláusulas essenciais

São cláusulas essenciais do contrato de concessão as relativas ao objeto, à área e ao prazo da concessão; ao modo, forma e condições de prestação do serviço; aos critérios, indicadores, fórmulas e parâmetros definidores da qualidade do serviço; ao preço do serviço e aos critérios e procedimentos para o reajuste e a revisão das tarifas; aos direitos, garantias e obrigações do poder concedente e da concessionária, inclusive os relacionados às previsíveis necessidades de futura alteração e expansão do serviço e consequente modernização, aperfeiçoamento e ampliação dos equipamentos e das instalações; aos direitos e deveres dos usuários para obtenção e utilização do serviço; à forma de fiscalização das instalações, dos equipamentos, dos métodos e práticas de execução do serviço, bem como a indicação dos órgãos competentes para exercê-la; às penalidades contratuais e administrativas a que se sujeita a concessionária e sua forma de aplicação; aos casos de extinção da concessão; aos bens reversíveis; aos critérios para o cálculo e a forma de pagamento das indenizações devidas à concessionária, quando for o caso; às condições para prorrogação do contrato; à obrigatoriedade, forma e periodicidade da prestação de contas da concessionária ao poder concedente; à exigência da publicação de demonstrações financeiras periódicas da concessionária; e ao foro e ao modo amigável de solução das divergências contratuais. Os contratos relativos à concessão de serviço público precedido da execução de obra pública deverão, adicionalmente: I – estipular os cronogramas físico-financeiros de execução das obras vinculadas à concessão; e II – exigir garantia do fiel cumprimento, pela concessionária, das obrigações relativas às obras vinculadas à concessão.

Segundo o art. 25, incumbe à concessionária a execução do serviço concedido, cabendo-lhe responder por todos os prejuízos causados ao poder concedente, aos usuários ou a terceiros, sem que a fiscalização exercida pelo órgão competente exclua ou atenue essa responsabilidade.

O art. 26 admite a subconcessão, nos termos previstos no contrato de concessão, desde que expressamente autorizada pelo poder concedente. A outorga de subconcessão será sempre precedida de concorrência. O subconcessionário se sub-rogará todos os direitos e obrigações da subconcedente dentro dos limites da subconcessão.

16.1.5. Encargos do poder concedente

Cumpre ao poder concedente: I – regulamentar o serviço concedido e fiscalizar permanentemente a sua prestação; II – aplicar as penalidades regulamentares e contratuais; III – intervir na prestação do serviço, nos casos e condições previstos em lei; IV – extinguir a concessão, nos casos previstos nesta Lei e na forma prevista no contrato; V – homologar reajustes e proceder à revisão das tarifas na forma desta Lei, das normas pertinentes e do contrato; VI – cumprir e fazer cumprir as disposições regulamentares do serviço e as cláusulas contratuais da concessão; VII – zelar pela boa qualidade do serviço, receber, apurar e solucionar queixas e reclamações dos usuários, que serão cientificados, em até trinta dias, das providências tomadas; VIII – declarar de utilidade pública os bens necessários à execução do serviço ou obra pública, promovendo as desapropriações, diretamente ou mediante outorga de poderes à concessionária, caso em que será desta a responsabilidade pelas indenizações cabíveis; IX – declarar de necessidade ou utilidade pública, para fins de instituição de servidão administrativa, os bens necessários à execução de serviço ou obra pública, promovendo-a diretamente ou mediante outorga de poderes à concessionária, caso em que será desta a responsabilidade pelas indenizações cabíveis; X – estimular o aumento da qualidade, produtividade, preservação do meio-ambiente e conservação; XI – incentivar a competitividade; e XII – estimular a formação de associações de usuários para defesa de interesses relativos ao serviço (art. 29).

No exercício da fiscalização, o poder concedente terá acesso aos dados relativos à administração, contabilidade, recursos técnicos, econômicos e financeiros da concessionária. A fiscalização do serviço será feita por intermédio de órgão técnico do poder concedente ou por entidade com ele conveniada, e, periodicamente, conforme previsto em norma regulamentar, por comissão composta de representantes do poder concedente, da concessionária e dos usuários (art. 30).

16.1.6. Encargos da concessionária

É de responsabilidade da concessionária: I – prestar serviço adequado, na forma prevista nesta Lei, nas normas técnicas aplicáveis e no contrato; II – manter em dia o inventário e o registro dos bens vinculados à concessão; III – prestar contas da gestão do serviço ao poder concedente e aos usuários, nos termos definidos no contrato; IV

– cumprir e fazer cumprir as normas do serviço e as cláusulas contratuais da concessão; V – permitir aos encarregados da fiscalização livre acesso, em qualquer época, às obras, aos equipamentos e às instalações integrantes do serviço, bem como a seus registros contábeis; VI – promover as desapropriações e constituir servidões autorizadas pelo poder concedente, conforme previsto no edital e no contrato; VII – zelar pela integridade dos bens vinculados à prestação do serviço, bem como segurá-los adequadamente; e VIII – captar, aplicar e gerir os recursos financeiros necessários à prestação do serviço.

As contratações, inclusive de mão de obra, feitas pela concessionária serão regidas pelas disposições de direito privado e pela legislação trabalhista, não se estabelecendo qualquer relação entre os terceiros contratados pela concessionária e o poder concedente (art. 31).

16.1.7. *Intervenção na concessão*

O poder concedente poderá intervir na concessão, com o fim de assegurar a adequação na prestação do serviço, bem como o fiel cumprimento das normas contratuais, regulamentares e legais pertinentes. A intervenção far-se-á por decreto do poder concedente, que conterá a designação do interventor, o prazo da intervenção e os objetivos e limites da medida (art. 32).

Declarada a intervenção, o poder concedente deverá, no prazo de trinta dias, instaurar procedimento administrativo, que deverá ser concluído no prazo de até cento e oitenta dias, sob pena de considerar-se inválida a intervenção, para comprovar as causas determinantes da medida e apurar responsabilidades, assegurado o direito de ampla defesa.

A intervenção deve observar todos os seus pressupostos legais e regulamentares, sob pena de nulidade, devendo o serviço ser imediatamente devolvido à concessionária, sem prejuízo de seu direito à indenização (art. 33).

Cessada a intervenção, se não for extinta a concessão, a administração do serviço será devolvida à concessionária, precedida de prestação de contas pelo interventor, que responderá pelos atos praticados durante a sua gestão (art. 34).

16.1.8. *Extinção da concessão*

Em face do art. 35 da Lei, **extingue-se** o contrato de concessão pelo:

a) **Advento do termo contratual**;

b) **Encampação**;

c) **Caducidade**;

d) **Rescisão**;

e) **Anulação**; e

f) **Falência** ou **extinção da empresa concessionária e falecimento ou incapacidade do titular, no caso de empresa individual**.

Extinta a concessão, retornam ao poder concedente todos os *bens reversíveis*, direitos e privilégios transferidos ao concessionário conforme previsto no edital e estabelecido no contrato. Extinta a concessão, haverá a imediata assunção do serviço pelo poder concedente, procedendo-se aos levantamentos, avaliações e liquidações necessários. A assunção do serviço autoriza a ocupação das instalações e a utilização, pelo poder concedente, de todos os bens reversíveis. A reversão no advento do termo contratual far-se-á com a indenização das parcelas dos investimentos vinculados a bens reversíveis, ainda não amortizados ou depreciados, que tenham sido realizados com o objetivo de garantir a continuidade e atualidade do serviço concedido.

Bens reversíveis são aqueles vinculados à prestação do serviço público e previstos no contrato de concessão, de propriedade da concessionária, que devem ser incorporados ao patrimônio do concedente, quando da extinção do contrato. A reversão desses bens dar-se-á sem indenização, se já amortizados, ou, caso contrário, com indenização.

Considera-se **encampação** a *retomada do serviço público pelo poder concedente durante o prazo da concessão*, por motivo de interesse público, *mediante lei autorizativa específica e após prévio pagamento da indenização.*

A **caducidade** ocorre com a inexecução total ou parcial do contrato. Assim, a inexecução total ou parcial do contrato acarretará, a critério do poder concedente, a declaração de *caducidade* da concessão ou a aplicação das sanções contratuais.

A caducidade da concessão poderá ser declarada pelo poder concedente quando:

– o serviço estiver sendo prestado de forma inadequada ou deficiente, tendo por base as normas, critérios, indicadores e parâmetros definidores da qualidade do serviço;

– a concessionária descumprir cláusulas contratuais ou disposições legais ou regulamentares concernentes à concessão;

– a concessionária paralisar o serviço ou concorrer para tanto, ressalvadas as hipóteses decorrentes de caso fortuito ou força maior;

– a concessionária perder as condições econômicas, técnicas ou operacionais para manter a adequada prestação do serviço concedido;

– a concessionária não cumprir as penalidades impostas por infrações, nos devidos prazos;

– a concessionária não atender a intimação do poder concedente no sentido de regularizar a prestação do serviço; e

– a concessionária não atender a intimação do poder concedente para, em 180 (cento e oitenta) dias, apresentar a documentação relativa a regularidade fiscal, no curso da concessão.

A declaração da caducidade da concessão deverá ser *precedida* da verificação da inadimplência da concessionária em processo administrativo, assegurado o direito de ampla defesa. Não será instaurado processo administrativo de inadimplência antes de comunicados à concessionária, detalhadamente, os descumprimentos contratuais, dando-lhe um prazo para corrigir as falhas e transgressões apontadas e para o enquadramento, nos termos contratuais.

Instaurado o processo administrativo e comprovada a inadimplência, a *caducidade será declarada por decreto do poder concedente, independentemente de indenização prévia*, calculada no decurso do processo. Declarada a caducidade, não resultará para o poder concedente qualquer espécie de responsabilidade em relação aos encargos, ônus, obrigações ou compromissos com terceiros ou com empregados da concessionária.

De ver-se, assim, que a *encampação* se distingue da *caducidade* pelo fato de a primeira ter por fundamento um motivo de interesse público e a segunda um motivo calcado na inexecução total ou parcial do contrato pelo concessionário.

O contrato de concessão poderá ser rescindido por iniciativa da concessionária, no caso de descumprimento das normas contratuais pelo poder concedente, mediante ação judicial especialmente intentada para esse fim. Nesta hipótese, os serviços prestados pela concessionária não poderão ser interrompidos ou paralisados, até a decisão judicial transitada em julgado.

16.2. Concessão de Serviço Público Precedida de Execução de Obra Pública ou Concessão de Obra Pública

Em conformidade com o art. 2º, inciso III, da Lei 8.987/95, concessão de serviço público precedida de execução de obra pública ou, simplesmente, concessão de obra pública é contrato administrativo que tem por objeto a construção, total ou parcial, conservação, reforma, ampliação ou melhoramento de quaisquer obras de interesse público, delegados pelo poder concedente, mediante licitação, na modalidade concorrência ou diálogo competitivo, a pessoa jurídica ou consórcio de empresas que demonstre capacidade para a sua realização, por sua conta e risco, de forma que o investimento da concessionária seja remunerado e amortizado mediante a exploração do serviço ou da obra por prazo determinado.

Cuida-se de contrato administrativo pelo qual a Administração Pública delega a outrem a execução de uma obra pública, para que a realize por sua conta e risco, mediante remuneração paga pelos beneficiários da obra ou obtida em decorrência da exploração dos serviços ou utilidades que a obra proporciona[13].

Exemplo tradicional desta modalidade de contrato é a construção de estrada com remuneração cobrada do usuário da obra por meio de pedágio.

16.3. Permissão de Serviço Público

Permissão de serviço público é um contrato através do qual a Administração delega, a título precário, e mediante licitação, a prestação de serviços públicos à pessoa física ou jurídica que demonstre capacidade para seu desempenho, por sua conta e risco.

---

13. Maria Sylvia Zanella Di Pietro, op. cit., p. 275.

Segundo o art. 40 da Lei 8.987/95, a permissão de serviço público será formalizada mediante contrato de adesão, que observará os termos dessa Lei, das demais normas pertinentes e do edital de licitação, inclusive quanto à precariedade e à revogabilidade unilateral do contrato pelo poder concedente.

16.4. Contrato de Parceria Público-privada

A Lei nº 11.079, de 30 de dezembro de 2004, que instituiu normas gerais para licitação e contratação de parceria público-privada no âmbito dos Poderes da União, dos Estados, do Distrito Federal e dos Municípios, criou mais uma modalidade de contrato administrativo. Cuida-se do contrato de parceria público-privado, que é contrato administrativo de **concessão**, na modalidade **patrocinada** ou **administrativa**.

16.4.1. Conceito e modalidades

Conforme o art. 2º da Lei nº 11.079/2004, parceria público-privada (PPP) é um contrato administrativo de concessão, que pode assumir as seguintes modalidades:

a) **patrocinada**; ou

b) **administrativa**.

A **concessão patrocinada** é contrato de concessão de serviços públicos ou de obras públicas de que trata a Lei nº 8.987, de 13 de fevereiro de 1995, quando envolver, adicionalmente à tarifa cobrada dos usuários, contraprestação pecuniária do parceiro público ao parceiro privado. Rege-se pela Lei nº 11.079/2004, aplicando-se-lhe subsidiariamente o disposto na Lei nº 8.987, de 13 de fevereiro de 1995, e nas leis que lhe são correlatas.

Já a **concessão administrativa** é o contrato de prestação de serviços de que a Administração Pública seja a usuária direta ou indireta, ainda que envolva execução de obra ou fornecimento e instalação de bens. Rege-se pela Lei nº 11.079/2004, aplicando-se-lhe adicionalmente o disposto nos arts. 21, 23, 25 e 27 a 39 da Lei nº 8.987, de 13 de fevereiro de 1995, e no art. 31 da Lei nº 9.074, de 7 de julho de 1995.

Em face do § 3º do art. 2º, não constitui parceria público-privada a concessão comum, assim entendida a concessão de serviços públicos ou de obras públicas de que trata a Lei nº 8.987, de 13 de fevereiro de 1995, quando não envolver contraprestação pecuniária do parceiro público ao parceiro privado. As concessões comuns continuam regidas pela Lei nº 8.987, de 13 de fevereiro de 1995, e pelas leis que lhe são correlatas, não se lhes aplicando o disposto na Lei 11.079/2004.

Assim, e em síntese, com o advento da Lei 11.079/2004, passamos a ter os seguintes contratos de concessão:

a) **Concessão patrocinada** – É contrato de concessão de serviços públicos ou de obras públicas de que trata a Lei nº 8.987, de 13 de fevereiro de 1995, *quando envolver, adicionalmente à tarifa cobrada dos usuários, contraprestação pecuniária do parceiro público ao parceiro privado*. Rege-se pela Lei nº 11.079/2004, aplicando-se-lhe subsidiariamente o disposto na Lei nº 8.987, de 13 de fevereiro de 1995, e nas leis que lhe são correlatas.

b) **Concessão administrativa** – É contrato de prestação de serviços de que a Administração Pública seja a usuária direta ou indireta, ainda que envolva execução de obra ou fornecimento e instalação de bens. Rege-se pela Lei nº 11.079/2004, aplicando-se-lhe adicionalmente o disposto nos arts. 21, 23, 25 e 27 a 39 da Lei nº 8.987, de 13 de fevereiro de 1995, e no art. 31 da Lei nº 9.074, de 7 de julho de 1995.

c) **Concessão comum** – É contrato de concessão de serviços públicos ou de obras públicas de que trata a Lei nº 8.987, de 13 de fevereiro de 1995, *quando não envolver contraprestação pecuniária do parceiro público ao parceiro privado*. As concessões comuns continuam regidas pela Lei nº 8.987, de 13 de fevereiro de 1995, e pelas leis que lhe são correlatas, não se lhes aplicando o disposto na Lei 11.079/2004.

O § 4º do art. 2º da Lei 11.079/2004, com a nova redação dada pela Lei nº 13.529, de 04/12/2017, veda a celebração de contrato de parceria público-privada: I – cujo valor do contrato seja inferior a R$ 10.000.000,00 (dez milhões de reais); II – cujo período de prestação do serviço seja inferior a 5 (cinco) anos; ou III – que tenha como objeto único o fornecimento de mão de obra, o fornecimento e instalação de equipamentos ou a execução de obra pública.

A Lei nº 13.529, de 04/12/2017, visando a ampliar as parcerias público-privadas, reduziu o valor mínimo do contrato de PPP, que anteriormente era de R$ 20.000.000,00 (vinte milhões de reais), para R$ 10.000.000.00 (dez milhões de reais).

Assim, o contrato de parceria público-privada somente pode ser utilizado com valor superior a R$ 10.000.000,00 (dez milhões de reais), cujo período de prestação do serviço seja superior a 5 (cinco) anos, não podendo ter como objeto único o fornecimento de mão de obra, o fornecimento e instalação de equipamentos ou a execução de obra pública.

O prazo de vigência do contrato de parceria público-privada, compatível com a amortização dos investimentos realizados, não poderá ser inferior a 5 (cinco), nem superior a 35 (trinta e cinco) anos, incluindo eventual prorrogação.

16.4.2. *Diretrizes a serem observadas no contrato de parceria público-privada*

Em razão do que dispõe o art. 4º da Lei 11.079/2004, na contratação de parceria público-privada serão observadas as seguintes diretrizes: I – eficiência no cumprimento das missões de Estado e no emprego dos recursos da sociedade; II – respeito aos interesses e direitos dos destinatários dos serviços e dos entes privados incumbidos da sua execução; III – indelegabilidade das funções de regulação, jurisdicional, do exercício do poder de polícia e de outras atividades exclusivas do Estado; IV – responsabilidade fiscal na celebração e execução das parcerias; V – transparência dos procedimentos e das decisões; VI – repartição objetiva de riscos entre as partes; VII – sustentabilidade financeira e vantagens socioeconômicas dos projetos de parceria.

16.4.3. *Cláusulas essenciais do contrato de parceria público-privada*

Em conformidade com o art. 5º da Lei 11.079/2004, as cláusulas dos contratos de parceria público-privada atenderão ao disposto no art. 23 da Lei nº 8.987/1995, no que couber (as cláusulas essenciais da concessão comum), devendo também prever:

> I – o prazo de vigência do contrato, compatível com a amortização dos investimentos realizados, não inferior a 5 (cinco), nem superior a 35 (trinta e cinco) anos, incluindo eventual prorrogação.
>
> II – as penalidades aplicáveis à Administração Pública e ao parceiro privado em caso de inadimplemento contratual, fixadas sempre de forma proporcional à gravidade da falta cometida, e às obrigações assumidas.
>
> III – a repartição de riscos entre as partes, inclusive os referentes a caso fortuito, força maior, fato do príncipe e álea econômica extraordinária.
>
> IV – as formas de remuneração e de atualização dos valores contratuais.
>
> V – os mecanismos para a preservação da atualidade da prestação dos serviços.
>
> VI – os fatos que caracterizem a inadimplência pecuniária do parceiro público, os modos e o prazo de regularização e, quando houver, a forma de acionamento da garantia.
>
> VII – os critérios objetivos de avaliação do desempenho do parceiro privado.
>
> VIII – a prestação, pelo parceiro privado, de garantias de execução suficientes e compatíveis com os ônus e riscos envolvidos, observados os limites dos §§ 3º e 5º do art. 56 da Lei nº 8.666, de 21 de junho de 1993[14], e, no que se refere às concessões patrocinadas, o disposto no inciso XV do art. 18 da Lei nº 8.987, de 13 de fevereiro de 1995.
>
> IX – o compartilhamento com a Administração Pública de ganhos econômicos efetivos do parceiro privado decorrentes da redução do risco de crédito dos financiamentos utilizados pelo parceiro privado.
>
> X – a realização de vistoria dos bens reversíveis, podendo o parceiro público reter os pagamentos ao parceiro privado, no valor necessário para reparar as irregularidades eventualmente detectadas.
>
> XI – o cronograma e os marcos para o repasse ao parceiro privado das parcelas do aporte de recursos, na fase de investimentos do projeto e/ou após a disponibilização dos serviços, sempre que verificada a hipótese do § 2º do art. 6º da Lei, isto é, se o contrato estabelecer o aporte de recursos em favor do parceiro privado para a realização de obras e aquisição de bens reversíveis, nos termos dos incisos X e XI do *caput* do art. 18 da Lei nº 8.987/95, desde que autorizado no edital de licitação, se contratos novos, ou em lei específica, se contratos celebrados até 8 de agosto de 2012. Esta exigência foi incluída pela Lei nº 12.766, de 27 de dezembro de 2012.

Ademais, os contratos poderão prever adicionalmente:

> I – os requisitos e condições em que o parceiro público autorizará a transferência do controle ou a administração temporária da sociedade de propósito específico aos seus financiadores e garantidores com quem não mantenha vínculo societário direto, com o objetivo de promover a sua reestruturação financeira e assegurar a continuidade da prestação dos serviços, não se aplicando para este efeito o previsto no inciso I do parágrafo

14. Os §§ 3º e 5º correspondem, respectivamente, ao Art. 98 e ao Art. 101 da Lei 14.133/2021.

único do art. 27 da Lei nº 8.987, de 13 de fevereiro de 1995. (conforme nova redação dada pela Lei nº 13.097, de 2015)[15].

II – a possibilidade de emissão de empenho em nome dos financiadores do projeto em relação às obrigações pecuniárias da Administração Pública.

III – a legitimidade dos financiadores do projeto para receber indenizações por extinção antecipada do contrato, bem como pagamentos efetuados pelos fundos e empresas estatais garantidores de parcerias público-privadas.

Em face do art. 6º da Lei, a contraprestação da Administração Pública nos contratos de parceria público-privada poderá ser feita por:

I – ordem bancária.

II – cessão de créditos não tributários.

III – outorga de direitos em face da Administração Pública.

IV – outorga de direitos sobre bens públicos dominicais.

V – outros meios admitidos em lei.

Essa contraprestação da Administração Pública, contudo, será obrigatoriamente *precedida* da disponibilização do serviço objeto do contrato de parceria público-privada.

O contrato poderá prever o pagamento ao parceiro privado de remuneração variável vinculada ao seu desempenho, conforme metas e padrões de qualidade e disponibilidade definidos no contrato.

Em razão da Lei 11.079, de 30 de dezembro de 2014, alterada pelas Leis nºs 12.766, de 27 de dezembro de 2012, e Lei 13.043, de 13 de novembro de 2014, o contrato poderá prever o aporte de recursos em favor do parceiro privado para a realização de obras e aquisição de bens reversíveis, nos termos dos incisos X e XI do *caput* do art. 18 da Lei nº 8.987/95, desde que autorizado no edital de licitação, se contratos novos, ou em lei específica, se contratos celebrados até 8 de agosto de 2012 (art. 6º, § 2º). O valor do aporte de recursos realizado nos termos do § 2º poderá ser excluído da determinação: I – do lucro líquido para fins de apuração do lucro real e da base de cálculo da Contribuição Social sobre o Lucro Líquido – CSLL; II – da base de cálculo da Contribuição para o PIS/Pasep e da Contribuição para o Financiamento da Seguridade Social – COFINS; e III – da base de cálculo da Contribuição Previdenciária sobre a Receita Bruta – CPRB devida

15. Conforme o art. 5º-A, incluído pela Lei nº 13.097, de 2015, "Para fins do inciso I do § 2º do art. 5º, considera-se: I – o **controle da sociedade de propósito específico** a propriedade resolúvel de ações ou quotas por seus financiadores e garantidores que atendam os requisitos do art. 116 da Lei nº 6.404, de 15 de dezembro de 1976; II – a **administração temporária da sociedade de propósito específico**, pelos financiadores e garantidores quando, sem a transferência da propriedade de ações ou quotas, forem outorgados os seguintes poderes: a) indicar os membros do Conselho de Administração, a serem eleitos em Assembleia Geral pelos acionistas, nas sociedades regidas pela Lei 6.404, de 15 de dezembro de 1976; ou administradores, a serem eleitos pelos quotistas, nas demais sociedades; b) indicar os membros do Conselho Fiscal, a serem eleitos pelos acionistas ou quotistas controladores em Assembleia Geral; c) exercer poder de veto sobre qualquer proposta submetida à votação dos acionistas ou quotistas da concessionária, que representem, ou possam representar, prejuízos aos fins previstos no *caput* deste artigo; d) outros poderes necessários ao alcance dos fins previstos no *caput* deste artigo; § 1º A administração temporária autorizada pelo poder concedente não acarretará responsabilidade aos financiadores e garantidores em relação à tributação, encargos, ônus, sanções, obrigações ou compromissos com terceiros, inclusive com o poder concedente ou empregados. § 2º O Poder Concedente disciplinará sobre o prazo da administração temporária."

pelas empresas referidas nos arts. 7º e 8º da Lei nº 12.546, de 14 de dezembro de 2011, a partir de 1º de janeiro de 2015.

Essa parcela excluída deverá ser computada na determinação do lucro líquido para fins de apuração do lucro real, da base de cálculo da CSLL e da base de cálculo da Contribuição para o PIS/Pasep e da Cofins, na proporção em que o custo para a realização de obras e aquisição de bens (a que se refere o § 2º do art. 6º da Lei 12.766/12) for realizado, inclusive mediante depreciação ou extinção da concessão, nos termos do art. 35 da Lei nº 8.987/95[16].

Por ocasião da extinção do contrato, o parceiro privado não receberá indenização pelas parcelas de investimentos vinculados a bens reversíveis ainda não amortizadas ou depreciadas, quando tais investimentos houverem sido realizados com valores provenientes do aporte de recursos de que trata o § 2º, do art. 6º da Lei.

Em razão da Lei 13.043, de 13 de novembro de 2014, que alterou a Lei da PPP, saliente-se que a partir de 1º de janeiro de 2014, para os optantes conforme o art. 75 da Lei nº 12.973/2014; e de 1º de janeiro de 2015, para os não optantes, essa parcela excluída (nos termos do § 3º da Lei da PPP, acima citado) deverá ser computada na determinação do lucro líquido para fins de apuração do lucro real, da base de cálculo da CSLL e da base de cálculo da Contribuição para o PIS/Pasep e da Cofins em cada período de apuração durante o prazo restante do contrato, considerado a partir do início da prestação dos serviços públicos (§ 6º). Nesse caso, o valor a ser adicionado em cada período de apuração deve ser o valor da parcela excluída dividida pela quantidade de períodos de apuração contidos no prazo restante do contrato (§ 7º). Todavia, para os contratos de concessão em que a concessionária já tenha iniciado a prestação dos serviços públicos nas datas referidas no § 6º, as adições subsequentes serão realizadas em cada período de apuração durante o prazo restante do contrato, considerando o saldo remanescente ainda não adicionado (§ 8º).

A parcela excluída nos termos do inciso III do § 3º da Lei da PPP, acima citado, deverá ser computada na determinação da base de cálculo da contribuição previdenciária de que trata o inciso III do § 3º em cada período de apuração durante o prazo restante previsto no contrato para construção, recuperação, reforma, ampliação ou melhoramento da infraestrutura que será utilizada na prestação de serviços públicos (§ 9º). Nesta hipótese, o valor a ser adicionado em cada período de apuração deve ser o valor da parcela excluída dividida pela quantidade de períodos de apuração contidos no prazo restante previsto no contrato para construção, recuperação, reforma, ampliação ou melhoramento da infraestrutura que será utilizada na prestação de serviços públicos (§ 10).

Ocorrendo a extinção da concessão antes do advento do termo contratual, o saldo da parcela excluída nos termos do § 3º, ainda não adicionado, deverá ser computado na determinação do lucro líquido para fins de apuração do lucro real, da base de cálculo da

16. Porém, em razão da Lei 13.043, de 13 de novembro de 2014, até 31 de dezembro de 2013, para os optantes conforme o art. 75 da Lei nº 12.973, de 13 de maio de 2014; e até 31 de dezembro de 2014, para os não optantes, essa parcela excluída deverá ser computada na determinação do lucro líquido para fins de apuração do lucro real, da base de cálculo da CSLL e da base de cálculo da Contribuição para o PIS/Pasep e da Cofins, na proporção em que o custo para a realização de obras e aquisição de bens a que se refere o § 2º deste artigo for realizado, inclusive mediante depreciação ou extinção da concessão, nos termos do art. 35 da Lei nº 8.987, de 13 de fevereiro de 1995.

CSLL e da base de cálculo da Contribuição para o PIS/Pasep, da Cofins e da contribuição previdenciária de que trata o inciso III do § 3º no período de apuração da extinção (§ 11).

Por fim, aplicam-se às receitas auferidas pelo parceiro privado nos termos do § 6º o regime de apuração e as alíquotas da Contribuição para o PIS/Pasep e da Cofins aplicáveis às suas receitas decorrentes da prestação dos serviços públicos. (§ 12)

Ademais, é facultado à administração pública, nos termos do contrato, efetuar o pagamento da contraprestação relativa a parcela fruível do serviço objeto do contrato de parceria público-privada.

O aporte de recursos de que trata o § 2º do art. 6º, quando realizado durante a fase dos investimentos a cargo do parceiro privado, deverá guardar proporcionalidade com as etapas efetivamente executadas.

16.4.4. *Das garantias no contrato de parceria público-privada*

Dispõe o art. 8º da Lei, que as obrigações pecuniárias contraídas pela Administração Pública em contrato de parceria público-privada poderão ser garantidas mediante: I – vinculação de receitas, observado o disposto no inciso IV do art. 167 da Constituição Federal; II – instituição ou utilização de fundos especiais previstos em lei; III – contratação de seguro-garantia com as companhias seguradoras que não sejam controladas pelo Poder Público; IV – garantia prestada por organismos internacionais ou instituições financeiras; V – garantias prestadas por fundo garantidor ou empresa estatal criada para essa finalidade; VI – outros mecanismos admitidos em lei.

16.4.5. *Da sociedade de propósito específico*

Por força do art. 9º da Lei, antes da celebração do contrato de parceria público-privada, a empresa vencedora da licitação terá de constituir uma sociedade de propósito específico – SPE, que terá por finalidade implantar e gerir o objeto da parceria.

A sociedade de propósito específico poderá assumir a forma de companhia aberta, com valores mobiliários admitidos a negociação no mercado e deverá obedecer a padrões de governança corporativa e adotar contabilidade e demonstrações financeiras padronizadas, conforme regulamento. Não pode a Administração Pública ser titular da maioria do capital votante das sociedades de propósito específico, não se aplicando essa vedação, contudo, à eventual aquisição da maioria do capital votante da sociedade de propósito específico por instituição financeira controlada pelo Poder Público em caso de inadimplemento de contratos de financiamento.

A transferência do controle da sociedade de propósito específico estará condicionada à autorização expressa da Administração Pública, nos termos do edital e do contrato, observado o disposto no parágrafo único do art. 27 da Lei nº 8.987, de 13 de fevereiro de 1995.

16.4.6. *Da licitação*

O art. 10 da Lei 11.079/2004 dispõe sobre as regras da licitação no âmbito dos contratos de parceria público-privada. Em conformidade com o dispositivo, a contratação de parceria público-privada será precedida de licitação, na **modalidade de**

concorrência ou **diálogo competitivo**, estando a abertura do processo licitatório condicionada a:

> I – autorização da autoridade competente, fundamentada em estudo técnico que demonstre: a) a conveniência e a oportunidade da contratação, mediante identificação das razões que justifiquem a opção pela forma de parceria público-privada; b) que as despesas criadas ou aumentadas não afetarão as metas de resultados fiscais previstas no Anexo referido no § 1º do art. 4º da Lei Complementar nº 101, de 4 de maio de 2000, devendo seus efeitos financeiros, nos períodos seguintes, ser compensados pelo aumento permanente de receita ou pela redução permanente de despesa; e c) quando for o caso, conforme as normas editadas na forma do art. 25 da Lei 11.079/2004, a observância dos limites e condições decorrentes da aplicação dos arts. 29, 30 e 32 da Lei Complementar nº 101, de 4 de maio de 2000, pelas obrigações contraídas pela Administração Pública relativas ao objeto do contrato;
>
> II – elaboração de estimativa do impacto orçamentário-financeiro nos exercícios em que deva vigorar o contrato de parceria público-privada;
>
> III – declaração do ordenador da despesa de que as obrigações contraídas pela Administração Pública no decorrer do contrato são compatíveis com a lei de diretrizes orçamentárias e estão previstas na lei orçamentária anual;
>
> IV – estimativa do fluxo de recursos públicos suficientes para o cumprimento, durante a vigência do contrato e por exercício financeiro, das obrigações contraídas pela Administração Pública;
>
> V – seu objeto estar previsto no plano plurianual em vigor no âmbito onde o contrato será celebrado;
>
> VI – submissão da minuta de edital e de contrato à consulta pública, mediante publicação na imprensa oficial, em jornais de grande circulação e por meio eletrônico, que deverá informar a justificativa para a contratação, a identificação do objeto, o prazo de duração do contrato, seu valor estimado, fixando-se prazo mínimo de 30 (trinta) dias para recebimento de sugestões, cujo termo dar-se-á pelo menos 7 (sete) dias antes da data prevista para a publicação do edital; e
>
> VII – licença ambiental prévia ou expedição das diretrizes para o licenciamento ambiental do empreendimento, na forma do regulamento, sempre que o objeto do contrato exigir.

Por força do § 3º do art. 10 da Lei, as concessões patrocinadas em que mais de 70% (setenta por cento) da remuneração do parceiro privado for paga pela Administração Pública *dependerão de autorização legislativa específica*.

Em consonância com o § 4º, incluído pela Lei 12.766/12, os estudos de engenharia para a definição do valor do investimento da PPP deverão ter nível de detalhamento de anteprojeto, e o valor dos investimentos para definição do preço de referência para a licitação será calculado com base em valores de mercado considerando o custo global de obras semelhantes no Brasil ou no exterior ou com base em sistemas de custos que utilizem como insumo valores de mercado do setor específico do projeto, aferidos, em qualquer caso, mediante orçamento sintético, elaborado por meio de metodologia expedita ou paramétrica.

O instrumento convocatório conterá minuta do contrato, indicará expressamente a submissão da licitação às normas da Lei 11.079/2004 e observará, no que couber, os §§ 3º e 4º do art. 15, os arts. 18, 19 e 21 da Lei nº 8.987, de 13 de fevereiro de 1995, podendo ainda prever: I – exigência de garantia de proposta do licitante, observado o limite do inciso III do art. 31 da Lei nº 8.666 , de 21 de junho de 1993[17]; II – o emprego dos mecanismos privados de resolução de disputas, inclusive a arbitragem, a ser realizada no Brasil e em língua portuguesa, nos termos da Lei nº 9.307, de 23 de setembro de 1996, para dirimir conflitos decorrentes ou relacionados ao contrato.

O edital deverá especificar, quando houver, as garantias da contraprestação do parceiro público a serem concedidas ao parceiro privado.

O certame para a contratação de parcerias público-privadas obedecerá ao procedimento previsto na legislação vigente sobre licitações e contratos administrativos e também ao seguinte:

> I – o julgamento poderá ser precedido de etapa de qualificação de propostas técnicas, desclassificando-se os licitantes que não alcançarem a pontuação mínima, os quais não participarão das etapas seguintes;
>
> II – o julgamento poderá adotar como critérios, além dos previstos nos incisos I e V do art. 15 da Lei nº 8.987, de 13 de fevereiro de 1995, os seguintes: a) menor valor da contraprestação a ser paga pela Administração Pública; b) melhor proposta em razão da combinação do critério da alínea a com o de melhor técnica, de acordo com os pesos estabelecidos no edital;
>
> III – o edital definirá a forma de apresentação das propostas econômicas, admitindo-se: a) propostas escritas em envelopes lacrados; ou b) propostas escritas, seguidas de lances em viva voz;
>
> IV – o edital poderá prever a possibilidade de saneamento de falhas, de complementação de insuficiências ou ainda de correções de caráter formal no curso do procedimento, desde que o licitante possa satisfazer as exigências dentro do prazo fixado no instrumento convocatório.
>
> Relativamente às propostas escritas, seguidas de lances em viva voz, de aplicarem-se as seguintes regras: I – os lances em viva voz serão sempre oferecidos na ordem inversa da classificação das propostas escritas, sendo vedado ao edital limitar a quantidade de lances; II – o edital poderá restringir a apresentação de lances em viva voz aos licitantes cuja proposta escrita for no máximo 20% (vinte por cento) maior que o valor da melhor proposta.

O exame de propostas técnicas, para fins de qualificação ou julgamento, será feito por ato motivado, com base em exigências, parâmetros e indicadores de resultado pertinentes ao objeto, definidos com clareza e objetividade no edital.

Em consonância com o art. 13 da Lei, o edital poderá prever a inversão da ordem das fases de habilitação e julgamento, hipótese em que:

> I – encerrada a fase de classificação das propostas ou o oferecimento de lances, será aberto o invólucro com os documentos de habilitação do licitante mais bem classificado, para verificação do atendimento das condições fixadas no edital;
>
> II – verificado o atendimento das exigências do edital, o licitante será declarado vencedor;
>
> III – inabilitado o licitante melhor classificado, serão analisados os documentos habilitatórios do licitante com a proposta classificada em 2º (segundo) lugar, e assim, sucessivamente, até que um licitante classificado atenda às condições fixadas no edital;
>
> IV – proclamado o resultado final do certame, o objeto será adjudicado ao vencedor nas condições técnicas e econômicas por ele ofertadas.

17. Corresponde ao Art. 98 da Lei 14.133/2021.

16.4.7. Disposições da Lei 11.079/04 aplicáveis à União

A Lei nº 11.079/04 também tratou de dispor sobre as normas de contratação de parcerias público-privadas aplicáveis exclusivamente à União.

Estabeleceu que será instituído, por decreto, órgão gestor de parcerias público-privadas federais, com competência para: I – definir os serviços prioritários para execução no regime de parceria público-privada; II – disciplinar os procedimentos para celebração desses contratos; III – autorizar a abertura da licitação e aprovar seu edital; e IV – apreciar os relatórios de execução dos contratos.

Segundo o art. 16 da Lei 11.079/04, com a nova redação dada pela Lei 12.766/12, ficam a União, seus fundos especiais, suas autarquias, suas fundações públicas e suas empresas estatais dependentes autorizadas a participar, no limite global de R$ 6.000.000.000,00 (seis bilhões de reais), em Fundo Garantidor de Parcerias Público-Privadas – FGP que terá por finalidade prestar garantia de pagamento de obrigações pecuniárias assumidas pelos parceiros públicos federais, distritais, estaduais ou municipais em virtude das parcerias público-privadas.

O FGP terá natureza privada e patrimônio próprio separado do patrimônio dos cotistas, e será sujeito a direitos e obrigações próprios. O patrimônio do Fundo será formado pelo aporte de bens e direitos realizado pelos cotistas, por meio da integralização de cotas e pelos rendimentos obtidos com sua administração. A integralização das cotas poderá ser realizada em dinheiro, títulos da dívida pública, bens imóveis dominicais, bens móveis, inclusive ações de sociedade de economia mista federal excedentes ao necessário para manutenção de seu controle pela União, ou outros direitos com valor patrimonial. O FGP responderá por suas obrigações com os bens e direitos integrantes de seu patrimônio, não respondendo os cotistas por qualquer obrigação do Fundo, salvo pela integralização das cotas que subscreverem.

O parceiro privado poderá acionar o FGP nos casos de: I – crédito líquido e certo, constante de título exigível aceito e não pago pelo parceiro público após 15 (quinze) dias contados da data de vencimento; e II – débitos constantes de faturas emitidas e não aceitas pelo parceiro público após 45 (quarenta e cinco) dias contados da data de vencimento, desde que não tenha havido rejeição expressa por ato motivado. A quitação de débito pelo FGP importará sua sub-rogação nos direitos do parceiro privado. Em caso de inadimplemento, os bens e direitos do Fundo poderão ser objeto de constrição judicial e alienação para satisfazer as obrigações garantidas. O FGP é obrigado a honrar faturas aceitas e não pagas pelo parceiro público. No entanto, o Fundo é proibido de pagar faturas rejeitadas expressamente por ato motivado. O parceiro público deverá informar o FGP sobre qualquer fatura rejeitada e sobre os motivos da rejeição no prazo de 40 (quarenta) dias contado da data de vencimento.

16.5. Concessão de Uso de Bem Público

Cuida-se de contrato administrativo por meio do qual a Administração Pública transfere a terceiro o uso, em condições especiais, de determinado bem público. Ex.: concessão de áreas nos aeroportos, nas escolas e universidades públicas, etc.

17. CONVÊNIO

Não constitui modalidade de contrato. Trata-se de uma avença ou ajuste entre entidades de direito público de natureza e nível diversos ou entidades públicas ou privadas para a realização de objetivos de interesse comum, mediante mútua colaboração.

Distingue-se do contrato, pois neste os interesses das partes são divergentes, enquanto no convênio os interesses são convergentes.

18. CONSÓRCIO ADMINISTRATIVO

É o acordo de vontades entre duas ou mais entidades públicas da mesma natureza e mesmo nível de governo ou entre entidades da Administração Indireta para a consecução de objetivos comuns.

Assemelha-se com o convênio, mas não se confunde com ele. Com efeito, o convênio se celebra entre uma entidade pública e outra entidade pública, de natureza diversa (ex.: União e Estado; União e Município; Estado e Município), ou outra entidade privada (ex.: União e Entidade de Apoio). Já o consórcio é sempre entre entidades da mesma natureza: dois ou mais Estados, dois ou mais Municípios, duas ou mais Autarquias da União, duas ou mais Fundações Públicas do Estado, etc.

Todavia, a Lei nº 11.107/2005 – que dispôs sobre normas gerais para a União, os Estados, o Distrito Federal e os Municípios contratarem consórcios públicos – desvirtuou completamente o instituto do consórcio administrativo, tratando-o doravante como consórcio público, destituído de natureza contratual, e dotado de personalidade jurídica.

18.1. Consórcios Públicos

Dispõe o art. 241 da Constituição Federal, na redação dada pela Emenda Constitucional nº 19/98, que a "União, os Estados, o Distrito Federal e os Municípios disciplinarão por meio de lei os consórcios públicos e os convênios de cooperação entre os entes federados, autorizando a gestão associada de serviços públicos, bem como a transferência total ou parcial de encargos, serviços, pessoal e bens essenciais à continuidade dos serviços transferidos."

Visando a regular o preceito constitucional acima, foi editada a Lei nº 11.107, de 06 de abril de 2005, que dispôs sobre normas gerais para a União, os Estados, o Distrito Federal e os Municípios contratarem consórcios públicos para a realização de objetivos de interesse comum.

Segundo a Lei em tela, o consórcio público constituirá **associação pública** ou **pessoa jurídica de direito privado**, formalizado por contrato precedido necessariamente da subscrição de protocolo de intenções, cujos objetivos serão determinados pelos entes da Federação que se consorciarem, observados os limites constitucionais, destacando-se a gestão associada de serviços públicos.

Para o cumprimento de seus objetivos, o consórcio público poderá: I – firmar convênios, contratos, acordos de qualquer natureza, receber auxílios, contribuições e subvenções sociais ou econômicas de outras entidades e órgãos do governo; II – nos termos do contrato de consórcio de direito público, promover desapropriações e instituir servidões nos termos de declaração de utilidade ou necessidade pública, ou interesse social, realizada pelo Poder Público; e III – ser contratado pela administração direta ou indireta dos entes da Federação consorciados, dispensada a licitação.

Por força do art. 4º da Lei, são cláusulas necessárias do protocolo de intenções as que estabeleçam: I – a denominação, a finalidade, o prazo de duração e a sede do consórcio; II – a identificação dos entes da Federação consorciados; III – a indicação da área de atuação do consórcio; IV – a previsão de que o consórcio público é associação pública ou pessoa jurídica de direito privado sem fins econômicos; V – os critérios para, em assuntos de interesse comum, autorizar o consórcio público a representar os entes da Federação consorciados perante outras esferas de governo; VI – as normas de convocação e funcionamento da assembleia geral, inclusive para a elaboração, aprovação e modificação dos estatutos do consórcio público; VII – a previsão de que a assembleia geral é a instância máxima do consórcio público e o número de votos para as suas deliberações; VIII – a forma de eleição e a duração do mandato do representante legal do consórcio público que, obrigatoriamente, deverá ser Chefe do Poder Executivo de ente da Federação consorciado; IX – o número, as formas de provimento e a remuneração dos empregados públicos, bem como os casos de contratação por tempo determinado para atender a necessidade temporária de excepcional interesse público; X – as condições para que o consórcio público celebre contrato de gestão ou termo de parceria; XI – a autorização para a gestão associada de serviços públicos, explicitando: a) as competências cujo exercício se transferiu ao consórcio público; b) os serviços públicos objeto da gestão associada e a área em que serão prestados; c) a autorização para licitar ou outorgar concessão, permissão ou autorização da prestação dos serviços; d) as condições a que deve obedecer o contrato de programa, no caso de a gestão associada envolver também a prestação de serviços por órgão ou entidade de um dos entes da Federação consorciados; e) os critérios técnicos para cálculo do valor das tarifas e de outros preços públicos, bem como para seu reajuste ou revisão; e XII – o direito de qualquer dos contratantes, quando adimplente com suas obrigações, de exigir o pleno cumprimento das cláusulas do contrato de consórcio público.

Considera-se como **área de atuação do consórcio público**, independentemente de figurar a União como consorciada, a que corresponde à soma dos territórios:

> I – dos Municípios, quando o consórcio público for constituído somente por Municípios ou por um Estado e Municípios com territórios nele contidos;
>
> II – dos Estados ou dos Estados e do Distrito Federal, quando o consórcio público for, respectivamente, constituído por mais de 1 (um) Estado ou por 1 (um) ou mais Estados e o Distrito Federal;
>
> III – dos Municípios e do Distrito Federal, quando o consórcio for constituído pelo Distrito Federal e os Municípios.

O protocolo de intenções deve definir o número de votos que cada ente da Federação consorciado possui na assembleia geral, sendo assegurado 1 (um) voto a cada ente consorciado.

É nula a cláusula do contrato de consórcio que preveja determinadas contribuições financeiras ou econômicas de ente da Federação ao consórcio público, salvo a doação, destinação ou cessão do uso de bens móveis ou imóveis e as transferências ou cessões de direitos operadas por força de gestão associada de serviços públicos.

Os entes da Federação consorciados, ou os com eles conveniados, poderão ceder-lhe servidores, na forma e condições da legislação de cada um.

O protocolo de intenções deverá ser publicado na imprensa oficial. O contrato de consórcio público será celebrado com a ratificação, mediante lei, do protocolo de intenções.

O consórcio público adquirirá personalidade jurídica:

> I – de **direito público**, no caso de constituir associação pública, mediante a vigência das leis de ratificação do protocolo de intenções;
>
> II – de **direito privado**, mediante o atendimento dos requisitos da legislação civil.

Em conformidade com o § 1º do art. 6º da Lei, o consórcio público com personalidade jurídica de direito público integra a administração indireta de todos os entes da Federação consorciados. No caso de se revestir de personalidade jurídica de direito privado, o consórcio público observará as normas de direito público no que concerne à realização de licitação, celebração de contratos, prestação de contas e admissão de pessoal, que será regido pela Consolidação das Leis do Trabalho – CLT.

Todavia, de acordo com a nova redação dada pela Lei nº 13.822, de 03 de maio de 2019, ao § 2º do art. 6º da Lei nº 11.107/2005, o consórcio público, **seja de personalidade jurídica de direito público, seja de direito privado**, além de observar as normas de direito público no que concerne à realização de licitação, à celebração de contratos e à prestação de contas, deve observar, quanto à admissão de pessoal, a Consolidação das Leis do Trabalho (CLT).

Isto é, a Lei nº 13.822/2019 submete os servidores dos consórcios públicos com personalidade jurídica de direito público ao regime da CLT, contrariando frontalmente o comando do artigo 39 da CF, que obriga a União, os Estados, o Distrito Federal e os Municípios a aplicarem um único regime jurídico funcional (regime jurídico único) para os servidores da administração pública direta, das autarquias e das fundações públicas.

Assim, em desvelada ofensa ao art. 39 da CF, que exige, reitere-se, que em cada ente federativo seja adotado um regime jurídico único para o pessoal da administração direta, das autarquias e das fundações públicas, a Lei 13.822/2019, que alterou o § 2º do art. 6º da Lei nº 11.107/2005 para estabelecer que, no consórcio público com personalidade jurídica de **direito público** (que tem natureza autárquica) o pessoal será regido pela Consolidação das Leis do Trabalho (CLT), **não pode prevalecer**, pois, tratando-se de servidor público investido em cargo público integrante de pessoa jurídica de direito público, com natureza de autarquia (**autarquia interfederativa**), os agentes vinculados a consórcio público com personalidade jurídica de **direito público** sujeitam-se ao mesmo regime jurídico (que é único!) dos servidores da administração pública direta, das autarquias e das fundações públicas.

Segundo o art. 12 da Lei, com a nova redação da Lei 14.662/2023, a extinção de contrato de consórcio público dependerá de instrumento aprovado pela assembleia geral, ratificado mediante lei por todos os entes consorciados.

As demais considerações a respeito do consórcio público foram tecidas no capítulo concernente à organização administrativa, para o qual remetemos o leitor.

19. QUADRO SINÓTICO

1. Considerações iniciais
A Administração Pública, na gestão do interesse público, pode celebrar diversos contratos, sejam regidos pelo direito privado, ou regidos pelo direito público. Assim, a Administração Pública pode celebrar os seguintes contratos: a) Os **Contratos de direito privado** – São aqueles regidos pelo direito comum, apenas parcialmente revogado por normas de Direito Público. É o que ocorre quando a Administração Pública precisa alugar algum imóvel, celebrando um contrato de locação com o particular, ou realizar um comodato, uma compra e venda, etc.; e b) Os **Contratos de direito público ou administrativos** – Que são aqueles regidos pelo direito público, entre os quais se incluem: b1) Os **contratos tipicamente administrativos** – São aqueles que não têm paralelo no direito privado e inteiramente regidos pelo direito público, como os contratos de concessão de serviço público, de obra pública e de uso de bem público; e b2) Os **contratos não tipicamente administrativos** – Que já são aqueles que têm paralelo no direito privado, não obstante regidos pelo direito público, como o mandato, o empréstimo, o depósito e a empreitada. É a Lei nº 14.133/2021 que regula os contratos administrativos.
2. Conceito e características
Contrato administrativo é o ajuste que a Administração Pública, agindo com supremacia e prerrogativas públicas, celebra com o particular para a realização dos objetivos de interesse público, nas condições fixadas pela própria Administração. O contrato administrativo possui as seguintes **características**:
2.1. A Presença da Administração Pública com Prerrogativas Públicas
A presença da Administração Pública, por si só, não caracteriza o contrato administrativo, pois já se sabe que a Administração também pode celebrar outros contratos, submetidos ao direito privado, nos quais a Administração não dispõe de nenhuma autoridade sobre o particular. Com efeito, o que descortina efetivamente a existência de um contrato administrativo é a presença da Administração Pública **agindo com prerrogativas públicas**.
2.2. A Finalidade Pública
Toda a atuação da Administração Pública deve ser informada por uma finalidade pública, sob pena de configurar-se o desvio de poder ou de finalidade. Até os contratos de direito privado celebrados pela Administração devem ter um fim público.
2.3. A Obediência à Forma Prescrita em Lei
A forma é essencial nos contratos administrativos. A Lei 14.133/2021 estabelece inúmeras formalidades relacionadas aos contratos e seus aditamentos. A primeira delas, e como regra geral, é a **forma escrita**. Assim, em regra, os contratos administrativos e seus aditamentos devem ser **formalizados por escrito** e deverão ser juntados ao processo que tiver dado origem à contratação,

divulgados e mantidos à disposição do público em sítio eletrônico oficial. Essa regra não se aplica aos contratos de pequenas compras ou o de prestação de serviços de **pronto pagamento**, assim entendidos aqueles de valor não superior a R$ 10.000,00 (dez mil reais), atualizado anualmente, que poderão ser feitos verbalmente. Por força do Decreto 11.317/2022, esse valor para 2023 será de R$ 11.441,66 (onze mil quatrocentos e quarenta e um reais e sessenta e seis centavos).

2.4. O Procedimento Legal

A lei estabelece certos procedimentos de observância obrigatória para a celebração do contrato administrativo e que podem variar de uma modalidade para outra, abrangendo medidas como licitação, autorização legislativa nas alienações de imóveis, avaliação prévia, justificação, autorização pela autoridade competente, indicação de recursos orçamentários, etc.

2.5. A Natureza de Contrato de Adesão

Nos contratos administrativos, todas as suas cláusulas são estabelecidas prévia e unilateralmente pela Administração. Aliás, essas cláusulas são fixadas parcialmente já no próprio edital da licitação, além do fato de que, por força do § 3º do art. 25 da Lei 14.133/2021, a **minuta do contrato** a ser firmado entre a Administração e o licitante vencedor constitui **elemento do edital** da licitação, dele fazendo parte integrante.

2.6. A Natureza *Intuitu Personae*

Os contratos administrativos *precedidos* de licitação são firmados, a princípio, *intuitu personae*, isto é, em razão das condições pessoas do contratado, apuradas no processo licitatório. Isto porque, como já se examinou no capítulo anterior, o art. 62 da Lei de licitações e contratos **exige a habilitação do licitante**, que consiste numa fase do processo licitatório em que a Administração deve verificar o conjunto de informações e documentos necessários e suficientes para **demonstrar a capacidade do licitante de realizar o objeto da licitação**, compreendendo a habilitação jurídica, técnica, fiscal, social e trabalhista e econômico-financeira.

Entretanto, é possível, em determinadas hipóteses expressamente autorizadas e previstas da Lei 14.133/2021, afastar-se essa natureza pessoal. É o que prevê, por exemplo, o art. 122, em conformidade com o qual, na execução do contrato e sem prejuízo das responsabilidades contratuais e legais, o **contratado poderá subcontratar partes** da obra, do serviço ou do fornecimento até o limite autorizado, em cada caso, pela Administração.

Mas, nesse caso, deverá o contratado apresentar à Administração documentação que comprove a **capacidade técnica do subcontratado**, que será avaliada e juntada aos autos do processo correspondente.

2.7. A Presença de Cláusulas Exorbitantes (cláusulas de privilégio)

O regime jurídico dos contratos administrativos, previsto na Lei nº 14.133/2021, confere à Administração Pública um conjunto de prerrogativas. Em face desse regime especial, sustenta-se que as cláusulas do contrato administrativo qualificam-se como **cláusulas exorbitantes do direito comum**, ou cláusulas de privilégio, assim chamadas porque derrogatórias do direito privado, uma vez que, em face do interesse público, concedem à Administração Pública significativos poderes, elevando-a a uma posição de supremacia sobre o contratado.

De um modo geral, esse regime jurídico especial dos contratos administrativos confere à Administração Pública a **prerrogativa** de:

- Modificar, unilateralmente, os contratos administrativos para melhor adequação às finalidades de interesse público, respeitados os direitos do contratado;
- Extinguir, unilateralmente, os contratos administrativos nos casos especificados na Lei 14.133/2021;
- Fiscalizar a execução dos contratos administrativos;
- Aplicar sanções motivadas pela inexecução total ou parcial do contrato administrativo; e

- Ocupar provisoriamente bens móveis e imóveis e utilizar pessoal e serviços vinculados ao objeto do contrato, nas hipóteses de risco à prestação de serviços essenciais; e necessidade de acautelar apuração administrativa de faltas contratuais pelo contratado, inclusive após extinção do contrato.

Entre as cláusulas exorbitantes, **podemos destacar as seguintes:**

2.7.1. Exigência de garantia nos contratos administrativos

Goza a Administração Pública da **prerrogativa de exigir** do contratado a prestação de garantia nas contratações de obras, serviços e fornecimentos.

No entanto, caberá ao contratado optar por uma das seguintes modalidades de garantia:

I – **caução em dinheiro** ou **em títulos da dívida pública** emitidos sob a forma escritural, mediante registro em sistema centralizado de liquidação e de custódia autorizado pelo Banco Central do Brasil, e avaliados por seus valores econômicos, conforme definido pelo Ministério da Economia;

II – **seguro-garantia**;

III – **fiança bancária emitida por banco** ou **instituição financeira** devidamente autorizada a operar no País pelo Banco Central do Brasil.

2.7.2. Alteração unilateral dos contratos administrativos

O regime jurídico dos contratos administrativos confere à Administração, em relação a eles, a prerrogativa de modificá-los, unilateralmente, para melhor adequação às finalidades de interesse público, respeitados, contudo, os direitos do contratado.

Assim, conforme o art. 124 da Lei, a Administração pode alterar, **unilateralmente**, os contratos administrativos (i) quando houver modificação do projeto ou das especificações, para melhor adequação técnica a seus objetivos ou (ii) quando for necessária a modificação do valor contratual em decorrência de acréscimo ou diminuição quantitativa de seu objeto, nos limites permitidos pela Lei 14.133/2021.

2.7.3. Extinção unilateral dos contratos administrativos

Em caso de inexecução total ou parcial do contrato, pode a Administração Pública **extingui-lo por ato unilateral e escrito**. De fato, o regime jurídico dos contratos administrativos confere à Administração, nos termos do art. 104, II, da Lei 14.133/2021, a prerrogativa de extingui-los, unilateralmente.

2.7.4. Fiscalização da execução do contrato

Goza ainda a Administração Pública da prerrogativa de fiscalizar a execução dos contratos administrativos.

Segundo o art. 117 da Lei 14.133/21, a execução do contrato deverá ser acompanhada e fiscalizada por um ou mais **fiscais do contrato**, representantes da Administração Pública especialmente designados, ou pelos seus substitutos, permitida a contratação de terceiros para assisti-los e subsidiá-los com informações pertinentes a essa atribuição.

2.7.5. Aplicação de penalidade ao contratado responsável pelas infrações administrativas

O regime jurídico dos contratos administrativos confere à Administração, em relação a eles, a prerrogativa de aplicar sanções motivadas pela inexecução total ou parcial do ajuste. Assim, consoante prevê o art. 156 da Lei 14.133/21, poderá a Administração Pública, em face da inexecução total ou parcial do contrato, aplicar ao contratado responsável pelas infrações administrativas as seguintes sanções:

a) Advertência;
b) Multa;
c) impedimento de licitar e contratar; e
d) Declaração de inidoneidade para licitar ou contratar com a Administração Pública.

2.7.6. Anulação

A Administração Pública, no exercício da autotutela, deve e pode declarar a nulidade de seus contratos quando eivados de vícios insanáveis de ilegalidade. A declaração de nulidade do contrato administrativo opera retroativamente impedindo os efeitos jurídicos que ele, ordinariamente, deveria produzir, além de desconstituir os já produzidos. Entretanto, a nulidade não exonera a Administração do dever de indenizar o contratado pelo que este houver executado até a data em que ela for declarada e por outros prejuízos regularmente comprovados, contanto que não lhe seja imputável, promovendo-se a responsabilidade de quem lhe deu causa.

2.7.7. Retomada do objeto

Com o objetivo de assegurar a continuidade da execução do contrato, sempre que a sua interrupção possa ocasionar prejuízo ao interesse público, a Lei 14.133/2021, em seu art. 139, prevê a possibilidade de a Administração, ao extinguir unilateralmente o contrato, adotar as seguintes medidas, sem prejuízo de outras sanções:

a) Assunção imediata do objeto do contrato, no estado e local em que se encontrar, por ato próprio da Administração;
b) Ocupação e utilização do local, instalações, equipamentos, material e pessoal empregados na execução do contrato, necessários à sua continuidade;
c) Execução da garantia contratual, para ressarcimento da Administração por prejuízos decorrentes da inexecução contratual, para pagamento de verbas trabalhistas, fundiárias e previdenciárias, quando cabível, e dos valores das multas e indenizações devidas à Administração;
d) Retenção dos créditos decorrentes do contrato até o limite dos prejuízos causados à Administração e das multas aplicadas.

2.7.8. Restrição ao emprego da cláusula da exceção do contrato não cumprido (exceptio non adimpleti contractus)

O contratado não pode fazer uso contra a Administração Pública contratante da cláusula da exceção do contrato não cumprido, segundo a qual uma parte pode invocar o descumprimento do contrato pela outra, para deixar de cumprir as suas obrigações contratuais.

No entanto, a Lei 14.133/2021, em seu art. 137, § 2º, inciso IV, autoriza o contratado a **suspender o cumprimento das obrigações assumidas** até a normalização da situação ou a **requerer a extinção do contrato**, por **atraso superior a 2 (dois) meses**, salvo em caso de calamidade pública, de grave perturbação da ordem interna ou de guerra, bem como quando decorrerem de ato ou fato que o contratado tenha praticado, do qual tenha participado ou para o qual tenha contribuído.

2.8. A Mutabilidade

De acordo com essa característica, os contratos administrativos podem sofrer mudanças ou alterações, seja em razão do poder que tem a Administração de alterar unilateralmente o contrato, seja em decorrência do **fato do príncipe**, do **fato da administração** e da **teoria da imprevisão**.

A alteração ou mudança do contrato por *ato unilateral da Administração* e por decorrência do *fato do príncipe* e *fato da administração* caracterizam aquilo que costumeiramente se denomina **álea administrativa**.

Já a alteração ou mudança do contrato em consequência da *teoria da imprevisão* exprime a chamada **álea econômica**.

É importante ressaltar que, a despeito da mutabilidade do contrato, seja em decorrência da **álea administrativa** (*alteração unilateral por ato da Administração; fato do príncipe* e *fato da administração*), seja em consequência da **álea econômica** (*teoria da imprevisão*), o contratado tem assegurado o seu direito à manutenção do equilíbrio econômico-financeiro do contrato, devendo a Administração responder pela recomposição.

Tanto a álea administrativa como a álea econômica são **áleas extraordinárias**, que autorizam a recomposição do equilíbrio econômico-financeiro do contrato.

2.8.1. Fato do príncipe

Fato do Príncipe é todo aquele que a Administração pratica, positiva ou negativamente, não como parte do contrato, mas como autoridade pública, que reflexamente repercute no contrato. Segundo lições clássicas de Hely Lopes Meirelles, "é toda determinação estatal, positiva ou negativa, geral, imprevista e imprevisível, que onera substancialmente a execução do contrato administrativo", constituindo uma **álea administrativa extraordinária e extracontratual**, que obriga a Administração contratante a compensar os prejuízos causados ao contratado, a fim de possibilitar o prosseguimento da execução do contrato ou, se esta não for mais possível, a extinção contratual com as indenizações cabíveis. Caracteriza-se, assim, por ser um *ato geral* do poder público, tal como a proibição de importar determinado produto. Mas cumpre anotar que esse ato geral do poder público tanto pode onerar (**fato do príncipe positivo**) como desonerar (**fato do príncipe negativo**) o contratado. Ocorre o primeiro, quando há o aumento de um tributo; e o segundo, quando há a redução ou extinção do tributo.

2.8.2. Fato da administração

Fato da Administração é toda ação ou omissão da Administração que se relaciona diretamente com o contrato, retardando ou impedindo sua execução. Aqui, compreende qualquer conduta ou comportamento da Administração que, como parte contratual, torne impossível a execução do contrato ou provoque seu desequilíbrio econômico. Ocorre, por exemplo, quando a Administração deixa de entregar o local da obra ou serviço, ou não providencia as desapropriações necessárias.

2.8.3. Teoria da imprevisão

A Teoria da Imprevisão é todo acontecimento externo ao contrato, estranho à vontade das partes, imprevisível e inevitável, que causa um excessivo desequilíbrio, tornando a execução do contrato demasiadamente onerosa para o contratado.

O art. 124, inciso II, alínea *d*, da 14.133/2021, prevê a possibilidade de alteração do contrato para restabelecer o equilíbrio econômico-financeiro inicial do contrato em caso de força maior, caso fortuito ou fato do príncipe ou em decorrência de fatos imprevisíveis ou previsíveis de consequências incalculáveis, que inviabilizem a execução do contrato tal como pactuado, respeitada, em qualquer caso, a repartição objetiva de risco estabelecida no contrato

3. DA ALOCAÇÃO DE RISCOS NOS CONTRATOS ADMINISTRATIVOS

A alocação de riscos é uma novidade incluída na Lei 14.133/2021, no art. 103. Consiste na previsão no contrato administrativo de cláusula de designação e distribuição de riscos, que visa a definir os riscos e as responsabilidades entre as partes contratante e contratada, relativamente ao ônus financeiro decorrente de eventos supervenientes à contratação.

Para tanto, o contrato deve identificar os riscos contratuais previstos e presumíveis e prever **matriz de alocação de riscos**, dispondo-os e distribuindo-os entre contratante e contratado, mediante indicação daqueles riscos a serem assumidos pelo setor público ou pelo setor privado ou daqueles a serem compartilhados por ambos.

4. DURAÇÃO E PRORROGAÇÃO DO CONTRATO ADMINISTRATIVO

A duração dos contratos administrativos será **pelo prazo previsto em edital**, observados os limites máximos previstos na Lei 14.133/2021. Entretanto, os prazos contratuais previstos na Lei 14.133/2021 não excluem nem revogam os prazos contratuais previstos em lei especial.

Além dos prazos previstos no edital, deverão ser observadas, no momento da contratação e a cada exercício financeiro, a **disponibilidade de créditos orçamentários**, bem como a **previsão no plano plurianual**, quando a duração do contrato ultrapassar um exercício financeiro.

Tratando-se de **serviços e fornecimentos contínuos**, a Administração poderá celebrar **contratos com prazo de até 5 (cinco) anos.**

Permite a Lei 14.133/2021, no art. 107, que esses contratos de serviços e fornecimentos contínuos sejam **prorrogados sucessivamente**, respeitada, porém, **a vigência máxima de 10 (dez) anos.**
Conforme dispõe o art. 108 da Lei 14.133, a Administração poderá celebrar contratos **com prazo de até 10 (dez) anos** em algumas hipóteses, todas previstas nas alíneas "f" e "g" do inciso IV e nos incisos V, VI, XII e XVI do *caput* do art. 75 da Lei.
Admite a Lei 14.133 que Administração estabeleça **vigência por prazo indeterminado** nos contratos em que **seja usuária de serviço público oferecido em regime de monopólio**, desde que comprovada, a cada exercício financeiro, a existência de créditos orçamentários vinculados à contratação (art. 109).
Nos termos do art. 110 da Lei, na contratação que gere receita e no contrato de eficiência que gere economia para a Administração, os prazos serão de: I – **até 10 (dez) anos, nos contratos sem investimento**; e II – **até 35 (trinta e cinco) anos, nos contratos com investimento**, assim considerados aqueles que impliquem a elaboração de benfeitorias permanentes, realizadas exclusivamente a expensas do contratado, que serão revertidas ao patrimônio da Administração Pública ao término do contrato.
Por fim, de acordo com o art. 114 da Lei, o contrato que previr a operação continuada de sistemas estruturantes de tecnologia da informação poderá ter **vigência máxima de 15 (quinze) anos.**

5. DA EXECUÇÃO DOS CONTRATOS ADMINISTRATIVOS

Por se tratar de negócio jurídico em relação ao qual as partes contratante e contratada se vinculam e se comprometem à sua escorreita execução, o contrato administrativo deverá ser executado fielmente pelas partes, de acordo com as cláusulas avençadas e as disposições da Lei 14.133/2021, de modo que cada parte responderá pelas consequências de sua inexecução total ou parcial.
Por óbvio, nenhuma das partes pode retardar, sem justa causa devidamente comprovada, a execução do objeto contratual. Nenhuma, especialmente a Administração Pública, que se submete a um sistema de princípios constitucional.
A Lei 14.133/2021 impõe à Administração Pública o **poder-dever de fiscalizar** a execução dos contratos administrativos.

6. ALTERAÇÃO DOS CONTRATOS ADMINISTRATIVOS E DOS PREÇOS

Os contratos administrativos **podem ser alterados**, com as devidas justificativas:
- Unilateralmente pela Administração; ou
- Por acordo entre as partes (Administração e contratado).

Com efeito, o regime jurídico dos contratos administrativos confere à Administração, em relação a eles, a prerrogativa de modificá-los, unilateralmente, para melhor adequação às finalidades de interesse público, respeitados, contudo, os direitos do contratado.
Assim, conforme o art. 124 da Lei, a Administração pode alterar, **unilateralmente**, os contratos administrativos (i) quando houver modificação do projeto ou das especificações, para melhor adequação técnica a seus objetivos ou (ii) quando for necessária a modificação do valor contratual em decorrência de acréscimo ou diminuição quantitativa de seu objeto, nos limites permitidos pela Lei 14.133/2021.
Todavia, se a alteração unilateral do contrato importar em aumento ou diminuição dos encargos do contratado, a Administração deverá **restabelecer**, no mesmo termo aditivo, o **equilíbrio econômico-financeiro inicial.**

7. DA EXTINÇÃO DOS CONTRATOS ADMINISTRATIVOS

Diferente da Lei 8.666/93, que tratava o tema como **rescisão** do contrato, a nova Lei 14.133/2021, com mais técnica, sobre ele dispõe sobre a **extinção** do contrato, indicando suas formas e hipóteses.
Certamente, a extinção natural do contrato administrativo ocorre com a execução integral de suas cláusulas e o cumprimento de seu objeto.

Entretanto, nem sempre isso se verifica, na medida em que é possível, ao longo da execução do contrato, a ocorrência de situações que podem implicar na sua prematura extinção. A Lei 14.133/2021 indica, no art. 137, os **motivos para extinção do contrato.**

Verificada a ocorrência de qualquer um desses motivos, que deverá ser formalmente explicitado nos autos do processo, o contrato poderá ser extinto, assegurados o contraditório e a ampla defesa. Regulamento poderá especificar procedimentos e critérios para verificação da ocorrência desses motivos.

A extinção do contrato poderá ser:

- **por ato unilateral e escrito da Administração**, exceto no caso de descumprimento decorrente de sua própria conduta;
- **consensual**, que ocorre por acordo entre as partes, por conciliação, por mediação ou por comitê de resolução de disputas, desde que haja interesse da Administração;
- **por decisão arbitral**, em decorrência de cláusula compromissória ou compromisso arbitral; e
- **por decisão judicial**, mediante propositura de ação judicial de extinção de contrato perante órgão judicial competente (que é o foro da sede da Administração contratante, nos termos do § 1º do art. 92, salvo as exceções legais que afastam esse foro).

8. DO RECEBIMENTO DO OBJETO DO CONTRATO ADMINISTRATIVO

Nos termos do art. 140 da Lei 14.133/2021, o **objeto do contrato administrativo será recebido**:

- em se tratando de **obras e serviços**: a) **provisoriamente**, pelo responsável por seu acompanhamento e fiscalização, mediante termo detalhado, quando verificado o cumprimento das exigências de caráter técnico; b) **definitivamente**, por servidor ou comissão designada pela autoridade competente, mediante termo detalhado que comprove o atendimento das exigências contratuais;
- em se tratando de **compras**: a) **provisoriamente**, de forma sumária, pelo responsável por seu acompanhamento e fiscalização, com verificação posterior da conformidade do material com as exigências contratuais; b) **definitivamente**, por servidor ou comissão designada pela autoridade competente, mediante termo detalhado que comprove o atendimento das exigências contratuais.

9. DOS PAGAMENTOS

Nos termos do art. 141 da Lei 14.133/2021, para cumprir a sua obrigação de pagar, a Administração deverá observar uma **ordem cronológica** para cada fonte diferenciada de recursos, subdividida nas seguintes **categorias de contratos**:

- fornecimento de bens;
- locações;
- prestação de serviços;
- realização de obras.

Essa ordem cronológica **é de observância obrigatória pela Administração**, de modo que a sua inobservância imotivada ensejará a apuração de responsabilidade do agente responsável, cabendo aos órgãos de controle a sua fiscalização.

Entretanto, a Lei 14.133 **autoriza a alteração dessa ordem cronológica**, mediante prévia justificativa da autoridade competente e posterior comunicação ao órgão de controle interno da Administração e ao tribunal de contas competente, mas exclusivamente em algumas situações.

10. DA NULIDADE DOS CONTRATOS ADMINISTRATIVOS

A Administração Pública, no exercício da autotutela, deve e pode declarar a nulidade de seus contratos quando eivados de vícios insanáveis de ilegalidade.

Entretanto, nos termos do art. 147 da Lei 14.133/2021, constatada irregularidade no processo licitatório ou na execução contratual, caso não seja possível o saneamento, a decisão sobre a suspensão da execução ou sobre a declaração de nulidade do contrato **somente será adotada na hipótese em que se revelar medida de interesse público.**

Assim, após as avaliações necessárias, caso a Administração conclua que a suspensão ou a anulação do contrato não se revele medida de interesse público, ela **deverá optar pela continuidade do contrato e pela solução da irregularidade por meio de indenização por perdas e danos**, sem prejuízo da apuração de responsabilidade e da aplicação de penalidades cabíveis.
Porém, mesmo após procedidas as avaliações necessárias, caso a Administração conclua pela declaração de nulidade do contrato administrativo, essa decisão operará efeitos retroativamente (*ex tunc*), impedindo os efeitos jurídicos que o contrato deveria produzir ordinariamente e desconstituindo os já produzidos.

11. DOS MEIOS ALTERNATIVOS DE RESOLUÇÃO DE CONTROVÉRSIAS

Havendo controvérsias entre contratante e contratado, sobre questões relacionadas ao contrato administrativo, a nova Lei 14.133/2021 autoriza a utilização de meios alternativos de prevenção e resolução dessas controvérsias, notadamente a **conciliação**, a **mediação**, o **comitê de resolução de disputas** e a **arbitragem.**
Esses meios alternativos serão aplicados às controvérsias relacionadas a direitos patrimoniais disponíveis, como as questões relacionadas ao restabelecimento do equilíbrio econômico-financeiro do contrato, ao inadimplemento de obrigações contratuais por quaisquer das partes e ao cálculo de indenizações.

12. DAS INFRAÇÕES E SANÇÕES ADMINISTRATIVAS

O regime jurídico dos contratos administrativos confere à Administração, em relação a eles, a prerrogativa de **apurar as infrações** e **aplicar as sanções** devidas ao licitante ou ao contratado, motivadas, no geral, pela inexecução total ou parcial do ajuste.
Com efeito, o art. 155 da Lei 14.133/2021 prevê as **infrações** (12, no total), pelas quais o licitante ou o contratado poderão ser responsabilizados administrativamente.
E consoante prevê o art. 156 da Lei 14.133/21, poderá a Administração Pública, pelas infrações administrativas, **aplicar ao responsável as seguintes sanções**:

a) Advertência;
b) Multa;
c) impedimento de licitar e contratar; e
d) Declaração de inidoneidade para licitar ou contratar com a Administração Pública.

Na aplicação dessas sanções, a Administração deverá considerar a natureza e a gravidade da infração cometida; as peculiaridades do caso concreto; as circunstâncias agravantes ou atenuantes; os danos que dela provierem para a Administração Pública; e a implantação ou o aperfeiçoamento de programa de integridade, conforme normas e orientações dos órgãos de controle.
Mas a aplicação dessas sanções **não exclui**, em hipótese alguma, a obrigação de reparação integral do dano causado à Administração Pública.

13. DOS RECURSOS

O art. 165 da Lei 14.133/2021 prevê a possibilidade de **interposição de recurso**, no prazo de 3 (três) dias úteis, contado da data de intimação, em face da extinção do contrato, quando determinada por ato unilateral e escrito da Administração.
Nos termos do art. 166, da aplicação das sanções de **advertência**, **multa** e **impedimento de licitar e contratar**, **<u>caberá recurso</u> no prazo de 15 (quinze) dias úteis**, contado da data da intimação. Esse recurso será dirigido à autoridade que tiver proferido a decisão recorrida, que, se não a reconsiderar no prazo de 5 (cinco) dias úteis, encaminhará o recurso com sua motivação à autoridade superior, a qual deverá proferir sua decisão no prazo máximo de 20 (vinte) dias úteis, contado do recebimento dos autos.

Entretanto, de acordo com o art. 167, da aplicação da sanção de **declaração de inidoneidade para licitar ou contratar**, **caberá apenas pedido de reconsideração**, que deverá ser apresentado à autoridade que tiver proferido a decisão, no prazo de 15 (quinze) dias úteis, contado da data da intimação, e decidido, pela mesma autoridade, no prazo máximo de 20 (vinte) dias úteis, contado do seu recebimento.

Em face do disposto no art. 168, o recurso e o pedido de reconsideração **terão efeito suspensivo do ato ou da decisão recorrida** até que sobrevenha decisão final da autoridade competente.

14. DO CONTROLE DAS CONTRATAÇÕES

A Lei 14.133/2021, preocupada com o escorreito e reto cumprimento do contrato, determina, no art. 169, que as contratações públicas se submetam a **práticas contínuas e permanentes de gestão de riscos** e **de controle preventivo**, inclusive mediante adoção de recursos de tecnologia da informação.

Ainda de acordo com o preceito legal, além da sujeição ao controle social, essas contratações sujeitar-se-ão a **três linhas de defesa**:

- **primeira linha de defesa**, integrada por servidores e empregados públicos, agentes de licitação e autoridades que atuam na estrutura de governança do órgão ou entidade;
- **segunda linha de defesa**, integrada pelas unidades de assessoramento jurídico e de controle interno do próprio órgão ou entidade;
- **terceira linha de defesa**, integrada pelo órgão central de controle interno da Administração e pelo tribunal de contas.

15. DO PORTAL NACIONAL DE CONTRATAÇÕES PÚBLICAS – PNCP

A Lei 14.133/2021 inova e cria o **Portal Nacional de Contratações Públicas – PNCP**, que consiste em um **sítio eletrônico oficial** destinado à:

- divulgação centralizada e obrigatória dos atos exigidos pela Lei 14.133; e
- realização facultativa das contratações pelos órgãos e entidades dos Poderes Executivo, Legislativo e Judiciário de todos os entes federativos.

O Portal Nacional de Contratações Públicas conterá, entre outras, as seguintes informações acerca das contratações: I – planos de contratação anuais; II – catálogos eletrônicos de padronização; III – editais de credenciamento e de pré-qualificação, avisos de contratação direta e editais de licitação e respectivos anexos; IV – atas de registro de preços; V – contratos e termos aditivos; VI – notas fiscais eletrônicas, quando for o caso.

O Portal Nacional de Contratações Públicas adotará o formato de **dados abertos** e observará as exigências previstas na Lei de acesso à informação (Lei 12.527/2011).

16. Modalidades de contratos administrativos

Como modalidades de contratos administrativos, temos:

a) A concessão de serviço público;

b) A concessão de serviço público precedida de execução de obra pública (ou concessão de obra pública);

c) A permissão de serviço público;

d) A parceria público-privada; e

e) A concessão de uso de bem público.

16.1. Concessão de serviço público

Cuida-se de um contrato administrativo por meio do qual a Administração Pública delega a prestação de determinado serviço público, feita pelo poder concedente, mediante licitação, na modalidade de concorrência ou diálogo competitivo, a pessoa jurídica ou consórcio de empresas que demonstre capacidade para seu desempenho, por sua conta e risco e por prazo determinado.

Extingue-se a concessão de serviço público pelo:

a) Advento do termo contratual;
b) Encampação;
c) Caducidade;
d) Rescisão;
e) Anulação;
f) Falência ou extinção da empresa concessionária; e
g) Falecimento ou incapacidade do titular, no caso de empresa individual.

Encampação é a *retomada do serviço pelo poder concedente durante o prazo da concessão, por motivo de interesse público, mediante lei autorizativa específica e após prévio pagamento da indenização.*

Caducidade é a inexecução total ou parcial do contrato.

16.2. Permissão de serviço público

É um contrato através do qual a Administração delega, a título precário, e mediante licitação, a prestação de serviços públicos à pessoa física ou jurídica que demonstre capacidade para seu desempenho, por sua conta e risco.

16.3. Concessão de obra pública

É o contrato administrativo pelo qual a Administração Pública delega a outrem a execução de uma obra pública, para que a execute por sua conta e risco, mediante remuneração paga pelos beneficiários da obra ou obtida em decorrência da exploração dos serviços ou utilidades que a obra proporciona.

Exemplo tradicional desta modalidade de contrato é a construção de estrada com remuneração cobrada do usuário da obra por meio de pedágio.

16.4. Contrato de parceria público-privada

Parceria público-privada (PPP) é um contrato administrativo de concessão, que pode assumir as seguintes modalidades: a) **patrocinada** ou b) **administrativa.**

A **concessão patrocinada** é contrato de concessão de serviços públicos ou de obras públicas de que trata a Lei nº 8.987, de 13 de fevereiro de 1995, quando envolver, adicionalmente à tarifa cobrada dos usuários, contraprestação pecuniária do parceiro público ao parceiro privado. Rege-se pela Lei nº 11.079/2004, aplicando-se-lhe subsidiariamente o disposto na Lei nº 8.987, de 13 de fevereiro de 1995, e nas leis que lhe são correlatas.

Já a **concessão administrativa** é o contrato de prestação de serviços de que a Administração Pública seja a usuária direta ou indireta, ainda que envolva execução de obra ou fornecimento e instalação de bens. Rege-se pela Lei nº 11.079/2004, aplicando-se-lhe adicionalmente o disposto nos arts. 21, 23, 25 e 27 a 39 da Lei nº 8.987, de 13 de fevereiro de 1995, e no art. 31 da Lei nº 9.074, de 7 de julho de 1995.

Assim, o contrato de parceria público-privada somente pode ser utilizado com valor superior a R$ 10.000.000,00 (dez milhões de reais), cujo período de prestação do serviço seja superior a 5 (cinco) anos, não podendo ter como objeto único o fornecimento de mão de obra, o fornecimento e instalação de equipamentos ou a execução de obra pública.

16.5. Concessão de uso de bem público

Cuida-se de contrato administrativo por meio do qual a Administração Pública transfere a terceiro o uso, em condições especiais, de determinado bem público. Ex.: concessão de áreas nos aeroportos, nas escolas e universidades públicas, etc.

17. Convênio
Trata-se de uma avença ou ajuste entre entidades de direito público de natureza e nível diversos ou entidades públicas ou privadas para a realização de objetivos de interesse comum, mediante mútua colaboração. Distingue-se do contrato, pois neste os interesses das partes são divergentes, enquanto no convênio os interesses são convergentes.
18. Consórcio administrativo
É o acordo de vontades entre duas ou mais entidades públicas da mesma natureza e mesmo nível de governo ou entre entidades da Administração Indireta para a consecução de objetivos comuns. Assemelha-se com o convênio, mas não se confunde com ele. Com efeito, o convênio se celebra entre uma entidade pública e outra entidade pública, de natureza diversa (ex.: União e Estado; União e Município; Estado e Município), ou outra entidade privada (ex.: União e Entidade de Apoio). Já o consórcio é sempre entre entidades da mesma natureza: dois ou mais Estados, dois ou mais Municípios, duas ou mais Autarquias da União, duas ou mais Fundações Públicas do Estado, etc. Todavia, a Lei nº 11.107, de 06 de abril de 2005, dispôs sobre normas gerais para a União, os Estados, o Distrito Federal e os Municípios contratarem **consórcios públicos** para a realização de objetivos de interesse comum. Segundo a Lei em tela, o consórcio público constituirá associação pública ou pessoa jurídica de direito privado, formalizado por contrato precedido necessariamente da subscrição de protocolo de intenções, cujos objetivos serão determinados pelos entes da Federação que se consorciarem, observados os limites constitucionais, destacando-se a gestão associada de serviços públicos.

20. JURISPRUDÊNCIA APLICADA

- ADMINISTRATIVO – CONTRATO DE PRESTAÇÃO DE SERVIÇO – DISSÍDIO COLETIVO – AUMENTO DE SALÁRIO – EQUILÍBRIO ECONÔMICO-FINANCEIRO – ART. 65 DA LEI 8.666/93. PRECEDENTES. 1. "O aumento salarial determinado por dissídio coletivo de categoria profissional é acontecimento previsível e deve ser suportado pela contratada, não havendo falar em aplicação da Teoria da Imprevisão para a recomposição do equilíbrio econômico-financeiro do contrato administrativo. Precedentes do STJ." (AgRg no REsp 417989/PR, Rel. Min. Herman Benjamin, Segunda Turma, DJ 24/03/2009). 2. Agravo regimental não provido. (STJ, AgRg no REsp 695912/CE, Ministro Mauro Campbell Marques, 2ª Turma, DJe 27/11/2009).

- STJ, REsp 879046/DF, Rel. Ministra DENISE ARRUDA, DJe 18/06/2009: "RECURSO ESPECIAL. ADMINISTRATIVO. PROCESSUAL CIVIL. EXECUÇÃO. CONTRATO ADMINISTRATIVO. TÍTULO EXECUTIVO EXTRAJUDICIAL. RECURSO PARCIALMENTE PROVIDO. (...) 5. Trata-se de execução fundada no inadimplemento de contrato administrativo firmado entre as empresas recorrentes e a Companhia do Metropolitano do Distrito Federal – METRÔ/DF -, celebrado para o fornecimento de bens, serviços, documentação técnica e bilhetes, visando à implantação do sistema de controle de arrecadação e de passageiros do Metrô do Distrito Federal. A empresa pública pretende o cumprimento das pendências existentes no contrato firmado entre os litigantes, assim como a conclusão dos serviços não executados pelas contratadas. Foi justamente com o objetivo de atender ao interesse público que ela optou pela manutenção do contrato, afastando a hipótese de rescisão e preferindo, assim, executá-lo judicialmente. Destarte, o título executivo a que se visa atribuir caráter extrajudicial é o próprio contrato administrativo. 6. Somente constituem títulos executivos extrajudiciais aqueles definidos em lei, por força do princípio da tipicidade legal (nullus titulus sine legis). 7. O inciso II do art. 585 do CPC, com redação dada pela

Lei 8.953/94, incluiu entre os títulos executivos extrajudiciais as escrituras públicas ou outros documentos públicos, os documentos particulares e os instrumentos de transação, passando, assim, a contemplar as obrigações de fazer, não fazer e entregar coisa, além das já conhecidas obrigações de pagar coisa certa e de entregar coisa fungível, previstas na redação anterior do referido dispositivo legal. 8. O julgamento da controvérsia pressupõe a resolução de dois pontos fundamentais: (1º) definir se o **contrato administrativo** firmado entre os consórcios e a empresa pública enquadra-se em alguma das hipóteses do inciso II do art. 585 do CPC; (2º) verificar se o contrato em exame está revestido dos requisitos de certeza, liquidez e exigibilidade, previstos no art. 586 do CPC. Quanto ao primeiro aspecto, ressalte-se que esta Corte de Justiça, em algumas ocasiões, ao interpretar o disposto no art. 585, II, do CPC, tem reconhecido a natureza de documento público aos **contratos administrativos,** tendo em vista emanar de ato do Poder Público. Entende-se, portanto, que o **contrato administrativo** "caracteriza-se como documento público, porquanto oriundo de ato administrativo perfeito e revestido de todas as formalidades inerentes aos contratos públicos" (REsp 700.114/MT, 1ª Turma, Rel. Min. Luiz Fux, DJ de 14.5.2007). Nesse sentido: REsp 487.913/MG, 1ª Turma, Rel. Min. José Delgado, DJ de 9.6.2003; REsp 882.747/MA, 1ª Turma, Rel. Min. José Delgado, DJ de 26.11.2007). Quanto ao segundo aspecto, a Corte de origem, soberana no exame dos aspectos fáticos e probatórios da lide e das cláusulas contratuais e do edital de licitação, concluiu que o título executivo extrajudicial está revestido de certeza, liquidez e exigibilidade, na medida em que as obrigações estipuladas ao contratado estão devidamente especificadas no **contrato administrativo** e no ato convocatório do certame, e que os documentos acostados nos autos demonstram a liquidez e a exigibilidade do **contrato administrativo.** Portanto, não há como entender-se em sentido diverso no presente recurso especial, sob pena de se incorrer nas vedações insertas nas Súmulas 5 e 7/STJ. 9. As questões relativas ao efetivo cumprimento pelas empresas das obrigações estipuladas no contrato e à satisfação pela empresa pública de suas contraprestações podem ser analisadas na via dos embargos à execução, porquanto a cognição, nesse caso, é ampla. 10. O Superior Tribunal de Justiça consagra entendimento no sentido de que a regra de não-aplicação da *exceptio non adimpleti contractus*, em sede de **contrato administrativo,** não é absoluta, tendo em vista que, após o advento da Lei 8.666/93, passou-se a permitir sua incidência, em certas circunstâncias, mormente na hipótese de atraso no pagamento, pela Administração Pública, por mais de noventa dias (art. 78, XV). A propósito: AgRg no REsp 326.871/PR, 2ª Turma, Rel. Min. Humberto Martins, DJ de 20.2.2008; RMS 15.154/PE, 1ª Turma, Rel. Min. Luiz Fux, DJ de 2.12.2002. Além disso, não merece prosperar o fundamento do acórdão recorrido de que as empresas necessitariam pleitear judicialmente a suspensão do contrato, por inadimplemento da Administração Pública. Isso, porque, conforme bem delineado pela Ministra Eliana Calmon no julgamento do REsp 910.802/RJ (2ª Turma, DJe de 6.8.2008), "condicionar a suspensão da execução do contrato ao provimento judicial, é fazer da lei letra morta". Entretanto, não há como aplicar a "exceção do contrato não-cumprido" na hipótese em exame, porquanto o Tribunal de Justiça do Distrito Federal e Territórios informou que não há obrigações não-cumpridas pela empresa pública. Isso, porque: (a) houve "concordância da Administração em efetuar o pagamento dos serviços que ainda faltam faturar e executar, da correção monetária dos pagamentos em atraso e dos valores retidos"; (b) "a emissão do Certificado de Recebimento Definitivo somente ocorrerá após o recebimento efetivo do sistema, tal como determina o subitem 20.3 do edital (fl. 433 dos autos da execução)"; (c) não há direito à indenização pelos períodos de suspensão do contrato, na medida em que "os embargantes aderiram a todos os termos aditivos dos contratos sem demonstrar qualquer irresignação" (fls. 849/851). 11. Recurso especial parcialmente provido, apenas para afastar a multa aplicada em sede de embargos declaratórios".

- STJ, MS 13964/DF, Rel. Ministro TEORI ALBINO ZAVASCKI, DJe 25/05/2009: "ADMINISTRATIVO. DECLARAÇÃO DE INIDONEIDADE PARA LICITAR E CONTRATAR COM A ADMINISTRAÇÃO PÚBLICA. VÍCIOS FORMAIS DO PROCESSO ADMINISTRATIVO. INEXISTÊNCIA. EFEITOS EX NUNC DA DECLARAÇÃO DE INIDONEIDADE: SIGNIFICADO. 1. Ainda que reconhecida a ilegitimidade da utilização, em processo administrativo, de conversações telefônicas interceptadas para fins de instrução criminal (única finalidade autorizada pela Constituição – art. 5º, XII), não há nulidade na sanção administrativa aplicada, já que fundada em outros elementos de prova, colhidas em processo administrativo regular, com a participação da empresa interessada. 2. Segundo precedentes da 1ª Seção, a declaração de inidoneidade "só produz efeito para o futuro (efeito ex nunc), sem interferir nos contratos já existentes e em andamento" (MS 13.101/DF, Min. Eliana Calmon, DJe de 09.12.2008). Afirma-se, com isso, que o efeito da sanção inibe a empresa de "licitar ou contratar com a Administração Pública" (Lei 8666/93, art. 87), sem, no entanto, acarretar, automaticamente, a rescisão de contratos administrativos já aperfeiçoados juridicamente e em curso de execução, notadamente os celebrados perante outros órgãos administrativos não vinculados à autoridade impetrada ou integrantes de outros entes da Federação (Estados, Distrito Federal e Municípios). Todavia, a ausência do efeito rescisório automático não compromete nem restringe a faculdade que têm as entidades da Administração Pública de, no âmbito da sua esfera autônoma de atuação, promover medidas administrativas específicas para rescindir os contratos, nos casos autorizados e observadas as formalidades estabelecidas nos artigos 77 a 80 da Lei 8.666/93. 3. No caso, está reconhecido que o ato atacado não operou automaticamente a rescisão dos contratos em curso, firmados pela impetrante. 4. Mandado de segurança denegado, prejudicado o agravo regimental".

- **"ADMINISTRATIVO. CONTRATO** DE GESTÃO. LICITAÇÃO. DISPENSA. 1. O **contrato** de gestão **administrativo** constitui negócio jurídico criado pela Reforma Administrativa Pública de 1990. 2. A Lei n. 8.666, em seu art. 24, inciso XXIV, dispensa licitação para a celebração de **contratos** de prestação de serviços com as organizações sociais, qualificadas no âmbito das respectivas esferas de governo, para atividades contempladas no **contrato** de gestão. 3. Instituto Candango de Solidariedade (organização social) *versus* Distrito Federal. Legalidade de **contrato** de gestão celebrado entre partes. 4. Ausência de comprovação de prejuízo para a Administração em razão do **contrato** de gestão firmado. 5. A Ação Popular exige, para sua procedência, o binômio ilicitude e lesividade. 6. Recurso especial improvido." (STJ, REsp 952899 / DF, Rel. Ministro JOSÉ DELGADO, DJ 23.06.2008 p. 1).

- "(...) Teoria da Imprevisão. Alegada violação dos arts. 478, 479 e 480 do novo Código Civil. De início, cumpre asseverar ser irrelevante o fato de que o contrato foi firmado antes da vigência do novo Código Civil para a análise da Teoria da Imprevisão. Questões principiológicas de que se valiam os intérpretes do próprio Código Beviláqua. 5. Não se mostra razoável o entendimento de que a inflação possa ser tomada, no Brasil, como álea extraordinária, de modo a possibilitar algum desequilíbrio na equação econômica do contrato, como há muito afirma a jurisprudência do STJ. 6. Não há como imputar as aludidas perdas a fatores imprevisíveis, já que decorrentes de má previsão das autoras, o que constitui álea ordinária não suportável pela Administração e não autorizadora da Teoria da Imprevisão. Caso se permitisse a revisão pretendida, estar-se-ia beneficiando as apeladas em detrimento dos demais licitantes que, agindo com cautela, apresentaram proposta coerente com os ditames do mercado e, talvez por terem incluído essa margem de segurança em suas propostas, não apresentaram valor mais atraente. Recurso especial conhecido em parte e improvido." (STJ, REsp 744446 / DF, Rel. Ministro HUMBERTO MARTINS, DJ 05.05.2008 p. 1).

21. QUESTÕES

01. (FGV - Órgão: TST - Cargo: Juiz do Trabalho Substituto - 2023). Nos termos da Lei nº 14.133/2021 (Lei de Licitações e Contratos Administrativos), analise as afirmativas a seguir.

I. Na aquisição de hortifrutigranjeiros, no período necessário para a realização do correspondente processo licitatório, é dispensável a licitação, devendo a contratação direta ser realizada com base no preço do dia.

II. Na contratação direta de cantora consagrada pela crítica especializada, é inexigível a licitação.

III. Na aquisição de materiais que só possam ser fornecidos por produtor exclusivo, é dispensável a licitação.

IV. É inexigível a licitação na contratação de serviço técnico especializado de publicidade e divulgação prestado por profissional de notória especialização.

Está correto o que se afirma em:

(A) somente I e II;
(B) somente III e IV;
(C) somente l, II e IV;
(D) somente I, III e IV;
(E) I, II, III e IV.

02. (FGV - Órgão: TJ-MS - Cargo: Juiz de Direito Substituto - 2023). O presidente do Tribunal de Justiça (TJ) do Estado Gama, visando reduzir as despesas do Judiciário estadual, pretende diminuir o custo mensal com energia elétrica. Assim, o TJ publicou edital de licitação, cujo critério de escolha será o maior retorno econômico. Os licitantes deverão apresentar seu projeto e proposta de redução de custo do TJ com energia, de maneira que será remunerado o contratado com base no percentual de economia, ou seja, sua remuneração será fixada em percentual que incidirá de forma proporcional à economia efetivamente obtida pelo TJ na execução do contrato. No caso em tela, conforme dispõe a Nova Lei de Licitações e Contratos (Lei nº 14.133/2021), será firmado entre o Tribunal de Justiça do Estado Gama e o licitante vencedor:

(A) contrato de eficiência;
(B) contrato de concessão;
(C) termo de parceria;
(D) contrato de gestão;
(E) acordo de cooperação técnica.

03. (Cespe - Órgão: AGU - Cargo: Advogado da União - 2023). Em relação a contratos de parceria público-privada, é correto afirmar que o prazo de vigência contratual, compatível com a amortização de investimentos realizados, será

(A) de, no máximo, cinco anos, prorrogável por igual período.
(B) de, no máximo, vinte anos, improrrogável.
(C) de, no máximo, dez anos, prorrogável por igual período.
(D) não inferior a cinco anos, nem superior a trinta anos, incluída eventual prorrogação.
(E) não inferior a cinco anos, nem superior a trinta e cinco anos, incluindo-se eventual prorrogação.

04. (Cespe - Órgão: AGU - Cargo: Advogado da União - 2023). Com base no que dispõe a Lei n.º 14.133/2021, assinale a opção correta.

(A) É facultativa a utilização do sistema de registro cadastral unificado disponível no Portal Nacional de Contratações Públicas (PNCP) pelos órgãos e entidades da administração pública, para efeito de cadastro unificado de licitantes, conforme regulamento.
(B) Na contratação que previr a conclusão de escopo predefinido, caso o objeto do contrato não seja concluído no período firmado, o prazo de vigência não será automaticamente prorrogado, sendo necessária urna nova cláusula que defina a data de sua conclusão.
(C) A licitação será conduzida por agente de contratação, pessoa designada pela autoridade competente, entre ocupantes de cargo em comissão ou empregados públicos dos quadros permanentes da administração pública, para

tornar decisões, acompanhar o trâmite da licitação, dar impulso ao procedimento licitatório e executar quaisquer outras atividades necessárias ao bom andamento do certame até a sua homologação.

(D) O julgamento das propostas será realizado de acordo com os seguintes critérios: menor preço; maior desconto; melhor técnica ou conteúdo artístico; técnica e preço; maior lance, no caso de leilão; e maior retorno econômico.

(E) o contrato deverá identificar os riscos contratuais previstos e presumíveis e prever a matriz de alocação de riscos, dividindo-os entre contratante e contratado, mediante indicação daqueles a serem assumidos pelo setor público ou pelo setor privado.

05. ACOP – Defensoria Pública – DPE/PR – 2022) Em relação à disciplina dos contratos administrativos e considerando a Lei n.o 14.133/2021 (nova Lei de Licitações e Contratos Administrativos), assinale a alternativa correta.

(A) É possível a celebração de contratos com duração superior a um exercício financeiro, hipótese em que será necessária apenas a verificação da disponibilidade de créditos orçamentários a cada exercício financeiro.

(B) Os contratos administrativos e seus aditivos terem a forma escrita e a sua disponibilização física na sede do órgão ou Poder é suficiente para garantia da transparência.

(C) Os bens ou serviços licitados só poderão ser adquiridos pela Administração Pública através do instrumento do contrato.

(D) É possível que a Administração Pública estabeleça contrato com prazo indeterminado quando se tratar de serviço público oferecido em regime de monopólio.

(E) É lícito à Administração Pública retardar a execução de obra ou serviço contratado quando justificado na posse de novo representante do órgão público.

GABARITO				
01. A	**02.** A	**03.** E	**04.** D	**05.** D

Capítulo XIII

Processo Administrativo

1. CONCEITO

É inegável a importância da qual se reveste o *processo* como instrumento útil de que se vale o Estado para a realização de seus fins. Se o Estado deseja elaborar a lei, utiliza-se do *processo legislativo*; se pretende aplicar a lei visando a solução dos conflitos entre terceiros, vale-se do *processo judicial*; mas se objetiva aplicar a lei com o propósito de gerir os interesses da coletividade, lança mão do *processo administrativo*.

Desse modo, entende-se por **processo administrativo** um conjunto de atos coordenados e interdependentes necessários a produzir um ato ou uma decisão final concernente ao desempenho de alguma função ou atividade administrativa, independentemente de solucionar controvérsias ou não. Isto é, por meio do processo administrativo tanto se equaciona uma controvérsia entre a Administração e o cidadão-administrado ou servidor (que diga respeito, por exemplo, ao lançamento de algum tributo; de alguma multa; da imposição de uma sanção disciplinar, etc.) como se viabiliza um interesse ou um direito do cidadão (autorização de uso; licença para construir; concessão de benefícios previdenciários, etc.) ou a prática de expedientes internos.

Nesse sentido, importante é o magistério de Diogenes Gasparini, segundo o qual o processo administrativo, num sentido atual, amplo e prático, é o "conjunto de medidas jurídicas e materiais praticadas com certa ordem e cronologia, necessárias ao registro dos atos da Administração Pública, ao controle do comportamento dos administrados e de seus servidores, a compatibilizar, no exercício do poder de polícia, os interesses público e privado, a punir seus servidores e terceiros, a resolver controvérsias administrativas e a outorgar direitos a terceiros"[1].

O processo administrativo, em suma, é um necessário instrumento para o exercício da função administrativa, de modo que tudo o que a Administração faz e realiza, seja mediante atos jurídicos ou fatos materiais, fica documentado em um processo administrativo[2].

É importante sublinhar que o processo administrativo, mais do que uma necessária ferramenta de atuação da Administração, no desempenho de suas atividades de

1. Op. cit., p. 787.
2. Maria Sylvia Zanella Di Pietro, op. cit., p. 494.

gestão dos interesses coletivos e de controle de seus próprios atos e decisões, vem sendo considerado uma verdadeira garantia do cidadão-administrado contra os abusos e excessos da Administração. Com efeito, defende Durval Carneiro Neto[3] o "caráter processual da atividade administrativa", que "deve estar presente não apenas na fase litigiosa, mas, antes mesmo disso, na própria fase de formação do ato administrativo", de modo que cumpre ao Estado adotar, por meio do processo administrativo, um "adequado processo de formação dos atos administrativos", assegurando da melhor forma possível o registro, pelos meios disponíveis, de todos os fatos e acontecimentos, de modo a viabilizar o posterior controle de legitimidade de seus próprios atos e, por conseguinte, o acesso material à justiça consagrado na Constituição.

Não se deve confundir processo com procedimento. Procedimento equivale ao rito, vale dizer, à forma de tramitação dos atos do processo, como eles se efetivam, se movimentam.

2. MODALIDADES DO PROCESSO ADMINISTRATIVO

O processo administrativo pode ser classificado em diversas modalidades ou espécies.

Fala-se em **processos internos** (também chamados de *processo técnico*), que são aqueles que se desenvolvem na intimidade da Administração, visando à prática de um ato de expediente ou de um fato administrativo (por exemplo, um processo instaurado pela Administração objetivando a realização de estudos necessários para a construção de uma obra pública).

Há, outrossim, **processos externos** (também chamados de *processo jurídico*), de que participam os cidadãos-administrados, voltados a produzir algum ato ou decisão que repercutirá na esfera jurídica de terceiros.

Relativamente aos processos externos, ou jurídicos, eles distinguem-se entre **processos ampliativos** e **processos restritivos** ou **ablatórios**.

Os **processos ampliativos** (ou **processos de outorga**) são todos aqueles que se destinam ao reconhecimento ou constituição de um interesse ou direito, ampliando a esfera jurídica do administrado ou da própria Administração, como, por exemplo, as concessões, permissões, autorizações, licenças, alienações, admissões, licitações, concursos públicos para provimento de cargos ou empregos públicos, etc.

Os **processos restritivos** ou **ablatórios** são aqueles que se dispõem às revogações em geral (como a cassação de licença, a declaração de caducidade de uma concessão de serviço público, a revogação de uma autorização, etc.) ou à imposição de sanções (os processos sancionadores que impõem sanções, como as penalidades disciplinares a servidores infratores).

Há também os **processos litigiosos** e os **processos não-litigiosos**, conforme destinados a composição de conflitos entre a Administração e o cidadão-administrado ou não.

---

3. *Processo, Jurisdição e Ônus da Prova no Direito Administrativo: um estudo crítico sobre o dogma da Presunção de Legitimidade*, op. cit., Salvador: Ed. Juspodivm, 2008.

3. PRINCÍPIOS DO PROCESSO ADMINISTRATIVO

O processo administrativo está disciplinado, no âmbito federal, pela Lei nº 9.784, de 29 de janeiro de 1999, que *estabelece normas básicas sobre o processo administrativo no âmbito da Administração Federal direta e indireta, visando, em especial, à proteção dos direitos dos administrados e ao melhor cumprimento dos fins da Administração*. Essa lei também se aplica aos órgãos dos Poderes Legislativo e Judiciário da União, quando no desempenho de função administrativa. Os Estados, o Distrito Federal e os Municípios também podem dispor, por meio de suas próprias leis, sobre o processo administrativo aplicável à sua Administração.

Em conformidade com o art. 2º da Lei 9.784/1999, a Administração Pública obedecerá, dentre outros, aos princípios da **legalidade**, **finalidade**, **motivação**, **razoabilidade**, **proporcionalidade**, **moralidade**, **ampla defesa**, **contraditório**, **segurança jurídica**, **interesse público** e **eficiência**.

Ademais, a referida lei arrola os seguintes princípios do processo administrativo, por ela denominados de critérios:

I. Atuação conforme a lei e o Direito;

II. Atendimento a fins de interesse geral, vedada a renúncia total ou parcial de poderes ou competências, salvo autorização em lei;

III. Objetividade no atendimento do interesse público, vedada a promoção pessoal de agentes ou autoridades;

IV. Atuação segundo padrões éticos de probidade, decoro e boa-fé;

V. Divulgação oficial dos atos administrativos, ressalvadas as hipóteses de sigilo previstas na Constituição;

VI. Adequação entre meios e fins, vedada a imposição de obrigações, restrições e sanções em medida superior àquelas estritamente necessárias ao atendimento do interesse público;

VII. Indicação dos pressupostos de fato e de direito que determinarem a decisão;

VIII. Observância das formalidades essenciais à garantia dos direitos dos administrados;

IX. Adoção de formas simples, suficientes para propiciar adequado grau de certeza, segurança e respeito aos direitos dos administrados;

X. Garantia dos direitos à comunicação, à apresentação de alegações finais, à produção de provas e à interposição de recursos, nos processos de que possam resultar sanções e nas situações de litígio;

XI. Proibição de cobrança de despesas processuais, ressalvadas as previstas em lei;

XII. Impulsão, de ofício, do processo administrativo, sem prejuízo da atuação dos interessados;

XIII. Interpretação da norma administrativa da forma que melhor garanta o atendimento do fim público a que se dirige, vedada aplicação retroativa de nova interpretação.

Entre estes princípios, destacam-se os seguintes:

a) Da **legalidade**;

b) Da **oficialidade**;

c) Da **publicidade**;

d) Da **gratuidade**;

e) Do **informalismo**;

f) Da **ampla defesa**;

g) Do **contraditório**;

h) Da **motivação**;

i) Da **razoabilidade** e **proporcionalidade**;

j) Da **finalidade**;

k) Da **moralidade**;

l) Da **segurança jurídica**;

m) Da **razoável duração do processo**.

Em face do **princípio da legalidade**, o processo administrativo só pode ser instaurado com base na lei e para preservá-la. A Lei 9.784/99 trouxe uma novidade, talvez ainda não percebida pela generalidade da doutrina. Ela submete o processo administrativo não só à lei, mas também ao Direito, circunstância que envolve o sistema jurídico como um todo, com as suas regras e princípios (art. 2º, parágrafo único, inciso I). Por essa razão, talvez fosse mais correto falar, ao invés de princípio da legalidade, em **princípio da juridicidade**, na medida em que o processo administrativo não está submetido apenas à lei, mas a todo o Direito ou Sistema Jurídico do qual a lei é apenas uma de suas fontes e um de seus elementos integrantes.

Em razão do **princípio da oficialidade**, o processo administrativo pode ser instaurado de ofício, ou seja, por iniciativa da Administração, independentemente de provocação do administrado. Ademais, cumpre a Administração o impulso do processo (o chamado impulso oficial, previsto no art. 2º, parágrafo único, inciso XII).

Pelo **princípio da publicidade**, todos os atos do processo administrativos devem estar abertos ao conhecimento dos interessados, exceto quando o interesse público exigir o sigilo (art. 2º, parágrafo único, inciso V).

Em decorrência do **princípio da gratuidade**, no processo administrativo é vedada a cobrança de despesas processuais, ressalvadas as previstas em lei (art. 2º, parágrafo único, inciso XI).

Pelo **princípio do informalismo**, o processo administrativo não está sujeito a formas rígidas. Isso não significa, porém, ausência absoluta de forma, pois forma sempre há, até porque o processo é escrito. No processo administrativo, o formalismo somente deve existir quando seja necessário para atender ao interesse público e proteger os direitos dos particulares. Nesse sentido dispôs o parágrafo único do art. 2º, da Lei 9.784/99, nos incisos VIII e IX: "VIII – observância das formalidades essenciais à garantia dos direitos dos administrados; IX – adoção de formas simples, suficientes para propiciar adequado grau de certeza, segurança e respeito aos direitos dos administrados".

O **princípio da ampla defesa** e **contraditório** é decorrência da garantia constitucional prevista no art. 5º, inciso LV, da Constituição Federal: "aos litigantes, em processo judicial ou administrativo, e aos acusados em geral são assegurados o contraditório e ampla defesa, com os meios e recursos a ela inerentes". Por isso mesmo, prevê o art. 2º, parágrafo único, inciso X, que o processo administrativo deve observar a garantia dos direitos à comunicação, à apresentação de alegações finais, à produção de provas e à interposição de recursos, nos processos de que possam resultar sanções e nas situações de litígio.

O **princípio da motivação** é exigência do Estado Democrático de Direito. Em face dele, toda decisão administrativa deve ser fundamentada em razões de fato ou de direito suficientes a ensejá-la. É necessário, assim, motivá-las, enunciando as circunstâncias fáticas ou jurídicas sobre as quais se arrima o ato decisório (art. 2º, parágrafo único, inciso VII). Segundo o art. 50 da Lei 9.784/99, os atos administrativos deverão ser motivados, com indicação dos fatos e dos fundamentos jurídicos, quando:

I. Neguem, limitem ou afetem direitos ou interesses;

II. Imponham ou agravem deveres, encargos ou sanções;

III. Decidam processos administrativos de concurso ou seleção pública;

IV. Dispensem ou declarem a inexigibilidade de processo licitatório;

V. Decidam recursos administrativos;

VI. Decorram de reexame de ofício;

VII. Deixem de aplicar jurisprudência firmada sobre a questão ou discrepem de pareceres, laudos, propostas e relatórios oficiais;

VIII. Importem anulação, revogação, suspensão ou convalidação de ato administrativo.

A motivação deve ser explícita, clara e congruente, podendo consistir em declaração de concordância com fundamentos de anteriores pareceres, informações, decisões ou propostas, que, neste caso, serão parte integrante do ato (art. 50, § 1º). Na solução de vários assuntos da mesma natureza, pode ser utilizado meio mecânico que reproduza os fundamentos das decisões, desde que não prejudique direito ou garantia dos interessados (art. 50, § 2º). A motivação das decisões de órgãos colegiados e comissões ou de decisões orais constará da respectiva ata ou de termo escrito (art. 50, § 3º).

Por exigência do **princípio da razoabilidade e proporcionalidade**, toda decisão administrativa deve ser **adequada** (apta a solucionar a situação que a suscitou ou a promover o fim), **necessária** (exigível na hipótese concreta e a que menos sacrifício cause a direitos) e **proporcional** aos fins a que se destina (as vantagens superem as desvantagens, não devendo haver excesso na medida). Esse princípio deriva da cláusula do *substantive due process of law*, originária do direito anglo-saxônico. Por essa razão, em face do art. 2º, parágrafo único, inciso VI, o *processo administrativo deve observar a adequação entre meios e fins, vedada a imposição de obrigações, restrições e sanções em medida superior àquelas estritamente necessárias ao atendimento do interesse público.*

Em face do **princípio da finalidade**, o processo administrativo só pode ser manejado pela Administração para servir ao interesse da coletividade, no atendimento a fins de interesse geral, vedada a renúncia total ou parcial de poderes ou competências, salvo autorização em lei.

Relativamente ao **princípio da moralidade**, o processo administrativo deve observar a *objetividade* no atendimento do interesse público, vedada a promoção pessoal de agentes ou autoridades, de modo que a Administração deve atuar segundo padrões éticos de probidade, decoro e boa-fé.

Por força do **princípio da segurança jurídica**, a Administração deve interpretar a norma administrativa da forma que melhor garanta o atendimento do fim público a que se dirige, vedada aplicação retroativa de nova interpretação, garantido ao cidadão-administrado adequado grau de certeza e segurança de seus direitos. Esse princípio encerra a ideia de que as relações ou situações jurídicas constituídas com base no Direito ou em orientações gerais da época perdurarão ainda que haja posterior mudança de orientação geral. A propósito, a Lei nº 13.655, de 25 de abril de 2018, que incluiu na Lei de Introdução às Normas do Direito Brasileiro (Decreto-Lei nº 4.657/1942) os artigos 20 a 30, a título de dispor sobre segurança jurídica e eficiência na criação e na aplicação do direito público, acrescentou o art. 24 na LINDB, para estabelecer que a "revisão, nas esferas administrativa, controladora ou judicial, quanto à validade de ato, contrato, ajuste, processo ou norma administrativa cuja produção já se houver completado levará em conta as orientações gerais da época, sendo vedado que, com base em mudança posterior de orientação geral, se declarem inválidas situações plenamente constituídas". E de acordo com o seu parágrafo único, "Consideram-se orientações gerais as interpretações e especificações contidas em atos públicos de caráter geral ou em jurisprudência judicial ou administrativa majoritária, e ainda as adotadas por prática administrativa reiterada e de amplo conhecimento público".

Ademais, prevê o art. 30 da LINDB, também incluído pela Lei 13.655/2018, que "As autoridades públicas devem atuar para aumentar a segurança jurídica na aplicação das normas, inclusive por meio de regulamentos, súmulas administrativas e respostas a consultas". E no seu parágrafo único, também dispôs que "Os instrumentos previstos no **caput** deste artigo terão caráter vinculante em relação ao órgão ou entidade a que se destinam, até ulterior revisão".

E, finalmente, em face do **princípio da razoável duração do processo**, previsto no inciso LXXVIII da Constituição, o processo administrativo deve ter uma **tramitação célere** para que possa atender, sem embaraços, o interesse público e a oferecer uma pronta resposta à pretensão do cidadão-administrado. Por essa razão, o art. 49

da Lei 9.784/99 prevê o prazo de até trinta dias para a Administração decidir, concluída a instrução do processo administrativo, salvo prorrogação por igual período expressamente motivada.

4. FASES DO PROCESSO ADMINISTRATIVO

Em geral, o processo administrativo compõe-se das seguintes **fases**, cuja realização obedece a essa ordem ou sequência:

a) **Instauração**;

b) **Instrução**;

c) **Relatório**; e

d) **Decisão**.

Nos processos de natureza punitiva, ainda há uma fase de **defesa** entre as fases da instrução e do relatório.

4.1. Instauração

E a fase por meio da qual se dá o início do processo administrativo. O processo administrativo pode iniciar-se de **ofício** ou **a pedido de interessado**. Segundo a Lei 9.784/99, o requerimento inicial do interessado, salvo casos em que for admitida solicitação oral, deve ser formulado por escrito e conter os seguintes dados:

I. Órgão ou autoridade administrativa a que se dirige;

II. Identificação do interessado ou de quem o represente;

III. Domicílio do requerente ou local para recebimento de comunicações;

IV. Formulação do pedido, com exposição dos fatos e de seus fundamentos;

V. Data e assinatura do requerente ou de seu representante.

É vedada à Administração a recusa imotivada de recebimento de documentos, devendo o servidor orientar o interessado quanto ao suprimento de eventuais falhas (art. 6º). Os órgãos e entidades administrativas deverão elaborar modelos ou formulários padronizados para assuntos que importem pretensões equivalentes (art. 7º). Quando os pedidos de uma pluralidade de interessados tiverem conteúdo e fundamentos idênticos, poderão ser formulados em um único requerimento, salvo preceito legal em contrário (art. 8º).

4.2. Instrução

Por meio da instrução objetiva-se investigar e comprovar os dados necessários à tomada de decisão. Na conformidade da Lei 9.784/99, a instrução pode ser de ofício ou mediante impulsão do órgão responsável pelo processo, sem prejuízo do direito dos interessados de propor atuações probatórias. O órgão competente para a instrução fará constar dos autos os dados necessários à decisão do processo. Os atos de instrução que exijam a atuação dos interessados devem realizar-se do modo menos oneroso para estes.

São inadmissíveis no processo administrativo as provas obtidas por meios ilícitos. Quando a matéria do processo envolver assunto de interesse geral, o órgão competente poderá, mediante despacho motivado, abrir período de consulta pública para manifestação de terceiros, antes da decisão do pedido, se não houver prejuízo para a parte interessada. Antes da tomada de decisão, a juízo da autoridade, diante da relevância da questão, poderá ser realizada audiência pública para debates sobre a matéria do processo.

Cabe ao interessado a prova dos fatos que tenha alegado, sem prejuízo do dever atribuído ao órgão competente para a instrução. Todavia, quando o interessado declarar que fatos e dados estão registrados em documentos existentes na própria Administração responsável pelo processo ou em outro órgão administrativo, o órgão competente para a instrução proverá, de ofício, à obtenção dos documentos ou das respectivas cópias. O interessado poderá, na fase instrutória e antes da tomada da decisão, juntar documentos e pareceres, requerer diligências e perícias, bem como aduzir alegações referentes à matéria objeto do processo. Os elementos probatórios deverão ser considerados na motivação do relatório e da decisão. Somente poderão ser recusadas, mediante decisão fundamentada, as provas propostas pelos interessados quando sejam ilícitas, impertinentes, desnecessárias ou protelatórias. Quando for necessária a prestação de informações ou a apresentação de provas pelos interessados ou terceiros, serão expedidas intimações para esse fim, mencionando-se data, prazo, forma e condições de atendimento. Não sendo atendida a intimação, poderá o órgão competente, se entender relevante a matéria, suprir de ofício a omissão, não se eximindo de proferir a decisão.

Quando dados, atuações ou documentos solicitados ao interessado forem necessários à apreciação de pedido formulado, o não atendimento no prazo fixado pela Administração para a respectiva apresentação implicará arquivamento do processo. Os interessados serão intimados de prova ou diligência ordenada, com antecedência mínima de três dias úteis, mencionando-se data, hora e local de realização. Encerrada a instrução, o interessado terá o direito de manifestar-se no prazo máximo de dez dias, salvo se outro prazo for legalmente fixado. Os interessados têm direito à vista do processo e a obter certidões ou cópias reprográficas dos dados e documentos que o integram, ressalvados os dados e documentos de terceiros protegidos por sigilo ou pelo direito à privacidade, à honra e à imagem.

4.3. Relatório

O órgão de instrução que não for competente para emitir a decisão final elaborará relatório indicando o pedido inicial, o conteúdo das fases do procedimento, vale dizer, o que ficou apurado, e formulará proposta de decisão, objetivamente justificada, encaminhando o processo à autoridade competente.

O relatório é peça **informativa-opinativa**, que informa à autoridade competente para decidir tudo o que ocorreu no processo e opina por uma decisão. Salvo previsão legal, ele não é vinculante para a Administração ou para os demais interessados no processo, podendo a autoridade competente para decidir, até divergir de suas conclusões.

4.4. Decisão

A Administração Pública tem o dever de decidir. Esse dever não se limita à emissão de decisão nos processos administrativos, mas também sobre solicitações ou reclamações, em matéria de sua competência.

Concluída a instrução de processo administrativo, a Administração tem o prazo de **até 30 (trinta) dias** para decidir, salvo prorrogação por igual período expressamente motivada.

4.5. Da Decisão Coordenada

A Lei 14.210, de 30 de setembro de 2021, acrescentou o Capítulo XI-A à Lei nº 9.784/99 (Lei do Processo Administrativo Federal), com os artigos 49-A a 49-G, para dispor sobre a **decisão coordenada** no âmbito da administração pública federal.

A ideia que motivou a criação desse instituto foi a de **simplificar** e assegurar maior **celeridade** às decisões administrativas que envolvam vários setores, órgãos ou entidades da Administração Pública federal, reduzindo as complexidades próprias do processo administrativo.

Decisão coordenada é decisão concertada, construída do consenso a partir dos debates intersetoriais necessários para integrar o processo decisório e tomada sobre determinada matéria relevante mediante a participação concomitante de todas as autoridades e agentes decisórios e dos responsáveis pela instrução técnico-jurídica. Resulta, portanto, de uma *consensualidade*, aplicada no Direito Administrativo.

A decisão coordenada poderá ser aplicada, no âmbito da Administração Pública federal, nas decisões administrativas que exijam a participação de 3 (três) ou mais setores, órgãos ou entidades, sempre que, cumulativamente, for *justificável pela relevância da matéria* e *houver discordância que prejudique a celeridade do processo administrativo decisório* (artigo 49-A, I e II).

A Lei considerou como decisão coordenada a instância de natureza interinstitucional ou intersetorial que atua de forma compartilhada com a finalidade de simplificar o processo administrativo mediante participação concomitante de todas as autoridades e agentes decisórios e dos responsáveis pela instrução técnico-jurídica, observada a natureza do objeto e a compatibilidade do procedimento e de sua formalização com a legislação pertinente.

A decisão coordenada, porém, não exclui a responsabilidade originária de cada órgão ou autoridade envolvida e deverá obedecer aos princípios da legalidade, da eficiência e da transparência, com utilização, sempre que necessário, da simplificação do procedimento e da concentração das instâncias decisórias.

Mas a Lei vedou a aplicação da decisão coordenada aos processos administrativos de licitação; relacionados ao poder sancionador; ou em que estejam envolvidas autoridades de Poderes distintos (art. 49-A, § 6º).

Os interessados no processo administrativo também poderão participar da decisão coordenada, na qualidade de ouvintes, participando de reunião na qual poderá ter direito a voz, deferida por decisão irrecorrível da autoridade responsável pela convocação da decisão coordenada (art. 49-B). A Lei não diz, contudo, quem será essa autoridade responsável pela "convocação da decisão coordenada". Imagina-se que seja a autoridade com maior posição hierárquica no órgão ou na entidade da Administração. Aliás, era isso que constava do art. 49-C, que foi vetado pelo Presidente da República ("Art. 49-C. A decisão coordenada será convocada pela autoridade máxima do órgão ou da entidade que tiver maior responsabilidade na condução da matéria em exame ou, na impossibilidade de sua definição, pela autoridade de mais alto nível hierárquico entre os órgãos e as entidades que participarão da decisão.").

A Lei atribui a cada órgão ou entidade participante a responsabilidade pela elaboração de documento específico sobre o tema atinente à respectiva competência, a fim de subsidiar os trabalhos e integrar o processo da decisão coordenada (art. 49-E). Esse documento abordará a questão objeto da decisão coordenada e eventuais precedentes.

Se houver dissenso na solução do objeto da decisão coordenada, a divergência deverá ser manifestada durante as reuniões, de forma fundamentada, acompanhada das propostas de solução e de alteração necessárias para a resolução da questão (art. 49-F). Porém, não poderá ser arguida matéria estranha ao objeto da convocação.

A conclusão dos trabalhos da decisão coordenada será consolidada em **ata**, que conterá as seguintes informações (I) relato sobre os itens da pauta; (II) síntese dos fundamentos aduzidos; (III) síntese das teses pertinentes ao objeto da convocação; (IV) registro das orientações, das diretrizes, das soluções ou das propostas de atos governamentais relativos ao objeto da convocação; (V) posicionamento dos participantes para subsidiar futura atuação governamental em matéria idêntica ou similar; e (VI) decisão de cada órgão ou entidade relativa à matéria sujeita à sua competência (art. 49-G).

Até a assinatura da ata, poderá ser complementada a fundamentação da decisão da autoridade ou do agente a respeito de matéria de competência do órgão ou da entidade representada.

A ata será publicada por extrato no Diário Oficial da União, do qual deverão constar, além do registro das orientações, das diretrizes, das soluções ou das propostas de atos governamentais relativos ao objeto da convocação, os dados identificadores da decisão coordenada e o órgão e o local em que se encontra a ata em seu inteiro teor, para conhecimento dos interessados.

Todavia, com o veto presidencial ao § 2º do art. 49-G ("§ 2º A ata terá efeito vinculante entre os órgãos e as entidades participantes da decisão coordenada no que tange a matérias idênticas ou repetitivas, observadas as peculiaridades de cada processo, e equivalerá a acordo formal.") não há certeza de que a ata, na qual a decisão coordenada será consolidada, terá o efeito pretendido ou servirá tão somente para orientar futuras decisões, sem qualquer efeito vinculante relativamente a matérias idênticas ou repetitivas.

4.6. Do Recurso Administrativo e da Revisão

Há **recurso administrativo** quando a parte interessada, irresignada com a decisão administrativa, pede a sua reforma ou reexame, dentro do prazo legal.

Por outro lado, existe a **revisão** quando, a qualquer tempo, a pedido do interessado ou de ofício pela Administração, se proceda, nos processos findos de que resultem sanções, a correta adequação da sanção imposta, em razão do surgimento de fatos novos ou circunstâncias relevantes a justificá-la.

Nos termos da Lei 9.784/99, das decisões administrativas proferidas no processo administrativo, cabe recurso, tanto por razões de legalidade como de mérito (art. 56). Salvo disposição legal específica, **é de 10 (dez) dias** o prazo para interposição de recurso administrativo, contado a partir da ciência ou divulgação oficial da decisão recorrida (art. 59).

O recurso deve ser dirigido à autoridade que proferiu a decisão, que pode reconsiderá-la no prazo de cinco dias; do contrário, o encaminhará à autoridade superior (art. 56, § 1º). A interposição do recurso independe de caução, salvo exigência legal (art. 56, § 2º)[4]. Em face do § 3º do art. 56, incluído pela Lei nº 11.417/2006, se o recorrente alegar que a decisão recorrida contraria enunciado da súmula vinculante, caberá à autoridade prolatora da decisão impugnada, se não a reconsiderar, explicitar, antes de encaminhar o recurso à autoridade superior, as razões da aplicabilidade ou inaplicabilidade da súmula, conforme o caso.

Salvo disposição legal em contrário, o recurso administrativo tramitará no máximo por três instâncias administrativas (art. 57) e não terá efeito suspensivo (art. 61). Todavia, havendo justo receio de prejuízo de difícil ou incerta reparação decorrente da execução, a autoridade recorrida ou a imediatamente superior poderá, de ofício ou a pedido, dar efeito suspensivo ao recurso (parágrafo único do art. 61).

Quando a lei não fixar prazo diferente, o recurso administrativo deverá ser decidido no prazo máximo de 30 (trinta dias), a partir do recebimento dos autos pelo órgão competente, podendo tal prazo ser prorrogado por igual período, ante justificativa explícita (§§ 1º e 2º, do art. 59).

Interposto o recurso, o órgão competente para dele conhecer deverá intimar os demais interessados para que, no prazo de 05 (cinco) dias úteis, apresentem alegações (art. 62).

O recurso não será conhecido quando interposto: I – fora do prazo; II – perante órgão incompetente; III – por quem não seja legitimado; IV – após exaurida a esfera administrativa. Contudo, quando o recurso for interposto perante órgão incompetente, será indicada ao recorrente a autoridade competente, sendo-lhe devolvido o prazo para recurso (art. 63).

---

4. Conquanto tenha o § 2º do art. 56 da Lei nº 9.784/99 autorizado lei a exigir caução para a interposição de recurso administrativo, cumpre lembrar que o Supremo Tribunal Federal proibiu essa possibilidade, por meio de sua **súmula vinculante nº 21**, segundo a qual "É inconstitucional a exigência de depósito ou arrolamento prévios de dinheiro ou bens para admissibilidade de recurso administrativo".

O órgão competente para decidir o recurso poderá confirmar, modificar, anular ou revogar, total ou parcialmente, a decisão recorrida, se a matéria for de sua competência (art. 64). No entanto, se do julgamento do recurso puder decorrer gravame à situação do recorrente, este deverá ser cientificado para que formule suas alegações antes da decisão (parágrafo único, do art. 64), com o que se tornou possível no processo administrativo a denominada ***reformatio in pejus*** (reforma para prejudicar o recorrente).

Se o recorrente alegar violação de enunciado da súmula vinculante, o órgão competente para decidir o recurso explicitará as razões da aplicabilidade ou inaplicabilidade da súmula, conforme o caso (art. 64-A, incluído pela Lei nº 11.417/2006). Se for acolhida pelo Supremo Tribunal Federal a reclamação fundada em violação de enunciado da súmula vinculante, dar-se-á ciência à autoridade prolatora e ao órgão competente para o julgamento do recurso, que deverão adequar as futuras decisões administrativas em casos semelhantes, sob pena de responsabilização pessoal nas esferas cível, administrativa e penal. (art. 64-B, incluído pela Lei nº 11.417/2006).

O não conhecimento do recurso interposto não impede a Administração de rever de ofício o ato ilegal, desde que não ocorrida preclusão administrativa (§ 2º, do art. 63).

Os processos administrativos de que resultem sanções poderão ser **revistos**, a qualquer tempo, a pedido ou de ofício, quando surgirem fatos novos ou circunstâncias relevantes suscetíveis de justificar a inadequação da sanção aplicada (art. 65).

Contudo, **da revisão do processo não poderá resultar agravamento da sanção** (parágrafo único, do art. 65), não se admitindo aqui – na revisão – a *reformatio in pejus*, distintamente do recurso, no qual o agravamento da situação do recorrente é possível, desde que este seja cientificado para que formule suas alegações antes da decisão (conforme art. 64, parágrafo único: *Se da aplicação do disposto neste artigo puder decorrer gravame à situação do recorrente, este deverá ser cientificado para que formule suas alegações antes da decisão*).

Em síntese, enquanto no recurso administrativo se admite a reforma para prejudicar o recorrente (a chamada *reformatio in pejus, conforme o* parágrafo único do art. 64, desde que garantido o prévio contraditório), na revisão não se admite (conforme o parágrafo único do art. 65).

5. CARÁTER SUBSIDIÁRIO DA LEI 9.784/99

A Lei 9.784/99 teve o cuidado de respeitar as normas que disciplinam os processos específicos (processo disciplinar, processo de licitação, processo administrativo tributário, etc.), aos quais a nova Lei aplica-se apenas subsidiariamente. Diz o art. 69 da Lei 9.784/99: "Os processos administrativos específicos continuarão a reger-se por lei própria, aplicando-se-lhes apenas subsidiariamente os preceitos desta Lei."

6. PROCESSO ADMINISTRATIVO DISCIPLINAR

No Direito Brasileiro, os meios de apuração das infrações administrativas podem abranger, a depender do estatuto funcional do servidor:

a) O **processo administrativo disciplinar**; e

b) Os **meios sumários**, que compreendem a:

b1) **Sindicância**; e a

b2) **Verdade sabida**.

Segundo a Constituição Federal, o processo administrativo disciplinar é obrigatório para a aplicação da pena de demissão do servidor estável (art. 41).

Já a Lei Federal nº 8.112/90, que dispõe do regime jurídico do servidor público federal, exige o processo administrativo disciplinar para a aplicação das penas de suspensão por mais de 30 dias, demissão, cassação de aposentadoria e disponibilidade e destituição de cargo em comissão.

6.1. Das Penalidades Disciplinares

De acordo com o art. 127 da Lei 8.112/90, são penalidades disciplinares:

> I – advertência;
>
> II – suspensão;
>
> III – demissão;
>
> IV – cassação de aposentadoria ou disponibilidade;
>
> V – destituição de cargo em comissão; e
>
> VI – destituição de função comissionada.

Em razão da exigência da proporcionalidade, impõe-se que, na aplicação das penalidades disciplinares, sejam consideradas a natureza e a gravidade da infração cometida, os danos que dela provierem para o serviço público, as circunstâncias agravantes ou atenuantes e os antecedentes funcionais, devendo a decisão que aplica a penalidade mencionar sempre o fundamento legal e a causa da sanção disciplinar.

A **advertência** deve ser aplicada por escrito, nos casos de (art. 129):

1) *violação de proibição constante do art. 117, incisos I a VIII e XIX* (ausentar-se do serviço durante o expediente, sem prévia autorização do chefe imediato; retirar, sem prévia anuência da autoridade competente, qualquer documento ou objeto da repartição; recusar fé a documentos públicos; opor resistência injustificada ao andamento de documento e processo ou execução de serviço; promover manifestação de apreço ou desapreço no recinto da repartição; cometer a pessoa estranha à repartição, fora dos casos previstos em lei, o desempenho de atribuição que seja de sua responsabilidade ou de seu subordinado; coagir ou aliciar subordinados no sentido de filiarem-se a associação profissional ou sindical, ou a partido político; manter sob sua chefia imediata, em cargo ou função de confiança, cônjuge, companheiro ou parente até o segundo grau civil; e recusar-se a atualizar seus dados cadastrais quando solicitado); e de

2) *inobservância de dever funcional previsto em lei, regulamentação ou norma interna, que não justifique imposição de penalidade mais grave.*

A **suspensão** será aplicada em caso de reincidência das faltas punidas com advertência e de violação das demais proibições que não tipifiquem infração sujeita a penalidade de demissão, não podendo exceder de 90 (noventa) dias (Art. 130).

Porém, será punido com suspensão de até 15 (quinze) dias o servidor que, injustificadamente, recusar-se a ser submetido a inspeção médica determinada pela autoridade competente, cessando os efeitos da penalidade uma vez cumprida a determinação (§ 1º do art. 130).

Quando houver conveniência para o serviço, a penalidade de suspensão poderá ser convertida em multa, na base de 50% (cinquenta por cento) por dia de vencimento ou remuneração, ficando o servidor obrigado a permanecer em serviço (§ 2º do art. 130).

As penalidades de **advertência** e de **suspensão** terão seus registros cancelados, após o decurso de 3 (três) e 5 (cinco) anos de efetivo exercício, respectivamente, se o servidor não houver, nesse período, praticado nova infração disciplinar (art. 131). Mas o cancelamento da penalidade não produzirá efeitos retroativos (Parágrafo único do art. 131).

A **demissão** será aplicada nos seguintes casos (art. 132):

> I – crime contra a administração pública;
>
> II – abandono de cargo (nos termos do art. 138, configura abandono de cargo a ausência intencional do servidor ao serviço por mais de trinta dias consecutivos);
>
> III – inassiduidade habitual (Nos termos do art. 139, entende-se por inassiduidade habitual a falta ao serviço, sem causa justificada, por sessenta dias, interpoladamente, durante o período de doze meses);
>
> IV – improbidade administrativa;
>
> V – incontinência pública e conduta escandalosa, na repartição;
>
> VI – insubordinação grave em serviço;
>
> VII – ofensa física, em serviço, a servidor ou a particular, salvo em legítima defesa própria ou de outrem;
>
> VIII – aplicação irregular de dinheiros públicos;
>
> IX – revelação de segredo do qual se apropriou em razão do cargo;
>
> X – lesão aos cofres públicos e dilapidação do patrimônio nacional;
>
> XI – corrupção;
>
> XII – acumulação ilegal de cargos, empregos ou funções públicas;
>
> XIII – transgressão dos incisos IX a XVI do art. 117 (valer-se do cargo para lograr proveito pessoal ou de outrem, em detrimento da dignidade da função pública; participar de gerência ou administração de sociedade privada, personificada ou não personificada, exercer o comércio, exceto na qualidade de acionista, cotista ou comanditário; atuar, como procurador ou intermediário, junto a repartições públicas, salvo quando se tratar de benefícios previdenciários ou assistenciais de parentes até o segundo grau, e de cônjuge ou companheiro; receber propina, comissão, presente ou vantagem de qualquer espécie, em razão de suas atribuições; aceitar comissão, emprego ou pensão de estado estrangeiro; praticar usura sob qualquer de suas formas; proceder de forma desidiosa; e utilizar pessoal ou recursos materiais da repartição em serviços ou atividades particulares).

Relativamente às hipóteses de demissão, cumpre asseverar que, conforme a Súmula 650, da Primeira Seção do STJ, DJe 27/09/2021, *A autoridade administrativa não dispõe de discricionariedade para aplicar ao servidor pena diversa de demissão quando caraterizadas as hipóteses previstas no art. 132 da Lei n. 8.112/1990*. Assim, configurada uma das hipóteses previstas no art. 132, não há liberdade para a Administração, devendo a autoridade competente aplicar a sanção de demissão.

Conforme a Súmula 651, Primeira Seção do STJ, DJe 25/10/2021, *Compete à autoridade administrativa aplicar a servidor público a pena de demissão em razão da prática de improbidade administrativa, independentemente de prévia condenação, por autoridade judiciária, à perda da função pública*.

É possível utilizar a Lei de Improbidade Administrativa (Lei n. 8.492/1992), em interpretação sistemática, para definir o tipo previsto no art. 132, IV, da Lei n. 8.112/1990, e justificar a aplicação de pena de demissão a servidor. (MS 21937/DF, Rel. Ministro NAPOLEÃO NUNES MAIA FILHO, Rel. p/ Acórdão Ministra ASSUSETE MAGALHÃES, PRIMEIRA SEÇÃO, julgado em 28/08/2019, DJe 23/10/2019).

Será **cassada a aposentadoria** ou a **disponibilidade do inativo** que houver praticado, na atividade, falta punível com a demissão (art. 134).

A **destituição de cargo em comissão** exercido por não ocupante de cargo efetivo será aplicada nos casos de infração sujeita às penalidades de suspensão e de demissão (art. 135). Constatada esta hipótese, a exoneração efetuada nos termos do art. 35 (que ocorre, de ofício, a juízo da autoridade competente ou a pedido do próprio servidor) será convertida em destituição de cargo em comissão.

A demissão ou a destituição de cargo em comissão, nos casos dos incisos IV, VIII, X e XI do art. 132 (improbidade administrativa; aplicação irregular de dinheiros públicos; lesão aos cofres públicos e dilapidação do patrimônio nacional; e corrupção), implica a indisponibilidade dos bens e o ressarcimento ao erário, sem prejuízo da ação penal cabível (art. 136).

A demissão ou a destituição de cargo em comissão, por violação do art. 117, incisos IX e XI (valer-se do cargo para lograr proveito pessoal ou de outrem, em detrimento da dignidade da função pública; e atuar, como procurador ou intermediário, junto a repartições públicas, salvo quando se tratar de benefícios previdenciários ou assistenciais de parentes até o segundo grau, e de cônjuge ou companheiro), incompatibiliza o ex-servidor para nova investidura em cargo público federal, pelo prazo de 5 (cinco) anos (art. 137).

Entretanto, de acordo com o parágrafo único do art. 137, não poderá retornar ao serviço público federal o servidor que for demitido ou destituído do cargo em comissão por violação do art. 132, incisos I, IV, VIII, X e XI (nas hipóteses de crime contra a administração pública; improbidade administrativa; aplicação irregular de dinheiros públicos; lesão aos cofres públicos e dilapidação do patrimônio nacional; corrupção). **Todavia, esse parágrafo único do art. 137 foi declarado inconstitucional pelo**

STF, no julgamento do ADI 2975[5], **por violação ao art. 5º, inciso XLVII, "b", da CF, que veda penas de caráter perpétuo.**

O acórdão exarado na ADI 2975, que julgou procedente a ação direta e declarou a inconstitucionalidade material do art. 137, parágrafo único, da Lei 8.112/1990, por haver previsto sanção disciplinar de caráter perpétuo, por proibir, sem definição de prazo, o retorno ao serviço público federal do servidor que for demitido ou destituído do cargo em comissão por infringência do art. 132, incisos I, IV, VIII, X e XI, foi objeto de embargos de declaração opostos pela Advocacia-Geral da União.

O STF deu provimento aos referidos embargos de declaração (i) para retificar o erro material constante da ementa do acórdão embargado, com a exclusão do trecho "sem pronúncia de nulidade"; e (ii) para esclarecer que a sanção prevista no art. 137, *caput*, da Lei nº 8.112/1990 (que incompatibiliza o ex-servidor, demitido ou destituído de cargo em comissão, por infringência do art. 117, incisos IX e XI, para nova investidura em cargo público federal, pelo prazo de 5 anos), também deve ser aplicar às situações previstas no seu parágrafo único, até que sobrevenha lei a dispor sobre a matéria[6].

As penalidades disciplinares serão aplicadas (art. 141):

> I – pelo Presidente da República, pelos Presidentes das Casas do Poder Legislativo e dos Tribunais Federais e pelo Procurador-Geral da República, quando se tratar de demissão e cassação de aposentadoria ou disponibilidade de servidor vinculado ao respectivo Poder, órgão, ou entidade;
>
> II – pelas autoridades administrativas de hierarquia imediatamente inferior àquelas mencionadas no inciso anterior quando se tratar de suspensão superior a 30 (trinta) dias;

5. ADI 2975, Rel. Min. Gilmar Mendes, DJE 04/02/2021: Ação Direta de Inconstitucionalidade. 2. Art. 137, parágrafo único, da Lei 8.112/1990. 3. Direito Administrativo Disciplinar. Sanção perpétua. Impossibilidade de retorno ao serviço público. 4. Inconstitucionalidade material. Afronta ao artigo 5º, XLVII, "b", da Constituição da República. Norma impugnada que, ao impedir o retorno ao serviço público, impõe sanção de caráter perpétuo. 5. Ação direta julgada procedente para declarar a inconstitucionalidade da norma questionada, sem pronúncia de nulidade. 6. Comunicação ao Congresso Nacional, para que eventualmente delibere sobre o prazo de proibição de retorno ao serviço público a ser aplicável nas hipóteses do art. 132, I, IV, VIII, X e XI, da Lei8.112/1990.
6. DIREITO CONSTITUCIONAL E ADMINISTRATIVO. EMBARGOS DE DECLARAÇÃO EM AÇÃO DIRETA DE INCONSTITUCIONALIDADE. PRESENÇA DE ERRO MATERIAL E OBSCURIDADE. PROVIMENTO. 1. Embargos de declaração contra acórdão que declarou a inconstitucionalidade do art. 137, parágrafo único, da Lei nº 8.112/1990 e determinou a comunicação do teor da decisão ao Congresso Nacional. 2. O embargante pede: (i) a retificação da ementa do acórdão, que afirma incorretamente que a norma foi declarada inconstitucional sem pronúncia de nulidade; (ii) a integração do acórdão, para que, nas hipóteses descritas no art. 137, parágrafo único, da Lei 8.112/1990, seja aplicado o prazo de incompatibilidade de 5 (cinco) anos constante do caput desse mesmo dispositivo, até que o Legislativo fixe outro; e (iii) a modulação dos efeitos da decisão, com a atribuição de eficácia prospectiva. 3. As situações previstas no dispositivo declarado inconstitucional (demissão por crime contra a administração pública, improbidade administrativa, aplicação irregular de dinheiros públicos, lesão aos cofres públicos e dilapidação do patrimônio nacional e corrupção) são evidentemente mais graves do que aquelas apenadas com o prazo de incompatibilidade de 5 (cinco) anos do art. 137, caput. 4. Assim, os ex-servidores que nelas se enquadrem devem estar submetidos, no mínimo, à mesma restrição aplicável a condutas menos reprováveis. Tal medida se impõe seja por um juízo de proporcionalidade, seja pela possibilidade de enquadramento das condutas como descumpridoras da vedação prevista no art. 117, IX, da Lei nº 8.112/1990. 5. Embargos de declaração providos para (i) para retificar o erro material constante da ementa do acórdão embargado, com a exclusão do trecho "sem pronúncia de nulidade"; e (ii) para esclarecer a aplicabilidade da sanção prevista no art. 137, caput, da Lei nº 8.112/1990 às situações previstas no seu parágrafo único, até que sobrevenha lei a dispor sobre a matéria. (DJE publicado em 17/05/2023).

III – pelo chefe da repartição e outras autoridades na forma dos respectivos regimentos ou regulamentos, nos casos de advertência ou de suspensão de até 30 (trinta) dias;

IV – pela autoridade que houver feito a nomeação, quando se tratar de destituição de cargo em comissão.

Em conformidade com o art. 133, detectada a qualquer tempo a acumulação ilegal de cargos, empregos ou funções públicas, a autoridade que tiver ciência de irregularidade notificará o servidor, por intermédio de sua chefia imediata, para apresentar opção no prazo improrrogável de dez dias, contados da data da ciência e, na hipótese de omissão, adotará procedimento sumário para a sua apuração e regularização imediata, cujo processo administrativo disciplinar se desenvolverá nas seguintes fases: I – **instauração**, com a publicação do ato que constituir a comissão, a ser composta por dois servidores estáveis, e simultaneamente indicar a autoria e a materialidade da transgressão objeto da apuração; II – **instrução sumária**, que compreende indiciação, defesa e relatório; III – **julgamento**.

A indicação da autoria de que trata o inciso I, acima citado, dar-se-á pelo nome e matrícula do servidor, e a materialidade pela descrição dos cargos, empregos ou funções públicas em situação de acumulação ilegal, dos órgãos ou entidades de vinculação, das datas de ingresso, do horário de trabalho e do correspondente regime jurídico (§ 1°). A comissão lavrará, até três dias após a publicação do ato que a constituiu, termo de indiciação em que serão transcritas as informações de que trata o parágrafo anterior, bem como promoverá a citação pessoal do servidor indiciado, ou por intermédio de sua chefia imediata, para, no prazo de cinco dias, apresentar defesa escrita, assegurando-se-lhe vista do processo na repartição, observado o disposto nos arts. 163 e 164 (§ 2°). Apresentada a defesa, a comissão elaborará relatório conclusivo quanto à inocência ou à responsabilidade do servidor, em que resumirá as peças principais dos autos, opinará sobre a licitude da acumulação em exame, indicará o respectivo dispositivo legal e remeterá o processo à autoridade instauradora, para julgamento (§ 3°). No prazo de cinco dias, contados do recebimento do processo, a autoridade julgadora proferirá a sua decisão, aplicando-se, quando for o caso, o disposto no § 3º do art. 167 (§ 4°). A opção pelo servidor até o último dia de prazo para defesa configurará sua boa-fé, hipótese em que se converterá automaticamente em pedido de exoneração do outro cargo (§ 5°). Caracterizada a acumulação ilegal e provada a má-fé, aplicar-se-á a pena de demissão, destituição ou cassação de aposentadoria ou disponibilidade em relação aos cargos, empregos ou funções públicas em regime de acumulação ilegal, hipótese em que os órgãos ou entidades de vinculação serão comunicados (§ 6°). O prazo para a conclusão do processo administrativo disciplinar submetido ao rito sumário não excederá trinta dias, contados da data de publicação do ato que constituir a comissão, admitida a sua prorrogação por até quinze dias, quando as circunstâncias o exigirem (§ 7º). O procedimento sumário rege-se pelas disposições acima (todas previstas no art. 133), observando-se, no que lhe for aplicável, subsidiariamente, as disposições dos Títulos IV e V da Lei (§ 8º).

Nos termos do art. 143 da Lei 8.112/90, a autoridade que tiver ciência de irregularidade no serviço público é *obrigada* a promover a sua apuração imediata, mediante **sindicância** ou **processo administrativo disciplinar**, assegurada ao acusado ampla defesa.

O processo disciplinar é o instrumento destinado a apurar responsabilidade de servidor por infração praticada no exercício de suas atribuições, ou que tenha relação com as atribuições do cargo em que se encontre investido.

O processo disciplinar é dirigido por uma comissão constituída de 03 (três) servidores estáveis[7], designados pela autoridade competente, que indicará, dentre eles, o seu presidente, que deverá ser ocupante de cargo efetivo superior ou de mesmo nível, ou ter nível de escolaridade igual ou superior ao do indiciado.

Os membros da comissão processante devem proceder com absoluta isenção, sob pena de nulidade do processo[8]. Contudo, conforme já decidiu o STJ, as "alegações de parcialidade e de suspeição de membro da comissão processante devem estar fundadas em provas, não bastando meras conjecturas ou suposições desprovidas de qualquer comprovação"[9].

Também já decidiu o STJ, que a "imparcialidade de membro de comissão não fica prejudicada tão somente por este compor mais de uma comissão processante instituída para apuração de fatos distintos que envolvam o mesmo servidor"[10]. A Corte também firmou entendimento de que a "ausência de termo de compromisso de membro de comissão processante não implica nulidade do PAD, uma vez que tal designação decorre de lei e recai, necessariamente, sobre servidor público, cujos atos funcionais gozam de presunção de legitimidade e de veracidade"[11].

---

7. Sob pena de nulidade, conforme assentou a jurisprudência do STJ: "MANDADO DE SEGURANÇA. SERVIDOR PÚBLICO CIVIL. PROCESSO ADMINISTRATIVO DISCIPLINAR. MÉRITO ADMINISTRATIVO. REAPRECIAÇÃO. LEGALIDADE. SANÇÃO DISCIPLINAR. APLICAÇÃO. ASPECTO DISCRICIONÁRIO. NEXISTÊNCIA. **COMISSÃO DISCIPLINAR. INTEGRANTE. SERVIDOR PÚBLICO NÃO ESTÁVEL. NULIDADE**. I – Descabido o argumento de impossibilidade de reapreciação do mérito administrativo pelo Poder Judiciário no caso em apreço, pois a questão posta diz respeito exclusivamente a vício de regularidade formal do procedimento disciplinar, qual seja, defeito na composição da comissão processante. II – Ademais, é de se registrar que inexiste aspecto discricionário (juízo de conveniência e oportunidade) no ato administrativo que impõe sanção disciplinar. Nesses casos, o controle jurisdicional é amplo e não se limita a aspectos formais (Precedente: MS n. 12.983/DF, 3ª Seção, da minha relatoria, DJ de 15/2/2008). III – É nulo o processo administrativo disciplinar cuja comissão processante é integrada por servidor não estável (art. 149, *caput*, da Lei n. 8.112/90). Ordem concedida" (STJ, TERCEIRA SEÇÃO, MS 12636/DF, Rel. Ministro FELIX FISCHER, DJe 23/09/2008).
8. STJ, REsp 608916/PR, Rel. Ministro PAULO GALLOTTI, DJe 23/03/2009: "ADMINISTRATIVO. SERVIDOR PÚBLICO. PROCESSO DISCIPLINAR. ARTIGO 149 DA LEI Nº 8.112/1990. ARTIGOS 18 E 19 DA LEI Nº 9.784/1999. COMISSÃO. MEMBROS. SUSPEIÇÃO. NULIDADE. RECONHECIMENTO. 1. É nulo o processo administrativo disciplinar quando evidenciado nos autos a falta da necessária isenção dos membros da respectiva comissão processante para o exercício de suas atribuições. 2. Recurso especial a que se nega provimento".
9. MS 16611/DF, Rel. Ministro MAURO CAMPBELL MARQUES, PRIMEIRA SEÇÃO, julgado em 11/12/2019, DJe 05/02/2020.
10. MS 21773/DF, Rel. Ministro BENEDITO GONÇALVES, PRIMEIRA SEÇÃO, julgado em 23/10/2019, DJe 28/10/2019.
11. MS 12803/DF, Rel. Ministro ROGERIO SCHIETTI CRUZ, TERCEIRA SEÇÃO, julgado em 09/04/2014, DJe 15/04/2014.

O STJ também entende que é "possível a substituição de membros da comissão processante, desde que respeitados, quanto aos membros designados, os requisitos insculpidos no art. 149 da Lei n. 8.112/1990" (comissão composta de 03 servidores estáveis designados pela autoridade competente)[12].

E na composição de comissão de processo administrativo disciplinar, é possível a designação de servidores lotados em órgão diverso daquele em que atua o servidor investigado, não existindo óbice nas legislações que disciplinam a apuração das infrações funcionais[13].

O processo disciplinar compreende as seguintes ***fases***:

a) **Instauração**, com a publicação do ato que constituir a comissão;

b) **Inquérito administrativo**, que compreende a **instrução**, **defesa** e **relatório**;

c) **Julgamento**.

A Lei 8.112/90 chama de **inquérito administrativo** a fase que compreende a **instrução**, a **defesa** e o **relatório**.

O processo tem início por despacho da autoridade competente, que age de ofício, assim que tiver conhecimento de alguma irregularidade. Não havendo elementos suficientes para instaurar desde logo o processo administrativo, será determinada previamente a realização de sindicância.

De acordo com a Súmula 641, Primeira Seção, do STJ, DJe 19/02/2020, *A portaria de instauração do processo administrativo disciplinar prescinde da exposição detalhada dos fatos a serem apurados.*

Com efeito, a portaria de instauração do Processo Administrativo-Disciplinar, prevista no art. 151, I, da Lei 8.112/90, tem como objetivo dar publicidade à constituição da Comissão Processante, razão pela qual **não é necessário que ela descreva detalhadamente os fatos, formule a acusação e mencione os dispositivos legais que teriam sido violados**. Esses elementos fazem-se necessários é na fase de indiciamento, prevista no art. 161 da mesma lei. Somente após o início da instrução probatória, a Comissão Processante poderá fazer o relato circunstanciado das condutas supostamente praticadas pelo Servidor indiciado, capitulando as infrações porventura cometidas.

Precisamente por isso, não se exige que a Portaria instauradora do Processo Disciplinar contenha a minuciosa descrição dos fatos que serão apurados, exigível apenas quando do indiciamento do Servidor. Todavia, a portaria inicial do processo administrativo disciplinar **deve garantir que a descrição dos fatos seja feita de modo a permitir o exercício do direito de defesa em relação aos fatos** e não à imputação

12. MS 21898/DF, Rel. Ministra REGINA HELENA COSTA, PRIMEIRA SEÇÃO, julgado em 23/05/2018, DJe 01/06/2018.
13. MS 17796/DF, Rel. Ministro NAPOLEÃO NUNES MAIA FILHO, Rel. p/ Acórdão Ministra ASSUSETE MAGALHÃES, PRIMEIRA SEÇÃO, julgado em 25/09/2019, DJe 19/11/2019.

eventualmente indicada. Isto porque, o indiciado no processo administrativo disciplinar se **defende dos fatos** a ele imputados, e não da sua capitulação jurídica[14].

E a instauração do processo administrativo disciplinar é possível com base em denúncia anônima, desde que devidamente motivada e com amparo em investigação ou sindicância, em face do poder-dever de autotutela imposto à Administração, conforme a Súmula 611, Primeira Seção do STJ, DJe 14/05/2018.

Já decidiu o STJ que, em regra, a instauração de processo administrativo disciplinar contra servidor efetivo cedido dar-se-á no órgão em que tenha sido praticada a suposta irregularidade (cessionário), devendo o julgamento e a eventual aplicação de sanção ocorrer no órgão ao qual o servidor efetivo estiver vinculado (cedente). Isto é, a instauração de processo disciplinar contra servidor efetivo cedido deve dar-se, preferencialmente, no órgão em que tenha sido praticada a suposta irregularidade. Contudo, o julgamento e a eventual aplicação de sanção só podem ocorrer no órgão ao qual o servidor efetivo estiver vinculado[15].

Nos termos do art. 147, pode a autoridade instauradora do processo disciplinar, como medida cautelar e a fim de que o servidor não venha a influir na apuração da irregularidade, determinar o seu ***afastamento*** do exercício do cargo, pelo prazo de até ***60 (sessenta) dias***, sem prejuízo da remuneração. O afastamento poderá ser prorrogado por igual prazo, findo o qual cessarão os seus efeitos, ainda que não concluído o processo.

O prazo para a conclusão do processo disciplinar não excederá 60 (sessenta) dias, contados da data de publicação do ato que constituir a comissão, admitida a sua prorrogação por igual prazo, quando as circunstâncias o exigirem[16].

Em conformidade com o § 1º do art. 169 da Lei 8.112/90, o julgamento do Processo Administrativo Disciplinar fora do prazo legal não implica nulidade do processo.

Conforme a Súmula 592, da Primeira Seção do STJ, DJe 18/09/2017, o excesso de prazo para a conclusão do processo administrativo disciplinar só causa nulidade se houver demonstração de prejuízo à defesa.

É verdade que o art. 172, da Lei 8.112/90, prevê que o servidor que responder a processo disciplinar só poderá ser exonerado a pedido, ou aposentado voluntariamente, após a conclusão do processo e o cumprimento da penalidade, acaso aplicada.

14. No mesmo sentido: **MS 21773/DF, Rel. Ministro BENEDITO GONÇALVES, PRIMEIRA SEÇÃO, julgado em 23/10/2019, DJe 28/10/2019**: "No PAD, a alteração da capitulação legal imputada ao acusado não enseja nulidade, uma vez que o indiciado se defende dos fatos nele descritos e não dos enquadramentos legais."

15. MS 17590/DF, Rel. Ministra REGINA HELENA COSTA, PRIMEIRA SEÇÃO, julgado em 11/12/2019, DJe 13/12/2019.

16. Conferir também o SJT: "(...) 5. O prazo de 30 dias, prorrogável por mais 15, previsto no § 7º. do art. 133 da Lei 8.112/90, para conclusão e julgamento do Processo Administrativo Disciplinar submetido ao procedimento sumário, foi regularmente observado pela Comissão Processante, que editou Portaria prorrogando o prazo e apresentou o Relatório Final dentro do lapso temporal esperado. Ademais, a ultrapassagem do prazo para conclusão do PAD não acarreta, por si só, a sua nulidade, em razão da previsão do § 1º. do art. 169 da mesma lei, segundo o qual o julgamento fora do prazo legal não implica nulidade do processo. (...)" (STJ, TERCEIRA SEÇÃO, MS 13340/DF, Rel. Ministro NAPOLEÃO NUNES MAIA FILHO, DJe 04/06/2009).

Segundo o STF, é constitucional a previsão legal que impede a exoneração a pedido e a aposentadoria voluntária de servidor que responde a processo disciplinar.

Entretanto, em caso de inobservância de prazo razoável para a conclusão de processo administrativo disciplinar, não há falar em ilegalidade na concessão de aposentadoria ao servidor investigado. (AgInt no AREsp 1348488/RJ, Rel. Ministro Benedito Gonçalves, Primeira Turma, julgado em 17/02/2020, DJe 19/02/2020).

6.2. Do Inquérito Administrativo

O inquérito administrativo não se confunde com o processo administrativo. Dele faz parte, compreendendo, nos termos do art. 151, II, da Lei 8.112/90, a **instrução**, **defesa** e **relatório**.

Na fase do inquérito, e a título de **instrução**, a comissão promoverá a tomada de depoimentos, acareações, investigações e diligências cabíveis, objetivando a coleta de prova, recorrendo, quando necessário, a técnicos e peritos, de modo a permitir a completa elucidação dos fatos, sendo assegurado ao servidor o direito de acompanhar o processo pessoalmente ou por intermédio de procurador, arrolar e reinquirir testemunhas, produzir provas e contraprovas e formular quesitos, quando se tratar de prova pericial.

É firme o entendimento no âmbito do Superior Tribunal de Justiça no sentido de que é admitida a utilização no processo administrativo disciplinar de 'prova emprestada' devidamente autorizada na esfera criminal, desde que respeitado o contraditório e a ampla defesa (MS 17536 DF, Rel. Ministro BENEDITO GONÇALVES, PRIMEIRA SEÇÃO, julgado em 13/04/2016, DJe 20/04/2016). Com base nesse precedente, o STJ editou a Súmula 591, de acordo com a qual *É permitida a prova emprestada no processo administrativo disciplinar, desde que devidamente autorizada pelo juízo competente e respeitados o contraditório e a ampla defesa.* (Súmula 591, PRIMEIRA SEÇÃO, julgado em 13/09/2017, DJe 18/09/2017)

Concluída a instrução, com a inquirição das testemunhas se for o caso, a comissão promoverá o **interrogatório do acusado**. Nos termos do art. 160, quando houver dúvida sobre a sanidade mental do acusado, a comissão proporá à autoridade competente que ele seja submetido a exame por junta médica oficial, da qual participe pelo menos um médico psiquiatra. O incidente de sanidade mental será processado em auto apartado e apenso ao processo principal, após a expedição do laudo pericial.

Tipificada a infração disciplinar, será formulada a **indiciação** do servidor, com a especificação dos fatos a ele imputados e das respectivas provas, sob pena de nulidade do processo[17]. O presidente da comissão determinará a citação, por mandado, do indi-

---

17. STJ, RMS 14901/TO, Rel. Ministra MARIA THEREZA DE ASSIS MOURA, DJe 10/11/2008: "RECURSO ORDINÁRIO EM MANDADO DE SEGURANÇA. SERVIDORA PÚBLICA ESTADUAL. DEMISSÃO. PROCESSO ADMINISTRATIVO DISCIPLINAR. CITAÇÃO. AUSÊNCIA DE INDICAÇÃO DAS ACUSAÇÕES FEITAS. NULIDADE. INTERROGATÓRIO DA INVESTIGADA. COMPROMISSO DE DIZER A VERDADE. PRERROGATIVA CONTRA AUTO-INCRIMINAÇÃO. ART. 5º, LXIII, DA CF/88. INFRINGÊNCIA. ANULAÇÃO DO PROCESSO QUE SE IMPÕE DESDE O ATO CITATÓRIO. RECURSO ORDINÁRIO PROVIDO. SEGURANÇA CONCEDIDA. 1. Por ocasião da citação inicial no processo administrativo disciplinar, não foram explicitadas as condutas ilícitas imputadas à

ciado, para apresentar **defesa escrita**, no prazo de 10 (dez) dias, assegurando-se-lhe vista do processo na repartição. Havendo dois ou mais indiciados, o prazo será comum e de 20 (vinte) dias. O prazo de defesa poderá ser prorrogado pelo dobro, para diligências reputadas indispensáveis.

A propósito da defesa do servidor indiciado, por meio de advogado, o STF, na Sessão Plenária de 07/05/2008, editou a **súmula vinculante nº 05**, segundo a qual "*a falta de defesa técnica por advogado no processo administrativo disciplinar não ofende a constituição*".

Apreciada a defesa, a comissão elaborará **relatório** minucioso, onde resumirá as peças principais dos autos e mencionará as provas em que se baseou para formar a sua convicção. O relatório será sempre conclusivo quanto à inocência ou à responsabilidade do servidor. Reconhecida a responsabilidade do servidor, a comissão indicará o dispositivo legal ou regulamentar transgredido, bem como as circunstâncias agravantes ou atenuantes. O processo disciplinar, com o relatório da comissão, será remetido à autoridade que determinou a sua instauração, para julgamento.

6.3. Do Julgamento

A autoridade competente para o julgamento, que em regra será aquela que determinou a instauração do processo18, proferirá a sua decisão no prazo de 20 (vinte) dias, contados do recebimento do processo.

Entretanto, o julgamento fora do prazo legal não implica nulidade do processo. A jurisprudência do STJ é firme no sentido de que o excesso de prazo na conclusão do processo administrativo disciplinar não enseja, só por si, a nulidade absoluta do procedimento, por isso se exigindo a demonstração de efetivo prejuízo para o exercício da defesa do servidor implicado, que não pode ser presumido. (MS 17868 DF, Rel. Ministro SÉRGIO KUKINA,PRIMEIRA SEÇÃO, julgado em 08/03/2017, DJe 23/03/2017. Esse entendimento integra a *Súmula 592 do STJ, segundo a qual O excesso de prazo para*

---

servidora, tampouco indicados os preceitos legais eventualmente violados. A investigada, portanto, no momento em que foi cientificada da instauração do processo administrativo disciplinar, desconhecia as razões pelas quais estava sendo investigada, o que lhe impossibilitou o pleno exercício do contraditório e da ampla defesa. Impõe-se, pois, a anulação do processo administrativo disciplinar a partir da citação. 2. De outra parte, no caso em comento, a servidora foi interrogada por duas vezes durante o processo administrativo disciplinar, e, em ambas as oportunidades, ela se comprometeu "a dizer a verdade das perguntas formuladas". 3. Ao assim proceder, a comissão processante feriu de morte a regra do art. 5º, LXIII, da CF/88, que confere aos acusados o privilégio contra a auto-incriminação, bem como as garantias do devido processo legal e da ampla defesa. Com efeito, em vez de constranger a servidora a falar apenas a verdade, deveria ter-lhe avisado do direito de ficar em silêncio. 4. Os interrogatórios da servidora investigada, destarte, são nulos e, por isso, não poderiam embasar a aplicação da pena de demissão, pois deles não pode advir qualquer efeito. Como, na hipótese em comento, o relatório final da comissão processante que sugeriu a demissão e a manifestação da autoridade coatora que decidiu pela imposição dessa reprimenda se valeram das evidências contidas nos interrogatórios, restaram contaminados de nulidades, motivo pelo qual também não podem subsistir. 5. Recurso ordinário provido. Segurança concedida, em ordem a anular o processo administrativo disciplinar desde a citação".

18. Salvo se a penalidade a ser aplicada exceder a sua alçada, hipótese em que o processo será encaminhado à autoridade competente, que decidirá em igual prazo. Assim, as penalidades disciplinares serão aplicadas pelo Presidente da República, pelos Presidentes das Casas do Poder Legislativo e dos Tribunais Federais e pelo Procurador-Geral da República, quando se tratar de demissão e cassação de aposentadoria ou disponibilidade de servidor vinculado ao respectivo Poder, órgão, ou entidade.

a conclusão do processo administrativo disciplinar só causa nulidade se houver demonstração de prejuízo à defesa. (Súmula 592, PRIMEIRA SEÇÃO, julgado em 13/09/2017, DJe 18/09/2017).

O julgamento acatará o relatório da comissão, salvo quando contrário às provas dos autos. Quando o relatório da comissão contrariar as provas dos autos, a autoridade julgadora poderá, motivadamente, agravar a penalidade proposta, abrandá-la ou isentar o servidor de responsabilidade.

Extinta a punibilidade pela prescrição, a autoridade julgadora determinará o registro do fato nos assentamentos individuais do servidor.

Nos termos do art. 142 da Lei 8.112/90, a ação disciplinar prescreverá: I – em 5 (cinco) anos, quanto às infrações puníveis com demissão, cassação de aposentadoria ou disponibilidade e destituição de cargo em comissão; II – em 2 (dois) anos, quanto à suspensão; III – em 180 (cento e oitenta) dias, quanto à advertência.

O prazo de prescrição começa a correr da data em que o fato se tornou conhecido (§ 1º). Os prazos de prescrição previstos na lei penal aplicam-se às infrações disciplinares capituladas também como crime (§ 2º). A abertura de sindicância ou a instauração de processo disciplinar interrompe a prescrição, até a decisão final proferida por autoridade competente (§ 3º). Interrompido o curso da prescrição, o prazo começará a correr a partir do dia em que cessar a interrupção (§ 4º).

A propósito do tema, o Superior Tribunal de Justiça aprovou a **Súmula nº 635**, segundo a qual *Os prazos prescricionais previstos no art. 142 da Lei n. 8.112/1990 iniciam-se na data em que a autoridade competente para a abertura do procedimento administrativo toma conhecimento do fato, interrompem-se com o primeiro ato de instauração válido sindicância de caráter punitivo ou processo disciplinar e voltam a fluir por inteiro, após decorridos 140 dias desde a interrupção.* (Súmula 635, PRIMEIRA SEÇÃO, julgado em 12/06/2019, DJe 18/06/2019, DJe 17/06/2019).

Com efeito, o termo inicial da prescrição da pretensão punitiva disciplinar estatal é a data do conhecimento do fato pela autoridade competente para instaurar o Processo Administrativo Disciplinar (art. 142, § 1º, da Lei 8.112/1990), que se interrompe com a publicação do primeiro ato instauratório válido, seja a abertura de sindicância ou a instauração de processo disciplinar (art. 142, § 3º, da Lei 8.112/1990). Esta interrupção não é definitiva, visto que, após o prazo de 140 dias (prazo máximo para conclusão e julgamento do PAD a partir de sua instauração, conforme art. 152 c/c art. 167, da Lei 8.112/1990: 60+60 dias [prazo para a conclusão do PAD e sua prorrogação] +20 dias [prazo decidir o PAD]), o prazo prescricional recomeça a correr por inteiro (art. 142, § 4º, da Lei 8.112/1990).

Em face do art. 172 da Lei 8.112/90, o servidor que responder a processo disciplinar só poderá ser exonerado a pedido, ou aposentado voluntariamente, após a conclusão do processo e o cumprimento da penalidade, acaso aplicada.

As sanções civis, penais e administrativas poderão cumular-se, sendo independentes entre si. Contudo, a responsabilidade administrativa do servidor será afastada no caso de absolvição criminal que *negue a existência do fato* ou *sua autoria*.

6.4. Da Revisão do Processo

Nos termos do art. 174 da Lei 8.112/90, o processo disciplinar poderá ser **revisto**, a qualquer tempo, a pedido ou de ofício, quando se aduzirem fatos novos ou circunstâncias suscetíveis de justificar a inocência do punido ou a inadequação da penalidade aplicada. Em caso de falecimento, ausência ou desaparecimento do servidor, qualquer pessoa da família poderá requerer a revisão do processo (§ 1º). No caso de incapacidade mental do servidor, a revisão será requerida pelo respectivo curador (§ 2º).

No processo revisional, o ônus da prova cabe ao requerente (art. 175). A simples alegação de injustiça da penalidade não constitui fundamento para a revisão, que requer elementos novos, ainda não apreciados no processo originário (art. 176).

O requerimento de revisão do processo será dirigido ao Ministro de Estado ou autoridade equivalente, que, se autorizar a revisão, encaminhará o pedido ao dirigente do órgão ou entidade onde se originou o processo disciplinar (art. 177). Deferida a petição, a autoridade competente providenciará a constituição de comissão, que terá 60 (sessenta) dias para a conclusão dos trabalhos. A revisão correrá em apenso ao processo originário (art. 178).

O julgamento caberá à autoridade que aplicou a penalidade (art. 181), que disporá do prazo de 20 (vinte) dias, contados do recebimento do processo, no curso do qual a autoridade julgadora poderá determinar diligências.

Julgada procedente a revisão, será declarada sem efeito a penalidade aplicada, restabelecendo-se todos os direitos do servidor, exceto em relação à destituição do cargo em comissão, que será convertida em exoneração (art. 182).

Da revisão do processo não poderá resultar agravamento de penalidade.

Não obstante, a par da revisão do processo disciplinar, também é cabível recurso administrativo hierárquico em face de decisão prolatada em Processo Administrativo Disciplinar - PAD[19].

É cabível o recurso hierárquico contra decisão de ministro de Estado em processo disciplinar, mesmo quando proferida no exercício da competência delegada pelo Sr. Presidente da República, ao qual competirá a sua apreciação[20].

7. PROCESSO SUMÁRIO

A apuração dos ilícitos administrativos também pode ser feita por meios sumários, que compreendem a **sindicância** e a **verdade sabida**.

A **sindicância** é o meio sumário que serve para apurar pequenas irregularidades, dela podendo resultar, consoante disciplina da Lei Federal nº 8.112/90 (art. 145):

a) **Arquivamento do processo**, quando não se constatar a irregularidade;

19. MS 17449/DF, Rel. Ministro MAURO CAMPBELL MARQUES, PRIMEIRA SEÇÃO, julgado em 14/08/2019, DJe 01/10/2019.
20. AgInt no MS 23.391/DF, Rel. Ministra REGINA HELENA COSTA, PRIMEIRA SEÇÃO, DJe de 12/11/2021.

b) **Aplicação de penalidade de advertência ou suspensão de até 30 dias**, quando for o caso; ou

c) **Instauração de processo administrativo disciplinar**, quando houver indícios de infração administrativa que ensejar a aplicação das penas de suspensão por mais de 30 dias, demissão, cassação de aposentadoria e disponibilidade e destituição de cargo em comissão. Nessa hipótese, a sindicância funciona como fase preliminar à instauração do processo disciplinar, assemelhando-se ao inquérito policial. Os autos da sindicância integrarão o processo disciplinar, como peça informativa da instrução.

O prazo para conclusão da sindicância não excederá 30 (trinta) dias, podendo ser prorrogado por igual período, a critério da autoridade superior (parágrafo único do art. 145).

A **verdade sabida** é o conhecimento pessoal e direto da falta funcional pela autoridade competente para aplicar a penalidade. A Lei 8.112/90 não prevê qualquer aplicação de pena por meio da verdade sabida, o que andou bem, pois o instituto da verdade sabida não foi recepcionado pelo ordenamento jurídico vigente em respeito à garantia constitucional do contraditório e da ampla defesa (CF/88, art. 5º, LV).

8. QUADRO SINÓTICO

PROCESSO ADMINISTRATIVO
1. Conceito
É um conjunto de atos coordenados e interdependentes necessários a produzir um ato ou uma decisão final concernente a alguma função ou atividade administrativa, independentemente de solucionar controvérsias ou não. Não se deve confundir processo com procedimento. Procedimento equivale ao rito, vale dizer, à forma de como esses atos e fatos se dão, se efetivam, se movimentam.
2. Modalidades do Processo Administrativo
O processo administrativo pode ser classificado em diversas modalidades. Fala-se em **processos internos** (também chamados de *processo técnico*), que são aqueles que se desenvolvem na intimidade da Administração, visando à prática de um ato de expediente ou de um fato administrativo e **processos externos** (também chamados de *processo jurídico*), de que participam os cidadãos-administrados, voltados a produzir algum ato ou decisão que repercutirá na esfera jurídica de terceiros. Relativamente aos processos externos, ou jurídicos, eles distinguem-se entre **processos ampliativos** e **processos restritivos** ou **ablatórios.** Os **processos ampliativos** são todos aqueles que se destinam ao reconhecimento ou constituição de um interesse ou direito, ampliando a esfera jurídica do administrado ou da própria Administração, como, por exemplo, as concessões, permissões, autorizações, licenças, alienações, admissões, licitações, concursos públicos para provimento de cargos ou empregos públicos, etc.. Os **processos restritivos** ou **ablatórios** são aqueles que se dispõem às revogações em geral (como a cassação de licença, a declaração de caducidade de uma concessão de serviço público, a revogação de uma autorização, etc.) ou à imposição de sanções (como as penalidades disciplinares a servidores infratores).

3. Princípios do processo administrativo

A Lei Federal nº. 9.784/99, que regula o processo administrativo no âmbito da Administração Pública Federal, arrola vários princípios, entre os quais destacam-se os princípios:

a) Da legalidade;
b) Da oficialidade;
c) Da publicidade;
d) Da gratuidade;
e) Do informalismo;
f) Da ampla defesa;
g) Do contraditório;
h) Da motivação;
i) Da razoabilidade e proporcionalidade;
j) Da finalidade;
k) Da moralidade;
l) Da segurança jurídica.

Em face do **princípio da legalidade**, o processo administrativo só pode ser instaurado com base na lei e no Direito. Em razão do **princípio da oficialidade**, o processo administrativo pode ser instaurado de ofício, ou seja, por iniciativa da Administração, independentemente de provocação do administrado. Pelo **princípio da publicidade**, todos os atos do processo administrativos devem estar abertos ao conhecimento dos interessados, exceto quando o interesse público exigir o sigilo. Em decorrência do **princípio da gratuidade**, no processo administrativo é vedada a cobrança de despesas processuais, ressalvadas as previstas em lei. Pelo **informalismo**, o processo administrativo não está sujeito a formas rígidas. O princípio da **ampla defesa** e **contraditório** é decorrência da garantia constitucional prevista no art. 5º, inciso LV, da Constituição Federal ("aos litigantes, em processo judicial ou administrativo, e aos acusados em geral são assegurados o contraditório e ampla defesa, com os meios e recursos a ela inerentes"). O **princípio da motivação** impõe que toda decisão administrativa deve ser fundamentada em razões de fato ou de direito suficientes a ensejá-la. Por exigência do **princípio da razoabilidade e proporcionalidade**, toda decisão administrativa deve ser *adequada, necessária e proporcional* aos fins a que se destina. Em face do princípio da finalidade, o processo administrativo só pode ser manejado pela Administração para servir ao interesse da coletividade. Relativamente ao **princípio da moralidade**, o processo administrativo deve observar os padrões éticos de probidade, decoro e boa-fé. Por força do **princípio da segurança jurídica**, a Administração deve garantir ao cidadão-administrado adequado grau de certeza e segurança de seus direitos. A Lei nº 13.655, de 25 de abril de 2018, que incluiu na LINDB (Decreto-Lei nº 4.657/1942) os artigos 20 a 30, a título de dispor sobre segurança jurídica e eficiência na criação e na aplicação do direito público, acrescentou o art. 24 na LINDB, para estabelecer que a "revisão, nas esferas administrativa, controladora ou judicial, quanto à validade de ato, contrato, ajuste, processo ou norma administrativa cuja produção já se houver completado levará em conta as orientações gerais da época, sendo vedado que, com base em mudança posterior de orientação geral, se declarem inválidas situações plenamente constituídas". E em face do **princípio da razoável duração do processo**, o processo administrativo deve ter uma **tramitação célere** para que possa atender, sem embaraços, o interesse público.

4. Fases do processo administrativo

Em geral, o processo administrativo compõe-se das seguintes fases:

a) Instauração;
b) Instrução;
c) Relatório; e
d) Decisão, cuja realização obedece a essa ordem ou sequência.

4.1. Instauração

É a fase por meio da qual se dá o início do processo administrativo. O processo administrativo pode iniciar-se de *ofício* ou *a pedido de interessado*.

4.2. Instrução
É a fase da investigação necessária à tomada de decisão, com a produção de todas as provas admitidas em Direito.
4.3. Relatório
É peça informativa-opinativa, que informa à autoridade competente para decidir tudo o que ocorreu no processo e opina por uma decisão.
4.4. Decisão
Concluída a instrução de processo administrativo, a Administração tem o prazo de **até trinta dias** para decidir, salvo prorrogação por igual período expressamente motivada.
4.5. Da Decisão Coordenada
A Lei 14.210, de 30 de setembro de 2021, acrescentou o Capítulo XI-A à Lei nº 9.784/99 (Lei do Processo Administrativo Federal), com os artigos 49-A a 49-G, para dispor sobre a **decisão coordenada** no âmbito da administração pública federal. A ideia que motivou a criação desse instituto foi a de **simplificar** e assegurar maior **celeridade** às decisões administrativas que envolvam vários setores, órgãos ou entidades da Administração Pública federal, reduzindo as complexidades próprias do processo administrativo. Decisão coordenada é decisão concertada, construída do consenso a partir dos debates intersetoriais necessários para integrar o processo decisório e tomada sobre determinada matéria relevante mediante a participação concomitante de todas as autoridades e agentes decisórios e dos responsáveis pela instrução técnico-jurídica. Resulta, portanto, de uma *consensualidade*, aplicada no Direito Administrativo. A decisão coordenada poderá ser aplicada, no âmbito da Administração Pública federal, nas decisões administrativas que exijam a participação de 3 (três) ou mais setores, órgãos ou entidades, sempre que, cumulativamente, for *justificável pela relevância da matéria* e *houver discordância que prejudique a celeridade do processo administrativo decisório* (artigo 49-A, I e II).
5. Caráter subsidiário da Lei 9.784/99
A Lei 9.784/99 teve o cuidado de respeitar as normas que disciplinam os processos específicos (processo disciplinar, processo de licitação, processo administrativo tributário, etc.), aos quais a nova Lei aplica-se apenas subsidiariamente.
6. Processo administrativo disciplinar
No Direito Brasileiro, os meios de apuração das infrações administrativas são: a) O processo administrativo disciplinar; e b) Os meios sumários, que abrangem a b1) Sindicância; e a b2) Verdade sabida. De acordo com o art. 127 da Lei 8.112/90, são penalidades disciplinares: I – advertência; II – suspensão; III – demissão; IV – cassação de aposentadoria ou disponibilidade; V – destituição de cargo em comissão; e VI – destituição de função comissionada. Segundo a Constituição Federal, o processo administrativo disciplinar é obrigatório para a aplicação da pena de demissão do servidor estável. Já a Lei Federal nº. 8.112/90 exige o processo administrativo disciplinar para a aplicação das penas de suspensão por mais de 30 dias, demissão, cassação de aposentadoria e disponibilidade e destituição de cargo em comissão. O processo disciplinar é o instrumento destinado a apurar responsabilidade de servidor por infração praticada no exercício de suas atribuições, ou que tenha relação com as atribuições do cargo em que se encontre investido. O processo disciplinar é dirigido por uma comissão constituída de 03 (três) servidores estáveis, designados pela autoridade competente, que indicará, dentre eles,

o seu presidente, que deverá ser ocupante de cargo efetivo superior ou de mesmo nível, ou ter nível de escolaridade igual ou superior ao do indiciado. Os membros da comissão processante devem proceder com absoluta isenção, sob pena de nulidade do processo. O processo disciplinar compreende as seguintes ***fases***: a) **Instauração**, com a publicação do ato que constituir a comissão; b) **Inquérito administrativo**, que compreende a **instrução**, **defesa** e **relatório**; e o c) **Julgamento.**
O prazo para a conclusão do processo disciplinar não excederá 60 (sessenta) dias, contados da data de publicação do ato que constituir a comissão, admitida a sua prorrogação por igual prazo, quando as circunstâncias o exigirem. De acordo com a Súmula 592 do STJ, O excesso de prazo para a conclusão do processo administrativo disciplinar só causa nulidade se houver demonstração de prejuízo à defesa. (Súmula 592, PRIMEIRA SEÇÃO, julgado em 13/09/2017, DJe 18/09/2017).

7. Processo sumário

A apuração dos ilícitos administrativos também pode ser feita por meios sumários, que compreendem a sindicância e a verdade sabida.
A sindicância é o meio sumário que serve para apurar irregularidades, dela podendo resultar, consoante disciplina da Lei Federal nº 8.112/90 (art. 145):

a) Arquivamento do processo;
b) Aplicação de penalidade de advertência ou suspensão de até 30 dias; ou
c) Instauração de processo administrativo disciplinar (nessa hipótese a sindicância funciona como fase preliminar à instauração do processo disciplinar).

A verdade sabida é o conhecimento pessoal e direto da falta funcional pela autoridade competente para aplicar a penalidade. A Lei 8.112/90 não prevê nenhuma aplicação de pena por meio da verdade sabida, o que andou bem, em respeito à garantia constitucional do contraditório e da ampla defesa (CF/88, art. 5º, LV).

9. JURISPRUDÊNCIA APLICADA

• A autoridade administrativa não dispõe de discricionariedade para aplicar ao servidor pena diversa de demissão quando caraterizadas as hipóteses previstas no art. 132 da Lei n. 8.112/1990. (SÚMULA 650, PRIMEIRA SEÇÃO, julgado em 22/09/2021, DJe 27/09/2021).

• A portaria de instauração do processo administrativo disciplinar prescinde da exposição detalhada dos fatos a serem apurados. (SÚMULA 641, PRIMEIRA SEÇÃO, julgado em 18/02/2020, DJe 19/02/2020).

• Os prazos prescricionais previstos no art. 142 da Lei n. 8.112/1990 iniciam-se na data em que a autoridade competente para a abertura do procedimento administrativo toma conhecimento do fato, interrompem-se com o primeiro ato de instauração válido - sindicância de caráter punitivo ou processo disciplinar - e voltam a fluir por inteiro, após decorridos 140 dias desde a interrupção. (SÚMULA 635, PRIMEIRA SEÇÃO, julgado em 12/06/2019, DJe 17/06/2019).

• A Lei n. 9.784/1999, especialmente no que diz respeito ao prazo decadencial para a revisão de atos administrativos no âmbito da Administração Pública federal, pode ser aplicada, de forma subsidiária, aos estados e municípios, se inexistente norma local e específica que regule a matéria. (SÚMULA 633, PRIMEIRA SEÇÃO, julgado em 12/06/2019, DJe 17/06/2019).

• Desde que devidamente motivada e com amparo em investigação ou sindicância, é permitida a instauração de processo administrativo disciplinar com base em denúncia anônima, em face do poder-dever de autotutela imposto à Administração. (SÚMULA 611, PRIMEIRA SEÇÃO, julgado em 09/05/2018, DJe 14/05/2018).

• O excesso de prazo para a conclusão do processo administrativo disciplinar só causa nulidade se houver demonstração de prejuízo à defesa. (SÚMULA 592, PRIMEIRA SEÇÃO, julgado em 13/09/2017, DJe 18/09/2017).

- É permitida a prova emprestada no processo administrativo disciplinar, desde que devidamente autorizada pelo juízo competente e respeitados o contraditório e a ampla defesa. (SÚMULA 591, PRIMEIRA SEÇÃO, julgado em 13/09/2017, DJe 18/09/2017).

- **Súmula 373 do STJ,** *"É ilegítima a exigência de depósito prévio para admissibilidade de recurso administrativo"*.

- AgRg no REsp 1092632/RS, Rel. Ministro JORGE MUSSI, DJe 29/06/2009: "ADMINISTRATIVO. SERVIDOR PÚBLICO. VANTAGEM PECUNIÁRIA PAGA DE FORMA ERRÔNEA. REVISÃO DO ATO ADMINISTRATIVO. POSSIBILIDADE. ART. 54 DA Lei n. 9.784/99. APLICAÇÃO RETROATIVA. INVIABILIDADE. 1. Tratando-se de acórdão recorrido em manifesto confronto com jurisprudência dominante do Supremo Tribunal Federal e deste Tribunal, é perfeitamente possível ao relator dar provimento ao recurso especial monocraticamente, a teor do art. 557, § 1º-A, do CPC. 2. O art. 54 da Lei 9.784/99, ao disciplinar o processo administrativo, estabeleceu o prazo de cinco anos para que pudesse a Administração revogar os seus atos. 3. A data de vigência e publicação da Lei n. 9.784/99 (1º/2/1999) é considerada como o termo inicial da contagem dos prazos decadenciais desfavoráveis à Administração Pública, mesmo que os atos impugnados tenham sido praticados anteriormente à edição da referida lei. Precedentes desta Corte. 4. Agravo regimental improvido".

- STJ, MS 10420/DF, Rel. Ministra MARIA THEREZA DE ASSIS MOURA, DJe 25/06/2009: "MANDADO DE SEGURANÇA. ADMINISTRATIVO. PROCESSO DISCIPLINAR. DEMISSÃO. CERCEAMENTO DE DEFESA. NÃO OCORRÊNCIA. FALTA DE RAZOABILIDADE NA PENA APLICADA. INEXISTÊNCIA. AUSÊNCIA DE DEFESA TÉCNICA. SÚMULA VINCULANTE Nº 5. 1. A alegação de nulidade e de ilegalidade no fato de ter a autoridade indeferido pedido de produção de prova não acarreta cerceamento de defesa, se a autoridade entendeu que as provas requeridas não guardavam pertinência com o objeto do processo, e pelo qual estava sendo o impetrante investigado. Precedente. 2. Cabe ao acusado diligenciar para que sejam anexadas aos autos as provas que pretendesse produzir em tempo hábil, de acordo com os prazos dispostos na Lei nº 8.112/90. 3. Não há falta de razoabilidade na aplicação da pena de demissão, se ao impetrante foi imputada a conduta de improbidade administrativa, que nos termos da Lei nº 8.112/90, tem como única penalidade cabível a demissão. 4. Nos termos da Súmula Vinculante nº 5/STF, a falta de defesa técnica por advogado no processo administrativo não ofende a Constituição, desde que seja concedida a oportunidade de ser efetivado o contraditório e a ampla defesa. 5. Segurança denegada".

- STJ, TERCEIRA SEÇÃO, MS 13340/DF, Rel. Ministro NAPOLEÃO NUNES MAIA FILHO, DJe 04/06/2009: "MANDADO DE SEGURANÇA. SERVIDOR PÚBLICO. MÉDICO. INASSIDUIDADE HABITUAL. ART. 132, II DA LEI 8.112/90. PENA DE DEMISSÃO. ALEGAÇÃO DE CERCEAMENTO DE DEFESA. REVELIA. NOMEAÇÃO DE DEFENSOR DATIVO. PROCESSO ADMINISTRATIVO DISCIPLINAR FORMALMENTE REGULAR. CUMPRIMENTO DO PRAZO DE CONCLUSÃO. OBSERVÂNCIA DE TODOS OS POSTULADOS CONSTITUCIONAIS APLICÁVEIS À ESPÉCIE. ORDEM DENEGADA. 1. Com a edição da Súmula Vinculante 5, do colendo STF, não há mais que se falar em indispensabilidade, no Procedimento Administrativo Disciplinar, de que a defesa do indiciado seja necessariamente realizada por Advogado, ou que, na ausência deste, a Administração esteja obrigada a nomear-lhe Defensor Dativo. 2. A presença de Causídico, nessa seara, não é essencial, uma vez que a própria lei prevê a manifestação pessoal do Servidor, fato este que, à toda evidência, não exclui a necessidade da existência de efetiva defesa, como decorrência, inclusive, do princípio do devido processo legal; a ausência de Defensor constituído no decorrer da instrução do Processo Administrativo

Disciplinar não importa, necessariamente, em sua nulidade, desde que tenha sido oportunizada e efetivamente exercida a defesa do indiciado, ainda que pessoalmente. 3. In casu, o impetrante, devidamente citado para acompanhar o procedimento, ao invés de apresentar defesa escrita e acompanhar a oitiva das testemunhas, optou apenas por protocolizar pedido de demissão, que ficou sobrestado durante o decorrer do PAD, conforme preceitua o art. 172 da Lei 8.112/90. Em face de revelia do Servidor, foi regularmente designado Defensor Dativo, para exercer sua defesa, que oportunamente solicitou providências junto à Comissão Processante com vistas à elaboração da defesa, representando o impetrante de maneira ampla e irrestrita. 4. A não realização do interrogatório do indiciado e sua ausência à audiência de oitiva das testemunhas foram inviabilizadas por culpa exclusiva do próprio impetrante, que desapareceu durante o transcorrer de todo o Procedimento Administrativo Disciplinar, demonstrando sua intenção em não colaborar com o andamento da instrução processual. 5. O prazo de 30 dias, prorrogável por mais 15, previsto no § 7°. do art. 133 da Lei 8.112/90, para conclusão e julgamento do Processo Administrativo Disciplinar submetido ao procedimento sumário, foi regularmente observado pela Comissão Processante, que editou Portaria prorrogando o prazo e apresentou o Relatório Final dentro do lapso temporal esperado. Ademais, a ultrapassagem do prazo para conclusão do PAD não acarreta, por si só, a sua nulidade, em razão da previsão do § 1°. do art. 169 da mesma lei, segundo o qual o julgamento fora do prazo legal não implica nulidade do processo. 6. A conduta infracional de inassiduidade habitual, caracterizada pelas faltas injustificadas no período de 60 dias interpolados em até 12 meses, pressupõe o animus de se ausentar do serviço, aferível pela ausência de apresentação de justificativa para a falta ao serviço; apenas se houver causa justificável para a ausência ao trabalho, fica descaracterizado o dolo específico da inassiduidade habitual. 7. A sanção punitiva em causa decorreu de atividade administrativa do Poder Público que respeitou, com estrita fidelidade, as prescrições relativas à exigência de regularidade formal do procedimento disciplinar e à observância de todos os postulados constitucionais aplicáveis a espécie, mormente o da proporcionalidade e da razoabilidade, vez que a conduta apurada é grave e possui a demissão como sanção disciplinar a ela cominada (art. 132, II da Lei 8.112/90). Ordem denegada".

- "AGRAVO REGIMENTAL NO RECURSO EXTRAORDINÁRIO. MILITAR. PROCESSO ADMINISTRATIVO DISCIPLINAR. LICENCIAMENTO. OFENSA AOS PRINCÍPIOS DO CONTRADITÓRIO E DA AMPLA DEFESA. 1. A jurisprudência desta Corte tem se fixado no sentido de que a ausência de processo administrativo ou a inobservância aos princípios do contraditório e da ampla defesa tornam nulo o ato de demissão de servidor público, seja ele civil ou militar, estável ou não. Agravo regimental a que se nega provimento" (STF, RE-AgR 513585/RJ, AG.REG. NO RECURSO EXTRAORDINÁRIO, Relator Min. EROS GRAU, Julgamento: 17/06/2008).

- "Agravo regimental em recurso extraordinário. 2. Servidor Público falecido. Pensão deixada a Viúva e a Companheira. Questionamento quanto à condição de ex-companheira. Nulidade do ato administrativo sem prévio processo administrativo. Inobservância do contraditório e da ampla defesa. Impossibilidade 3. A garantia do direito de defesa contempla, no seu âmbito de proteção, todos os processos judiciais ou administrativos. Precedentes. 4. Agravo regimental a que se nega provimento" (STF, RE-AgR 488443/RJ, AG. REG. NO RECURSO EXTRAORDINÁRIO, Relator Min. GILMAR MENDES, Julgamento em 09/10/2007).

- "Processo Administrativo: depósito da multa. Em recente julgamento, o Supremo decidiu que a exigência do depósito do valor da multa, como condição de admissibilidade do recurso na esfera administrativa, é inconstitucional, por violar as garantias constitucionais do direito de petição, do contraditório, e da ampla defesa (RREE 388.359,

389.383, e 390.513, M. Aurélio, e ADIns 1.922 e 1.976, Joaquim, Inf. 461 e 462)". (STF, RE-AgR-AgR 402904/PE, AG. REG. NO AG. REG. NO RECURSO EXTRAORDINÁRIO, Relator Min. SEPÚLVEDA PERTENCE, Julgamento em 14/08/2007).

- "O Plenário do Supremo Tribunal Federal tem reiterado a independência das instâncias penal e administrativa afirmando que aquela só repercute nesta quando conclui pela inexistência do fato ou pela negativa de sua autoria. (MMSS 21.708, rel. Min. Maurício Corrêa, DJ 18.05.01, 22.438, rel. Min. Moreira Alves, DJ 06.02.98, 22.477, rel. Min. Carlos Velloso, DJ 14.11.97, 21.293, rel. Min. Octavio Gallotti, DJ 28.11.97). Segurança denegada". MS N. 23.188-RJ, RELATORA MIN. ELLEN GRACIE.

- "CONSTITUCIONAL. ADMINISTRATIVO. SERVIDOR PÚBLICO. PROCESSO ADMINISTRATIVO DISCIPLINAR. ADVOGADO: VISTA DOS AUTOS. I. Ao servidor sujeito a processo administrativo disciplinar é assegurado o direito de defesa, que há de ser amplo. Lei 8.112/90, art. 153. II. O advogado regularmente constituído tem direito a ter vista do processo administrativo disciplinar, na repartição competente, ou retirá-lo pelo prazo legal. Lei 8.906/94, art. 7º, XV. III. Mandado de Segurança deferido." MS N. 22.921-SP, RELATOR: MIN. CARLOS VELLOSO.

- "CONSTITUCIONAL. ADMINISTRATIVO. SERVIDOR PÚBLICO: DEMISSÃO. ILÍCITO ADMINISTRATIVO E ILÍCITO PENAL. INSTÂNCIA ADMINISTRATIVA: AUTONOMIA. PRESCRIÇÃO: Lei 8.112/90, art. 142. I. Ilícito administrativo que constitui, também, ilícito penal: o ato de demissão, após procedimento administrativo regular, não depende da conclusão da ação penal instaurada contra o servidor por crime contra a administração pública, tendo em vista a autonomia das instâncias. II. Precedente do STF: MS 23.401-DF, Velloso, Plenário. III. Na hipótese de a infração disciplinar constituir também crime, os prazos de prescrição previstos na lei penal têm aplicação: Lei 8.112/90, art. 142, § 2º. Inocorrência de prescrição, no caso. IV. Alegação de flagrante preparado: alegação impertinente no procedimento administrativo. V. Mandado de segurança indeferido." MS N. 23.242-SP, RELATOR: MIN. CARLOS VELLOSO.

- "ANULAÇÃO DE NOMEAÇÃO E AMPLA DEFESA. A Turma manteve decisão do Min. Néri da Silveira, relator, que dera provimento a recurso extraordinário para reformar acórdão do Tribunal de Justiça do Estado do Rio Grande do Sul que entendera ser desnecessária a instauração de procedimento administrativo quando da anulação de ato considerado ilegalmente praticado por parte da administração pública. Tratava-se, na espécie, de servidor, já em exercício, que teve anulada a sua inclusão no quadro de pessoal da Brigada Militar, por ter omitido, no requerimento da sua inscrição no concurso público, a existência de contravenção penal pela qual estava sendo processado – dirigir sem a devida habilitação (art. 32 da LCP). Considerou-se que, na espécie, cabia à administração garantir ao agravado a ampla defesa (CF, art. 5º, LV), inclusive acerca da amplitude da gravidade do ato que baseou a exclusão do mesmo do quadro de pessoal. Precedente citado: RE 158.543-RS (DJU de 1º.10.95)." RE (AgRg) 210.916-RS, rel. Min. Néri da Silveira, 19.3.2002.

- "RE EM SEDE ADMINISTRATIVA: NÃO-CABIMENTO. Não cabe recurso extraordinário contra decisão proferida em processo de natureza administrativa já que este não tem natureza jurisdicional, inexistindo, assim, causa decidida em última ou única instância por órgão do Poder Judiciário no exercício de função jurisdicional. Com base nesse entendimento, a Turma manteve decisão do Min. Celso de Mello, relator, que negara provimento a agravo de instrumento referente a recurso extraordinário interposto contra acórdão do Tribunal de Justiça do Estado de São Paulo que, em procedimento administrativo-disciplinar, mantivera a pena de demissão imposta ao agravante. Precedentes citados: RE 164.458-DF (RTJ

161/1031), RE (AgRg) 209.737-SP (DJU de 6.2.98) e PET 1.256-SP (DJU de 4.5.2001)." AG (AgRg) 316.458-SP, rel. Min. Celso de Mello, 19.3.2002.

• "SINDICÂNCIA: NATUREZA INQUISITORIAL. Tendo em vista que a sindicância, enquanto medida preparatória para o processo administrativo, não observa o princípio da ampla defesa, o Tribunal indeferiu mandado de segurança em que se pretendia a anulação da pena de demissão imposta a servidor público, sob a alegação de ausência do direito ao contraditório durante o inquérito administrativo. Entendeu-se não caracterizado o cerceamento de defesa em face da demonstração nos autos de que o impetrante efetivamente teve assegurada sua participação no processo disciplinar, no qual foram observados os princípios da ampla defesa e do contraditório. Precedente citado: MS 22.789-RJ (DJU de 25.6.99)." MS 23.261-RJ, rel. Ministra Ellen Gracie, 18.2.2002.

10. QUESTÕES

01. (CESPE / CEBRASPE - 2023 - AGU - Procurador Federal - 2023). Considerando o disposto na Lei n.º 9.784/1999, que regula o processo administrativo no âmbito da administração pública federal, assinale a opção correta.

(A) O servidor que incorrer em impedimento deve comunicar o fato à autoridade competente e abster-se de atuar no processo administrativo, constituindo falta média, para efeitos disciplinares, a omissão do dever de comunicar o impedimento.

(B) Pode ser arguida a suspeição da autoridade que esteja litigando judicial ou administrativamente com o interessado no processo administrativo ou com cônjuge ou companheiro deste.

(C) É impedido de atuar em processo administrativo o servidor ou autoridade que tenha amizade íntima ou inimizade notória com algum dos interessados ou com os respectivos cônjuges.

(D) É impedido de atuar em processo administrativo o servidor que tenha participado como perito, testemunha ou representante, ou se em tais situações participar parente até o segundo grau, excluindo-se o parentesco por afinidade.

(E) O indeferimento de alegação de suspeição poderá ser objeto de recurso, o qual não terá efeito suspensivo.

02. (CESPE / CEBRASPE - 2023 - AGU – Advogado da União – 2023). De acordo com o disposto na Lei n.º 9.784/1999, o processo administrativo

(A) define-se como uma relação trilateral, onerosa, que se desenvolve em órgão administrativo ou jurisdicional e cujo objetivo é a resolução de um litígio.

(B) é instaurado por provocação ou *ex officio*; nele, a relação é bilateral e a administração age como parte e como interessada, daí a ausência de coisa julgada como preclusão máxima das decisões.

(C) equivale ao processo judicial exceto no que diz respeito à ausência de terceiro imparcial, que é o juiz.

(D) consiste em um conjunto de papéis exclusivamente organizados em pasta física, com o objetivo de restringir direitos por meio de uma decisão final autoexecutória e revisível pelo Poder Judiciário.

(E) é um rito formal, unilateral, inquisitório e preparatório de uma decisão final, não adversarial, que pode ter caráter cogente ou não, salvo nos processos administrativos disciplinares.

03. (CESPE / CEBRASPE - 2023 - MPE-AM - Promotor de Justiça Substituto - 2023). Acerca do processo administrativo disciplinar (PAD), assinale a opção correta.

(A) No PAD, o princípio da publicidade assegura ao agente público interessado intimação prévia de todos os atos relevantes, a qual deve ocorrer, necessariamente, mediante ciência no processo ou via postal.

(B) Em respeito ao direito constitucional à ampla defesa, é indispensável que o interessado no PAD seja assistido tecnicamente por advogado em todas as fases do processo.

(C) Dada a vedação normativa ao anonimato, a jurisprudência não admite instauração de PAD com base em notícia anônima.

(D) Para parte da doutrina, o princípio da legalidade, no âmbito do PAD, diz respeito à atuação não apenas de acordo com a lei em sentido estrito, mas também com o sistema jurídico em sentido global.

(E) Não se admite prova emprestada no PAD, em virtude das garantias constitucionais aplicáveis a ele.

04. (FGV - 2022 - AGE-MG - Procurador do Estado - 2023). Com o objetivo de conferir máxima efetividade ao princípio da autotutela, o Estado *Ômega*, um dos estados com maior arrecadação tributária do país, editou lei estabelecendo que a Administração Pública estadual anulará seus atos inválidos, de ofício ou por provocação de pessoa interessada, observado o prazo decadencial de 10 (dez) anos contado de sua produção.

De acordo com a jurisprudência do Supremo Tribunal Federal, a citada norma é

(A) inconstitucional, por violação ao princípio da igualdade com os demais Estados-membros, pois o prazo de 5 anos, previsto na Lei nº 9.784/99, consolidou-se como marco temporal geral nas relações entre o poder público e particulares.

(B) inconstitucional, sob o aspecto formal, pois viola a competência privativa da União para legislar sobre processos e contratos administrativos.

(C) constitucional, desde que haja a instauração de processo administrativo no qual sejam assegurados o contraditório e a ampla defesa.

(D) inconstitucional, por violação ao princípio da segurança jurídica, pois o prazo de dez anos é muito superior ao prazo geral trienal previsto na Lei Federal nº 9.784/99, que é aplicável de forma subsidiária aos Estados e Municípios.

(E) constitucional, porque, a um só tempo, representa maior proteção ao patrimônio público estadual e garante a autonomia do Estado *Ômega*, em prestígio ao pacto federativo.

05. (FCC - 2023 - TRT - 18ª Região (GO) – Analista Judiciário – Área Judiciária – 2023). A conclusão da instrução do processo administrativo regido pela Lei federal nº 9.784/1999

(A) enseja a faculdade de a Administração proferir decisão sobre o objeto do processo ou, alternativamente, sobrestar o trâmite do feito por até 90 dias, independentemente de oitiva do interessado ou de justificativa.

(B) pode autorizar a tomada de decisão coordenada, caso, por exemplo, seja necessária a participação de 3 ou mais órgãos da Administração e não se trate de processo sancionador.

(C) obriga a Administração a proferir decisão no prazo de 30 dias, sob pena de se considerar deferido o pleito, reconhecido o direito ou afastada a infração disciplinar imputada ao interessado.

(D) permite que, nos casos de processos disciplinares, a Administração solicite a participação de outras autoridades hierarquicamente superiores, para deliberação mediante decisão coordenada.

(E) dá lugar à fase decisória do processo, na qual a autoridade competente profere decisão ou, mediante justificativa, delega este ato a outros órgãos ou setores integrantes da mesma estrutura administrativa, para que seja adotada a chamada decisão coordenada.

06. (FGV – TJMG – Juiz Substituto – 2022) O direito ao contraditório e à ampla defesa é consagrado no inciso LV, do Art. 5o da Constituição Federal. Em relação ao processo administrativo, assinale a afirmativa correta.

(A) Não há necessidade de descrever o motivo da instauração na portaria inaugural, pois o servidor necessariamente terá acesso aos autos e conhecimento da imputação administrativa.

(B) A nomeação de presidente da comissão processante pode recair sobre servidor não estável, porque tal fato não se mostra relevante para a defesa, que atuou desde o início do processo.

(C) Se for decorrido o prazo para a instrução, o procedimento é sempre nulo, se esgotado o prazo para a administração buscar a aplicação da sanção administrativa.

(D) O servidor público estável poderá perder o cargo, mediante procedimento de avaliação periódica de desempenho, desde que observados os princípios constitucionais.

07. (CESPE – Auditor Fiscal Contábil-Financeiro da Receita Estadual– TCDF – 2022) Considerando que, hipoteticamente, a diretoria de um órgão da administração distrital tenha editado portaria que aprovou seu regimento interno, julgue o próximo item, com base na teoria dos atos administrativos.

A forma de edição mencionada está em desacordo com a Lei n.º 9.784/1999, que determina a utilização de resolução, e não de portaria, para a aprovação de regimentos internos.

08. (CESPE – Auditor Fiscal Contábil-Financeiro da Receita Estadual– TCDF – 2022) Considerando que, hipoteticamente, a diretoria de um órgão da administração distrital tenha editado portaria que aprovou seu regimento interno, julgue o próximo item, com base na teoria dos atos administrativos.

Os elementos ou requisitos comumente citados como pressupostos do ato administrativo, tais como forma, objeto, competência, motivo e finalidade, são expressamente elencados na Lei n.º 9.784/1999.

GABARITO			
01. E	**02.** B	**03.** D	**04.** A
05. B	**06.** A	**07.** ERRADO	**08.** ERRADO

CAPÍTULO XIV

Improbidade Administrativa

1. PROBIDADE E MORALIDADE ADMINISTRATIVAS. CONCEITO DE IMPROBIDADE ADMINISTRATIVA E A LEI Nº 8.429/92, COM AS ALTERAÇÕES PROMOVIDAS PELA LEI Nº 14.230/2021

A Constituição de 1988, em tema de combate à corrupção em todas as suas formas de manifestação, foi exemplar. A inclusão do princípio da moralidade administrativa em seu texto formal, reflete, sem dúvida, a preocupação do constituinte e do povo brasileiro com a garantia da probidade, da ética e da honestidade na Administração Pública.

Com efeito, por força do art. 37, *caput*, da Constituição Federal, a Administração Pública direta e indireta de qualquer dos Poderes da União, dos Estados, do Distrito Federal e dos Municípios obedecerá, além de outros, ao **princípio da moralidade**.

A moralidade, como princípio jurídico-constitucional, impõe um novo conceito de Administração e gestão pública, exigindo a aplicação e observância, não apenas da lei formal, mas também, irrecusavelmente, da probidade, da honestidade, da boa-fé e lealdade na condução da coisa pública. Evidente que, se nas relações privadas, nas quais predomina a autonomia da vontade, já se exige o cumprimento desses valores éticos e morais, *a fortiori* que se deve reclamar a satisfação dessa pauta axiológica no âmbito das relações públicas.

Administração pública é gestão dos interesses e bens do público. O gestor público gerencia os interesses e bens do povo, para o bem-estar do povo. Seria inimaginável uma gestão pública imoral, dissociada da probidade.

A improbidade na gestão pública contraria a moralidade. É a negativa do Estado Constitucional. O agente público ímprobo desacata o povo, se locupleta do patrimônio do povo, causa lesão à coisa pública e viola desavergonhadamente os demais princípios constitucionais da Administração Pública.

A Constituição de 1988 delegou ao legislador federal a definição dos atos de improbidade, assim como a suas consequências. Determinou, desde logo, que o agente ímprobo seja punido com a suspensão dos direitos políticos, a perda da função pública, a indisponibilidade dos bens e o ressarcimento ao erário, na forma e gradação previstas em lei federal, e tudo isso sem prejuízo da ação penal cabível.

Ademais, apesar de estabelecer que a lei deverá fixar os prazos de prescrição para os ilícitos praticados pelo agente, servidor ou não, que causem prejuízos ao erário, a Constituição considerou imprescritíveis as respectivas ações de ressarcimento dos danos.

Nesse contexto, os atos de improbidade administrativa são aqueles que, possuindo natureza civil e devidamente tipificados em lei federal, ferem, direta ou indiretamente, os princípios constitucionais e legais da administração pública, independentemente de importarem enriquecimento ilícito ou de causarem prejuízo material ao erário.

A Carta Fundamental de 88 refere-se à improbidade administrativa – como violação à moralidade administrativa – em várias passagens de seu texto. No art. 15, inciso V, a improbidade é tratada como causa de suspensão dos direitos políticos; já no art. 37, § 4º, a Constituição elenca as sanções que devem ser cominadas à prática de ato de improbidade administrativa. Vejamos os dispositivos:

> "Art. 15. É vedada a cassação de direitos políticos, cuja perda ou suspensão só se dará nos casos de:
>
> (...);
>
> V – improbidade administrativa, nos termos do art. 37, § 4º."
>
> "Art. 37. (...).
>
> § 4º – Os atos de improbidade administrativa importarão a suspensão dos direitos políticos, a perda da função pública, a indisponibilidade dos bens e o ressarcimento ao erário, na forma e gradação previstas em lei, sem prejuízo da ação penal cabível."

Para além disso, a Constituição ainda trata a improbidade administrativa como ato ofensivo à probidade no art. 85, inciso V, que caracteriza crime de responsabilidade do Presidente da República, e no art. 14, § 9º, como parâmetro para definição de outros casos de inelegibilidade, com vistas a proteger a probidade.

O art. 37, § 4º, da Constituição Federal, indica as sanções que devem ser cominadas à prática de ato de improbidade administrativa. De acordo com esse preceito constitucional, os atos de improbidade administrativa importarão a suspensão dos direitos políticos, a perda da função pública, a indisponibilidade dos bens e o ressarcimento ao erário, na forma e gradação previstas em lei, sem prejuízo da ação penal cabível.

Com o objetivo de dar concreção ao § 4º do art. 37, foi editada a Lei nº 8.429, de 02 de junho de 1992 (Lei da Improbidade Administrativa – LIA), em grande parte alterada pela Lei nº 14.230, de 25 de outubro de 2021. Ela é de âmbito nacional e se aplica a todas as entidades políticas (União, Estados, Distrito Federal e Municípios).

A Lei nº 8.429/92 define os sujeitos ativo e passivo do ato de improbidade (arts. 1º a 3º), o próprio ato de improbidade (arts. 9º, 10 e 11) e as sanções aplicáveis em virtude da prática de atos de improbidade administrativa (art. 12), além de dispor acerca da ação judicial pela prática do ato de improbidade (arts. 17 a 18-A) e da prescrição da ação (art. 23).

A lei é mais ampla, uma vez que compreende como ato de improbidade não apenas os atos que *importam em enriquecimento ilícito* (art. 9º), mas também os atos que *causam prejuízo ao erário* (art. 10) e os que *atentam contra os princípios da Administração Pública* (art. 11).

Contudo, cumpre esclarecer que antes da Constituição de 1988, as leis que existiam - Lei nº 3.164/57 (conhecida como Lei Pitombo-Godói Ilha) e Lei nº 3.502/58 (conhecida como Lei Bilac Pinto) - se limitavam a sancionar o agente público com sequestro e perda dos seus bens no caso exclusivamente de enriquecimento ilícito, por influência ou abuso do cargo ou função.

A Lei nº 8.429/92 avançou, para compreender no conceito de improbidade, não apenas os atos que importam em enriquecimento ilícito (art. 9º), mas também os atos que *causam prejuízo ao erário* (art. 10) e os que *atentam contra os princípios da Administração Pública.*

A probidade e moralidade administrativas são princípios constitucionais que se identificam, "tendo em vista que ambos se relacionam com a ideia de *honestidade* na Administração Pública"[1] (grifos no original). Tanto a probidade como a moralidade exigem a estrita observância de padrões éticos, de boa-fé, de lealdade com as instituições públicas, de regras que assegurem a boa e útil administração e a disciplina interna na Administração Pública.

Todavia, à luz do direito positivo, a *violação* ao princípio da probidade administrativa é mais ampla e compreende a violação ao princípio da moralidade administrativa. Nesse sentido, esclarece Di Pietro que "quando se fala em improbidade como *ato ilícito,* como infração sancionada pelo ordenamento jurídico, deixa de haver sinonímia entre as expressões *improbidade* e *imoralidade*, porque aquele tem um sentido muito mais amplo e muito mais preciso, que abrange não só atos desonestos ou imorais, mas também e principalmente atos ilegais"[2].

Com efeito, na Lei nº 8.429/92, a violação à moralidade administrativa é apenas uma das inúmeras hipóteses de atos de improbidade ali previstos. Dito de outro modo, a improbidade administrativa compreende o ato de violação à moralidade administrativa e aos demais princípios da Administração Pública.

Com fundamento nesse diploma legal, pode-se entender por ato de improbidade administrativa as condutas dolosas tipificadas nos arts. 9º, 10 e 11 da LIA, ressalvados os tipos previstos em leis especiais, que, à custa da Administração Pública e do interesse público, **importam em enriquecimento ilícito** (art. 9º); **causam prejuízo**

1. Maria Sylvia Zanella Di Pietro, op. cit., p. 657.
2. Ibidem, p. 659.

ao erário (art. 10); ou **atentam contra os princípios da Administração Pública** (art. 11)[3].

Em sua estrutura, a Lei nº 8.429/92 compreende os arts. 1º ao 25 e está dividida em 8 capítulos.

No capítulo I, trata sobre as Disposições Gerais (art. 1º ao art. 8º-A); no capítulo II, define os Atos de Improbidade Administrativa (art. 9º ao art. 11); no capítulo III, indica as penas aplicáveis em virtude da prática de atos de improbidade administrativa (art. 12); no capítulo IV, dispõe sobre a Declaração de Bens dos agentes públicos como condição para a posse e exercício das funções (art. 13); no capítulo V, dispõe sobre o Procedimento Administrativo e do Processo Judicial destinados a apurar a prática de ato de improbidade (art. 14 a art. 18-A); no capítulo VI, cuida das Disposições Penais (art. 19 a art. 22); no capítulo VII, regula a Prescrição da ação de improbidade (art. 23 a art. 23-C); e, por fim, no capítulo VIII, conclui com as disposições finais (art. 24 e art. 25).

A Lei nº 8.429/92, como acima se noticiou, foi substancialmente alterada pela Lei nº 14.230/2021. Entre as principais mudanças, cumpre destacar e antecipar as seguintes:

- Somente as condutas **dolosas** – tipificadas nos arts. 9º, 10 e 11 da Lei – podem ser consideradas atos de improbidade administrativa. Assim, com a alteração legislativa, não há falar em ato de improbidade decorrente de conduta culposa. Porém, não basta o dolo genérico para a configuração do ato de improbidade, pois a nova Lei passou a exigir o **dolo específico** do agente em praticar os atos de improbidade tipificados nos arts. 9º, 10 e 11 da LIA. Isto porque, a própria Lei 14.230/2021 considera dolo a *vontade livre e consciente* de alcançar o *resultado ilícito* descritos nos referidos arts. 9º, 10 e 11 da Lei de improbidade, não bastando a voluntariedade do agente.
- De acordo com a nova Lei nº 14.230/2021, somente haverá improbidade administrativa quando for comprovado na conduta funcional do agente público o *fim de obter proveito ou benefício indevido para si ou para outra pessoa ou entidade*.
- A Lei considera que o mero exercício da função ou desempenho de competências públicas, *sem comprovação de ato doloso com fim ilícito*, afasta a responsabilidade por ato de improbidade administrativa, consagrando a responsabilidade subjetiva do agente e afastando qualquer responsabilidade objetiva. Com isso, buscou-se, com essa alteração, trazer uma maior tranquilidade e segurança jurídica para o gestor público.
- A Lei determina a aplicação dos *princípios constitucionais do direito administrativo sancionador* ao sistema de responsabilização pelo ato de improbidade administrativa. Essa novidade tem proporcionado importantes debates

3. Sobre o tema, é fundamental a leitura da magnífica obra de George Sarmento. *Improbidade Administrativa*. Porto Alegre: Editora Síntese, 2002.

doutrinários, com reflexo na jurisprudência, especialmente em relação à possibilidade de aplicar aos atos de improbidade um princípio constitucional típico do direito penal, que é o da *retroatividade da lei mais benéfica*. Sobre o tema, o Supremo Tribunal Federal, no julgamento do Tema nº. 1.199 (ARE nº. 843.989 RG, Relator Ministro Alexandre de Moraes, Tribunal Pleno, publicado em 04/03/2022), após analisar as questões submetidas ao respectivo tema, em decorrência da superveniência da Lei nº. 14.230/2021, fixou as seguintes teses: "*1) É necessária a comprovação de responsabilidade subjetiva para a tipificação dos atos de improbidade administrativa, exigindo-se – nos artigos 9º, 10 e 11 da LIA – a presença do elemento subjetivo – DOLO; 2) A norma benéfica da Lei 14.230/2021 – revogação da modalidade culposa do ato de improbidade administrativa –, é IRRETROATIVA, em virtude do artigo 5º, inciso XXXVI, da Constituição Federal, não tendo incidência em relação à eficácia da coisa julgada; nem tampouco durante o processo de execução das penas e seus incidentes; 3) A nova Lei 14.230/2021 aplica-se aos atos de improbidade administrativa culposos praticados na vigência do texto anterior da lei, porém sem condenação transitada em julgado, em virtude da revogação expressa do texto anterior; devendo o juízo competente analisar eventual dolo por parte do agente; 4) O novo regime prescricional previsto na Lei 14.230/2021 é IRRETROATIVO, aplicando-se os novos marcos temporais a partir da publicação da lei.*".

- A Lei excluiu do sistema de responsabilização pelo ato de improbidade administrativa, não configurando improbidade, a ação ou omissão decorrente de *divergência interpretativa da lei*, baseada em jurisprudência, ainda que não pacificada, mesmo que não venha a ser posteriormente prevalecente nas decisões dos órgãos de controle ou dos tribunais do Poder Judiciário. Entretanto, apreciando a ADI 7236 – MC, o Min. Alexandre de Moraes concedeu liminar, em 27 de dezembro de 2022, para suspender o § 8º do art. 1º, incluído pela Lei 14.230/2021, por entender "que o critério estabelecido no art. 1º, § 8º, da LIA, é excessivamente amplo e resulta em insegurança jurídica apta a esvaziar a efetividade da ação de improbidade administrativa".
- A Lei submeteu expressamente os agentes políticos ao regime de responsabilização pelo ato de improbidade administrativa nela previsto.
- A Lei alterou o procedimento da ação por ato de improbidade administrativa.
- A Lei suprimiu a legitimidade ativa da pessoa jurídica interessada para a propositura da ação por ato de improbidade administrativa, reservando essa iniciativa, com exclusividade, ao Ministério Público. Entretanto, cumpre assinalar que essa alteração foi impugnada na ADI 7043, Rel. Min. Alexandre de Moraes, que, em decisão monocrática proferida em 17 de fevereiro de 2022 e *ad referendum* do Plenário do STF, deu interpretação conforme a Constituição Federal ao *caput* e §§ 6º-a, 10-c e 14, do artigo 17 da Lei nº 8.429/92, com a redação dada pela Lei nº 14.230/2021, no sentido da existência de *legitimidade ativa concorrente* entre o Ministério Público e as pessoas jurídicas interessadas para a propositura da ação por ato de improbidade administrativa. Julgando

o mérito da ação direta, em 31.8.2022, o plenário do STF, por maioria, julgou parcialmente procedentes os pedidos formulados na ação para: (a) declarar a inconstitucionalidade parcial, sem redução de texto, do *caput* e dos §§ 6º-A e 10-C do art. 17, assim como do *caput* e dos §§ 5º e 7º do art. 17-B, da Lei 8.429/1992, na redação dada pela Lei 14.230/2021, de modo a restabelecer a existência de legitimidade ativa concorrente e disjuntiva entre o Ministério Público e as pessoas jurídicas interessadas para a propositura da ação por ato de improbidade administrativa e para a celebração de acordos de não persecução civil; (b) declarar a inconstitucionalidade parcial, com redução de texto, do § 20 do art. 17 da Lei 8.429/1992, incluído pela Lei 14.230/2021, no sentido de que não existe "obrigatoriedade de defesa judicial"; havendo, porém, a possibilidade dos órgãos da Advocacia Pública autorizarem a realização dessa representação judicial, por parte da assessoria jurídica que emitiu o parecer atestando a legalidade prévia dos atos administrativos praticados pelo administrador público, nos termos autorizados por lei específica; (c) declarar a inconstitucionalidade do art. 3º da Lei 14.230/2021; e, em consequência, declarou a constitucionalidade: (a) do § 14 do art. 17 da Lei 8.429/1992, incluído pela Lei 14.230/2021; e (b) do art. 4º, X, da Lei 14.230/2021. Tudo nos termos do voto do Relator, vencidos, parcialmente, os Ministros Nunes Marques, Dias Toffoli e Gilmar Mendes, nos termos de seus votos.

– A Lei unificou o prazo de prescrição da ação por ato de improbidade administrativa, para estabelecer o **prazo único de 8 (oito) anos**, contados a partir da ocorrência do fato ou, no caso de infrações permanentes, do dia em que cessou a permanência. Ademais, a Lei previu a prescrição intercorrente, que deve ser decretada pelo juiz ou o tribunal, depois de ouvido o Ministério Público, de ofício ou a requerimento da parte interessada, caso, entre os marcos interruptivos referidos no § 4º do art. 23 da Lei, transcorra o prazo de 4 anos previsto no § 5º do art. 23 da Lei. Cumpre sublinhar, como acima mencionado, que o Supremo Tribunal Federal, no julgamento do Tema nº. 1.199 de repercussão geral (ARE nº. 843.989 RG, Relator Ministro Alexandre de Moraes, Tribunal Pleno, publicado em 04/03/2022), fixou a tese segundo a qual *"O novo regime prescricional previsto na Lei 14.230/2021 é IRRETROATIVO, aplicando-se os novos marcos temporais a partir da publicação da lei."*.

2. SUJEITO PASSIVO DO ATO DE IMPROBIDADE

A Lei de Improbidade Administrativa indica as entidades que podem ser afetadas ou vítimas do ato de improbidade. Essas entidades – consideradas sujeitos passivos do ato de improbidade – podem ser públicas ou privadas, integrantes ou não da Administração Pública federal, estadual, municipal e distrital.

Com efeito, de acordo com o que dispõe o § 5º do art. 1º da Lei 8.429/92, podem ser sujeitos passivos do ato de improbidade a Administração Pública Direta e Indireta de qualquer dos Poderes da União, dos Estados, do Distrito Federal e dos Municípios.

Assim, a União, os Estados-membros, o Distrito Federal, os Municípios, as Autarquias, as Fundações instituídas pelo Poder Público, sejam de direito público ou de direito privado, as Empresas Públicas, as Sociedades de Economia Mista e os Consórcios Públicos podem ser sujeitos passivos da improbidade administrativa.

Para além dessas entidades, também estão sujeitos às penalidades da LIA os atos de improbidade praticados contra o patrimônio de entidades privadas que recebam subvenção, benefício ou incentivo, fiscal ou creditício, daqueles entes públicos ou governamentais.

Por fim, também estão sujeitos às sanções da LIA, independentemente de integrar a administração indireta, os atos de improbidade praticados contra o patrimônio de entidade privada para cuja criação ou custeio o erário haja concorrido ou concorra no seu patrimônio ou receita atual. Nesse caso, o ressarcimento dos prejuízos está limitado à repercussão do ilícito sobre a contribuição dos cofres públicos.

3. SUJEITO ATIVO DO ATO DE IMPROBIDADE

Pela Lei 8.429/92, podem ser **sujeitos ativos** da improbidade administrativa, sujeitando-se às sanções previstas na Lei de Improbidade, os **agentes públicos** e **particulares** que, mesmo não sendo agentes públicos, induzam ou concorram dolosamente para a prática do ato de improbidade.

Ademais, no que se refere a recursos de origem pública, também se sujeita às sanções previstas na Lei de Improbidade Administrativa o **particular**, pessoa física ou jurídica, que celebra com a administração pública convênio, contrato de repasse, contrato de gestão, termo de parceria, termo de cooperação ou ajuste administrativo equivalente.

Assim, os atos de *improbidade administrativa* podem ser praticados tanto por agente públicos (*improbidade própria*), quanto por particular – pessoa física ou jurídica – que induzam ou concorram dolosamente para a prática do ato de improbidade (*improbidade imprópria*).

Porém, os sócios, os cotistas, os diretores e os colaboradores de pessoa jurídica de direito privado **não respondem pelo ato de improbidade que venha a ser imputado à pessoa jurídica**, salvo se, comprovadamente, houver participação e benefícios diretos, caso em que responderão nos limites da sua participação.

A Lei 14.230/2021 incluiu o § 2º ao art. 3º da Lei 8.429/92, para excluir da pessoa jurídica as sanções previstas na Lei de Improbidade, caso o ato de improbidade administrativa seja também sancionado como ato lesivo à administração pública de que trata a Lei nº 12.846/2013 (Lei Anticorrupção). Ademais, as sanções previstas na Lei de improbidade e na Lei 12.846/2013 (Lei Anticorrupção), aplicadas a pessoas jurídicas, sujeitam-se ao princípio do *non bis in idem*, isto é, ao princípio que veda que alguém seja condenado mais de uma vez pelo mesmo fato.

O art. 2º da Lei 8.429/92, com a nova redação dada pela Lei 14.230/2021, considera agente público o agente político, o servidor público e todo aquele que exerce, ainda que transitoriamente ou sem remuneração, por eleição, nomeação, designação, contratação ou qualquer outra forma de investidura ou vínculo, mandato, cargo, emprego ou função nas entidades da Administração Pública direta e indireta.

A nova redação dada pela Lei 14.230/2021 ao conceito de agente público como sujeito ativo da improbidade administrativa, resolve definitivamente a questão acerca de a Lei de Improbidade ser aplicada ou não aos **agentes políticos** (especialmente aos parlamentares, presidente e vice-presidente da República e aos ministros de Estado).

Isto porque, havia uma discussão doutrinária, com eco na jurisprudência dos tribunais, sobre a aplicação da Lei 8.429/92 a esses agentes políticos. Sustentava Di Pietro[4] que nem todos os agentes políticos podiam se submeter integralmente aos efeitos da lei de improbidade administrativa. Segundo a ilustrada autora, a *sanção de perda do cargo ou da função pública não se aplica aos parlamentares e ao Presidente da República e demais autoridades mencionadas nos incisos I e II do art. 52 da Constituição Federal,* uma vez que esses agentes políticos só podem perder o cargo ou função mediante as providências políticas previstas na Magna Carta.

Desse modo, os Deputados Federais e Estaduais (não os Vereadores, pois inexiste norma a respeito destes parlamentares municipais) e os Senadores só podem perder o mandato através de sua Casa respectiva, tal como previsto no art. 55 da Constituição Federal. E o Presidente da República, o Vice-Presidente, os Ministros de Estados e Comandantes Militares (estes dois quando conexos com o Presidente), os Ministros do STF, o AGU, o PGR e os Conselheiros do CNJ e CNMP só podem perder o cargo por meio de processo de *impeachment* julgado pelo Senado, na forma do art. 52 e seu parágrafo único da Constituição Federal. Já em relação aos Governadores, Prefeitos e Vereadores, por inexistirem normas sobre competência para julgá-los em casos de improbidade administrativa, a estes se aplicam integralmente as disposições da Lei 8.429/92.

Já dissentíamos, nas edições anteriores, desse entendimento. Segundo defendíamos, em nenhum momento a Constituição Federal restringiu os casos de perda do mandato ou cargo ou qualquer outra função pública desses agentes políticos às hipóteses previstas nos arts. 55 (para os parlamentares) e 52, I e II (para o Presidente da República, Vice-Presidente, os Ministros de Estados e Comandantes Militares – estes dois quando conexos com o Presidente –, os Ministros do STF, o AGU, o PGR e os Conselheiros do CNJ e CNMP). Nesses casos, simplesmente limita-se a Constituição a afirmar que os aludidos agentes políticos perderão os mandatos ou cargos ou funções. E não que *só* perderão nesses casos especificados.

Ademais, mesmo se concordássemos com isso, dificilmente o parlamentar se esquivaria das disposições da lei de improbidade administrativa. Com efeito, vislumbra-se que uma das causas que gera a perda do mandato do parlamentar (art. 55, inciso IV), é a perda ou suspensão dos direitos políticos. Ocorre, porém, que uma das consequências da improbidade administrativa é a suspensão dos direitos políticos, consoante determina a própria Constituição no art. 15, inciso V e no art. 37, § 4º, de modo que, determinada a suspensão dos direitos políticos do parlamentar em sede de ação por ato de improbidade, ele perderá, em consequência, o mandato[5]. Sem embargo disto, pretender

4. Ibidem, p. 670-672.
5. Cumpre ressaltar que a suspensão dos direitos políticos é hipótese que enseja a **extinção do mandato** do Deputado e Senador, a ser declarada pela Mesa da Casa Legislativa respectiva, de ofício ou mediante provocação de qualquer de

afastar esses agentes políticos das disposições da lei da improbidade administrativa é torná-los imunes ao ato de improbidade, circunstância que a Carta Magna jamais desejou. Assim, já entendíamos que a lei da improbidade administrativa atingia a todos os agentes públicos sem nenhuma exceção, incluindo os agentes políticos.

É verdade que tramitou no Supremo Tribunal Federal a Reclamação Constitucional nº 2.138-DF, na qual se alegou ter havido a usurpação da competência originária do STF para o julgamento de crime de responsabilidade cometido por Ministro de Estado (CF, art. 102, I, *c*), por juiz federal de primeira instância, em razão de ter julgado procedente ação de improbidade administrativa contra o então Ministro-Chefe da Secretaria de Assuntos Estratégicos da Presidência da República.

O Relator da Reclamação, Min. Nelson Jobim, fazendo a distinção entre os regimes de responsabilidade político-administrativa previstos na CF, quais sejam, o previsto no art. 37, § 4º, e regulado pela Lei 8.429/92, e o regime de crime de responsabilidade fixado no art. 102, I, letra "*c*", e disciplinado pela Lei 1.079/50, votou pela procedência do pedido formulado na reclamação por entender que os agentes políticos, por estarem regidos por normas especiais de responsabilidade, não respondem por improbidade administrativa com base na Lei 8.429/92, mas apenas por crime de responsabilidade em ação que somente pode ser proposta perante o STF nos termos do art. 102, I, "*c*", da CF ("*Art. 102. Compete ao Supremo Tribunal Federal, precipuamente, a guarda da Constituição, cabendo-lhe: I – processar e julgar, originariamente: ... c) nas infrações penais comuns e nos crimes de responsabilidade, os Ministros de Estado e os Comandantes da Marinha, do Exército e da Aeronáutica, ressalvado o disposto no art. 52, I, os membros dos Tribunais Superiores, os do Tribunal de Contas da União e os chefes de missão diplomática de caráter permanente;*").

Em síntese, o Min. Nelson Jobim proferiu voto no sentido de julgar procedente a reclamação para assentar a competência do STF e declarar extinto o processo em curso na 14ª Vara da Seção Judiciária do Distrito Federal, que gerou a reclamação.

No mérito, por maioria, o Tribunal julgou procedente a reclamação, vencidos os Ministros Carlos Velloso, Joaquim Barbosa, Celso de Mello, Sepúlveda Pertence e Marco Aurélio, que a julgavam improcedente. Não participaram da votação, quanto ao mérito, a Ministra Cármen Lúcia, e os Ministros Ricardo Lewandowski, Eros Grau e Carlos Britto, por sucederem, respectivamente, aos Ministros Nelson Jobim, Carlos Velloso, Maurício Corrêa e Ilmar Galvão, que proferiram votos em assentada anterior.

Eis o acórdão:

> "RECLAMAÇÃO. USURPAÇÃO DA COMPETÊNCIA DO SUPREMO TRIBUNAL FEDERAL. IMPROBIDADE ADMINISTRATIVA. CRIME DE RESPONSABILIDADE. AGENTES POLÍTICOS. I. PRELIMINARES. QUESTÕES DE ORDEM. I.1. Questão de ordem quanto à manutenção da competência da Corte que justificou, no primeiro momento do julgamento, o conhecimento da reclamação, diante do fato novo da cessação do exercício da função pública pelo interessado. Ministro de Estado que posteriormente assumiu cargo de Chefe de

---

seus membros, ou de partido político representado no Congresso Nacional, assegurada ampla defesa nos termos do § 3º do art. 55. Sobre o assunto, ver o nosso *Curso de Direito Constitucional*, 2ª Edição: Editora Juspodivm, 2008.

Missão Diplomática Permanente do Brasil perante a Organização das Nações Unidas. Manutenção da prerrogativa de foro perante o STF, conforme o art. 102, I, "c", da Constituição. Questão de ordem rejeitada. I.2. Questão de ordem quanto ao sobrestamento do julgamento até que seja possível realizá-lo em conjunto com outros processos sobre o mesmo tema, com participação de todos os Ministros que integram o Tribunal, tendo em vista a possibilidade de que o pronunciamento da Corte não reflita o entendimento de seus atuais membros, dentre os quais quatro não têm direito a voto, pois seus antecessores já se pronunciaram. Julgamento que já se estende por cinco anos. Celeridade processual. Existência de outro processo com matéria idêntica na sequência da pauta de julgamentos do dia. Inutilidade do sobrestamento. Questão de ordem rejeitada. II. MÉRITO. II.1. Improbidade administrativa. Crimes de responsabilidade. Os atos de improbidade administrativa são tipificados como crime de responsabilidade na Lei n° 1.079/1950, delito de caráter político-administrativo. II.2. Distinção entre os regimes de responsabilização político-administrativa. O sistema constitucional brasileiro distingue o regime de responsabilidade dos agentes políticos dos demais agentes públicos. A Constituição não admite a concorrência entre dois regimes de responsabilidade político-administrativa para os agentes políticos: o previsto no art. 37, § 4º (regulado pela Lei n° 8.429/1992) e o regime fixado no art. 102, I, "c", (disciplinado pela Lei n° 1.079/1950). Se a competência para processar e julgar a ação de improbidade (CF, art. 37, § 4º) pudesse abranger também atos praticados pelos agentes políticos, submetidos a regime de responsabilidade especial, ter-se-ia uma interpretação ab-rogante do disposto no art. 102, I, "c", da Constituição. II.3. Regime especial. Ministros de Estado. Os Ministros de Estado, por estarem regidos por normas especiais de responsabilidade (CF, art. 102, I, "c"; Lei n° 1.079/1950), não se submetem ao modelo de competência previsto no regime comum da Lei de Improbidade Administrativa (Lei n° 8.429/1992). II.4. Crimes de responsabilidade. Competência do Supremo Tribunal Federal. Compete exclusivamente ao Supremo Tribunal Federal processar e julgar os delitos político-administrativos, na hipótese do art. 102, I, "c", da Constituição. Somente o STF pode processar e julgar Ministro de Estado no caso de crime de responsabilidade e, assim, eventualmente, determinar a perda do cargo ou a suspensão de direitos políticos. II.5. Ação de improbidade administrativa. Ministro de Estado que teve decretada a suspensão de seus direitos políticos pelo prazo de 8 anos e a perda da função pública por sentença do Juízo da 14ª Vara da Justiça Federal – Seção Judiciária do Distrito Federal. Incompetência dos juízos de primeira instância para processar e julgar ação civil de improbidade administrativa ajuizada contra agente político que possui prerrogativa de foro perante o Supremo Tribunal Federal, por crime de responsabilidade, conforme o art. 102, I, "c", da Constituição. III. RECLAMAÇÃO JULGADA PROCEDENTE. (STF, Plenário, Rcl 2138/DF, RECLAMAÇÃO, Relator Min. NELSON JOBIM, Relator p/ Acórdão Min. GILMAR MENDES [ART. 38, IV, b, DO RISTF], Julgamento em 13/06/2007).

Todavia, cumpre registrar que o STF, ao apreciar o tema 576 de repercussão geral, no RE 976566, fixou a seguinte tese: "O processo e julgamento de prefeito municipal por crime de responsabilidade (Decreto-lei 201/67) não impede sua responsabilização por atos de improbidade administrativa previstos na Lei 8.429/1992, em virtude da autonomia das instâncias." (tese fixada em 13/09/2019).

O STF, portanto, já vinha se afastando da orientação fixada na Rcl 2138/DF, para reconhecer a possibilidade de os agentes políticos se submeterem ao regime da Lei de Improbidade Administrativa.

Entretanto, com a nova redação ao art. 2º da LIA, que considera expressamente o agente político como sujeito ativo do ato de improbidade, essa discussão restou superada, de modo que não há qualquer dúvida de que os agentes políticos se sujeitam às sanções da Lei 8.429/92.

Por fim, cumpre esclarecer que o STJ tem jurisprudência consolidada entendendo que os estagiários que atuam no serviço público, da Administração direta ou indireta, ainda que de modo transitório, com ou sem remuneração, podem ser classificados como agentes públicos e responder por ato de improbidade administrativa de acordo com a Lei 8.429/92[6].

4. OS ATOS DE IMPROBIDADE ADMINISTRATIVA

Na sua redação original, e antes das alterações promovidas pela Lei 14.230/2021, a Lei 8.429/92 definia o ato de improbidade administrativa como toda ação ou omissão, dolosa ou culposa, que, à custa da Administração Pública e do interesse da coletividade, *importar em enriquecimento ilícito* (art. 9º); que *causar prejuízo ao erário* (art. 10) e que *atentar contra os princípios da Administração Pública* (art. 11).

Ademais, conforme previa o art. 10-A, inserido pela Lei Complementar n. 157/2016, também constituía ato de improbidade administrativa autônomo *qualquer ação ou omissão para conceder, aplicar ou manter benefício financeiro ou tributário contrário ao que dispõem o 'caput' e o § 1º do art. 8º-A da Lei Complementar nº 116, de 31 de julho de 2003*. Isto é, era considerado ato de improbidade autônomo a ação ou omissão que decorresse de concessão ou aplicação indevida de benefício financeiro ou tributário. A Lei Complementar n. 116/2003 referida no dispositivo normativo, dispõe sobre o Imposto Sobre Serviços de Qualquer Natureza (ISS), de competência dos Municípios e do Distrito Federal.

Entretanto, a Lei 14.230/2021 revogou esse art. 10-A, mas deslocou a conduta nele descrita para o art. 10, inciso XXII, de modo que passou a considerar como hipótese de ato de improbidade administrativa que causa lesão ao erário qualquer ação ou omissão dolosa que conceder, aplicar ou manter benefício financeiro ou tributário contrário ao que dispõem o *caput* e o § 1º do art. 8º-A da Lei Complementar nº 116, de 31 de julho de 2003.

Assim, antes da Lei 14.230/2021, a improbidade administrativa compreendia os seguintes atos:

a) Os que **importam enriquecimento ilícito** (art. 9º);
b) Os que **causam prejuízo ao erário** (art. 10);
c) Os que **decorram de concessão ou aplicação indevida de benefício financeiro ou tributário** (art. 10-A);
d) Os que **atentam contra os princípios da Administração Pública** (art. 11).

Cumpre recordar que, antes da Lei 14.230/2021, o ato de improbidade podia corresponder a um *ato administrativo*, a uma *omissão* ou a uma *conduta*, dolosa ou, nas

6. STJ, Rel. Min. Sérgio Kukina, REsp 1.149.493, DJe: 06/12/2016: "Administrativo. Processual Civil. Agravo Interno no Recurso Especial. Improbidade Administrativa. Inteligência do art. 2º da Lei nº 8.429/92. Estagiária da Caixa Econômica Federal. Enquadramento no Conceito de Agente Público. Legitimidade para figurar no Polo Passivo da Subjacente Ação Civil Pública. Agravo Desprovido." No mesmo sentido: REsp 1.352.035/RS, Rel. Ministro Herman Benjamin, Segunda Turma, DJe 8/9/2015.

hipóteses do art. 10 da Lei 8.429/92, até culposa (vale dizer, para os atos de improbidade que *causam lesão ao erário*, até uma ação ou omissão *culposa* podia constituir improbidade administrativa).

Com o advento da Lei 14.230/2021 esse cenário é substancialmente alterado.

Primeiro, em razão de ter revogado o art. 10-A, que havia sido inserido na Lei 8.429/92 pela Lei Complementar n. 157/2016, e deslocado a conduta nele descrita para o art. 10, inciso XXII, de modo que passou a considerar como hipótese de ato de improbidade administrativa que causa lesão ao erário qualquer ação ou omissão dolosa que conceder, aplicar ou manter benefício financeiro ou tributário contrário ao que dispõem o *caput* e o § 1º do art. 8º-A da Lei Complementar nº 116, de 31 de julho de 2003.

Segundo, e aqui talvez tenha sido a maior mudança, para considerar ato de improbidade somente a ação ou omissão **dolosa (dolo específico)**, excluindo do conceito de improbidade as condutas culposas. E não é suficiente o dolo genérico para caracterizar a improbidade, pois a própria Lei 14.230/2021 incluiu o § 2º ao art. 1º da Lei 8.429/92 para considerar dolo a **vontade livre e consciente de alcançar o resultado ilícito tipificado nos arts. 9º, 10 e 11 da Lei**, *não bastando a voluntariedade do agente*. Isto é, somente haverá improbidade quando a ação ou omissão for dolosa e o agente praticar o ato ou dele se abster movido pela vontade livre e consciente de alcançar o resultado ilícito.

Assim, com o advento da Lei 14.230/2021, para a configuração do ato de improbidade, em quaisquer de suas modalidades previstas nos artigos 9º, 10 e 11 da Lei nº. 8.429/1992, não basta a conduta dolosa genérica, exigindo a nova Lei o dolo específico. Logo, o dolo exigido para a caracterização de qualquer ato de improbidade administrativa passou a ser o dolo específico, o que afasta a aplicação apenas do dolo genérico, como vinha entendendo a jurisprudência pátria.

Com efeito, é a má-fé, caracterizada pelo dolo específico de atuar em desconformidade com a ordem jurídica para vilipendiar os cofres públicos, que deve ser apenada, não havendo mais a possibilidade de, tal como vinha antes ocorrendo, lastrear-se a condenação do agente público em meras suspeitas ou suposições, revestidas da aura de presunção quase absoluta da prática por este de um ato ímprobo.

O ato de improbidade administrativa não pode ser entendido como mera atuação do agente público em desconformidade com a lei. A intenção do legislador ordinário na produção do caderno normativo (Lei nº. 8.429/1992), em observância ao texto constitucional (CF, art. 37, § 4º), não foi essa. Mas, sim, a de impor a todos os agentes públicos o dever de, no exercício de suas funções, pautarem as suas condutas pelos princípios da legalidade e moralidade, sob pena de sofrerem sanções pelos seus atos considerados ímprobos.

Com efeito, o ato de improbidade, mais do que um ato ilegal, é um ato de desonestidade do agente público para com a Administração, sendo imprescindível a demonstração de que tal conduta seja dolosa, evidenciadora de má-fé, para que se possa configurar. Assim, a má-fé é premissa do ato ilegal e ímprobo, devendo ser cabalmente demonstrada, e não simplesmente ser transferido ao agente o ônus de provar não ter se pautado de forma dolosa.

A ilegalidade passa a ter feições de improbidade quando a conduta ilícita fere os princípios constitucionais da Administração Pública pela má-fé consciente e evidente do agente. Se assim não fosse, qualquer irregularidade praticada por um agente público poderia ser enquadrada como improbidade por violação ao princípio da legalidade, sujeitando-o às pesadas sanções da respectiva lei, o que por certo tornaria inviável a própria atividade administrativa, pois o erro é da essência do ser humano e a erronia - ainda que grave - não pode ser tomada, *per se*, como ato de desonestidade para com o Estado.

Deve-se ter em mente que a Lei de Improbidade visa a punir atos de corrupção e desonestidade, pressupondo a conduta intencional, dolosa, revestida da má-fé do agente ímprobo. Assim, ficou cediço que a má-fé, caracterizada pelo dolo, é que deve ser apenada, tendo em vista que, apesar de todo ato ímprobo ser um ato ilícito, irregular, nem todo ilícito ou irregularidade constitui-se em ato de improbidade.

Uma **terceira** alteração, talvez não muito percebida, foi a *taxatividade* atribuída aos atos de improbidade administrativa que atentam contra os princípios da administração pública (art. 11). Isto porque, diferente do tratamento dado aos atos de improbidade previstos, de forma meramente exemplificativa, nos artigos 9º e 10, a Lei 14.230/2021 restringiu os atos de improbidade administrativa prenunciados no art. 11, que atentam contra os princípios da administração pública, à ação ou omissão dolosa que viole os deveres de honestidade, de imparcialidade e de legalidade, *caracterizada por uma das condutas estabelecidas nos seus incisos.*

Em relação aos atos de improbidade administrativa que *importam enriquecimento ilícito* (art. 9º) e aos atos de improbidade administrativa que *causam lesão ao erário* (art. 10), a previsão legal é apenas indicativa/exemplificativa, na medida em que, ao final do *caput* desses dispositivos, a Lei 8.429/92 utiliza-se da expressão "e notadamente", para, a seguir, indicar as condutas ímprobas. Tal não se repetiu quando, com a nova redação da Lei 14.230/2021, se definiu os atos de improbidade administrativa que atentam contra os princípios da administração pública.

Assim, com as alterações da Lei 14.230/2021, são **atos de improbidade administrativa** as condutas **dolosas** (vontade livre e consciente de alcançar o resultado ilícito) que:

a) **importam enriquecimento ilícito** (art. 9º);

b) **causam prejuízo ao erário** (art. 10); e

c) **atentam contra os princípios da Administração Pública** (art. 11).

Cada uma dessas condutas dolosas – mencionadas acima nas letras *a*, *b* e *c* – compreenderá inúmeras situações, descritas nos respectivos dispositivos legais (artigos 9º, 10 e 11 da Lei 8.429/92, com as alterações da Lei 14.230/2021).

Vejamos, a seguir, cada uma delas.

4.1. Os Atos de Improbidade Administrativa que Importam em Enriquecimento Ilícito

O art. 9º da Lei 8.429/92, com a redação dada pela Lei 14.230/2021, define os **atos de improbidade administrativa que importam em enriquecimento ilícito.**

Em consonância com esse preceito legal, constitui ato de improbidade administrativa importando em enriquecimento ilícito **auferir**, mediante a prática de ato doloso, qualquer tipo de vantagem patrimonial indevida em razão do exercício de cargo, de mandato, de função, de emprego ou de atividade nas entidades da administração pública direta e indireta e demais entidades mencionadas no art. 1° da lei 8.429/92, e **notadamente** (com a nova redação dada pela Lei 14.230/2021):

- receber, para si ou para outrem, dinheiro, bem móvel ou imóvel, ou qualquer outra vantagem econômica, direta ou indireta, a título de comissão, percentagem, gratificação ou presente de quem tenha interesse, direto ou indireto, que possa ser atingido ou amparado por ação ou omissão decorrente das atribuições do agente público;
- perceber vantagem econômica, direta ou indireta, para facilitar a aquisição, permuta ou locação de bem móvel ou imóvel, ou a contratação de serviços pelas entidades da administração pública direta e indireta e demais entidades mencionadas no art. 1° da lei 8.429/92, por preço superior ao valor de mercado;
- perceber vantagem econômica, direta ou indireta, para facilitar a alienação, permuta ou locação de bem público ou o fornecimento de serviço por ente estatal por preço inferior ao valor de mercado;
- utilizar, em obra ou serviço particular, qualquer bem móvel, de propriedade ou à disposição de qualquer das entidades da administração pública direta e indireta e demais entidades mencionadas no art. 1° da lei 8.429/92, bem como o trabalho de servidores, de empregados ou de terceiros contratados por essas entidades; (com a nova redação dada pela Lei 14.230/2021);
- receber vantagem econômica de qualquer natureza, direta ou indireta, para tolerar a exploração ou a prática de jogos de azar, de lenocínio, de narcotráfico, de contrabando, de usura ou de qualquer outra atividade ilícita, ou aceitar promessa de tal vantagem;
- receber vantagem econômica de qualquer natureza, direta ou indireta, para fazer declaração falsa sobre qualquer dado técnico que envolva obras públicas ou qualquer outro serviço ou sobre quantidade, peso, medida, qualidade ou característica de mercadorias ou bens fornecidos a qualquer das entidades da administração pública direta e indireta e demais entidades mencionadas no art. 1° da lei 8.429/92; (com a nova redação dada pela Lei 14.230/2021);
- adquirir, para si ou para outrem, no exercício de mandato, de cargo, de emprego ou de função pública, e em razão deles, bens de qualquer natureza, decorrentes dos atos descritos no *caput* do art. 9º, cujo valor seja desproporcional à evolução do patrimônio ou à renda do agente público, assegurada a

demonstração pelo agente da licitude da origem dessa evolução; (com a nova redação dada pela Lei 14.230/2021);

- aceitar emprego, comissão ou exercer atividade de consultoria ou assessoramento para pessoa física ou jurídica que tenha interesse suscetível de ser atingido ou amparado por ação ou omissão decorrente das atribuições do agente público, durante a atividade;
- perceber vantagem econômica para intermediar a liberação ou aplicação de verba pública de qualquer natureza;
- receber vantagem econômica de qualquer natureza, direta ou indiretamente, para omitir ato de ofício, providência ou declaração a que esteja obrigado;
- incorporar, por qualquer forma, ao seu patrimônio bens, rendas, verbas ou valores integrantes do acervo patrimonial das entidades da administração pública direta e indireta e demais entidades mencionadas no art. 1° da lei 8.429/92;
- usar, em proveito próprio, bens, rendas, verbas ou valores integrantes do acervo patrimonial das entidades da administração pública direta e indireta e demais entidades mencionadas no art. 1° da lei 8.429/92.

Os atos de improbidade administrativa que importam em enriquecimento ilícito caracterizam-se por compreender toda conduta dolosa do agente de receber ou aceitar qualquer tipo de vantagem econômica ou patrimonial indevida em razão do exercício de cargo, de mandato, de função, de emprego ou de atividade nas entidades da administração pública direta e indireta e demais entidades mencionadas no art. 1° da lei 8.429/92.

As situações descritas nos incisos do art. 9º revelam, em rol meramente exemplificativo, as diversas formas caracterizadoras de ato de improbidade que geram enriquecimento ilícito do agente.

Talvez a hipótese mais comum de ato de improbidade que importa enriquecimento ilícito seja a de o agente, no exercício de suas atribuições, receber, com recompensa do atendimento a interesses escusos, a vulgarmente chamada *propina*, que pode consistir em valores em dinheiro, mas também em bens móveis ou imóveis, ou qualquer outra vantagem econômica.

4.2. Os Atos de Improbidade Administrativa que causam Lesão ao Erário

Já o art. 10 da Lei 8.429/92, com a redação dada pela Lei 14.230/2021, define os **atos de improbidade administrativa que causam lesão ao erário.**

Conforme esse artigo, constitui ato de improbidade administrativa que causa lesão ao erário qualquer ação ou omissão dolosa, que enseje, **efetiva** e **comprovadamente**, perda patrimonial, desvio, apropriação, malbaratamento ou dilapidação dos bens ou haveres das entidades da administração pública direta e indireta e demais entidades mencionadas no art. 1° da lei 8.429/92, e **notadamente**: (com a nova redação dada pela Lei 14.230/2021):

- facilitar ou concorrer, por qualquer forma, para a indevida incorporação ao patrimônio particular, de pessoa física ou jurídica, de bens, de rendas, de verbas ou de valores integrantes do acervo patrimonial das entidades da administração pública direta e indireta e demais entidades mencionadas no art. 1° da lei 8.429/92; (com a nova redação dada pela Lei 14.230/2021);
- permitir ou concorrer para que pessoa física ou jurídica privada utilize bens, rendas, verbas ou valores integrantes do acervo patrimonial das entidades da administração pública direta e indireta e demais entidades mencionadas no art. 1° da lei 8.429/92, sem a observância das formalidades legais ou regulamentares aplicáveis à espécie;
- doar à pessoa física ou jurídica bem como ao ente despersonalizado, ainda que de fins educativos ou assistências, bens, rendas, verbas ou valores do patrimônio de qualquer das entidades da administração pública direta e indireta e demais entidades mencionadas no art. 1° da lei 8.429/92, sem observância das formalidades legais e regulamentares aplicáveis à espécie;
- permitir ou facilitar a alienação, permuta ou locação de bem integrante do patrimônio de qualquer das entidades da administração pública direta e indireta e demais entidades mencionadas no art. 1° da lei 8.429/92, ou ainda a prestação de serviço por parte delas, por preço inferior ao de mercado;
- permitir ou facilitar a aquisição, permuta ou locação de bem ou serviço por preço superior ao de mercado;
- realizar operação financeira sem observância das normas legais e regulamentares ou aceitar garantia insuficiente ou inidônea;
- conceder benefício administrativo ou fiscal sem a observância das formalidades legais ou regulamentares aplicáveis à espécie;
- frustrar a licitude de processo licitatório ou de processo seletivo para celebração de parcerias com entidades sem fins lucrativos, ou dispensá-los indevidamente, acarretando perda patrimonial efetiva; (com a nova redação dada pela Lei 14.230/2021);
- ordenar ou permitir a realização de despesas não autorizadas em lei ou regulamento;
- agir ilicitamente na arrecadação de tributo ou de renda, bem como no que diz respeito à conservação do patrimônio público; (com a nova redação dada pela Lei 14.230/2021);
- liberar verba pública sem a estrita observância das normas pertinentes ou influir de qualquer forma para a sua aplicação irregular;
- permitir, facilitar ou concorrer para que terceiro se enriqueça ilicitamente;
- permitir que se utilize, em obra ou serviço particular, veículos, máquinas, equipamentos ou material de qualquer natureza, de propriedade ou à disposição de qualquer das entidades da administração pública direta e indireta

e demais entidades mencionadas no art. 1° da lei 8.429/92, bem como o trabalho de servidor público, empregados ou terceiros contratados por essas entidades;

- celebrar contrato ou outro instrumento que tenha por objeto a prestação de serviços públicos por meio da gestão associada sem observar as formalidades previstas na lei; (Incluído pela Lei nº 11.107, de 2005);
- celebrar contrato de rateio de consórcio público sem suficiente e prévia dotação orçamentária, ou sem observar as formalidades previstas na lei. (Incluído pela Lei nº 11.107, de 2005);
- facilitar ou concorrer, por qualquer forma, para a incorporação, ao patrimônio particular de pessoa física ou jurídica, de bens, rendas, verbas ou valores públicos transferidos pela administração pública a entidades privadas mediante celebração de parcerias, sem a observância das formalidades legais ou regulamentares aplicáveis à espécie; (Incluído pela Lei nº 13.019, de 2014);
- permitir ou concorrer para que pessoa física ou jurídica privada utilize bens, rendas, verbas ou valores públicos transferidos pela administração pública a entidade privada mediante celebração de parcerias, sem a observância das formalidades legais ou regulamentares aplicáveis à espécie; (Incluído pela Lei nº 13.019, de 2014);
- celebrar parcerias da administração pública com entidades privadas sem a observância das formalidades legais ou regulamentares aplicáveis à espécie; (Incluído pela Lei nº 13.019, de 2014);
- agir para a configuração de ilícito na celebração, na fiscalização e na análise das prestações de contas de parcerias firmadas pela administração pública com entidades privadas; (com a nova redação dada pela Lei 14.230/2021);
- liberar recursos de parcerias firmadas pela administração pública com entidades privadas sem a estrita observância das normas pertinentes ou influir de qualquer forma para a sua aplicação irregular. (Incluído pela Lei nº 13.019, de 2014, com a redação dada pela Lei nº 13.204, de 2015);
- conceder, aplicar ou manter benefício financeiro ou tributário contrário ao que dispõem o *caput* e o § 1º do art. 8º-A da Lei Complementar nº 116, de 31 de julho de 2003. (ato de improbidade que causa lesão ao erário, incluído pela Lei 14.230/2021, que anteriormente estava previsto no art. 10-A, como ato de improbidade decorrentes de concessão ou aplicação indevida de benefício financeiro ou tributário).

Os atos de improbidade administrativa que causam lesão ao erário caracterizam-se por compreender toda ação ou omissão dolosa do agente, que acarrete **efetivamente** alguma **perda patrimonial para a administração pública**. A nova lei passou a exigir, para a configuração dessa modalidade de ato de improbidade, que o dano ao erário seja **efetivo**, afastando o dano *in re ipsa*, no qual o prejuízo, por ser presumido, independe de prova.

Assim, haverá o ato de improbidade que causa lesão ao erário sempre que, **comprovado o dano efetivo**, o agente, **consciente** e **deliberadamente**, permita:

- que particulares utilizem bens públicos, sem a observância das formalidades legais ou regulamentares aplicáveis à espécie;
- que doe a particulares, ainda que de fins educativos ou assistências, bens públicos, sem observância das formalidades legais e regulamentares aplicáveis à espécie;
- que realize operação financeira sem observância das normas legais e regulamentares ou aceitar garantia insuficiente ou inidônea;
- que conceda benefício administrativo ou fiscal sem a observância das formalidades legais ou regulamentares aplicáveis à espécie;
- que ordene ou permita a realização de despesas não autorizadas em lei ou regulamento;
- que libere verba pública sem a estrita observância das normas pertinentes ou influir de qualquer forma para a sua aplicação irregular;
- que celebre contrato ou outro instrumento que tenha por objeto a prestação de serviços públicos por meio da gestão associada sem observar as formalidades previstas na lei;
- que celebre contrato de rateio de consórcio público sem suficiente e prévia dotação orçamentária, ou sem observar as formalidades previstas na lei;
- que facilite ou concorra para a incorporação, ao patrimônio particular de pessoa física ou jurídica, de bens públicos transferidos pela administração pública a entidades privadas mediante celebração de parcerias, sem a observância das formalidades legais ou regulamentares aplicáveis à espécie;
- que permita ou concorra para que pessoa física ou jurídica privada utilize bens públicos transferidos pela administração pública a entidade privada mediante celebração de parcerias, sem a observância das formalidades legais ou regulamentares aplicáveis à espécie;
- que celebre parcerias da administração pública com entidades privadas sem a observância das formalidades legais ou regulamentares aplicáveis à espécie;
- que libere recursos de parcerias firmadas pela administração pública com entidades privadas sem a estrita observância das normas pertinentes ou influir de qualquer forma para a sua aplicação irregular.

Enfim, as situações descritas nos incisos do art. 10 também revelam, em rol meramente exemplificativo, as diversas formas caracterizadoras de ato de improbidade que causam lesão ao erário.

Entretanto, a Lei 14.230/2021, nos casos de inobservância de formalidades legais ou regulamentares, passou a condicionar a imposição do ressarcimento do dano somente quando a ação ou omissão do agente **implicar perda patrimonial efetiva** das entidades da administração pública direta e indireta e demais entidades mencionadas no art. 1° da lei 8.429/92.

Assim, nos termos do § 1º do art. 10 da Lei 8.429/92, incluído pela Lei 14.230/2021, nos casos em que a inobservância de formalidades legais ou regulamentares não implicar perda patrimonial efetiva, não haverá imposição de ressarcimento, vedado o enriquecimento sem causa das entidades da administração pública direta e indireta e demais entidades mencionadas no art. 1° da lei 8.429/92.

E a mera perda patrimonial decorrente da atividade econômica não acarretará improbidade administrativa, salvo se comprovado ato doloso praticado com essa finalidade.

4.3. Os Atos de Improbidade Administrativa que Atentam Contra os Princípios da Administração Pública

Por fim, o art. 11 da Lei 8.429/92, com a redação dada pela Lei 14.230/2021, define os **atos de improbidade administrativa que atentam contra os princípios da administração pública.**

Assim, constitui ato de improbidade administrativa que atenta contra os princípios da administração pública a ação ou omissão dolosa que viole os deveres de honestidade, de imparcialidade e de legalidade, **caracterizada por uma das seguintes condutas** (com a nova redação dada pela Lei 14.230/2021):

- revelar fato ou circunstância de que tem ciência em razão das atribuições e que deva permanecer em segredo, propiciando beneficiamento por informação privilegiada ou colocando em risco a segurança da sociedade e do Estado; (com a nova redação dada pela Lei 14.230/2021);
- negar publicidade aos atos oficiais, exceto em razão de sua imprescindibilidade para a segurança da sociedade e do Estado ou de outras hipóteses instituídas em lei; (com a nova redação dada pela Lei 14.230/2021);
- frustrar, em ofensa à imparcialidade, o caráter concorrencial de concurso público, de chamamento ou de procedimento licitatório, com vistas à obtenção de benefício próprio, direto ou indireto, ou de terceiros; (com a nova redação dada pela Lei 14.230/2021);
- deixar de prestar contas quando esteja obrigado a fazê-lo, desde que disponha das condições para isso, com vistas a ocultar irregularidades; (com a nova redação dada pela Lei 14.230/2021);
- revelar ou permitir que chegue ao conhecimento de terceiro, antes da respectiva divulgação oficial, teor de medida política ou econômica capaz de afetar o preço de mercadoria, bem ou serviço;
- descumprir as normas relativas à celebração, fiscalização e aprovação de contas de parcerias firmadas pela administração pública com entidades privadas. (Redação dada pela Lei nº 13.019, de 2014);
- nomear cônjuge, companheiro ou parente em linha reta, colateral ou por afinidade, até o terceiro grau, inclusive, da autoridade nomeante ou de servidor da

mesma pessoa jurídica investido em cargo de direção, chefia ou assessoramento, para o exercício de cargo em comissão ou de confiança ou, ainda, de função gratificada na administração pública direta e indireta em qualquer dos Poderes da União, dos Estados, do Distrito Federal e dos Municípios, compreendido o ajuste mediante designações recíprocas; (novo ato de improbidade incluído pela Lei 14.230/2021);

– praticar, no âmbito da administração pública e com recursos do erário, ato de publicidade que contrarie o disposto no § 1º do art. 37 da Constituição Federal, de forma a promover inequívoco enaltecimento do agente público e personalização de atos, de programas, de obras, de serviços ou de campanhas dos órgãos públicos. (novo ato de improbidade incluído pela Lei 14.230/2021).

A Lei 14.230/2021 revogou os incisos I, II, IX e X, do art. 11, da Lei 8.429/92, para **suprimir** os atos de improbidade administrativa consistentes, respectivamente, em

(1) praticar ato visando fim proibido em lei ou regulamento ou diverso daquele previsto, na regra de competência;

(2) retardar ou deixar de praticar, indevidamente, ato de ofício;

(3) deixar de cumprir a exigência de requisitos de acessibilidade previstos na legislação; e

(4) transferir recurso a entidade privada, em razão da prestação de serviços na área de saúde sem a prévia celebração de contrato, convênio ou instrumento congênere, nos termos do parágrafo único do art. 24 da Lei 8.080/90.

Assim, as condutas tipificadas no art. 11, incisos I, II, IX e X, foram abolidas pela nova lei e, em consequência, deixaram de configurar conduta ilícita.

Por outro lado, a Lei 14.230/2021 **incluiu** no art. 11 da Lei 8.429/92, os incisos XI e XII.

No inciso XI, para considerar como ato de improbidade administrativa o **nepotismo**, já vedado na súmula vinculante nº 13 do STF (nomear cônjuge, companheiro ou parente em linha reta, colateral ou por afinidade, até o terceiro grau, inclusive, da autoridade nomeante ou de servidor da mesma pessoa jurídica investido em cargo de direção, chefia ou assessoramento, para o exercício de cargo em comissão ou de confiança ou, ainda, de função gratificada na administração pública direta e indireta em qualquer dos Poderes da União, dos Estados, do Distrito Federal e dos Municípios, compreendido o ajuste mediante designações recíprocas).

E no inciso XII, para definir como ato de improbidade administrativa a ação ou omissão dolosa do agente de praticar, no âmbito da administração pública e com recursos do erário, ato de publicidade que contrarie o disposto no § 1º do art. 37 da CF[7], que proíbe constar nomes, símbolos ou imagens que caracterizem promoção pessoal

---

7 "A publicidade dos atos, programas, obras, serviços e campanhas dos órgãos públicos deverá ter caráter educativo, informativo ou de orientação social, dela não podendo constar nomes, símbolos ou imagens que caracterizem promoção pessoal de autoridades ou servidores públicos.".

de autoridades ou servidores públicos na publicidade dos atos, programas, obras, serviços e campanhas dos órgãos públicos, de forma a promover inequívoco enaltecimento do agente público e personalização de atos, de programas, de obras, de serviços ou de campanhas dos órgãos públicos.

De acordo com a Lei 14.230/2021, somente haverá improbidade administrativa quando for comprovado na conduta funcional do agente público o *fim de obter proveito ou benefício indevido para si ou para outra pessoa ou entidade*. Essa exigência da finalidade de *obter proveito ou benefício indevido* se aplica a quaisquer atos de improbidade administrativa tipificados na Lei de Improbidade e em leis especiais e a quaisquer outros tipos especiais de improbidade administrativa instituídos por lei.

Ademais, a Lei 14.230/2021 trouxe duas outras novidades, ao dispor (i) que o enquadramento de conduta funcional como ato de improbidade que atenta contra os princípios da administração pública *pressupõe a demonstração objetiva da prática de ilegalidade no exercício da função pública, com a indicação das normas constitucionais, legais ou infralegais violadas*; e (ii) que os atos de improbidade administrativa que atentam contra os princípios da administração pública *exigem lesividade relevante ao bem jurídico tutelado* para serem passíveis de sancionamento e não dependem do reconhecimento da produção de danos ao erário e de enriquecimento ilícito dos agentes públicos.

Acrescente-se que a Lei 14.230/2021 incluiu na Lei 8.429/92 o art. 17-C, § 1°, para deixar claro que a ilegalidade, por si só, não caracteriza ato de improbidade, pois, sem a presença de dolo que a qualifique, não restará configurada a improbidade administrativa.

Por fim, a Lei 14.230/2021 também tratou de desconsiderar como improbidade a mera nomeação ou indicação política por parte dos detentores de mandatos eletivos, sendo necessária a aferição de dolo com finalidade ilícita por parte do agente.

Vale ressaltar que o **mesmo ato** pode enquadrar-se em uma, duas ou nas três hipóteses de improbidade previstas na Lei 8.429/92, além do fato de o mesmo ato descrito como improbidade administrativa poder ser também um ilícito administrativo apurável e punível na esfera administrativa e poder ser ainda um ilícito penal apurável e punível na esfera criminal ou um crime de responsabilidade (infração político-administrativa), ocorrendo, nessas hipóteses, a concomitância de instâncias, **que são autônomas e independentes**[8].

Nesse sentido, o STF, apreciando o tema 576 de repercussão geral no RE 976566, firmou tese segundo a qual "O processo e julgamento de prefeito municipal por crime de responsabilidade (Decreto-lei 201/67) não impede sua responsabilização por atos de improbidade administrativa previstos na Lei 8.429/1992, em virtude da autonomia das instâncias" (j. 13/09/2019).

---

8. Maria Sylvia Zanella Di Pietro, p. 675.

Entretanto, a Lei 8.429/92, com as alterações da Lei 14.230/2021, determinou que a sentença que julgar a ação de improbidade deverá considerar, na aplicação das sanções, a dosimetria das sanções relativas ao mesmo fato já aplicadas ao agente (art. 17-C, V) e estabeleceu que, para cada ato de improbidade administrativa, deverá necessariamente ser indicado apenas um tipo dentre aqueles previstos nos arts. 9º, 10 e 11 da Lei 8.429/92 (art. 17, § 10-D).

Contudo, segundo jurisprudência do STJ, "a exegese das regras insertas no art. 11 da Lei 8.429/92, considerada a gravidade das sanções e restrições impostas ao agente público, deve ser realizada *cum granu salis*, máxime porque uma interpretação ampliativa poderá acoimar de ímprobas condutas meramente irregulares, suscetíveis de correção administrativa, posto ausente a má-fé do administrador público, preservada a moralidade administrativa e, *a fortiori*, ir além de que o legislador pretendeu".

Assim, vem afirmando a Corte Superior que a "má-fé, consoante cediço, é premissa do ato ilegal e ímprobo e a ilegalidade só adquire o *status* de improbidade quando a conduta antijurídica fere os princípios constitucionais da Administração Pública coadjuvados pela má-intenção do administrador[9]".

Decerto, com a Lei 14.230/2021, somente haverá ato de improbidade administrativa quando a conduta (por ação ou omissão) for dolosa. E nas hipóteses específicas dos atos de improbidade que atentam contra os princípios da administração pública, a ação ou omissão dolosa deve violar os deveres de honestidade, de imparcialidade e de legalidade, com a inequívoca comprovação de que a conduta funcional do agente público teve o *fim de obter proveito ou benefício indevido para si ou para outra pessoa ou entidade*.

5. DAS SANÇÕES APLICÁVEIS AO ATO DE IMPROBIDADE

Segundo o § 4º do art. 37 da Constituição Federal, os atos de improbidade administrativa importarão a suspensão dos direitos políticos, a perda da função pública, a indisponibilidade dos bens e o ressarcimento ao erário, na forma e gradação previstas em lei, sem prejuízo da ação penal cabível.

A Lei 8.429/92, com as alterações da Lei 14.230/2021, prevê as sanções aplicáveis pela prática de ato de improbidade, estabelecendo uma ordem decrescente de gravidade: em primeiro lugar, como mais grave, os atos que importam enriquecimento ilícito; em segundo lugar, os atos que causam prejuízo ao erário; em terceiro lugar, os atos que atentam contra os princípios da Administração Pública.

Segundo seu art. 12, e independentemente do ressarcimento integral do dano patrimonial, se efetivo, e das sanções penais comuns e de responsabilidade, civis e administrativas previstas na legislação específica, o responsável pelo ato de improbidade administrativa está sujeito às seguintes sanções, que podem ser aplicadas isolada ou cumulativamente, de acordo com a gravidade do fato:

> I – nas hipóteses de **atos de improbidade administrativa que importam em enriquecimento ilícito**, previstos no art. 9º da Lei:

9. REsp 797671/MG, Ministro LUIZ FUX, DJ 16.06.2008 p. 1.

- perda dos bens ou valores acrescidos ilicitamente ao patrimônio;
- perda da função pública;
- suspensão dos direitos políticos até 14 (catorze) anos;
- pagamento de multa civil equivalente ao valor do acréscimo patrimonial e
- proibição de contratar com o poder público ou de receber benefícios ou incentivos fiscais ou creditícios, direta ou indiretamente, ainda que por intermédio de pessoa jurídica da qual seja sócio majoritário, pelo prazo não superior a 14 (catorze) anos;

II – nas hipóteses de **atos de improbidade administrativa que causam lesão ao erário**, previstos no art. 10 da Lei:

- perda dos bens ou valores acrescidos ilicitamente ao patrimônio, se concorrer esta circunstância,
- perda da função pública,
- suspensão dos direitos políticos até 12 (doze) anos,
- pagamento de multa civil equivalente ao valor do dano e
- proibição de contratar com o poder público ou de receber benefícios ou incentivos fiscais ou creditícios, direta ou indiretamente, ainda que por intermédio de pessoa jurídica da qual seja sócio majoritário, pelo prazo não superior a 12 (doze) anos;

III – nas hipóteses de **atos de improbidade administrativa que atentam contra os princípios da administração pública**, previstos no art. 11 da Lei:

- pagamento de multa civil de até 24 (vinte e quatro) vezes o valor da remuneração percebida pelo agente e
- proibição de contratar com o poder público ou de receber benefícios ou incentivos fiscais ou creditícios, direta ou indiretamente, ainda que por intermédio de pessoa jurídica da qual seja sócio majoritário, pelo prazo não superior a 4 (quatro) anos.

A primeira observação a fazer é a de que as sanções aplicáveis aos atos de improbidade, previstas nesse artigo 12, **somente poderão ser executadas após o trânsito em julgado da sentença condenatória**.

Ademais, se o ato de improbidade administrativa causar efetivo dano patrimonial, **é devido o seu ressarcimento integral**, pouco importando o tipo de improbidade, se o do art. 9º, 10 ou 11 da Lei 8.429/92.

Contudo, a reparação do dano deverá deduzir o ressarcimento ocorrido nas instâncias criminal, civil e administrativa que tiver por objeto os mesmos fatos.

Conforme a gravidade do fato, as sanções pelo ato de improbidade administrativa podem ser aplicadas **isolada** ou **cumulativamente**. Isto é, o juiz pode cominar, para um mesmo ato de improbidade (ex.: do art. 9º), uma ou mais sanções (ex.: perda dos bens ou valores acrescidos ilicitamente ao patrimônio e/ou perda da função pública e/ou suspensão dos direitos políticos até 14 anos e/ou pagamento de multa civil equivalente ao valor do acréscimo patrimonial e/ou proibição de contratar com o poder público ou de receber benefícios ou incentivos fiscais ou creditícios).

A Lei 14.230/2021 alterou bastante as disposições sobre as sanções aplicáveis aos atos de improbidade administrativa, cabendo destacar o seguinte:

- Fixou um teto para a **sanção de suspensão dos direitos políticos**, que pode ser de até 14 anos para os atos de improbidade do art. 9º (antes era prevista a suspensão de 8 a 10 anos) e de até 12 anos para os atos de improbidade do art. 10 (antes era prevista a suspensão de 5 a 8 anos).

- Excluiu as **sanções de perda da função pública** e de **suspensão dos direitos políticos** para os atos de improbidade do art. 11, que atentam contra os princípios da administração pública (antes eram previstas tanto a perda da função pública como a suspensão dos direitos políticos de 3 a 5 anos).
- Reduziu o valor da **sanção de pagamento de multa civil**, que passou a ser o equivalente ao valor do acréscimo patrimonial para os atos de improbidade do art. 9º (antes era de até três vezes o valor do acréscimo patrimonial), o equivalente ao valor do dano para os atos de improbidade do art. 10 (antes era de até duas vezes o valor do dano) e até 24 vezes o valor da remuneração percebida pelo agente para os atos de improbidade do art. 11 (antes era de até 100 vezes o valor da remuneração percebida pelo agente). Entretanto, o valor da multa pode ser aumentado *até o dobro*, se o juiz considerar que, em virtude da situação econômica do réu, o valor originário da multa é ineficaz para reprovação e prevenção do ato de improbidade.
- A Lei 14.230/2021 também fixou um teto para a **sanção de proibição de contratar com o Poder Público ou receber benefícios ou incentivos fiscais ou creditícios**, que pode ser pelo prazo não superior a 14 anos para os atos de improbidade do art. 9º (antes era prevista pelo prazo fixo de 10 anos), pelo prazo não superior a 12 anos para os atos de improbidade do art. 10 (antes era prevista pelo prazo fixo de 5 anos) e pelo prazo não superior a 4 anos para os atos de improbidade do art. 11 (antes era prevista pelo prazo fixo de 3 anos).
- Porém, a nova Lei 14.230/2021 permitiu, em caráter excepcional e por motivos relevantes devidamente justificados, que a **sanção de proibição de contratação com o poder público** extrapole o ente público lesado pelo ato de improbidade, observados os impactos econômicos e sociais das sanções, de forma a preservar a função social da pessoa jurídica. Essa sanção de proibição de contratação com o poder público deverá constar do Cadastro Nacional de Empresas Inidôneas e Suspensas (CEIS) de que trata a Lei 12.846/2013 (Lei Anticorrupção), observadas as limitações territoriais contidas em decisão judicial.
- As sanções previstas para os atos de improbidade, previstas no art. 12 da Lei 8.429/92, somente poderão ser executadas **após** o trânsito em julgado da sentença condenatória.
- Por fim, a nova Lei passou a dispor que as sanções eventualmente aplicadas em outras esferas (como, por exemplo, na cível ou administrativa) deverão ser compensadas com as sanções previstas no art. 12 da Lei 8.429/92 aplicadas nos termos dessa Lei de improbidade (art. 21, § 5º).

A Lei 14.230/2021 incluiu o § 1º ao art. 12 da LIA, para *restringir* o âmbito de aplicação da sanção de perda da função pública, ao determinar que essa sanção, nas hipóteses de atos de improbidade administrativa dos artigos 9º e 10, somente atinge o vínculo de mesma qualidade e natureza que o agente público ou político detinha com o poder público na época do cometimento da infração.

Todavia, a Lei facultou ao Juiz, na hipótese exclusiva de atos de improbidade administrativa que importam em enriquecimento ilícito, previstos no art. 9º da Lei, e em caráter excepcional, estendê-la aos demais vínculos, consideradas as circunstâncias do caso e a gravidade da infração.

Entendemos que essa restrição da aplicação da sanção de perda da função pública tão somente ao vínculo de mesma qualidade e natureza que o agente público ou político detinha com o poder público na época do cometimento da infração, livrando o agente em relação a sua nova função e vínculo eventualmente existente no momento da condenação, é deveras indevida e marcha em direção oposta à pretensão constitucional de combate à corrupção e ao mandamento constitucional de defesa da probidade administrativa.

Esse foi o sentimento externado pelo em. Min. Alexandre de Moraes, em sede de exame de medida cautelar na ADI 7236-MC, que concedeu, em 27 de dezembro de 2022, a liminar para suspender a eficácia do § 1º do art. 12, da Lei 8.429/1992, incluído pela Lei 14.230/2021.

Na responsabilização da pessoa jurídica, deverão ser considerados os efeitos econômicos e sociais das sanções, de modo a viabilizar a manutenção de suas atividades (art. 12, § 3º). E as sanções previstas na Lei de improbidade (Lei 8.429/92) e na Lei anticorrupção (Lei 12.846/2013), aplicadas a pessoas jurídicas, sujeitam-se ao princípio do *non bis in idem* (art. 12, § 7º), isto é, ao princípio que veda que alguém seja condenado mais de uma vez pelo mesmo fato. Desse modo, não é possível acumular as sanções da Lei de improbidade com as sanções da Lei anticorrupção.

Ademais, a Lei 14.230/2021 inseriu o § 2º ao art. 3º da Lei 8.429/92, para excluir da pessoa jurídica as sanções previstas na Lei de Improbidade, caso o ato de improbidade administrativa seja também sancionado como ato lesivo à administração pública de que trata a Lei nº 12.846/2013 (Lei Anticorrupção). Assim, as sanções da Lei de improbidade não podem ser aplicadas à pessoa jurídica, caso o ato de improbidade administrativa seja também sancionado como ato lesivo à administração pública de que trata a Lei anticorrupção.

Apesar das sanções previstas no art. 12 da Lei 8.429/92, a Lei 14.230/2021 estabeleceu que, no caso de ato de improbidade de menor gravidade (isto é, menos ofensivo aos bens jurídicos tutelados na Lei), a sanção limitar-se-á à **aplicação de multa**, sem prejuízo, quando for o caso, do ressarcimento do dano patrimonial e da perda dos valores obtidos (art. 12, § 5º).

A Lei 14.230/2021 incluiu o § 10 ao art. 12 da Lei 8.429/92 e determinou a antecipação do *início de contagem do prazo* da sanção de suspensão de direitos políticos, criando uma espécie de detração. Com efeito, pela nova Lei, esse prazo não conta mais a partir do trânsito em julgado da condenação, mas, sim, da decisão colegiada, possibilitando que o tempo de suspensão dos direitos políticos *antes* do trânsito em julgado e, portanto, decorrente do cômputo do prazo transcorrido entre a decisão exarada por órgão colegiado e o trânsito em julgado da sentença condenatória, seja contado retroativamente e subtraído do tempo de sanção. Essa espécie de detração estabelecida pelo § 10 do art. 12 da LIA, cujo *status* é de lei ordinária, pode afetar a sanção de inelegibilidade prevista na Lei Complementar 64/1990.

O Min. Alexandre de Moraes, em sede de exame de medida cautelar na ADI 7236-MC, concedeu, em 27 de dezembro de 2022, liminar para suspender a eficácia desse § 10 do art. 12, da Lei 8.429/1992, incluído pela Lei 14.230/2021.

Segundo o art. 20 da Lei 8.429/92, a perda da função pública e a suspensão dos direitos políticos só se efetivam com o trânsito em julgado da sentença condenatória.

No entanto, a autoridade judicial competente poderá determinar o afastamento do agente público do exercício do cargo, do emprego ou da função, sem prejuízo da remuneração, quando a medida for necessária à instrução processual ou para evitar a iminente prática de novos ilícitos. Nesse caso, o afastamento será de até 90 (noventa) dias, prorrogáveis uma única vez por igual prazo, mediante decisão motivada.

Impõe-se lembrar que, consoante o art. 21 da lei de improbidade, a aplicação das sanções decorrentes da prática de ato de improbidade, previstas no art. 12 da LIA, **independe**:

I. Da efetiva ocorrência de dano ao patrimônio público, salvo quanto à pena de ressarcimento e às condutas previstas no art. 10 da Lei (ato de improbidade administrativa que causa prejuízo ao erário); e

II. Da aprovação ou rejeição das contas pelo órgão de controle interno ou pelo Tribunal ou Conselho de Contas.

Claro que, como condição de imposição da sanção de *ressarcimento integral do dano* e da caracterização do ato de improbidade administrativa que *causa prejuízo ao erário*, ressoa lógica a exigência da **efetiva** ocorrência do dano patrimonial. Só se pode ressarcir um dano quando ele efetivamente existiu. E o ato de improbidade do art. 10 da Lei só existe se dele resultar dano efetivo, e não presumido, ao patrimônio público.

Porém, em que pese a Lei de improbidade desvincular a aplicação das sanções decorrentes da prática de ato de improbidade à aprovação ou rejeição das contas pelo órgão de controle interno ou pelo Tribunal ou Conselho de Contas, os atos desses órgãos de controle interno ou externo, na dicção normativa do novo § 1º acrescentado ao art. 21 pela Lei 14.230/2021, serão considerados pelo juiz quando tiverem servido de fundamento para a conduta do agente público. E as provas produzidas perante os órgãos de controle e as correspondentes decisões deverão ser consideradas na formação da convicção do magistrado, sem prejuízo da análise acerca do dolo na conduta do agente.

A Lei 14.230/2021 incluiu o § 3º ao art. 21 da LIA, para determinar que as sentenças civis e penais produzirão efeitos em relação à ação de improbidade quando concluírem pela **inexistência da conduta** ou pela **negativa da autoria**. Isto significa dizer que o juiz da ação de improbidade deve julgá-la improcedente, com fundamento nas sentenças, civis ou penais, que reconheceram que o fato atribuído ao réu como ato de improbidade não existiu ou, mesmo tendo existido, que o réu não foi o seu autor.

Essa possibilidade de comunicação de efeitos entre as esferas penal e civil já era prevista relativamente à sentença penal que absolvesse o réu com fundamento na inexistência do fato ou de sua autoria, conforme dispõem o art. 935 do Código Civil[10], os arts. 66 e 67, III, do Código de Processo Penal[11], e o art. 126 da Lei 8.112/90[12].

Todavia, a Lei 14.230/2021 foi ainda mais longe, tendo em vista que inseriu o § 4º no art. 21 da LIA, para prescrever que a **absolvição criminal** em ação que discuta os **mesmos fatos**, confirmada por decisão colegiada, **impede o trâmite da ação de improbidade**, havendo comunicação **com todos os fundamentos de absolvição** previstos no art. 386 do CPP.

Ou seja, com base nesse novo § 4º do art. 21 da LIA, qualquer que tenha sido a fundamentação da absolvição do acusado no processo criminal instaurado pelos mesmos fatos, quando a sentença penal absolutória tenha sido confirmada por acórdão de tribunal (ou turma recursal de juizado criminal), a absolvição influenciará decisivamente na ação de improbidade, que deve ser imediatamente extinta pelo juiz.

Assim, ainda que absolvido em processo penal por falta de prova da existência do fato ou da autoria, ou por existirem circunstâncias que excluam o crime ou isentem o réu de pena, ou mesmo se houver fundada dúvida sobre sua existência ou por não existir prova suficiente para a condenação, essa decisão servirá de fundamento para o juiz da ação de improbidade também julgá-la improcedente e extinguir o processo.

A ampla incidência dos casos de absolvição na seara criminal a ensejar a extinção da ação de improbidade, afronta, a nosso sentir, os princípios constitucionais da independência das instâncias, do juiz natural, do livre convencimento motivado e da inafastabilidade da jurisdição.

Com efeito, tendo em vista a previsão do § 4º do art. 37 da CF, que estabelece as sanções aplicáveis aos atos de improbidade administrativa, **sem prejuízo da ação penal cabível**, a **independência de instâncias** exige tratamentos sancionatórios diferenciados entre os atos ilícitos em geral (civis, penais e político-administrativos) e os atos de improbidade administrativa, exceto nas hipóteses em que, na esfera penal, seja possível reconhecer a **inexistência do fato** ou a **negativa de sua autoria**.

Nessa direção, o Min. Alexandre de Moraes, em sede de exame de medida cautelar na ADI 7236-MC, concedeu, em 27 de dezembro de 2022, liminar para suspender a eficácia desse § 4º do art. 21, da Lei 8.429/1992, incluído pela Lei 14.230/2021.

---

10 Art. 935 do Código Civil: "A responsabilidade civil é independente da criminal, não se podendo questionar mais sobre a existência do fato, ou sobre quem seja o seu autor, quando estas questões se acharem decididas no juízo criminal."

11 Art. 66 do CPP: "Não obstante a sentença absolutória no juízo criminal, a ação civil poderá ser proposta quando não tiver sido, categoricamente, reconhecida a inexistência material do fato."
"Art. 67, III, do CPP: "Não impedirão igualmente a propositura da ação civil: (...). III - a sentença absolutória que decidir que o fato imputado não constitui crime."

12 "Art. 126 da Lei 8.112/90: "A responsabilidade administrativa do servidor será afastada no caso de absolvição criminal que negue a existência do fato ou sua autoria."

6. DA DECLARAÇÃO DE BENS

A Lei 8.429/92, em providência deveras salutar, exige que todo agente público, como *condição* para tomar posse e entrar em exercício no cargo, emprego, função ou mandato, **apresente declaração de bens e valores** que compõem o seu patrimônio privado, a fim de ser arquivada no serviço de pessoal competente.

Essa declaração de bens e valores foi substituída pela Lei 14.230/2021, que deu nova redação ao *caput* do art. 13 da LIA, pela entrega da **declaração de imposto de renda e proventos de qualquer natureza**, que tenha sido apresentada pelo agente público à Secretaria Especial da Receita Federal do Brasil.

Entretanto, não é suficiente a apresentação da declaração de imposto de renda e proventos apenas para a posse e o exercício no cargo, emprego, função ou mandato. Será necessário que o agente *atualize* essa declaração anualmente, com a apresentação, *a cada ano*, de sua declaração de imposto de renda e proventos entregue à Receita Federal do Brasil. Ademais, também será necessário que o agente público apresente a declaração na data em que deixar o exercício do mandato, do cargo, do emprego ou da função pública.

É tão importante a apresentação dessa declaração de imposto de renda e proventos, que a Lei de improbidade comina *pena de demissão*, sem prejuízo de outras sanções cabíveis, ao agente público que se recusar a prestar a declaração de bens dentro do prazo determinado ou que prestar declaração falsa.

7. DO PROCEDIMENTO ADMINISTRATIVO E DO PROCESSO JUDICIAL

A prática de ato de improbidade administrativa pode ser apurada em procedimento administrativo ou em processo judicial.

Em procedimento administrativo, a apuração ocorre a partir de representação apresentada por qualquer pessoa perante a autoridade administrativa competente.

Já em processo judicial, a apuração se verifica em face de uma ação judicial por ato de improbidade, proposta perante o juiz de primeiro grau competente.

7.1. Do Procedimento Administrativo

Nos termos do § 3º do art. 37 da CF/88, a *lei* disciplinará as formas de participação do usuário na administração pública direta e indireta, regulando especialmente: I – as reclamações relativas à prestação dos serviços públicos em geral, asseguradas a manutenção de serviços de atendimento ao usuário e a avaliação periódica, externa e interna, da qualidade dos serviços; II – o acesso dos usuários a registros administrativos e a informações sobre atos de governo, observado o disposto no art. 5º, X e XXXIII; e III – a disciplina da *representação contra o exercício negligente ou abusivo de cargo, emprego ou função na administração pública*.

Em razão desse preceito constitucional, a Lei 8.429/92, no seu art. 14, prevê que qualquer pessoa poderá representar à autoridade administrativa competente para que seja instaurada investigação destinada a apurar a prática de ato de improbidade.

Além disso, e nos termos do art. 22 da Lei 8.429/92, para apurar qualquer ato de improbidade ou ilícito previsto nessa lei, o Ministério Público, de ofício, a requerimento de autoridade administrativa ou *mediante representação formulada de acordo com o disposto no art. 14*, poderá instaurar inquérito civil ou procedimento investigativo assemelhado e requisitar a instauração de inquérito policial.

E na apuração desses ilícitos, será garantido ao investigado a oportunidade de manifestação por escrito e de juntada de documentos que comprovem suas alegações e auxiliem na elucidação dos fatos.

Entretanto, o inquérito civil para apuração do ato de improbidade deve ser concluído, de acordo com o § 2º do art. 23 da LIA, no prazo de 365 (trezentos e sessenta e cinco) dias corridos, prorrogável uma única vez por igual período, mediante ato fundamentado submetido à revisão da instância competente do órgão ministerial, conforme dispuser a respectiva lei orgânica. Encerrado esse prazo, a ação de improbidade deverá ser proposta, segundo preceitua o § 3º do art. 23 da LIA, no prazo de 30 (trinta) dias, se não for caso de arquivamento do inquérito civil.

O procedimento administrativo de apuração da prática do ato de improbidade consiste num conjunto de providências tomadas pela autoridade administrativa competente, destinadas a investigar a autoria e a materialidade do ato de improbidade.

Reitere-se que, em consonância com o art. 14 da Lei de improbidade, qualquer pessoa poderá representar à autoridade administrativa competente para que seja instaurado o procedimento administrativo de apuração da prática do ato de improbidade. Entretanto, essa representação deverá ser escrita (ou reduzida a termo) e assinada, contendo a qualificação do representante, as informações sobre o fato e sua autoria e a indicação das provas de que tenha conhecimento, sob pena de ser rejeitada, em despacho fundamentado, pela autoridade administrativa.

Porém, a rejeição dessa representação pela autoridade administrativa não impede que outra representação seja apresentada ao Ministério Público, que poderá, nos termos do art. 22 da Lei de improbidade, instaurar inquérito civil ou procedimento investigativo assemelhado e requisitar a instauração de inquérito policial.

Atendidas as formalidades exigidas e admitida a representação pela autoridade administrativa, ela deve determinar a imediata apuração dos fatos, observada a legislação que regula o processo administrativo disciplinar aplicável ao agente.

De ver-se, portanto, que o procedimento administrativo de apuração da prática do ato de improbidade administrativa deve observar a legislação que regula o processo administrativo disciplinar aplicável ao agente, devendo-lhe ser garantidos o devido processo legal, a ampla defesa e o contraditório. Assim, se o agente for servidor público federal, o procedimento será processado na forma prevista nos arts. 148 a 182 da Lei 8.112/90.

Em face do art. 15 da Lei de improbidade, instaurado o procedimento administrativo para apurar a prática de ato de improbidade, a comissão processante dele dará conhecimento ao Ministério Público e ao Tribunal ou Conselho de Contas. Inclusive, o Ministério Público ou Tribunal ou Conselho de Contas poderá, a requerimento, designar representante para acompanhar o procedimento administrativo.

Por fim, cumpre sublinhar que, nos termos do art. 7º da Lei de improbidade, se houver indícios de ato de improbidade, a autoridade que conhecer dos fatos representará ao Ministério Público competente, para as providências necessárias.

7.2. Do Processo Judicial e a Ação Judicial por Ato de Improbidade

O art. 17 da Lei 8.429/92 prevê a **ação judicial visando a aplicação das sanções pela prática de ato de improbidade administrativa**. Essa ação *seguirá o procedimento comum* previsto no Código de Processo Civil (Lei nº 13.105/2015), salvo o disposto na própria Lei de improbidade.

Em consonância com o art. 17-D, incluído na Lei 8.429/92 pela Lei 14.230/2021, a ação por improbidade administrativa é repressiva e de caráter sancionatório, *não constituindo ação civil pública*. Por essa razão, é vedado o seu ajuizamento como sucedâneo da ação civil pública para o fim de controle de legalidade de políticas públicas e para a proteção do patrimônio público e social, do meio ambiente e de outros interesses difusos, coletivos e individuais homogêneos.

Acrescente-se que, em razão do parágrafo único desse mesmo art. 17-D, ressalvado o disposto na própria Lei de improbidade, o *controle de legalidade de políticas públicas* e a *responsabilidade de agentes públicos*, inclusive políticos, entes públicos e governamentais, *por danos* ao meio ambiente, ao consumidor, a bens e direitos de valor artístico, estético, histórico, turístico e paisagístico, a qualquer outro interesse difuso ou coletivo, à ordem econômica, à ordem urbanística, à honra e à dignidade de grupos raciais, étnicos ou religiosos e ao patrimônio público e social **submetem-se aos termos da Lei da Ação Civil Pública** (Lei 7.347/85), não aos termos da Lei de improbidade.

Todavia, em previsão contraditória e inusitada, a Lei 14.230/2021 incluiu o § 16 ao art. 17 da LIA, para vaticinar que, *a qualquer momento*, se o magistrado identificar a existência de ilegalidades ou de irregularidades administrativas a serem sanadas sem que estejam presentes todos os requisitos para a imposição das sanções aos agentes incluídos no polo passivo da demanda, poderá, em decisão motivada, *converter a ação de improbidade administrativa em ação civil pública, regulada pela Lei 7.347/85*. Dessa decisão que converter a ação de improbidade em ação civil pública caberá agravo de instrumento.

Na redação original do art. 17, a ação judicial por ato de improbidade poderia ser proposta pelo Ministério Público ou pela pessoa jurídica interessada. Isto é, havia uma clara previsão legal de *legitimidade ativa concorrente* entre o Ministério Público e a pessoa jurídica interessada (que é a prejudicada pelo ato de improbidade) para a propositura da ação por ato de improbidade.

Porém, com a nova redação dada a esse art. 17 pela Lei 14.230/2021, somente o Ministério Público estaria legitimado a ajuizá-la, podendo a pessoa jurídica interessada, quando intimada, e caso queira, intervir no processo.

Ademais, o art. 3º da Lei 14.230/2021 estabeleceu um prazo de 1 (um) ano, contado a partir da data de publicação dessa Lei, para o Ministério Público competente manifestar interesse no prosseguimento das ações por improbidade administrativa em curso ajuizadas pela Fazenda Pública, inclusive em grau de recurso. Nesse prazo, os processos ficarão suspensos. E caso o Ministério Público competente não manifeste interesse no prosseguimento da ação por improbidade, o processo deverá ser extinto sem resolução do mérito.

Entretanto, cumpre assinalar que essas alterações foram impugnadas em duas ações diretas de inconstitucionalidade (ADI's 7042 e 7043[13]), Rel. Min. Alexandre de Moraes, que, em decisão monocrática proferida em 17 de fevereiro de 2022, e *ad referendum* do Plenário do STF, (i) deu *interpretação conforme a Constituição Federal* ao *caput* e §§ 6º-A, 10-C e 14, do artigo 17 da Lei nº 8.429/92, com a redação dada pela Lei nº 14.230/2021, no sentido da existência de *legitimidade ativa concorrente* entre o Ministério Público e as pessoas jurídicas interessadas para a propositura da ação por ato de improbidade administrativa e (ii) suspendeu os efeitos do artigo 3º da Lei nº 14.230/2021. Em julgamento de mérito, o plenário do STF, por maioria, em 31.8.2022, declarou parcialmente procedentes os pedidos formulados nas ações, para declarar a inconstitucionalidade parcial, sem redução de texto, do *caput* e dos §§ 6º-A e 10-C do art. 17, assim como do *caput* e dos §§ 5º e 7º do art. 17-B, da Lei 8.429/1992, na redação dada pela Lei 14.230/2021, **de modo a restabelecer a existência de legitimidade ativa concorrente e disjuntiva entre o Ministério Público e as pessoas jurídicas interessadas para a propositura da ação por ato de improbidade administrativa e para a celebração de acordos de não persecução civil**; e declarar a inconstitucionalidade do art. 3º da Lei 14.230/2021.

Entendeu o Ministro Relator, que a "supressão da legitimidade ativa das pessoas jurídicas interessadas para a propositura da ação por ato de improbidade administrativa caracteriza uma espécie de monopólio absoluto do combate à corrupção ao Ministério Público, não autorizado, entretanto, pela Constituição Federal, e sem qualquer sistema de freios e contrapesos como estabelecido na hipótese das ações penais públicas (art. 5º, LIX, da CF)".

Ademais, a legitimidade da Fazenda Pública para o ajuizamento de ações por improbidade administrativa é ordinária, já que ela atua na defesa de seu próprio patrimônio público, que abarca a reserva moral e ética da Administração Pública brasileira, de modo que a supressão da legitimidade ativa das pessoas jurídicas interessadas para a propositura da ação por ato de improbidade representa uma inconstitucional limitação ao amplo acesso à jurisdição (CF, art. 5º, XXXV) e a defesa do patrimônio público, com ferimento ao princípio da eficiência (CF, art. 37, caput) e significativo retrocesso quanto ao imperativo constitucional de combate à improbidade administrativa.

Concordamos com o posicionamento adotado pelo Ministro Relator. Sem dúvida, é um demasiado despautério afastar a pessoa jurídica prejudicada pelo ato de

13 ADI 7042, proposta pela Associação Nacional dos Procuradores dos Estados e do Distrito Federal - ANAPE; e ADI 7043, proposta pela Associação Nacional dos Advogados Públicos Federais - ANAFE.

improbidade, e que tem inequívoco interesse na responsabilização do agente ímprobo, do direito de propositura da ação judicial. Acrescente-se que a Constituição veda, nos termos do artigo 129, §1º, a previsão de legitimidade exclusiva do Ministério Público para a propositura da ação por ato de improbidade administrativa, e, consequentemente, para oferecimento do acordo de não persecução civil.

A Lei 14.230/2021 trouxe uma novidade ao incluir o § 4º-A no art. 17 da Lei de improbidade, com o qual estabeleceu que a ação de improbidade deverá ser proposta perante o foro do local onde ocorrer o dano ou da pessoa jurídica prejudicada. Assim, a nova Lei atribuiu a competência para processar e julgar a ação de improbidade ao juízo – estadual ou federal, conforme o caso – do **local do dano** ou **da pessoa jurídica prejudicada**.

Em relação à competência da Justiça Federal para processar e julgar a ação de improbidade administrativa, a Primeira Seção do Superior Tribunal de Justiça, no CC 174.764, Rel. Min. Mauro Campbell Marques, julgado em 09 de fevereiro de 2022, entendeu que a competência da Justiça Federal para as ações de improbidade é definida em **razão da presença, na relação processual, das pessoas jurídicas de direito público previstas no artigo 109, I, da Constituição Federal** (União, entidade autárquica ou empresa pública federal) e não pela natureza federal da verba sujeita à fiscalização do Tribunal de Contas da União. Isto é, trata-se de competência absoluta em razão da pessoa (*ratione personae*).

A propositura da ação de improbidade *prevenirá* a competência do juízo para todas as ações posteriormente intentadas que possuam a mesma causa de pedir ou o mesmo objeto, em razão da existência de conexão entre as ações.

A petição inicial da ação de improbidade deve cumprir alguns requisitos, sob pena de ser rejeitada pelo juiz.

Com efeito, além da **necessidade** de ser instruída com *documentos* ou *justificação* que contenham *indícios suficientes da veracidade dos fatos e do dolo imputado* ou com razões fundamentadas da impossibilidade de apresentação de qualquer dessas provas, a peça inicial **deverá** *individualizar a conduta do réu* e apontar os elementos probatórios mínimos que demonstrem a ocorrência das *hipóteses de improbidade* previstas nos arts. 9º, 10 e 11 da Lei de improbidade e de sua *autoria*, salvo impossibilidade devidamente fundamentada.

Ademais, a petição inicial também deverá ser rejeitada nas hipóteses de indeferimento da inicial previstas no art. 330 do CPC ou quando manifestamente inexistente o ato de improbidade imputado.

O autor da ação de improbidade poderá requerer as tutelas provisórias adequadas e necessárias, nos termos dos arts. 294 a 310 do CPC.

Estando a petição inicial em devida forma, o juiz mandará autuá-la e ordenará desde logo a citação dos requeridos para que ofereçam a contestação no prazo comum de 30 (trinta) dias. A Lei 14.230/2021, neste ponto, trouxe uma alteração significativa no processamento da ação. Isto porque, na redação anterior do § 7º do art. 17 da Lei 8.429/92, o juiz devia, *inicialmente*, ordenar a notificação do requerido, para oferecer manifestação prévia, dentro do prazo de quinze dias. Somente depois da manifestação do requerido é que cabia ao magistrado, em decisão fundamentada, decidir pela rejeição ou recebimento da petição inicial.

Porém, ocorrida a citação, e havendo a possibilidade de *solução consensual*, poderão as partes requerer ao juiz a interrupção do prazo para a contestação, por prazo não superior a 90 (noventa) dias (§ 10-A do art. 17 da Lei 8.429/92 incluído pela Lei nº 13.964/2019, conhecida como **Pacote Anticrime**).

A Lei 14.230/2021 trouxe outra novidade processual, ao determinar ao juiz, após a réplica do autor da ação, proferir decisão saneadora na qual *deverá indicar com precisão a tipificação do ato de improbidade administrativa imputável ao réu,* **sendo-lhe vedado modificar o fato principal e a capitulação legal apresentada pelo demandante** (§ 10-C do art. 17, incluído pela Lei 14.230/2021). Isto é, consagrando o princípio da *correlação* entre a sentença e a acusação, a nova Lei proíbe o magistrado alterar, à vista da interpretação dos fatos narrados na petição inicial, o enquadramento legal dado pelo autor da ação, mesmo dele discordando.

Quanto à vedação de modificar o fato principal, isto é absolutamente compreensível, pois quem deve indicar os fatos é o autor da ação (artigo 319, III, do CPC), não podendo o magistrado alterá-los.

Todavia, impedir o juiz de modificar a *capitulação legal* apresentada pelo demandante, não nos parece adequado, pois contraria o velho e conhecido brocardo *da mihi factum, dabo tibi ius* (dá-me os fatos que lhe darei o Direito). Cremos que a melhor solução seria possibilitar ao juiz, na sentença, diante de sua interpretação dos fatos e das provas produzidas nos autos, dar nova definição jurídica aos fatos, como ocorre no processo penal, que consagrou o "*emendatio libelli*", à luz do art. 383 do CPP, segundo o qual "o juiz, sem modificar a descrição do fato contida na denúncia ou queixa, poderá atribuir-lhe definição jurídica diversa, ainda que, em consequência, tenha de aplicar pena mais grave." Isto é, o réu não se defende da classificação jurídica, mas sim dos fatos descritos na inicial da ação.

Proibir o juiz de alterar a *capitulação legal* apresentada pelo autor da ação é negar ao magistrado o próprio exercício da jurisdição, em franca violação ao acesso à justiça (artigo 5º. XXXV, da CF).

A situação é agravada em razão do novo § 10-F, inciso I, do art. 17, incluídos na LIA pela Lei 14.230/2021, que considera **nula** a decisão de mérito, total ou parcial, da ação de improbidade administrativa que condenar o requerido por *tipo diverso* daquele definido na petição inicial.

Assim, quer-nos parecer que o § 10-C e o § 10-F, inciso I, do art. 17, incluídos pela Lei 14.230/2021, são inconstitucionais.

Ademais, ainda determinou a Lei 14.230/2021 que o juiz, para *cada* ato de improbidade administrativa, indique apenas *um tipo* dentre aqueles previstos nos arts. 9º, 10 e 11 da Lei de improbidade (§ 10-D do art. 17, incluído pela Lei 14.230/2021).

Após a decisão indicando a tipificação do ato de improbidade administrativa, as partes devem ser intimadas a especificar as provas que pretendem produzir. E o juiz não poderá condenar o requerido sem a produção das provas por ele tempestivamente especificadas, sob pena de nulidade da decisão (§ 10-F, inciso II, art. 17, incluídos pela Lei 14.230/2021).

Será assegurado ao réu o *direito de ser interrogado* sobre os fatos de que trata a ação, e a sua recusa ou o seu silêncio não implicarão confissão.

Mas em qualquer momento do processo, verificada a inexistência do ato de improbidade, o juiz julgará a demanda improcedente.

A Lei 14.230/2021 previu a possibilidade de instauração, na ação de improbidade, do incidente de desconsideração da personalidade jurídica, determinando, para tanto, a aplicação do CPC. A instauração do incidente será imediatamente comunicada ao distribuidor para as anotações devidas e suspenderá o processo, salvo se a desconsideração da personalidade jurídica for requerida na própria petição inicial da ação de improbidade, hipótese em que será dispensada a instauração do incidente e será citado o sócio ou a pessoa jurídica.

A Lei 14.230/2021 também incluiu o § 19 ao art. 17 da LIA, para determinar que **não se aplicam** na ação de improbidade administrativa:

> I – a presunção de veracidade dos fatos alegados pelo autor, em caso de revelia;
>
> II – a imposição de ônus da prova ao réu, na forma dos §§ 1º e 2º[14] do art. 373 do CPC, que facultam ao juiz proceder à distribuição *dinâmica* do ônus da prova, ao atribuir a carga probatória, nos casos previstos em lei ou diante de peculiaridades da causa, de *modo diverso da clássica distribuição estática da responsabilidade probatória*, que estabelece que o *onus probandi* incumbe ao (i) autor, quanto ao fato constitutivo de seu direito, e ao (ii) réu, quanto à existência de fato impeditivo, modificativo ou extintivo do direito do autor;
>
> III – o ajuizamento de mais de uma ação de improbidade administrativa pelo mesmo fato, competindo ao Conselho Nacional do Ministério Público dirimir conflitos de atribuições entre membros de Ministérios Públicos distintos;
>
> IV – o reexame obrigatório da sentença de improcedência ou de extinção sem resolução de mérito.

O novo § 20 do art. 17, incluído pela Lei 14.230/2021, determinou que a assessoria jurídica que emitiu o parecer atestando a legalidade prévia dos atos administrativos praticados pelo administrador público *ficará obrigada a defendê-lo judicialmente*, caso este venha a responder ação por improbidade administrativa, até que a decisão transite em julgado.

---

14 Art. 373. (...). § 1º Nos casos previstos em lei ou diante de peculiaridades da causa relacionadas à impossibilidade ou à excessiva dificuldade de cumprir o encargo nos termos do caput ou à maior facilidade de obtenção da prova do fato contrário, poderá o juiz atribuir o ônus da prova de modo diverso, desde que o faça por decisão fundamentada, caso em que deverá dar à parte a oportunidade de se desincumbir do ônus que lhe foi atribuído. § 2º A decisão prevista no § 1º deste artigo não pode gerar situação em que a desincumbência do encargo pela parte seja impossível ou excessivamente difícil.

Entretanto, o plenário do STF, por maioria, julgou, em 31.8.2022, parcialmente procedentes os pedidos formulados na ADI 7043, Rel. Min. Alexandre de Moraes, para também declarar a inconstitucionalidade parcial, com redução de texto, desse § 20 do art. 17 da Lei 8.429/1992, incluído pela Lei 14.230/2021, no sentido de que não existe "obrigatoriedade de defesa judicial"; havendo, porém, a possibilidade dos órgãos da Advocacia Pública autorizarem a realização dessa representação judicial, por parte da assessoria jurídica que emitiu o parecer atestando a legalidade prévia dos atos administrativos praticados pelo administrador público, nos termos autorizados por lei específica.

Entendeu a Corte que a previsão de obrigatoriedade de atuação da assessoria jurídica na defesa judicial do administrador público afronta a autonomia dos Estados-Membros e desvirtua a conformação constitucional da Advocacia Pública delineada pelo art. 131 e 132 da Constituição Federal, ressalvada a possibilidade de os órgãos da Advocacia Pública autorizarem a realização dessa representação judicial, nos termos de legislação específica.

Nas ações de improbidade não haverá *adiantamento* de custas, de preparo, de emolumentos, de honorários periciais e de quaisquer outras despesas. Mas no caso de procedência da ação, as custas e as demais despesas processuais serão pagas ao final. E em caso de improcedência da ação de improbidade, se comprovada má-fé, haverá condenação em honorários sucumbenciais, tudo conforme o art. 23-B da LIA, incluído pela Lei 14.230/2021.

7.2.1. *Do pedido de indisponibilidade de bens*

nos termos do art. 16 da LIA, com a nova redação dada pela Lei 14.230/2021, na ação por improbidade administrativa poderá ser formulado, em caráter *antecedente* ou *incidente*, **pedido de indisponibilidade de bens** dos réus, a fim de garantir a integral recomposição do erário ou do acréscimo patrimonial resultante de enriquecimento ilícito.

O pedido de indisponibilidade, entretanto, sujeita-se aos requisitos do *fumus boni iuris* e do *periculum in mora*. Com efeito, a indisponibilidade de bens somente poderá ser deferida, após a oitiva do réu em 5 (cinco) dias, mediante a demonstração, no caso concreto, de perigo de dano irreparável ou de risco ao resultado útil do processo (*periculum in mora*), e desde que o juiz se convença da probabilidade da ocorrência dos atos descritos na petição inicial com fundamento nos respectivos elementos de instrução (*fumus boni iuris*).

Todavia, a indisponibilidade de bens poderá ser decretada liminarmente sem a oitiva prévia do réu (decisão liminar *inaudita altera parte*), sempre que o contraditório prévio puder comprovadamente frustrar a efetividade da medida ou houver outras circunstâncias que recomendem a proteção liminar.

No que for cabível, o regime da tutela provisória de urgência, previsto no art. 300 e seguintes do CPC, aplica-se ao pedido de indisponibilidade de bens.

A Lei de improbidade, ademais, admite que o pedido de indisponibilidade de bens, quando for o caso, compreenda a investigação, o exame e o bloqueio de bens, contas bancárias e aplicações financeiras **mantidas pelo indiciado no exterior**, nos termos da lei e dos tratados internacionais.

De acordo com o novo § 5º do art. 16, se houver mais de um réu na ação de improbidade, a **soma** dos valores declarados indisponíveis não poderá superar o montante indicado na petição inicial como dano ao erário ou como enriquecimento ilícito. E o valor da indisponibilidade deverá considerar a estimativa de dano indicada na petição inicial, permitida a sua substituição, a requerimento do réu, por caução idônea, por fiança bancária ou por seguro-garantia judicial, bem como a sua readequação durante a instrução do processo (art. 16, § 6º).

Tratando-se de bens de terceiro, a indisponibilidade dependerá da demonstração da sua efetiva concorrência para os atos ilícitos apurados. E quando se tratar de bens de pessoa jurídica, a indisponibilidade dependerá da instauração de incidente de desconsideração da personalidade jurídica, a ser processado na forma da lei processual.

Entretanto, nos termos do novo § 10 do art. 16, incluído pela Lei 14.230/2021, a indisponibilidade somente recairá sobre bens que assegurem exclusivamente o integral ressarcimento do dano ao erário, **sem incidir** sobre os valores a serem eventualmente aplicados a título de multa civil ou sobre acréscimo patrimonial decorrente de atividade lícita.

Essa nova previsão legislativa (§ 10 do art. 16, incluído pela Lei 14.230/2021) **afasta** a tese firmada pelo STJ no **tema repetitivo 1055**, segundo o qual "É possível a inclusão do valor de eventual multa civil na medida de indisponibilidade de bens decretada na ação de improbidade administrativa, inclusive naquelas demandas ajuizadas com esteio na alegada prática de conduta prevista no art. 11 da Lei 8.429/1992, tipificador da ofensa aos princípios nucleares administrativos." (p. em 03/09/2021).

Para além disso, a nova alteração legislativa, em razão de sua natureza processual, deverá ser aplicada imediatamente aos processos em curso (CPC, art. 14), situação que certamente ensejará um reexame dos pedidos de indisponibilidade sobre os valores a serem eventualmente aplicados a título de multa civil ou sobre acréscimo patrimonial decorrente de atividade lícita.

A Lei 14.230/2021 estabeleceu uma *preferência* relativamente aos bens sobre os quais deverá incidir a indisponibilidade, pretendendo preservar as contas bancárias dos réus. Assim, em conformidade com o novo § 11 do art. 16, incluído pela Lei 14.230/2021, a ordem de indisponibilidade de bens deverá **priorizar** veículos de via terrestre, bens imóveis, bens móveis em geral, semoventes, navios e aeronaves, ações e quotas de sociedades simples e empresárias, pedras e metais preciosos **e, apenas na inexistência desses, o bloqueio de contas bancárias, de forma a garantir a subsistência do acusado e a manutenção da atividade empresária ao longo do processo**.

A Lei 14.230/2021 também criou uma série de restrições e condições para a decretação da indisponibilidade de bens, destacando-se as seguintes:

- O juiz deverá observar os efeitos práticos da decisão que decretar a indisponibilidade, vedada a adoção de medida capaz de acarretar prejuízo à prestação de serviços públicos (§ 12 do art. 16, incluído pela Lei 14.230/2021).
- É vedada a decretação de indisponibilidade da quantia de até 40 (quarenta) salários mínimos depositados em caderneta de poupança, em outras aplicações financeiras ou em conta-corrente (§ 13 do art. 16, incluído pela Lei 14.230/2021).
- É vedada a decretação de indisponibilidade do bem de família do réu, salvo se comprovado que o imóvel seja fruto de vantagem patrimonial indevida, conforme descrito no art. 9º da Lei de improbidade (§ 14 do art. 16, incluído pela Lei 14.230/2021).

Por fim, da decisão que deferir ou indeferir a medida relativa à indisponibilidade de bens caberá agravo de instrumento, nos termos do CPC.

7.2.2. *Do acordo de não persecução civil*

prevê o art. 17-B, incluído pela Lei 14.230/2021, a possibilidade de o Ministério Público celebrar, antes ou depois do ajuizamento da ação de improbidade administrativa, e conforme as circunstâncias do caso concreto, **acordo de não persecução civil**, desde que dele advenham, ao menos, (i) o *integral ressarcimento do dano* e (ii) a *reversão à pessoa jurídica lesada da vantagem indevida obtida*, ainda que oriunda de agentes privados.

Essa restrição da iniciativa de celebrar o acordo de não persecução civil apenas ao Ministério Público foi declarada inconstitucional pelo STF, que, em decisão de 31.8.2022, julgou parcialmente procedentes os pedidos formulados na ADI 7043, Rel. Min. Alexandre de Moraes, para declarar a inconstitucionalidade parcial, sem redução de texto, do *caput* e dos §§ 6º-A e 10-C do art. 17, assim como do *caput* e dos §§ 5º e 7º do art. 17-B, da Lei 8.429/1992, na redação dada pela Lei 14.230/2021, **de modo a restabelecer a existência de legitimidade ativa concorrente e disjuntiva entre o Ministério Público e as pessoas jurídicas interessadas para a propositura da ação por ato de improbidade administrativa e para a celebração de acordos de não persecução civil**.

Entendeu a Corte que a legitimidade para firmar acordo de não persecução civil no contexto do combate à improbidade administrativa exsurge como decorrência lógica da própria legitimidade para a ação, razão pela qual estende-se às pessoas jurídicas interessadas.

E para os fins de apuração do valor do dano a ser ressarcido, impôs o art. 17-B, § 3º, que deverá ser realizada a oitiva do Tribunal de Contas competente, que deverá se manifestar, com indicação dos parâmetros utilizados, no prazo de 90 dias. Porém, o Min. Alexandre de Moraes, em sede de exame de medida cautelar na ADI 7236-MC, concedeu, em 27 de dezembro de 2022, liminar para suspender a eficácia desse § 3º do art. 17-B, da Lei 8.429/1992, incluído pela Lei 14.230/2021, por violação à plena autonomia do Ministério Público.

O chamado **acordo de não persecução cível** foi criado pela Lei nº 13.964/2019, conhecida como **Pacote Anticrime**, que havia dado nova redação ao § 1º do art. 17, para permitir nas ações por ato de improbidade a celebração desse **acordo**. A Lei 14.230/2021, entretanto, revogou esse § 1º do art. 17, mas tratou do acordo de não persecução civel no novel art. 17-B, de forma mais extensa e estabelecendo exigências e condições.

Assim, além de exigir que do acordo resulte o integral ressarcimento do dano e a reversão à pessoa jurídica lesada da vantagem indevida obtida, o novo art. 17-B submete a celebração do acordo, **cumulativamente**, (I) à oitiva do ente federativo lesado, em momento anterior ou posterior à propositura da ação de improbidade; (II) à aprovação, no prazo de até 60 dias, pelo órgão do Ministério Público competente para apreciar as promoções de arquivamento de inquéritos civis, se anterior ao ajuizamento da ação; e (III) à homologação judicial, independentemente de o acordo ocorrer antes ou depois do ajuizamento da ação de improbidade administrativa.

Porém, em qualquer caso, a celebração do acordo deverá considerar a personalidade do agente, a natureza, as circunstâncias, a gravidade e a repercussão social do ato de improbidade, bem como as vantagens, para o interesse público, da rápida solução do caso.

O acordo de não persecução civel poderá ser celebrado a qualquer tempo, isto é, no curso da investigação de apuração do ilícito, no curso da ação de improbidade ou no momento da execução da sentença condenatória (art. 17-B, § 4º), e das negociações para a sua celebração participarão o Ministério Público ou as pessoas jurídicas interessadas, de um lado, e, de outro, o investigado ou demandado e o seu defensor (art. 17-B, § 5º)[15].

O acordo de não persecução civel poderá contemplar a adoção de *compliance*, isto é, de mecanismos e procedimentos internos de integridade, de auditoria e de incentivo à denúncia de irregularidades e a aplicação efetiva de códigos de ética e de conduta no âmbito da pessoa jurídica, se for o caso, bem como de outras medidas em favor do interesse público e de boas práticas administrativas (art. 17-B, § 6º).

Por fim, prevê o art. 17-B que, em caso de descumprimento do acordo de não persecução civel, o investigado ou o demandado **ficará impedido de celebrar novo acordo pelo prazo de 5 anos**, contado do conhecimento pelo Ministério Público do efetivo descumprimento (art. 17-B, § 7º).

7.2.3. *Da sentença*

a sentença proferida nos processos de improbidade administrativa deverá observar os requisitos previstos no art. 489 do CPC (que exigem, como elementos da

15. Lembrando que o plenário do STF, por maioria, julgou, em 31.8.2022, parcialmente procedentes os pedidos formulados na ADI 7043, Rel. Min. Alexandre de Moraes, para: (a) declarar a inconstitucionalidade parcial, sem redução de texto, do *caput* e dos §§ 6º-A e 10-C do art. 17, assim como do *caput* e dos §§ 5º e 7º do art. 17-B, da Lei 8.429/1992, na redação dada pela Lei 14.230/2021, **de modo a restabelecer a existência de legitimidade ativa concorrente e disjuntiva entre o Ministério Público e as pessoas jurídicas interessadas para a propositura da ação por ato de improbidade administrativa e para a celebração de acordos de não persecução civil.**

sentença, o relatório, a fundamentação e o dispositivo) e, **em especial**, as seguintes exigências estabelecidas no novo art. 17-C incluído pela Lei 14.230/2021:

> I – indicar de modo preciso os fundamentos que demonstram os elementos a que se referem os atos de improbidade previstos nos arts. 9º, 10 e 11 da LIA, que não podem ser presumidos;
>
> II – considerar as consequências práticas da decisão, sempre que decidir com base em valores jurídicos abstratos;
>
> III – considerar os obstáculos e as dificuldades reais do gestor e as exigências das políticas públicas a seu cargo, sem prejuízo dos direitos dos administrados e das circunstâncias práticas que houverem imposto, limitado ou condicionado a ação do agente;
>
> IV – considerar, para a aplicação das sanções, de forma isolada ou cumulativa: a) os princípios da proporcionalidade e da razoabilidade; b) a natureza, a gravidade e o impacto da infração cometida; c) a extensão do dano causado; d) o proveito patrimonial obtido pelo agente; e) as circunstâncias agravantes ou atenuantes; f) a atuação do agente em minorar os prejuízos e as consequências advindas de sua conduta omissiva ou comissiva; e g) os antecedentes do agente;
>
> V – considerar na aplicação das sanções a dosimetria das sanções relativas ao mesmo fato já aplicadas ao agente (quando o mesmo fato também ensejar punições nas instâncias civis, penais e administrativas);
>
> VI – considerar, na fixação das penas relativamente ao terceiro, quando for o caso, a sua atuação específica, não admitida a sua responsabilização por ações ou omissões para as quais não tiver concorrido ou das quais não tiver obtido vantagens patrimoniais indevidas;
>
> VII – indicar, na apuração da ofensa a princípios, critérios objetivos que justifiquem a imposição da sanção.

Na dosimetria das sanções, e existindo litisconsórcio passivo, deve o juiz observar a participação de cada um e o proveito que obteve da prática do ato de improbidade, de modo que a condenação ocorrerá no limite da participação e dos benefícios diretos, vedada qualquer solidariedade.

Das sentenças proferidas nos processos de improbidade administrativa **somente caberá recurso voluntário**, não havendo, nos termos do novo art. 17-C, § 3º, remessa necessária ou reexame obrigatório.

Nos termos do art. 18 da Lei 8.429/92, com a nova redação dada pela Lei 14.230/2021, a sentença que julgar procedente a ação fundada nos arts. 9º e 10 da Lei de improbidade, condenará ao ressarcimento dos danos e à perda ou à reversão dos bens e valores ilicitamente adquiridos, conforme o caso, em favor da pessoa jurídica prejudicada pelo ilícito, à qual caberá, caso necessário, a liquidação do dano e a deflagração posterior do procedimento para o cumprimento da sentença.

Na hipótese de a pessoa jurídica prejudicada não adotar as providências necessárias para a liquidação do dano e para o cumprimento da sentença, no prazo de 6 (seis) meses, contado do trânsito em julgado da sentença de procedência da ação, caberá ao Ministério Público proceder à respectiva liquidação do dano e ao cumprimento da sentença referente ao ressarcimento do patrimônio público ou à perda ou à reversão dos bens, sem prejuízo de eventual responsabilização pela omissão verificada.

Para fins de apuração do valor do ressarcimento do dano, deverão ser descontados os serviços efetivamente prestados pelo demandado.

Prevê o § 4º do art. 18, incluído pela Lei 14.230/2021, que o juiz poderá autorizar o parcelamento, em até 48 parcelas mensais corrigidas monetariamente, do débito resultante de condenação pela prática de improbidade administrativa se o réu demonstrar incapacidade financeira de saldá-lo de imediato.

Na fase de cumprimento da sentença, e a requerimento do réu, o juiz **unificará** eventuais sanções aplicadas com outras já impostas em outros processos, tendo em vista a eventual **continuidade de ilícito** ou **a prática de diversas ilicitudes**, observado o seguinte:

> I – no **caso de continuidade de ilícito**, o juiz promoverá a maior sanção aplicada, aumentada de 1/3 (um terço), ou a soma das sanções, *o que for mais benéfico ao réu*;
>
> II – no **caso de prática de novos atos ilícitos pelo mesmo sujeito**, o juiz somará as sanções.

Nesse caso, as sanções de suspensão de direitos políticos e de proibição de contratar ou de receber incentivos fiscais ou creditícios do poder público **observarão o limite máximo de 20 (vinte) anos** (art. 18-A, incluído pela Lei 14.230/2021).

7.3. Competência

A competência para processar e julgar a ação civil por ato de improbidade é do **juiz de 1º grau** (Federal ou Estadual) com jurisdição no **local do dano** ou **da pessoa jurídica prejudicada**.

A Lei 14.230/2021 trouxe uma novidade ao incluir o § 4º-A no art. 17 da Lei de improbidade, com o qual estabeleceu que a ação de improbidade deverá ser proposta perante o foro do local onde ocorrer o dano ou da pessoa jurídica prejudicada.

Em relação à competência da Justiça Federal para processar e julgar a ação de improbidade administrativa, a Primeira Seção do Superior Tribunal de Justiça, no CC 174.764, Rel. Min. Mauro Campbell Marques, julgado em 09 de fevereiro de 2022, entendeu que a competência da Justiça Federal para as ações de improbidade é definida em **razão da presença, na relação processual, das pessoas jurídicas de direito público previstas no artigo 109, I, da Constituição Federal** (União, entidade autárquica ou empresa pública federal) e não pela natureza federal da verba sujeita à fiscalização do Tribunal de Contas da União. Isto é, trata-se de competência absoluta em razão da pessoa (*ratione personae*).

A propositura da ação de improbidade *prevenirá* a competência do juízo para todas as ações posteriormente intentadas que possuam a mesma causa de pedir ou o mesmo objeto, em razão da existência de conexão entre as ações.

Cumpre recordar que o STF declarou a inconstitucionalidade dos §§ 1º e 2º do art. 84 do CPP, inseridos pela Lei 10.628/2002, que havia instituído foro especial para ex-ocupantes de cargos públicos e/ou mandatos eletivos. A decisão foi tomada no julgamento da Ação Direta de Inconstitucionalidade (ADI 2797) proposta pela Associação Nacional dos Membros do Ministério Público (Conamp). No julgamento, prevaleceu o entendimento do relator, Ministro Sepúlveda Pertence, que considerou procedente a ação. "O meu voto acolhe basicamente a ação de improbidade por não se cuidar de uma competência penal e consequentemente não poder somar-se à competência originária do Supremo que é exclusivamente constitucional", afirmou o ministro Pertence.

De acordo com o relator, o parágrafo 1º do artigo 84 "constitui evidente reação legislativa ao cancelamento da Súmula 394" pelo Supremo. "Tanto é assim que a redação dada ao dispositivo questionado se aproxima substancialmente da proposta, então recusada pelo Tribunal". A Súmula 394 estabelecia que "cometido o crime durante o exercício funcional, prevalece a competência especial por prerrogativa de função, ainda que o inquérito ou a ação penal sejam iniciados após a cessação daquele exercício".

8. DA PRESCRIÇÃO

Com fundamento no art. 37, § 5º, da Constituição Federal, deve a lei estabelecerá os **prazos de prescrição** para ilícitos praticados por qualquer agente, servidor ou não, que causem prejuízos ao erário. Isto é, a Constituição determinou que a lei fixasse o prazo prescricional para as ações destinadas à aplicação de sanções pela prática de ato de improbidade administrativa.

Na sua versão original, a Lei 8.429/92 (LIA) previa prazos distintos para a prescrição da ação de improbidade administrativa. Assim, com base na redação anterior do art. 23 da LIA, a ação por ato de improbidade prescrevia em 05 (cinco) anos após o término do exercício de mandato, de cargo em comissão ou de função de confiança. Contudo, nos casos de exercício de cargo efetivo ou emprego, a prescrição ocorria dentro do prazo prescricional previsto em lei específica para faltas disciplinares puníveis com demissão a bem do serviço público.

Ademais, a ação por ato de improbidade também prescrevia em 05 (cinco) anos da data da apresentação à administração pública da prestação de contas final pelas entidades que recebam subvenção, benefício ou incentivo, fiscal ou creditício, de órgão público, bem por aquelas para cuja criação ou custeio o erário haja concorrido ou concorra com menos de cinquenta por cento do patrimônio ou da receita anual.

Entretanto, a Lei 14.230/2021 alterou significativamente esse cenário, **unificando** o prazo prescricional para a propositura da ação de improbidade em **8 (oito) anos**, contados a partir da ocorrência do fato ou, no caso de infrações permanentes, do dia em que cessou a permanência.

Esse prazo prescricional de 8 anos **pode ser suspenso e interrompido**.

Será **suspenso**, pela instauração de inquérito civil ou de processo administrativo para apuração de ato de improbidade, por, no máximo, 180 (cento e oitenta) dias corridos, recomeçando a correr após a sua conclusão ou, caso não concluído o processo, esgotado o prazo de suspensão, conforme o novo § 1º do art. 23.

Será **interrompido** nas seguintes hipóteses, indicadas no novo § 4º do art. 23:

I – pelo ajuizamento da ação de improbidade administrativa;

II – pela publicação da sentença condenatória;

III – pela publicação de decisão ou acórdão de Tribunal de Justiça ou Tribunal Regional Federal que confirma sentença condenatória ou que reforma sentença de improcedência;

IV – pela publicação de decisão ou acórdão do Superior Tribunal de Justiça que confirma acórdão condenatório ou que reforma acórdão de improcedência; e

V – pela publicação de decisão ou acórdão do Supremo Tribunal Federal que confirma acórdão condenatório ou que reforma acórdão de improcedência.

Todavia, em face do novel § 5º do art. 23, interrompida a prescrição, o prazo recomeça a correr do dia da interrupção, pela metade do prazo previsto (que é de 8 anos), isto é, recomeça a correr pelo prazo de **04 (quatro) anos**.

A Lei 14.230/2021 reconheceu a possibilidade de ser aplicada a **prescrição intercorrente** nas ações por improbidade administrativa.

Assim, pelo novo § 8º do art. 23 da LIA, o juiz ou o tribunal, depois de ouvido o Ministério Público, deverá, de ofício ou a requerimento da parte interessada, **reconhecer a prescrição intercorrente** da pretensão sancionadora e decretá-la de imediato, caso, entre os marcos interruptivos referidos no § 4º do art. 23, **transcorra o prazo de 4 anos**.

Por esse novo desenho, muito mais favorável aos réus, se, por exemplo, entre a data do *ajuizamento da ação de improbidade* (1º marco interruptivo) e a data da *publicação da sentença condenatória pelo juiz de 1º grau* (2º marco interruptivo), transcorrer 4 anos, deve o juiz ou tribunal, depois de ouvido o Ministério Público, reconhecer a prescrição intercorrente e extinguir a ação.

Ou, citando outro exemplo, se entre a data da *publicação da sentença condenatória pelo juiz de 1º grau* (2º marco interruptivo) e a data da *publicação de decisão ou acórdão de Tribunal de Justiça ou Tribunal Regional Federal que confirma sentença condenatória ou que reforma sentença de improcedência* (3º marco interruptivo), transcorrer 4 anos, também deve o juiz ou tribunal, depois de ouvido o Ministério Público, reconhecer a prescrição intercorrente e extinguir a ação. E aí sucessivamente, desde que esse prazo de 4 anos possa ser encaixado entre os marcos interruptivos.

Na dicção do novo § 6º do art. 23, tanto a suspensão como a interrupção da prescrição produzem efeitos relativamente a *todos* os que concorreram para a prática do ato de improbidade. Ademais, nos atos de improbidade conexos que sejam objeto do mesmo processo, a suspensão e a interrupção relativas a qualquer deles estendem-se aos demais, conforme autoriza o novo § 7º do art. 23.

Por fim, cumpre sublinhar que, apesar de as ações de improbidade administrativa sujeitarem-se a prescrição, as ações que se destinam ao *ressarcimento dos danos causados por agente público pela prática de improbidade administrativa* são **imprescritíveis** e podem ser propostas a qualquer tempo, consoante dispõe a parte final do § 5º do art. 37 da Constituição Federal: "A lei estabelecerá os prazos de prescrição para ilícitos praticados por qualquer agente, servidor ou não, que causem prejuízos ao erário, **ressalvadas as respectivas ações de ressarcimento**".

Esse § 5º do art. 37 deve ser lido em conjunto com o § 4º do mesmo artigo, na medida em que o § 5º se refere apenas aos casos de improbidade administrativa. Nessa direção, o STF, ao apreciar o **tema 897** de repercussão geral no RE 852475 (j. em 08/08/2018), fixou a seguinte tese jurídica:

> "São imprescritíveis as ações de ressarcimento ao erário fundadas na prática de ato doloso tipificado na Lei de Improbidade Administrativa."

Contudo, tratando-se de danos à Fazenda Pública decorrentes de ilícito civil (não de improbidade administrativa), a ação de reparação do dano é prescritível, segundo tese jurídica firmada pelo STF, ao julgar o **tema 666** de repercussão geral no RE 669069 (j. em 03/02/2016), nos seguintes termos[16]:

> "É prescritível a ação de reparação de danos à Fazenda Pública decorrente de ilícito civil."

Em conclusão, para a Suprema Corte, somente são imprescritíveis as ações de ressarcimento ao erário fundadas na prática de ato de improbidade administrativa doloso tipificado na Lei de Improbidade Administrativa (TEMA 897). Por outro lado, em relação a todos os demais atos ilícitos, inclusive àqueles atentatórios à probidade da administração **não dolosos e aos anteriores à edição da Lei 8.429/1992**, aplica-se o TEMA 666, sendo prescritível a ação de reparação de danos à Fazenda Pública.

O STJ, em Recurso Especial Representativo de Controvérsia de Natureza Repetitiva e apreciando o Tema Repetitivo 1089, firmou tese segundo a qual "Na ação civil pública por ato de improbidade administrativa é possível o prosseguimento da demanda para pleitear o ressarcimento do dano ao erário, ainda que sejam declaradas prescritas as demais sanções previstas no art. 12 da Lei 8.429/92". (DJe 13/10/2021).

Como já ressaltado linhas atrás, a Lei 14.230/2021 determinou a aplicação dos *princípios constitucionais do direito administrativo sancionador* ao sistema de responsabilização pelo ato de improbidade administrativa.

Essa novidade tem proporcionado importantes debates doutrinários, com reflexo na jurisprudência, especialmente em relação à possibilidade de aplicar aos atos de improbidade um princípio constitucional típico do direito penal, que é o da *retroatividade da lei mais benéfica*. E como a Lei 14.230/2021 trouxe uma normatividade mais benéfica para o réu em ação de improbidade, especialmente em relação à exigência da presença do elemento subjetivo – dolo específico – para a configuração do ato de *improbidade administrativa*, inclusive no artigo 10 da LIA, e a aplicação dos novos prazos de prescrição geral e intercorrente, discute-se se essas novas regras se aplicam retroativamente para beneficiar os réus de ação de improbidade em curso.

Entendemos que sim. O regime jurídico do direito administrativo sancionador também se submete aos mesmos princípios constitucionais aplicáveis ao direito penal, com destaque para os princípios da retroatividade da lei benéfica e da irretroatividade da lei severa, insculpidos no inciso XL do art. 5º da Constituição Federal: "a lei penal não retroagirá, salvo para beneficiar o réu."

16 STF, Pleno, RE 669069/MG, Rel. Min. TEORI ZAVASCKI, Julgamento em 03/02/2016: CONSTITUCIONAL E CIVIL. RESSARCIMENTO AO ERÁRIO. IMPRESCRITIBILIDADE. SENTIDO E ALCANCE DO ART. 37, § 5º, DA CONSTITUIÇÃO. 1. É prescritível a ação de reparação de danos à Fazenda Pública decorrente de ilícito civil. 2. Recurso extraordinário a que se nega provimento.

Ora, o princípio da retroatividade da lei benéfica não é um princípio exclusivo do Direito Penal, tampouco a Constituição pretendeu restringi-lo à lei penal incriminadora. A expressão "lei penal" contida no inciso XL do art. 5º da Constituição da República não deve ser interpretada literal e restritivamente, para circunscrevê-la à lei que define crimes e comina sanções pela sua prática. Deve-se, em coerência com o sistema normativo, interpretá-la como *qualquer lei que sanciona ou penaliza* uma conduta, seja qual for a natureza da infração, se penal, administrativa ou cível.

Na hipótese específica da improbidade administrativa, cujas penas são duras e implacáveis (*v.g.*, perda da função pública e suspensão dos direitos políticos até 12 ou 14 anos, conforme o ato de improbidade), conspira em desfavor da dignidade do agente público ou terceiro inadmitir o princípio em tela, somente para permitir alimentar certos desejos desumanos que, mesmo na vigência da nova lei *mais benigna*, deve ele ser castigado conforme o regime mais repressor e severo.

No MS 23.262/DF, Rel. Min. DIAS TOFFOLI, DJe de 30/10/2014, o plenário do STF admitiu a incidência de um conhecido princípio constitucional do direito penal no âmbito administrativo, inclusive com a declaração incidental de inconstitucionalidade do art. 170 da Lei nº 8.112/90[17], para concluir que o princípio da presunção de inocência, previsto no art. 5º, LVII, da Constituição Federal, também tem aplicação no direito administrativo disciplinar[18].

Todavia, o Supremo Tribunal Federal, no julgamento do Tema nº. 1.199 (ARE nº. 843.989 RG, Relator Ministro Alexandre de Moraes, Tribunal Pleno, publicado em 04/03/2022), após analisar as questões submetidas ao respectivo tema, em decorrência da superveniência da Lei nº. 14.230/2021, fixou as seguintes teses:

> *"1) É necessária a comprovação de responsabilidade subjetiva para a tipificação dos atos de improbidade administrativa, exigindo-se - nos artigos 9º, 10 e 11 da LIA - a presença do elemento subjetivo - DOLO;*

17 "Art. 170. Extinta a punibilidade pela prescrição, a autoridade julgadora determinará o registro do fato nos assentamentos individuais do servidor."

18 Vide EMENTA: "Constitucional e Administrativo. Poder disciplinar. Prescrição. Anotação de fatos desabonadores nos assentamentos funcionais. Declaração incidental de inconstitucionalidade do art. 170 da Lei nº 8.112/90. Violação do princípio da presunção de inocência. Segurança concedida. 1. A instauração do processo disciplinar interrompe o curso do prazo prescricional da infração, que volta a correr depois de ultrapassados 140 (cento e quarenta) dias sem que haja decisão definitiva. 2. O princípio da presunção de inocência consiste em pressuposto negativo, o qual refuta a incidência dos efeitos próprios de ato sancionador, administrativo ou judicial, antes do perfazimento ou da conclusão do processo respectivo, com vistas à apuração profunda dos fatos levantados e à realização de juízo certo sobre a ocorrência e a autoria do ilícito imputado ao acusado. 3. É inconstitucional, por afronta ao art. 5º, LVII, da CF/88, o art. 170 da Lei nº 8.112/90, o qual é compreendido como projeção da prática administrativa fundada, em especial, na Formulação nº 36 do antigo DASP, que tinha como finalidade legitimar a utilização dos apontamentos para desabonar a conduta do servidor, a título de maus antecedentes, sem a formação definitiva da culpa. 4. Reconhecida a prescrição da pretensão punitiva, há impedimento absoluto de ato decisório condenatório ou de formação de culpa definitiva por atos imputados ao investigado no período abrangido pelo PAD. 5. O status de inocência deixa de ser presumido somente após decisão definitiva na seara administrativa, ou seja, não é possível que qualquer consequência desabonadora da conduta do servidor decorra tão só da instauração de procedimento apuratório ou de decisão que reconheça a incidência da prescrição antes de deliberação definitiva de culpabilidade. 6. Segurança concedida, com a declaração de inconstitucionalidade incidental do art. 170 da Lei nº 8.112/1990."

2) A norma benéfica da Lei 14.230/2021 - revogação da modalidade culposa do ato de improbidade administrativa -, é IRRETROATIVA, em virtude do artigo 5º, inciso XXXVI, da Constituição Federal, não tendo incidência em relação à eficácia da coisa julgada; nem tampouco durante o processo de execução das penas e seus incidentes;

3) A nova Lei 14.230/2021 aplica-se aos atos de improbidade administrativa culposos praticados na vigência do texto anterior da lei, porém sem condenação transitada em julgado, em virtude da revogação expressa do texto anterior; devendo o juízo competente analisar eventual dolo por parte do agente;

4) O novo regime prescricional previsto na Lei 14.230/2021 é IRRETROATIVO, aplicando-se os novos marcos temporais a partir da publicação da lei."

9. A LEI ANTICORRUPÇÃO

Entrou em vigor em 29 de janeiro de 2014, a Lei nº 12.846, de 01 de agosto de 2013, que dispõe sobre a responsabilização administrativa e civil de pessoas jurídicas pela prática de atos contra a administração pública, nacional ou estrangeira.

Essa Lei, conhecida como **Lei Anticorrupção**, adotou no direito brasileiro, ineditamente, a responsabilidade **objetiva**, administrativa e civil, de pessoas jurídicas pela prática de atos lesivos à administração pública (nacional ou estrangeira), cometidos em seu interesse ou benefício, exclusivo ou não.

Isso significa dizer que a responsabilização administrativa e civil das pessoas jurídicas, pela prática de atos lesivos à administração pública, não depende de culpa e não exclui a responsabilidade individual de seus dirigentes ou administradores ou de qualquer pessoa natural, autora, coautora ou partícipe do ato ilícito.

Neste contexto, em razão da nova Lei Anticorrupção, a pessoa jurídica envolvida em prática de corrupção ou ato lesivo à administração pública será responsabilizada independentemente de qualquer culpa e independentemente da responsabilização individual de seus dirigentes.

Todavia, sem embargo da responsabilidade objetiva ou sem culpa da empresa, os seus dirigentes ou administradores somente serão responsabilizados por atos ilícitos na medida da sua culpabilidade, isto é, subjetivamente.

A responsabilidade da pessoa jurídica subsiste mesmo na hipótese de alteração contratual, transformação, incorporação, fusão ou cisão societária. No entanto, nas hipóteses de fusão e incorporação, a responsabilidade da empresa sucessora será restrita à obrigação de pagamento de multa e reparação integral do dano causado, até o limite do patrimônio transferido, não lhe sendo aplicáveis as demais sanções previstas na Lei decorrentes de atos e fatos ocorridos antes da data da fusão ou incorporação, exceto no caso de simulação ou evidente intuito de fraude, devidamente comprovados.

Segundo a Lei, consideram-se **atos lesivos à administração pública** (nacional ou estrangeira), todos aqueles praticados pelas pessoas jurídicas que atentem contra o patrimônio público nacional ou estrangeiro, contra princípios da administração pública ou contra os compromissos internacionais assumidos pelo Brasil, assim definidos:

I. prometer, oferecer ou dar, direta ou indiretamente, vantagem indevida a agente público, ou a terceira pessoa a ele relacionada;

II. comprovadamente, financiar, custear, patrocinar ou de qualquer modo subvencionar a prática dos atos ilícitos previstos nesta Lei;

III. comprovadamente, utilizar-se de interposta pessoa física ou jurídica para ocultar ou dissimular seus reais interesses ou a identidade dos beneficiários dos atos praticados;

IV. no tocante a licitações e contratos: a) frustrar ou fraudar, mediante ajuste, combinação ou qualquer outro expediente, o caráter competitivo de procedimento licitatório público; b) impedir, perturbar ou fraudar a realização de qualquer ato de procedimento licitatório público; c) afastar ou procurar afastar licitante, por meio de fraude ou oferecimento de vantagem de qualquer tipo; d) fraudar licitação pública ou contrato dela decorrente; e) criar, de modo fraudulento ou irregular, pessoa jurídica para participar de licitação pública ou celebrar contrato administrativo; f) obter vantagem ou benefício indevido, de modo fraudulento[19], de modificações ou prorrogações de contratos celebrados com a administração pública, sem autorização em lei, no ato convocatório da licitação pública ou nos respectivos instrumentos contratuais; ou g) manipular ou fraudar o equilíbrio econômico-financeiro dos contratos celebrados com a administração pública; e

V. dificultar atividade de investigação ou fiscalização de órgãos, entidades ou agentes públicos, ou intervir em sua atuação, inclusive no âmbito das agências reguladoras e dos órgãos de fiscalização do sistema financeiro nacional.

A responsabilização da pessoa jurídica pelos atos lesivos à Administração, na **esfera administrativa**, dependerá da instauração de **processo administrativo** que será conduzido por comissão designada pela autoridade instauradora e composta por 2 (dois) ou mais servidores estáveis, assegurados o contraditório e a ampla defesa à empresa, à qual será concedido o prazo de 30 (trinta) dias para defesa, contados a partir da intimação. A comissão poderá, cautelarmente, propor à autoridade instauradora que suspenda os efeitos do ato ou processo objeto da investigação. Segundo a Lei, a instauração de processo administrativo específico de reparação integral do dano não prejudica a aplicação imediata das sanções administrativas a seguir indicadas. Mas concluído o processo administrativo e não havendo pagamento, o crédito apurado será inscrito em dívida ativa da fazenda pública.

Enfim, apurado e comprovado o ato lesivo, a responsabilização da pessoa jurídica ensejará a aplicação em seu desfavor das seguintes sanções: I – **multa**, no valor de 0,1% (um décimo por cento) a 20% (vinte por cento) do faturamento bruto do último exercício anterior ao da instauração do processo administrativo, excluídos os tributos, a qual nunca será inferior à vantagem auferida, quando for possível sua estimação; e II – **publicação extraordinária da decisão condenatória**. Tais sanções devem ser aplicadas fundamentadamente, isolada ou cumulativamente, de acordo com as

19. Entretanto, de acordo com a Súmula 645 do STJ: *"O crime de fraude à licitação é formal, e sua consumação prescinde da comprovação do prejuízo ou da obtenção de vantagem"*.

peculiaridades do caso concreto e com a gravidade e natureza das infrações. Mas a aplicação dessas sanções não exclui, em qualquer hipótese, a obrigação da reparação integral do dano causado.

Em conformidade com a Lei, devem ser levados em consideração na aplicação das sanções: I – a gravidade da infração; II – a vantagem auferida ou pretendida pelo infrator; III – a consumação ou não da infração; IV – o grau de lesão ou perigo de lesão; V – o efeito negativo produzido pela infração; VI – a situação econômica do infrator; VII – a cooperação da pessoa jurídica para a apuração das infrações; VIII – a existência de mecanismos e procedimentos internos de integridade, auditoria e incentivo à denúncia de irregularidades e a aplicação efetiva de códigos de ética e de conduta no âmbito da pessoa jurídica (*compliance*); IX – o valor dos contratos mantidos pela pessoa jurídica com o órgão ou entidade pública lesados; Mas os parâmetros de avaliação de mecanismos e procedimentos previstos no inciso VIII acima (*compliance*) serão estabelecidos em regulamento do Poder Executivo federal.

A Lei reforça a importância dos programas e políticas de *compliance* (atuação conforme a lei) organizados e estruturados pelas empresas brasileiras e multinacionais que contratam e se relacionam com o Governo para a prevenção e o combate a corrupção, por meio da capacitação e treinamento de seus empregados e prepostos. *Compliance* – do inglês *comply* (obedecer às normas) – significa um conjunto de medidas adotadas para assegurar o cumprimento das normas reguladoras de determinado setor.

No Brasil, a *compliance* passou a ter importância para o Direito com a aprovação das novas regras de prevenção e combate à Lavagem de Dinheiro (Lei 9.613/1998, alterada pela Lei 12.683/2012) e, mais recentemente, com a Lei Anticorrupção (Lei 12.846/13). A *compliance* foi citada inúmeras vezes pelo STF no julgamento da Ação Penal 470 (caso Mensalão) como fundamento, inclusive, para algumas condenações. Com a implementação de políticas de *compliance*, busca a empresa assegurar que as normas a elas destinadas sejam cumpridas, evitando-se problemas jurídicos e até mesmo de imagem e credibilidade. A Lei 12.846/13 (Lei Anticorrupção), que dispõe sobre a responsabilização objetiva (isto é, sem culpa), administrativa e civil, de pessoas jurídicas pela prática de atos contra a administração pública, nacional ou estrangeira, praticamente obriga as empresas a instituírem em seus quadros a *compliance*, pois estabelece como parâmetro de fixação de penalidades administrativas a existência de mecanismos e procedimentos internos de integridade, auditoria e incentivo à denúncia de irregularidades e a aplicação efetiva de códigos de ética e de conduta no âmbito da pessoa jurídica (art. 7º, VIII).

Pois bem, como as empresas agora podem ser diretamente responsabilizadas por atos lesivos à administração pública (com penas que vão de multa a até dissolução compulsória da pessoa jurídica), emerge a necessidade de se instituir, em sua organização corporativa, um conjunto de disciplinas voltadas ao cumprimento das normas por seus dirigentes, empregados e prepostos, com o propósito de prevenir e combater a prática de atos desonestos e ofensivos ao sistema jurídico, que nada mais significa senão estabelecer dentro de cada empresa a cultura de obediência e respeito ao Sistema Jurídico.

A Lei criou a figura do **acordo de leniência**, que consiste num ajuste ou pacto que possibilita as pessoas jurídicas responsáveis pela prática de corrupção fazer parte da investigação, colaborando com a elucidação dos fatos, recebendo, por essa razão, determinados benefícios. O acordo de leniência ensejará inúmeras vantagens para a pessoa jurídica, pois isentará a empresa da obrigação de publicar na imprensa o extrato da decisão condenatória e evitará que ela fique impedida de receber empréstimos de instituições públicas e incentivos fiscais. Também poderá reduzir em até dois terços o valor da multa aplicável. Todavia, o acordo de leniência não exime a pessoa jurídica da obrigação de reparar integralmente o dano causado.

A Medida Provisória nº 703, de 18 de dezembro de 2015, havia alterado profundamente a Lei nº 12.846/2013 (Lei Anticorrupção), relativamente às normas que disciplinam os chamados **acordos de leniência**. O objetivo era facilitar a celebração desses acordos e ampliar os benefícios concedidos às empresas infratoras, na medida em que previa aquela MP que o acordo de leniência impediria o ajuizamento de ação por improbidade administrativa e de quaisquer outras ações cíveis contra a empresa pelo mesmo fato objeto do acordo.

Sucede, porém, que a **Medida Provisória nº 703,** de 18 de dezembro de 2015, publicada no Diário Oficial da União no dia 21, do mesmo mês e ano, que "Altera a Lei nº 12.846, de 1º de agosto de 2013, para dispor sobre acordos de leniência", **teve seu prazo de vigência encerrado** no dia 29 de maio de 2016, por Ato Declaratório do Presidente da Mesa do Congresso Nacional nº 27, de 30 de maio de 2016. Isso implica, juridicamente, dado o caráter temporário das medidas provisórias e sua perda de eficácia desde a edição (CF, art. 62, § 3º), na **repristinação** da redação originária, que foi restabelecida integralmente, **permanecendo, por conseguinte, as regras anteriores acerca do acordo de leniência**.

Nos termos do art. 16 da Lei 12.846/2013, a autoridade máxima de cada órgão ou entidade pública **poderá celebrar acordo de leniência** com as pessoas jurídicas responsáveis pela prática dos atos previstos na Lei Anticorrupção que colaborem efetivamente com as investigações e o processo administrativo, sendo que dessa colaboração resulte: I – a identificação dos demais envolvidos na infração, quando couber; e II – a obtenção célere de informações e documentos que comprovem o ilícito sob apuração.

No âmbito do Poder Executivo federal, compete à Controladoria-Geral da União – CGU celebrar os acordos de leniência, bem como no caso de atos lesivos praticados contra a administração pública estrangeira.

Contudo, o acordo de leniência somente poderá ser celebrado se preenchidos, **cumulativamente**, os seguintes requisitos: I – a pessoa jurídica seja a primeira a se manifestar sobre seu interesse em cooperar para a apuração do ato ilícito; II – a pessoa jurídica cesse completamente seu envolvimento na infração investigada a partir da data de propositura do acordo; III – a pessoa jurídica admita sua participação no ilícito e coopere plena e permanentemente com as investigações e o processo administrativo, comparecendo, sob suas expensas, sempre que solicitada, a todos os atos processuais, até seu encerramento.

Mas a proposta de acordo de leniência rejeitada não importará em reconhecimento da prática do ato ilícito investigado (§ 7º do art. 16).

Mas se celebrado, o acordo de leniência ensejará inúmeras vantagens para a pessoa jurídica, pois isentará a empresa da obrigação de publicar na imprensa o extrato da decisão condenatória e evitará que ela fique impedida de receber empréstimos de instituições públicas e incentivos fiscais. Também poderá reduzir em até dois terços o valor da multa aplicável. Todavia, o acordo de leniência não exime a pessoa jurídica da obrigação de reparar integralmente o dano causado.

É fundamental que no acordo de leniência se estabeleçam as condições necessárias para assegurar a efetividade da colaboração e o resultado útil do processo (§ 4º do art. 16). E os efeitos do acordo de leniência serão estendidos às pessoas jurídicas que integram o mesmo grupo econômico, de fato e de direito, desde que firmem o acordo em conjunto, respeitadas as condições nele estabelecidas (§ 5º do art. 16). Mas em caso de descumprimento do acordo de leniência, a pessoa jurídica ficará impedida de celebrar novo acordo pelo prazo de 3 (três) anos contados do conhecimento pela administração pública do referido descumprimento (§ 8º do art. 16).

A celebração do acordo de leniência interrompe o prazo prescricional dos atos ilícitos previstos na Lei Anticorrupção (§ 9º do art. 16).

A responsabilidade administrativa da pessoa jurídica não afasta a possibilidade de sua responsabilização judicial. Com efeito, a União, os Estados, o Distrito Federal e os Municípios, por meio das respectivas Advocacias Públicas ou órgãos de representação judicial, ou equivalentes, e o Ministério Público, poderão propor **ação judicial, que terá o rito de ação civil pública da Lei 7.347/85,** com vistas à aplicação das seguintes sanções às pessoas jurídicas infratoras, que poderão ser aplicadas de forma isolada ou cumulativa: I – perdimento dos bens, direitos ou valores que representem vantagem ou proveito direta ou indiretamente obtidos da infração, ressalvado o direito do lesado ou de terceiro de boa-fé; II – suspensão ou interdição parcial de suas atividades; III – dissolução compulsória da pessoa jurídica; IV – proibição de receber incentivos, subsídios, subvenções, doações ou empréstimos de órgãos ou entidades públicas e de instituições financeiras públicas ou controladas pelo poder público, pelo prazo mínimo de 1 (um) e máximo de 5 (cinco) anos.

Segundo o art. 20, da Lei 12.846/2013, nas ações ajuizadas pelo Ministério Público, poderão ser aplicadas as sanções previstas no art. 6º (multa e publicação extraordinária da decisão condenatória na imprensa), sem prejuízo das sanções acima indicadas, desde que constatada a omissão das autoridades competentes para promover a responsabilização administrativa.

Em face do art. 30 da Lei 12.846/13, a aplicação das sanções previstas em seu texto, como consequência do combate à corrupção, não afeta os processos de responsabilização e aplicação de penalidades decorrentes de (i) ato de improbidade administrativa nos termos da Lei nº 8.429/92; e (ii) atos ilícitos alcançados pela Lei nº 8.666/93, ou outras normas de licitações e contratos da administração pública, inclusive no tocante ao Regime Diferenciado de Contratações Públicas – RDC instituído pela Lei nº 12.462/11 (cumpre lembrar que a nova Lei de Licitações e Contratos – a

Lei 14.133/2021 – revogou a Lei nº 8.666/1993, a Lei nº 10.520/2002, e os arts. 1º a 47-A da Lei nº 12.462/2011, a partir de 30 de dezembro de 2023, conforme redação dada pela Lei Complementar 198/2023).

Isso significa dizer que a nova Lei Anticorrupção (Lei 12.846/13) existirá e conviverá lado a lado com a Lei de Improbidade Administrativa (Lei 8.429/92).

Entretanto, em razão do novo § 2º do art. 3º da Lei 8.429/92, incluído pela Lei 14.230/2021, as sanções previstas na Lei de Improbidade não se aplicarão à pessoa jurídica, caso o ato de improbidade administrativa seja também sancionado como ato lesivo à administração pública de que trata a Lei Anticorrupção.

Ademais, nos termos do novo § 7º do art. 12 da Lei 8.429/92, incluído pela Lei 14.230/2021, as sanções aplicadas a pessoas jurídicas com base na Lei de Improbidade e na Lei Anticorrupção, deverão observar o princípio constitucional do *non bis in idem*. Isto é, ao princípio que veda que alguém seja condenado mais de uma vez pelo mesmo fato. Desse modo, não é possível acumular as sanções da Lei de Improbidade (8.429/92) com as sanções da Lei Anticorrupção (12.846/13).

10. QUADRO SINÓTICO

IMPROBIDADE ADMINISTRATIVA
1. Probidade e Moralidade Administrativas. Conceito de Improbidade Administrativa e a Lei nº 8.429/92, com as alterações promovidas pela lei nº 14.230/2021
Com o objetivo de dar concreção ao § 4º do art. 37, foi editada a Lei nº 8.429/92 (Lei da Improbidade Administrativa – LIA), em grande parte alterada pela Lei nº 14.230, de 25 de outubro de 2021. Ela é de âmbito nacional e se aplica a todas as entidades políticas (União, Estados, Distrito Federal e Municípios). A Lei nº 8.429/92 define os sujeitos ativo e passivo do ato de improbidade (arts. 1º a 3º), o próprio ato de improbidade (arts. 9º, 10 e 11) e as sanções aplicáveis em virtude da prática de atos de improbidade administrativa (art. 12), além de dispor acerca da ação judicial pela prática do ato de improbidade (arts. 17 a 18-A) e da prescrição da ação (art. 23). A lei é mais ampla, uma vez que compreende como ato de improbidade não apenas os atos que *importam em enriquecimento ilícito* (art. 9º), mas também os atos que *causam prejuízo ao erário* (art. 10 e os que *atentam contra os princípios da Administração Pública* (art. 11). A Lei nº 8.429/92 foi substancialmente alterada pela Lei nº 14.230/2021. Entre as principais mudanças, cumpre destacar as seguintes: – Somente as condutas **dolosas** (**dolo específico**) – tipificadas nos arts. 9º, 10 e 11 da Lei – podem ser consideradas atos de improbidade administrativa. Entendendo-se por dolo, para os fins da LIA, a *vontade livre e consciente* de alcançar o *resultado ilícito* descritos nos referidos arts. 9º, 10 e 11 da Lei de improbidade, não bastando a voluntariedade do agente. – A Lei determina a aplicação dos *princípios constitucionais do direito administrativo sancionador* ao sistema de responsabilização pelo ato de improbidade administrativa. – A Lei submeteu expressamente os agentes políticos ao regime de responsabilização pelo ato de improbidade administrativa nela previsto. – A Lei alterou o procedimento da ação por ato de improbidade administrativa. – A Lei unificou o prazo de prescrição da ação por ato de improbidade administrativa, para estabelecer o prazo único de 8 (oito) anos, contados a partir da ocorrência do fato ou, no caso de infrações permanentes, do dia em que cessou a permanência. Ademais, a Lei previu a prescrição intercorrente, que deve ser decretada pelo juiz ou o tribunal, depois de ouvido o Ministério Público, de ofício ou a requerimento da parte interessada, caso, entre os marcos interruptivos referidos no § 4º do art. 23 da Lei, transcorra o prazo de 4 anos previsto no § 5º do art. 23 da Lei.

2. Sujeito passivo do ato de improbidade
De acordo com o que dispõe o § 5º do art. 1º da Lei 8.429/92, podem ser sujeitos passivos do ato de improbidade a Administração Pública Direta e Indireta de qualquer dos Poderes da União, dos Estados, do Distrito Federal e dos Municípios. Assim, a União, os Estados-membros, o Distrito Federal, os Municípios, as Autarquias, as Fundações instituídas pelo Poder Público, sejam de direito público ou de direito privado, as Empresas Públicas, as Sociedades de Economia Mista e os Consórcios Públicos podem ser sujeitos passivos da improbidade administrativa. Para além dessas entidades, também estão sujeitos às penalidades da LIA os atos de improbidade praticados contra o patrimônio de entidades privadas que recebam subvenção, benefício ou incentivo, fiscal ou creditício, daqueles entes públicos ou governamentais. E as entidades privadas para cuja criação ou custeio o erário haja concorrido ou concorra no seu patrimônio ou receita atual.
3. Sujeito ativo do ato de improbidade
Pela Lei 8.429/92, podem ser **sujeitos ativos** da improbidade administrativa, sujeitando-se às sanções previstas na Lei de Improbidade, os **agentes públicos** e os **particulares** que, mesmo não sendo agentes públicos, induzam ou concorram dolosamente para a prática do ato de improbidade. Assim, os atos de improbidade administrativa podem ser praticados tanto por agente públicos (improbidade *própria*), quanto por particular – pessoa física ou jurídica – que induzam ou concorram dolosamente para a prática do ato de improbidade (improbidade *imprópria*). O art. 2º da Lei 8.429/92, com a nova redação dada pela Lei 14.230/2021, considera agente público o agente político, o servidor público e todo aquele que exerce, ainda que transitoriamente ou sem remuneração, por eleição, nomeação, designação, contratação ou qualquer outra forma de investidura ou vínculo, mandato, cargo, emprego ou função nas entidades da Administração Pública direta e indireta.
4. Os atos de improbidade
Com as alterações da Lei 14.230/2021, são **atos de improbidade administrativa** as condutas **dolosas** (vontade livre e consciente de alcançar o resultado ilícito) que: a) **importam enriquecimento ilícito** (art. 9º); b) **causam prejuízo ao erário** (art. 10); e c) **atentam contra os princípios da Administração Pública** (art. 11). Cada uma dessas condutas dolosas – mencionadas acima nas letras *a*, *b* e *c* – compreenderá inúmeras situações, descritas nos respectivos dispositivos legais (artigos 9º, 10 e 11 da Lei 8.429/92, com as alterações da Lei 14.230/2021). Com Lei 14.230/2021, somente pode ser considerado ato de improbidade a ação ou omissão **dolosa (dolo específico)**, excluindo-se do conceito de improbidade as condutas culposas. E a própria Lei 14.230/2021 incluiu o § 2º ao art. 1º da Lei 8.429/92 para considerar dolo a **vontade livre e consciente de alcançar o resultado ilícito tipificado nos arts. 9º, 10 e 11 da Lei**, *não bastando a voluntariedade do agente.*
5. Da Sanções aplicáveis ao ato de improbidade
Segundo o § 4º do art. 37 da Constituição Federal, os atos de improbidade administrativa importarão a suspensão dos direitos políticos, a perda da função pública, a indisponibilidade dos bens e o ressarcimento ao erário, na forma e gradação previstas em lei, sem prejuízo da ação penal cabível. A Lei 8.429/92, com as alterações da Lei 14.230/2021, prevê as sanções aplicáveis pela prática de ato de improbidade, estabelecendo uma ordem decrescente de gravidade: em primeiro lugar, como mais grave, os atos que importam enriquecimento ilícito; em segundo lugar, os atos que causam prejuízo ao erário; em terceiro lugar, os atos que atentam contra os princípios da Administração Pública.

Segundo seu art. 12, e independentemente do ressarcimento integral do dano patrimonial, se efetivo, e das sanções penais comuns e de responsabilidade, civis e administrativas previstas na legislação específica, o responsável pelo ato de improbidade administrativa está sujeito às seguintes sanções, que podem ser aplicadas isolada ou cumulativamente, de acordo com a gravidade do fato:

I – NAS HIPÓTESES DE **ATOS DE IMPROBIDADE ADMINISTRATIVA QUE IMPORTAM EM ENRIQUECIMENTO ILÍCITO**, previstos no art. 9º da lei:

- perda dos bens ou valores acrescidos ilicitamente ao patrimônio;
- perda da função pública;
- suspensão dos direitos políticos até 14 (catorze) anos;
- pagamento de multa civil equivalente ao valor do acréscimo patrimonial; e
- proibição de contratar com o poder público ou de receber benefícios ou incentivos fiscais ou creditícios, direta ou indiretamente, ainda que por intermédio de pessoa jurídica da qual seja sócio majoritário, pelo prazo não superior a 14 (catorze) anos;

II – NAS HIPÓTESES DE **ATOS DE IMPROBIDADE ADMINISTRATIVA QUE CAUSAM LESÃO AO ERÁRIO**, previstos no art. 10 da lei:

- perda dos bens ou valores acrescidos ilicitamente ao patrimônio, se concorrer esta circunstância;

Segundo seu art. 12, e independentemente do ressarcimento integral do dano patrimonial, se efetivo, e das sanções penais comuns e de responsabilidade, civis e administrativas previstas na legislação específica, o responsável pelo ato de improbidade administrativa está sujeito às seguintes sanções, que podem ser aplicadas isolada ou cumulativamente, de acordo com a gravidade do fato:

I – NAS HIPÓTESES DE **ATOS DE IMPROBIDADE ADMINISTRATIVA QUE IMPORTAM EM ENRIQUECIMENTO ILÍCITO**, previstos no art. 9º da lei:

- perda dos bens ou valores acrescidos ilicitamente ao patrimônio;
- perda da função pública;
- suspensão dos direitos políticos até 14 (catorze) anos;
- pagamento de multa civil equivalente ao valor do acréscimo patrimonial; e
- proibição de contratar com o poder público ou de receber benefícios ou incentivos fiscais ou creditícios, direta ou indiretamente, ainda que por intermédio de pessoa jurídica da qual seja sócio majoritário, pelo prazo não superior a 14 (catorze) anos;

II – NAS HIPÓTESES DE **ATOS DE IMPROBIDADE ADMINISTRATIVA QUE CAUSAM LESÃO AO ERÁRIO**, previstos no art. 10 da lei:

- perda dos bens ou valores acrescidos ilicitamente ao patrimônio, se concorrer esta circunstância;
- perda da função pública;
- suspensão dos direitos políticos até 12 (doze) anos;
- pagamento de multa civil equivalente ao valor do dano; e
- proibição de contratar com o poder público ou de receber benefícios ou incentivos fiscais ou creditícios, direta ou indiretamente, ainda que por intermédio de pessoa jurídica da qual seja sócio majoritário, pelo prazo não superior a 12 (doze) anos;

III – NAS HIPÓTESES DE **ATOS DE IMPROBIDADE ADMINISTRATIVA QUE ATENTAM CONTRA OS PRINCÍPIOS DA ADMINISTRAÇÃO PÚBLICA**, previstos no art. 11 da lei:

- pagamento de multa civil de até 24 (vinte e quatro) vezes o valor da remuneração percebida pelo agente; e
- proibição de contratar com o poder público ou de receber benefícios ou incentivos fiscais ou creditícios, direta ou indiretamente, ainda que por intermédio de pessoa jurídica da qual seja sócio majoritário, pelo prazo não superior a 4 (quatro) anos.

Essas sanções aplicáveis aos atos de improbidade, previstas nesse artigo 12, **somente poderão ser executadas após o trânsito em julgado da sentença condenatória**.perda da função pública;

- suspensão dos direitos políticos até 12 (doze) anos;
- pagamento de multa civil equivalente ao valor do dano; e

- proibição de contratar com o poder público ou de receber benefícios ou incentivos fiscais ou creditícios, direta ou indiretamente, ainda que por intermédio de pessoa jurídica da qual seja sócio majoritário, pelo prazo não superior a 12 (doze) anos;

III – NAS HIPÓTESES DE **ATOS DE IMPROBIDADE ADMINISTRATIVA QUE ATENTAM CONTRA OS PRINCÍPIOS DA ADMINISTRAÇÃO PÚBLICA**, previstos no art. 11 da lei:

- pagamento de multa civil de até 24 (vinte e quatro) vezes o valor da remuneração percebida pelo agente; e
- proibição de contratar com o poder público ou de receber benefícios ou incentivos fiscais ou creditícios, direta ou indiretamente, ainda que por intermédio de pessoa jurídica da qual seja sócio majoritário, pelo prazo não superior a 4 (quatro) anos.

Essas sanções aplicáveis aos atos de improbidade, previstas nesse artigo 12, **somente poderão ser executadas após o trânsito em julgado da sentença condenatória.**

6. Da declaração de bens

A Lei 8.429/92 exige que todo agente público, como *condição* para tomar posse e entrar em exercício no cargo, emprego, função ou mandato, **apresente declaração de bens e valores** que compõem o seu patrimônio privado, a fim de ser arquivada no serviço de pessoal competente.

Essa declaração de bens e valores foi substituída pela Lei 14.230/2021, que deu nova redação ao *caput* do art. 13 da LIA, pela entrega da **declaração de imposto de renda e proventos de qualquer natureza**, que tenha sido apresentada pelo agente público à Secretaria Especial da Receita Federal do Brasil.

Entretanto, não é suficiente a apresentação da declaração de imposto de renda e proventos apenas para a posse e o exercício no cargo, emprego, função ou mandato. Será necessário que o agente *atualize* essa declaração anualmente.

7. Do Procedimento Administrativo e do Processo Judicial

A prática de ato de improbidade administrativa pode ser apurada em procedimento administrativo ou em processo judicial.

Em procedimento administrativo, a apuração ocorre a partir de representação apresentada por qualquer pessoa perante a autoridade administrativa competente.

Já em processo judicial, a apuração se verifica em face de uma ação judicial por ato de improbidade, proposta perante o juiz de primeiro grau competente.

7.1. Do Procedimento Administrativo

A Lei 8.429/92, no seu art. 14, prevê que qualquer pessoa poderá representar à autoridade administrativa competente para que seja instaurada investigação destinada a apurar a prática de ato de improbidade.

Além disso, e nos termos do art. 22 da Lei 8.429/92, para apurar qualquer ato de improbidade ou ilícito previsto nessa lei, o Ministério Público, de ofício, a requerimento de autoridade administrativa ou *mediante representação formulada de acordo com o disposto no art. 14*, poderá instaurar inquérito civil ou procedimento investigativo assemelhado e requisitar a instauração de inquérito policial.

E na apuração desses ilícitos, será garantido ao investigado a oportunidade de manifestação por escrito e de juntada de documentos que comprovem suas alegações e auxiliem na elucidação dos fatos.

7.2. do Processo Judicial e A ação judicial por ato de improbidade

O art. 17 da Lei 8.429/92 prevê a **ação judicial visando a aplicação das sanções pela prática de ato de improbidade administrativa.** Essa ação *seguirá o procedimento comum* previsto no Código de Processo Civil (Lei nº 13.105/2015), salvo o disposto na própria Lei de improbidade.

Em consonância com o art. 17-D, incluído na Lei 8.429/92 pela Lei 14.230/2021, a ação por improbidade administrativa é repressiva e de caráter sancionatório, *não constituindo ação civil pública*. A petição inicial da ação de improbidade deve cumprir alguns requisitos, sob pena de ser rejeitada pelo juiz.

Estando a petição inicial em devida forma, o juiz mandará autuá-la e ordenará desde logo a citação dos requeridos para que ofereçam a contestação no prazo comum de 30 (trinta) dias.

A Lei 14.230/2021 trouxe outra novidade processual, ao determinar ao juiz, após a réplica do autor da ação, proferir decisão saneadora na qual *deverá indicar com precisão a tipificação do ato de improbidade administrativa imputável ao réu*, **sendo-lhe vedado modificar o fato principal e a capitulação legal apresentada pelo demandante** (§ 10-C do art. 17, incluído pela Lei 14.230/2021).

A Lei 14.230/2021 também incluiu o § 19 ao art. 17 da LIA, para determinar que **não se aplicam** na ação de improbidade administrativa: I – a presunção de veracidade dos fatos alegados pelo autor, em caso de revelia; II – a imposição de ônus da prova ao réu, na forma dos §§ 1º e 2º do art. 373 do CPC, que facultam ao juiz proceder à distribuição *dinâmica* do ônus da prova, ao atribuir a carga probatória, nos casos previstos em lei ou diante de peculiaridades da causa, de *modo diverso da clássica distribuição estática da responsabilidade probatória*, que estabelece que o *onus probandi* incumbe ao (i) autor, quanto ao fato constitutivo de seu direito, e ao (ii) réu, quanto à existência de fato impeditivo, modificativo ou extintivo do direito do autor; III – o ajuizamento de mais de uma ação de improbidade administrativa pelo mesmo fato, competindo ao Conselho Nacional do Ministério Público dirimir conflitos de atribuições entre membros de Ministérios Públicos distintos; e IV – o reexame obrigatório da sentença de improcedência ou de extinção sem resolução de mérito.

7.2.1. Do Pedido de Indisponibilidade de Bens

Nos termos do art. 16 da LIA, com a nova redação dada pela Lei 14.230/2021, na ação por improbidade administrativa poderá ser formulado, em caráter *antecedente* ou *incidente*, **pedido de indisponibilidade de bens** dos réus, a fim de garantir a integral recomposição do erário ou do acréscimo patrimonial resultante de enriquecimento ilícito.

O pedido de indisponibilidade, entretanto, sujeita-se aos requisitos do *fumus boni iuris* e do *periculum in mora*. Com efeito, a indisponibilidade de bens somente poderá ser deferida, após a oitiva do réu em 5 (cinco) dias, mediante a demonstração, no caso concreto, de perigo de dano irreparável ou de risco ao resultado útil do processo (*periculum in mora*), e desde que o juiz se convença da probabilidade da ocorrência dos atos descritos na petição inicial com fundamento nos respectivos elementos de instrução (*fumus boni iuris*).

Todavia, a indisponibilidade de bens poderá ser decretada liminarmente sem a oitiva prévia do réu (decisão liminar inaudita altera parte), sempre que o contraditório prévio puder comprovadamente frustrar a efetividade da medida ou houver outras circunstâncias que recomendem a proteção liminar.

7.2.2. Do Acordo de Não Persecução Civil

Prevê o art. 17-B, incluído pela Lei 14.230/2021, a possibilidade de o Ministério Público celebrar, antes ou depois do ajuizamento da ação de improbidade administrativa, e conforme as circunstâncias do caso concreto, **acordo de não persecução civil**, desde que dele advenham, ao menos, (i) o *integral ressarcimento do dano* e (ii) a *reversão à pessoa jurídica lesada da vantagem indevida obtida*, ainda que oriunda de agentes privados.

Essa restrição da iniciativa de celebrar o acordo de não persecução civil apenas ao Ministério Público foi declarada inconstitucional pelo STF, que, em decisão de 31.8.2022, julgou parcialmente procedentes os pedidos formulados na ADI 7043, Rel. Min. Alexandre de Moraes, para declarar a inconstitucionalidade parcial, sem redução de texto, do *caput* e dos §§ 6º-A e 10-C do art. 17, assim como do *caput* e dos §§ 5º e 7º do art. 17-B, da Lei 8.429/1992, na redação dada pela Lei 14.230/2021, **de modo a restabelecer a existência de legitimidade ativa concorrente e disjuntiva entre o Ministério Público e as pessoas jurídicas interessadas para a propositura da ação por ato de improbidade administrativa e para a celebração de acordos de não persecução civil.**

E para os fins de apuração do valor do dano a ser ressarcido, impôs o art. 17-B, § 3º, que deverá ser realizada a oitiva do Tribunal de Contas competente, que deverá se manifestar, com indicação dos parâmetros utilizados, no prazo de 90 dias. Porém, o Min. Alexandre de Moraes, em sede de exame de medida cautelar na ADI 7236-MC, concedeu, em 27 de dezembro de 2022, liminar para suspender a eficácia desse § 3º do art. 17-B, **da Lei 8.429/1992, incluído pela Lei 14.230/2021, por violação** à plena autonomia do Ministério Público.

O chamado **acordo de não persecução civel** foi criado pela Lei nº 13.964/2019, conhecida como **Pacote Anticrime**, que havia dado nova redação ao § 1º do art. 17, para permitir nas ações por ato de improbidade a celebração desse **acordo**. A Lei 14.230/2021, entretanto, revogou esse § 1º do art. 17, mas tratou do acordo de não persecução civel no novel art. 17-B, de forma mais extensa e estabelecendo exigências e condições.

7.2.3. Da Sentença

A sentença proferida nos processos de improbidade administrativa deverá observar os requisitos previstos no art. 489 do CPC (que exigem, como elementos da sentença, o relatório, a fundamentação e o dispositivo) e, **em especial**, as seguintes exigências estabelecidas no novo art. 17-C incluído pela Lei 14.230/2021:

I – indicar de modo preciso os fundamentos que demonstram os elementos a que se referem os atos de improbidade previstos nos arts. 9º, 10 e 11 da LIA, que não podem ser presumidos;

II – considerar as consequências práticas da decisão, sempre que decidir com base em valores jurídicos abstratos;

III – considerar os obstáculos e as dificuldades reais do gestor e as exigências das políticas públicas a seu cargo, sem prejuízo dos direitos dos administrados e das circunstâncias práticas que houverem imposto, limitado ou condicionado a ação do agente;

IV – considerar, para a aplicação das sanções, de forma isolada ou cumulativa: a) os princípios da proporcionalidade e da razoabilidade; b) a natureza, a gravidade e o impacto da infração cometida; c) a extensão do dano causado; d) o proveito patrimonial obtido pelo agente; e) as circunstâncias agravantes ou atenuantes; f) a atuação do agente em minorar os prejuízos e as consequências advindas de sua conduta omissiva ou comissiva; e g) os antecedentes do agente;

V – considerar na aplicação das sanções a dosimetria das sanções relativas ao mesmo fato já aplicadas ao agente (quando o mesmo fato também ensejar punições nas instâncias civis, penais e administrativas);

VI – considerar, na fixação das penas relativamente ao terceiro, quando for o caso, a sua atuação específica, não admitida a sua responsabilização por ações ou omissões para as quais não tiver concorrido ou das quais não tiver obtido vantagens patrimoniais indevidas;

VII – indicar, na apuração da ofensa a princípios, critérios objetivos que justifiquem a imposição da sanção.

7.3. Competência

A competência para processar e julgar a ação civil por ato de improbidade é do **juiz de 1º grau** (Federal ou Estadual) com jurisdição no **local do dano** ou **da pessoa jurídica prejudicada**.

A Lei 14.230/2021 trouxe uma novidade ao incluir o § 4º-A no art. 17 da Lei de improbidade, com o qual estabeleceu que a ação de improbidade deverá ser proposta perante o foro do local onde ocorrer o dano ou da pessoa jurídica prejudicada.

Em relação à competência da Justiça Federal para processar e julgar a ação de improbidade administrativa, a Primeira Seção do Superior Tribunal de Justiça, no CC 174.764, Rel. Min. Mauro Campbell Marques, julgado em 09 de fevereiro de 2022, entendeu que a competência da Justiça Federal para as ações de improbidade é definida em **razão da presença, na relação processual, das pessoas jurídicas de direito público previstas no artigo 109, I, da Constituição Federal** (União, entidade autárquica ou empresa pública federal) e não pela natureza federal da verba sujeita à fiscalização do Tribunal de Contas da União. Isto é, trata-se de competência absoluta em razão da pessoa (*ratione personae*).

A propositura da ação de improbidade *prevenirá* a competência do juízo para todas as ações posteriormente intentadas que possuam a mesma causa de pedir ou o mesmo objeto, em razão da existência de conexão entre as ações.

8. Da prescrição

Na sua versão original, a Lei 8.429/92 (LIA) previa prazos distintos para a prescrição da ação de improbidade administrativa. Assim, com base na redação anterior do art. 23 da LIA, a ação por ato de improbidade prescrevia em 05 (cinco) anos após o término do exercício de mandato, de cargo em comissão ou de função de confiança. Contudo, nos casos de exercício de cargo efetivo ou emprego, a prescrição ocorria dentro do prazo prescricional previsto em lei específica para faltas disciplinares puníveis com demissão a bem do serviço público.

Entretanto, a Lei 14.230/2021 alterou significativamente esse cenário, **unificando** o prazo prescricional para a propositura da ação de improbidade em **8 (oito) anos**, contados a partir da ocorrência do fato ou, no caso de infrações permanentes, do dia em que cessou a permanência.

Esse prazo prescricional de 8 anos **pode ser suspenso e interrompido**.

Será **suspenso**, pela instauração de inquérito civil ou de processo administrativo para apuração de ato de improbidade, por, no máximo, 180 (cento e oitenta) dias corridos, recomeçando a correr após a sua conclusão ou, caso não concluído o processo, esgotado o prazo de suspensão, conforme o novo § 1º do art. 23.

Será **interrompido** nas seguintes hipóteses, indicadas no novo § 4º do art. 23: I – pelo ajuizamento da ação de improbidade administrativa; II – pela publicação da sentença condenatória; III – pela publicação de decisão ou acórdão de Tribunal de Justiça ou Tribunal Regional Federal que confirma sentença condenatória ou que reforma sentença de improcedência; IV – pela publicação de decisão ou acórdão do Superior Tribunal de Justiça que confirma acórdão condenatório ou que reforma acórdão de improcedência; e V – pela publicação de decisão ou acórdão do Supremo Tribunal Federal que confirma acórdão condenatório ou que reforma acórdão de improcedência.

Todavia, em face do novel § 5º do art. 23, interrompida a prescrição, o prazo recomeça a correr do dia da interrupção, pela metade do prazo previsto (que é de 8 anos), isto é, recomeça a correr pelo prazo de **04 (quatro) anos**.

A Lei 14.230/2021 reconheceu a possibilidade de ser aplicada a **prescrição intercorrente** nas ações por improbidade administrativa.

Assim, pelo novo § 8º do art. 23 da LIA, o juiz ou o tribunal, depois de ouvido o Ministério Público, deverá, de ofício ou a requerimento da parte interessada, **reconhecer a prescrição intercorrente** da pretensão sancionadora e decretá-la de imediato, caso, entre os marcos interruptivos referidos no § 4º do art. 23, **transcorra o prazo de 4 anos** o Supremo Tribunal Federal, no julgamento do Tema nº. 1.199 (ARE nº. 843.989 RG, Relator Ministro Alexandre de Moraes, Tribunal Pleno, publicado em 04/03/2022), após analisar as questões submetidas ao respectivo tema, em decorrência da superveniência da Lei nº. 14.230/2021, fixou as seguintes teses: *"1) É necessária a comprovação de responsabilidade subjetiva para a tipificação dos atos de improbidade administrativa, exigindo-se - nos artigos 9º, 10 e 11 da LIA – a presença do elemento subjetivo - DOLO; 2) A norma benéfica da Lei 14.230/2021 – revogação da modalidade culposa do ato de improbidade administrativa –, é IRRETROATIVA, em virtude do artigo 5º, inciso XXXVI, da Constituição Federal, não tendo incidência em relação à eficácia da coisa julgada; nem tampouco durante o processo de execução das penas e seus incidentes; 3) A nova Lei 14.230/2021 aplica-se aos atos de improbidade administrativa culposos praticados na vigência do texto anterior da lei, porém sem condenação transitada em julgado, em virtude da revogação expressa do texto anterior; devendo o juízo competente analisar eventual dolo por parte do agente; 4) O novo regime prescricional previsto na Lei 14.230/2021 é IRRETROATIVO, aplicando-se os novos marcos temporais a partir da publicação da lei.".*

9. A Lei Anticorrupção

A Lei nº 12.846/2013 dispõe sobre a responsabilização administrativa e civil de pessoas jurídicas pela prática de atos contra a administração pública, nacional ou estrangeira.

Essa Lei, conhecida como **Lei Anticorrupção**, adotou no direito brasileiro, ineditamente, a responsabilidade **objetiva**, administrativa e civil, de pessoas jurídicas pela prática de atos lesivos à administração pública (nacional ou estrangeira), cometidos em seu interesse ou benefício, exclusivo ou não.
Isso significa dizer que a responsabilização administrativa e civil das pessoas jurídicas, pela prática de atos lesivos à administração pública, não depende de culpa e não exclui a responsabilidade individual de seus dirigentes ou administradores ou de qualquer pessoa natural, autora, coautora ou partícipe do ato ilícito.
Neste contexto, em razão da nova Lei Anticorrupção, a pessoa jurídica envolvida em prática de corrupção ou ato lesivo à administração pública será responsabilizada independentemente de qualquer culpa e independentemente da responsabilização individual de seus dirigentes.
Todavia, sem embargo da responsabilidade objetiva ou sem culpa da empresa, os seus dirigentes ou administradores somente serão responsabilizados por atos ilícitos na medida da sua culpabilidade, isto é, subjetivamente.

11. QUADRO COMPARATIVO – LEI Nº 8.429/1992 <u>ANTES</u> E <u>DEPOIS</u> DA LEI Nº 14.230/2021

Lei nº 8.429/1992 <u>antes</u> da Lei nº 14.230/2021	Lei nº 8.429/1992 <u>depois</u> da Lei nº 14.230/2021
Ementa: Dispõe sobre as sanções aplicáveis aos agentes públicos nos casos de enriquecimento ilícito no exercício de mandato, cargo, emprego ou função na administração pública direta, indireta ou fundacional e dá outras providências.	Ementa: Dispõe sobre as sanções aplicáveis em virtude da prática de atos de improbidade administrativa, de que trata o § 4º do art. 37 da Constituição Federal; e dá outras providências.
CAPÍTULO I **Das Disposições Gerais**	**CAPÍTULO I** **Das Disposições Gerais**
Art. 1° Os atos de improbidade praticados por qualquer agente público, servidor ou não, contra a administração direta, indireta ou fundacional de qualquer dos Poderes da União, dos Estados, do Distrito Federal, dos Municípios, de Território, de empresa incorporada ao patrimônio público ou de entidade para cuja criação ou custeio o erário haja concorrido ou concorra com mais de cinqüenta por cento do patrimônio ou da receita anual, serão punidos na forma desta lei. Parágrafo único. Estão também sujeitos às penalidades desta lei os atos de improbidade praticados contra o patrimônio de entidade que receba subvenção, benefício ou incentivo, fiscal ou creditício, de órgão público bem como daquelas para cuja criação ou custeio o erário haja concorrido ou concorra com menos de cinqüenta por cento do patrimônio ou da receita anual, limitando-se, nestes casos, a sanção patrimonial à repercussão do ilícito sobre a contribuição dos cofres públicos.	Art. 1º O sistema de responsabilização por atos de improbidade administrativa tutelará a probidade na organização do Estado e no exercício de suas funções, como forma de assegurar a integridade do patrimônio público e social, nos termos desta Lei. <u>(Redação dada pela Lei nº 14.230, de 2021)</u> Parágrafo único. <u>(Revogado pela Lei nº 14.230/2021)</u> § 1º Consideram-se atos de improbidade administrativa as condutas dolosas tipificadas nos arts. 9º, 10 e 11 desta Lei, ressalvados tipos previstos em leis especiais. <u>(Incluído pela Lei nº 14.230, de 2021)</u> § 2º Considera-se dolo a vontade livre e consciente de alcançar o resultado ilícito tipificado nos arts. 9º, 10 e 11 desta Lei, não bastando a voluntariedade do agente. <u>(Incluído pela Lei nº 14.230, de 2021)</u>

	§ 3º O mero exercício da função ou desempenho de competências públicas, sem comprovação de ato doloso com fim ilícito, afasta a responsabilidade por ato de improbidade administrativa. (Incluído pela Lei nº 14.230, de 2021) § 4º Aplicam-se ao sistema da improbidade disciplinado nesta Lei os princípios constitucionais do direito administrativo sancionador. (Incluído pela Lei nº 14.230, de 2021) § 5º Os atos de improbidade violam a probidade na organização do Estado e no exercício de suas funções e a integridade do patrimônio público e social dos Poderes Executivo, Legislativo e Judiciário, bem como da administração direta e indireta, no âmbito da União, dos Estados, dos Municípios e do Distrito Federal. (Incluído pela Lei nº 14.230, de 2021) § 6º Estão sujeitos às sanções desta Lei os atos de improbidade praticados contra o patrimônio de entidade privada que receba subvenção, benefício ou incentivo, fiscal ou creditício, de entes públicos ou governamentais, previstos no § 5º deste artigo. (Incluído pela Lei nº 14.230, de 2021) § 7º Independentemente de integrar a administração indireta, estão sujeitos às sanções desta Lei os atos de improbidade praticados contra o patrimônio de entidade privada para cuja criação ou custeio o erário haja concorrido ou concorra no seu patrimônio ou receita atual, limitado o ressarcimento de prejuízos, nesse caso, à repercussão do ilícito sobre a contribuição dos cofres públicos. (Incluído pela Lei nº 14.230, de 2021) § 8º Não configura improbidade a ação ou omissão decorrente de divergência interpretativa da lei, baseada em jurisprudência, ainda que não pacificada, mesmo que não venha a ser posteriormente prevalecente nas decisões dos órgãos de controle ou dos tribunais do Poder Judiciário. (Incluído pela Lei nº 14.230, de 2021). **Dispositivo com eficácia suspensa em razão de medida liminar concedida, em 27 de dezembro de 2022, *ad referendum* do Plenário, pelo Min. Alexandre de Moraes, em sede de exame de medida cautelar na ADI 7236-MC.**
Art. 2º Reputa-se agente público, para os efeitos desta lei, todo aquele que exerce, ainda que transitoriamente ou sem remuneração, por eleição, nomeação, designação, contratação ou qualquer outra forma de investidura ou vínculo, mandato, cargo, emprego ou função nas entidades mencionadas no artigo anterior.	Art. 2º Para os efeitos desta Lei, consideram-se agente público o agente político, o servidor público e todo aquele que exerce, ainda que transitoriamente ou sem remuneração, por eleição, nomeação, designação, contratação ou qualquer outra forma de investidura ou vínculo, mandato, cargo, emprego ou função nas entidades referidas no art. 1º desta Lei. (Redação dada pela Lei nº 14.230, de 2021)

	Parágrafo único. No que se refere a recursos de origem pública, sujeita-se às sanções previstas nesta Lei o particular, pessoa física ou jurídica, que celebra com a administração pública convênio, contrato de repasse, contrato de gestão, termo de parceria, termo de cooperação ou ajuste administrativo equivalente. (Incluído pela Lei nº 14.230, de 2021)
Art. 3° As disposições desta lei são aplicáveis, no que couber, àquele que, mesmo não sendo agente público, induza ou concorra para a prática do ato de improbidade ou dele se beneficie sob qualquer forma direta ou indireta.	Art. 3º As disposições desta Lei são aplicáveis, no que couber, àquele que, mesmo não sendo agente público, induza ou concorra dolosamente para a prática do ato de improbidade. (Redação dada pela Lei nº 14.230, de 2021) § 1º Os sócios, os cotistas, os diretores e os colaboradores de pessoa jurídica de direito privado não respondem pelo ato de improbidade que venha a ser imputado à pessoa jurídica, salvo se, comprovadamente, houver participação e benefícios diretos, caso em que responderão nos limites da sua participação. (Incluído pela Lei nº 14.230, de 2021) § 2º As sanções desta Lei não se aplicarão à pessoa jurídica, caso o ato de improbidade administrativa seja também sancionado como ato lesivo à administração pública de que trata a Lei nº 12.846, de 1º de agosto de 2013. (Incluído pela Lei nº 14.230, de 2021)
Art. 4° Os agentes públicos de qualquer nível ou hierarquia são obrigados a velar pela estrita observância dos princípios de legalidade, impessoalidade, moralidade e publicidade no trato dos assuntos que lhe são afetos. (Revogado pela Lei nº 14.230, de 2021) Art. 5° Ocorrendo lesão ao patrimônio público por ação ou omissão, dolosa ou culposa, do agente ou de terceiro, dar-se-á o integral ressarcimento do dano. (Revogado pela Lei nº 14.230, de 2021) Art. 6° No caso de enriquecimento ilícito, perderá o agente público ou terceiro beneficiário os bens ou valores acrescidos ao seu patrimônio. (Revogado pela Lei nº 14.230, de 2021) Art. 7° Quando o ato de improbidade causar lesão ao patrimônio público ou ensejar enriquecimento ilícito, caberá a autoridade administrativa responsável pelo inquérito representar ao Ministério Público, para a indisponibilidade dos bens do indiciado. Parágrafo único. A indisponibilidade a que se refere o caput deste artigo recairá sobre bens que assegurem o integral ressarcimento do dano, ou sobre o acréscimo patrimonial resultante do enriquecimento ilícito.	Art. 4º (Revogado pela Lei nº 14.230/2021). Art. 5º (Revogado pela Lei nº 14.230/2021). Art. 6º (Revogado pela Lei nº 14.230/2021). Art. 7º Se houver indícios de ato de improbidade, a autoridade que conhecer dos fatos representará ao Ministério Público competente, para as providências necessárias. (Redação dada pela Lei nº 14.230, de 2021) Parágrafo único. (Revogado). (Redação dada pela Lei nº 14.230, de 2021)

Art. 8° O sucessor daquele que causar lesão ao patrimônio público ou se enriquecer ilicitamente está sujeito às cominações desta lei até o limite do valor da herança.	Art. 8º O sucessor ou o herdeiro daquele que causar dano ao erário ou que se enriquecer ilicitamente estão sujeitos apenas à obrigação de repará-lo até o limite do valor da herança ou do patrimônio transferido. (Redação dada pela Lei nº 14.230, de 2021) Art. 8º-A A responsabilidade sucessória de que trata o art. 8º desta Lei aplica-se também na hipótese de alteração contratual, de transformação, de incorporação, de fusão ou de cisão societária. (Incluído pela Lei nº 14.230, de 2021) Parágrafo único. Nas hipóteses de fusão e de incorporação, a responsabilidade da sucessora será restrita à obrigação de reparação integral do dano causado, até o limite do patrimônio transferido, não lhe sendo aplicáveis as demais sanções previstas nesta Lei decorrentes de atos e de fatos ocorridos antes da data da fusão ou da incorporação, exceto no caso de simulação ou de evidente intuito de fraude, devidamente comprovados. (Incluído pela Lei nº 14.230, de 2021)
CAPÍTULO II **Dos Atos de Improbidade Administrativa**	**CAPÍTULO II** **Dos Atos de Improbidade Administrativa**
Seção I Dos Atos de Improbidade Administrativa que Importam Enriquecimento Ilícito	**Seção I Dos Atos de Improbidade Administrativa que Importam Enriquecimento Ilícito**
Art. 9° Constitui ato de improbidade administrativa importando enriquecimento ilícito auferir qualquer tipo de vantagem patrimonial indevida em razão do exercício de cargo, mandato, função, emprego ou atividade nas entidades mencionadas no art. 1° desta lei, e notadamente: I – receber, para si ou para outrem, dinheiro, bem móvel ou imóvel, ou qualquer outra vantagem econômica, direta ou indireta, a título de comissão, percentagem, gratificação ou presente de quem tenha interesse, direto ou indireto, que possa ser atingido ou amparado por ação ou omissão decorrente das atribuições do agente público; II – perceber vantagem econômica, direta ou indireta, para facilitar a aquisição, permuta ou locação de bem móvel ou imóvel, ou a contratação de serviços pelas entidades referidas no art. 1° por preço superior ao valor de mercado; III – perceber vantagem econômica, direta ou indireta, para facilitar a alienação, permuta ou locação de bem público ou o fornecimento de serviço por ente estatal por preço inferior ao valor de mercado;	Art. 9º Constitui ato de improbidade administrativa importando em enriquecimento ilícito auferir, mediante a prática de ato doloso, qualquer tipo de vantagem patrimonial indevida em razão do exercício de cargo, de mandato, de função, de emprego ou de atividade nas entidades referidas no art. 1º desta Lei, e notadamente: (Redação dada pela Lei nº 14.230, de 2021) I – receber, para si ou para outrem, dinheiro, bem móvel ou imóvel, ou qualquer outra vantagem econômica, direta ou indireta, a título de comissão, percentagem, gratificação ou presente de quem tenha interesse, direto ou indireto, que possa ser atingido ou amparado por ação ou omissão decorrente das atribuições do agente público; II – perceber vantagem econômica, direta ou indireta, para facilitar a aquisição, permuta ou locação de bem móvel ou imóvel, ou a contratação de serviços pelas entidades referidas no art. 1° por preço superior ao valor de mercado; III – perceber vantagem econômica, direta ou indireta, para facilitar a alienação, permuta ou locação de bem público ou o fornecimento de serviço por ente estatal por preço inferior ao valor de mercado;

IV – utilizar, em obra ou serviço particular, veículos, máquinas, equipamentos ou material de qualquer natureza, de propriedade ou à disposição de qualquer das entidades mencionadas no art. 1° desta lei, bem como o trabalho de servidores públicos, empregados ou terceiros contratados por essas entidades; V – receber vantagem econômica de qualquer natureza, direta ou indireta, para tolerar a exploração ou a prática de jogos de azar, de lenocínio, de narcotráfico, de contrabando, de usura ou de qualquer outra atividade ilícita, ou aceitar promessa de tal vantagem; VI – receber vantagem econômica de qualquer natureza, direta ou indireta, para fazer declaração falsa sobre medição ou avaliação em obras públicas ou qualquer outro serviço, ou sobre quantidade, peso, medida, qualidade ou característica de mercadorias ou bens fornecidos a qualquer das entidades mencionadas no art. 1° desta lei; VII – adquirir, para si ou para outrem, no exercício de mandato, cargo, emprego ou função pública, bens de qualquer natureza cujo valor seja desproporcional à evolução do patrimônio ou à renda do agente público; VIII – aceitar emprego, comissão ou exercer atividade de consultoria ou assessoramento para pessoa física ou jurídica que tenha interesse suscetível de ser atingido ou amparado por ação ou omissão decorrente das atribuições do agente público, durante a atividade; IX – perceber vantagem econômica para intermediar a liberação ou aplicação de verba pública de qualquer natureza; X – receber vantagem econômica de qualquer natureza, direta ou indiretamente, para omitir ato de ofício, providência ou declaração a que esteja obrigado; XI – incorporar, por qualquer forma, ao seu patrimônio bens, rendas, verbas ou valores integrantes do acervo patrimonial das entidades mencionadas no art. 1° desta lei; XII – usar, em proveito próprio, bens, rendas, verbas ou valores integrantes do acervo patrimonial das entidades mencionadas no art. 1° desta lei.	IV – utilizar, em obra ou serviço particular, qualquer bem móvel, de propriedade ou à disposição de qualquer das entidades referidas no art. 1º desta Lei, bem como o trabalho de servidores, de empregados ou de terceiros contratados por essas entidades; (Redação dada pela Lei nº 14.230, de 2021) V – receber vantagem econômica de qualquer natureza, direta ou indireta, para tolerar a exploração ou a prática de jogos de azar, de lenocínio, de narcotráfico, de contrabando, de usura ou de qualquer outra atividade ilícita, ou aceitar promessa de tal vantagem; VI – receber vantagem econômica de qualquer natureza, direta ou indireta, para fazer declaração falsa sobre qualquer dado técnico que envolva obras públicas ou qualquer outro serviço ou sobre quantidade, peso, medida, qualidade ou característica de mercadorias ou bens fornecidos a qualquer das entidades referidas no art. 1º desta Lei; (Redação dada pela Lei nº 14.230, de 2021) VII – adquirir, para si ou para outrem, no exercício de mandato, de cargo, de emprego ou de função pública, e em razão deles, bens de qualquer natureza, decorrentes dos atos descritos no **caput** deste artigo, cujo valor seja desproporcional à evolução do patrimônio ou à renda do agente público, assegurada a demonstração pelo agente da licitude da origem dessa evolução; (Redação dada pela Lei nº 14.230, de 2021) VIII – aceitar emprego, comissão ou exercer atividade de consultoria ou assessoramento para pessoa física ou jurídica que tenha interesse suscetível de ser atingido ou amparado por ação ou omissão decorrente das atribuições do agente público, durante a atividade; IX – perceber vantagem econômica para intermediar a liberação ou aplicação de verba pública de qualquer natureza; X – receber vantagem econômica de qualquer natureza, direta ou indiretamente, para omitir ato de ofício, providência ou declaração a que esteja obrigado; XI – incorporar, por qualquer forma, ao seu patrimônio bens, rendas, verbas ou valores integrantes do acervo patrimonial das entidades mencionadas no art. 1° desta lei; XII – usar, em proveito próprio, bens, rendas, verbas ou valores integrantes do acervo patrimonial das entidades mencionadas no art. 1° desta lei.

Seção II Dos Atos de Improbidade Administrativa que Causam Prejuízo ao Erário	Seção II Dos Atos de Improbidade Administrativa que Causam Prejuízo ao Erário
Art. 10. Constitui ato de improbidade administrativa que causa lesão ao erário qualquer ação ou omissão, dolosa ou culposa, que enseje perda patrimonial, desvio, apropriação, malbaratamento ou dilapidação dos bens ou haveres das entidades referidas no art. 1º desta lei, e notadamente: I – facilitar ou concorrer por qualquer forma para a incorporação ao patrimônio particular, de pessoa física ou jurídica, de bens, rendas, verbas ou valores integrantes do acervo patrimonial das entidades mencionadas no art. 1º desta lei; II – permitir ou concorrer para que pessoa física ou jurídica privada utilize bens, rendas, verbas ou valores integrantes do acervo patrimonial das entidades mencionadas no art. 1º desta lei, sem a observância das formalidades legais ou regulamentares aplicáveis à espécie; III – doar à pessoa física ou jurídica bem como ao ente despersonalizado, ainda que de fins educativos ou assistências, bens, rendas, verbas ou valores do patrimônio de qualquer das entidades mencionadas no art. 1º desta lei, sem observância das formalidades legais e regulamentares aplicáveis à espécie; IV – permitir ou facilitar a alienação, permuta ou locação de bem integrante do patrimônio de qualquer das entidades referidas no art. 1º desta lei, ou ainda a prestação de serviço por parte delas, por preço inferior ao de mercado; V – permitir ou facilitar a aquisição, permuta ou locação de bem ou serviço por preço superior ao de mercado; VI – realizar operação financeira sem observância das normas legais e regulamentares ou aceitar garantia insuficiente ou inidônea; VII – conceder benefício administrativo ou fiscal sem a observância das formalidades legais ou regulamentares aplicáveis à espécie; VIII – frustrar a licitude de processo licitatório ou de processo seletivo para celebração de parcerias com entidades sem fins lucrativos, ou dispensá-los indevidamente; (Redação dada pela Lei nº 13.019, de 2014) (Vigência) IX – ordenar ou permitir a realização de despesas não autorizadas em lei ou regulamento;	Art. 10. Constitui ato de improbidade administrativa que causa lesão ao erário qualquer ação ou omissão dolosa, que enseje, efetiva e comprovadamente, perda patrimonial, desvio, apropriação, malbaratamento ou dilapidação dos bens ou haveres das entidades referidas no art. 1º desta Lei, e notadamente: (Redação dada pela Lei nº 14.230, de 2021) I – facilitar ou concorrer, por qualquer forma, para a indevida incorporação ao patrimônio particular, de pessoa física ou jurídica, de bens, de rendas, de verbas ou de valores integrantes do acervo patrimonial das entidades referidas no art. 1º desta Lei; (Redação dada pela Lei nº 14.230, de 2021) II – permitir ou concorrer para que pessoa física ou jurídica privada utilize bens, rendas, verbas ou valores integrantes do acervo patrimonial das entidades mencionadas no art. 1º desta lei, sem a observância das formalidades legais ou regulamentares aplicáveis à espécie; III – doar à pessoa física ou jurídica bem como ao ente despersonalizado, ainda que de fins educativos ou assistências, bens, rendas, verbas ou valores do patrimônio de qualquer das entidades mencionadas no art. 1º desta lei, sem observância das formalidades legais e regulamentares aplicáveis à espécie; IV – permitir ou facilitar a alienação, permuta ou locação de bem integrante do patrimônio de qualquer das entidades referidas no art. 1º desta lei, ou ainda a prestação de serviço por parte delas, por preço inferior ao de mercado; V – permitir ou facilitar a aquisição, permuta ou locação de bem ou serviço por preço superior ao de mercado; VI – realizar operação financeira sem observância das normas legais e regulamentares ou aceitar garantia insuficiente ou inidônea; VII – conceder benefício administrativo ou fiscal sem a observância das formalidades legais ou regulamentares aplicáveis à espécie; VIII – frustrar a licitude de processo licitatório ou de processo seletivo para celebração de parcerias com entidades sem fins lucrativos, ou dispensá-los indevidamente, acarretando perda patrimonial efetiva; (Redação dada pela Lei nº 14.230, de 2021) IX – ordenar ou permitir a realização de despesas não autorizadas em lei ou regulamento;

X – agir negligentemente na arrecadação de tributo ou renda, bem como no que diz respeito à conservação do patrimônio público; XI – liberar verba pública sem a estrita observância das normas pertinentes ou influir de qualquer forma para a sua aplicação irregular; XII – permitir, facilitar ou concorrer para que terceiro se enriqueça ilicitamente; XIII – permitir que se utilize, em obra ou serviço particular, veículos, máquinas, equipamentos ou material de qualquer natureza, de propriedade ou à disposição de qualquer das entidades mencionadas no art. 1° desta lei, bem como o trabalho de servidor público, empregados ou terceiros contratados por essas entidades. XIV – celebrar contrato ou outro instrumento que tenha por objeto a prestação de serviços públicos por meio da gestão associada sem observar as formalidades previstas na lei; (Incluído pela Lei nº 11.107, de 2005) XV – celebrar contrato de rateio de consórcio público sem suficiente e prévia dotação orçamentária, ou sem observar as formalidades previstas na lei. (Incluído pela Lei nº 11.107, de 2005) XVI – facilitar ou concorrer, por qualquer forma, para a incorporação, ao patrimônio particular de pessoa física ou jurídica, de bens, rendas, verbas ou valores públicos transferidos pela administração pública a entidades privadas mediante celebração de parcerias, sem a observância das formalidades legais ou regulamentares aplicáveis à espécie; (Incluído pela Lei nº 13.019, de 2014) (Vigência) XVII – permitir ou concorrer para que pessoa física ou jurídica privada utilize bens, rendas, verbas ou valores públicos transferidos pela administração pública a entidade privada mediante celebração de parcerias, sem a observância das formalidades legais ou regulamentares aplicáveis à espécie; (Incluído pela Lei nº 13.019, de 2014) (Vigência) XVIII – celebrar parcerias da administração pública com entidades privadas sem a observância das formalidades legais ou regulamentares aplicáveis à espécie; (Incluído pela Lei nº 13.019, de 2014) (Vigência) XIX – agir negligentemente na celebração, fiscalização e análise das prestações de contas de parcerias firmadas pela administração pública com entidades privadas; (Incluído pela Lei nº 13.019, de 2014, com a redação dada pela Lei nº 13.204, de 2015)	X – agir ilicitamente na arrecadação de tributo ou de renda, bem como no que diz respeito à conservação do patrimônio público; (Redação dada pela Lei nº 14.230, de 2021) XI – liberar verba pública sem a estrita observância das normas pertinentes ou influir de qualquer forma para a sua aplicação irregular; XII – permitir, facilitar ou concorrer para que terceiro se enriqueça ilicitamente; XIII – permitir que se utilize, em obra ou serviço particular, veículos, máquinas, equipamentos ou material de qualquer natureza, de propriedade ou à disposição de qualquer das entidades mencionadas no art. 1° desta lei, bem como o trabalho de servidor público, empregados ou terceiros contratados por essas entidades. XIV – celebrar contrato ou outro instrumento que tenha por objeto a prestação de serviços públicos por meio da gestão associada sem observar as formalidades previstas na lei; (Incluído pela Lei nº 11.107, de 2005) XV – celebrar contrato de rateio de consórcio público sem suficiente e prévia dotação orçamentária, ou sem observar as formalidades previstas na lei. (Incluído pela Lei nº 11.107, de 2005) XVI – facilitar ou concorrer, por qualquer forma, para a incorporação, ao patrimônio particular de pessoa física ou jurídica, de bens, rendas, verbas ou valores públicos transferidos pela administração pública a entidades privadas mediante celebração de parcerias, sem a observância das formalidades legais ou regulamentares aplicáveis à espécie; (Incluído pela Lei nº 13.019, de 2014) (Vigência) XVII – permitir ou concorrer para que pessoa física ou jurídica privada utilize bens, rendas, verbas ou valores públicos transferidos pela administração pública a entidade privada mediante celebração de parcerias, sem a observância das formalidades legais ou regulamentares aplicáveis à espécie; (Incluído pela Lei nº 13.019, de 2014) (Vigência) XVIII – celebrar parcerias da administração pública com entidades privadas sem a observância das formalidades legais ou regulamentares aplicáveis à espécie; (Incluído pela Lei nº 13.019, de 2014) (Vigência) XIX – agir para a configuração de ilícito na celebração, na fiscalização e na análise das prestações de contas de parcerias firmadas pela administração pública com entidades privadas; (Redação dada pela Lei nº 14.230, de 2021)

XX – liberar recursos de parcerias firmadas pela administração pública com entidades privadas sem a estrita observância das normas pertinentes ou influir de qualquer forma para a sua aplicação irregular. (Incluído pela Lei nº 13.019, de 2014, com a redação dada pela Lei nº 13.204, de 2015) XXI – liberar recursos de parcerias firmadas pela administração pública com entidades privadas sem a estrita observância das normas pertinentes ou influir de qualquer forma para a sua aplicação irregular. (Incluído pela Lei nº 13.019, de 2014) (Vigência)	XX – liberar recursos de parcerias firmadas pela administração pública com entidades privadas sem a estrita observância das normas pertinentes ou influir de qualquer forma para a sua aplicação irregular. (Incluído pela Lei nº 13.019, de 2014, com a redação dada pela Lei nº 13.204, de 2015) XXI – (Revogado pela Lei nº 14.230/2021) XXII – conceder, aplicar ou manter benefício financeiro ou tributário contrário ao que dispõem o **caput** e o § 1º do art. 8º-A da Lei Complementar nº 116, de 31 de julho de 2003. (Incluído pela Lei nº 14.230, de 2021) § 1º Nos casos em que a inobservância de formalidades legais ou regulamentares não implicar perda patrimonial efetiva, não ocorrerá imposição de ressarcimento, vedado o enriquecimento sem causa das entidades referidas no art. 1º desta Lei. (Incluído pela Lei nº 14.230, de 2021) § 2º A mera perda patrimonial decorrente da atividade econômica não acarretará improbidade administrativa, salvo se comprovado ato doloso praticado com essa finalidade. (Incluído pela Lei nº 14.230, de 2021).
Seção II-A (Incluído pela Lei Complementar nº 157, de 2016) (Produção de efeito)	
Dos Atos de Improbidade Administrativa Decorrentes de Concessão ou Aplicação Indevida de Benefício Financeiro ou Tributário (Revogado pela Lei nº 14.230, de 2021)	
Art. 10-A. Constitui ato de improbidade administrativa qualquer ação ou omissão para conceder, aplicar ou manter benefício financeiro ou tributário contrário ao que dispõem o caput e o § 1º do art. 8º-A da Lei Complementar nº 116, de 31 de julho de 2003. (Incluído pela Lei Complementar nº 157, de 2016) (Produção de efeito) (Revogado pela Lei nº 14.230, de 2021)	
Seção III Dos Atos de Improbidade Administrativa que Atentam Contra os Princípios da Administração Pública	**Seção III Dos Atos de Improbidade Administrativa que Atentam Contra os Princípios da Administração Pública**
Art. 11. Constitui ato de improbidade administrativa que atenta contra os princípios da administração pública qualquer ação ou omissão que viole os deveres de honestidade, imparcialidade, legalidade, e lealdade às instituições, e notadamente: I – praticar ato visando fim proibido em lei ou regulamento ou diverso daquele previsto, na regra de competência;	Art. 11. Constitui ato de improbidade administrativa que atenta contra os princípios da administração pública a ação ou omissão dolosa que viole os deveres de honestidade, de imparcialidade e de legalidade, caracterizada por uma das seguintes condutas: (Redação dada pela Lei nº 14.230, de 2021) I – (Revogado pela Lei nº 14.230/2021)

II – retardar ou deixar de praticar, indevidamente, ato de ofício;	II – (Revogado pela Lei nº 14.230/2021)
III – revelar fato ou circunstância de que tem ciência em razão das atribuições e que deva permanecer em segredo;	III – revelar fato ou circunstância de que tem ciência em razão das atribuições e que deva permanecer em segredo, propiciando beneficiamento por informação privilegiada ou colocando em risco a segurança da sociedade e do Estado; (Redação dada pela Lei nº 14.230, de 2021)
IV – negar publicidade aos atos oficiais;	IV – negar publicidade aos atos oficiais, exceto em razão de sua imprescindibilidade para a segurança da sociedade e do Estado ou de outras hipóteses instituídas em lei; (Redação dada pela Lei nº 14.230, de 2021)
V – frustrar a licitude de concurso público;	V – frustrar, em ofensa à imparcialidade, o caráter concorrencial de concurso público, de chamamento ou de procedimento licitatório, com vistas à obtenção de benefício próprio, direto ou indireto, ou de terceiros; (Redação dada pela Lei nº 14.230, de 2021)
VI – deixar de prestar contas quando esteja obrigado a fazê-lo;	VI – deixar de prestar contas quando esteja obrigado a fazê-lo, desde que disponha das condições para isso, com vistas a ocultar irregularidades; (Redação dada pela Lei nº 14.230, de 2021)
VII – revelar ou permitir que chegue ao conhecimento de terceiro, antes da respectiva divulgação oficial, teor de medida política ou econômica capaz de afetar o preço de mercadoria, bem ou serviço.	VII – revelar ou permitir que chegue ao conhecimento de terceiro, antes da respectiva divulgação oficial, teor de medida política ou econômica capaz de afetar o preço de mercadoria, bem ou serviço.
VIII – descumprir as normas relativas à celebração, fiscalização e aprovação de contas de parcerias firmadas pela administração pública com entidades privadas. (Vide Medida Provisória nº 2.088-35, de 2000) (Redação dada pela Lei nº 13.019, de 2014) (Vigência)	VIII – descumprir as normas relativas à celebração, fiscalização e aprovação de contas de parcerias firmadas pela administração pública com entidades privadas. (Redação dada pela Lei nº 13.019, de 2014)
IX – deixar de cumprir a exigência de requisitos de acessibilidade previstos na legislação. (Incluído pela Lei nº 13.146, de 2015) (Vigência)	IX – (Revogado pela Lei nº 14.230/2021)
X – transferir recurso a entidade privada, em razão da prestação de serviços na área de saúde sem a prévia celebração de contrato, convênio ou instrumento congênere, nos termos do parágrafo único do art. 24 da Lei nº 8.080, de 19 de setembro de 1990. (Incluído pela Lei nº 13.650, de 2018)	X – (Revogado pela Lei nº 14.230/2021)
	XI – nomear cônjuge, companheiro ou parente em linha reta, colateral ou por afinidade, até o terceiro grau, inclusive, da autoridade nomeante ou de servidor da mesma pessoa jurídica investido em cargo de direção, chefia ou assessoramento, para o exercício de cargo em comissão ou de confiança ou, ainda, de função gratificada na administração pública direta e indireta em qualquer dos Poderes da União, dos Estados, do Distrito Federal e dos Municípios, compreendido o ajuste mediante designações recíprocas; (Incluído pela Lei nº 14.230, de 2021)
	XII – praticar, no âmbito da administração pública e com recursos do erário, ato de publicidade que contrarie o disposto no § 1º do art. 37 da Constituição Federal, de forma a promover inequívoco enaltecimento do agente público e personalização de atos, de programas, de obras, de serviços ou de campanhas dos órgãos públicos. (Incluído pela Lei nº 14.230, de 2021)

	§ 1º Nos termos da Convenção das Nações Unidas contra a Corrupção, promulgada pelo Decreto nº 5.687, de 31 de janeiro de 2006, somente haverá improbidade administrativa, na aplicação deste artigo, quando for comprovado na conduta funcional do agente público o fim de obter proveito ou benefício indevido para si ou para outra pessoa ou entidade. (Incluído pela Lei nº 14.230, de 2021) § 2º Aplica-se o disposto no § 1º deste artigo a quaisquer atos de improbidade administrativa tipificados nesta Lei e em leis especiais e a quaisquer outros tipos especiais de improbidade administrativa instituídos por lei. (Incluído pela Lei nº 14.230, de 2021) § 3º O enquadramento de conduta funcional na categoria de que trata este artigo pressupõe a demonstração objetiva da prática de ilegalidade no exercício da função pública, com a indicação das normas constitucionais, legais ou infralegais violadas. (Incluído pela Lei nº 14.230, de 2021) § 4º Os atos de improbidade de que trata este artigo exigem lesividade relevante ao bem jurídico tutelado para serem passíveis de sancionamento e independem do reconhecimento da produção de danos ao erário e de enriquecimento ilícito dos agentes públicos. (Incluído pela Lei nº 14.230, de 2021) § 5º Não se configurará improbidade a mera nomeação ou indicação política por parte dos detentores de mandatos eletivos, sendo necessária a aferição de dolo com finalidade ilícita por parte do agente. (Incluído pela Lei nº 14.230, de 2021).
CAPÍTULO III **Das Penas**	**CAPÍTULO III** **Das Penas**
Art. 12. Independentemente das sanções penais, civis e administrativas previstas na legislação específica, está o responsável pelo ato de improbidade sujeito às seguintes cominações, que podem ser aplicadas isolada ou cumulativamente, de acordo com a gravidade do fato: (Redação dada pela Lei nº 12.120, de 2009). I – na hipótese do art. 9°, perda dos bens ou valores acrescidos ilicitamente ao patrimônio, ressarcimento integral do dano, quando houver, perda da função pública, suspensão dos direitos políticos de oito a dez anos, pagamento de multa civil de até três vezes o valor do acréscimo patrimonial e proibição de contratar com o Poder Público ou receber benefícios ou incentivos fiscais ou creditícios, direta ou indiretamente, ainda que por intermédio de pessoa jurídica da qual seja sócio majoritário, pelo prazo de dez anos;	Art. 12. Independentemente do ressarcimento integral do dano patrimonial, se efetivo, e das sanções penais comuns e de responsabilidade, civis e administrativas previstas na legislação específica, está o responsável pelo ato de improbidade sujeito às seguintes cominações, que podem ser aplicadas isolada ou cumulativamente, de acordo com a gravidade do fato: (Redação dada pela Lei nº 14.230, de 2021) I – na hipótese do art. 9º desta Lei, perda dos bens ou valores acrescidos ilicitamente ao patrimônio, perda da função pública, suspensão dos direitos políticos até 14 (catorze) anos, pagamento de multa civil equivalente ao valor do acréscimo patrimonial e proibição de contratar com o poder público ou de receber benefícios ou incentivos fiscais ou creditícios, direta ou indiretamente, ainda que por intermédio de pessoa jurídica da qual seja sócio majoritário, pelo prazo não superior a 14 (catorze) anos; (Redação dada pela Lei nº 14.230, de 2021)

II – na hipótese do art. 10, ressarcimento integral do dano, perda dos bens ou valores acrescidos ilicitamente ao patrimônio, se concorrer esta circunstância, perda da função pública, suspensão dos direitos políticos de cinco a oito anos, pagamento de multa civil de até duas vezes o valor do dano e proibição de contratar com o Poder Público ou receber benefícios ou incentivos fiscais ou creditícios, direta ou indiretamente, ainda que por intermédio de pessoa jurídica da qual seja sócio majoritário, pelo prazo de cinco anos; III – na hipótese do art. 11, ressarcimento integral do dano, se houver, perda da função pública, suspensão dos direitos políticos de três a cinco anos, pagamento de multa civil de até cem vezes o valor da remuneração percebida pelo agente e proibição de contratar com o Poder Público ou receber benefícios ou incentivos fiscais ou creditícios, direta ou indiretamente, ainda que por intermédio de pessoa jurídica da qual seja sócio majoritário, pelo prazo de três anos. IV – na hipótese prevista no art. 10-A, perda da função pública, suspensão dos direitos políticos de 5 (cinco) a 8 (oito) anos e multa civil de até 3 (três) vezes o valor do benefício financeiro ou tributário concedido. (Incluído pela Lei Complementar nº 157, de 2016) Parágrafo único. Na fixação das penas previstas nesta lei o juiz levará em conta a extensão do dano causado, assim como o proveito patrimonial obtido pelo agente.	II – na hipótese do art. 10 desta Lei, perda dos bens ou valores acrescidos ilicitamente ao patrimônio, se concorrer esta circunstância, perda da função pública, suspensão dos direitos políticos até 12 (doze) anos, pagamento de multa civil equivalente ao valor do dano e proibição de contratar com o poder público ou de receber benefícios ou incentivos fiscais ou creditícios, direta ou indiretamente, ainda que por intermédio de pessoa jurídica da qual seja sócio majoritário, pelo prazo não superior a 12 (doze) anos; (Redação dada pela Lei nº 14.230, de 2021) III – na hipótese do art. 11 desta Lei, pagamento de multa civil de até 24 (vinte e quatro) vezes o valor da remuneração percebida pelo agente e proibição de contratar com o poder público ou de receber benefícios ou incentivos fiscais ou creditícios, direta ou indiretamente, ainda que por intermédio de pessoa jurídica da qual seja sócio majoritário, pelo prazo não superior a 4 (quatro) anos; (Redação dada pela Lei nº 14.230, de 2021) IV – (Revogado pela Lei nº 14.230/2021) Parágrafo único. (Revogado pela Lei nº 14.230/2021) § 1º A sanção de perda da função pública, nas hipóteses dos incisos I e II do **caput** deste artigo, atinge apenas o vínculo de mesma qualidade e natureza que o agente público ou político detinha com o poder público na época do cometimento da infração, podendo o magistrado, na hipótese do inciso I do **caput** deste artigo, e em caráter excepcional, estendê-la aos demais vínculos, consideradas as circunstâncias do caso e a gravidade da infração. (Incluído pela Lei nº 14.230, de 2021). **Dispositivo com eficácia suspensa em razão de medida liminar concedida, em 27 de dezembro de 2022, *ad referendum* do Plenário, pelo Min. Alexandre de Moraes, em sede de exame de medida cautelar na ADI 7236-MC.** § 2º A multa pode ser aumentada até o dobro, se o juiz considerar que, em virtude da situação econômica do réu, o valor calculado na forma dos incisos I, II e III do **caput** deste artigo é ineficaz para reprovação e prevenção do ato de improbidade. (Incluído pela Lei nº 14.230, de 2021) § 3º Na responsabilização da pessoa jurídica, deverão ser considerados os efeitos econômicos e sociais das sanções, de modo a viabilizar a manutenção de suas atividades. (Incluído pela Lei nº 14.230, de 2021)

§ 4º Em caráter excepcional e por motivos relevantes devidamente justificados, a sanção de proibição de contratação com o poder público pode extrapolar o ente público lesado pelo ato de improbidade, observados os impactos econômicos e sociais das sanções, de forma a preservar a função social da pessoa jurídica, conforme disposto no § 3º deste artigo. (Incluído pela Lei nº 14.230, de 2021)

§ 5º No caso de atos de menor ofensa aos bens jurídicos tutelados por esta Lei, a sanção limitar-se-á à aplicação de multa, sem prejuízo do ressarcimento do dano e da perda dos valores obtidos, quando for o caso, nos termos do **caput** deste artigo. (Incluído pela Lei nº 14.230, de 2021)

§ 6º Se ocorrer lesão ao patrimônio público, a reparação do dano a que se refere esta Lei deverá deduzir o ressarcimento ocorrido nas instâncias criminal, civil e administrativa que tiver por objeto os mesmos fatos. (Incluído pela Lei nº 14.230, de 2021)

§ 7º As sanções aplicadas a pessoas jurídicas com base nesta Lei e na Lei nº 12.846, de 1º de agosto de 2013, deverão observar o princípio constitucional do **non bis in idem.** (Incluído pela Lei nº 14.230, de 2021)

§ 8º A sanção de proibição de contratação com o poder público deverá constar do Cadastro Nacional de Empresas Inidôneas e Suspensas (CEIS) de que trata a Lei nº 12.846, de 1º de agosto de 2013, observadas as limitações territoriais contidas em decisão judicial, conforme disposto no § 4º deste artigo. (Incluído pela Lei nº 14.230, de 2021)

§ 9º As sanções previstas neste artigo somente poderão ser executadas após o trânsito em julgado da sentença condenatória. (Incluído pela Lei nº 14.230, de 2021)

§ 10. Para efeitos de contagem do prazo da sanção de suspensão dos direitos políticos, computar-se-á retroativamente o intervalo de tempo entre a decisão colegiada e o trânsito em julgado da sentença condenatória. (Incluído pela Lei nº 14.230, de 2021). **Dispositivo com eficácia suspensa em razão de medida liminar concedida, em 27 de dezembro de 2022, *ad referendum* do Plenário, pelo Min. Alexandre de Moraes, em sede de exame de medida cautelar na ADI 7236-MC.**

CAPÍTULO IV **Da Declaração de Bens**	**CAPÍTULO IV** **Da Declaração de Bens**
Art. 13. A posse e o exercício de agente público ficam condicionados à apresentação de declaração dos bens e valores que compõem o seu patrimônio privado, a fim de ser arquivada no serviço de pessoal competente. (Regulamento) (Regulamento) § 1° A declaração compreenderá imóveis, móveis, semoventes, dinheiro, títulos, ações, e qualquer outra espécie de bens e valores patrimoniais, localizado no País ou no exterior, e, quando for o caso, abrangerá os bens e valores patrimoniais do cônjuge ou companheiro, dos filhos e de outras pessoas que vivam sob a dependência econômica do declarante, excluídos apenas os objetos e utensílios de uso doméstico. § 2º A declaração de bens será anualmente atualizada e na data em que o agente público deixar o exercício do mandato, cargo, emprego ou função. § 3º Será punido com a pena de demissão, a bem do serviço público, sem prejuízo de outras sanções cabíveis, o agente público que se recusar a prestar declaração dos bens, dentro do prazo determinado, ou que a prestar falsa. § 4º O declarante, a seu critério, poderá entregar cópia da declaração anual de bens apresentada à Delegacia da Receita Federal na conformidade da legislação do Imposto sobre a Renda e proventos de qualquer natureza, com as necessárias atualizações, para suprir a exigência contida no caput e no § 2° deste artigo .	Art. 13. A posse e o exercício de agente público ficam condicionados à apresentação de declaração de imposto de renda e proventos de qualquer natureza, que tenha sido apresentada à Secretaria Especial da Receita Federal do Brasil, a fim de ser arquivada no serviço de pessoal competente. (Redação dada pela Lei nº 14.230, de 2021) § 1º (Revogado pela Lei nº 14.230/2021) § 2º A declaração de bens a que se refere o **caput** deste artigo será atualizada anualmente e na data em que o agente público deixar o exercício do mandato, do cargo, do emprego ou da função. (Redação dada pela Lei nº 14.230, de 2021) § 3º Será apenado com a pena de demissão, sem prejuízo de outras sanções cabíveis, o agente público que se recusar a prestar a declaração dos bens a que se refere o **caput** deste artigo dentro do prazo determinado ou que prestar declaração falsa. (Redação dada pela Lei nº 14.230, de 2021) § 4º (Revogado pela Lei nº 14.230/2021).
CAPÍTULO V **Do Procedimento Administrativo e do Processo Judicial**	**CAPÍTULO V** **Do Procedimento Administrativo e do Processo Judicial**
Art. 14. Qualquer pessoa poderá representar à autoridade administrativa competente para que seja instaurada investigação destinada a apurar a prática de ato de improbidade. § 1º A representação, que será escrita ou reduzida a termo e assinada, conterá a qualificação do representante, as informações sobre o fato e sua autoria e a indicação das provas de que tenha conhecimento. § 2º A autoridade administrativa rejeitará a representação, em despacho fundamentado, se esta não contiver as formalidades estabelecidas no § 1º deste artigo. A rejeição não impede a representação ao Ministério Público, nos termos do art. 22 desta lei.	Art. 14. Qualquer pessoa poderá representar à autoridade administrativa competente para que seja instaurada investigação destinada a apurar a prática de ato de improbidade. § 1º A representação, que será escrita ou reduzida a termo e assinada, conterá a qualificação do representante, as informações sobre o fato e sua autoria e a indicação das provas de que tenha conhecimento. § 2º A autoridade administrativa rejeitará a representação, em despacho fundamentado, se esta não contiver as formalidades estabelecidas no § 1º deste artigo. A rejeição não impede a representação ao Ministério Público, nos termos do art. 22 desta lei.

§ 3º Atendidos os requisitos da representação, a autoridade determinará a imediata apuração dos fatos que, em se tratando de servidores federais, será processada na forma prevista nos arts. 148 a 182 da Lei nº 8.112, de 11 de dezembro de 1990 e, em se tratando de servidor militar, de acordo com os respectivos regulamentos disciplinares.	§ 3º Atendidos os requisitos da representação, a autoridade determinará a imediata apuração dos fatos, observada a legislação que regula o processo administrativo disciplinar aplicável ao agente. (Redação dada pela Lei nº 14.230, de 2021)
Art. 15. A comissão processante dará conhecimento ao Ministério Público e ao Tribunal ou Conselho de Contas da existência de procedimento administrativo para apurar a prática de ato de improbidade.	Art. 15. A comissão processante dará conhecimento ao Ministério Público e ao Tribunal ou Conselho de Contas da existência de procedimento administrativo para apurar a prática de ato de improbidade.
Parágrafo único. O Ministério Público ou Tribunal ou Conselho de Contas poderá, a requerimento, designar representante para acompanhar o procedimento administrativo.	Parágrafo único. O Ministério Público ou Tribunal ou Conselho de Contas poderá, a requerimento, designar representante para acompanhar o procedimento administrativo.
Art. 16. Havendo fundados indícios de responsabilidade, a comissão representará ao Ministério Público ou à procuradoria do órgão para que requeira ao juízo competente a decretação do seqüestro dos bens do agente ou terceiro que tenha enriquecido ilicitamente ou causado dano ao patrimônio público.	Art. 16. Na ação por improbidade administrativa poderá ser formulado, em caráter antecedente ou incidente, pedido de indisponibilidade de bens dos réus, a fim de garantir a integral recomposição do erário ou do acréscimo patrimonial resultante de enriquecimento ilícito. (Redação dada pela Lei nº 14.230, de 2021)
§ 1º O pedido de seqüestro será processado de acordo com o disposto nos arts. 822 e 825 do Código de Processo Civil.	§ 1º (Revogado pela Lei nº 14.230/2021) § 1º-A O pedido de indisponibilidade de bens a que se refere o **caput** deste artigo poderá ser formulado independentemente da representação de que trata o art. 7º desta Lei. (Incluído pela Lei nº 14.230, de 2021)
§ 2º Quando for o caso, o pedido incluirá a investigação, o exame e o bloqueio de bens, contas bancárias e aplicações financeiras mantidas pelo indiciado no exterior, nos termos da lei e dos tratados internacionais.	§ 2º Quando for o caso, o pedido de indisponibilidade de bens a que se refere o **caput** deste artigo incluirá a investigação, o exame e o bloqueio de bens, contas bancárias e aplicações financeiras mantidas pelo indiciado no exterior, nos termos da lei e dos tratados internacionais. (Redação dada pela Lei nº 14.230, de 2021)
Art. 17. A ação principal, que terá o rito ordinário, será proposta pelo Ministério Público ou pela pessoa jurídica interessada, dentro de trinta dias da efetivação da medida cautelar. § 1º As ações de que trata este artigo admitem a celebração de acordo de não persecução cível, nos termos desta Lei. (Redação dada pela Lei nº 13.964, de 2019) § 2º A Fazenda Pública, quando for o caso, promoverá as ações necessárias à complementação do ressarcimento do patrimônio público. § 3o No caso de a ação principal ter sido proposta pelo Ministério Público, aplica-se, no que couber, o disposto no § 3o do art. 6o da Lei no 4.717, de 29 de junho de 1965. (Redação dada pela Lei nº 9.366, de 1996) § 4º O Ministério Público, se não intervir no processo como parte, atuará obrigatoriamente, como fiscal da lei, sob pena de nulidade.	§ 3º O pedido de indisponibilidade de bens a que se refere o **caput** deste artigo apenas será deferido mediante a demonstração no caso concreto de perigo de dano irreparável ou de risco ao resultado útil do processo, desde que o juiz se convença da probabilidade da ocorrência dos atos descritos na petição inicial com fundamento nos respectivos elementos de instrução, após a oitiva do réu em 5 (cinco) dias. (Incluído pela Lei nº 14.230, de 2021) § 4º A indisponibilidade de bens poderá ser decretada sem a oitiva prévia do réu, sempre que o contraditório prévio puder comprovadamente frustrar a efetividade da medida ou houver outras circunstâncias que recomendem a proteção liminar, não podendo a urgência ser presumida. (Incluído pela Lei nº 14.230, de 2021)

§ 5º A propositura da ação prevenirá a jurisdição do juízo para todas as ações posteriormente intentadas que possuam a mesma causa de pedir ou o mesmo objeto. (Incluído pela Medida provisória nº 1.984-16, de 2000) (Incluído pela Medida provisória nº 2.180-35, de 2001) § 6º A ação será instruída com documentos ou justificação que contenham indícios suficientes da existência do ato de improbidade ou com razões fundamentadas da impossibilidade de apresentação de qualquer dessas provas, observada a legislação vigente, inclusive as disposições inscritas nos arts. 16 a 18 do Código de Processo Civil. (Vide Medida Provisória nº 2.088-35, de 2000) (Incluído pela Medida Provisória nº 2.225-45, de 2001) § 7º Estando a inicial em devida forma, o juiz mandará autuá-la e ordenará a notificação do requerido, para oferecer manifestação por escrito, que poderá ser instruída com documentos e justificações, dentro do prazo de quinze dias. (Vide Medida Provisória nº 2.088-35, de 2000) (Incluído pela Medida Provisória nº 2.225-45, de 2001) § 8º Recebida a manifestação, o juiz, no prazo de trinta dias, em decisão fundamentada, rejeitará a ação, se convencido da inexistência do ato de improbidade, da improcedência da ação ou da inadequação da via eleita. (Vide Medida Provisória nº 2.088-35, de 2000) (Incluído pela Medida Provisória nº 2.225-45, de 2001) § 9º Recebida a petição inicial, será o réu citado para apresentar contestação. (Vide Medida Provisória nº 2.088-35, de 2000) (Incluído pela Medida Provisória nº 2.225-45, de 2001) § 10-A. Havendo a possibilidade de solução consensual, poderão as partes requerer ao juiz a interrupção do prazo para a contestação, por prazo não superior a 90 (noventa) dias. (Incluído pela Lei nº 13.964, de 2019) § 11. Em qualquer fase do processo, reconhecida a inadequação da ação de improbidade, o juiz extinguirá o processo sem julgamento do mérito. (Vide Medida Provisória nº 2.088-35, de 2000) (Incluído pela Medida Provisória nº 2.225-45, de 2001) § 11. Em qualquer momento do processo, verificada a inexistência do ato de improbidade, o juiz julgará a demanda improcedente. (Redação dada pela Lei nº 14.230, de 2021)	§ 5º Se houver mais de um réu na ação, a somatória dos valores declarados indisponíveis não poderá superar o montante indicado na petição inicial como dano ao erário ou como enriquecimento ilícito. (Incluído pela Lei nº 14.230, de 2021) § 6º O valor da indisponibilidade considerará a estimativa de dano indicada na petição inicial, permitida a sua substituição por caução idônea, por fiança bancária ou por seguro-garantia judicial, a requerimento do réu, bem como a sua readequação durante a instrução do processo. (Incluído pela Lei nº 14.230, de 2021) § 7º A indisponibilidade de bens de terceiro dependerá da demonstração da sua efetiva concorrência para os atos ilícitos apurados ou, quando se tratar de pessoa jurídica, da instauração de incidente de desconsideração da personalidade jurídica, a ser processado na forma da lei processual. (Incluído pela Lei nº 14.230, de 2021) § 8º Aplica-se à indisponibilidade de bens regida por esta Lei, no que for cabível, o regime da tutela provisória de urgência da Lei nº 13.105, de 16 de março de 2015 (Código de Processo Civil). (Incluído pela Lei nº 14.230, de 2021) § 9º Da decisão que deferir ou indeferir a medida relativa à indisponibilidade de bens caberá agravo de instrumento, nos termos da Lei nº 13.105, de 16 de março de 2015 (Código de Processo Civil). (Incluído pela Lei nº 14.230, de 2021) § 10. A indisponibilidade recairá sobre bens que assegurem exclusivamente o integral ressarcimento do dano ao erário, sem incidir sobre os valores a serem eventualmente aplicados a título de multa civil ou sobre acréscimo patrimonial decorrente de atividade lícita. (Incluído pela Lei nº 14.230, de 2021) § 11. A ordem de indisponibilidade de bens deverá priorizar veículos de via terrestre, bens imóveis, bens móveis em geral, semoventes, navios e aeronaves, ações e quotas de sociedades simples e empresárias, pedras e metais preciosos e, apenas na inexistência desses, o bloqueio de contas bancárias, de forma a garantir a subsistência do acusado e a manutenção da atividade empresária ao longo do processo. (Incluído pela Lei nº 14.230, de 2021)

§ 12. Aplica-se aos depoimentos ou inquirições realizadas nos processos regidos por esta Lei o disposto no art. 221, caput e § 1o, do Código de Processo Penal. (Vide Medida Provisória nº 2.088-35, de 2000) (Incluído pela Medida Provisória nº 2.225-45, de 2001)

§ 13. Para os efeitos deste artigo, também se considera pessoa jurídica interessada o ente tributante que figurar no polo ativo da obrigação tributária de que tratam o § 4º do art. 3º e o art. 8º-A da Lei Complementar nº 116, de 31 de julho de 2003. (Incluído pela Lei Complementar nº 157, de 2016)

Art. 17-A. (VETADO): (Incluído pela Lei nº 13.964, de 2019)

I – (VETADO); (Incluído pela Lei nº 13.964, de 2019)

II – (VETADO); (Incluído pela Lei nº 13.964, de 2019)

III – (VETADO). (Incluído pela Lei nº 13.964, de 2019)

§ 1º (VETADO). (Incluído pela Lei nº 13.964, de 2019)

§ 2º (VETADO). (Incluído pela Lei nº 13.964, de 2019)

§ 3º (VETADO). (Incluído pela Lei nº 13.964, de 2019)

§ 4º (VETADO). (Incluído pela Lei nº 13.964, de 2019)

§ 5º (VETADO). (Incluído pela Lei nº 13.964, de 2019)

Art. 18. A sentença que julgar procedente ação civil de reparação de dano ou decretar a perda dos bens havidos ilicitamente determinará o pagamento ou a reversão dos bens, conforme o caso, em favor da pessoa jurídica prejudicada pelo ilícito.

§ 12. O juiz, ao apreciar o pedido de indisponibilidade de bens do réu a que se refere o **caput** deste artigo, observará os efeitos práticos da decisão, vedada a adoção de medida capaz de acarretar prejuízo à prestação de serviços públicos. (Incluído pela Lei nº 14.230, de 2021)

§ 13. É vedada a decretação de indisponibilidade da quantia de até 40 (quarenta) salários mínimos depositados em caderneta de poupança, em outras aplicações financeiras ou em conta-corrente. (Incluído pela Lei nº 14.230, de 2021)

§ 14. É vedada a decretação de indisponibilidade do bem de família do réu, salvo se comprovado que o imóvel seja fruto de vantagem patrimonial indevida, conforme descrito no art. 9º desta Lei. (Incluído pela Lei nº 14.230, de 2021)

Art. 17. A ação para a aplicação das sanções de que trata esta Lei será proposta pelo Ministério Público e seguirá o procedimento comum previsto na Lei nº 13.105, de 16 de março de 2015 (Código de Processo Civil), salvo o disposto nesta Lei. (Redação dada pela Lei nº 14.230, de 2021) (Vide ADIN 7043). **Obs.**: Essa restrição da propositura da ação de improbidade e da iniciativa de celebrar o acordo de não persecução civil apenas ao Ministério Público foi declarada inconstitucional pelo STF, que, em decisão de 31.8.2022, julgou parcialmente procedentes os pedidos formulados na ADI 7043, Rel. Min. Alexandre de Moraes, para declarar a inconstitucionalidade parcial, sem redução de texto, do *caput* e dos §§ 6º-A e 10-C do art. 17, assim como do *caput* e dos §§ 5º e 7º do art. 17-B, da Lei 8.429/1992, na redação dada pela Lei 14.230/2021, **de modo a restabelecer a existência de legitimidade ativa concorrente e disjuntiva entre o Ministério Público e as pessoas jurídicas interessadas para a propositura da ação por ato de improbidade administrativa e para a celebração de acordos de não persecução civil.**

§ 1º (Revogado pela Lei nº 14.230/2021)

§ 2º (Revogado pela Lei nº 14.230/2021)

§ 3º (Revogado pela Lei nº 14.230/2021)

§ 4º (Revogado pela Lei nº 14.230/2021)

§ 4º-A A ação a que se refere o **caput** deste artigo deverá ser proposta perante o foro do local onde ocorrer o dano ou da pessoa jurídica prejudicada. (Incluído pela Lei nº 14.230, de 2021)

§ 5º A propositura da ação a que se refere o **caput** deste artigo prevenirá a competência do juízo para todas as ações posteriormente intentadas que possuam a mesma causa de pedir ou o mesmo objeto. (Redação dada pela Lei nº 14.230, de 2021)

§ 6º A petição inicial observará o seguinte: (Redação dada pela Lei nº 14.230, de 2021)

I – deverá individualizar a conduta do réu e apontar os elementos probatórios mínimos que demonstrem a ocorrência das hipóteses dos arts. 9º, 10 e 11 desta Lei e de sua autoria, salvo impossibilidade devidamente fundamentada; (Incluído pela Lei nº 14.230, de 2021)

II – será instruída com documentos ou justificação que contenham indícios suficientes da veracidade dos fatos e do dolo imputado ou com razões fundamentadas da impossibilidade de apresentação de qualquer dessas provas, observada a legislação vigente, inclusive as disposições constantes dos arts. 77 e 80 da Lei nº 13.105, de 16 de março de 2015 (Código de Processo Civil). (Incluído pela Lei nº 14.230, de 2021)

§ 6º-A O Ministério Público poderá requerer as tutelas provisórias adequadas e necessárias, nos termos dos arts. 294 a 310 da Lei nº 13.105, de 16 de março de 2015 (Código de Processo Civil (Incluído pela Lei nº 14.230, de 2021) (Vide ADIN 7043)

§ 6º-B A petição inicial será rejeitada nos casos do art. 330 da Lei nº 13.105, de 16 de março de 2015 (Código de Processo Civil), bem como quando não preenchidos os requisitos a que se referem os incisos I e II do § 6º deste artigo, ou ainda quando manifestamente inexistente o ato de improbidade imputado. (Incluído pela Lei nº 14.230, de 2021)

§ 7º Se a petição inicial estiver em devida forma, o juiz mandará autuá-la e ordenará a citação dos requeridos para que a contestem no prazo comum de 30 (trinta) dias, iniciado o prazo na forma do art. 231 da Lei nº 13.105, de 16 de março de 2015 (Código de Processo Civil). (Redação dada pela Lei nº 14.230, de 2021)

§ 8º (Revogado pela Lei nº 14.230/2021)

§ 9º (Revogado pela Lei nº 14.230/2021)

§ 9º-A Da decisão que rejeitar questões preliminares suscitadas pelo réu em sua contestação caberá agravo de instrumento. (Incluído pela Lei nº 14.230, de 2021)

§ 10. (Revogado pela Lei nº 14.230/2021)

§ 10-A. Havendo a possibilidade de solução consensual, poderão as partes requerer ao juiz a interrupção do prazo para a contestação, por prazo não superior a 90 (noventa) dias. (Incluído pela Lei nº 13.964, de 2019)

§ 10-B. Oferecida a contestação e, se for o caso, ouvido o autor, o juiz: (Incluído pela Lei nº 14.230, de 2021)

I – procederá ao julgamento conforme o estado do processo, observada a eventual inexistência manifesta do ato de improbidade; (Incluído pela Lei nº 14.230, de 2021)

II – poderá desmembrar o litisconsórcio, com vistas a otimizar a instrução processual. (Incluído pela Lei nº 14.230, de 2021)

§ 10-C. Após a réplica do Ministério Público, o juiz proferirá decisão na qual indicará com precisão a tipificação do ato de improbidade administrativa imputável ao réu, sendo-lhe vedado modificar o fato principal e a capitulação legal apresentada pelo autor. (Incluído pela Lei nº 14.230, de 2021) (Vide ADIN 7043)

§ 10-D. Para cada ato de improbidade administrativa, deverá necessariamente ser indicado apenas um tipo dentre aqueles previstos nos arts. 9º, 10 e 11 desta Lei. (Incluído pela Lei nº 14.230, de 2021)

§ 10-E. Proferida a decisão referida no § 10-C deste artigo, as partes serão intimadas a especificar as provas que pretendem produzir. (Incluído pela Lei nº 14.230, de 2021)

§ 10-F. Será nula a decisão de mérito total ou parcial da ação de improbidade administrativa que: (Incluído pela Lei nº 14.230, de 2021)

I – condenar o requerido por tipo diverso daquele definido na petição inicial; (Incluído pela Lei nº 14.230, de 2021)

II – condenar o requerido sem a produção das provas por ele tempestivamente especificadas. (Incluído pela Lei nº 14.230, de 2021)

§ 11. Em qualquer momento do processo, verificada a inexistência do ato de improbidade, o juiz julgará a demanda improcedente. (Redação dada pela Lei nº 14.230, de 2021)

§ 12. (Revogado pela Lei nº 14.230/2021)

§ 13. (Revogado pela Lei nº 14.230/2021)

§ 14. Sem prejuízo da citação dos réus, a pessoa jurídica interessada será intimada para, caso queira, intervir no processo. (Incluído pela Lei nº 14.230, de 2021) (Vide ADIN 7042) (Vide ADIN 7043)

§ 15. Se a imputação envolver a desconsideração de pessoa jurídica, serão observadas as regras previstas nos arts. 133, 134, 135, 136 e 137 da Lei nº 13.105, de 16 de março de 2015 (Código de Processo Civil). (Incluído pela Lei nº 14.230, de 2021)

§ 16. A qualquer momento, se o magistrado identificar a existência de ilegalidades ou de irregularidades administrativas a serem sanadas sem que estejam presentes todos os requisitos para a imposição das sanções aos agentes incluídos no polo passivo da demanda, poderá, em

	decisão motivada, converter a ação de improbidade administrativa em ação civil pública, regulada pela Lei nº 7.347, de 24 de julho de 1985. (Incluído pela Lei nº 14.230, de 2021) § 17. Da decisão que converter a ação de improbidade em ação civil pública caberá agravo de instrumento. (Incluído pela Lei nº 14.230, de 2021) § 18. Ao réu será assegurado o direito de ser interrogado sobre os fatos de que trata a ação, e a sua recusa ou o seu silêncio não implicarão confissão. (Incluído pela Lei nº 14.230, de 2021) § 19. Não se aplicam na ação de improbidade administrativa: (Incluído pela Lei nº 14.230, de 2021) I – a presunção de veracidade dos fatos alegados pelo autor em caso de revelia; (Incluído pela Lei nº 14.230, de 2021) II – a imposição de ônus da prova ao réu, na forma dos §§ 1º e 2º do art. 373 da Lei nº 13.105, de 16 de março de 2015 (Código de Processo Civil); (Incluído pela Lei nº 14.230, de 2021) III – o ajuizamento de mais de uma ação de improbidade administrativa pelo mesmo fato, competindo ao Conselho Nacional do Ministério Público dirimir conflitos de atribuições entre membros de Ministérios Públicos distintos; (Incluído pela Lei nº 14.230, de 2021) IV – o reexame obrigatório da sentença de improcedência ou de extinção sem resolução de mérito. (Incluído pela Lei nº 14.230, de 2021) § 20. A assessoria jurídica que emitiu o parecer atestando a legalidade prévia dos atos administrativos praticados pelo administrador público ficará obrigada a defende-lo judicialmente, caso este venha a responder ação por improbidade administrativa, até que a decisão transite em julgado. (Incluído pela Lei nº 14.230, de 2021) (Vide ADIN 7042) (Vide ADIN 7043) § 21. Das decisões interlocutórias caberá agravo de instrumento, inclusive da decisão que rejeitar questões preliminares suscitadas pelo réu em sua contestação. (Incluído pela Lei nº 14.230, de 2021) Art. 17-A. (VETADO): (Incluído pela Lei nº 13.964, de 2019) I – (VETADO); (Incluído pela Lei nº 13.964, de 2019) II – (VETADO); (Incluído pela Lei nº 13.964, de 2019) III – (VETADO). (Incluído pela Lei nº 13.964, de 2019) § 1º (VETADO). (Incluído pela Lei nº 13.964, de 2019)

§ 2º (VETADO). (Incluído pela Lei nº 13.964, de 2019)

§ 3º (VETADO). (Incluído pela Lei nº 13.964, de 2019)

§ 4º (VETADO). (Incluído pela Lei nº 13.964, de 2019)

§ 5º (VETADO). (Incluído pela Lei nº 13.964, de 2019)

Art. 17-B. O Ministério Público poderá, conforme as circunstâncias do caso concreto, celebrar acordo de não persecução civil, desde que dele advenham, ao menos, os seguintes resultados: (Incluído pela Lei nº 14.230, de 2021). **Obs.**: Essa restrição da iniciativa de celebrar o acordo de não persecução civil apenas ao Ministério Público foi declarada inconstitucional pelo STF, que, em decisão de 31.8.2022, julgou parcialmente procedentes os pedidos formulados na ADI 7043, Rel. Min. Alexandre de Moraes, para declarar a inconstitucionalidade parcial, sem redução de texto, do *caput* e dos §§ 6º-A e 10-C do art. 17, assim como do *caput* e dos §§ 5º e 7º do art. 17-B, da Lei 8.429/1992, na redação dada pela Lei 14.230/2021, **de modo a restabelecer a existência de legitimidade ativa concorrente e disjuntiva entre o Ministério Público e as pessoas jurídicas interessadas para a propositura da ação por ato de improbidade administrativa e para a celebração de acordos de não persecução civil.**

I – o integral ressarcimento do dano; (Incluído pela Lei nº 14.230, de 2021)

II – a reversão à pessoa jurídica lesada da vantagem indevida obtida, ainda que oriunda de agentes privados. (Incluído pela Lei nº 14.230, de 2021)

§ 1º A celebração do acordo a que se refere o **caput** deste artigo dependerá, cumulativamente: (Incluído pela Lei nº 14.230, de 2021)

I – da oitiva do ente federativo lesado, em momento anterior ou posterior à propositura da ação; (Incluído pela Lei nº 14.230, de 2021)

II – de aprovação, no prazo de até 60 (sessenta) dias, pelo órgão do Ministério Público competente para apreciar as promoções de arquivamento de inquéritos civis, se anterior ao ajuizamento da ação; (Incluído pela Lei nº 14.230, de 2021)

III – de homologação judicial, independentemente de o acordo ocorrer antes ou depois do ajuizamento da ação de improbidade administrativa. (Incluído pela Lei nº 14.230, de 2021)

§ 2º Em qualquer caso, a celebração do acordo a que se refere o **caput** deste artigo considerará a personalidade do agente, a natureza, as circunstâncias, a gravidade e a repercussão social do ato de improbidade, bem como as vantagens, para o interesse público, da rápida solução do caso. (Incluído pela Lei nº 14.230, de 2021)

§ 3º Para fins de apuração do valor do dano a ser ressarcido, deverá ser realizada a oitiva do Tribunal de Contas competente, que se manifestará, com indicação dos parâmetros utilizados, no prazo de 90 (noventa) dias. (Incluído pela Lei nº 14.230, de 2021). **Dispositivo com eficácia suspensa em razão de medida liminar concedida, em 27 de dezembro de 2022, *ad referendum* do Plenário, pelo Min. Alexandre de Moraes, em sede de exame de medida cautelar na ADI 7236-MC.**

§ 4º O acordo a que se refere o **caput** deste artigo poderá ser celebrado no curso da investigação de apuração do ilícito, no curso da ação de improbidade ou no momento da execução da sentença condenatória. (Incluído pela Lei nº 14.230, de 2021)

§ 5º As negociações para a celebração do acordo a que se refere o **caput** deste artigo ocorrerão entre o Ministério Público, de um lado, e, de outro, o investigado ou demandado e o seu defensor. (Incluído pela Lei nº 14.230, de 2021).

Obs.: Essa restrição da propositura da ação de improbidade e da iniciativa de celebrar o acordo de não persecução civil apenas ao Ministério Público foi declarada inconstitucional pelo STF, que, em decisão de 31.8.2022, julgou parcialmente procedentes os pedidos formulados na ADI 7043, Rel. Min. Alexandre de Moraes, para declarar a inconstitucionalidade parcial, sem redução de texto, do *caput* e dos §§ 6º-A e 10-C do art. 17, assim como do *caput* e dos §§ 5º e 7º do art. 17-B, da Lei 8.429/1992, na redação dada pela Lei 14.230/2021, **de modo a restabelecer a existência de legitimidade ativa concorrente e disjuntiva entre o Ministério Público e as pessoas jurídicas interessadas para a propositura da ação por ato de improbidade administrativa e para a celebração de acordos de não persecução civil.**

§ 6º O acordo a que se refere o **caput** deste artigo poderá contemplar a adoção de mecanismos e procedimentos internos de integridade, de auditoria e de incentivo à denúncia de irregularidades e a aplicação efetiva de códigos de ética e de conduta no âmbito da pessoa jurídica, se for o caso, bem como de outras medidas em favor do interesse público e de boas práticas administrativas. (Incluído pela Lei nº 14.230, de 2021)

§ 7º Em caso de descumprimento do acordo a que se refere o **caput** deste artigo, o investigado ou o demandado ficará impedido de celebrar novo acordo pelo prazo de 5 (cinco) anos, contado do conhecimento pelo Ministério Público do efetivo descumprimento. (Incluído pela Lei nº 14.230, de 2021). **Obs.**: Essa restrição da propositura da ação de improbidade e da iniciativa de celebrar o acordo de não persecução civil apenas ao Ministério Público foi declarada inconstitucional pelo STF, que, em decisão de 31.8.2022, julgou parcialmente procedentes os pedidos formulados na ADI 7043, Rel. Min. Alexandre de Moraes, para declarar a inconstitucionalidade parcial, sem redução de texto, do *caput* e dos §§ 6º-A e 10-C do art. 17, assim como do *caput* e dos §§ 5º e 7º do art. 17-B, da Lei 8.429/1992, na redação dada pela Lei 14.230/2021, **de modo a restabelecer a existência de legitimidade ativa concorrente e disjuntiva entre o Ministério Público e as pessoas jurídicas interessadas para a propositura da ação por ato de improbidade administrativa e para a celebração de acordos de não persecução civil.**

Art. 17-C. A sentença proferida nos processos a que se refere esta Lei deverá, além de observar o disposto no art. 489 da Lei nº 13.105, de 16 de março de 2015 (Código de Processo Civil): (Incluído pela Lei nº 14.230, de 2021)

I – indicar de modo preciso os fundamentos que demonstram os elementos a que se referem os arts. 9º, 10 e 11 desta Lei, que não podem ser presumidos; (Incluído pela Lei nº 14.230, de 2021)

II – considerar as consequências práticas da decisão, sempre que decidir com base em valores jurídicos abstratos; (Incluído pela Lei nº 14.230, de 2021)

III – considerar os obstáculos e as dificuldades reais do gestor e as exigências das políticas públicas a seu cargo, sem prejuízo dos direitos dos administrados e das circunstâncias práticas que houverem imposto, limitado ou condicionado a ação do agente; (Incluído pela Lei nº 14.230, de 2021)

IV – considerar, para a aplicação das sanções, de forma isolada ou cumulativa: (Incluído pela Lei nº 14.230, de 2021)

a) os princípios da proporcionalidade e da razoabilidade; (Incluído pela Lei nº 14.230, de 2021)

b) a natureza, a gravidade e o impacto da infração cometida; (Incluído pela Lei nº 14.230, de 2021)

c) a extensão do dano causado; (Incluído pela Lei nº 14.230, de 2021)

d) o proveito patrimonial obtido pelo agente; (Incluído pela Lei nº 14.230, de 2021)

e) as circunstâncias agravantes ou atenuantes; (Incluído pela Lei nº 14.230, de 2021)

f) a atuação do agente em minorar os prejuízos e as consequências advindas de sua conduta omissiva ou comissiva; (Incluído pela Lei nº 14.230, de 2021)

g) os antecedentes do agente; (Incluído pela Lei nº 14.230, de 2021)

V – considerar na aplicação das sanções a dosimetria das sanções relativas ao mesmo fato já aplicadas ao agente; (Incluído pela Lei nº 14.230, de 2021)

VI – considerar, na fixação das penas relativamente ao terceiro, quando for o caso, a sua atuação específica, não admitida a sua responsabilização por ações ou omissões para as quais não tiver concorrido ou das quais não tiver obtido vantagens patrimoniais indevidas; (Incluído pela Lei nº 14.230, de 2021)

VII – indicar, na apuração da ofensa a princípios, critérios objetivos que justifiquem a imposição da sanção. (Incluído pela Lei nº 14.230, de 2021)

§ 1º A ilegalidade sem a presença de dolo que a qualifique não configura ato de improbidade. (Incluído pela Lei nº 14.230, de 2021)

§ 2º Na hipótese de litisconsórcio passivo, a condenação ocorrerá no limite da participação e dos benefícios diretos, vedada qualquer solidariedade. (Incluído pela Lei nº 14.230, de 2021)

§ 3º Não haverá remessa necessária nas sentenças de que trata esta Lei. (Incluído pela Lei nº 14.230, de 2021)

Art. 17-D. A ação por improbidade administrativa é repressiva, de caráter sancionatório, destinada à aplicação de sanções de caráter pessoal previstas nesta Lei, e não constitui ação civil, vedado seu ajuizamento para o controle de legalidade de políticas públicas e para a proteção do patrimônio público e social, do meio ambiente e de outros interesses difusos, coletivos e individuais homogêneos. (Incluído pela Lei nº 14.230, de 2021)

Parágrafo único. Ressalvado o disposto nesta Lei, o controle de legalidade de políticas públicas e a responsabilidade de agentes públicos, inclusive políticos, entes públicos e governamentais, por danos ao meio ambiente, ao consumidor, a bens e direitos de valor artístico, estético, histórico, turístico e paisagístico, a qualquer outro interesse difuso ou coletivo, à ordem econômica, à ordem urbanística, à honra e à dignidade de grupos raciais, étnicos ou religiosos e ao

	patrimônio público e social submetem-se aos termos da Lei nº 7.347, de 24 de julho de 1985. (Incluído pela Lei nº 14.230, de 2021) Art. 18. A sentença que julgar procedente a ação fundada nos arts. 9º e 10 desta Lei condenará ao ressarcimento dos danos e à perda ou à reversão dos bens e valores ilicitamente adquiridos, conforme o caso, em favor da pessoa jurídica prejudicada pelo ilícito. (Redação dada pela Lei nº 14.230, de 2021) § 1º Se houver necessidade de liquidação do dano, a pessoa jurídica prejudicada procederá a essa determinação e ao ulterior procedimento para cumprimento da sentença referente ao ressarcimento do patrimônio público ou à perda ou à reversão dos bens. (Incluído pela Lei nº 14.230, de 2021) § 2º Caso a pessoa jurídica prejudicada não adote as providências a que se refere o § 1º deste artigo no prazo de 6 (seis) meses, contado do trânsito em julgado da sentença de procedência da ação, caberá ao Ministério Público proceder à respectiva liquidação do dano e ao cumprimento da sentença referente ao ressarcimento do patrimônio público ou à perda ou à reversão dos bens, sem prejuízo de eventual responsabilização pela omissão verificada. (Incluído pela Lei nº 14.230, de 2021) § 3º Para fins de apuração do valor do ressarcimento, deverão ser descontados os serviços efetivamente prestados. (Incluído pela Lei nº 14.230, de 2021) § 4º O juiz poderá autorizar o parcelamento, em até 48 (quarenta e oito) parcelas mensais corrigidas monetariamente, do débito resultante de condenação pela prática de improbidade administrativa se o réu demonstrar incapacidade financeira de saldá-lo de imediato. (Incluído pela Lei nº 14.230, de 2021) Art. 18-A. A requerimento do réu, na fase de cumprimento da sentença, o juiz unificará eventuais sanções aplicadas com outras já impostas em outros processos, tendo em vista a eventual continuidade de ilícito ou a prática de diversas ilicitudes, observado o seguinte: (Incluído pela Lei nº 14.230, de 2021) I – no caso de continuidade de ilícito, o juiz promoverá a maior sanção aplicada, aumentada de 1/3 (um terço), ou a soma das penas, o que for mais benéfico ao réu; (Incluído pela Lei nº 14.230, de 2021) II – no caso de prática de novos atos ilícitos pelo mesmo sujeito, o juiz somará as sanções. (Incluído pela Lei nº 14.230, de 2021)

	Parágrafo único. As sanções de suspensão de direitos políticos e de proibição de contratar ou de receber incentivos fiscais ou creditícios do poder público observarão o limite máximo de 20 (vinte) anos. (Incluído pela Lei nº 14.230, de 2021)
CAPÍTULO VI Das Disposições Penais	**CAPÍTULO VI Das Disposições Penais**
Art. 19. Constitui crime a representação por ato de improbidade contra agente público ou terceiro beneficiário, quando o autor da denúncia o sabe inocente. Pena: detenção de seis a dez meses e multa. Parágrafo único. Além da sanção penal, o denunciante está sujeito a indenizar o denunciado pelos danos materiais, morais ou à imagem que houver provocado. Art. 20. A perda da função pública e a suspensão dos direitos políticos só se efetivam com o trânsito em julgado da sentença condenatória. Parágrafo único. A autoridade judicial ou administrativa competente poderá determinar o afastamento do agente público do exercício do cargo, emprego ou função, sem prejuízo da remuneração, quando a medida se fizer necessária à instrução processual. Art. 21. A aplicação das sanções previstas nesta lei independe: I – da efetiva ocorrência de dano ao patrimônio público, salvo quanto à pena de ressarcimento; (Redação dada pela Lei nº 12.120, de 2009). II – da aprovação ou rejeição das contas pelo órgão de controle interno ou pelo Tribunal ou Conselho de Contas. Art. 22. Para apurar qualquer ilícito previsto nesta lei, o Ministério Público, de ofício, a requerimento de autoridade administrativa ou mediante representação formulada de acordo com o disposto no art. 14, poderá requisitar a instauração de inquérito policial ou procedimento administrativo.	Art. 19. Constitui crime a representação por ato de improbidade contra agente público ou terceiro beneficiário, quando o autor da denúncia o sabe inocente. Pena: detenção de seis a dez meses e multa. Parágrafo único. Além da sanção penal, o denunciante está sujeito a indenizar o denunciado pelos danos materiais, morais ou à imagem que houver provocado. Art. 20. A perda da função pública e a suspensão dos direitos políticos só se efetivam com o trânsito em julgado da sentença condenatória. § 1º A autoridade judicial competente poderá determinar o afastamento do agente público do exercício do cargo, do emprego ou da função, sem prejuízo da remuneração, quando a medida for necessária à instrução processual ou para evitar a iminente prática de novos ilícitos. (Incluído pela Lei nº 14.230, de 2021) § 2º O afastamento previsto no § 1º deste artigo será de até 90 (noventa) dias, prorrogáveis uma única vez por igual prazo, mediante decisão motivada. (Incluído pela Lei nº 14.230, de 2021) Art. 21. A aplicação das sanções previstas nesta lei independe: I – da efetiva ocorrência de dano ao patrimônio público, salvo quanto à pena de ressarcimento e às condutas previstas no art. 10 desta Lei; (Redação dada pela Lei nº 14.230, de 2021) II – da aprovação ou rejeição das contas pelo órgão de controle interno ou pelo Tribunal ou Conselho de Contas. § 1º Os atos do órgão de controle interno ou externo serão considerados pelo juiz quando tiverem servido de fundamento para a conduta do agente público. (Incluído pela Lei nº 14.230, de 2021) § 2º As provas produzidas perante os órgãos de controle e as correspondentes decisões deverão ser consideradas na formação da convicção do juiz, sem prejuízo da análise acerca do dolo na conduta do agente. (Incluído pela Lei nº 14.230, de 2021)

	§ 3º As sentenças civis e penais produzirão efeitos em relação à ação de improbidade quando concluírem pela inexistência da conduta ou pela negativa da autoria. (Incluído pela Lei nº 14.230, de 2021) § 4º A absolvição criminal em ação que discuta os mesmos fatos, confirmada por decisão colegiada, impede o trâmite da ação da qual trata esta Lei, havendo comunicação com todos os fundamentos de absolvição previstos no art. 386 do Decreto-Lei nº 3.689, de 3 de outubro de 1941 (Código de Processo Penal). (Incluído pela Lei nº 14.230, de 2021). **Dispositivo com eficácia suspensa em razão de medida liminar concedida, em 27 de dezembro de 2022, *ad referendum* do Plenário, pelo Min. Alexandre de Moraes, em sede de exame de medida cautelar na ADI 7236-MC.** § 5º Sanções eventualmente aplicadas em outras esferas deverão ser compensadas com as sanções aplicadas nos termos desta Lei. (Incluído pela Lei nº 14.230, de 2021) Art. 22. Para apurar qualquer ilícito previsto nesta Lei, o Ministério Público, de ofício, a requerimento de autoridade administrativa ou mediante representação formulada de acordo com o disposto no art. 14 desta Lei, poderá instaurar inquérito civil ou procedimento investigativo assemelhado e requisitar a instauração de inquérito policial. (Redação dada pela Lei nº 14.230, de 2021) Parágrafo único. Na apuração dos ilícitos previstos nesta Lei, será garantido ao investigado a oportunidade de manifestação por escrito e de juntada de documentos que comprovem suas alegações e auxiliem na elucidação dos fatos. (Incluído pela Lei nº 14.230, de 2021).
CAPÍTULO VII **Da Prescrição**	**CAPÍTULO VII** **Da Prescrição**
Art. 23. As ações destinadas a levar a efeitos as sanções previstas nesta lei podem ser propostas: I – até cinco anos após o término do exercício de mandato, de cargo em comissão ou de função de confiança; II – dentro do prazo prescricional previsto em lei específica para faltas disciplinares puníveis com demissão a bem do serviço público, nos casos de exercício de cargo efetivo ou emprego.	Art. 23. A ação para a aplicação das sanções previstas nesta Lei prescreve em 8 (oito) anos, contados a partir da ocorrência do fato ou, no caso de infrações permanentes, do dia em que cessou a permanência. (Redação dada pela Lei nº 14.230, de 2021) I – (Revogado pela Lei nº 14.230/2021) II – (Revogado pela Lei nº 14.230/2021) III – (Revogado pela Lei nº 14.230/2021)

III – até cinco anos da data da apresentação à administração pública da prestação de contas final pelas entidades referidas no parágrafo único do art. 1o desta Lei. (Incluído pela Lei nº 13.019, de 2014) (Vigência)	§ 1º A instauração de inquérito civil ou de processo administrativo para apuração dos ilícitos referidos nesta Lei suspende o curso do prazo prescricional por, no máximo, 180 (cento e oitenta) dias corridos, recomeçando a correr após a sua conclusão ou, caso não concluído o processo, esgotado o prazo de suspensão. (Incluído pela Lei nº 14.230, de 2021) § 2º O inquérito civil para apuração do ato de improbidade será concluído no prazo de 365 (trezentos e sessenta e cinco) dias corridos, prorrogável uma única vez por igual período, mediante ato fundamentado submetido à revisão da instância competente do órgão ministerial, conforme dispuser a respectiva lei orgânica. (Incluído pela Lei nº 14.230, de 2021) § 3º Encerrado o prazo previsto no § 2º deste artigo, a ação deverá ser proposta no prazo de 30 (trinta) dias, se não for caso de arquivamento do inquérito civil. (Incluído pela Lei nº 14.230, de 2021) § 4º O prazo da prescrição referido no **caput** deste artigo interrompe-se: (Incluído pela Lei nº 14.230, de 2021) I – pelo ajuizamento da ação de improbidade administrativa; (Incluído pela Lei nº 14.230, de 2021) II – pela publicação da sentença condenatória; (Incluído pela Lei nº 14.230, de 2021) III – pela publicação de decisão ou acórdão de Tribunal de Justiça ou Tribunal Regional Federal que confirma sentença condenatória ou que reforma sentença de improcedência; (Incluído pela Lei nº 14.230, de 2021) IV – pela publicação de decisão ou acórdão do Superior Tribunal de Justiça que confirma acórdão condenatório ou que reforma acórdão de improcedência; (Incluído pela Lei nº 14.230, de 2021) V – pela publicação de decisão ou acórdão do Supremo Tribunal Federal que confirma acórdão condenatório ou que reforma acórdão de improcedência. (Incluído pela Lei nº 14.230, de 2021) § 5º Interrompida a prescrição, o prazo recomeça a correr do dia da interrupção, pela metade do prazo previsto no **caput** deste artigo. (Incluído pela Lei nº 14.230, de 2021) § 6º A suspensão e a interrupção da prescrição produzem efeitos relativamente a todos os que concorreram para a prática do ato de improbidade. (Incluído pela Lei nº 14.230, de 2021)

§ 7º Nos atos de improbidade conexos que sejam objeto do mesmo processo, a suspensão e a interrupção relativas a qualquer deles estendem-se aos demais. (Incluído pela Lei nº 14.230, de 2021)

§ 8º O juiz ou o tribunal, depois de ouvido o Ministério Público, deverá, de ofício ou a requerimento da parte interessada, reconhecer a prescrição intercorrente da pretensão sancionadora e decretá-la de imediato, caso, entre os marcos interruptivos referidos no § 4º, transcorra o prazo previsto no § 5º deste artigo. (Incluído pela Lei nº 14.230, de 2021)

Art. 23-A. É dever do poder público oferecer contínua capacitação aos agentes públicos e políticos que atuem com prevenção ou repressão de atos de improbidade administrativa. (Incluído pela Lei nº 14.230, de 2021)

Art. 23-B. Nas ações e nos acordos regidos por esta Lei, não haverá adiantamento de custas, de preparo, de emolumentos, de honorários periciais e de quaisquer outras despesas. (Incluído pela Lei nº 14.230, de 2021)

§ 1º No caso de procedência da ação, as custas e as demais despesas processuais serão pagas ao final. (Incluído pela Lei nº 14.230, de 2021)

§ 2º Haverá condenação em honorários sucumbenciais em caso de improcedência da ação de improbidade se comprovada má-fé. (Incluído pela Lei nº 14.230, de 2021)

Art. 23-C. Atos que ensejem enriquecimento ilícito, perda patrimonial, desvio, apropriação, malbaratamento ou dilapidação de recursos públicos dos partidos políticos, ou de suas fundações, serão responsabilizados nos termos da Lei nº 9.096, de 19 de setembro de 1995. (Incluído pela Lei nº 14.230, de 2021). Na ADI 7236-MC, foi deferida parcialmente medida cautelar, ***ad referendum*** **do Plenário**, para CONFERIR INTERPRETAÇÃO CONFORME ao artigo 23-C, da Lei 8.429/1992, incluído pela Lei 14.230/2021, no sentido de que os atos que ensejem enriquecimento ilícito, perda patrimonial, desvio, apropriação, malbaratamento ou dilapidação de recursos públicos dos partidos políticos, ou de suas fundações, poderão ser responsabilizados nos termos da Lei 9.096/1995, mas sem prejuízo da incidência da Lei de Improbidade Administrativa.

	Art. 3º da Lei nº 14.230/2021
	Art. 3º No prazo de 1 (um) ano a partir da data de publicação desta Lei, o Ministério Público competente manifestará interesse no prosseguimento das ações por improbidade administrativa em curso ajuizadas pela Fazenda Pública, inclusive em grau de recurso. (Vide ADIN 7042) (Vide ADIN 7043). § 1º No prazo previsto no caput deste artigo suspende-se o processo, observado o disposto no art. 314 da Lei nº 13.105, de 16 de março de 2015 (Código de Processo Civil). § 2º Não adotada a providência descrita no caput deste artigo, o processo será extinto sem resolução do mérito.

12. JURISPRUDÊNCIA APLICADA

• Compete à autoridade administrativa aplicar a servidor público a pena de demissão em razão da prática de improbidade administrativa, independentemente de prévia condenação, por autoridade judiciária, à perda da função pública. (SÚMULA 651, PRIMEIRA SEÇÃO, julgado em 21/10/2021, DJe 25/10/2021).

• Tema repetitivo 1089 no REsp 1899455/AC: "Na ação civil pública por ato de improbidade administrativa é possível o prosseguimento da demanda para pleitear o ressarcimento do dano ao erário, ainda que sejam declaradas prescritas as demais sanções previstas no art. 12 da Lei 8.429/92." (DJe 13/10/2021).

• STJ, REsp 654721/MT, Rel. Ministro BENEDITO GONÇALVES, DJe 01/07/2009: "ADMINISTRATIVO. AÇÃO CIVIL PÚBLICA. RECURSOS ESPECIAIS. IMPROBIDADE ADMINISTRATIVA. LEI 8.429/92. CONTRATAÇÃO E MANUTENÇÃO DE PESSOAL SEM A REALIZAÇÃO DE CONCURSO PÚBLICO. AUSÊNCIA DE DOLO E DE PREJUÍZO AO ERÁRIO. ATO DE IMPROBIDADE ADMINISTRATIVA NÃO CONFIGURADO. RECURSOS PROVIDOS. 1. "A improbidade administrativa consiste na ação ou omissão intencionalmente violadora do dever constitucional de moralidade no exercício da função pública, tal como definido por lei" (Marçal Justen Filho in Curso de Direito Administrativo, 3ª ed. rev. E atual., São Paulo: Saraiva, 2008, p. 828). 2. Para que se configure a improbidade, devem estar presentes os seguintes elementos: o enriquecimento ilícito, o prejuízo ao erário e o atentado contra os princípios fundamentais (legalidade, impessoalidade, moralidade, publicidade e eficiência). 3. O ato de improbidade, na sua caracterização, como de regra, exige elemento subjetivo doloso, à luz da natureza sancionatória da Lei 8.429/92. 4. No caso dos autos, as instâncias ordinárias afastaram a existência de dolo, bem como de prejuízo ao erário, razão por que não há falar em ocorrência de ato de improbidade administrativa. 5. Recursos especiais providos".

• STJ, REsp 1019555/SP, Rel. Ministro CASTRO MEIRA, DJe 29/06/2009: "ADMINISTRATIVO E PROCESSUAL CIVIL. MINISTÉRIO PÚBLICO. COMPETÊNCIA FUNCIONAL. PROCURADOR DE JUSTIÇA. ART. 31 DA LEI Nº 8.625/93. AÇÃO CIVIL PÚBLICA. IMPROBIDADE ADMINISTRATIVA. CONTRATAÇÃO DE "FUNCIONÁRIO-FANTASMA". ATO ILÍCITO. SANÇÕES. RESSARCIMENTO AO ERÁRIO. INSUFICIÊNCIA. ART. 12 DA LEI Nº 8.429/97. 1. O Ministério Público do Estado de São Paulo ingressou com ação civil pública reputando como ato de improbidade administrativa a contratação irregular pelo então Prefeito da Municipalidade do filho do então Vice-Prefeito, o qual percebeu vencimentos do cargo para o qual foi designado por 18 meses sem prestar efetivos serviços, como verdadeiro "funcionário-fantasma". 2. Preliminarmente, o recorrido pugna pela inadmissibilidade do apelo nobre por falta de capacidade postulatória dos membros do Parquet que subscrevem a petição do especial. 3. Ao estabelecer a competência funcional dos Procuradores de Justiça, a Lei Orgânica do Ministério Público (Lei nº 8.625/93) dispôs em seu art. 31 que "cabe aos Procuradores de Justiça exercer as atribuições junto aos Tribunais, desde que não cometidas ao Procurador-Geral de Justiça, e inclusive por delegação deste". 4. Uma das subscritoras do recurso especial reveste-se da qualificação de Procuradora de Justiça, tornando-a competente para atuar perante Tribunais de 2ª instância, o que, a toda evidência, abarca a interposição de recursos especiais. A investidura no posto de "Secretária Executiva da Procuradoria de Justiça de Interesses Difusos e Coletivos" constitui situação que não desnatura sua competência para agir como Procuradora de Justiça no âmbito do Tribunal a quo, tratando-se de mera circunstância afeita à organização interna do Parquet Estadual. 5. Não há necessidade de aplicação cumulada das sanções previstas no art. 12 da Lei nº 8.429/97, cabendo ao julgador, diante das peculiaridades do caso concreto, avaliar, sob a luz dos princípios da proporcionalidade e da razoabilidade, a adequação das penas, decidindo quais as sanções apropriadas e suas dimensões, de acordo com a conduta do agente e o gravame impingido ao erário, dentre outras circunstâncias. Precedentes desta Corte. 6. Todavia, afastadas pelo Tribunal a quo as sanções de suspensão de direitos políticos e proibição de contratar com o Poder Público ou receber benefícios ou incentivos fiscais ou creditícios, remanesceu apenas a condenação solidária dos recorridos ao ressarcimento dos valores indevidamente percebidos, subtraída a parcela já devolvida. 7. Caracterizado o ato de improbidade administrativa, o ressarcimento ao erário constitui o mais elementar consectário jurídico, não se equiparando a uma sanção em sentido estrito e, portanto, não sendo suficiente por si só a atender ao espírito da Lei nº 8.429/97, devendo ser cumulada com ao menos alguma outra das medidas previstas em seu art. 12. 8. Pensamento diverso, tal qual o esposado pela Corte de origem, representaria a ausência de punição substancial a indivíduos que adotaram conduta de manifesto descaso para com o patrimônio público. Permitir-se que a devolução dos valores recebidos por "funcionário-fantasma" seja a única punição a agentes que concorreram diretamente para a prática deste ilícito significa conferir à questão um enfoque de simples responsabilidade civil, o que, à toda evidência, não é o escopo da Lei nº 8.429/97. 9. "A ação de improbidade se destina fundamentalmente a aplicar as sanções de caráter punitivo acima referidas, que têm a força pedagógica e intimidadora de inibir a reiteração da conduta ilícita. Assim, embora seja certo que as sanções previstas na Lei 8.429/92 não são necessariamente aplicáveis cumuladamente (podendo o juiz, sopesando as circunstâncias do caso e atento ao princípio da proporcionalidade, eleger a punição mais adequada), também é certo que, verificado o ato de improbidade, a sanção não pode se limitar ao ressarcimento de danos" (Ministro Teori Albino Zavascki, Voto-Vista no REsp nº 664.440/MG, DJU 06.04.06). 10. Como bem posto por Emerson Garcia "é relevante observar ser inadmissível que ao ímprobo sejam aplicadas unicamente as sanções de ressarcimento do dano e de perda de bens, pois estas, em verdade, não são reprimendas, visando unicamente à recomposição do status quo" (Improbidade Administrativa. Editora Lumen Juris: Rio de Janeiro, 2ª ed., 2004, p. 538). 11. O Ministério Público Estadual pediu de maneira explícita o restabelecimento das demais sanções cominadas na sentença reformada pela Corte de origem, quais sejam, (i) suspensão dos direitos políticos e (ii) proibição de contratar com o poder público ou receber benefícios ou incentivos fiscais. 12. Em obséquio aos princípios da razoabilidade e da proporcionalidade, assiste razão ao Parquet. 13. Dada a gravidade da conduta de um dos litisconsortes passivos, que demonstrou absoluto desprezo pelos princípios que regem a Administração Pública ao abrigar como "funcionário-fantasma" – figura repugnante que acomete de maneira sistemática os órgãos públicos – o filho de um de seus aliados políticos, tem-se como indispensável a restauração das medidas previstas na sentença, inclusive no que respeita à suspensão dos direitos políticos por 5 (cinco) anos. 14. Outrossim, a malícia demonstrada por outro litisconsorte ao passar 18 (dezoito) meses recebendo vencimentos de cargo em comissão sem prestar serviços à Municipalidade autoriza, a toda evidência, a volta da sanção prevista na sentença: proibição de contratar com o poder público ou receber benefícios ou incentivos fiscais por 10 (dez) anos. 15. Recurso especial provido".

- STJ, REsp 488842/SP, Rel. Ministro JOÃO OTÁVIO DE NORONHA, Rel. p/ Acórdão Ministro CASTRO MEIRA, DJe 05/12/2008: ADMINISTRATIVO. AÇÃO CIVIL PÚBLICA. IMPROBIDADE ADMINISTRATIVA. SERVIÇO DE ADVOCACIA. CONTRATAÇÃO COM DISPENSA DE LICITAÇÃO. VIOLAÇÃO À LEI DE LICITAÇÕES (LEI 8.666/93, ARTS. 3º, 13 E 25) E À LEI DE IMPROBIDADE (LEI 8.429/92, ART. 11). EXECUÇÃO DOS SERVIÇOS CONTRATADOS. AUSÊNCIA DE PREJUÍZO AO ERÁRIO. APLICAÇÃO DE MULTA CIVIL EM PATAMAR MÍNIMO. 1. A contratação dos serviços descritos no art. 13 da Lei 8.666/93 sem licitação pressupõe que sejam de natureza singular, com profissionais de notória especialização. 2. A contratação de escritório de advocacia quando ausente a singularidade do objeto contatado e a notória especialização do prestador configura patente ilegalidade, enquadrando-se no conceito de improbidade administrativa, nos termos do art. 11, *caput*, e inciso I, que independe de dano ao erário ou de dolo ou culpa do agente. 3. A multa civil, que não ostenta feição indenizatória, é perfeitamente compatível com os atos de improbidade tipificados no art. 11 da Lei 8.429/92 (lesão aos princípios administrativos), independentemente de dano ao erário, dolo ou culpa do agente. 4. Patente a ilegalidade da contratação, impõe-se a nulidade do contrato celebrado, e, em razão da ausência de dano ao erário com a efetiva prestação dos serviços de advocacia contratados, deve ser aplicada apenas a multa civil, reduzida a patamar mínimo (10% do valor do contrato, atualizado desde a assinatura). 5. Recurso especial provido em parte.

- "Recurso em mandado de segurança. Servidor público. Processo administrativo. Demissão. Poder disciplinar. Limites de atuação do Poder Judiciário. Princípio da ampla defesa. Ato de improbidade. Servidor do DNER demitido por ato de improbidade administrativa e por se valer do cargo para obter proveito pessoal de outrem, em detrimento da dignidade da função pública, com base no art. 11, *caput*, e inciso I, da Lei n. 8.429/92 e art. 117, IX, da Lei n. 8.112/90. A autoridade administrativa está autorizada a praticar atos discricionários apenas quando norma jurídica válida expressamente a ela atribuir essa livre atuação. Os atos administrativos que envolvem a aplicação de 'conceitos indeterminados' estão sujeitos ao exame e controle do Poder Judiciário. O controle jurisdicional pode e deve incidir sobre os elementos do ato, à luz dos princípios que regem a atuação da Administração. Processo disciplinar, no qual se discutiu a ocorrência de desídia — art. 117, inciso XV da Lei n. 8.112/90. Aplicação da penalidade, com fundamento em preceito diverso do indicado pela comissão de inquérito. A capitulação do ilícito administrativo não pode ser aberta a ponto de impossibilitar o direito de defesa. De outra parte, o motivo apresentado afigurou-se inválido em face das provas coligidas aos autos. Ato de improbidade: a aplicação das penalidades previstas na Lei n. 8.429/92 não incumbe à Administração, eis que privativa do Poder Judiciário. Verificada a prática de atos de improbidade no âmbito administrativo, caberia representação ao Ministério Público para ajuizamento da competente ação, não a aplicação da pena de demissão. Recurso ordinário provido." (**RMS 24.699**, Rel. Min. Eros Grau, julgamento em 30-11-04, *DJ* de 1º-7-05).

- STF, AI-AgR 538389/SP, AG. REG. NO AGRAVO DE INSTRUMENTO, Relator Min. EROS GRAU, Julgamento em 29/08/2006: "AGRAVO REGIMENTAL NO AGRAVO DE INSTRUMENTO. CONSTITUCIONAL. PROCESSUAL PENAL. LEI N. 10.628/02, QUE ACRESCENTOU OS §§ 1º E 2º AO ART. 84 DO CÓDIGO DE PROCESSO PENAL. FORO POR PRERROGATIVA DE FUNÇÃO. INCONSTITUCIONALIDADE. ADI N. 2.797 E ADI N. 2.860. 1. O Plenário do Supremo, ao julgar a ADI n. 2.797 e a ADI n. 2.860, Relator o Ministro Sepúlveda Pertence, Sessão de 15.9.05, declarou a inconstitucionalidade da Lei n. 10.628/02, que acrescentou os §§ 1º e 2º ao art. 84 do Código de Processo Penal. 2. Orientação firmada no sentido de que inexiste foro por prerrogativa de função nas ações de improbidade administrativa. Agravo regimental a que nega provimento".

- STJ, REsp 737279 / PR, Rel. Min. Castro Meira, DJ 21.05.2008 p. 1: "ADMINISTRATIVO. CONTRATAÇÃO DE SERVIDOR SEM CONCURSO PÚBLICO. IMPROBIDADE ADMINISTRATIVA. LESÃO A PRINCÍPIOS ADMINISTRATIVOS. AUSÊNCIA DE DANO AO ERÁRIO. 1. A lesão a princípios administrativos contida no art. 11 da Lei nº 8.429/92, em princípio, não exige dolo ou culpa na conduta do agente nem prova da lesão ao erário público. Basta a simples ilicitude ou imoralidade administrativa para restar configurado o ato de improbidade. Caso reste demonstrada a lesão, o inciso III do art. 12 da Lei nº 8.429/92 autoriza seja o agente público condenado a ressarcir o erário. 2. A conduta do recorrente de contratar e manter servidores sem concurso público na Administração amolda-se ao *caput* do art. 11 da Lei nº 8.429/92, ainda que o serviço público tenha sido devidamente prestado. 3. Não havendo prova de dano ao erário, não há que se falar em ressarcimento, nos termos da primeira parte do inciso III do art. 12 da Lei 8.429/92. As demais penalidades, inclusive a multa civil, que não ostenta feição indenizatória, são perfeitamente compatíveis com os atos de improbidade tipificados no art. 11 da Lei 8.429/92 (lesão aos princípios administrativos). 4. Acórdão reformado para excluir a condenação ao ressarcimento de danos e reduzir a multa civil de dez para três vezes o valor da última remuneração recebida no último ano de mandato em face da ausência de prejuízo ao erário. 5. Recurso especial provido em parte".

- "STJ – COMPETÊNCIA. IMPROBIDADE ADMINISTRATIVA. GOVERNADOR. Prosseguindo o julgamento, a Corte Especial entendeu, por maioria, que o STJ não tem competência para apreciar processos em que se discute atos de improbidade administrativa supostamente praticados por Governador de Estado. A prerrogativa de foro dos governadores está relacionada à prática de ilícitos criminais comuns, sendo certo que a investigação de atos de improbidade administrativa refoge à competência expressa preconizada no art. 105, I, a, da CF/1988. Precedentes citados: Rcl 780-AP, DJ 7/10/2002; Pet 1.955-PR, e Rcl 591-SP, DJ 18/12/2000". AgRg na Pet 1.885-PR, Rel. Min. Vicente Leal, julgado em 16/5/2003.

13. QUESTÕES

01. (Juiz Federal Substituto – Tribunal Regional Federal da 1ª Região 2023) João, ex-secretário de saúde do Município X, é réu em ação de improbidade proposta pelo Ministério Público Federal em 2020. É acusado de ter se apropriado de valores desviados de contratação pública realizada em 2019, sem licitação e com preços acima da prática de mercado. Durante a fase de instrução, João requer ao juízo a adoção de diversas providências. O entendimento correto a ser adotado pelo julgador, conforme orientação do

Supremo Tribunal Federal na tese fixada no Tema 1.199, é:

(A) aplicar a prescrição intercorrente a contar da prática do ato tido como ímprobo, ou seja, 2019;

(B) que a Lei nº 14.230/2021 não se aplica ao caso concreto, uma vez que o ato tido como ímprobo foi praticado em 2019, antes da vigência da nova lei;

(C) como não há sentença condenatória transitada em julgado, incide a Lei nº 14.230/2021, cabendo ao juiz analisar a existência de dolo na conduta de João;

(D) como já foi recebida a inicial e juntada a contestação, opera-se a estabilidade da demanda, não sendo possível a aplicação da Lei nº 14.230/2021 ao caso apresentado;

(E) ser possível a condenação por ato de improbidade na modalidade culposa, uma vez que os atos tidos como ímprobos foram praticados em 2019, antes da vigência da Lei nº 14.230/2021.

02. (Juiz Federal Substituto – Tribunal Regional Federal da 1ª Região 2023) O Ministério Público Federal (MPF) ajuizou, em junho de 2023, ação de improbidade administrativa em face do servidor público federal Antônio, imputando-lhe a conduta de ter recebido vantagem econômica consistente em dois milhões de reais no último ano, para tolerar, no exercício da função pública, a prática de narcotráfico. No bojo da inicial, o MPF veiculou pedido liminar de indisponibilidade de bens em face de Antônio. No caso em tela, consoante dispõe a Lei nº 8.429/1992 (Lei de Improbidade Administrativa ⊠ LIA), com redação dada pela Reforma de 2021 da LIA:

(A) a decretação de indisponibilidade do bem de família do réu é vedada, salvo se comprovado que o imóvel seja fruto de vantagem patrimonial indevida, conforme descrito no Art. 9º da LIA;

(B) o pedido de indisponibilidade de bens do réu tem a finalidade de garantir a integral recomposição do erário pela prática dos atos tipificados nos Arts. 9º, 10 e 11, da LIA, mas não o acréscimo patrimonial resultante de enriquecimento ilícito;

(C) o pedido de indisponibilidade de bens não poderá, em qualquer caso, incluir a investigação, o exame e o bloqueio de bens, contas bancárias e aplicações financeiras mantidas pelos réus no exterior, resguardada a competência do Superior Tribunal de Justiça;

(D) o valor da indisponibilidade considerará a estimativa de dano indicada na petição inicial, não sendo permitida a sua substituição por caução idônea, por fiança bancária ou por seguro-garantia judicial, a requerimento dos réus;

(E) a ordem de indisponibilidade de bens deverá priorizar o bloqueio de contas bancárias, bens imóveis, veículos de via terrestre, bens móveis em geral, semoventes, navios e aeronaves, ações e quotas de sociedades simples e empresárias, pedras e metais preciosos.

03. (CESPE/CEBRASPE – 2023 – MPE-AM – Promotor de Justiça Substituto – 2023). Com relação ao disposto na Lei n.º 8.429/1992 (Lei de Improbidade Administrativa – LIA) e à tutela da probidade no direito brasileiro, assinale a opção correta.

(A) Apenas por decisão judicial baseada na LIA, após o devido processo legal, um agente público pode ser punido por ato de improbidade administrativa.

(B) Conforme a redação atual da LIA, os atos de improbidade administrativa somente se caracterizam na presença de dolo específico, não bastando o genérico.

(C) A nomeação indevida de servidor público para cargo em comissão ou de confiança que caracterize nepotismo constitui ato de improbidade administrativa, desde que comprovado dano ao patrimônio público.

(D) A LIA autoriza punição por ato de improbidade que atinja o patrimônio de entidade privada somente se esta houver sido beneficiária de incentivos fiscais do poder público.

(E) Desde 2021, devido a alterações promovidas na LIA, as sanções por ato de improbidade nela previstas somente podem ser aplicadas de forma isolada, não cumulativa.

04. (AMEOSC – 2023 – Prefeitura de São Miguel do Oeste – SC – Advogado – 2023). Sobre improbidade administrativa, pode-se afirmar que:

I. Constitui ato de improbidade administrativa que causa lesão ao erário qualquer ação ou omissão dolosa, que enseje, efetiva e comprovadamente, perda patrimonial, desvio, apropriação, malbaratamento ou dilapidação dos bens ou haveres das entidades referidas na Lei que dispõe sobre as sanções aplicáveis em virtude da prática de atos de improbidade administrativa.

II. Constitui ato de improbidade administrativa importando em enriquecimento ilícito auferir, mediante a prática de ato doloso, qualquer tipo de vantagem patrimonial indevida em razão do exercício de cargo, de mandato, de função, de emprego ou de atividade nas entidades referidas na Lei que dispõe sobre as sanções aplicáveis em virtude da prática de atos de improbidade administrativa.

III. Constitui ato de improbidade administrativa que atenta contra os princípios da administração pública a ação ou omissão dolosa que viole os deveres de honestidade, de imparcialidade e de legalidade.

IV. A ação para a aplicação das sanções previstas nesta Lei prescreve em 5 (cinco) anos, contados a partir da ocorrência do fato ou, no caso de infrações permanentes, do dia em que cessou a permanência.

Está CORRETO o que se afirma:

(A) Apenas nas alternativas I e II

(B) Apenas nas alternativas I, II e III

(C) Apenas nas alternativas I e IV

(D) I, II, III e IV.

05. (FGV – 2022 – TJ/SC – Juiz Substituto – 2022). A Lei nº 14.230/2021 promoveu significativas mudanças no regime jurídico concernente à tutela da probidade administrativa, dispondo sobre as sanções aplicáveis em virtude da prática de atos de improbidade administrativa, conforme Art. 37, §4º, da Constituição da República de 1988.

Dentre as alterações relevantes trazidas pela mencionada lei, pode-se apontar:

(A) A diminuição do prazo para apresentação de defesa prévia de trinta para quinze dias úteis, tratando-se de etapa preliminar ao recebimento da petição inicial;

(B) A exigência de caracterização da ocorrência de dano ao erário e de dolo específico como elementos indispensáveis à configuração da conduta de improbidade administrativa;

(C) O estabelecimento de prazo prescricional de oito anos, contados a partir da ocorrência do fato ou, no caso de infrações permanentes, do dia em que cessou a permanência;

(D) A previsão expressa de cabimento da ação de improbidade para o controle de legalidade de políticas públicas e para a proteção do patrimônio público e social, na linha da jurisprudência consolidada sobre a matéria;

(E) A adoção do sistema de tipos fechados para a definição dos atos de improbidade administrativa na modalidade culposa, suprimindo-se o emprego de conceitos jurídicos indeterminados em tal situação.

06. (CESPE – MPCPA – Procurador de Contas – 2022) Com base no disposto na Lei de Improbidade (Lei 8.429/1992 e suas alterações), assinale a opção correta.

(A) O ato de improbidade pode decorrer de conduta culposa.

(B) Constitui ato de improbidade administrativa retardar ou deixar de praticar, indevidamente, ato de ofício.

(C) Os atos de improbidade praticados contra patrimônio de entidade privada que receba incentivo fiscal do poder público não estão sujeitos às sanções dessa lei.

(D) As sanções da referida lei aplicam-se àquele que, mesmo não sendo agente público, de qualquer forma se beneficie do ato ímprobo.

(E) Não configura ato de improbidade a dispensa indevida de licitação que não acarrete perda patrimonial efetiva ao ente público.

07. (FGV – Promotor de justiça – MPGO – 2022) Após investigações em sede extrajudicial, o Ministério Público amealhou provas de que a pessoa jurídica Med Hospital Ltda., administrada pelo sócio majoritário Tales, teria sido selecionada em contratações emergenciais milionárias para prestar serviços a uma autarquia estadual cujo presidente, Jamal, seria amigo e aliado político do deputado estadual Tomás, cuja campanha eleitoral teria recebido generosas doações daquele empresário. Os documentos indicam que as contratações diretas não foram precedidas de justificativa de preço, de orçamento com custos unitários ou de projeto básico, bem como que a emergência teria sido dolosamente fabricada. Nessa situação, à luz da Lei no 8.429/1992, com as alterações promovidas pela Lei no 14.230/2021, o Parquet pode ajuizar ação de improbidade em face das pessoas naturais mencionadas e da sociedade limitada para:

(A) demonstrados de plano a probabilidade de ocorrência dos atos ímprobos e o perigo de dano irreparável ou de risco ao resultado útil do processo, requerer liminarmente a indisponibilidade dos bens de todos os demandados, no limite da participação de cada um e dos seus benefícios diretos, vedada qualquer solidariedade, recaindo a constrição preferencialmente em dinheiro ou ativos financeiros, em montante suficiente para assegurar o ressarcimento ao Erário e o pagamento de eventual multa civil a ser aplicada em sentença;

(B) demonstrada de plano a probabilidade de ocorrência dos atos ímprobos, requerer liminarmente a indisponibilidade dos bens de todos os demandados, solidariamente, não podendo a constrição recair sobre contas bancárias caso existam outros bens móveis ou imóveis capazes de garantir o juízo, em montante suficiente para assegurar o ressarcimento ao Erário e o pagamento de eventual multa civil a ser aplicada em sentença;

(C) demonstrados de plano a probabilidade de ocorrência dos atos ímprobos e o perigo de dano irreparável ou de risco ao resultado útil do processo, requerer liminarmente a indisponibilidade dos bens de todos os demandados, no limite da participação de cada um e dos seus benefícios diretos, vedada qualquer solidariedade, não podendo a constrição recair sobre contas bancárias caso existam outros bens móveis ou imóveis capazes de garantir o juízo, em montante suficiente para assegurar o ressarcimento ao Erário e o pagamento de eventual multa civil a ser aplicada em sentença;

(D) demonstrados de plano a probabilidade de ocorrência dos atos ímprobos e o perigo de dano irreparável ou de risco ao resultado útil do processo, requerer liminarmente a indisponibilidade dos bens de todos os demandados, solidariamente, não podendo a constrição recair sobre contas bancárias caso existam outros bens móveis ou imóveis capazes de garantir o juízo, em montante suficiente para assegurar o ressarcimento ao Erário, sem incidir sobre os valores a serem eventualmente aplicados a título de multa civil;

(E) demonstrada de plano a probabilidade de ocorrência dos atos ímprobos, requerer liminarmente a indisponibilidade dos bens de todos os demandados, no limite da participação de cada um e dos seus benefícios diretos, vedada qualquer solidariedade, recaindo a constrição preferencialmente em dinheiro ou ativos financeiros, em montante suficiente para assegurar o ressarcimento ao Erário, sem incidir sobre os valores a serem eventualmente aplicados a título de multa civil.

08. (FGV – Promotor de justiça – MPGO – 2022) O Ministério Público do Estado de Goiás ajuizou ação civil pública por ato de improbidade administrativa em face de João, servidor público estadual titular de cargo efetivo. Na peça vestibular, o Parquet imputou a João a conduta de coordenar vasto esquema de desvio de recursos públicos no âmbito de contratações emergenciais na área da saúde. No curso do processo e antes da prolação da sentença, João comunicou a sua aposentadoria, regularmente concedida pela administração após o preenchimento dos requisitos legais. Em conformidade com a jurisprudência atual dos Tribunais Superiores, e considerando que os fatos narrados na inicial foram sobejamente comprovados ao longo da instrução probatória, a autoridade judicial:

(A) poderá aplicar a João a cassação de sua aposentadoria, uma vez que a ausência de previsão expressa de tal sanção na Lei no 8.429/1992 não impede a sua imposição como consequência lógica da condenação à perda da função pública;

(B) poderá infligir a sanção de cassação de aposentadoria ao servidor aposentado no curso do processo, haja vista a cominação expressa de tal penalidade no Art. 12 da Lei de Improbidade Administrativa;

(C) não poderá impor a João a cassação de sua aposentadoria, porque tal penalidade não está expressamente cominada na Lei no 8.429/1992 e vigora o princípio da legalidade estrita em matéria de direito sancionador;

(D) não poderá aplicar a João a cassação de sua aposentadoria, porque tal sanção é incompatível com o caráter contributivo e solidário do regime próprio de previdência dos servidores públicos;

(E) poderá impor a João a cassação de sua aposentadoria, porque a previsão expressa de tal sanção no estatuto dos servidores estaduais atende ao princípio da legalidade e permite o diálogo de fontes em matéria de direito sancionador.

09. (CESPE – Especialista em gestão das telecomunicações – Telebras – 2022) Acerca das sanções aplicáveis em virtude da prática de atos de improbidade administrativa, julgue o item que se segue.

Constitui ato de improbidade administrativa que importa enriquecimento ilícito realizar operação financeira sem observância das normas legais e regulamentares, ou aceitar garantia insuficiente ou inidônea.

10. (CESPE – Especialista em gestão das telecomunicações – Telebras – 2022) Acerca das disposições da Lei n.º 8.429/1992, julgue o item.

É facultado ao Ministério Público, em demanda judicial ou durante as fases de uma investigação administrativa, celebrar acordo de não persecução cível no qual seja dispensado o integral ressarcimento do dano eventualmente identificado ao erário.

GABARITO				
01. C	**02.** A	**03.** B	**04.** B	**05.** C
06. E	**07.** D	**08.** A	**09.** ERRADO	**10.** ERRADO

Capítulo XV

Controle da Administração Pública

Sumário • 1. Conceito – 2. Espécies: 2.1. Quanto ao órgão; 2.2. Quanto ao momento; 2.3. Quanto ao aspecto controlado; 2.4. Quanto à extensão ou amplitude – 3. Controle administrativo: 3.1. Conceito; 3.2. Recursos administrativos – 4. Controle legislativo – 5. Controle judicial: 5.1. Conceito e extensão; 5.2. Meios de controle: as ações constitucionais – 6. Quadro sinótico – 7. Jurisprudência Aplicada – 8. Questões de concursos.

1. CONCEITO

O controle da Administração Pública é atividade de fiscalização e correção que os órgãos dos Poderes Executivo, Legislativo e Judiciário exercem sobre a atuação administrativa, com vistas a assegurar a sua compatibilidade com a ordem jurídica.

Vale dizer, o controle da Administração Pública é poder de exame, de vigilância e correção que a própria Administração Pública direta e indireta dos Poderes da União, dos Estados, do Distrito Federal e dos Municípios desempenha internamente sobre a sua própria atuação ou que os Poderes Legislativo e Judiciário exercem, externamente, sobre a atividade administrativa.

Conquanto a atividade de controle seja uma atividade estatal, atribuída aos três Poderes, o cidadão-administrado tem um papel fundamental na sua realização, à medida que pode provocá-lo por meio dos instrumentos previstos no sistema jurídico, a exemplo da ação popular e do direito de petição. Ademais, a Constituição Federal de 1988, no § 3º do art. 37, prevê que a lei disciplinará as formas de participação do usuário na administração pública direta e indireta, regulando especialmente: I – as reclamações relativas à prestação dos serviços públicos em geral, asseguradas a manutenção de serviços de atendimento ao usuário e a avaliação periódica, externa e interna, da qualidade dos serviços; II – o acesso dos usuários a registros administrativos e a informações sobre atos de governo, observado o disposto no art. 5º, X e XXXIII; III – a disciplina da representação contra o exercício negligente ou abusivo de cargo, emprego ou função na administração pública.

Enfim, o controle da Administração Pública é atividade de fiscalização que incide sobre a atuação administrativa de todos os Poderes, visando garantir a sua conformidade com os princípios do regime jurídico-administrativo.

2. ESPÉCIES

A doutrina tem se valido de diversos critérios para identificar as várias espécies de controle da Administração Pública, levando em conta o *órgão* que exerce o controle; o *momento* de sua realização; o *aspecto da atividade* administrativa a ser controlada; e à *extensão* ou *amplitude* do controle.

2.1. Quanto ao Órgão

O controle pode ser *administrativo*, *legislativo* ou *judicial*, conforme seja realizado pela própria Administração Pública ou pelos órgãos do Poder Legislativo e do Poder Judiciário.

Quando o controle é exercido pela própria Administração Pública, por meio de seus órgãos, sobre os seus próprios atos e agentes, tem-se um *controle interno*, que abrange a Administração dos três Poderes. Quando, todavia, desempenhado pelos órgãos do Poder Legislativo e do Poder Judiciário, em atividade típica destes poderes, sobre a atuação da Administração Pública; ou o controle que a Administração direta realiza sobre as entidades da Administração indireta, tem-se um *controle externo*. Aliás, diz o art. 70 da Constituição Federal que a *fiscalização contábil, financeira, orçamentária, operacional e patrimonial da União e das entidades da administração direta e indireta, quanto à legalidade, legitimidade, economicidade, aplicação das subvenções e renúncia de receitas, será* ***exercida pelo Congresso Nacional, mediante controle externo, e pelo sistema de controle interno de cada Poder***.

2.2. Quanto ao Momento

O controle pode ser *prévio*, *concomitante* ou *posterior*.

É prévio, ou preventivo, quando desempenhado *antes* do ato e como condição de sua validade, como, por exemplo, a autorização do Congresso Nacional para o Presidente da República declarar guerra e celebrar a paz (art. 49, II); Para aprovar, previamente, a alienação ou concessão de terras públicas com área superior a dois mil e quinhentos hectares (art. 49, XVII); a aprovação pelo Senado, previamente, por voto secreto, após arguição em sessão secreta, a escolha dos chefes de missão diplomática de caráter permanente; e a autorização de operações externas de natureza financeira, de interesse da União, dos Estados, do Distrito Federal, dos Territórios e dos Municípios (art. 52).

É concomitante, quando exercido durante o desempenho da atividade administrativa e ao longo de sua realização, como o que ocorre com o acompanhamento da execução orçamentária pelo sistema de controle interno de cada Poder.

É posterior, quando incide sobre os atos já praticados, visando extingui-los, corrigi-los ou confirmá-los, como o que se dá por meio dos atos de anulação, revogação, convalidação, homologação e aprovação *a posteriori*.

2.3. Quanto ao Aspecto Controlado

Quanto a este aspecto, o controle pode ser de *legalidade* ou de *mérito*.

Há controle de legalidade, quando se examina a atuação administrativa em relação à ordem jurídica. Esse controle pode ser exercido por qualquer Poder.

Há controle de mérito, quando a atividade administrativa é avaliada em função de aspectos relacionados à sua oportunidade e conveniência. Em regra, só pode ser realizado pelo próprio Poder que editou o ato. Todavia, excepcionalmente, nos casos indicados na Constituição, pode o Legislativo exercê-lo. É o que se infere do art. 49, X, da Constituição Federal, segundo o qual compete ao Congresso Nacional *fiscalizar e controlar, diretamente, ou por qualquer de suas Casas, os atos do Poder Executivo, incluídos os da administração indireta.*

2.4. Quanto à Extensão ou Amplitude

O controle pode ser *hierárquico* ou *finalístico.*

O controle hierárquico é controle de subordinação, que a Administração direta ou as entidades da Administração indireta exercem *internamente* sobre a sua própria atuação, decorrente da organização hierarquizada de seus órgãos e agentes. Esse controle é pleno e amplo, compreendendo os aspectos da legalidade e do mérito administrativo, não dependendo, ademais, de previsão legal específica. Ele é inerente à Administração e decorre do poder hierárquico. Com ele, a Administração Pública exerce o ***poder de autotutela***, para rever os seus próprios atos, e invalidar os que padecem de vícios de ilegalidade ou revogar os que se mostrem inoportunos ou inconvenientes, nos termos preconizados pela súmula 473 do STF[1]. O poder de autotutela se fundamenta nos princípios da Administração Pública, notadamente no princípio da legalidade e da supremacia ou predominância do interesse público sobre os interesses privados.

Já o controle finalístico é aquele realizado pela Administração direta sobre as atividades administrativas das entidades integrantes da Administração indireta. É controle externo, também conhecido por ***tutela administrativa***, que só pode ser exercido nos limites estabelecidos em lei, relativamente aos fins aos quais se encontram vinculadas aquelas entidades, para não ofender a autonomia que lhes é garantida pela lei especial que as instituiu ou autorizou a instituição.

3. CONTROLE ADMINISTRATIVO

3.1. Conceito

É o controle que a própria Administração Pública dos Poderes da União, dos Estados, do Distrito Federal e dos Municípios exerce sobre a sua própria atuação.

Compreende os órgãos da Administração direta e as entidades da Administração indireta.

3.2. Recursos Administrativos

Entende-se por recurso administrativo todo meio que pode o cidadão-administrado utilizar visando o reexame do ato ou decisão pela Administração Pública. Fundamenta-se tanto no *direito de petição* (art. 5º, XXXIV[2]) como na *garantia da ampla defesa* (art. 5º, LV[3]).

1. A Administração pode anular seus próprios atos, quando eivados de vícios que os tornam ilegais, porque deles não se originam direitos; ou revogá-los, por motivo de conveniência ou oportunidade, respeitados os direitos adquiridos, e ressalvada, em todos os casos, a apreciação judicial.
2. "são a todos assegurados, independentemente do pagamento de taxas: a) o direito de petição aos Poderes Públicos em defesa de direitos ou contra ilegalidade ou abuso de poder; (...)".
3. "aos litigantes, em processo judicial ou administrativo, e aos acusados em geral são assegurados o contraditório e ampla defesa, com os meios e recursos a ela inerentes".

O recurso administrativo compreende diversas *modalidades*: representação, reclamação administrativa, pedido de reconsideração, recursos hierárquicos próprios e impróprios e revisão.

Representação é denúncia de irregularidade apresentada perante a própria Administração Pública ou junto a órgãos de controle, como o Ministério Público ou o Tribunal de Contas[4].

Reclamação administrativa é meio do qual se vale o cidadão em defesa ou reconhecimento de seus direitos ou visando a correção de uma ilegalidade que cause lesão ou ameaça a direito seu.

Pedido de reconsideração é providência pleiteada pelo cidadão interessado no sentido de reexame do ato ou decisão junto à autoridade que praticou o ato ou proferiu a decisão.

Recurso hierárquico é pedido de reexame do ato ou decisão, dirigido à autoridade superior àquela que editou o ato ou exarou a decisão. Pode ser ***próprio*** ou ***impróprio***. O ***recurso hierárquico próprio*** é o dirigido à autoridade superior dentro da estrutura do mesmo órgão em que o ato foi editado. Decorre da organização hierarquizada dos órgãos e agentes da Administração direta ou de cada entidade da Administração indireta. É inerente à Administração e não depende de previsão legal. O ***recurso hierárquico impróprio*** é aquele dirigido à autoridade de outro órgão, que não compõe a estrutura administrativa hierarquizada daquele que elaborou o ato ou proferiu a decisão. Por isso mesmo, a doutrina convencionou chamá-lo de impróprio, pois não decorre da hierarquia e só é admitido quando previsto expressamente em lei. É o que ocorre, por exemplo, quando se admite recurso contra ato ou decisão de dirigente de autarquia (entidade da Administração indireta), interposto junto ao Ministério de Estado (órgão da Administração direta) ao qual a entidade autárquica está administrativamente vinculada, ou perante o Chefe do Poder Executivo, conforme o que dispuser a lei.

Revisão é pedido de reexame formulado por servidor público, visando modificar a decisão que lhe aplicou penalidade disciplinar, sob o fundamento de surgimento de fatos novos suscetíveis de comprovar a sua inocência.

4. CONTROLE LEGISLATIVO

É o controle que o Poder Legislativo exerce sobre a Administração Pública do Poder Executivo e do Poder Judiciário.

Por se tratar de um controle externo, que um poder exerce sobre a atuação administrativa dos outros dois poderes, somente é cabível nas hipóteses admitidas pela Constituição. Envolve um controle político e um controle financeiro.

O controle político abrange os aspectos de legalidade e de mérito, fundado em motivação nitidamente política. São hipóteses de controle político as previstas no art. 49, que atribui ao Congresso Nacional a competência para resolver definitivamente

4. Maria Sylvia Zanella Di Pietro, op. cit., p. 695.

sobre tratados, acordos ou atos internacionais que acarretem encargos ou compromissos gravosos ao patrimônio nacional (inciso I); autorizar o Presidente da República a declarar guerra, a celebrar a paz, a permitir que forças estrangeiras transitem pelo território nacional ou nele permaneçam temporariamente, ressalvados os casos previstos em lei complementar (inciso II); autorizar o Presidente e o Vice-Presidente da República a se ausentarem do País, quando a ausência exceder a quinze dias (inciso III); aprovar o estado de defesa e a intervenção federal, autorizar o estado de sítio, ou suspender qualquer uma dessas medidas (inciso IV); sustar os atos normativos do Poder Executivo que exorbitem do poder regulamentar ou dos limites de delegação legislativa (inciso V); apreciar os atos de concessão e renovação de concessão de emissoras de rádio e televisão (inciso XII); aprovar iniciativas do Poder Executivo referentes a atividades nucleares (inciso XIV); autorizar, em terras indígenas, a exploração e o aproveitamento de recursos hídricos e a pesquisa e lavra de riquezas minerais (inciso XVI); aprovar, previamente, a alienação ou concessão de terras públicas com área superior a dois mil e quinhentos hectares (inciso XVII) e decretar o estado de calamidade pública de âmbito nacional, por iniciativa privativa do presidente da República (inciso XVIII). As previstas no art. 52, que atribui ao Senado a competência para processar e julgar o Presidente e o Vice-Presidente da República nos crimes de responsabilidade, bem como os Ministros de Estado e os Comandantes da Marinha, do Exército e da Aeronáutica nos crimes da mesma natureza conexos com aqueles (inciso I); processar e julgar os Ministros do Supremo Tribunal Federal, os membros do Conselho Nacional de Justiça e do Conselho Nacional do Ministério Público, o Procurador-Geral da República e o Advogado-Geral da União nos crimes de responsabilidade (inciso II); aprovar previamente, por voto secreto, após arguição pública, a escolha de determinadas autoridades (inciso III); autorizar operações externas de natureza financeira, de interesse da União, dos Estados, do Distrito Federal, dos Territórios e dos Municípios (inciso V) e aprovar, por maioria absoluta e por voto secreto, a exoneração, de ofício, do Procurador-Geral da República antes do término de seu mandato (inciso XI). A prevista no art. 50 (A Câmara dos Deputados e o Senado Federal, ou qualquer de suas Comissões, poderão convocar Ministro de Estado ou quaisquer titulares de órgãos diretamente subordinados à Presidência da República para prestarem, pessoalmente, informações sobre assunto previamente determinado, importando crime de responsabilidade a ausência sem justificação adequada). E no art. 58, § 3º (pelas CPI's).

O controle financeiro consiste na fiscalização contábil, financeira, orçamentária, operacional e patrimonial da União e das entidades da administração direta e indireta, quanto à legalidade, legitimidade, economicidade, aplicação das subvenções e renúncia de receitas. É exercido pelo Congresso Nacional, mediante controle externo, com o auxílio do Tribunal de Contas da União, nos termos do art. 71 da Constituição Federal.

As normas relativas ao controle financeiro aplicam-se, no que couber, à organização, composição e fiscalização dos Tribunais de Contas dos Estados e do Distrito Federal, bem como dos Tribunais e Conselhos de Contas dos Municípios.

5. CONTROLE JUDICIAL

5.1. Conceito e Extensão

É o controle que o Poder Judiciário exerce sobre a Administração Pública. Cuida-se de um controle externo, em virtude do qual o Poder Judiciário examina a *legitimidade* ou *legalidade* dos atos da Administração Pública, sejam eles atos gerais ou individuais, unilaterais ou bilaterais, vinculados ou discricionários. Até mesmo os atos políticos sujeitam-se ao controle judicial, desde que causem lesão ou ameaça a direitos.

O Poder Judiciário, contudo, não pode exercer o controle levando em consideração aspectos de mérito. Todavia, atualmente vem se reconhecendo ao Poder Judiciário a competência para controlar o mérito dos atos da Administração Pública, desde que tenha como parâmetro a legalidade ou legitimidade destes atos. Isto é, o Judiciário não examina o mérito dos atos da Administração a partir de considerações sobre a sua oportunidade ou conveniência, mas sim relativamente à sua conformação com os princípios constitucionais, notadamente com os princípios da razoabilidade, proporcionalidade, eficiência e moralidade.

Enfim, a partir de considerações acerca da legitimidade ou legalidade, nenhum ato da Administração escapa ao controle judicial. Isso se confirma na medida em que a Carta Magna consagrou entre nós o sistema da ***jurisdição una***, pois, nos termos do art. 5º, inciso XXXV, da Constituição Federal, *a lei não excluirá da apreciação do Poder Judiciário lesão ou ameaça a direito*. Exceção a esse princípio da inafastabilidade do controle judicial repousa no art. 217, § 1º, segundo o qual o *Poder Judiciário só admitirá ações relativas à disciplina e às competições desportivas após esgotarem-se as instâncias da justiça desportiva, regulada em lei*.

5.2. Meios de Controle: as Ações Constitucionais

O cidadão pode manejar qualquer meio previsto no sistema jurídico para provocar o controle judicial da Administração Pública (por exemplo, as ações de indenização; as ações declaratórias; as possessórias, etc.).

No entanto, a Constituição prevê meios expeditos e especiais voltados para o controle dos abusos da Administração, mais conhecidos como ***ações constitucionais***, entre as quais se destacam: o *habeas corpus*, o mandado de segurança, o mandado de injunção, o *habeas data*, a ação popular e a ação civil pública.

O ***habeas corpus*** é uma ação constitucional de natureza *penal* destinada especificamente à proteção da *liberdade de locomoção* quando ameaçada ou violada por ilegalidade ou abuso de poder. Nos termos do inciso LXVIII do art. 5º da Constituição Federal, *conceder-se-á "habeas-corpus" sempre que alguém sofrer ou se achar ameaçado de sofrer violência ou coação em sua liberdade de locomoção, por ilegalidade ou abuso de poder*. O *habeas corpus* foi instituído pela primeira vez no código de processo criminal de 1832 (art. 340), vindo a ter assento constitucional com a Constituição de 1891, cujo § 22 do art. 72 o previra em termos amplos, circunstância que originou a famosa e sempre lembrada *Doutrina Brasileira do Habeas Corpus* liderada por Ruy Barbosa, que o entendia com ação destinada a proteger qualquer direito. Todavia, com a reforma constitucional de 1926, o *habeas corpus* foi limitado à *proteção da liberdade de locomoção*, com enunciado que se manteve nas Constituições seguintes até na atual. Na CF/88 tem previsão no art. 5º, LXVIII. Pode ostentar tanto a natureza *preventiva*, quanto *repressiva*. Será preventivo, quando tiver por fim evitar a ocorrência da violação do direito protegido. Será repressivo (aqui também chamado de *liberatório*), quando manejado para corrigir ou desfazer a lesão já consumada.

O ***mandado de segurança*** é remédio constitucional destinado especificamente a proteger direito líquido e certo5, individual ou coletivo, não amparado por *habeas corpus* ou *habeas data*, violado ou ameaçado de violação por ato ou omissão de autoridade pública ou de agente de pessoa jurídica de direito privado no exercício de atribuições públicas, praticado ilegalmente ou com abuso de poder. Atualmente, encontra-se consagrado no artigo 5º, incisos LXIX e LXX da Constituição Federal, como modalidade *individual* (art. 5º, LXIX) e *coletiva* (art. 5º, LXX), podendo ser manejado com caráter preventivo ou corretivo. Cuida-se de uma ação de rito sumário e especial, que não admite dilação probatória, que só comporta prova documental e previamente constituída (prova pré-constituída). Sua principal fonte foi a doutrina brasileira do *habeas corpus*. A CF/88 trouxe como novidade o mandado de segurança coletivo, que se distingue do individual basicamente em função de sua legitimação ativa. Com efeito, enquanto no mandado de segurança individual qualquer pessoa, sozinha ou em litisconsórcio, pode ajuizar a ação em tela na defesa de um direito individual ameaçado ou violado por ato abusivo de autoridade; no mandado de segurança coletivo *apenas* as entidades previstas no inciso LXX do art. 5º podem manejá-lo, na defesa dos direitos de seus filiados ou associados, quais sejam: *partido político com representação no Congresso Nacional*; e *organização sindical, entidade de classe* ou *associação legalmente constituída e em funcionamento há pelo menos um ano*, em defesa dos interesses de seus membros ou associados. A principal disciplina deste remédio constitucional encontrava-se na Lei Federal 1.533/51, que foi totalmente revogada pela Lei Federal 12.016, de 07 de agosto de 2009. Nada obstante a natureza cível desta ação, pode o MS ser manejado também no âmbito criminal (Justiça Federal ou Estadual), bem como no âmbito da justiça especializada. O MS pode assumir tanto a feição *repressiva*, como *preventiva*. Será repressivo o instituto, em face de uma ilegalidade já cometida ou abuso já consumado. Será preventivo, quando o impetrante estiver na iminência de sofrer uma violação a direito líquido e certo por parte da autoridade coatora. A doutrina tem apontado, de maneira esquemática, quatro requisitos para o cabimento da ação de segurança: *i)* ação ou omissão por parte de autoridade pública ou agente particular que atua por delegação no exercício da função pública; *ii)* ilegalidade ou abuso de poder; *iii)* lesão ou sua ameaça; *iv)* caráter subsidiário em relação ao *habeas corpus* e ao *habeas data*, na proteção

5. Na definição, que se tornou clássica, de Hely Lopes Meirelles, direito líquido e certo "é o que se apresenta manifesto na sua existência, delimitado na sua extensão e apto a ser exercido no momento da impetração" (*Mandado de Segurança, Ação Popular, Ação Civil Pública, Mandado de Injunção, "Habeas Data"*, p. 25). No mesmo sentido apresenta-se a definição de Sérgio Ferraz: "Líquido é o direito com alto grau de plausibilidade, e certo é o comprovado de plano, sem dilação probatória" (*Mandado de Segurança (individual e coletivo): Aspectos polêmicos*, p. 25). De ver-se, por conseguinte, que a complexidade dos fatos e do direito invocado não afasta o mandado de segurança, desde que incontroversos. Só afasta o *writ* a necessidade de elucidar os fatos em instrução probatória.

do direito líquido e certo, que é aquele fundado em fatos comprovados de plano. Vale registrar, ainda, que o art. 23 da Lei nº 12.016/09, manteve o *prazo decadencial de 120 dias* para impetração do mandado de segurança. Em face do art. 5º da nova Lei do MS, não se concederá mandado de segurança quando se tratar: (I) – *de ato do qual caiba recurso administrativo com efeito suspensivo, independentemente de caução*; (II) – *de decisão judicial da qual caiba recurso com efeito suspensivo*; (III) – *de decisão judicial transitada em julgado*. É importante alertar que o "mandado de segurança não é substitutivo de ação de cobrança." (SÚM. 269), de modo que a "Concessão de mandado de segurança não produz efeitos patrimoniais em relação a período pretérito, os quais devem ser reclamados administrativamente ou pela via judicial própria." (SÚM. 271).

O ***mandado de injunção*** é ação constitucional de garantia de efetivação dos direitos individuais e coletivos não exercidos em razão da falta de norma regulamentadora. Tem por fim viabilizar o imediato desfrute desses direitos. Nos termos do inciso LXXI do art. 5º da Constituição, *conceder-se-á mandado de injunção sempre que a falta de norma regulamentadora torne inviável o exercício dos direitos e liberdades constitucionais e das prerrogativas inerentes à nacionalidade, à soberania e à cidadania*. A Lei nº 13.300, de 23 de junho de 2016, passou a regular os mandados de injunção individual e coletivo.

O ***habeas data*** é ação constitucional destinada a proteção do direito de acesso a dados ou informações pessoais constantes de registros ou bancos de dados de entidades governamentais ou de caráter público. Está prevista no art. 5º, LXXII, da Constituição, segunda o qual *conceder-se-á "habeas-data": a) para assegurar o conhecimento de informações relativas à pessoa do impetrante, constantes de registros ou bancos de dados de entidades governamentais ou de caráter público; b) para a retificação de dados, quando não se prefira fazê-lo por processo sigiloso, judicial ou administrativo*. A propositura desta ação, pressupõe o indeferimento do pedido de informação de dados *exclusivamente pessoais*, ou da omissão em atendê-lo, constituindo tal situação requisito indispensável para que se concretize o interesse de agir no *habeas data*. A Lei Federal nº 9.705/97 regulou o seu rito processual. Considerou de caráter público todo registro ou banco de dados contendo informações que *sejam ou que possam ser transmitidas a terceiros ou que não sejam de uso privativo* do órgão ou entidade produtora ou depositária das informações.

A ***ação popular*** é ação constitucional vocacionada à tutela do patrimônio público, da moralidade administrativa, do meio ambiente e do patrimônio histórico e cultural. Conforme o inciso LXXIII do art. 5º, *qualquer cidadão é parte legítima para propor ação popular que vise a anular ato lesivo ao patrimônio público ou de entidade de que o Estado participe, à moralidade administrativa, ao meio ambiente e ao patrimônio histórico e cultural, ficando o autor, salvo comprovada má-fé, isento de custas judiciais e do ônus da sucumbência*. Sua disciplina legal repousa na Lei nº 4.717/65, que lhe traçou um procedimento específico e aspectos processuais próprios. Segundo seu perfil constitucional e legal, a ação popular tem por fim *anular ato lesivo* ao *patrimônio público*, à *moralidade administrativa*, ao *meio ambiente* e ao *patrimônio histórico e cultural*. Todo cidadão brasileiro, no gozo dos direitos políticos, é parte legítima para propor ação popular, agindo como substituto processual de toda a população, que vise a anular ato lesivo ao patrimônio público ou de entidade de que o Estado participe, à moralidade administrativa, ao meio ambiente e ao patrimônio histórico e cultural, ficando o autor, salvo comprovada má-fé, isento de custas judiciais e do ônus da sucumbência.

A ***ação civil pública*** é uma ação constitucional que serve à defesa coletiva dos direitos fundamentais. Essa ação coletiva foi criada pela Lei nº 7.347, de 24 de julho de 1985, que fixou a disciplina da responsabilidade por danos causados ao meio ambiente, ao consumidor, a bens e direitos de valor artístico, estético, histórico, turístico e paisagístico e a qualquer outro interesse difuso ou coletivo[6]. Posteriormente, a Constituição de 1988 consagrou a ação civil pública como uma das funções institucionais do Ministério Público[7], "para a proteção do patrimônio público e social, do meio ambiente e de outros interesses difusos e coletivos". Assim, a ação civil pública tem por finalidade a tutela jurídica de todos os interesses e direitos difusos, coletivos e individuais homogêneos. Ela pode ter por objeto a condenação em dinheiro ou o cumprimento de obrigação de fazer ou não fazer (LACP, art. 3º). Vale dizer, o pedido *imediato* a ser formulado, isto é, a providência jurisdicional requestada terá, em geral, natureza *condenatória, lato sensu*[8].

6. QUADRO SINÓTICO

CONTROLE DA ADMINISTRAÇÃO PÚBLICA
1. Conceito
O controle da Administração Pública é atividade de fiscalização e correção que os órgãos dos Poderes Executivo, Legislativo e Judiciário exercem sobre a atuação administrativa, com vistas a assegurar a sua compatibilidade com a ordem jurídica.
2. Espécies
A doutrina tem se valido de diversos critérios para identificar as várias espécies de controle da Administração Pública, levando em conta o *órgão* que exerce o controle (*administrativo, legislativo* ou *judicial*); o *momento* de sua realização (*prévio, concomitante* ou *posterior*); o *aspecto da atividade* administrativa a ser controlada (*legalidade* ou de *mérito*); e à *extensão* ou *amplitude* do controle (*hierárquico* ou *finalístico*).
3. Controle administrativo
3.1. Conceito
É o controle que a própria Administração Pública dos Poderes da União, dos Estados, do Distrito Federal e dos Municípios exerce sobre a sua própria atuação.

6. Quando da elaboração da Lei 7.347/85, o inciso IV de seu art. 1º, que previa a tutela de *outros interesses difusos*, foi vetado. Todavia, com o advento do Código de Defesa do Consumidor (Lei nº 8.078/90), foi reintroduzido o inciso IV ao art. 1º da LACP, por força do art. 110 do CDC, com a expressão *a qualquer outro interesse difuso ou coletivo*. Ademais disso, a Lei nº 8.884/94 acrescentou o inciso V ao mesmo art. 1º, para nele incluir a expressão *por infração da ordem econômica*.
7. Não obstante, a própria Constituição estabelece que a legitimação do Ministério Público para propor a ação civil pública não impede a de terceiros (art. 129, § 1º). E a LACP conferiu legitimidade também às entidades estatais (União, Estados e Municípios) e suas autarquias, fundações, empresas públicas e sociedades de economia mista, bem assim às associações (art. 5º). Porém, é justo reconhecer que o Ministério Público tem sido, historicamente, o mais destacado legitimado desta ação coletiva na defesa dos interesses ou direitos difusos, coletivos e individuais homogêneos.
8. Rodolfo de Camargo Mancuso, *Ação Civil Pública: em defesa do meio ambiente, patrimônio cultural e dos consumidores (Lei 7.347/85 e legislação complementar)*, p. 26.

3.2. Recursos Administrativos

Entende-se por recurso administrativo todo meio que pode o cidadão-administrado utilizar visando o reexame do ato ou decisão pela Administração Pública. Fundamenta-se tanto no *direito de petição* (art. 5º, XXXIV[9]) como na *garantia da ampla defesa* (art. 5º, LV[10]).

O recurso administrativo compreende diversas *modalidades*: representação, reclamação administrativa, pedido de reconsideração, recursos hierárquicos próprios e impróprios e revisão.

Representação é denúncia de irregularidade apresentada perante a própria Administração Pública ou junto a órgãos de controle, como o Ministério Público ou o Tribunal de Contas. ***Reclamação administrativa*** é meio do qual se vale o cidadão em defesa ou reconhecimento de seus direitos ou visando a correção de uma ilegalidade que cause lesão ou ameaça a direito seu. ***Pedido de reconsideração*** é providência pleiteada pelo cidadão interessado no sentido de reexame do ato ou decisão perante a autoridade que praticou o ato ou proferiu a decisão. ***Recurso hierárquico*** é pedido de reexame do ato ou decisão dirigido à autoridade superior àquela que editou o ato ou exarou a decisão. Pode ser ***próprio*** (o dirigido à autoridade superior dentro da estrutura do mesmo órgão em que o ato foi editado) ou ***impróprio*** (o dirigido à autoridade de outro órgão, que não compõe a estrutura administrativa hierarquizada daquele que elaborou o ato ou proferiu a decisão). ***Revisão*** é pedido de reexame formulado por servidor público, visando a modificar a decisão que lhe aplicou penalidade disciplinar, sob o fundamento de surgimento de fatos novos suscetíveis de comprovar a sua inocência.

4. Controle legislativo

É o controle que o Poder Legislativo exerce sobre a Administração Pública do Poder Executivo e do Poder Judiciário. Envolve um ***controle político*** e um ***controle financeiro***.

5. Controle judicial

5.1. Conceito e extensão

É o controle que o Poder Judiciário exerce sobre a Administração Pública. Cuida-se de um controle externo, em virtude do qual o Poder Judiciário examina a *legitimidade* ou *legalidade* dos atos da Administração Pública, sejam eles atos gerais ou individuais, unilaterais ou bilaterais, vinculados ou discricionários. Até mesmo os atos políticos sujeitam-se ao controle judicial, desde que causem lesão ou ameaça a direitos.

5.2. Meios de controle: as ações constitucionais

O cidadão pode manejar qualquer meio previsto no sistema jurídico para provocar o controle judicial da Administração Pública (por exemplo, as ações de indenização; as ações declaratórias; as possessórias, etc.).

No entanto, a Constituição prevê meios expeditos e especiais voltados para o controle dos abusos da Administração, mais conhecidos como ***ações constitucionais***, entre as quais se destacam: o *habeas corpus*, o mandado de segurança, o mandado de injunção, o *habeas data*, a ação popular e a ação civil pública.

O ***habeas corpus*** é uma ação constitucional de natureza *penal* destinada especificamente à proteção da *liberdade de locomoção* quando ameaçada ou violada por ilegalidade ou abuso de poder.

O ***mandado de segurança*** é remédio constitucional destinado especificamente a proteger direito líquido e certo, individual ou coletivo, não amparado por *habeas corpus* ou *habeas data*, violado ou ameaçado de violação por ato ou omissão de autoridade pública ou de agente de pessoa jurídica de direito privado no exercício de atribuições públicas, praticado ilegalmente ou com abuso de poder. Compreende o mandado de segurança *individual* (art. 5º, LXIX) e *coletivo* (art. 5º, LXX), podendo ser manejado com caráter preventivo ou corretivo.

O ***mandado de injunção*** é ação constitucional de garantia de efetivação dos direitos individuais e coletivos não exercidos em razão da falta de norma regulamentadora. A Lei nº 13.300, de 23 de junho de 2016, passou a regular os mandados de injunção individual e coletivo.

O ***habeas data*** é ação constitucional destinada a proteção do direito de acesso a dados ou informações pessoais constantes de registros ou bancos de dados de entidades governamentais ou de caráter público.
A ***ação popular*** é ação constitucional que qualquer cidadão, no gozo dos direitos políticos, pode propor visando à tutela do patrimônio público, da moralidade administrativa, do meio ambiente e do patrimônio histórico e cultural.
A ***ação civil pública*** é uma ação constitucional que serve à defesa coletiva dos direitos fundamentais.

7. JURISPRUDÊNCIA APLICADA

- GRAVO REGIMENTAL EM MANDADO DE SEGURANÇA. TRIBUNAL DE CONTAS DA UNIÃO. COMPETÊNCIA. ART. 71, II, DA CONSTITUIÇÃO FEDERAL. JULGAMENTO DAS CONTAS DAQUELES QUE DEREM CAUSA A PERDA, EXTRAVIO OU OUTRA IRREGULARIDADE DE QUE RESULTE PREJUÍZO AO ERÁRIO. NECESSIDADE DE PROVA PRÉ-CONSTITUÍDA. INVIABILIDADE DE DILAÇÃO PROBATÓRIA EM SEDE DE MANDADO DE SEGURANÇA. AGRAVO REGIMENTAL DESPROVIDO. 1. A competência do Tribunal de Contas da União para julgar as contas dos administradores e demais responsáveis por dinheiros, bens e valores públicos da *administração* direta e indireta, bem assim as contas daqueles que derem causa a perda, extravio ou outra irregularidade de que resulte prejuízo ao erário público decorre não da natureza do ente envolvido, mas sim, da origem pública dos recursos. 2. No caso sob exame, a atuação do TCU enquadra-se perfeitamente ao disposto no art. 71, II, da Carta Magna, que assevera competir àquela Corte de Contas julgar as contas dos administradores e demais responsáveis por dinheiros, bens e valores públicos da *administração* direta e indireta, incluídas as fundações e sociedades instituídas e mantidas pelo poder público federal, e as contas daqueles que derem causa a perda, extravio ou outra irregularidade de que resulte prejuízo ao erário público. 3. A certeza e a liquidez do direito pressupõem fatos incontroversos, lastrados em prova pré-constituída, nos termos da jurisprudência deste Supremo Tribunal Federal. 4. Agravo regimental a que se nega provimento. (STF, Segunda Turma, MS 30106 AgR/DF, Min. EDSON FACHIN, p. 01/06/2023).

- EMBARGOS DE DECLARAÇÃO NO MANDADO DE SEGURANÇA. EMBARGOS RECEBIDOS COMO AGRAVO INTERNO. CONSTITUCIONAL E PROCESSUAL CIVIL. ATO DO CONSELHO NACIONAL DO MINISTÉRIO PÚBLICO. DECISÃO EM PROCEDIMENTO ADMINISTRATIVO DISCIPLINAR. AUSÊNCIA DE ILEGALIDADE OU ABUSO DE PODER. PRESCRIÇÃO DA PRETENSÃO PUNITIVA DA *ADMINISTRAÇÃO* PÚBLICA. SUSPENSÃO DO PRAZO PRESCRICIONAL EM CONFORMIDADE COM A LEGISLAÇÃO CORRESPONDENTE. DOSIMETRIA DA PENA E ATIPICIDADE DA CONDUTA. INVIABILIDADE DO REEXAME DO CONJUNTO FÁTICO-PROBATÓRIO. AGRAVO DESPROVIDO. 1. Não compete ao SUPREMO TRIBUNAL FEDERAL substituir-se aos Conselhos correicionais na análise valorativa dos elementos indiciários que deram ensejo à abertura de processo administrativo disciplinar. 2. No que concerne à tese da ocorrência da prescrição da pretensão punitiva da *Administração* Pública, constata-se que a autoridade impetrada fez incidir corretamente a legislação correspondente, ao suspender o prazo prescricional em conformidade com os fatos ocorridos ao longo do processo. 3. É inviável a análise, na via estreita do mandado de segurança, sobre as circunstâncias sopesadas na dosimetria da pena imposta, bem como, sobre eventual atipicidade da conduta, em razão da necessidade de reexame do conjunto fático-probatório. 4. O *controle* dos atos do CNJ por esta CORTE somente se justifica, em regra, nas hipóteses de (i) inobservância do devido processo legal; (ii) exorbitância das competências do Conselho; e (iii) injuridicidade ou manifesta irrazoabilidade do ato impugnado. Precedentes. 5. Embargos de Declaração recebidos como Recurso de Agravo, ao qual se nega provimento. (STF, Primeira Turma, MS 39078 ED, Rel. Min. ALEXANDRE DE MORAES, p. 05/05/2023).

- AGRAVO REGIMENTAL NA RECLAMAÇÃO. DIREITO CONSTITUCIONAL E DIREITO ADMINISTRATIVO. ATO ADMINISTRATIVO COM FUNDAMENTO NA ADI Nº 4.545. SUSPENSÃO DO PAGAMENTO DE APOSENTADORIAS E PENSÕES. DIFERENCIAÇÃO ENTRE O EFEITO DA DECISÃO NO PLANO NORMATIVO E NO PLANO DO ATO SINGULAR. SEGURANÇA JURÍDICA E PRINCÍPIO DA PROTEÇÃO DA CONFIANÇA LEGÍTIMA. PROCEDÊNCIA DO PEDIDO. 1. Reclamação ajuizada contra ato administrativo do Governador do Estado do Paraná que determinou a suspensão do pagamento de aposentadorias e pensões com fundamento na ADI nº 4.545. É possível discutir em Reclamação a repercussão de pronunciamento em *controle* abstrato de constitucionalidade sobre situações concretas por ele alcançadas. 2. A eficácia erga omnes da declaração de inconstitucionalidade não opera uma depuração total de todos os atos praticados com fundamento na lei inconstitucional, mas cria as condições para a eliminação dos atos singulares suscetíveis de revisão ou de impugnação, observadas as fórmulas de preclusão constantes no ordenamento jurídico. 3. A distinção entre norma declarada inconstitucional e ato singular permite que o Poder Judiciário avalie, nas circunstâncias de cada caso concreto, a viabilidade de atos legitimados pelo Estado por períodos significativos. 4. Necessidade, no caso, de mitigação dos efeitos dos atos inconstitucionais em prol da segurança jurídica. Impossibilidade de se suprimir os benefícios recebidos de boa-fé por longo período de tempo em razão da incidência do princípio da confiança legítima. 5. Procedência do pedido para cassar o ato reclamado e determinar o imediato restabelecimento do pagamento dos benefícios concedidos ao reclamantes. (STF, Segunda Turma, Rcl 44776 AgR, Rel. Min. CÁRMEN LÚCIA, Redator do acórdão Min. GILMAR MENDES, p. 14/04/2023).

- Direito constitucional e administrativo. Ação direta de inconstitucionalidade. Lei estadual, de iniciativa parlamentar, que concede descontos substanciais em multas aplicadas pelo Tribunal de Contas local. 1. Ação direta de inconstitucionalidade contra a Lei nº 7.398/2020, do Estado do Piauí, que concede descontos vultosos em multas aplicadas pelo Tribunal de Contas daquele Estado. 2. Esta Corte consolidou jurisprudência no sentido de que as Cortes de Contas têm iniciativa privativa para deflagrar o processo legislativo sobre sua organização, estrutura interna e funcionamento, como corolário das prerrogativas de independência e autonomia no exercício de suas relevantes funções constitucionais (v. ADI 5.323, Relª. Minª. Rosa Weber; e ADI 4.418, Rel. Min. Dias Toffoli). A lei impugnada, de iniciativa parlamentar, interferiu diretamente no poder sancionador inerente ao *controle* externo da *Administração* Pública, revelando-se inconstitucional por vício de iniciativa e violação ao princípio da separação dos Poderes. 3. Ademais, a concessão de desconto de até 80% em multas aplicadas pelo Tribunal de Contas do Estado do Piauí afronta os princípios constitucionais da moralidade, da razoabilidade e da proporcionalidade, pois enfraquece de forma arbitrária os instrumentos legais de *controle* da *Administração* Pública e esvazia a função punitivo-pedagógica da imposição de sanções administrativas aos maus gestores públicos. Há, portanto, ofensa à imposição constitucional de probidade no trato da coisa pública. 4. Pedido julgado procedente. Tese de julgamento: "É inconstitucional lei estadual de iniciativa parlamentar que, ao conceder descontos vultosos em multas aplicadas por tribunal de contas, interfere no poder sancionador inerente ao *controle* externo da *Administração* Pública, com prejuízo aos princípios da moralidade administrativa, da eficiência e da probidade". (STF, Tribunal Pleno, ADI 6846, Rel. Min. ROBERTO BARROSO, p. 02/03/2023).

- É ilegítima a exigência de depósito prévio para admissibilidade de recurso administrativo. (SÚMULA 373, PRIMEIRA SEÇÃO, julgado em 11/03/2009, DJe 30/03/2009).

- "Conflito de atribuição inexistente: Ministro de Estado dos Transportes e Tribunal de Contas da União: áreas de atuação diversas e inconfundíveis. 1. A atuação do Tribunal de Contas da União no exercício da fiscalização contábil, financeira, orçamentária, operacional e patrimonial das entidades administrativas não se confunde com aquela atividade fiscalizatória realizada pelo próprio órgão administrativo, uma vez que esta atribuição decorre da de controle interno ínsito a cada Poder e aquela, do controle externo a cargo do Congresso Nacional (CF, art. 70). 2. O poder outorgado pelo legislador ao TCU, de declarar, verificada a ocorrência de fraude comprovada à licitação, a inidoneidade do licitante fraudador para participar, por até cinco anos, de licitação na Administração Pública Federal (art. 46 da L. 8.443/92), não se confunde com o dispositivo da Lei das Licitações (art. 87), que – dirigido apenas aos altos cargos do Poder Executivo dos entes federativos (§ 3º) – é restrito ao controle interno da Administração Pública e de aplicação mais abrangente. 3. Não se exime, sob essa perspectiva, a autoridade administrativa sujeita ao controle externo de cumprir as determinações do Tribunal de Contas, sob pena de submeter-se às sanções cabíveis. 4. Indiferente para a solução do caso a discussão sobre a possibilidade de aplicação de sanção – genericamente considerada – pelo Tribunal de Contas, no exercício do seu poder de fiscalização, é passível de questionamento por outros meios processuais". (**STF, Pleno, Pet-AgR 3606/DF, AG. REG. NA PETIÇÃO, Relator Min. SEPÚLVEDA PERTENCE, Julgamento em 21/09/2006**).

- "AÇÃO DIRETA DE INCONSTITUCIONALIDADE. § 1º DO ARTIGO 79 DA LEI N. 8.906, 2ª PARTE. "SERVIDORES" DA ORDEM DOS ADVOGADOS DO BRASIL. PRECEITO QUE POSSIBILITA A OPÇÃO PELO REGIME CELESTISTA. COMPENSAÇÃO PELA ESCOLHA DO REGIME JURÍDICO NO MOMENTO DA APOSENTADORIA. INDENIZAÇÃO. IMPOSIÇÃO DOS DITAMES INERENTES À ADMINISTRAÇÃO PÚBLICA DIRETA E INDIRETA. CONCURSO PÚBLICO (ART. 37, II DA CONSTITUIÇÃO DO BRASIL). INEXIGÊNCIA DE CONCURSO PÚBLICO PARA A ADMISSÃO DOS CONTRATADOS PELA OAB. AUTARQUIAS ESPECIAIS E AGÊNCIAS. CARÁTER JURÍDICO DA OAB. ENTIDADE PRESTADORA DE SERVIÇO PÚBLICO INDEPENDENTE. CATEGORIA ÍMPAR NO ELENCO DAS PERSONALIDADES JURÍDICAS EXISTENTES NO DIREITO BRASILEIRO. AUTONOMIA E INDEPENDÊNCIA DA ENTIDADE. PRINCÍPIO DA MORALIDADE. VIOLAÇÃO DO ARTIGO 37, *CAPUT*, DA CONSTITUIÇÃO DO BRASIL. NÃO OCORRÊNCIA. 1. A Lei n. 8.906, artigo 79, § 1º, possibilitou aos "servidores" da OAB, cujo regime outrora era estatutário, a opção pelo regime celetista. Compensação pela escolha: indenização a ser paga à época da aposentadoria. 2. Não procede a alegação de que a OAB sujeita-se aos ditames impostos à Administração Pública Direta e Indireta. 3. A OAB não é uma entidade da Administração Indireta da União. A Ordem é um serviço público independente, categoria impar no elenco das personalidades jurídicas existentes no direito brasileiro. 4. A OAB não está incluída na categoria na qual se inserem essas que se tem referido como "autarquias especiais" para pretender-se afirmar equivocada independência das hoje chamadas "agências". 5. Por não consubstanciar uma entidade da Administração Indireta, a OAB não está sujeita a controle da Administração, nem a qualquer das suas partes está vinculada. Essa não-vinculação é formal e materialmente necessária. 6. A OAB ocupa-se de atividades atinentes aos advogados, que exercem função constitucionalmente privilegiada, na medida em que são indispensáveis à administração da Justiça [artigo 133 da CB/88]. É entidade cuja finalidade é afeita a atribuições, interesses e seleção de advogados. Não há ordem de relação ou dependência entre a OAB e qualquer órgão público. 7. A Ordem dos Advogados do Brasil, cujas características são autonomia e independência, não pode ser tida como congênere dos demais órgãos de fiscalização profissional. A OAB não está voltada exclusivamente a finalidades corporativas. Possui finalidade institucional. 8. Embora decorra de determinação legal, o regime estatutário imposto aos empregados da OAB não é compatível com a entidade, que é autônoma e independente. 9. Improcede o pedido do requerente no sentido de que se dê interpretação conforme o artigo 37, inciso II, da Constituição do Brasil ao *caput* do artigo 79 da Lei n. 8.906, que determina a aplicação do regime trabalhista aos servidores da OAB. 10. Incabível a exigência de concurso público para admissão dos contratados sob o regime trabalhista pela OAB. 11. Princípio da moralidade. Ética da legalidade e moralidade. Confinamento do princípio da moralidade ao âmbito da ética da legalidade, que não pode ser ultrapassada, sob pena de dissolução do próprio sistema. Desvio de poder ou de finalidade. 12. Julgo improcedente o pedido". (**STF, Pleno, ADI 3026/DF, Relator Min. EROS GRAU, Julgamento em 08/06/2006**).

- "RECURSO ADMINISTRATIVO – DEPÓSITO – § 2º DO ARTIGO 33 DO DECRETO Nº 70.235/72 – INCONSTITUCIONALIDADE. A garantia constitucional da ampla defesa afasta a exigência do depósito como pressuposto de admissibilidade de recurso administrativo." (**STF, Pleno, RE 388359/PE, Relator Min. MARCO AURÉLIO, Julgamento em 28/03/2007**).

- "AGRAVO REGIMENTAL. RECURSO ORDINÁRIO EM MANDADO DE SEGURANÇA. CONSTITUCIONAL. ADMINISTRATIVO. AUTONOMIA UNIVERSITÁRIA. ART. 207, DA CB/88. LIMITAÇÕES. IMPOSSIBILIDADE DE A AUTONOMIA SOBREPOR-SE À CONSTITUIÇÃO E ÀS LEIS. VINCULAÇÃO AO MINISTÉRIO DA EDUCAÇÃO QUE ENSEJA O CONTROLE DOS ATOS ADMINISTRATIVOS DAS UNIVERSIDADES PÚBLICAS FEDERAIS [ARTS. 19 E 25, I, DO DECRETO-LEI N. 200/67]. SUSPENSÃO DE VANTAGEM INCORPORADA AOS VENCIMENTOS DO SERVIDOR POR FORÇA DE COISA JULGADA. IMPOSSIBILIDADE. AUMENTO DE VENCIMENTOS OU DEFERIMENTO DE VANTAGEM A SERVIDORES PÚBLICOS SEM LEI ESPECÍFICA NEM PREVISÃO ORÇAMENTÁRIA [ART. 37, X E 169, § 1º, I E II, DA CB/88]. IMPOSSIBILIDADE. EXTENSÃO ADMINISTRATIVA DE DECISÃO JUDICIAL. ATO QUE DETERMINA REEXAME DA DECISÃO EM OBSERVÂNCIA AOS PRECEITOS LEGAIS VIGENTES. LEGALIDADE [ARTS. 1º E 2º DO DECRETO N. 73.529/74, VIGENTES À ÉPOCA DOS FATOS]. 1. As Universidades Públicas são dotadas de autonomia suficiente para gerir seu pessoal, bem como o próprio patrimônio financeiro. O exercício desta autonomia não pode, contudo, sobrepor-se ao quanto dispõem a Constituição e as leis [art. 207, da CB/88]. Precedentes [RE n. 83.962, Relator o Ministro SOARES MUÑOZ, DJ 17.04.1979 e MC-ADI n. 1.599, Relator o Ministro MAURÍCIO CORRÊA, DJ 18.05.2001]. 2. As Universidades Públicas federais, entidades da Administração Indireta, são constituídas sob a forma de autarquias ou fundações públicas. Seus atos, além de sofrerem a fiscalização do TCU, submetem-se ao controle interno exercido pelo Ministério da Educação. 3. Embora as Universidades Públicas federais não se encontrem subordinadas ao MEC, determinada relação jurídica as vincula ao Ministério, o que enseja o controle interno de alguns de seus atos [arts. 19 e 25, I, do decreto-lei n. 200/67]. 4. Os órgãos da Administração Pública não podem determinar a suspensão do pagamento de vantagem incorporada aos vencimentos de servidores quando protegido pelos efeitos da coisa julgada, ainda que contrária à jurisprudência. Precedentes [MS 23.758, Relator MOREIRA ALVES, DJ 13.06.2003 e MS 23.665, Relator MAURÍCIO CORREA, DJ 20.09.2002]. 5. Não é possível deferir vantagem ou aumento de vencimentos a servidores públicos sem lei específica, nem previsão orçamentária [art. 37, X e 169, § 1º, I e II, da CB/88]. 6. Não há ilegalidade nem violação da autonomia financeira e administrativa garantida pelo art. 207 da Constituição no ato do Ministro da Educação que, em observância aos preceitos legais, determina o reexame de decisão, de determinada Universidade, que concedeu extensão administrativa de decisão judicial [arts. 1º e 2º do decreto n. 73.529/74, vigente à época]. 7. Agravo regimental a que se nega provimento." (**STF, 1ª Turma, RMS-AgR 22047/DF, Relator Min. EROS GRAU, Julgamento em 21/02/2006**).

- "MANDADO DE SEGURANÇA – ATO DO TRIBUNAL DE CONTAS DA UNIÃO – ATRIBUIÇÃO DO ÓRGÃO – CONSULTOR JURÍDICO – SUSTENTAÇÃO DA TRIBUNA. Versando o mandado de segurança ausência de atribuição do Tribunal de Contas da União, cabível é a sustentação da tribuna pelo consultor jurídico do Órgão. MANDADO DE SEGURANÇA – ATO DO TRIBUNAL DE CONTAS DA UNIÃO – CHAMAMENTO AO PROCESSO DAS MESAS DA CÂMARA DOS DEPUTADOS E DO SENADO – INADEQUAÇÃO. A previsão do artigo 49 da Constituição Federal – de cumprir ao Congresso Nacional fiscalizar e controlar, diretamente ou por qualquer de suas Casas, os atos do Poder Executivo, incluídos os da administração indireta – não atrai a participação do Poder Legislativo na relação processual de mandado de segurança impetrado contra decisão do Tribunal de Contas da União. SOCIEDADE DE ECONOMIA MISTA – TRIBUNAL DE CONTAS DA UNIÃO – FISCALIZAÇÃO. Ao Tribunal de Contas da União incumbe atuar relativamente à gestão de sociedades de economia mista. Nova inteligência conferida ao inciso II do artigo 71 da Constituição Federal, ficando superada a jurisprudência que veio a ser firmada com o julgamento dos Mandados de Segurança nºs 23.627-2/DF e 23.875-5/DF." (**STF, Pleno, MS 25181/DF, Relator Min. MARCO AURÉLIO, Julgamento em 10/11/2005**).

- "RECURSO EM MANDADO DE SEGURANÇA. SERVIDOR PÚBLICO. PROCESSO ADMINISTRATIVO. DEMISSÃO. PODER DISCIPLINAR. LIMITES DE ATUAÇÃO DO PODER JUDICIÁRIO. PRINCÍPIO DA AMPLA DEFESA. ATO DE IMPROBIDADE. 1. Servidor do DNER demitido por ato de improbidade administrativa e por se valer do cargo para obter proveito pessoal de outrem, em detrimento da dignidade da função pública, com base no art. 11, *caput*, e inciso I, da Lei n. 8.429/92 e art. 117, IX, da Lei n. 8.112/90. 2. A autoridade administrativa está autorizada a praticar atos discricionários apenas quando norma jurídica válida expressamente a ela atribuir essa livre atuação. Os atos administrativos que envolvem a aplicação de "conceitos indeterminados" estão sujeitos ao exame e controle do Poder Judiciário. O controle jurisdicional pode e deve incidir sobre os elementos do ato, à luz dos princípios que regem a atuação da Administração. 3. Processo disciplinar, no qual se discutiu a ocorrência de desídia – art. 117, inciso XV da Lei n. 8.112/90. Aplicação da penalidade, com fundamento em preceito diverso do indicado pela comissão de inquérito. A capitulação do ilícito administrativo não pode ser aberta a ponto de impossibilitar o direito de defesa. De outra parte, o motivo apresentado afigurou-se inválido em face das provas coligidas aos autos. 4. Ato de improbidade: a aplicação das penalidades previstas na Lei n. 8.429/92 não incumbe à Administração, eis que privativa do Poder Judiciário. Verificada a prática de atos de improbidade no âmbito administrativo, caberia representação ao Ministério Público para ajuizamento da competente ação, não a aplicação da pena de demissão. Recurso ordinário provido." (**STF, 1ª Turma, RMS 24699/DF, Relator Min. EROS GRAU, Julgamento em 30/11/2004**).

8. QUESTÕES DE CONCURSOS

01. (AMEOSC – 2023 – Prefeitura de São João do Oeste – SC – Analista de Controle Interno – 2023), O controle na administração pública é caracterizado pelos mecanismos da gestão em regular, medir e promover o desempenho organizacional. Com relação ao momento de realização do controle na administração pública, assinale a alternativa correspondente a essa classificação do tipo de controle feito de maneira subsequente a produção dos efeitos de determinado ato realizado pela administração.

(A) Controle fora do prazo.
(B) *Controle a posteriori.*
(C) Controle direto.
(D) Controle efetivo.

02. (CESPE / CEBRASPE - 2023 - AGER - Mato Grosso - Inspetor Regulador – 2023). Ainda a respeito do controle da administração pública, julgue os itens seguintes.

I. A administração pública pode anular os próprios atos, quando eivados de vício de legalidade.
II. A administração pública não pode revogar os próprios atos por motivo de conveniência ou oportunidade.
III. Os atos discricionários da administração pública não podem ser objeto de apreciação judicial, especialmente quanto a seus aspectos de razoabilidade e proporcionalidade.

Assinale a opção correta

(A) Apenas o item I está certo.
(B) Apenas o item II está certo.
(C) Apenas os itens I e III estão certos.
(D) Apenas os itens II e III estão certos.
(E) Todos os itens estão certos.

03. (FURB - 2023 - Prefeitura de Tijucas - SC - Analista Administrativo – 2023). O controle na administração pública pode ser classificado quanto ao momento em que se realiza. Neste sentido, assinale a alternativa correspondente ao tipo de controle público que ocorre ao final ou subsequente ao estabelecimento de efeitos de determinado ato gerado pela administração pública:

(A) Controle subjugante.
(B) Controle sem efeito.
(C) Controle moroso.
(D) Controle evasivo.
(E) *Controle a posteriori.*

04. CESPE / CEBRASPE - 2023 - AGER - Mato Grosso – Inspetor Regulador – 2023). Em relação ao controle da administração pública, julgue os itens que se seguem.

I. O Tribunal de Contas da União (TCU) poderá fixar prazo para que o órgão ou a entidade fiscalizada adote as providências necessárias ao exato cumprimento da lei, se verificada ilegalidade, e, em caso de descumprimento, caberá ao TCU declarar a inconstitucionalidade do convênio, do acordo, do ajuste ou de outros instrumentos congêneres firmados por tal órgão ou entidade.
II. Qualquer cidadão, partido político, associação ou sindicato detém legitimidade para, na forma da lei, denunciar irregularidades ou ilegalidades ao TCU.
III. A atuação do TCU, no exercício da fiscalização contábil, financeira, orçamentária, operacional e patrimonial das entidades administrativas, não se confunde com a atividade fiscalizatória realizada pelo próprio órgão administrativo, uma vez que esta atribuição decorre de controle interno inerente a cada Poder, ao passo que aquela decorre do controle externo a cargo do Congresso Nacional.
IV. O controle exercido pelo Poder Judiciário sobre atos da administração pública, conhecido como controle sentencial, abrange a apreciação da legalidade dos atos de admissão de pessoal na administração direta e indireta, incluídas as nomeações para os cargos de provimento em comissão.

Estão certos apenas os itens

(A) I e III.
(B) II e IV.
(C) II e III.
(D) I, II e IV.
(E) I, III e IV.

05. (CESPE / CEBRASPE - 2023 - CGDF - Auditor de Controle Interno do Distrito Federal – Especialidade Planejamento e Orçamento – 2023). Com relação ao controle dos orçamentos e balanços da União, dos estados, do DF e dos municípios, julgue os itens a seguir.

I. É objetivo do controle parlamentar da execução orçamentária verificar a probidade da administração, a guarda e o legal emprego dos dinheiros públicos e o cumprimento da lei de orçamento.

II. O prazo para a prestação de contas anual pelo Poder Executivo será definido no projeto de lei orçamentária anual do exercício anterior.

III. As contas do Poder Executivo serão submetidas ao Poder Legislativo, com parecer prévio do tribunal de contas ou órgão equivalente.

Assinale a opção correta.

(A) Apenas os itens I e II estão certos.
(B) Apenas os itens I e III estão certos.
(C) Apenas os itens II e III estão certos.
(D) Todos os itens estão certos.

06. (CESPE / CEBRASPE - 2023 - CGDF - Auditor De Controle Interno Do Distrito Federal – Especialidade Planejamento E Orçamento – 2023). Devido a situação julgada urgente, o secretário de obras do Distrito Federal (DF) realocou verbas de uma região administrativa do DF para outra. Parlamentares que representavam a região prejudicada procuraram o governador para discutir o caso. O governador consultou o secretário, estudou o caso e, por fim, determinou o retorno da verba para a região à que ela estava destinada originalmente.

Nessa situação hipotética, ocorreu um caso de controle

(A) concomitante.
(B) de legalidade.
(C) parlamentar.
(D) de mérito.

07. (FEPESE - 2023 - Prefeitura de Balneário Camboriú - SC - Assistente Administrativo – 5M1 – 2023). Vários critérios existem para classificar as modalidades de controle da Administração Pública.

Identifique abaixo as afirmativas verdadeiras (V) e as falsas (F) em relação aos tipos, às características e às opções dessas modalidades.

( ) O controle judicial é o poder de fiscalização e correção que a Administração Pública (em sentido amplo) exerce sobre sua própria atuação, sob os aspectos de legalidade e mérito, por iniciativa própria ou mediante provocação.

( ) O controle sobre os órgãos da Administração Direta é um controle interno e decorre do poder de autotutela que permite à Administração Pública rever os próprios atos quando ilegais, inoportunos ou inconvenientes.

( ) O controle sobre as entidades da Administração Indireta, também chamado de tutela, é um controle externo que só pode ser exercido nos limites estabelecidos em lei, sob pena de ofender a autonomia que lhes é assegurada pela lei que as instituiu.

( ) Pedido de reconsideração é a denúncia de irregularidades feita perante a própria Administração Pública ou a entes de controle, como o Ministério Público, ou outros órgãos que funcionem como ouvidoria.

( ) O controle que o Poder Legislativo exerce sobre a Administração Pública pode ser realizado, basicamente, de dois tipos: controle político e controle financeiro.

Assinale a alternativa que indica a sequência correta, de cima para baixo.

(A) V • V • V • F • F
(B) V • F • V • V • F
(C) F • V • V • F • V
(D) F • V • F • V • V
(E) F • F • F • V • F

08. (FGV – 2023 – CGM – RJ – Contador – 2023). Bruna, servidora ocupante de cargo de provimento efetivo no Município Beta, por ter preenchido os requisitos exigidos pelo respectivo regime próprio de previdência social, requereu o deferimento de sua aposentadoria voluntária. Ato contínuo, questionou sua amiga Ana a respeito do procedimento a ser adotado para que o seu requerimento fosse deferido. Ana respondeu, corretamente, que:

(A) se trata de ato complexo, a ser sucessivamente apreciado pelo órgão competente de Beta e pelo Tribunal de Contas, somente começando a produzir efeitos após as manifestações favoráveis de ambos;

(B) será apreciado pelo órgão competente de Beta, sendo cabível a interposição de recurso, direcionado ao Tribunal de Contas, em que se argumente com a ilegalidade do ato, desde que não aperfeiçoado o prazo decadencial de cinco anos;

(C) se trata de ato composto, em que a integração de eficácia do ato de aposentadoria principia pelo órgão competente de Beta e se aperfeiçoa de maneira escalonada e sucessiva, somente começando a produzir efeitos após o exaurimento do prazo recursal no âmbito do Tribunal de Contas, que se manifesta sempre por último;

(D) se trata de ato complexo, mas o ato de concessão inicial da aposentadoria produz efeitos imediatos e é encaminhado ao Tribunal de Contas para fins de registro, sendo avaliada a sua legalidade, observando-se sempre o contraditório e a ampla defesa quando da decisão possa resultar anulação ou revogação do ato que beneficia Bruna;

(E) será apreciado pelo órgão competente de Beta, sendo o ato de concessão inicial da aposentadoria encaminhado ao Tribunal de Contas para fins de registro, não sendo necessário se observar o contraditório e a ampla defesa ainda que da decisão possa resultar anulação ou revogação do ato que beneficia Bruna, salvo a situação reconhecida como de demora excessiva.

09. (FGV - 2023 - TCE-ES - Conselheiro Substituto – 2023). Sobre o controle jurisdicional da administração pública no Brasil, é correto afirmar que:

(A) encontra limites na análise de legalidade dos atos administrativos, sendo vedada a reapreciação de mérito, ainda que visando ao controle dos princípios da moralidade e da impessoalidade;

(B) todos os atos públicos ou privados podem ser submetidos imediatamente ao controle judicial, independentemente de esgotamento das instâncias administrativas, inclusive no que tange às questões desportivas;

(C) vigora no Brasil o sistema constitucional da dupla jurisdição, em que coexistem, autônoma e independentemente, sistemas de contencioso administrativo e de contencioso jurisdicional;

(D) vigora no Brasil o sistema de jurisdição una, sendo desnecessário prévio requerimento administrativo como pressuposto para o controle jurisdicional, inclusive no que toca às questões tributárias, previdenciárias e desportivas;

(E) vigora no Brasil o sistema de jurisdição una, sendo desnecessário prévio requerimento administrativo como pressuposto para o controle jurisdicional, ressalvadas, além das questões desportivas, as de solicitação de benefícios previdenciários, não se caracterizando ameaça ou lesão a direito antes de sua apreciação e indeferimento pelo INSS.

10. (FCC - 2022 - TCE-GO - Analista de Controle Externo Especialidade Controle Externo – 2022). Ao examinar convênio celebrado pelo Estado com determinado município, a fiscalização do Tribunal constatou que não houve prévia análise e manifestação do órgão responsável pelo assessoramento jurídico da Administração, havendo, contudo, a regular aprovação do plano de trabalho por ambos os signatários do convênio. Referido apontamento indica

(A) tratar-se de convênio que não envolve transferência de recursos entre os signatários, hipótese em que não é legalmente exigida a manifestação do órgão de assessoramento jurídico.

(B) descumprimento de requisito legal obrigatório, pois as minutas de contratos, acordos, convênios ou ajustes devem contar com exame prévio do órgão de assessoramento jurídico da Administração.

(C) equívoco da área de fiscalização, pois apenas instrumentos jurídicos de natureza contratual necessitam de prévia análise do órgão de assessoramento jurídico da Administração.

(D) possível irregularidade, que pode ser afastada se comprovado que as obrigações estabelecidas no convênio versam sobre matéria de ordem técnica ou financeira.

(E) ausência de descumprimento de obrigação legal, eis que a manifestação do órgão jurídico é facultativa quando se trate de convênio entre entes federados.

11. (CESPE – MPCPA – Procurador de Contas – 2022) No que diz respeito ao conceito, abrangência e espécies de controle da administração pública, assinale a opção correta.

(A) O controle posterior visa rever atos praticados a fim de apenas corrigi-los.

(B) Conforme o aspecto da atividade administrativa a ser controlado, o controle pode ser de legalidade ou de mérito, sendo este exercido sem limitações pelo Poder Legislativo.

(C) Cabe ao controle interno auxiliar o Poder Legislativo no julgamento das contas prestadas anualmente pelo presidente da República.

(D) A administração pública, no exercício de suas funções, sujeita-se ao controle dos poderes Legislativo e Judiciário, além de exercer sobre ela mesma o controle sobre os próprios atos.

(E) No que se refere ao momento em que se efetua, o controle pode ser classificado em prévio, posterior ou concomitante; no que concerne à natureza, em administrativo, judicial ou legislativo.

12. (CESPE - MPCPA - Procurador de Contas - 2022) Acerca do controle externo, assinale a opção correta.

(A) O controle externo é efetivado por órgão pertencente à estrutura do órgão responsável pela atividade controlada e compreende a fiscalização e a correção dos atos ilegais, inconvenientes e inoportunos.

(B) As ações de controle externo do Tribunal de Contas da União obedecerão a um plano de controle externo proposto e elaborado pelos relatores das listas de unidades jurisdicionadas e das contas do governo.

(C) A fiscalização contábil, financeira, orçamentária, operacional e patrimonial será exercida pelo Congresso Nacional mediante controle externo, com o auxílio dos tribunais de contas, e pelo sistema interno de cada poder.

(D) O controle externo, hierarquicamente superior ao controle interno, atua sobre a totalidade da administração pública.

(E) O controle externo é feito por meio de auditoria a fim de acompanhar a execução do orçamento e tem por objetivos verificar a legalidade na aplicação do dinheiro público e auxiliar o tribunal de contas no exercício de sua missão institucional.

13. (CESPE - MPCPA - Procurador de Contas - 2022) Em relação às funções dos tribunais de contas, bem como à natureza jurídica e à eficácia das suas decisões, assinale a opção correta.

(A) Em caso de ilegalidade de despesa, cabe ao tribunal de contas fixar prazo para que o órgão ou entidade responsável adote as providências necessárias ao exato cumprimento da lei.

(B) Competem ao Tribunal de Contas da União a análise técnico-jurídica e o julgamento das contas prestadas anualmente pelo presidente da República, além da emissão de pareceres gerais em quarenta e cinco dias a contar do recebimento das referidas contas.

(C) As decisões do tribunal de contas que resultem em imputação de débitos são exequíveis após inscrição como dívida ativa.

(D) No julgamento das contas regulares em que haja ressalvas, cabe ao tribunal de contas a dar quitação parcial ao responsável dispensando a adoção de medidas necessárias à correção das impropriedades.

(E) Os ministros de Estado que praticarem irregularidades não sofrerão investigação pelo tribunal de contas, mas seus atos serão apurados pelo Supremo Tribunal Federal.

GABARITO						
01. B	**02.** A	**03.** E	**04.** C	**05.** B	**06.** D	**07.** C
08. E	**09.** E	**10.** B	**11.** D	**12.** C	**13.** A	

Bibliografia

ALESSI, Renato. *Instituciones de Derecho Administrativo*. T. I. Buenos Aires: Bosch Casa Editorial, 1970.

AMARAL, Diogo Freitas do. *A utilização do domínio público por particulares*. São Paulo: Juriscredi, 1972.

ARAÚJO LIMA, Paulo Barros de. 'A reforma administrativa e os terrenos de marinha'. In: *Revista da Procurador Geral do Estado da Guanabara*, v. 25.

BARROSO, Luís Roberto. *Interpretação e aplicação da constituição:* fundamentos de uma dogmática constitucional transformadora. São Paulo: Saraiva, 1996.

BEZNOS, Clóvis. *Poder de polícia*. São Paulo: RT.

BIELSA, Rafael. *Derecho Administrativo*. T. 01. Buenos Aires: La Ley, 1965.

BRUNO, Reinaldo Moreira. *Direito Administrativo*. Belo Horizonte: Del Rey, 2005.

CAETANO, Marcelo. *Manual de Direito Administrativo*. Lisboa: Coimbra Editora, 1969.

_________. *Manual de Direito Administrativo*. Rio de Janeiro: Forense, 1970. V. Z.

CARNEIRO NETO, Durval. *Processo, Jurisdição e Ônus da Prova no Direito Administrativo: um estudo crítico sobre o dogma da Presunção de Legitimidade*, Salvador: Ed. Juspodivm, 2008.

CARVALHO FILHO, José dos Santos. *Manual de Direito Administrativo*. 13ª ed., Rio de Janeiro: Lumen Juris, 2005.

CARVALHO, Raquel Melo Urbano de. *Curso de Direito Administrativo*, Salvador: Ed. Juspodivm, 2008.

CAVALCANTE, Themístocles Brandão. *Tratado de direito administrativo*. Rio de Janeiro: Freitas Bastos, 1956, t. 3.

CELSO NETO, João. 'Domínio público: os bens que todos usamos e a questão ecológica'. In: *Jus Navegandi*, (disponível no site www.jus.com.br).

CRETELLA JÚNIOR, José. *Tratado de Direito Administrativo*. Rio de Janeiro: Forense, 1972, V. 10.

__________. *Curso de Direito Administrativo*. Rio de Janeiro: Forense, 1986.

__________. *Tratado do domínio público*. Rio de Janeiro: Forense, 1984.

__________. 'Dos bens públicos na Constituição'. In: *RT*, v. 653.

CUNHA JÚNIOR, Dirley da. *Controle Judicial das Omissões do Poder Público: Em busca de uma dogmática constitucional transformadora à luz do direito fundamental à efetivação da Constituição*. São Paulo: Saraiva, 2004.

__________. *Curso de Direito Constitucional*. 16ª ed., São Paulo: Ed. Juspodivm, 2022.

__________. 'Terras Devolutas nas Constituições Republicanas'. In: *Revista Jurídica dos Formandos em Direito da UFBA*. Salvador, ano III, v. IV, 1998, p. 261-275.

DALLARI, Adilson Abreu. *Aspectos jurídicos da licitação*. São Paulo: Juriscredi, 1973.

__________. 'Uso do espaço urbano por concessionárias de serviços de telecomunicações'. In: *Revista de Informação Legislativa*, Brasília: Senado, a. 38, n. 151 jul./set. 2001.

DEMENTHON, Henri. *Traité du domaine public de L'État*. 6ª ed., Paris: Dalloz, 1964.

DI PIETRO, Maria Sylvia Zanella. *Direito Administrativo.* 16ª ed., São Paulo: Atlas, 2003.

__________. *Uso privativo de bem público por particular*. São Paulo: RT, 1983.

__________. Natureza jurídica dos bens das empresas estatais. In: *Revista da Procuradoria Geral do Estado*. São Paulo, v. 30/173, 1988.

__________. 'Concessionária de serviço público. Impenhorabilidade de bens e rendas afetados à prestação do serviço concedido'. In: *Parcerias na Administração Pública. Apêndices. Parecer 1*. São Paulo: Atlas, 2002.

__________. 'Uso de faixas de domínio e de bens públicos municipais para instalação de serviços públicos concedidos'. In: *Parcerias na Administração Pública. Apêndices. Parecer 7*. São Paulo: Atlas, 2002.

__________. *Discricionariedade administrativa na Constituição de 1988*. São Paulo: Atlas.

FAGUNDES, M. Seabra. *O controle dos atos administrativos pelo Poder Judiciário*. São Paulo: Saraiva, 1984.

FARIAS, Luciano Chaves de. *O Controle Extrajudicial das Parcerias Público-privadas*. Rio de Janeiro: Lumen Juris, 2008.

FERNANDES, Raimundo Nonato. 'Da concessão de uso de bens públicos'. In: *RDA* 118/1.

FIGUEIREDO, Lúcia Valle. *Curso de Direito Administrativo.* 6ª ed. rev. atual. amp., São Paulo: Malheiros, 2003.

FIGUEIREDO, Marcelo. *Probidade administrativa: comentários à Lei 8.429/92 e legislação complementar.* São Paulo: Malheiros, 1997.

FRANCO SOBRINHO, Manoel de Oliveira. *O controle da moralidade administrativa.* São Paulo, 1974.

GASPARINI, Diogenes. *Direito Administrativo.* 7ª ed. rev. atual., São Paulo: Saraiva, 2002.

__________. *Poder regulamentar*. São Paulo: RT.

GIANNINI, Massimo Severo. *Diritto Amministrativo*. Milão, v. I e II, 1993.

GORDILLO, Agustín A. *Tratado de Derecho Administrativo.* 4ª ed., Buenos Aires: Macchi, 2000, t. I, II, III e IV.

JUNQUEIRA, Messias. *As terras públicas no estatuto da terra*. Ibra, 1966.

JUSTEN FILHO, Marçal. *Comentários à Lei de Licitações e contratos administrativos.* 5 ed. rev. amp., São Paulo: Dialética, 1998.

KRELL, Andreas J. *Discricionariedade administrativa e conceitos legais indeterminados: limites do controle judicial no âmbito dos interesses difusos.* 2ª ed., Porto Alegre: Livraria do Advogado Editora, 2013.

LIMA, Ruy Cirne. *Terras Devolutas*. Porto Alegre: Globo, 1935.

LIRA, Ricardo Pereira. 'A concessão de direito real de uso'. In: *RDA* 163, jan./mar. 1986, p. 16-57.

LUZ, Egberto Maia. *Direito administrativo disciplinar*. São Paulo: RT.

MARIENHOFF, Miguel S. *Dominio público*. Buenos Aires: Valerio Abeledo, 1955.

__________. *Tratado del dominio público*. Buenos Aires: Tipografia Editora Argentina, 1960.

MARINELA, Fernanda. *Direito Administrativo*. Salvador: Editora Juspodivm, 2005.

MASAGÃO, Mário. *Curso de Direito Administrativo.* São Paulo: Revista dos Tribunais, 1968.

__________. *Natureza jurídica da concessão de serviço público*. São Paulo: Saraiva, 1933.

MEDAUAR, Odete. *Direito Administrativo Moderno*. 8ª ed. rev. atual., São Paulo: RT, 2004.

__________. *Poder discricionário da Administração*. RT 610, p. 38-45.

__________. *Poder de polícia*. RDA 199, jan./mar. 1995, p. 89-96.

MEIRELLES, Hely Lopes. *Direito Administrativo Brasileiro*. 27ª ed., São Paulo: Malheiros, 2002.

MELLO, Celso Antônio Bandeira de. *Curso de Direito Administrativo*. 17ª ed. rev. atual. amp., São Paulo: Malheiros, 2004.

__________. 'Os terrenos de marinha aforados e o poder municipal'. In: *RT*, v. 396.

__________. *Discricionariedade e Controle Jurisdicional*. São Paulo: Malheiros.

MELLO, Oswaldo Aranha Bandeira de. *Princípios gerais de Direito Administrativo*. Rio de Janeiro: Forense, 1979, 2 v.

MILL, JONH STUART. *On Liberty*. Batoche Books. Kitchener, 2001.

MOREIRA NETO, Diogo de Figueiredo. *Curso de Direito Administrativo*. 12 ed. rev. amp. atual., Rio de Janeiro: Forense, 2002.

__________. *Legitimidade e discricionariedade*. Rio de Janeiro: Forense.

PAZZAGLINI FILHO, Marino. *Lei de Improbidade Administrativa comentada: aspectos constitucionais, administrativos, civis, criminais, processuais e de responsabilidade fiscal*. São Paulo: Atlas, 2002.

PEREZ, José Ignacio Morillo-Velarde. *Domínio público*. Madrid: Trivium, 1992.

RIGOLIN, Ivan Barbosa. *Comentários ao regime jurídico dos servidores públicos civis*. 3ª ed., São Paulo: Saraiva, 1994.

ROCHA, Sílvio Luís Ferreira da. *Terceiro Setor*. São Paulo: Malheiros, 2003.

RODRIGO, Octávio. *Do domínio da União e dos Estados*. São Paulo: Saraiva, 1924.

ROUSSEAU, Jean-Jacques. *Discurso sobre a origem e os fundamentos da desigualdade entre os homens*. Trad. Maria Ermantina Galvão, São Paulo: Martins Fontes, 1999.

SANTOS, Rosita de Souza. *Terras de marinha*. Rio de Janeiro: Forense, 1985.

SARMENTO, George. *Improbidade Administrativa*. Porto Alegre: Editora Síntese, 2002.

SILVA, João Alfredo Raymundo e. 'Terrenos de marinha e seus acrescidos e a administração municipal'. In: *RDP*, v. 37 e 38.

SIQUEIRA CASTRO, Carlos Roberto de. *O devido processo legal e a razoabilidade das leis na nova Constituição do Brasil*. Rio de Janeiro: Forense, 1989.

SUNDFELD, Carlos Ari. *Direito administrativo ordenador*. São Paulo: Malheiros.

TÁCITO, Caio. 'A concessão de direito real de uso'. In: *RDA* 150, out./dez. 1982, p. 209-216.

TOURINHO, Rita. *Discricionariedade Administrativa. Ação de Improbidade e Controle Principiológico*. Juruá, 2004.

VALENTE, Manoel Adam Lacayo. 'O domínio público dos terrenos fluviais na Constituição Federal de 1988'. In: *Revista de Informação Legislativa*, Brasília: Senado, a. 37, n. 147 jul./set. 2000.

ZANCANER, Weida. *Da convalidação e da invalidação dos atos administrativos*. 2ª ed., São Paulo: Malheiros, 2001.

ANOTAÇÕES

ANOTAÇÕES

ANOTAÇÕES

EDITORA
JusPODIVM
www.editorajuspodivm.com.br

JUS3626